Curso de Direito CIVIL

Obrigações

2

13ª edição
revista, atualizada e ampliada

CRISTIANO CHAVES DE FARIAS
NELSON ROSENVALD

Curso de Direito CIVIL

Obrigações

2

2019

EDITORA JusPODIVM
www.editorajuspodivm.com.br

EDITORA
*Jus*PODIVM
www.editorajuspodivm.com.br

Rua Território Rio Branco, 87 – Pituba – CEP: 41830-530 – Salvador – Bahia
Tel: (71) 3045.9051
• Contato: https://www.editorajuspodivm.com.br/sac

Capa: Ana Caquetti

F224c Farias, Cristiano Chaves de
Curso de direito civil: obrigações / Cristiano Chaves de Farias, Nelson Rosenvald – 13. ed. rev., ampl. e atual. – Salvador: Ed. JusPodivm, 2019.
v. 2.
752 p.

Bibliografia.
ISBN 978-85-442-2545-5.

1. Direito civil. 2. Obrigações. I. Título.

CDD 342.14

Para Gabriela, Felipe, João Gabriel e Pedro Henrique, pelo amor incondicional e pela paz. Como retribuição pelo ambiente propício que me permite fazer tantas coisas ao mesmo tempo e nas horas mais estranhas.

"êh saudade que bate no meu coração, sei que é tarde, mas não desligue não, preciso dizer que te amo pra você lembrar"

(Jammil e uma noites, Êh saudade, de Manno Góes)

Para a minha mãe, Joana Angélica, para os meus irmãos, Luciano e Fabiano, e para a minha grande família ampliada, Thania Karina, Manuela, Tia Elvira, Maria Eugênia, Tia Zélia, Sebastião, Fátima, Marcus Vinícius e Graciele, pelos inesquecíveis momentos na infância, na juventude, na fase adulta etc., e pela preocupação e o cuidado constantes, me fazendo sentir sempre amado.

"Por tanto amor, por tanta emoção, a vida me fez assim, Doce ou atroz, manso ou feroz, eu caçador de mim... Nada a temer senão o correr da luta; nada a fazer senão esquecer o medo; Abrir o peito a força, numa procura, Fugir às armadilhas da mata escura"

(Milton Nascimento, Caçador de Mim, de Luiz Carlos Sá e Sergio Magrão)

Para os meus queridos amigos Daniel Cintra, Marcus Cotrim de Carvalho Melo, Raymundo César Dória Costa, Roberto de Almeida Borges Gomes, Aurisvaldo Melo Sampaio e João Luiz da Silva Almeida, pela companhia e por saberem estar perto, mesmo quando a geografia se mostra cruel

"Amigo é coisa pra se guardar do lado esquerdo do peito mesmo que o tempo e a distância digam não... o que importa é ouvir a voz que vem do coração"

(Milton Nascimento, Canção da América, de Fernando Brant e Milton Nascimento)

Cristiano Chaves de Farias

Para Gabriela, Felipe, João Gabriel e Pedro Henrique, pelo amor incondicional e pela paz. Como retribuição pelo ambiente propício que me permite fazer tantas coisas ao mesmo tempo e nas horas mais estranhas.

"Eh saudade que bate no meu coração [illegible]
[illegible]
[illegible]"

([illegible]
É saudade, de Nando Reis)

Para a minha mãe, Joana Angélica, para os meus irmãos, Luciano e Fabiano, e para a minha grande família ampliada: Thiane, Karina, Manuela, Tia Clara, Maria Eugênia, Tia Neia, Sebastião, Fátima, Marcus Vinícius e Graciele, pelos inesquecíveis momentos da infância, na juventude, na fase adulta etc., e pela preocupação e o cuidado constantes, me fazendo sentir sempre amado.

"[illegible]
[illegible]
[illegible]
[illegible]
[illegible]
[illegible]"

(Milton Nascimento, Caçador de Mim,
de Luiz Carlos Sá e Sérgio Magrão)

Para os meus queridos amigos Daniel Cintra, Marcus Cotrim de Carvalho Melo, Raymundo César Dória Costa, Roberto de Almeida Borges Gomes, Aurisvaldo Melo Sampaio e João Luiz da Silva Almeida, pela companhia e por saberem estar perto, mesmo quando a geografia se mostra cruel.

"Amigo é coisa pra se guardar do lado
esquerdo do peito mesmo que o tempo e a
distância digam não... o que importa é ouvir a
voz que vem do coração."

(Milton Nascimento, Canção da América,
de Fernando Brant e Milton Nascimento)

Cristiano Chaves de Farias

O tempo muito nos ensinou. Ensinou a amar a vida, não desistir da luta, recomeçar na derrota, renunciar as palavras e pensamento negativo, enfim, acreditar nos valores humanos. Ser otimista!!!"

(Cora Coralina)

"Liberdade é uma palavra que o sonho humano alimenta, não há ninguém que explique e ninguém que não entenda."

(Cecília Meireles)

Para meus saudosos pais, David e Henia, aos quais sou grato pelo amor, dedicação e legado de inúmeras virtudes.

Para Hanna, minha eterna princesinha.

Para Sérgio, Hélio, Kátia e Felipe. Minha pequena família.

Para Wacy, segunda mãezona, além da Grazi, Savassi, Leca, Fernando, Keirim, Paloma, Bubu e Rebecca. Vocês animam nossas vidas.

Para meus amigos Nedens, Rômulo, Tonet, Mariano, Ivan, Topan e Afonso. Entre tantos outros, meus queridos amigos do Ministério Público.

Para Wanessa: amor verdadeiro, amor que transcende, amor que dói no peito, amor ainda paixão.

Nelson Rosenvald

Sumário

Palavras Prévias – 13ª edição

"Sacudir estrelas, despertar desejo
Numa noite fria, uma noite fria, uma noite fria
Lá no meio da rua, lá de longe eu vejo
***Minas com Bahia** e o samba ia, juro que ia...*
Sacudir o mundo, procurar no fundo
O que leva um dia, até o outro dia."

(Daniela Mercury e Samuel Rosa, *Minas com Bahia*, de Chico Amaral)

"Minas do clube da esquina
Minas de Belô
Minas das meninas
Minas de amor
Bahia das serpentinas
Bahia do Pelô
Bahia das colombinas
Bahia dos pierrôs
Veja que coisa mais linda
O show já começou
Veja que belo horizonte
Que se vê em Salvador
Veja que felicidade nos olhos da cidade
Minas hoje é Bahia."

(Jammil e uma noites, *Axé Minas*, de Manno Goés)

Entregamos, com muita alegria e felicidade, à comunidade jurídica brasileira a 13ª edição do volume dedicado ao *Direito das Obrigações*, parte integrante do nosso *Curso de Direito Civil*.

Fiéis ao ideal que nos acalenta, nos acolhe a alma e nos ajuda a viver, o livro está marcado, claramente, pela juventude das ideias. Um livro novo, *com* ideias *novas* acerca das relações obrigacionais, desde a sua estrutura e formação até a produção dos seus efeitos.

Esta nova edição está inteiramente revista, ampliada e cuidadosamente atualizada. Incorporamos cuidadosamente as modificações legislativas que, nesse período, alteraram a matéria. Além disso, fazemos alusão às mais recentes manifestações jurisprudenciais, deixando a obra atualizada para ser consultada por estudantes e estudiosos.

Entrementes, a base fundante da obra permanece intacta: cuida-se de livro que propõe uma compreensão do Direito das Obrigações conforme a Constituição da República. Confessadamente, acreditamos na interpretação das relações privadas por uma ótima civil-constitucional, tomando isso como bússola para os nossos escritos, optando por captar as diretrizes do Direito das Obrigações a partir das ondas emanadas do radar constitucional, marcado, particularmente, pela prevalência da dignidade da pessoa humana, da solidariedade social, da liberdade (autodeterminação) e da isonomia, como se deflui dos arts. 1º, III, 3º e 5º da Lei Magna.

A partir do Pacto Social fundado pela *Lex Fundamentallis*, procuramos estabelecer um diálogo dos institutos que compõem o Direito das Obrigações no Código Civil com os princípios e regras estruturais do Código de Defesa do Consumidor, do Código de Processo Civil de 2015 e de outros ramos da ciência jurídica. Outrossim, consideramos a orientação jurisprudencial, emanada, especialmente, do Supremo Tribunal Federal e do Superior Tribunal de Justiça, que emprestam importante colaboração à compreensão da matéria.

(Re)visitamos os dogmas clássicos das relações obrigacionais, propondo uma compreensão vocacionada, agora, à tutela privilegiada e prioritária da pessoa humana, estabelecendo limites às obrigações, forjados na legalidade constitucional e nos seus princípios gerais, promotores de uma compreensão mais humanística da legislação.

Para tanto, a obra considera a relação obrigacional de maneira dinâmica, como um verdadeiro processo em construção e em movimento, funcionalizada aos valores humanistas, derivados dos direitos e garantias individuais e sociais.

A arquitetura da obra (desde a seleção de assuntos até a abordagem utilizada para cada um dos temas) obedeceu a uma preocupação explícita com um critério didático, possibilitando uma fácil compreensão àquele que se inicia no Direito Civil, bem assim como àquele que opera o sistema das relações obrigacionais, almejando demonstrar a necessidade de estar adequado à realidade social brasileira. Partimos, nessa linha de ideias, como não poderia deixar de ser, pela proposição de uma compreensão constitucionalizada da obrigação, adequando os seus confins às latitudes e longitudes da Carta Maior de 1988, especialmente às garantias individuais e sociais, insculpidas nos arts. 5º e 7º. Dando sequência, apresentamos uma introdução à Teoria Geral das Obrigações, atentando fundamentalmente para os novos princípios da matéria, especificamente a *boa-fé objetiva* e a *função social do contrato*, sempre buscando sua vertente constitucional. Em seguida, tratamos das modalidades obrigacionais e, finalmente, das diferentes hipóteses de adimplemento da obrigação e, por lógico, do seu inadimplemento, com os respectivos efeitos diferenciados.

A nossa maior vontade é demonstrar que a interpretação do Direito das Obrigações – e do Direito Civil como um todo – não se encerra em obras ou trabalhos científicos. É construível cotidianamente, verdadeiro labor permanente. Exige, assim, a preocupação do estudante e do estudioso com o impacto social que o Direito das Obrigações implica na vida cotidiana de todos nós. Vale a oportuna lembrança da conferência ministrada por Jürgen Habermas no Teatro Municipal de Heidelberg, no verão de 1986, na abertura de uma série que a Universidade daquela localidade preparou para a comemoração pela passagem dos seus 600 anos. Naquela oportunidade, louvando o fato de que as conferências estavam sendo realizadas fora do ambiente físico universitário, advertiu o filósofo e jurista alemão *se queremos injetar nova vida na ideia de conhecimento, temos que nos situar extra muros.*[1]

A melhor e mais adequada interpretação do Direito Civil, portanto, tem de ser captada a partir dos anseios e necessidades reais da vida, perpassando a compreensão fria da norma legal. Precisamos, assim, ser cônscios da necessidade premente de uma interpretação humanista e social para o Direito das Obrigações, com vistas à obtenção de uma sociedade mais justa e solidária.

Enfim, *depende de nós, quem faz tudo para um mundo melhor*!

Essa é a nossa proposição e esperamos atingir o nosso desiderato.

Sobreleva, por derradeiro, adimplir uma obrigação – e com muita satisfação pessoal para nós. Registramos o sincero agradecimento a algumas pessoas muito queridas, que propiciam o mais favorável clima para que possamos levar adiante esse nosso sonho. Agradecemos, assim:

Aos nossos alunos nos cursos em que ministramos aulas, por interagir na mesma sintonia, gerando nosso crescimento intelectual.

Ao Ministério Público do Estado da Bahia e de Minas Gerais por ensinar, através do contato direto com a população brasileira, que a maior e mais importante obrigação assumida por um servidor público é a de colaborar para a construção de um mundo mais justo e solidário, em que a cidadania seja exercida plenamente.

E, principalmente, agradecemos a Deus, por tantas oportunidades de vida e que, renovando a nossa fé, possibilite sermos instrumentos de sua Obra.

Oxalá, os ventos criativos que sopram da Bahia e a prudência e segurança mineiras tenham nos inspirado a elaborar uma obra didática e completa.

Com muito carinho e, mais uma vez, esperando propiciar uma agradável leitura, torcendo para que o leitor renove a sua crença em um mundo melhor que pode ser construído através da ciência jurídica.

Natal e *Réveillon* de 2018 para 2019.

Cristiano Chaves de Farias

cristianofarias@uol.com.br

Nelson Rosenvald

www.nelsonrosenvald.info

1 HABERMAS, Jürgen. *Eine Art Schadensabwicklung. Kleine PolitisheSchriften*, VI, Frankfurt am Main, 1987, p. 73-98.

Prefácio

Permeando o longo processo histórico das instituições jurídicas, talvez não se tenha apresentado instituto mais interessante (e, por que não dizer, surpreendente) em sua evolução do que o das obrigações. E tal se pode afirmar pela própria gênese desse tipo de relação jurídica: inexistia direito obrigacional enquanto não eram reconhecidos os próprios direitos individuais. Supõe-se – e, de fato, parece veraz – que os primeiros indícios da existência de obrigações ocorreram quando grupos das sociedades mais antigas estabeleciam entre si alguns empreendimentos de natureza comercial, sobretudo por meio de negociação com vistas ao escambo.

A fase posterior (verdadeiramente macabra, para a visão de nossos dias) encerrava o reconhecimento da obrigação, mas, de outro lado, o devedor respondia perante o credor com seu próprio corpo. O credor era dotado de poder de coerção contra o devedor (*nexus*) e o inadimplemento o sujeitava à escravidão (*manus iniectio*): de sujeito de direito o devedor passava a ser objeto dele. No século V, com a *Lex Poetelia Papiria*, eliminou-se o corpo do devedor como garantia do credor, sendo ela substituída pelos seus bens. Ao mesmo tempo, foi sendo realçada a manifestação volitiva, destacada da personalização excessiva atribuída à relação crédito-débito.

Depois de retrocesso na Idade Média, em que a obrigaçao descumprida se configurava como pecado, numa condenável confusão entre o laico e o religioso, o direito contemporâneo reforçou o lineamento jurídico das obrigações, distinguindo-as e classificando-as em conformidade com suas peculiaridades jurídicas, e sedimentou os seus elementos substanciais – o sujeito, o objeto e o vínculo jurídico. Assim, a obrigação constitui realmente um vínculo jurídico que permite ao credor exigir do devedor determinada prestação.

Esse resumido escorço evolutivo teve por fim destacar a obra dos Professores Nelson Rosenvald e Cristiano Chaves de Farias, no que toca a este volume, e consignar o caminho da modernidade no trato da matéria relacionada às obrigações. Sem considerar o óbvio conhecimento do autor sobre a matéria, fato que emana de inúmeras passagens da obra, fica evidente o perfil dos professores, dos *magistri*, ou seja, daqueles que, como o ora signatário, percorreram longa estrada procurando transmitir alguns ensinamentos a seus alunos.

Por tal motivo, a obra é extremamente didática, bem dividida em tópicos e subtópicos, de modo a facilitar a apreensão das ideias pelos leitores. Aliás, seja-me permitida uma confissão. Honrado (e, mais do que isso, assustado) com minha indicação para o prefácio, prontifiquei-me a ler os capítulos e me surpreendi com a rapidez com que o fiz, enlevado pelo didatismo da obra e pela beleza da matéria. Acostumado com as agruras do direito público, a que me tenho dedicado há décadas, reencontrei-me no passado, naqueles dias de há muito em que estudava com afinco direito civil e, sempre com prazer redobrado, o tema das obrigações. Na verdade, vivi hoje alguns doces momentos de ontem...

A obra dos Prof. Nelson Rosenvald e Cristiano Chaves de Farias menciona uma parte introdutória sobre as obrigações e, depois, contempla, em capítulos específicos, as modalidades, a transmissão, o adimplemento e extinção, e o inadimplemento das obrigações. A abordagem é completa na parte expositiva, somando-se, ao final de cada capítulo, expressiva relação de decisões judiciais e de questões de concursos públicos da área jurídica, as quais agradarão, sem dúvida, aos leitores.

Que a obra dos ilustres professores, como dizia um poeta, feita com talento e afeto, perdure por todo o infinito.

José dos Santos Carvalho Filho

Procurador de Justiça do Rio de Janeiro
Mestre em Direito pela UFRJ

Apresentação

É um prazer apresentar esta obra de Cristiano Chaves de Farias e Nelson Rosenvald, jovens professores de Direito Civil e membros do Ministério Público, radicados na Bahia e em Minas Gerais, respectivamente.

Durante o semestre em que cursou *Direito das Obrigações*, como cadeira da pós-graduação em Direito Civil da PUC/SP, Nelson Rosenvald sempre mostrou imenso interesse pela matéria. A cada "surpresa" decorrente de temas e abordagens não comuns no âmbito do bacharelado, procurava o aprofundamento e solicitava indicação bibliográfica.

Muitas vezes chegava mais cedo em São Paulo para frequentar minha biblioteca e avançar nos seus estudos.

Traz a companhia de outro professor, que também se pós-graduou na PUC: Cristiano Chaves de Farias. Com Cristiano não tive o mesmo contato direto que tive com Nelson, mas sempre obtive referências positivas.

Agora se unem na empreitada que não visa alcançar posição no âmbito da literatura jurídica. Aqui não se busca um pódio, mas o reconhecimento à seriedade e à pesquisa.

Sempre considerei as Obrigações como o campo mais democrático do Direito Privado e vejo, com satisfação, que continua a merecer a paixão de novos autores cheios de vontade de transmitir seus conhecimentos.

Apresentar a obra não é uma dívida, é dar um crédito merecido.

São Paulo, outubro de 2005.

Renan Lotufo

Mestre e Doutor em Direito pela PUC/SP
Professor de Direito Civil da graduação
e pós-graduação da PUC/SP
Desembargador aposentado do TJ/SP
Advogado e Consultor jurídico

Capítulo Introdutório

As Obrigações em Leitura Civil-constitucional

"O autor é apenas o primeiro leitor, nada mais."

(Paul Ricoeur)

"'Liberdade, igualdade, fraternidade' – eles se esqueceram de obrigações e deveres, eu acho. E então, é claro, a fraternidade desapareceu por muito tempo."

(Margaret Thatcher)

Há mais de dois mil anos, no Império Romano, o procedimento do "concurso de credores" consistia em conduzir o desafortunado devedor às margens do Rio Tibre e fragmentar o seu corpo em múltiplos pedaços, oferecendo-se as partes aos seus credores de acordo com a proporcionalidade do montante dos créditos. Vê-se que a razoabilidade já estava em voga!

Em um salto no tempo, podemos afirmar com segurança que, atualmente, há civilistas que ainda ensinam aos acadêmicos que o tempo da Lei das XII Tábuas felizmente passou, pois a grande transformação das obrigações – iniciada com a *Lex Poetelia* do ano 326 a.C. e consolidada no código napoleônico de 1804 – traduz-se na passagem da responsabilidade pessoal à responsabilidade patrimonial. Vale dizer, o débito não mais seria garantido pelo corpo da pessoa humana, mas pelos seus bens apreciáveis economicamente.

De fato, não há como negar que o direito contemporâneo não mais admite situações como a do personagem Antônio, que na célebre obra de Shakespeare, *O mercador de Veneza*, contrata com o agiota Shylock (sempre um judeu!), oferecendo como garantia ao inadimplemento do empréstimo contraído nada menos do que uma libra de carne de seu corpo.

Ademais, as hipóteses de imposição de pena de prisão para o caso de descumprimento de obrigações limitam-se à esfera do art. 5º, LXVII, da Constituição Federal. Vale dizer, ao devedor de alimentos e ao depositário infiel será reservado o cárcere. Segundo os próceres da "vanguarda" civilista, a ressalva da Lei Maior seria mais uma demonstração da excepcionalidade da restrição à liberdade humana e da afirmação do "novo" art. 391 do Código Civil: "Pelo inadimplemento das obrigações respondem todos os bens do devedor."

Nada mais equivocado!

Vivenciamos o pós-positivismo. Celebramos a supremacia axiológica da Constituição Federal e o fim do legalismo estrito. A normatividade dos princípios é uma realidade inescapável ao civilista, assim como a reabilitação da argumentação jurídica e o desenvolvimento de uma teoria de direitos fundamentais edificada na dignidade da pessoa humana.

O direito romano pereceu. Da mesma forma, ruiu a clássica dicotomia liberal entre o direito público e o privado, eis que o Estado é edificado pela sociedade e deve mirar os valores que ela aponta. A hermenêutica constitucional exige uma aproximação entre a ética e o direito, bem como o sepultamento de qualquer concepção hermética e segregacionista do direito privado.

Essa alteração de paradigmas reclama uma conciliação entre dois grandes universos, até então apartados: a autonomia privada e os direitos fundamentais.

A autonomia privada – o dogma da autonomia da vontade segundo os clássicos – era um espaço isolado no qual o burguês poderia exercer a tão desejada liberdade contratual e amealhar patrimônio através da ampla faculdade de estipular contratos e adquirir propriedade, sem que o ordenamento jurídico (leia-se: sociedade) pudesse interferir no exercício da atividade econômica do cidadão. Apoiado nas teorias econômicas de Adam Smith, o indivíduo egoísta considerava que a realização de sua felicidade e de seu bem individual acabaria por propiciar o tão desejado bem comum. A "riqueza das nações" era um projeto que se edificaria quando o Estado minimalista fechasse os olhos perante a esfera privada, eis que o próprio mercado trataria de se autorregular e prover o sucesso coletivo.

Passados mais de 200 anos, a História das sociedades ocidentais se reproduz pela farsa. A tão propalada pós-modernidade insere a pessoa em um clima de enorme insegurança e fragmentação. A globalização e o neoliberalismo determinam que o mercado paire acima do ser humano. Todas as conquistas emancipatórias das sociedades democráticas, tão lentamente alcançadas nos últimos 50 anos, são perigosamente ameaçadas.

A outro turno, o constitucionalismo alcançou enormes transformações. O Estado liberal entendia os direitos fundamentais como limites à interferência estatal nas relações privadas. As cartas políticas deveriam se restringir a organizar os poderes estatais e zelar pela mais ampla garantia à esfera de liberdade do cidadão burguês. O Código Civil era o centro do universo liberal, e a Constituição, apenas um satélite que gravitava ao redor do "Deus Sol".

Porém, não escapou do direito que a extrema desigualdade entre opressores e oprimidos demanda uma interferência da sociedade nas relações privadas. A idílica figura genialmente criada por Nelson Saldanha entre o "jardim e a praça", como simbolismo entre a separação do público e do privado, já não mais subsiste, pois o tão sonhado momento de paz e sossego de nossos jardins particulares, em contraste com a intranquilidade da praça pública, sucumbe perante a inequívoca constatação de relações privadas nas quais a prevalência de grupos econômicos e corporações reproduz a mesma situação de desigualdade entre o Estado e o indivíduo.

Já não há mais como manter a autonomia privada em seu castelo instransponível. Os direitos fundamentais se revoltam contra a completa coisificação da pessoa humana em face dos horrores praticados pelo totalitarismo em nome da lei. O constitucionalismo dirigente demanda estatutos maximalistas que alavancam a Lei Maior à posição de norma jurídica – não mais mera carta de intenções – cuja supremacia impõe a releitura do direito privado através do filtro de suas lentes. A jurisdição constitucional impele o fortalecimento de toda uma teoria de direitos fundamentais extensiva à esfera de relações entre particulares.

Nesse instante o princípio da autonomia privada perde o seu absolutismo. O civilista humildemente aceita a força normativa da Constituição. O Estado Democrático de Direito, centrado na especial dignidade humana, proclama a despatrimonialização e a personalização do direito privado.

O tradicional defensor das instituições privatistas, ardoroso estudioso do direito romano, deve indagar: como aplicar essa *"tsunami"* de ondas constitucionais no campo das Obrigações?

Cremos que a resposta requer uma reformulação do conceito de autonomia privada, não mais como mera emanação do princípio da livre-iniciativa, situada exclusivamente na esfera da ordem econômica (art. 170, CF), porém como derivação do princípio da dignidade humana. Aliás, nada diferente de qualquer outro direito fundamental.

A autonomia privada consiste no direito à felicidade individual, na liberdade de cada ser humano exercitar os seus projetos de vida e perseguir o seu sonho pessoal. O ordenamento jurídico concede a cada um de nós um espaço para a autodeterminação. Dentro desses limites regulamos nossas decisões patrimoniais e existenciais. Pela via da autonomia privada podemos dispor de órgãos para transplante, instituir uma entidade familiar, adquirir propriedade, constituir uma empresa, testar e até mesmo ceder o exercício temporário de nossa imagem e realizações intelectuais.

Se todas as deliberações vitais passam pela autonomia privada, nada mais natural do que inseri-la como cimento para a construção de uma teoria dos direitos da personalidade. O livre desenvolvimento da personalidade requer um local apropriado ao desenvolvimento de nossas potencialidades e individualidades: esse local é a autonomia privada.

Destarte, se por um ângulo devemos afastar a concepção do indivíduo egoísta e isolado, na qual a sociedade é mera ficção, igualmente perigosa é aquela visão totalitarista em que cada pessoa é apenas uma fração anônima da coletividade, por ela anulada em prol do Estado. O bem individual pressupõe o bem comum e vice-versa. O ser humano é o protagonista do ordenamento jurídico e será ativamente tutelado por direitos fundamentais. Cada pessoa atuará em uma perspectiva solidarista, transitando em sua esfera de autonomia, mas sem desprezar uma ordem de cooperação com a coletividade. A seu turno, a sociedade agirá de forma a propiciar proteção e amparo a cada ser humano.

Imaginemos uma orquestra: cada músico deve atuar de forma a extrair o melhor da partitura, demonstrando suas virtudes, sem esquecer a interação com o conjunto. Já o bom maestro exerce a função de coordenação. Ele não quer se sobrepor aos membros da orquestra, mas retirar o melhor das potencialidades de cada um de seus membros, em proveito da harmonia, da sonoridade e do bem comum.

Pois bem, a repaginada autonomia privada repercute ativamente no modelo jurídico das obrigações. Conceituar uma relação obrigacional como um "vínculo entre credor e devedor cujo objeto é uma prestação e a garantia se encontra em seu patrimônio" torna- se um desserviço ao estudioso do direito. A neutralidade e a assepsia dos conceitos não condizem com a dimensão objetiva dos direitos fundamentais, na qual jamais a pessoa se encontra a serviço do patrimônio, porém o patrimônio se subordina à pessoa.

A tradicional bipartição da obrigação na visão germânica de Alois Brinz forjada nos elementos do *Schuld* (débito) e da *Haftung* (responsabilidade), se não abandonada, serve apenas como um primeiro passo para o entendimento do complexo campo das obrigações.

As relações obrigacionais serão examinadas ao longo deste trabalho por uma perspectiva humanista, voltada à tutela das situações existenciais e da dignidade humana. Nesse prisma, perceberemos que a relação jurídica travada entre credor e devedor supera o restrito campo da prestação. Para além das obrigações de dar, fazer e não fazer – moldadas pela autonomia privada –, o sistema civil-constitucional concebeu a existência de deveres anexos, laterais ou instrumentais, acrescidos à obrigação pela via do princípio da boa-fé objetiva.

A relação obrigacional é dada pela vontade e integrada em todos os seus momentos pela boa-fé, como um modelo de conduta intersubjetiva leal e honesta, que exige das partes uma forma de agir na qual cada parceiro visualize no outro um igual titular de direitos fundamentais. Esse arquétipo de comportamento ao qual todos devemos ajustar nossos comportamentos incidirá antes, durante e depois da existência da própria prestação (art. 422, CC), pois a confiança é a base de qualquer relação humana e reflete-se em todas as formas de contato social.

Se a boa-fé é um elemento capaz de ampliar a esfera da relação obrigacional pelo influxo dos deveres anexos, também é capaz de retirar da relação obrigacional toda e qualquer forma de conduta ilegítima e excessiva que seja capaz de sacrificar direitos fundamentais. Através da via de controle do abuso do direito (art. 187 do CC), o exercício de um direito subjetivo ou potestativo que ofenda as legítimas expectativas de confiança do parceiro contratual, e seja considerado como desproporcional em face das exigências éticas do sistema, será fulminado por um juízo de antijuridicidade material, posto contrário aos fundamentos valorativos do ordenamento.

A relação obrigacional como verdadeiro "processo", na clarividência de Clóvis do Couto e Silva, tornar-se "corpo e alma". Autonomia privada acrescida de boa-fé objetiva. Essa fórmula matemática é o único caminho capaz de conduzir a obrigação ao adimplemento, restituindo aos contratantes a parcela de liberdade que cederam ao tempo em que constituíram o vínculo.

A boa-fé provoca total turbulência naquela imagem sonolenta da obrigação como simples resultado da prestação formalizada no contrato. Todavia, não só de boa-fé vive o direito privado na atualidade. O princípio da função social revela ao civilista que todo o direito subjetivo deve ser exercitado de maneira que a satisfação dos interesses individuais não propicie a desgraça alheia.

Célebre é a advertência de Norberto Bobbio quanto à passagem de uma literatura jurídica voltada ao estudo da origem dos institutos jurídicos para a sua finalidade, o seu papel perante a sociedade: "da estrutura à função". No século XXI não mais indagamos "o que é o direito?", mas "para que o direito?".

No universo das obrigações, a função social impulsiona o estudo das relações jurídicas para além das pessoas do credor e do devedor (art. 422, CC). A obrigação não é um átomo, mas um fato jurídico que repercute sobre a sociedade. A ideia da obrigação como direito relativo às partes e *res inter alios acta* passa por séria clivagem constitucional, pois qualquer obrigação alcança a sociedade e produz consequências perante ela. O *Schuld* da escola pandectista mudou. Não é apenas o débito que vincula o credor ao devedor, pois a eficácia obrigacional pode ofender interesses metaindividuais ou interesses individuais de terceiros que em princípio são estranhos a determinada relação de crédito.

A boa-fé e a função social do contrato são princípios obrigacionais – e não meramente contratuais como em princípio reluz – que relativizam a autonomia privada. Cuida-se de limites internos ao exercício da liberdade negocial. Ademais, são limites positivos, pois a finalidade de ambas as cláusulas jamais será a de restringir a autonomia privada, mas a de valorizá-la, no sentido de que a liberdade contratual não se prenda apenas à liberdade do mais forte em detrimento do contratante débil e/ou da própria sociedade. A verdadeira autonomia privada requer que a prestação seja a mais proveitosa ao credor e menos sacrificante ao devedor e à sociedade.

Função social e boa-fé atendem a duas das diretrizes caras a Miguel Reale. O arquiteto do Código Civil remete a primeira à concretização da diretriz da socialidade e a segunda, à da eticidade. Boa-fé e função social são cláusulas gerais, normas de conteúdo intencionalmente vago e impreciso que serão concretizadas pelo princípio da solidariedade (art. 3º, I, da CF).

A solidariedade é a progenitora da boa-fé e da função social. Da mesma forma que a cláusula geral do afeto no direito da família (art. 1.511, CC), da função social da propriedade nos direitos reais (art. 1.228, CC) e da obrigação objetiva de indenizar na teoria da responsabilidade civil (art. 927, parágrafo único, CC), a solidariedade penetra no direito das obrigações pelas janelas da *boa-fé objetiva* (tutela interna do crédito) e da *função social do contrato* (tutela externa do crédito). A diretriz solidarista demanda uma ordem de cooperação intersubjetiva e perante a sociedade.

Enfim, o diálogo entre autonomia privada, boa-fé e função social não passa de uma das formas de dialética entre os princípios da liberdade e da solidariedade. As dimensões de direitos fundamentais que foram lentamente construídas nos últimos 200 anos através do sonho do revolucionário francês acabaram por se refletir nas relações privadas. O equilíbrio e a ponderação entre liberdade, igualdade substancial e solidariedade na órbita das obrigações exigem que o legislador e o julgador tenham sabedoria ao harmonizar as relações de crédito, sem que a excessiva liberdade aniquile a solidariedade e sem que a excessiva solidariedade destrua a liberdade contratual. Trata-se de proteger o eu (liberdade) sem que se descure de nós (solidariedade).

Esse é o único projeto capaz de privilegiar a igualdade material das partes – não meramente formal – e promover uma ideologia na qual as obrigações e contratos alcancem a sua finalidade econômica sem que promovam a exclusão social. Muito pelo contrário, à luz de uma teoria de direitos fundamentais, as relações obrigacionais não são valores em si, mas instrumentos direcionados à erradicação da pobreza e de abissais desigualdades sociais.

Reavaliada a visão do *Schuld* (débito) pela filtragem constitucional, resta-nos perceber o outro lado da moeda, vale dizer, a *Haftung*. Ao início de nossa abordagem, salientamos que um visível progresso do direito das obrigações ao longo da evolução da humanidade, em todos os povos civilizados, traduziu-se na transposição do paradigma da responsabilidade pessoal para a responsabilidade patrimonial. O débito não é garantido pela vida, corpo ou liberdade do devedor, porém exclusivamente por seu patrimônio.

Ao longo do trabalho, discutiremos a eficácia do art. 5º, LXVII, da Constituição Federal. Será possível questionar o absolutismo da autorização da prisão do devedor de alimentos e do depositário infiel? Cremos que a vinculação dos particulares aos direitos fundamentais traz novos fundamentos a essas indagações, permitindo ao jurista enfrentar a matéria pelo telescópio da dignidade humana e não pelo microscópio da interpretação literal da norma, mesmo em se tratando de uma norma constitucional.

Para além da discussão acerca da excepcional restrição à liberdade em razão do inadimplemento de obrigações civis, cumpre ainda avaliar se a responsabilidade patrimonial do devedor é absoluta ou se também repercute uma eficácia horizontal de direitos fundamentais que privilegie situações existenciais em detrimento das patrimoniais.

É imprescindível retomar a perspectiva kantiana na qual *"a pessoa é um fim em si mesmo e não instrumento para fins alheios"*. A transposição desse conceito para o direito das obrigações implica a intransigente postura de desprezo a qualquer construção doutrinária que ouse defender que o patrimônio do devedor é mera garantia das obrigações contraídas com o credor. Pedindo licença a Kant, avançamos ainda mais em seu belíssimo legado para lembrarmos que o patrimônio não é um fim em si mesmo, pois os bens se colocam a serviço da pessoa humana, jamais de seus credores.

Em uma ordem democrática na qual a **dignidade humana** será o vetor para a ponderação de colisão entre direitos fundamentais, o intérprete do direito terá a sabedoria de harmonizar os princípios em tensão e definir uma ordem de proporcionalidade na qual a garantia do crédito seja limitada pela proteção dos direitos da personalidade do devedor. Esse limite tão decantado por Luiz Edson Fachin é **o patrimônio mínimo,** como um piso essencial, um mínimo de bens que assegure a cada pessoa a sua condição existencial. Aquém desse limite, o ser humano será instrumentalizado e alijado de sua humanidade.

Enfim, há uma parcela do patrimônio imune à tutela executiva do credor, pois a autonomia privada dos contratantes é intrinsecamente limitada pelo direito fundamental à subsistência. Uma interpretação do art. 391 do Código Civil, à luz de uma hermenêutica constitucional, demanda uma releitura nos seguintes termos: *"pelo inadimplemento das obrigações respondem todos os bens do devedor que não alcancem o seu patrimônio mínimo"*.

A outro giro, não podemos olvidar da idêntica natureza humana da pessoa do credor. A humanização da execução se aplica em prol de ambos os parceiros obrigacionais e o ordenamento jurídico não pode, sob o pálio da tutela à dignidade do devedor, exagerar na tutela do executado a ponto de frustrar a legítima expectativa de confiança do titular do crédito acerca do adimplemento. O mínimo existencial remete à proteção do necessário à vida digna, jamais à manutenção de um padrão de vida do devedor às expensas do sacrifício da posição jurídica do credor e de suas necessidades econômicas. Portanto, cumpre revisar o dogma da impenhorabilidade absoluta de bens do executado.

Obrigação e relação obrigacional. Estrutura e função. Autonomia privada, boa-fé e função social. Indivíduo e pessoa. Patrimônio e existência. Solidão e solidariedade. A dignidade da pessoa humana se coloca em todos esses momentos. Em seu perfil ativo, convida os indivíduos isolados ao contato social e ao entabulamento da obrigação, garantindo condições para o pleno desenvolvimento da liberdade humana. A dignidade, porém, age em outra vertente. O homem se converte em pessoa no mundo solidário das relações obrigacionais. Qualquer sociedade só se afirma em cooperação, traduzida esta pela boa-fé e função social no reino dos negócios jurídicos.

CAPÍTULO I

Introdução ao Direito das Obrigações

Sumário • 1. noções gerais: 1.1 Conceito de obrigações; 1.2 Características essenciais; 1.3 Evolução histórica; 1.4 Introdução ao estudo das garantias; 1.5 Posição no direito civil; 1.6 O sistema privado obrigacional: o civil, o empresário e o consumidor – 2. elementos constitutivos das obrigações: 2.1 Generalidades; 2.2 Elemento subjetivo (o credor e o devedor); 2.3 Elemento objetivo (a prestação); 2.4 Elemento abstrato ou espiritual (o vínculo jurídico) – 3. principais distinções: 3.1 Direitos reais; 3.2 Direitos da personalidade; 3.3 Obrigação, dever, sujeição e ônus – 4. fontes das obrigações: 4.1 Introdução; 4.2 Tripartição das obrigações segundo as suas funções; 4.3 A boa-fé objetiva como fonte das obrigações – 5. os paradigmas do código civil no direito das obrigações: 5.1 As obrigações e o Código Civil de 2002; 5.2 Princípio da socialidade; 5.3 Princípio da eticidade; 5.4 Princípio da operabilidade – 6. a obrigação complexa ("a obrigação como um processo"): 6.1 Introdução; 6.2 Os deveres de conduta; 6.3 A boa-fé como fundamento e o seu papel no caráter dinâmico da relação obrigacional.

"Você sabe muito bem que é obrigatório,
e além do mais você tem que cumprir com seu
dever com orgulho e dedicação."

(Raul Seixas)

"Com teu amor eu quero que sintas dor, eu quero teu
sangue e ser teu credor."

(Renato Russo)

1. NOÇÕES GERAIS

1.1 Conceito de obrigações

Etimologicamente, obrigação vem do vocábulo latino *obrigare* – *"ob + ligatio"* –, que significa atar, ligar, unir, impor um determinado compromisso.

A expressão *obrigação* é plurívoca, comportando diferentes significados, mesmo dentro da própria ciência jurídica. Genericamente, é possível afirmar que a obrigação confere a ideia de comprometimento de uma pessoa a uma situação moral, religiosa, social etc. Diversas vezes, utiliza-se o vocábulo no sentido de indicar o documento probatório da obrigação (quem não se recorda das Obrigações do Tesouro Nacional – OTNs?). Em outras, fala-se na obrigação para designar o dever de respeitar direitos genéricos alheios (lembre-se das obrigações recíprocas do casamento e da união estável, como os deveres de lealdade e respeito[1]).

Em sentido técnico-jurídico, no entanto, a obrigação assume uma ideia mais restrita, dando conta do vínculo existente entre pessoas, pelo qual uma assume uma prestação em favor de outra, vinculando o seu patrimônio.

Aliás, desde as Institutas romanas, já se podia pinçar a ideia fundamental de obrigação como sendo o *vínculo jurídico que adstringe necessariamente a alguém, para solver alguma coisa, em consonância com o Direito* (*obligatio est juris vinculum, quo necessitate adstringimur alicujus solvendae rei, secundum nostrae civitatis jura*). Já era possível, pois, perceber que o núcleo essencial da obrigação era o vínculo existente entre o credor e o devedor, pelo qual um poderia exigir, coercitivamente, do outro, uma prestação. Exatamente por isso notava-se que o cerne da obrigação não poderia ser tornar alguém proprietário de algo, mas sim obrigar alguém a dar, fazer ou não fazer alguma prestação.[2]

O Código Civil não define as obrigações, no que anda bem, deixando a tarefa de elaboração conceitual à doutrina.[3]

O conceito hodierno de obrigação não sofreu significativas alterações. Ao revés, vem mantendo a mesma estrutura ancestral, preservando a linha de orientação "maravilhosamente construída pelos jurisconsultos romanos", como bem percebeu Roberto de Ruggiero.[4-5]

---

1. A respeito, rezam os arts. 1.566 e 1.724 do Código Civil: "são deveres de ambos os cônjuges: I – fidelidade recíproca; II – vida em comum, no domicílio conjugal; III – mútua assistência; IV – sustento, guarda e educação dos filhos; V – respeito e consideração mútuos" (art. 1.566) e "as relações pessoais entre os companheiros obedecerão aos deveres de lealdade, respeito e assistência, e de guarda, sustento e educação dos filhos" (art. 1.724).
2. Consulte-se o *Digesto*, Livro XLIV, Título 7, Fragmento 3.
3. O Código Civil lusitano optou por definir a obrigação, asseverando, em seu art. 397, que a "obrigação é o vínculo jurídico por virtude do qual uma pessoa fica adstrita para com outra à realização de uma prestação".
4. RUGGIERO, Roberto de. *Instituições de direito civil*, p. 4.
5. Lembra Luiz Antonio Rolim, estudioso do direito romano, obrigação "significa um dever jurídico de caráter eminentemente econômico, uma vez que envolve essencialmente dois sujeitos, sendo um deles *o credor*,

Assim sendo, considerada a necessária evolução histórica do direito das obrigações, já vista alhures, é possível, então, conceituar a obrigação como a *relação jurídica transitória, estabelecendo vínculos jurídicos entre duas diferentes partes (denominadas credor e devedor, respectivamente), cujo objeto é uma prestação pessoal, positiva ou negativa, garantido o cumprimento, sob pena de coerção judicial.*

A doutrina é uniforme quanto a esse entendimento.

Não difere disso o pensamento de Caio Mário da Silva Pereira, para quem a "obrigação é o vínculo jurídico em virtude do qual uma pessoa pode exigir de outra prestação economicamente apreciável"[6] e, tampouco, o de Orlando Gomes, que destaca ser a obrigação "um vínculo jurídico em virtude do qual uma pessoa fica adstrita a satisfazer uma prestação em proveito de outra".[7]

Também Carlos Roberto Gonçalves advoga a tese de que *"a obrigação é o vínculo jurídico que confere ao credor (sujeito ativo) o direito de exigir do devedor (sujeito passivo) o cumprimento de determinada prestação.* Corresponde a uma relação de natureza pessoal, de crédito e débito, de caráter transitório (extingue-se pelo cumprimento), cujo objeto consiste numa prestação economicamente aferível".[8]

Dessa uniformidade conceitual na doutrina brasileira – e também na doutrina alienígena – vale a pena conferir os caracteres principais da obrigação: (a) caráter transeunte (até mesmo porque não pode haver relação obrigacional perpétua, o que implicaria, como se pode extrair de seu conceito, uma verdadeira servidão humana); (b) vínculo jurídico entre as partes (através do qual a parte interessada pode exigir da outra, coercitivamente, o adimplemento); (c) caráter patrimonial (pois somente o patrimônio do devedor pode ser atingido, afastada a sua responsabilidade pessoal); (d) prestação positiva ou negativa (pode ser uma conduta de dar, fazer ou não fazer).[9]

Não se deixe de notar, ainda, que em toda obrigação há um aspecto dúplice, percebendo-se, a um só tempo, dois diferentes fatores: o *débito* e a *responsabilidade*.

---

que exige do outro – o *devedor* – o cumprimento de uma prestação de conteúdo econômico (o pagamento de uma dívida)", cf. *Instituições de direito romano*, p. 221.

6. PEREIRA, Caio Mário da Silva. *Instituições de direito civil*, p. 5. Mais sintético, porém com o mesmo sentido, encontra-se Paulo Luiz Netto Lôbo, para quem "obrigação é a relação jurídica entre duas (ou mais) pessoas, em que uma delas (o credor) pode exigir da outra (o devedor) uma prestação", cf. *Teoria geral das obrigações*, p. 21.
7. GOMES, Orlando. *Obrigações*, p. 15.
8. GONÇALVES, Carlos Roberto. *Direito civil brasileiro*, p. 21.
9. Pontue-se, por oportuno, que tais características não são encontradas nas relações obrigacionais de consumo, regidas pela Lei nº 8.078/90 – Código de Defesa do Consumidor. É que a relação de consumo funda-se na vulnerabilidade e na hipossuficiência de uma das partes da relação jurídica, o consumidor. Assim sendo, os elementos básicos e as características das relações de consumo são distintos, pois os sujeitos são diferentes (de um lado, o consumidor e, de outro, o fornecedor, como se dessume dos arts. 2º e 3º do CDC), o mecanismo de responsabilização é próprio, calcado em regras mais protetivas, baseadas na teoria do risco, o sistema de evicção é específico, os prazos prescricionais diferenciados etc. Explicando essa realidade diferenciada, Everaldo Cambler esclarece ser "este o sentido do ordenamento constitucional: dar sustentação à parte mais fraca do poderio econômico preponderante", cf. *Curso avançado de direito civil*: direito das obrigações, p. 34.

Assim, a obrigação gera para o devedor o dever de prestar, sob pena de responsabilização patrimonial, através da participação do Poder Judiciário.

Vimos que a obrigação pode ser tradicionalmente conceituada como a relação jurídica especial, em virtude da qual uma pessoa fica adstrita a satisfazer uma prestação em proveito de outra. Todavia, trata-se de conceito técnico em sentido estrito, que corresponde à formulação corrente da doutrina clássica, mas que, na atualidade, torna-se insuficiente.

Será possível, então, detectar ao longo deste trabalho que a moderna metodologia afasta formulações lógico-formais do ordenamento jurídico. Exatamente por isso, forte na lição de Mário Júlio de Almeida Costa, "considera-se que a ciência do direito, mercê da sua exata natureza, tem de orientar-se pelo primado da vida e não partindo de um puro logicismo".[10]

Partindo dessa necessária aproximação entre a vida real e a ciência do Direito, é preciso introduzir o estudante e o estudioso no mundo das relações jurídicas obrigacionais com um olhar diferenciado e atento ao sistema civil-constitucional.

Para tanto, impende perceber a artificialidade da existência de um simples estado de sujeição de uma parte à outra, imaginando que, dentro de uma relação obrigacional, apenas haveria uma única parte responsável pelo cumprimento.

Ao contrário disso, é fácil notar que em cada relação obrigacional há uma série de direitos e deveres recíprocos entre as partes, tornando a obrigação muito mais *dinâmica* e *funcional* e afastando-se da estática ideia de direitos para o credor e responsabilidades para o devedor, isoladamente. Vivenciamos a passagem da obrigação para um verdadeiro processo obrigacional.

É relevante frisar, nessa ordem de ideias, que em uma única relação jurídica (imagine-se um contrato qualquer, exemplificativamente) localizam-se inúmeras obrigações recíprocas, assumindo ambas as partes, em diferentes momentos, o papel de credor e devedor de diferentes obrigações, denotando um verdadeiro *caráter dinâmico na relação obrigacional*. Veja-se, ilustrativamente, que, no contrato de compra e venda, enquanto impõe-se ao comprador a obrigação de pagar, vislumbra-se a obrigação do vendedor de entregar a coisa (objeto do contrato).

Há praticamente 50 anos, Karl Larenz já advertia que "toda relação obrigacional persegue, quando possível, a mais completa e adequada satisfação do credor em consequência de certo interesse na prestação, o que permite visualizar-se a obrigação como um processo voltado para um fim".[11]

Clóvis do Couto e Silva, nesse caminho, vislumbrou na obrigação um verdadeiro *processo*, composto, "em sentido largo, do conjunto de atividades necessárias à

10. ALMEIDA Costa, Mário Júlio de. *Direito das obrigações*, p. 61.
11. LARENZ, Karl. *Derecho de obligaciones*, p. 39.

satisfação do interesse do credor",[12] superando, pois, o caráter estático fundado na polaridade credor e devedor.

Bem percebeu, nessa senda, Antunes Varela que as obrigações encerram em si "verdadeiros processos intersubjetivos que, englobando normalmente vários poderes e deveres, se desenrolam no tempo, para satisfação do interesse de uma pessoa, mediante a cooperação de outra".[13]

Se falta a cooperação, arremata Marco Aurélio Viana, "vem a reparação, pela presença da responsabilidade civil".[14] De nossa parte, complementamos: ausência de cooperação do devedor no sentido de cumprir a prestação e ausência do credor, quando descura em cumprir os deveres anexos derivados da boa-fé objetiva.

Esse aspecto dinâmico das obrigações (revisando a antiga visão binária *credor x devedor*, como se as partes de uma relação obrigacional fossem, tão somente, credor ou devedor, isoladamente) em muito decorre da boa-fé objetiva, que estabelece deveres anexos de conduta às partes indistintamente, conferindo cores mais nítidas a esse pluralismo conceitual. Exatamente por conta da incidência da boa-fé objetiva é que se percebe uma série de deveres recíprocos, visualizando-se uma verdadeira ordem de cooperação, em que se diluem as posições clássicas de antagonismo entre credor e devedor.

Advirta-se, de qualquer modo, que não se pode negar que a finalidade precípua da obrigação é a satisfação dos interesses do credor, porém é preciso que se obtenha tal desiderato em respeito aos valores constitucionais, especialmente a dignidade da pessoa humana (CF, art. 1º, III). E mais ainda: é preciso que o próprio credor adote uma posição de cooperação para o adimplemento, permitindo que o devedor se veja liberto do vínculo.

Daí a assertiva de Pietro Perlingieri: "a obrigação não se identifica no direito ou nos direitos do credor; ela configura-se cada vez mais como uma relação de cooperação. Isto implica uma mudança radical de perspectiva de leitura da disciplina das obrigações: esta última não deve ser considerada o estatuto do credor; a cooperação, e um determinado modo de ser, substitui a subordinação e o credor se torna titular de obrigações genéricas ou específicas de cooperação ao adimplemento do devedor".[15]

1.2 Características essenciais

Dessas ideias preambulares, é possível visualizar o núcleo invariável das relações obrigacionais. Infere-se, assim, que *a determinabilidade dos sujeitos*, o *caráter*

12. COUTO E SILVA, Clóvis do. *A obrigação como processo*, p. 10.
13. ANTUNES VARELA, João de Matos. *Direito das obrigações*, p. 64.
14. VIANA, Marco Aurélio. *Curso de direito civil*: direito das obrigações, p. 11.
15. PERLINGIERI, Pietro. *Perfis do direito civil*, p. 212.

patrimonial da prestação (objeto) e a *transitoriedade do vínculo* são os traços caracterizadores dessa relação jurídica de crédito e débito.

O objeto da relação obrigacional é a prestação, consistente na coisa a ser entregue (obrigação de dar) ou no fato a ser prestado (obrigação de fazer ou não fazer), importando invariavelmente uma ação ou omissão do devedor. Ou seja, ao dever jurídico especial imposto ao sujeito passivo (devedor) corresponderá um direito subjetivo do sujeito ativo (credor). A relação obrigacional consiste no elo entre os dois lados do fenômeno. Nas palavras de Antunes Varela, "este vínculo, constituído pelo enlace dos poderes conferidos ao credor, com os correlativos deveres impostos ao titular passivo da relação, forma o *núcleo central* da obrigação, o elemento substancial da economia da relação".[16]

Ao bipartirmos uma obrigação, encontramos dois elementos essenciais: o débito e a responsabilidade. No direito comparado, são definidos, respectivamente, como *Schuld* (débito) e *Haftung* (responsabilidade). A ideia de tornar a obrigação uma figura portadora de dois aspectos distintos partiu do romanista Alois Brinz como reação à doutrina unitária de Savigny.[17]

Obtempere-se que a contemporânea concepção da obrigação como processo polarizado ao adimplemento não é capaz de apagar o mérito da teoria dualista. Afinal, mesmo que acertadamente reconhecida como relação jurídica global – sob o ângulo de sua complexidade –, a obrigação ainda é aferida em sua acepção estrita – sob o ângulo de relação simples – como um vínculo que assegura ao credor exigir uma prestação. Se esta é a sua essência, nada melhor do que precisar a dicotomia débito/responsabilidade para compreender o cerne do processo obrigacional.

De fato, a exata compreensão da distinção entre o débito (*Schuld*) e a responsabilidade (*Haftung*) não só influi na fixação de um conceito de obrigação, como também autoriza o intérprete a compreender diversos modelos jurídicos como a prescrição, a obrigação natural, a fiança e a solidariedade.

O **débito** traduz a prestação a ser espontaneamente cumprida pelo devedor, em decorrência da relação de direito material originária. Seria o bem da vida solicitado pelo credor, consistente em um comportamento traduzido por um dar, fazer ou não fazer. Em suma, cuida-se do **direito subjetivo** do credor à prestação, como um poder jurídico de satisfação de seu interesse. O cumprimento exato da prestação extingue em regra o direito à prestação.

---

16. ANTUNES VARELA, João de Matos. *Das obrigações em geral*, p. 109.
17. Doutrina esta que preconizava a obrigação como um vínculo que submete a pessoa do devedor ao poder do credor, verdadeira dominação, como uma espécie de propriedade do credor sobre o comportamento do devedor. O célebre romanista se prendeu a uma noção personalista do fenômeno obrigacional. Trata-se, sem sombra de dúvida, de uma visão reducionista, sobremaneira nos tempos atuais em que a ética da cooperação supera qualquer concepção de submissão, capaz de reduzir o sujeito a objeto de poder do credor.

Não obstante a existência de um *direito à prestação*, o credor não dispõe ainda do poder de exigir o cumprimento, mas, apenas, de uma simples expectativa de adimplemento por parte do devedor. Sendo certo que o devedor possui o dever específico de prestar, a fim de satisfazer o direito subjetivo alheio, o inadimplemento da obrigação gera a responsabilidade do devedor.

A **responsabilidade patrimonial**, por seu turno, é a sujeição que recai sobre o patrimônio do devedor como garantia do direito do credor, derivada do inadimplemento do débito originário. Por intermédio de agressão aos bens do devedor, será concretizada a **pretensão do credor**, quando houver lesão a seu direito material. Trata-se da velha parêmia "quem deve também responde".

Há uma clássica polêmica envolvendo Emilio Betti e Francesco Carnelutti acerca da natureza de direito material ou processual do elemento da responsabilidade. De acordo com Betti, débito e responsabilidade se constituem simultaneamente, sendo elementos inseparáveis em uma relação de direito material. A obrigação seria a síntese entre ambos os elementos, com a particularidade de que na gênese da obrigação a responsabilidade já está latente, como garantia eventual para o descumprimento, mediante os instrumentos concedidos pelo processo. Em contrapartida, Carnelutti compreende que a responsabilidade se encontra fora da obrigação, não se localizando na relação material de direito civil entre credor e devedor, mas na relação processual em que se encontra o Estado-Juiz. A responsabilidade se revelaria somente no instante do inadimplemento da obrigação. Isto é, o devedor deve ao credor, mas está sujeito ao Estado, acionável mediante o exercício de um direito potestativo do credor.[18]

Bem se percebe que o direito de garantia sobre o patrimônio, construído pelos doutrinadores do *Schuld* e da *Haftung*, é uma fórmula que ultrapassa a senda civilística, alcançando uma realidade processual, pois o ingresso nos bens do devedor não é outra coisa senão a ação executiva, dirigida ao Estado e distinta ao direito material do credor e da pretensão decorrente de sua violação.

A nosso viso, os elementos do débito e responsabilidade são inerentes à relação obrigacional de direito material, apartados do aspecto processual. Dois aspectos merecem destaque em apoio à concepção substancialista de Betti: Primeiro, se o adimplemento é verificado, não se diga que a responsabilidade jamais existiu. Ela apenas permaneceu em estado latente, exercendo a função inibitória de desestimular o inadimplemento. Ou seja, atuou como sanção de caráter preventivo; segundo: havendo o descumprimento da obrigação, a pretensão daí derivada possui natureza de direito material, implicando a exigibilidade do cumprimento espontaneamente

18. Em defesa da tese de Carnelutti, Enrico Tullio Liebman ensina que "o credor não tem o poder de invadir com os seus próprios meios a esfera jurídica do devedor; ele tem apenas o direito de pedir que outrem (o órgão judiciário) o faça, direito que não é outra coisa que não a ação. Entre o crédito, entendido estritamente como **direito a conseguir** a prestação do devedor, e a ação, que é o **direito de pedir** a intervenção do órgão público no caso de inadimplemento, não é possível configurar terceiro elemento intermediário, que objetivamente não existe. Quem põe as mãos sobre os bens do devedor é o Estado, por intermédio de seu órgão competente: ele e só ele tem os poderes para tanto". In *Processo de execução*, p. 31.

negligenciado pelo devedor. Essa pretensão é em regra instrumentalizada pela via do processo, mas nada impede que vias extrajudiciais se encarreguem de concretizar a exigibilidade, tal qual o protesto notarial ou a arbitragem.[19]

A responsabilidade patrimonial não atua apenas na função de garantia contra o eventual inadimplemento do dever obrigacional, detendo ainda um caráter coercitivo, pois constrange o devedor a satisfazer voluntariamente a prestação. Ou seja: além da tradicional tutela reparatória, não se pode negar a grande efetividade da tutela inibitória das obrigações, como modo de evitar a concretização de danos de uma parte à outra, impedindo-se a prática do ilícito contratual e a consequente produção da lesão ao direito subjetivo a um dos participantes da relação.

Em resumo, débito e responsabilidade nascem simultaneamente, mas, no mundo fático, temos dois momentos distintos. Primeiro, o direito subjetivo ao crédito que se impõe em face do devedor; segundo, a eventual lesão ao direito subjetivo, gerando o nascimento da pretensão de direito material em favor do credor. A pretensão consiste no poder de exigibilidade da prestação, que nasce no momento em que o devedor adota um comportamento diferente do esperado, recusando o cumprimento voluntário da prestação. Aqui se permite que o credor ingresse no patrimônio do devedor ou dos demais responsáveis.

O art. 391 do Código Civil é de clareza solar ao estabelecer que *"pelo inadimplemento das obrigações respondem todos os bens do devedor"*. Por certo, o legislador se excedeu, olvidando a tutela do patrimônio mínimo do devedor inadimplente, composto pelos bens afetados por impenhorabilidade e inalienabilidade (como nos exemplos mencionados nos arts. 833 e 834 do CPC/15), além de outras hipóteses legais (*v. g.*, o bem de família previsto na Lei nº 8.009/90 e nos arts. 1.711 a 1.722 da Lei Civil), em que o princípio da solidariedade impede que o devedor seja colocado em um nível afrontoso à especial dignidade da pessoa humana.

Faz-se a seguinte indagação: a ausência de ressalva do art. 391 do CC/2002, após a menção a *"todos os bens do devedor"*, porventura significará que se eliminam as exceções? Barbosa Moreira aduz que "deve ser negativa a resposta. À luz do art. 2º, § 2º, da LINDB, 'a lei nova que estabeleça disposições gerais ou especiais, a par das já existentes, não revoga nem modifica a anterior'. O citado art. 391 contém regra geral, que deixa intactas as disposições especiais – as do CPC e as constantes de outros diplomas. A expressão 'todos os bens do devedor' há de ser lida com a ressalva implícita das hipóteses nela contempladas".[20] Aliás, é evidente o fenômeno de

19. Arremata Caio Mário da Silva Pereira: "Observando que vastas vezes a obrigação se executa espontaneamente, atiram alguns contra a teoria dualista o argumento de que, nesse caso, não haveria o segundo elemento. Da explicação de Betti vem, muito sensível, a réplica, pois ensina ele que a responsabilidade é um estado potencial, continente de dupla função: a primeira, preventiva, cria uma situação de coerção ou procede psicologicamente, e atua sobre a vontade do devedor, induzindo-o ao implemento; a segunda, no caso de a primeira falhar, é a garantia, que assegura efetivamente a satisfação do credor". In *Instituições do direito civil*, p. 20.

20. MOREIRA, Barbosa José Carlos. *O novo Código Civil e o direito processual*, p. 118.

contínua expansão da tutela do patrimônio mínimo. Consoante a Súmula n. 486, do Superior Tribunal de Justiça, "é impenhorável o único imóvel residencial do devedor que esteja locado a terceiros, desde que a renda obtida com a locação seja revertida para a subsistência ou a moradia da sua família".

Daí a superioridade da fórmula do art. 789 do CPC/15: *"o devedor responde, para o cumprimento de suas obrigações, com todos os seus bens presentes e futuros, salvo as restrições estabelecidas em lei"*. De qualquer forma, o dispositivo insiste no equívoco de atribuir ao devedor a posição de responsável pelo cumprimento de obrigações. Em verdade, quem responde é o "responsável", seja ele o devedor ou um terceiro. Porém, se reduzirmos a eficácia da norma à pessoa do devedor, pode-se dizer que a responsabilidade patrimonial poderá abarcar os bens "passados", que não mais se encontram em seu patrimônio ao tempo do inadimplemento, quando constatada fraude contra credores ou à execução, determinando a ineficácia da alienação de bens a terceiros.

A execução é real, incidindo sobre o patrimônio e não sobre a pessoa do devedor. A finalidade da execução patrimonial consiste na obtenção do interesse visando inicialmente à prestação, ou de maneira próxima a ela. Em contrapartida, a execução pessoal é meramente um resquício histórico. A **prisão civil** – que remanesce unicamente na exceção constitucional da recusa de alimentos, à medida que no final de 2008 o Supremo Tribunal Federal aboliu a prisão civil do depositário infiel (RE nº 466.343/SP – Informativo STF nº 531) – não pode servir como exemplo de execução pessoal e exceção ao princípio da patrimonialidade da prestação, pois, como bem assinala o processualista Daniel Amorim Assumpção Neves, "o encarceramento não é forma de satisfação da obrigação, e sim mero meio de coerção (o mais violento de todos eles) para o cumprimento da obrigação. O devedor de alimentos que deve três meses e fica preso por um mês sai da prisão devendo quatro meses de alimentos".[21]

Segundo a Súmula 309 do Superior Tribunal de Justiça, "o débito alimentar que autoriza a prisão civil do alimentante é o que compreende as três prestações anteriores ao ajuizamento da execução e as que se vencerem no curso do processo".[22]

---

21. NEVES, Daniel Amorim Assumpção; FREIRE, Rodrigo da Cunha Lima; MAZZEI, Rodrigo; RAMOS, Glauco Gumerato. *Reforma do CPC*. v. 2, p. 126.

22. Tecemos críticas à referida súmula. *Albergada na perspectiva civil-constitucional, a obrigação alimentícia também está funcionalizada à afirmação da dignidade da pessoa humana e da igualdade substancial, além de servir como instrumento de solidariedade social. Por isso, a possibilidade de prisão civil do devedor alimentar precisa ser compreendida na dimensão constitucional, vocacionada para o realce dos valores maiores do sistema jurídico. Manter a estrutura da prisão civil fundada no débito do trimestre antecedente à citação para a ação alimentar é ter uma visão míope da norma constitucional, enxergando de maneira turva a realidade latente da vida. Somente permitida a prisão civil assim, restarão sacrificados direitos fundamentais do credor (muita vez, crianças e adolescentes, que contam com proteção integral e prioridade absoluta, como reza o art. 227, CF), incentivando o devedor relapso. É imperiosa a aplicação da técnica de ponderação de interesses no caso em apreço, sopesando numa balança imaginária os valores colidentes: o direito do devedor de não ter a prisão civil desviada de sua função precípua de garantir a integridade humana e o direito do credor de perceber a pensão regularmente, viabilizando sua própria subsistência. O fiel da balança será a afirmação da dignidade da pessoa humana, devendo prevalecer o valor que a respeitar de forma mais ampla e efetiva. Nessa linha de*

Decomposta a obrigação, percebemos que, em regra, os dois elementos (*Schuld* e *Haftung*) participam conjuntamente de todas as obrigações, recaindo sucessivamente sobre a mesma pessoa. O débito, como finalidade imediata a ser voluntariamente adimplido, e a responsabilidade patrimonial, como finalidade mediata (remota). É o que se chama de ***obrigação civil*** ou ***perfeita***.

Apesar disso, não se pode esquecer a existência de situações especiais. Exatamente por isso, Serpa Lopes enfatiza que, em prol da concepção dualista, seria possível a afirmação das seguintes situações: "1) existência de dívida sem responsabilidade; 2) presença de dívida sem responsabilidade própria; 3) responsabilidade sem dívida atual".[23]

Vale a pena conferir como se materializam tais situações especiais.

Excepcionalmente, surgem casos de *débito sem responsabilidade*, ou seja, hipóteses em que a relação obrigacional constituiu-se validamente no plano do direito material, mas cuja pretensão do credor poderá ser repelida pelo devedor. Vejam-se as dívidas prescritas. Caso o réu alegue a exceção material de prescrição (art. 193 do CC), o juiz julgará improcedente o pedido, não porque não mais exista o débito, mas pelo fato de o réu tolher a eficácia da pretensão manifestada.

Caso o devedor se mantenha omisso na demanda em que é réu, haverá emissão de sentença favorável ao autor, pois o débito persiste e a pretensão não restou excepcionada. Cuida-se da **obrigação natural – ou imperfeita** – que se apresenta com os seus elementos integrantes, vale dizer, sujeito (credor e devedor), objeto (prestação) e vínculo jurídico, todavia, despida de coercibilidade pela ausência de uma garantia que se possa efetivar por meio de ação. Isso implica afirmar que o **único efeito jurídico da obrigação natural é a irrepetibilidade** (arts. 882/883 do CC), nos casos em que voluntariamente o devedor delibera por cumprir a obrigação inexigível.

Aliás, o mecanismo da ação de repetição de indébito e seus desdobramentos demonstra exatamente a ideia do modelo jurídico da prescrição. Ela não atinge o direito de ação e nem mesmo o próprio direito subjetivo do credor. Em verdade, acarreta o nascimento de um contradireito em prol do devedor, consistente na possibilidade de alegação de exceção substancial de prescrição (art. 189 do CC). Genialmente, Barbosa Moreira se vale de uma imagem, ao mencionar que "*a prescrição não subtrai arma alguma ao credor: cinge-se a fornecer ao devedor um escudo, do qual ele poderá*

---

intelecção, não se pode represar a prisão civil do devedor de alimentos ao débito do último trimestre anterior à sua citação, pena de negar os mais relevantes valores constitucionais. É preciso detectar, no caso concreto (casuisticamente), qual o período de tempo que, equilibrando a balança, atende às diretrizes constitucionais. Com isso, afirma-se, com tranquilidade, a possibilidade de prisão civil do devedor de alimentos por período inadimplido há mais de três meses. Poderá, seguramente, o juiz decretar a prisão civil para coagi-lo a pagar os últimos seis, nove ou 12 meses (ou mais ainda!), considerando as circunstâncias fáticas.

23. SERPA LOPES, Miguel Maria de. *Curso de direito civil*, p. 13.

servir-se ou não, a seu talante".[24] Basta observar que o credor, mesmo após a prescrição, ainda poderá obter a prestação jurisdicional do Estado (direito subjetivo público de ação), assim como não será compelido a restituir o pagamento voluntariamente efetuado pelo devedor após a prescrição, pois em nenhum momento faleceu o seu direito subjetivo patrimonial.

O mesmo se diga das dívidas de jogo (art. 814, CC). Mas não nos referimos aos jogos autorizados, como as loterias, pois se trata de obrigações perfeitas. Igualmente, não se aplica a *soluti retentio* aos jogos proibidos (*v.g.*, jogo do bicho), eis que em razão da nulidade do objeto será aplicado ao beneficiário o regramento do parágrafo único do art. 883, devendo dispor do proveito indevido em favor de estabelecimento beneficente. Assim, a noção do débito sem responsabilidade se revela nos jogos tolerados, que não induzem obrigação exigível pelo credor, mas impedem a repetição por parte do devedor que pagou. Na explicação de Cláudio Luiz Bueno de Godoy, apresentam "menor reprovabilidade, em que o evento não depende exclusivamente do azar, mas igualmente da habilidade do participante, como alguns jogos de cartas. Por isso a legislação não os proíbe, por considerá-los uma diversão sem maior proveito, mas pelo mesmo motivo não lhes emprestando a natureza de obrigação perfeita".[25-26]

Outrossim, também incidem no direito das obrigações hipóteses de *responsabilidade sem débito*. Se, em geral, o dever jurídico e a responsabilidade incidem sobre a mesma pessoa, a garantia recairá sobre aquele que se encontra em situação jurídica passiva, por haver assumido e, posteriormente, descumprido a obrigação. Mas não é raro que, para o fortalecimento da posição do credor, o devedor ofereça outras garantias externas ao seu próprio patrimônio. Aqui, cogitamos de situações em que terceiros prestam caução real (*v. g.*, a hipoteca e o penhor, art. 1.419, CC), tornando-se garantidores de débitos alheios. O terceiro responsável não é obrigado pessoalmente, mas seu patrimônio passa a garantir o débito contraído por outra pessoa. Também é possível cogitar do fracionamento dos elementos do débito e da responsabilidade entre sujeitos e patrimônios distintos nas obrigações *propter rem*.27

---

24. MOREIRA, Barbosa. *O novo Código Civil e o direito processual*, p. 116.

25. GODOY, Cláudio Luiz Bueno de. *Código Civil comentado*, p. 775.

26. Como exemplo de dívida sem responsabilidade, Cândido Rangel Dinamarco cita o débito da fazenda pública, que não responde com o seu patrimônio por dívidas em razão da impenhorabilidade de seus bens (art. 100, CF, e art. 910, CPC/15). *Instituições de direito processual civil*. v. 4, p. 327.

27. "Uma interpretação interessante pode ser obtida com a aplicação da teoria da dualidade do vínculo obrigacional à hipótese de pluralidade de direitos subjetivos reais sobre a coisa. Segundo essa teoria, a obrigação se decompõe em débito (***Schuld***), o dever de prestar, e responsabilidade (*Haftung*), a sujeição do devedor, ou terceiro, à satisfação da dívida. Aplicando-se essa teoria à obrigação de pagar despesas condominiais, verifica-se que o débito deve ser imputado a quem se beneficia dos serviços prestados pelo condomínio, no caso, o promitente comprador, valendo assim o brocardo latino *ubi commoda, ibi incommoda*. Até aqui, não há, a rigor, nenhuma novidade. A grande diferença é que o proprietário não se desvincula da obrigação, mantendo-se na condição de responsável pelo pagamento da dívida, enquanto mantiver a situação jurídica de proprietário do imóvel. Essa separação entre débito e responsabilidade permite uma solução mais adequada para a controvérsia, preservando-se a essência da obrigação *propter rem*" (STJ, Informativo 567, REsp 1.442.840-PR, Rel. Min. Paulo de Tarso Sanseverino, julgado em 6/8/2015, DJe 21/8/2015).

Além das clássicas situações ora descritas, o art. 790 do CPC/15 sinaliza hipóteses em que a responsabilidade recairá sobre o patrimônio de pessoas (terceiros) que não têm a qualidade jurídica de obrigadas. É o que se conhece como ***responsabilidade executória secundária***, como a do responsável, nos casos de desconsideração da personalidade jurídica (inc. VII). De fato, uma das mais interessantes aplicações da responsabilidade por débitos alheios é vista na desconsideração da personalidade jurídica, pela convocação dos sócios para responderem pelas obrigações frustradas pela empresa (art. 50, CC).[28] Com o advento do CPC/15, o incidente de desconsideração da personalidade jurídica será pertinente "em todas as fases do processo de conhecimento, no cumprimento de sentença e na execução fundada em título executivo extrajudicial" (art. 134). Com a desconsideração da personalidade jurídica, supera-se a separação patrimonial entre a pessoa natural e a pessoa jurídica que agiu abusiva ou fraudulentamente. Outrossim, com a desconsideração inversa, permite-se que o patrimônio de certa pessoa jurídica possa ser empregado para responder por dívidas pessoais ou de seus sócios (§ 2º, art. 133, CPC/15). Aqui, a responsabilidade secundária recairá sobre a pessoa jurídica, pois com o acolhimento da desconsideração, a alienação ou oneração de bens efetuada em prol do sócio será ineficaz em relação ao requerente do pedido.

Porém, a desconsideração não decorre pura e simplesmente do descumprimento da obrigação pela empresa. Segundo a Súmula 430 do Superior Tribunal de Justiça: "O inadimplemento da obrigação tributária pela sociedade não gera, por si só, a responsabilidade solidária do sócio-gerente." O enunciado corrobora o art. 135 do CTN, que afirma ser possível a afetação de patrimônio dos sócios, ou mesmo de administradores, mas sendo necessário para isso que ocorra a violação de contrato social ou estatutos, que deverá ser comprovado pela Fazenda Pública quando requerida a desconsideração da personalidade jurídica. Destarte, dentro dos parâmetros objetivos apontados, a desconsideração da personalidade jurídica é legítima, não se podendo eximir de responsabilidade patrimonial um empresário que se serve de meios ardilosos para a consecução de fins ilícitos.

---

28. STJ. Informativo nº 0554 Período: 25 de fevereiro de 2015. Segunda Seção DIREITO CIVIL. LIMITES À APLICABILIDADE DO ART. 50 DO CC. O encerramento das atividades da sociedade ou sua dissolução, ainda que irregulares, não são causas, por si sós, para a desconsideração da personalidade jurídica a que se refere o art. 50 do CC. Para a aplicação da teoria maior da desconsideração da personalidade social - adotada pelo CC -, exige-se o dolo das pessoas naturais que estão por trás da sociedade, desvirtuando-lhe os fins institucionais e servindo-se os sócios ou administradores desta para lesar credores ou terceiros. É a intenção ilícita e fraudulenta, portanto, que autoriza, nos termos da teoria adotada pelo CC, a aplicação do instituto em comento. Especificamente em relação à hipótese a que se refere o art. 50 do CC, tratando-se de regra de exceção, de restrição ao princípio da autonomia patrimonial da pessoa jurídica, deve-se restringir a aplicação desse disposto legal a casos extremos, em que a pessoa jurídica tenha sido instrumento para fins fraudulentos, configurado mediante o desvio da finalidade institucional ou a confusão patrimonial. Dessa forma, a ausência de intuito fraudulento afasta o cabimento da desconsideração da personalidade jurídica, ao menos quando se tem o CC como o microssistema legislativo norteador do instituto, a afastar a simples hipótese de encerramento ou dissolução irregular da sociedade como causa bastante para a aplicação do *disregard doctrine*. EREsp 1.306.553-SC, Rel. Min. Maria Isabel Gallotti, DJe 12/12/2014.

Sujeitam-se também à execução os bens do cônjuge ou companheiro, quando suportam a execução da dívida contraída pelo outro, em benefício da família. A legislação considera o tipo de dívida cobrada e a modalidade de regime de bens em vigor. A meação do cônjuge ou convivente responde pelas dívidas contraídas pelo outro (arts. 1.643 e 1.644, CC). Esclarece Fredie Didier Jr. que a "doutrina e os tribunais superiores estabeleceram uma presunção relativa de que as transações feitas pelo cônjuge são para ganho familiar, lançando sobre o outro cônjuge o ônus de provar o contrário – incumbindo à esposa, por exemplo, provar que o título serve para saldar a dívida de jogo ou decorre de despesas com a concubina do marido. Cedem à presunção (de que a dívida foi no proveito familiar) os casos em que a dívida decorre de ato ilícito de um dos cônjuges e os casos de execução fiscal de sociedade, quando a responsabilidade recai sobre o sócio-consorte. Nesses casos cabe ao credor demonstrar que houve favorecimento familiar".[29]

A despeito da diferença existente, no plano material, entre o obrigado e o garante, após a sua intimação, o cônjuge/companheiro possui dupla legitimidade para se defender, concedendo-lhe o ordenamento duas formas distintas de atuação conforme o seu interesse seja o de questionar a dívida e sua execução, ou questionar tão somente a sujeição dos seus bens à execução: a um, poderá figurar no polo passivo da execução, defendendo-se pela via da impugnação ou dos embargos do executado, quando admite que os seus bens respondem pela dívida, mas quer discutir o próprio débito e a forma de execução; a dois, ressalva-se a situação do cônjuge como terceiro, ao pretender a defesa de sua meação. Quando o consorte crê que os seus bens não devam responder pela execução e deseja excluir a constrição a eles imposta, deverá opor embargos de terceiros (art. 674, § 2º, CPC/15). Aqui o cônjuge/companheiro atuará verdadeiramente como responsável secundário.[30]

Ademais, complementando o rol de hipóteses em que débito e responsabilidade se dissociam, nada impede que a responsabilização do devedor seja efetivada em momento anterior à exigibilidade do débito. Ou seja, hipóteses de responsabilidade sem dívida atual.

Na fiança, o garante oferece bens com o intuito de caucionar a eventualidade de um débito. O fiador não tem qualquer obrigação no plano material – a dívida não é dele –, mas possui responsabilidade patrimonial, sacrificando os seus próprios bens caso se confirme o inadimplemento do devedor. A sujeição de seu patrimônio afeta mesmo o seu bem de família. O Supremo Tribunal Federal já autenticou a constitucionalidade do art. 3º, VII, da Lei nº 8.009/90, que exclui da garantia da impenhorabilidade o

29. DIDIER Jr., Fredie. *Curso de direito processual civil*: execução. v. 5, p. 262.
30. Súmula 134 STJ: "Embora intimado da penhora em imóvel do casal, o cônjuge do executado pode opor embargos de terceiro para defesa de sua meação."

bem imóvel voluntariamente concedido em fiança locatícia, inexistindo ofensa ao direito social de moradia, ao qual alude o art. 6º da Constituição Federal.[31]

Quando o credor percebe efetiva redução do patrimônio do devedor, mesmo antes do transcurso do prazo, poderá socorrer-se de medidas cautelares preparatórias, hábeis a preservar a solvabilidade da prestação ao tempo normal de seu vencimento. Em tais situações, a atuação processual precede a constatação do indébito. Aliás, há fraude contra credores na conduta de quem transfere patrimônio e se reduz à condição de insolvência, mesmo que ainda não exista dívida líquida certa e exigível, sendo suficiente a constatação do fato gerador do débito (*v.g.*, sujeito que pratica homicídio e antes da condenação criminal esvazia o patrimônio com o propósito de elidir eventual ação de indenização por parte dos sucessores da vítima).[32]

Finalizando, o fato de a responsabilidade recair sobre os bens do devedor jamais poderá implicar afirmar-se que se estabelecerá uma relação jurídica entre o credor e o patrimônio do devedor, ou entre dois patrimônios. Trata-se de um absurdo jurídico!! As relações jurídicas se estabelecem entre pessoas. Os bens se submetem ao poder de seus titulares e, especificamente em sede de obrigações, a execução atingirá o patrimônio como garantia geral de adimplemento. Por isso, há de predominar a concepção subjetivista das relações obrigacionais, como relações intersubjetivas.

Em 1930, o grande Georges Ripert já questionava tal consideração: "se pensarmos que todo o esforço dos técnicos consiste justamente em nos fazer esquecer os homens na relação jurídica para só ver essa relação, e que lhes aparece como a última palavra do progresso jurídico enunciar a obrigação como relação entre dois patrimônios, julgar-se-á que este apelo à lei moral parecerá a alguns juristas como uma singular regressão na história das ideias jurídicas [...] as construções técnicas imaginadas obscurecem singularmente a nossa concepção de direito sem nos trazer nada de satisfatório".[33]

1.3 Evolução histórica

"A vida é cheia de obrigações que a gente cumpre por mais vontade que tenha de as infringir deslavadamente."

(Machado de Assis)

---

31. RE nº 407. 668/SP – Rel. Min. Cezar Peluso – Julgamento: 8.2.2006. EMENTA: FIADOR. Locação. "Ação de despejo. Sentença de procedência. Execução. Responsabilidade solidária pelos débitos do afiançado. Penhora de seu imóvel residencial. Bem de família. Admissibilidade. Inexistência de afronta ao direito de moradia, previsto no art. 6º da CF. Constitucionalidade do art. 3º, inc. VII, da Lei nº 8.009/90, com a redação da Lei nº 8.245/91. Recurso extraordinário desprovido. Votos vencidos. A penhorabilidade do bem de família do fiador do contrato de locação, objeto do art. 3º, inc. VII, da Lei nº 8.009, de 23 de março de 1990, com a redação da Lei nº 8.245, de 15 de outubro de 1991, não ofende o art. 6º da Constituição da República."

32. Enunciado 292 do Conselho de Justiça Federal – "Art. 158. Para os efeitos do art. 158, § 2º, a anterioridade do crédito é determinada pela causa que lhe dá origem, independentemente de seu reconhecimento por decisão judicial."

33. RIPERT, Georges. *A regra moral nas obrigações civis*, p. 23.

Sintetizando um breve bosquejo histórico, é possível realçar três relevantes aspectos que marcam a compreensão histórica das relações obrigacionais.

O primeiro aspecto marcante foi abordado alhures. Trata-se de sua vastidão (amplitude conceitual) e enorme projeção prática nos demais domínios do Direito Civil – e até mesmo em outros ramos da ciência jurídica.

Outro traço que envolve as obrigações é a relativa uniformidade nos diferentes sistemas jurídicos universais (caráter universal). Com efeito, há grande aproximação das obrigações nos diversos sistemas legislativos. Há uma tendência moderna de maior internacionalização, na medida em que surgem blocos econômicos e a comunicação e formas de comércio dinamizam-se. Talvez tenha sido exatamente por isso que já se chegou mesmo a idealizar um Código Universal de Obrigações.[34]

A terceira marca do Direito das Obrigações é a sua lenta evolução no tempo, por tratar-se de área pouco infensa à influência de fatores políticos, morais e religiosos. Aqui, convém uma análise mais ampla, acrescendo outras considerações a esse terceiro aspecto evolutivo.

No direito romano, as obrigações foram definidas como relações baseadas em vínculos jurídicos que compelem pessoas a efetuar determinada prestação.

No *Dicionário Aurélio*, a primeira definição para o termo *vínculo* é tudo aquilo que *ata, liga ou aperta*. Em suma, traz a ideia de prisão ou cadeia, de subordinação pessoal do devedor à pessoa do credor.

Isso efetivamente já era reconhecido no próprio direito romano arcaico. O inadimplemento da obrigação era sancionado com a própria condução do devedor à escravidão ou, mesmo, a uma punição corporal ou à eliminação da vida. Ensina o mestre Caio Mário da Silva Pereira que, em razão da pessoalidade do vínculo, estabelecia-se o poder do credor sobre o corpo do devedor quando faltava o resgate da dívida: "estas ideias eram tão naturalmente recebidas que não repugnava impor sobre o devedor insolvente um macabro concurso creditório, levando-o além do Tibre, onde se lhe tirava a vida e dividia-se o seu corpo pelos credores".[35]

Apenas com a edição da *Lex Poetelia Papiria,* em 428 a.C., tornou-se possível eliminar a sanção pessoal, substituindo-a pela patrimonialidade da sanção ao

---

34. Com o mesmo espírito, Álvaro Villaça Azevedo chega mesmo a observar: "o que se quer mostrar é que o Direito das Obrigações, não sofrendo muito essas injunções locais, é *universal, quase que imutável,* pois as situações dele decorrentes são, praticamente, as mesmas em todo o mundo. Por exemplo, a compra e venda apresenta-se com as mesmas características gerais em qualquer país", cf. *Teoria geral das obrigações,* p. 27.

35. PEREIRA, Caio Mário da Silva. *Instituições de direito civil,* p. 10. Colhe-se, ainda, da lição do Mestre das Alterosas que "de todo o Direito Civil são as obrigações que maior cunho guardam de elaboração científica, e maior expressão ideal da lógica jurídica apresentam no direito moderno, prestando maior fidelidade ao Direito romano, pois foi o direito obrigacional, em decorrência de seu caráter especulativo, a obra-prima da legislação romana".

inadimplemento. No *corpus iuris civilis* de Justiniano (534 d.C.) consolida-se o aspecto da obrigação como prestação.

Em um grande salto no tempo, no Código Napoleônico de 1804 – marco para todas as codificações do século XIX e início do século XX – o caráter pessoal da obrigação tão presente na noção romana é suplantado pela impessoalidade da obrigação. Profundamente influenciado pelas transformações econômicas vivenciadas a partir do Renascimento e pelo grande afluxo de trocas comerciais entre diversas nações, o *Code* já estabelecia que, no patrimônio do devedor, os credores encontrariam as garantias para o caso de inadimplemento (art. 2.093).

Essa evolução universal, de substituição da pessoalidade para a patrimonialidade das obrigações, demonstra que toda a construção da matéria não passa de uma constante e perseverante busca pela afirmação da liberdade. O fundamento pelo qual duas pessoas submetam-se a uma obrigação é justamente o livre-arbítrio de optar por seus caminhos, o que, atualmente, denominamos autonomia privada. Portanto, ao término da vigência da obrigação, a função maior do direito será restituir aquela parcela de liberdade, temporariamente cedida, em razão do cumprimento da relação jurídica. Se a liberdade cedida não for restituída, o devedor inadimplente será escravizado pelo credor.

Substitui-se a noção de vínculo pela ideia de *relação obrigacional*. O devedor não está mais submetido à pessoa do credor, mas subordinado à prestação. Daí o interesse do devedor em exonerar-se da relação obrigacional.

A importância concedida pelo legislador ao cumprimento da obrigação é vislumbrada pela própria nomenclatura destinada ao Título III do Livro das Obrigações: *do Adimplemento e Extinção das Obrigações*. O estudo do adimplemento insere-se em capítulo anterior ao que versa sobre as outras formas de extinção das obrigações.

Há humanização da execução, pois na ótica da obrigação como liberdade a única hipótese de prisão civil concebida pelo ordenamento jurídico será por débito alimentar. Trata-se de forma residual e legítima de coação ao cumprimento de obrigações visando em última instância preservar a vida e a dignidade da pessoa humana (coincidentemente na posição de credor).

O avanço linear e progressivo da humanização das obrigações se afere desde os tempos da morte e castigos físicos ao devedor, passando pela sua escravização e perda da liberdade até alcançar, em um primeiro momento, a expropriação da totalidade de bens e, hoje, a limitação da execução a determinados bens do devedor, nos termos do art. 833 do CPC/15.

A blindagem patrimonial não objetiva proteger a família, mas a própria dignidade do devedor, independentemente de estar ou não inserido em uma entidade familiar. Inafastável, portanto, a tendência de se substituir a nomenclatura do "bem de família" pelo "bem mínimo existencial". O giro hermenêutico é fundamental para compreender que não há razão para distinguir o devedor *single*, seja ele solteiro, separado, divorciado ou viúvo, daquele que vive em matrimônio ou união estável - hetero ou homoafetiva. O sistema de proteção e promoção de direitos fundamentais não pode produzir distinções arbitrárias em termos de estado civil. Daí, merece encômios a Súmula n. 364 do Superior Tribunal de Justiça: "O conceito de impenhorabilidade de bem de família abrange também o imóvel pertencente a pessoas solteiras, separadas e viúvas".

Pelos mesmos motivos, é indiferente o fato do imóvel estar registrado em nome de pessoa jurídica, quando lá resida o sócio devedor. A impenhorabilidade se descola do elemento da titularidade formal e se prende a relação de pertinência entre a pessoa que exerce o domínio e o bem que serve as suas necessidades.[36] **De** fato, para fins **de** hermenêutica, sempre se deve ter em mente que a **impenhorabilidade** do **bem de** família é irrenunciável, sendo princípio **de** ordem pública, com escopo **de** proteção da entidade familiar, à luz do direito fundamental à moradia. A regra é a **impenhorabilidade**, devendo suas exceções serem interpretadas restritivamente, haja vista que a norma é voltada para a proteção da família e não do patrimônio do devedor. Na mesma senda, é impenhorável o único imóvel comercial do devedor quando o aluguel daquele está destinado unicamente ao pagamento de locação residencial por sua entidade familiar.[37]

Constata Daniel Amorim Assumpção Neves ser a impenhorabilidade de bens a última das medidas no trajeto percorrido pela humanização da execução, colocando-se a dignidade humana do executado acima do direito de crédito do exequente. Afinal, "é absolutamente natural que o devedor, no cumprimento de sua obrigação, sofra sensível diminuição patrimonial e por consequência algumas privações, que podem ser temporárias ou definitivas. O que não se admite é a agressão demasiada à própria dignidade humana do executado, e tão somente isto".[38]

---

36 STJ. **Informativo n. 0579 Período: 17 de março a 1º de abril de 2016. Quarta Turma. IMPENHORABILIDADE DO BEM DE FAMÍLIA. A impenhorabilidade do bem de família no qual reside o sócio devedor não é afastada pelo fato de o imóvel pertencer à sociedade empresária.** A jurisprudência do STJ tem, de forma reiterada e inequívoca, pontuado que a impenhorabilidade do bem de família estabelecida pela Lei n. 8.009/1990 está prevista em norma cogente, que contém princípio de ordem pública, e a incidência do referido diploma somente é afastada se caracterizada alguma hipótese descrita em seu art. 3º. Nesse passo, a proteção conferida ao instituto de bem de família é princípio concernente às questões de ordem pública, não se admitindo sequer a renúncia por seu titular do benefício conferido pela lei, sendo possível, inclusive, a desconstituição de penhora anteriormente feita. **EDcl no AREsp 511.486-SC, Rel. Min. Raul Araújo, julgado em 3/3/2016, DJe 10/3/2016.**

37 STJ. Informativo n. 0591. Período: 4 a 18 de outubro de 2016. Segunda Turma. HIPÓTESE DE IMPENHORABILIDADE DE IMÓVEL COMERCIAL. Inicialmente, registre-se que o STJ pacificou a orientação de que não descaracteriza automaticamente o instituto do bem de família, previsto na Lei n. 8.009/1990, a constatação de que o grupo familiar não reside no único imóvel de sua propriedade (AgRg no REsp 404.742-RS, Segunda Turma, DJe 19/12/2008; e AgRg no REsp 1.018.814-SP, Segunda Turma, DJe 28/11/2008). A Segunda Turma também possui entendimento de que o aluguel do único imóvel do casal não o desconfigura como bem de família (REsp 855.543-DF, Segunda Turma, DJ 3/10/2006). Ainda sobre o tema, há entendimento acerca da impossibilidade de penhora de dinheiro aplicado em poupança, por se verificar sua vinculação ao financiamento para aquisição de imóvel residencial (REsp 707.623-RS, Segunda Turma, DJe 24/9/2009). REsp 1.616.475-PE, Rel. Min. Herman Benjamin, julgado em 15/9/2016, DJe 11/10/2016.

38. NEVES, Daniel Amorim Assumpção. *Reforma do CPC*, v. 2, p. 196.

Com efeito, a crítica é válida. Em uma linha de ponderação, não é crível confundir a tutela dos direitos fundamentais do devedor com uma suposta "intangibilidade patrimonial". Partindo-se da premissa de que o direito fundamental ao crédito é fundamental para a preservação econômica do credor e de sua família, bem como, em uma acepção mais ampla, garantia de segurança jurídica e estabilidade das relações jurídicas fundadas sob a linha da livre-iniciativa, incumbe ao ordenamento jurídico preservar o equilíbrio entre os sujeitos da relação obrigacional, seja na fase do nascimento, seja no momento patológico do inadimplemento e da execução. Para tanto, um juízo de razoabilidade aconselha submeter à impenhorabilidade todos os bens que se relacionem a um padrão médio de vida da sociedade brasileira – pois o mínimo existencial não se reduz ao mínimo vital –, mas nunca ao padrão de vida que o próprio devedor ostentava antes do inadimplemento, pois a queda na condição econômica é algo natural para aquele que se propõe espontaneamente a pagar os seus débitos. Entendimento contrário apenas beneficia o mau pagador e fragiliza a confiança nas relações jurídicas.

Nessa senda, foi positivo o acréscimo do § 2º do art. 833 no CPC/15[39], estabelecendo possibilidade de penhora de 50% daquilo que em salários (incluindo-se vencimentos, pensões, soldos e remunerações de autônomos e profissionais liberais) exceda o montante de 50 salários mínimos mensais, como forma de adequação entre a tutela de um mínimo existencial do devedor e a satisfação do direito fundamental ao crédito. Claro, que poucos brasileiros percebem valores dessa natureza – a nosso ver, o teto é exagerado e mais prudente seria um tabelamento escalonado. De qualquer forma, a regra é superior à total impossibilidade de penhora de salários, conforme o rígido sistema anterior. Em adição, a quantia depositada em poupança do executado, mesmo dentro do limite genérico de impenhorabilidade de 40 salários mínimos (inciso IV, art. 833, CPC/15), passa a responder excepcionalmente pelo débito alimentar, seja esse de qualquer origem (v.g. alimentos decorrentes de ato ilícito ou honorários advocatícios).

Assim, como já decidiu o Superior Tribunal de Justiça, a impenhorabilidade de salários, vencimentos e proventos tem por fundamento a proteção à dignidade do devedor, com a manutenção do mínimo existencial e de um padrão de vida digno em favor de si e de seus dependentes. Por outro lado, o credor tem direito ao recebimento de tutela jurisdicional capaz de dar efetividade, na medida do possível e do proporcional, a seus direitos materiais. Ademais, o processo civil em geral, nele incluída a execução civil, é orientado pela boa-fé que deve reger o comportamento dos sujeitos processuais. Embora o executado tenha o direito de não sofrer atos executivos que importem violação à sua dignidade e à de sua família, não lhe é dado abusar dessa diretriz com o fim de impedir injustificadamente a efetivação do direito

39. § 2º, art. 833: "O disposto nos incisos IV e X do caput não se aplica à hipótese de penhora para pagamento de prestação alimentícia, independentemente de sua origem, bem como às importâncias excedentes a 50 (cinquenta) salários-mínimos mensais, devendo a constrição observar o disposto no art. 528, § 8º, e no art. 529, § 3º".

material do exequente. Dessa forma, só se revela necessária, adequada, proporcional e justificada a impenhorabilidade daquela parte do patrimônio do devedor que seja efetivamente necessária à manutenção de sua dignidade e da de seus dependentes.[40]

Em outro quadrante, é um equívoco confundir a exata noção de patrimonialidade com uma ideia de patrimonialização das obrigações. A patrimonialidade indica que os bens do devedor sujeitam-se à garantia do débito.[41] Mas não há patrimonialização. Muito pelo contrário, vivenciamos tempos de despatrimonialização do direito privado ou de repersonalização do direito civil, em que o ser humano ocupa papel de centralidade no sistema civil-constitucional.

Credores e devedores não estabelecem relações de subordinação, mas de cooperação, a fim de que o adimplemento se verifique da forma mais satisfatória ao credor e menos onerosa ao devedor. No escólio abalizado de Renan Lotufo, "nas relações obrigacionais está uma questão de cooperação entre sujeitos dotados de autonomia jurídica, por consequência independentes um do outro, que visa à solução mais apropriada para compor o conflito de interesses, existentes ou latentes, que irão produzir-se entre eles, na sequência do fato ou ato que os ligará".[42]

Credor e devedor são idênticos titulares de direitos fundamentais e, portanto, devem visualizar, um no outro, deveres de proteção, cooperação e informação, preservando-se o princípio constitucional da solidariedade (art. 3º, I, da CF) e, em última instância, o núcleo da dignidade da pessoa humana.

A despatrimonialização do direito das obrigações e a superação do estrito formalismo e positivismo, que marcaram o estudo da disciplina no Código Civil de 1916, podem ser vistos na consagração do princípio ético da boa-fé objetiva (arts. 113 e 421 do CC); na condenação irrestrita ao abuso do direito (art. 187 do CC); na imposição de um sistema genérico de enriquecimento sem causa (art. 884 do CC); e na possibilidade de resolução contratual pela alteração anormal de circunstâncias vigentes ao tempo de sua celebração, pela onerosidade excessiva (art. 478 do CC).

1.4 Introdução ao estudo das garantias

Contra Dionísio, o tirano, ousara ir Dâmon, com a adaga no manto; guardiões detiveram-no em bando. "Que fazes com a adaga? Fala!", gritou-lhe a voz do tirano. "Libertar do tirano a cidade!" – "pagarás numa cruz tua vontade!". "Estou pronto", ele disse, "a morrer e pela vida não vos peço", mas um favor vos agradeço: imploro três dias, até conceder a mão de minha irmã a quem a merecer. Meu amigo, como penhor, podereis enforcar se eu me for." E o rei sorriu dissimulado, e após um momento falou:

40. STJ, EREsp 1.582.475-MG, Rel. Min. Benedito Gonçalves, por maioria, DJe 16/10/2018.

41. A noção de patrimonialidade, na substituição da vingança pela reparação, é bem evidenciada no texto do art. 942 do Código Civil: "Os bens do responsável pela ofensa ou violação do direito de outrem ficam sujeitos à reparação do dano causado."

42. LOTUFO, Renan. *Código Civil comentado*, p. 12.

"como graça os três dias te dou. Mas saibas: se ao fim deste prazo tu não tiveres retornado, ele perece em teu lugar mas teu castigo vou anular". E ele diz ao amigo: "O tirano deseja que eu pague na cruz, com a vida, pela minha ambição desmedida. Porém, deu-me três dias de tempo, para minha irmã celebrar casamento. Tu serás a fiança ao rei, mas eu logo te libertarei".[43]

O filósofo Schiller introduz as crianças ao universo da poesia através da epopeia do intrépido Dâmon, um condenado à morte que suplica ao rei que lhe conceda 3 dias para casar a sua irmã: como *fiança* deixa um amigo em seu lugar. O herói parte em uma audaz viagem, sabendo que se não voltar no tempo o tirano *executará a garantia*. A narrativa do século XVIII nos remete aos tempos em que as obrigações eram pessoais e o seu descumprimento poderia acarretar o sacrifício de vidas ou a supressão da liberdade.

O interesse prático das garantias é considerável, lembra Gilissen,[44] pois elas constituem o substrato jurídico fundamental para o desenvolvimento do crédito. Por essa razão, não é de estranhar que as garantias ocupem um lugar importante na teoria geral das obrigações. O regime complexo das garantias, tal como o conhecemos atualmente, é fruto de uma longa evolução histórica: os três tipos fundamentais de garantias (pessoal, mobiliária e imobiliária) coexistem nos sistemas jurídicos desenvolvidos.

O direito romano já reconhecia como garantia toda e qualquer situação jurídica destinada a reforçar a expectativa do credor em receber a prestação, podendo essa situação jurídica ser fornecida pelo devedor (garantia geral) ou por um terceiro e ter natureza obrigacional ou real. A realidade teima em demonstrar que uma garantia restrita aos bens do próprio devedor ostenta baixa efetividade, pois mesmo que seja ele solvente ao tempo do negócio jurídico, as contingências do tempo frequentemente provocam movimentos ciclotímicos em seu patrimônio. Daí a importância das *garantias*.

Etimologicamente, o termo *garantia* advém do francês *garantie,* que significa ato ou efeito de proteger, de assegurar, afiançando-se, por isso mesmo, que toda garantia é uma segurança, uma proteção, que se estabelece em favor de alguém.

Diante da polissemia do termo "garantia" Podemos alcançar cinco níveis de concretização. Partindo do mais genérico, em um primeiro plano, referimo-nos a norma geral do art. 391 do CC, estabelecendo ser o patrimônio do devedor a garantia geral do credor; em um segundo nível, aplicamos o termo por síntese da expressão "garantias gerais do contrato", abrangendo arras, cláusula penal, *astreintes,* vícios redibitórios e evicção; no terceiro nível, chega-se a acepção própria de institutos específicos do direito obrigacional (garantias fidejussórias) e de direito real (garantias reais) cuja função é a própria garantia e o escopo é o de ampliar a garantia geral das obrigações do referido art. 391 do CC; no quarto nível de concretização, designa

43. SCHILLER, Friedrich. *A fiança*, p. 3.

44. GILISSEN, John. *Introdução histórica ao direito*, p. 753.

ainda novas figuras não subsumíveis naquelas tradicionais garantias típicas das obrigações, sendo assim, ilustrativamente, as garantias autônomas, ou certas figuras atípicas com função de garantia; finalmente, no quinto grau, passa a designar não um instituto, como as garantias das obrigações – mas uma modalidade de obrigação, a obrigação de garantias, ao lado das obrigações de meio e de resultado, podendo ainda designar certas cláusulas de garantias como as cláusulas *negative pledge, pari passu* ou *cross defaut.*[45]

Portanto, faremos um recorte para o terceiro estágio, mirando nas garantias das obrigações. A ideia de garantia existe em função de dois conceitos logicamente antecedentes, os de interesse e de risco. Leciona Adalberto Pasqualoto que uma garantia se impõe na medida em que um interesse legítimo seja passível de diminuição, perda ou qualquer prejuízo. O credor tem duas ordens de interesses: o interesse no cumprimento do dever de prestação (objeto imediato da obrigação) e o interesse no seu conteúdo (objeto mediato da obrigação). A cada interesse correspondem garantias distintas: garantias acessórias, que são pertinentes ao dever de prestação, objetivando a realização da conduta devida, sob de responsabilidade patrimonial pelo descumprimento; e garantias principais, que têm em vista a utilidade da prestação, do ponto de vista jurídico e material (evicção, vícios redibitórios – que se situam fora da nossa temática).[46]

Ligada à ideia de patrimônio está a noção de garantia, como explica Caio Mário Da Silva Pereira. O patrimônio da pessoa responde por suas obrigações. É uma garantia geral, ou comum, efetivada mediante meios técnicos previstos nas normas processuais, como o arresto, penhora, sequestro e arrecadação. Com o preço obtido com a excussão dos bens do devedor, em hasta pública, o credor satisfaz o seu crédito.[47]

As garantias representam, assim, um reforço ao vínculo obrigacional constituindo um elemento apto a facilitar a extinção satisfativa do crédito, mas, evidentemente, não asseguram de forma absoluta o seu recebimento. Diz-se que esse reforço é *quantitativo*, quando, por meio da garantia, o credor passa a ter acesso ao patrimônio de outra pessoa, o garante, que se obriga em face do credor (caso típico da fiança); e é *qualitativo*, quando se traduz numa preferência concedida ao credor sobre o valor de determinados bens (caso do penhor e da hipoteca).[48]

45. MARTINS-COSTA, Judith; BENETTI, Giovana. As cartas de conforto: modalidades e eficácia, p. 434. Lembram as autoras que por mais que localizemos o estudo tão somente no campo das garantias das obrigações, elas não se limitam aos modelos tradicionais da fiança ou aval, "pelo contrário: novas figuras são continuamente criadas para fazer frente aos riscos do credor, sendo o direito obrigacional marcado pela continua modelação de figuras que, por muitas vezes encontram inspiração em práticas do comércio internacional".

46. PASQUALOTTO, Adalberto. *Contratos nominados III*, p. 222.

47. SILVA PEREIRA, Caio Mário. *Instituições de direito civil*, IV, p. 321.

48. Gisela Sampaio da Cruz, Maria Celina Bodin de Moraes e Rose Melo Vencelau Meireles apontam que "ao aumentar a probabilidade de satisfação do crédito, a garantia também torna o credor mais propenso a emprestar capital em condições menos onerosas para o devedor. Assim, as garantias acabam por favorecer o acesso ao crédito, servindo de estímulo ao financiamento das atividades econômicas. Para além, portanto, de uma vocação repressiva, que as garantias inegavelmente têm, ostentam também finalidade

Indo além, a *garantia especial*, ensina Menezes Leitão,[49] representa um reforço suplementar de segurança atribuído aos credores em relação à garantia comum que é conferida pelo patrimônio do devedor. Esse reforço de garantia que representa a garantia especial varia, consoante se trate de garantias pessoais ou reais.

Na garantia real, esse reforço traduz-se antes em instituir uma afetação de bens, quer do devedor, quer do terceiro, ao pagamento preferencial de certas dívidas. Dispõe o art. 1.419 do Código Civil que "nas dívidas garantidas por penhor, anticrese ou hipoteca, o bem dado em garantia fica sujeito, por vínculo real, ao cumprimento da obrigação". Os dois principais efeitos da garantia real são a *sequela e a preferência* (salvo na anticrese). O bem garantido é destacado do patrimônio geral do devedor ou do terceiro e o vínculo real o acompanha, independentemente de eventuais mutações de sua titularidade, sem que a existência de outros credores desprovidos de privilégios possa embaraçar o exercício de seu direito de crédito.

A outro lado, na garantia pessoal esse reforço à segurança do crédito consiste em intuir uma obrigação secundária, assumida por um devedor diferente. As garantias pessoais implicam um reforço da garantia geral, tornando responsáveis à face do credor outra ou outras pessoas diferentes, o que implica consequentemente a vinculação do patrimônio destas à satisfação do direito de crédito. Para além disso, normalmente o garante da obrigação assegurada adquire, em caso de pagamento, ou o crédito, em resultado da sub-rogação, ou um direito de regresso sobre o primitivo devedor. Com exatidão, proclama Almeida Costa[50] que, com as garantias pessoais, há "um reforço quantitativo da garantia do credor", já que outras pessoas, além do devedor, ficam responsáveis com os seus patrimônios pelo cumprimento da obrigação.

Se hoje a fiança apresenta-se como garantia pessoal típica, em Roma a instituição aparece na *fideiussio*, no fim da república: é um contrato verbal e formalista, pelo qual o fiador (*fideiussor*) garante a execução da obrigação pelo devedor principal. Essa obrigação do fiador tinha caráter acessório, na medida em que pressupunha uma obrigação já existente, independentemente de qual a sua fonte ou de já estar ou não

---

eminentemente promocional, pelo que não podem ser vistas apenas como sanção à violação do crédito. As garantias representam assim um instrumento poderoso que atende a um só tempo os interesses do credor, ao lhe assegurar o resultado útil programado, e do devedor, que passa a ter acesso ao crédito (e acesso mais barato). E tanto mais útil será esse instrumento quanto mais hígida se mantiver a garantia". In, *Direito das garantias*, p. 8.

49. MENEZES LEITÃO, Luís Manuel Teles de. *Garantias das obrigações*, p. 108. Explica ainda o autor que: *no âmbito da análise econômica do direito, a atribuição de garantias especiais tem vindo a ser explicada em ordem à redução, quer dos custos de monitorização da atividade do devedor, quer dos custos de transação. Nesta perspectiva, a não concessão de garantias especiais afeta negativamente o devedor, já que, tendo ele um patrimônio suficiente para cumprir todas as suas obrigações, o fato de solicitar empréstimos não cobertos por garantias especiais pode levá-lo a pagar juros superiores do que se onerasse todo o seu patrimônio com garantias especiais*, p. 113.

50. ALMEIDA COSTA, Mário Júlio de. *Direito das obrigações*, p. 819.

vencida.[51] A fiança aparece a partir do século XVI tal como será descrita pelo *Code Civil* de 1804, sistema largamente inspirado nos princípios do direito romano bizantino.[52]

No sistema brasileiro não há uma disciplina geral das garantias tal como se verifica em outros sistemas. Aqui, as garantias são tratadas conforme a sua natureza jurídica. Enquanto as garantias reais, como penhor, hipoteca e anticrese, se encontram no livro do Direito das Coisas (arts. 1.419 a 1.510, CC), a fiança é incluída entre os contratos em espécie. Diversamente, o Código Civil de Portugal dedica uma seção às garantias especiais das obrigações (arts. 623 a 626); o Código Civil da Itália dedica o sexto livro a tutela dos direitos, sendo o título terceiro devotado à responsabilidade patrimonial, tendo uma disposição genérica, sob a rubrica de obrigação de garantia (art. 1.179); o BGB possui preceitos específicos nos §§ 232 a 240; já o CC espanhol, tal como o brasileiro, fere o tema de forma dispersa, originando inconvenientes como a inserção da propriedade fiduciária – propriedade com função de garantia – no título da propriedade em geral do Código Civil.[53]

Enfim, como nos lembra Flávio Tartuce,[54] a fiança não é um direito real de garantia, ao mesmo tempo em que o penhor, a hipoteca, a anticrese e a alienação fiduciária não são contratos, no sentido jurídico e restrito do termo. Na verdade, os últimos institutos, os direitos reais, podem e são instrumentalizados por meio de contratos, no sentido de negócios jurídicos.

A outro giro, convém acentuar que uma ausência de sistematização contribuiu para a difusão do emprego do termo *caução* em um sentido *lato*, como sinônimo de garantia. Porém, em sentido estrito consiste em figura genérica que pode ter como

51. STJ. Informativo nº 0560 Período: 17 de abril a 3 de maio de 2015. Terceira Turma O fiador de mútuo bancário não tem legitimidade para, exclusivamente e em nome próprio, pleitear em juízo a revisão e o afastamento de cláusulas e encargos abusivos constantes do contrato principal. Com efeito, a fiança é obrigação acessória, assumida por terceiro, que garante ao credor o cumprimento total ou parcial da obrigação principal de outrem (o devedor) caso este não a cumpra ou não possa cumpri-la conforme o avençado. Esse conceito é facilmente extraído do art. 1.481 do CC/1916 bem como do art. 818 do CC/2002, que dispõe: "Pelo contrato de fiança, uma pessoa garante satisfazer ao credor uma obrigação assumida pelo devedor, caso este não a cumpra". A despeito disso, a relação jurídica que se estabelece entre o credor e o devedor do negócio jurídico principal não se confunde com a relação estabelecida no contrato secundário (de fiança), firmado entre aquele mesmo credor e o fiador, que se apresenta como mero garantidor do adimplemento da obrigação principal. Cuida-se, portanto, de contratos que, apesar de vinculados pela acessoriedade da fiança, dizem respeito a relações jurídico-materiais distintas. Essa distinção existente entre as relações de direito material é que torna evidente a ilegitimidade do fiador para, exclusivamente e em nome próprio, postular em juízo a revisão e o afastamento de cláusulas e encargos abusivos constantes do contrato principal (mútuo bancário), materializador, como de outro modo não poderia ser, da comunhão de vontades, exclusivamente, dos contratantes (credor e devedor). É que não se pode confundir legitimidade para agir - que diz respeito à qualidade reconhecida ao titular do direito material que se pretenda tutelar em juízo, relacionada ao fato de ser o autor da pretensão o verdadeiro titular do direito que se pretende tutelar bem como ser o réu o titular do direito de àquele pleito se contrapor - com interesse de agir, nem, menos ainda, conceber a ideia de que o exercício da ação estaria sujeito apenas à existência do segundo. REsp 926.792-SC, Rel. Min. Ricardo Villas Bôas Cueva, DJe 17/4/2015.

52. GILISSEN, John. *Introdução histórica ao direito*, p. 756.

53. NORONHA, Fernando. *Direito das obrigações*, p. 199.

54. TARTUCE, Flávio. *Teoria geral dos contratos*, p. 433.

conteúdo outras garantias específicas. A caução resulta de uma obrigação ou autorização conferida por lei, decisão judicial ou negócio jurídico e tanto pode concretizar-se através de garantias pessoais como através de garantias reais, assegurando o cumprimento de obrigações eventuais ou de amplitude indeterminada.[55]

E, de fato, no direito brasileiro há uma prodigalidade do emprego do vocábulo *caução* para o cumprimento de obrigações incertas ou indeterminadas. Apontam-se os seguintes preceitos: caução para garantia de retribuição, de despesas ou de danos do depositante (art. 644); caução do vizinho que fizer alicerce ao pé da parede divisória (art. 1305, parágrafo único); caução de ratificação do credor solidário (art. 260, II); caução de dano iminente (art. 1.280); caução do fiduciário sobre os bens do fideicomisso (art. 1.953, parágrafo único); caução do usufrutuário sobre os bens recebidos em usufruto (art. 1.400). No CPC/15, o contrato de caução é título executivo extrajudicial (art. 784, V).[56]

Para ilustrar uma caução judicial, cite-se o art. 520 do CPC/15, ao referir no inciso IV que: "O cumprimento provisório da sentença impugnada por recurso desprovido de efeito suspensivo será realizado da mesma forma que o cumprimento definitivo, sujeitando-se ao seguinte regime: IV – o levantamento de depósito em dinheiro e a prática de atos que importem transferência de posse ou alienação de propriedade ou de outro direito real, ou dos quais possa resultar grave dano ao executado dependem de caução suficiente e idônea, arbitrada de plano pelo juiz e prestada nos próprios autos."

Portanto, o apelo ao mecanismo das garantias é muito difundido, justamente por não ser contraproducente, principalmente em se tratando da garantia de origem convencional. Em verdade, atua como facilitação do crédito para o devedor, bem como uma concessão de segurança suplementar para os credores. Dentre as garantias especiais, pode-se afirmar com segurança que nos últimos 50 anos houve uma progressiva ruptura com a clássica superioridade das garantias reais sobre as pessoais. Nas sociedades contemporâneas há uma preponderância dos serviços sobre os bens, da mobilidade da circulação de créditos sobre as titularidades corpóreas dos *bens de raiz*. O fenômeno econômico reverbera no aparato jurídico, evidenciando o grande destaque concedido às garantias pessoais, nas quais a fiança – em seus diversos formatos –, desponta como estrela maior.

Avançando a um nível de concretização mais denso do que as garantias de direito obrigacional e real - marcadas pela acessoriedade - constatamos (com pesar) que no Brasil inexiste legislação sobre "garantia autônoma". Todavia, há de se destacar que nas práticas de comércio internacional existem mecanismos jurídicos que atribuem autonomia à garantia, desvinculando-a da obrigação principal de tal maneira

55. MENEZES LEITÃO, Luís Manuel Teles de. *Garantias das obrigações*, p. 116.

56. Com a supressão das cautelares típicas do CPC/15, algumas foram realocadas, como a produção antecipada de prova, a notificação e a interpelação, enquanto a maioria foi simplesmente extinta, como a caução, que antes era regulamentada nos arts. 826 a 838 do CPC/73.

que o garante, normalmente uma instituição financeira, por via de um contrato com o devedor fica obrigada a efetuar o pagamento de uma quantia pecuniária ao credor (beneficiário), sem que possa opor os meios de defesa próprios das garantias tradicionais. Na verdade, não há óbice ao uso dessa modalidade de garantia, com respaldo na autonomia privada das partes e no art. 425 do Código Civil,[57] sobretudo nas operações internacionais por facilitar o recebimento dos valores ajustados contratualmente, sem a necessidade de recorrer ao judiciário, com risco ínfimo de inadimplemento, em razão da alta solvabilidade do garante.[58]

Nesse sentido, preconiza o Enunciado 582 do Conselho de Justiça Federal: "Com suporte na liberdade contratual e, portanto, em concretização da autonomia privada, as partes podem pactuar garantias contratuais atípicas". A inserção de uma garantia atípica poderá conduzir a um contrato atípico misto, pois haverá uma combinação entre um tipo legal (v.g. mútuo) e uma garantia que floresça da autonomia privada

As "novas garantias" ditas garantias atípicas desbordam dos modelos legalmente típicos das garantias reais e fidejussórias, resultando da refuncionalização de figuras legais como ocorre com a compensação a titulo de garantia ou a cessão de crédito em função de cumprimento. Presente a elasticidade do sistema jurídico e a amplitude conferida à autonomia privada em seu poder modelador de tipos e formas negociais, é licito às partes criar novos tipos, conjugar tipos já existentes, havendo mutação funcional e deslocamento da causa negocial típica.[59] Alguns autores emprestam a essas garantias especiais atípicas a denominação de "garantias indiretas", presentes nas hipóteses em que determinado instituo jurídico, a despeito de sua função principal reconhecida pelo ordenamento, pode exercer escopo de garantia de uma obrigação, reforçando a posição do credor. Ilustrativamente, tem-se aí a figura do contrato de opção de compra.[60]

57. Art. 425, CC: "É lícito às partes estipular contratos atípicos, observadas as normas gerais fixadas neste Código".

58. MENDES, Eduardo Heitor da Fonseca. A Garantia autônoma no direito brasileiro, p. 117/120. Segundo o autor, "É possível estabelecer dos tipos de garantia autônoma: a simples e a chamada de primeira solicitação... Enquanto na garantia simples o credor precisa provar o fato constitutivo do seu direito para gerar o cumprimento da obrigação pelo garante, na garantia à primeira solicitação essa prova é dispensada, bastando para que o garante cumpra a sua obrigação, a exigência de pagamento pelo credor nas condições do contrato de garantia celebrado entre o garante e o credor, sem se recorrer ao contrato base ou principal", op. cit, p. 115.

59. MARTINS-COSTA, Judith; BENETTI, Giovana. As cartas de conforto: modalidades e eficácia, p. 437. As autoras ilustram esse âmbito amplificado pela atipicidade de novas figuras, com o modelo das "cartas de conforto", pela qual "uma sociedade controladora afirma a uma instituição bancária que uma de suas sociedades controladas, destinatária de um financiamento, é idônea a cumprir com as obrigações assumidas. Não se trata per se de uma obrigação de garantia, embora possa sê-lo. Mais propriamente, configura espécie de ´contratação mitigada´, isto é, sem conter toda a carga eficacial de um contrato de garantia, atua como vínculo mais flexível, dando azo a direitos e deveres diversos daquele que defluem de um típico contrato de garantia, embora dotado de relevância jurídica", p. 440.

60. De acordo com Antunes Varela, nos contratos de opção de compra " uma das parte emite logo a declaração correspondente ao contrato que pretende celebrar (venda, locação, mútuo, etc), enquanto a outra se reserva a faculdade de aceitar ou declinar o contrato dentro de certo prazo: aceitando o contrato, aperfeiçoa-se sem necessidade de qualquer nova declaração da contraparte". Das obrigações em geral, vol I, p. 310.

E se devemos avançar no tempo, não pode faltar um destaque as peculiaridades das garantias nos contratos existenciais, concernentes a qualquer aspecto da personalidade de seu titular. Não obstante a expressão econômica, própria da disciplina contratual, face ao seu especial conteúdo – consubstanciado em prestações que repercutirão diretamente sobre o titular – não apenas o regime do inadimplemento será repensado, mas também o das garantias. Nesse ponto, destaca Rose Melo Vencelau Meireles a função das garantias consistente em substituir o adimplemento, com a correspondente satisfação do interesse do credor, sobremaneira quando estejamos diante de contratos existenciais paritários e de duração continuada, evitando-se que a responsabilidade patrimonial se trasmude em pessoal.[61]

1.5 Posição no direito civil

O direito das obrigações é considerado o principal livro da parte especial de nosso Código Civil. A razão é singela: grande parte da teoria geral do direito civil tem aplicação direcionada às obrigações, em detrimento das demais especialidades. Basta investigar toda a construção dos negócios jurídicos para constatar-se a razão pela qual prestigiados doutrinadores, por muito tempo, propugnaram pela elaboração de um verdadeiro Código das Obrigações, esvaziando-se o restante do Código Civil.[62]

No Código Civil, o estudo do direito das obrigações sucede à parte geral e antecede os demais ramos especializados do direito privado: direito das coisas, direito de família e direito das sucessões. O Livro de Direito das Obrigações engloba as modalidades de obrigações (Título I), a transmissão das obrigações (Título II), o adimplemento das obrigações (Título III) e o inadimplemento das obrigações (Título IV). Trata-se de uma teoria geral das obrigações, com perímetro nos arts. 233 e 420 do Código Civil. Segue uma espécie de parte especial das obrigações, na qual se insere prefacialmente o exame dos contratos (Títulos V e VI), dos atos unilaterais

61. MEIRELES, Rose Melo Vencelau. *Ensaio sobre a função da garantia nos contratos existenciais*, p. 428/9. "Exemplifica-se com os contratos celebrados para a coleta e conservação de células tronco ou de sémen e óvulos... Nos contratos existenciais, a execução das garantias pode constituir mecanismo de adimplemento, a efetivar a realização do interesse patrimonial do credor, sem interferir nas situações existenciais envolvidas", op. cit, p. 429.

62. Em mais de 80 anos de vigência, o Código Civil Bevilácqua (CC/1916) sofreu alterações e reclamos de variada ordem por sua reformulação. O primeiro trabalho de atualização foi empreendido pelos juristas Orozimbo Nonato, Filadelfo Azevedo e Hahnemann Guimarães, ao concretizarem o anteprojeto de código das obrigações em 1941, fixando princípios regentes do direito obrigacional, comuns a todo o direito privado, tanto civil quanto mercantil. Já na década de 1960, nova comissão se formou: ao prof. Orlando Gomes foi confiada a redação de anteprojeto de código civil, entregue ao governo em 31.3.1963, contendo, em 963 artigos, o direito de família, os direitos reais e o direito das sucessões. Foi incumbido de elaborar o anteprojeto de código das obrigações o Prof. Caio Mário da Silva Pereira, que o concluiu em 25.12.1963, entregando-o com 952 artigos, assim disposta a matéria: "Negócio Jurídico, Obrigações em Geral, Teoria Geral dos Contratos, Várias Espécies de Contratos, Declaração Unilateral de Vontade, Enriquecimento Indevido, Responsabilidade Civil." Todavia, o anteprojeto não evoluiu, pois em 1972 uma comissão revisora presidida por Miguel Reale concluiu um anteprojeto de novo Código, do qual resultou o Código Civil de 2002.

(Título VII), dos títulos de crédito (Título VIII), da responsabilidade civil (Título IX) e por fim as preferências e os privilégios creditórios (Título X).

Tamanha abrangência conduz João Calvão da Silva a designar o direito das obrigações como o *direito da dinâmica patrimonial*, na medida em que disciplina o tráfico econômico, a circulação dos bens entre as pessoas e a sua colaboração ou cooperação mediante comportamentos. As obrigações desempenham, assim, uma função econômica e social de enorme relevância prática, tanto mais reconhecida e salientada quanto as relações jurídicas privadas que se estabelecem dia a dia são, em sua maior parte, relações obrigacionais.[63]

Ensina Fernando Noronha que "o direito das obrigações disciplina essencialmente três coisas: as relações de intercâmbio de bens entre as pessoas e de prestação de serviços (obrigações negociais), a reparação de danos que umas pessoas causem a outras (responsabilidade civil geral, ou em sentido estrito) e, no caso de benefícios indevidamente auferidos com o aproveitamento de bens ou direitos de outras pessoas, a sua devolução ao respectivo titular (enriquecimento sem causa)".[64]

Não é difícil notar, assim, que o direito das obrigações é o elemento comum e fundamental de todas as categorias e estruturas jurídicas, pois se espalha pelas mais diferentes situações jurídicas patrimoniais. Desde os deveres assumidos por locador e locatário em um contrato de inquilinato até o poder estatal de cobrança de tributos, passando pelo dever de reparar danos causados por um acidente automobilístico, nas mais diferentes situações jurídicas estão presentes os conceitos elementares obrigacionais.

Os contratos e atos unilaterais são fontes de obrigações. O conteúdo dos contratos e atos unilaterais é plasmado por obrigações de dar, fazer e não fazer. A única distinção entre negócios jurídicos bilaterais (contratos) e unilaterais concerne à formação. Enquanto os primeiros demandam o acordo de vontade, os atos unilaterais pedem apenas a emissão da vontade de uma das partes. Exemplificando: se *A* efetua um pagamento indevido de dívida inexistente em favor de *B*, surgirá a obrigação de repetição do indébito por força de ato unilateral, atendidos os pressupostos dos arts. 876 e 877 do Código Civil.

A constatação da responsabilidade civil do agente – seja a decorrente do ato ilícito (arts. 186/187 do CC) como da responsabilidade objetiva pela previsão legal ou pelo exercício de atividade de risco – gera a obrigação de indenizar em prol da vítima (art. 927 do CC), normalmente resolvida pelo pagamento de uma indenização em quantia certa ou pela satisfação da prestação *in natura* (art. 947 do CC).

Os títulos de crédito – agora também localizados no Código Civil (arts. 904/926) – são documentos representativos de obrigações pecuniárias cambiais (*v. g.*, obrigação

63. SILVA, João Calvão da. *Cumprimento e sanção pecuniária compulsória*, p. 22-23.
64. NORONHA, Fernando. *Direito das obrigações*. v. 1, p. 8.

do avalista) ou extracambiais (*v. g.*, pagamento de contrato de compra e venda). Se credor e devedor estiverem de acordo quanto à existência da obrigação e também quanto à sua extensão, o título de crédito terá a função de instrumentalizar a obrigação.

A partir do momento em que se domina o conceito das obrigações, é possível perquirir os outros setores especializados do direito civil. Veja-se. Ao se estudar os direitos reais, observa-se que, antes do registro de aquisição derivada de bens imóveis e da tradição de bens móveis, há uma relação obrigacional causal que, posteriormente, é tipificada em uma das hipóteses do art. 1.228 do Código Civil. O direito de família patrimonial (arts. 1.639 a 1.783 do CC), que abarca, dentre outros modelos jurídicos, os alimentos e os regimes de bens, baseia-se em relações obrigacionais localizadas em uma entidade familiar, sem olvidar a própria natureza negocial do matrimônio, impondo obrigações aos cônjuges. Por igual, o direito sucessório desencadeia a transmissão de um patrimônio aos sucessores, composto de bens, direitos e relações obrigacionais (art. 1.784 do CC). O próprio testamento, como negócio jurídico unilateral e gratuito, é fonte produtora de obrigações com eficácia *post mortem*.

Nesta senda, acrescenta Guilherme Calmon Nogueira da Gama, não se olvide o "segmento do direito da concorrência, atualmente regido pela Lei nº 8.884/94, há também alguns aspectos referentes às obrigações – inclusive com prestações de não fazer – que recebem toda a carga informativa da teoria geral das obrigações. As relações jurídicas que se constituem e se desenvolvem no ramo do direito do trabalho, tratadas na Consolidação das Leis do Trabalho (CLT), com base constitucional (art. 7º do texto de 1988), também constituem segmento especializado das obrigações que, portanto, são informadas pela teoria geral".[65]

Assim, o direito das obrigações assume um lugar de excepcional relevo. Como bem pontua Antunes Varela, "os direitos reais, de família e de sucessões vivem muito presos às concepções políticas, sociais, morais e até religiosas de cada comunidade. Ao invés, o direito das obrigações tem se caracterizado por uma relativa uniformidade no espaço e uma relativa estabilidade no tempo. Há no setor largas zonas de completa neutralidade ideológica, que tornam mais fecundo o esforço comum dos estudiosos de várias nacionalidades".[66]

Por isso, andou muito bem o legislador ao alterar a ordem do Código Civil de 1916, inserindo o Livro do Direito das Obrigações logo após a parte geral. As obrigações bebem nos conceitos gerais da parte introdutória do Código e fornecem um manancial extraordinário de informações para os livros subsequentes do Estatuto Civil, com a vantagem de ter existência completamente autônoma dos outros segmentos que a seguem, deles não se servindo.

65. GAMA, Guilherme Calmon Nogueira da. *Direito civil*: obrigações, p. 10.
66. ANTUNES VARELA, João de Matos. *Das obrigações em geral*, p. 24.

Nessa senda, captava o grande Orlando Gomes que "o estudo de vários institutos de outros departamentos do direito civil depende do conhecimento de conceitos e construções teóricas do direito das obrigações, tanto mais quanto ele encerra, em sua parte geral, preceitos que transcendem sua órbita e se aplicam a outras seções do direito privado. Natural, pois, que sejam apreendidos primeiro que quaisquer outros".[67]

Para além do próprio Código Civil, as relações de consumo – baseadas em ofertas de produtos e serviços – não passam de obrigações de dar (produtos) e fazer (serviços), que recebem tratamento especializado em atenção à determinação constitucional (art. 5º, XXXII) de tutela ao consumidor. Ou seja, o direito material do consumidor é uma especialização do direito das obrigações. *Enquanto o Código Civil cuida das relações entre os "iguais" e os "quase iguais", o Estatuto Consumerista regula relações jurídicas assimétricas, marcadas pela desigualdade de forças entre as partes, pois uma delas se insere em posição de vulnerabilidade.* Não se olvide do mesmo padrão de assimetria que qualifica as relações trabalhistas, convertendo grande parte da Consolidação das Leis do Trabalho (CLT) em outra norma de especialização de obrigações, marcada pelas desiguais relações entre empregadores e empregados.

Não se pode, ademais, esquecer a poderosa influência das obrigações, até mesmo em ramos do direito público, tais como o direito administrativo e o direito tributário. A obrigação tributária e o contrato administrativo recebem influências profundas dos conceitos civilísticos das obrigações.

Enfim, tamanha amplitude de influência dos conceitos derivados das obrigações, seja dentro do direito privado ou em outros ramos do sistema jurídico, apenas evidencia a importância do estudo da teoria geral das obrigações, conciliando a sua estrutura clássica com o viés contemporâneo do processo obrigacional.

Daí, mais uma vez invocando a preleção de Fernando Noronha, é possível resumir o âmbito do direito das obrigações, dizendo "que este é o ramo do direito que regula o processo social de produção e distribuição de bens e de prestação de serviços".[68]

1.6 O sistema privado obrigacional: o civil, o empresário e o consumidor

> *"Existem três tipos de pessoas – as que fazem as coisas acontecerem, as que observam as coisas acontecerem e as que dizem o que aconteceu."*
>
> **(John M. Richardson Jr.)**

O Código Civil de 1916 é tido como o último dos códigos dos oitocentos. De fato, imbuído do espírito napoleônico do *Code* de 1804, preconizava a igualdade

67. GOMES, Orlando. *Obrigações*, p. 5.

68. NORONHA, Fernando. *Direito das obrigações*, v. 1, p. 8.

formal de todos perante a lei. A modernidade conferia abstratamente a todos os homens a igualdade e a liberdade no campo do direito privado, como forma de supressão das desigualdades provenientes da distinção entre a nobreza e as classes inferiores. A presença do Estado como fornecedor monopolista do arcabouço normativo era imprescindível para institucionalizar o discurso da segurança jurídica.

Mas o conceito global e abstrato de povo e cidadão há muito entrou em crise. Na exata dicção de Ricardo Lorenzetti, "a crise das visões totalizadoras fez explodir todo o texto unificador. Os interesses são individuais ou setoriais, perfeitamente diferenciados uns dos outros".[69]

A pós-modernidade é marcada pela fragmentação. Sai de cena o "cidadão comum" e entra em cena a pessoa, dotada de situações subjetivas existenciais e patrimoniais. Para cada papel que exercite há uma lei ou microssistema que regule parcialmente o seu agir, sempre submetido ao texto constitucional e ao império dos direitos fundamentais provenientes do direito interno ou internacional.

O Código Civil de 2002 é um código central despido da pretensão totalitária de exaurir dentro de si o conjunto do direito privado brasileiro. Como sintetiza Clóvis do Couto e Silva,[70] a sua importância reside em dotar a sociedade de uma técnica legislativa e jurídica que possua unidade valorativa e conceitual, ao mesmo tempo que infunda nas leis especiais essas virtudes, permitindo à doutrina poder integrá-las num sistema, entendida, entretanto, essa noção de modo aberto.

Não poderia ser de outra forma. O pluralismo é o signo da pós-modernidade e o direito emerge de diversos sítios. Para uma sociedade complexa, surge a necessidade de atuação de um sistema jurídico igualmente complexo, porém eficiente, a fim de que várias normas convivam de forma coordenada e possam, pelo menos no que tange à matéria obrigacional, realizar a finalidade constitucional de edificação de uma sociedade livre, justa e solidária (art. 3º, I, CF).

Após invocar o diálogo de fontes de Eric Jayme como forma de expressar a necessidade de uma aplicação das leis de direito privado coexistentes no ordenamento brasileiro, Cláudia Lima Marques ensina que a construção de um direito privado depende do grau de domínio dos aplicadores do direito sobre o sistema de coexistência do direito civil, empresarial e do consumidor, "pois a reconstrução do direito privado brasileiro identificou três sujeitos: o civil, o empresário e o consumidor".[71]

---

69. LORENZETTI, Ricardo. *Fundamentos do direito privado,* p. 53.

70. SILVA, Clóvis do Couto e. *O direito civil brasileiro em perspectiva histórica e visão de futuro,* p. 30.

71. MARQUES, Cláudia Lima. *O novo modelo de direito privado brasileiro e os contratos,* p. 55. Cláudia Lima Marques explicita que "outro elemento novo, neste olhar mais pós-moderno dos contratos e do campo de aplicação do Código Civil de 2002, é a função. Em outras palavras, como a relação pode ser civil, comercial e de consumo, não há como retirar da análise do aplicador da lei a visão funcional desta relação e do contrato daí resultante. Há uma mudança de paradigma no fato de o direito privado atual concentrar-se não mais no ato (de comércio ou de consumo/destruição) e sim na atividade, não mais naquele que declara

A opção legislativa para o Código Civil foi pela unificação das obrigações civis e empresariais, porém com exclusão de regulação das relações consumeristas. Isso significa que o Código de 2002 disciplina as relações intercivis e interempresariais (entre iguais), mas abdica de cuidar das relações entre consumidores e fornecedores (desiguais), incidindo microssistema legislativo específico para tanto, o Código de Defesa do Consumidor.

Todavia, o *status* de cada um desses personagens é essencialmente dinâmico. Aquele sujeito de direito que em determinada relação obrigacional desempenha o papel de empresário poderá atuar como civil em outro contrato, nada impedindo que em algum momento se identifique como consumidor. O mesmo tipo contratual ensejará aplicação de normas distintas, conforme a mutação subjetiva e finalística da hipótese de incidência. Quer dizer, a igualdade ou a diferença serão visualizadas na concretude do caso, de acordo com o papel a ser desempenhado pelo agente econômico comparativamente ao outro agente econômico de determinada relação jurídica. Um contrato de compra e venda será civil, empresarial ou de consumo conforme a posição que se encontre naquela obrigação específica.

Calixto Salomão Filho esclarece que essa contínua movimentação é dada pela tensão constante entre interesses que exigem tratamento diferenciado (ou pela profissionalidade – como era o caso dos comerciantes, agora empresários – que requer em muitos casos que a eles seja dado tratamento jurídico mais rigoroso ou, ao contrário, pela necessidade de proteção especial de determinados grupos de hipossuficientes, como é o caso da legislação do consumidor) e as forças constantes, historicamente importantes no campo do direito civil, no sentido da generalização e universalização de tratamento jurídico uniforme.[72]

Destarte, cumpre-nos examinar esse sistema de direito privado tripartido. Três protagonistas que culminam por imprimir uma divisão entre um direito civil geral (a teoria geral das obrigações) e dois direitos especiais, o direito empresarial e o direito do consumidor. Em comum, o fato de que a constitucionalização do direito privado abarca os três modelos legislativos. A Constituição Federal direciona o sistema jurídico de forma holística, o Código Civil ocupa o posto de centralidade do direito privado e o microssistema consumerista atua de forma especial, podendo se servir do Código Civil em caráter de complementaridade.

(liberdade contratual), mas no que recebe a declaração (confiança despertada), não mais nas relações bilaterais, mas nas redes, sistemas e grupos de contratos. Há uma nova visão finalística e total (holística) da relação contratual complexa atual" (p. 58).

72. SALOMÃO FILHO, Calixto. *A fattispecie empresário no novo Código Civil*, p. 127-128. Enfatiza o Professor das Arcadas que, "em presença das enormes disparidades econômicas geradas pela sociedade moderna, a generalidade de tratamento atribuída pelas normas civis clássicas, ao invés de uma garantia do cidadão, com frequência revela ser um grave risco e uma importante fonte de aprofundamento dos desequilíbrios sociais e econômicos", p. 128.

1.6.1 Unificação do direito das obrigações: o empresário

Em 1888, em aula inaugural proferida na Universidade de Bolonha, o jurista italiano Cesare Vivante defendeu a unificação do direito privado por não vislumbrar uma distinção clara entre os limites do direito civil e do direito comercial e por acreditar que a coexistência de dois diplomas legais ensejaria contradições, além de acarretar ao estudante do direito comercial o risco de olvidar a teoria geral das obrigações.[73] No Brasil, Teixeira de Freitas, ainda em 1867, manifestou-se pela união dos códigos civil e comercial ao apresentar o seu projeto de Código Civil, a fim de impedir uma "calamitosa duplicação das leis civis".[74]

Nada obstante, alguns doutos propugnavam pela unificação parcial das obrigações civis e mercantis, tal como se verificou no projeto de obrigações de 1965. A matéria obrigacional seria o ponto de contato entre o direito civil e o direito comercial. Este seria o apelo da unificação parcial. De fato, regras gerais de contratos se aplicam aos dois ramos do direito, tais como na compra e venda, penhor, abertura de conta-corrente, contrato de crédito, duplicata, cheque etc.

A maior parte dos doutrinadores comercialistas, todavia, reconhece a autonomia, seja ela científica ou legislativa. Como prócere da dicotomia entre o direito civil e o comercial, Fran Martins assevera que o direito civil seria um direito geral e o direito comercial, um direito especial, que regularia atividades profissionais dos comerciantes, que por lei seriam consideradas mercantis. O direito comercial não seria um ramo do direito civil, em razão de suas particularidades, tais como: (a) onerosidade de suas operações; (b) especulação; (c) meios rápidos de provas, despidos das formalidades tradicionais do direito civil; (d) elasticidade de seus princípios; (e) boa-fé; (f) simplicidade de suas formalidades. O direito civil seria estático e cunhado por normas antigas, de progressão lenta, enquanto o direito comercial portaria dinamismo, concedendo ao comerciante maior liberdade de ação, facilitando as transações comerciais. Ademais, existiriam relações jurídicas isoladamente tratadas pelo direito comercial, tais como a matéria falencial, o direito marítimo e os títulos cambiários. E, *a contrario sensu*, relações especificamente civis, tais como o direito de família, sucessões e o estado das pessoas.[75]

A par da discussão doutrinária, no mundo dos fatos a unificação das obrigações pela adoção da teoria da empresa é um marco alcançado pelo Código Civil italiano de 1942 e, de acordo com Renan Lotufo, "uma tendência universal, como se vê nos recentes Códigos da Província de Quebec, Canadá, vigorando desde 1.1.1994, e da Holanda, com vigência a partir de 1992. No Paraguai, o novo Código Civil, em vigor

73. Posteriormente, em 1919, Vivante se retratou da posição unionista, justificando a autonomia pela distinção quanto aos métodos. Para ele, no direito civil prevaleceria o método intuitivo; no comercial o dedutivo, em razão da índole cosmopolita que decorre do próprio comércio, praticado em negócios de massa.

74. Apud MARTINS, Fran. *Curso de direito comercial*, p. 51.

75. Idem, p. 52.

a partir de 1.1.1986, unifica os dois ramos e nesse caminho também os projetos elaborados ultimamente na Argentina".[76]

Miguel Reale explica que nosso Código Civil de 2002 não realizou a unificação do direito privado, mas tão somente do direito das obrigações, extinguindo a dicotomia entre as obrigações civis e comerciais e introduzindo o livro do "direito da empresa".[77] Neste livro, seguindo a linha do Código italiano de 1942, não mais se distingue entre o comerciante e o não comerciante – tal qual no Código de 1916 e no Código Comercial –, mas entre o empresário e o não empresário.

Com a revogação da parte primeira do Código Comercial de 1850 (art. 2.045 do CC), desaparece a categoria das obrigações e contratos mercantis. O Código Comercial vigora atualmente apenas no que concerne ao comércio marítimo, nada mais. Supera-se, assim, a duplicidade de códigos da segunda metade do século XIX, que estabelecia contrapostos sistemas de normas concorrentes entre si. As obrigações civis eram modos de aquisição e disposição de propriedade pela burguesia fundiária, enquanto as obrigações comerciais serviam como instrumentos de especulação da nascente burguesia mercantil. Ou seja, um sistema para reger a conservação e fruição da riqueza imobiliária (de natureza civil) e outro para disciplinar a ampliação da riqueza mobiliária através de atos de comércio (de natureza mercantil).

Resta ultrapassada a fase da teoria objetiva dos atos do comércio, teoria esta que recebia críticas pela própria dificuldade de definição e sistematização do objeto de seu estudo e tinha como sujeito de direito o comerciante que estabelecia negócios jurídicos profissionais chamados atos de comércio. Ademais, o direito comercial não ficou alheio à vertiginosa mutação do sistema econômico dos últimos cem anos. Isto é, se historicamente se justificava um desenvolvimento autônomo da disciplina – um direito especial – em função do florescimento da atividade comercial e, posteriormente, da atividade industrial, a dicotomia perdeu a sua funcionalidade com a adoção do conceito de empresa.

A teoria da empresa supera esse impasse ao suprimir a injustificável distinção entre atividades mercantis e não mercantis. Como bem salienta Guilherme Calmon Nogueira da Gama, "mostrava-se necessária a busca de um elemento comum a ambas as operações e que possibilitasse, assim, um sistema isonômico aplicável a toda atividade negocial, uma vez que o empreendedor mercantil e o empreendedor civil são igualmente importantes para o fomento do mercado de consumo e o desenvolvimento econômico. Esse elemento comum capaz de unificar a atividade econômica é a empresa, que – notadamente com a entrada em vigor do código civil italiano de 1942 – dá nascimento a um novo direito comercial, o direito da empresa".[78]

---

76. LOTUFO, Renan. *Código Civil comentado*. v. 2, p. 8.
77. REALE, Miguel. *O projeto do novo Código Civil*, p. 5.
78. GAMA, Guilherme Calmon Nogueira da. *Direito civil*: obrigações, p. 54.

Ao introduzir o capítulo dedicado ao direito de empresa, o legislador concebe a figura da sociedade simples – destinada às prestadoras de serviços com finalidade econômica –, renova o tratamento normativo das sociedades de responsabilidade limitada, regulamentando formas de associação e agrupamentos de empresas, como a formação de *holdings*. Mas, naquilo que avulta para este estudo, a diretriz da operabilidade se dá na aproximação dos termos "empresa" e "atividade econômica", encetada por pessoas ou sociedades com o objetivo de estimular a produção e circulação de riquezas, bens e serviços destinados ao mercado consumidor, algo apartado do modelo das associações, invariavelmente de natureza civil.

Na moderna teoria da empresa, a atividade é o mais importante qualificador do conceito de empresário e do estabelecimento. Na dicção de Marcelo Fortes Barbosa Filho, a empresa é uma organização de pessoas, bens e atos voltada para a produção e circulação de mercadorias ou serviços destinados ao mercado com o fim de lucro e sob a iniciativa e o comando do empresário. Ela constitui uma estrutura econômica complexa, formada pela disposição racional de elementos heterogêneos, cuja concepção está identificada com a criação de formas extremamente intensivas de emprego do capital, isto é, com o capitalismo pós-industrial ou financeiro, não se enquadrando perfeitamente em qualquer das categorias fundamentais da teoria geral do direito, mas congregando elementos próprios a várias delas.[79]

Não obstante o tratamento legal comum às obrigações civis e comerciais, gerando uma unificação formal ou legislativa, é equivocado supor que o Código Civil conciliou o direito civil e o direito comercial, unificando o direito privado. A autonomia do direito comercial é referida na Constituição Federal (art. 22, I). Vale dizer, o direito privado mantém-se bipartido, mas o direito comercial passa a delimitar-se do direito civil pelo critério da empresarialidade.[80]

A unificação parcial, que é a unificação das obrigações, revela-se positiva, afinal inexiste fundamento para a preservação do direito comercial como direito especial. Tomamos emprestados os argumentos do Professor da PUC/SP Fábio Siebeneichler de Andrade: (1) o direito comercial estava fragmentado, com grande perda de sistematização em razão de importantes matérias já se localizarem em leis especiais, ou seja, a descodificação comercial era um fato; (2) se uma das funções precípuas do direito comercial é a de buscar soluções mais céleres para os agentes econômicos, a unificação parcial favorece e intensifica esse objetivo.[81-82]

79. BARBOSA, Marcelo Fortes. *Código civil comentado*, p. 911.

80. Calixto Salomão Filho evidencia que "a função da definição de empresário parece ser a de fornecer um novo padrão de raciocínio e de certa distinção de situações jurídicas, i.e, substituir a dicotomia civil – comercial pela dicotomia empresário – não empresário", in A *fattispecie* empresário no novo Código Civil, p. 118.

81. ANDRADE, Fábio Siebeneichler de. O modelo do novo código civil sob a perspectiva das funções atuais da codificação, p. 184.

82. Paulo Roberto Colombo Arnoldi, em monografia especialmente dedicada ao tema, defende ponto de vista contrário ao nosso, não obstante bem fundamentado. Segundo o autor, a posição dos partidários da unificação no plano substancial, que se subdividem entre os que propõem uma unificação parcial, ou

Diferenciando-se aquilo que é próprio do direito civil e do direito empresarial em aspectos científicos e práticos, convém agora à doutrina e aos nossos tribunais compatibilizar as regras positivadas, com respeito aos princípios que delimitam cada matéria, pois a unificação formal é uma realidade.

Para o direito civil constitucional, a adoção da teoria da empresa e o reconhecimento da figura do empresário no art. 966 do Código Civil tornam esse dispositivo uma cláusula geral de larga envergadura ao balancear o exercício da atividade econômica (seja pelo comerciante ou não comerciante) com a tutela de interesses metaindividuais da coletividade. O contrato possui um impacto que transcende a privacidade e exige uma mudança de enfoque. Basta lembrarmos de obrigações que ofendem interesses transindividuais, como aqueles difusos e coletivos, assim como os interesses individuais homogêneos (art. 81, parágrafo único, I, II e III, CDC) ligados à proteção de consumidores, do meio ambiente ou da livre concorrência.

Adverte o art. 1º, IV, da Constituição Federal sobre o "valor social" da livre-iniciativa. Nessa esteira, salienta José Afonso da Silva que "no contexto de uma Constituição preocupada com a realização da justiça social não se pode ter como valor o lucro pelo lucro".[83] Aí se manifesta em potência o conceito da função social da empresa. A possibilidade de os sujeitos regularem suas relações do modo que lhes seja mais conveniente ou desenvolverem livremente a atividade escolhida demanda contenções em favor de interesses hierarquicamente prevalentes no quadro constitucional de valores.[84] Essa principiologia constitucional – que repugna a neutralidade contratual e lhe impõe efeitos distributivos – sobeja estampada na cláusula geral do art. 421 do Código Civil: "A liberdade de contratar será exercida em razão e nos limites da função social do contrato."

1.6.2 O consumidor como sujeito especial de relações obrigacionais

A justificação das primeiras gerações de direitos fundamentais foi o fato de pertencerem indiscriminadamente a qualquer indivíduo, com a conotação da

---

seja, a unificação das obrigações, com a formação de sistematização ou leis especiais, e os que propõem a unificação de todo o direito privado, ou seja, a unificação do direito comercial e do direito civil, com autonomia do direito civil, não seria correta: "Os defensores desta corrente pecam na sua base pelo fato de não reconhecerem a autonomia substancial do direito comercial, que tem um conjunto de regras e princípios, uma matéria específica e um método de abordagem próprio que o distingue do direito civil. A autonomia substancial do direito comercial não só é reconhecida, mas ressaltada como categoria histórica, sendo apontada e reconhecida pela quase totalidade dos autores. Verifica-se que seu campo de atuação, dia a dia, vem se alargando, reconhecendo-se a sua especificidade e peculiaridade, não previstas em qualquer outro ramo do direito". Cf. *Novo Código Civil*: a unificação das obrigações e o novo direito empresarial, p. 162-163.

83. SILVA, José Afonso da. *Comentário contextual à Constituição*, p. 60.

84. Um contrato empresarial que ameace a criação de oligopólio requer enérgica atuação do CADE; um negócio jurídico interempresarial envolvendo a edificação de empreendimento em área de preservação ambiental requer imediata atuação do Ministério Público. Enfim, é amplamente justificada a legitimação das entidades descritas nos arts. 5º da Lei nº 7.347/85 e 82 da Lei nº 8.078/90, para provocarem a nulidade de cláusulas que ofendem a valores reconhecidamente caros ao corpo social.

universalidade, independentemente de sua nacionalidade, crença, raça ou ideologia. Não por outra razão, a Declaração Universal de Direitos Humanos de 1948 aduz que: "Todos os seres humanos nascem livres e iguais em dignidade e direitos."

Via de consequência, quando a primeira, a segunda e a terceira gerações de direitos fundamentais estabelecem, respectivamente, a tutela da liberdade do cidadão perante o Estado, os direitos econômico-sociais e o direito difuso à qualidade de vida, em comum, a humanidade recepciona garantias válidas para qualquer ser humano.

O consumidor, todavia, situa-se em um contexto diferenciado. Ele se insere em uma quarta geração de direitos fundamentais, por muitos nominada como "o direito à diferença".[85] Trata-se de direitos que derivam de um processo de diferenciação de uma pessoa perante outra, com respeito extremado pela sua autonomia – atributo componente da dignidade do ser humano – em questões existenciais como a eutanásia, o transexualismo, o consentimento informado, o aborto e, igualmente em aspectos patrimoniais, como uma tutela diferenciada do ordenamento jurídico em prol de sujeitos que compõem relações assimétricas que não podem ser disciplinadas da mesma forma que as relações obrigacionais civilistas.

A pós-modernidade procura a igualdade material através de um tratamento francamente discriminatório em favor da pessoa que exerce o *status* de consumidor, sujeito débil das relações de mercado. Enquanto o direito civil da modernidade se concentra no primado da universalidade com atribuição indiscriminada de liberdade e igualdade – "toda pessoa é capaz de direitos e deveres na ordem civil", art. 1º do Código Civil –, o direito do consumidor assume o postulado da vulnerabilidade e a cisão entre desiguais: consumidores e fornecedores.

José Reinaldo de Lima Lopes explica que o objeto do CDC não são apenas as relações negociais privadas, mas também a regulação do mercado de consumo, que pretende evitar a concentração incontrolada do poder econômico. Como uma das faces do direito social, o direito do consumidor detém caráter distributivo, o que significa, segundo o Professor Associado da Universidade de São Paulo, que as regras das relações de consumo "são regras de alocação de custos e riscos no mercado, não apenas regras de determinação de culpas individuais. Não se trata, pois, apenas de 'distribuir' dentro das relações bilaterais o custo dos acidentes, da comercialização ou circulação de produtos e serviços. Trata-se de distribuir agregadamente, e isto é feito no direito do consumidor, assumindo que as unidades produtivas (os fornecedores, na linguagem jurídica do código) são centros mais adequados de distribuição, já que podem dissolver, disseminar ou pulverizar os custos agregados repassando-os para os preços. Essa é a lógica da distribuição, que dispensa, como se vê, um juízo de culpa, exceto por meio de exceção".[86]

---

85. Ricardo Lorenzetti preceitua que, embora o direito de ser diferente constitua uma derivação da liberdade, culmina por ser aplicado "a um campo em que tradicionalmente, reinou o público, o homogêneo, e que se considerou vital para o funcionamento social". In *Fundamentos do direito privado*, op. cit., p. 155.

86. LOPES, José Reinaldo de Lima. *Direito civil e direito do consumidor*: princípios, p. 109-110.

O Código de Defesa do Consumidor tem o seu berço na Constituição Federal de 1988, mais precisamente no art. 48 do ADCT e, especialmente, no art. 5º, XXXII, cuja ação afirmativa determina que "O Estado promoverá, na forma da lei, a defesa do consumidor". Igualmente, o art. 170 da Constituição Federal expressa que a ordem econômica constitucional é fundada na livre-iniciativa *(caput)*, compatibilizada, porém, pela proteção aos direitos dos consumidores (inciso V). A Lei nº 8.078/90 é qualificada pela horizontalidade, pois não tem como objetivo simplesmente regular uma matéria, mas praticar um corte sobre todas as outras disciplinas jurídicas para uma eficiente proteção jurídica de um sujeito especial de relações obrigacionais. O princípio da vulnerabilidade define o campo protetivo do CDC. A tutela especial se concretizará em todo contexto de relações em que a pessoa se identifica com um grupo de destinatários finais que adquirem ou utilizam serviços ou produtos, relacionando-se com um empresário, fornecedor deste serviço ou produto ao mercado (arts. 2º e 3º da Lei nº 8.078/90).

Em contrapartida, o Código Civil toma para si a tarefa de disciplinar as relações obrigacionais entre dois iguais - consumidores ou fornecedores - entre si. Não se tratando de relações paritárias entre civis - geralmente iguais ou "quase iguais" - ou entre empresários (profissionais), o paradigma da diferença ingressa no Código de Defesa do Consumidor quando estabelece em seu art. 1º a natureza de suas normas como de ordem pública e interesse social. A função social das obrigações consumeristas objetiva tutelar a parte frágil nas relações de massa com a incidência de normas diferenciadas no trato da responsabilidade civil, regulamentação da oferta e vícios de produtos e serviços, nulificação de cláusulas abusivas, interpretação de contratos e várias outras.[87]

A existência de atores e papéis diversos nas relações interempresariais, intercivis ou consumeiristas será fundamental para a aferição do jogo de forças entre os princípios da autonomia privada - de um lado - e a medida do ingresso da boa-fé objetiva, função social do contrato e equilíbrio material, como imposição de solidariedade de forma a impedir o abuso da liberdade negocial por uma das partes. Isso explica uma maior fluidez da autonomia negocial entre partícipes de relações interprivadas, como, exemplificativamente, na possibilidade de inserção de cláusula de raio ou cobrança de prestação de aluguel em contratos de locação, fora da esfera de influência do CDC.[88]

---

87. Por tais razões o Código Civil se insere como macrossistema do direito privado e certas leis esparsas, como a lei de locações de imóveis urbanos (Lei nº 8.245/91) e o Código de Defesa do Consumidor, consistem em microssistemas que tratam de atividades econômicas específicas, agindo em coordenação com o Código Civil, naquilo que se conhece como "diálogo de fontes".

88 STJ. Informativo n. 0582. Período: 29 de abril a 12 de maio de 2016. A cobrança do 13º aluguel é prevista em cláusula contratual própria desse tipo peculiar de contrato de locação, incluindo-se entre as chamadas cláusulas excêntricas. A discussão acerca da validade dessa cláusula centra-se na tensão entre os princípios da autonomia privada e da função social do contrato. De acordo com doutrina especializada, o princípio da autonomia privada corresponde ao poder reconhecido pela ordem jurídica aos particulares para dispor acerca dos seus interesses, notadamente os econômicos (autonomia negocial), realizando livremente

A necessidade de se estabelecer uma relação de consumo é ampliada com o surgimento da denominada economia do compartilhamento,[89] também conhecida como consumo colaborativo. A partir de uma perspectiva histórica, o modo de consumir representou finalidades diferentes ao longo da trajetória da humanidade: nos primórdios bastava a satisfação biofisiológica; nos últimos 50 anos vivenciamos o hiperconsumo, causado pela maximização da produção de bens visando à satisfação de demandas abundantes. Recentemente, deu-se uma inversão da lógica do capitalismo clássico, que vinculava o consumo desenfreado ao consequente acúmulo de bens. O foco agora está na valorização da eficiência econômica, em que se coloca o acesso acima da posse de bens e serviços. Esta economia dita do compartilhamento (*sharing economy*) concebe novos modelos de negócio não mais concentrados na aquisição da propriedade de bens e na formação de patrimônio individual, mas no uso em comum – por várias pessoas interessadas – das utilidades oferecidas por um mesmo bem. A estruturação destes negócios ganha força pela internet, e se dá tanto sob o modelo *peer to peer* (P2P), quanto no modelo *business to business* (B2B), ou seja, entre pessoas não profissionais e entre empresários.

---

negócios jurídicos e determinando os respectivos efeitos. A autonomia privada, embora modernamente tenha cedido espaço para outros princípios (como a boa-fé e a função social do contrato), apresenta-se, ainda, como a pedra angular do sistema de direito privado, especialmente no plano do Direito Empresarial. O pressuposto imediato da autonomia privada é a liberdade como valor jurídico. Mediatamente, o personalismo ético aparece também como fundamento, com a concepção de que o indivíduo é o centro do ordenamento jurídico e de que sua vontade, livremente manifestada, deve ser resguardada como instrumento de realização de justiça. O princípio da autonomia privada concretiza-se, fundamentalmente, no direito contratual, por meio de uma tríplice dimensão: a liberdade contratual, a força obrigatória dos pactos e a relatividade dos contratos. A liberdade contratual representa o poder conferido às partes de escolher o negócio a ser celebrado, com quem contratar e o conteúdo das cláusulas contratuais. É a ampla faixa de autonomia conferida pelo ordenamento jurídico à manifestação de vontade dos contratantes. Assim, o controle judicial sobre eventuais cláusulas abusivas em contratos empresariais é mais restrito do que em outros setores do Direito Privado, pois as negociações são entabuladas entre profissionais da área empresarial, observando regras costumeiramente seguidas pelos integrantes desse setor da economia. REsp 1.409.849-PR, Rel. Min. Paulo de Tarso Sanseverino, julgado em 26/4/2016, DJe 5/5/2016.

89. Economia do compartilhamento, ou economia compartilhada, são expressões genéricas que abrangem vários significados, sendo frequentemente usadas para descrever atividades humanas voltadas à produção de valores de uso comum e que são baseadas em novas formas de organização do trabalho (mais horizontais que verticais), na mutualização dos bens, espaços e instrumentos (com ênfase no uso e não na posse), na organização dos cidadãos em redes ou comunidades, e que geralmente são intermediadas por plataformas Internet. Na origem, a expressão era empregada pela comunidade open-source para se referir ao compartilhamento do acesso a bens e serviços com base em processos colaborativos peer-to-peer. mas, atualmente, a expressão tem sido utilizada para descrever transações comerciais realizadas via mercados bilaterais online (*two-sided markets*), incluindo o varejo eletrônico (B2C), que visam lucro. Segundo uma definição mais acadêmica, economia de compartilhamento é um modelo de mercado híbrido (entre posse e doação) de trocas *peer-to-peer*. Tais transações são frequentemente facilitadas via serviços online comunitários. Esse tipo de economia foi introduzido por entusiastas de tecnologia, dando início a uma nova forma de consumo, em que as pessoas preferem alugar, tomar emprestado ou compartilhar, em vez de comprar. Essa modalidade de economia, na qual tudo pode ser compartilhado, é totalmente oposta aos valores da sociedade de consumo do século XX, voltada à acumulação de bens. Por outro lado, também serve para viabilizar o acesso a bens e utilidades de maior custo (a exemplo do *car sharing*), mediante precisa definição das necessidades a serem satisfeitas (transporte eventual) e o dispêndio apenas daquilo que for utilizado (mensalidade, gasolina utilizada de um local a outro, sem pagar estacionamento).

A relação será civil, empresarial ou de consumo conforme a sua função, consoante a característica finalística da relação obrigacional. Vale dizer, a presença de um destinatário final de produto ou serviço será o elemento decisivo para a aplicação equitativa das normas do Código de Defesa do Consumidor, mesmo que a matéria seja comercial. Segundo Cláudia Lima Marques, "trata-se, pois, de uma opção subjetiva a definição do papel que o sujeito exerce no mercado, naquele momento e naquele contexto relacional, é que definirá o campo de aplicação das leis e a maneira como elas dialogam ou se aplica, ao mesmo tempo, àquela mesma situação jurídica: prioritariamente ou subsidiariamente! E mais do que isto, a finalidade (civil, empresarial ou de consumo) da relação é outro fator a considerar[...] do domínio desta destinação subjetiva e finalista (relação entre iguais, de finalidade puramente civil ou de finalidade comercial e relação mista entre diferentes ou de consumo), depende a própria compreensão sobre a aplicação da nova lei (Código Civil de 2002) e suas antinomias (reais e aparentes) ou diálogos com as leis especiais anteriores, como o Código de Defesa do Consumidor".[90]

A discussão mais delicada concerne à definição do conceito básico de consumidor do art. 2º da Lei nº 8.078/90, dispondo que: "Consumidor é toda pessoa física ou jurídica que adquire ou utiliza produto ou serviço como destinatário final." E a vigência do Código Civil gerou novos rumos à controvérsia, que parece encaminhada a uma pacificação.

Em tese, incidem quatro situações fáticas que podem ser qualificadas como atos de consumo: (1) aquisição onerosa de produtos ou serviços para fins de revenda no mesmo estado em que foram adquiridos. Seria o caso intermediário/distribuidor/importador. *V.g.*, o comerciante que adquire tomates do fornecedor para revendê-los em seu estabelecimento. Esses sujeitos não encerram o ciclo econômico de circulação dos bens; (2) aquisição de um bem para fins de transformação ou incorporação em outro bem. Há um insumo que retorna ao mercado após o processo de incorporação/transformação. Ilustrativamente, seria o caso do padeiro que adquire farinha para confeccionar pães e bolos ou o fabricante de automóveis que adquire pneus para os veículos que serão comercializados; (3) aquisição de um bem para uso instrumental em atividade-fim. A aquisição se dá em caráter auxiliar de uma atividade produtiva. Exemplificativamente, o padeiro adquire um forno industrial para incrementar o seu negócio ou o proprietário de escola de natação adquire sistema de aquecimento para a piscina; (4) por fim, a aquisição do produto/serviço para fins de retirada do mercado, sem qualquer finalidade econômica, ou seja, sem a pretensão de utilizar o bem para fins de insumo nem de conceder a ele uso instrumental em sua atividade-fim.

Duas teorias procuram justificar quais dessas relações obrigacionais identificam um consumidor em sentido estrito. As teorias finalista e maximalista se confrontam em torno da conceituação desse sujeito especial de relações obrigacionais.

90. MARQUES, Cláudia Lima. *O novo modelo de direito privado brasileiro e os contratos*, p. 85.

De acordo com a teoria finalista, de índole subjetiva, o consumidor é o destinatário fático e econômico do produto ou serviço. O que distingue o consumidor do não consumidor é o elemento da profissionalidade. Para tanto, faz-se uma interpretação teleológica do art. 2º do Código de Defesa do Consumidor, a fim de se concluir que o microssistema é direcionado somente ao consumidor não profissional, que se encontra na etapa derradeira da atividade econômica, pois adquire o bem de um fornecedor para uso próprio ou familiar, sem finalidade de lucro. Em suma, para ser consumidor não basta o ato objetivo de retirar o bem de circulação; fundamental é que haja a finalidade (daí o nome da teoria) do adquirente/utente de conceder ao produto ou serviço uma destinação privada, sem qualquer inserção em uma atividade produtiva. Ao atender a uma necessidade pessoal, o consumidor se situa na posição de destinatário final econômico do produto ou serviço. À luz da teoria finalista, só haveria consumidor em sentido estrito na hipótese nº 4. Nas três situações descritas anteriormente, o adquirente do bem jurídico seria um empresário.

Antônio Herman Benjamin retira da teoria finalista o seu exato conceito de consumidor: "é todo aquele que, para seu uso pessoal, ou de sua família, ou dos que se subordinam por vinculação doméstica ou protetiva a ele, adquire ou utiliza produtos, serviços ou quaisquer outros bens ou informação colocados à sua disposição por comerciantes ou por qualquer outra pessoa natural ou jurídica, no curso de sua atividade ou conhecimento profissionais".[91]

A pessoa jurídica também será consumidora, mesmo na concepção finalista ou subjetiva. O art. 2º da Lei nº 8.078/90 não opera distinção entre a pessoa natural e a pessoa jurídica. O que qualifica uma pessoa jurídica ou um profissional como consumidor é a aquisição ou utilização de produtos ou serviços em benefício próprio; isto é, o fornecedor lhe transfere bens ou serviços para satisfação de suas necessidades pessoais, sem ter o interesse de repassá-los a terceiros nem empregá-los na geração de outros bens ou serviços. Assim, como já teve oportunidade de decidir o Superior Tribunal de Justiça (*Informativo* nº 0443, 16/20.8. 2010. Terceira Turma, REsp 1.007.692-RS, Rel. Min. Nancy Andrighi), "a causa principal do evento danoso foi a desídia dos bancos no desconto e na compensação dos cheques, aliada à informação, prestada por um dos bancos envolvidos, de que os valores tinham sido aplicados, impedindo a recorrida de evitar o desvio do numerário. Nessa específica hipótese, os *serviços prestados pelos bancos recorrentes e utilizados pela recorrida denotam* claramente a existência de relação de consumo, sendo aplicável ao caso o CDC, nos termos da Súm. n. 297-STJ. No que diz respeito à hipossuficiência, como se trata de empresa de equipamentos de informática, sua condição não tem posição de igualdade em relação aos bancos. Além disso, encontra-se pacificado, neste Superior Tribunal, o entendimento de que o art. 2º do CDC abarca expressamente a possibilidade de as

91. BENJAMIN, Antônio Herman. *O conceito jurídico de consumidor*, p. 77.

pessoas jurídicas figurarem como consumidores, sendo relevante saber se a pessoa, física ou jurídica, é destinatária final do produto ou serviço".[92]

A outro giro, a teoria maximalista parte de uma interpretação literal do art. 2º da Lei nº 8.078/90, para conceituar o consumidor de forma objetiva como destinatário fático do bem, mesmo não sendo destinatário econômico. Isto é, consumidor como adquirente ou usuário que retira o bem jurídico de circulação, sendo irrelevante o elemento subjetivo da finalidade profissional da aquisição. Portanto, se o adquirente utiliza o bem como insumo para prosseguir na atividade econômica (hipótese nº 2), ou se concede a ele uma finalidade instrumental para os negócios relacionados a sua atividade- -fim (hipótese nº 3), será considerado consumidor. Mesmo que o consumo incremente a atividade profissional lucrativa pela integração do bem ao processo de transformação, montagem ou beneficiamento de outros bens ou serviços, haverá a proteção da norma especial a ele, denominado *consumidor intermediário*. A própria terminologia evidencia que o conceito de consumidor é ampliado em cotejo com aquele aferido pela teoria finalista.[93]

Em comum entre as duas teorias, apenas a confirmação óbvia de que na hipótese nº 1 inexiste relação de consumo, mas um puro ato de comércio, sendo o comerciante um fornecedor – empresário de produtos e serviços.

Até a vigência do Código Civil, havia uma divisão nas turmas do Superior Tribunal de Justiça. A 3ª Turma adotava a teoria maximalista e a 4ª turma, a teoria

92. STJ: Informativo nº 0548, Período: 22 de outubro de 2014. Terceira Turma. DIREITO DO CONSUMIDOR. APLICAÇÃO DO CDC A CONTRATO DE SEGURO EMPRESARIAL. "Há relação de consumo entre a seguradora e a concessionária de veículos que firmam seguro empresarial visando à proteção do patrimônio desta (destinação pessoal) – ainda que com o intuito de resguardar veículos utilizados em sua atividade comercial –, desde que o seguro não integre os produtos ou serviços oferecidos por esta. Cumpre destacar que consumidor é toda pessoa física ou jurídica que adquire ou utiliza, como destinatário final, produto ou serviço oriundo de um fornecedor. Por sua vez, destinatário final, segundo a teoria subjetiva ou finalista, adotada pelo STJ, é aquele que ultima a atividade econômica, ou seja, que retira de circulação do mercado o bem ou o serviço para consumi-lo, suprindo uma necessidade ou satisfação própria, não havendo, portanto, a reutilização ou o reingresso dele no processo produtivo, seja na revenda, no uso profissional, na transformação do bem por meio de beneficiamento ou montagem, ou em outra forma indireta. Nessa medida, se a sociedade empresária firmar contrato de seguro visando proteger seu patrimônio (destinação pessoal), mesmo que seja para resguardar insumos utilizados em sua atividade comercial, mas sem integrar o seguro nos produtos ou serviços que oferece, haverá caracterização de relação de consumo, pois será aquela destinatária final dos serviços securitários. Situação diversa seria se o seguro empresarial fosse contratado para cobrir riscos dos clientes, ocasião em que faria parte dos serviços prestados pela pessoa jurídica, o que configuraria consumo intermediário, não protegido pelo CDC" (REsp 1.352.419-SP, Rel. Min. Ricardo Villas Bôas Cueva, julgado em 19.8.2014).

93. Ensina Adalberto Pasqualotto que o art. 29 do CDC somou pontos em favor da teoria maximalista, muito mais por um erro de perspectiva do que por maior correção de sua posição relativamente à teoria finalista: "o art. 29 é um permissivo de aplicação analógica do CDC às relações extraconsumo, nas quais, todavia, esteja presente a vulnerabilidade. Sendo o CDC lei especial das relações de consumo, é possível sua aplicação em relações jurídicas outras, que apresentem a mesma nota típica de vulnerabilidade e que não disponham de disciplina particular", in *O CDC em face do CC de 2002*, p. 137.

finalista. Porém, o advento da nova codificação conferiu cores renovadas à polêmica, reforçando a posição da teoria finalista.[94]

Primeiro, o art. 966 do Código Civil considerou como empresário aquele que exerce profissionalmente atividade econômica organizada para a produção ou circulação de bens e serviços. Marcelo Fortes Barbosa Filho vê nesse conceito de empresário "uma amplitude muito maior que a de comerciante, peculiar à legislação revogada. Todos os comerciantes são empresários, mas nem todos os empresários são comerciantes. Incluem-se aqui aqueles que exercem a atividade de prestação de serviços e de natureza rural, que não se enquadravam como comerciantes".[95]

Ora, aquele que circula produtos e serviços é empresário, não pode ser considerado consumidor mas verdadeiro fornecedor, eis que o conceito de empresário se harmoniza com o de fornecedor, exposto no art. 3º do Código de Defesa do Consumidor. O intermediário é o profissional que adquire produto ou serviço para dinamizar ou instrumentalizar o seu negócio lucrativo. Afinal, os atos de transformação de bens – mediante apropriação de insumos – ou de incorporação de bens em outros bens para fins de prossecução em atividade negocial são condutas típicas do empresário-fornecedor.[96] Como bem percebe Adalberto Pasqualotto, "é interessante notar

---

94. O Supremo Tribunal Federal possui interessante precedente em prol da teoria finalista – SEC 5847/ Inglaterra, *DJ* 17.12.1999 – na qual o Relator, Min. Mauricio Corrêa, não considerou como consumidora determinada empresa de tecelagem que contestava pleito de homologação de sentença estrangeira resultante de arbitragem na Inglaterra, ao fundamento de que ao adquirir algodão de empresa estrangeira e transformá-lo em toalhas e travesseiros no Brasil seria "destinatária final" dos bens adquiridos. Nesse *leading case*, de acordo com o STF, prevalece o conceito econômico de consumidor à luz da teoria finalista.

95. BARBOSA FILHO, Marcelo Fortes. *Código Civil comentado*, p. 911.

96. STJ: Informativo nº 0541. Período: 11 de junho de 2014. Quarta Turma. DIREITO DO CONSUMIDOR E INTERNACIONAL PRIVADO. INAPLICABILIDADE DO CDC AO CONTRATO DE TRANSPORTE INTERNACIONAL DE MERCADORIA DESTINADA A INCREMENTAR A ATIVIDADE COMERCIAL DA CONTRATANTE. "Para efeito de fixação de indenização por danos à mercadoria ocorridos em transporte aéreo internacional, o CDC não prevalece sobre a Convenção de Varsóvia quando o contrato de transporte tiver por objeto equipamento adquirido no exterior para incrementar a atividade comercial de sociedade empresária que não se afigure vulnerável na relação jurídico-obrigacional. Na hipótese em foco, a mercadoria transportada destinava-se a ampliar e a melhorar a prestação do serviço e, por conseguinte, aumentar os lucros. Sob esse enfoque, não se pode conceber o contrato de transporte isoladamente. Na verdade, a importação da mercadoria tem natureza de ato complexo, envolvendo (i) a compra e venda propriamente dita, (ii) o desembaraço para retirar o bem do país de origem, (iii) o eventual seguro, (iv) o transporte e (v) o desembaraço no país de destino mediante o recolhimento de taxas, impostos etc. Essas etapas do ato complexo de importação, conforme o caso, podem ser efetivadas diretamente por agentes da própria empresa adquirente ou envolver terceiros contratados para cada fim específico. Mas essa última possibilidade – contratação de terceiros –, por si, não permite que se aplique separadamente, a cada etapa, normas legais diversas da incidente sobre o ciclo completo da importação. Desse modo, não há como considerar a importadora destinatária final do ato complexo de importação nem dos atos e contratos intermediários, entre eles o contrato de transporte, para o propósito da tutela protetiva da legislação consumerista, sobretudo porque a mercadoria importada irá integrar a cadeia produtiva dos serviços prestados pela empresa contratante do transporte. Neste contexto, aplica-se, no caso em análise, o mesmo entendimento adotado pelo STJ nos casos de financiamento bancário ou de aplicação financeira com o propósito de ampliar capital de giro e de fomentar a atividade empresarial. O capital obtido da instituição financeira, evidentemente, destina-se, apenas, a fomentar a atividade industrial, comercial ou de serviços e, com isso, ampliar os negócios e o lucro. Daí que nessas operações não se aplica o CDC, pela ausência da figura do consumidor, definida no art. 2º do referido diploma. Assim, da mesma forma que o financiamento e a aplicação financeira mencionados fazem

que a celeuma entre maximalismo e finalismo parece ter ignorado esse texto, que é expresso em considerar a transformação como atividade própria de fornecedor, além de consignar todas as etapas do processo econômico, antecedentes ao consumo".[97]

Segundo, o Código de Defesa do Consumidor é um microssistema destinado à tutela do sujeito vulnerável que reclama o direito à diferença. Sendo a vulnerabilidade um subprincípio derivado do princípio da igualdade material, há uma intervenção mais acentuada do ordenamento mediante a imposição de normas civis de ordem pública de caráter equitativo, que compensam juridicamente a assimetria fática envolvendo a relação entre fornecedor e consumidor. Isto é, a liberdade maior de uns é balanceada com um tratamento diferenciado em prol de outros. Nesse sentido, a teoria finalista importa uma interpretação da Lei nº 8.078/90 conforme à Constituição Federal, eis que o direito fundamental descrito no art. 5º, XXXII, restringe a incidência protetiva do código em favor daquele que efetivamente se encontra na posição de destinatário final não profissional de um produto ou serviço.[98]

Terceiro, se por hipótese fosse aplicada a teoria maximalista, haveria uma grande expansão do grupo de consumidores, abrangendo não só o consumidor-leigo (não profissional), como também o empresário que adquire insumos para prosseguir em sua atividade lucrativa ou o fornecedor que incorpora bens à sua empresa com o fito de

---

parte e não podem ser desmembrados do ciclo de produção, comercialização e de prestação de serviços, o contrato de transporte igualmente não pode ser retirado do ato complexo ora em análise. Observe-se que, num e noutro caso, está-se diante de uma engrenagem complexa, que demanda a prática de vários outros atos com o único escopo de fomentar a atividade da pessoa jurídica. Ademais, não se desconhece que o STJ tem atenuado a incidência da teoria finalista, aplicando o CDC quando, apesar de relação jurídico-obrigacional entre comerciantes ou profissionais, estiver caracterizada situação de vulnerabilidade ou hipossuficiência. Entretanto, a empresa importadora não apresenta vulnerabilidade ou hipossuficiência, o que afasta a incidência das normas do CDC. Dessa forma, inexistindo relação de consumo, circunstância que impede a aplicação das regras específicas do CDC, há que ser observada a Convenção de Varsóvia, que regula especificamente o transporte aéreo internacional" (REsp 1.162.649-SP, Rel. originário Min. Luis Felipe Salomão, Rel. para acórdão Min. Antonio Carlos Ferreira, julgado em 13.5.2014).

97. In *O CDC em face do CC de 2002*, op. cit., p. 137, Adalberto Pasqualotto afirma ainda que "considerar o empresário e a empresa como consumidores quando adquirem produtos ou utilizam serviços que de algum modo vão integrar-se à sua atividade econômica é colocá-los nas duas posições da mesma situação jurídica. Ao adquirir um produto que será transformado ou incorporado em outro, ou simplesmente usado como instrumento de atividade produtiva, o agente econômico não abandona essa condição, assim como permanece nela ao vender o produto ou ao prestar o serviço próprio de sua atividade".

98. STJ: Informativo nº 0523. Período: 14 de agosto de 2013. Terceira Turma. DIREITO DO CONSUMIDOR. APLICABILIDADE DO CDC AOS CONTRATOS DE ADMINISTRAÇÃO IMOBILIÁRIA. "É possível a aplicação do CDC à relação entre proprietário de imóvel e a imobiliária contratada por ele para administrar o bem. Isso porque o proprietário do imóvel é, de fato, destinatário final fático e também econômico do serviço prestado. Revela-se, ainda, a presunção da sua vulnerabilidade, seja porque o contrato firmado é de adesão, seja porque é uma atividade complexa e especializada ou, ainda, porque os mercados se comportam de forma diferenciada e específica em cada lugar e período. No cenário caracterizado pela presença da administradora na atividade de locação imobiliária sobressaem pelo menos duas relações jurídicas distintas: a de prestação de serviços, estabelecida entre o proprietário de um ou mais imóveis e a administradora; e a de locação propriamente dita, em que a imobiliária atua como intermediária de um contrato de locação. Nas duas situações, evidencia-se a destinação final econômica do serviço prestado ao contratante, devendo a relação jurídica estabelecida ser regida pelas disposições do diploma consumerista" (REsp 509.304-PR, Rel. Min. Villas Bôas Cueva, julgado em 16.5.2013)

obter melhores resultados. Ora, se todos estes civis se convertem em consumidores, não há mais lógica para a subsistência do Código de Defesa do Consumidor, que é um estatuto direcionado a um grupo de sujeitos especiais qualificados por assumirem relações permeadas por um flagrante desequilíbrio de armas. A isonomia consiste no tratamento desigual em favor dos desiguais – se todos fossem hipossuficientes, onde se efetivaria o tratamento isonômico?

Quarto (e último!!), com a vigência do Código Civil de 2002, toda uma renovada teoria contratual restou positivada para as relações interprivadas e interempresariais. O legislador reconhece o contrato como um instrumento não apenas de circulação de riquezas, mas também de proteção de direitos fundamentais. Princípios antes reservados ao Código de Defesa do Consumidor, como a boa-fé objetiva e o equilíbrio contratual, se convertem em diretrizes para as relações obrigacionais em geral, mesmo que com intensidade reduzida comparativamente ao Estatuto Consumerista. A eticidade e a socialidade que demarcam o repaginado sistema privado albergam com tranquilidade as reivindicações do profissional vítima de práticas abusivas quando da aquisição de produtos e serviços. Afinal, nas relações entre profissionais o desequilíbrio não é tão dramático, podendo ser tutelado com eficiência pelo Código Civil.

Nada obstante, a teoria finalista ou subjetiva não pode ser aplicada de forma pura e com rigor excessivo. Em um sistema aberto, aplicando-se o procedimento argumentativo da tópica, podemos pensar os problemas resolvendo-os um a um.[99] Isso significa que, mesmo superada a discussão acerca do alcance da expressão "destinatário final" com a consagração jurisprudencial da teoria finalista, temos de admitir que o direito não pode mais ser encarado como ciência exata. Excepcionalmente haverá uma mitigação da teoria finalista e relações extraconsumo serão objeto de tutela pela Lei nº 8.078/90 quando a concretude do caso denote claramente o traço da vulnerabilidade do consumidor intermediário – normalmente pequenas empresas e profissionais liberais – que adquire bens e serviços, mesmo com o intuito profissional. Trata-se de uma aplicação temperada da teoria finalista frente às pessoas jurídicas, num processo que a doutrina vem denominando finalismo aprofundado. Nesse sentido, mitiga-se os rigores da teoria finalista para autorizar a incidência do CDC nas hipóteses em que a parte, embora não seja destinatária final do produto ou serviço, se apresenta em situação de vulnerabilidade.[100]

99. A aplicação da tópica pode ser percebida como um retorno à filosofia de Aristóteles que distancia o direito da razão pura – da metafísica e das ciências naturais –, aproximando-o da razão prática, para atuar no mundo concreto, de forma dialética, com a utilização da retórica e a discussão dos problemas em um processo constante de criação de regras jurídicas pelo intérprete.

100. "Deve ser reconhecida a relação de consumo existente entre a pessoa natural, que visa a atender necessidades próprias, e as sociedades que prestam de forma habitual e profissional o serviço de corretagem de valores e títulos mobiliários. Apesar da alta incidência de regras reguladoras e uma longa lista de proibições, a natureza da atividade de corretagem de títulos e valores mobiliários não é substancialmente alterada: ainda é uma prestação de serviço a um consumidor final. O valor da operação comercial envolvida em um determinado contrato é incapaz de retirar do cidadão a natureza de consumidor a ele conferida pela legislação consumerista. Assim, o CDC é aplicável tanto ao comércio popular quanto ao consumo de alto padrão. É incabível, aliás, retirar a condição de consumidor de uma determinada pessoa em razão

Fundamental é que na hipótese seja constatada a vulnerabilidade técnica, jurídica ou econômica desse consumidor profissional. A Ministra Nancy Andrighi bem explica que a relação jurídica qualificada por ser "de consumo" não se caracteriza pela presença de pessoa física ou jurídica em seus polos, mas pela presença de um fornecedor de um lado e de uma parte vulnerável de outro. A vulnerabilidade não se define tão somente pela capacidade econômica, nível de informação/cultura ou pelo valor do contrato em exame. Todos esses elementos podem estar presentes e o comprador ainda ser vulnerável pela dependência do produto; pela natureza adesiva do contrato imposto; pelo monopólio da produção do bem; pela extremada necessidade do bem ou serviço, dentre outros fatores.[101] Em arrimo, o Ministro Paulo de Tarso Sanseverino admite a configuração de relação de consumo entre pessoas jurídicas, ilustrando com um contrato firmado entre a sociedade empresária vendedora de aviões e a sociedade empresária administradora de imóveis que tenha adquirido avião com o objetivo de facilitar o deslocamento de sócios e funcionários. O STJ, adotando o conceito de consumidor da teoria finalista mitigada, considera que a pessoa jurídica pode ser consumidora quando adquirir o produto ou serviço como destinatária final, utilizando-o para atender a uma necessidade sua, não de seus clientes. No caso, a aeronave foi adquirida para atender a uma necessidade da própria pessoa jurídica – o deslocamento de sócios e funcionários –, não para ser incorporada ao serviço de administração de imóveis" (AgRg no REsp 1.321.083-PR, *Informativo* 548, de 22 de outubro de 2014).[102] Nada obstante, em caso envolvendo a aplicação do CDC a uma

---

da presunção de seu nível de discernimento comparado ao da média dos consumidores. Assim, mesmo que haja um discernimento acima da média dos consumidores, não deixa de se encontrar o contratante de serviços de investimentos, em relação às empresas, numa situação de clara vulnerabilidade referente à prestação de serviço contratada" (STJ, Informativo 600, REsp 1.599.535-RS, Rel. Min. Nancy Andrighi, por unanimidade, julgado em 14/3/2017, DJe 21/3/2017).

101. STJ, Informativo nº 0530, 20.11.2013, Quarta Turma: "DIREITO DO CONSUMIDOR. CONSUMIDOR POR EQUIPARAÇÃO. Em uma relação contratual avençada com fornecedor de grande porte, uma sociedade empresária de pequeno porte não pode ser considerada vulnerável, de modo a ser equiparada à figura de consumidor (art. 29 do CDC), na hipótese em que o fornecedor não tenha violado quaisquer dos dispositivos previstos nos arts. 30 a 54 do CDC. De fato, o art. 29 do CDC dispõe que, 'Para os fins deste Capítulo e do seguinte, equiparam-se aos consumidores todas as pessoas determináveis ou não, expostas às práticas nele previstas'. Este dispositivo está inserido nas disposições gerais do Capítulo V, referente às Práticas Comerciais, e faz menção também ao Capítulo VI, que trata da Proteção Contratual. Assim, para o reconhecimento da situação de vulnerabilidade, o que atrairia a incidência da equiparação prevista no art. 29, é necessária a constatação de violação a um dos dispositivos previstos nos arts. 30 a 54, dos Capítulos V e VI, do CDC. Nesse contexto, caso não tenha se verificado práticas abusivas na relação contratual examinada, a natural posição de inferioridade do destinatário de bens ou serviços não possibilita, por si só, o reconhecimento da vulnerabilidade. REsp 567.192-SP, Rel. Min. Raul Araújo, julgado em 5/9/2013."

102. Cláudia Lima Marques enfatiza que "se a todos considerarmos 'consumidores', a nenhum trataremos diferentemente, e o direito especial de proteção imposto pelo CDC passaria a ser um direito comum, que já não mais serve para reequilibrar o desequilibrado e proteger o não igual. A definição do art. 2 é a regra basilar do CDC e deve seguir seu princípio e sua *ratio legis*. É esta mesma *ratio* que inclui no CDC possibilidades de equiparação, de tratamento analógico e de expansão, mas não no princípio, sim na exceção, que exige prova 'in concreto' daquele que se diz em posição 'equiparada a de consumidor' [...] a regra é a exclusão *ab initio* do profissional da proteção do código, mas as exceções virão através da ação da jurisprudência, que em virtude da vulnerabilidade do profissional, excluirá o contrato da aplicação das regras normais do direito comercial e aplicará as regras protetivas do CDC" (In *Contratos no Código de Defesa do Consumidor*, p. 278-280).

pretensão indenizatória decorrente de extravio de insumos (componentes de autopeças) em transporte aéreo, apesar de sustentar a admissão de uma certa mitigação da teoria finalista na hipótese em que, embora não verificada a condição de destinatário final, constata-se a vulnerabilidade do consumidor profissional ante o fornecedor, O Superior Tribunal de Justiça não aplicou à hipótese a referida mitigação da teoria finalista, pois a contratante do serviço de transporte sequer alegou a sua vulnerabilidade perante a empresa contratada. Portanto, sob a ótica da teoria finalista, seria o caso de analisar se a contratante do serviço de transporte de carga é destinatária final fática e econômica desse serviço. Contudo, uma vez que a carga transportada é insumo, o contrato celebrado para o transporte desse insumo fica vinculado a essa destinação, não havendo necessidade de se perquirir acerca da destinação econômica do serviço de transporte.[103]

O desafio atual é o de compreender os papeis dos contratantes na economia compartilhada, caracterizada por nova forma de acesso a produtos e serviços no mercado, como, ilustrativamente, nos casos do compartilhamento de veículos e imóveis. Quem opta pelo compartilhamento, de um lado quer fruir da maior utilidade possível dos bens de sua propriedade, e ser remunerado por isso, em caráter eventual ou não. Por outro lado, quem procura utilizar os bens sem adquiri-los, visualiza a oportunidade de investir apenas o necessário para satisfazer sua necessidade momentânea, abrindo mão de imobilizar parte de seus recursos em bens que utilizará apenas eventualmente. A tendência é de franca expansão do modelo, impulsionado pela criatividade e desenvolvimento de novas plataformas de negócios na internet pelas denominadas empresas *startups*, reconhecidas pela estruturação de modelos de negócio inovadores em diversos setores. Note-se que a prestação de serviços ou a oferta de bens podem ser realizadas por intermédio de uma plataforma digital, por pessoas que não atuam necessariamente como profissionais, nem se organizam sob a forma empresarial. É o caso daquele que deseja alugar um dos cômodos da sua casa, por temporada, para um casal de turistas, ou o que divide o uso do seu automóvel ou de certas ferramentas, com outras pessoas interessadas, visando repartir os custos desta utilização ou, mesmo, ser remunerado e obter certo lucro desta atividade. Seriam relações de consumo aquelas estabelecidas entre quem deseja contratar a utilização e o outro que oferece e compartilha o uso de um bem, mesmo não sendo um empresário ou profissional que realize a atividade de modo organizado. Ou ainda, situações já conhecidas de pessoas comuns que se utilizam, de modo espontâneo e eventual, da internet para vender coisas usadas? A rigor, estas situações em que não está presente uma organização profissional, ou o exercício habitual da atividade para a obtenção de lucro, não se consideram relações de consumo.

Entretanto, qual é a posição daquele que organiza e mantém o site ou o aplicativo de internet, e que desempenha esta atividade com caráter econômico, remunerando-se direta (por percentual dos valores contratados ou por taxas fixas) ou indiretamente

103. STJ, Informativo nº 0600, REsp 1.442.674-PR, Rel. Min. Paulo de Tarso Sanseverino, DJe 30/3/2017.

(por publicidade ou formação e negociação de banco de dados, por exemplo)? Segundo Bruno Miragem e Cláudia Lima Marques, o dever deste guardião (*gatekeeper, guardião do acesso*) será o de garantir a segurança do meio negocial oferecido, em uma espécie de responsabilidade em rede (*network liability*), cuja exata extensão, contudo, será definida caso a caso, conforme o nível de intervenção que tenha sobre o negócio. A economia do compartilhamento é economia, *business*, custa algo, há presença de um consumidor. Há situações em que poderá haver responsabilidade do intermediador pela satisfação do dever principal de prestação do negócio objeto de intermediação com o consumidor. Mas na maior parte das vezes, aquele que apenas aproxima e intermedia o negócio deverá garantir a segurança e confiança no meio oferecido para realizá-lo, não respondendo, necessariamente, pelas prestações ajustadas entre partes. O critério para a exata distinção destas situações reside no próprio conteúdo do serviço oferecido pelo site ou aplicativo de internet, ao qual, como regra, uma vez viabilizando a oferta de produtos e serviços no mercado de consumo, atrai a incidência do Código de Defesa do Consumidor e caracteriza aquele que o explora como fornecedor de serviços (artigo 3o). Contudo, para caracterizar-se o vício ou defeito do serviço, como é próprio ao sistema de responsabilidade do fornecedor, deverá ser determinado de antemão, quais os fins (artigo 20) ou a segurança (artigo 14) que legitimamente seriam esperados pelos consumidores em relação ao serviço oferecido por aquele que explora o site ou aplicativo que promove a intermediação entre as partes. Tratando-se de serviços de intermediação, portanto, não bastará apenas a qualificação daquele que a promove com fins econômicos como fornecedor. A exata medida da responsabilidade daquele que explora o site ou aplicativo que viabiliza o consumo colaborativo mediante compartilhamento de bens e serviços, deriva da confiança despertada — e daí a necessidade da precisa definição de vício ou defeito da prestação —, o que dependerá do exame caso a caso, do modelo de negócio organizado a partir do site ou aplicativo.[104]

104. MIRAGEM, Bruno e MARQUES, Cláudia Lima. *Economia do compartilhamento deve respeitar os direitos do consumidor*. Explicam os doutrinadores que o consumo colaborativo pela internet se vale de plataforma digital mantida por alguém que se dispõe a viabilizar espaço ou instrumento de oferta por intermédio de um site ou aplicativo que atua não apenas como um facilitador, mas como aquele que por vezes estrutura um determinado modelo de negócio. Em outros termos, o site ou aplicativo permite o acesso à "highway" e atua como guardião deste acesso, um *gatekeeper* ("guardião do acesso") que assume o dever, ao oferecer o serviço de intermediação ou aproximação, de garantir a segurança do modelo de negócio, despertando a confiança geral ao torná-lo disponível pela internet. No direito brasileiro, estarão qualificados indistintamente como provedores de aplicações de internet, de acordo com a definição que estabeleceu o artigo 5º, VII c/c artigo 15 da Lei 12.965/2014. Exige a norma, que se constituam na forma de pessoa jurídica, exercendo a atividade de forma organizada, profissionalmente e com fins econômicos. É a confiança no meio oferecido para as trocas e compartilhamentos, a base do comportamento das partes, levando-as a aderir ao modelo de negócio e por intermédio de determinada plataforma (site ou aplicativo), manifestar a vontade de celebrar o negócio. Exige-se daí o domínio de certas informações sobre quem se dispõe a oferecer o bem para uso compartilhado, ou as características do produto ou serviço oferecido. Ou daquele que pretende obter a contraprestação em dinheiro, a segurança sobre o modo como se viabiliza o pagamento. Nestes casos, poderão participar, inclusive, outros agentes, como aqueles que administrem os meios de pagamento para adimplemento do contrato (PayPal, cartões de crédito etc.), ou ainda seguradores, no caso em que a plataforma se disponha a garantir certos interesses das pessoas envolvidas no negócio.

O certo é que os aplicativos de transporte particular e de hospedagem em imóveis se tornaram ferramenta amplamente utilizadas. Não há dúvidas de que o usuário do Uber ou Airbnb é consumidor das plataformas fornecedoras de serviços, razão pela qual essa relação é albergada pelo Código de Defesa do Consumidor (CDC). A relação contratual é estabelecida entre a empresa e o usuário que, previamente cadastrado como cliente em sua base de dados, contrata o serviço por meio do aplicativo. Assim, de um lado, a empresa é fornecedora de serviços, pois é pessoa jurídica de direito privado, nacional, que desenvolve atividade de prestação de serviços, nos termos do artigo 3º, § 2º do Código de Defesa do Consumidor. De outra banda, o usuário é consumidor, pois adquire ou utiliza os serviços na condição de destinatário final.

Transcorridos 28 anos de vigência da Lei nº 8.078/90, constata-se o relevante papel do Código de Defesa do Consumidor para a própria renovação do direito privado, até então essencialmente patrimonialista. O macrossistema do Código Civil de 2002 dialoga com o microssistema do CDC em regime de coordenação, afinal os princípios básicos são semelhantes e a técnica das cláusulas gerais adotada pelo Código Reale alimenta a dialética para um tratamento ainda mais eficaz dos casos concretos. Esse diálogo se amplia com a oferta de aplicações de internet em geral, alcançando a Lei n. 12.965/14 (artigo 7º, XIII – Marco Civil da Internet) como garantia aos consumidores de produtos e serviços, inclusive nos modelos de consumo colaborativo em que aquele que promove a intermediação atua profissionalmente.

Finalizando, metaforicamente Cláudia Lima Marques sintetiza o modelo obrigacional *sui generis* como "semelhante a um edifício. O Código Civil de 2002 é a base geral e central, é o próprio edifício, em que todos usam o corredor, o elevador, os jardins, é a entrada comum a civis, a empresários e consumidores em suas relações obrigacionais. Já o CDC é um local especial, só para privilegiados, é como o apartamento de cobertura: lá existem privilégios materiais e processuais para os diferentes, que passam por sua porta e usufruem de seu interior, com piscina, churrasqueira, vista para o rio ou mar e outras facilidades especiais. Na porta de cobertura só entram os convidados: os consumidores, os diferentes, em suas relações mistas com os fornecedores. Sustentando conceitualmente o privilégio ou com base do CDC, está o CC/2002, com seus princípios convergentes, sempre pronto a atuar subsidiariamente".[105]

2. ELEMENTOS CONSTITUTIVOS DAS OBRIGAÇÕES

2.1 Generalidades

John Gilissen descreve o desenvolvimento histórico do direito das obrigações demonstrando o seu papel essencial nas sociedades modernas em razão da liberdade individual de disposição de bens. A partir da teoria desenvolvida no Código Napoleônico

105. MARQUES, Cláudia Lima. Três tipos de diálogos entre o Código de Defesa do Consumidor e o Código Civil de 2002, p. 79.

de 1804, o prestigiado historiador fornece o conceito tradicional da obrigação como um vínculo jurídico que adstringe uma das partes (o credor) a exigir certo fato da outra (devedor).[106]

Com efeito, mediante as obrigações de dar, fazer ou não fazer, desenvolve-se grande parte das relações jurídicas patrimoniais modernas. Os contratos são consubstanciados em relações obrigacionais. Nas relações consumeristas, o fornecimento profissional de produtos e serviços envolve prestações de dar e fazer. Da violação do dever genérico de cuidado – *neminem laedere* – decorrem o ato ilícito e a obrigação de indenizar, sem se olvidar que idêntica obrigação também pode resultar de danos decorrentes do risco de uma atividade ou mesmo do abuso do direito como ilícito objetivo (art. 187, CC).

A renovação da cultura jurídica que determinou a substituição das matrizes filosóficas e dogmáticas do direito privado é assim versada por Orlando Gomes: "Repercutiram tais ideias no Direito das Obrigações, sem embargo de ser essa parte do Direito Civil a que, por sua estruturação técnica, recebe, com maior atraso, o impacto da transformação cultural. Dele não se preservou, entretanto, porque abalados foram, e comovidos, os próprios fundamentos do Direito Privado, que passou a ter orientação social e ética suficientemente vigorosa para provocar a erosão nos seus princípios basilares, e determinar a reformulação de conceitos e tratamento diverso a várias relações."[107]

Nesse sentido avulta demonstrar a perfeita crítica de Antunes Varela sobre os conceitos doutrinários que há muito não prevalecem. Assim, a concepção savigniana de obrigação como poder do credor sobre a pessoa do devedor, que remete ao direito romano anterior à *Lex Poetelia Papiria*, época em que se admitia a atuação corpórea sobre a pessoa do devedor inadimplente.[108] As relações obrigacionais experimentaram largos avanços. A pessoalidade era a tônica das obrigações em seus primórdios, com submissão corpórea do devedor. Atualmente, a patrimonialidade é característica irrefutável das relações obrigacionais.

O Professor de Coimbra critica ainda os que vislumbram a obrigação como poder do credor sobre os bens do devedor. Trata-se de noção apenas aplicável aos direitos reais, em que se opera poder direto e imediato da pessoa sobre bens, vazado em preferência e sequela, sendo certo que o direito de crédito não opera com tais prerrogativas. A teoria patrimonial da obrigação confunde a substância da obrigação – direito à prestação – com a sua sanção (responsabilidade), que é subsidiariamente cominada para o caso de descumprimento.[109]

106. GILISSEN, John. *Introdução histórica ao direito*, p. 729. O Código Civil de Portugal percute na mesma tecla ao conceder o seguinte conceito (art. 397): "Obrigação é o vínculo jurídico por virtude do qual uma pessoa fica adstrita para com outra à realização de uma prestação."

107. GOMES, Orlando. *Transformações gerais do direito das obrigações*, p. 6.

108. ANTUNES VARELA, João de Matos. *Das obrigações em geral*, p. 134.

109. Idem, p. 141.

Finalmente, Antunes Varela se posiciona contrariamente àqueles que situam a obrigação como relação entre patrimônios. A obrigação não pode ser reduzida a um nexo entre dois patrimônios, pois toda relação jurídica postula a existência de dois sujeitos. "São os sujeitos, como elemento soberano da relação, que dispõem dos meios de tutela concedidos pelo direito."[110] A obrigação tem sido concebida estruturalmente pela maior parte dos autores contemporâneos como um direito do credor a um comportamento do devedor, ou seja, como um direito à prestação de dar, fazer ou não fazer.

Parece-nos que a melhor forma de iniciar a demonstração da estrutura da relação obrigacional é, conforme a construção de Brinz,[111] a sua decomposição em dois elementos: o débito *(Schuld)* e a responsabilidade *(Haftung)*. O débito consiste na prestação, no comportamento a ser efetuado pelo devedor, como essência da obrigação. Já a responsabilidade se refere à sujeição do seu patrimônio, em caso de descumprimento do débito, pela utilização da força cogente estatal. Apenas nesse momento o equilíbrio originário se rompe, pela possibilidade de constrangimento decorrente do surgimento da pretensão, subsequente à violação do direito subjetivo ao crédito. A responsabilidade se mantém em potencial em caso de cumprimento espontâneo da obrigação, mesmo assim exercendo evidente função preventiva, compelindo o devedor ao adimplemento.

Tal classificação põe em relevo os três elementos necessários à configuração da relação obrigacional: sujeito, objeto e garantia. Ademais, possibilita o fracionamento de seus elementos para as hipóteses de débito sem responsabilidade – nas obrigações naturais e dívidas prescritas – e responsabilidade sem débito – quando uma pessoa oferece seus bens como garantia de débito alheio.

Pelo fracionamento entre *Schuld* e *Haftung* é também possível visualizar que a patrimonialidade hoje está mais ligada à sanção que à prestação. Eventualmente, admite-se uma prestação de conteúdo não patrimonial, sendo suficiente que corresponda a um interesse do credor, digno de proteção legal.[112]

Consoante a lição, sempre oportuna, de Orlando Gomes, "estrutura-se a obrigação pelo vínculo entre dois sujeitos, para que um deles satisfaça, em proveito do outro, certa prestação".[113]

Em linhas gerais, os elementos componentes da obrigação são os mesmos elementos de uma relação jurídica. Ou seja, a obrigação também é composta de sujeito, objeto e vínculo.

---

110. Idem, p. 143.

111. Em contraposição à teoria unitária ou monista de Savigny, pela qual a essência da obrigação está no poder do devedor sobre determinado ato do credor.

112. COSTA, Mário Júlio Almeida. *Direito das obrigações*, p. 655. O autor dá o seguinte exemplo: "A vincula-se a não tocar piano, mas apenas com o objectivo de garantir a tranquilidade ou o bem-estar de B."

113. GOMES, Orlando. *Obrigações*, p. 20.

Infere-se, pois, da simples análise estrutural de uma relação jurídica obrigacional, a dimensão dos elementos fundamentais que compõem o núcleo duro, fundamental, das obrigações. Estão compreendidos nessa relação básica sujeitos contrapostos, vinculados por um liame que permite a exigibilidade da prestação pactuada.[114]

As duas partes da relação obrigacional (ativo, o credor, e passivo, o devedor) constituem o elemento subjetivo. A prestação devida em favor de uma delas configura o elemento objetivo. E, finalmente, a possibilidade de exigibilidade (inclusive judicial, se preciso) da prestação constitui o elemento imaterial, abstrato.

Em suma-síntese: a relação obrigacional se compõe de *sujeitos ativo* e *passivo* (credor e devedor), *prestação* e *vínculo jurídico* que propicia a exigibilidade.[115]

Não compõem, pois, o conteúdo da obrigação o *fato jurídico* (que, em verdade, é fonte da obrigação, como visto alhures, por se tratar de um aspecto exterior a ela) e a *garantia*, que, ao seu turno, permanece em estado potencial, nem sequer sendo percebida quando a obrigação é adimplida espontaneamente.[116]

Eis os elementos estruturantes da relação jurídica obrigacional em sua análise externa visualizada no modelo tradicional no qual os elementos são descritos *in abstracto*. Todavia, a forma e a intensidade como tais direitos e deveres se estruturam concretamente demandam o exame interno da obrigação, estudo ao qual procederemos em tópico dedicado às obrigações complexas.

2.2 Elemento subjetivo (o credor e o devedor)

Tem-se, aqui, o elemento pessoal da relação obrigacional, reunindo as pessoas envolvidas.

O elemento subjetivo da obrigação é dúplice, encontrando-se, em posições contrapostas, credor e devedor (que representam o sujeito ativo e o passivo, respectivamente). O credor é aquele que pode exigir de outrem um determinado comportamento, enquanto o devedor é quem deve cumpri-lo. Evidente que será rara a hipótese em que um indivíduo será apenas credor ou devedor, eis que habitualmente as partes são credoras e devedoras reciprocamente.

Por óbvio, é possível existir pluralidade em qualquer dos polos da relação obrigacional, o que não implica alteração ao caráter dual da relação obrigacional, pois, independentemente do número de sujeitos, sempre haverá uma contraposição de partes, estando o credor de um lado e o devedor do outro.[117] Temos centros de

114. Fábio Henrique Podestá pondera que "as obrigações têm seus elementos próprios para entendê-las dentro do aspecto técnico-jurídico que se expõe", cf. *Direito das obrigações*, op. cit., p. 75.

115. No mesmo sentido do texto, COELHO, Fábio Ulhoa. *Curso de direito civil*, op. cit., p. 10.

116. Assim, GOMES, Orlando. *Obrigações*, p. 28-29.

117. A lição de Fernando Noronha é de clareza meridiana ao ponderar que se dois irmãos, que são coproprietários de uma casa, vendem o bem para duas outras pessoas, tem-se, na mesma relação obrigacional, quatro

interesses que independem do número de pessoas que os integrem. Não é demais recordar que é exatamente a existência da pluralidade de sujeitos que implica a classificação das obrigações em solidárias e indivisíveis, como se pode extrair dos arts. 257 a 285 do *Codex* Civil.

Os sujeitos da relação jurídica obrigacional podem ser pessoas naturais ou jurídicas (seja de direito público ou privado, com finalidade econômica ou não), independentemente, inclusive, da capacidade (lembre-se, por exemplo, que um absolutamente incapaz poderá ser credor da obrigação alimentícia). No que tange aos sujeitos incapazes, lembre-se da necessidade de representação ou assistência. Aliás, mais do que isso. É possível, inclusive, que os sujeitos sejam entes despersonalizados, como os condomínios edilícios, a massa falida e a sociedade de fato. Como não lembrar que um condomínio edilício é credor da taxa condominial mensal paga pelos condôminos e é, de outra banda, devedor das obrigações trabalhistas e previdenciárias de seus empregados?

Em determinadas relações jurídicas específicas, os sujeitos da obrigação ganharão nomenclatura própria, particularizada. É o caso das relações de consumo, nas quais os sujeitos serão nominados de *consumidor* e *fornecedor*, caracterizados nos termos dos arts. 2º e 3º do CDC. Aquele (o consumidor) é toda pessoa, natural ou jurídica, que adquire ou utiliza produtos (bens móveis ou imóveis, material ou imaterial) ou serviços (qualquer atividade fornecida no mercado de consumo, mediante remuneração) como *destinatário final*. Lembre-se, nesse passo, que há uma verdadeira presunção de vulnerabilidade e equidade contratual do consumidor, permitindo a incidência da legislação protetiva.[118] Este (o fornecedor) é a entidade física ou jurídica (pública ou privada), com ou sem personalidade jurídica (assim abrangendo os entes despersonalizados), que desenvolva atividade de produção, montagem, criação, construção, transformação, importação, exportação, distribuição ou comercialização de produtos ou prestação de serviços. Também é o caso das relações obrigacionais locatícias, nas quais as partes são intituladas *locador* e *locatário*.

Vale pontuar, ainda, que o sujeito da obrigação não precisa ser determinado quando da gênese da relação, porém, no mínimo, precisa ser determinável ao tempo do cumprimento da prestação. Nesse caso, a própria fonte da obrigação deve fornecer elementos básicos para a determinação posterior do sujeito. Trata-se, então, de uma indeterminabilidade relativa, momentânea, do sujeito. É o caso do credor

---

sujeitos, mas somente duas partes, a parte que vende e a outra que adquire, cf. *Direito das obrigações*, op. cit., p. 17.

118. Everaldo Cambler destaca que o conceito de consumidor admite, inclusive, ampliação, dentro da própria sistemática do Código de Defesa do Consumidor, sendo equiparadas a ele "todas as vítimas do evento, ainda que não tenham sido destinatárias finais (art. 17 do CDC), todas as pessoas determináveis ou não, expostas às práticas nele previstas (art. 29 do CDC) e a coletividade de pessoas, ainda que indetermináveis, que haja intervindo na relação de consumo (parágrafo único do art. 2º do CDC)", cf. *Curso avançado de direito civil*, p. 35-36.

de um cheque ao portador ou mesmo de uma promessa de recompensa.[119] Arnaldo Rizzardo, por seu turno, leciona ser possível instituir "benefícios para nascituros, como nos testamentos, ou para sociedades que venham a se constituir".[120] Por isso, invocando as palavras de Carlos Roberto Gonçalves, é possível dizer que os sujeitos das obrigações *"só não podem ser absolutamente indetermináveis"*.[121]

No estágio atual da ciência jurídica, não se pode olvidar, ademais, a possibilidade de existir um sujeito coletivo e não apenas individual. É o caso dos interesses difusos e coletivos, em que é possível afirmar que a coletividade é credora ou devedora de determinadas obrigações.

Ao revés do excessivo individualismo existente outrora, é importante frisar não ser necessário que os sujeitos originários se mantenham os mesmos até a extinção da obrigação. Por isso, não se tratando de obrigação personalíssima, é relevante registrar a possibilidade de substituição do sujeito, através de hipóteses variadas, como a cessão de crédito (CC, arts. 286 a 298), a assunção de dívida (ou cessão de débito, CC, arts. 299 a 303), a sub-rogação, a novação, dentre outras. Já as obrigações *intuito personae* não admitem a modificação do sujeito, eis que são constituídas para vincular aquelas pessoas especificamente, como no exemplo do contrato de mandato.

Relevante sentir, demais de tudo isso, que a necessidade de bipolaridade da relação obrigacional é tamanha que, eventualmente, confundindo-se os sujeitos da obrigação no mesmo polo, implicará sua extinção pelo instituto da confusão (CC, art. 381).

É um fenômeno da modernidade a despersonalização das relações obrigacionais como consequência do desenvolvimento do tráfico jurídico da massificação social. Apesar das transformações ou vicissitudes das obrigações,[122] com a faculdade de substituição das partes originárias da relação, não há de se cogitar de patrimonialização das obrigações (algo bem distinto da patrimonialidade). É fato que o comportamento do indivíduo pode ser valorado, mas, mesmo assim, continua sendo comportamento de seres humanos.

2.3 Elemento objetivo (a prestação)

Analisa-se aqui o componente material, físico, palpável, da relação jurídica obrigacional.

---

119. Consoante as palavras de Marcelo Junqueira Calixto, a "indeterminação subjetiva passiva é um pouco mais rara (do que a indeterminação subjetiva ativa), mas pode ser vislumbrada na hipótese de um adquirente de um imóvel hipotecado responder com o devedor pela solução da dívida garantida, pois, neste caso, 'o credor que o era de um certo devedor tornar-se-á apto a receber de qualquer um a quem venha tocar a coisa gravada'", cf. Reflexões em torno do conceito de obrigação, seus elementos e suas fontes, p. 8.

120. RIZZARDO, Arnaldo. *Direito das obrigações,* p. 36.

121. GONÇALVES, Carlos Roberto. *Direito civil brasileiro,* p. 23.

122. BETTI, Emilio. *Teoria generale delle obbligazioni*, p. 6. O autor usa a interessante expressão *vicende dell'obbligazione* para descrever as transformações das relações obrigacionais, com destaque para os processos nos quais ela se desenvolve.

Pois bem, o objeto se apresenta, consubstancia-se, na *prestação devida*, tendo, sempre, conteúdo econômico ou conversibilidade patrimonial. Com Arnaldo Rizzardo, "considera-se objeto, aqui, a prestação, ou aquilo que deve ser feito, prestado ou omitido. Por outras palavras, é o fato que o devedor ou obrigado deve prestar, e, assim, qualquer atividade humana determinada, desde que prevista em lei ou determinada no contrato".[123]

Esse objeto (a prestação) pode ser positivo (dar ou fazer) ou negativo (não fazer) e consiste, invariavelmente, em uma conduta humana.

Importante notar que o objeto da obrigação (que é a prestação humana) não se confunde com o objeto da própria prestação (um bem da vida qualquer). Tome-se o exemplo de um contrato de compra e venda de um livro. Ora, o objeto da obrigação é a prestação, ou seja, a conduta do adquirente de pagar o preço e a do alienante de entregar o livro. Por outro lado, o objeto da prestação do alienante é, propriamente, o livro.[124] Nas palavras de Antunes Varela, a prestação é o *objeto imediato* da relação obrigacional, enquanto a própria coisa é o seu *objeto mediato* (objeto da prestação).[125]

O jurista Flávio Tartuce simboliza a distinção através da chamada "piscina da obrigação". Na parte rasa se localiza o elemento imediato da obrigação, a prestação. Já no fundo da piscina encontraríamos o seu elemento mediato, que é a coisa, tarefa ou abstenção.[126]

Também releva destacar que a prestação - que é o elemento objetivo da obrigação - precisa se revestir de algumas características: (a) licitude; (b) possibilidade física e jurídica; (c) determinabilidade; (d) patrimonialidade. São, aliás, os próprios elementos gerais de qualquer outra relação jurídica, como se pode extrair do art. 104, II, da Lei Civil.

Afirmar que o *objeto deve ser lícito* significa que não pode atentar contra a lei, sob pena de sanção. Enfim, não pode violar o ordenamento jurídico brasileiro, sendo nula qualquer obrigação ilícita, como um contrato para transporte de substância entorpecente. Por isso, sendo ilícita a prestação, a obrigação não produzirá efeitos jurídicos, não podendo as partes exigir qualquer consequência. Em interessantes exemplos, o grande mestre lusitano Antunes Varela esclarece que serão ilícitas as prestações nos casos do funcionário da alfândega que se obriga a deixar passar certos artigos sem pagamento dos direitos devidos ou do oficial de justiça que se obriga a

123. RIZZARDO, Arnaldo. *Direito das obrigações*, p. 39.

124. Propondo outro exemplo, Fábio Ulhoa Coelho lembra que "o objeto da obrigação da oficina mecânica perante o proprietário do veículo avariado, por exemplo, é o de vender as peças para substituição e prestar os serviços de reparo", destacando não ser o bem objeto da venda especificamente, cf. *Curso de direito civil*, p. 12.

125. ANTUNES VARELA, João de Matos. *Direito das obrigações*, p. 71.

126. TARTUCE, Flávio. *Direito civil*: direito das obrigações e responsabilidade civil, p. 28.

não citar um determinado réu no processo em que este é demandado, senão passado certo número de dias.[127]

A outro giro, a *impossibilidade física* ou *jurídica* da prestação também implicará nulidade. Física é a impossibilidade que deriva das leis naturais ou físicas, quando a prestação atenta contra as próprias forças da pessoa humana. Já a impossibilidade jurídica ocorre quando o ordenamento jurídico proíbe que determinados negócios jurídicos tenham um objeto específico, como no caso da vedação de que os negócios tenham por objeto a herança de pessoa viva (a chamada proibição ao *pacta corvina*, estampada no art. 426, CC) ou um bem público (art. 100, CC).[128] Não é despiciendo mencionar que a impossibilidade deve ser contemporânea à formação da obrigação. Equivale a dizer que a impossibilidade deve existir no ato de constituição da obrigação (o que implica nulidade). Se se tratar de impossibilidade superveniente, não haverá nulidade, pois ela poderá ser cumprida por outrem, dês que não se trate de obrigação *intuitu personae*.

Também convém registrar que o objeto da obrigação deve ser *determinado* ou *determinável* (indeterminação relativa). Dessa maneira, ainda que originariamente indeterminada, é preciso que a prestação seja determinável no momento da execução. Calha o exemplo da venda de coisa incerta, indicada, ao menos, pela quantidade e pelo gênero, consoante previsão do art. 243 do Estatuto da Cidadania. Anote-se, demais disso, que a indeterminação absoluta gera nulidade da obrigação, não sendo admissível em nosso direito.[129]

In fine, é de se assinalar que surge controvérsia se a prestação também deve ter *economicidade* (*patrimonialidade*). Isto é, se a prestação deve ser apreciável economicamente, gerando proveito direto ou indireto. Em princípio, não estão domiciliadas no âmbito das relações disciplinadas pelo direito obrigacional aquelas obrigações que, apesar de jurídicas, não possuem caráter econômico, como os deveres de fidelidade, lealdade e respeito exigidos dos cônjuges (CC, art. 1.566).[130]

---

127. ANTUNES VARELA, João de Matos. *Direito das obrigações*, p. 73.

128. Poderia se confundir, em exame perfunctório, a ilicitude da prestação com a impossibilidade jurídica. Contudo, não se pode incorrer em tal equívoco. Conforme a lição precisa de Orlando Gomes "uma e outra podem ser contrárias à lei, mas a prestação é impossível, do ponto de vista jurídico, quando a lei simplesmente não a admite; é ilícita se, além de inadmissível, constitui ato punível", cf. *Obrigações*, p. 18. **A ilicitude, pois, proíbe e pune. A impossibilidade jurídica apenas veda. Ambas implicam nulidade, impedindo a produção de efeitos.**

129. Em outro exemplo didático, Antunes Varela comenta que será nula, por indeterminabilidade absoluta, a obrigação estampada em um testamento de entregar um bem a um terceiro, sem individualizá-lo, mas será válida a disposição testamentária se deixar um bem a alguém que será escolhido por um terceiro, cf. *Direito das obrigações*, p. 73.

130. É de Arnaldo Rizzardo a lúcida advertência de que "não se encontra motivo para se exigir uma obrigação se de seu cumprimento não advier resultado apreciável em expressão monetária [...] Ainda, nem revela sentido ajuizar uma demanda para impedir que o cônjuge mantenha relacionamento sexual com outra pessoa, ou para conseguir um comando no sentido de manter-se no lar durante a noite. Se descumpridos os deveres conjugais, o caminho será a separação, ou exigir a prestação da devida assistência", cf. *Direito das obrigações*, p. 41.

Entendemos como correta a asserção de que o conteúdo da obrigação principal possa ser dotado de natureza extrapatrimonial. Apesar de inexistir em nossa lei civil norma expressa capaz de referendar a tese – como no Código de Portugal (art. 398, nº 2)[131] –, fundamental é que o interesse do credor seja digno de tutela jurídica, mesmo que de ordem moral. Trata-se da própria tendência do direito civil contemporâneo de funcionalizar as situações jurídicas patrimoniais ao cumprimento de deveres extrapatrimoniais. Os interesses valorados como sérios e úteis poderão sustentar obrigações válidas, como evidencia Fernando Noronha.[132] Pode tratar-se de um interesse de beneficência, caridade, fim altruístico ou outro qualquer.

Há de se ressaltar que atualmente a característica da patrimonialidade está mais ligada à sanção (*Haftung*) do que à prestação (*Schuld*). Aliás, um traço que diferencia as obrigações dos direitos da personalidade é justamente a possibilidade de execução forçada das relações creditícias, sendo impraticável, lado outro, o constrangimento do devedor à cessão ou expropriação de sua privacidade ou dignidade. O comportamento humano pode ser valorado, mas é comportamento humano, infenso a qualquer forma de patrimonialização.

2.4 Elemento abstrato ou espiritual (o vínculo jurídico)

2.4.1 O vínculo jurídico e a garantia de cumprimento

O elemento imaterial e cerne da obrigação é o *vínculo jurídico* estabelecido entre os sujeitos. Trata-se do liame abstrato que une as partes (credor e devedor), possibilitando a um deles exigir do outro o objeto da prestação, sob pena de excussão patrimonial através do Poder Judiciário.

Na qualidade de conteúdo da obrigação, é exatamente o vínculo jurídico que confere coercibilidade à relação obrigacional. Assim sendo, garante-se o cumprimento da prestação avençada, porque, se não cumprida voluntariamente, enseja a atividade substitutiva da vontade do devedor, através da atuação do Estado-Juiz, que vai se imiscuir no patrimônio do devedor para retirar a quantidade de patrimônio suficiente para solver a dívida.

Vê-se, com facilidade, que todo vínculo jurídico-obrigacional consubstancia-se na *sujeição do devedor ao credor* e é marcado pela patrimonialidade. Por isso, "outros vínculos juridicamente qualificados, por não apresentarem uma ou outra destas

---

131. "A prestação não necessita de ter valor pecuniário. Mas deve corresponder a um interesse do credor, digno de proteção legal."

132. NORONHA, Fernando. *Direito das obrigações*. v. 1, p. 46. Aliás, o autor realiza valioso contraponto, ao aduzir que "inversamente, se o interesse não for digno de tutela, não será a existência de contraprestação ou de cláusula penal que dará juridicidade a obrigação assumida. Assim, não terá juridicidade o contrato estabelecendo uma mera obrigação de cumprimentar, ainda que tenha uma contrapartida fixa em dinheiro. O simples estabelecimento de um equivalente pecuniário, ou a fixação de uma cláusula penal, não dignificam um interesse".

características, não podem ser rigorosamente chamados de obrigação. É o caso, por exemplo, do vínculo de parentesco", como ressalta Fábio Ulhoa Coelho.[133]

Por força do vínculo jurídico, destarte, a obrigação importa a sujeição do devedor no sentido de que, uma vez não cumprida espontaneamente a prestação correspondente (ou seja, não ocorrendo cumprimento voluntário), surgirá a pretensão (exigibilidade) e poderá o credor exigir em juízo o esperado adimplemento.

Para além do poder do credor de exigir a prestação e do dever do devedor de efetuá-la, aduz Marco Aurélio Viana que dois são os limites externos ao vínculo jurídico: "A seriedade da prestação e a liberdade individual. Reclama-se um grau mínimo de razoabilidade que justifique a mobilização do aparelhamento jurídico."[134] Com efeito, o devedor cede temporariamente uma parcela de sua liberdade em prol do atendimento à prestação, mas isso não implicará jamais considerar uma renúncia de seu direito fundamental da liberdade ou a configuração de uma submissão da pessoa do devedor ao poder do credor, tal e qual nas origens romanas da obrigação. Inexiste dominação, porém cooperação.

De outra banda, vale a lembrança de que algumas obrigações – por força de determinação legal – não possuem o caráter coercitivo do vínculo jurídico. São as chamadas *obrigações naturais*. Em tais obrigações, existem sujeito, objeto e vínculo, porém este é desprovido de coercibilidade, não ensejando a execução forçada pelo Judiciário, na hipótese de não ocorrer o cumprimento voluntário. Havendo atendimento voluntário, ocorre pagamento, pois, de qualquer maneira, existe o vínculo (que, tão somente, não possui a força coercitiva). Exemplo muito comum de obrigação natural é a dívida prescrita ou a dívida de jogo. Fazendo coro à ponderação de Marcelo Junqueira Calixto, percebe-se que, no direito contemporâneo, as obrigações naturais *"são pouco numerosas e de efeitos bem reduzidos"*,[135] uma vez que, a rigor, a obrigação vem caracterizada exatamente pelo caráter coercitivo do vínculo jurídico.

No mais, reitera-se que o exame do elemento do vínculo jurídico é atualmente um *a priori*, posto que noção da complexidade do processo obrigacional nos impele a romper a superfície e perscrutar, *in concreto*, o complexo de deveres, faculdades, sujeições e ônus que compõem o perfil interno da relação e lhe emprestam matizes reais.

2.4.2 Consequências do não cumprimento espontâneo

Não havendo adimplemento voluntário da obrigação pelo devedor, enseja-se ao credor propugnar por medidas coercitivas para o cumprimento da prestação.

---

133. COELHO, Fábio Ulhoa. *Curso de direito civil*, p. 13.

134. Lembra o autor que "aquele que se obriga segundo o direito a cumprir uma prestação determinada, não contrai um compromisso vazio, nem escreve na água". VIANA, Marco Aurélio. *Curso de direito civil*: direito das obrigações, p. 28.

135. CALIXTO, Marcelo Junqueira. Reflexões em torno do conceito de obrigação, seus elementos e suas fontes, p. 24.

Considerando que o Brasil – como, aliás, todos os estados democráticos de direito – veda a autotutela (isto é, proíbe que o devedor, com as próprias mãos, adote medidas para o atendimento de seus interesses),[136] resta, então, ao credor, contar com o auxílio do Poder Judiciário.

Assim sendo, poderá encarecer ao Estado-Juiz providências diversas no sentido de buscar o cumprimento da obrigação, substituindo a vontade do devedor que reluta em cumprir a prestação ajustada.

Na sistemática do Código Civil de 1916, o inadimplemento de uma obrigação facultava ao credor requerer a sua conversão em perdas e danos. É forçoso perceber que essa conversão em perdas e danos de toda e qualquer obrigação descumprida dava espaço à afirmação de um verdadeiro binômio constante na obrigação (o *lesão-sanção*), fazendo com que toda violação obrigacional fosse convertida em punição para o agente. No entanto, não é difícil notar que essa conversibilidade em perdas e danos não atendia, com efetividade, os interesses do credor, que tinha frustrada a sua expectativa de obter o cumprimento da obrigação.

Considerados tais fatos, a nossa legislação processual, especialmente com o advento das Leis n°s 11.187/2005 e 11.232/2005, abandonou a regra da conversibilidade da obrigação descumprida em perdas e danos, abraçando outras providências tendentes à busca do efetivo adimplemento. É o que se convencionou chamar de *tutela específica das obrigações*, agora completamente consolidada no CPC/15.

Ao invés de pleitear a conversão da obrigação não adimplida voluntariamente em perdas e danos, o credor poderá lançar mão de providências diversas (há um rol exemplificativo) almejando forçar o devedor a cumpri-la ou mesmo obter esse adimplemento por outras vias. É o exemplo da fixação de multa pecuniária periódica (conhecida como *astreinte*) para forçar um marceneiro a entregar os móveis que se comprometeu a preparar. Também é a hipótese da expedição de ofício, pelo próprio juiz, ao cartório de imóveis determinando a transferência de um bem que foi alienado mas cujo registro o vendedor se recusa a transcrever, passando para o nome do adquirente.[137]

Por isso, a conversão em perdas e danos, antes tida como regra geral, passou a ser absolutamente excepcional, conforme se pode ver pelo disposto no art. 499,

136. Lembre-se, por oportuno, que o art. 1.210, § 1º, da Lei Civil permite ao possuidor esbulhado ou turbado (enfim, privado ou embaraçado em sua posse) "manter-se ou restituir-se por sua própria força, contanto que o faça logo", estabelecendo uma exceção à regra geral do monopólio do poder jurisdicional pelo Estado e permitindo a autotutela do direito de posse, dês que exercido nos limites necessários, não caracterizando abuso de direito.

137. Outro exemplo elucidativo é proposto por Ernane Fidélis dos Santos, visando evidenciar a mesma argumentação: "a companhia telefônica nega a ligação de terminal a que está obrigada. Não atendido o preceito judicial [determinando à companhia telefônica o cumprimento da obrigação pactuada, providenciando a ligação da linha] que a determinou, o juiz poderá autorizar pessoa estranha a fazê-lo e, para tanto, está autorizado a empregar todos os meios possíveis, inclusive força policial", cf. *As reformas de 2005 do Código de Processo Civil*, p. 42.

do CPC/15, segundo o qual "a obrigação somente será convertida em perdas e danos se o autor o requerer ou se impossível a tutela específica ou a obtenção de tutela pelo resultado prático equivalente".

2.4.3 A execução da obrigação através do Poder Judiciário

O cumprimento voluntário, sem dúvida, é a finalidade precípua da relação obrigacional. O que se espera é que o próprio devedor, espontaneamente, atenda integralmente prestação a que se comprometeu.

Quando esse atendimento espontâneo não ocorre, contudo, o vínculo jurídico autoriza o credor a pleitear do Estado-Juiz a sua atuação substituindo a vontade do sujeito passivo.

Registre-se, porém, que a atividade substitutiva do Poder Judiciário depende da provocação da parte interessada, não sendo possível que o juiz venha a prestar jurisdição *ex officio*, nos termos do art. 2º do Código Instrumental.[138] É o princípio dispositivo (*judex secundum allegata partium judicare debet*), que somente poderá ser excepcionado em casos específicos, nos quais razões de ordem superior justifiquem a atuação *sponte sua* do Poder Público.

Por evidente, em se tratando de interesse meramente patrimonial (como sói ocorrer nas relações obrigacionais), não se pode admitir que o Poder Judiciário atue de ofício, exigindo-se a provocação do credor-interessado.

2.4.4 O vínculo jurídico e a excepcional possibilidade de prisão civil do devedor

a) Escorço histórico da prisão civil

É certo e incontroverso que o mais importante consectário da compreensão humanizada e social da relação obrigacional, que se iniciou com o advento da *Lex Poetelia Papiria*, na Antiga Roma, é a impossibilidade de prisão civil do devedor. Trata-se de conquista que, hoje, adapta-se à prevalência da dignidade da pessoa humana (CF, art. 1º, III), garantindo a prevalência da proteção da pessoa humana sobre o patrimônio.

Outrora, em remotos tempos romanos, o devedor estava de tal modo atrelado ao credor que, não quitando a sua dívida, a Lei das XII Tábuas, de 450 a.C., estipulava, na Tábua Terceira (Leis IV a IX), a possibilidade de o credor ceifar a vida do

138. Existem algumas exceções, nas quais se admite a concessão de tutela jurisdicional de ofício pelo juiz. São, dentre outros, os casos de fixação de honorários advocatícios, abertura de inventário (CPC, art. 989), fixação de alimentos quando a investigação de paternidade for julgada procedente (art. 7º, Lei nº 8.560/92 – Lei de Investigação de Paternidade).

devedor.[139] Não só. Não havendo a quitação da dívida, poderia o credor conduzir o devedor à presença do magistrado e, na eventual hipótese de relutância, autorizava-se a condução *ab torto colo* (isto é, "pelo pescoço", na literalidade da expressão!). Em se tratando, porém, de idoso ou doente, deveria se fornecer um cavalo. Não sendo cumprida a dívida e não se apresentando um fiador, o sujeito, então, era amarrado pelo pescoço e preso pelo credor, impondo-se, tão somente, o dever de fornecer pão, pelo menos. Se, ainda assim, não houvesse o adimplemento, o devedor era levado à praça pública e a sua dívida era proclamada em altas vozes, decidindo, então, o credor se o vendia como escravo ou se o matava e dividia as partes do seu corpo.[140]

Como não lembrar o histórico relato de William Shakespeare, em seu inolvidável *O mercador de Veneza*, narrando a história de uma dama jovem e bela, chamada Pórcia de Belmonte. Um de seus admiradores, Bassânio, possuindo parcos recursos, embora sendo da nobreza veneziana, viu-se obrigado a recorrer ao auxílio de Antônio, um amigo mais velho, que se dispôs a emprestar. Não possuindo a quantia encarecida, Antônio procura Shylock, um judeu que fazia empréstimos monetários e que notou a oportunidade de vingar-se dele, por quem guardava ódio, embora não tenha revelado o seu propósito. Foi assim, então, que Shylock emprestou dinheiro a Antônio, sem cobrar-lhe juros, mas inserindo uma cláusula pela qual, não quitado na data, o credor teria direito de exigir uma parte do corpo do devedor que lhe agradasse. Apesar dos protestos de Bassânio, Antônio assume a dívida, pois está seguro de que cumprirá, no prazo, a obrigação, pois os seus navios estariam de volta. Enquanto Bassânio cortejava Pórcia, descobre-se que os navios de Antônio se perderam e o credor poderá, portanto, executar a sua dívida. A formosa dama, nesse momento, já casada, resolve ajudar Antônio, disfarçando-se de advogada para defendê-lo. Considerando a sustentação da "causídica", o juiz, então, decide que o credor poderá executar a sua cláusula penal, retirando uma libra de carne do coração do devedor (conforme a sua escolha), desde que não derramasse uma única gota de sangue, deixando antever, desde aquela época, uma natural preocupação com a integridade e a dignidade do ser humano, bem como a impossibilidade de executar cláusulas de garantia que possam reduzir a dignidade do titular.

Nota-se que há de se reconhecer uma necessária evolução para compreender que, no Estado Democrático de Direito, a prisão civil por dívida há de ser abolida, firmando-se a regra da responsabilidade civil patrimonial, como, aliás, já rezam os arts. 789 do CPC/15 e 391 do Estatuto da Cidadania. Por igual, o reconhecimento e

139. A mesma situação era encontrada no Código de Hamurabi (na Babilônia), entre 1728 e 1686 a.C., que estampou, em seus §§ 115 a 117, a regra de que se uma pessoa tinha contra outra um crédito de trigo ou de prata e se o credor viesse a tomar, por força da execução desse crédito, a própria pessoa do devedor e se ele viesse a falecer, de morte natural, na casa do seu credor, essa causa não motivaria qualquer reclamação.

140. Os dados apresentados foram pinçados das obras de Luiz Antonio Rolim, *Instituições de direito romano*, p. 221, e de Álvaro Villaça Azevedo, *Prisão civil por dívida*, p. 20-21.

o prestígio dos direitos humanos corroboram a afirmação da imprescindível dignidade da pessoa humana, colaborando para a superação da prisão civil do mundo jurídico.

b) A prisão civil na Constituição Federal de 1988

Buscando sintonia com os ventos humanizadores que permeiam os ordenamentos democráticos, em especial após a Segunda Guerra Mundial, a Constituição da República de 1988, nesse passo, reconheceu, em seu art. 5º, inciso LXVII, que "não haverá prisão civil por dívidas, salvo a do responsável pelo inadimplemento voluntário e inescusável de obrigação alimentícia e a do depositário infiel", deixando antever a nítida preocupação em confirmar a regra da responsabilidade patrimonial.

Não é por outro motivo que Celso Ribeiro Bastos obtempera que, nos tempos modernos, já não se pode tolerar que o devedor seja preso pela simples inadimplência. "No entanto, a Constituição abre duas exceções. A prisão de que trata a Constituição é de natureza civil. Com isto, quer-se significar que ela não visa à aplicação de uma pena, mas tão somente a sujeição do devedor a um meio extremamente violento de coerção, diante do qual, é de se presumir, cedam resistências do inadimplente. É por isto que, paga a pensão ou restituído o bem depositado, automaticamente cessa a prisão."[141]

Seguramente, as hipóteses de prisão civil (que possuem natureza coercitiva, pretendendo exortar o devedor de alimentos e o infiel depositário ao cumprimento da obrigação) não se confundem com as hipóteses de prisão penal, que estão assentadas em ideais nitidamente punitivos, decorrendo da prática de ato ilícito.

Pontue-se, por relevante, que a Carta Maior erigiu a *dignidade da pessoa humana* ao *status* de pedra angular (fundamental) do sistema jurídico pátrio, transcendendo e transpassando todos os demais valores constitucionais, mas, excepcionando a regra geral, permitiu o constrangimento máximo consistente em restrição à liberdade em determinados casos estabelecidos de forma expressa. Em nosso sistema, princípio da autonomia privada não é absoluto, pois sempre será alvo de uma ponderação de interesses com os direitos fundamentais, na ordem da supremacia da Constituição. Se a norma editada pelo legislador estiver afastada dos parâmetros axiológicos da Lei Maior, caberá ao julgador aplicar diretamente os direitos fundamentais para a resolução do conflito. Essa intensidade da vinculação das partes aos direitos fundamentais ainda é mais exigida nas relações jurídicas dotadas de grande assimetria, como na relação de consumo da alienação fiduciária. Reduz-se ainda mais a tutela da autonomia privada, pois a desigualdade fática entre as partes reproduz a mesma situação de poder em que se localiza o Estado perante o cidadão.

c) O fim da prisão civil do depositário infiel

Apesar da absoluta falta de lógica e coerência jurídica, o Decreto-lei nº 911/69 (editado em período de exceção, no auge da ditadura militar, sem qualquer fundamento

141. BASTOS, Celso Ribeiro. *Comentários à Constituição do Brasil*, p. 305-306.

democrático), em seu art. 4º, estabeleceu a possibilidade de prisão civil do devedor no contrato de alienação fiduciária (o chamado devedor fiduciário).

Essa estranha possibilidade prisional decorre de um (não menos estranho!) dispositivo legal que permite a conversão do contrato de alienação fiduciária – que é um contrato de garantia, pelo qual o devedor garante um empréstimo para o uso de uma coisa entregando a propriedade dela mesma ao credor, que lhe emprestou a verba – em contrato de depósito – que é aquele pelo qual alguém assume o dever de guarda de uma coisa, sem que possa utilizá-la. A toda evidência, trata-se do desvirtuamento de uma espécie contratual bem delineada em outra figura jurídica, igualmente especificada, para atender aos interesses econômicos da parte mais forte (que é o credor fiduciário).

Admitindo que o devedor fiduciário poderá não pagar a sua dívida e, além disso, não restituir a coisa que serve de garantia ao contrato, o Decreto-lei nº 911/69 autorizou a sua conversão em depósito e, assim, viabilizou a sua prisão civil.

Em verdade, não deve ser tolerada tal hipótese por variados motivos.

Primus, porque o contrato de alienação fiduciária não se confunde, substancialmente, com o de depósito. E, nessa linha, a lei não poderá desvirtuar a natureza do contrato, sob pena de desfigurá-lo. Urge distinguir o depósito atípico da alienação fiduciária – cujo fim é a mera garantia do credor – do contrato de depósito clássico, instituído pelo Código Civil, que visa à custódia do objeto pelo devedor, com a posterior e imprescindível devolução da coisa. Na alienação fiduciária o depositário retém a coisa em virtude da compra à prestação, com ânimo de definitividade, pois pretende adquirir o bem, à medida que o pagamento final concede-lhe o domínio e resolve a propriedade do credor. A atipicidade do depósito na propriedade fiduciária resulta ainda da própria possibilidade de o devedor fiduciante fruir o bem na pendência da relação contratual. É cediço que, nos contratos ordinários de depósito, o depositário retém a coisa consigo para conservá-la, não podendo servir-se da coisa depositada, sem licença expressa do depositante (art. 640 do CC).

Secundus, pois a exceção constitucional que autoriza a prisão civil deve ser interpretada *restritivamente*, não sendo admitida a medida segregatória em hipóteses não expressas na Lei Maior. Assim sendo, não constando, expressamente, do inciso LXVII do art. 5º da CF/88 a possibilidade de prisão civil do devedor fiduciário, não se pode equipará-lo ao infiel depositário, que decorre de outra estrutura. Conclui-se que a prisão não seria propriamente pela infidelidade do depositário, mas por dívida, tratando-se de emprego de coerção pessoal como meio de constranger o devedor ao pagamento do débito. É vedada a aplicação extensiva de regra restritiva de direitos fundamentais para ampliação indevida do conceito de depositário infiel. Tal conduta consiste em verdadeiro retrocesso jurídico, desafiando os pressupostos esculpidos no art. 1º, II e III, da Constituição Federal – cidadania e dignidade da pessoa humana –, com os quais se formam os fundamentos do Estado Democrático de Direito.

Tertius, porque o Brasil é signatário da Convenção Interamericana de Direitos Humanos – o Pacto de San José da Costa Rica que, em seu art. 7º, nº 7, veda qualquer outro tipo de prisão civil que não seja a do devedor de alimentos, afastando essa lamentável ocorrência do nosso ordenamento jurídico. Sem a menor sombra de dúvidas, a proibição de prisão civil por dívidas concerne à própria afirmação dos direitos humanos, decorrendo, por isso, da Declaração Universal de Direitos do Homem.

A nosso viso, o Pacto de San José da Costa Rica (tratado internacional que estabelece regras acerca de direitos humanos) foi incorporado, entre nós, em sede constitucional, ingressando, logo após a sua ratificação, em altitude constitucional, por força do § 2º do art. 5º da *Lex Mater*.[142] Dentre os que advogam essa tese, encontra-se Flávia Piovesan, grande autoridade na matéria: "a Constituição assume expressamente o conteúdo constitucional dos direitos constantes dos tratados internacionais dos quais o Brasil é parte. Ainda que estes direitos não sejam enunciados sob a forma de normas constitucionais, mas sob a forma de tratados internacionais, a Constituição lhes confere o valor jurídico de norma constitucional, já que preenchem e complementam o catálogo de direitos fundamentais previsto pelo texto constitucional".[143] O *punctum saliens* dessa tese, por conseguinte, é a afirmação de que os tratados internacionais são incorporados como verdadeiras normas constitucionais. Defendem, pois, a *inconstitucionalidade* da prisão civil por qualquer dívida que não seja alimentícia.

Demais de tudo isso, no contrato de garantia fiduciária o credor dispõe de providências eficazes para fazer valer o seu crédito, no âmbito da excussão patrimonial, não se justificando a adoção de medida tão drástica, que atenta, frontalmente, contra a personalidade do devedor.

A nosso ver, o art. 652 do Código Civil já nasce com vício de inconstitucionalidade, pelas razões já alinhavadas. As normas inferiores devem ser interpretadas de acordo com o perfil personalista da Constituição. A partir do momento em que o art. 5º, § 1º, da Constituição Federal enaltece a eficácia vertical dos direitos fundamentais, entendemos que eles se impõem obrigatoriamente ao legislador infraconstitucional, que fica proibido de editar normas que ofendam os direitos, liberdades e garantias previstas na Lei Maior.[144]

---

142. Reza, *in litteris*, o § 2º do art. 5º da CF: "os direitos e garantias expressos nesta Constituição não excluem outros decorrentes do regime e dos princípios por ela adotados, ou dos tratados internacionais em que a República Federativa do Brasil seja parte".

143. PIOVESAN, Flávia. *Direitos humanos e o direito constitucional internacional*, p. 85. Flávia Piovesan pontua com clareza solar a imprescindível interação entre o Direito Internacional dos Direitos Humanos e os direitos locais, advertindo que "as constituições ocidentais contemporâneas passam a contemplar não apenas forte densidade principiológica, mas cláusulas abertas, capazes de propiciar o diálogo e a interação entre o Direito Constitucional e o Direito Internacional. O sentido maior desta dinâmica é garantir a dignidade humana, enquanto aquele 'mínimo ético irredutível', enquanto parâmetro a conferir validade a toda e qualquer norma".

144. Assim se manifesta Ingo Sarlet: "se, portanto, todas as normas constitucionais sempre são dotadas de um mínimo de eficácia, no caso dos direitos fundamentais, à luz do significado outorgado ao art. 5º, § 1º, de

Ou seja, no império dos direitos humanos não se indaga qual é a lei anterior ou a posterior (critério da temporalidade), se especial ou geral (critério da especialidade), pois prevalece a norma mais benéfica e protetiva à pessoa humana e sua especial dignidade. Toda vez que a autonomia privada do sujeito se prende a alguma decisão de caráter meramente patrimonial, valoriza-se a proteção ao direito fundamental a ele contraposto. Na lógica kantiana, o ser humano deve ser encarado com um fim em si mesmo, e não como um meio de pressão para o pagamento de débitos contratuais!

É de se enaltecer a posição de Luiz Edson Fachin, ao anotar que a prevalência da proteção da dignidade da pessoa humana no que tange às relações jurídicas patrimoniais, "implica dizer que será inconstitucional um diploma legal – cabe frisar, positivado ou proposto – que privilegie uma visão patrimonialista em detrimento de uma concepção vinculada à proteção do ser humano em concreto".[145]

Enfim, não se pode tolerar que o *ter* mereça relevância maior do que o *ser*! Sem dúvida, a prisão civil do devedor infiel depositário viola, frontalmente, as garantias constitucionais, pois o interesse do credor (o depositante) não justifica o sacrifício da dignidade do devedor. Não se esqueça, inclusive, que, no caso do depósito, a dívida conta com outros mecanismos de satisfação, através de execução civil, não se justificando o aprisionamento do devedor como mecanismo de coerção.

Em arremate, consolidando os argumentos aqui esposados, vale lembrar a advertência de Odete Novais Carneiro Queiroz, destacando a *impossibilidade de se tolerar a predominância de questões econômicas em detrimento da dignidade humana*.[146]

Modificando o entendimento que reinava de há muito,[147] o Supremo Tribunal Federal reconheceu a incompatibilidade da prisão civil do devedor fiduciante com a orientação constitucional. Na histórica sessão de julgamento de 3 de dezembro de 2008, ao julgar os REs 349.703 e 466.343, firmou orientação no sentido de que a

---

nossa Lei Fundamental, pode afirmar-se que aos poderes públicos incumbem a tarefa e o dever de extrair das normas que os consagrem (os direitos fundamentais) a maior eficácia possível, outorgando-lhes efeitos reforçados, já que não há como desconsiderar a circunstância de que a presunção da aplicabilidade imediata e plena eficácia que milita em favor dos direitos fundamentais constitui um dos esteios de sua fundamentalidade formal no âmbito da Constituição". In *A eficácia dos direitos fundamentais*, p. 250.

145. *Comentários ao Código Civil*, v. 15, p. 370.

146. QUEIROZ, Odete Novais Carneiro. *Prisão civil e os direitos humanos*, p. 179.

147. A antiga posição do Tribunal Supremo era a seguinte: "a Constituição proíbe a prisão civil por dívida, mas não a do depositário que se furta à entrega de bem sobre o qual tem a posse imediata, seja o depósito voluntário ou legal (art. 5º, LXVII). Os arts. 1º e 4º do Decreto-lei 911/69 definem o devedor alienante fiduciário como depositário, porque o domínio e a posse direta do bem continuam em poder do proprietário fiduciário ou credor, em face da natureza do contrato. A prisão de quem foi declarado, por decisão judicial, como depositário infiel é constitucional, seja quanto ao depósito regulamentado no Código Civil, como no caso de alienação protegida pela cláusula fiduciária. Os compromissos assumidos pelo Brasil em tratado internacional de que seja parte não minimizam o conceito de soberania do Estado-Povo na elaboração de sua Constituição; por esta razão, o art. 7º, nº 7, do Pacto de São José da Costa Rica deve ser interpretado com as limitações impostas pelo art. 5º, LXVII, da Constituição" (STF, Ac. 2ª T., *HC* 73.044-2/SP, Rel. Min. Maurício Corrêa, j. 19.3.1996, in *Revista de Direito Privado* 1:188).

prisão civil por dívida no Brasil está restrita à hipótese de inadimplemento voluntário e inescusável de pensão alimentícia (Informativo STF 531).

Incorporando o espírito da Emenda Constitucional nº 45, que abraçou em sede constitucional os tratados internacionais que versam sobre direitos e garantias humanitárias, o Pretório Excelso afirmou a impossibilidade de prisão civil na alienação fiduciária, inaugurando uma nova fase interpretativa no direito brasileiro. Prevaleceu o entendimento do relator, o Ministro Gilmar Mendes, acerca do *status* normativo supralegal dos tratados internacionais de direitos humanos subscritos pelo Brasil, admitida a hipótese de conferir-lhes nível constitucional por equiparação quando ratificados pelo Congresso de acordo com o quórum estabelecido pela Emenda nº 45/2004, ou seja, por três quintos dos votos dos membros de cada casa do Congresso Nacional, em dois turnos de votação. A Convenção Americana sobre Direitos Humanos – Pacto de San José da Costa Rica – foi ratificada, sem reserva, pelo Brasil, no ano de 1992. Desse modo, seu *status* normativo supralegal torna inaplicável a legislação infraconstitucional que conflite com os seus dispositivos, seja ela anterior ou posterior ao ato de ratificação.

Havia séria divergência quanto à definição da natureza jurídica dos TIDH, com quatro teses contrapostas: a primeira pela afirmação de sua natureza supraconstitucional; a segunda pela sua natureza constitucional; a terceira no sentido de caracterizar a natureza legal; e a quarta defendendo a supralegalidade dos TIDH.

Ao preconizar que TIDH possuem *status* normativo superior às leis ordinárias, mas inferior ao da Constituição Federal, esse julgamento paradigmático produz efeitos em dois níveis: seja na afirmação puramente patrimonial da responsabilidade do devedor na alienação fiduciária, como também na própria sistematização da "pirâmide jurídica" nacional.

Daqui por diante, todas as normas incompatíveis com os TIDH perderão validade. Há uma eficácia paralisante da norma superior do art. 7º, 7, da Convenção Americana de Direitos Humanos sobre as normas inferiores que disciplinam a prisão civil do depositário infiel, sejam elas anteriores ou posteriores ao ato de ratificação (art. 4º, DL 911/69, art. 652 do CC). Assim, no Brasil não há mais lugar para a coerção corporal em qualquer espécie de depósito – seja ele voluntário ou necessário, como no caso do depósito judicial. Nesse sentido a Súmula 419 do Superior Tribunal de Justiça, editada em 11.3.2010: "Descabe a prisão civil do depositário judicial infiel." Enfim, apenas remanesce a prisão civil do devedor de alimentos.[148]

O Supremo Tribunal Federal ressaltou no RE 466.343-SP que o dispositivo constitucional do art. 5º, LXVII, é apenas autoaplicável quanto à proteção da liberdade, mas não é autoaplicável quanto à restrição à liberdade, isto é, quanto à prisão civil. Importa afirmar que a Constituição Federal faculta ao legislador subalterno a restrição

148. Resta igualmente revogada a Súmula 619 do STF: "A prisão do depositário judicial pode ser decretada no próprio processo em que se constitui o encargo, independentemente da propositura da ação de depósito."

da liberdade pela definição de hipóteses de prisão civil do depositário, sendo a norma infraconstitucional que determina o encarceramento, e não a Carta Magna. Por isso, quando se concede a supralegalidade ao Pacto de San José da Costa Rica, paralisa-se a própria eficácia da norma interna que sustenta a coerção corporal. Em apertada síntese: a Constituição Federal autoriza a prisão civil do depositário, porém não há mais fundamento normativo para a sua aplicação.

Em nível sistemático, a afirmação da supralegalidade dos tratados importa que no Brasil surja uma espécie de "tríplex jurídico" no que concerne à relação hierárquico-normativa entre a Constituição Federal, os Tratados Internacionais de Direitos Humanos e a Legislação Infraconstitucional. A Constituição figura no ápice do ordenamento, abaixo dela se localizam os TIDH e, em nível inferior, a legislação infraconstitucional interna.

Se por um lado a referida decisão – tese vencedora do Ministro Gilmar Mendes por cinco votos a quatro – exclui a posição minoritária do Min. Celso de Mello – que concedia valor constitucional aos TIDH –, culmina positivamente por abandonar a posição pretérita do mesmo STF, que equiparava os TIDH às leis ordinárias. A novel interpretação acarreta as seguintes transformações na ordem jurídica nacional: (a) tratados de direitos humanos vigentes no Brasil, aprovados sem maioria qualificada, possuem nível supralegal; (b) qualquer lei ordinária terá sua validade aferida em dupla compatibilidade vertical: isto é, o controle difuso efetivado pelo magistrado em sede preliminar observará a compatibilidade da norma com convenções de direitos humanos (controle de convencionalidade) e a sua adequação à Lei Maior (controle de constitucionalidade); (c) se o tratado de direitos humanos receber o quórum qualificado a que alude o art. 5º, § 3º, da Constituição Federal, terá equivalência de emenda constitucional e, nesse caso, não só se adequará ao controle difuso de qualquer magistrado como também ao controle concentrado pelo Supremo Tribunal Federal, com todas as ferramentas a ele relacionadas, tais como Ação Direta de Inconstitucionalidade, Ação Declaratória de Constitucionalidade e Arguição de Descumprimento de Preceito Fundamental.[149]

Valerio de Oliveira Mazzuoli vaticina que "as justificativas que se costuma dar, sobretudo no Brasil, para o descumprimento das obrigações assumidas pelo Estado no plano internacional, são absolutamente ineficazes à luz do Direito Internacional dos Direitos Humanos e, agora, pela própria ordem constitucional brasileira, que passa a estar integrada com um novo tipo de controle das normas infraconstitucionais: o de convencionalidade".[150]

---

149. A temática do controle de convencionalidade foi brilhantemente desenvolvida por Valerio Mazzuoli em sua tese de doutoramento pela Universidade Federal do Rio Grande do Sul *Rumo às novas relações entre o direito internacional dos direitos humanos e o direito interno*: da exclusão à coexistência, da intransigência ao diálogo das fontes, defendida em 2008.

150. A tese da Supralegalidade dos Tratados de Direitos Humanos. Disponível em: <http://www.lfg.com.br>. Acesso em: 3 abr. 2009.

Nada obstante, esperamos que o Supremo Tribunal Federal possa rever o seu ponto de vista, a fim de conceder aos TIDH incorporados ao sistema brasileiro o *status* de norma constitucional, independentemente de receber ou não o quórum qualificado a que alude o art. 5º, § 3º, da Constituição Federal, tal e qual sustenta o voto do Min. Celso de Mello no RE 466.343-SP. Afinal, em uma hermenêutica que se posicione como instrumento de mutação constitucional, há de prevalecer a norma que melhor tutele a pessoa humana, seja ela uma convenção internacional ou norma de direito interno, sem que se estabeleça hierarquia entre a Constituição e os TIDH.[151]

Compreendendo a matéria à luz da legalidade constitucional (em especial submetendo a matéria à inexcedível dignidade da pessoa humana, exigida pelo art. 1º, III, da CF/88), afigura-se-nos certo e incontroverso que o ordenamento deve abraçar uma concepção mais contemporânea e ajustada à valorização da pessoa humana, defendendo a impossibilidade de prisão civil do infiel depositário, em face da incorporação do tratado internacional em sede constitucional.

De fato, o art. 5º, § 2º, da Constituição Federal é categórico ao inserir os tratados que versam sobre direitos humanos em nosso bloco de constitucionalidade, concedendo o devido respeito às ordens supranacionais de tutela aos direitos humanos.[152]

---

151. O Ministro Celso de Mello assim se pronunciou: "Os magistrados e Tribunais, no exercício de sua atividade interpretativa, especialmente no âmbito dos tratados internacionais de direitos humanos, devem observar um princípio hermenêutico básico (tal como aquele proclamado no Artigo 29 da Convenção Americana de Direitos Humanos), consistente em atribuir primazia à norma que se revele mais favorável à pessoa humana, em ordem a dispensar-lhe a mais ampla proteção jurídica. O Poder Judiciário, nesse processo hermenêutico que prestigia o critério da norma mais favorável (que tanto pode ser aquela prevista no tratado internacional como a que se acha positivada no próprio direito interno do Estado), deverá extrair a máxima eficácia das declarações internacionais e das proclamações constitucionais de direitos, como forma de viabilizar o acesso dos indivíduos e dos grupos sociais, notadamente os mais vulneráveis, a sistemas institucionalizados de proteção aos direitos fundamentais da pessoa humana, sob pena de a liberdade, a tolerância e o respeito à alteridade humana tornarem-se palavras vãs. Aplicação, ao caso, do Artigo 7º, nº 7, c/c o Artigo 29, ambos da Convenção Americana de Direitos Humanos (Pacto de São José da Costa Rica): um caso típico de primazia da regra mais favorável à proteção efetiva do ser humano" (STF, 2ª Turma, HC 90.450-MG, j. 23.9.2008).

152. Ensina Valério Mazzuoli: "Tecnicamente, os tratados internacionais de proteção dos direitos humanos ratificados pelo Brasil já têm *status* de norma constitucional, em virtude do disposto no § 2º do art. 5º da Constituição [?], pois na medida em que a Constituição não exclui os direitos humanos provenientes de tratados, é porque ela própria os inclui no seu catálogo de direitos protegidos, ampliando o seu 'bloco de constitucionalidade' e atribuindo-lhes hierarquia de norma constitucional, como já assentamos anteriormente. Portanto, já se exclui, desde logo, o entendimento de que os tratados de direitos humanos não aprovados pela maioria qualificada do § 3º do art. 5º equivaleriam hierarquicamente à lei ordinária federal, uma vez que os mesmos teriam sido aprovados apenas por maioria simples (nos termos do art. 49, inc. I, da Constituição) e não pelo *quorum* que lhes impõe o referido parágrafo. [?] O que se deve entender é que o *quorum* que o § 3º do art. 5º estabelece serve tão somente para atribuir eficácia formal a esses tratados no nosso ordenamento jurídico interno, e não para atribuir-lhes a índole e o nível materialmente constitucionais que eles já têm em virtude do § 2º do art. 5º da Constituição". A tese da supralegalidade dos tratados de direitos humanos não aprovados por maioria qualificada (defendida, *v.g.*, pelo Min. Gilmar Mendes, no RE. 466.343-SP) peca por desigualar tais instrumentos em detrimento daqueles internalizados pela dita maioria, criando uma "duplicidade de regimes jurídicos" imprópria para o atual sistema (interno e internacional) de proteção de direitos, uma vez que estabelece "categorias" de tratados que têm o mesmo fundamento ético. E esse fundamento ético lhes é atribuído não pelo direito interno ou por qualquer poder do âmbito interno (*v.g.*, o Poder Legislativo), mas pela própria ordem internacional de onde tais tratados

Sem dúvida, a prisão civil do devedor infiel depositário viola, frontalmente, as garantias constitucionais, pois o interesse do credor (o depositante) não justifica o sacrifício da dignidade do devedor. Tal conclusão não impede que sejam adotadas outras medidas coercitivas para o efetivo cumprimento das obrigações decorrentes do depósito, afinal, na concepção da obrigação como processo, a relação obrigacional é polarizada ao adimplemento, como forma natural de atendimento às legítimas expectativas de confiança do credor quanto à satisfação da obrigação. Não se esqueça, inclusive, que, no caso do depósito, a dívida conta com outros mecanismos de satisfação, através de execução civil, não se justificando o aprisionamento do devedor como mecanismo de coerção. Isto é, quando não receber a coisa ou o equivalente em dinheiro (valor do bem, limitado ao total do saldo do débito), poderá o autor prosseguir nos próprios autos da ação de depósito por conversão, para haver o que lhe foi reconhecido na sentença, observando-se o procedimento cabível.

Não por outra razão, o Supremo Tribunal Federal sacramentou a questão com a edição da Súmula Vinculante n. 25, vazada nos seguintes termos: "É ilícita a prisão civil de depositário infiel, qualquer que seja a modalidade de depósito".

d) Lineamentos da prisão civil por descumprimento da obrigação alimentícia

No matrimônio existem apenas obrigações e alguns direitos.

(Friedrich Nietzsche)

A possibilidade de prisão civil serve como mecanismo para a solução de um dos problemas mais angustiantes do direito contemporâneo, que diz respeito à busca da efetivação da obrigação de pagar alimentos.

Partindo da afirmação fundamental de que os alimentos são expressão concreta do princípio da dignidade humana e asseguram a própria subsistência da pessoa, é fácil depreender a natural exigência de um mecanismo ágil, célere, eficaz e efetivo de cobrança dos alimentos. Até mesmo porque a relutância no cumprimento dessa obrigação coloca em xeque não apenas a efetividade de uma decisão judicial, mas o próprio direito à vida e o fundamento do ordenamento jurídico, que é a proteção do ser humano.

A execução alimentícia, assim, constitui-se em uma "modalidade especial de execução por quantia certa contra devedor solvente, que merece tratamento especial em razão da natureza da prestação cujo cumprimento se pretende", como percebe

provêm. Ao criar as "categorias" dos tratados de nível constitucional e supralegal (caso sejam ou não aprovados pela dita maioria qualificada), a tese da supralegalidade acabou por regular assuntos iguais de maneira totalmente diferente (ou seja, desigualou os "iguais"). Daí ser equivocado alocar certos tratados de direitos humanos abaixo da Constituição e outros (também de direitos humanos) no mesmo nível dela, sob pena de se subverter toda a lógica convencional de proteção de tais direitos, a exemplo daquela situação onde um instrumento acessório teria equivalência de uma emenda constitucional, enquanto o principal estaria em nível hierárquico inferior. Cf. A tese da supralegalidade dos tratados de direitos humanos. Disponível em: <http://www.lfg.com.br>. Acesso em: 3 abr. 2009.

Alexandre Freitas Câmara,[153]. Podem, assim, os alimentos ser exigidos, coercitivamente, no caso de descumprimento, através de um tipo específico de execução por quantia certa contra devedor solvente, estabelecendo regras específicas, peculiares, para esse especial tipo de obrigação.

Quando o art. 517 do CPC/15 concebe o protesto do titulo judicial como técnica de indução ao adimplemento, dá relevo a uma inexorável tendência de mobilidade dos meios idôneos à realização de direitos que sirvam como alternativas à prisão civil. Todas as técnicas executivas (prisão civil, desconto em folha, desconto em renda e expropriação) são aplicáveis a qualquer tipo de alimentos, provisórios ou definitivos (art. 531, CPC/15).[154] Embora a lei silencie a respeito, é certo que cabe multa coercitiva para tutela de direito a alimentos, pouco importando se fundados em título judicial ou extrajudicial. Ademais, da leitura do artigo 528 do CPC/15,[155] extrai-se que a execução de alimentos se aplica ao gênero "prestação alimentícia" e não apenas à espécie alimentos "legítimos", decorrentes das relações familiares. Ou seja, o legislador desejou estender as normas especiais em prol de credores de alimentos por responsabilidade civil, créditos trabalhistas e honorários advocatícios, eis que a necessidade de alimentos independe de sua origem. Essa é a hermenêutica mais condizente com a cláusula geral de tutela à pessoa humana do art. 1., III, da Constituição da República.[156]

Nessa senda, sendo possível a utilização de prisão civil, além da já referida possibilidade utilização de multa coercitiva, caberá a obtenção da prestação alimentar por desconto em folha (arts. 529 e 912, CPC/15), desconto em renda (art. 529, § 3º, CPC/15), constituição de capital (art. 533, CPC/15), expropriação (528, § 8º, CPC/15), ou pelo emprego de qualquer outro meio de indução ou de sub-rogação que

153. CÂMARA, Alexandre Freitas. *Lições de direito processual civil*, p. 344.

154. Art. 531 CPC/15: "O disposto neste Capítulo aplica-se aos alimentos definitivos ou provisórios".

155. Art. 528 CPC/15: "No cumprimento de sentença que condene ao pagamento de prestação alimentícia ou de decisão interlocutória que fixe alimentos, o juiz, a requerimento do exequente, mandará intimar o executado pessoalmente para, em 3 (três) dias, pagar o débito, provar que o fez ou justificar a impossibilidade de efetuá-lo".

156 STJ. Informativo n. 0579 Período: 17 de março a 1º de abril de 2016. Terceira Turma. PROTESTO E INSCRIÇÃO DO NOME DO DEVEDOR DE ALIMENTOS EM CADASTROS DE INADIMPLENTES. Em execução de alimentos devidos a filho menor de idade, é possível o protesto e a inscrição do nome do devedor em cadastros de proteção ao crédito. Não há impedimento legal para que se determine a negativação do nome de contumaz devedor de alimentos no ordenamento pátrio. Ao contrário, a exegese conferida ao art. 19 da Lei de Alimentos (Lei n. 5.478/1968), que prevê incumbir ao juiz da causa adotar as providências necessárias para a execução da sentença ou do acordo de alimentos, deve ser a mais ampla possível, tendo em vista a natureza do direito em discussão, o qual, em última análise, visa garantir a sobrevivência e a dignidade da criança ou adolescente alimentando. Ademais, o princípio do melhor interesse da criança e do adolescente encontra respaldo constitucional (art. 227 da CF). Nada impede, portanto, que o mecanismo de proteção que visa salvaguardar interesses bancários e empresariais em geral (art. 43 da Lei n. 8.078/1990) acabe garantindo direito ainda mais essencial relacionado ao risco de vida que violenta a própria dignidade da pessoa humana e compromete valores superiores à mera higidez das atividades comerciais. Não por outro motivo o legislador ordinário incluiu a previsão de tal mecanismo no Novo Código de Processo Civil, como se afere da literalidade dos arts. 528 e 782. Quarta Turma, REsp 1.469.102-SP, Rel. Min. Ricardo Villas Bôas Cueva, julgado em 8/3/2016, DJe 15/3/2016.

o magistrado entenda cabíveis, com o elastério conferido pelos poderes de *imperium* elencados no art. 139, IV, do CPC/15: "Art. 139. O juiz dirigirá o processo conforme as disposições deste Código, incumbindo-lhe: IV – determinar todas as medidas indutivas, coercitivas, mandamentais ou sub-rogatórias necessárias para assegurar o cumprimento de ordem judicial, inclusive nas ações que tenham por objeto prestação pecuniária".[157]

Ademais, na concretude de cada caso, esgotados todos os meios típicos de satisfação da dívida, para assegurar o cumprimento de ordem judicial, deve o magistrado eleger medida que seja necessária, lógica e proporcional. Não sendo adequada e necessária, ainda que sob o escudo da busca pela efetivação das decisões judiciais, será contrária à ordem jurídica. Nesse sentido, para que o julgador se utilize de meios executivos atípicos (139, IV, CPC/15), a decisão deve ser fundamentada e sujeita ao contraditório, demonstrando-se a excepcionalidade da medida adotada em razão da ineficácia dos meios executivos típicos, sob pena de configurar-se como sanção processual. A adoção de medidas de incursão na esfera de direitos do executado, notadamente direitos fundamentais, carecerá de legitimidade e configurar-se-á coação reprovável, sempre que vazia de respaldo constitucional ou previsão legal e à medida em que não se justificar em defesa de outro direito fundamental.[158]

Registre-se, de qualquer modo, que o arresto pessoal do devedor de alimentos tem natureza coercitiva e não punitiva, funcionando como eficiente execução indireta para o cumprimento obrigacional. Não é pena, sanção. Não tenciona sancionar aquele que deixou de pagar os alimentos, mas, diversamente, tende a coagi-lo ao pagamento da prestação tão importante para a subsistência do alimentando. Exatamente por isso é possível a prisão civil de ofício pelo juiz (ou por provocação do Ministério Público, quando funcione como fiscal da ordem jurídica– CPC/15, art. 178), independentemente de provocação da parte interessada.

É certo (e isso não se põe em dúvida) que a prisão civil é medida odiosa, devendo ser repelida no Estado Democrático de Direito. Oxalá seja possível uma humanização do sistema jurídico para que, em breve futuro, não mais seja necessária a privação de liberdade como mecanismo coercitivo para o adimplemento obrigacional.[159] Entretanto, não se podem negar as vantagens e benefícios propiciados pela medida segregatória como mecanismo coercitivo para o adimplemento alimentício. Os dados estatísticos do cotidiano forense não escondem que a prisão civil do devedor de alimentos cumpre, em larga medida, a sua finalidade: fazer com que o alimentante pague a dívida

157. MARINONI, Luiz Guilherme. ARENHART, Sérgio Cruz. MITIDIERO, Daniel. Código de Processo Civil Comentado, p. 560.

158. "Revela-se ilegal e arbitrária a medida coercitiva de retenção do passaporte em decisão judicial não fundamentada e que não observou o contraditório, proferida no bojo de execução por título extrajudicial" (RHC 97.876-SP, Rel. Min. Luis Felipe Salomão, por unanimidade, DJe 09/08/2018).

159. Em monografia dedicada ao tema, criticando acidamente as hipóteses de prisão civil por dívida, Álvaro Villaça Azevedo se manifesta pela "substituição do regime selvagem de hoje pelo civilizado e profícuo de amanhã", propugnando, ainda, que se apaguem, definitivamente, os casos em que se admite a prisão civil por dívida, cf. *Prisão civil por dívida*, op. cit., p. 161.

alimentar. Não por outra razão, o Superior Tribunal de Justiça afasta a aplicação da teoria do adimplemento substancial quando se trata de obrigação de alimentos.[160]

Por evidente, considerado o quadro de excepcionalidade da providência coercitiva, exige-se a fundamentação da decisão que determina a prisão civil, como reza o art. 93, IX, da *Lex Mater*. O legislador, acertadamente, não fixou a fórmula, ou fórmulas possíveis de justificação da impossibilidade de o devedor pagar o débito, mas deixou ao seu critério, e ao crivo avaliador do juiz, a definição se a justificação é válida, ou não. Assim, no prazo fixado pelo juízo para o pagamento do débito (de três dias), poderá o executado apresentar justificativa da impossibilidade de realizá-lo (artigo 528, caput). Todavia, somente a demonstração de fato que importe em impossibilidade absoluta de prestar alimentos justificará o inadimplemento (artigo 528, parágrafo 2º). Mas frise-se que o comportamento procrastinatório do alimentante, no sentido de dificultar a realização do crédito do alimentando, além de atentar contra a boa-fé processual, poderá caracterizar um indício do crime de abandono material, de modo que o novo CPC estipula que o juízo – verificada a postura procrastinatória do alimentante – deverá comunicar o Ministério Público acerca dos indícios da prática do delito de abandono material (artigo 532). A teor do art. 528 do CPC/15 ratifica-se no tríduo obrigatório, a demonstração da impossibilidade absoluta de adimplemento da obrigação poderá ser realizada por todos os meios possíveis. Ademais, impõem-se limites para a prisão civil do devedor de alimentos.[161]

---

160. "A teoria do adimplemento substancial não tem incidência nos vínculos jurídicos familiares, menos ainda para solver controvérsias relacionadas a obrigações de natureza alimentar. Com efeito, trata-se de instituto que, embora não positivado no ordenamento jurídico brasileiro, está incorporado em nosso Direito por força da aplicação prática de princípios típicos das relações jurídicas de natureza contratual. Por sua vez, a obrigação alimentar diz respeito a bem jurídico indisponível, intimamente ligado à subsistência do alimentando, cuja relevância ensejou fosse incluído como exceção à regra geral que veda a prisão civil. por dívida, o que evidencia ter havido ponderação de valores, pelo próprio constituinte originário, acerca de possível conflito com a liberdade de locomoção, outrossim um direito fundamental de estatura constitucional. Isso porque os alimentos impostos por decisão judicial guardam consigo a presunção de que o valor econômico neles contido traduz o mínimo existencial do alimentando, de modo que a subtração de qualquer parcela dessa quantia pode ensejar severos prejuízos a sua própria manutenção. Além disso, o julgamento sobre a cogitada irrelevância do inadimplemento da obrigação não se prende ao exame exclusivo do critério quantitativo, sendo também necessário avaliar sua importância para satisfazer as necessidades do credor alimentar. Ora, a subtração de um pequeno percentual pode mesmo ser insignificante para um determinado alimentando, mas possivelmente não para outro, mais necessitado" (STJ, HC 439.973-MG, Rel. Min. Luis Felipe Salomão, Rel. Acd. Min. Antonio Carlos Ferreira, por maioria, julgado em 16/08/2018, DJe 04/09/2018).

161. STJ. Informativo nº 0531, 4.12.2013. Quarta Turma: "DIREITO CIVIL. IMPOSSIBILIDADE DE PRISÃO CIVIL DO INVENTARIANTE PELO INADIMPLEMENTO DE PENSÃO ALIMENTÍCIA. Não cabe prisão civil do inventariante em razão do descumprimento do dever do espólio de prestar alimentos. Isso porque a restrição da liberdade constitui sanção de natureza personalíssima que não pode recair sobre terceiro, estranho ao dever de alimentar. De fato, a prisão administrativa atinge apenas o devedor de alimentos, segundo o art. 733, § 1º, do CPC, e não terceiros. Dessa forma, sendo o inventariante um terceiro na relação entre exequente e executado – ao espólio é que foi transmitida a obrigação de prestar alimentos (haja vista o seu caráter personalíssimo) –, configura constrangimento ilegal a coação, sob pena de prisão, a adimplir obrigação do referido espólio, quando este não dispõe de rendimento suficiente para tal fim. Efetivamente, o inventariante nada mais é do que, substancialmente, auxiliar do juízo (art. 139 do CC/2002), não podendo ser civilmente preso pelo descumprimento de seus deveres, mas sim destituído por um dos motivos do art. 995 do CC/2002. Deve-se considerar, ainda, que o próprio herdeiro pode requerer pessoalmente ao juízo, durante o processamento

A propósito, o STJ frisou que a responsabilidade pela prestação de alimentos pelos avós (obrigação alimentar avoenga) possui as características da complementariedade e da subsidiariedade. Por isso, havendo meios executivos mais adequados e igualmente eficazes para a satisfação da dívida alimentar dos avós, deve-se evitar a prisão (medida coativa extrema). É admissível a conversão da execução para o rito da penhora e da expropriação, a fim de afastar o decreto prisional em desfavor dos avós.[162]

Assim, parcela considerável da doutrina[163] repudia a prisão civil, como meio de coerção, para compelir o devedor de alimentos a adimplir prestações vencidas há mais de três meses (apelidadas de *prestações pretéritas*). Justificam o entendimento com a alegação de que, sendo excepcional a medida prisional consoante a diretriz constitucional, não seria razoável permitir a utilização da coerção pessoal das parcelas vencidas há mais de três meses. Em outras palavras, significa dizer que somente as parcelas vencidas nos últimos três meses autorizam o manejo da prisão civil como meio coercitivo, afastada a sua possibilidade para as parcelas vencidas anteriormente. As demais parcelas restariam submetidas aos meios de coerção patrimonial.

É o entendimento cimentado, inclusive, no Superior Tribunal de Justiça, que chegou mesmo a cristalizá-lo na Súmula 309: "o débito alimentar que autoriza a prisão civil do alimentante é o que compreende as três prestações anteriores ao ajuizamento da execução e as que vencerem no curso do processo". **Esse critério é reiterado no CPC/15, pelo § 7º, do art. 528: "O débito alimentar que autoriza a prisão civil do alimentante é o que compreende até as 3 (três) prestações anteriores ao ajuizamento da execução e as que se vencerem no curso do processo".**

Por óbvio, as parcelas vincendas (isto é, aquelas que irão vencer no curso do procedimento executório) também permitem a prisão civil, impedindo que o credor venha a ser prejudicado pela demora natural do processo. Todavia, resta latente, explícita, uma indagação: *qual o critério adotado para impedir a prisão civil das parcelas vencidas há mais de três meses?* Por que considerar *atual* a dívida dos últimos três meses e não dos *quatro, cinco* ou *seis* últimos meses?

As questões ganham contornos ainda mais duvidosos quando se lembra que nem a Constituição da República (em seu art. 5º, LXVII), nem o CPC/15 (arts. 911 e 913) e tampouco a Lei nº 5.478/68 – Lei de Alimentos – fazem qualquer distinção quanto

---

do inventário, a antecipação de recursos para a sua subsistência, podendo o magistrado conferir eventual adiantamento de quinhão necessário à sua mantença, dando assim efetividade ao direito material da parte pelos meios processuais cabíveis, sem que se ofenda, para tanto, um dos direitos fundamentais do ser humano, a liberdade." HC 256.793-RN, Rel. Min. Luis Felipe Salomão, julgado em 1º.10.2013.

162. STJ, Informativo nº 617 – 3. T - 9 de fevereiro de 2018. "Havendo meios executivos mais adequados e igualmente eficazes para a satisfação da dívida alimentar dos avós, é admissível a conversão da execução para o rito da penhora e da expropriação, a fim de afastar o decreto prisional em desfavor dos executados" (HC 416.886-SP, Rel. Min. Nancy Andrighi, DJe 18/12/2017).

163. Nesse caminho, Luiz Fux sustenta que, dado o caráter excepcional da prisão civil, a coerção pessoal somente se justificaria para o fim de compelir o devedor ao pagamento de alimentos necessários à sua manutenção, "não se compreendendo (na execução) as vultosas somas de atrasados acumulados por inércia do alimentado", cf. *Curso de direito processual civil*, p. 1466.

à execução de alimentos vencidos em períodos diferenciados, não limitando o uso da prisão como mecanismo de coerção. Por isso, reitere-se: qual o critério para afirmar que dívida alimentícia atual é relativa, apenas, ao último trimestre?

Com efeito, é preciso compreender a prisão civil do devedor alimentar na dimensão constitucional, vocacionada para o realce dos valores maiores do sistema jurídico, seja no que concerne a alimentos fixados judicialmente (528 e seg. CPC/15) ou extrajudicialmente (arts. 911 a 913 CPC/15). Nessa ordem de ideias, ainda que em posição minoritária, entendemos que manter a estrutura da prisão civil fundada no débito do trimestre antecedente à propositura da ação alimentar é ter uma visão míope da norma constitucional, enxergando de maneira turva a realidade latente da vida. Somente permitida a prisão civil assim, restarão sacrificados direitos fundamentais do credor (muita vez, crianças e adolescentes, que contam com *proteção integral* e *prioridade absoluta*, como reza o art. 227, CF), incentivando o devedor relapso.

Defendemos que é imperiosa a aplicação da técnica de ponderação de interesses no caso em apreço, sopesando numa balança imaginária os valores colidentes: o direito do devedor de não ter a prisão civil desviada de sua função precípua de garantir a integridade humana e o direito do credor de perceber a pensão regularmente, viabilizando sua própria subsistência. O fiel da balança será a afirmação da *dignidade da pessoa humana,* devendo prevalecer o valor que a respeitar de forma mais ampla e efetiva. Nessa linha de intelecção, não se pode represar a prisão civil do devedor de alimentos ao débito do último trimestre anterior ao ajuizamento da demanda, sob pena de negar os mais relevantes valores constitucionais.[164]

É preciso detectar, no caso concreto (casuisticamente), qual o período de tempo que, equilibrando a balança, atende às diretrizes constitucionais. Com isso, afirma-se, com tranquilidade, *a possibilidade de prisão civil do devedor de alimentos por período inadimplido há mais de três meses.* Poderá, seguramente, o juiz decretar a prisão civil para coagi-lo a pagar os últimos seis, nove ou 12 meses (ou mais ainda!), considerando as circunstâncias fáticas.

164. STJ. Informativo nº 0531 Período: 4 de dezembro de 2013. Terceira Turma DIREITO PROCESSUAL CIVIL. PRISÃO CIVIL DE DEVEDOR DE ALIMENTOS. Na hipótese de superveniência de sentença que fixa alimentos em quantia inferior aos provisórios, a prisão civil do devedor somente pode ser admitida diante do não pagamento do valor resultante do cômputo das prestações vencidas com base no novo valor estabelecido pela sentença. De fato, a prisão civil é medida coercitiva extrema, aplicável apenas em situações de débito de pensão alimentícia, em razão da premissa de que a liberdade do alimentante deve ser constrangida para garantir a sobrevivência do alimentando. Por isso, ao decretar a prisão civil do devedor de alimentos, devem-se considerar as peculiaridades do caso concreto, adequando-o à correta compreensão da norma jurídica. Deve-se considerar, nesse contexto, que, por ocasião do arbitramento dos alimentos provisórios, o binômio necessidade e possibilidade é examinado sumariamente, mediante análise de cognição perfunctória. Já na prolação da sentença, o referido binômio é apreciado sob um juízo cognitivo exauriente. Assim, a medida da prisão civil, por ser extrema, não se revela como a via executiva adequada (razoabilidade/proporcionalidade) para coagir o alimentante ao pagamento de um valor fixado em sede de cognição perfunctória e correspondente a montante superior ao arbitrado definitivamente em sentença, após ampla análise do conjunto probatório. HC 271.637-RJ, Rel. Min. Sidnei Beneti, julgado em 24/9/2013.

Ora, quando a dívida resta descumprida injustificadamente, a prisão civil avulta como medida necessária à própria prevalência da legalidade constitucional, pena de subversão dos valores fundantes do sistema jurídico. Pensar diferente seria autorizar que o devedor se locupletasse da própria torpeza, preferindo não pagar a dívida, apostando em torná-la *velha, pretérita*, e, por conseguinte, livrar-se da coerção pessoal. Fundados em tais ponderações, entendemos que, em se tratando de dívida contumaz e reiterada, deixando o devedor de cumprir o débito (não raro por vindita ou mágoa da mãe do alimentando), pode (*rectius*, deve!) o magistrado determinar – inclusive *ex officio* ou a requerimento do Ministério Público ou do interessado – a prisão civil por período superior aos três últimos meses.[165]

e) A prisão civil do devedor como mecanismo de tutela de situações existenciais

Não é difícil notar, pois, que o ponto de partida – e, certamente, de chegada – da nossa Lei Suprema é o direito à vida *digna*, reconhecido como direito fundamental por excelência, motivo pelo qual a prisão civil somente pode se tornar justificável em hipóteses nas quais a dignidade humana reclame o encarceramento.

Sem dúvida, a Carta Constitucional, fundada em seus princípios e regras, é vetor de informação que caracteriza uma base necessária para a construção de uma sociedade mais justa, igualitária e solidária.

Por isso, quando se tratar de prisão civil por débito alimentício, não há que se falar em violação à dignidade humana, eis que a dignidade do alimentando (credor de alimentos) reclama a prisão como medida necessária.[166] Nessa ordem de ideias, cerceia-se a *liberdade do devedor* para garantir a *integridade física e psíquica* do credor. E, como bem pondera Odete Novais Carneiro Queiroz, "isto sem dúvida faz toda a diferença, levando a admitir-se nesse único e exclusivo caso a privação da liberdade daquele que, podendo e sem justificar, não paga o que deve ao credor necessitado de alimentos".

E arremata: "cerceia-se a liberdade de alguém para viabilizar a vida de outrem".[167]

Nesse sentido, e com uma visão do Estado Democrático de Direito como um agente transformador da sociedade e concretizador de acesso e tutela a direitos

---

165. Na 5a Jornada de Direito Civil do Conselho de Justiça Federal, foi aprovado o enunciado n. 522: "Cabe prisão civil do devedor de alimentos gravídicos estabelecidos com base na Lei n. 11.804/08, inclusive deferidos em qualquer caso de tutela de urgência."

166. STJ. Informativo nº 0517, 2.5.2013 3ª Turma: "DIREITO PROCESSUAL CIVIL. IMPOSSIBILIDADE DE DECRETAÇÃO OU AMEAÇA DE DECRETAÇÃO DE PRISÃO NO EXERCÍCIO DE JURISDIÇÃO CÍVEL, RESSALVADA A OBRIGAÇÃO DE NATUREZA ALIMENTÍCIA. Não é possível que o magistrado, ao conceder tutela antecipada no âmbito de processo cível cujo objeto não consista em obrigação de natureza alimentícia, efetue ameaça de decretação de prisão para o caso de eventual descumprimento dessa ordem judicial, sob a justificativa de que, nesse caso, configurar-se-ia crime de desobediência (art. 330 do CP). Isso porque não se admite a decretação ou a ameaça de decretação de prisão nos autos de processo civil como forma de coagir a parte ao cumprimento de obrigação, ressalvada a obrigação de natureza alimentícia." RHC 35.253-RJ, Rel. Min. Paulo de Tarso Sanseverino, julgado em 5.3.2013.

167. QUEIROZ, Odete Novais Carneiro. *Prisão civil e os direitos humanos*, p. 122.

fundamentais, posicionamo-nos pela extensão da técnica da prisão civil como forma de coerção em face de débitos oriundos de relações obrigacionais sem conteúdo patrimonial. Ou seja, admite-se que o segregamento tenha respaldo constitucional nas hipóteses em que direitos da personalidade e direitos metaindividuais estejam em risco diante da negativa do devedor em lhes conceder atendimento espontâneo.

Podemos imaginar situações palpáveis que se ajustam a esse contexto no universo das obrigações de fazer e de não fazer. Assim, a recusa do ente público em fornecer determinado medicamento, descumprindo ordem judicial; o desrespeito por parte de um agressor a uma ordem judicial de distanciamento com relação à pessoa da vítima.

A questão que emerge centra-se no exato conteúdo do poder judicial de aplicação das medidas necessárias a que alude o art. 536 do CPC/15, vazado nos seguintes termos: "Art. 536. No cumprimento de sentença que reconheça a exigibilidade de obrigação de fazer ou de não fazer, o juiz poderá, de ofício ou a requerimento, para a efetivação da tutela específica ou a obtenção de tutela pelo resultado prático equivalente, determinar as medidas necessárias à satisfação do exequente. § 1º Para atender ao disposto no caput, o juiz poderá determinar, entre outras medidas, a imposição de multa, a busca e apreensão, a remoção de pessoas e coisas, o desfazimento de obras e o impedimento de atividade nociva, podendo, caso necessário, requisitar o auxílio de força policial." O dispositivo em apreço rompe com o dogma da tipicidade dos meios destinados ao cumprimento das decisões judiciais e concede ao magistrado poderes indeterminados para o cumprimento de medidas necessárias, sejam sub-rogatórias ou coercitivas, sempre conforme as peculiaridades do caso concreto.

Segundo a lapidar lição de Cândido Dinamarco, "em um sentido muito amplo, executar é efetivar e execução é efetivação. O primeiro e mais civilizado entre todos os modos de executar uma obrigação é o adimplemento, conceituado como o ato do obrigado que cumpre, ou do terceiro que cumpre por ele. Estamos ainda no campo do direito substancial e do regular funcionamento do sistema de direitos e obrigações, sem ingerência estatal. Caracterizado o inadimplemento é que se ativam os meios processuais destinados a propiciar ao credor os bens ou situações a que ele tem direito, fazendo-se isso (a) por meio das pressões psicológicas que impõem ao devedor um verdadeiro dilema entre adimplir ou suportar pesados agravamentos de sua obrigação, ou (b) mediante imposição das medidas de sub-rogação integrantes do processo de execução forçada".[168]

As medidas constritivas serão prudentemente desencadeadas pelo juiz em casos tão extremos quanto a gravidade de cada uma. Não se trata de medidas de antecipação de tutela, mas de resguardo à eficácia das decisões judiciárias.

Nesse passo, Sérgio Cruz Arenhardt admite a possibilidade de o magistrado determinar a prisão do réu, argumentando que "uma coisa seria vedar a prisão civil

168. DINAMARCO, Cândido. *A reforma da reforma*, p. 245.

por dívida pecuniária; outra, totalmente diversa, seria inviabilizar a prisão como meio coercitivo, imposta ao réu que se recusa a cumprir determinação judicial".[169]

Essa possibilidade de fixação de prisão como medida coercitiva escaparia do âmbito do inciso LXVII da Constituição Federal?

A alusão do art. 5º, LXVII, da Constituição Federal à proibição da prisão civil por dívida significa a impossibilidade de coerção corporal que tenha origem em vínculo obrigacional, mas a vedação constitucional não se aplicaria diante de hipóteses de descumprimento de ordem judicial, eis que haveria situações em que a simples imposição de *astreintes* seria inadequada para garantir o cumprimento da determinação.[170]

Entendemos também que o sentido constitucional do termo *dívida* seja restrito às obrigações de conteúdo patrimonial. Nada obstante, consideramos que questão tão intricada não pode ser resolvida apenas no âmbito semântico, mas à luz de uma teoria de direitos fundamentais capaz de realizar uma adequada ponderação entre o direito fundamental à liberdade individual do devedor e a tutelar outros direitos fundamentais emanados da dignidade da pessoa humana, que em hipóteses especiais e plenamente justificadas possam recomendar a prisão civil.

Nesse sentido, concordamos com Marcelo Lima Guerra ao enfatizar que o uso da prisão civil é capaz de favorecer a realização de outros direitos fundamentais, pois "como medida coercitiva de eficácia comprovada, a prisão civil favorece, desde logo, o direito fundamental à tutela executiva. Além disso, se a própria situação material – vale dizer, o crédito a ser satisfeito *in executivis* – também consistir na expressão subjetiva de algum direito fundamental, como, por exemplo, a proteção ao meio ambiente, à saúde, à privacidade, à integridade física e à própria vida do credor, esses outros valores reforçam a defesa, sempre na perspectiva do caso concreto, do uso da prisão civil".[171]

Privilegia-se aqui a tese de que a liberdade física do devedor não pode ser encarada como um bem jurídico abstratamente absoluto em uma ordem constitucional que evita hierarquizações de direitos fundamentais. Temos assim que o referido art. 497 do CPC/15 abre-se para hipóteses excepcionais e justificadas de concretização do direito fundamental à tutela executiva, servindo a prisão civil como medida coercitiva inominada.[172]

---

169. ARENHARDT, Sérgio Cruz. *A tutela inibitória da vida privada*, p. 206.

170. ARENHARDT, Sérgio Cruz. Idem, p. 211-212.

171. GUERRA, Marcelo Lima. *Direitos fundamentais e a proteção do credor na execução civil*, p. 136. Explica o autor que "a possibilidade de se utilizar a multa diária, e outras medidas inominadas, além da prisão civil, dá ao juiz brasileiro um repertório de tal forma rico de medidas coercitivas, a tornar extremamente residual o uso concreto da prisão civil. Todavia, não se pode extrair da inequívoca raridade ou excepcionalidade desta medida, um argumento em favor de sua inadmissibilidade".

172. Nesta senda, a Lei nº 11.340/2006 – Lei Maria da Penha – preconiza em seu art. 22, § 4º: "aplica-se às hipóteses previstas neste artigo, no que couber, o disposto no caput e par. 5º e 6º do art. 461 do Código de Processo Civil". A natureza jurídica da prisão pelo descumprimento de medida protetiva para o resguardo

A prisão civil se revela inadmissível e inconstitucional quando tenha por objeto constranger o devedor à satisfação de obrigações de dar, fazer ou não fazer de cunho meramente econômico. Isto é, não se cuida apenas de vedar a prisão civil decorrente de descumprimento de obrigação pecuniária (obrigação de dar), mas de vedação extensiva às obrigações em que se pleiteia um comportamento ou omissão que se traduzam em situações unicamente patrimoniais. Porém, à luz da teoria dos direitos fundamentais, a tutela específica de interesses extrapatrimoniais do credor reclama tratamento diferenciado, sobremaneira quando a situação demonstre o total desinteresse da parte em atender a ordem judicial. Cite-se a reiterada recusa de secretarias de saúde em atender ordens judiciais de entrega de medicamentos. Ninguém poderá negar que, em casos concretos e extremos, o valor que se busca acautelar é preponderante em cotejo com a liberdade individual do devedor.[173]

A medida coercitiva atípica só será aplicada em último caso – sendo inviável a tutela específica ou o resultado prático equivalente –, sendo previamente garantido o exercício do contraditório, considerando-se prudente que o juiz que delibere pela prisão civil fixe imediatamente o prazo de sua duração, observando a imediata cessão da incidência da medida coercitiva em sendo possível o cumprimento antecipado da obrigação pelo devedor.[174]

Assim, vislumbra-se que, concretamente, é preciso ponderar (à luz da proporcionalidade dos valores constitucionais em colidência) o conflito existente entre o

---

da integridade física da mulher ofendida é de natureza civil e não penal, não obstante seja decretada pelo juízo criminal.

173. STJ. Informativo nº 0532, 19.12.2013. "DIREITO ADMINISTRATIVO E PROCESSUAL CIVIL. BLOQUEIO DE VERBAS PÚBLICAS PARA GARANTIR O FORNECIMENTO DE MEDICAMENTOS PELO ESTADO. RECURSO REPETITIVO (Art. 543-C DO CPC E RES. 8/2008-STJ). É possível ao magistrado determinar, de ofício ou a requerimento das partes, o bloqueio ou sequestro de verbas públicas como medida coercitiva para o fornecimento de medicamentos pelo Estado na hipótese em que a demora no cumprimento da obrigação acarrete risco à saúde e à vida do demandante. De acordo com o caput do art. 461 do CPC, na 'ação que tenha por objeto o cumprimento de obrigação de fazer ou não fazer, o juiz concederá a tutela específica da obrigação ou, se procedente o pedido, determinará providências que assegurem o resultado prático equivalente ao do adimplemento'. O teor do § 5º do mesmo art. 461, por sua vez, estabelece que, para 'a efetivação da tutela específica ou a obtenção do resultado prático equivalente, poderá o juiz, de ofício ou a requerimento, determinar as medidas necessárias, tais como a imposição de multa por tempo de atraso, busca e apreensão, remoção de pessoas e coisas, desfazimento de obras e impedimento de atividade nociva, se necessário com requisição de força policial'. Nesse contexto, deve-se observar que não é taxativa a enumeração, no aludido § 5º do art. 461, das medidas necessárias à efetivação da tutela específica ou à obtenção do resultado prático equivalente, tendo em vista a impossibilidade de previsão legal de todas as hipóteses fáticas relacionadas à norma. Dessa forma, é lícito o magistrado adotar, com o intuito de promover a efetivação da tutela, medida judicial que não esteja explicitamente prevista no § 5º do art. 461, mormente na hipótese em que a desídia do ente estatal frente a comando judicial possa implicar grave lesão à saúde ou risco à vida da parte demandante, uma vez que, nessas hipóteses, o direito fundamental à saúde (arts. 6º e 196 da CF) prevalece sobre os interesses financeiros da Fazenda Nacional." REsp 1.069.810-RS, Rel. Min. Napoleão Nunes Maia Filho, julgado em 23.10.2013.

174. Nesse mesmo sentido, Fredie Didier Jr., Leonardo J. C. Cunha, Paula Sarno Braga e Rafael Oliveira são taxativos: "Uma obrigação de fazer, de não fazer ou de dar coisa distinta de dinheiro, de conteúdo patrimonial, não pode ser efetivada por prisão civil. Cabe, em tese, prisão civil como medida executiva atípica para a efetivação de decisão judicial que reconheça direito não patrimonial *(non money judgment)*." In *Curso de direito processual civil*: execução. v. 5, p. 463.

direito de receber o crédito e a garantia do direito à dignidade e liberdade, para entender o que deve preponderar. Percebemos então que a colisão não se verifica somente na questão do direito aos alimentos. Destarte, é imperiosa a aplicação da técnica de ponderação de interesses no caso em apreço, sopesando em uma balança imaginária os valores colidentes: o direito do devedor de não ter garantida a sua liberdade e o direito do credor de perceber o seu crédito. Ora, sem dúvida, o fiel da balança para a solução do problema é a afirmação da *dignidade da pessoa humana,* devendo prevalecer o valor que a respeitar de forma mais ampla e efetiva.

Nessa linha de intelecção, é preciso represar a prisão civil do devedor civil somente para hipóteses em que a medida segregatória se apresentar necessária à afirmação da dignidade do credor, pena de negar os mais relevantes valores constitucionais.

3. PRINCIPAIS DISTINÇÕES

3.1 Direitos reais

Conceituando-se o direito subjetivo como a faculdade de atuação do indivíduo na defesa de seus interesses, é fundamental compreender a existência de dois grandes grupos de direitos subjetivos patrimoniais, isto é, que possuem conteúdo econômico. De um lado, os direitos obrigacionais ou de crédito; de outro, os direitos reais.

A teoria unitária realista procurou unificar os direitos obrigacionais e reais a partir do critério patrimonial. Todavia, a diversidade de princípios que coordenam os dois modelos remete à aceitação da teoria dualista, mantida a partição.

Diferenciam-se, no tocante à sua estrutura, por duas principais razões, a saber:

a) nas obrigações, instala-se relação jurídica entre pessoas determinadas ou, ao menos, determináveis (*v. g.*, títulos ao portador e promessa de recompensa), cujo objeto é um comportamento do devedor, traduzido em uma prestação particularizada de dar, fazer ou não fazer. Em contrapartida, nos direitos reais não se estabelece relação jurídica individualizada, e sim verdadeira situação jurídica de poder do titular do direito real sobre o próprio objeto – o bem imóvel ou móvel –, impondo-se um dever jurídico *erga omnes* de abstenção, incidindo difusamente sobre todas as pessoas não titulares do direito, impedindo-as de praticar qualquer ato capaz de lesar tal vinculação. Ou seja: forma-se uma relação jurídica entre o titular do direito real e o sujeito passivo universal, caracterizada pela assunção de um dever negativo, geral e latente de abstenção, consistente na vedação geral da prática de qualquer conduta que perturbe a situação de poder do titular do direito real sobre o objeto. Em verdade, a pretensão de direito real apenas se manifestará contra aquele que eventualmente viole o dever genérico de abstenção;

b) nos direitos reais, invariavelmente, o titular exercitará poder direto sobre a coisa, com atuação imediata sobre o bem, sem o consentimento de terceiros – *jus in re* (direito sobre uma coisa). O titular prescinde da colaboração de quem quer que seja para obter as utilidades que anseia. Ou seja, o domínio corresponde à sujeição do objeto ao seu titular, pelo exercício, em maior ou menor grau, das faculdades de uso, fruição e disposição da coisa. Já na relação obrigacional, o credor não poderá atuar imediatamente sobre o objeto desejado (dar, fazer ou não fazer), necessitando de uma conduta positiva ou negativa do devedor, pois o adimplemento sempre requer a sua colaboração, através da satisfação da prestação. Os direitos reais podem ser ofendidos por qualquer pessoa; já os direitos obrigacionais, apenas pelo devedor.

Bem sintetiza Arnaldo Rizzardo que "quando verificada a transgressão ao direito sobre a coisa, como no apossamento indevido de um bem, o direito se individualiza frente ao infrator, contra quem autoriza a lei a reclamar a restituição". Ou seja, o direito subjetivo é *erga omnes*, mas a pretensão é individualizada.[175]

Enfim, o direito das obrigações não consiste em direito *sobre* coisa determinada, mas sim *contra* determinada pessoa. Se o direito incidisse sobre certa pessoa, haveria uma intromissão em sua liberdade que forma a base das obrigações. O credor não pode intervir diretamente sobre o devedor, pois este é um sujeito de direito, e não objeto de direito, a ponto de ser submetido ao senhorio do credor. Quando há o inadimplemento, a coação jurídica surgirá sobre a forma da responsabilidade (*Haftung*), mas não haverá arbitrariedade do credor.

Por tais razões, os direitos reais são dotados dos atributos de *sequela, preferência e tipicidade,* sendo facultado ao seu titular buscar o bem sobre o qual exerce poderes dominiais, em poder de quem quer que o detenha, para prioritariamente pagar-se do débito, impondo-se sobre todas as demais situações jurídicas com ele incompatíveis. Ademais, pelo fato de serem providos de eficácia universal, os direitos reais são *numerus clausus,* submetidos a uma tipologia taxativa (art. 1.225 do CC).

A contrario sensu, os direitos obrigacionais são relativos, pois a prestação da qual o credor é titular apenas é exigível em face do devedor que se obrigou a cumpri-la, ou de um responsável. Exemplificando: se o devedor prontificou-se a transferir um veículo (obrigação de dar) e culminou por aliená-lo a terceira pessoa, deverá o credor contentar-se com as perdas e danos, vedando-se a possibilidade de questionar o negócio jurídico ou de agir contra o terceiro – exceto nos casos de fraude a credores ou fraude à execução, em que se comete um atentado ao princípio da responsabilidade patrimonial, resultando em anulabilidade (art. 171, II, do CC) ou ineficácia da transação perante o credor, conforme a hipótese.

Ora, em princípio não pode o credor exigir de um estranho à relação obrigacional a entrega da coisa que lhe fora prometida pelo devedor. A assunção da prestação não suprimiu o seu direito de propriedade, podendo transmitir a titularidade a um terceiro, mesmo ofendendo a obrigação anteriormente assumida. Surgirá, todavia, a responsabilidade patrimonial pela vulneração do contrato, mas a coisa em si não

175. RIZZARDO, Arnaldo. *Direito das obrigações*, p. 28.

poderá ser alcançada. Somente um registro preventivo (*v.g.* promessa de compra e venda integralizada) poderá conservar a pretensão do credor em face de terceiros. Mas a excepcionalidade da tutela frente a terceiros confirma que a regra restringe a proteção do crédito apenas perante o devedor.

Todavia, tratando-se de direito real aperfeiçoado mediante registro do bem imóvel ou tradição do bem móvel, a sequela daí consequente retira a eficácia de eventuais transmissões da coisa, sendo desnecessário o ajuizamento de ação pauliana ou revocatória, posto bastante a adoção da ação reivindicatória. O mesmo atributo da sequela autoriza ao titular do direito real o abandono do bem, enquanto os direitos obrigacionais são suscetíveis de renúncia.

Com propriedade, obtempera Guilherme Calmon Nogueira da Gama não ser o direito real atingido pela inércia de seu titular, inexistindo a prescrição referente ao não exercício de poderes e faculdades do titular, enquanto na seara obrigacional é possível a ocorrência da prescrição referente à pretensão dele decorrente.[176]

Acrescenta ainda Mário Júlio de Almeida Costa que, enquanto vigora para os direitos reais o princípio do *numerus clausus,* "podem, via de regra, constituir-se relações obrigacionais diversas das que a lei expressamente prevê, assim como é lícito aos particulares modificar o conteúdo das figuras reguladas pelo legislador; a constituição e a transmissão dos direitos reais acham-se sujeitas a formalidades não exigidas no âmbito dos direitos de crédito".[177]

As afinidades entre as duas classes de direitos subjetivos patrimoniais não podem ser ignoradas. Mas existem diferenças intrínsecas que as separam. A nosso viso, a grande distinção reside em que, na origem dos direitos reais, dá-se uma *atribuição* de bens a pessoas, enquanto nas obrigações prevalece a nota da *cooperação* entre pessoas, que procuram em posição de igualdade a satisfação de direitos subjetivos e o cumprimento de deveres jurídicos.[178]

A heterogeneidade das funções explica o fato pelo qual os direitos reais tendem à perpetuidade ou a uma grande permanência temporal, enquanto os direitos obrigacionais são efêmeros. A transitoriedade das relações creditícias decorre da necessidade premente de o devedor adimplir a prestação e recuperar a liberdade que foi cedida ao início da obrigação, e da urgência do credor em receber o seu crédito e novamente circular o capital. Por isso, repugnaria ao direito que a afetação da esfera de liberdade se perpetuasse no tempo. A obrigação, desde o seu nascimento, porta o germe de sua extinção.

---

176. GAMA, Guilherme Calmon Nogueira da. *Direito civil*: obrigações, p. 14.

177. COSTA, Mário Júlio de Almeida. *Direito das obrigações*, p. 113.

178. Neste sentido a abalizada posição de Renan Lotufo: "nas relações com base nos direitos reais há uma questão de atribuição de bens, ao passo que nas relações obrigacionais esta é uma questão de cooperação entre pessoas autônomas sob o prisma jurídico, objetivando a solução mais apropriada para compor o conflito de interesses". In *Código Civil comentado,* v. 2, p. 11.

Tabela comparativa entre direitos reais e obrigacionais

Direitos Reais	Direitos Obrigacionais
Absoluto (eficácia *erga omnes*)	Relativo (eficácia *inter partes*)
Atributivo (um só sujeito)	Cooperativo (conjunto de sujeitos)
Imediatidade	Mediatidade
Permanente	Transitório
Direito de Sequela	Apenas tem o patrimônio do devedor como garantia
Numerus Clausus	*Numerus Apertus*
Jus in re (direito à coisa)	*Jus ad rem* (direito a uma coisa)
Objeto: a coisa	Objeto: a prestação

3.1.1 Revisão crítica da dicotomia: direitos obrigacionais x direitos reais

Nada obstante a postura da doutrina em apartar as situações jurídicas obrigacionais das reais, cresce no direito civil constitucional uma reação a essa compartimentação. Aliás, como bem evoca Tercio Sampaio Ferraz Jr., as grandes dicotomias (*v.g.*, direito público x privado; direito objetivo *x* subjetivo; direitos obrigacionais *x* reais) são distinções amplas, desenvolvidas historicamente no trato dogmático do direito, que permitem uma sistematização estática cujo objetivo é perseguir o domínio mais abrangente e coerente possível de problemas. Essa necessidade decorre do domínio teórico da matéria, exigido para o seu tratamento coerente e coeso, pois sem isso aos critérios de decidibilidade faltariam certeza e segurança. O culto Professor de Filosofia da Universidade de São Paulo toca o dedo na ferida, ao advertir que: "O caráter estático do sistema significa que prescinde do processo contínuo de formação, atuação e desaparecimento das normas, o qual caracteriza uma dinâmica. O sistema estático concebe o conjunto normativo como um dado, abstração feita de seu câmbio permanente."[179]

179. FERRAZ JR., Tercio Sampaio. *Introdução ao estudo do direito,* p. 132. Em outra passagem, no que tange à distinção entre situações reais e obrigacionais, o autor efetua uma crítica "segundo a qual a expressão *direito in rem* é imprópria, posto que o direito sempre assinala uma relação entre pessoas, nunca entre pessoas e coisas. O proprietário, por exemplo, exerce uma faculdade perante todos *(erga omnes)*; portanto, a relação é entre pessoas, ainda que indeterminadas quanto ao sujeito passivo. Isto é, o direito real é, no fundo, uma faculdade que se reporta à obrigação universal e negativa de todos em absterem-se, de não perturbarem o uso e o gozo. A única diferença estaria em que nos direitos pessoais o sujeito passivo pode ser determinado, podendo seu conteúdo estar definido positivamente ou negativamente: um ato ou uma omissão. Ambos, porém, consistiram em relações interpessoais", p. 153.

Em suma, a *natureza jurídica* de determinado modelo é uma fórmula orientadora que não pode escapar da *natureza das coisas*. Devemos avaliar se o rigor lógico da dicotomia entre direitos reais e obrigacionais se afeiçoa à realidade.

Em outra oportunidade colocamos que "atualmente as obrigações revelam uma função social, uma finalidade perante o corpo social. Para além da intrínseca função da circulação de riquezas, o papel das relações negociais consiste em instrumentalizar o contrato em prol de exigências maiores do ordenamento jurídico, tais como a justiça, a segurança, o valor social da livre iniciativa, o bem comum e o princípio da dignidade da pessoa humana. O epicentro do contrato se desloca do poder jurígeno da vontade e do trânsito de titularidades para um concerto entre o interesse patrimonial inerente à circulação de riquezas e o interesse social que lateralmente àquele se projeta".[180]

Pietro Perlingieri adverte que a contraposição entre as situações patrimoniais reguladas pelo Código Civil vai perdendo os seus precisos confins, pois existem situações mistas que possuem caráter típico dos direitos reais e obrigacionais, mesmo assim diferencia os dois grupos, alertando que a situação real é aquela que grava uma *res* determinada e específica, enquanto a situação creditória não possui essa relação de inerência, eis que sua marca é o comportamento devido: a prestação, que será alcançada pela via do adimplemento.[181]

É certo que atualmente há uma tendência de aproximação entre as situações reais e obrigacionais, enfraquecendo-se sensivelmente a dicotomia concebida pelos positivistas, sendo possível visualizar um sistema direcionado às situações patrimoniais como um todo, disciplinando o universo de relações econômicas envolvendo titularidades. Afinal, o crédito é uma propriedade – mesmo que incorpórea –, um bem jurídico afetado ao poder do credor, inserido em seu patrimônio, tal e qual a titularidade de bens imóveis e móveis.

Pela lógica da função social dos contratos, a relatividade das relações obrigacionais – baseada na indiferença dos contratantes perante terceiros – é superada pela tutela externa do crédito. Consiste em colaboração mínima das partes com a sociedade e, reciprocamente, desta com os contratantes, havendo um dever genérico de não interferência nas relações em andamento. Caracteriza-se como ato ilícito (art. 187, CC) gerador de responsabilidade extracontratual qualquer forma de atuação de terceiros que induza o negócio jurídico ao inadimplemento. A sociedade não pode se portar de maneira a ignorar e ofender as relações contratuais em curso, como se a obrigação fosse um átomo, e não um fato social relevante.

---

180. ROSENVALD, Nelson. *A função social do contrato*, p. 189.

181. PERLINGIERI, Pietro. *Perfis do direito civil*, p. 203. O autor é incisivo ao aduzir que "a distinção entre situações absolutas e relativas perdeu portanto a sua justificação histórica na medida em que, com fundamento no dever de solidariedade e da consequente responsabilidade, todos devem respeitar qualquer situação e o titular da mesma tem uma pretensão a sua conservação em relação a todos", p. 142.

Teresa Negreiros observa ser fundamental a distinção entre a eficácia das obrigações contratuais e a sua oponibilidade. No tocante à eficácia, mantém-se a ideia central da relatividade dos contratos, pois as obrigações contratuais não são exigíveis de terceiros. Mas as novas tendências das obrigações postulam pela ampliação de sua oponibilidade, para adquirir caráter *erga omnes*, pois "todos têm o dever de se abster da prática de atos que saibam prejudiciais ou comprometedores da satisfação de créditos alheios. A oponibilidade do contrato traduz-se, portanto, nesta obrigação de não fazer, imposta àquele que conhece o conteúdo de um contrato, embora dele não seja parte".[182]

Em vigoroso estudo acerca da delimitação entre as fronteiras dos direitos reais e obrigacionais, Roberta Mauro e Silva reconhece que a principal causa a justificar a revisão da tradicional dicotomia é a funcionalização das relações patrimoniais à plena realização daquelas de caráter existencial, "portanto a oponibilidade passa a configurar uma via de duas mãos: enquanto a coletividade deve respeitar o direito subjetivo do titular sobre a coisa, este deverá respeitar as situações não proprietárias, que seriam interesses dignos de tutela, tais como os direitos difusos, cujo respeito vem a conformar o instituto com a função social que lhe é atribuída".[183]

3.1.2 Situações híbridas

Não se pode negar que, em alguns casos, há uma confluência entre direitos obrigacionais e reais. Nos direitos reais em coisa alheia (*v.g.* usufruto, servidão e hipoteca), além da situação de sujeição universal da comunidade perante a soberania do titular do direito sobre a coisa, identifica-se ainda uma relação obrigacional entre os titulares de direitos reais. Exemplificando: tanto o proprietário como o usufrutuário exercitam direitos potestativos contra a comunidade. Mas, por outro lado, contraem obrigações recíprocas em que ambos são titulares de direitos e deveres decorrentes da lei e da relação contratual que gerou o direito real. Exemplificando: dispõe o art. 1.400 do Código Civil que, antes de assumir o usufruto, o usufrutuário inventariará os bens que recebe, velará pela sua conservação e concederá caução ao proprietário. Cuida-se de três obrigações inseridas em uma relação de direito real.

Ademais, tanto direitos reais como obrigacionais podem ter os contratos como fonte comum. Exemplificando, a compra e venda produz obrigações (art. 481 do CC) e, quando seguida do ato do registro imobiliário, cria direito real de propriedade em favor do adquirente (art. 1.227 do CC).

---

182. NEGREIROS, Teresa. *Teoria dos contratos*, p. 264-265.

183. SILVA, Roberta Mauro e. Relações reais e relações obrigacionais: propostas para uma nova delimitação de suas fronteiras, p. 97. Preceitua a autora que "resta evidente que não mais podemos falar em relatividade das obrigações: seus efeitos externos são inegáveis, podendo, sem sombra de dúvidas, prejudicar terceiros (como nas hipóteses de concorrência desleal) ou beneficiá-los em detrimento de uma das partes (como o caso de terceiro que contribui para o inadimplemento de obrigação de outrem)", p. 97.

Dentre as figuras híbridas, podemos ainda observar a existência dos chamados direitos obrigacionais com eficácia real. Seriam aqueles que, sem perderem o caráter essencial de direitos a uma prestação, geram efeitos reais, já que se transmitem ou são oponíveis a terceiros que adquiram direitos sobre determinada coisa. Não poderão ser considerados como direitos reais, pois, pelo princípio da tipicidade a eles inerente, toda limitação ao direito de propriedade que não esteja prevista em lei como direito real tem natureza obrigacional.

Nem todos os títulos levados ao registro geram direitos reais. Existem direitos obrigacionais que, quando conduzidos ao RGI, adquirem eficácia real, mas não se convertem propriamente em direitos reais, por não haver adequação ao princípio do *numerus clausus*. Quer dizer, há uma tendência inexorável de se estender às situações obrigacionais o atributo da sequela, fazendo com que o poder de perseguir a coisa deixe de ser um traço exclusivo dos direitos reais.

Em realidade, o que ocorre é a efetiva atribuição de eficácia real, *erga omnes*, a uma situação obrigacional, originariamente despida dessa eficácia. A possibilidade de atribuir-se publicidade a relações obrigacionais existe entre nós, por exemplo, em matéria locatícia e negócios imobiliários decorrentes de pré-contratos. É uma forma de fortalecimento do direito obrigacional por se lhe agregar um predicado próprio dos direitos reais.[184]

Exemplificadamente é o que se vislumbra no contrato de locação. Nesse diapasão, na Lei nº 8.245/91, mais precisamente em seus arts. 8º e 33, verificam-se dois casuísmos: cláusula de vigência em face do adquirente do imóvel locado, averbada no Registro Geral de Imóveis (RGI), e aquisição do imóvel em que não se concede exercício do direito de preferência, estando ela averbada no ofício imobiliário.[185] Em ambos os casos, o registro do contrato de locação não o converte em direito real, mas amplifica a relação obrigacional de forma a tutelar o locatário em face do novo proprietário, seja para permanecer no imóvel após a alteração da titularidade ou mesmo para invalidar a aquisição que desrespeite a sua prelação.

Outrossim, as cláusulas restritivas de inalienabilidade, impenhorabilidade e incomunicabilidade alcançam a coisa onerada, sem que por isso sejam direitos reais. O que importa é a publicidade decorrente do ato do registro.

O mesmo se diga do processo civil contemporâneo. A concepção fundamental da efetividade processual permite que as situações obrigacionais mereçam a mesma tutela que as situações reais. É bom frisar que não há relação entre os meios de

184. Nesse sentido, confira-se a lição do Professor paulista Arruda Alvim. Confronto entre situação de direito real e de direito obrigacional, p. 115.

185. STJ. REsp 1216009/RS, Rel. Min. Nancy Andrighi, 3ª Turma, *DJe* 27.6.2011: "A averbação do contrato de locação é indispensável para que o direito de preferência revista-se de eficácia real e permita ao inquilino haver para si o imóvel locado e vendido. A inobservância do direito de preferência permite ao locatário pleitear perdas e danos pelos prejuízos econômicos sofridos, ainda que o contrato locatício não tenha sido averbado junto à matrícula do imóvel locado."

proteção processual e a origem material do direito subjetivo ofendido. Assim, podemos ilustrar o modelo processual da penhora que, em face do art. 844 do CPC/15 requer o seu registro como elemento constitutivo do ato. Destarte, em relação a terceiros de boa-fé, a fraude à execução em virtude de alienação ou oneração de bem penhorado somente se evidenciará se efetivada após o registro da constrição judicial, salvo se antes desse momento já restar comprovada pelo exequente a *scientia fraudis*, isto é, que o adquirente agiu de má-fé.

A imposição do registro da penhora não a converteu em direito real. Somente defere eficácia real à constrição do bem, criando uma espécie de presunção absoluta de fraude – via de consequência, alcançando terceiros adquirentes –, em caso de alienação do bem posterior ao registro.

Enfim, a publicidade é inerente à aquisição dos direitos reais, mas não exclusiva dessa categoria, pois a necessidade de efetividade na satisfação de direitos subjetivos inspira o legislador a paulatinamente substituir o modelo ressarcitório pela tutela inibitória (art. 497 do CPC/15), como forma de satisfação de pretensões *in natura*, e não pela mera substituição do bem pretendido pela imposição de perdas e danos. Podemos concluir, afirmando que nos direitos reais o elo que une o proprietário a toda a sociedade produz *direitos erga omnes*, não se confundindo com os *efeitos erga omnes* que eventualmente resultam do registro de determinados direitos obrigacionais.

De fato, são esmaecidas as distâncias entre as situações reais e obrigacionais. Basta lembrarmos as seguintes situações: (a) não apenas as obrigações, mas também os direitos reais podem nascer de negócios jurídicos (*v.g.*, o registro da compra e venda); (b) alguns direitos reais são apenas criados para ampliar a eficácia das relações obrigacionais (*v.g.*, os direitos reais de garantia); (c) mesmo dentro de relações reais existem obrigações para as partes (*v.g.*, no usufruto, o usufrutuário se encarregará das despesas ordinárias de conservação da coisa); (d) alguns direitos obrigacionais possuem eficácia real, como a locação averbada no registro imobiliário (art. 8º, Lei nº 8.245/91).

3.1.3 Obrigações propter rem

As obrigações *propter rem* são prestações impostas ao titular de determinado direito real, pelo simples fato de assumir tal condição. Vale dizer, a pessoa do devedor será individualizada única e exclusivamente pela titularidade de um direito real. As obrigações mistas são simbióticas, pois apresentam características comuns aos direitos obrigacionais e reais. A pessoa assume uma prestação de dar, fazer ou não fazer, em razão da aquisição de um direito real.

Uma importante situação de imbricação entre direito real e obrigacional instala-se no momento da formação das obrigações *propter rem* ou *ob rem*. Conhecidas também como obrigações *mistas* ou *ambulatórias*, constituem uma figura peculiar, pois se inserem entre os direitos reais e os direitos obrigacionais, assimilando características de ambos.

Caio Mário da Silva Pereira esclarece que "o equívoco dos que pretendem definir a obrigação *propter rem* como pessoal é o mesmo dos que lhe negam a existência, absorvendo-a na real. Ela é uma obrigação de caráter misto, pelo fato de ter como a *obligatio in personam* objeto consistente em uma prestação específica; e como a *obligatio in re* estar sempre incrustada no direito real".[186]

Trata-se de obrigações em que a pessoa do credor ou do devedor individualiza-se não em razão de um ato de autonomia privada, mas em função da titularidade de um direito real. *"É uma obrigação imposta, em atenção a certa coisa, a quem for titular desta".*[187] Sua particularidade consiste na inerência ao objeto da posição do titular ativo ou passivo da relação. O obrigado é o titular do direito real, havendo a possibilidade de sucessão no débito fora das hipóteses normais de transmissão das obrigações.

Em regra, os direitos reais não criam obrigações positivas para terceiros, tão somente um dever genérico negativo, consistente na abstenção da prática de atos que possam cercear a substância do direito alheio. Por outro lado, as obrigações normalmente surgem de um negócio jurídico unilateral ou bilateral, cujo fundamento é a manifestação de vontade.

Excepcionalmente, a mera titularidade de um direito real importará a assunção de obrigações desvinculadas de qualquer manifestação da vontade do sujeito. A obrigação *propter rem* está vinculada à titularidade do bem, sendo esta a razão pela qual será satisfeita determinada prestação positiva ou negativa, impondo-se sua assunção a todos os que sucedam ao titular na posição transmitida. A obrigação nasce com o direito real e com ele se extingue.

Aliás, como a assunção da obrigação decorre da titularidade da coisa, ao devedor será concedida, em certos casos, a faculdade de se libertar do vínculo, renunciando ao direito real em favor do credor. Trata-se do chamado abandono liberatório ou renúncia liberatória.

Qualificam-se como *propter rem* as obrigações dos condôminos de contribuir para a conservação da coisa comum e adimplir os impostos alusivos à propriedade, bem como todos os direitos de vizinhança, referenciados no Código Civil. A natureza jurídica da convenção de condomínio também é de obrigação *propter rem,* posto atribuída automaticamente ao titular de direito real, pois existe a vinculação da obrigação com o direito.[188]

---

186. PEREIRA, Caio Mário da Silva. *Instituições de direito civil,* op. cit., p. 42.

187. ANTUNES VARELA, João de Matos. *Das obrigações em geral,* p. 193.

188. STJ. Informativo nº 0624 - 18 de maio de 2018. Ação de cobrança. Cotas condominiais. Obrigação *propter rem.* Legitimidade da arrendatária de imóvel para figurar no polo passivo da demanda juntamente com o proprietário. "Inicialmente, vale lembrar que a obrigação pelo pagamento de débitos de condomínio

Note-se que nos exemplos expostos os condôminos não subscreveram qualquer contrato em que se obriguem a pagar tais débitos. Basicamente, as prestações decorrem da assunção do direito real de propriedade, acompanhando o imóvel em todas as suas mutações subjetivas.

Todavia, é imprescindível conhecermos a distinção entre as obrigações *propter rem* e os ônus reais. Segundo Antunes Varela, "a diferença prática entre ônus e obrigações reais, tal como a história do direito as modelou, está em que, quanto a estas, o titular só fica vinculado às obrigações constituídas na vigência de seu direito, enquanto nos ônus reais o titular da coisa fica obrigado mesmo em relação às prestações anteriores, por suceder na titularidade de uma coisa a que está visceralmente unida a obrigação".[189]

Portanto, enquanto as obrigações *propter rem* afetam o titular da coisa ao tempo em que se constitui a obrigação, nos ônus reais o adquirente posterior se responsabilizará por débitos contraídos pelo titular anterior. Assim, alienado o imóvel com a existência de débitos, o novo proprietário assumirá os encargos condominiais e tributários em atraso, respectivamente perante o condomínio e a municipalidade, mesmo que a dívida tenha sido gerada pelo alienante. Os ônus reais são ambulatórios – movimentam-se de um titular a outro, não constituem dívidas do proprietário *A* ou *B*, mas sim encargos da própria coisa. Nesse sentido é a letra do art. 1.345 do Código Civil: "O adquirente de unidade responde pelos débitos do alienante, em relação ao condomínio, inclusive multas e juros moratórios."

Enquanto nas obrigações *propter rem* o proprietário devedor responde com todo o seu patrimônio, nos ônus reais só será atingido no limite do valor do bem, pois a garantia real implica sua responsabilidade por uma dívida de terceiros. Em linguagem obrigacional, há a *Haftung*, mas não o *Schuld*. De qualquer forma, a norma em comento denota ser inócua a prova da quitação do débito ao tempo da alienação, bem como reforça o cuidado do adquirente nos contratos de transferência de propriedade.

Carlos Roberto Gonçalves sintetiza as distinções entre os ônus reais e as obrigações *propter rem*: "a) a responsabilidade pelo ônus real é limitada ao bem onerado,

---

possui natureza *propter rem*, como reconhece esta Corte. Com efeito, em julgamento de recurso repetitivo, a Segunda Seção deste Tribunal firmou a tese de que "o que define a responsabilidade pelo pagamento das obrigações condominiais não é o registro do compromisso de compra e venda, mas a relação jurídica material com o imóvel, representada pela imissão na posse pelo promissário comprador, dependendo das circunstâncias de cada caso concreto " (REsp 1.345.331/RS, Min. Luis Felipe Salomão, DJe 20/04/2015). Na hipótese, a arrendatária exerce a posse direta sobre o imóvel e usufrui dos serviços prestados pelo Condomínio, não sendo razoável que não possa ser demandada para o pagamento de despesas condominiais inadimplidas. Ressalte-se, por fim, que não se está a falar de solidariedade entre proprietário e arrendatário para o pagamento dos débitos condominiais em atraso, até mesmo porque, como se sabe, a solidariedade decorre da lei ou da vontade das partes. O que se está a reconhecer é a possibilidade de a arrendatária figurar no polo passivo da ação de cobrança, haja vista que a ação pode ser proposta em face de qualquer um daqueles que tenha uma relação jurídica vinculada ao imóvel, o que mais prontamente possa cumprir com a obrigação" (REsp 1.704.498-SP Rel. Min. Nancy Andrighi, DJe 24/04/2018).

189. ANTUNES VARELA, João de Matos. *Das obrigações em geral*, p. 193.

não respondendo o proprietário além dos limites do respectivo valor, pois é a coisa que se encontra gravada; na obrigação *propter rem* responde o devedor com todos os seus bens; b) os primeiros desaparecem, perecendo o objeto, enquanto os efeitos da obrigação *propter rem* podem permanecer mesmo havendo perecimento da coisa; c) os ônus reais implicam sempre uma prestação positiva, enquanto a obrigação *propter rem* pode surgir com uma prestação negativa".[190]

Na vertente contemporânea da função social da propriedade, o adquirente de bem imóvel também será responsabilizado pelo cumprimento de ônus reais oriundos de normas ambientais, sobremaneira quando a propriedade por ele adquirida esteja devastada. Além da responsabilidade civil objetiva e solidária por danos ecológicos, pesará sobre o novo proprietário a necessidade de instituir reserva legal sobre 20% da área (art. 16, Código Florestal) como deverá indenizar os danos já causados ao meio ambiente, com direito de regresso em face do alienante.[191]

Todavia, tratando-se de modo originário de aquisição da propriedade (v.g. usucapião), o novo proprietário não assumirá os ônus reais, mas tão somente as obrigações *propter rem*. Ilustrativamente, o ente desapropriante não responde por tributos incidentes sobre o imóvel desapropriado nas hipóteses em que o período de ocorrência dos fatos geradores é anterior ao ato de aquisição originária da propriedade.[192]

---

190. GONÇALVES, Carlos Roberto. *Direito civil brasileiro*, p. 15.

191. No REsp. 124.122/PR, O Ministro Herman Benjamim frisou entendimento do STJ sobre assunção de ônus reais em sede de passivo ambiental ao entender que "A obrigação de reparação dos danos ambientais é *propter rem*" (REsp 1.090.968/SP, Rel. Min. Luiz Fux, Primeira Turma, *DJe* 3.8.2010), sem prejuízo da solidariedade entre os vários causadores do dano, descabendo falar em direito adquirido à degradação. O "novo proprietário assume o ônus de manter a preservação, tornando-se responsável pela reposição, mesmo que não tenha contribuído para o desmatamento" (2ª Turma, *DJ* 11.9.2012).

192. "A questão trazida à colação trata de sucessão tributária, em decorrência da desapropriação de imóvel pertencente à empresa privada pela União Federal, visto que os débitos, objetos de cobrança em execução fiscal promovida por fazenda municipal, tem como fundamento fatos geradores ocorridos em momento pretérito à ocorrência da imissão na posse, relativos ao Imposto Predial Territorial Urbano (IPTU) e Taxa de Limpeza Pública de Coleta de Resíduos Sólidos. Primeiramente, cumpre referir que o art. 34 do CTN considera contribuintes do IPTU o proprietário do imóvel, o titular do seu domínio útil ou o seu possuidor a qualquer título. Por seu turno, da análise dos artigos 130 e 131, I, do CTN, extrai-se que o comprador do imóvel se sub-roga nos direitos e obrigações que decorrem da aquisição, ou seja, se torna pessoalmente responsável pelos impostos referentes ao bem adquirido. No mesmo sentido, as taxas de limpeza pública de coleta de resíduos sólidos estão vinculadas ao imóvel, ou seja, são obrigações *propter rem*, independentemente de quem seja o proprietário, detentor do domínio útil ou possuidor. Noutra quadra, a desapropriação, de acordo com doutrina, "(...) é forma originária de aquisição da propriedade, porque não provém de nenhum título anterior, e, por isso, o bem expropriado torna-se insuscetível de reivindicação e libera-se de quaisquer ônus que sobre ele incidissem precedentemente, ficando os eventuais credores sub-rogados no preço". Extrai-se, portanto, que a propriedade adquirida em decorrência da desapropriação desvincula-se dos títulos dominiais pretéritos e não mantém nenhuma ligação com estes, o que impede a imposição de ônus tributário sobre o bem por quem quer que seja, nos termos do artigo 35 do Decreto-Lei n. 3.365/1941. À vista desse entendimento e considerando que à legislação tributária é vedado alterar a definição, o conteúdo e o alcance dos institutos, conceitos e formas de direito privado (art. 110 do CTN), conclui-se ser inexigível perante à União, os créditos tributários incidentes sobre o imóvel expropriado, devendo eventuais direitos creditórios em favor da exequente ser imputados ao expropriado" (STJ, REsp 1.668.058-ES, Rel. Min. Mauro Campbell Marques, por unanimidade, julgado em 8/6/2017, DJe 14/6/2017).

Nada obstante, é lícito convencionar que obrigações *propter rem* sejam solvidas pelo possuidor da coisa. É lícito o negócio jurídico envolvendo o repasse dos encargos condominiais ao locatário, sem que isso implique transferência da obrigação real ou alteração de sujeição passiva, mas apenas um acordo de vontades restrito aos contratantes. Certamente, o referido acordo é ineficaz relativamente a terceiros. Exemplificando, havendo inadimplemento de cotas condominiais pelo locatário, o prédio responsabilizará o proprietário e este, por sua vez, fará uso do instrumento contratual para obter direito de regresso em face do locatário.

A outro passo, considerando-se que o registro da escritura no cartório imobiliário tem apenas a finalidade de proteger o direito do comprador, caso o vendedor decida alienar o imóvel para outra pessoa, há de se afastar a aplicação da teoria das obrigações *propter rem* em compromissos de compra e venda, por evidente negação ao princípio jurídico constitucional da função social da propriedade. Em comum, versam acerca de ações propostas por condomínios contra proprietários, visando ao pagamento de débitos condominiais posteriores à alienação da coisa, sob o argumento de o imóvel ainda não estar registrado em nome do novo morador ao tempo do inadimplemento. Mesmo que o adquirente não tenha providenciado o registro da escritura de compra e venda – e a consequente transmissão da propriedade –, os débitos condominiais atraem a sua responsabilidade pelos débitos contraídos a partir do exercício da moradia, desde que tenha posse efetiva do bem com o conhecimento do condomínio sobre a aquisição.

O Superior Tribunal de Justiça confere legitimidade passiva ao promitente comprador nas ações de cobrança de cotas condominiais "se a ocupação a esse título da unidade imobiliária é conhecida pelo condomínio, mesmo que a promessa de compra e venda não tenha sido registrada no ofício imobiliário".[193-194]

Enfim, fato é que a obrigação *propter rem* não se prende necessariamente ao registro; este apenas se torna imprescindível para a constituição de ônus reais. Aliás, bem significativa é a norma pedagógica do § 2º do art. 1.334 do Código Civil ao tratar das disposições estruturantes do condomínio, dentre elas o pagamento de contribuições: "São equiparados aos proprietários, para os fins deste artigo, salvo disposição em contrário, os promitentes compradores e os cessionários de direitos relativos às unidades autônomas."

3.2 Direitos da personalidade

Segundo Adriano de Cupis, os termos *direitos personalíssimos* e *direitos pessoais* não se prestam para designar os direitos da personalidade, pois os primeiros servem

193. REsp 657.506/SP, 3ª Turma, Rel. Min. Carlos Alberto Direito, j. 7.12.2006.

194. Na mesma senda, o Superior Tribunal de Justiça reiteradamente considera: "A jurisprudência desta Corte é firme no sentido de que o arrematante de imóvel em condomínio é responsável pelo pagamento das despesas condominiais vencidas, ainda que estas sejam anteriores à arrematação" (REsp 1044890/RS Rel. Min. SIDNEI BENETI, 3ª TURMA, *DJe* 18.6.2010).

para denominar os direitos *intuitu personae* e o segundo existe para denominar os direitos obrigacionais, que não se confundem com os direitos da personalidade.[195]

A outro giro, importante é também adotar a terminologia correta, isto é, perceber que *direitos obrigacionais* e *direitos pessoais* não são expressões que se equivalem, pois correspondem a uma relação de gênero (direitos pessoais) que comporta duas espécies (direitos obrigacionais e direitos da personalidade).

Na conceituação de Francisco Amaral, os direitos da personalidade são "direitos subjetivos que têm por objeto os bens e valores essenciais da pessoa, no seu aspecto físico, moral e intelectual".[196] Contudo, preferimos entender como Pietro Perlingieri que, tratando-se a personalidade de um valor, as situações existenciais não são exauridas na categoria dos direitos subjetivos, podendo ser hauridas em uma complexidade de hipóteses, como direitos potestativos, faculdades, ônus e outras categorias. Afinal, diversamente dos direitos reais e obrigacionais, em que há uma dualidade entre o sujeito e objeto – a coisa nos direitos reais e a prestação nos direitos obrigacionais –, nos direitos da personalidade o sujeito e o objeto representam o "ser", já que a pessoa é o ponto de referência da relação e a sua tutela não admite fracionamento.[197]

Com efeito, mister não confundir os direitos emanados da personalidade com os direitos obrigacionais. Aqueles se inserem no grupo das situações subjetivas relacionadas à tutela dos atributos fundamentais do ser humano, resguardando-os em face de lesões que alcancem os seus elementos internos e essenciais. Assim como os direitos reais revelam um poder da pessoa sobre o objeto, os direitos de personalidade descortinam o poder do indivíduo sobre diversos aspectos de sua personalidade.

Portanto, melhor seria contrapor as obrigações aos direitos da personalidade à luz da distinção entre situações jurídicas patrimoniais e existenciais. Marcelo Benacchio explica que a situação jurídica encerra a proteção de um interesse, sendo que a natureza do interesse e seu grau de proteção determinarão a sua qualificação. Nessa ordem de ideias, a situação jurídica será existencial caso o interesse extraído de sua interpretação seja de cunho não econômico, ou seja, que não possa ser diretamente avaliada em dinheiro.[198]

Os direitos da personalidade caracterizam-se pela extrapatrimonialidade, pois tutelam a existência e a interioridade do ser humano. Assumem papel de centralidade no novo Código Civil (arts. 11 a 21) e representam a concretização do princípio da dignidade da pessoa humana no direito privado.

Aos direitos da personalidade atribuem-se as seguintes características: oponibilidade *erga omnes*, já que a defesa de nossos atributos essenciais dá-se perante a comunidade; *vitaliciedade*, pois acompanham o ser humano em toda a sua trajetória

---

195. CUPIS, Adriano de. *Os direitos da personalidade*, p. 18.
196. AMARAL, Francisco. *Direito civil*: introdução, p. 245.
197. PERLINGIERI, Pietro. *Perfis do direito civil*, p. 155.
198. BENACCHIO, Marcelo. Direito subjetivo – situação jurídica – relação jurídica, p. 186.

e não se transmitem por sucessão – daí a sua imprescritibilidade; por último, a *relativa disponibilidade*, pois apenas em casos excepcionais a lei faculta a cessão de direitos da personalidade, como no transplante de órgãos ou na cessão do direito de imagem (art. 11 do CC).

Todavia, a indisponibilidade não obsta a que tais direitos possam sofrer limitações voluntárias, nos limites das exigências do ordenamento jurídico, como assinala o art. 11 do Código Civil. Paulo Mota Pinto aduz que a referida limitação será sempre revogável, sendo inviável o recurso aos meios de coerção de cumprimento – no Brasil, ilustrativamente a tutela específica das obrigações de fazer –, pois o consentimento não é vinculante. Caberá ao titular, contudo, indenizar os prejuízos causados às legítimas expectativas da outra parte.[199]

Já os direitos obrigacionais são *relativos*, posto oponíveis apenas àquele que figura no outro polo da relação jurídica; *transmissíveis*, eis que sujeitos à cessão por ambas as partes, a título gratuito ou oneroso, bem como passíveis de aquisição *mortis causa* pelos sucessores; *patrimonializados*, posto sujeito o crédito à execução diante do inadimplemento; e, por fim, *temporários*, pois se resolvem pelo adimplemento, inadimplemento ou pela própria prescrição da pretensão.

3.3 Obrigação, dever, sujeição e ônus

Quando um homem estúpido faz algo que o envergonha, diz sempre que está cumprindo com o seu dever.

(George Bernard Shaw)

Dever, obrigação, sujeição e ônus são situações jurídicas subjetivas passivas. Podem ser conceituadas como qualquer situação de desvantagem titularizada por um sujeito, por efeito da concretização de uma norma.

Em nosso cotidiano, utiliza-se o termo *obrigação* em sentido amplo. Mesmo os profissionais do direito habituaram-se a invocar o vocábulo em qualquer situação na qual se queira acentuar o elemento passivo de uma relação jurídica.

Assim, fala-se na obrigação de pagar uma dívida; na obrigação de respeitar a propriedade alheia; na obrigação de registrar um direito real. Em verdade, obrigação, dever, sujeição e ônus são quatro ideias distintas com alguns pontos de contato.

O dever jurídico importa a necessidade de observância de determinado comportamento, em virtude de imposição do ordenamento jurídico. Ele é a contrapartida de todo direito subjetivo. Trata-se de dever genérico, que recai sobre toda a coletividade. Ilustrando com um exemplo: há um dever jurídico de não cometer homicídio, bem como há

199. PINTO, Paulo Mota. Notas sobre o direito ao livre desenvolvimento da personalidade, p. 82.

um dever genérico de abstenção, por parte dos não proprietários, em relação ao direito de propriedade alheio. Por conseguinte, ao dever jurídico genérico do sujeito passivo pode haver contraposição – no lado ativo da relação – de direitos reais, direitos da personalidade ou, mesmo, direitos públicos (de índole constitucional e administrativa).

A obrigação *stricto sensu* é um dever jurídico específico e individualizado, que incide sobre pessoas determinadas ou determináveis, decorrente de uma relação jurídica, consubstanciada em prestações de dar, fazer ou não fazer. Trata-se de dever jurídico de prestação, particularizado e derivado da lei ou da autonomia privada. Exemplificando: *A* tem a obrigação de construir uma casa; *B* está obrigado a pagar determinada quantia.

Na cátedra de André Fontes, o dever jurídico é "a noção que individualiza comportamento vinculado que o sujeito deve necessariamente ter para satisfazer o interesse de que é titular de direito subjetivo correspondente. Distingue-se da obrigação porque corresponde genericamente a qualquer situação passiva de uma relação jurídica patrimonial e relativa".[200]

Por isso, andou bem o art. 1º do novo Código Civil: "Toda pessoa é capaz de direitos e *deveres* na ordem civil." O Código Civil de 1916, de forma inapropriada, ditava que "Todo homem é capaz de direitos e *obrigações* na ordem civil".

Da mesma forma, o art. 1.701 do Código Civil bem enfatizou a distinção entre dever alimentar e obrigação alimentar. O primeiro é uma imposição da norma a todos os que exercitam o poder de família, até que os filhos completem a maioridade, em espécie ou em dinheiro. Cessando o dever alimentar, por razões de equidade e solidariedade familiar eventualmente nascerá uma obrigação de prestar alimentos se restar evidenciada a necessidade de manutenção econômica e, principalmente, a impossibilidade de custeio de despesas com ensino superior.

Já a sujeição relaciona-se com a categoria dos direitos potestativos. Eles são poderes jurídicos que, por um ato de livre vontade, produzem efeitos jurídicos sobre a contraparte. Uma das partes encontra-se na posição de poder – *potestade* – e a outra, em estado de submissão. Aquele que se encontra no *status* de dominação poderá unilateralmente alterar a situação do outro, de *per si* ou judicialmente, sem que ele possa a isto se opor. O titular do direito potestativo não exige um comportamento de outrem, mas submete-o a sua vontade. Portanto, se *A* deseja anular um negócio jurídico ou resolver um contrato, *B* não poderá evitar o exercício do direito potestativo.

Em monografia dedicada ao tema, Flávio Pimentel de Lemos Filho conceitua a sujeição como "a situação de necessidade em que se encontra o adversário de ver produzir-se forçosamente uma consequência na sua esfera jurídica por mero efeito do

200. FONTES, André. *A pretensão como situação jurídica subjetiva*, op. cit., p. 108.

exercício do direito pelo seu titular. Em certas situações, afeta-se, assim, a esfera jurídica de outrem sem o consentimento deste, consentimento que normalmente seria exigido".[201]

É certo que se deve trabalhar com pares. Assim, o direito subjetivo opõe-se ao dever jurídico; o direito potestativo, à sujeição. Mas, tanto no dever jurídico genérico (direitos reais e direitos da personalidade) como no individualizado (obrigação *stricto sensu*), o titular do direito subjetivo deve obter um comportamento positivo ou negativo da parte contrária. Já no direito potestativo, aquele que se encontra em sujeição não desenvolve qualquer conduta, pois se encontra à mercê da atuação voluntária ou judicial do titular da *potestade*. É dispensado o consentimento do titular passivo para que, em sua esfera jurídica, produza-se o efeito desejado.

Disso resulta que os direitos subjetivos podem ser violados, surgindo nesse instante uma pretensão de direito material em favor de seu titular. Já os direitos potestativos são invioláveis, pois é impossível impedir a atuação do titular ativo da relação. Esta a razão pela qual o fenômeno da pretensão é inerente à prescrição de direitos subjetivos (art. 189 do CC), enquanto os direitos potestativos referem-se ao regime diferenciado da decadência.

Porém, para o estudo das obrigações, há algo de mais importante. Como o dever jurídico especializado do devedor consiste no cumprimento da prestação, sempre poderá ele agir na direção do adimplemento do débito, a fim de resgatar a sua liberdade. Já no direito potestativo, por impedido de cooperar com a outra parte, o sujeito passivo não tem possibilidade de liberação, a não ser por ato de vontade de seu titular, no sentido de criar, modificar ou extinguir uma relação jurídica.

O ônus jurídico pode ser conceituado como a necessidade de adoção de uma conduta, não pela imposição de norma, mas para a defesa de um interesse próprio. Não se trata de um dever ou de uma obrigação, pois o seu inadimplemento não gera sanção e o seu cumprimento não satisfaz um direito subjetivo alheio, simplesmente proporciona uma vantagem ou evita uma desvantagem para o seu próprio titular. A parte terá a discricionariedade de decidir como melhor lhe aprouver. Ilustrando: *A* tem o ônus de recorrer de uma sentença desfavorável; *B* tem o ônus de registrar a escritura de compra e venda de um imóvel.

Ao contrário do dever e da sujeição, situações jurídicas passivas que sempre correspondem a uma situação subjetiva ativa (direito subjetivo e direito potestativo), o ônus é uma situação passiva na qual inexiste correspondência ativa, pois não se cuida de um comportamento necessário, mas do imperativo do próprio interesse de quem busca um resultado proveitoso.

Portanto, foi feliz o legislador processual reformista. A redação original do art. 14 do CPC/73 dizia: "compete às partes e seus procuradores". A atual leitura do art. 77 do CPC/15 é a seguinte: "São deveres das partes, de seus procuradores e de todos

201. LEMOS FILHO, Flávio Pimentel de. *Direito potestativo*, p. 30.

aqueles que de qualquer forma participam do processo". De fato, o referido rol não dispõe acerca de ônus, mas de dever jurídico de probidade e lealdade processual. O descumprimento dos aludidos deveres gera a imposição de sanções processuais. Aliás, caso seja descumprido os deveres dos incisos IV e VI, haverá ato atentatório à dignidade da justiça (*contempt of court*), que será sancionado na forma do § 2º do próprio art. 77 do CPC/15.

4. FONTES DAS OBRIGAÇÕES

4.1 Introdução

Ao se indagar as fontes de determinada obrigação, pretende-se definir, precisar, qual o fato jurídico constitutivo de onde emerge a relação creditícia. Enfim, qual a sua origem, nascedouro. Vale dizer: a realidade que fez brotar a obrigação e lhe conceder concretude material.

Já foi possível notar que a obrigação é caracterizada como um dever de prestação de uma pessoa frente à outra, cujo objeto consiste na realização de uma prestação. No entanto, a obrigação é apenas um efeito de fatos jurídicos diversos que lhe dão a exata configuração. Assim, indagar pela fonte das obrigações importa classificar os fatos que estão em seu nascedouro, que irradiam relações jurídicas de crédito e débito. Mas, finalmente, o que dá causa à obrigação?

Há uma enorme diversidade de posicionamentos na sistematização da classificação das fontes das obrigações.[202]

Caio Mário da Silva Pereira adota a concepção dualista. Para ele, duas seriam, basicamente, as fontes das obrigações: "a primeira é a vontade humana, que as cria espontaneamente, por uma ação ou omissão oriunda do querer do agente, efetuado na conformidade do ordenamento jurídico; a segunda é a lei, que estabelece obrigação para o indivíduo, em face de comportamento seu, independentemente de manifestação volitiva".[203-204]

Grande parte da seleção de civilistas ainda insere os atos ilícitos dentre as fontes obrigacionais, como Arnoldo Wald, Carlos Roberto Gonçalves, Washington de Barros Monteiro e Sílvio Rodrigues.

---

202. Em breve relato histórico, Marcelo Junqueira Calixto afirma que nas Institutas de Justiniano há uma "classificação quadripartida das fontes das obrigações, a saber: contratos, quase contratos, delitos e quase delitos. Foi esta última classificação, séculos mais tarde, retomada por Pothier, que às quatro figuras romanas acrescentou uma quinta, a lei. Tal elaboração foi finalmente acolhida no Código Civil francês de 1804, mas não escapou à crítica da doutrina daquele país. Os demais códigos civis atualmente em vigor simplesmente silenciam a respeito da matéria ou apresentam fontes que não se confundem com aquelas do Código de Napoleão". In *Reflexões em torno do conceito de obrigações, seus elementos, suas fontes*, p. 25-26.

203. PEREIRA, Caio Mário da Silva. *Instituições de direito civil*, op. cit., p. 26.

204. No mesmo sentido, Maria Helena Diniz insere a lei como "fonte primária ou imediata de obrigações", in *Curso de direito civil brasileiro*: teoria geral das obrigações, p. 44.

Em excelente estudo sobre o tema, Moacir Adiers refuta tal ponto de vista e aduz, corretamente, que "a vontade humana está na base de tudo. Ela pode atuar no sentido de desencadear um fato jurídico e torná-lo concreto, dando-lhe existência no plano da concretude prática. Mas, não é da vontade humana, ou dela só, que surge ou nasce um dever jurídico de natureza obrigacional. A obrigação surge ou cobra existência com o fato jurídico concretizado através da manifestação de vontade ou de um comportamento típico, havidos no plano jurídico, como produtores de um dever de prestar".[205]

No tocante à lei, em última e importante análise, é inútil reputá-la como fonte de obrigações, já que nos sistemas jurídicos legislados de origem romano-germânica *a lei é a fonte mediata de todas as obrigações*, pois, a partir dela, podemos atribuir força vinculativa aos diferentes fatos geradores de relações obrigacionais. Com efeito, é a lei que demarca os limites dos fatos jurídicos.

Nesse sentido, incorporando tais ideias, Orlando Gomes esclarece que a fonte das obrigações é manifestada pela situação de fato, "esta é o fato condicionante e, portanto, a fonte. A rigor, não há obrigações derivadas imediatamente da lei".[206]

Demais de tudo isso, é importante sublinhar que inserir o ato ilícito dentre as fontes obrigacionais é, por igual, um desvio de perspectiva em uma visão nitidamente reducionista. É que a obrigação de indenizar decorre da existência do dano injusto imputado a alguém.[207] É a lesão a um bem protegido pelo ordenamento jurídico que gera o direito à reparação, seja pela ofensa de natureza patrimonial ou extrapatrimonial. Ordinariamente, é comum traduzir a responsabilidade civil na vertente do ato ilícito, por culpa ou abuso do direito (arts. 186 e 187, CC); entretanto, o direito civil contemporâneo admite que o dever de reparar também decorre de lesões oriundas de condutas lícitas e jurídicas no exercício de atividade de risco (art. 927, parágrafo único, CC), ou mesmo quando alguém se responsabiliza por danos provenientes de outras pessoas, animais ou objetos. Assim sendo, percebe-se a impossibilidade de listar o ato ilícito como fonte das obrigações.

Enfim, a conjugação da lei com uma conduta humana é o pressuposto necessário à concreção de um fato jurídico, do qual emanarão relações jurídicas envolvendo direitos subjetivos e obrigações de prestar. Ocorre determinado acontecimento que incide sobre o suporte fático de uma norma jurídica. Essa conduta humana que desencadeia a incidência concreta da norma pode ser uma manifestação consciente de vontade ou um comportamento contrário ao ordenamento jurídico. "Por isso, as fontes das obrigações constituem-se pelos fatos jurídicos tidos como hábeis para produzir o surgimento do dever de prestar de alguém em favor de outrem, os quais,

205. ADIERS, Moacir. Fontes das obrigações no novo Código Civil, op. cit., p. 27.

206. GOMES, Orlando. *Obrigações*, op. cit., p. 32.

207. Essa também é a visão de Karl Larenz, que traduz as relações obrigacionais como "obrigações jurídicas de uma pessoa frente a outra, e cujo fundamento pode resultar de diferentes acontecimentos vitais. Dentre estes os mais importantes são o 'tráfico jurídico' e os danos imputáveis". Cf. *Derecho de obligaciones*, p. 13.

em virtude de sua concretização, passam a ter existência no plano da concretude, que é onde os efeitos se dão e se passam."[208]

A Lei Civil nada mencionou acerca das fontes das obrigações. Porém, nota-se a imperiosa e relevante necessidade de uma nova sistematização da matéria, pois o conteúdo da obrigação variará de acordo com a fonte de onde emane.

Pois bem, buscando inspiração na inovadora classificação proposta por Fernando Noronha, é de se demonstrar que a vontade e a lei, como apontado ainda há pouco, não são (e não podem ser) fontes de obrigações, pois "entre a norma e a obrigação está sempre um acontecimento e, se ele é o pressuposto da norma, então este é que será fonte da obrigação correspondente. Verdadeiras fontes das obrigações são os acontecimentos, as situações reais que são pressupostos da aplicação dos preceitos legais, pondo em movimento as consequências jurídicas previstas nestes".[209] Daí a insuficiência teórica de recente decisão do STJ que justificou a inexistência de obrigação de pagamento de taxas de manutenção em condomínio de fato por parte dos moradores não associados, com fundamento na inexistência de lei ou contrato que os compelissem a tanto.[210]

Portanto, as obrigações podem nascer de qualquer fato jurídico, ou seja, de qualquer acontecimento que implique consequências jurídicas. Inserem-se aqui o fato jurídico *stricto sensu,* ato-fato, ato jurídico, negócio jurídico e ato ilícito. Porém, esses fatos são numerosos e diversos entre si, o que impede uma sistematização apropriada. De fato, assiste razão a Marcelo Junqueira Calixto sinalizando "o que parece ser mais certo a respeito do tema é a consideração da sua pouca importância prática, não sendo perfeitamente justificada a intensa querela doutrinária que a caracteriza".[211]

Com o propósito de fugir do impasse, Fernando Noronha, eminente Professor da Universidade catarinense, propugna por uma classificação que abandone o critério das fontes, porém atue de acordo com as funções das obrigações. Vale dizer, "mais importante que tentar classificações a partir dessas bases (fontes) é procurar agrupar as inúmeras obrigações da vida real de acordo com a diversidade de funções que elas desempenham na vida real, porque é tal diversidade que implica especificidades no regime jurídico".[212]

---

208. ADIERS, Moacir. Fontes das obrigações no novo Código Civil, op. cit., p. 29.

209. NORONHA, Fernando. *Direito das obrigações*, op. cit., p. 346.

210. STJ. Informativo nº 0562 Período: 18 a 28 de maio de 2015. Recursos Repetitivos DIREITO CIVIL. COBRANÇA DE TAXA DE MANUTENÇÃO EM CONDOMÍNIO DE FATO. As taxas de manutenção criadas por associações de moradores não obrigam os não associados ou os que a elas não anuíram. As obrigações de ordem civil, sejam de natureza real sejam de natureza contratual, pressupõem, como fato gerador ou pressuposto, a existência de uma lei que as exija ou de um acordo firmado com a manifestação expressa de vontade das partes pactuantes, pois, em nosso ordenamento jurídico positivado, há somente duas fontes de obrigações: a lei ou o contrato. Nesse contexto, não há espaço para entender que o morador, ao gozar dos serviços organizados em condomínio de fato por associação de moradores, aceitou tacitamente participar de sua estrutura orgânica. REsp 1.280.871-SP e REsp 1.439.163-SP, Rel. Min. Ricardo Villas Bôas Cueva, Rel. para acórdão Min. Marco Buzzi, Segunda Seção, julgados em 11/3/2015, DJe 22/5/2015.

211. CALIXTO, Marcelo Junqueira. *Reflexões em torno do conceito de obrigações, seus conceitos, suas fontes,* op. cit., p. 27.

212. NORONHA, Fernando. *Direito das obrigações*, op. cit., p. 413.

Nesta senda, existem três categorias que correspondem a obrigações com causas e finalidades diferentes. Cada uma dessas três categorias de obrigações corresponde a uma categoria de interesse do credor: "as negociais têm por causa um negócio jurídico, praticado no âmbito da autonomia privada e, quando violadas, geram responsabilidade negocial. As de responsabilidade civil têm como causa atos ilícitos, ou outros equiparados a estes, e geram a obrigação de indenizar chamada de responsabilidade civil propriamente dita. Os enriquecimentos injustificados têm como causa o aproveitamento de bens ou direitos alheios e geram a obrigação de restituir o acréscimo patrimonial indevidamente obtido".[213]

4.2 Tripartição das obrigações segundo as suas funções

4.2.1 Negócio jurídico

Em sentido *lato,* o fato jurídico importa qualquer acontecimento que provoque o nascimento, a modificação ou a extinção de um direito. A evolução jurídica da humanidade resultou, principalmente, de uma espécie de fato jurídico: o ato jurídico. Cuida-se de uma manifestação de vontade direcionada à produção de efeitos jurídicos que se mostrem em conformidade ao ordenamento jurídico.

No Código Civil de 2002 – ao contrário do CC/16, que apenas adotava o gênero ato jurídico – afirma-se o sistema dualista proveniente do estudo dos pandectistas do direito alemão, com desdobramento do gênero em duas espécies de ato jurídico: o ato jurídico *stricto sensu* (art. 185 do CC) e o negócio jurídico como figura autônoma, com contornos precisamente definidos.

Enquanto o negócio jurídico domina a Teoria Geral do Direito Civil (arts. 104-184, CC), como inequívoca demonstração da liberdade do indivíduo em alcançar os efeitos jurídicos queridos, percebe-se que nos atos jurídicos não negociais (*stricto sensu*) a manifestação de vontade da pessoa dirige-se a efeitos jurídicos previamente desenhados pelo legislador, não havendo espaço para a atividade criadora do homem no plano da eficácia do ato. Como exemplo de tais atos jurídicos, temos a adoção e a citação (art. 240, CPC/15), que demandam uma manifestação de vontade, mas cujos efeitos são apenas aqueles previamente delimitados pelo legislador.

Já o negócio jurídico é um conceito que ainda se mantém nebuloso, uma vez que a doutrina se divide em algumas correntes, sendo as principais a voluntarista e a objetivista.[214] José Abreu Filho explica que "cada uma dessas correntes procura a conceituação do negócio jurídico de forma diferente, impregnando as definições com o destaque que dão ao que para eles se constitui no traço predominante de tal

---

213. NORONHA, Fernando. *Direito das obrigações*, p. 417.

214. Como forma inovadora de repensar o negócio jurídico, em abalizada monografia Antônio Junqueira de Azevedo rechaça as teorias voluntarista e objetivista e conceitua o negócio pela linha estruturalista, na qual, mais importante do que buscar a gênese (voluntaristas) ou a função (objetivistas) do negócio, há de se indagar o que ele é em sua estrutura, cf. *Negócio Jurídico: existência, validade e eficácia.*

figura. Assim, sendo para os voluntaristas a vontade o elemento estrutural do negócio jurídico, concebem-no com a declaração desta, objetivando produzir efeitos jurídicos. Divergindo do critério adotado pelos voluntaristas, os objetivistas entendem que o negócio jurídico seria um instrumento da autonomia privada, que deferiria ao indivíduo o poder de autorregulamentação de seus interesses, que decorre da autonomia privada. Os indivíduos exerceriam uma verdadeira atividade de conteúdo preceitual, pelo negócio jurídico, resultando de tal atuação uma função tipicamente normativa, isto é, com força de norma".[215]

Aderimos à concepção objetivista, sendo a autonomia privada a própria essência do negócio jurídico, entendida ela como o poder que o sistema concede a uma pessoa para criar suas próprias normas, nos limites conferidos pelo ordenamento jurídico. Nesse sentido, há muito ensinava Orlando Gomes que o negócio jurídico é sempre um ato de autonomia privada – o que não ocorre com o ato não negocial. Citando Emilio Betti, a autonomia privada teria no negócio jurídico a sua *manifestação suprema*, consistindo no poder que a ordem jurídica confere às pessoas de autorregulamentarem os seus interesses.[216]

A título ilustrativo, sendo proprietário de um imóvel, posso praticar diversos negócios jurídicos, considerando-se a finalidade patrimonial querida. Assim, necessitando de renda periódica, posso praticar um contrato de locação; carecendo de vultosa quantia, praticarei uma compra e venda; enfim, demandando uma soma imediata, mas com o objetivo de manter o imóvel em meu patrimônio, poderei entabular um contrato de hipoteca como garantia do débito. Observa-se que, nas três situações, o exercício da autonomia privada é pleno, pois o indivíduo criou a sua norma individual nos limites concedidos pelo ordenamento jurídico a ponto de delimitar o alcance dos efeitos da opção que elegeu.

Nada obstante, nos atos jurídicos lícitos, que não sejam negócios jurídicos (art. 185 do CC), a vontade manifestada apenas instala os mecanismos anteriormente definidos pela norma. Assim, no reconhecimento da paternidade, as consequências jurídicas são por todos conhecidas: direito ao nome, assunção de obrigação alimentar e vínculo sucessório.

Vê-se que a autonomia privada consiste na liberdade das pessoas de regularem os seus interesses. Ela não se manifesta no ato jurídico *stricto sensu*, mas só no negócio jurídico, seja por meio de contratos (negócios bilaterais) ou por negócios unilaterais, cuja importância econômica é reduzida comparada à primeira categoria, mas que também deriva do poder de decisão reconhecido à esfera jurídica de cada um de nós.

O negócio jurídico bilateral requer a manifestação de duas ou mais vontades convergentes quanto ao resultado. Aí se inserem os contratos, como a mais perfeita

215. ABREU FILHO, José. *O negócio jurídico e sua teoria geral*, p. 25.

216. GOMES, Orlando. *Transformações gerais do direito das obrigações*, p. 80.

manifestação de autonomia privada, cuja função econômica consiste na promoção do intercâmbio de bens e prestação de serviços.

Já os atos unilaterais de vontade surgem da mera declaração de uma única parte. Ou seja, vincula-se ao tempo que manifesta a assunção de uma obrigação, com validade e aptidão à produção de seus efeitos, tais como a promessa de recompensa (arts. 854 a 860 do CC), a gestão de negócios (arts. 861 a 875 do CC), o pagamento indevido (arts. 876 a 883 do CC), o enriquecimento sem causa (arts. 884 a 886, do CC) – que será detalhado adiante – e os títulos ao portador (arts. 904 a 909 do CC).

Contudo, se quisermos verdadeiramente entender o direito das obrigações pelo prisma dos negócios jurídicos, há de se esclarecer que a autonomia privada perdeu o absolutismo de outrora, eis que, ao contrário da ideologia liberal, o Estado Democrático de Direito requer uma constante ponderação entre a autonomia e o princípio da solidariedade, que no plano do direito privado é concretizado pelos princípios da boa-fé objetiva, função social das obrigações e justiça negocial. São quatro princípios que se autodelimitam e vivem em constante tensão, sem que se possa aferir qualquer superioridade axiológica de um perante os outros, a não ser se aplicando o princípio da proporcionalidade quando do exame de cada negócio jurídico. A autonomia é contida nos limites da estrutura e do tipo negocial. Já os demais princípios demonstram a interferência de elementos externos na intimidade da relação obrigacional.

Daniel Sarmento aduz que a ponderação de interesses não se resume a um procedimento formal de composição de tensões entre princípios constitucionais. Esse método ostenta vital dimensão substantiva, pois concretizará os valores supremos da igualdade, liberdade, solidariedade e justiça, orientando os seus resultados para a promoção de valores humanísticos superiores, todos condensados na dignidade da pessoa humana. Todo o pluralismo axiológico que envolve o sistema democrático é modulado pela dignidade da pessoa humana, com sua notável aptidão para o acolhimento de valores potencialmente conflitantes, com a sua aptidão para conciliar a lei e a vida.[217]

4.2.2 Responsabilidade civil

As obrigações podem resultar de danos causados à pessoa ou ao patrimônio, gerando o dever de prestar em prol da recomposição da situação da vítima, em decorrência da responsabilidade civil. Em sociedade, a convivência exige de todos nós um dever negativo de não causar danos à esfera jurídica de terceiros – *neminem laedere.*

Caso haja a violação do dever de abstenção, mediante a lesão a um direito alheio, que possa ser atribuída a uma conduta antijurídica voluntária ou involuntária, ou mesmo a uma atividade de risco lícita com potencialidade lesiva, incidirá

217. SARMENTO, Daniel. *A ponderação de interesses na Constituição*, p. 75.

a responsabilidade extracontratual, a teor do exposto nos arts. 186, 187 e 927 do Código Civil. Se o dano puder ser imputado a uma pessoa ou a um responsável, o ordenamento não admitirá como razoável que a vítima tenha de suportar a lesão. Assim, surgirá a obrigação de indenizar, em regra pela prestação de indenização do equivalente pecuniário.

Devemos separar a responsabilidade civil em sentido estrito da responsabilidade negocial. Cuida-se esta da obrigação de reparar os danos decorrentes do inadimplemento de um negócio jurídico, cuja normatização especial se encontra nos arts. 389 a 420 do Código Civil. A singularidade da responsabilidade negocial consiste na preexistência de uma relação jurídica entre credor e devedor, seja ela um negócio unilateral ou um contrato, cujo objeto é uma prestação. Já a responsabilidade civil propriamente dita é de natureza extranegocial, eis que o ofensor e o ofendido não estavam previamente ligados por qualquer relação jurídica. O causador do dano violou deveres gerais de respeito a pessoa e bens alheios.

Com habitual proficiência, Ricardo Lorenzetti esclarece acerca da unidade sistemática que corresponde ao conceito de ilicitude. Em consequência disso, a antijuridicidade, a imputabilidade, o nexo causal e o dano são pressupostos aplicáveis aos casos que surgem tanto no âmbito contratual como no aquiliano.[218]

Todavia, na responsabilidade extranegocial há o ato ilícito absoluto (violação a dever genérico de cuidado) e na responsabilidade negocial temos o ato ilícito relativo (violação de obrigação). Marcos Bernardes de Mello assevera que para a conduta ser classificada "como ato ilícito *stricto sensu* é essencial que entre o ofensor e o ofendido não exista qualquer relação jurídica. Se há relação jurídica de direito relativo e o direito violado é o conteúdo desta relação, o ato não é ilícito *stricto sensu,* mas ato ilícito relativo".[219]

A predominância da obrigação de indenizar decorrente da responsabilidade civil emana do ato ilícito (art. 927, *caput,* do CC). Em nosso ordenamento vigente, dolo e culpa *stricto sensu* (negligência, imprudência e imperícia) confundem-se civilmente na figura da culpa *lato sensu*, pois, para fins de ressarcimento na obrigação de indenizar, pouco importa o grau da culpa, e sim a extensão do dano (art. 944 do CC).

Para além do tradicional ato ilícito subjetivo, calcado na ideia nuclear da culpa (art. 186 do CC), o Código Civil de 2002 desenvolve o ato ilícito objetivo, pautado pelo *abuso do direito*, como fonte de obrigações (art. 187 do CC). No abuso do direito não incide violação formal a uma norma, porém um desvio do agente às suas finalidades sociais (art. 5º da LINDB), mediante a prática de uma conduta que ofenda os limites materiais impostos pelo ordenamento jurídico.

---

218. LORENZETTI, Ricardo. *Fundamentos do direito privado,* p. 50.

219. MELLO, Marcos Bernardes de. *Teoria do fato jurídico,* p. 244.

Isto é, enquanto o ato ilícito subjetivo é um ato ilegal, pois o infrator viola efetivamente uma regra, no abuso do direito, o agente aparentemente exerce um direito subjetivo de sua titularidade, mas, em verdade, ultrapassa os limites éticos para os quais ele foi concedido pelo ordenamento, ao infringir a sua função social. Não pratica propriamente um ato ilegal, mas antijurídico, pois todo direito é concedido para a realização de uma finalidade socialmente satisfatória, e não para o atendimento de pretensões egoísticas, em detrimento das expectativas coletivas de realização do direito. Em outra oportunidade, afirmamos que "no abuso do direito não há desafio à legalidade estrita de uma regra, porém à sua própria legitimidade, posto vulnerado o princípio que a fundamenta e lhe concede sustentação sistemática".[220]

Segundo Fernando Cunha de Sá, é possível cogitar de uma ilicitude formal e de uma ilicitude material com autonomia científica, mas com identidade substancial de consequências jurídicas, gerando convergência de efeitos sancionatórios nos planos preventivo e repressivo.[221] Vale dizer, a identidade de efeitos aproxima as duas modalidades de atos ilícitos, sem que isso prejudique a especial área de atuação de cada um, em caráter de complementaridade.

Nos direitos de vizinhança, recolhe-se uma abundante fonte de obrigações derivadas do abuso do direito. Muita vez, o mau uso da propriedade não decorre da prática de um ato ilícito, e sim do exercício anormal de uma faculdade de fruição decorrente do direito subjetivo do proprietário. Mesmo assim, o art. 1.277 do Código Civil considera que o intenso prejuízo à saúde, à segurança e ao sossego do vizinho são fatos suficientes para gerar responsabilidade contra quem praticou interferências prejudiciais aos moradores da vizinhança.

Mesmo fora da teoria subjetiva da responsabilidade civil, é possível constatar a produção de obrigações. A responsabilidade objetiva é aferida independentemente da configuração da licitude ou ilicitude da conduta do agente, sendo suficiente o nexo causal entre a atuação do ofensor e o dano.

Conforme noticia o parágrafo único do art. 927 do Código Civil, a responsabilidade objetiva ocorre em duas hipóteses: por imposição da norma e pela aplicação da teoria do risco.

Há casos em que a obrigação de indenizar decorre do próprio ordenamento. É o que, exemplificativamente, percebemos da responsabilidade do Estado e prestadores de serviços públicos por danos causados por seus agentes contra terceiros (art. 37 da CF); responsabilidade do fornecedor por danos causados ao consumidor, em decorrência de fatos do produto ou serviço (arts. 12/14 do CDC), além de diversos diplomas localizados na legislação esparsa.

---

220. ROSENVALD, Nelson. *Dignidade humana e boa-fé no Código Civil*, p. 123.
221. SÁ, Fernando Cunha de. *Abuso do direito*, p. 634.

No Código Civil de 2002, surgem novas hipóteses de obrigação objetiva de indenizar. A título ilustrativo, basta compulsar os arts. 933 e 936, que, respectivamente, mencionam a responsabilidade objetiva pelo fato de terceiro e pelo fato do animal.

Há muito, o ilustre Professor Alvino Lima alertava para a mitigação do conceito da culpa na responsabilidade civil, pelo aumento das "lesões de direitos em virtude da densidade progressiva das populações e da diversidade múltipla das atividades na exploração do solo e das riquezas; a multiplicação indefinida das causas produtoras do dano, advindas das invenções criadoras de perigos que se avolumam, ameaçando a segurança pessoal de cada um de nós; a necessidade imperiosa de se proteger a vítima, assegurando-lhe a reparação do dano sofrido, em face da luta díspar entre as empresas poderosas e as vítimas desprovidas de recursos; as dificuldades, dia a dia maiores, de se provar a causa dos acidentes produtores de danos e dela se deduzir a culpa, a vista dos fenômenos ainda não bem conhecidos na sua essência, como a eletricidade, a radioatividade e outros, não podiam deixar de influenciar no espírito e na consciência do jurista".[222]

A teoria do risco é explicitamente adotada pelo Estatuto da Cidadania (art. 927, parágrafo único) como fato gerador da obrigação de reparação de danos. A atividade de risco insere-se no ordenamento como cláusula geral, de conteúdo semântico vago e impreciso, que será concretizada pelo magistrado conforme os valores vigentes em determinado tecido social. Atualmente, em diversas atividades reputadas como perigosas, a obrigação de indenizar não mais se assenta no pressuposto da ilicitude, e sim no resultado lesivo que deve ser assumido por quem introduziu a atividade potencialmente capaz de causar danos a uma coletividade de pessoas. O legislador procura tutelar o interesse geral, em face dessas atividades perigosas, introduzindo, *objetivamente,* o dever de indenizar, independentemente de qualquer cogitação sobre a esfera subjetiva determinante da conduta.

4.2.3 Enriquecimento sem causa

Consoante a lembrança de Fernando Noronha, a terceira categoria de obrigações é, sem dúvida, o enriquecimento sem causa. Explica-se: "ela contrapõe-se à responsabilidade civil, na medida em que esta tem por função reparar danos, isto é, reduções ou diminuições registradas no patrimônio, ao passo que o enriquecimento sem causa tem por finalidade remover de um patrimônio os acréscimos patrimoniais indevidos – indevidos porque, segundo a ordenação jurídica de bens, deveriam ter acontecido noutro patrimônio (ao qual estavam juridicamente reservados)".[223]

Com efeito, apesar de o Código Civil de 1916 não ter tratado, expressamente, da vedação ao enriquecimento sem causa, nunca se teve dúvidas de que ele sempre

---

222. LIMA, Alvino. *Culpa e risco*, p. 114.

223. NORONHA, Fernando. *Direito das obrigações*, p. 421.

foi absorvido, em sede doutrinária e jurisprudencial, como um verdadeiro vetor da relação obrigacional. Entrementes, ele foi extremamente valorizado com o advento do Código Civil de 2002, que é adaptado à diretriz da socialidade e ao equilíbrio nas relações jurídicas. Eloquentes são as palavras de Flávio Tartuce: "Nosso novo código civil valoriza aquele que trabalha, e não aquele que fica à espreita esperando um golpe de mestre para enriquecer-se à custa de outrem."[224]

Perceba-se que, diferentemente da responsabilidade civil tradicional, o locupletamento injustificado à custa de outrem não requer os elementos do ilícito e do dano para a sua configuração, sendo suficiente a obtenção de uma vantagem sem contraprestação. Neste sentido, o Enunciado 35 do Conselho de Justiça Federal: "A expressão se enriquecer à custa de outrem do art. 884 do novo Código Civil não significa, necessariamente, que deverá haver empobrecimento." Ademais, a ideia não é a de repor o patrimônio do credor ao que era anteriormente, mas transferir-lhe os acréscimos que aconteceram em outro patrimônio. A pretensão é restituitória, no sentido de conceder ao empobrecido a vantagem obtida pelo enriquecido.

Enquanto as obrigações negociais têm como causa a prática do ato de autonomia privada e a finalidade de seu adimplemento, a causa da obrigação de indenizar é o dano causado, com a finalidade reparatória. Já na obrigação decorrente do enriquecimento ilícito, a causa reside no acréscimo patrimonial injustiçado e a finalidade é a restituição ao patrimônio de quem empobreceu.

Em rica tese de doutoramento dedicada à matéria, Giovanni Ettore Nanni contesta o fato de o enriquecimento sem causa ter sido inserido no Código Civil dentre os atos unilaterais (art. 884 do CC), pois deveria ter sido incluído como fonte autônoma de obrigações que espraia os seus efeitos a qualquer relação obrigacional, como princípio corretivo para purgar os desequilíbrios e as desproporcionalidades patrimoniais em todos os casos em que ocorra uma vantagem indevidamente auferida pelo enriquecido, acrescida do empobrecimento da outra parte e do liame causal entre aquele que se enriquecer à custa de outrem e o fato que ocasionou o enriquecimento, sem que exista justa causa para o enriquecimento.[225] Aduz, ademais, que "a função social do contrato, como elemento de justiça social, impondo igualdade de sacrifícios entre as partes contratantes, carrega o princípio que obsta o enriquecimento sem causa como um indicador de justa relação contratual. A revisão ou resolução do contrato por onerosidade excessiva (arts. 317, 478, 479 e 480 do CC/2002), a lesão (art. 157 do CC/2002) e o estado de perigo (art. 156 do CC/2002) impedem que sejam geradas vantagens indevidas e desproporcionais a uma das partes contratantes".[226]

Indubitavelmente, aprisionar o enriquecimento indevido dentro do perfil dos atos unilaterais é uma forma de empobrecer o modelo jurídico, limitando a sua eficácia, que também alcança os contratos. Nesse sentido o Enunciado 188, aprovado na III

224. TARTUCE, Flávio. *Direito civil:* direito das obrigações e responsabilidade civil, p. 49.
225. NANNI, Giovanni Ettore. *Enriquecimento sem causa*, p. 411-3.
226. NANNI, Giovanni Ettore. Idem, p. 416.

Jornada do Conselho de Justiça Federal: "A existência de negócio jurídico válido e eficaz é, em regra, uma justa causa para o enriquecimento." Interpretando-se *a contrario sensu* o enunciado, vê-se que, nas hipóteses de invalidade por anulabilidade (*v.g.*, lesão ou estado de perigo) ou ineficácia superveniente (onerosidade excessiva), o fenômeno do enriquecimento sem causa resta evidenciado.

Disso não diverge Fernando Noronha, para quem cada uma dessas categorias de obrigações corresponde a um princípio ético-jurídico distinto. Assim, "as obrigações negociais têm na sua base o princípio de que quem assume livremente uma obrigação, deve cumpri-la: *pacta sunt servanda,* os pactos têm de ser acatados. É princípio que tem por pressupostos essenciais os princípios da autonomia privada, da boa-fé e da justiça contratual. As obrigações de responsabilidade civil baseiam-se essencialmente no princípio *neminem laedere*, não lesar ninguém: quem causa dano a outrem deve repará-lo. As obrigações de enriquecimento sem causa assentam no velho princípio de justiça *suum cuique tribuere*, dar a cada um o que é seu, e mesmo que este princípio tenha um alcance bem maior: quem se beneficiou com algo alheio deve restituir o valor do benefício".[227]

4.3 A boa-fé objetiva como fonte das obrigações

Não se olvide, ademais, que a boa-fé objetiva também se apresenta como *fonte das obrigações*, na estrutura atual do direito civil.

A prestação principal do negócio jurídico (dar, fazer e não fazer) é um dado decorrente da vontade. Todavia, outros deveres se impõem na relação obrigacional, completamente desvinculados da vontade de seus participantes. Trata-se dos deveres de conduta, também conhecidos na doutrina como deveres anexos, deveres instrumentais, deveres laterais, deveres acessórios, deveres de proteção e deveres de tutela.[228]

É que a partir da sua função integrativa a boa-fé objetiva estabelece *deveres anexos*, verdadeiramente implícitos em todas as relações jurídicas. Deveres de informação, lealdade, respeito, probidade, garantia etc.

Assim sendo, também a boa-fé objetiva atua como fonte das obrigações, dela emanando, originariamente, uma série de deveres impostos a ambas as partes de qualquer relação jurídica (e não apenas ao credor), independentemente de sua vontade.[229]

---

227. NORONHA, Fernando. *Direito das obrigações*, v. 1, p. 423-4.

228. Antunes Varela, ao justificar a terminologia adotada, expõe que "H. Stoll foi o primeiro autor a distinguir nitidamente entre os deveres de prestação e os demais deveres que comporta a relação obrigacional. Dava a estes últimos o nome de deveres de protecção (*schultzpflichte*). A expressão é, porém, inadequada, por abranger apenas um dos múltiplos fins que os deveres de conduta podem ter em vista. Mais adequada é a expressão *weitere verhaltenspflichten*, usada por Larenz. É certo que todo dever de prestação se traduz num dever de conduta; mas nem todos os deveres de conduta são deveres de prestação (principal ou secundária)" (*Das obrigações em geral*, p. 123).

229. "Com efeito, o regime de cooperação que deve ser estabelecido no curso de relações privadas, com base na boa-fé objetiva, que é via de mão dupla, milita em favor de que sejam prestadas, também pelo consumidor/

É o que advoga o civilista baiano Eugênio Kruchewsky, ao defender que a boa-fé objetiva "exige um comportamento de colaboração mútua",[230] estabelecendo, por conseguinte, obrigações laterais das partes componentes de uma relação obrigacional.

Percebemos que os deveres de conduta são exigências de uma atuação calcada na boa-fé e derivadas do sistema, e não de qualquer vontade das partes, pois o seu âmbito transcende o da mera contratualidade. Assim, realça o Enunciado 363 do Conselho de Justiça Federal que: "Os princípios da probidade e da confiança são de ordem pública, estando a parte lesada somente obrigada a demonstrar a existência da violação." Menezes Cordeiro adverte que "a relação com o contrato, caso exista e seja ela qual for, não explica nem orienta esses deveres: eles radicam em níveis diversos da ordem jurídica, profundos sem dúvida, mas alheios à autonomia privada".[231]

Com grande senso de oportunidade, esclarece Judith Martins-Costa que "a boa-fé produz deveres instrumentais e 'avoluntaristas', neologismo que emprego para indicar que não derivam necessariamente do exercício da autonomia privada nem de punctual explicitação legislativa: sua fonte reside justamente no princípio, incidindo em relação a ambos os participantes da relação obrigacional".[232]

O reconhecimento da existência dos deveres de conduta como forma de manifestação da boa-fé propicia um alargamento do conteúdo contratual, "o qual não se reporta a uma vontade tácita das partes, mas resulta de uma direta intervenção heterônoma, legitimada pela assunção de que o contrato atende, ou deva atender, a finalidades sociais".[233]

5. OS PARADIGMAS DO CÓDIGO CIVIL NO DIREITO DAS OBRIGAÇÕES

5.1 As obrigações e o Código Civil de 2002

Pietro Perlingieri aborda a chamada *crise da obrigação como categoria histórica*. Explica que a obrigação ainda nos dias atuais se revela como uma categoria histórica "sempre igual a si mesma", neutra e asséptica.[234]

Todavia, vivemos em um contexto de aceleradas mudanças, com o surgimento de novas tendências. A realidade aponta para as relações obrigacionais de prestação de serviços (obrigações de fazer e não mais de dar) e acumulação de bens imateriais. As relações travadas se baseiam em obrigações continuadas, duradouras, que demandam

paciente, as informações necessárias para uma hígida prestação dos serviços. Desta forma, assim como se exige do fornecedor a clara e destacada discriminação de procedimentos que não estejam cobertos pelo plano contratado, há de se exigir do consumidor, também, que, preste informações relevantes e necessárias para o cumprimento da obrigação" (STJ. Informativo nº 0610, REsp 1.509.055-RJ, Rel. Min. Paulo de Tarso Sanseverino, por unanimidade, julgado em 22/8/2017, DJe 25/8/2017).

230. KRUCHEWSKY, Eugênio. *Teoria geral dos contratos civis*, p. 23.

231. CORDEIRO, Antônio Manuel da Rocha Menezes. *Da boa-fé no direito civil*, p. 615.

232. MARTINS-COSTA, Judith. *Diretrizes teóricas do novo Código Civil brasileiro*, p. 199.

233. NEGREIROS, Teresa. *Teoria do contrato*: novos paradigmas, p. 153.

234. PERLINGIERI, Pietro. *Perfis do direito civil*, p. 206

larga confiança, posto adimplidas permanentemente. Para tanto, surgem novos paradigmas no direito, substituindo aqueles que se colocam em situação de crise.

A todas essas tendências Claus Canaris denomina "tendências de materialização do direito das obrigações contratuais". Essa materialização teria duas vertentes: a materialização da liberdade contratual, na qual a determinação do conteúdo contratual não seria mais subjetiva, porém objetiva e materializada segundo as exigências normativas e da boa-fé objetiva, e, ainda, a materialização da justiça contratual, com uma necessária intervenção no conteúdo das obrigações para fins de concessão de função social ao contrato.[235]

O Código Civil de 2002 persegue três grandes paradigmas: a socialidade, a eticidade e a operabilidade. Em cada grande família do direito privado há uma reserva para a sua aplicação. Vejamos o significado de cada um e a sua aplicabilidade no direito das obrigações.

5.2 Princípio da socialidade

A socialidade é a grande ambição do projeto de Miguel Reale. Para podermos assimilar o seu conceito, precisamos recorrer a uma noção que informa todo o direito, o significado da expressão *direito subjetivo*. O direito subjetivo é a própria senhoria do querer, como uma expressão de liberdade. Pode ser conceituado como o poder de agir do indivíduo, concedido e tutelado pelo ordenamento, a fim de que possa satisfazer um interesse próprio, pretendendo de outra pessoa um determinado comportamento.

Cabral de Moncada define o direito subjetivo como "poder concreto de exigir dos outros o respeito das situações jurídicas que, quanto a nós, de qualquer modo se subjetivaram definitivamente por um acto da nossa vontade, manifestada ao abrigo da lei, e ainda o respeito de todas as consequências jurídicas que deste acto resultaram, sob a forma de deveres e obrigações para os outros".[236]

Nos dois últimos séculos, fortemente influenciados pelo positivismo jurídico e pelo individualismo liberal, os juristas compreendiam que a satisfação de um interesse próprio significava a busca pelo bem individual, pois a soma de todos os bens individuais consagraria o bem comum da sociedade. Os homens seriam individualmente considerados como uma realidade e a sociedade não passaria de uma ficção. Não se cogita de solidariedade, pois, a partir da vontade livre de cada indivíduo, seria possível alcançar a felicidade coletiva.

O individualismo desenfreado converte-se em egoísmo e, a reboque de ideais pretensamente libertários e de uma igualdade formal, as constituições burguesas do século XIX e início do século XX camuflam um sistema jurídico profundamente

235. Apud MARQUES, Cláudia Lima. *Contratos no Código de Defesa do Consumidor*, p. 250.
236. MONCADA, Cabral de. *Lições de direito civil*, p. 63.

exclusivista, no qual apenas existem espaços para certos protagonistas, portadores de interesses patrimoniais.

Nas palavras de Cláudio Godoy, "ocupava-se o direito civil, forjado no paradigma do individualismo e da força de vontade, cuja segurança se tencionava garantir, com a preservação patrimonial dos sujeitos de direito: o proprietário, o contratante, o marido e o testador. Era, bem ao sabor do liberalismo jurídico, tributário do modelo francês e de seu *code*, a norma de regulação e de segurança; era verdadeiramente a Constituição das relações patrimoniais e de seus sujeitos".[237]

Todavia, os ordenamentos jurídicos posteriores à Segunda Guerra Mundial começam a perceber que a todo o direito subjetivo deverá necessariamente corresponder uma função social. Em sentido sociológico, falar em função significa imprimir uma correspondência entre uma atividade e as necessidades do organismo social. Toda atividade deverá contribuir para a manutenção da continuidade estrutural.

Transportando a ideia para o direito, o termo *função* significa *finalidade*. O ordenamento jurídico concede a alguém um direito subjetivo para que satisfaça um interesse próprio, mas com a condição de que a satisfação individual não lese as expectativas coletivas que lhe rodeiam. Todo poder de agir é concedido à pessoa, para que seja realizada uma finalidade social; caso contrário, a atividade individual falecerá de legitimidade e o intuito do titular do direito será recusado pelo ordenamento.

Existem, então, limites ao exercício de direitos subjetivos e eles serão dados pela sociedade. A partir do momento em que se instala a harmonia entre a autonomia privada da pessoa e o princípio da solidariedade social haverá uma desejável conciliação entre a liberdade e uma igualdade material e concreta.

Maria Celina Bodin de Moraes assevera que ao direito de liberdade da pessoa será sopesado o dever de solidariedade social, não mais reputado como um sentimento genérico de fraternidade que o indivíduo praticará na sua autonomia, mas como um verdadeiro princípio que se torna passível de exigibilidade. Destarte, a solidariedade "é a expressão mais profunda de sociabilidade que caracteriza a pessoa humana. No contexto atual, a lei maior determina – ou melhor, exige – que nos ajudemos, mutuamente, a conservar nossa humanidade, porque a construção de uma sociedade livre, justa e solidária cabe a todos e a cada um de nós".[238]

Todo poder é concedido para a satisfação de um dever. Isso explica a recorrente utilização das expressões *poder-dever* e *direito-função*. Há uma relação de complementaridade entre a estrutura do direito subjetivo e a sua função social. Quer dizer, a função social não é um limite externo e negativo (restritivo) ao direito subjetivo. Pelo contrário, trata-se de limite interno e positivo. Interno, pois ingressa na própria estrutura do direito subjetivo, concedendo-lhe dinamismo e finalidade; positivo, pois

237. GODOY, Cláudio. A Parte Geral do direito das obrigações no Novo Código Civil, op. cit., p. 36.

238. MORAES, Maria Celina Bodin de. *O princípio da solidariedade*, p. 178.

a função social não objetiva inibir o exercício do direito subjetivo. Pelo contrário, procura valorizar e legitimar a atuação do indivíduo.

Há uma falsa maneira de encarar-se o princípio da socialidade. Para alguns, seria o predomínio do social sobre o individual. Parece-nos que, se prevalecesse esse modo de construir o princípio, estaríamos abandonando o exacerbado individualismo do Código Civil de 1916 e inaugurando uma rota oposta, mas igualmente perversa, do coletivismo. Significaria que a coletividade seria a essência da sociedade, pois o indivíduo despersonalizar-se-ia em favor do todo. A pessoa não exercitaria direitos subjetivos frente à sociedade, pois ela apenas existe em razão do Estado e só a ela atribui-se o bem comum. Essa foi a construção dos sistemas totalitários, de direita ou esquerda.

Em verdade, só poderemos captar o neologismo socialidade se definirmos em que consiste o *bem comum*. É fundamental compreender que o ser humano possui direitos intangíveis e a sua personalidade preserva caráter absoluto, imune a qualquer forma de subordinação. A pessoa antecede ao Estado, e qualquer ordenamento jurídico civilizado será edificado para atender às suas finalidades. Assim, a sociedade será o meio de desenvolvimento para as realizações humanas.

Destarte, a plena realização do bem comum requer uma comunhão entre a plenitude da pessoa e a da coletividade. Ora, só se cogita de direito quando houver relação jurídica, pois não há questionamentos jurídicos para o ser isolado. O homem é um ser social e não podemos cumprir nossos fins isoladamente; devemos cumpri-los em sociedade. O bem comum representará a conciliação de todos os que figurem na relação jurídica, sob pena de ela sucumbir.

O termo *bem* é conversível ao termo *fim*. Portanto, toda relação jurídica será pautada por uma finalidade comum. Exemplificando: nas relações de direito de família, quando sucumbe o bem comum, dissolve-se a sociedade conjugal. Em uma empresa, quando desaparece a finalidade comum dos sócios – *affectio societatis* –, a sociedade perece.

Em suma, pode-se abstrair e encontrar o paradigma da socialidade na atuação irretocável de uma orquestra. Cada membro da orquestra porta o seu instrumento, cada qual com uma finalidade. O maestro deverá reger sem a vaidade de sobrepor-se aos músicos, mas apenas para encaminhar a perfeita execução da harmonia, cujos limites encontram-se na partitura. Traduzindo: o Estado está a serviço da pessoa, ele existe para possibilitar as nossas relações, através da construção de princípios jurídicos éticos. Em contrapartida, cada um de nós deverá atuar em solidariedade e cooperação com os semelhantes.

Há muito já assinala o art. 5º da LINDB que "a lei atenderá aos fins sociais e às exigências do bem comum".

Onde se localizaria o princípio da socialidade no direito das obrigações?

No Capítulo V será estudada a relação obrigacional complexa, oportunidade na qual será possível observar que o Código Civil de 2002 considera que a obrigação é um processo que nasce, transforma-se e extingue-se, a partir de uma série de atos coordenados que possuem uma finalidade: o adimplemento.

O bem comum, na relação obrigacional, traduz a solidariedade mediante a cooperação dos indivíduos para a satisfação dos interesses patrimoniais recíprocos, sem comprometimento dos direitos da personalidade e da dignidade de credor e devedor.

Assim se manifesta o Professor Renan Lotufo: "no estudo das obrigações não se vê exclusivamente a figura proeminente do credor, posto que se está diante de uma relação jurídica entre dois sujeitos de igual valor. Assim, não se pode admitir a visão de prisão pelo vínculo, mas a ideia de que a liberdade do devedor é que é o fundamento, como já antevisto por Carnelutti, pois a liberdade é que ficou afetada pela relação obrigacional nascida, relação que, com o adimplemento pelo devedor, vai ser dissolvida, e a plenitude da liberdade juridicamente garantida restabelecida para quem a conquistou por sua própria atividade."[239]

A socialidade, ou função (fim) social do direito subjetivo obrigacional, consiste exatamente na manutenção de uma relação de cooperação entre os seus partícipes – bem como entre eles e a sociedade –, a fim de que seja possível, ao seu término, a consecução do bem (fim) comum da relação jurídica, que é o adimplemento. Ele se verificará da forma mais satisfativa ao credor – em favor do qual se constituiu a prestação – e da forma menos onerosa ao devedor, afinal ele quer resgatar a sua liberdade, que fora cedida em razão da relação obrigacional.

Fernando Noronha propõe que "o interesse geral, o bem comum, constitui limite à realização dos interesses individuais subjetivos do credor. Quem se arroga a condição de credor tem necessariamente interesse em que o devedor realize a prestação, mas, evidentemente, o direito não poderá tutelar interesses que porventura sejam fúteis, ou por outra forma estranhos ao bem comum. Para além dos interesses do credor, e transcendendo mesmo os interesses conjuntos do credor e do devedor, estão valores maiores da sociedade, que não podem ser afetados".[240]

5.3 Princípio da eticidade

A eticidade é o segundo paradigma do Código Civil de 2002. Aqui também vislumbramos um grande abismo entre o que projeta o Código Reale e o que projetou o Código Beviláqua.

O termo *ética* pode ser entendido como a ciência do fim para o qual a conduta dos homens deve ser orientada. Cogita do ideal para o qual o homem dirige-se por natureza e, por conseguinte, da essência do homem.

239. LOTUFO, Renan. *Código Civil comentado*, p. 9.

240. NORONHA, Fernando. *Direito das obrigaçoes*, p. 27.

O Código Civil de 1916 abdicou de questionamentos éticos, pois fora fortemente influenciado pelo formalismo jurídico da Europa do século XIX. Todas as correntes formalistas (positivismo e criticismo) estudavam o direito com base em suas manifestações, exteriorizações, mas se negavam a perquirir o seu conteúdo. Em outras palavras, a ciência do direito era limitada à sua forma (aparência), sem que se indagasse a respeito de um fundamento axiológico que a consubstanciasse.

O Código Civil francês de 1804 buscou reduzir o direito ao corpo do código, mediante um sistema jurídico hermético que pretendia a plenitude das relações entre os privados. Célebre é a advertência de Demolombe: "eu não conheço Direito Civil, eu ensino o código de Napoleão". O magistrado se converte em autômato, pois o Estado fornece a certeza mediante monopólio do direito.

Certamente, havia um receio quanto ao arbítrio e à parcialidade dos juízes, fruto de séculos de privilégios da nobreza. Por trás dessa ideologia, porém, ocultava-se a intenção da burguesia emergente da estabilização de regras seguras que não perturbassem o comércio jurídico e o desenvolvimento da atividade capitalista. Aliás, parece-nos que a técnica da subsunção – imbuída de proposital rigidez – servia perfeitamente como autoritário modelo de imposição de ideais de determinada classe. Assim, no que tange à ampliação da noção de direito positivo, mediante a sua abertura para valores que não se encontram expressos em textos jurídicos, adverte Pietro Perlingieri que "a ideologia da subsunção consentiu mascarar como escolhas neutras, necessariamente impostas pela lógica, as escolhas interpretativas do jurista, desresponsabilizando a doutrina".[241]

Essa postura formalista do direito atingiu o máximo de rigor na *Teoria Pura do Direito*, de Kelsen. A pureza do método consiste em restringir o direito àquilo que for prescrito pelo legislador, isolando-o de influxos valorativos ou éticos, que seriam estranhos a uma ciência. Em outras palavras, os códigos positivistas não permitem a determinação do que é justo ou injusto, sendo suficientes a técnica legislativa e a emanação da norma por iniciativa de uma autoridade competente.

Por isso, o Código Civil de 1916 forjou um sistema fechado, que não admitia o ingresso do metajurídico, através de valores sociológicos e filosóficos, capazes de oxigenar o ordenamento jurídico. Em verdade, a técnica positivista de reduzir a ciência do Direito às emanações do direito positivo legislado prestou grandes serviços às classes dominantes, na medida em que o ordenamento posto correspondia aos seus ideais, sendo que, no momento da aplicação da norma ao caso concreto, os magistrados agiam como verdadeiros autômatos, pois se limitavam ao método exegético da subsunção do fato à norma, sem qualquer espaço para a criação do direito. Em suma, o direito era sinônimo de Estado, pois nele se concentrava o monopólio da lei.

241. PERLINGIERI, Pietro. *Perfis do direito civil*, p. 68.

Todavia, a assepsia e a neutralidade da norma diante dos valores geraram o maior atentado praticado em face da especial dignidade da pessoa humana. Em nome do direito, injustiças e atrocidades foram cometidas pelo Estado nazifascista, suprimindo-se os direitos da personalidade de toda uma comunidade, com justificativa em uma ordem jurídica apoiada em um poder legitimamente constituído.

Esse foi um marco na história da evolução do direito. A partir daí, as Constituições e Códigos perceberam que existem valores que brotam da natureza humana como expressão da consciência universal de toda a humanidade. O valor justiça deverá determinar o conteúdo de qualquer ordenamento jurídico. O direito vale e obriga não pela sua ligação com a forma, mas pela justiça de seu conteúdo. Existe um direito natural que representa frente ao direito positivo o fim a que esse deva aspirar.

Ora, se a ética é a ciência do fim para o qual a conduta dos homens deve ser orientada, temos que, no direito, o ideal para o qual uma sociedade orientará os seus fins e ações estará justamente na afirmação livre e racional do valor justiça. O ordenamento jurídico é um elemento de luta e afirmação de justiça. Entre o direito-técnica e o direito-ética, deverá prevalecer a força do direito sobre o direito-força. O direito é uma técnica a serviço de uma ética.

A grande indagação será a seguinte: como a eticidade penetrará no Código Civil de 2002?

Através da técnica das cláusulas gerais, transformando-se o ordenamento privado em um sistema aberto e poroso, capaz de captar o universo axiológico que lhe fornece substrato.

As cláusulas gerais são normas intencionalmente editadas de forma aberta pelo legislador. Possuem conteúdo vago e impreciso, com multiplicidade semântica. A amplitude das cláusulas gerais permite que os valores sedimentados na sociedade possam penetrar no direito privado, de forma que o ordenamento jurídico mantenha a sua eficácia social e possa solucionar problemas inexistentes ao tempo da edição do Código Civil.

Por simultaneamente guardar concisão em palavras e amplitude em significado, vale invocar o conceito de cláusulas gerais fornecido por Gustavo Tepedino: "cuida-se de normas que não prescrevem uma certa conduta, mas, simplesmente, definem valores e parâmetros hermenêuticos. Servem assim como ponto de referência interpretativo e oferecem ao intérprete os critérios axiológicos e os limites para aplicação das demais disposições normativas".[242]

A adoção das cláusulas gerais como normas emblemáticas em todos os setores do código é uma clara demonstração da afirmação de outras formas (fontes) de

---

242. TEPEDINO, Gustavo. Crise de fontes normativas e técnica legislativa na parte geral do Código Civil de 2002, p. XIX.

manifestação do direito, para além da fonte legislativa. O direito pode exteriorizar-se da fonte jurisdicional, da fonte dos costumes e da fonte do negócio jurídico, como emanação da autonomia privada. Evidentemente, a lei não cria o direito. Ele não é produto de laboratório, mas da experiência humana acumulada nas relações sociais, que será captada pelo ordenamento jurídico.

Note-se que a técnica das cláusulas gerais conviverá com a tradicional técnica regulamentar – de legislar-se à exaustão. Mas ela penetrará em setores fundamentais do ordenamento, conferindo mobilidade ao sistema e servindo de referência à aplicação das demais regras. Basta remeter o estudioso aos arts. 11, 113, 187, 421, 422, 884, 927, 1.228 e 1.511.

Sobreleva uma compreensão do direito como linguagem. Não aquela do legislador que falou ao tempo da edição da norma, mas a linguagem dos destinatários, a quem se dirigirá a norma. O drama dos sistemas fechados consiste justamente em utilizar uma linguagem que ninguém entende, exceto o legislador de tempos antes. Ademais, não ser compreendido corresponde a nada falar. Daí que o juiz perseguirá o significado jurídico da norma segundo valores, jamais o significado histórico ou psicanalítico.

Se não aplicarmos os enunciados normativos às situações da vida, cairemos no mesmo dilema do rádio cujas antenas não captam as emissoras. Perderá toda e qualquer utilidade. Aliás, a técnica da mera subsunção, com rígida aplicação do texto da lei, provoca o obsoletismo da norma e a inflação legislativa. A LINDB aduz que ninguém pode alegar ignorância para escusar-se do cumprimento da lei. Será isso viável em um Estado que possui 1 milhão e 500 mil atos normativos em vigor; 120 mil decretos e de 15 a 17 mil leis (entre ordinárias, complementares e delegadas)?

Através das cláusulas gerais, permite-se uma heteronomia na criação do direito, pois ao Legislativo incumbirá o monopólio da redação da norma, sendo que o Judiciário realizará uma interpretação construtiva. A ausência de rigidez na formação das previsões normativas permite a dinamicidade do sistema e um grande espaço para a ponderação de critérios. Na medida em que as normas abertas são concretizadas por uma iterativa jurisprudência, convertem-se em precedentes que se aplicarão a hipóteses de incidência análogas.

As cláusulas gerais permitem a aplicação da Teoria Tridimensional do Direito, de Miguel Reale, haja vista que haverá uma dialética entre a norma, o fato e os valores. A norma será o fato valorado pelo magistrado em consonância aos princípios constitucionais. O magistrado exercerá a vital tarefa de, periodicamente, construir e reconstruir a norma, segundo o valor justiça. Nunca se esqueça de que a Constituição dos Estados Unidos é aquilo que os juízes dizem que ela é.

Nesse sentido, Miguel Reale[243] critica o Código Civil de 1916 pelo excessivo rigorismo formal, como se na experiência jurídica imperasse o princípio de causalidade

243. REALE, Miguel. *Visão geral do projeto de código civil*, p. 23-30.

próprio das ciências naturais. O arquiteto do Código Civil de 2002 remete à fundamentalidade da diretriz da eticidade para, mediante as cláusulas gerais, "prever o recurso a critérios ético-jurídicos que permitam chegar-se à 'concreção jurídica', conferindo-se maior poder ao juiz para encontrar-se a solução mais justa ou equitativa".

Em outra obra, Reale[244] é taxativo: "Não há direito sem interpretação." Ao procurar compreender a norma jurídica determinando o seu alcance, o intérprete refaz o caminho do legislador: caminha da norma ao fato, mas tendo presentes os valores supervenientes. A experiência jurídica não pode ser plenamente entendida sem se ter presente uma estrutura dinâmica, nos quadros de um "historicismo axiológico".

Consiste o chamado direito civil-constitucional justamente nessa reconstrução do direito privado, através do envio dos valores aos princípios constitucionais e, posteriormente, do ingresso desses princípios no Código Civil através da "janela" das cláusulas gerais. Esse diálogo permite que o princípio cardeal da dignidade da pessoa humana (art. 1º, III, da CF) possa ingressar no direito civil por diversas pontes e viadutos.

No direito das obrigações, o princípio da eticidade será concretizado principalmente nas cláusulas gerais da boa-fé, função social, abuso do direito, equidade e bons costumes. Mais adiante, observaremos a razão de a boa-fé figurar como fundamento das relações obrigacionais.

5.4 Princípio da operabilidade

Por último, o paradigma da operabilidade ou da concretude. O Código Civil de 1916 seguia uma ideologia marcadamente individualista, na qual a vontade humana poderia atuar com total liberdade. Para que a liberdade econômica fosse plena, a legislação apreciava cada integrante de uma relação jurídica como um *abstrato sujeito de direitos patrimoniais.*

Constata-se que a perspectiva clássica concebeu a personalidade como a aptidão para a aquisição de direitos subjetivos patrimoniais, um sinônimo para a capacidade de direito. O discurso jurídico foi incapaz de alvitrar o valor do ser humano concreto que se encontra subjacente ao indivíduo abstrato e categorizado em seu perfil econômico de proprietário ou contratante. O desenvolvimento da personalidade era, até então, fruto da expansão do patrimônio, e não do respeito e estímulo à essência e à dimensão inerentes a cada um de nós.[245]

Em suma, negava-se a especificidade e a concretude de cada pessoa, de cada ser humano, prestigiando-se apenas o *status* formal de cada integrante da relação

244. REALE, Miguel. *Teoria tridimensional do direito*, p. 113-114.

245. A metodologia civilística do século XIX tem uma de suas mais amplas expressões na teoria do patrimônio, cunhada por Aubry e Rau. Para eles, "do patrimônio, sendo a emanação da personalidade e a expressão do poder jurídico de que uma pessoa encontra-se revestida como tal, resulta: que toda pessoa tem necessariamente um patrimônio, mesmo que não possua atualmente nenhum bem", apud SANTOS CUNHA, Alexandre dos. Dignidade da pessoa humana: conceito fundamental do direito civil, p. 237.

jurídica. Não havia João ou Maria, mas o contratante, o proprietário. A norma aplicava-se genericamente a quem quer que se titularizasse em uma determinada situação patrimonial.

O Código Civil de 2002 guarda outras pretensões. Afinado com a centralidade do ser humano no ordenamento jurídico constitucional, pretende demonstrar que, de forma subjacente ao indivíduo abstrato dos códigos liberais, existe uma pessoa concreta, que deve ser examinada em suas múltiplas peculiaridades, que a distinguem de qualquer outro na espécie.

Daí o acerto da inserção do termo *pessoa* no art. 1º do Código Civil: *"toda pessoa é capaz de direitos e deveres na ordem civil"*.

O objetivo atual do ordenamento jurídico é alcançar a pessoa como destinatária direta da norma, verificando-se a "ética da situação", na conhecida acepção de Larenz. As desigualdades materiais e o contexto real da pessoa serão decisivos para que a sentença consiga *"dar a cada um o que é seu"*. Teremos a chamada *norma do caso,* que propiciará a verdadeira segurança jurídica ao jurisdicionado. Aliás, não podemos confundir segurança com imobilismo.

Para tanto, o legislador não mais exercita o preciosismo gramatical do Código Beviláqua. As novas normas perdem em estética, mas ganham em efetividade, pois adquirem o atributo cirúrgico da precisão. O direito não existe para ficar na altura das abstrações, mas sim para ser executado, com praticidade.

O Código Civil deseja afastar toda a forma de conceituação estéril, que não revele efetividade. Temos de nos desvincular da velha herança francesa de preencher o desenho da norma em todos os seus poros. Muitas vezes, a prática de conceituar é uma forma de esconder a nossa própria ignorância, ou um temor de trabalhar com modelos abertos e mutáveis.

A diretriz da concretude também atua em outro nível, o da operabilidade. Propugna ela por rápidas formas de solucionar pretensões, bem como por meios que evitem a eternização de incertezas e conflitos. Como adverte Bobbio, o século XX foi a *"era dos direitos"* e o século XXI pretende-se como a *"era da efetividade dos direitos"*, pois eles existem para ser exercitados. Nessa linha, nada mais evidente do que a nova abordagem da prescrição e da usucapião, assim como a autoexecutoriedade das obrigações de fazer e não fazer.

No direito das obrigações, há um manancial de normas reveladoras da disposição da comissão elaboradora em transformar o partícipe de uma relação obrigacional em uma pessoa real. Basta remeter o estudioso a conceitos flexíveis como *"circunstâncias do caso"*, *"natureza da situação"* e *"usos do lugar"*.

Estávamos acostumados a perceber a relação obrigacional por sua feição externa, ou seja, uma relação entre credor e devedor, consubstanciada em uma prestação. Mais nada. Já é hora de atinarmos para a feição interna da relação e percebermos que cada vínculo obrigacional guarda influxos distintos da boa-fé objetiva e dos deveres de conduta, merecendo um exame em sua concretude.

Em outros termos, o magistrado será um homem do seu tempo e meio. Caberá a ele a valoração do fato, mediante ponderação das características dos seus artistas e a natureza da atividade econômica desempenhada.

6. A OBRIGAÇÃO COMPLEXA ("A OBRIGAÇÃO COMO UM PROCESSO")

6.1 Introdução

Pela tradicional definição oitocentista das obrigações, o único objeto das relações jurídicas negociais seria a obrigação principal, traduzida em uma prestação de dar, fazer ou não fazer. Eram, portanto, *obrigações simples*, pois as partes vinculavam-se apenas pela vontade, podendo definir a seu bel-prazer as cláusulas do contrato.

Assim, uma simples – e ainda que perfunctória – análise do conteúdo das obrigações decorrentes da vontade humana, aperfeiçoadas, normalmente, por meio de negócios jurídicos, permitia inferir que o sistema individualista, desenvolvido nas codificações liberais, enfatizou o dogma da autonomia da vontade como forma de construção de um Estado mínimo, com espeque no princípio da liberdade contratual.

Na ampla autonomia concedida aos contratantes para a fixação do conteúdo da avença, conferia-se poder real apenas a uma das vontades, a do credor. O devedor era subjugado, escravizado na relação obrigacional, a ponto de não mais recuperar a liberdade cedida ao tempo da contratação.

No mundo contemporâneo, entretanto, essa estrutura apresenta-se completamente inaplicável. A sociedade atual – aberta, plural, multifacetária e globalizada – é marcada por francas desigualdades sociais e a ciência jurídica não pode ignorar tais fatores. Ao revés, tem de atuar para garantir o império da igualdade e da dignidade humana, além de servir de mecanismo para a efetivação dos direitos sociais, preconizados constitucionalmente. Não se trata de utopia, mas de mera exegese da Lei Maior.

As relações obrigacionais não podem, assim, fugir à incidência da legalidade constitucional, exigindo-se que estejam sintonizadas com a valorização da cidadania.

Nessa linha de ideias, não se pode ter dúvidas de que, hodiernamente, a obrigação é vista como um processo (isto é, como uma série de atividades exigidas de ambas as partes para a consecução de uma finalidade), cuja finalidade é o adimplemento, evitando-se danos de uma parte à outra nessa trajetória, de forma que o cumprimento faça-se da maneira mais satisfatória ao credor e menos onerosa ao devedor. Essa visão contemporânea do direito obrigacional resulta na imposição de outros deveres às partes, além daqueles tradicionalmente cunhados pela vontade, com a finalidade de permitir que a relação alcance o seu término de forma normal, preservando-se a liberdade dos parceiros, impedindo-se que, no curso da relação, um deles seja reificado pela superioridade econômica do outro.

A compreensão da obrigação como um processo pretende enfatizar a ideia de pluralidade (afastando o caráter singular de que a obrigação apenas impunha deveres a uma das partes) de movimento. Trata-se de uma relação dinâmica, pela qual se exige de ambas as partes (do credor também!) uma série de condutas no sentido de buscar o adimplemento.

Coube a Heinrich Siber o mérito da inicial divulgação da complexidade intra-obrigacional. Partindo da concepção de Savigny – da relação como organismo –, o autor visualizou a obrigação como uma multiplicidade de pretensões, encontrando-se o todo unificado em decorrência do conjunto orgânico da relação global. Siber sugeriu, ainda, a distinção entre a relação obrigacional em sentido estrito (abrangendo apenas a prestação) e em sentido amplo, envolvendo o conjunto de situações jurídicas coordenadas.[246]

Karl Larenz demonstrou que a obrigação deve ser vista como uma relação complexa, formada por um conjunto de direitos, obrigações e situações jurídicas, compreendendo uma série de deveres de prestação, direitos formativos e outras situações jurídicas. A obrigação é tida como um processo – uma série de atos relacionados entre si –, que desde o início se encaminha a uma finalidade: a satisfação do interesse na prestação.[247]

Exemplificando: não se pode dizer que o devedor é apenas titular de deveres jurídicos. Basta atentar para o direito potestativo de constituir em mora o credor, nas hipóteses em que este, injustificadamente, recusa-se ao recebimento do crédito. Com efeito, o devedor quer recuperar a sua liberdade e, para tanto, o ordenamento lhe fornecerá uma pretensão correlata.

No Brasil, o genial Clóvis do Couto e Silva pondera que o tratamento da relação obrigacional como totalidade define uma ordem de cooperação em que credor e devedor não ocupam posições antagônicas. Hodiernamente, não mais prevalece o *status* formal das partes, mas a finalidade à qual se dirige a relação dinâmica. "É precisamente a finalidade que determina a concepção da obrigação como processo."[248]

Por isso, as obrigações emanadas de negócios jurídicos são complexas, acrescendo-se às obrigações principais os chamados *deveres anexos ou laterais*. Seriam obrigações de conduta honesta e leal entre as partes, vazadas em deveres de proteção, informação e cooperação, a fim de que não sejam frustradas as legítimas expectativas de confiança dos contratantes quanto ao fiel cumprimento da obrigação principal derivada da autonomia privada.

---

246. SIBER, Heinrich. *Rechtszwang im schuldverhältnis*, p. 92, apud CORDEIRO, Antônio Manuel da Rocha Menezes. *Da boa-fé no direito civil*, p. 588.

247. LARENZ, Karl. *Derecho de obligaciones*, p. 38.

248. SILVA, Clóvis do Couto e. *A obrigação como processo*, p. 8.

Enfim, é possível afirmar que o regulamento contratual atual é o resultado de uma heteronomia de fontes: à autonomia privada acrescem-se os deveres impostos pela boa-fé objetiva.

Para além da perspectiva tradicional de subordinação do devedor ao credor, existe o bem comum da relação obrigacional, voltada ao adimplemento, da forma mais satisfatória ao credor e menos onerosa ao devedor.

O bem comum na relação obrigacional traduz a solidariedade mediante a cooperação dos indivíduos para a satisfação dos interesses patrimoniais recíprocos, sem comprometimento dos direitos da personalidade e da dignidade de credor e devedor.

"A liberdade de contratar será exercida em razão e nos limites da função social do contrato." A cláusula geral do art. 421 do Código Civil indica que a funcionalidade da relação obrigacional reside na preservação da harmonia de seus participantes. A intervenção da sociedade sobre o contrato será no sentido de estimular o adimplemento da relação obrigacional, mediante a cooperação dos contratantes, para que seja possível o resgate da liberdade que foi cedida em razão do contrato.[249]

Assim se manifesta o Professor Renan Lotufo: "no estudo das obrigações não se vê exclusivamente a figura proeminente do credor, posto que se está diante de uma relação jurídica entre dois sujeitos de igual valor. Assim, não se pode admitir a

249. STJ. Informativo nº 0486, 24.10-4.11.2011. Terceira Turma: "In casu, cuidou-se originariamente de ação de dissolução de sociedade e contrato de parceria, para pôr fim a contrato de joint venture por intermédio do qual as partes criaram sociedade empresarial. O juízo singular indeferiu o pedido de antecipação de tutela que buscava a imediata dissolução da empresa. Já o tribunal a quo antecipou os efeitos da tutela e determinou a sua dissolução. Portanto, a quaestio juris está em saber se é possível antecipar os efeitos da tutela e determinar a dissolução de empresa constituída a partir de contrato de joint venture. Nesse panorama, destacou a Min. Relatora que é facultado à parte lesada pelo inadimplemento contratual pedir a resolução do contrato, se não preferir exigir-lhe o cumprimento, cabendo, em qualquer dos casos, indenização por perdas e danos (art. 475 do CC). Entretanto, ressaltou que a exegese da norma não pode ser isolada, mas deve ser feita de forma sistemática, à luz dos demais preceitos e princípios consagrados pelo Codex Civil, em que devem ser sopesadas todas as regras de conduta aplicáveis à relação contratual, a fim de eleger a solução que melhor conciliar os diversos direitos envolvidos e trouxer menor prejuízo às partes. Dessa forma, consignou que, no caso, diante da indefinição quanto à parte que primeiro teria inadimplido o contrato, bem como em face dos riscos decorrentes da perpetuação do vínculo contratual, torna-se razoável mitigar parcialmente os efeitos do art. 475 do CC, rescindindo o contrato e deixando que eventuais prejuízos sejam compensados mediante indenização. Ademais, frisou que o pleno exercício da liberdade de contratar pressupõe um acordo que cumpra determinada função econômica e social, sem a qual não se pode falar em legítima manifestação de vontade. Assim, na espécie, não se mostra razoável impor a uma das partes a obrigação de se manter subordinada ao contrato se ele não cumprir nenhuma função social e/ou econômica. **Pois, embora o comportamento exigido dos contratantes deva pautar-se pela boa-fé contratual, tal diretriz não obriga as partes a manter-se vinculadas contratualmente ad aeternum**, mas indica que as controvérsias nas quais o direito ao rompimento contratual tenha sido exercido de forma desmotivada, imoderada ou anormal resolvem-se, se for o caso, em perdas e danos. Dessarte, concluiu que a rescisão do acordo de joint venture é a medida que melhor harmoniza os interesses de todas as partes direta ou indiretamente envolvidas no contrato, contemplando a sua função social e o princípio da boa-fé objetiva, bem como a melhor forma de os arts. 474 e 475 do CC incidirem na espécie. Com essas considerações, a Turma negou provimento ao recurso." REsp 1.250.596-SP, Rel. Min. Nancy Andrighi.

visão de prisão pelo vínculo, mas a ideia de que a liberdade do devedor é que é o fundamento, como já antevisto por Carnelluti, pois a liberdade é que ficou afetada pela relação obrigacional nascida, relação que, com o adimplemento pelo devedor, vai ser dissolvida, e a plenitude da liberdade juridicamente garantida restabelecida para quem a conquistou por sua própria atividade".[250]

Exatamente pela tutela da liberdade, as obrigações serão efêmeras, de natureza puramente transitória. Enquanto as relações jurídicas ligadas à atribuição de bens (direitos reais) subsistem no tempo, as relações obrigacionais, direcionadas a um fim determinado, estão, desde o princípio, destinadas à extinção.

O Código Civil de 1916, de feição marcadamente individualista, visualizava a obrigação apenas pelo olhar do credor, pois o devedor era mero coadjuvante. Hoje, percebemos a ideia de solidariedade e responsabilidade, até mesmo perante a sociedade, pois ela demanda o cumprimento da obrigação como forma de pacificação do tecido social e incremento do tráfico negocial.

Em recente trabalho sobre o adimplemento das obrigações no Código Civil de 2002, Judith Martins-Costa[251] elogia a nova arquitetura da disciplina, por ensejar um método diverso do tradicional, capaz de superar o individualismo – que desde a modernidade tem sido imputado ao direito privado, como se a ele fosse inerente.

Releva da leitura do precioso texto a necessidade de ultrapassarmos a análise externa da relação obrigacional e penetrarmos em sua análise interna. Ou seja, a análise externa, centrada na metodologia tradicional, capta apenas a obrigação como um vínculo estruturado de forma abstrata, entre dois sujeitos que são vistos como polos patrimoniais (credor e devedor), unidos por respectivos direitos e deveres. A análise interna, todavia, vislumbra o princípio da concretude no adimplemento do programa obrigacional. Para tanto, o fenômeno obrigacional será examinado como uma totalidade, em que direitos, deveres, faculdades e ônus estão finalisticamente interligados. Assim, não há mais espaço para uma tutela jurídica baseada em juízo de plena subsunção. Devemos investigar as peculiaridades das pessoas que vivenciam a relação, a materialidade da hipótese e os diferentes graus de intensidade de atuação do ordenamento diante da riqueza de situações existenciais que concretamente serão detectadas.[252]

Por isso, Agostinho Alvim teve o cuidado de distinguir o adimplemento dos demais modos de extinção das obrigações. No Título III, trata o Código Civil da forma adequada de extinção da relação obrigacional, pelo adimplemento; já no Título IV, residualmente são normatizadas as formas patológicas de extinção das obrigações, em face do inadimplemento. Essa autonomização do adimplemento revela uma concepção atual da complexidade obrigacional diante do Código Civil de Beviláqua, que, sob a

250. LOTUFO, Renan. *Código Civil comentado*, p. 9.

251. MARTINS-COSTA, Judith. *O adimplemento e o inadimplemento das obrigações*, p. 331-332.

252. MARTINS-COSTA, Judith. Idem, p. 339.

genérica denominação "Dos Efeitos das Obrigações", englobava o adimplemento e o inadimplemento como formas de desaparecimento da relação (Título II do Livro III do CC/16).

Dessas transformações do cenário jurídico há muito já anunciava Norberto Bobbio,[253] ao asseverar que o predomínio da teoria pura do direito de Kelsen orientou o estudo do direito por um longo tempo para a análise da estrutura do ordenamento jurídico em detrimento da sua função. Mas o direito não é um sistema fechado e independente como se coloca do ponto de vista de sua estrutura formal. Fundamental não é averiguar como o direito é produzido, mas sim perceber as consequências sociais para as quais se dirige o direito subjetivo, ou seja, a sua finalidade (função), para tanto se impondo a abertura do sistema jurídico para outros sistemas de igual relevância.

Traçando um paralelo, da mesma forma que um passageiro só alcançará o seu destino se as condições materiais da aeronave o permitirem, temos que a relação obrigacional parte da vontade dos seus partícipes (estrutura formal), mas apenas atinge o seu plano funcional pelo adimplemento, desde que respeitada a premissa material da boa-fé, legitimando o intuito dos parceiros.

Aliás, assim como nos relacionamentos amorosos, as relações obrigacionais podem seguir dois critérios: um que segue a lógica do jogo de tênis e outro que segue as regras do frescobol. O primeiro é marcado pela competição e pela necessidade de triunfar sobre o adversário. O segundo tem como traço determinante a cooperação entre os parceiros. O jogo de tênis é o espelho da sociedade em que vivemos, ele é capaz de minar qualquer relação, pois sua lógica é destrutiva, baseada em um inesgotável repertório de golpes que visam aniquilar o inimigo. Apesar da beleza e plasticidade da técnica do tênis, ele é violento e cruel. No frescobol, não temos oponentes e sim parceiros. O único resultado é a vitória de ambos, já que o esforço e o mérito do esporte estão em um colaborar com o outro. Daí nascem a cumplicidade e a generosidade. Enfim, devemos conduzir a obrigação ao adimplemento. Feliz partida de frescobol!!

6.2 Os deveres de conduta

6.2.1 Noções gerais sobre os deveres de comportamento ético exigido das partes na relação obrigacional

O conteúdo da relação obrigacional é dado pela autonomia privada e integrado pela boa-fé. Com isso, estamos afirmando que a prestação principal do negócio jurídico (dar, fazer e não fazer) é um dado decorrente da vontade. Os deveres principais da prestação constituem o núcleo dominante, a alma da relação obrigacional. Daí que sejam eles que definem o tipo do contrato. Exemplificando, a compra e venda (art.

253. BOBBIO, Norberto. *Dalla struttura alla funzione*, p. 8.

481 do CC) consiste em um intercâmbio de obrigações de dar coisa certa e quantia certa, com base na autonomia negocial dos contratantes.

Todavia, outros deveres impõem-se na relação obrigacional, completamente desvinculados da vontade de seus participantes. Trata-se dos deveres de conduta, também conhecidos na doutrina como deveres anexos, deveres instrumentais, deveres laterais, deveres acessórios, deveres de proteção e deveres de tutela.

Os deveres de conduta são conduzidos pela boa-fé ao negócio jurídico, destinando-se a resguardar o fiel processamento da relação obrigacional em que a prestação integra-se. Eles incidem tanto sobre o devedor como sobre o credor, a partir de uma ordem de cooperação, proteção e informação, em via de facilitação do adimplemento, tutelando-se a dignidade do devedor, o crédito do titular ativo e a solidariedade entre ambos. Além do credor e devedor, terceiros, em princípio estranhos ao negócio jurídico, podem ser alcançados pelos deveres de conduta, a ponto de se vincularem ao cumprimento da obrigação.[254]

Arnoldo Wald comenta que atualmente o contrato se transformou em um bloco de direitos e obrigações de ambas as partes, sendo certo que "a plasticidade do contrato transforma a sua própria natureza, fazendo com que os interesses divergentes do passado sejam agora convertidos numa verdadeira parceria, com maior ou menor densidade".[255]

---

254. STJ. Informativo nº 0562 Período: 18 a 28 de maio de 2015. Quarta Turma DIREITO DO CONSUMIDOR. RESPONSABILIDADE DO FABRICANTE QUE GARANTE NA PUBLICIDADE A QUALIDADE DOS PRODUTOS OFERTADOS. Responde solidariamente por vício de qualidade do automóvel adquirido o fabricante de veículos automotores que participa de propaganda publicitária garantindo com sua marca a excelência dos produtos ofertados por revendedor de veículos usados. O princípio da vinculação da oferta reflete a imposição da transparência e da boa-fé nos métodos comerciais, na publicidade e nos contratos, de forma que esta exsurge como princípio máximo orientador, nos termos do art. 30 do CDC. Realmente, é inequívoco o caráter vinculativo da oferta, integrando o contrato, de modo que o fornecedor de produtos ou serviços se responsabiliza também pelas expectativas que a publicidade venha a despertar no consumidor, mormente quando veicula informação de produto ou serviço com a chancela de determinada marca. Trata-se de materialização do princípio da boa-fé objetiva, exigindo do anunciante os deveres anexos de lealdade, confiança, cooperação, proteção e informação, sob pena de responsabilidade. O próprio art. 30 do CDC enfatiza expressamente que a informação transmitida "obriga o fornecedor que a fizer veicular ou dela se utilizar", atraindo a responsabilidade solidária daqueles que participem, notadamente quando expõe diretamente a sua marca no informativo publicitário. A propósito, a jurisprudência do STJ reconhece a responsabilidade solidária de todos os fornecedores que venham a se beneficiar da cadeia de fornecimento, seja pela utilização da marca, seja por fazer parte da publicidade. Trata-se, cabe ressaltar, de caso de responsabilização objetiva. Nesse contexto, dentro do seu poder de livremente avalizar e oferecer diversos tipos de produtos e serviços, ao agregar o seu "carimbo" de excelência aos veículos usados anunciados, a fabricante acaba por atrair a solidariedade pela oferta do produto/serviço e o ônus de fornecer a qualidade legitimamente esperada pelo consumidor. Na verdade, a utilização de marca de renome - utilização essa consentida, até por força legal (art. 3º, III, da Lei 6.729/1979) - gera no consumidor legítima expectativa de que o negócio é garantido pela montadora, razão pela qual deve esta responder por eventuais desvios próprios dos negócios jurídicos celebrados nessa seara. REsp 1.365.609-SP, Rel. Min. Luis Felipe Salomão, julgado em 28/4/2015, DJe 25/5/2015.

255. WALD, Arnoldo. *Um novo direito para a nova economia*: a evolução dos contratos e o código civil, p. 75. E mais: "em vez de adversários, os contratantes passaram, num número cada vez maior de contratos, a ser caracterizados como parceiros, que pretendem ter, um com o outro, uma relação equilibrada e equitativa, considerando os ideais de fraternidade e justiça".

Passa-se a visualizar o contrato como uma relação jurídica dinâmica, total e contínua, que "nasce, vive e morre". Segundo Cláudia Lima Marques,[256] os doutrinadores alemães costumam afirmar que as relações obrigacionais formam uma "fila" de deveres de conduta, vistos no tempo, ordenados logicamente por uma finalidade, consistente na realização dos interesses legítimos das partes.

Apesar de já consagrada a importância da boa-fé como princípio, cláusula geral e, especialmente, fornecedora de deveres de conduta destinados à exata satisfação dos interesses globais envolvidos na relação complexa, não podemos olvidar a centralidade da vontade na determinação do objeto do negócio jurídico.

É certo não mais cogitarmos do dogma da autonomia da vontade. Mas o sentido contemporâneo da autonomia privada como "o poder dos particulares de criação da norma individual nos limites dados pelo ordenamento" visa exatamente proteger e reforçar a vontade, a fim de que seja ela real e equilibrada. Uma vontade das partes, não apenas a vontade do credor.

A dogmática do século XIX tinha por centro a vontade, de forma que, para os juristas daquela época, todos os deveres dela resultavam. Se percorrermos um ângulo de 180º, poderemos atingir uma conclusão oposta, isto é, a de que todos os deveres emanam atualmente do princípio da boa-fé. Mas a verdade reside no equilíbrio: há deveres que resultam da vontade e outros que decorrem da incidência do princípio da boa-fé e da proteção jurídica de interesses.

Com base nas premissas enunciadas nos tópicos pregressos, percebemos que os deveres de conduta são exigências de uma atuação calcada na boa-fé e derivadas do sistema, e não de qualquer vontade das partes, pois o seu âmbito transcende o da mera contratualidade.

A par da distinção entre o dever principal – localizado na prestação – e os deveres de conduta, há um espaço no qual penetram os chamados deveres secundários ou acidentais da prestação. Nessa terceira categoria, incluem-se os deveres acessórios da obrigação principal, ou seja, aqueles cujo objetivo é assegurar a perfeita execução das prestações de dar, fazer ou não fazer (*v.g.*, na compra e venda, o dever de conservar a coisa vendida ou de acondicioná-la). Entre os deveres secundários também se inserem aqueles relativos às prestações complementares da obrigação principal (*v.g.*, dever de indenizar prejuízos decorrentes da mora).

Por fim, o grande influxo integrativo da boa-fé está localizado nas relações obrigacionais duradouras, e não naquelas instantâneas – em que há coincidência entre a contratação e a execução.[257] Karl Larenz adverte que nas obrigações duradouras exige-se uma execução com confiança recíproca e especial observância de diligência

---

256. MARQUES, Cláudia Lima. *Contratos no Código de Defesa do Consumidor*, p. 182.

257. O termo *credere* significa confiança. O credor confia no cumprimento futuro da obrigação. Por isso a boa-fé se insere nos contratos de duração.

no cumprimento da atividade assumida, pois em uma vinculação de grande período cada uma das partes depende, mais do que em nenhum outro caso, da boa-fé no cumprimento do convencionado.[258]

Dispõe o art. 422 do Código Civil de 2002 que: "os contratantes são obrigados a guardar, assim na conclusão do contrato, como em sua execução, os princípios da probidade e boa-fé".

O dispositivo é a consagração do princípio da *Treu und Glauben* (lealdade e confiança), radicado no § 242 do BGB de 1900: "o devedor está adstrito a realizar a prestação tal como exija a boa-fé, com consideração pelos costumes do tráfego".

Na esteira do amplo trabalho desenvolvido na Alemanha, os grandes ordenamentos europeus começaram a trabalhar com sistemas abertos, pois somente dessa forma a amplitude da vida real poderá ser auscultada pela ordem jurídica.

O mérito dessa observação pontual é discordar de respeitados autores que julgam deficiente a redação do art. 422, com base na justificativa de que ele não observa a necessidade de aplicação da boa-fé às fases pré-contratual e pós-contratual.

Parece-nos que o art. 422 não se olvidou da fase das tratativas, nem tampouco da responsabilidade *post pactum finitum*. Resta implícito no dispositivo que os deveres de conduta relacionados ao cumprimento honesto e leal da obrigação também se aplicam às negociações preliminares e sobre aquilo que se passa depois do contrato. Não se pode olvidar de que estamos diante de norma de textura aberta que induz os operadores ao seu preenchimento, com base em argumentações já desenvolvidas na doutrina.[259]

---

258. LARENZ, Karl. *Derecho de obligaciones*, p. 44.

259. STJ: Informativo nº 0517 Período: 2 de maio de 2013. "Terceira Turma DIREITO CIVIL. RESPONSABILIDADE CIVIL PRÉ-CONTRATUAL. A parte interessada em se tornar revendedora autorizada de veículos tem direito de ser ressarcida dos danos materiais decorrentes da conduta da fabricante no caso em que esta – após anunciar em jornal que estaria em busca de novos parceiros e depois de comunicar àquela a avaliação positiva que fizera da manifestação de seu interesse, obrigando-a, inclusive, a adiantar o pagamento de determinados valores – rompa, de forma injustificada, a negociação até então levada a efeito, abstendo-se de devolver as quantias adiantadas. A responsabilidade civil pré-negocial, ou seja, a verificada na fase preliminar do contrato, é tema oriundo da teoria da culpa *in contrahendo*, formulada pioneiramente por Jhering, que influenciou a legislação de diversos países. No Brasil, o CC/1916 não trazia disposição específica a respeito do tema, tampouco sobre a cláusula geral de boa-fé objetiva. Todavia, já se ressaltava, com fundamento no art. 159 daquele diploma, a importância da tutela da confiança e da necessidade de reparar o dano verificado no âmbito das tratativas pré-contratuais. Com o advento do CC/2002, dispôs-se, de forma expressa, a respeito da boa-fé (art. 422), da qual se extrai a necessidade de observância dos chamados deveres anexos ou de proteção. Com base nesse regramento, deve-se reconhecer a responsabilidade pela reparação de danos originados na fase pré-contratual caso verificadas a ocorrência de consentimento prévio e mútuo no início das tratativas, a afronta à boa-fé objetiva com o rompimento ilegítimo destas, a existência de prejuízo e a relação de causalidade entre a ruptura das tratativas e o dano sofrido. Nesse contexto, o dever de reparação não decorre do simples fato de as tratativas terem sido rompidas e o contrato não ter sido concluído, mas da situação de uma das partes ter gerado à outra, além da expectativa legítima de que o contrato seria concluído, efetivo prejuízo material" (REsp 1.051.065-AM, Rel. Min. Ricardo Villas Bôas Cueva, julgado em 21.2.2013).

Em verdade, mesmo antes de a relação obrigacional ser pactuada, já existe o contato social entre as partes. Os deveres de conduta emergem no momento das primeiras negociações, pois a boa-fé objetiva diz respeito à manutenção da palavra empenhada. Assim, a complexidade da relação obrigacional apanha todo o processo relacional construído pelas partes, não se podendo dissociar os acertos e promessas inaugurais de tudo aquilo que se verificou após a subscrição do contrato.

O mesmo se entende da responsabilidade pós-contratual. A confiança recíproca – que permitiu a concretização da relação obrigacional – não termina no instante em que a prestação principal é satisfeita. Há uma enorme expectativa de que o outro contratante não frustrará os fins do pactuado. Isso explica a razão da corriqueira imposição de cláusulas de confidencialidade e de não concorrência no bojo de contratos paritários.[260]

Ratificando o exposto nos tópicos precedentes, Nelson Nery Júnior[261] extrai que estão compreendidas no art. 422 "as tratativas preliminares, antecedentes do contrato, como também as obrigações derivadas do contrato, ainda que já executado. Com isso, os entabulantes – ainda não contratantes – podem responder por fatos que tenham ocorrido antes da celebração e da formação do contrato e os ex-contratantes também respondem por fatos que decorram do contrato findo (pós-eficácia das obrigações contratuais)".

Se a boa-fé deve ser acatada por credor e devedor quando do contrato social e, posteriormente, da constituição do contrato, os deveres acessórios então constituídos passarão a existir de forma autônoma à obrigação principal, sobrevivendo mesmo ao recesso da obrigação propriamente dita, mas agora de forma autônoma.

Aliás, combinando-se o citado art. 422 com o parágrafo único do art. 2.035 do Código Civil, tem-se a boa-fé como norma de ordem pública, de aplicação cogente e de observância necessária em todas as relações obrigacionais (incluindo-se agora as empresariais). Por aí, percebe-se a amplitude do princípio. Aliás, o magistrado poderá invocar a cláusula geral de ofício, mesmo que não provocado por uma das partes.

6.2.2 Funções dos deveres de conduta

O conteúdo exato do dever de agir conforme a boa-fé terá de ser determinado em face das várias situações concretas que a vida impõe. Há que realizar a sua adaptação

260. "Face o entendimento pacificado pela Segunda Seção desta Corte, é abusiva a negativa de renovação do contrato de seguro de vida, mantido sem modificações ao longo dos anos, por ofensa aos princípios da boa-fé objetiva, da cooperação, da confiança e da lealdade, orientadores da interpretação dos contratos que regulam as relações de consumo. Considerando que a relação contratual mantida entre a agravante e os agravados se estendeu por mais de vinte anos, bem como o fato de já serem idosos, perfeita sintonia entre o presente caso e o 'leading case' desta Terceira Turma segundo o qual 'a rescisão imotivada do contrato, em especial quando efetivada por meio de conduta desleal e abusiva – violadora dos princípios da boa-fé objetiva, da função social do contrato e da responsabilidade pós-contratual – confere à parte prejudicada o direito à indenização por danos materiais e morais'"(AgRg no REsp 1230665/SP, Rel. Min. Paulo de Tarso Sanseverino, 3ª Turma, *DJe* 3.4.2013).

261. NERY JUNIOR, Nelson. *Contratos no Código Civil*, p. 433.

às especificidades da situação. O legislador limitou-se a estabelecer a formulação elástica que impõe a cada uma das partes uma conduta honesta e consenciosa, a fim de que não resultem afetados os legítimos interesses da outra. Essa diretriz pode ter como consequência que se modifique, amplie ou restrinja o conteúdo atribuído à prestação pela mera letra do negócio jurídico.

O Professor da Faculdade de Direito de Lisboa Carneiro da Frada ensina que os deveres laterais são por natureza avessos a qualquer enumeração ou descrição definitivas. O seu conteúdo é proteiforme e polimorfo, sendo possível ao operador do direito descobrir deveres de informação e conselho, de cooperação, de segredo e não concorrência, de custódia e vigilância, de lealdade etc. No cenário de deveres de conduta, existem dois grupos bem apartados: aqueles que objetivam coadjuvar as partes para que se alcance o interesse perseguido pelo credor (finalidade positiva) e outros que objetivam defender as partes de intromissões danosas na sua esfera de vida pessoal e patrimonial, durante todo o ciclo vital da relação obrigacional (finalidade negativa).[262]

Entendemos que todos os deveres de conduta exercitam uma finalidade negativa, eis que em última instância funcionam como uma espécie de "blindagem" que tenciona evitar a adoção de comportamentos desonestos e interesses injustificados que possam atingir o correto processamento da relação obrigacional. Porém, a função negativa dos deveres de conduta é meio para atingir-se a sua função positiva, qual seja, conduzir o "veículo blindado" ao seu destino – o adimplemento e a consequente liberação de seus passageiros.

Não somente a existência como também a própria medida dos comportamentos que serão adotados pelas partes sofrerão variações conforme as circunstâncias concretas. A integração do conteúdo contratual pela boa-fé respeitará a "ética da situação". Haverá uma constante mutação dos deveres de conduta no tempo e espaço, pois sua concretização respeitará o sentido do contrato conforme a aferição casuística dos fins comuns. Enfim, a eficácia da boa-fé nunca será "apenas uma", eis que se trata de princípio carecedor de concreção, avaliado contextualmente, mediante necessária ponderação com os demais princípios do ordenamento.

A título ilustrativo, dois contratos de compra e venda de um mesmo bem podem gerar relações contratuais diversas: basta pensar na venda de um objeto por certo preço a um leigo, na sua utilização e na venda do mesmo objeto pelo mesmo preço a um conhecedor, com o surgimento, no primeiro caso, de deveres de esclarecimento e informação, eventualmente conducentes a um dever de indenizar.

Os deveres de conduta são e serão objetos de inúmeras tipificações. Mas, para fins de breve exposição, recorremos à tripartição entre deveres de proteção, de esclarecimento e de lealdade, conforme classificação desenvolvida por Menezes Cordeiro.[263]

262. FRADA, Carneiro da. *Contratos e deveres de proteção*, p. 40.

263. CORDEIRO, Menezes. *Da boa-fé no direito civil*, p. 604.

De qualquer forma, qualquer classificação que se conceda aos deveres de conduta nunca será rigorosamente exata, pois as situações da vida muitas vezes demonstram uma conformação híbrida, na qual a ausência do dever de esclarecimento pode implicar quebra do dever de lealdade, assim como esta pode resultar de desamparo ao dever de proteção.

Os deveres de proteção pretendem proteger a contraparte dos riscos de danos à sua pessoa e ao seu patrimônio, na constância da relação complexa. Tendo presente o mandamento de consideração para com o parceiro contratual, urge observarem-se deveres de proteção aos bens e integridade da contraparte, com salvaguarda à higidez de ambos, evitando que as partes inflijam-se danos mútuos.

Já o dever de lealdade é o mais imediato dever decorrente da boa-fé, mandamento de cooperação recíproca, impondo às partes a abstenção sobre qualquer conduta capaz de falsear o objetivo do negócio ou desequilibrar o jogo das prestações por elas consignado. Agir com deslealdade implica atingir a dignidade do outro contratante.

A cooperação é o próprio fundamento das relações obrigacionais, pois é ela que indicará o caminho do adimplemento, como finalidade (função) para a qual é polarizado o negócio jurídico. Destarte, será lesiva ao dever de lealdade qualquer conduta que comprometa a utilidade procurada no contrato, o programa econômico que constitui a prestação. Aliás, como bem indica Judith Martins-Costa,[264] aqui reside a relação entre o princípio constitucional da solidariedade e a boa-fé objetiva.[265]

Luis Díez-Picazo[266] aduz que, na fase de execução da prestação, a colaboração do credor será necessária para que o próprio devedor tenha condições de levar a cabo a prestação de forma regular, de forma a dotá-la de maior efetividade, satisfazendo em maior medida o interesse a cuja satisfação o contrato se dirige.

Menezes Cordeiro aponta como concretização dessa norma, quando não resulte de cláusulas contratuais, mas de exigências do sistema: "de deveres de não concorrência, de não celebração de contratos incompatíveis com o primeiro, de sigilo face a

264. MARTINS-COSTA, Judith. *Mercado e solidariedade social*, p. 633.

265. STJ. Informativo nº 0551 Período: 3 de dezembro de 2014. Terceira Turma DIREITO CIVIL E DO CONSUMIDOR. REAJUSTE DE MENSALIDADE DE SEGURO-SAÚDE EM RAZÃO DE ALTERAÇÃO DE FAIXA ETÁRIA DO SEGURADO. não é possível extrair-se do art. 15, § 3º, do Estatuto do Idoso uma interpretação que repute, abstratamente, abusivo todo e qualquer reajuste que se baseie em mudança de faixa etária, mas tão somente o aumento discriminante, desarrazoado, que, em concreto, traduza verdadeiro fator de discriminação do idoso, por visar dificultar ou impedir a permanência dele no seguro-saúde; prática, aliás, que constitui verdadeiro abuso de direito e violação ao princípio da igualdade e divorcia-se da boa-fé contratual. Ressalte-se que o referido vício - aumento desarrazoado - caracteriza-se pela ausência de justificativa para o nível do aumento aplicado. Situação que se torna perceptível, sobretudo, pela demasiada majoração do valor da mensalidade do contrato de seguro de vida do idoso, quando comparada com os percentuais de reajustes anteriormente postos durante a vigência do pacto. Igualmente, na hipótese em que o segurador se aproveita do advento da idade do segurado para não só cobrir despesas ou riscos maiores, mas também para aumentar os lucros há, sim, reajuste abusivo e ofensa às disposições do CDC. REsp 1.381.606-DF, Rel. originária Min. Nancy Andrighi, Rel. para acórdão Min. João Otávio De Noronha, julgado em 7/10/2014.

266. DÍEZ-PICAZO, Luis. *Los principios del derecho europeo de contratos*, p. 158.

elementos obtidos por via de pendência contratual e cuja divulgação possa prejudicar a outra parte e de atuação com vista a preservar o objetivo e a economia contratuais".[267]

Concretamente, na responsabilidade pré-contratual por ruptura imotivada das negociações preliminares, mostra-se evidente a lesão ao dever de lealdade. Na espécie, a infração ao dever de lealdade passa pela situação daquele que não possui interesse de contratar, mas gera falsas expectativas ao induzir a contraparte a uma situação de confiança – muitas vezes com realização de grandes despesas –, sem, contudo, ter qualquer vontade ou condição de concluir positivamente as tratativas.

Para que ocorra infração ao dever de lealdade e, consequentemente, responsabilidade pela ruptura imotivada das negociações preliminares, é fundamental a existência de dois pressupostos: (a) a existência de efetivas negociações e que elas tenham gerado razoável confiança na outra parte; (b) ilegitimidade no ato de ruptura das conversações.

O dever de lealdade se manifesta igualmente relevante na responsabilidade pós-contratual. Em princípio, com a extinção do contrato não mais subsistem obrigações entre as partes, eis que alcançando o adimplemento. Contudo, na relação obrigacional dialética e globalizante, perdurarão certos deveres de conduta para uma etapa posterior ao processo contratual, como deveres de segredo e de reserva.[268]

Por último, o dever de esclarecer é correlato à relação obrigacional desde a sua origem até o seu ocaso, envolvendo as conversações preliminares e a fase pós-contratual. Ele nasce de uma necessidade: há um déficit de informações, uma pessoa possui uma informação e a outra dela necessita.

O direito subjetivo à informação pretende satisfazer um interesse do titular, que não se restringe apenas à vontade de saber algum assunto, mas um esclarecimento que pertine a um interesse objetivamente justificado. De fato, a pertinência da informação é fundamental para que o contratante possa ser alertado sobre fatos que a sua diligência ordinária não alcançaria isoladamente.

Consequentemente, adotando-se o princípio da proporcionalidade, excluem-se do dever de esclarecimento os fatos notórios. Ou seja, para além do dever jurídico de esclarecer, há o ônus de informar-se, como forma de diligência da pessoa para com os seus próprios interesses. Um limite inerente ao dever de informar é o conhecimento da informação pelo devedor. A tarefa do dever de informar é simplesmente a de ampliar o conhecimento do devedor.

O direito fundamental à informação muitas vezes será ponderado com interesses opostos de igual dignidade constitucional. Assim, a dimensão da privacidade pode tornar-se um limite ao dever de informação. Exemplificando: a tutela à privacidade

267. CORDEIRO, Menezes. *Da boa-fé no direito civil*, p. 607.

268. Luiz Guilherme Loureiro traz interessante exemplo: *"recentemente uma joalheria fabricou uma joia única para que a cantora Madonna usasse na festa de seu casamento. Após, produziu joias idênticas e colocou-as no mercado. Patente, portanto, a falta de boa-fé* post pactum finitum*"*, cf. *Teoria geral dos contratos*, p. 76.

– em cujo âmbito mais restrito encontra-se a intimidade – converte-se em garantia de uma esfera de reserva, infensa à interferência alheia. Daí a necessidade de verificar-se o fim institucional da informação e a forma adequada de sua veiculação.

Em nosso direito positivo, há uma peculiaridade fundamental para os contornos do tema. O Código Civil e o Código de Defesa do Consumidor repercutem de maneira distinta na qualificação dos deveres de esclarecimento.

No âmbito do Código Civil, cogitamos de posições de relativa igualdade entre os contratantes. Os *"privados"* não se encontram inicialmente em situação de desigualdade, mas a funcionalidade da relação impõe os deveres de conduta como forma de consideração aos interesses comuns.

Por seu turno, o Código de Defesa do Consumidor é o código dos desiguais. O sujeito tutelado (público-alvo) do referido diploma legal é vulnerável e hipossuficiente, reclamando uma norma especial, de ordem pública, capaz de propiciar o necessário reequilíbrio obrigacional, reduzindo, de maneira concreta, a assimetria informativa de quem se encontra em desigualdade material (art. 5º, XXXVI, da CF). A tutela do contratante débil, assim, acarreta uma valorização do dever de informação, de modo a fazer com que ele (o dever de informação) venha a integrar o próprio contrato, gerando obrigações primárias ao fornecedor (art. 30, CDC). Em suma, nas relações consumeristas, a informação é funcionalizada à correção de desequilíbrios, convertendo-se em elemento da obrigação principal de fornecimento de produtos e serviços, e não um dever anexo ou lateral.

Cimentando tais ideias, é possível captar das decisões do Superior Tribunal de Justiça que "A violação dos deveres anexos, também intitulados instrumentais, laterais, ou acessórios do contrato – tais como a cláusula geral de boa-fé objetiva, dever geral de lealdade e confiança recíproca entre as partes –, implica responsabilidade civil contratual, como leciona a abalizada doutrina com respaldo em numerosos precedentes desta Corte, reconhecendo que, no caso, a negativação caracteriza ilícito contratual" (REsp 1276311/RS, Rel. Min. Luis Felipe Salomão, 4. T., *DJe* 17.10.2011).

6.2.3 Os deveres de conduta e a tutela de terceiros

Ao reconhecer a autonomia dos deveres de conduta em relação à prestação primária, no âmbito de uma relação obrigacional complexa e dinâmica, vislumbra-se não ser necessária a coincidência temporal entre o nascimento da obrigação principal e dos deveres laterais, eis que afloram mesmo para antes da contratação, mantendo-se mesmo depois do cumprimento do dever de prestar.

Ou seja, os deveres anexos (fruto da boa-fé objetiva) antecedem à assunção das obrigações e extravasam o adimplemento delas. É o que vem se denominando *responsabilidade civil pré* e *pós-contratual*.

No entanto, não é apenas nesse quadrante que se pode notar a possibilidade do desencontro. A consciência da independência dos deveres de conduta, em relação ao nível da prestação, viabiliza, outrossim, uma ampliação quantitativa dos sujeitos ativos e passivos atingidos pelos deveres de conduta impostos pela boa-fé objetiva, de modo a atingir igualmente aqueles que se relacionam à modalidade dos deveres de proteção.

Todo dever de cuidado envolve, em maior ou menor grau, uma forma de cooperação para com o álter. Nessa cooperação é afirmada a ideia solidarista veiculada no art. 3º, I, da Constituição Federal. Em interessante projeção, Luis Renato Ferreira da Silva considera que o binômio cooperação *versus* solidariedade pode ser considerado de duas maneiras: (a) dentro da relação contratual ele atua por meio do princípio da boa-fé (art. 422, CC); (b) já os reflexos externos das relações contratuais, que podem afetar a esfera de terceiros, impõem um comportamento solidário cooperativo, que é atuado pela noção da função social do contrato (art. 421, CC).[269]

No lúcido pensamento do argentino Jorge Mosset Iturraspe, a obrigação *não mais pode ser o reino do egoísmo, do puro interesse individual, sem pôr em grave risco o bem comum e a paz social*, exigindo-se, via de consequência, uma concepção mais socializada.[270]

6.2.4 O terceiro ofendido e a relação obrigacional

Dentre os titulares de deveres de proteção, incluem-se terceiros – estranhos à relação obrigacional – que estão expostos aos riscos de danos pessoais ou patrimoniais oriundos da execução de um determinado contrato, em que não há prevenção por parte do devedor. Seriam os "contratos com eficácia de proteção para terceiros", em que caberia ao terceiro a percepção de uma indenização, não em razão de uma violação de algum dever de prestar (pois este seria específico das partes), mas por ser ofendido em sua identidade físico-psíquica e econômica.

Ao permitir que a responsabilidade englobe terceiros lesados pelo descumprimento de uma obrigação assumida no âmbito de um contrato de cuja formação não participaram, devemos assumir que o princípio pelo qual os efeitos do contrato só se produzam *inter* partes deverá ser interpretado de forma que, no conceito de "parte", incluam-se pessoas que não consentiram na formação do contrato, mas que estão sujeitas a ser por ele afetadas, precisamente no que se refere à sua função social.

Quer dizer, seria ingênuo supor a permanência do contrato como *res inter alios acta*, excluindo-se de seus efeitos todo aquele que não tenha declarado a sua vontade. Não há mais lugar para a neutralidade. Positiva ou negativamente, o contrato subscrito por *A* e *B* repercutirá em face de *C, D* e *E*, em uma espécie de "efeito dominó".

269. SILVA, Luis Renato Ferreira da. *A função social do contrato no novo Código Civil*, p. 133.
270. ITURRASPE, Jorge Mosset. *Justicia contractual*, p. 79.

Luis Renato Ferreira da Silva[271] veicula interessante decisão que enuncia a atenuação dos efeitos relativos do contrato, resultando na ofensa a esfera de terceiros: *A* se envolve em um acidente de veículos com *B*, que ingressa com demanda contra *A*, que por sua vez opera a denunciação da lide à seguradora *X*. Sendo julgadas procedentes as duas pretensões, *B* não poderá executar a seguradora, por não ter sido parte na denunciação e carecer de título executivo. Terá *B* de aguardar o pagamento de *A*. Mas e se ele não tiver meios para tanto? O Superior Tribunal de Justiça entendeu que o contrato de seguro detém importante função social. Assim, no caso de ação indenizatória decorrente de acidente de trânsito ajuizada tanto em desfavor do segurado apontado como causador do dano quanto em face da seguradora obrigada por contrato de seguro de responsabilidade civil facultativo, é possível a preservação do litisconsórcio passivo, inicialmente estabelecido, na hipótese em que o réu segurado realmente fosse denunciar a lide à seguradora, desde que os réus não tragam aos autos fatos que demonstrem a inexistência ou invalidade do contrato de seguro.[272]

Denotando outra situação digna de referência, vale destacar que o art. 456 do Código Civil permite a denunciação da lide pelo evicto para alcançar o "alienante imediato ou qualquer dos anteriores". A referida norma permite que o adquirente lesado obtenha ressarcimento contra qualquer um dos componentes da cadeia dominial, mesmo que não seja parte naquelas relações jurídicas, buscando conferir maior efetividade e proteção ao adquirente lesado. Ora, qualquer contrato irradia os seus efeitos para terceiros, pois assume relevância no mundo econômico. Sendo o evicto ofendido por uma relação contratual que formalmente lhe é estranha, contudo, tornou-se materialmente relevante, em virtude da lesão dela advinda, a legitimação para nela intervir, superando os obstáculos de ordem processual que apenas permitiriam a chamada denunciação sucessiva da lide. Faculta-se, assim, a chamada denunciação da lide "por saltos".

Criticamos o artigo 125, inc. I e § 2º do CPC/15,[273] que aparentemente revogam a denunciação da lide *per saltum*. Doravante, o denunciante só poderá denunciar à lide o "alienante imediato", este, por sua vez, só poderá promover a denunciação

---

271. SILVA, Luis Renato Ferreira da. *A função social do contrato no novo Código Civil*, p. 142.

272. STJ: "A preservação do aludido litisconsórcio passivo é viável, na medida em que nenhum prejuízo haveria para a seguradora pelo fato de ter sido convocada a juízo a requerimento do terceiro autor da ação ⊠ tendo em vista o fato de que o réu segurado iria mesmo denunciar a lide à seguradora. Deve-se considerar que, tanto na hipótese de litisconsórcio formado pela indicação do terceiro prejudicado, quanto no caso de litisconsórcio formado pela denunciação da lide à seguradora pelo segurado, a seguradora haverá de se defender em litisconsórcio passivo com o réu, respondendo solidariamente com este pela reparação do dano decorrente do acidente até os limites dos valores segurados contratados" (REsp 710.463-RJ, Rel. Min. Raul Araújo, julgado em 9.4.2013, *Informativo* nº 0518, Período: 15 de maio de 2013).

273. Art. 125. É admissível a denunciação da lide, promovida por qualquer das partes:I – ao alienante imediato, no processo relativo à coisa cujo domínio foi transferido ao denunciante, a fim de que possa exercer os direitos que da evicção lhe resultam; § 2º Admite-se uma única denunciação sucessiva, promovida pelo denunciado, contra seu antecessor imediato na cadeia dominial ou quem seja responsável por indenizá-lo, não podendo o denunciado sucessivo promover nova denunciação, hipótese em que eventual direito de regresso será exercido por ação autônoma.

sucessiva em face de seu "antecessor imediato". A partir daí, as responsabilidades serão apuradas em processo próprio. A nova organização processual configura um retrocesso, pois ressuscita injustificada discriminação normativa entre lesado ou terceiro, evidenciando-se a necessidade de superação da dicotomia entre a responsabilidade aquiliana, baseada na culpa, e a contratual, reservada às partes no negócio jurídico.

6.2.5 O terceiro ofensor e a relação obrigacional

A violação ao dever de proteção será igualmente visualizada quando um terceiro contribuir para o descumprimento de uma relação obrigacional em curso, através da realização de um segundo contrato – incompatível com o primeiro –, frustrando as finalidades do credor, por propiciar o inadimplemento e consequente frustração da obrigação inicial.

Na linha da função social do contrato e da prevalência da eticidade, propugna-se por uma *"tutela externa do crédito"*, pela qual o terceiro seja responsabilizado, não propriamente pela prestação convencionada, mas pela ofensa a dever de conduta nela consubstanciada. É inadmissível que a sociedade comporte-se como se o contrato não existisse ou, se existisse, fosse algo estranho a ela, a ponto de ser ignorado.

A responsabilidade civil de terceiro por lesão do direito do crédito é a solução equilibrada ao valor da justiça, harmonizando os princípios da reparação do dano e da liberdade contratual, resultando em aumento da confiança nos contratos e em sua estabilidade, por evitarem-se interferências materiais de terceiros sobre o crédito.

Em princípio, os terceiros não têm o dever de conhecer a existência do crédito alheio, mas, quando o conhecem na sua existência e configuração mínima, então aquele dever geral de respeito concretiza-se, passa a configurar como um concreto dever de respeito, que se incrusta na esfera jurídica desse terceiro e limita então a sua liberdade de agir. O conhecimento do crédito constitui uma condição de oponibilidade efetiva do direito de crédito a terceiros.

É o que já vem se chamando de *terceiro cúmplice*, pois ocorre nas hipóteses em que o terceiro assume papel relevante na violação de interesses de outrem. Otavio Luiz Rodrigues Júnior lembra o interessante exemplo de um artista de televisão que, contratado para um período de 50 meses, rompe o contrato, sem justo motivo, e passa a se exibir na empresa televisiva concorrente. E arremata: "ao garantir-lhe um suporte negocial, jurídico e econômico (o terceiro cúmplice, que, no caso, é a sua nova emissora), agiu como um *tiers complice*, coadjuvando-o e favorecendo-se com sua conduta, o que daria ensanchas a admitir que os efeitos da responsabilidade contratual estender-se-iam a um terceiro".[274]

274. RODRIGUES JÚNIOR, Otavio Luiz. *A doutrina do terceiro cúmplice*: autonomia da vontade, o princípio *res inter alios*, função social do contrato e a interferência alheia na execução dos negócios jurídicos, p. 93.

Com esteio na concepção social do contrato (art. 421, CC) e na quebra do dogma de sua relatividade, Teresa Negreiros alude à atual distinção entre a eficácia das obrigações contratuais e a sua oponibilidade, nos seguintes termos: "o princípio da função social condiciona o exercício da liberdade contratual e torna o contrato, como situação jurídica merecedora de tutela, oponível *erga omnes*. Isto é, todos têm o dever de se abster da prática de atos (inclusive a celebração de contratos) que saibam prejudiciais ou comprometedores da satisfação de créditos alheios. A oponibilidade dos contratos traduz-se, portanto, nesta obrigação de não fazer, imposta àquele que conhece o conteúdo de um contrato, embora dele não seja parte. Isto não implica tornar as obrigações contratuais exigíveis em face de terceiros (é o que a relatividade impede), mas impõe a terceiros o respeito por tais situações jurídicas, validamente constituídas e dignas da tutela do ordenamento (é o que a oponibilidade exige)".[275]

Ilustrativamente, lembre-se a disposição do art. 608 do Código Civil destacando que "aquele que aliciar pessoas obrigadas em contrato escrito a prestar serviço a outrem pagará a este a importância que ao prestador de serviço, pelo ajuste desfeito, houvesse de caber durante 2 (dois) anos". O dispositivo é de clareza solar. O ordenamento repugna a ofensa por terceiro de uma relação obrigacional já consumada.

Ora, fundado nos valores supracitados (função social do contrato e a ruptura do princípio da relatividade dos efeitos dos negócios jurídicos entre as partes), é possível efetuar uma distinção entre a eficácia das obrigações contratuais e a sua oponibilidade. A eficácia das obrigações mantém-se restrita às partes, respeitando-se o princípio da relatividade contratual, pois as prestações de dar, fazer e não fazer só poderão ser exigidas reciprocamente dos contratantes.

Porém, o princípio da função social condiciona o exercício da liberdade contratual de terceiros, pois torna o contrato oponível *erga omnes*. Toda a coletividade tem o dever de abster-se de entabular negócios jurídicos que comprometam ou perturbem a realização de obrigações anteriormente assumidas entre sujeitos distintos.

Exemplo vivo dessa nova compreensão do contrato é o propagado caso do cantor Zeca Pagodinho, que foi convidado por uma cervejaria para romper o contrato que mantinha com outra. Não é difícil notar que o terceiro (a cervejaria AMBEV, detentora da marca Brahma) veio a prejudicar, intensamente, o contrato mantido entre o famoso cantor e a cervejaria Nova Schin, para quem vinha realizando campanha publicitária. Ao analisar o caso, o Ministro Paulo Sanseverino afirmou que "quer sob a ótica da concorrência desleal, quer sob a ótica da boa-fé objetiva, impõe-se reconhecer a existência de ato ilícito".[276]

---

275. NEGREIROS, Teresa. *Teoria dos contratos*, p. 265. A autora traz excelente exemplo da quebra de dever de conduta. No filme *O informante*, discute-se o risco de uma emissora de TV ser processada por uma companhia de cigarros, pelo fato de um ex-executivo revelar publicamente informações sigilosas, objeto de contratação de confidencialidade em razão de seu antigo trabalho na empresa.

276. STJ: "RECURSOS ESPECIAIS. RESPONSABILIDADE CIVIL. CONCORRÊNCIA DESLEAL. INTERVENÇÃO EM CONTRATO ALHEIO. TERCEIRO OFENSOR. VIOLAÇÃO À BOA-FÉ OBJETIVA. 'Ação de reparação de danos em que se pleiteia indenização por prejuízos materiais e morais decorrentes da contratação do protagonista de

Outro exemplo eloquente da função social do contrato, vinculando terceiros que não eram partes originárias do negócio jurídico, mas que devem respeitá-lo, pode ser lembrado com a Súmula 308 do Superior Tribunal de Justiça, que giza, *verbum ad verbo*: "a hipoteca firmada entre a construtora e o agente financeiro, anterior ou posterior à celebração da promessa de compra e venda, não tem eficácia perante os adquirentes do imóvel".

Ora, a oponibilidade dos contratos traduz-se, portanto, em um dever jurídico coletivo de abstenção – semelhante ao tradicionalmente reconhecido aos direitos reais –, atribuível a qualquer um que conheça o conteúdo de um contrato, embora dele não seja parte.

A distinção entre a eficácia das obrigações e a sua oponibilidade é sugestiva, tanto na hipótese do terceiro ofensor como na do terceiro ofendido pela relação contratual. Sugere que o direito de crédito, como qualquer direito subjetivo, conduz à ideia de exclusividade da atuação de um titular na atuação de um bem (crédito), mediante a cooperação do devedor. Terceiros não podem ser credores ou devedores de prestações em contratos de que não foram partes.

Todavia, eles podem ser credores ou devedores de deveres de conduta – sobretudo de proteção –, pois a complexidade de qualquer obrigação exige que, no processamento da relação jurídica, as partes não possam lesar a sociedade ou por ela serem lesadas. Há uma via de mão dupla que demanda um atuar dos contratantes para o bem comum, assim como um agir da sociedade que não sacrifique o bem individual, considerado solidário em relação aos bens dos demais.

Essas ideias produzem imensa aplicação prática nas relações contratuais modernas, que muitas vezes são interrompidas bruscamente em razão da intervenção de terceiros, que conhecem o contrato mas atuam como se o desconhecessem, pois oferecem uma proposta a um dos contratantes, de modo a provocar a desconstituição daquela relação obrigacional. Artistas, esportistas e outros profissionais já vinculados por exclusividade a uma empresa são constantemente assediados por ofertas de concorrentes, gerando a resilição unilateral do contrato com o pagamento de uma multa pela denúncia do contrato. Todavia, os concorrentes são solidariamente responsáveis pelo inadimplemento contratual, pois lesam um contrato alheio, impedindo que ele alcance os seus efeitos econômicos e sociais. Portanto, além da responsabilidade contratual imposta ao contratante culpado, caberá a imposição de indenização por responsabilidade extracontratual àquele que violar o dever de abstenção e, através de uma concorrência desleal, provocar danos a seu concorrente.

O princípio da relatividade dos contratos não pode mais ser elevado à condição de dogma. Dogmas são verdades incontestáveis, e sabemos que o direito é instrumento transformador que atua com apoio na experiência – fator cambiante –, não tolerando

campanha publicitária da agência autora pela agência concorrente, para promover produto de empresa concorrente. Aplicação dos ditames derivados do princípio da boa-fé objetiva ao comportamento do terceiro ofensor'" (REsp 1316149/SP, Rel. Min. Paulo de Tarso Sanseverino, 3ª Turma, *DJe* 27.6.2014).

posições imutáveis. A necessidade de preservar a ordem econômica e a fidelidade às convenções demanda que terceiros se abstenham de violar contratos em andamento. O abuso no exercício da liberdade contratual gera responsabilidade de quem induz outrem à violação de contrato. A colaboração em grau mínimo da sociedade já é suficiente para preservar a confiança na circulação econômica dos créditos. Assim, há uma necessidade de relativização do próprio princípio da relatividade contratual.[277]

6.3 A boa-fé como fundamento e o seu papel no caráter dinâmico da relação obrigacional

Você precisa de alguém que te dê segurança
Senão você dança, senão você dança.
(Engenheiros do Hawaii – Segurança)

6.3.1 A boa-fé como cláusula geral e a sua influência sobre a obrigação

A excepcional ascensão da boa-fé objetiva nas mais recentes legislações é fruto da superação de um modelo formalista e positivista que dominou os ordenamentos jurídicos no século XIX, sobrevivendo até o final da Segunda Guerra Mundial.

É possível trabalhar com ordenamentos jurídicos baseados em sistemas fechados ou abertos. O sistema fechado atendia ao ideário do positivismo jurídico e da busca por uma ciência pura do direito. Trata-se de uma ordem governada por um ideal de codificação, em que o direito aplicado seria apenas aquele emanado da autoridade legislativa competente para editar a norma, sem que se pudesse admitir qualquer interferência de valores filosóficos, sociológicos e econômicos que estivessem à margem do sistema hermético. Já o sistema aberto, apoiado na jurisprudência, admite a incompletude, a capacidade de evolução e a modificabilidade do sistema, impregnando-o de dinamicidade em desenvolvimento paulatino e contínuo. Aqui, não há formação rígida de previsões normativas, havendo, portanto, espaços para a ponderação de critérios.

Com a edição de conceitos abertos como o da boa-fé objetiva, é possível ao magistrado adequar a aplicação do direito e dos influxos de valores sociais, pois os limites dos fatos preconizados nas cláusulas gerais são móveis e passíveis de concretização variável.[278]

277. Mais do que 50 anos de precedentes da jurisprudência estrangeira, tem-se no repetido caso "Zeca Pagodinho" uma célebre demonstração da ofensa à tutela externa do crédito pela empresa que conhecia o contrato da concorrente com o célebre artista, mas deliberou por lhe propor um segundo contrato em que passa a fazer publicidade contrária aos termos do contrato violado. Aqui não se questionam os desdobramentos éticos, mas a aplicação jurídica da matéria.

278. REsp 1128770/PR, Rel. p/Acórdão Min. HONILDO AMARAL DE MELLO CASTRO, 5ª T., *DJe* 6.12.2010. "O direito obrigacional é pautado por princípios, entre outros, pela boa fé objetiva, razão pela qual o fiador que subscreve contrato de locação sem se declarar como casado não pode, posteriormente, alegar a nulidade da fiança com base na ausência de outorga uxória, sob pena de violação, igualmente, ao princípio do nemo auditur proprium turpitidium allegans."

Portanto, uma excelente maneira de delinear as cláusulas gerais é exatamente imaginá-las como uma técnica de legislar oposta à casuística, que se configurava pela regulação típica de matérias, mediante delimitação por *fattispecie*, aplicando-se a norma, através do processo conhecido como subsunção, e evitando-se a amplitude das generalizações.

Nessa trajetória, um grande contributo ao desenvolvimento do tema das cláusulas gerais no direito brasileiro é o de Judith Martins-Costa.[279] A ilustre Professora gaúcha, após enfatizar a sua condição de disposições normativas que utilizam uma linguagem de tessitura intencionalmente "aberta", "fluida" ou "vaga", com ampla extensão de conteúdo semântico, frisa, então, a aptidão conferida ao juiz para desenvolver normas jurídicas, "mediante o reenvio para elementos cuja concretização pode estar fora do sistema; esses elementos, contudo, fundamentarão a decisão, motivo pelo qual não só resta assegurado o controle racional da sentença como, reiterados no tempo fundamentos idênticos, será viabilizada a ressistematização desses elementos no interior do ordenamento jurídico".

Destarte, o verdadeiro significado das cláusulas gerais reside no domínio da técnica legislativa, pois, graças à sua generalidade, torna-se possível captar um vasto grupo de situações a uma consequência jurídica.

Critica-se a tipicidade que caracteriza a casuística, na medida em que a rigidez do sistema é fator de obsoletismo da norma e, por conseguinte, de inteira dependência da atuação do Poder Legislativo para a constante edição de novas previsões, o que acarreta uma inflação normativa e, muitas vezes, perda de eficácia social.

A vantagem da mobilidade da cláusula geral é fruto de sua grande abertura semântica, proporcionada pela intencional imprecisão dos termos da *fattispecie* – com emprego de expressões ou termos vagos –, afastando-se o risco do imobilismo, pela utilização em grau mínimo da tipicidade.

Em face de um sistema relativamente aberto e móvel, poderiam alguns temer a adoção das cláusulas gerais, por um apelo à discricionariedade e à criação de um "direito dos juízes". Esse receio prende-se a uma tradição cultural exegética francesa, que se justificava quando da promulgação do Código francês de 1804, como "Constituição do cidadão", e afirmação de liberdade do cidadão perante o Estado.

Não obstante, o juízo de valor do magistrado não é a tomada de posição conforme um ato interno ou um mero sentir irracional. Quando o julgador percebe que determinada conduta é contrária à boa-fé, formula o juízo com base em fatos objetivamente justificáveis, em conformidade com as exigências e pautas de valoração do ordenamento jurídico, da Constituição e dos princípios jurídicos. Expressões como a boa-fé serão racionalmente ponderadas naqueles casos sobre cuja apreciação

279. MARTINS-COSTA, Judith. *O direito privado como um sistema em construção*, p. 28.

exista um consenso geral, com referência ao resgate da confiança manifestada com a consideração da relação recíproca entre as partes.

A cláusula geral contém implícita uma regra de direito judicial, que impõe ao magistrado examinar o caso em duas etapas. Inicialmente, estabelece a norma de dever, conforme a realidade do fato e o princípio correspectivo; a seguir, confronta a conduta efetivamente realizada com aquela que as circunstâncias recomendariam. A atividade criadora do juiz não se confundirá com arbítrio, posto contida nos limites da realidade do contrato, sua tipicidade, estrutura e funcionalidade, com aplicação reservada aos princípios admitidos pelo sistema.[280]

Por último, após comentar que as cláusulas gerais constituíram notável e muitas vezes elogiada concessão do positivismo à autorresponsabilidade dos juízes para determinar o conteúdo da decisão de acordo com valores, Franz Wieacker bem percebe que o reverso das cláusulas gerais reside em sua inadequada utilização pelo próprio legislador, e não pelo magistrado. "Em épocas de predomínio da injustiça, elas favorecem as pressões políticas e ideológicas sobre a jurisprudência".[281]

6.3.2 Acepções da boa-fé objetiva

Há de salientar que existem duas acepções de boa-fé, uma subjetiva e outra objetiva. O princípio da boa-fé objetiva – circunscrito ao campo do direito das obrigações – é o objeto de nosso primeiro enfoque. Compreende a boa-fé objetiva um modelo ético de conduta social, verdadeiro *standard* jurídico ou regra de conduta, caracterizada por uma atuação de acordo com determinados padrões sociais de lisura, honestidade e correção, de modo a não se frustrar a legítima confiança da outra parte.

A boa-fé objetiva pressupõe: (a) uma relação jurídica que ligue duas pessoas, impondo-lhes especiais deveres mútuos de conduta; (b) padrões de comportamento exigíveis do profissional competente, naquilo que se traduz como *bonus pater familias;* (c) reunião de condições suficientes para ensejar na outra parte um estado de confiança no negócio celebrado.

Em sentido diverso, a boa-fé subjetiva não é um princípio, e sim um estado psicológico, em que a pessoa possui a crença de ser titular de um direito, o que em verdade só existe na aparência. O indivíduo encontra-se em escusável situação de ignorância acerca da realidade dos fatos e da lesão a direito alheio.

---

280. O STJ tem entendido que a proteção ao bem de família deve ser harmonizada com a boa-fé objetiva. E decidiu em 2018 que: "a) o bem de família é impenhorável, quando for dado em garantia real de dívida por um dos sócios da pessoa jurídica devedora, cabendo ao credor o ônus da prova de que o proveito se reverteu à entidade familiar; e b) o bem de família é penhorável, quando os únicos sócios da empresa devedora são os titulares do imóvel hipotecado, sendo ônus dos proprietários a demonstração de que a família não se beneficiou dos valores auferidos" (STJ, EAREsp 848.498, Rel. Min. Luis Felipe Salomão, Segunda Seção, DJ 07/06/2018).

281. WIEACKER, Franz. *História do direito privado moderno*, p. 546.

A boa-fé subjetiva (e o reverso da má-fé) emergia em algumas situações do Código Civil de 1916 e permanece eficiente no atual Código Civil. Sua maior carga irradia no Livro do Direito das Coisas. Localiza-se como atributo qualificativo de posse (art. 1.201 do CC) e requisito da usucapião ordinária (art. 1.242 do CC); também como elemento de apreciação de indenização de acessões e benfeitorias (arts. 1.219 e 1.255 do CC) e outras hipóteses especificamente assinaladas pela legislação e jurisprudência, como o Art. 766 "Se o segurado, por si ou por seu representante, fizer declarações inexatas ou omitir circunstâncias que possam influir na aceitação da proposta ou na taxa do prêmio, perderá o direito à garantia, além de ficar obrigado ao prêmio vencido", que inclusive impacta na Súmula n. 609 STJ: "A recusa de cobertura securitária, sob a alegação de doença preexistente, é ilícita se não houve a exigência de exames médicos prévios à contratação ou a demonstração de má-fé do segurado".[282]

Conforme pondera Cláudio Godoy, "alguém pode perfeitamente ignorar o indevido de sua conduta, portando obrando de boa-fé (subjetiva) e, ainda assim, ostentar comportamento despido da boa-fé objetiva, que significa um padrão de conduta leal, pressuposto da tutela da legítima expectativa daquele com quem se contrata. Daí dizer-se que pode alguém estar agindo de boa-fé (subjetiva), mas não segundo a boa-fé (objetiva)".[283]

Em episódio bastante difundido na imprensa nacional, o conhecido cantor Zeca Pagodinho rompeu um contrato publicitário com uma cervejaria e se vinculou a outra empresa do mesmo ramo cervejeiro, concorrente natural da empresa que havia contratado o cantor como garoto-propaganda. Alegou o músico que não sabia de seu compromisso de exclusividade com a empresa. Apesar disso, sem discutir a eventual presença (ou não) da boa-fé subjetiva, foi reconhecida a flagrante quebra do princípio da boa-fé objetiva, em razão da violação de deveres anexos (éticos) do contrato, como os deveres de probidade, honestidade, respeito e lealdade. É a boa-fé objetiva.

Afirmou o Tribunal de Justiça bandeirante a necessidade de uma compreensão "de ordem ética, e aliada à necessidade de se evitar que o desrespeito ao aludido

282. Assim, antes de concluir o contrato, a seguradora pode exigir do segurado a realização de exames médicos para constatação de sua efetiva disposição física e psíquica. Se a operadora não realizou os exames no contratante, ela assumiu os riscos por essa sua postura. Logo, somente poderá recusar o tratamento se provar que o segurado agiu de má-fé, aqui compreendida como a omissão intencional de doença preexistente. Todavia, mesmo que o segurado omita doença preexistente, ainda assim terá direito à cobertura securitária quando a doença somente vem a se manifestar e exigir alguma providência por parte da seguradora muitos anos após a assinatura do contrato. Neste caso, fica demonstrado que o contratante, mesmo apresentando a doença, estava em boas condições de saúde (STJ. 4a Turma. AgRg no REsp 1359184/SP, Rel. Min. Marco Buzzi, julgado em 06/12/2016).

283. GODOY, Cláudio. *A função social do contrato*, p. 104.

vínculo [contrato entre Zeca Pagodinho e a cervejaria] persista, acarretando maiores danos para as partes envolvidas e para o meio social".[284]

Esse dado distintivo é crucial: a boa-fé objetiva é examinada externamente, vale dizer, a aferição dirige-se à correção da conduta do indivíduo, pouco importando a sua convicção. Não devemos observar se a pessoa agiu de boa-fé, porém de acordo com a boa-fé. Ou seja: há de avaliar-se qualquer comportamento em conformidade com padrões sociais vigentes, pouco importando o sentimento que animou o agente. O contrário da boa-fé objetiva não é a má-fé, mas a ausência da boa-fé. De fato, o princípio da boa-fé encontra a sua justificação no interesse coletivo de que as pessoas pautem o seu agir pela cooperação e lealdade, incentivando-se o sentimento de justiça social, com repressão a todas as condutas que importem desvio dos parâmetros sedimentados de honestidade e retidão.

Exatamente por isso, a boa-fé objetiva é fonte de obrigações, impondo comportamentos aos contratantes, segundo regras de correção, na conformidade do agir do homem comum daquele meio social. Trata-se de concepção ética de boa-fé, entendendo-se por ética a "ciência do fim para o qual a conduta do homem será orientada".[285]

Em perfeita síntese, Eugênio Kruchewsky sustenta, corretamente, que a boa-fé objetiva "afirma-se como um comportamento leal, uma atitude de efetiva colaboração com o direito do outro". Enfim, em síntese apertada, trata-se de exigir que todas as partes de uma relação obrigacional "tenham uma atitude proativa, zelando pela realização do direito alheio, a fim de que tudo quanto programado [...] seja efetivamente atingido".[286]

6.3.3 A boa-fé e o princípio da dignidade da pessoa humana

A dignidade da pessoa humana é simultaneamente valor e princípio, constituindo elemento decisivo na afirmação de qualquer Estado Democrático de Direito, assumindo proporção de cláusula geral, apta a condicionar e conformar todo o tecido normativo.

Cogitando de um sistema aberto, cuja supremacia axiológica é referida pela dignidade da pessoa humana, o direito civil e a Constituição manterão intenso

---

284. O acórdão em tela traz em sua ementa: "Existência de elementos que indicam que a campanha publicitária em questão se contrapõe a pacto de exclusividade preexistente e estimula práticas antiéticas e nocivas à sociedade. Presença de 'periculum in mora' e 'fumus boni juris'. Medida confirmada, inclusive no que se refere ao valor da multa, que atende sua função inibitória" (TJ/SP, Ac. unân. 7ª Câmara de Direito Privado, AgInstr. 346.328.4/5 – São Paulo, Rel. Des. Roberto Mortari, j. 31.3.2004, Primo Schincariol Indústria de Cervejas e Refrigerantes S.A., Companhia de Bebidas das Américas – AMBEV e Jessé Gomes da Silva Filho ou Zeca Pagodinho).

285. A jurisprudência tem aplicado a boa-fé objetiva em múltiplas situações (em alguns casos, em diálogo com outros princípios, como o do melhor interesse do menor). O STJ entendeu ser possível o ajuizamento de ação de prestação de contas ajuizada pelo filho contra os pais. Isso quando a causa de pedir estiver relacionada com suposto abuso do direito ao usufruto legal e à administração dos bens dos filhos (STJ, REsp 1.623.098 - Informativo nº 0622 - 20 de abril de 2018.). Referida ação tem caráter excepcional, mas é possível.

286. KRUCHEWSKY, Eugênio. *Teoria geral dos contratos civis*, p. 23. E acrescenta o eminente civilista da safra dos "novos baianos" que a boa-fé objetiva "exige um comportamento de colaboração mútua porque o contrato somente será contrato quando atender aos interesses das partes, que confluem para o alcance de um objetivo comum".

vínculo comunicativo, com repercussão material dos princípios que lhes são comuns. Nessa constante travessia, a boa-fé é sentida como a concretização do princípio da dignidade no campo das obrigações.

O ser humano possui duas necessidades vitais: isolar-se e relacionar-se. Quando busca o isolamento e a proteção contra injustificadas intromissões em sua intimidade e privacidade, a dignidade penetrará no direito civil pela via da tutela dos direitos da personalidade.

Porém, na maior parte de nossas vidas, estamos em situação de relação. Existir é coexistir, pois é utópica a afirmação do ser humano em estado de isolamento.

Ao abordarmos as relações jurídicas, podemos defini-las em dois níveis: relações afetivas e relações negociais. Naquelas, a dignidade da pessoa humana é concretizada no direito civil pela cláusula geral da comunhão plena de vida (art. 1.511 do CC). Já nas relações obrigacionais, o supremo princípio constitucional é concretizado pelas especificações da boa-fé objetiva. Os negócios jurídicos formam a disciplina preferida para a regulação genérica das relações sociais.

O princípio da boa-fé atuará como modo de enquadramento constitucional do direito das obrigações, na medida em que a consideração pelos interesses que a parte contrária espera obter de uma dada relação contratual mais não é que o respeito à dignidade da pessoa humana em atuação no âmbito negocial.

Como bem refere Karl Larenz,[287] as cláusulas gerais constituem uma ampla "porta de entrada" para o princípio do respeito à pessoa no direito privado. O princípio do respeito recíproco não se encontra apenas nos direitos fundamentais, mas atravessa todo o ordenamento jurídico. Ele é subjacente a qualquer relação contratual, pois, quando ocorre a conclusão de um contrato e as partes emitem sua vontade, reconhecem um ao outro a condição de pessoas.

A boa-fé significa a mais próxima tradução da confiança, que é o esteio de todas as formas de convivência em sociedade.

A despatrimonialização do direito privado, representada pela célebre opção pelo "ser" sobre o "ter", é legitimada tanto pela Constituição Federal como pelo novo Código Civil. Este resgatará a centralidade do direito privado, não mais com uma pretensão de totalidade, mas em um ideal de flexibilidade do sistema, permitindo o constante intercâmbio e reenvio naquilo que há de comum com a Constituição ou outras normas.

6.3.4 As funções da boa-fé no Código Civil

Os três grandes paradigmas do Código Civil de 2002 são a eticidade, a sociabilidade e a operabilidade. A boa-fé é a maior demonstração de eticidade da referida

---

287. LARENZ, Karl. *Derecho justo*, p. 64-65. Tradução livre.

obra. A ética é uma ciência que racionalmente objetiva conduzir o comportamento do homem à realização do bem comum, que é a finalidade do homem.

O neologismo *eticidade* relaciona-se de forma mais próxima com uma noção de moralidade, que pode ser conceituada como uma forma de comportamento suportável, aceitável em determinado tempo e lugar. Destarte, a boa-fé servirá como um parâmetro objetivo para orientar o julgador na eleição das condutas que guardem adequação com o acordado pelas partes, com correlação objetiva entre meios e fins. O juiz terá que se portar como um *"homem de seu meio e tempo"*, para buscar o agir de uma pessoa de bem como forma de valoração das relações sociais.

Note-se que a boa-fé sempre será concretizada em consonância com os dados fáticos que se revelarem na situação jurídica. A eficácia da boa-fé em cada contexto deverá variar conforme a maior ou menor igualdade das partes, o contexto espacial e temporal, enfim, a intensidade da aplicação do princípio será aferida nas circunstâncias, conforme a "ética da situação".[288]

Judith Martins-Costa enfatiza que a boa-fé funciona como modelo capaz de nortear o teor geral da colaboração intersubjetiva, devendo o princípio ser articulado de forma coordenada às outras normas integrantes do ordenamento, a fim de lograr adequada concreção. A autora sugere profícua sistematização da boa-fé mediante a sua divisão em três setores operativos: o primeiro, como "função de otimização do comportamento contratual"; o segundo, relativo à "função de limite" no exercício de direitos subjetivos; e o terceiro, correspondente à "função de reequilíbrio" do contrato.[289]

A boa-fé é multifuncional. Para fins didáticos, seguindo a orientação da talentosa Professora da Universidade Federal do Rio Grande do Sul, é interessante delimitar as três áreas de operatividade da boa-fé no novo Código Civil: (a) desempenha papel de paradigma *interpretativo* na teoria dos negócios jurídicos, como reza o art. 113 da Lei Civil (é a função interpretativa); (b) assume caráter de *controle*, impedindo o abuso do direito subjetivo, qualificando-o, inclusive, como ato ilícito, conforme preconiza o art. 187 do *Codex* (é a função limitadora ou restritiva);[290] e, finalmente, (desempenha uma atribuição *integrativa*, impondo deveres anexos, laterais, que estão presentes nas mais diversas situações e negócios jurídicos (contratos, inclusive) independentemente

---

288. SILVA, Clóvis do Couto e. *A obrigação como processo*, p. 125. O autor transcreve o conceito de Kunkel de obrigação de fazer "como toda aquela em que a prestação consistisse numa atividade, inclusive na atividade necessária para que alguém desse algo".

289. MARTINS-COSTA, Judith. *Diretrizes teóricas do novo Código Civil brasileiro*, p. 199.

290. Ruy Rosado de Aguiar Júnior, corroborando o que se sustenta, destaca que a função limitadora "veda ou pune o exercício de direito subjetivo, quando caracterizar 'abuso da posição jurídica'". E arremata: "o exemplo mais significativo é o da proibição do exercício do direito de resolver o contrato por inadimplemento ou de suscitar a exceção de contrato não cumprido, quando o incumprimento é insignificante em relação ao contrato total [...] Outro exemplo está no art. 22 do Código de Processo Civil, que não extingue o direito do réu que deixa de arguir, na sua resposta, fato modificativo, impeditivo ou extintivo do direito do autor, dilatando o processamento da lide, mas faz recair sobre ele os ônus derivados de sua omissão", cf. *Extinção dos contratos por incumprimento do devedor*, p. 253.

de previsão expressa das partes, como se pode extrair do comando 422 do Código do Cidadão. Deveres éticos de honestidade, probidade, respeito, informação etc. (é a função integrativa).

Desta forma se pronuncia o Enunciado 362 do Conselho de Justiça Federal: "A vedação do comportamento contraditório (venire contra factum proprium) funda-se na proteção da confiança, tal como se extrai dos arts. 187 e 422 do Código Civil."

No plano da otimização do comportamento contratual e do estrito cumprimento ao ordenamento jurídico, o art. 113 dispõe que os negócios jurídicos devem ser interpretados de acordo com a boa-fé. O magistrado não apelará a uma interpretação literal do texto contratual, mas observará o sentido correspondente às convenções sociais, ao analisar a relação obrigacional que lhe é submetida.[291]

Ou seja: afasta-se a teoria da vontade (em que predominava a vontade interna das partes sobre a declaração) e a teoria da declaração (pela qual prevalecia o texto do contrato, ignorando-se o aspecto psíquico das partes). A interpretação pela boa-fé prestigia a teoria da confiança, que é de certa forma um ecletismo entre as duas teorias que a precederam. O magistrado verificará a vontade objetiva do contrato, ou seja, a vontade aparente do negócio jurídico, de acordo com o que pessoas honestas e leais – do mesmo meio cultural dos contratantes – entenderiam a respeito do significado das cláusulas postas em divergência.

Em sua exposição sobre a Parte Geral do Código Civil, o Ministro Moreira Alves[292] afirma que o art. 112 (até então art. 110 do projeto) "determina que se atenda à intenção consubstanciada na declaração e não ao pensamento íntimo do declarante". Em nota de rodapé, sintetiza que o projeto "não adotou a concepção objetiva do negócio jurídico [...] preferiu a concepção subjetiva, por considerá-la mais consentânea com a realidade, mas se afastou as mais das vezes dos exageros a que chega o dogma da vontade, recorrendo aos temperamentos da adoção dos princípios da

291. Segunda Seção. "SEGURO. VIDA. SUICÍDIO. Trata-se, no caso, de saber se, nos contratos de seguro de vida, o suicídio do segurado de forma objetiva, isto é, premeditado ou não, desobriga as seguradoras do pagamento da indenização securitária contratada diante do que dispõe o art. 798 do CC/2002. A Seção, por maioria, entendeu que o fato de o suicídio ter ocorrido no período inicial de dois anos de vigência do contrato de seguro, por si só, não exime a companhia seguradora do dever de indenizar. Para que ela não seja responsável por tal indenização, é necessário que comprove inequivocamente a premeditação do segurado. Consignou-se que o art. 798 do CC/2002 não vai de encontro às Súmulas ns. 105-STF e 61-STJ, mas as complementa, fixando um período de carência no qual, em caso de premeditação, a cláusula de não indenizar é válida. Registrou-se, contudo, que, segundo os princípios norteadores do novo Código Civil, o que se presume é a boa-fé, devendo a má-fé ser sempre comprovada. Assim, o referido art. 798 da lei subjetiva civil vigente deve ser interpretado em conjunto com os arts. 113 e 422 do mesmo diploma legal, ou seja, se alguém contrata um seguro de vida e, depois, comete suicídio, não se revela razoável, dentro de uma interpretação lógico-sistemática do diploma civil, que a lei estabeleça uma presunção absoluta para beneficiar as seguradoras. Ressaltou-se, por fim, que o próprio tribunal a quo, expressamente, assentou que os elementos de convicção dos autos evidenciam que, na hipótese, o suicídio não foi premeditado." Rel. Min. Luis Felipe Salomão, julgado em 13.4.2011.

292. ALVES, Moreira. *A parte geral do projeto do Código Civil brasileiro*, p. 102.

responsabilidade do declarante e da confiança da parte a que se dirige a declaração de vontade".

Como síntese entre as teorias da confiança e da responsabilidade, aduz Renan Lotufo: "o destinatário não pode ater-se simplesmente ao sentido literal da declaração, porque lhe incumbe também o dever de diligência na precisão do conteúdo volitivo do negócio, conforme a boa-fé. Se o destinatário cumpre esse requisito, merece proteção sua fé, sua confiança, em que a declaração é válida com o significado que extraiu".[293]

A função integrativa da boa-fé resulta do art. 422 do Código Civil. Integrar traz a noção de criar, conceber. Ou seja: além de servir à interpretação do negócio jurídico, a boa-fé é uma fonte, um manancial criador de deveres jurídicos para as partes. Devem elas guardar, tanto nas negociações que antecedem o contrato como durante a execução deste, o princípio da boa-fé. Aqui, prosperam os deveres de proteção,[294] de informação[295] e de cooperação com os interesses da outra parte – deveres anexos

293. LOTUFO, Renan. *Código Civil comentado*, v. 1, p. 308.

294. STJ. REsp 1119044/SP, Rel. Min. NANCY ANDRIGHI, 3ª T., *DJe* 4.03.2011. "1. O caput do art. 17 da Lei 9.656/98 garante aos consumidores de planos de saúde a manutenção da rede de profissionais, hospitais e Laboratórios credenciados ou referenciados pela operadora ao longo da vigência dos contratos. 2. Nas hipóteses de descredenciamento de clínica, hospital ou profissional anteriormente autorizados, as operadoras de plano de saúde são obrigadas a manter uma rede de estabelecimentos conveniados compatível com os serviços contratados e apta a oferecer tratamento equivalente àquele encontrado no estabelecimento de saúde que foi descredenciado. Art. 17, § 1º, da Lei 9.656/98. 3. O descredenciamento de estabelecimento de saúde efetuado sem a observância dos requisitos legalmente previstos configura prática abusiva e atenta contra o princípio da boa-fé objetiva que deve guiar a elaboração e a execução de todos os contratos. O consumidor não é obrigado a tolerar a diminuição da qualidade dos serviços contratados e não deve ver frustrada sua legítima expectativa de poder contar, em caso de necessidade, com os serviços colocados à sua disposição no momento da celebração do contrato de assistência médica."

295. STJ: Informativo nº 0542. Período: 27 de junho de 2014. Terceira Turma. DIREITO CIVIL. NECESSIDADE DE COMUNICAÇÃO AO EMPREGADO ACERCA DO DIREITO DE OPTAR PELA MANUTENÇÃO NO PLANO DE SAÚDE EM GRUPO. "O empregado demitido sem justa causa deve ser expressamente comunicado pelo ex-empregador do seu direito de optar, no prazo de 30 dias a contar de seu desligamento, por se manter vinculado ao plano de saúde em grupo, desde que assuma o pagamento integral. Trata-se de aplicação do dever de informação, nascido do princípio da boa-fé objetiva, expressamente acolhido pelo ordenamento pátrio no art. 422 do CC. De fato, a boa-fé objetiva constitui um modelo de conduta social ou um padrão ético de comportamento, impondo, concretamente, a todo cidadão que atue com honestidade, lealdade e probidade. As múltiplas funções exercidas pela boa-fé no curso da relação obrigacional, desde a fase anterior à formação do vínculo, passando pela sua execução, até a fase posterior ao adimplemento da obrigação, podem ser vislumbradas em três grandes perspectivas, que foram positivadas pelo CC: a) interpretação das regras pactuadas (função interpretativa); b) criação de novas normas de conduta (função integrativa); e c) limitação dos direitos subjetivos (função de controle contra o abuso de direito). A função integrativa da boa-fé permite a identificação concreta, em face das peculiaridades próprias de cada relação obrigacional, de novos deveres, além daqueles que nascem diretamente da vontade das partes (art. 422 do CC). Ao lado dos deveres primários da prestação, surgem os deveres secundários ou acidentais da prestação e, até mesmo, deveres laterais ou acessórios de conduta. Enquanto os deveres secundários vinculam-se ao correto cumprimento dos deveres principais (*v.g.* dever de conservação da coisa até a tradição), os deveres acessórios ligam-se diretamente ao correto processamento da relação obrigacional (*v.g.* deveres de cooperação, de informação, de sigilo, de cuidado). Decorre, portanto, justamente da função integradora do princípio da boa-fé objetiva, a necessidade de comunicação expressa ao ex-empregado de possível cancelamento do plano de saúde caso este não faça a opção pela manutenção no prazo de 30 dias. E mais, não pode a operadora do plano de saúde proceder ao desligamento do beneficiário sem a prova efetiva de que foi dada tal oportunidade ao ex-empregado. Por fim, destaque-se que o entendimento aqui firmado encontra guarida na Resolução Normativa 279 da ANS, de 24/11/2011, que 'Dispõe sobre a regulamentação dos

ou laterais –, propiciando a realização positiva do fim contratual, na tutela aos bens e à pessoa da outra parte.[296]

Daí, dessume-se que a boa-fé exerce função integrativa de deveres de comportamento, não apenas na vigência do contrato, como também antes e depois, cogitando-se de responsabilidade pré-contratual e pós-contratual, pelo rompimento dos deveres éticos comuns a todos os contratantes. O inadimplemento das obrigações decorrentes da boa-fé gera, em favor da parte lesada, os remédios habituais da ação indenizatória, resolução contratual ou alegação da *exceptio non adimpleti*.

Imprescindível é a referência ao *leading case* colhido na jurisprudência gaúcha há 25 anos! Reconhece-se a responsabilidade civil de uma indústria de gêneros alimentícios por conta da violação de deveres éticos exigidos antes mesmo da contratação, em clara homenagem à boa-fé objetiva. Veja-se, ilustrativamente, a ementa: "Responsabilidade da empresa alimentícia, industrializadora de tomates, que distribui sementes, no tempo do plantio, e então manifesta a intenção de adquirir o produto, mas depois resolve, por sua conveniência, não mais industrializá-lo naquele ano, assim causando prejuízo ao agricultor, que sofre a frustração da expectativa de venda da safra, uma vez que o produto ficou sem possibilidade de colocação" (TJ/RS, Ac. 5ª Câm. Cív., Ap. Cív. 591028295 – Comarca de Canguçu, Rel. Des. Ruy Rosado de Aguiar Júnior, j. 6.6.1991, *in RJTJRS* 154:378).

Nesse momento, vale pontuar que o ponto de partida para a compreensão dos deveres de conduta é a constatação da relação jurídica como totalidade, no qual credor e devedor compartilharão de lealdade e confiança para, recusando a posição clássica de "antagonistas", assumirem uma postura colaboracionista rumo ao adimplemento e ao bem comum, como finalidade que polariza todo o "processo" da obrigação. Nada obstante, jamais deveremos superdimensionar a boa-fé objetiva a ponto de restringir desproporcionalmente a liberdade de uma das partes e a própria *ratio* de determinado negócio jurídico. Ilustrativamente, em um contrato de locação comercial, a obrigação

artigos 30 e 31 da Lei nº 9.656, de 3 de junho de 1998, e revoga as Resoluções do CONSU nºs 20 e 21, de 7 de abril de 1999'" (REsp 1.237.054-PR, Rel. Min. Paulo de Tarso Sanseverino, julgado em 22.4.2014).

296. Informativo nº 0471, 2-6.5.2011. Terceira Turma. "MORA. PAGAMENTO. EXTERIOR. A sociedade empresária recorrida tem sede na Itália e foi contratada para prestar serviços relativos à atualização de uma usina termelétrica no Brasil. No contrato, há a determinação do pagamento em liras italianas, mas nada consta quanto à regularização da situação da recorrida no Banco Central do Brasil (BC). Discutiu-se, no especial, quem seria o responsável pela demora nos pagamentos e, por consequência, quem arcaria com os efeitos da mora relativamente aos juros moratórios e à correção monetária. Nesse contexto, essa determinação passa pelo crivo da boa-fé objetiva, que impõe deveres acessórios, princípio consagrado pelo Direito alemão (Treu und Glauben), implícito no CC/1916 e expresso no art. 422 do CC/2002. Na hipótese, em razão de a exigência do BC dizer respeito aos funcionários da recorrida, faz-se necessário reconhecer que a ela pertence essa obrigação de regularizar sua situação (dever acessório de cooperação), apesar da omissão contratual. Assim, não tendo desempenhado a contento aquele dever, que constitui ônus jurídico a afastar a necessidade de culpa do credor para sua caracterização, fica a recorrida sujeita à mora creditoris, cuja eficácia liberatória eximiu a recorrente devedora até o momento da purgação da mora (art. 958 do CC/1916, atual art. 400 do CC/2002) da qual se incumbiu a recorrida, não se podendo imputar à recorrente a obrigação de consignar o pagamento." REsp 857.299-SC, Rel. Min. Paulo de Tarso Sanseverino, julgado em 3.5.2011.

do locador restringe-se tão somente à higidez e à compatibilidade do imóvel ao uso comercial e não abrange a adaptação do bem às peculiaridades da atividade a ser explorada pelo locatário ou mesmo o dever de diligenciar perante os órgãos públicos para obter alvará de funcionamento ou qualquer outra licença necessária ao desenvolvimento do negócio. Vale dizer, a boa fé objetiva não autoriza que uma das partes se desresponsabilize a ponto de transferir o próprio dever de diligência ao outro contratante.[297]

Relativamente à chamada *"função de limite"* ao exercício de direitos subjetivos, verdadeiro freio à liberdade negocial, declara o art. 187 do novo Código Civil que comete ato ilícito quem, ao exercer o seu direito, exceder manifestamente os limites impostos pela boa-fé. O princípio atua como máxima de conduta ético-jurídica.

O problema aqui concerne ao abuso do direito em toda a sua complexidade. Ao contrário do ato ilícito baseado na culpa, o abuso do direito dispensa o elemento intencional do agente, a necessidade de demonstração do intuito de prejudicar o ofendido. É suficiente que, ao exercitar um direito subjetivo, o agente supere os limites éticos do ordenamento jurídico. A falta de legitimidade da atuação do agente será censurada pelo princípio da boa-fé, mesmo que, em tese, a conduta esteja adequada ao direito objetivo.

A censura ao abuso do direito denota que hoje não mais se corrobora a máxima *"tudo que não é proibido é permitido"*, pois existem atuações que não violam formalmente uma norma, mas são revestidas de antijuridicidade, pois ofendem materialmente os objetivos do sistema e o próprio espírito do direito. A boa-fé será uma espécie

297 STJ. Informativo n. 0585. Período: 11 a 30 de junho de 2016. Terceira Turma. LIMITES DAS OBRIGAÇÕES DO LOCADOR DE IMÓVEL COMERCIAL. A extensão do dever do locador em entregar imóvel compatível com a destinação é aferida considerando-se o objetivo do uso, ou seja, a depender da modalidade de locação, se residencial, para temporada ou comercial (art. 22, I, da Lei n. 8.245/1991). Compete ao locatário a análise das características particulares que o bem deve apresentar para a instalação do empreendimento, bem como verificar se o imóvel e sua documentação estão regularizados e aptos à instalação pretendida, pois é o locatário quem detém o essencial conhecimento a respeito da atividade que será desenvolvida. Em outras palavras, é obrigação do locatário examinar previamente a aptidão do bem conforme o negócio a ser realizado, inclusive os documentos do imóvel para viabilizar a obtenção de licenças, que são imprescindíveis ao exercício de qualquer atividade comercial. Na hipótese de locação comercial, salvo disposição contratual em sentido contrário, o comando legal não impõe ao locador o encargo de adaptar o imóvel às peculiaridades da atividade a ser explorada, ou mesmo diligenciar junto aos órgãos públicos para obter alvará de funcionamento ou qualquer outra licença necessária ao desenvolvimento do negócio. Aliás, a permissão para o exercício de atividades industriais e comerciais é ônus que recai sobre aqueles que almejam desempenhar tais atividades, pois é fato estranho à relação locatícia e implicaria desestímulo à locação comercial. Por outro lado, os deveres anexos à boa-fé, especialmente os deveres de informação, cooperação, lealdade e probidade, exigíveis das partes na execução dos contratos, impõem ao locador uma conduta colaborativa, no sentido de fornecer ao locatário os documentos e as informações necessárias à implementação da atividade no imóvel objeto da locação. Ademais, à luz do disposto no art. 22, I, da Lei n. 8.245/1991, o impedimento de exploração do imóvel locado por falta de regularidade do bem perante os órgãos públicos não está inserida na esfera de obrigações do locador, ou seja, é fato imputável exclusivamente ao locatário. **REsp 1.317.731-SP, Rel. Min. Ricardo Villas Bôas Cueva, julgado em 26/4/2016, DJe 11/5/2016.**

de "radar" que estipulará o momento em que o ato lícito do exercício da autonomia privada converte-se no ato ilícito do abuso do direito.[298]

Conforme a lição de Teresa Negreiros,[299] boa-fé e abuso do direito complementam-se, operando aquela como parâmetro de valoração do comportamento dos contratantes: o exercício de um direito será irregular e, nessa medida, abusivo se consubstanciar quebra de confiança e frustração de legítimas expectativas.

Sendo o uso antifuncional do direito aferido objetivamente, com base no conflito entre a sua finalidade própria e a atuação concreta da parte, é forçoso reconhecer que a constatação do abuso passa, obrigatoriamente, pela análise da boa-fé objetiva.

O objetivo da construção jurisprudencial do princípio da boa-fé é justamente dotá-lo de sentido técnico, torná-lo menos fluido, para que não sobeje apenas como referência ética e metajurídica sem qualquer concretização no plano operacional.

6.3.5 A boa-fé objetiva no CPC/15.

Em 1964, aos 33 anos de idade, o jurista Clóvis do Couto e Silva presenteou o direito brasileiro com a tese da "Obrigação como Processo", apresentada por ocasião de sua candidatura à cátedra de Direito Civil da Faculdade de Direito da Universidade Federal do Rio Grande Sul. A obra ilumina o conceito de boa-fé, "como máxima objetiva que determina aumento de deveres, além daqueles que a convenção explicitamente constitui. Endereça-se a todos os partícipes do vínculo e pode, inclusive, criar deveres para o credor, o qual, tradicionalmente, era apenas considerado titular de direitos"[300]

---

298. STJ: Informativo nº 0545. Período 23 de agosto de 2014. Terceira Turma. DIREITO CIVIL. AFASTAMENTO DA PROTEÇÃO DADA AO BEM DE FAMÍLIA. "Deve ser afastada a impenhorabilidade do único imóvel pertencente à família na hipótese em que os devedores, com o objetivo de proteger o seu patrimônio, doem em fraude à execução o bem a seu filho menor impúbere após serem intimados para o cumprimento espontâneo da sentença exequenda. De início, cabe ressaltar que o STJ tem restringido a proteção ao bem de família com o objetivo de prevenir fraudes, evitando prestigiar a má-fé do devedor. Nesse sentido: 'o bem que retorna ao patrimônio do devedor, por força de reconhecimento de fraude à execução, não goza da proteção da impenhorabilidade disposta na Lei nº 8.009/90' (AgRg no REsp 1.085.381-SP, Sexta Turma, *DJe* de 30/3/2009); 'é possível, com fundamento em abuso de direito, afastar a proteção conferida pela Lei 8.009/90' (REsp 1.299.580-RJ, Terceira Turma, *DJe* de 25/10/2012). Nessa conjuntura, a doação feita a menor impúbere, nas circunstâncias ora em análise, além de configurar tentativa de fraude à execução, caracteriza abuso de direito apto a afastar a proteção dada pela Lei 8.009/1990. Com efeito, nenhuma norma, em nosso sistema jurídico, pode ser interpretada de modo apartado aos cânones da boa-fé. No que tange à aplicação das disposições jurídicas da Lei 8.009/1990, há uma ponderação de valores que se exige do Juiz, em cada situação particular: de um lado, o direito ao mínimo existencial do devedor ou sua família; de outro, o direito à tutela executiva do credor; ambos, frise-se, direitos fundamentais das partes. Trata-se de sopesar a impenhorabilidade do bem de família e a ocorrência de fraude de execução. Assim, é preciso considerar que, em regra, o devedor que aliena, gratuita ou onerosamente, o único imóvel, onde reside a família, está, ao mesmo tempo, dispondo da proteção da Lei 8.009/1990, na medida em que seu comportamento evidencia que o bem não lhe serve mais à moradia ou subsistência. Do contrário, estar-se-ia a admitir o *venire contra factum proprium*" (REsp 1.364.509-RS, Rel. Min. Nancy Andrighi, julgado em 10.6.2014).

299. NEGREIROS, Teresa. *Teoria do contrato,* p. 141.

300. COUTO E SILVA, Clóvis do. A Obrigação como processo, p. 31.

Com a edição do Código Civil de 2002, a boa-fé objetiva adquire o status de princípio e cláusula geral, impactando profundamente o direito privado clássico, ao impor padrões objetivos de conduta leal e proba as quais os contratantes ajustarão os seus comportamentos, de forma a que relação obrigacional transcenda os limites predeterminados pela autonomia privada, adequando-se às exigências éticas do ordenamento jurídico. A noção da obrigação como processo dinamiza o adimplemento: antes, mero ato formal de realização de uma prestação; agora, finalidade para o qual a obrigação se polariza desde a etapa embrionária das tratativas até fase pós-negocial. Esse percurso é iluminado pela diretriz da concretude, que materializa deveres de conduta, hábeis a guiar as partes ao cumprimento das prestações em um ambiente de lealdade e respeito, evitando-se a frustação das legítimas expectativas dos iguais titulares de direitos fundamentais.

Após 16 anos de vigência do Código Reale a boa-fé resta sedimentada no direito civil em suas três áreas operativas: as funções interpretativa (art.113, CC), integrativa (art. 422, CC) e de controle (art. 187, CC). Já há certo consenso sobre as suas distinções e fricções com o abuso do direito e a função social do contrato. Diversos modelos jurídicos dela são extraídos na doutrina e tribunais: adimplemento substancial, *supressio e surrectio, venire contra factum proprium, tu quoque, duty to mitigate the own loss*. Em comum, eles evitam o exercício desarrazoado de situações jurídicas e remetem a hermenêutica dos negócios jurídicos ao contexto cultural e econômico que circunda às partes. A boa-fé se notabiliza por estabilizar expectativas de comportamento, ampliando a segurança jurídica, pois "a conduta esperada será a devida".

Em 2016, a boa-fé objetiva ingressa explicitamente no Novo Código de Processo Civil. De acordo com o art. 5º da Lei n. 13.105/15, "Aquele que de qualquer forma participa do processo deve comportar-se de acordo com a boa-fé". Em complemento, preceitua o art. 6º: "Todos os sujeitos do processo devem cooperar entre si para que se obtenha, em tempo razoável, decisão de mérito justa e efetiva".

O CPC/15 introduz um modelo cooperativo, pautado no princípio da colaboração. Em princípio, muitos poderiam supor que se trataria de um "simulacro" da boa-fé objetiva do direito privado. Ledo engano: a boa-fé do Código Civil pressupõe os interesses convergentes das partes no sentido do cumprimento, pela exata forma com que se estabeleceu o "projeto obrigacional". Enquanto o credor almeja a satisfação da prestação, o devedor aspira recobrar a liberdade que cedeu ao se vincular. No processo civil, todavia, os interesses das partes são divergentes, eis que já se manifestou a crise do inadimplemento. Assim, não há uma finalidade comum que irmane os litigantes, pois a sentença e a execução apenas prestigiarão uma das partes.

Destarte, a boa-fé processual terá o magistrado como destinatário. Ela complementará a boa-fé civil, ao convidar ao diálogo aquele que até então se mantinha em clausura. Sendo o processo um instrumento idôneo para a concreção da tutela de direito material, o princípio colaborativo demandará um compartilhamento de responsabilidades entre as partes e o juiz, a fim de que se alcance uma decisão justa e efetiva. A par da natural assimetria na fase decisória – naturalmente o ato de sentenciar dispensa a dialética -, todo o comando do processo se dará em bases cooperativas, com destaque para os deveres judiciais anexos perante as partes, de auxílio, diálogo, esclarecimento e prevenção, todos destinados à preservação do equilíbrio de forças no desenrolar da lide. Do ponto de vista ético, o processo pautado pela colaboração é um processo orientado pela busca tanto quanto possível da verdade e que, para além de emprestar relevo à boa-fé subjetiva, também exige de todos os seus participantes a observância da boa-fé objetiva (art. 5. CPC).[301]

A exaltação da boa-fé pelo CPC/15 demonstra que o processo não é um conjunto abstrato de equações concebidas em um laboratório, mas uma técnica a serviço de uma ética de direito material.

301. MARINONI, Luiz Guilherme. ARENHART, Sérgio Cruz. MiTIDIERO, Daniel. Novo Código de Processo Civil Comentado, p. 101.

CAPÍTULO II

Modalidades de Obrigações I – Classificação quanto ao Objeto

Sumário • 1. introdução – 2. Classificação quanto ao objeto: 2.1 Obrigação de dar e de restituir; 2.2 Obrigação de fazer; 2.3 Obrigação de não fazer; 2.4 Tutela processual das obrigações de fazer e não fazer; 2.5 Tutela processual das obrigações de fazer e não fazer.

"Tomadas, pois, essas providências, não quis aguardar mais tempo para pôr em prática o seu pensamento, premendo-o a isso a falta que ele pensava que cometia contra o mundo com sua tardança, tais eram os agravos que pensava em desfazer, os tortos que endireitar, as sem-razões que emendar, e os abusos que corrigir e as dívidas que satisfazer."

(Miguel de Cervantes,
O Engenhoso Fidalgo D. Quixote da Mancha)

1. INTRODUÇÃO

As obras de arte dividem-se em duas categorias: as de que gosto e as de que não gosto. Não conheço outro critério.

(Anton Tchekhov)

"Classificar as obrigações significa separá-las, conseguindo-se uma melhor compreensão das mesmas, distinguindo-as e valorando-as segundo a importância dos fatos que as geram. A classificação mostra-se necessária para facilitar o próprio estudo programatizado ou a compreensão de qualquer ciência, levando à aplicação prática no ponto que se procura entender e utilizar", conforme a lição de Arnaldo Rizzardo.[1]

É bem verdade que o direito como um todo é dinâmico e plural – e, particularmente, o direito das obrigações. Exatamente por isso as obrigações submetem-se a variados critérios classificatórios, consideradas situações diversificadas.[2]

Vislumbrando os mais variados e diversificados critérios de classificação das obrigações, é possível notar que a mais importante consequência que decorre é perceber a possibilidade de interpenetração deles. É dizer: os diferentes critérios de classificação das obrigações estão relacionados entre si, de modo que se completam – e não se excluem.

Essa multiplicidade de critérios classificatórios pode ser encontrada no próprio Código Civil, que agasalha diferentes espécies obrigacionais, como, por exemplo, as obrigações de dar, fazer e não fazer e, ao mesmo tempo, as obrigações divisíveis, indivisíveis e solidárias.

O Título I, que versa acerca das modalidades de obrigações, manteve quase intacta a distribuição das obrigações pela forma prevista no Código de 1916. Como explica Caio Mário da Silva Pereira, o trabalho de classificação das obrigações não fica no plano abstrato, "muito ao revés, há um indisfarçável conteúdo prático na sua base: quem tem de enfrentar um problema no arraial da obrigação deverá logo distinguir o tipo a que esta pertence, enquadrá-la em uma categoria conhecida, e aí encontrará os preceitos aplicáveis à espécie".[3]

As modalidades de obrigações são tratadas nos arts. 233 a 285 do Código Civil, no Título I do Livro I da Parte Especial. Abrange as obrigações de dar (Capítulo I); obrigações de fazer (Capítulo II); obrigações de não fazer (Capítulo III); obrigações alternativas (Capítulo IV); obrigações divisíveis e indivisíveis (Capítulo V); e as obrigações solidárias (Capítulo VI).

---

1. RIZZARDO, Arnaldo. *Direito das obrigações*, op. cit., p. 45. E acrescenta o Professor gaúcho: "quaisquer ciências apresentam a classificação, com o que se destaca a parte que se revela útil a um assunto ou problema, não sendo possível estender todo um ramo do conhecimento a aspectos particularizados ou concretos".
2. Por isso, Carlos Roberto Gonçalves elucida que as obrigações são classificadas "em categorias, reguladas por normas específicas, segundo diferentes critérios. Essa classificação se mostra necessária, para enquadrá-las na categoria adequada", cf. *Direito civil brasileiro*, p. 37.
3. PEREIRA, Caio Mário da Silva. *Instituições de direito civil*, p. 45.

Para fins didáticos, é possível considerar a classificação das obrigações da seguinte forma:

a) quanto à natureza de seu objeto: dar, fazer e não fazer;

b) quanto ao modo de execução: simples, cumulativa, alternativa e facultativa;

c) quanto ao tempo do adimplemento: instantânea, execução continuada ou execução diferida;

d) quanto ao fim: de meio, de resultado e de garantia;

e) quanto aos elementos acidentais: condicional, modal e a termo;

f) quanto aos sujeitos: divisível, indivisível e solidária;

g) quanto à liquidez do objeto: líquida e ilíquida.

Impõe-se, então, estudar cada uma das modalidades a seu devido tempo, seguindo a ordem delimitada pelo legislador, porém algumas observações introdutórias já se fazem necessárias.

O CC/2002 mantém a classificação da obrigação pelo objeto como sustentáculo de toda a disciplina. A obrigação principal decorrente de uma relação jurídica consistirá em uma prestação positiva ou negativa de dar, fazer ou não fazer. Seja de qual for o ângulo pelo qual desejemos examinar as obrigações, toda classificação ou modalidade prevista no Código Civil é inevitavelmente uma derivação destas três espécies – dar, fazer ou não fazer. Há muito já ensinava Clóvis Beviláqua: "quaisquer que sejam as espécies e modalidades de obrigações, consistirão elas sempre numa atuação sobre a vontade do devedor para dar alguma coisa, praticar algum ato, ou abster-se de o praticar".[4]

Não se confunda o objeto da obrigação com o objeto da prestação. Enquanto aquele é a própria conduta esperada do devedor (*v.g.*, entregar ou restituir um objeto, praticar ou abster-se de uma atividade), o objeto da prestação é o próprio bem da vida almejado (*v.g.*, o carro, a casa, a outorga de uma escritura, a vedação de divulgação de segredo). Em síntese, a prestação é o objeto imediato da obrigação. Aquilo que deve ser prestado é o objeto mediato.

As prestações formam o conteúdo do negócio jurídico, compreendendo as determinações que se colocam para autorregulamentação dos respectivos interesses. São as prestações a que se obrigam as partes que determinarão a classificação do negócio jurídico.

O conteúdo da prestação é fixado pela autonomia privada, não se olvidando dos deveres de conduta resultantes da boa-fé (Capítulo IV), que objetivam assegurar o exato cumprimento da prestação básica com a perfeita realização dos interesses envolvidos na relação obrigacional complexa.

É interessante ponderar que o conceito de prestação não se limita à conduta de prestar em si, mas abrange também o resultado da prestação, ou seja, a efetivação

4. In *Código dos Estados Unidos do Brasil*, p. 8.

do interesse do credor na prestação, pois tanto os comportamentos positivos como os negativos são praticados e desenvolvidos pelo devedor no interesse do credor. Aliás, o termo *credere* significa justamente confiança. Confiança do credor no exato cumprimento da obrigação.

É de se insistir novamente em que não há subordinação da pessoa do devedor à pessoa do credor, mas sim relação de colaboração e solidariedade social. Contudo, há uma inevitável subordinação do devedor à satisfação da utilidade do credor, materializada na prestação, além do próprio interesse daquele em exonerar-se da relação e reaver a sua liberdade.

A fim de que o negócio jurídico obrigacional seja validamente constituído, mister que a prestação atenda a determinados requisitos. Trata-se dos mesmos requisitos aplicáveis à validação do objeto de qualquer negócio jurídico, como alude o art. 104, II, do Código Civil.

Podemos bipartir em um negócio jurídico o objeto imediato (jurídico) do objeto mediato (material). Aquele concerne ao efeito jurídico esperado, mais precisamente o comportamento desejado pelas partes. Seria o conteúdo da obrigação: prestação de dar, fazer ou não fazer. Já o objeto mediato considera o bem em si, a materialização da prestação. Exemplificando, em uma locação de apartamento, o objeto imediato seria a transferência da posse do bem ao locatário e o pagamento de rendas periódicas ao proprietário; o objeto mediato é o imóvel propriamente dito.

Aduz Zeno Veloso que "o objeto a que se refere a lei pode ser compreendido numa acepção ampla e noutra restrita. Nesta última, o objeto, concretamente, é a coisa, a atitude, o serviço, o fato em si, positivo ou negativo, enfim, aquilo que as partes, objetivamente, pretendem alcançar com a realização do negócio. Numa compreensão mais abrangente, objeto do negócio jurídico é o vínculo, como um todo, que constitui, regula, conserva, modifica relações jurídicas, em suma, o conteúdo do negócio".[5]

O objeto deverá se ater aos requisitos de liceidade, possibilidade e determinabilidade.

Em primeiro lugar, exige-se a possibilidade física e material da prestação. Por impossibilidade, entenda-se a originária – que já exista ao tempo da constituição da obrigação –, pois, se superveniente, será o caso de resolução do negócio jurídico pela extinção do objeto, como na hipótese aventada no art. 234 do Código Civil. Ou seja, uma coisa é a venda de um terreno em Saturno, na qual o objeto imediato é impossível; outra, a alienação de um imóvel real e existente, mas que é destruído por força de terremoto antes da entrega. Trata-se de negócio jurídico válido, mas de ineficácia superveniente.

A impossibilidade física advém da própria natureza das coisas. Exemplificando: a obrigação de tirar a areia do deserto, erguer um navio com os braços ou de

5. VELOSO, Zeno. *Invalidade do negócio jurídico*, p. 57.

realizar qualquer fato irrealizável são hipóteses de impossibilidade física, que não se confundem com aquelas situações em que, ao tempo da avença, o objeto não existe, mas poderá ser prestada em determinado tempo (coisa futura). Afinal, a existência da coisa será verificada no momento da eficácia do negócio, e não em sua formação.

No campo da possibilidade jurídica do objeto há uma aproximação com a ideia de liceidade. São próximas as noções de possibilidade de um ato frente à lei e a sua conformidade com o ordenamento. Enquanto a impossibilidade jurídica da prestação decorre de ato proibido pelo direito (*v.g.*, contrato sobre herança de pessoa viva – art. 426 do CC), a ilicitude é mais do que a ilegalidade, pois abrange também tudo aquilo que não é formalmente vedado pela norma, mas ofende preceitos éticos e viola a própria finalidade do ordenamento jurídico. A título ilustrativo, o abuso do direito pode ferir de ilicitude o objeto da relação obrigacional, mas não caracteriza a sua impossibilidade jurídica.

A impossibilidade do objeto por ilicitude diz respeito à celebração de um negócio jurídico que o direito não consente (*v.g.* contrato em que um particular se obrigue a vender bem público), não se confundindo com a própria ilicitude do objeto, que é outra hipótese de invalidade aludida no art. 104, II, do Código Civil. Na impossibilidade por ilicitude, existe uma norma que obstaculiza a produção do efeito desejado pela parte. Já na ilicitude do objeto, há uma conduta que infringe um dever legal ou, mesmo, princípios de ordem pública, a moral ou bons costumes, como um contrato cuja obrigação de fazer expressa consiste na prática de um estupro ou, mesmo, em termos modernos, um contrato que lese a sua função social e, por conseguinte, violente os interesses superiores da comunidade.

Aliás, mesmo que a prestação em si seja lícita e possível, a sua invalidade poderá resultar da própria ilicitude do motivo determinante comum a ambas as partes. Trata-se de novidade inserida no art. 166, III, do Código Civil, visando reprimir hipótese em que a causa da relação obrigacional é viciosa. Seria a hipótese de que *A* venda uma arma a *B*, sabendo ambos que a aquisição se destina à prática de homicídio contra *C*.

Para além da licitude e possibilidade do objeto, o legislador acentua que o objeto da obrigação será determinado ou determinável (art. 104, II, do CC).

A indeterminação da prestação dá-se nos casos em que não é possível individualizá-la ao tempo da contratação nem ao tempo da execução, por completa omissão a um critério de escolha. Por isso, elogiamos a inovação do Código Civil, ao ressalvar a *determinabilidade* do objeto, preservando a sua validade (art. 166, II). O objeto determinável possui certo nível de indefinição ao tempo da concretização do negócio jurídico (plano da validade), mas estará determinado ao tempo de sua eficácia. É o que ocorre nas dívidas de gênero (obrigação de dar coisa incerta), nas obrigações alternativas (art. 252 do CC), bem como nas obrigações que consubstanciam contratos aleatórios, em que a própria existência da prestação pode tornar-se um risco para as partes (art. 458 do CC).

Renan Lotufo afirma que "nesse aspecto inova o Código atual, contemplando o princípio da efetividade, pois, se o objeto não for determinado ou o negócio não contiver meios que possibilitem tal determinação, não será exigível e, consequentemente, deixará de ser resguardado pelo sistema jurídico. Exemplificando a situação, temos o contrato de compra e venda de um imóvel, o qual não é identificável nem contém elementos que possibilitem a determinação. Situação diversa ocorre para o caso de contrato de compra e venda de um imóvel a ser escolhido por uma das partes. Neste segundo exemplo, inicialmente o objeto contratual não aparece especificado, mas o será pelo direito de escolha conferido a uma das partes".[6]

Por último, há um requisito vago na legislação, porém alvo de discussões doutrinárias: há necessidade do requisito da patrimonialidade da prestação?

A doutrina tradicional exige que a prestação tenha valor econômico, ou seja, pecuniariedade, sob pena de não existir qualquer execução patrimonial sobre o devedor, em caso de inadimplemento. Para a maioria dos autores, o objeto da obrigação deve possuir conteúdo patrimonial, suscetível de avaliação econômica. A prestação corresponderia ao interesse material da parte.

Porém, cremos que o conteúdo da obrigação poderá possuir natureza extrapatrimonial. A chave para a questão reside na diferenciação entre a patrimonialidade da prestação e o interesse do credor. O simples interesse moral já será suficiente, desde que suscetível de valoração econômica. Consigna o art. 1.174 do Código italiano: "a prestação, objeto da obrigação, deve ser suscetível de valoração econômica e corresponder a um interesse, mesmo não patrimonial, do credor".

No mesmo sentido, a letra do art. 398, nº 2, do Código de Portugal: "a prestação não necessita de ter valor pecuniário; mas deve corresponder a um interesse do credor, digno de protecção legal". A nosso viso, fundamental é que o interesse do credor seja digno de tutela jurídica constitucional, o que significa a proposição de um direito das obrigações que se pretende menos formal e abstrato em prol da construção de uma sociedade mais justa e solidária.

Esse interesse digno de proteção consiste em um interesse sério e grave do credor, mesmo que de ordem moral, mas que, por sua densidade, mereça proteção do ordenamento, a partir do momento em que o devedor assuma uma prestação de dar, fazer ou não fazer, não obstante despido de qualquer conteúdo pecuniário. Pode se tratar de um interesse de beneficência, caridade, fim altruístico ou outro qualquer.

A título ilustrativo, *A* obriga-se a suprimir uma publicação nociva aos direitos da personalidade de *B*, sendo o único interesse de *B* a retratação de *A*. O descumprimento poderá gerar uma reparação pelos danos extrapatrimoniais. Portanto, a patrimonialidade atualmente está mais ligada à sanção (*Haftung*) do que à prestação (*Schuld*). Aliás, um traço que diferencia as obrigações dos direitos da personalidade é justamente a possibilidade de execução forçada das relações creditícias, sendo

6. LOTUFO, Renan. *Código Civil comentado*, p. 460.

impraticável, a outro lado, o constrangimento do devedor à cessão ou expropriação de sua privacidade ou intimidade. O comportamento humano pode ser valorado, mas é comportamento de seres humanos, infenso a qualquer forma de patrimonialização.

Assim, aderimos às conclusões de Carlos Alberto Bittar: "a) o objeto da obrigação não se reveste de exclusivo caráter de patrimonialidade; b) a prestação pode também consistir em satisfação de prejuízo moral; c) distingue-se a prestação do interesse do credor, que pode também ser econômico ou moral; d) deve haver a possibilidade de avaliação pecuniária (patrimonialidade direta); e) inexistindo essa, o juiz atribuirá um equivalente como reparação (patrimonialidade por via indireta) e f) não constitui obrigação, no sentido técnico, o dever absolutamente insuscetível de aferição pecuniária".[7]

Em seguida, estudaremos as diversas modalidades de obrigações. Para tanto, teremos de classificá-las em grupos, a fim de sistematizar a matéria de maneira apropriada.

As diversas classificações apresentadas pelos doutrinadores não revelam critério uniforme. A consulta ao Código Civil também é insuficiente, pois o legislador apenas se preocupou em normatizar as modalidades de obrigações que considerou de maior relevo em nosso tráfego jurídico.

Assim, procurando seguir a ordem definida pelo Código Civil, acrescendo a ela outras classificações de obrigações que reputamos de grande importância, enfrentaremos a temática da seguinte forma: (a) classificação quanto ao objeto: obrigação de dar, fazer ou não fazer; (b) classificação quanto aos elementos: obrigação simples e plural; objetiva e subjetiva; (c) classificação quanto à exigibilidade: obrigações civis e naturais; (d) classificação quanto ao conteúdo: obrigações de meio e de resultado.

2. CLASSIFICAÇÃO QUANTO AO OBJETO

2.1 Obrigação de dar e de restituir

Já mandei lhe entregar o mar
Que você viu
Que você pediu pra eu dar
Outro dia em Copacabana
Talvez leve uma semana pra chegar
Talvez entreguem amanhã de manhã
Manhã bem seda tecida de sol
Lençol de seda dourada
Envolvendo a madrugada toda azul

(Mar de Copacabana – Gilberto Gil)

7. BITTAR, Carlos Alberto. *Direito civil constitucional*, p. 106.

O Código Civil não fornece um conceito da obrigação de dar, restringindo-se a aduzir que os acessórios da coisa são por ela abrangidos (art. 233, CC).[8] De fato, não cabe ao legislador tal tarefa, mas à doutrina. Nesse sentido, Maria Helena Diniz define: "a obrigação de prestação de coisa vem a ser aquela que tem por objeto mediato uma coisa que, por sua vez, pode ser certa ou determinada (CC, arts. 233 a 242) ou incerta (CC, arts. 243 a 246)".[9]

Tanto na obrigação de dar coisa certa como nas obrigações de dar coisa incerta consistirá a prestação na entrega de um ou mais bens ao credor; é *prestação de coisa*, pois cumprirá ao devedor transferir a propriedade do objeto (*v.g.*, compra e venda, art. 481, CC), ceder a sua posse ao credor (*v.g.*, locação, art. 565, CC) ou meramente restituir a coisa (*v.g.*, depósito, art. 627, CC). Quer dizer que a obrigação de dar apresenta semelhança com a de restituir. Todavia, na de restituir, devolve-se a posse da coisa, enquanto na obrigação de dar essa faceta não se manifesta.

Desde o direito romano, há uma evidente distinção entre as obrigações de dar e de fazer. Ou seja, prestações de coisas e prestações de fatos (atividades). A distinção passa por um critério objetivo, tendo em vista a qualidade da prestação. Nas obrigações de dar, o credor está apenas interessado na tradição do bem móvel ou imóvel, sendo-lhe indiferente a atividade que será realizada pelo devedor no momento anterior. Muitas vezes a operação de entregar pressupõe um fazer, como na hipótese do artesão que manufatura um produto para entregar a coisa ao cliente. À evidência, teremos uma obrigação de fazer, pois a atividade do devedor se torna o elemento preponderante. A obrigação de dar será um acessório da obrigação de fazer. No tradicional exemplo do contrato de empreitada, muitas vezes a obrigação será simbiótica, envolvendo a atividade do empreiteiro (fazer) e o fornecimento de materiais (dar), a teor do art. 610 do Código Civil.[10]

---

8. Ao contrário do art. 574 do Código Civil argentino, enfático ao afirmar que "la obligación de dar es la que tiene por objeto la entrega de una cosa mueble o inmueble, con el fin de constituir sobre ella derechos reales, o de transferir solamente el uso o la tenencia, o de restituirla a su dueño".

9. DINIZ, Maria Helena. *Direito civil brasileiro*: teoria geral das obrigações, op. cit., p. 79.

10. Informativo nº 0526,25.9.2013. Segunda Turma. "DIREITO PROCESSUAL CIVIL E AMBIENTAL. CUMULAÇÃO DAS OBRIGAÇÕES DE RECOMPOSIÇÃO DO MEIO AMBIENTE E DE COMPENSAÇÃO POR DANO MORAL COLETIVO. Na hipótese de ação civil pública proposta em razão de dano ambiental, é possível que a sentença condenatória imponha ao responsável, cumulativamente, as obrigações de recompor o meio ambiente degradado e de pagar quantia em dinheiro a título de compensação por dano moral coletivo. Isso porque vigora em nosso sistema jurídico o princípio da reparação integral do dano ambiental, que, ao determinar a responsabilização do agente por todos os efeitos decorrentes da conduta lesiva, permite a cumulação de obrigações de fazer, de não fazer e de indenizar. Contudo, a possibilidade técnica, no futuro, de restauração in natura nem sempre se mostra suficiente para reverter ou recompor integralmente, no âmbito da responsabilidade civil, as várias dimensões do dano ambiental causado; por isso não exaure os deveres associados aos princípios do poluidor-pagador e da reparação integral do dano. Cumpre ressaltar que o dano ambiental é multifacetário (ética, temporal, ecológica e patrimonialmente falando, sensível ainda à diversidade do vasto universo de vítimas, que vão do indivíduo isolado à coletividade, às gerações futuras e aos processos ecológicos em si mesmos considerados). Em suma, equivoca-se, jurídica e metodologicamente, quem confunde prioridade da recuperação in natura do bem degradado com impossibilidade de cumulação simultânea dos deveres de repristinação natural (obrigação de fazer), compensação ambiental

É correta a abordagem de Paulo Luiz Netto Lôbo ao concluir que: "A obrigação de dar realiza-se por ato humano, *a fortiori* de fazer algo (dar a coisa). Pode-se então dizer que a obrigação de fazer é gênero, do qual são espécies a obrigação de fazer, em sentido estrito, e a obrigação de dar. Pontes de Miranda preferiu inverter a ordem do código civil, pondo-se o geral antes do especial, argumentando que muito tempo hesitou em só se referir às obrigações de fazer, de que as obrigações de dar seria espécie, porque dar é fazer, porém fazer que se trata de modo especial, porque supõe o bem que se desloca. Porém, conclui que não encontrou razão suficiente para afastar a tripartição romana".[11]

Mesmo concordando com a lição do grande civilista das Alagoas, respeitaremos a metodologia empregada no Código Civil de 2002 – tal qual no Código Civil de 1916 – e partiremos pelo estudo das obrigações de dar, posteriormente dando sequência com o exame das obrigações de fazer.

2.1.1 A obrigação de dar como processo

O nascimento e o desenvolvimento da relação obrigacional, em todas as suas etapas, invariavelmente serão polarizados por uma finalidade, que consiste no adimplemento com a satisfação do interesse do credor. A concepção da obrigação como processo resulta, no direito brasileiro, da cisão entre o negócio jurídico obrigacional – que constitui o vínculo e gera deveres – e o negócio jurídico de direito das coisas, que se destina ao adimplemento, com a extinção dos deveres formados na gênese da obrigação.

A obrigação de dar não se confunde com o direito real que daí surgirá, na eventualidade da transmissão de propriedade. Enquanto a relação obrigacional tem por objeto o comportamento consistente na entrega da prestação, o direito real que poderá formar-se pela tradição ou pelo registro do bem imóvel tem como objeto a própria coisa, sobre a qual o titular exercerá poder direto e imediato, não mais necessitando da colaboração de um terceiro (devedor), para exercitar o seu direito subjetivo patrimonial. Exemplificando, a obrigação de dar coisa certa referente à tradição do imóvel (art. 481 do CC) passará ao plano do direito real a partir do momento em que houver o registro da aquisição da propriedade (art. 1.245 do CC).

Ao contrário do que ocorre nos sistemas francês e italiano, nos quais o simples consenso decorrente da realização do contrato já transfere a propriedade, o direito brasileiro exige a tradição para bens móveis e o registro para bens imóveis (art. 1.227 do CC) para a constituição e transmissão de direitos reais. Trata-se de regra de cunho socializante, pois respeita o interesse de terceiros, concedendo-lhes necessária publicidade acerca da mutação subjetiva da propriedade.

e indenização em dinheiro (obrigação de dar), e abstenção de uso e nova lesão (obrigação de não fazer)." REsp 1.328.753-MG, Rel. Min. Herman Benjamin, julgado em 28.5.2013.

11. LÔBO, Paulo Luiz Netto. *Teoria geral das obrigações*, p. 123.

Diferentemente ainda do direito alemão, no qual há uma absoluta separação entre o negócio obrigacional e o negócio dispositivo – pois abstraída a causa ao tempo da transmissão da propriedade –, no Brasil é conferido caráter causal ao negócio dispositivo, eis que depende do negócio obrigacional.

Como magistralmente explica Clóvis do Couto e Silva, aplica-se no direito brasileiro o princípio da separação relativa dos planos obrigacional e real. Há um discrime entre os momentos do nascimento das obrigações de dar e sua fase de adimplemento, ou de direito das coisas, quando tratamos da transferência de propriedade, apesar de, no plano psicológico, ser única a vontade que cria obrigações e deseja adimplir o prometido. Quando alguém vende algo, já demonstra nesse momento a vontade de adimplir o prometido, transferindo a propriedade. "A declaração de vontade que dá conteúdo ao negócio dispositivo pode ser considerada codeclarada no negócio obrigacional antecedente. É que na vontade de criar obrigações insere-se naturalmente a vontade de adimplir o prometido."[12]

A distinção entre os planos obrigacional e real implica também eficácias distintas no que concerne às ações manejadas em decorrência da violação de direitos. O credor de obrigação de dar não poderá se valer de ações petitórias antes da tradição, pois não é proprietário. Se deseja o adimplemento, poderá se valer de execução específica, com a finalidade de compelir o devedor a lhe entregar o bem, com espeque no art. 461-A do Código de Processo Civil. Em contrapartida, posteriormente ao registro, poderá o proprietário manejar a ação reivindicatória, que tem autonomia conceitual em relação à obrigação anteriormente assumida e que foi extinta pelo pagamento já realizado.

Essa separação de planos também incide nas obrigações de dar referentes à transmissão da posse. Pegue-se como exemplo o contrato de locação. O nascimento dos deveres é concomitante à fase contratual. Se não houver a entrega do bem, poderá o credor se valer de ação destinada a obrigar o devedor a lhe entregar o bem (art. 498, CPC/15). Já a transferência da posse constitui o adimplemento do contrato de locação, momento em que a obrigação não apenas foi totalmente construída, como já se extinguiu. A posse do bem é causal, decorre do título de origem. Todavia, a proteção possessória não diz respeito ao desenvolvimento da relação obrigacional, mas ao adimplemento decorrente da transferência da posse e das garantias processuais que com ela se relacionam. Os interditos possessórios somente serão facultados ao locatário depois de efetivamente ter tomado a posse.[13]

2.1.2 *Obrigação de dar coisa certa*

A coisa certa é a perfeitamente identificada e individualizada em suas características. Como ensina Renan Lotufo, a coisa é certa quando em sua identificação

12. Clóvis do Couto e Silva ensina que "quem vende um imóvel, por escritura pública, não necessitará de outro ato, ou de outra declaração de vontade, para que possa ser realizado o registro, pois na vontade de vender – frise-se mais uma vez – está a vontade de adimplir, de transmitir, que, por si só, é suficiente para permitir o registro no albo imobiliário". *A obrigação como processo*, p. 52.

13. COUTO E SILVA, Clóvis do. *A obrigação como processo*, p. 118.

houver indicação da quantidade, do gênero e de sua individuação, que a torne única.[14] Se a obrigação consiste em *dar coisa certa*, não poderá o credor ser constrangido a receber outra (art. 313 do CC), por haver sido originariamente pactuado que receberia bem especializado e determinado.[15] Ensina Fábio Ulhôa Coelho que "a obrigação de dar coisa certa é sempre determinada, já que a definição do objeto da prestação não depende de uma declaração negocial definidora no momento da execução".[16]

Com efeito, mesmo que o devedor, no instante da tradição, culmine por oferecer bem ainda mais valioso que o avençado, será lícito ao credor a recusa da prestação substitutiva, em homenagem ao princípio da especificidade. Em síntese, justamente por possuir direito subjetivo a uma prestação especializada, não será o credor obrigado a aceitar *aliud pro alio* (uma coisa por outra). Contudo, caso consinta em receber prestação diversa em substituição à originária, estará praticando um modo extintivo da obrigação – a dação em pagamento (art. 356 do CC).

Entre as obrigações de dar coisa certa insere-se a obrigação de dar coisa futura, haja vista que, apesar de não existente ao tempo da celebração do negócio jurídico, já é certa e determinada. Em outra oportunidade, já frisamos que o bem negociado poderá ter existência atual ou futura, tal qual disciplina o art. 483 do Código Civil. É bastante usual a alienação de imóveis em construção. Nos contratos aleatórios, é da própria essência do risco assumido por uma das partes a imposição de prestações que dependerão do acaso, seja pela sua exigibilidade (art. 458 do CC), seja pela própria quantidade da coisa, como na venda de coisa futura (*v.g.*, compra de safra ou de mercadorias em bolsa com preço fixo). Se a coisa não vier a existir, haverá ineficácia superveniente do negócio jurídico.[17]

No estudo das obrigações de dar coisa certa releva o princípio da *gravitação jurídica*. Vale aqui a máxima *accessorium sequitur principale*. A obrigação de dar coisa certa abarca os seus acessórios. Apesar de o CC/2002 não ter repetido o art. 59 do CC/1916 na expressa menção ao milenar princípio do *acessório segue o principal*, certamente o legislador se inspirou nessa regra ao fixar a extensão da obrigação de dar coisa certa no art. 233, do Código Civil, com arrimo na regra do art. 92 do Código Civil. Destarte, frutos, produtos, rendimentos, partes componentes e integrantes da

---

14. LOTUFO, Renan. *Código Civil comentado*, v. 2, p. 17.

15. STJ. Informativo nº 0465, 28.2-4.3.2011. Quarta Turma. "CONSIGNATÓRIA. DINHEIRO. COISA DEVIDA. Trata-se de REsp em que se discute a possibilidade de, em contrato para entrega de coisa certa (no caso, sacas de soja), utilizar-se a via consignatória para depósito de dinheiro com força liberatória de pagamento. A Turma negou provimento ao recurso sob o fundamento de que somente a entrega do que faltou das sacas de soja seria eficaz na hipótese, visto que o depósito em numerário, estimado exclusivamente pelo recorrente do quanto ele entende como devido, não pode compelir o recorrido a recebê-lo em lugar da prestação pactuada. Vale ressaltar que o credor não é obrigado a receber a prestação diversa da que lhe é devida, ainda que mais valiosa. Dessarte, a consignação em pagamento só é cabível pelo depósito da coisa ou quantia devida. Assim, não é possível ao recorrente pretender fazê-lo por objeto diverso daquele a que se obrigou." REsp 1.194.264-PR, Rel. Min. Luis Felipe Salomão, julgado em 1º.3.2011.

16. COELHO, Fábio Ulhôa. *Curso de direito civil*, p. 42.

17. ROSENVALD, Nelson. *Código Civil comentado*, p. 519.

coisa e benfeitorias incorporados ao solo serão abrangidos pela obrigação de dar coisa certa. Desta feita, se alguém vende um imóvel sem fazer qualquer menção aos armários embutidos, estarão eles incluídos no preço, sem possibilidade de acréscimo pecuniário.[18]

Na dimensão da obrigação como processo, o vocábulo *acessórios* recebe contornos mais amplos, pois, segundo Mario Julio de Almeida Costa, a prestação não se resume à *ação de prestar*, mas também ao *resultado da prestação*. Isso significa que o devedor fica obrigado não apenas àquilo que expressamente convencionou, mas também aos deveres acessórios emanados da boa-fé objetiva destinados à plena satisfação do interesse do credor, como o de guardar a coisa vendida, o de embalá-la e transportá-la, os de aviso e informação, o de cooperação, os de proteção e cuidado. Os mencionados deveres não apresentam, em regra, autonomia, por não perseguirem uma finalidade própria, dirigindo-se apenas a assegurar o exato cumprimento da prestação e a perfeita realização dos interesses envolvidos na relação obrigacional complexa.[19]

Nada obstante, no exercício da autonomia privada, podem as partes convencionar em contrário, no sentido de excluir os acessórios da esfera da obrigação principal. Marco Aurélio Viana traz à colação o *pactum de non praestanda evictione:* "o alienante assume acessoriamente a obrigação de responder pela evicção (art. 447 do CC), mas é possível que tal garantia seja excluída (art. 448 do CC). No exemplo, temos o acessório sendo dispensado, pelo acordo entre as partes, presente no título".[20]

Finalmente, o princípio da gravitação jurídica é também ressalvado quando, pelas circunstâncias do caso, o acessório não deva ser incorporado ao principal. Poderíamos inserir aqui o modelo jurídico das pertenças. Apesar de classificadas como bens móveis, não se incluem no conceito da relação obrigacional, pois, ao contrário das benfeitorias, não se incorporam à coisa principal. Destinam-se as pertenças de modo duradouro ao uso, ao serviço ou aformoseamento do bem principal (art. 93 do CC), mas a ele não aderem. Assim, se uma fazenda é alienada sem qualquer menção aos animais que auxiliam na produção, tais semoventes não serão incluídos no negócio jurídico dispositivo, exceto se o contrário resultar de lei, ou da manifestação de vontade expressa dos contratantes – a famosa venda de "porteira fechada" (art. 94 do CC).

2.1.2.1 A teoria dos riscos

Nos arts. 234 a 241 do Código Civil, o legislador trata da teoria dos riscos, envolvendo diversas soluções para os casos de perda ou deterioração da coisa certa,

---

18. Hamid Charaf Bdine traz interessante exemplo: "Imagine-se que alguém aliena ao comprador um terreno sobre o qual há uma edificação, sem que da matrícula ou da escritura conste a construção. Admitindo-se que a acessão seja acessório do solo, ela deverá seguir o destino deste, transferindo-se ao adquirente, que se tornará proprietário do todo (solo e construção)." Cf. *Código Civil comentado,* p. 186.
19. COSTA, Mario Julio de Almeida. *Direito das obrigações,* p. 635-636.
20. VIANA, Marco Aurélio. *Curso de direito civil*: direito das obrigações, p. 66.

relacionados à tradição de bens para fins de posse ou propriedade. Em todas as situações, deveremos identificar o momento da perda da coisa e a eventual responsabilidade do devedor pelo fato. Assim, será possível estabelecer qual das normas terá aplicação ao caso concreto.

Partimos da premissa de que as obrigações de dar coisa certa dimanam de contratos bilaterais – envolvendo deveres específicos para ambas as partes. O risco correrá por conta do vendedor (alienante) e só será transferido ao adquirente (credor) com a tradição.

Com efeito, antes da tradição (bens móveis) ou do registro (imóveis), todos os riscos quanto à perda da coisa serão imputados ao alienante (art. 492 do CC). Deve-se lembrar que, em nossa legislação, os contratos, isoladamente, não transferem propriedade. Assim, a transferência dos riscos da coisa ao adquirente é verificada somente ao instante da entrega do bem – devidamente formalizada, tratando-se de imóveis. Se a perda ou destruição do bem se verifica no momento posterior à transferência da coisa, todos os riscos recairão na conta do adquirente, que certamente não poderá responsabilizar o alienante por fatos posteriores à tradição. Novamente se aplica o brocardo *res perito domino,* isto é, a coisa perece para o atual proprietário. Nada obstante, as teorias do vício redibitório e a da evicção asseguram ao adquirente tutela processual em face do alienante, mesmo diante da perda ou deterioração da coisa na fase posterior à tradição, respectivamente em virtude da constatação de vícios ocultos da coisa já existentes ao tempo da tradição, mas que só se manifestaram mais tarde (art. 441 do CC), ou por vício jurídico do bem adquirido, que na verdade não era de propriedade do alienante (art. 447 do CC).

Para aquilo que interessa ao estudo da teoria dos riscos, no intervalo que separa a contratação da tradição – disponibilização da coisa ao comprador –, o negócio jurídico opera efeitos de ordem meramente obrigacionais e os riscos da coisa serão imputados ao alienante pelo fato de ainda manter a condição de proprietário, aplicando-se o brocardo *res perito domino*. Já o comprador suportará os riscos do preço em relação ao bem alienado. A regra em enfoque é de grande relevo para a compreensão de todos os fenômenos ligados à perda total ou parcial do bem. Nesse particular, estatui o art. 237 que "até a tradição pertence ao devedor a coisa, com os seus melhoramentos e acrescidos".

A situação extrema se encontra no art. 234 do Código Civil, que cuida da perda da coisa, com a seguinte dicção: "Se, no caso do artigo antecedente, a coisa se perder, sem culpa do devedor, antes da tradição, ou pendente a condição *suspensiva, fica resolvida a obrigação para ambas as partes; se a perda resultar de culpa do devedor, responderá este pelo equivalente e mais perdas e danos*".

A perda da coisa implica o perecimento do direito e decorre de seu desaparecimento natural, perecimento jurídico (torna-se bem fora do comércio) ou pela perda das qualidades essenciais e do valor econômico do bem.

A primeira parte do art. 234 do Código Civil aborda o fenômeno da impossibilidade superveniente.[21] Havendo perda do objeto da prestação antes da tradição – ou pendente condição suspensiva que protele a eficácia do negócio jurídico (art. 125 do CC) –, caso o perecimento ocorra sem culpa do devedor, resolve-se a obrigação para ambas as partes, sendo restituído ao adquirente o montante eventualmente antecipado. Se nada foi adiantado, nada é restituído. A evidência incumbirá ao devedor o ônus de provar o fato que não lhe foi imputável e acarretou a impossibilidade superveniente.

De fato, se a inutilização da coisa deu-se por circunstâncias alheias à diligência do devedor, apenas hão de reportar-se os contratantes ao *status quo ante*. Portanto, se *A* ajustar com *B* a entrega de um veículo para o dia 15 de agosto e na véspera da tradição o carro for furtado, a solução será a resolução contratual pela falta superveniente do objeto, sem ônus para o alienante, pois a perda não decorreu da quebra do dever de diligência na guarda da coisa.

A norma em comento se baseia em duas regras clássicas do direito privado: primeiro, *res perito domino,* ou seja, a coisa perece para o seu dono; segundo, ninguém pode assumir responsabilidade pelo fortuito. Portanto, enquanto não houver transmissão da propriedade (art. 492 do CC), o titular continuará sendo o credor, que suportará a perda da coisa em razão do fortuito.

Nesse caso a resolução opera *ex vi legis,* sem a necessidade de que uma das partes exercite direito potestativo resolutório para receber aquilo que deu para a aquisição da coisa certa e que se perdeu em virtude de fato inimputável ao devedor. Afinal, para que resolver algo que já não mais subsiste? Realmente, a impossibilidade superveniente acarreta a perda do interesse do credor na prestação, eis que o negócio jurídico perdeu o objeto. Restando apenas ao credor a pretensão de reaver aquilo que pagou, dispensa-se o exercício de direito formativo, pois o poder de exigir o que adiantou nasce da própria lei.[22]

Contudo, mesmo diante da inevitabilidade do evento que caracterizou o fortuito, o devedor se responsabilizará pela perda da coisa se expressamente assim convencionar, por meio de cláusula de garantia. Tal regra é preconizada no art. 393 do Código Civil.

Eventualmente credor e devedor poderão estabelecer negócio jurídico sob condição suspensiva com a peculiaridade de se realizar a tradição antes do implemento da condição. Nesse caso, apesar da entrega do bem ao credor, não se deu a transferência do direito de propriedade, fazendo com que a perda da coisa seja debitada ao devedor – que ainda é o seu titular – mais uma vez incidindo a regra *res perito domino*. Pelo fato de a obrigação traduzir mero direito eventual até o advento do evento futuro e incerto que perfaz a condição, Everaldo Cambler explica as consequências

21. A impossibilidade das prestações poderá se dar antes do negócio jurídico (inicial) ou após a sua consumação (superveniente). A impossibilidade absoluta inicial do objeto gera a nulidade da obrigação (art. 166, II, CC).

22. Nesse sentido, COUTO E SILVA, Clóvis do. *A obrigação como processo,* p. 120.

da submissão da obrigação à condição suspensiva nas obrigações de dar coisa certa: "repetição do valor pago antes do advento da condição (art. 876 do CC/02); não realizada a condição, extingue-se a obrigação; a existência da condição impede o curso da prescrição (art. 199, I, do CC/02); a impossibilidade da obrigação não a invalida se cessar antes do implemento da condição".[23]

Cumpre agora examinar a parte final do art. 234 do Código Civil. Se a perda da coisa deveu-se à conduta maliciosa ou negligente do devedor, ressarcirá os valores adiantados pelo adquirente, acrescidos de perdas e danos, na forma da segunda parte do citado art. 234 do Código Civil. Entenda-se por perdas e danos apenas a expectativa patrimonial frustrada – lucros cessantes –, pois os danos emergentes, evidentemente, compensam-se na devolução dos valores pagos pela estimativa pecuniária do objeto. Invariavelmente haverá uma presunção de culpa do devedor inadimplente, quanto ao fato que gerou a perda do objeto, tendo ele o ônus probatório de desconstituí-la.

Aproveitando o exemplo precedente, caso *A* não entregue o veículo para *B*, em razão de um acidente que inutilize o bem, provocado por sua embriaguez ao volante, caberá a fixação de uma indenização capaz de propiciar a *B* uma satisfação pela frustração das legítimas expectativas.

Tendo em vista o caráter dispositivo da norma do art. 234 do Código Civil, nada impede que os contratantes estabeleçam regras diversas quanto à distribuição dos riscos pela perda da coisa, de modo a agravar a situação do devedor no dever de conservação do bem no tempo anterior à tradição.

Até o momento, visualizamos a impossibilidade superveniente do negócio jurídico em sua modalidade absoluta. É denominada absoluta, pois a impossibilidade de prestar decorre para todos e não apenas para as partes, seja com culpa ou sem culpa do devedor. Poder-se-ia perguntar: e a impossibilidade superveniente relativa, também é liberatória?[24] Cuida-se das hipóteses de impossibilidade de cumprimento da obrigação em razão da dificuldade do devedor em cumprir a obrigação. Aplicaríamos também a primeira parte do art. 234 do Código Civil? Responde Agostinho Alvim que haverá de ser analisada a importância do fato em função dessa impossibilidade e não do fato abstratamente. Assim, sempre que for possível prevenir o acontecimento, de maneira a afastar o risco do descumprimento da obrigação, não estará configurada a impossibilidade de ser afastado o evento impeditivo do cumprimento, diante da imprevidência ou falta de cautela do obrigado.[25]

Clóvis do Couto e Silva explica que, ainda que se trate de insolvência do devedor, desde que esta não tenha ocorrido por circunstância a ele imputável, não estará em

23. CAMBLER, Everaldo. *Comentários ao Código Civil brasileiro*, p. 65.

24. Não há em nosso Código Civil uma regra semelhante à do Código Civil alemão: "Equipare-se a impossibilidade absoluta superveniente a inaptidão relativa e também superveniente do devedor para prestar." Alinea II do par. 275 do BGB.

25. ALVIM, Agostinho. *Da inexecução das obrigações e suas consequências*, p. 349.

mora (art. 396 do Código Civil). Ora, nesse caso não se responsabilizará pelo retardamento da prestação, o que implicará a equiparação das consequências jurídicas da insolvência (impossibilidade relativa) à impossibilidade absoluta.[26]

Hipótese diversa é a prevista no art. 235 do Código Civil (CC/2002), com a seguinte redação: "Deteriorada a coisa, não sendo o devedor culpado, poderá o credor resolver a obrigação, ou aceitar a coisa, abatido de seu preço o valor que perdeu." Gustavo Birenbaum destaca sutil distinção com relação à disciplina da perda da coisa. É que pelo dispositivo acima transcrito passa ao poder do credor a escolha quanto a resolver o negócio - exercendo o chamado direito formativo de resolução - ou mantendo viva a prestação, adaptando-a em termos de valor à realidade derivada da modificação da coisa. Na perda da coisa do art. 234 do Código Civil, a resolução é automática e opera por força da lei.[27]

O art. 235 do Código Civil trata da deterioração - e não de destruição - da coisa certa. Aqui, o negócio jurídico não perdeu o seu objeto. São hipóteses em que há uma redução das qualidades essenciais da coisa ou de seu valor econômico, mas ela ainda guarda a sua identidade. Na hipótese de perda parcial, as soluções também deverão variar conforme o tempo e a conduta do devedor. Se a deterioração parcial for consequência do fortuito ou do fato de terceiro, duas possibilidades se conjugam: (a) o credor resolve a obrigação, retornando as partes à situação originária; (b) alternativamente, poderá o credor aceitar o bem deteriorado, com abatimento proporcional no preço (*quanti minoris*).

Exemplificando, Silvio Venosa aborda a seguinte situação: "Se o credor adquire um cavalo para corrida e o animal vem a contrair moléstia que o impede de competir, servindo apenas para reprodução, o comprador poderá dar por resolvida a obrigação, se não mais pretender a coisa, ou receber o semovente, abatendo-se o preço respectivo, levando-se em conta o valor de um animal para a reprodução e não mais para competições."[28]

Todavia, se o perecimento parcial foi provocado pelo comportamento culposo do devedor (*v.g.*, vendedor causa danos ao sistema de suspensão de motocicleta, por direção perigosa no momento anterior à tradição), ao credor oportunizam-se duas opções: (a) recusar a coisa e exigir o equivalente; (b) aceitá-la no estado em que se encontra. O exposto ressai da leitura do art. 236 do Código Civil: "Sendo culpado o devedor, poderá o credor exigir o equivalente, ou aceitar a coisa no estado em que se acha, com direito a reclamar, em um ou em outro caso, indenização das perdas e danos." Dessarte, seja ao optar pela resolução ou insistir na tutela específica, o credor fará jus à pretensão ressarcitória, pois houve o inadimplemento da obrigação pelo devedor, eis que o credor recebeu coisa diversa daquela que fora avençada.

---

26. COUTO E SILVA, Clóvis do. *A obrigação como processo*, p. 100.
27. BIRENBAUM, Gustavo. *Classificação*: obrigações de dar, fazer a não fazer, p. 126.
28. VENOSA, Silvio. *Direito civil*, op. cit., p. 85.

A nosso viso, a possibilidade de o credor ser contemplado com a obrigação alternativa de exigir o equivalente ou de aceitar a coisa deteriorada (art. 236 do CC) dependerá do nível da deterioração do bem. Isto é, tratando-se de desprezível redução da qualidade ou do valor, aplica-se o princípio da boa-fé objetiva no sentido de se deferir ao credor apenas uma indenização pela pequena perda, sem que possa recusar a prestação. O exercício do direito potestativo de resolução pelo credor ofenderia o princípio da proporcionalidade e resultaria em abuso do direito (art. 187 do CC), em razão da aplicação da teoria do inadimplemento mínimo ou do adimplemento substancial, perfeitamente descrito no Enunciado 361 do Conselho de Justiça Federal: "O adimplemento substancial decorre dos princípios gerais contratuais, de modo a fazer preponderar a função social do contrato e o princípio da boa-fé objetiva, balizando a aplicação do art. 475."

Nas obrigações de dar coisa certa, a mora do devedor exerce papel relevante na teoria dos riscos. Se o atraso no cumprimento da prestação for debitado àquele a quem incumbia a entrega da coisa, mesmo que a sua perda ou destruição resulte de caso fortuito/força maior (art. 399 do CC), recairá contra o devedor a condenação em perdas e danos, um fenômeno conhecido como perpetuação da obrigação. Trata-se de uma hipótese de aplicação da teoria do risco integral na responsabilidade objetiva, ou da chamada responsabilidade objetiva agravada,[29] à medida que o devedor não se exonera da obrigação de indenizar mesmo que exclua o nexo causal, seja pela verificação de fortuito externo ou fato de terceiro. De fato, a mora gera uma expansão de responsabilidade do devedor, alcançando mesmo as situações de perda ou deterioração da coisa alheia aos seus cuidados normais. Assim, se *A* deveria entregar um veículo a *B* em 15 de agosto, não se furtará de indenizá-lo, caso o veículo seja furtado após tal data, no período em que o devedor encontrava-se em mora na obrigação de entregar a coisa ao credor.

Excepcionalmente, o devedor isentará a sua responsabilidade pelo fortuito ao tempo da mora se demonstrar que, mesmo se a entrega fosse tempestiva, o evento lesivo ainda assim ocorreria. Ou seja, naquelas hipóteses em que o dano ocorreria mesmo que o devedor não estivesse em mora, não responderá ele pela impossibilidade da prestação. Exemplificando: a intempestiva entrega da casa alienada ao adquirente, que culminou por ser destruída por um terremoto ao tempo da mora. Se a casa fosse entregue tempestivamente, fatalmente o terremoto a atingiria da mesma maneira. Exclui-se ainda a responsabilidade do devedor, se demonstrar a inocorrência da mora, fato que se constata naquelas situações em que a tradição extemporânea do objeto

29. Explica Fernando Noronha que "dentro da responsabilidade objetiva é possível distinguir duas espécies, que chamaremos de objetiva comum e agravada. Em ambas prescinde-se da culpa. Na comum, exige-se que o dano seja resultante da ação ou omissão do responsável, ou de ação ou omissão de pessoa a ele ligada, ou ainda de fato de coisas de que ele seja detentor. Na agravada, vai-se mais longe e a pessoa fica obrigada a reparar danos não causados pelo responsável, nem por pessoa ou coisa a ele ligadas; trata-se de danos simplesmente acontecidos durante a atividade que a pessoa responsável desenvolve". In *Direito das obrigações*, op. cit., p. 487.

não se deu por uma razão que lhe fosse imputável, haja vista não ter dado causa ao retardamento da entrega. Isto posto, o atraso na tradição de um veículo em razão de uma calamidade pública que bloqueia o fluxo de veículos não implica transmissão ao devedor do risco pela perda da coisa. Nesse sentido, a letra do art. 396 do Código Civil: "Não havendo fato ou omissão imputável ao devedor, não incorre este em mora."

Estatui o art. 237 do Código Civil o princípio da equivalência. Reza o dispositivo que: "Até a tradição pertence ao devedor a coisa, com os seus melhoramentos e acrescidos, pelos quais poderá exigir aumento no preço; se o credor não anuir, poderá o devedor resolver a obrigação." Sendo o devedor o proprietário da coisa até a entrega, deverá suportar a sua perda. Ora, quem suporta os riscos também deve ser beneficiado pelos melhoramentos. Assim, em regra de simetria, todas as benfeitorias e acessões efetivadas na coisa até a tradição serão incorporadas ao patrimônio do seu titular, que será legitimado, portanto, a postular a extinção da obrigação caso o credor se recuse a pagar o novo valor.

Portanto, não será pertinente a aplicação da literalidade da regra ao conferir ao credor o poder de "exigir" o acréscimo. Se o credor se recusar a complementar o valor, não poderá o devedor obter judicialmente a diferença, restando-lhe apenas exercer o direito formativo à resolução do negócio jurídico para não ser prejudicado em razão da quebra da equivalência do negócio jurídico.[30]

Hamid Charaf Bdine traz à colação interessante exemplo: "Identifica-se a aplicação dessa regra na hipótese em que um criador adquire uma vaca em um leilão. De acordo com as regras do estabelecimento, ela lhe será entregue em quinze dias. No entanto, nesta oportunidade, ficou prenha, de modo que o arrematante receberá, além da vaca, a cria que a acompanha."[31]

Vê-se que no desenvolvimento do processo obrigacional – no período entre o nascimento da obrigação e o seu adimplemento – o art. 237 do Código Civil concede ao devedor o acréscimo por *melhoramentos e acrescidos*. Entende-se por melhoramentos um significado análogo ao de benfeitorias e acrescidos como equivalente às acessões artificiais. Portanto, em linha de razoabilidade, concordamos com Caio Mário da Silva Pereira, ao ressalvar que a indenização requer que as benfeitorias sejam necessárias ou úteis e efetuadas de boa-fé.[32] Realmente, o devedor não poderá ser premiado pelo comportamento de má-fé muitas vezes utilizado para constranger o credor a aumentar o valor do negócio, ou mesmo para inviabilizá-lo. A aplicação do art. 1.219 do Código Civil em favor do devedor requer ainda que ele tenha empregado trabalho ou

30. Clóvis do Couto e Silva arremata: "na espécie que estamos examinando, olhando pelo lado do credor da coisa, conclui-se que ele tem pretensão acionável, para exigir a entrega do bem. Mas em virtude do art. 868 (237), poderá o devedor da coisa arguir em *exceptio* a sua pretensão de direito material, pelo aumento do preço correspondente ao melhoramento ou acréscimo, obstaculizando, assim, o exercício do credor". In *A obrigação como processo*, p. 109.

31. BDINE, Hamid Charaf. *Código Civil comentado*, p. 191.

32. PEREIRA, Caio Mário da Silva. *Instituições de direito civil*: teoria geral das obrigações, v. II, p. 54.

dispêndio para a realização das acessões e benfeitorias sobre a coisa. Não havendo o labor ou despesa, não receberá acréscimo de valor.

Dispõe o parágrafo único do art. 237 do Código Civil: "Os frutos percebidos são do devedor, cabendo ao credor os pendentes." Não se aplica a regra alusiva às benfeitorias com relação aos frutos percebidos da coisa, que são incrementos normais, previstos e esperados do bem e pertencerão ao devedor até a data da tradição (art. 1.232 do CC). Relativamente aos frutos ainda não colhidos, como parte integrante do bem, pertencerão ao credor a partir da tradição.

Finalizando a radiografia do art. 237 do Código Civil, poderá o leitor, à primeira vista, visualizar uma contradição entre o texto desse dispositivo e o corpo do art. 233 do Código Civil, dispondo que "a obrigação de dar coisa certa abrange os acessórios dela embora não mencionados". O conflito é aparente. A questão se resolve sob o aspecto temporal, à luz do processo obrigacional. Todos os acessórios que já existiam ao tempo da celebração do negócio jurídico – não mencionados pelas partes – serão de propriedade do credor, sem qualquer acréscimo pecuniário em prol do devedor. Todavia, se no interregno que medeia a gênese e o adimplemento da obrigação forem realizadas benfeitorias e acessões, sairá de cena o art. 233 do Código Civil e incidirá o mandamento do art. 237 da lei civil.

O art. 238 do Código Civil inaugura a explanação da teoria dos riscos nas obrigações de restituir coisa certa. "Se a obrigação for de restituir coisa certa, e esta, sem culpa do devedor, se perder antes da tradição, sofrerá o credor a perda, e a obrigação se resolverá, ressalvados os seus direitos até o dia da perda." Cuida-se de regramento especial, pois o proprietário da coisa não é o devedor, mas o credor, que anseia pela devolução da coisa em contratos como locação, comodato, mútuo e depósito. Temos situações em que não há transmissão de propriedade, mas apenas de posse, pois o bem está cedido temporariamente ao devedor, de forma gratuita ou onerosa, devendo este restituir o seu poder fático ao credor, ao final da relação. Portanto, a diferença de tratamento conferida ao credor na obrigação de dar coisa certa e de restituir coisa certa se explicará pelo mesmo princípio: *res perito domino*.[33]

O art. 238 retrata a impossibilidade superveniente no processo da relação obrigacional de restituir, quando inviabilizada por completo a possibilidade de adimplemento pelo devedor. A perda da coisa a ser restituída – da mesma forma que nas hipóteses antes versadas – será avaliada pela apuração de culpa. Se a coisa se perde sem que haja qualquer comportamento desidioso do devedor, resolve-se *ex lege* a obrigação pela perda de seu objeto. Simplesmente arcará o credor com os prejuízos pela perda do bem de sua propriedade, mas serão ressalvados os direitos constituídos anteriormente à tradição, até o dia da perda. Exemplificando: se *A* concede um automóvel em locação a *B* e a perda da coisa verifica-se em força do fortuito, não obstante ser *B* exonerado do dever de indenizar e de pagar o aluguel a partir da data

33. BIRENBAUM, Gustavo. *Classificação das obrigações de dar, fazer e não fazer*, p. 128.

da destruição do bem, o credor *A* poderá exigir os encargos locatícios vencidos até a data da perda da coisa, nos termos do art. 238 do Código Civil.

No contrato de depósito, temos a regra específica do art. 642: "O depositário não responde pelos casos de força maior; mas, para que lhe valha a escusa, terá de prová-los." Exemplificando: se um incêndio ou um temporal de grandes proporções inutiliza a mercadoria depositada, o depositante assumirá o prejuízo pela perda do objeto, cabendo ao depositário a demonstração de ter atuado com toda a diligência. Sendo a obrigação do depositário a de restituir, aplica-se o princípio *res perito domino* e o depositante assumirá o prejuízo, integralmente.

Porém, dando-se a perda do bem cedido em face de conduta censurável do próprio devedor, responderá este pelo equivalente pecuniário da coisa, acrescido das perdas e danos, compreendendo danos emergentes e lucros cessantes (art. 239 do CC).

Quanto à deterioração parcial do bem objeto de restituição ao proprietário, deverá o credor aceitá-la em seu estado atual, caso a depreciação não se relacione com a culpa do devedor (1ª parte do art. 240 do CC). Cuida aqui o legislador da restituição de bem danificado por fato inimputável ao devedor. O referido dispositivo não é exauriente, pois a faculdade de devolução da coisa pelo devedor ao credor não é a única forma de solucionar o imbróglio. Parece-nos que o devedor poderá deliberar por manter o bem consigo, apesar de parcialmente destruído, com abatimento proporcional do valor que paga ao credor a título de posse (*v.g.*, locação). Apesar do silêncio do art. 240 do Código Civil, a opção da manutenção da relação obrigacional em novas bases pode ser inferida da faculdade de conservação do negócio jurídico na obrigação de dar localizada no art. 235 do Código Civil.[34]

A parte final do art. 240 do Código Civil remete a deterioração culposa da coisa pelo devedor à solução legislativa do art. 239 do Código Civil, ou seja, a sua responsabilidade pelo equivalente acrescida de perdas e danos. Porém, afirmamos que sendo a deterioração do bem uma consequência direta da incúria do devedor, não só poderá o credor exigir o equivalente adicionado à indenização pecuniária, como também lhe será facultado receber a coisa no estado em que se encontra, certamente com o acréscimo das perdas e danos. Mera interpretação sistemática dessa Seção do Código Civil conduz a tal conclusão, mediante o recurso à parte final do art. 236 do Código Civil.

Assim, se *A* conceder um automóvel a *B* em locação e o bem móvel vier a ser danificado na parte dianteira, em virtude de colisão não provocada por *B*, restará ao proprietário *A* a assunção dos prejuízos subsequentes à deterioração, exceto não se

34. Com idêntico posicionamento, Clóvis do Couto e Silva: "A diminuição na posse do arrendatário, da qual deve resultar prejuízo econômico àquele que paga o arrendamento, não deve correr por conta deste último, mas do credor, em razão do princípio geral. O aspecto predominante é a base de interesses que a norma protege. Indiscutivelmente, a tônica das disposições legislativas a respeito do risco, perecimento sem culpa, em matéria de obrigações de restituir, é o aspecto protetivo dos interesses do devedor." In *A obrigação como processo*, p. 123.

incumba *B* de demonstrar a correção de seu comportamento, o que lhe acarretará o dever de indenizar, seja ele acrescido da restituição da coisa ou de seu equivalente pecuniário.

Nesse sentido, explica Renan Lotufo que "evidentemente, pela própria natureza da hipótese – deterioração e não perda, a obrigação alternativa resultante da regra do Código de 1916 não foi extinta pela nova formulação, ou seja, na deterioração culposa, poderá o credor aceitar a restituição da coisa deteriorada no estado em que se encontrar, além do direito à reparação pelas perdas e danos".[35] Como bem explicita Guilherme Calmon Nogueira da Gama, a referência equivocada a determinado dispositivo legal não pode ser considerada óbice ao atendimento da razão de ser da norma, especialmente em se considerando os princípios constitucionais e os fundamentais do Código Civil de 2002, notadamente devido à circunstância de a pessoa ter a condição de dar o destino que melhor lhe aprouver aos seus bens – caso do credor da prestação de restituir, que poderá ainda considerar útil receber a coisa de volta.[36]

De forma elogiável, o Conselho Nacional de Justiça emitiu o Enunciado de nº 15: "As disposições do art. 236 do novo código civil também são aplicáveis às hipóteses do art. 240, 'in fine'."

O art. 241 do Código Civil aplica o princípio da simetria às obrigações de restituir, tal qual o fez para as obrigações de dar coisa certa (art. 237 do CC). Dispõe que "se, no caso do art. 238, sobrevier melhoramento ou acréscimo à coisa, sem despesa ou trabalho do devedor, lucrará o credor, desobrigado de indenização". Da mesma forma que o perecimento do bem de sua propriedade alija completamente o credor do poder sobre a coisa, se, ao tempo da devolução, sobrevier melhoramento ou acréscimo à coisa, sem qualquer intervenção do possuidor devedor, não será o credor obrigado a indenizá-lo, pois não se trata de enriquecimento injustificado. Assim, se o terreno cedido ao comodatário sofrer acessão natural em virtude de forças da natureza, a valorização beneficiará o credor, que ao tempo do evento era o proprietário.

Em sentido inverso à hipótese pregressa, se o melhoramento ou acréscimo resultar das despesas ou da atividade do devedor, aplicar-se-ão as normas relativas à realização de benfeitorias necessárias ou úteis, conforme a sua boa-fé ou má-fé, o mesmo raciocínio aplicando-se aos frutos (art. 242 do CC). Ou seja, na conduta de boa-fé subjetiva, tanto fará jus o devedor à indenização como ao direito de retenção pela efetivação de benfeitorias necessárias ou úteis, podendo, quanto às benfeitorias voluptuárias, levantá-las se isso não causar dano à integridade da coisa (art. 1.219 do CC). Mas a má-fé do possuidor reduzirá as suas vantagens, eis que apenas será ressarcido pelas benfeitorias necessárias, sem a possibilidade de invocar o direito de retenção (art. 1.220 do CC). Portanto, se ao tempo em que o imóvel foi cedido em comodato teve o devedor que cercar o terreno e realizar obras de contenção do

35. LOTUFO, Renan. *Código Civil Comentado*, p. 33.

36. GAMA, Guilherme Calmon Nogueira da. *Direito Civil*: obrigações, p. 120.

prédio, será devidamente indenizado quando da restituição ao credor, aí, sim, aplicando-se a teoria do enriquecimento sem causa.

A disposição concernente aos frutos se localiza no parágrafo único do art. 242 do Código Civil. Os frutos percebidos receberão a sistematização dos arts. 1.214 a 1.216 do Código Civil, conforme o estado de boa-fé ou má-fé do comportamento do devedor. Daí, se o devedor houver agido de má-fé, reconhece-se em favor do credor o direito à indenização de todos os frutos *percepiendos* – que não foram colhidos a partir da configuração da má-fé – e ao ressarcimento dos frutos colhidos com antecipação pelo devedor.

O art. 492, § 2º do Código Civil evidencia o agravamento da responsabilidade do credor pelo fato de incorrer em mora quanto ao recebimento do bem. A mora do credor se aperfeiçoa quando injustificadamente se recusa a receber o objeto no tempo, lugar e modo convencionados (art. 394 do CC). Destarte, a imotivada rejeição gera para ele a assunção dos riscos pelo perecimento da coisa. O devedor não mais responde pela integridade do objeto e, se ocorre a sua impossibilidade, por ela não mais responde. Visualize-se um veículo sendo entregue para conserto em oficina, descurando o proprietário em seu recebimento após o prazo marcado para devolução. Nesse período, o ônus acidental da perda da coisa (*v.g.*, desabamento do teto sobre o veículo) ser-lhe-á imposto, sem que possa furtar-se a pagar o valor dos serviços ali executados.

2.1.3 Obrigação de dar coisa incerta

2.1.3.1 Generalidades

Existem certas obrigações cuja peculiaridade é indeterminação do objeto ao tempo de sua gênese, embora seja determinável. Cuida-se de obrigações genéricas, ou, como na linguagem do Código Civil, obrigações de dar coisa incerta. Com efeito, as partes não convencionam a entrega de coisa individualizada, mas a prestação ao menos será definida pelo gênero e pela quantidade (art. 243, CC). A relação jurídica tem como objeto uma *dívida de gênero*. Ou seja, como a especificação da coisa não se verifica em um primeiro momento, a sua identificação inicial exigirá, no mínimo, a revelação do gênero e quantidade conjuntamente, jamais se admitindo que tais requisitos sejam alternativos. Basta cogitar de uma obrigação envolvendo a entrega de 20 cavalos ou 100 veículos. Não há ainda a concretização dos animais e dos veículos ou mesmo a demonstração de sua qualidade (a raça do cavalo e a marca do automóvel), mas gênero e quantidade restam identificados.

O Professor Álvaro Villaça critica a opção pelo termo *gênero*, considerando que o legislador seria mais preciso se o art. 243 do Código Civil substituísse o vocábulo por *espécie*. Gênero porta um sentido muito amplo, o que gera repercussão concreta na aplicação da norma, pois, considerando a terminologia do código, por exemplo, cereal é gênero e feijão é espécie. Se, entretanto, alguém se obrigasse a entregar uma saca de cereal, essa obrigação seria impossível de ser cumprida, pois não poderíamos saber qual dos cereais seria objeto da prestação. Melhor então dizer-se: espécie e quantidade: quantidade (uma saca); espécie (de feijão). Dessa maneira o objeto se torna determinável, desde que a qualidade seja posteriormente mostrada.[37]

Em princípio, a prestação em si não é determinada, mas o gênero e a quantidade já são determinados. Com base nos dados anteriores, será oportunizada a identificação e escolha dos bens ao tempo da execução da obrigação. A determinabilidade é característica da obrigação, pois sem a possibilidade de determinação da *res debita* não se pode realizar o adimplemento.[38] Nas palavras de Gustavo Tepedino e outros ilustres civilistas, "tal estado de indeterminação ou de incerteza é transitório".[39] Trata-se de negócio jurídico que atende aos requisitos de validade, pois o objeto é determinável (art. 104, II, do CC). Assim, pactuando-se a futura alienação de cinco toneladas de café, estaremos diante de objeto a ser especializado ao momento da concentração (escolha). Não se admitiria a indeterminação absoluta da coisa, como, *v.g.*, a entrega de cinco toneladas (qual espécie?) ou a entrega de café (qual quantidade?), pois teríamos casos de nulidade, a teor do disposto no art. 166, II, do Código Civil.

Em muitas situações uma obrigação de dar coisa incerta abrangerá a tradição de coisas fungíveis, sendo bastante que as partes contratem bens já definidos pela espécie, quantidade e qualidade, mas que não os individualizem naquele momento. A título ilustrativo, uma obrigação de entrega de 20 automóveis Golf GL, modelo 2010. Tais objetos se qualificam pela fungibilidade, pois guardam uma relação de equivalência. Porém, se o acordo envolvesse tão somente a entrega de 20 automóveis, teríamos uma obrigação genérica, mas nem ao menos classificável como fungível, eis que a delimitação do bem abrangeu apenas a espécie e a quantidade, mas não a qualidade. Em sentido inverso, uma obrigação de dar coisa incerta pode possuir como objeto bem infungível, como bem pontua Paulo Netto Lôbo, percebendo o equívoco de conceituar as coisas incertas mediante a distinção entre bens fungíveis e infungíveis do art. 85 do Código Civil. A obrigação de dar coisa incerta "melhor se classificaria entre as obrigações genéricas, diferentemente das obrigações específicas, distinção esta que o código não faz. Na maior parte dos casos, a coisa incerta é fungível, mas nada impede que seja infungível, a exemplo da prestação de dar uma escultura de determinado escultor".[40]

Distingue-se a coisa incerta da coisa futura. A classificação que separa os bens em presentes e futuros considera-os em relação à sua existência ou não no momento da negociação. A obrigação de dar coisa futura é obrigação de dar coisa certa. Na incorporação imobiliária, na qual a compra e venda é realizada antes ou durante a construção das unidades imobiliárias, dizemos que o bem é futuro e certo, no

37. Justificativa extraída do Projeto de Lei do Deputado Ricardo Fiúza, para mudança na redação do art. 243 do Código Civil.
38. COUTO E SILVA, Clóvis do. *A obrigação como processo*, p. 150.
39. TEPEDINO, Gustavo. *Código Civil interpretado*, p. 506.
40. LÔBO, Paulo Luiz Netto. *Teoria geral das obrigações*, p. 130.

sentido de constituir uma realidade que não tem existência atual, mas está indicado e especificado em sua individualidade.[41]

Igualmente, não se confunde a obrigação de dar coisa incerta com a obrigação alternativa. Esta tem por objeto duas prestações certas e distintas, perfeitamente especificadas, e mutuamente excludentes. Exemplo: *A* entregará a *B* uma casa *X* ou um carro *Y*. A incerteza concerne a qual das prestações será a escolhida. Contudo, na obrigação de dar coisa incerta a incerteza se refere à própria coisa que será escolhida. Há apenas um objeto, que ainda não foi individualizado.

Frise-se ainda que as obrigações pecuniárias não serão enquadradas como obrigações de dar coisa certa ou incerta, justamente pela sua natureza especial dentre as obrigações de dar. Recebem tratamento normativo peculiar, como modalidade própria de obrigações, a teor do arts. 315 a 318 do Código Civil. Explicamos: apesar de a moeda ser algo semelhante a uma mercadoria, não podemos aplicar à dívida de dinheiro os preceitos relativos às obrigações genéricas, pelo simples fato de que o devedor não precisa pagar em notas de qualidade média, basta que a moeda tenha curso forçado, independentemente da qualidade. Se por um lado a definição da qualidade é importante nas obrigações de dar coisa incerta, uma vez que estas consistem em objetos que possuem um *corpus*, no dinheiro, em contrapartida, a qualidade não interfere, sendo essencial o poder patrimonial que ele confere, decorrente da circunstância de ser meio legal de pagamento, de natureza consumível, cuja concretização requer simplesmente que a quantia seja retirada do patrimônio do devedor e entregue ao credor ou depositada.[42]

2.1.3.2 O processo obrigacional das dívidas genéricas

No desenvolvimento da relação obrigacional de prestação de dar coisa incerta, há o momento prévio da determinação da coisa devida e segue-se a ele o adimplemento. A escolha é o procedimento de seleção daquilo que será entregue, com base no gênero e na quantidade contratados. Trata-se de um ato material – ato-fato – de individualização da prestação. Para Pontes de Miranda, o ideal não seria a utilização do termo *escolha* ou *concentração*, mas *concretização*. Aduz o lapidar jurista que "ora, se no que concerne às obrigações alternativas, se pode falar de concentração, e escolha, realmente, há, não é que ocorre com as obrigações genéricas. Quem escolhe internamente (= dentro do gênero) não concentra, concretiza. Daí, no propósito de precisão terminológica, reservamos 'concretização' para as obrigações genéricas e 'concentração' para as obrigações alternativas".[43]

---

41. Assim, CAMBLER, Everaldo; GONÇALVES, Carlos Roberto; MAIA, Mairan. *Comentários ao Código Civil brasileiro*, p. 91-2.
42. COUTO E SILVA, Clóvis do. *A obrigação como processo*, p. 145.
43. MIRANDA, Pontes de. *Tratado de direito privado*, p. 140.

No silêncio do negócio jurídico, caberá a escolha do objeto ao devedor.[44] Entende-se que a razão de a escolha competir ao devedor reside no fato de que o credor poderia ter se expressado de modo claro, mas não o fez; daí ter que se submeter à escolha do devedor.[45] Todavia, restringe o ordenamento jurídico a sua opção por bens que estejam no meio-termo qualitativo dos que lhe pertencem, isto é, não poderá selecionar os melhores ou piores, mas aqueles de patamar intermediário (art. 244 do CC).[46] A regra é uma derivação da boa-fé objetiva como diretriz de eticidade e dever anexo de cooperação (art. 422 do CC). Contudo, como bem evidencia Caio Mário da Silva Pereira, nada impede que as partes convencionem que a entrega recairá sobre a melhor ou a pior dentre as coisas do gênero.[47] Assim, A e B podem estipular que a escolha observará o mais saudável entre os filhotes de propriedade do devedor.

Tratando-se o art. 244 de norma de natureza dispositiva, no exercício da autonomia privada, poderá ocorrer que as partes determinem que a escolha faça-se pelo credor ou, mesmo, por terceiro eleito pelas partes, aplicando-se analogicamente a regra do art. 252, § 4º. Apesar da omissão do legislador, acreditamos que o credor poderá escolher o que houver de melhor dentro da quantidade e do gênero propostos, não incidindo a limitação que recai sobre o devedor, pois este detém o controle do negócio jurídico e deve realizar cálculo prévio de suas disponibilidades e riscos. Não se olvide ainda que o adimplemento do processo obrigacional objetiva atender prioritariamente ao interesse do credor. Referindo-se ao credor, bem esclarece Sílvio Rodrigues que "lhe foi deferido o direito de exigir a nata do gênero".[48]

Em reforço à discricionariedade do exercício do direito potestativo de escolha por parte do credor, em sede de testamento o próprio legislador assim caminhou ao dispor no art. 1.931 que "se a opção foi deixada ao legatário, este poderá escolher, do gênero determinado, a melhor coisa que houver na herança". A norma excepciona o art. 1.929 do Código Civil que, tal qual o citado artigo 244, restringe a escolha

44. STJ: "Recurso especial em que se discute se é juridicamente possível impor à parte o dever de não comercializar unidades indeterminadas de um empreendimento. Nada impede que o proprietário se comprometa a dar em pagamento de dívida unidades indeterminadas de empreendimento imobiliário, desde que haja condições de identificar os bens a serem entregues. Nos termos do art. 244 do CC/02, nas obrigações de dar coisa incerta, salvo disposição em contrário, cabe ao devedor a escolha das coisas determinadas pelo gênero e pela quantidade. Na hipótese dos autos, tendo sido reconhecida a existência de dívida a ser paga pela cessão de 12 vagas de garagem e 271 m² de salas de um determinado empreendimento imobiliário, nada impede a concessão de liminar impondo ao devedor que se abstenha de alienar as unidades indeterminadamente, ficando a cargo do devedor a individualização dos bens a serem gravados" (REsp 1313270/MG, Rel. Min. Nancy Andrighi, 3ª Turma, *DJe* 26.5.2014).

45. BIRENBAUM, Gustavo. *Classificação*: obrigações de dar, fazer e não fazer, p. 130.

46. Hamid Charaf Bdine adverte que "o fato de o artigo indicar que o devedor não pode escolher a coisa pior poderá dar ao intérprete a impressão de que ele está autorizado a entregar o penúltimo bem na ordem de gradação. Ou seja, havendo dez bens, o devedor pode escolher o que estiver em nono lugar em uma hipotética tabela de classificação. A interpretação que melhor atende a finalidade do dispositivo, contudo, é a que considera que ele estará sempre obrigado a entregar um bem de qualidade intermediária. Essa conclusão está adequada à boa-fé objetiva". In *Código Civil comentado*, p. 196.

47. PEREIRA, Caio Mário da Silva. *Instituições de direito civil:*, teoria geral das obrigações. v. II, p. 56.

48. RODRIGUES, Sílvio. *Direito civil*, p. 30.

pelo herdeiro de legado de coisa determinada (devedor), "o meio-termo entre as congêneres da melhor e pior qualidade".

Se o direito potestativo de escolha não for exercitado pela parte a quem incumbe, ele será revertido em prol do outro sujeito da relação obrigacional, desde que conste na citação a cominação de que o seu silêncio leva à perda do direito de escolha. O art. 543 do CPC/15 demonstra resposta legislativa específica para a omissão da escolha pelo credor: "Se o objeto da prestação for coisa indeterminada e a escolha couber ao credor, será este citado para exercer o direito dentro de 5 (cinco) dias, se outro prazo não constar de lei ou do contrato, ou para aceitar que o devedor a faça, devendo o juiz, ao despachar a petição inicial, fixar lugar, dia e hora em que se fará a entrega, sob pena de depósito."[49]

Inovando substancialmente sobre a matéria, determina o art. 245 do Código Civil que é no momento da *cientificação da escolha* pela parte contrária que a obrigação de dar coisa incerta convola-se em obrigação de dar coisa certa. Ou seja: ao contrário do estabelecido pelo CC/1916, não basta a arbitrária escolha da coisa pelo obrigado – instante em que os bens, até então fungíveis, são separados e individuados –, sem que a outra parte o saiba, para a aplicação das regras da obrigação de dar coisa certa. Enquanto a contraparte não é comunicada da concentração, colocando-se a coisa à sua disposição, a simples separação do objeto não transfere os riscos de perda e deterioração ao credor. Apesar de o dispositivo referir-se à ciência do credor, haverá de estender-se à pessoa do devedor, quando a escolha couber ao credor, ou a ambas as partes, quando a escolha partir de terceira pessoa. Ou seja, a concretização da coisa certa pelo credor ou terceiro só terá eficácia perante o devedor quando a ele for comunicada. Portanto, se *A* vende ao seu vizinho *B* um cachorro e, logo após a escolha por *A* do animal, este culmina por ser atropelado quando *A* com ele caminhava em direção à casa de *B*, não terá este que se responsabilizar pelo risco, pois a propriedade não era sua, mesmo que o devedor já houvesse individualizado a coisa.

O talentoso magistrado paulista Hamid Charaf Bdine adverte ainda que a cientificação da escolha não é suficiente para caracterizar a mora: "É possível que o momento da escolha não coincida com o do cumprimento efetivo, de maneira que, a despeito de a escolha ter sido cientificada ao interessado, ele ainda não fará jus à entrega. Assim, se um criador de cães é obrigado a entregar um animal ao adquirente no prazo de 90 dias, o fato de lhe comunicar qual o cão que lhe será entregue não implica que não possa aguardar o decurso do prazo estipulado para fazer a entrega. Nesta hipótese é válida a escolha e a obrigação passa a ser de entrega de coisa certa. As regras a respeito da mora e do inadimplemento absoluto passam a ser relativas à obrigação de dar coisa certa."[50]

---

49. Na mesma linha o art. 342 do Código Civil: "Se a escolha da coisa indeterminada competir ao credor, será ele citado para esse fim, sob cominação de perder o direito e de ser depositada a coisa que o devedor escolher."

50. BDINE, Hamid Charaf. *Código Civil comentado*, p. 197.

Nas obrigações de gênero, não se admite discussão acerca da perda da coisa incerta no momento anterior à exteriorização da escolha à outra parte, mediante a sua cientificação. É irrelevante a constatação ou não da culpa do devedor (caso fortuito ou força maior), pois a indeterminação do objeto é incompatível com o perecimento e o gênero nunca perece. *Genus non perit.* Antes da concretização do bem, o ônus da integridade da coisa remanesce com o devedor. Isto é, sempre poderá o credor exigir a perpetuação da obrigação, determinando que o devedor encontre em outro local o objeto avençado, da mesma espécie e quantidade (art. 246 do CC), para que se opere a concentração no momento próprio. Assim, se a obrigação correspondia a entrega de 30 vacas e todas as reses que existiam nas fazendas do devedor morreram em virtude de misteriosa doença, tal fortuito não exonerará a necessidade de o devedor buscar bovinos em outra localidade, a fim de cumprir a obrigação. Contudo, se já haviam as partes, desde a celebração do negócio jurídico, pactuado pela entrega do touro de nome *Bandido*, a sua morte acidental acarretará a resolução legal da obrigação (art. 234 do CC).

Segundo Caio Mário da Silva Pereira, descabe a escusativa da impossibilidade da prestação enquanto subsiste a possibilidade de ser encontrado um exemplar da coisa devida, pois só por exceção o gênero desaparece completamente.[51] Ou seja, a norma só não seria aplicada em hipóteses radicais, como a suspensão da produção do bem ou a proibição de sua importação.

Não comungamos desse pensamento. A nosso viso, a regra do art. 246 não pode ser mais interpretada isoladamente, sem que sobre ela incida um processo hermenêutico, no qual se localizem situações excepcionais de impossibilidade ou de dificuldade no cumprimento da obrigação, que conduzirão a resolução obrigacional, tal e qual no processo obrigacional das prestações de coisa certa, *ex vi* do art. 234 do Código Civil.

À luz do princípio da proporcionalidade, muitas vezes será excessivo exigir do devedor a perpetuação da obrigação de dar coisa incerta pelo fato de a perda não ser a ele imputada em hipóteses em que o gênero é limitado e há extrema dificuldade em cumprir. Basta supor a entrega de um animal raro que só exista em outros países, cuja espécie se encontra em extinção. Será adequado e justificado exigir que o devedor adquira outro animal no estrangeiro, quando o objeto da prestação perdeu-se sem que lhe pudesse ser atribuída uma conduta desidiosa? Portanto, haverá um espaço em que a legalidade e a legitimidade do exercício do direito subjetivo à prestação poderão divorciar-se, pela constatação do abuso do direito, afinal quando alguém se obriga a uma prestação é razoável supor que não será constrangido a perscrutar o objeto por todo o globo terrestre.

Para além de hipóteses de enorme sacrifício para a concretização do bem, há situações mesmo de impossibilidade de determinação do objeto. Aqui, referimo-nos

51. PEREIRA, Caio Mário da Silva. *Instituições de direito civil*, p. 39.

à chamada *dívida genérica restrita*. Trata-se de uma espécie ainda mais retraída de obrigações de dar coisa incerta. Melhor explicando: nas obrigações puramente genéricas, a relação obrigacional admite que o objeto exista livremente no planeta e possa ser encontrado em qualquer lugar. Porém, nas obrigações genéricas restritas as partes concentram a concretização do bem em um espaço físico delimitado. Seria o caso de escolha constrita a animais localizados na fazenda *X* ou peças de automóvel situadas no depósito da fábrica *Y*. Essa hipótese não é tão rara, afinal o alienante (devedor) normalmente se vincula em função daquilo que possui ou detém.

A indicação, no contrato, da restrição quanto ao local em que poderá ser determinada a coisa devida gera consequências no plano jurídico, pois como instrui Clóvis do Couto e Silva, sendo o objeto das dívidas genéricas indicado apenas idealmente, vige o princípio de que o risco corre sempre por conta do devedor, que não se libera em virtude do fortuito (art. 246 do CC). Todavia, nas dívidas genéricas restritas, já não se pode dizer o mesmo. Assim, se a mercadoria que estava no depósito queimou, libera-se o devedor, ainda antes da concretização, se não sobrou nenhuma do gênero que se prometeu prestar.[52]

No que tange à impossibilidade, pode-se cogitar de sua natureza absoluta e objetiva, sem culpa do devedor, em situações em que a concretização do bem restará sumariamente inviabilizada, sem que se possa cogitar propriamente de perecimento do gênero. Assim, no caso de obrigação de X garrafas de vinho tinto de qualidade Y, há impossibilidade absoluta quando o Estado proíbe que se comercialize vinho tinto, ou ainda quando o Estado desapropriou todos os objetos do mesmo gênero.[53]

2.1.4 A desmaterialização das obrigações de dar

Tema da maior importância e atualidade concerne ao impacto do fornecimento de produtos no mercado, em relações massificadas e globalizadas envolvendo relações assimétricas entre consumidores e fornecedores. Na dinâmica do Código de Defesa do Consumidor não há lugar para aplicação do regime jurídico civilista das obrigações de dar – restrito às relações interprivadas – e de todos os efeitos decorrentes da perda/destruição ou deterioração da coisa. Na Lei nº 8.078/90, o art. 18 estatui o amplo regime da responsabilidade do fornecedor pelo vício do produto com o objetivo de tutela do consumidor, visando adequar o referido microssistema ao direito fundamental exposto no art. 5º, inciso XXXII, da Constituição Federal, que identifica o consumidor como sujeito *diferente* e titular de direitos especiais.

Na principiologia do CDC a responsabilidade dos fornecedores abrange vícios de quantidade, qualidade e de informação. Referidos vícios detêm grande abrangência,

52. COUTO E SILVA, Clóvis do. *A obrigação como processo*, p. 152.
53. Exemplos colhidos em LÔBO, Paulo Luiz Netto. *Teoria geral das obrigações*, p. 132.

manifestando-se quando há qualquer inadequação ou impropriedade do produto para o uso esperado, seja este produto novo ou usado, móvel ou imóvel, fungível ou infungível, material ou imaterial.

No Código Civil, a garantia do credor e adquirente de obrigações de dar cinge-se à tutela contra os riscos da perda do bem (na fase anterior à tradição) e à garantia contra a evicção e vícios redibitórios (na fase posterior à tradição). Trata-se de, em sua grande maioria, normas dispositivas, pois atendem a interesses particulares.

Em contrapartida, as normas do Código de Defesa do Consumidor são normas de ordem pública, indisponíveis e inafastáveis por vontade das partes em razão da necessidade constitucional de proteção de um agente especial nas relações de mercado. A garantia de adequação contra vícios de produtos é de tamanha abrangência que torna desnecessária uma teoria dos riscos para o fornecimento de produtos, pois a responsabilidade imputada ao fornecedor no art. 18 requer apenas a constatação do vício, gerando imputação objetiva de responsabilidade solidária aos fornecedores como sanção pela violação do dever de introduzir no mercado produtos inadequados.

Enquanto o credor da obrigação de dar se contenta com a resolução legal ou com a pretensão ressarcitória (havendo culpa) em hipóteses de inviabilização ou depreciação da qualidade do objeto, o consumidor possui o direito potestativo de sanar vícios e, subsidiariamente, de alternativamente postular pela substituição do bem (tutela específica), ou pela rescisão cumulada com perdas e danos, ou, finalmente, pelo abatimento proporcional do preço, tudo em conformidade ao art. 18, § 1º, I, II e III, da Lei nº 8.078/90. Não se olvide que o art. 6º, VI, da Lei do Consumidor impõe a reparação integral de danos patrimoniais e morais, individuais e coletivos, sendo que a responsabilidade do fornecedor acompanha o produto (até o advento do prazo decadencial), de forma a proteger tanto o primeiro adquirente como terceiros.

Enquanto a doutrina civilista trata das obrigações de dar no universo dos bens tangíveis e nas relações individuais, o mundo real caminha para as relações despersonalizadas, com o protagonismo dos bens imateriais no cenário econômico. Abarcam os bens financeiros, patentes, direitos autorais e uma considerável parte da atividade econômica digital. Segundo Ricardo Lorenzetti, "os bens imateriais são uma ampla categoria, caracterizada negativamente pela ausência de matéria, e, positivamente, por constituírem uma criação humana".[54]

Cláudia Lima Marques trata da chamada *desmaterialização* do objeto do contrato e de sua prestação, dentro do chamado "comércio eletrônico". A atividade negocial de oferta e de contratação à distância é hoje globalizada, tecnológica e virtual, servindo-se da ajuda dos meios de telecomunicação habituais (*v.g.*, televisão e telefone), como *on-line* por Internet, *e-mail* etc. O comércio eletrônico atualiza a noção de obrigação, pois as prestações dos contratos informáticos são imateriais como o

54. LORENZETTI, Ricardo. *Comércio eletrônico*, p. 175.

fornecimento de produtos, tais quais *softwares*, jogos, filmes e músicas. As prestações dos contratos eletrônicos são obrigações de dar, tais como a venda ou o leilão. Há no comércio eletrônico um forte *revival* das obrigações de dar, cuja maior parte se caracteriza pela instantaneidade, como contratos de compra e venda envolvendo bens imaterializados, como programas antivírus e os *e-books*. Tudo isso implica a própria desmaterialização dos vícios quando o objeto imaterial se encontra em posição de desconformidade ao legitimamente esperado pela confiança do consumidor.[55]

Aduz a Professora Titular da Universidade Federal do Rio Grande do Sul que em sede de comércio eletrônico surgem dois tipos de vícios desmaterializados de informação: o vício de informação *stricto sensu*, localizado no art. 18 do Código de Defesa do Consumidor, concernente à disparidade entre a informação pré-contratual da oferta e da publicidade e o produto efetivamente prestado, e o vício do produto eletrônico, "um vício de qualidade ou de quantidade do produto ou serviço, que quebra a confiança do consumidor (por exemplo, rapidez do serviço, atualização das informações ou dados, segurança dos dados), vício agora também desmaterializado, o que pode bem trazer muitos problemas de prova".[56]

2.2 Tutela processual das obrigações de dar coisa certa e coisa incerta

Tema da maior importância e atualidade diz respeito à execução das obrigações de dar, fazer e não fazer, diante das sucessivas alterações praticadas na legislação processual. O caráter instrumental do processo, diante do direito material, acarreta a necessidade de demonstrar-se ao estudioso como compatibilizar o exercício de sua pretensão com o manejo da adequada tutela jurisdicional. Afinal, a crise do inadimplemento produz uma série de consequências, sendo a mais relevante a forma pela qual haverá a composição do conflito intersubjetivo.

O art. 5. XXXV, da Constituição Federal promove o princípio da adequação dos meios de obtenção da tutela jurisdicional às várias situações de direito material subjacente. Propicia efetividade do procedimento ao fim a que se destina, bem como da decisão a uma ótica de resultados substanciais. Através de um conjunto de técnicas, o processo civil concretizará no mundo físico a justa satisfação da tutela jurisdicional.

Nas obrigações de *dar coisa certa*, a concepção da efetividade pela via de um processo de resultados é contemporânea à vigência da Lei nº 10.444/2002. A partir daí estendeu-se a técnica da tutela específica das obrigações de fazer e não fazer às obrigações de entregar coisa de modo geral. Desloca-se a execução da sentença condenatória das referidas obrigações para o livro do processo de conhecimento. As sentenças que ordenam a entrega de coisa não mais se executam, elas se efetivam, conforme estatuíam as disposições dos §§ 1º a 6º do art. 461 do CPC/73. Isto é,

55. MARQUES, Cláudia Lima. *Confiança no comércio eletrônico e a proteção do consumidor*, p. 84-86.
56. MARQUES, Cláudia Lima. Idem, p. 87.

estamos diante de um processo sincrético, com execução *sine intervalo*, distribuída em duas fases: a) certificação do direito; b) realização do direito.

Atualmente, o núcleo do cumprimento da sentença como fase procedimental sucessiva da satisfação do direito material, encontra-se no art. 513 do CPC/15. Conforme a natureza da prestação haverá uma tripartição procedimental das sentenças não autossuficientes – que não realizam desde logo a tutela do direito pretendida pelo demandante (condenatórias, mandamentais e executivas) – na tutela da obrigação de entrega de coisa (art. 538 e 498 CPC/15); tutela da obrigação de fazer e não fazer (arts. 536/7 CPC/15) e tutela pecuniária (art. 523, CPC).[57]

Dispõe o art. 498 do CPC/15: "Na ação que tenha por objeto a entrega de coisa, o juiz, ao conceder a tutela específica, fixará o prazo para o cumprimento da obrigação". Uma primeira observação é essencial: é equivocado supor que o art. 498, CPC, destina-se a prestar tutela tão somente às prestações de entrega de coisa derivadas de relações obrigacionais. Na realidade, o dispositivo viabiliza a *tutela do direito à coisa*. Vale dizer, uma série de tutelas jurisdicionais do direito em que se exige como situação final que determinada coisa esteja com o demandante, mesmo que não relacionadas ao adimplemento de entrega de coisa.[58] Ilustrativamente, estende-se o raio do artigo 498 às tutelas reivindicatória, de imissão na posse, reintegração de posse, cuja origem reside, respectivamente em situação petitória ou possessória.

Ademais, no que tange às decisões de natureza declaratória, antes da vigência da Lei n. 11.232/2005, era negada a eficácia executiva, ainda que secundária, ao argumento de que elas se limitavam à declaração de certeza acerca da existência ou da inexistência de relação jurídica. Todavia, para fins de aferição da exequibilidade do provimento judicial, a utilização do critério da natureza da decisão não parece ser o melhor caminho, porquanto enseja polêmicas intermináveis e inócuas, que não

---

57. STJ. Informativo nº 0557 Período: 5 a 18 de março de 2015. Terceira Turma DIREITO PROCESSUAL CIVIL. CUMPRIMENTO DE SENTENÇA DE IMPROCEDÊNCIA DE PEDIDO DECLARATÓRIO. No caso em que, em ação declaratória de nulidade de notas promissórias, a sentença, ao reconhecer subsistente a obrigação cambial entre as partes, atestando a existência de obrigação líquida, certa e exigível, defina a improcedência da ação, o réu poderá pleitear o cumprimento dessa sentença, independentemente de ter sido formalizado pedido de satisfação do crédito na contestação. Nos termos do art. 475-N, I, do CPC, considera-se título executivo judicial "a sentença proferida no processo civil que reconheça a existência de obrigação de fazer, não fazer, entregar coisa ou pagar quantia". Assim, as sentenças que, mesmo não qualificadas como condenatórias, ao declararem um direito, atestem de forma exauriente a existência de obrigação certa, líquida e exigível, serão dotadas de força executiva. Esclareça-se que o referido dispositivo processual aplica-se também às sentenças declaratórias que, julgando improcedente o pedido do autor da demanda, reconhecem a existência de obrigação desse em relação ao réu da ação declaratória, independentemente de constar pedido de satisfação de crédito na contestação. Nessa vertente, há legitimação do réu para o cumprimento de sentença. Na hipótese em foco, a sentença de improcedência proferida nos autos da ação de anulação de notas promissórias, declarou subsistente a obrigação cambial entre as partes. Desse modo, reconhecida a certeza, a exigibilidade e a liquidez da obrigação cambial, deve-se dar prosseguimento ao pedido de cumprimento de sentença formulado pelo réu da ação declaratória. REsp 1.481.117-PR, Rel. Min. João Otávio de Noronha, DJe 10/3/2015.

58. MARINONI, Luiz Guilherme. ARENHART, Sergio Cruz. MITIDIERO, Daniel. Novo Código de Processo Civil Comentado, p. 507.

oferecem contribuição no campo prático. De fato, o exame do conteúdo da decisão mostra-se método mais adequado à discriminação das sentenças passíveis de serem consideradas como título executivo, bastando que ela consubstancie a identificação integral de uma norma jurídica concreta, com prestação exigível de dar, fazer, não fazer ou pagar quantia. Portanto, não há de se atribuir eficácia executiva a todas as sentenças declaratórias indiscriminadamente, mas apenas àquelas que, reconhecendo a existência da obrigação, contenham, em seu bojo, os pressupostos de certeza e exigibilidade, sendo certo que, na ausência de liquidez, é admitida a prévia liquidação, tal qual ocorre com o provimento condenatório.[59]

Assim, na sentença de procedência do processo de conhecimento, o réu será condenado a entregar a coisa certa, dentro do prazo estabelecido no próprio corpo da decisão, sendo lícita eventual concessão de medida liminar de antecipação de tutela específica. Nesse momento, o processo persegue o cumprimento voluntário da ordem de entrega da coisa. Alternativamente, será possível a concessão antecipada do direito à coisa. O provimento provisório de urgência (art. 294, CPC/15) que satisfaz o direito do autor, dar-se-á pela via da técnica antecipatória, sempre fundada em juízo de probabilidade (art. 300, CPC/15).

Recusando-se o devedor a atender o mandado de entrega no prazo fixado pela decisão, o magistrado criará condições concretas de efetivação daquilo que foi determinado. Em regra, a partir de certa data será o obrigado constrangido a uma multa periódica por atraso, nela previamente quantificada. Portanto, mantendo-se o réu inerte, por se recusar a cumprir o comando da sentença, fluirá um segundo prazo para cumprimento, agora acompanhado da multa coercitiva, cuja finalidade consiste em inibi-lo a entregar o bem reclamado em sua exata medida. A decisão revela natureza mandamental, como uma técnica que pretende extrair o cumprimento tão somente da vontade do obrigado, atuando em seu âmbito psicológico ao suprimir quaisquer alternativas mais compensatórias para o devedor do que o próprio adimplemento.[60]

Todavia, se mesmo com a imposição das *astreintes* persistir o descumprimento da obrigação de entrega da coisa no prazo fixado, expedir-se-á mandado de imissão na posse ou busca e apreensão, respectivamente com relação à coisa imóvel ou móvel, conforme a letra do art. 538 do CPC/15. Essas técnicas processuais viabilizam

59 STJ. Informativo n. 0585. Período: 11 a 30 de junho de 2016. Recursos Repetitivos. EXEQUIBILIDADE DE SENTENÇAS NÃO CONDENATÓRIAS. RECURSO REPETITIVO. A sentença, qualquer que seja sua natureza, de procedência ou improcedência do pedido, constitui título executivo judicial, desde que estabeleça obrigação de pagar quantia, de fazer, não fazer ou entregar coisa, admitida sua prévia liquidação e execução nos próprios autos. REsp 1.324.152-SP, Rel. Min. Luis Felipe Salomão, Corte Especial, DJe 15/6/2016.

60. Em razão disso, caso o valor da multa ultrapasse o montante da própria obrigação, não poderemos cogitar de enriquecimento sem causa, haja vista que a pena pecuniária não é forma de reparar o prejuízo do credor, pois não decorre do inadimplemento da obrigação. Os meios de pressão psicológica possuem autonomia, sendo, segundo o magistério de Cândido Dinamarco, "particularmente eficientes e capazes de proporcionar ao credor mais rapidamente a satisfação de seu direito, mediante a retirada da resistência do obrigado". In *A reforma do Código de Processo Civil*, p. 151.

a realização da tutela do direito à coisa. Aqui, o conteúdo substancial da ordem nada mais é do que uma sub-rogação, pela via da coerção direta. Portanto, pode o magistrado se servir de duas tutelas diferenciadas para alcançar o resultado desejado, eis que, na inobservância da decisão mandamental, há espaço para a imposição da técnica executiva.

Daí o acerto de Alexandre Freitas Câmara ao qualificar a sentença como de eficácia executiva *lato sensu*, "autoexecutável, pois pode ser executada de ofício pelo juiz dentro do mesmo processo em que foi proferida, independentemente do ajuizamento da demanda executiva e da instauração do processo de execução *ex intervallo*".[61] Ao contrário do que acontece na forma de efetivação da sentença condenatória, a técnica executiva não se dirige ao obrigado, concretizando-se independentemente de sua vontade. Assim, caso *A* tenha êxito em ação reivindicatória proposta contra *B*, no próprio provimento condenatório, o juiz estipulará prazo para devolução do bem, sob pena de expedição de ordem de imissão na posse. Dispensa-se a necessidade de novo processo autônomo de execução, pois a execução será imediata, sem contar com qualquer participação do obrigado. Trata-se de uma ação sincrética, pois a mesma decisão que condena culmina por efetivar o seu próprio mandamento.

O princípio da efetividade do processo é valorizado pelas técnicas executiva e mandamental. Sem que se altere a classificação das sentenças (declaratórias, constitutivas ou condenatórias), valorizam-se meios diferenciados de eliminar a crise do adimplemento pela efetivação de atos posteriores à sentença no próprio processo de conhecimento. A sua especificidade reside na eliminação do binômio condenação-execução, inadmitindo-se a oposição de embargos para fins de procrastinação da eficácia da sentença, haja vista que os atos executivos e mandamentais migram do processo autônomo para o bojo do próprio processo de conhecimento. A defesa do devedor se restringirá o agravo de instrumento, dentro dos próprios autos.

Como sintetiza José Roberto dos Santos Bedaque, qualquer que seja o meio de realização dos seus efeitos, a sentença continuará sendo condenatória, pois destinada a afastar o inadimplemento da obrigação. Nas técnicas executiva e mandamental há diversidade e inovação apenas na forma de obtenção coercitiva da prestação devida.[62]

Portanto, nos processos que tenham por objetivo o cumprimento da obrigação de dar coisa certa, há uma bem-sucedida combinação de técnicas processuais consubstanciadas em medidas coercitivas e sub-rogatórias, isoladas ou conjuntas. O demandado poderá sofrer coação indireta, de natureza mandamental, pela via

61. CÂMARA, Alexandre Freitas. *Lições de direito processual civil*, p. 241.

62. Para Bedaque, "esta variação estrutural está relacionada à forma adotada pelo sistema para produzir as alterações no plano material, para dotar de eficácia prática o comando jurídico da sentença condenatória. A existência de múltiplas técnicas, destinadas a transformar em realidade concreta aquilo que até então se encontra no plano da cognição, não influi, todavia, na substância do fenômeno". *Efetividade do processo e técnica processual*, p. 530.

psicológica persuasiva das *astreintes*, ou, coerção direta, por meios executivos que independem de sua colaboração. Enfim, cuida-se de um processo civil de resultados.

Antônio Cláudio da Costa Machado se refere às três ferramentas que conduzem à satisfação da tutela específica nas obrigações de entrega de coisa. "Numa sequência de decisões (contida na liminar ou na sentença), o juiz pode ter, em primeiro lugar, fixado prazo de tantos dias para o cumprimento voluntário da ordem de entrega; em segundo, pode ter determinado que, não cumprida a ordem nesse prazo, ficaria o réu-devedor submetido à multa diária de tantos reais, por um determinado período de tempo; e, em terceiro lugar, pode o magistrado ter decidido que, vencido esse segundo prazo (acompanhado de multa) sem a entrega da coisa, o cartório estaria autorizado a expedir mandado de busca e apreensão ou de imissão na posse."[63]

Porém, essa ordem não é fixa. Tendo em vista a adequação das medidas executivas às peculiaridades do caso, poderá convir ao demandante um diferente concerto de técnicas processuais. Independentemente dessa escolha, certo é que a conversão em perdas e danos será a última alternativa do requerente (art. 499, CPC/15). De fato, a tutela pelo equivalente pecuniário, mediante conversão da tutela específica em genérica, será uma lamentável consequência da perda ou destruição do bem da vida.

Porém, acurada leitura do art. 499 do CPC/15, induz à percepção de que, para além da impossibilidade material ou jurídica de obtenção da tutela específica, poderá o credor acessar a tutela genérica, se simplesmente a ela recorrer. Aceita a interpretação literal do texto codificado, converte-se a prestação da obrigação de dar coisa certa em direito potestativo do credor, pelo qual sujeitará o devedor à sua discricionariedade. Ilustrativamente, havendo resistência voluntária à entrega do imóvel X, o demandante poderia diretamente buscar a tutela ressarcitória, mesmo que a tutela específica se afirme plenamente viável. Será essa hermenêutica do art. 499 cabível? Sabemos que a prestação nasce para a satisfação de um interesse objetivo do credor e que ele pode mesmo dispor de seu interesse no plano direito material, já que o devedor não ostenta um direito subjetivo de constranger o credor a receber a prestação específica. Todavia, não se nega o direito do devedor de se liberar do vínculo obrigacional, a fim de recuperar a liberdade que cedeu ao tempo em que se vinculou. Assim, cremos que terá legitimidade e interesse de agir em propor uma ação de consignação em pagamento para depositar o bem inicialmente afetado à obrigação, mesmo que na inicial o credor tenha optado pelo equivalente pecuniário. Concluindo, somente surgirá a alternativa pela tutela genérica quando, após proferida a sentença, baldados os esforços para a obtenção da prestação originária, a mesma se inviabilize. Ou então, se diante do requerimento de conversão pela parte autora, o réu a ela anuir, renunciando à tutela específica. Diante de todo o exposto, dispensável justificar que

63. COSTA MACHADO, Antônio Cláudio da. *Código de Processo Civil interpretado*, p. 634.

Em complemento, novos argumentos são esgrimidos por MARINONI, ARENHART E MITIDIERO: "caso o credor pudesse pedir tutela pelo equivalente em dinheiro diante do não cumprimento da obrigação contratual, ele teria o poder de transformar a obrigação pactuada, o que violaria o sistema de obrigações e o princípio da autonomia da vontade, tornando legítima a novação unilateral da prestação contratada. Não se pode jamais perder de vista que a obrigação é, em si mesma, um processo – uma totalidade que necessita da cooperação daqueles que se encontram nela empenhados para que se alcance com certo conforto o seu fim, que é o adimplemento".[64]

Certamente, essa construção doutrinaria apenas oferecerá balizas para a interpretação do art. 499 do CPC/15, quando o direito à coisa tenha como fonte uma obrigação negocial. Ilustrativamente, se o demandante foi vítima de um ilícito extranegocial vazado na destruição de seu automóvel, poderá substituir a pretensão à tutela específica (outro veículo da mesma marca e modelo), pelas perdas e danos. Aqui, o causador do dano não possui a faculdade de se liberar da obrigação pela forma específica.

O § 3º do art. 538 do CPC/15 teve o cuidado de estender à execução para obrigação de entrega de coisa certa somente o que há de útil na execução específica da obrigação de fazer e não fazer, municiando o processo das ferramentas dos §§ 1º a 5º do art. 536 do CPC/15, excluindo, todavia, o *caput* do dispositivo, que permite a aplicação, pelo juiz, de providências capazes de produzir resultado prático equivalente ao adimplemento.

Com efeito, se nas obrigações que envolvam condutas comissivas ou omissivas é natural que o juiz ofereça ao credor o resultado esperado através de medidas que prescindam do comportamento do devedor, o mesmo não se diga das obrigações de dar. Explica Cândido Rangel Dinamarco que, "quando o objeto da obrigação é uma coisa, nada é preciso substituir ou converter, pela simples razão de que basta lançar mãos sobre a coisa devida, afastando-se a resistência do obrigado e fazendo o Poder Judiciário a entrega que ele não fez. A aplicação do *caput* do art. 461 (atual art. 536 CPC/15) à execução das obrigações de entregar produziria efeito inverso ao desejado, ao permitir que o obrigado retivesse consigo o bem devido em troca de uma privação de outra ordem".[65]

Destarte, com exceção do óbice à adoção do resultado prático equivalente, faculta-se ao credor da obrigação de dar o manejo de todas as demais regras que disciplinam a execução específica nos diversos parágrafos do art. 536 do CPC/15. A título ilustrativo, poderá o demandante se servir da multa coercitiva com a função indutiva de promover o comportamento desejado ou então, das medidas necessárias

64. MARINONI, Luiz Guilherme. ARENHART, Sergio Cruz. MITIDIERO, Daniel. Novo Código de Processo Civil Comentado, p. 510,

65. DINAMARCO, Cândido Rangel. *A reforma da reforma*, p. 246.

do § 1º. Enfim, terá acesso a qualquer meio de execução idôneo à tutela do direito material.

A outro lado, para a execução extrajudicial, consubstanciado em obrigação líquida, certa e exigível de entregar coisa (art. 783 do CPC/15), mantém-se o processo autônomo de execução, pelo art. 806 do CPC/15, nos seguintes termos: "O devedor de obrigação de entrega de coisa certa, constante de título executivo extrajudicial, será citado para, em 15 (quinze) dias, satisfazer a obrigação." O próprio art. 498 do CPC/15 conduz ao mesmo resultado, ao restringir ao âmbito das sentenças, as tutelas diferenciadas de efetivação de obrigações de entrega de coisa. A mesma conclusão ressai da leitura da 1ª parte do art. 513 do CPC/15,: "O cumprimento da sentença será feito segundo as regras deste Título [...]".

Ajuizada a execução extrajudicial com fundamento em um dos documentos previstos no art. 784 do CPC/15, propicia-se ao credor resultados simétricos aos desenhados para as obrigações fundadas em título judicial (art. 538 CPC/15). Isto é, acesso às tutelas específicas de imissão na posse do bem imóvel ou busca e apreensão do bem móvel desejado, caso o réu não satisfaça a execução em 15 dias. O artigo 806 do CPC/15 suprimiu a indevida exigência de garantia prévia do juízo para a admissão dos embargos à execução. Ou seja, consiste essa modalidade de execução na prática de atos tipicamente materiais, destinados a desapossar o demandado da coisa e entregá-la ao demandante.

De acordo com o art. 914 do CPC/15 "o executado, independentemente de penhora, depósito ou caução, poderá opor-se à execução por meio de embargos", que constituem ação autônoma impugnativa à execução forçada e serão ofertados no prazo de 15 dias, contados da forma comum, em regra, do primeiro dia posterior à data de juntada aos autos do AR, se a intimação se deu pelo correio (art. 915 do CPC/15). Elimina-se, portanto, o requisito da segurança do juízo para a oposição da ação de natureza incidental.

Conforme o § 1º do art. 806 do CPC/15, será permitida ao juiz a fixação de multa coercitiva para induzir o executado a entregar o bem em juízo, no próprio mandado citatório da ação executiva, em razão de atraso no cumprimento da obrigação. As *astreintes* possuem finalidade coativa, constrangendo o devedor a cumprir a tutela específica, daí a necessidade de imposição de altos valores com *dies a quo* de incidência, a contar do momento em que se finda o prazo determinado na decisão. Aqui temos a tutela mandamental, pela qual o magistrado não declara nem condena, mas dirige ordem ao demandado, sob pena de adoção de medidas coercitivas.

Se o arsenal de técnicas disponíveis para a consecução do processo executivo for inidôneo ao alcance da tutela material, nada impede que o credor se sirva, subsidiariamente, do instrumental do art. 538 do CPC/15 – tutela do direito à coisa. Se o objetivo constitucional é conceder a tutela adequada e efetiva, nada impedirá que o detentor de titulo extrajudicial realize o seu direito por àquela via, desde que se evidencie o malogro das técnicas originariamente disponíveis nos artigos 806 a 810 do CPC/15. Frise-se que, por via reflexa, poderá o credor munido de título extrajudicial se beneficiar do aparato do artigo 536 – tutela das obrigações de fazer e não fazer -, através do permissivo do § 3º do art. 538 do CPC/15.

Havendo obrigação de *dar coisa incerta*, enfatiza-se a mesma ordem de ideias quanto à forma de execução das obrigações de dar coisa certa. A execução de título judicial dar-se-á nos moldes do parágrafo único do art. 498 do CPC/15: "Tratando-se de entrega de coisa determinada pelo gênero e pela quantidade, o autor individualizá-la-á na petição inicial, se lhe couber a escolha, ou, se a escolha couber ao réu, este a entregará individualizada, no prazo fixado pelo juiz". Se a escolha couber ao autor, a individualização realizar-se-á na petição inicial, pois a execução é realizada após a sentença no mesmo processo que condenou o réu. Se a escolha couber ao réu, este a entregará individualizada, no prazo fixado pelo juiz.

Cuidando-se de dívida de gênero baseada em título executivo extrajudicial, a execução impõe-se na forma dos arts. 811 a 813 do CPC/15, tendo por objeto prestação consistente em coisa incerta, até que o bem seja escolhido pela parte a quem se atribuiu, por convenção, a concentração. Vale dizer, fundamental é o incidente de individualização do objeto da obrigação, por ser impraticável a exigência de depósito sobre prestação inicialmente consistente em coisa incerta.

Se a escolha couber ao exequente, este a indicará na própria inicial. Nada constando do título, caberá o direito potestativo de concretização da dívida de gênero ao executado. Em qualquer das hipóteses, a parte adversa poderá impugnar a escolha, com a decisão do incidente. Se a escolha couber ao executado e este permanecer inerte, transfere-se o direito de opção ao exequente. A adequação da escolha feita por uma das partes poderá ser impugnada pela outra, no prazo de 15 dias, seguida de decisão do incidente (art. 812, CPC/15). A partir daí, seguem as normas para execução de entrega de coisa certa, pois a obrigação genérica é convertida em obrigação específica.

2.2.1 A execução das obrigações pecuniárias

"Dinheiro compra tudo. Até amor verdadeiro."

(Nelson Rodrigues)

2.2.2 O Cumprimento da sentença

Segundo Athos Gusmão Carneiro, "a execução permanece o 'calcanhar de Aquiles' do processo. Nada mais difícil, com frequência, do que impor 'no mundo dos fatos' os preceitos abstratamente formulados no 'mundo do direito'".[66]

A tutela pecuniária é conhecida como execução genérica, pois o credor detém livre acesso a qualquer um dos bens que compõem o patrimônio do devedor, visando

66. CARNEIRO, Athos Gusmão. *Nova execução – aonde vamos?* Vamos melhorar, p. 20.

convertê-los em dinheiro (exceto os impenhoráveis – art. 833 do CPC/15). A tutela pecuniária se serve de técnicas expropriatórias para a satisfação do direito ao crédito (art. 824, CPC/15). A trasladação do patrimônio do executado para o do exequente se dará na seguinte ordem preferencial de técnicas: a) adjudicação; b) alienação (por iniciativa particular ou leilão); c) apropriação de frutos e rendimentos (art. 825, CPC/15).

Em sentido diverso, nas modalidades obrigacionais de dar dar coisa certa e incerta, fala-se de execuções específicas, eis que o credor circulará restritamente pelo patrimônio do devedor, sendo-lhe apenas facultado buscar em juízo os bens voluntariamente recusados ao tempo do adimplemento.

Além da hipótese corrente de inadimplemento de obrigação em dinheiro, a tutela pecuniária excepcionalmente surgirá nas relações obrigacionais quando restar frustrada a execução específica - consistente na busca da prestação *in natura* –, por haver o objeto da obrigação sido extraviado ou destruído. Nessas hipóteses, a execução genérica é o sucedâneo obrigatório, após a apuração do *quantum* devido em processo de liquidação por arbitramento ou artigos (art. 499, CPC/15).

Em decorrência de alterações processuais introduzidas pela Lei nº 11.232/2005, a sentença condenatória, antes necessariamente executada em processo autônomo, tornou-se objeto de satisfação na mesma relação jurídica processual. Em outros termos, deu-se a unificação procedimental entre a ação condenatória e a ação de execução. A alteração estrutural do procedimento executivo das obrigações de pagar dívida em dinheiro foi um dos pontos centrais de um ciclo de reformas sincréticas iniciado há 20 anos, com a introdução da do art. 461, do CPC/73, às obrigações de fazer e não fazer (1994), passando pela reforma das obrigações de entregar coisa em 2001 (art. 461-A, CPC/73).

Não mais se cogita da "execução" da sentença, porém de seu "cumprimento" em uma fase procedimental sucessiva. Dispõe o artigo 523 do CPC/15: "No caso de condenação em quantia certa, ou já fixada em liquidação, e no caso de decisão sobre parcela incontroversa, o cumprimento definitivo da sentença far-se-á a requerimento do exequente, sendo o executado intimado para pagar o débito, no prazo de 15 (quinze) dias, acrescido de custas, se houver".

Tendo em vista a liquidez, certeza e exigibilidade da obrigação - como decorrência da condenação - surge o momento do adimplemento pelo devedor, a partir do momento em que for devidamente intimado na pessoa de seu advogado. A sentença que condena a prestação em dinheiro será seguida de uma nova fase do próprio processo de conhecimento condenatório, iniciada por um requerimento do credor em que se postula a execução forçada, em respeito ao princípio da inércia da jurisdição. Se o devedor não realiza o pagamento no prazo legal de 15 dias a contar da intimação do advogado, incidirá uma multa de 10% sobre o montante devido, além de honorários advocatícios em igual percentual (§ 1º, art. 523, CPC/15).[67] Em seguida, abre-se a fase de execução forçada, na qual entram em cena as já mencionadas técnicas expropriatórias. Nessa etapa o devedor se torna inadimplente, fato que autoriza o credor a apontar os bens que serão penhorados. Na sequência, o devedor exercitará a defesa pela via da impugnação e serão levados a efeito os demais atos executivos tendentes à satisfação do crédito. As atividades jurisdicionais se realizam em uma só relação processual, eliminando-se a necessidade de nova citação do réu e cobrança de custas para a execução da sentença.

Assim, a conformação original do regime executivo pelo CPC, na qual predominava o princípio da autonomia, fica restrita à execução fundada em título extrajudicial. Prevalece o princípio da efetividade, buscando o legislador uma fórmula de adequar o processo à sua finalidade, desprezando-se proposições teóricas de baixa concretude. Com efeito, existindo apenas uma pretensão de direito material, qual seja, compelir o devedor inadimplente a pagar, incumbe ao legislador agir com pragmatismo na seleção de atos e formas que tornem efetiva a restauração da ordem jurídica.

Especificamente no tocante à multa legal a sua natureza primária é punitiva, e não coercitiva como a multa periódica (*astreintes*). Certo é que toda pena ostenta um efeito inibitório secundário, mas o que se deseja aqui é simplesmente sancionar o devedor pela superação do prazo de 15 dias sem adimplemento. Há uma automática incidência da pena pecuniária quando da recusa ao pagamento. Obviamente, se já houve o pagamento parcial do débito, a multa incidirá sobre o montante restante (§ 2º, art. 523, CPC/15).

Alias, a adoção da sanção punitiva na tutela do adimplemento não é uma novidade em nossa sistemática processual. A execução da sentença que condena ao pagamento de alimentos já determinava a prisão civil como coerção no CPC/73 e no art. 528 do CPC/15. Amplia-se agora, não pela universalização da privação de liberdade, mas pela instituição de uma sanção processual punitiva. Não se trata de discricionariedade do magistrado, mas de norma de observância obrigatória. O juiz não poderá reduzir, aumentar ou desprezar a cominação, eis que, ao contrário das multas coercitivas, ela opera independentemente da decisão judicial, pela simples superação do prazo legal.

---

67. "A multa de 10% (dez por cento) prevista pelo art. 523, § 1º, do CPC/2015 não integra a base de cálculo dos honorários advocatícios. Para deflagrar o cumprimento de sentença, exige-se o requerimento expresso formulado pelo credor. Ocorrendo a intimação do executado, inicia-se o prazo de 15 (quinze) dias para a satisfação do comando sentencial, após o qual o débito será acrescido de multa e de honorários advocatícios no importe de 10% (dez por cento), totalizando, portanto, o aumento de 20% (vinte por cento). Nesse contexto, a base de cálculo da multa e da verba honorária é o valor do crédito perseguido na execução da sentença. Ou seja, calcula-se a multa sobre o montante executado e, em seguida, procede-se da mesma forma com os honorários devidos ao advogado. Portanto, a base de cálculo da multa e dos honorários advocatícios é a mesma, ou seja, ambos incidem sobre o débito. Por sua vez, a expressão "débito", presente no caput do art. 523 do CPC/2015, compreende o valor que o credor busca no cumprimento da sentença, acrescido, se houver, das custas processuais referentes à instauração da fase executiva, sem incluir a multa de 10% (dez por cento) pelo descumprimento da obrigação no prazo legal" (REsp 1.757.033-DF, Rel. Min. Ricardo Villas Bôas Cueva, por unanimidade, julgado em 09/10/2018, DJe 15/10/2018).

Configurado o inadimplemento, cabe ao magistrado determinar de ofício a expedição de mandado de penhora e avaliação, seguindo-se a fase da execução forçada (§ 3º, art. 523, CPC/15).

A teor do art. 524 do CPC/15, já no requerimento que principia a fase de cumprimento da sentença o demandante apresentará demonstrativo atualizado de crédito, com pormenorizada justificativa para a evolução de valores, de modo a facultar o mais amplo direito ao contraditório pelo demandado, bem como o controle do magistrado sobre a atividade do credor. Prevalece aqui o princípio dispositivo – vedado o início da fase de cumprimento *ex officio* –, pois o requerimento do credor é imprescindível, sob pena de arquivamento dos autos decorrido *in albis* o prazo de seis meses para o início da etapa satisfativa.[68]

Não há espaço para a apresentação de ação autônoma de embargos à execução, pois, transcorrido o prazo para o pagamento sem a satisfação do direito, automaticamente se inicia a contagem do prazo de 15 dias para o exercício de defesa do executado pela via da impugnação, sem necessidade de penhora ou intimação (art. 525, CPC/15).

2.2.3 A Execução Autônoma

Com relação ao processo autônomo de execução por quantia certa, dispõe o art. 786 do CPC/15: "A execução pode ser instaurada caso o devedor não satisfaça a obrigação certa, líquida e exigível consubstanciada em título executivo". Aqui há evidente correspondência com o direito material, pois a norma do art. 397 do Código Civil acentua que: "O inadimplemento da obrigação, positiva e líquida, no seu termo, constitui de pleno direito em mora o devedor". Isto é, o acesso à via executiva demanda a configuração de uma obrigação certa, líquida e exigível, além de "consubstanciado em título executivo", pois o princípio da taxatividade exige que a dívida esteja inserida no rol *numerus clausus* que o legislador esmiuçou no art. 784 do CPC/15.[69]

---

68. *Informativo* nº 0516, 17.4.2013. Quarta Turma: "DIREITO PROCESSUAL CIVIL. APLICAÇÃO DA MULTA DO Art. 475-J, CAPUT, DO CPC NO CASO DE PAGAMENTO VOLUNTÁRIO E EXTEMPORÂNEO DE CONDENAÇÃO. O pagamento extemporâneo da condenação imposta em sentença transitada em julgado enseja, por si só, a incidência da multa do art. 475-J, caput, do CPC, ainda que espontâneo e anterior ao início da execução forçada. O esgotamento do prazo previsto no art. 475-J do CPC tem consequências essencialmente materiais, pois atinge o próprio crédito cobrado. Com o escoamento do período para o pagamento, o valor do título se altera, não podendo o juiz atingir o próprio direito material do credor, que foi acrescido com a multa, assim como o seria com a incidência de juros, correção monetária ou outros encargos. Portanto, a pura fluência do prazo desencadeia as consequências legais. Além disso, ainda que a execução seja, de fato, uma faculdade do credor, o cumprimento da condenação prevista no título é uma obrigação do devedor. Desta feita, certamente, a incidência da multa do art. 475-J do CPC não está vinculada ao efetivo exercício de um direito pelo credor, mas ao descumprimento de uma obrigação imposta ao devedor. Assim, pouco importa se o credor deu início ou não à execução, ou seja, se exerceu seu direito. O relevante é saber se o devedor cumpriu ou não sua obrigação no modo e tempo impostos pelo título e pela lei." REsp 1.205.228-RJ, Rel. Min. Luis Felipe Salomão.

69. Rodrigo Mazzei esclarece que "certeza, liquidez e exigibilidade estão atrelados à obrigação e não ao título executivo propriamente dito [...] ou seja, a tríade de requisitos se volta não para o título executivo em si, mas para a obrigação". *Reforma do CPC*, v. 2, p. 87.

O rol de títulos executivos extrajudiciais, previsto na legislação federal em *numerus clausus*, deve ser interpretado restritivamente. É possível, no entanto, o excepcional reconhecimento da executividade de determinados títulos (contratos eletrônicos) quando atendidos especiais requisitos, em face da nova realidade comercial com o intenso intercâmbio de bens e serviços em sede virtual, visto que nem o Código Civil, nem o Código de Processo Civil, inclusive o de 2015, mostraram-se permeáveis à realidade negocial vigente e, especialmente, à revolução tecnológica que tem sido vivida no que toca aos modernos meios de celebração de negócios, que deixaram de se servir unicamente do papel, passando a se consubstanciar em meio eletrônico.[70]

Os títulos executivos extrajudiciais prosseguem com o processo autônomo de execução, enquanto a tutela pecuniária segue a fase de cumprimento da sentença (arts. 523 e segs., CPC/15) e o cumprimento da sentença que envolve as obrigações de entrega de coisa e de fazer e não fazer seguem, respectivamente, os ditames dos arts. 538 e 536/7 do CPC/15. Esta tripartição procedimental ressai do exame do art. 513 do CPC/15.

O início do procedimento do processo de execução de pagar quantia certa fundada em título executivo extrajudicial se encontra no art. 829 do CPC/15. O juízo positivo de admissibilidade resultante da constatação dos requisitos da liquidez, certeza, exigibilidade e taxatividade permite que o devedor seja citado para que pague o débito em três dias. O executado não poderá mais se eximir do pagamento pela via oblíqua da oferta de bens à penhora. Conforme leciona Daniel Amorim Assumpção Neves, "o oferecimento do bem à penhora por parte do executado pode mostrar-se um ato de má-fé e deslealdade processual, com o propósito de, já no início do procedimento executivo criar uma questão incidental que atrase o regular andamento do processo. Isso se verifica nas hipóteses de o devedor oferecer à penhora bem que dificilmente, por razões diversas, seja apto a se transformar em dinheiro por meio de expropriação".[71]

O adimplemento voluntário e integral do total do crédito exequendo no prazo assinalado pela lei, proporciona ao executado a redução de 50% da verba honorária[72], a teor do art. 827, § 1º , do CPC/15. Essa isenção não se aplica ao cumprimento

70. STJ, Informativo nº 627, 3. T, 29 de junho de 2018. "a assinatura digital de contrato eletrônico tem a vocação de certificar, através de terceiro desinteressado (autoridade certificadora), que determinado usuário de certa assinatura a utilizara e, assim, está efetivamente a firmar o documento eletrônico e a garantir serem os mesmos os dados do documento assinado que estão a ser sigilosamente enviados. Ademais, é necessário destacar que, com base nos precedentes desta Corte, em regra, exigem-se duas testemunhas em documento físico privado para que seja considerado executivo, mas excepcionalmente, poderá ele dar azo a um processo de execução, sem que se tenha cumprido esse requisito formal entendimento este deve-se aplicar aos contratos eletrônicos, desde que observadas as garantias mínimas acerca de sua autenticidade e segurança" (REsp 1.495.920-DF, Rel. Min. Paulo de Tarso Sanseverino, DJe 07/06/2018).

71. Como bem esclarece Daniel Assumpção, "está definitivamente afastado do direito nacional o pretenso ônus processual do executado em escolher os bens pertencentes ao seu patrimônio que responderão por sua dívida na execução de pagar quantia certa". *Reforma do CPC*. v. 2, p. 243.

72. STJ: SÚMULA 517 São devidos honorários advocatícios no cumprimento de sentença, haja ou não impugnação, depois de escoado o prazo para pagamento voluntário, que se inicia após a intimação do advogado da parte executada. Corte Especial, aprovada em 26/2/2015; SÚMULA 519 Na hipótese de rejeição

da sentença, apenas atua como uma espécie de sanção premial na execução. A coerção indireta não funciona como castigo, pois propicia um estímulo psicológico ao cumprimento da obrigação, mediante a obtenção de uma vantagem pelo devedor.

Se não houver o pagamento no transcurso do tríduo legal, o oficial realizará a penhora e a avaliação dos bens suficientes a garantir o juízo e satisfazer o exequente (art. 829, § 1º, CPC/15). Aliás, tendo conhecimento prévio do patrimônio do executado, o credor terá a faculdade de já indicar na petição inicial os bens que serão constritos, auxiliando a tarefa do oficial de justiça de localização dos bens. A penhora recairá sobre os bens indicados pelo exequente, sendo possível a alteração no caso concreto, mediante indicação do executado e aceitação pelo juiz, em função da preservação do delicado equilíbrio entre os princípios da menor onerosidade para o executado e da maior efetividade da execução(art. 829, § 2º, CPC/15). Certamente a parte poderá requerer a penhora *on line* (art. 835, I, CPC/15), modo que materializa a tutela jurisdicional adequada, evitando a prática de sucessivos atos processuais e materiais de conversão de outros bens penhorados em pecúnia.[73]

Segundo o art. 914 do CPC/15, ao invés do pagamento "o executado, independentemente de penhora, depósito ou caução, poderá opor-se à execução por meio de embargos". Não mais subsiste a prévia necessidade de segurança do juízo ao tempo do manejo da ação incidental pelo executado solvente. A oposição dos embargos não imuniza o patrimônio do devedor, eis que sua oferta no prazo de 15 dias - contados da forma comum (art. 915, CPC/15) - é posterior ao término do prazo de três dias para a realização do pagamento e, consequentemente, da efetivação da penhora.[74]Com efeito, os embargos não possuem efeito suspensivo automático. Por exceção, o efeito suspensivo será provocado pelo embargante (art. 919, § 1º, CPC/15), ao demonstrar a presença dos requisitos da tutela antecipada.

No prazo para embargos, reconhecendo o crédito do exequente e comprovando o depósito de trinta por cento do valor em execução, inclusive custas e honorários,

---

da impugnação ao cumprimento de sentença, não são cabíveis honorários advocatícios. Corte Especial, aprovada em 26/2/2015,.

73 STJ. Informativo nº 0583 Período: 13 a 26 de maio de 2016. Quarta Turma FORMA PREFERENCIAL DE PAGAMENTO AO CREDOR. A adjudicação do bem penhorado deve ser assegurada ao legitimado que oferecer preço não inferior ao da avaliação. Com a edição da Lei n. 11.382/2006, que alterou alguns artigos do CPC/1973, a adjudicação (art. 647, I) passou a ser a forma preferencial de satisfação do direito do credor, tornando secundárias as tradicionais formas de expropriação previstas no art. 647 do referido código. Igualmente, o novo CPC também prevê a adjudicação como forma preferencial de satisfação do direito do credor. Conforme preceitua doutrina especializada, a adjudicação pode ser conceituada como "o ato executivo expropriatório, por meio do qual o juiz, em nome do Estado, transfere o bem penhorado para o exequente ou a outras pessoas a quem a lei confere preferência na aquisição". REsp 1.505.399-RS, Rel. Min. Maria Isabel Gallotti, DJe 12/5/2016.

74. Rodrigo Mazzei corretamente postula pela subsistência da objeção de executividade: "mantém-se o interesse para que o executado, por meio de simples petitório, suscite matérias de ordem pública, ligadas à admissão da execução. A arguição de tais questões é possível, eis que, como são estruturantes, são de cognição pública e não se sujeitam a preclusão, pois podem (ou melhor, devem) ser analisadas expressamente pelo magistrado por ocasião do juízo de admissibilidade da própria pretensão executiva, não se sujeitando tal postulação às formalidades da ação incidental tratadas no art. 736 do CPC". In *Reforma do CPC*. v. 2, p. 466.

poderá o executado declarar sua intenção de pagar o saldo restante em até seis parcelas mensais, acrescidas de correção monetária e juros de um por cento ao mês (art. 916, CPC/15). Trata-se do direito potestativo do devedor ao parcelamento do pagamento, sendo suficiente que preencha os requisitos formais legais, sem que a falta de motivação ou a oposição do credor surtam qualquer efeito impeditivo. O credor levantará o percentual antecipado e a execução sobejará suspensa, sendo certo que o não pagamento de prestações subsequentes implicará o vencimento antecipado do débito, com reinício dos atos executivos e imposição ao executado de multa de dez por cento sobre o valor das prestações não pagas (art. 916, § 5º, CPC/15). Impraticável a alegação de adimplemento substancial se o inadimplemento for mínimo diante da significativa parte já cumprida. Lembre-se que a boa-fé objetiva e o dever anexo de cooperação se dirigem à fase pré-processual do adimplemento da obrigação. A execução forçada tem como premissa a crise de cooperação e o consequente inadimplemento.

O parcelamento da obrigação é forma de estímulo ao adimplemento, com a particularidade de que o executado reconhecerá o crédito descrito na inicial e manifestará o seu direito potestativo de parcelar no prazo de oposição de embargos, comprovando o depósito prévio no patamar referido no aludido dispositivo.[75]

Essa técnica processual não cabe na fase sucessiva do cumprimento da sentença, pois após a prolação de uma em regra demorada sentença condenatória, não seria crível oportunizar um benefício legal ao devedor que, em toda a duração do processo, quedou-se em adotar postura tendente ao adimplemento. Outrossim, conforme ressai do § 6º do art. 916 do CPC/15, o reconhecimento do crédito implica a preclusão lógica quanto à faculdade de oposição de embargos. Entendimento contrário ensejaria um *venire contra factum proprium* processual, pela evidente incompatibilidade entre as duas condutas e a frustração à legítima expectativa de confiança transmitida ao credor quanto a intuito de adimplir.

75. STJ. *Informativo* nº 497, 7-18.5.2012. Quarta Turma: "CUMPRIMENTO DE SENTENÇA. VALOR EXEQUENDO. PARCELAMENTO. Na fase de cumprimento de sentença, aplica-se a mesma regra que rege a execução de título extrajudicial quanto ao parcelamento da dívida. É que o art. 475-R do CPC prevê expressamente a aplicação subsidiária das normas que regem o processo de execução de título extrajudicial naquilo que não contrariar o regramento do cumprimento de sentença, não havendo óbice relativo à natureza do título judicial que impossibilite a aplicação da referida norma, nem impeditivo legal. Ademais, a Lei n. 11.382/2006, ao alterar as regras do processo de execução de título extrajudicial, concedeu ao devedor o direito de parcelar o débito exequendo em até seis meses, desde que preenchidos os requisitos do art. 745-A do CPC e que requeira o parcelamento em até quinze dias a contar da intimação para o cumprimento da sentença, nos termos do art. 475-J, *caput*, do mencionado codex. Não obstante, o Min. Relator ressaltou que o parcelamento da dívida não é direito potestativo do devedor, cabendo ao credor impugná-lo, desde que apresente motivo justo e de forma fundamentada; o juiz pode deferir o parcelamento (se verificar atitude abusiva do credor), o que, por sua vez, afasta a incidência da multa (art. 475-J, § 4º do CPC) por inadimplemento da obrigação reconhecida na sentença, uma vez que o depósito dos 30% do valor devido tem o condão de demonstrar o cumprimento espontâneo da obrigação, *como ocorreu na espécie. Com essas e outras fundamentações, a Turma negou provimento ao* recurso." REsp 1.264.272-RJ, Rel. Min. Luis Felipe Salomão, julgado em 15.5.2012.

2.2.4 O Procedimento Monitório

Se o credor apenas dispõe de documento escrito, sem eficácia de título executivo,[76] porém que demonstre a existência e exigibilidade do crédito, poderá buscar o procedimento especial de jurisdição contenciosa do processo de conhecimento da tutela monitória. O procedimento monitório é reservado àquele que pretende exigir de devedor capaz o pagamento de quantia em dinheiro, a entrega de coisa fungível ou infungível, de bem móvel ou imóvel e de obrigações de fazer ou não fazer (art. 700, CPC/15).[77]

Inserirmos os comentários sobre a monitória no bojo da tutela pecuniária, pois preferencialmente se cuida de técnica que objetiva acelerar a realização do pagamento de dívidas em dinheiro. Ocorre, que na perspectiva do CPC/15 de maior tempestividade do processo, o procedimento monitório foi ampliado. Além das obrigações pecuniárias, entrega de coisa fungível ou de bem móvel (que já constavam do art. 1.102-A, do CPC/73), permite-se a partir da vigência do novo CPC que um direito evidenciado em prova escrita seja submetido a um rito expedito, tendo como objeto qualquer prestação.

O processo injuncional – como é conhecido por vários doutrinadores – busca a concessão de liminar de providência condenatória, com vistas à célere formação de um título executivo. É efetivamente um procedimento sumário que produz um corte na atividade cognitiva para ingressar na fase executiva. Ou, como pontua Cândido Rangel Dinamarco, uma tutela diferenciada.[78]

Segundo Elaine Harzheim Macedo, "temos que nos render à conclusão de Calamandrei de que no bojo deste procedimento encontra-se uma pretensão do mesmo porte de uma sentença condenatória. O procedimento monitório prepara a execução forçada. Cuida-se de *iter* célere para obter um título executivo judicial, cuja celeridade nada mais é que homenagem do legislador ao juízo de verossimilhança, de credibilidade".[79]

---

76. *Informativo* nº 0513, 6.3.2013. Segunda Seção. "DIREITO PROCESSUAL CIVIL. AÇÃO MONITÓRIA FUNDADA EM CHEQUE PRESCRITO. PRESCINDIBILIDADE DE DEMONSTRAÇÃO DA ORIGEM DO DÉBITO EXPRESSO NA CÁRTULA. Em ação monitória fundada em cheque prescrito, ajuizada em face do emitente, é dispensável a menção ao negócio jurídico subjacente à emissão da cártula. No procedimento monitório, a expedição do mandado de pagamento ou de entrega da coisa é feita em cognição sumária, tendo em vista a finalidade de propiciar celeridade à formação do título executivo judicial. Nesse contexto, há inversão da iniciativa do contraditório, cabendo ao demandado a faculdade de opor embargos à monitória, suscitando toda a matéria de defesa, visto que recai sobre ele o ônus probatório. Dessa forma, de acordo com a jurisprudência consolidada no STJ, o autor da ação monitória não precisa, na exordial, mencionar ou comprovar a relação causal que deu origem à emissão do cheque prescrito, o que não implica cerceamento de defesa do demandado, pois não impede o requerido de discutir a causa debendi nos embargos à monitória." REsp 1.094.571-SP, Rel. Min. Luis Felipe Salomão.

77. Assim, nas obrigações de dar coisa incerta, caso o direito de escolha tenha sido reservado ao devedor, sobejará inviabilizado o procedimento sumário, pois, havendo discordância do credor quanto à coisa depositada, não há como estabelecer-se um contraditório por meio de um incidente de individualização da coisa. Todavia, se a escolha da coisa incerta couber ao credor, deverá este efetuar a identificação na inicial da monitória, oportunizando o cumprimento ao réu.

78. *Instituições de direito processual civil,* v. 3, p. 740.

79. MACEDO, Elaine Harzheim. *Do procedimento monitório*, p. 109.

Aqui, o credor possui um título de dívida líquido e vencido, porém carecedor de certeza, por não se amoldar às hipóteses exaustivas do art. 784 do CPC/15. Ou seja: serão passíveis de admissão pelo procedimento monitório os documentos que não adquiriram ou perderam a eficácia executiva. Nada obstante, como há uma forte carga de *probabilidade* de veracidade do título, com base na verossimilhança do crédito sumariamente demonstrado pela presença dos demais requisitos, concebeu-se o procedimento especial monitório. Uma ação condenatória sumária que, influenciada pelos princípios da efetividade e economia processual, será capaz de dotar o credor de célere pretensão executiva.[80]

Ao expedir o mandado liminar, por vislumbrar o *fumus boni juris* na prova escrita do crédito que lhe é apresentada na inicial, deve o juiz, em cognição sumária, verificar o grau de probabilidade e verossimilhança do documento, concedendo à pretensão do credor tratamento procedimental diferenciado em atenção à qualidade do crédito, se merecedora de fé em razão de sua autenticidade e eficácia probatória.

A decisão que determina a expedição de mandado injuntivo, de natureza *sui generis*, tem a sua eficácia suspensa, posto condicionada à reação do devedor. Será ele citado para pagar, entregar a coisa, ou executar a obrigação de fazer ou não fazer em 15 dias (art. 701, CPC/15). A partir da reação do devedor, quatro possíveis desfechos se abrem: *a um*, o réu reconhece o direito do credor e cumpre a decisão antecipatória, adimplindo a obrigação espontaneamente, sendo recompensado pelo ordenamento, ficando isento de custas processuais e pagando honorários de sucumbência de cinco por cento do valor atribuído a causa (art. 701 e § 1º, CPC/15); *a dois*, o devedor mantém-se inerte ao deixar de opor embargos, verificando-se a revelia (exceto se for citado por edital, caso em que o curador especial poderá embargar). Nesse caso de inércia na apresentação de defesa, abrevia-se a concreta realização do direito, convertendo-se imediatamente o mandado monitório em mandado definitivo, como título executivo judicial em favor do credor (art. 701, § 2º ,do CPC/15), com a sequência agora estabelecida pelo artigo 523 e § 1º , do CPC/15, que parte da intimação para pagamento em 15 dias, sob pena de multa punitiva de dez por cento; *a três*, no prazo de 15 dias, o devedor opõe embargos nos autos da monitória. Com a resposta, suspende-se imediatamente a eficácia da ordem liminar, o que impede que o processo siga à fase executiva, culminando na conversão do rito especial da monitória em ordinário, com o estabelecimento do contraditório – cognição plena e exauriente -[81] gerando sentença ao final do procedimento, sujeita à apelação (art. 702, §§ 4º e 5º,CPC/15. O acolhimento dos embargos por sentença suprime a eficácia

80. Em 2014 o Superior Tribunal de Justiça editou duas importantes súmulas que sinalizam a efetividade dos títulos que perderam a eficácia executiva: a) SÚMULA nº 503: "O prazo para ajuizamento de ação monitória em face do emitente de cheque sem força executiva é quinquenal, a contar do dia seguinte à data de emissão estampada na cártula"; b) SÚMULA nº 504: "O prazo para ajuizamento de ação monitória em face do emitente de nota promissória sem força executiva é quinquenal, a contar do dia seguinte ao vencimento do título."

81. O que enseja até mesmo o oferecimento de reconvenção na monitória, conforme a Súmula n. 292 do Superior Tribunal de Justiça e agora confirmado pelo § 6º, do art. 702 do CPC/15.

da decisão liminar neutralizando a conversão em mandado executivo. Contudo, nascerá o título executivo diante da rejeição dos embargos e declaração da existência do direito afirmado pelo credor(art. 702, § 8º , CPC/15).[82]; a quatro, em caráter inovador o CPC/15 (§ 5º, art. 701) admite que ao invés de deduzir embargos, exerça o direito potestativo de parcelar o débito pecuniário., na forma disciplinada pelo art. 916 do CPC/15. Essa faculdade só poderá ser exercida no prazo inicial de 15 dias para pagamento ou abertura da cognição exauriente. Assim, se em face do mandado liminar o devedor não opuser embargos, ou esses forem rejeitados, face à consolidação do titulo executivo judicial não haverá mais espaço para a opção residual do parcelamento do crédito.

Alexandre Freitas Câmara enfatiza que, além da peculiaridade da prolação de uma sentença liminar[83] que resolve o mérito da causa e é determinante para a expedição do mandado monitório e produção de efeitos executivos, outra especial característica do procedimento monitório é a inversão da iniciativa do contraditório. O caráter típico dessa categoria de processos é o seguinte: "que neles a finalidade de chegar com celeridade à criação do título executivo se alcança transferindo-se a iniciativa do contraditório do autor para o demandado [...] essa inversão se deve ao fato de que, aos olhos do sistema processual, os casos em que é cabível a utilização do procedimento monitório são hipóteses em que, com grande probabilidade, o réu nada terá a opor à ordem de cumprimento da obrigação".[84]

O procedimento monitório, ao supor que a ausência de iniciativa do réu confirma a existência do direito que já era aceito (em virtude de prova escrita) como provável, apenas reafirma a necessidade de tratamento diferenciado aos direitos evidentes, Admite-se que a prova escrita e a inércia do devedor são suficientes para a formação do título executivo. O legislador, quando criou o procedimento monitório, aceitou o risco que a defesa corre em nome da necessidade de tutela adequada dos direitos evidentes. Por isso, nesse procedimento é viável a tutela antecipada de urgência

---

82. STJ: Informativo nº 0527 Período: 9 de outubro de 2013. Quarta Turma DIREITO PROCESSUAL CIVIL. AMPLITUDE DA MATÉRIA DE DEFESA DOS EMBARGOS À MONITÓRIA. "É possível arguir, em embargos à ação monitória, a invalidade de taxas condominiais extraordinárias objeto da monitória sob o argumento de que haveria nulidade na assembleia que as teria instituído. De fato, os embargos à monitória serão processados pelo procedimento ordinário (art. 1.102-C, § 2º, do CPC), o que aponta inequivocamente para a vontade do legislador de conferir ao procedimento dos embargos contraditório pleno e cognição exauriente, de modo que, diversamente do processo executivo, não apresenta restrições quanto à matéria de defesa. Dessa forma, admite-se a formulação de toda e qualquer alegação no âmbito de embargos à monitória, desde que se destine a comprovar a improcedência do pedido veiculado na inicial" (REsp 1.172.448-RJ, Rel. Min. Luis Felipe Salomão).

83. É controversa em doutrina a natureza da decisão liminar na ação monitória, pois o seu modelo não se enquadra perfeitamente na tipologia do art. 162 do Código de Processo Civil, ou seja, sentença, decisão interlocutória ou despacho. Segundo Eduardo Talamini, "todos os provimentos emitidos no curso do processo e que não afastam a sua continuidade excluem-se da categoria de 'sentença' – e isso por força do único critério classificatório existente. A definição da 'essência' da sentença, enfim, se dá exclusivamente através do parâmetro estabelecido em lei. É com base nele que se pode afirmar que a decisão concessiva do mandado não é sentença". In *Tutela monitória*: a ação monitória – Lei 9.079/95, p. 94.

84. CÂMARA, Alexandre Freitas. *Lições de direito processual civil*, v. III, p. 537.

fundada no art. 300 do CPC/15, baseada em fundado receio de dano irreparável ou de difícil reparação na monitória. Ilustrativamente, a tutela de urgência satisfativa pode se dar em caso de indenização antecipada para aliviar um estado de necessidade causado pelo ilícito.[85]

Por último, caso a obrigação inadimplida pelo devedor careça de amparo documental, restará ao credor apenas a *ação de cobrança* pelo procedimento comum de natureza condenatória. Na via ordinária, poderá constituir o seu título. Inclusive, poderá obter a tutela antecipada, presentes os pressupostos legais para tanto (art. 273 do CPC).

Muitas vezes o credor detém prova documental originária, mas esta é frágil e requer complementação testemunhal, ou foi unilateralmente produzida pelo próprio credor, sem certa presunção de veracidade. Daí a impossibilidade de acesso direto à pretensão monitória, que demanda prova documental pré-constituída – como no mandado de segurança –, sem possibilidade de ampla dilação probatória.[86]

Insta acentuar a facultatividade da ação monitória, como uma opção a mais de acesso ao Judiciário pela via do processo de conhecimento. O procedimento especial é opcional, pois o credor pode buscar as vias comuns (procedimento ordinário ou especial, conforme o valor da causa), mesmo possuindo um título com todos os requisitos necessários à adoção da monitória. Se tanto a ação monitória como o rito comum objetivam a formação de um título executivo, poderá o credor abdicar da brevidade, em prol de um caminho mais cauteloso. Ambas figuram no processo de conhecimento e detêm índole condenatória, com a diferença de a ação de cobrança ser condenatória plenária e a monitória, condenatória sumária.

Finalizando, dispõe o art. 785 do CPC/15 que "a existência de título executivo extrajudicial não impede a parte de optar pelo processo de conhecimento, a fim de obter título executivo judicial". Aqui, a hipótese é diversa, pois concerne ao credor que já é titular de um título executivo e delibera por se socorrer da monitória ou do processo de conhecimento para alcançar um título judicial. Não nos apetece a inovação legal, por flagrante carência de ação, diante da ausência do interesse de agir do credor, pois inexiste utilidade ou necessidade em adotar o processo de conhecimento para ao seu término ser encontrado aquilo que já se possui de início.[87] Além disso, como ressalta

85. MARINONI, Luiz Guilherme. ARENHART, Sergio Cruz. MITIDIERO, Daniel. Novo Código de Processo Civil Comentado, p. 686.

86. STJ. AgRg no REsp 1242498/RN. Re. Min. TEORI ALBINO ZAVASCKI. *DJe* 4.10.2011. "AÇÃO MONITÓRIA. CONFIGURAÇÃO DE PROVA ESCRITA PARA OS FINS DO Art. 1.102-A DO CPC.1. *A apresentação de documentação que comprova a existência e liquidez do crédito satisfaz o requisito da prova escrita exigido na ação monitória.*"

87. Todavia, o STJ recentemente se posicionou contrariamente ao entendimento por nós esposado, conforme se observa do *Informativo* nº 495, 9-20.4.2012. Quarta Turma: "AÇÃO MONITÓRIA. ADEQUAÇÃO DA VIA ELEITA. Na espécie, o tribunal de origem entendeu que o autor era carecedor de interesse de agir por inadequação da via eleita, uma vez que, sendo possível o procedimento executório de títulos extrajudiciais (notas promissórias), descaberia a via da ação monitória. No entanto, assim como a jurisprudência do STJ é firme quanto à possibilidade de propositura de ação de conhecimento pelo detentor de título executivo – não havendo prejuízo ao réu em procedimento que lhe faculta diversos meios de defesa –, por iguais

DANIEL AMORIM ASSUMPÇÃO, isso demanda um trabalho jurisdicional inútil, ocupando o poder judiciário de um processo que não precisaria existir para a tutela do interesse da parte, com desperdício de tempo, dinheiro e energia. Um "Verdadeiro atentado ao princípio da economia processual sob seu aspecto macroscópico, permitindo-se um processo inútil por vontade das partes em detrimento do interesse público de se obterem mais resultados com menor atividade jurisdicional".[88]

2.3 Obrigação de fazer

A natureza concedeu aos grandes homens a faculdade de fazer e aos outros a de julgar.

(Luc De Clapiers - Marquês de Vauvenargues)

2.3.1 Generalidades

Vimos que as obrigações de dar são traduzidas na finalidade de entrega ou restituição de um bem (coisa ou direito), mediante atribuição patrimonial, por transferência de propriedade ou desapossamento do devedor. Diferentemente, nas obrigações de fazer, pretende o credor a prestação de um fato, consistente na realização de uma atividade pessoal ou serviço pelo devedor ou por um terceiro, de que não resulta imediatamente a transferência de direitos subjetivos. Enfim, sobreleva aqui a conduta do devedor, e não o bem que eventualmente dela resulte.

Nas sociedades pré-Revolução Industrial, as obrigações de fazer eram praticamente insignificantes, comparadas às obrigações de dar, que compreendiam o fornecimento de coisas, a título de posse e propriedade. Atualmente, as sociedades massificadas e tecnológicas privilegiam o fornecimento dos mais variados serviços, havendo uma predominância das atividades do setor terciário. É indisfarçável o prestígio das obrigações de fazer, seja nas relações privadas – regidas pelo Código Civil –, seja na ótica da proteção ao consumidor de serviços (CDC).

Basta pensarmos na progressiva expansão das prestações de serviços no campo tecnológico, deslocando dos setores primário e secundário para o terciário a predominância das atividades nas sociedades mais desenvolvidas, em que informações, *know-how* e inovações se produzem velozmente. Multiplicam-se empresas prestadoras de serviços especializados como higienização, vigilância, proteção e segurança; assistência médica; consultoria e auditoria; recrutamento e fornecimento de mão de obra; publicidade e marketing; e, especialmente em função da revolução tecnológica, serviços de computação, eletrônica, biogenética, enfim, eis aí apenas algumas ilustrações da célere valorização das obrigações de fazer.[89]

---

fundamentos o detentor de título executivo extrajudicial poderá ajuizar ação monitória para perseguir seus créditos, ainda que também o pudesse fazer pela via do processo de execução." REsp 981.440-SP, Rel. Min. Luis Felipe Salomão, julgado em 12.4.2012.

88. NEVES, Daniel Amorim Assumpção. Novo CPC, P. 400.

89. Cf. SILVA, João Calvão da. *Cumprimento e sanção pecuniária compulsória*, p. 25.

Em algumas situações intermediárias – sobremodo aquelas em que da atividade resulte uma obra ou um objeto –, poderá o intérprete ter alguma dificuldade em determinar uma obrigação como de dar ou de fazer. Assim, se *A* prometer entregar um imóvel a *B*, a obrigação será de fazer, caso a atividade seja a própria construção da coisa; consistirá, porém, em obrigação de dar coisa certa se o imóvel já estiver pronto e acabado ao tempo da contratação. Adverte Hamid Bdine que as obrigações de fazer são distintas das de dar "porque compreendem esta conduta humana como antecedente lógico de uma eventual obrigação de entrega. Nas obrigações de dar, esta entrega não é precedida de uma atividade humana consistente em fazer. A distinção, portanto, está posta no fazer, que não se identifica quando a obrigação for apenas de dar".[90]

A outro giro, se *A* comprometeu-se a entregar uma composição musical a *B*, este alternativamente poderá invocar uma obrigação de fazer, caso *A* recuse-se a criar a obra, ou uma obrigação de dar, na hipótese de *A* elaborar a composição, porém se furtar a entregá-la. Em suma, nas obrigações de dar, o credor procura um objeto já existente ao tempo do nascimento da obrigação. Se, porventura, houver incidência conjunta de prestações de coisas e atividades pessoais, há de buscar-se a tipificação da obrigação pelo critério da preponderância.

De fato, Washington de Barros Monteiro explica que a obrigação de dar se diferencia da de fazer em razão da preponderância dos atos para a realização da prestação, devendo-se verificar se o dar é ou não consequência do fazer. Se o devedor tiver de confeccionar a coisa para depois entregá-la, a obrigação é de fazer; se, ao contrário, o devedor não tiver previamente de fazer a coisa, a obrigação é de dar.[91]

Portanto, existem situações que englobam simultâneas ou consecutivas obrigações de dar e fazer. Na incorporação imobiliária, é comum a obrigação de fazer do construtor (promover a construção do prédio e outorgar escritura definitiva aos promitentes compradores) e de dar (transferência da posse da unidade após a conclusão do prédio). No contrato de empreitada dispõe o *caput* do art. 610 do Código Civil que "o empreiteiro de uma obra pode contribuir para ela só com o seu trabalho ou com ele e os materiais". O dispositivo ressalta as duas modalidades de empreitada: (a) empreitada de mão de obra ou de lavor – o empreiteiro se responsabiliza pela administração e fiscalização do trabalho humano, enquanto o dono da obra fornece os materiais necessários; (b) empreitada mista – a atividade do empreiteiro é mais ampla, pois executa o trabalho e ministra os materiais. Conjugam-se obrigações de dar e de fazer. A entrega dos produtos em troca de remuneração não importa obrigação pura de dar, mas integra a atividade-fim de execução da obra.

No direito ambiental, a cada dia se aprimora o postulado da reparação integral dos danos, cuja incidência requer uma adequada compreensão da legítima cumulação

---

90. BDINE JR., Hamid Charaf. *Código Civil comentado*, 8. ed., p. 149.

91. MONTEIRO, Washington de Barros. *Curso de direito civil*: direito das obrigações, p. 89.

entre obrigações de fazer e de dar. O fato é que nem sempre a recomposição da área degradada ou o saneamento do dano provocado ilide a necessidade de indenização.[92]

Exemplificando, há uma polêmica acerca da natureza da obrigação do devedor, que envolve a correção monetária de saldos e creditamento de dinheiro em contas vinculadas ao FGTS. A discussão avulta, pois a classificação em uma ou outra modalidade permitirá ou não a imposição de multa diária contra o devedor por recusa ao cumprimento.[93] Afinal, a jurisprudência reconhece, quanto às obrigações de dar, a impossibilidade de imposição de multa cominatória, típica das obrigações de fazer (Súmula 500 do STF). A nosso sentir, trata-se de obrigação de dar, pois o que prepondera na espécie é a entrega da coisa (pecúnia) e não o fato ou a atividade que será desempenhada pela instituição financeira devedora. Com efeito, toda a obrigação de dar requer o desempenho de certo fazer, mas ele só será acessório à finalidade principal. Nesse sentido, dispõe o Enunciado 160 do Conselho de Justiça Federal que "a obrigação de creditar dinheiro em conta vinculada de FGTS é obrigação de dar, obrigação pecuniária, não afetando a natureza da obrigação a circunstância de a disponibilidade do dinheiro depender da ocorrência de uma das hipóteses previstas no art. 20 da Lei n. 8.036/90".

O comportamento dirigido ao devedor nas obrigações positivas de fazer sempre consubstancia uma vantagem para o credor, consistente em um serviço de natureza física (*v.g.*, empreitada), intelectual (*v.g.*, composição de música) ou, mesmo, na prática de um ato jurídico caracterizado por emissão de declaração de vontade, como na outorga de escritura definitiva pelo promitente vendedor, à luz do art. 1.417 do Código Civil.

Na abalizada cátedra de Clóvis do Couto e Silva, tratando-se de declaração de vontade, a obrigação será de fazer, quando o adimplemento não se constituir

---

92. STJ: "A responsabilidade civil ambiental deve ser compreendida o mais amplamente possível, de modo que a condenação a recuperar a área prejudicada não exclua o dever de indenizar – juízos retrospectivo e prospectivo. A cumulação de obrigação de fazer, não fazer e pagar não configura *bis in idem*, porquanto a indenização, em vez de considerar lesão específica já ecologicamente restaurada ou a ser restaurada, põe o foco em parcela do dano que, embora causada pelo mesmo comportamento pretérito do agente, apresenta efeitos deletérios de cunho futuro, irreparável ou intangível. 10. Essa degradação transitória, remanescente ou reflexa do meio ambiente inclui: a) o prejuízo ecológico que medeia, temporalmente, o instante da ação ou omissão danosa e o pleno restabelecimento ou recomposição da biota, vale dizer, o hiato passadiço de deterioração, total ou parcial, na fruição do bem de uso comum do povo (= dano interino ou intermediário), algo frequente na hipótese, p. ex., em que o comando judicial, restritivamente, se satisfaz com a exclusiva regeneração natural e a perder de vista da flora ilegalmente suprimida, b) a ruína ambiental que subsista ou perdure, não obstante todos os esforços de restauração (= dano residual ou permanente), e c) o dano moral coletivo. Também deve ser reembolsado ao patrimônio público e à coletividade o proveito econômico do agente com a atividade ou empreendimento degradador, a mais-valia ecológica ilícita que auferiu (p. ex., madeira ou minério retirados irregularmente da área degradada ou benefício com seu uso espúrio para fim agrossilvopastoril, turístico, comercial)" (REsp 1198727/MG, Rel. Min. Herman Benjamin, 2ª Turma, *DJe* 9.5.2013).

93. *Informativo* nº 0469, 11-15.4.2011: "A recorrente ajuizou ação de cobrança dos índices expurgados de caderneta de poupança. O juízo determinou que o banco réu apresentasse extratos da referida conta sob pena de multa diária. Desse contexto, note-se que não se postula a condenação do réu a uma obrigação de fazer, não fazer ou entregar coisa, casos em que se aplicariam os arts. 461 ou 461-A do CPC: o que se pede é o cumprimento de obrigação de dar dinheiro." AgRg no Ag 1.179.249-RJ, Rel. Min. Maria Isabel Gallotti.

imediatamente em atribuição patrimonial. Assim, o pré-contrato, uma vez que não se dirige imediatamente a uma atribuição patrimonial (existe a compra e venda, que ocasiona obrigação de dar), gera obrigação de fazer. Aliás, o legislador inovou, no campo das obrigações de fazer, nos arts. 463 e 464 do Código Civil, ao permitir a qualquer dos partícipes do contrato preliminar a possibilidade de exigir a celebração do definitivo, desde que dele não conste cláusula de arrependimento.

Cogitando-se de obrigação de prestar declaração de vontade – inequivocamente uma espécie de obrigação de fazer –,incide a tutela específica do artigo 501 do CPC/15. Na ação que tenha por objeto a emissão de declaração de vontade, a sentença que julgar procedente o pedido, uma vez transitada em julgado, produzirá todos os efeitos da declaração não emitida

Exemplificando, tratando-se de promessa de compra e venda quitada pelo devedor – à míngua de cláusula de arrependimento (art. 463 do CC) –, surgirá uma obrigação de fazer para o vendedor, consistente na emissão de declaração de vontade firmada em escritura pública, a ser conduzida ao registro imobiliário, com o espeque de transferência da propriedade (art. 1.227 do CC). De acordo com o art. 1.418 do Código Civil, a negativa de outorga da escritura confere ao promitente comprador o direito de requerer ao juiz a adjudicação do imóvel. De fato, a sentença produzirá o mesmo efeito do contrato a ser firmado.

Vê-se que a tutela jurisdicional diferenciada consiste em uma decisão idêntica em sua extensão à declaração que não fora espontaneamente emitida pelo promitente vendedor, com imediata produção de seus efeitos. Na espécie, a sentença será levada ao cartório de notas, a fim de que seja gerada a escritura que servirá como título hábil à transmissão da titularidade. Isso demonstra a fungibilidade da obrigação de fazer em tela, pois não pretende o autor a declaração em si mesma, mas um comando jurisdicional substitutivo da prestação positiva não cumprida. O magistrado não exercita qualquer pressão sobre a vontade do réu inadimplente, não se tratando de execução indireta. A tutela específica colabora para que reste intacto o posicionamento do devedor em não cumprir aquilo a que se comprometeu, havendo efetiva substituição de sua vontade e não coerção.[94]

Indubitavelmente, é no setor da tutela de atributos da dignidade da pessoa humana que se destaca o recurso às obrigações de fazer. Na ótica da repersonalização do direito civil, requer-se a efetivação de contratos que consubstanciam interesses existenciais concretamente merecedores de tutela. A proteção e promoção de direitos fundamentais como a saúde, integridade psicofísica, privacidade, impõe uma necessária funcionalização das obrigações patrimoniais em prol de valores dignos de proteção pelo ordenamento jurídico.[95]

---

94. RAMOS, Glauco Gumerato. *A reforma do CPC*, v. 2, p. 130.

95. STJ: Informativo nº 0532. Período: 19 de dezembro de 2013. Primeira Seção. DIREITO ADMINISTRATIVO E PROCESSUAL CIVIL. BLOQUEIO DE VERBAS PÚBLICAS PARA GARANTIR O FORNECIMENTO DE MEDICAMENTOS PELO ESTADO. RECURSO REPETITIVO (ART. 543-C DO CPC E RES. 8/2008-STJ). "É possível ao magistrado

As obrigações de fazer podem ser classificadas em duradouras ou instantâneas. Nesta hipótese, aperfeiçoam-se em único momento (*v.g.*, registrar aquisição de um bem); nas duradouras, a execução da obrigação protrai-se no tempo de forma continuada (pintura em tela), ou de modo periódico, mediante trato sucessivo (funcionário encarregado da abertura de salas de aula todas as manhãs).

Ao contrário do que sói acontecer com as obrigações de dar, que invariavelmente podem ser cumpridas por terceiros, mediante o pagamento (art. 304, CC), nas obrigações de fazer é possível que o comportamento desejado pelo credor só possa ser desempenhado por um único devedor. Tem-se como infungível a obrigação de fazer que obrigatoriamente só puder ser prestada pelo devedor. A infungibilidade é aferida na concretude do caso, sempre que as circunstâncias para ela apontem, mesmo que não exista convenção expressa nesse sentido. Poderá a prestação de fazer ser naturalmente infungível, com base nas qualidades pessoais do devedor – *intuitu personae* –, *v.g.*, *show* de música por grande artista, cirurgia por médico excepcionalmente habilidoso; será ainda contratualmente infungível, caso o credor queira impor natureza personalíssima a uma obrigação em tese fungível, *v.g.*, outorgar procuração a advogado, vedando substabelecimento. Aliás, o art. 247 do Código Civil refere-se a ambas as modalidades de obrigações infungíveis. "Incorre na obrigação de indenizar perdas e danos o devedor que se recusar à prestação a ele só imposta (infungível por convenção) ou só por ele exequível (infungível por natureza)."

Todavia, a regra é a fungibilidade da prestação.[96] Será *fungível* a obrigação quando outra pessoa puder dar-lhe cumprimento sem prejuízo ao credor. São hipóteses em que o credor está interessado no resultado da atividade, sem atentar às qualidades pessoais de quem a executa. Ela prima mais pelo resultado do que pelo meio, sendo indiferente a pessoalidade na execução. Ou seja: mesmo que o devedor recuse-se a

---

determinar, de ofício ou a requerimento das partes, o bloqueio ou sequestro de verbas públicas como medida coercitiva para o fornecimento de medicamentos pelo Estado na hipótese em que a demora no cumprimento da obrigação acarrete risco à saúde e à vida do demandante. De acordo com o *caput* do art. 461 do CPC, na "ação que tenha por objeto o cumprimento de obrigação de fazer ou não fazer, o juiz concederá a tutela específica da obrigação ou, se procedente o pedido, determinará providências que assegurem o resultado prático equivalente ao do adimplemento". O teor do § 5º do mesmo art. 461, por sua vez, estabelece que, para "a efetivação da tutela específica ou a obtenção do resultado prático equivalente, poderá o juiz, de ofício ou a requerimento, determinar as medidas necessárias, tais como a imposição de multa por tempo de atraso, busca e apreensão, remoção de pessoas e coisas, desfazimento de obras e impedimento de atividade nociva, se necessário com requisição de força policial". Nesse contexto, deve-se observar que não é taxativa a enumeração, no aludido § 5º do art. 461, das medidas necessárias à efetivação da tutela específica ou à obtenção do resultado prático equivalente, tendo em vista a impossibilidade de previsão legal de todas as hipóteses fáticas relacionadas à norma. Dessa forma, é lícito o magistrado adotar, com o intuito de promover a efetivação da tutela, medida judicial que não esteja explicitamente prevista no § 5º do art. 461, mormente na hipótese em que a desídia do ente estatal frente a comando judicial possa implicar grave lesão à saúde ou risco à vida da parte demandante, uma vez que, nessas hipóteses, o direito fundamental à saúde (arts. 6º e 196 da CF) prevalece sobre os interesses financeiros da Fazenda Nacional" (REsp 1.069.810-RS, Rel. Min. Napoleão Nunes Maia Filho, julgado em 23.10.2013).

96. O CC de 2002 conferiu às obrigações fungíveis o *status* de regra geral ao não reproduzir o polêmico art. 878 do CC de 1916 com os seguintes dizeres: "Na obrigação de fazer, o credor não é obrigado a aceitar de terceiro a prestação quando for convencionado que o devedor a faça pessoalmente."

prestar, poderá o credor ordenar que seja executada por terceiro, à custa do devedor, sem prejuízo da indenização cabível.[97] De fato, é fungível a obrigação de pintar um muro, caso a pessoa escalada se recuse a tanto, o mesmo não se diga se a pintura demandar uma técnica especial. Igualmente fungível será a obrigação de outorga de escritura definitiva, pois a recusa do devedor poderá ser suprida por deliberação judicial, conforme previsão do artigo 501 do CPC/15.

Ainda em sede de obrigações fungíveis, como nas obrigações de declaração de vontade, o interesse do credor está voltado para o resultado jurídico que dela decorre. Tratando-se de outorga de escritura definitiva após a efetivação do contrato preliminar (*v.g.*, promessa de compra e venda), na hipótese de negativa de atuação pelo devedor, a vontade recusada será substituída por provimento jurisdicional, obtendo-se o mesmo resultado que, voluntariamente, pretendia-se extrair.

Interessante modalidade de obrigação de fazer é aquela que envolve a *promessa de fato de terceiro* (art. 439 do CC). Aqui, o devedor não garante ao credor a sua própria prestação de fazer, mas um fazer alheio.

Vamos supor que *A* prometa a *B* que *C* irá realizar um espetáculo teatral em seu proveito econômico. *A* está se comportando como garantidor de um fato alheio e deverá ser responsabilizado se restar infrutífero o resultado pela recusa de *C*. Com efeito, *A* prometeu um fato próprio, consistente na obtenção da atuação do terceiro; por isso *C* não poderá ser constrangido a efetuar a prestação. Pelo princípio da relatividade contratual, aquela avença entre *A* e *B* é *res inter alios actu* em face de *C*.

Note-se que, em princípio, o terceiro é um estranho à relação obrigacional, sendo a sua conduta o objeto da prestação. Porém o objeto da obrigação em si é a promessa do próprio devedor; isso justifica o seu sancionamento. Mas, se o terceiro aceitar a prestação, exonera-se o devedor de responsabilidade, já que a promessa foi cumprida e o terceiro assumiu o contrato, vinculando-se a seus termos.[98]

---

97. Dispõe o art. 634 do Código de Processo Civil: "Se o fato puder ser prestado por terceiro, é lícito ao juiz, a requerimento do exequente, decidir que aquele o realize à custa do executado."

98. STJ. *Informativo* nº 0444, 23-27.8.2010. Terceira Turma: "CONTRATOS. TELEVISÃO. JOGOS. A confederação que engloba os times de certa atividade desportiva firmou contrato com a empresa de televisão a cabo, pelo qual lhe cedia, com exclusividade, os direitos de transmissão ao vivo dos jogos em todo o território nacional, referentes a determinada temporada. Sucede que 16 times, em conjunto com a associação que formaram, e outra empresa de televisão também firmaram contratos com o mesmo objetivo. Daí a interposição dos recursos especiais. Pela análise do contexto, conclui-se que, apesar de figurar no primeiro contrato como cedente e detentora dos direitos em questão, a confederação firmou, em verdade, promessa de fato de terceiro: a prestação de fato a ser cumprido por outra pessoa (no caso, os times), cabendo ao devedor (confederação) obter a anuência dela quanto a isso, tratando-se, pois, de uma obrigação de resultado. Pela lei vigente à época (art. 24 da Lei nº 8.672/1993), somente os times detinham o direito de autorizar a transmissão de seus jogos. Assim, visto que a confederação não detém o direito de transmissão, cumpriria a ela obter a anuência dos times ao contrato que firmou, obrigação que constava de cláusula contratual expressa. O esvaziamento desse intento, tal como atesta notificação posta nos autos realizada pela própria confederação, de que não conseguiu a anuência dos clubes, enseja a resolução (extinção) desse contrato e sua responsabilização por perdas e danos (art. 929 do CC/1916, hoje art. 439 do CC/2002). Contudo, não se fala em nulidade ou ineficácia, pois, houve, sim, a inexecução (inadimplemento) de contrato válido, tal como concluiu o tribunal a quo. Tampouco há falar em responsabilidade solidária dos times porque, em relação

Enuncia o art. 440 do Código Civil que "nenhuma obrigação haverá para quem se comprometer por outrem, se este, depois de se ter obrigado, faltar à prestação". A única chance de manter-se a responsabilidade do devedor originário, mesmo após a aceitação do terceiro, envolve aqueles casos em que a anuência conjuga-se a uma cláusula de solidariedade com o promitente do fato.

2.3.2 A impossibilidade e o inadimplemento da obrigação de fazer

Lembramos que a impossibilidade das prestações se bifurca em impossibilidade inicial e superveniente do negócio jurídico, conforme se verifique antes ou depois da celebração do negócio jurídico. Sendo a impossibilidade inicial da obrigação de fazer de caráter absoluto (para todos e não somente para o devedor), a solução será a nulidade do negócio jurídico (art. 166, II, do CC). Em termos hipotéticos, seria o caso de alguém se obrigar a dar a volta ao mundo a pé em um dia. Tratando-se de impossibilidade inicial relativa (apenas do devedor, podendo ser cumprida por outrem), tudo dependerá da natureza da obrigação: quando personalíssima, será objetivamente impossível o cumprimento; mas se puder ser executada por terceiro, o devedor assume o risco de prestá-la, ainda que realizada por terceiro.

Contudo, cogita o legislador da impossibilidade superveniente ao negócio jurídico quando dispõe o art. 248 do Código Civil que "se a prestação do fato tornar-se impossível sem culpa do devedor, resolver-se-á a obrigação; se por culpa dele, responderá por perdas e danos". Aqui já se verificou o inadimplemento da obrigação de fazer – afastada a hipótese de mora –, pois a prestação não é mais útil para o credor ou possível para o devedor.

A impossibilidade se verifica quando a prestação não puder ser realizada por razões de fato ou de direito, dirigindo-se a norma tanto às prestações fungíveis como às infungíveis. Paulo Netto Lôbo triparte a impossibilidade em natural, quando o fato da natureza a provoca; pessoal, quando o devedor não pode mais pessoalmente executá-la, por exemplo, em razão de doença; e jurídica, quando norma de ordem pública superveniente impede a realização da prestação.[99]

Na hipótese de descumprimento da obrigação infungível, *sem culpa* do devedor,- *v.g.*, por motivo de doença ou falta do material adequado, resolve-se simplesmente o contrato (art. 248 do CC), com a liberação do devedor. Se esta é a consequência

---

ao contrato firmado pela confederação, são terceiros estranhos à relação jurídica, pois só se vinculariam a ele se cumprida a aludida obrigação que incumbia ao promitente, o que, como dito, não se realizou. Já a associação, mesmo que tenha anuído a esse contrato, não pode ser responsabilizada juntamente com a confederação: não há previsão contratual nesse sentido e pesa o fato de que a obrigação de obter a aceitação incumbia apenas à confederação, quanto mais se a execução dependia unicamente dos times, que têm personalidades jurídicas distintas da associação que participam e são os verdadeiros titulares do direito. Com esse e outros fundamentos, a Turma negou provimento aos especiais." REsp 249.008-RJ, Rel. Min. Vasco Della Giustina (Desembargador convocado do TJ-RS), julgado em 24.8.2010.

99. LÔBO, Paulo Luiz Netto. *Teoria geral das obrigações*, p. 117.

para a impossibilidade da prestação, o mesmo não se diga diante do descumprimento voluntário da obrigação de fazer. Silvio Rodrigues bem exemplifica a questão: "distintas são as consequências da não realização de um concerto por famoso pianista que fora acometido de doença grave às vésperas da apresentação e da não realização do mesmo recital, pelo mesmo artista, que se ausentou do país, deixando de cumprir a prestação a que se obrigara. No primeiro caso, a obrigação simplesmente se resolve; no segundo, o devedor pode ser condenado a pagar perdas e danos".[100]

Convém lembrar que, encontrando-se o devedor em mora ao tempo da impossibilidade de cumprimento, não poderá se exonerar da obrigação de indenizar, mesmo demonstrando a ocorrência do fortuito. Aplica-se na literalidade o art. 399 do Código Civil, cuja sanção é a perpetuação da obrigação.

De acordo com o art. 249 do Código Civil, "se o fato puder ser executado por terceiro, será livre ao credor mandá-lo executar à custa do devedor, havendo recusa ou mora deste, sem prejuízo da indenização cabível". O dispositivo se aplica especificamente à mora do devedor nas obrigações de fazer fungíveis. A recusa do devedor faculta ao credor perseguir o adimplemento através da atuação de um terceiro. Incumbirá ao devedor inadimplente não só custear o serviço realizado pelo terceiro (tutela específica), como também indenizar os danos causados ao credor.

Observa-se que não se autoriza o credor a postular a devolução do dinheiro pago acrescido da condenação do inadimplente ao pagamento do terceiro. O dispositivo apenas autoriza a indenização de outros prejuízos que o inadimplemento lhe cause – decorrentes do atraso no cumprimento da obrigação de fazer, mas jamais que se enriqueça à custa do inadimplente. De certo, haveria enriquecimento se ele recebesse de volta aquilo que pagou e ainda obrigasse o inadimplente a pagar ao terceiro o adimplemento da obrigação.[101]

A grande contribuição do Código Civil de 2002, no que tange à tutela material das obrigações de fazer, é a possibilidade de deferir-se ao credor o exercício da autoexecutoriedade, em caso de urgência na obtenção da obrigação de fazer fungivel (art. 249, parágrafo único). Cuida-se de evidente aplicação do paradigma da operabilidade.

O *caput* do art. 249 do Código Civil aduz que nas obrigações fungíveis *será livre* ao credor mandá-lo executar às custas do devedor. A expressão "será livre" gerou uma polêmica: seria o credor livre para agir mesmo sem a autorização do Judiciário? No CC/1916 predominou a tese da negativa, por receio dos doutrinadores quanto a uma eventual anarquia e quebra da ordem institucionalizada. Porém, em sentido mitigado, Caio Mário já observava que "a expressão 'será livre ao credor' tem a acepção de assegurar-lhe um direito de ação. Somente em caso de urgência, quando não

100. RODRIGUES, Silvio. *Direito civil*: parte geral das obrigações, v. 2, p. 35.

101. BDINE, Hamid Charaf. *Código civil comentado*, p. 201.

houver tempo de obter a sentença sem prejuízo manifesto, é que o credor procede *ex propria auctoritate*, e promove execução do fato por si mesmo ou por terceiro".[102]

Parece-nos que o legislador partiu para esta solução intermediária e conciliatória. A autoexecutoriedade é vista em nosso sistema de forma míope. É comum supor que se trata de remédio excepcional, como uma espécie de exercício das próprias razões admitido pelo direito. Mas convém pensar de outra forma. Não se podem confundir os termos *pretensão* e *ação*. A violação de um direito subjetivo de crédito, por parte do devedor, faz surgir a pretensão de direito material do credor, traduzida na possibilidade de exigir a prestação e reclamar o exercício do direito. A pretensão normalmente é veiculada através de uma ação, que é o direito subjetivo público exercitado contra o Estado-juiz, não se confundindo com a pretensão que a consubstancia, dirigida em face do réu.

Portanto, não é raro que a pretensão seja levada a efeito independentemente de ação, mediante a via extrajudicial. É o que se observa na consignação bancária em pagamento (art. 334 do CC), na Lei de Arbitragem e na própria técnica da *exceptio non adimpleti* (art. 476 do CC). A autoexecutoriedade permite que aquele credor a quem se recuse a prestação de fazer possa com celeridade satisfazer a sua pretensão, evitando a espera por uma decisão judicial, que muitas vezes pode chegar sem mais traduzir qualquer efetividade. Ademais, retira-se da esfera do Poder Judiciário a discussão de questiúnculas que apenas atravancam a agilização dos demais processos.

Basta supor a contratação de uma firma para demolição de prédio, que não realiza o serviço apesar do risco iminente de desabamento. Poderá o próprio credor determinar que outra empresa pratique a conduta omitida, sem que, para tanto, seja necessária a obtenção da autorização judicial, como originariamente exigir-se-ia nessas hipóteses. Apenas *a posteriori* o credor demandará o ressarcimento pelos danos decorrentes do descumprimento e dos valores pagos para a execução do fato. Aqui, converte-se a originária obrigação de fazer em obrigação de dar o valor correspondente. Bem explica Paulo Netto Lôbo que o devedor poderá provar em juízo que não houve a urgência e, portanto, descabe a obrigação de indenizar ao credor. Porém, "atento aos fins sociais da norma, favorável ao credor, entende-se que a urgência para este é presumida, invertendo-se o ônus da prova para o devedor. Se ao credor fosse exigida a prova da urgência, para o ajuizamento do pedido de ressarcimento, estar-se-ia beneficiando o devedor com sua própria conduta, contrária ao direito".[103]

Poder-se-ia questionar a eventual prática de excessos por parte do credor que utiliza a autoexecutoriedade, até mesmo pela vagueza e imprecisão dos termos do dispositivo legal.[104] Realmente, é excepcional a autorização do ordenamento para a

102. SILVA PEREIRA, Caio Mário da. *Instituições de direito civil*: teoria geral das obrigações. v. II, op. cit., p. 63.

103. LÔBO, Paulo Luiz Netto. *Teoria geral das obrigações*, p. 115.

104. Flávio Tartuce não vê "com bons olhos a inovação. Isso porque o texto é totalmente genérico, sendo certo que a autotutela civil somente é recomendável em casos especificados e com limites em lei. Como exemplo, lembramos a legítima defesa da posse e o desforço imediato que constavam no art. 502 do CC/1916,

invasão da esfera privada alheia, que para tanto deverá ser justificada em uma ordem de ponderação de valores. Para tais casos, aplicando-se o princípio constitucional da proporcionalidade, o juiz apreciará eventual abuso do direito e será o credor penalizado pelo excesso (art. 187 do CC). Da mesma forma, caberá a sanção àquele que adotar a autotutela fora dos casos restritos de urgência, eis que patenteada a ilegitimidade da conduta. Mesmo em tais casos, há um inegável ganho prático ao credor. Transfere-se o ônus de ajuizar a demanda ressarcitória ao próprio devedor que deu ensejo ao nascimento da pretensão.

Finalizando, não obstante cuidar o *caput* do art. 249 do Código Civil apenas das obrigações de fazer fungíveis, acreditamos que o parágrafo único da norma em comento também pode ser estendido às obrigações infungíveis. Se, em princípio, o seu caráter *intuitu personae* conduz a uma resposta negativa, pode-se cogitar de o credor renunciar à pessoalidade da obrigação em razão da preferência pela autotutela, em face da urgência que justifique a decisão do credor de evitar o dano iminente decorrente do inadimplemento da obrigação personalíssima, quando no caso concreto não houver tempo para o apoio jurisdicional no sentido de se exigir a tutela específica.[105] Aliás, nas obrigações de não fazer, cuja infungibilidade é a regra, há dispositivo semelhante de autoexecutoriedade (art. 251, parágrafo único, do CC).

2.3.3 A obrigação de fazer nas relações de consumo

A obrigação de fazer compreende uma prestação traduzida pelo esforço humano, físico ou intelectual. Por isso, no campo do direito privado há consenso quanto a que o serviço traduza uma obrigação de fazer. Com efeito, ensina Pontes de Miranda que serviço "é qualquer obrigação de fazer [...] servir é prestar atividade a outrem".[106] Todavia, a aproximação entre o serviço e o *facere* não é automática nas relações de consumo.

Dispõe o § 2º do art. 3º do CDC que: "Serviço é qualquer atividade fornecida no mercado de consumo, mediante remuneração, inclusive as de natureza bancária, financeira, de crédito e securitária, salvo as decorrentes das relações de caráter trabalhista."

A Lei nº 8.078/90 admite como espécies distintas de objeto da relação jurídica de consumo apenas o produto e o serviço, sendo que a disciplina aplicável dependerá da preponderância de uma atividade (serviço) ou de um fornecimento (produto). Héctor Valverde Santana elabora a distinção entre a prestação de serviços do fornecimento de

---

reproduzidos no art. 1.210 do *caput*, da codificação recente. Como é notório, apesar do tom específico, tais conceitos possessórios sempre causaram confusões, particularmente nos casos envolvendo invasões de terra". *Direito civil*: direito das obrigações e responsabilidade civil. v. 2, p. 78.

105. Com o mesmo posicionamento, Heloisa Carpena ensina que "a norma do art. 249 se refere às obrigações fungíveis, mas será igualmente aplicável às infungíveis, desde que assim consinta o credor, que poderá renunciar ao direito de exigir a prestação pessoal, mandando executá-la às custas do devedor". *A disciplina das obrigações de fazer no Código Civil de 2002*, p. 253.

106. MIRANDA, Pontes de. *Tratado de direito privado*. t. XLVII, p. 3-4.

produtos pela materialidade do bem da vida objeto da relação jurídica de consumo, caracterizando-se o serviço pela realização de uma atividade de caráter imaterial, enquanto o produto é identificado pelo fornecimento de um bem da vida de cunho material. Em determinados casos há prestação de serviço de natureza imaterial em conjunto com o fornecimento de produtos, de forma material, mas o Código de Defesa do Consumidor não contempla a hipótese dessa ação do fornecedor, identificando-se uma lacuna, no sistema jurídico, que transfere a solução da questão ao intérprete, conforme a preponderância da atividade (serviço) ou fornecimento (produto).[107]

A definição legal do serviço exige o critério de prevalência de uma atividade, de natureza imaterial, sobre o fornecimento de certo produto, mesmo sendo verificada a utilização de produtos para a efetivação da atividade. Tal dificuldade de precisão e categorização levou o CDC, de forma pioneira, a tratar de maneira uniforme as obrigações de dar (art. 18 da Lei nº 8.078/90) e as obrigações de fazer (arts. 20 e 22 da Lei nº 8.078/90).

A situação se assume ainda mais complexa com a tendência à desmaterialização do objeto dos contratos – tal como ocorre nos negócios jurídicos de comércio eletrônico. Cláudia Lima Marques explica que na literatura do comércio eletrônico não é estranho encontrar a expressão "venda" de serviços, pois com essa imaterialidade nova dos produtos informáticos o serviço é prestado[108] com inclusão de bens imaterializados, como um especial *software*, que é produto no sentido do Código de Defesa do Consumidor.

Ressalte-se que não há uma correspondência perfeita entre as obrigações de fazer e a prestação de serviços, pois a incidência do regime consumerista demanda o fazer consubstanciado não apenas em um ato, mas somente no contexto de uma atividade.

A distinção doutrinária entre ato e atividade possui fundamental relevância para a delimitação do âmbito de aplicação das normas tutelares. Enquanto o ato consiste em uma ação isolada praticada por qualquer pessoa, de forma episódica ou ocasional, a atividade demanda uma sucessão repetida de atos, praticados de maneira organizada e sistemática, em uma constante oferta de serviços à coletividade, seja essa oferta realizada por uma pessoa natural ou jurídica, a teor do *caput* do art. 3º do CDC.

Outrossim, bem pondera Newton de Lucca que, à luz do CDC, poderá haver prestação de serviços por parte de um fornecedor, sem que haja necessariamente a

---

107. SANTANA, Héctor Valverde. *Dano moral no direito do consumidor*, p. 87. Lembra o autor que a remuneração "é traço distintivo dos serviços prestados ao consumidor e característica desta espécie de objeto da relação jurídica destinada à proteção do sujeito vulnerável no mercado. Exige-se a exata compreensão da existência ou não da remuneração, uma vez que esta pode ocorrer direta ou indiretamente. A remuneração pode ser indireta, no caso de inexistência de uma contraprestação específica ao serviço prestado pelo fornecedor. A remuneração indireta está embutida no preço final, representando uma facilidade ou atrativo disponibilizado pelo fornecedor, mas que também se caracteriza como um serviço de consumo", idem, p. 86.

108. Cláudia Lima Marques assevera que "esta mistura fluida entre produto e serviço, entre dar e fazer, a desmaterialização do objeto do contrato e sua prestação é um dos grandes desafios do comércio eletrônico". In *Confiança no comércio eletrônico e a proteção do consumidor*, p. 85.

forma empresarial para a sua atuação, sendo o conceito de fornecedor, na legislação consumerista, mais abrangente do que a moderna noção de empresário. A atividade não implica necessariamente a profissionalidade, como na hipótese de um médico-cirurgião proprietário de 20 imóveis, constantemente destinados à locação. O médico não é um profissional da atividade imobiliária, mas inegavelmente exerce uma atividade.[109]

2.4 Obrigação de não fazer

Você me tem fácil demais
Mas não parece capaz
De cuidar do que possui
Você sorriu e me propôs
Que eu te deixasse em paz
Me disse vai, e eu não fui
Não faça assim
Não faça nada por mim
Não vá pensando que eu sou seu

(Nada por mim – Kid Abelha)

2.4.1 Generalidades

Clóvis Beviláqua, artífice da codificação revogada, já ensinava que as obrigações negativas consistem em abstenções, do mesmo modo que as positivas se objetivam em ações.[110] Enquanto na obrigação positiva a omissão importa descumprimento, na obrigação negativa a omissão revela obediência, pois o devedor cumpre a sua obrigação ao não prestar determinada conduta ou não se insurgir contra o agir autorizado de outrem.

A obrigação negativa contrapõe-se à obrigação de fazer, pois implica uma abstenção, permissão ou tolerância, impedindo que o devedor pratique um determinado ato que normalmente não lhe seria vedado (*v.g.*, não construir acima de certo gabarito), tolere ato do credor que normalmente não admitiria (*v.g.*, permitir passagem do proprietário do prédio vizinho) ou, mesmo, obrigue-se a não praticar um certo ato jurídico que em princípio ser-lhe-ia lícito. Com a precisão que lhe é habitual, Caio Mário da Silva Pereira enfatiza que nas obrigações de não fazer o *animus solvendi* do devedor é menos aparente, já que ele cumpre a obrigação exatamente ao não agir.[111] As obrigações negativas sempre compreendem restrição a uma atividade determinada, pois ninguém pode ser cerceado a um não fazer de caráter genérico e sem prazo em razão da evidente compressão ao direito fundamental de liberdade. Seria inadmissível uma obrigação cujo conteúdo implicasse proibição ao casamento, ao exercício de atividades econômicas em geral ou de ingresso em locais públicos. Frise-se que, na linha da obrigação como processo, o *non facere* puro e simples nada significa. A obrigação de não fazer sempre será aferida em conjunto aos fins do contrato, ou de seu fato gerador. O que é devido não é apenas uma omissão pura e simples, mas

109. LUCCA, Newton de. *Direito do consumidor*, p. 144.
110. BEVILÁQUA, Clóvis. *Direito das obrigações*, p. 67.
111. PEREIRA, Caio Mário da Silva. *Instituições de direito civil*. v. 2, p. 74.

aquilo que se omite. O mandamento de conduta negativa é que confere contornos nítidos ao objeto, convertendo a mera abstenção em conceito jurídico.[112]

No universo da autonomia privada, os negócios jurídicos bilaterais não esgotam o manancial das obrigações de não fazer. Pontes de Miranda se refere à possibilidade de obrigação negativa oriunda de negócio jurídico unilateral, mediante promessa de determinada omissão, citando como exemplo de prestações negativas: a promessa de não adquirir algum direito (um estabelecimento comercial), a de não alienar, a de não concorrer, a de não abrir fossos ou fechar caminhos, a de não realizar determinado negócio. A infração da obrigação nesta última hipótese não contamina a validade do negócio entabulado com terceiros, pois a obrigação de omissão não consubstancia renúncia ao direito de fazer, respondendo o inadimplente por perdas e danos.[113]

Depreende-se sempre possuir a obrigação de não fazer natureza infungível, personalíssima e insubstituível, haja vista que toda omissão é uma atitude pessoal e intransferível do devedor. Difere, portanto, da obrigação de fazer que possa comumente ser satisfeita por terceiros, na base da fungibilidade.

Dividem-se as obrigações negativas em obrigações de não fazer temporárias ou duradouras. Assim, a obrigação de não concorrer sempre demanda prazos maiores do que uma obrigação do empreiteiro de não laborar em determinados horários delimitados pelo proprietário na constância da obra. O não fazer pode mesmo alcançar ares de vitaliciedade, como na obrigação de não alienar certo bem. Em qualquer caso, é continuado o cumprimento da obrigação de não fazer. O adimplemento será sempre de caráter sucessivo, pois impõe ao devedor abster-se de um ato em todas as ocasiões em que o teria de cumprir. A obrigação se renova a cada momento.

As relações jurídicas que criam obrigações de não fazer são aquelas que mais cerceiam a liberdade do contratante. Como assinala Orlando Gomes, "importa autorrestrição mais enérgica à liberdade pessoal".[114] Assim, poderá haver uma deliberação judicial, no sentido de restringir o conteúdo de tais prestações, quando ofensivas à ordem econômica ou a direitos fundamentais do ser humano. Portanto, qualquer obrigação negativa que ofenda princípios como o da liberdade e igualdade será aferida na linha da proporcionalidade, preservando-se a dignidade da pessoa humana.

As obrigações de fazer e não fazer emergem tanto de relações negociais como de situações imediatamente previstas em lei. Não obstante estabeleça o art. 5º, inciso II, da Constituição Federal que ninguém será obrigado a fazer ou deixar de fazer alguma coisa senão em virtude de lei, sabemos que obrigações negativas também emanarão de negócios jurídicos.

---

112. COUTO E SILVA, Clóvis do. *A obrigação como processo*, p. 136. Segundo o autor, "o *non facere* em si é o nada. Como pura negação, não interessa nem integra o mundo jurídico, principalmente nesta matéria, em que a consideração finalística, que permite definir a relação jurídica como processo, polariza o vínculo, endereçando-o ao adimplemento" (idem, p. 136).

113. MIRANDA, Pontes de. *Tratado de direito privado. t.* 24, p. 114.

114. GOMES, Orlando. *Obrigações*, p. 51.

Exemplificando: a cláusula de não concorrência é um dos corolários do princípio da boa-fé objetiva na seara empresarial. No Código Civil, é estipulado um prazo certo, de cinco anos, dentro do qual o alienante do estabelecimento não poderá restabelecer-se no mesmo negócio (art. 1.147), contados da celebração do trespasse.[115] Nada obstante, podem as partes exercitar a autonomia negocial para a entabulação de um prazo maior ou menor que aquele concedido pelo legislador, ou mesmo para elidir qualquer espécie de prazo. Porém, para que haja um mínimo de razoabilidade na obrigação de não fazer convencionada nas operações comerciais, será necessário observar se o teor da proibição está diretamente relacionado com a viabilização do negócio pelo comprador,[116] sob pena de a cláusula sofrer correção judicial no tempo, espaço e, ainda, em seu objeto.[117]

---

115. Marcelo Fortes Barbosa Filho pondera que "a regra possui, contudo, natureza dispositiva e as partes negociais podem dispensar, limitar ou ampliar a interdição legal, mediante cláusula inserida no instrumento contratual elaborado. Deixa-se espaço para que o interesse privado prevaleça e construa uma disciplina concreta para o período imediatamente posterior à transferência de titularidade de um estabelecimento empresarial, preservado um regramento mínimo". In *Código Civil comentado,* p. 1068.

116. Informativo nº 0561 Período: 4 a 17 de maio de 2015. Terceira Turma DIREITO EMPRESARIAL. FIXAÇÃO DE CLÁUSULA DE NÃO CONCORRÊNCIA. Quando a relação estabelecida entre as partes for eminentemente comercial, a cláusula que estabeleça dever de abstenção de contratação com sociedade empresária concorrente pode irradiar efeitos após a extinção do contrato, desde que limitada espacial e temporalmente. Inicialmente, deve-se buscar, na hipótese em análise, a finalidade pretendida pelas partes ao firmarem a cláusula de não concorrência para, então, compreender-se sua adequação, ou não, à autonomia privada conformada pela funcionalização do direito privado, nos termos do art. 421 do CC. Com efeito, a restrição à concorrência no ambiente jurídico nacional, em que vige a livre iniciativa privada, é excepcional e decorre da convivência constitucionalmente imposta entre as liberdades de iniciativa e de concorrência. Saliente-se que essa mesma preocupação com os efeitos concorrenciais potencialmente negativos forneceu substrato doutrinário e ideológico a suportar a vedação de restabelecimento em casos de trespasse de estabelecimento. A referida vedação passou a integrar o ordenamento jurídico nacional por meio do art. 1.147 do CC, segundo o qual, "Não havendo autorização expressa, o alienante do estabelecimento não pode fazer concorrência ao adquirente, nos cinco anos subseqüentes à transferência". Diferentemente da hipótese em análise, a vedação ao restabelecimento nos casos de trespasse decorre de lei, o que afasta discussões acerca da proporcionalidade da medida. A par disso, tratando-se a concorrência de valor institucional a ser protegido por imposição constitucional, extrai-se a função social de cláusulas autorregulatórias privadas que se adequem a esta finalidade. Por óbvio, essa admissão deverá atender a certos limites, sob pena de se desviarem de sua função, passando a representar conduta abusiva de alguma das partes. Nesse contexto, deve também ser afastada a conclusão no sentido de que, resolvido o vínculo contratual, não teria qualquer eficácia a cláusula de não concorrência. Primeiramente, esse entendimento retira da cláusula toda sua funcionalidade, existente, como demonstrado, na medida em que protege o ambiente concorrencial de distorções indesejadas. Ademais, a exigência de conduta proba das partes, nos termos do art. 422 do CC, não está limitada ao lapso temporal de vigência do contrato principal em que inserida. Nesse diapasão, o enunciado 25 da I Jornada de Direito Civil do CJF, esclarece: "o art. 422 do Código Civil não inviabiliza a aplicação pelo julgador do princípio da boa-fé nas fases pré-contratual e pós-contratual". E, de fato, insere-se na conduta conformada pela boa-fé objetiva a vedação ao estabelecimento de concorrência entre empresas que voluntariamente se associam para ambas auferirem ganhos, bem como o prolongamento dessa exigência por prazo razoável, a fim de propiciar a desvinculação da clientela da representada do empreendimento do representante. Assim, devem ser consideradas válidas as cláusulas contratuais de não-concorrência, desde que limitadas espacial e temporalmente, porquanto adequadas à proteção da concorrência e dos efeitos danosos decorrentes de potencial desvio de clientela - valores jurídicos reconhecidos constitucionalmente. REsp 1.203.109-MG, Rel. Min. Marco Aurélio Bellizze, DJe 11/5/2015.

117. Em 2014 o TJRS julgou ação ajuizada pelo Sindicato dos Lojistas do Comércio de Porto Alegre em desfavor de Administradora de *Shopping Centers*, sob a alegação de abusividade da chamada cláusula de raio fixada, no caso, em 3 km. A cláusula de raio, ou de exclusividade (proibição que o *shopping center* impõe aos lojistas

Um bom exemplo da necessária ponderação entre o respeito, a ordem econômica e os princípios que a ela se adequam, como a função social da propriedade e a tutela de consumidores, é a "cláusula de raio", ou de exclusividade, consistente em proibição que o *shopping center* impõe aos lojistas de explorar o mesmo ramo de comércio por eles exercidos em uma distância circunscrita predeterminada, sob pena de sofrer severas penalidades. Por enquanto, tende a prevalecer a ideia de que não há abusividade na referida obrigação de não fazer, vez que, em última análise, visa garantir a própria viabilidade do uso, a implementação do empreendimento e, pois, o alcance e incremento real da função social da propriedade. Além do mais, o fato de o shopping center exercer posição relevante no perímetro estabelecido pela "cláusula de raio" não significa que esteja infringindo os princípios da ordem econômica estampados na CF, visto que a sua inserção em determinados contratos de locação é realizada com o propósito de servir à logística do empreendimento.[118]

No direito do trabalho, a cláusula de vedação de concorrência é empregada em contratos de funcionários com cargos diretivos de empresas. Finda a relação profissional, naturalmente o ex-funcionário será alvo do interesse da concorrência em função de seus conhecimentos sobre aspectos sigilosos da antiga empregadora. Daí a importância de uma cláusula de "quarentena" remunerada, na qual o ex-empregado

---

de explorar o mesmo ramo de comércio por eles exercidos em uma distância circunscrita predeterminada sob pena de sofrer severas penalidades), quando usada de forma abusiva, pode e deve ser considerada ilícita, notadamente quando viola preceitos da ordem econômica e dos direitos dos consumidores. Com esse entendimento, a 16ª Câmara Cível do Tribunal de Justiça do Rio Grande do Sul considerou ilegal e abusiva a condição mantida em contrato entre o *Shopping Center* Iguatemi, na Capital, e seus lojistas. Os Desembargadores reformaram sentença de 1º Grau, que havia suspendido a liminar concedida em favor do Sindicato dos Lojistas do Comércio de Porto Alegre, autor da ação. Em caso de descumprimento da decisão, será aplicada a multa de R$ 10 mil. No entendimento dos magistrados, a partir do momento que o Iguatemi impede (ou dificulta) seus lojistas de abrirem filiais nos *shoppings centers* dentro do raio de 3 km está criando obstáculo ao exercício da livre concorrência com os outros quatro estabelecimentos existentes nessa circunferência. E, mais do que isso, impedindo os consumidores de optarem pelo empreendimento mais próximo de sua residência ou que melhor lhes convêm de acordo com seus interesses particulares. Ainda mais que a referida limitação é por prazo indeterminado, ou seja, a imposição da cláusula de raio de 3 km não foi prevista até que o Iguatemi recuperasse os valores investidos (há mais de 30 anos) no empreendimento, mas como se fosse verdadeira cláusula *ad eternum*, tratando-se, a rigor, de violação à regra da razoabilidade e proporcionalidade (Proc. nº 70053953147).

118. STJ. Informativo n. 0585. Período: 11 a 30 de junho de 2016. Quarta Turma. LEGALIDADE DE CLÁUSULA DE RAIO EM CONTRATO DE LOCAÇÃO DE ESPAÇO EM SHOPPING CENTER. Em tese, não é abusiva a previsão, em normas gerais de empreendimento de *shopping center* ("estatuto"), da denominada "cláusula de raio", segundo a qual o locatário de um espaço comercial se obriga – perante o locador – a não exercer atividade similar à praticada no imóvel objeto da locação em outro estabelecimento situado a um determinado raio de distância contado a partir de certo ponto do terreno do *shopping center*. Em que pese a existência de um *shopping center* não seja considerado elemento essencial para a aplicação dessa cláusula, é inquestionável que ela se mostra especialmente apropriada no contexto de tais centros comerciais, notadamente em razão da preservação dos interesses comuns à generalidade dos locatários e empreendedores dos *shoppings*. Além disso, a "cláusula de raio" não prejudica os consumidores. Ao contrário, os beneficia, ainda que indiretamente. O simples fato de consumidor não encontrar em todos os *shopping centers* que frequenta determinadas lojas não implica efetivo prejuízo a ele, pois a instalação dos lojistas em tais ou quais empreendimentos depende, categoricamente, de inúmeros fatores. De fato, a lógica por detrás do empreendimento se sobrepõe à pretensão comum do cidadão de objetivar encontrar, no mesmo espaço, todas as facilidades e variedades pelo menor preço e distância. **REsp 1.535.727-RS, Rel. Min. Marco Buzzi, julgado em 10/5/2016, DJe 20/6/2016.**

se abstém de exercer idênticas funções na concorrência, com incidência de cláusula penal em caso de violação da obrigação negativa. Aderimos ao posicionamento de Gustavo Birenbaum[119] no tocante à própria desnecessidade de pactuação da não concorrência, eis que "o dever de lealdade emergente da boa-fé seria suficiente para esse fim". Com efeito, seria uma hipótese de responsabilidade pós-contratual – *culpa post pactum finitum* – daquele que se olvida de conservar o dever de lealdade após o rompimento do vínculo jurídico, revelando dados confidenciais ao novo empregador ou mesmo aliciando funcionários da empresa para a qual laborava. Eventuais danos ao ex-empregador em função da violação à boa-fé objetiva implicarão responsabilidade civil, com espeque no art. 187 do Código Civil, em razão do ato ilícito decorrente do abuso do direito.

A obrigação de não fazer pode ainda representar um dever secundário de outras obrigações. Basta pensar no contrato de locação de bem imóvel (obrigação de dar coisa certa), na qual o locatário assume uma série de obrigações negativas, vinculadas à necessidade de preservar a integridade do bem para o momento futuro de sua restituição. Porém, tecnicamente não se trata de obrigações de não fazer, mas de deveres, eis que não constituem o objeto principal da obrigação.[120]

As situações jurídicas passivas se caracterizam pela posição assumida por aquele que tem o dever (ou obrigação) de realizar ou suportar a vantagem reconhecida ao titular de uma situação jurídica ativa. No estudo das obrigações de não fazer é bem perceptível a tradicional distinção entre o conteúdo genérico de comportamentos, simbolizado pelo vocábulo *dever*, e comportamentos específicos correlatos a um direito de crédito, estampados no termo *obrigação*.

Com efeito, enquanto os direitos relativos são acautelados pelos negócios jurídicos, os direitos absolutos são preservados por preceitos normativos. Basta salientar os deveres jurídicos universais de não fazer, decorrentes da proibição à violação de direitos reais ou direitos de personalidade. Portanto, "não matar" é um dever genérico, e não de uma obrigação, eis que o dever surge da norma e impõe-se em caráter *erga omnes*.

O Título IX do Livro I da Parte Especial do Código Civil cuida da responsabilidade civil. O seu Capítulo I examina a *obrigação de indenizar*. O vocábulo é bem empregado, pois há um dever genérico de não causar danos a terceiros – *neminem laedere*. Não se trata tecnicamente de uma obrigação de não fazer. Todavia, quando alguém viola o dever universal de cuidado e causa danos, será submetido à obrigação de indenizar, eis que configurada uma relação jurídica individualizada entre o causador da lesão e a vítima, cujo objeto é uma prestação de dar quantia certa (indenização).

Nos direitos reais podemos identificar algo semelhante às obrigações de não fazer, em razão do dever imposto a um sujeito passivo universal, no sentido de se

119. In *Classificação*: obrigações de dar, fazer e não fazer, p. 144.
120. LOTUFO, Renan. *Código civil comentado*, v. II, p. 53.

abster da prática de qualquer ato que viole o exercício dos poderes do titular do direito real sobre a coisa. Trata-se de um dever negativo, jamais de uma obrigação negativa. Ou seja, a distinção reside no caráter absoluto dos direitos reais e da oponibilidade *erga omnes* em comparação ao caráter relativo das obrigações, que vinculam tão somente o devedor ao cumprimento da prestação.[121] Assim, obrigações que restringem a propriedade não se confundem com o direito real de servidão. Se, mediante negócio jurídico, *A* permite que *B* exercite direito de passagem pelo seu prédio, sabemos que eventual alienação do imóvel de *A* não obrigará o novo proprietário *C* a admitir a manutenção da passagem de *B*, em razão da relatividade da relação obrigacional originária. Contudo, tratando-se de registro do contrato com o nascimento de direito real de servidão que recai sobre imóveis, e não sobre pessoas, qualquer que seja o titular do prédio serviente – incluindo aquele que venha a adquiri-lo anos depois do contrato –, será obrigado a abster-se da prática de atos capazes de trazer transtorno ao exercício do direito do titular do prédio dominante sobre a coisa.[122]

Na esteira do raciocínio de Helder Martinez Dal Col, se alguém não tem o dever jurídico de agir, pode-se dizer que tem o direito de abster-se de agir. Esse não agir não possui qualquer relevância jurídica, pois somente importará violação do dever ou da obrigação de agir de certo modo o comportamento de contrariar o contrato, a determinação legal ou a sentença.[123]

2.4.2 A impossibilidade e o inadimplemento da obrigação de não fazer

As obrigações do tipo negativo, consistentes no não fazer ou não agir, apresentam uma equação diferente das obrigações do tipo positivo. Enquanto estas se extinguem com o cumprimento, novação, compensação, transação, confusão e remissão, aquelas somente se extinguem quando verificadas as condições estabelecidas pelas partes em sua relação negocial, seja porque vencido o prazo durante o qual o devedor se obrigou ao não fazer, seja pela perda do objeto da obrigação negativa (na obrigação de não tocar instrumento no prédio, quando o devedor se muda), ou, ainda, pelas demais formas naturais de cessação da possibilidade de agir, como nos casos de morte ou desaparecimento de uma das partes, ou pelo perecimento ou alienação do bem sobre o qual incidia a obrigação.[124]

---

121. Serpa Lopes ratifica esse entendimento ao asseverar que "a obrigação de não fazer se caracteriza por uma abstenção em relação ao devedor". In *Curso de direito civil*: obrigações em geral, p. 59.

122. Everaldo Augusto Cambler traz exemplo análogo e atual: "A obrigação pessoal de não construir acima de determinada altura, firmada por credor interessado em manter a valorização econômica de seu imóvel por conta da manutenção da visão panorâmica em pontos geográficos privilegiados, encontrou importante aliado no autodenominado Estatuto da Cidade, que instituiu o direito real de superfície, possibilitando ao proprietário urbano conceder a outrem a utilização do espaço aéreo relativo ao terreno (art. 21 da Lei nº 10.257/01)." In *Comentários ao código civil brasileiro*, p. 111.

123. Obrigações negativas, p. 744.

124. DAL COL, Helder Martinez. *Obrigações negativas*, p. 744.

As soluções para a frustração da obrigação negativa variam conforme a aferição da conduta culposa do devedor ou da impossibilidade de cumprimento em função de fato que lhe seja estranho. Pela letra do art. 250, do Código Civil, extingue-se a obrigação negativa, "desde que, sem culpa do devedor, se lhe torne impossível abster-se do fato, que se obrigou a não praticar". Será hipótese de resolução, em caso de impossibilidade objetiva e superveniente de adimplemento da prestação de não fazer por fato que não possa ser imputado ao devedor, em razão de sua externidade e inevitabilidade. Assim, se a obrigação consistia em não alienar determinado animal e ele falece em razão de uma patologia, impossibilita-se a obrigação. Comumente a impossibilidade deriva de sujeição do devedor a interesses públicos prevalecentes, culminando por fazer algo de que em princípio se obrigou a abster. A título ilustrativo, alguém se compromete a não alienar determinado imóvel durante certo prazo, mas ainda naquele interregno se verifica a desapropriação do imóvel, ou qualquer ato que implique adequação do bem à função social da propriedade.

Cabe ressaltar que a impossibilidade originária da obrigação de não fazer, ou seja, já existente ao tempo da celebração do negócio jurídico, implica a sanção de nulidade do negócio jurídico (art. 166, II, do Código Civil). Afinal, a possibilidade da prestação é requisito de validade do negócio jurídico, consoante o art. 104, II, do Código Civil.

A classificação mais importante das obrigações negativas concerne às consequências do inadimplemento. As obrigações instantâneas (ou transeuntes) são aquelas que quando descumpridas uma única vez são irreversíveis, gerando inadimplemento absoluto (*v.g.*, não divulgar segredo industrial de empresa) – posto impossível a restituição ao estado originário. Justamente por isso, dispõe o art. 390 do Código Civil que "nas obrigações negativas o devedor é havido por inadimplente desde o dia em que executou o ato de que se devia abster". Nas obrigações instantâneas, não há incidência de mora.

Em contrapartida, as obrigações permanentes, ou continuas, admitem, mesmo após o descumprimento, a opção pela purgação da mora através da recomposição ao *status quo ante* (*v.g.*, obrigação de não poluir, sanada pela instalação de aparelhos não poluentes), eis que perduram ao longo do tempo. Mesmo que o citado art. 390 do Código Civil não faça referência à opção do credor pela purga da mora – quando a abstenção ainda lhe seja útil –, o acesso a essa pretensão é de conformidade com o sistema que rege o inadimplemento das obrigações.

Em outros termos, haveriam imposições de não fazer e imposições de desfazer, que não se confundem. Para a sua tutela adequada e efetiva, o não fazer pressupõe que o executado seja compelido a observar a prestação negativa. Já a imposição de desfazer pressupõe que o executado tenha feito aquilo que estava obrigado a não fazer. A concretização da tutela do direito reclama a adoção de um comportamento positivo por parte do executado.[125] Pelo visto, as obrigações instantâneas não admitem a tutela do desfazimento, localizada nos artigos 822 e 823 do CPC/15. Esses dispositivos consubstanciam tutelas processuais adequadas apenas ao não fazer permanente.

O art. 251 do Código Civil formula a regra de que, "praticado pelo devedor o ato, a cuja abstenção se obrigara, o credor pode exigir dele que o desfaça, sob pena de se desfazer a sua custa, ressarcindo o culpado perdas e danos". Aqui o Código Civil refere-se às obrigações permanentes, posto passíveis de desfazimento. Nas obrigações permanentes, ao contrário das instantâneas, o devedor poderá incorrer em mora, com a possibilidade de purgá-la e manter a execução da obrigação de abstenção. Basta supor a proibição de despejo de lixo em certo local: violada a abstenção, poderá o devedor retirar o lixo do local, suportando ainda perdas e danos e aceitando a abstenção posterior. Naturalmente, ao se valer da possibilidade de terceiro executar a prestação, estará o credor renunciando ao caráter infungível da prestação. Em qualquer caso o ressarcimento não figura como opção, mas como acréscimo aos efeitos da violação culposa.

A tutela ressarcitória é aquela que naturalmente se adapta ao inadimplemento de uma obrigação negativa. A circunstância de alguém se obrigar a um não fazer não significa que o obrigado tenha renunciado à sua faculdade (ou direito) em favor de outrem, ou mesmo se obrigado a renunciar. Ora, se *A* se compromete perante *B* a não alienar determinado imóvel, porém vem a descumprir a obrigação pelo fato de vendê-lo posteriormente a terceira pessoa, tal negócio jurídico dispositivo será válido e eficaz, cabendo a *B* demandar em face de A as consequências do inadimplemento. Clóvis do Couto e Silva exemplifica, mediante o *pactum de non licitando*, que aquele que se obrigou a não licitar não renuncia a essa faculdade. Pelo contrário. No momento em que se realiza a licitação, poderá o devedor descumprir o dever de abster-se. De fato, se fosse impossível descumprir a obrigação, haveria de se admitir a transferência do direito ou a renúncia como ato dispositivo.[126]

Todavia, em sede de obrigações permanentes, o legislador foi além e facultou a execução específica, mediante o exercício da autoexecutoriedade pelo credor da obrigação de não fazer, quando houver inobservância do pactuado pelo devedor. A teor do parágrafo único do art. 251 do Código Civil, "em caso de urgência, poderá o credor desfazer ou mandar desfazer, independentemente de autorização judicial, sem prejuízo do ressarcimento devido". Trata-se de mais uma forma de autotutela prevista no ordenamento, a exemplo do desforço possessório, estado de necessidade, direito de retenção e penhor legal. Hamid Bdine cita inteligente exemplo: "um pequeno empresário cede o seu direito de manter uma barraca de pastéis em uma feira agropecuária a outro vendedor de pastéis. No instrumento de cessão de direitos, assume a obrigação de não se instalar no local com o comércio de pastéis, pois isto acarretaria redução de vendas do cessionário. No único dia em que

125. MARINONI, Luiz Guilherme. ARENHART, Sergio Cruz. MITIDIERO, Daniel. Novo Código de Processo Civil Comentado, p. 778.

126. COUTO E SILVA, Clóvis do. *Obrigação como processo*, p. 137.

a feira se realizaria, o cessionário verifica que o cedente do direito de se instalar está montando sua barraca de pastéis para funcionar no mesmo local. Constata-se a urgência, pois não há tempo de obter intervenção judicial e os danos correspondentes a seu lucro naquele dia serão de difícil reparação".[127] No exemplo citado, o credor da obrigação recorrerá ao aludido dispositivo para "mandar desfazer", no sentido de que a administração da feira imponha a abstenção ao dono da barraca de pastéis.

Não se olvide que, após a execução específica da medida, eventualmente incidirá pretensão contra o devedor para o ressarcimento das despesas correspondentes. A pretensão a ser ressarcida converterá a obrigação de não fazer em obrigação de dar o valor correspondente, salvo se o devedor provar em juízo que não se caracterizou a urgência. Tem-se a favor do credor a presunção de urgência, invertendo-se o ônus da prova para o devedor.[128]

Deve haver um cuidado especial, para que seja tutelada a posição do devedor nas hipóteses em que o exercício do direito ao desfazimento da atividade seja manifestamente desproporcional à conveniência social ou implicar atentado à pessoa do devedor. Ademais, Renan Lotufo lembra que situações consolidadas não cabem dentro da previsão excepcional, sendo esta aplicável tão somente a situações iniciais de desfazimento de atos suscetíveis a tanto. Realmente uma situação consolidada nem ao menos seria objeto de concessão de medida antecipatória judicial.[129] Sílvio Venosa cita o exemplo do devedor que descumpre a obrigação de não edificar, culminando por construir obra custosa e plenamente utilizável. Em tal caso, seria inconveniente, em face da repercussão social negativa, quanto ao desfazimento da obra em caráter *manu militari*.[130]

2.5 Tutela processual das obrigações de fazer e não fazer

2.5.1 Noções Gerais

No que tange às obrigações de fazer e não fazer, a sistemática substantiva sofreu profundas alterações com o advento das regras reformistas do Código de Processo Civil, em 1994, até alcançar a vigência do CPC/15. A definitiva consagração do princípio da efetividade da tutela processual determina uma atenta leitura dos dispositivos do Código Civil que remetem ao inadimplemento. Ademais, quando se instala a crise jurídica de cooperação, não mais se confia a solução dos conflitos intersubjetivos à intermediação burocrática e estanque de uma estrutura tripartida do processo, porém na persecução de um processo civil de resultados no qual se desenvolvem

127. BDINE JR., Hamid Charaf. *Código Civil comentado*, p. 203.

128. LÔBO, Paulo Luiz Netto. *Teoria geral das obrigações*, p. 121.

129. LOTUFO, Renan. *Código civil comentado*, v. 2, p. 55.

130. VENOSA, Sílvio. *Direito civil*: teoria geral das obrigações e teoria geral dos contratos, p. 110.

tutelas satisfativas (cognição e execução – autônomas ou em fases procedimentais sucessivas) e tutelas de urgência (antecipatória, cautelar e inibitória).

O art. 5º, LXXVIII, da Constituição Federal introduziu o direito fundamental à razoável duração do processo e os meios que garantam a celeridade de sua tramitação. O jurisdicionado aciona o Estado, afinal sofreu o dano do descumprimento da obrigação. O processo que não seja útil, efetivo e funcional acarreta um segundo dano ao credor, uma espécie de dano "marginal", consistente no prejuízo pela demora da lide, em alguns casos, de vulto superior ao próprio inadimplemento do direito material.

Efetividade do processo é expressão largamente difundida nos últimos anos. A essência do pensamento de Chiovenda reside em pensar o processo apoiado em um sistema pelo qual se assegure a quem tenha razão uma situação jurídica igual à que deveria ter derivado do cumprimento espontâneo e tempestivo da obrigação. O legislador e o operador do direito devem encontrar meios hábeis a propiciar respostas aos anseios sociais. De acordo com Luiz Rodrigues Wambier e Teresa Arruda Alvim Wambier, o direito ao processo efetivo é direito fundamental instrumental, pois se insere no exercício da cidadania pela via do acesso à justiça e, "com o tônus da efetividade, pertence ao conjunto desses direitos, ditos fundamentais, que estão ligados ao conceito de dignidade humana, princípio sobre o qual está assentada a estrutura do Estado brasileiro".[131]

O processo efetivo é aquele que desempenha de maneira eficiente o papel que lhe compete na economia do ordenamento jurídico. Ensina Barbosa Moreira que a efetividade é intimamente vinculada à instrumentalidade, "uma noção conecta-se com a outra e por assim dizer a implica. Qualquer instrumento será bom na medida em que sirva de modo prestimoso à consecução dos fins da obra a que se ordena; em outras palavras, na medida em que seja efetivo. Vale dizer: será efetivo o processo que constitua instrumento eficiente de realização do direito material".[132]

Porém, essa é uma visão relativamente recente no ordenamento jurídico. No modelo tradicional, a sanção imposta quando do descumprimento dessas obrigações positivas e negativas era a conversão da conduta infringida ou da omissão violada em perdas e danos, obtendo o credor o equivalente pecuniário ao prejuízo sofrido, pois não seria lícito constranger o devedor a satisfazer a obrigação.[133] O ressarcimento financeiro, prestado pela combinação da sentença condenatória com a posterior ação executiva, mostrava-se suficiente para retribuir o valor da lesão.

Essa era a lógica privatista-individualista legitimada pela ideologia liberal dos oitocentos, em que não cabia ao Estado interferir nas relações jurídicas para assegurar

131. WAMBIER, Luiz Rodrigues; WAMBIER, Teresa Arruda Alvim. *Anotações sobre a efetividade do processo*, p. 11-12.

132. MOREIRA, José Carlos Barbosa. *Por um processo socialmente efetivo*, p. 5.

133. Art. 1.142, CC francês: "Toda obrigação de fazer ou não fazer resolve-se em perdas e danos no caso de inexecução por parte do devedor."

a execução da tutela na forma específica. Pelo mecanismo da incoercibilidade das obrigações, ninguém poderia ser compelido a executar pessoalmente a prestação prometida, pois a esfera de liberdade individual era intangível, como direito absoluto e, portanto, impenetrável por meios coercitivos. Toda e qualquer sanção só poderia recair sobre o patrimônio do devedor. No paradigma ressarcitório inerente ao processo civil clássico, exaurido o contraditório, o magistrado apenas asseguraria à parte lesada a execução indireta ou substitutiva, pela recomposição dos danos consequentes ao descumprimento contratual.

O CC/2002 perdeu excelente oportunidade de alterar os velhos paradigmas no âmbito material. A crise do inadimplemento demanda uma tutela jurisdicional apta a propiciar à parte lesada a fruição do seu direito material, em consonância ao princípio do acesso à justiça (art. 5º, XXXV, da CF). Timidamente, o art. 247 – ao referir-se às obrigações de fazer – mantém a tutela ressarcitória como solução para as hipóteses em que o devedor subverte o resultado desejado, ao não efetivar a conduta anteriormente ajustada. Em verdade, pratica-se uma meia justiça, pois não se concede ao jurisdicionado aquilo que ele efetivamente esperava no campo do direito material. A decisão carece de utilidade, pois o litigante recebe uma prestação de dar quantia certa (perdas e danos), quando almejava uma atividade de fazer ou um não fazer.

A segunda metade do século XX consagrou o Estado Democrático de Direito. O seu principal compromisso é com a radical efetivação dos direitos fundamentais da pessoa humana. Para o êxito de tal missão, o processo deveria substituir os procedimentos judiciais forjados pelo liberalismo por outros, aptos a conceder eficácia aos princípios constitucionais de ordem material.

Nesse sentido, Humberto Theodoro Júnior refere-se à aproximação entre o direito processual e o direito material, no qual o processo se converte em meio de valorização do direito como um todo, com a missão de perseguir resultados qualificados pela efetividade que correspondam à mais justa composição dos litígios. Assim, "o direito processual desfruta de autonomia científica, para efeitos pedagógicos, mas sua compreensão só se torna útil quando se volta para determinar de que modo o processo pode concorrer para a realização das metas do direito material, dentro do convívio social".[134]

Agora, o legislador procura antecipar-se à ocorrência dos danos, impondo meios hábeis a impedir ou remover o próprio ilícito legal ou contratual, enfatizando a *tutela inibitória* das obrigações, em detrimento da tutela ressarcitória. É a aplicação do princípio da efetividade da jurisdição. Concedem-se poderes ao magistrado para combater a paralisia do obrigado e a sua resistência em adimplir a prestação que originariamente pactuou.

Discorrendo sobre o tema, Luiz Guilherme Marinoni explica que "quando se pensa em tutela inibitória, imagina-se uma tutela que tem por fim impedir a prática, a

134. THEODORO JÚNIOR, Humberto. *Tutela específica das obrigações de fazer e não fazer*, p. 19.

continuação ou a repetição do ilícito, e não uma tutela dirigida à reparação do dano. Portanto, o problema da tutela inibitória é a prevenção da prática, da continuação ou da repetição do ilícito, enquanto o da tutela ressarcitória é saber quem deve suportar o custo do dano, independentemente do fato de o dano ressarcível ter sido produzido ou não com culpa".[135]

Assim, dispõe o Parágrafo único, do art. 497 do CPC/15: "Para a concessão da tutela específica destinada a inibir a prática, a reiteração ou a continuação de um ilícito, ou a sua remoção, é irrelevante a demonstração da ocorrência de dano ou da existência de culpa ou dolo". A tutela inibitória do ilícito se viabiliza com a simples ameaça ou prática de um comportamento antijurídico, independentemente da efetiva ocorrência da lesão ou da aferição da intencionalidade do agente, pois esses são pressupostos exclusivos para a tutela reparatória decorrente da responsabilidade civil (arts. 186 e 927 do CC/02). Tanto a tutela inibitória como a ressarcitória são atribuídas pelo direito material, conforme os inesgotáveis fatos jurídicos que as relações intersubjetivas produzem. Porém, para que as ditas tutelas sejam concretizadas de forma adequada será necessário que o processo desenvolva técnicas que viabilizem o cumprimento das decisões.

Assim, o processo promove meios de efetiva concessão ao credor daquilo que voluntariamente o réu recusou a adimplir, tal como originariamente concebido, através de medidas aptas a inibi-lo a prestar o que recusa, ou a não prestar aquilo que inadvertidamente pretende. A prestação jurisdicional ideal é aquela capaz de dotar o Estado-juiz de meios rápidos de concessão ao litigante, *in natura,* daquilo que, em princípio, fora-lhe recusado pela outra parte, evitando a ocorrência ou a proliferação de danos, ao invés de inutilmente contabilizá-los para posterior ressarcimento.

Procura-se evitar um ato contrário ao direito ou ao contrato, independentemente da eventualidade da ocorrência de um dano, pois é melhor prevenir do que ressarcir. O ato ilícito pode ou não provocar uma lesão, mas a tutela inibitória prescinde dessa cogitação, pois a sua utilização está restrita a impedir a prática do próprio ilícito. O credor quer o fato em si, não a expressão monetária que o represente. Por conseguinte, observa-se a total autonomia material entre as tutelas inibitória e ressarcitória, pois o direito à cognição sumária de remover o ilícito não se confunde com o direito à reparação do dano, da mesma maneira que nas lides possessórias não se controverte acerca do direito de propriedade.

2.5.2 O Cumprimento da Sentença

Para caminharmos pela via processual do cumprimento de sentença das obrigações de fazer e não fazer temos que nos deslocar por *4 tutelas*: inibitória; remoção de ilícito; resultado prático equivalente e ressarcitória, *3 técnicas*: antecipatória; multa

135. MARINONI, Luiz Guilherme. *Tutela inibitória*, p. 26.

periódica e medidas executivas e *2 sentenças não autossuficientes*: mandamental e executiva.

O art. 497 do CPC/15, trata da tutela dos direitos e veicula uma ação de conhecimento, de natureza preventiva, que permite ao juiz impor ao devedor a observância estrita do que foi objeto da convenção entre as partes, concedendo ao credor duas formas alternativas de implementação da tutela específica: a) tutela inibitória; b) tutela de remoção do ilícito. Quando o art. 497 do CPC/15 legitima a tutela específica como gênero, assume como tarefa do processo conceder ao demandante obter a posição jurídica mais próxima possível da integridade do direito material, aquela a a que originariamente o autor faria jus. O processo afetará a esfera patrimonial do devedor através de meios coercitivos, compelindo-o a adotar o comportamento voluntariamente devido pela relação obrigacional.

A tutela inibitória possui feição preventiva. Diante da probabilidade de prática ou repetição de um ato ilícito, ela visa justamente desencorajar o demandado para o futuro, inibindo a consumação ou reiteração do comportamento antijurídico. Seria o caso de inibição de atividade poluidora, pratica de atos de concorrência desleal ou de notícia lesiva à personalidade. Em contrapartida, a tutela de remoção do ilícito volta os olhos para o passado. Ela é repressiva, pois pretende reintegrar a situação anterior à ocorrência do ilícito que deixou efeitos concretos continuados. Pode-se exemplificar com a remoção de cartazes que configuram concorrência desleal ou a demolição de obra construída em local vedado pela legislação ambiental.[136] Tanto na tutela inibitória como na remoção do ilícito será absolutamente prescindível discutir se houve o dano, ou a sua extensão, bem como a gradação da culpa do demandado, tratando se de aspectos unicamente relacionados à tutela reparatória.

Em comum, tutela inibitória e tutela de remoção do ilícito podem se converter em um *resultado prático equivalente*. Vê-se pela leitura do *caput* do art. 497 do CPC/15 que, em quebra do princípio da congruência, entendendo o magistrado que outra medida poderá atender à finalidade do credor, porém de forma menos gravosa ao devedor e mais adequada às finalidades do processo, conceder-se-á resultado prático equivalente ao autor da ação, mediante providências alternativas. O resultado prático equivalente é um *tertium genus* de tutela específica - lateral às tutelas inibitória e de remoção do ilícito - pela qual será possível por outros meios alcançar o mesmo resultado almejado pelo autor. Assim, se o desiderato do demandante era a tutela inibitória do encerramento da atividade poluidora, a colocação de filtro antipoluente poderá alcançar o mesmo resultado de forma menos gravosa ao demandado.

Todas as referidas tutelas específicas de fazer ou não fazer poderão ser prestadas de forma definitiva ou antecipada, conforme a regulamentação que se encontra nos artigos 294 a 311 do CPC/15. Aliás, ao contrário do que enuncia o art. 300 do

136. MARINONI, Luiz Guilherme. ARENHART, Sergio Cruz. MITIDIERO, Daniel. Novo Código de Processo Civil Comentado, p. 503/4.

CPC/15, a tutela inibitória provisória não tem como pressuposto o "perigo de dano", mas o perigo de "demora" na prestação da tutela final, ou seja, o *periculum in mora* no sentido de que o ato temido pelo demandante seja praticado ou reiterado em momento anterior à prolação da sentença. Essa constatação só reforça a natureza preventiva da ação que consubstancia uma tutela inibitória.

A tutela específica – seja a obtida de forma direta como pelo resultado prático equivalente – será alcançada pela imposição de meios coercitivos indiretos, sobremaneira pela multa coercitiva, conhecida como *astreintes*. A sua força é intimidante, pois pela coação de fundo econômico o devedor se sentirá pressionado a abrir mão de sua resistência ao cumprimento da obrigação. A fixação da multa funciona como meio persuasivo de desestímulo ao descumprimento das obrigações e constrange o réu a adimplir a conduta positiva ou negativa (art. 536, § 1º, do CPC/15).[137]

Segundo Alexandre Freitas Câmara, "denomina-se *astreintes* a multa periódica pelo atraso no cumprimento da obrigação de fazer ou de não fazer incidente em processo executivo (ou na fase executiva de um processo misto), fundado em título executivo judicial ou extrajudicial, e que cumpre a função de pressionar psicologicamente o executado para que cumpra a sua prestação".[138]

A multa coercitiva não possui natureza ressarcitória ou compensatória, nem tampouco será uma pena. O provimento judicial que veicula a multa detém prevalente eficácia de caráter mandamental, no sentido de pressionar o demandado a um agir ou uma abstenção. As *astreintes* detêm natureza híbrida: há um aspecto processual, pois se trata de técnica destinada a dotar a decisão mandamental de eficácia; mas há ainda um componente de direito material, já que induz ao cumprimento da obrigação, como autêntica forma de pressão ao adimplemento se adequada à capacidade econômico do demandado.

Ao cuidar da multa coercitiva o art. 537 do CPC/15 cogita da expressão "poderá ser aplicada...". Todavia, é um equívoco pensar que a sua incidência se liga a uma mera faculdade do magistrado. Ressalta Eduardo Talamini que "a multa deverá ser cominada toda vez que se evidenciar a sua utilidade, ainda que mínima para influenciar a vontade do réu. Só ficará descartado o emprego da multa quando esta revelar-se

137. O Superior Tribunal de Justiça enfatiza a eficácia do aludido provimento, mesmo em face do Poder Público: "Em execução de obrigação de fazer resultante de mandado de segurança, o ente federado foi condenado a incorporar certo percentual aos vencimentos e proventos de seus servidores. Sucede que foram impostas *astreintes* aos representantes daquele ente público (o governador e a secretária de gestão administrativa) correspondentes a diários 50% do valor do salário-mínimo, caso, após citados, não procedessem às aludidas incorporações em 30 dias. Anote-se que essa sanção pecuniária não se confunde com a de natureza punitiva derivada de ato atentatório ao exercício da jurisdição (art. 14, V, parágrafo único, do CPC). Diante disso, a jurisprudência do STJ permite a imposição de multa diária à Fazenda Pública na execução imediata, porém sua extensão ao agente público, ainda que escorada na necessidade de dar efetivo cumprimento à ordem mandamental, é despida de juridicidade, pois inexiste norma que determine esse alcance da pessoa física representante da pessoa jurídica de direito público" (*Informativo* nº 0429, 5-9.4.2010. REsp 747.371-DF, Rel. Min. Jorge Mussi).

138. CÂMARA, Alexandre Freitas. *Lições de direito processual civil*, v. 2, p. 261.

absolutamente inócua ou desnecessária, em virtude das circunstâncias concretas".[139] Seria o caso do devedor comprovadamente insolvente ou que não possa fática ou juridicamente cumprir a obrigação.

Cabível a multa, poderá ser concedida por requerimento ou de ofício, com fixação pelo magistrado de prazo razoável para cumprimento. Nesse caso, não se cogite de decisão *ultra petita* se o valor estipulado pelo magistrado for superior ao montante pedido pelo autor. Não obstante usualmente fixada de forma periódica (que pode oscilar por horas, dias, semanas ou qualquer espaço temporal), em um juízo de adequação, a multa coercitiva poderá eventualmente ser determinada em valor fixo (para o caso de descumprimento da ordem que visa impedir a prática de um comportamento), ou de forma progressiva, intensificando-se o *quantum* a medida que o demandado insiste em resistir ao cumprimento da ordem.

Também inexiste ilegalidade no fato de haver cumulação do valor das *astreintes* com o montante indenizatório, ou mesmo da multa superar o valor da reparação, como bem dispõe o art. 500 do CPC/15. A multa tem como desiderato compelir a parte a adimplir, enquanto a reparação se relaciona com a extensão de danos patrimoniais e/ou morais. Como já visto, na tutela inibitória pode haver imposição de multa, mesmo quando o demandante não tenha sofrido ou provado que sofreu danos. Por conseguinte, a autonomia entre os dois modelos jurídicos justifica a não extensão do art. 412 do Código Civil à multa coercitiva. Enquanto a cláusula penal exerce a função ressarcitória de prefixação de perdas e danos e o seu teto não pode superar a prestação originária, o mesmo não se diga das *astreintes*, cujo escopo, pela via indireta, implica pressionar o devedor ao cumprimento exato da prestação. [140]

Quanto ao momento adequado, poderá a multa ser concedida na fase de conhecimento, em tutela provisória ou sentença de mérito, mediante estipulação de prazo razoável, que variará de acordo com a menor ou maior facilidade de cumprimento da decisão, seja essa uma decisão interlocutória, sentença ou acórdão que imponha um comportamento ou uma abstenção. As *astreintes* se acumulam à medida que o devedor resiste à efetivação da decisão. De acordo com a Súmula 410 do STJ: "A prévia intimação pessoal do devedor constitui condição necessária para a cobrança de multa pelo descumprimento de obrigação de fazer ou não fazer."[141]

---

139. TALAMINI, Eduardo. *Tutela relativa aos direitos de fazer e de não fazer*, p. 236

140. STJ. *Informativo* nº 505, 20.9/3.10.2012, Terceira Turma: "DIREITO PROCESSUAL CIVIL. ASTREINTES. ESTIPULAÇÃO EX OFFICIO E CUMULAÇÃO COM JUROS DE MORA. É cabível a cumulação de astreintes com juros de mora, bem como sua estipulação de ofício. Ao juiz é facultado arbitrar multa ex officio como forma de obtenção da tutela específica da obrigação, objetivo principal da execução. Quanto à cumulação das astreintes com encargos contratuais, esclareceu-se que é admissível devido à natureza jurídica distinta entre as parcelas, pois a primeira tem natureza processual e os juros de mora têm natureza material. Ademais, estes se destinam à reparação de parte dos prejuízos ensejados pela mora; por outro lado, a multa cominatória diária é meio de coerção para que o devedor cumpra a obrigação específica. Ressalvou-se, contudo, a hipótese em que houver previsão de astreintes no título, pois assim seria apenas possível ao juiz reduzir o valor, se excessivo." REsp 1.198.880-MT, Rel. Min. Paulo de Tarso Sanseverino, julgado em 20.9.2012.

141. STJ. *Informativo* nº 0527, 9.10.2013. Terceira Turma: "IMPOSIÇÃO DE MULTA DIÁRIA A OPERADORA DE PLANO DE SAÚDE. É possível a imposição de multa diária como forma de compelir operadora de plano de saúde a

A multa coercitiva gera consequências jurídicas imediatas. A intimação pessoal do demandado ativa a sua eficácia. Portanto, caso tenha sido concedida em antecipação de tutela, será exigível de pronto em execução provisória por quantia certa. Humberto Theodoro Júnior segue tal raciocínio, admitindo que "parece-me que se o juiz usou a multa como expediente para forçar o cumprimento imediato da prestação de fazer, não se deve recusar a sua exigibilidade também imediata".[142]Seguindo essa orientação, prescreve o § 3º. do art. 537 do CPP/15 que "A decisão que fixa a multa é passível de cumprimento provisório, devendo ser depositada em juízo, permitido o levantamento do valor após o trânsito em julgado da sentença favorável à parte ou na pendência do agravo fundado nos incisos II ou III do art. 1.042". Destarte, perde sustentáculo o posicionamento quanto a possibilidade de execução da multa após o trânsito em julgado da última decisão processual em que fixada.[143]

Podemos exemplificar: prestigiado compositor e cantor subscreve contrato com a empresa *A*, para a obtenção de exclusividade na distribuição do material fonográfico. Há, portanto, uma obrigação de não fazer para as demais empresas concorrentes, calcada na proibição de divulgação da obra do intérprete. Caso a empresa *B* pretenda

---

autorizar que hospital realize procedimento médico-hospitalar. Nessa situação, o elemento preponderante da prestação exigida é uma obrigação de fazer, e não de pagar quantia, de modo que não há qualquer óbice à fixação de astreintes para a hipótese de descumprimento. Deve-se considerar que a obrigação de dar – na qual se inclui a de pagar quantia – consiste na entrega de coisa ao credor. A obrigação de fazer, por sua vez, constitui-se na prestação de uma atividade, ou seja, na realização de um fato ou na emissão de uma declaração de vontade. Ocorre que, não raras vezes, a entrega de coisa pressupõe a realização de uma atividade, caso em que a natureza da obrigação deve ser definida pelo seu elemento preponderante. Como já ressaltado, tem-se que, na situação em análise, o elemento preponderante da obrigação da operadora de plano de saúde é um "fazer", consistente em autorizar o hospital a realizar procedimentos médico-hospitalares. Observe-se que pouco importa ao consumidor se a operadora do plano de saúde vai, posteriormente, efetuar o pagamento das despesas médicas depois de autorizado o tratamento. De fato, caso isso não ocorra, caberá ao hospital, e não ao consumidor, buscar a devida indenização." REsp 1.186.851-MA, Rel. Min. Nancy Andrighi.

142. THEODORO JÚNIOR, Humberto. *Tutela específica das obrigações de fazer e não fazer*, p. 32.

143. Informativo nº 0511 Período: 6 de fevereiro de 2013. Quarta Turma DIREITO PROCESSUAL CIVIL. ASTREINTES. EXECUÇÃO PROVISÓRIA. O valor referente à astreinte fixado em tutela antecipada ou medida liminar só pode ser exigido e só se torna passível de execução provisória, se o pedido a que se vincula a astreinte for julgado procedente e desde que o respectivo recurso não tenha sido recebido no efeito suspensivo. A multa pecuniária arbitrada judicialmente para forçar o réu ao cumprimento de medida liminar antecipatória detém caráter híbrido, englobando aspectos de direito material e processual, pertencendo o valor decorrente de sua incidência ao titular do bem da vida postulado em juízo. Sua exigibilidade, por isso, encontra-se vinculada ao reconhecimento da existência do direito material pleiteado na demanda. Para exigir a satisfação do crédito oriundo da multa diária previamente ao trânsito em julgado, o autor de ação individual vale-se do instrumento jurídico-processual da execução provisória. Contudo, não é admissível a execução da multa diária com base em mera decisão interlocutória, fundada em cognição sumária e precária por natureza, como também não se pode condicionar sua exigibilidade ao trânsito em julgado da sentença. Isso porque os dispositivos legais que contemplam essa última exigência regulam ações de cunho coletivo, motivo pelo qual não são aplicáveis às demandas em que se postulam direitos individuais. Assim, por seu caráter creditório e por implicar risco patrimonial para as partes, a multa diária cominada em liminar está subordinada à prolação de sentença de procedência do pedido, admitindo-se também a sua execução provisória, desde que o recurso seja recebido apenas no efeito devolutivo. Todavia, revogada a tutela antecipada, na qual estava baseado o título executivo provisório de astreinte, fica sem efeito o crédito derivado da fixação da multa diária, perdendo o objeto a execução provisória daí advinda. REsp 1.347.726-RS, Rel. Min. Marco Buzzi, julgado em 27/11/2012.

vender material de autoria do referido compositor, não será proveitoso à empresa *A* ter de aguardar o lançamento da mercadoria para, em seguida, exigir ressarcimento em virtude dos danos já produzidos. O caminho será o ajuizamento de ação de tutela específica inibitória de não fazer, alicerçada em determinação judicial de proibição de venda do material em questão, desestimulando-se a conduta do réu, mediante antecipação de tutela com inclusão de elevada multa coercitiva. Atendida a ordem, evita-se o ilícito e, com isso, não se proliferam os danos.

Cogite-se, agora, de uma empresa poluente que se instalou em determinada região, sem que a administração local tenha a isso se oposto. Se o Ministério Público – ou algum dos legitimados à ação coletiva – observar a probabilidade ou, mesmo, o início da lesão ambiental, poderá ingressar com a tutela específica inibitória de não fazer, solicitando o fechamento da empresa.

Nada obstante, entendendo o magistrado que a instalação de filtros antipoluentes é medida menos onerosa ao réu, porém igualmente proveitosa ao autor, determinará a tutela assecuratória de resultado prático equivalente, ordenando, em caráter liminar, a colocação dos filtros antifúngicos em prazo razoável, sob pena de imposição das *astreintes*.

Dirige-se ao patrimônio do exequente o valor da multa coercitiva, conforme expressamente estatui o § 2º. do art. 537 do CPC/15, confirmando jurisprudência anterior.[144] Não se cogite de enriquecimento sem causa do credor pelo fato da multa ser dissociada de um dano patrimonial ou moral. Cuida-se de um valor justificado pelo descumprimento de uma tutela inibitória prejudicial a uma situação material do demandante.

---

144. STJ. *Informativo* nº 497, 7-18.5.2012. Quarta Turma: "ASTREINTES. DESTINATÁRIO. AUTOR DA DEMANDA. "Discussão voltada a definir o sujeito a quem deve reverter o produto pecuniário alcançado diante da incidência da multa diária: se à parte demandante, se ao próprio Estado, desrespeitado ante a inobservância à ordem judicial, ou, ainda, se a ambos, partilhando-se, na última hipótese, o produto financeiro das astreintes. Embora o texto de lei não seja expresso sobre o tema, inexiste lacuna legal no ponto, pertencendo exclusivamente ao autor da ação o crédito decorrente da aplicação do instituto. A questão deve ser dirimida mediante investigação pertinente à real natureza jurídica da multa pecuniária, à luz de exegese integrativa e sistemática do ordenamento jurídico. Assim, desponta *prima facie* a impossibilidade de estabelecer titularidade Estatal, de modo total ou parcial, sobre o valor alcançado pelas astreintes, porquanto interpretação em tal sentido choca-se inevitavelmente com os princípios da legalidade em sentido estrito e da reserva legal (art. 5º, *caput*, da CF), segundo os quais toda e qualquer penalidade, de caráter público sancionatório, deve conter um patamar máximo, a delimitar a discricionariedade da autoridade que a imporá em detrimento do particular infrator. Quando o ordenamento processual quer destinar ao Estado o produto de uma sanção, assim o faz expressamente, estabelecendo parâmetros para sua aplicação. Tais exigências não se satisfazem face ao teor do atual texto do art. 461, §§ 4º e 5º do CPC, justo que as normas hoje vigentes apenas conferem a possibilidade de fixação da multa pecuniária, sem dispor taxativamente sobre tetos máximo e mínimo de sua incidência, o que ocorre exatamente para permitir ao magistrado atuar de acordo com o vulto da obrigação subjacente em discussão na demanda, e sempre a benefício do autor. Extrai-se do corpo normativo em vigor um caráter eminentemente privado da multa sob enfoque, instituto que, portanto, reclama estudo, definição e delimitação não somente a partir de sua função endoprocessual, na qual desponta um caráter assecuratório ao cumprimento das ordens judiciais, mas também, e sobretudo, sob o ângulo de sua finalidade instrumental atrelada ao próprio direito material vindicado na demanda jurisdicionalizada" (REsp 1006473/PR Relator p/ Acórdão Ministro Marco Buzzi, 4ª Quarta Turma, *DJe* 19.6.2012).

Todavia, a recalcitrância do devedor em cumprir a ordem judicial acarreta uma segunda ordem de efeitos patrimoniais. Dispõe o art. 77, IV, do CPC/15, que se insere dentre os deveres das partes o de "cumprir com exatidão as decisões jurisdicionais, de natureza provisória ou final, e não criar embaraços à sua efetivação". Configura-se o ato atentatório à dignidade da justiça, com a incidência de multa e outras sanções, tal como no *contempt of court*, da *common law*.

Ademais, pelo § 1º do art. 537 do CPC/15, é concedida ao juiz a possibilidade de rever o valor da multa a qualquer instante – de ofício ou por requerimento da parte-, em caráter *ex nunc*, bem como a sua periodicidade, alterando-se a incidência anteriormente estabelecida, de forma a emprestar ao processo a mais ampla efetividade. Quanto ao valor da multa, é eficaz a modificação de parâmetros, restando induvidoso que um valor maior ou menor poderá ser mais adequado às necessidades persuasivas supervenientes à decisão. Sobeja fortalecida a tutela inibitória, como mais um mecanismo de coerção indireta para o cumprimento das medidas determinadas pelo juiz.[145]

Segundo a abalizada lição de Cândido Rangel Dinamarco, é justificável o acréscimo no valor da multa quando não for suficiente a persuadir o devedor a cumprir, ou seja, se o "juiz verifica que o obrigado ainda prefere pagar a multa a consumar o adimplemento, o aumento do valor pode concorrer para a obtenção do resultado desejado".[146] Em sentido inverso, um valor inicialmente exorbitante poderá ser reavaliado pelo juiz à luz do princípio da proporcionalidade, viabilizando a efetividade das *astreintes*.[147]

145. STJ: Informativo nº 0539. Período: 15 de maio de 2014. Segunda Seção. "A decisão que comina *astreintes* não preclui, não fazendo tampouco coisa julgada. A jurisprudência do STJ é pacífica no sentido de que a multa cominatória não integra a coisa julgada, sendo apenas um meio de coerção indireta ao cumprimento do julgado, podendo ser cominada, alterada ou suprimida posteriormente" (REsp 1.333.988-SP, Rel. Min. Paulo de Tarso Sanseverino).

146. DINAMARCO, Cândido Rangel. *A reforma da reforma*, p. 242.

147. STJ. *Informativo* nº 495, 9-20.4.2012. Terceira Turma: "MULTA DO Art. 461, § 4º, DO CPC. OBRIGAÇÃO DE FAZER. DESCASO DO DEVEDOR. VALOR TOTAL ATINGIDO. A discussão diz respeito ao valor atingido pela *astreinte* e busca definir se a multa cominatória fixada para o caso de descumprimento da obrigação de fazer seria exagerada a ponto de autorizar sua redução nesta Corte. In *casu* sub *examen*, o condomínio recorrido ajuizou reintegração na posse em que o recorrente proprietário de unidade autônoma construiu irregularmente um deque em área comum do edifício – a qual fora cedida sob a condição de que não fosse realizada qualquer obra. O pedido foi julgado procedente, e o recorrente foi condenado à devolução da área, livre de qualquer construção, no prazo de noventa dias, sob pena da incidência de multa diária no valor de R$ 1 mil. O tribunal a quo manteve a sentença proferida e o valor atingido pela multa por descumprimento de decisão judicial (R$ 383 mil). A Min. Relatora observou que a multa cominatória, prevista no art. 461 do CPC, representa um dos instrumentos de que o direito processual civil pode valer-se na busca por uma maior efetividade do cumprimento das decisões judiciais. A multa diária por descumprimento de decisão judicial foi inicialmente fixada em patamar adequado à sua finalidade coercitiva e não poderia ser considerada exorbitante ou capaz de resultar no enriquecimento sem causa da parte adversa. Ademais, o prazo estabelecido para o desfazimento das obras se mostrava bastante razoável. Entretanto, o recorrente, mesmo instado a desfazer as obras sob pena de multa diária fixada na sentença, furtou-se de fazê-lo e, em momento algum, suscitou a existência de impedimentos excepcionais ao cumprimento da obrigação. Assim, sendo a falta de atenção do recorrente o único obstáculo ao cumprimento da determinação judicial

Em tópico pregresso comentamos acerca da existência de três técnicas processuais que se destinam à realização das tutelas de fazer ou não fazer: a antecipatória; a multa coercitiva e as medidas executivas. Essa derradeira figura - também conhecida como medidas *de apoio,* necessárias ou *pedagógicas* - não se relaciona com as sentenças mandamentais, porém com as sentenças executivas, munidas de coerção direta contra o demandado. Enquanto as multas têm o escopo de pressionar psicologicamente o obrigado pela via da coerção indireta, a ponto de persuadi-lo a optar por agir de maneira pessoal, os atos estatais representam uma sub-rogação, prescindindo de qualquer atividade ou cooperação do réu, eis que eles serão praticados independentemente da vontade do obrigado, sem delongas ou procrastinação.

Dinamarco explica que o art. 461 do revogado CPC/73 abriu caminho para o reconhecimento de que o sistema processual contém dois modelos executivos, ou dois modos de executar, a saber: "a) a execução por moldes tradicionais, consistente em medidas de constrição que incidem diretamente sobre o patrimônio do obrigado e buscam a satisfação do credor independentemente da vontade daquele; b) a execução consistente em pressionar a vontade do obrigado, com vista a persuadi-lo a cumprir. Chega-se com isso ao binômio proposto por Chiovenda, sendo lícito falar em execução por coerção e execução por sub-rogação, agora postas no mesmo nível no sistema brasileiro de execu*ção civil".*[148]

A teor do § 1º, do art. 536 do CPC/15 "para atender ao disposto no caput, o juiz poderá determinar, entre outras medidas, a imposição de multa, a busca e apreensão, a remoção de pessoas e coisas, o desfazimento de obras e o impedimento de atividade nociva, podendo, caso necessário, requisitar o auxílio de força policial". As medidas de apoio serão utilizadas nas seguintes situações: (a) por ter falhado a tutela inibitória e a eficácia persuasiva da multa; (b) pela própria gravidade da situação e urgência na adoção de meios que impeçam o ilícito. Através das medidas executivas a tutela específica poderá se impor por um resultado prático equivalente. Aplica-se aqui o princípio da fungibilidade, pois o magistrado substituirá o pedido do autor para ordenar a medida de sub-rogação necessária às peculiaridades do caso, ao se convencer da sua premência ou da escassa efetividade da multa para dissuadir o réu a adotar determinado comportamento. Vale dizer, para o magistrado abandonar a regra da congruência entre o pedido e a sentença deverá demonstrar que a técnica eleita concilia idoneidade com a menor restrição possível à esfera jurídica do demandado.

Terão cabimento tanto para resguardar as decisões que concedem antecipação de tutela como aquelas de caráter definitivo (sentença, acórdão). As medidas de busca e apreensão, remoção de pessoas e coisas, desfazimento de obras e impedimento de atividade nociva deverão ser acompanhadas de apoio da força policial na hipótese de verificação de injustificável resistência à execução da ordem judicial.

---

justifica-se a manutenção do valor atingido pelas *astreintes*." REsp 1.229.335-SP, Rel. Min. Nancy Andrighi, julgado em 17.4.2012.

148. DINAMARCO, Cândido Rangel. *A reforma da reforma*, p. 223.

O § 1º do art. 536 rompe com o dogma da tipicidade dos meios destinados ao cumprimento das decisões, possuindo enumeração meramente exemplificativa, pois outros meios inominados de coerção direta podem ser aplicados contra o devedor, em perseguição à tutela inibitória ou assecuratória, desde que guardem relação de adequação com a finalidade pretendida, em um critério de razoabilidade.[149]

Voltando aos exemplos antes citados: caso a empresa *B* não se sinta intimidada pela imposição das *astreintes*, poderá o magistrado determinar a busca e apreensão do material que seria comercializado. A outro turno, se a empresa poluidora não colocar os filtros antipoluentes, será determinada a proibição da atividade nociva por ordem de fechamento das instalações, ou mesmo a nomeação de peritos que instalem os aparelhos necessários, às expensas do poluidor.

Enfim, afasta-se cada vez mais a tutela substitutiva do processo, baseada na responsabilidade patrimonial genérica do devedor, cedendo vez ao fundamental cumprimento *in natura* da obrigação. Torna-se exceção a aplicação das perdas e danos por expropriação de bens, sobrevindo, assim, a tutela ressarcitória em caráter residual somente quando impraticáveis a tutela específica ou a assecuratória. Com efeito, dispõe o art. 499 do CPC/15 que "a obrigação somente se converterá em perdas e danos se o autor o requerer ou se impossível a tutela específica ou a obtenção do resultado prático correspondente".

No tocante a possibilidade de inclusão da prisão civil do demandado como uma das possíveis medidas atípicas de apoio para a efetivação de obrigações de fazer ou não fazer, remetemos o leitor ao item 2.4.4. do Capítulo 1 desse volume de obrigações, oportunidade em que aprofundamentos a distinção entre a vedação constitucional à prisão civil por dívida pecuniária e a prisão civil como meio coercitivo, imposta ao réu que se recusa a cumprir determinação judicial que escaparia do âmbito do inciso LXVII da Constituição Federal.

Adiante, dispõe o § 5º, do art. 537 do CPC/15: "O disposto neste artigo aplica-se, no que couber, ao cumprimento de sentença que reconheça deveres de fazer e de não fazer de natureza não obrigacional". Em boa hora, esse inédito dispositivo se conjuga ao art. 12 do Código Civil prestigiando as tutelas inibitórias das obrigações de fazer

149. STJ: Informativo nº 0548. Período: 22 de outubro de 2014. Terceira Turma. "Na apreciação de pedido contraposto formulado em ação possessória, admite-se o deferimento de tutela de remoção do ato ilícito, ainda que essa providência não esteja prevista no art. 922 do CPC. Efetivamente, o dispositivo citado autoriza que o réu, na contestação, demande proteção possessória e indenização dos prejuízos. Porém, com a reforma processual operada com a Lei 10.444/2002, consagrou-se a ideia de atipicidade dos meios de tutela das obrigações de fazer, não fazer e de entrega de coisa, de modo a privilegiar a obtenção da tutela específica da obrigação, em vez da conversão da obrigação em perdas e danos. É o que se depreende da atual redação dos arts. 461 e 461-A do CPC. Desse modo, à luz do princípio da atipicidade dos meios de execução, a circunstância de o art. 922 do CPC mencionar apenas a tutela de natureza possessória e a tutela ressarcitória (indenização pelos prejuízos) não impede o juiz de conceder a tutela de remoção do ato ilícito. Não há falar, portanto, em ofensa ao art. 922, mas de interpretação desse dispositivo à luz dos novos princípios que passaram a orientar a execução das obrigações de fazer, não fazer e entrega de coisa" (REsp 1.423.898-MS, Rel. Min. Paulo de Tarso Sanseverino).

e de não fazer, no tocante à tutela dos direitos da personalidade. Ainda no âmbito do revogado CPC/73, o art. 461 do Código de Processo Civil se referia exclusivamente ao termo *obrigações,* quando a tutela inibitória, já ultrapassava o âmbito atribuído pelo direito privado, alcançando a tutela de qualquer dever jurídico, notadamente os direitos da personalidade.

De fato, a tutela de direitos não se exaure na seara das relações obrigacionais derivadas de negócios jurídicos. O art. 12 do CC/02 permite que a pessoa ofendida em seus atributos essenciais possa não apenas ingressar com a ação de reparação de dano moral pela lesão à sua integridade física, moral ou psíquica, como também admite a adoção da tutela inibitória, com o desiderato de afastar qualquer ameaça a seus atributos essenciais, constrangendo a parte contrária a abster-se da prática do ato lesivo, impedindo-se a consumação do dano. Rompe-se, assim, com o binômio lesão-reparação, permitindo-se proteção mais efetiva ao binômio ameaça-inibição, prestigiando-se o processo civil de resultados através de efetiva homenagem ao princípio do acesso à justiça pela via da tutela de urgência.

O direito geral de personalidade pode ser acautelado por duas modalidades de tutela: a tutela preventiva, a ser exercida antes da ocorrência efetiva de atentado ao direito da personalidade, e a tutela reparatória, que incide após a consumação da violação do direito da pessoa humana, mediante ação reparatória. Segundo Elimar Szaniawsky, a tutela preventiva "consiste em uma ação de abstenção que possui por escopo constituir, contra o sujeito ativo, uma obrigação de não fazer ou de abster-se da prática de ato atentatório ao direito geral de personalidade do sujeito passivo. Entre nós, encontramos ações típicas que se prestam para tutelar a vítima de atos atentatórios ao seu direito geral de personalidade, mediante o ajuizamento de ação inibitória antecipada e de ação de preceito cominatório, da tutela antecipada, além das medidas cautelares típicas, como a busca e apreensão e o sequestro, e as medidas cautelares atípicas".[150]

Mesmo no âmbito do cumprimento de um fazer ou abstenção relacionado à situações existenciais, portanto atividade infungível, é possível cogitar de incidência de multa coercitiva para constranger psicologicamente o devedor a cumprir, seja no âmbito de uma relação obrigacional (v.g. compelir músico famoso a cumprir agenda de shows) ou de uma ameaça à violação de um dever legal (v.g. imposição de *astreintes* para dissuadir agressor no sentido de não se aproximar do demandante ou quando o genitor detentor da guarda da criança descumpre acordo homologado judicialmente sobre o regime de visitas)[151] e, principalmente o acesso à direitos fundamentais, como

150. SZANIAWSKY, Elimar. *Teoria geral dos direitos da personalidade*, p. 105.

151. "o direito de visitação deve ser visto como uma obrigação de fazer do guardião de facilitar, assegurar e garantir, a convivência do filho com o não guardião, de modo que eles possam se encontrar, manter e fortalecer os laços afetivos e, assim atender suas necessidades imateriais, dando cumprimento ao preceito constitucional. Dessa forma, o não guardião pode ir a juízo para assegurar o direito de ter o filho em sua companhia caso haja obstáculo ou resistência ao exercício do seu direito. Como é sabido, o art. 461 e parágrafos do CPC/73, trazem instrumentos processuais úteis ao jurisdicionado na obtenção de tutela das

imposição de obrigação de fazer para determinar o Atendimento ao plantão de 24 horas em delegacia de menores infratores[152], ou, como mínimo existencial, ilustrado pela tão comum demanda de oferta de medicamentos e tratamentos médicos.[153] Por oportuno, cabe ressaltar que o CPC/15, afasta qualquer dúvida sobre a temática aqui discutida, pois o § 6o do art. 536, autoriza, de modo expresso, a aplicação de multa em caso de descumprimento de obrigação de natureza não obrigacional ou existencial.

No Estado Democrático de Direito, as situações jurídicas existenciais são mais significativas que as patrimoniais. Afinal, o ser humano é o grande protagonista de uma sociedade que incorpora o valor da dignidade da pessoa humana como núcleo estruturante da Constituição Federal. De fato, restringir a defesa de direitos fundamentais da pessoa

---

obrigações de fazer e não fazer, podendo ele obter tanto a preventiva como a inibitória, além de medidas coercitivas para que se possa obter o cumprimento da obrigação. A melhor interpretação é a de que os instrumentos processuais previstos nos referidos dispositivos legais podem ser utilizados para tutelar os direitos provenientes do direito de visitação, devendo a expressão obrigação de fazer ou não fazer ser interpretada como de abrangência geral, acolhendo também as de natureza não patrimonial, servindo como um mecanismo apto e eficiente de garantir o direito fundamental da personalidade que é o do regime da visitação." (STJ, Informativo 599, REsp 1.481.531-SP, Rel. Min. Moura Ribeiro, DJe 7/3/2017).

152. "a existência de repartições policiais especializadas no atendimento de adolescentes acusados da prática de ato infracional é mais do que necessária, em especial nos grandes centros urbanos, de modo a garantir um atendimento diferenciado em relação aos estabelecimentos destinados a adultos. Busca-se, também, evitar ao máximo o contato do adolescente com imputáveis acusados da prática de infrações penais, bem como com o ambiente degradante e, em regra, insalubre, de uma Delegacia de Polícia ou cadeia pública. O item 12.1 das Regras Mínimas das Nações Unidas para a Administração da Justiça da Infância e da Juventude, comumente referidas como Regras de Beijing (Resolução ONU n. 40/33, de 29.11.85), incorporadas às regras e princípios nacionais pelo Decreto n. 99.710/90, determina que, para melhor desempenho de suas funções, os Policiais que tratem frequentemente ou de maneira exclusiva com jovens ou que se dediquem fundamentalmente à prevenção de delinquência de jovens receberão instrução e capacitação especial. Veja-se, portanto, que o descumprimento da referida obrigatoriedade não representa uma escolha aceitável do Estado sob os aspectos moral e ético, mas deinduvidosa preterição de uma prioridade imposta pela Constituição Federal de 1988, e de uma conduta contrária à lei, nacional e internacional, constituindo hipótese legalmente aceita de intervenção do Poder Judiciário nos atos da Administração Pública praticados com suporte no poder discricionário" (STJ, Informativo 609, REsp 1.612.931-MS, Rel. Min. Napoleão Nunes Maia Filho, por maioria, julgado em 20/6/2017, DJe 7/8/2017).

153. A questão posta em debate restringe-se a examinar a possibilidade de ser imposta multa diária cominatória (*astreintes*), a ente estatal, nos casos de descumprimento da obrigação de fornecer medicamentos. Inicialmente, observa-se que a problemática acerca da efetivação dos provimentos judiciais que impunham o cumprimento de obrigação de fazer ou de não fazer sempre foi notória, porque dependiam da colaboração espontânea do devedor. Nesse caminho, a expressão "tais como", constante do § 5º do art. 461 do CPC/1973 é exemplificativa e garante ao magistrado poder para decidir sobre qual medida irá se valer para o cumprimento da decisão exarada por si. Trata-se do "poder geral de efetivação", concedido ao juiz para dotar de efetividade as suas decisões. Sob esse enfoque, a função das *astreintes* é justamente no sentido de superar a recalcitrância do devedor em cumprir a obrigação de fazer ou de não fazer que lhe é imposta, incidindo esse ônus a partir da ciência do obrigado e da sua negativa de adimplir a obrigação voluntariamente. E a particularidade de impor obrigação de fazer ou de não fazer à Fazenda Pública não ostenta a propriedade de mitigar, em caso de descumprimento, a sanção de pagar multa diária. Nesse ponto, convém alertar que, em se tratando do direito à saúde, com maior razão deve ser aplicado, em desfavor do ente público recalcitrante, o preceito cominatório, sob pena de ser subvertida garantia fundamental. Em outras palavras, é o direito-meio que assegura o bem maior: a vida. Diante disso, a jurisprudência desta Corte, em reiterados precedentes, admite a imposição de multa cominatória (*astreintes*), *ex officio* ou a requerimento da parte, a fim de compelir o devedor a adimplir a obrigação de fazer, não importando que esse devedor seja a Fazenda Pública (STJ, Informativo 606, REsp 1.474.665-RS, Rel. Min. Benedito Gonçalves, Primeira Seção, DJe 22/6/2017).

estritamente à tutela reparatória significa a "coisificação" dos atributos essenciais do indivíduo. Importaria dizer que existe um "preço" que possa ser pago para interferir em nossa privacidade ou honra. As tutelas tradicionais são inefetivas para a adequada defesa de direitos da personalidade. Por isso, cremos que a tutela específica das obrigações de fazer e não fazer são instrumentos aptos a conceder conteúdo eficaz à instrumentalidade do processo civil na defesa dos direitos não patrimoniais. Só assim, explica Ovídio Baptista, o ordenamento será "capaz de romper a camisa de força com que a Ciência do Processo se vestiu ao reduzir o fenômeno executivo exclusivamente à execução obrigacional, estruturada em esquemas rígidos e estereotipados, liberando-a para adequar-se instrumentalmente ao direito material que lhe cabe tornar efetivo e realizado".[154]

2.5.3 A Execução das Obrigações de Fazer e Não Fazer

A tutela jurisdicional voltada à realização de fazer fungível fundada em titulo executivo extrajudicial pode ser obtida a partir da imposição de multa coercitiva (art. 814, CPC/15), da realização da prestação por terceiro (art. 817, CPC/15), pelo próprio exequente ou sob sua direção e vigilância (arts. 819 e 820, CPC/15). Poderá o exequente optar ainda em converter a tutela específica em tutela pelo equivalente monetário, transformando-a em perdas e danos (art. 816, CPC/15). Com relação à tutela da realização do fazer infungível – em que a prestação só é exequível pelo devedor – fundada em título executivo extrajudicial, poderá ser obtida tão somente a partir da imposição de multa coercitiva (art. 814, CPC/15). Fora daí , o exequente se contentará com a conversão da tutela específica em tutela pelo equivalente monetário (art. 816 e 821, parágrafo único CPC/15).[155]

De qualquer forma, mesmo a obrigação de fazer contida em título extrajudicial – tal qual a emanada de sentença –, incidindo urgência na realização do respectivo fato, a prestação do fato poderá ser realizada pelo credor ou por alguém a seu mando, cabendo-lhe posterior ressarcimento, e tudo independentemente de autorização judicial (art. 249, parágrafo único, do CC).[156]

---

154. BAPTISTA, Ovídio. *Curso de processo civil*, v. 1, p. 124.

155. MARINONI, Luiz Guilherme. ARENHART, Sergio Cruz. MITIDIERO, Daniel. Novo Código de Processo Civil Comentado, p. 774.

156. STJ. *Informativo* nº 0474, 27.5.2011. Terceira Turma: "OBRIGAÇÃO. FAZER. REVISTA. CONVERSÃO. PERDAS. DANOS. A recorrente contratou com a sociedade empresária recorrida o fornecimento de revista infantil pelo prazo de um ano. Contudo, antes disso, a recorrida comunicou à recorrente que não mais a editaria e oportunizou enviar-lhe outra publicação de sua escolha, o que foi recusado. Daí a ação ordinária que busca o fornecimento de sete edições da revista infantil finda. É certo que os arts. 461 e 461-A do CPC, que tratam da obrigação de fazer, não fazer ou entregar coisa, trazem a possibilidade de conceder tutela específica da obrigação ou providências assecuratórias de resultado prático equivalente ao adimplemento. Contudo, na hipótese, conforme as instâncias ordinárias, há um óbice fático ao cumprimento específico da obrigação: o custo dos exemplares restantes seria desproporcional ao resultado prático visado, o que torna economicamente impossível a prestação. Dessarte, independentemente da discussão sobre ser econômica ou jurídica a impossibilidade, o cumprimento específico da obrigação (a edição dos sete exemplares faltantes apenas para a recorrente) demandaria onerosidade excessiva e desproporcional à recorrida, razão última para não impor comportamento que exija o ressarcimento de forma específica quando seu custo

Tratando-se de execução de obrigação de fazer consubstanciada em título extrajudicial, cujo objeto seja prestação fungível, passível de oferta por terceiros, há de se aplicar o art. 817 do CPC/15,: "Se a obrigação puder ser satisfeita por terceiro, é lícito ao juiz autorizar, a requerimento do exequente, que aquele a satisfaça à custa do executado." O próprio exequente indicará a pessoa que exercitará a atividade em substituição ao devedor, municiando o magistrado com propostas e orçamentos que serão submetidos ao crivo do contraditório. Dispensa-se edital de concorrência pública, a fim de se imprimir a necessária celeridade ao processo.

Em favor do credor de obrigação de fazer lastreada em sentença, não haverá necessidade de estender o referido art. 817, pois dentre as medidas sub-rogatórias sugeridas pelo art. 536, § 1º, do CPC/15 terá o credor a discricionariedade de pleitear a prestação do fato por terceira pessoa. Trata-se de medida de apoio – cujo rol legislativo é meramente exemplificativo – que inclusive poderá ser obtida em tutela de urgência com imposição inibitória de multa coercitiva.

Aliás, em sentido inverso, nada impede que o credor de título extrajudicial dispense o processo autônomo de execução e se aproprie da dinâmica do cumprimento da sentença (arts. 513 e segs, CPC/15) para alcançar a satisfação da obrigação. No CPC/15, o parágrafo único do art. 771 explicita a aplicação do Livro I da Parte Especial (Processo de Conhecimento e Cumprimento da sentença) subsidiariamente à execução. Como enfatiza Glauco Gumerato Ramos, "em matéria de processo civil – a rigor, processo em geral – não pode haver taxatividade nos meios de obtenção da tutela jurisdicional, já que por vezes mais de uma técnica poderá mostrar-se adequada para obtenção do resultado pretendido. E quando isso acontecer, caberá ao intérprete e à jurisprudência buscar dentre as possibilidades oferecidas pelo sistema processual aquela que se mostre mais adequada e útil à concretização do resultado esperado. É possível, portanto, que se extraia do sistema processual soluções de indiscutível compatibilidade constitucional. Basta que deixemos de lado alguns dogmas processuais que nos foram legados e que, às vezes, nos impedem de enxergar que o sistema, não raro, nos oferece soluções mais simples, racionais e úteis".[157]

No tocante à execução das obrigações de não fazer, as técnicas processuais variam conforme estejamos diante de *obrigações instantâneas* - aquelas que quando descumpridas uma única vez são irreversíveis, gerando inadimplemento absoluto (*v.g.*, não divulgar segredo industrial de empresa) – ou perante *obrigações permanentes* **– que** admitem, mesmo após o descumprimento, a opção pela purgação da mora

---

não justificar a opção por essa modalidade, conforme apregoa precedente do STJ. Aplica-se a segunda parte do § 1º do art. 461 do CPC, que permite ao julgador determinar, inclusive de ofício, a conversão da obrigação de dar, fazer ou não fazer em obrigação pecuniária (aí incluída a indenização por perdas e danos) na parte em que aquela não possa ser executada. Com esse entendimento, a Turma fixou perdas e danos no montante de 7/12 do valor do contrato celebrado, que corresponde ao valor do número de revistas não entregues, corrigido monetariamente a partir do inadimplemento e somado a juros moratórios contados da data da citação." REsp 1.055.822-RJ, Rel. Min. Massami Uyeda.

157. In *A reforma do CPC*. v. 2, op. cit., p. 181-182.

através da recomposição ao *status quo ante* (*v.g.*, obrigação de não poluir, sanada pela instalação de aparelhos não poluentes), eis que perduram ao longo do tempo.

Em outros termos, haveria imposições de não fazer e imposições de desfazer, que não se confundem. Para a sua tutela adequada e efetiva, o não fazer pressupõe que o executado seja compelido a observar a prestação negativa. Já a imposição de desfazer pressupõe que o executado tenha feito aquilo que estava obrigado a não fazer. A concretização da tutela do direito reclama a adoção de um comportamento positivo por parte do executado.[158] Pelo visto, as obrigações instantâneas não admitem a tutela do desfazimento, localizada nos artigos 822 e 823 do CPC/15. Esses dispositivos consubstanciam tutelas processuais adequadas apenas ao não fazer permanente. Relativamente ao não fazer permanente, terá o credor que se socorrer, subsidiariamente, do disposto no art. 536 do CPC/15, destinado à fase do cumprimento da sentença das obrigações no processo de conhecimento.

158. MARINONI, Luiz Guilherme. ARENHART, Sergio Cruz. MITIDIERO, Daniel. Novo Código de Processo Civil Comentado, p. 778.

CAPÍTULO III

Modalidades de Obrigações II – Classificação quanto aos Elementos

"No sertão da minha terra, fazenda o camarada
que ao chão se deu, fez a obrigação com força,
parece até que tudo aquilo ali é seu..."

(Milton Nascimento)

1. OBRIGAÇÕES ALTERNATIVAS

Dois caminhos,
Uma chave
Um estranho
Numa porta errada
E eu que pensei que estava
A um passo do amor

(Dois caminhos – Babado Novo)

1.1 Noções preliminares

A relação obrigacional poderá abranger um único objeto ou uma pluralidade deles. A mais singela das classificações quanto à presença dos elementos obrigacionais concerne às *obrigações simples*. São assim nomeadas, pois ostentam apenas um credor, um devedor e uma prestação. Uma obrigação minimalista por essência.

A categoria das *obrigações plurais* ou *compostas* (coletivas ou múltiplas) é objetivamente formada pelas obrigações cumulativas, facultativas e alternativas e subjetivamente composta pelas obrigações fracionárias, solidárias e indivisíveis. Diferenciam-se das obrigações simples, munidas de apenas uma prestação, um sujeito ativo e um passivo.

No estudo das obrigações compostas objetivas, a ênfase reside na multiplicidade de objetos. As obrigações cumulativas (conjuntivas) apresentam mais de uma prestação, vinculando-se o devedor a prestá-las em conjunto, em função de um único título e fato jurídico.

Porém, a particularidade das obrigações alternativas reside no fato de que, apesar da pluralidade de prestações possíveis e distintas, estas se excluem no pressuposto de que apenas uma delas deverá ser satisfeita. Na clássica lição de Clovis Beviláqua, "São duas prestações distintas, independentes, das quais uma tem de ser cumprida, ficando a escolha ao arbítrio do devedor, ou, anormalmente do credor".[1] O devedor se liberta da obrigação com o cumprimento de apenas uma das prestações. Por isso é fácil identificar a obrigação alternativa pela conjunção disjuntiva *ou*. Exemplificando, *A* pagará a dívida perante *B*, mediante a entrega de R$ 200.000,00 ou de um apartamento nesse valor. Enfim, o devedor exonera-se do débito quando oferece uma das prestações.

Em decorrência da autonomia das prestações, veda o § 1º do art. 252 do Código Civil que o credor seja compelido a receber parceladamente a prestação devida integralmente. Assim, não pode ser imposto ao credor receber parte de uma prestação e outra parte de uma outra prestação, fragmentando o adimplemento obrigacional. Prevalece, aqui, a identidade física e imaterial das prestações. Ilustrativamente, as

---

1. *Direito das obrigações*, p. 86.

seguradoras cumprem a sua obrigação quando entregam ao segurado, em substituição a um automóvel furtado, outro da mesma espécie ou o valor equivalente, mas não podem obrigá-lo a receber um carro mais simples do que o que estava segurado, complementado o valor em dinheiro.[2] Flavio Tartuce bem lembra que a previsão está em total sintonia com as regras dos arts. 313 e 314 do Código Civil, pois o credor não pode receber a prestação de forma fragmentada, o que atentaria contra o princípio da identidade física e material das prestações na obrigação alternativa.[3]

Definir a natureza jurídica da obrigação alternativa não é uma tarefa singela. Afinal, como preceitua Gisela Sampaio da Cruz, "é a concentração que vai definir qual é a natureza da prestação a ser cumprida. Com exceção do caso em que todas as prestações postas como alternativas têm idêntica natureza, não é possível saber, até o momento em que se dá a concentração da obrigação alternativa, se a prestação a ser cumprida consiste em um dar ou um fazer, se é divisível ou indivisível, específica ou genérica, envolvendo, assim, esta espécie de obrigação uma grande variedade de hipóteses".[4] De fato, as várias prestações se apresentam de maneira disjuntiva e podem consistir em coisas, fatos ou abstenções. Ou seja, nada impede que uma prestação de dar concorra com uma de fazer, ou mesmo com um não fazer. Aliás, as obrigações alternativas podem mesmo compreender três ou mais prestações. Assim, assiste razão a Washington de Barros Monteiro, quando adverte que essas obrigações demonstram dupla vantagem: "aumentam, por parte do devedor, as perspectivas de cumprimento e diminuem os riscos a que os contratantes se acham expostos".[5]

Se na obrigação alternativa várias coisas estão submetidas ao vínculo obrigacional, porém só uma delas será objeto de pagamento, indaga-se: como é possível harmonizar a ideia de um débito de vários objetos, dentre os quais apenas um será pago? Serpa Lopes resume o ponto de vista majoritário na doutrina, consistente no caráter unitário das obrigações alternativas. Não obstante a pactuação de mais de uma prestação, singularmente determinadas, são elas devidas disjuntivamente, quer dizer, não são efetivamente devidas, nem devem todas ser dadas ou exigidas, sendo suficiente o pagamento de uma só coisa para que a obrigação seja integralmente extinta.[6] Enfim, apesar do objeto plural temporariamente indeterminado, o devedor deve uma ou outra prestação e não ambas as prestações ou nenhuma das prestações.

Dessa forma, conseguimos destacar qualquer aproximação entre a obrigação alternativa e a teoria das condições. Aquela é uma obrigação cuja eficácia não é condicionada ou subordinada a qualquer evento futuro, operando efeitos imediatos,

---

2. Exemplo dado por Hamid Charaf Bdine Jr. in *Código Civil comentado*, p. 204.
3. Contudo, o autor assevera que "essa regra não se aplica ao contrato estimatório, pois é da própria natureza desse negócio a possibilidade de cumprimento em partes da obrigação, ou seja, o consignatário pode pagar parte do preço de estima e devolver parte das coisas consignadas". In *Direito civil*: direito das obrigações e responsabilidade civil, v. 2, p. 93.
4. CRUZ, Gisela Sampaio da. *Obrigações alternativas e com faculdade alternativa*, p. 150.
5. MONTEIRO, Washington de Barros. *Curso de direito civil*: obrigações, p. 110.
6. SERPA LOPES, Miguel Maria de. *Curso de direito civil*: obrigações em geral, p. 80.

com a peculiaridade de consubstanciar objeto plural determinável ao tempo da escolha. Quer dizer, há incerteza quanto à concentração da prestação. Em contrapartida, a obrigação condicional possui eficácia sustida, sendo o credor mero titular de direito expectativo quanto à própria existência da obrigação, submetida a evento futuro e incerto. Na definição de Zeno Veloso,[7] a condição "é a cláusula que deriva exclusivamente da vontade do disponente ou das partes, e que subordina o efeito do negócio jurídico a evento futuro e incerto". Semelhante a este foi o conceito adotado pelo art. 121 do Código Civil de 2002.[8] No negócio jurídico condicionado o que depende do futuro é a sua eficácia, a aptidão para produzir os efeitos normais para os quais foi projetada a autonomia das partes. O evento futuro e incerto não condiciona a existência ou a validade do negócio jurídico.

Havendo uma unidade de vínculo, mesmo com a pluralidade de prestações possíveis e autônomas entre si, será vedado cogitar de obrigação alternativa quando uma aparente hipótese de alternatividade não se relacionar com a incidência de duas ou mais prestações independentes. Portanto, concordamos com Clóvis do Couto e Silva quando aparta das obrigações alternativas determinadas possibilidades legais (concorrências eletivas), tais como a opção do art. 475 do Código Civil entre a tutela específica do adimplemento e a resolução do negócio jurídico ou aquela do art. 442 do Código Civil que defere a escolha entre a rescisão do negócio marcado pelo vício redibitório ou o abatimento no preço (*quanti minoris*), afinal, as obrigações alternativas "supõem provisória indeterminação do conteúdo do que se vai prestar, e, por esse motivo, não se podem, também, haver como tais aquelas obrigações em que se reservou a uma das partes a fixação do momento da entrega, ou do tipo de transporte a ser utilizado, ou do modo de pagamento etc. Essas particularidades não dizem respeito ao conteúdo, mas, somente, às circunstâncias da prestação".[9]

As obrigações alternativas não se aproximam ao modelo da dação em pagamento. Aquelas são obrigações com pluralidade e independência de prestações, definidas desde o início. A concentração se verifica apenas ao tempo do pagamento. Já a dação em pagamento é modo extintivo de obrigações simples, através da substituição do objeto de uma obrigação por outro objeto, ao tempo do pagamento. Seria o caso de uma obrigação em que o devedor está incumbido de entregar um automóvel ao credor (obrigação simples) e ao tempo do adimplemento sugere a alteração do objeto para uma motocicleta. Havendo anuência do credor em receber prestação diversa da que lhe é devida, o pagamento produz efeito exonerativo ao devedor (art. 356 do CC). Igualmente não despontará a obrigação alternativa quando são exteriorizadas duas prestações, sendo, contudo, uma delas posta em caráter subsidiário. Afinal,

7. VELOSO, Zeno. *Condição, termo e encargo*, p. 18.
8. Art. 121: "Considera-se condição a cláusula que, derivando exclusivamente da vontade das partes, subordina o efeito do negócio jurídico a evento futuro e incerto."
9. COUTO E SILVA, Clóvis do. *A obrigação como processo*, p. 157.

as obrigações alternativas se encontram no mesmo grau, inexistindo hierarquia em abstrato entre uma e outra prestação.

A outro vértice, não há como confundir as obrigações alternativas com a obrigação de dar coisa incerta, também conhecida como obrigação genérica (art. 243 do CC). Em comum a ambas incide a relativa indeterminação do objeto. Nada obstante, as dívidas de gênero são obrigações simples, em cuja gênese há apenas um objeto. Ocorre que a prestação é determinável, pois a sua identificação completa só se processará ao tempo da concretização da prestação. Diversamente, as obrigações alternativas já nascem perfeitamente individualizadas, possuindo grau de indeterminação menor que as dívidas de gênero, pois só há incerteza quanto a qual das prestações será eleita para a satisfação da obrigação. Fundamental é compreender que a concentração nas obrigações de dar coisa incerta não importa alternatividade de opções, mas apenas individualização de uma única prestação através da definição de sua qualidade. Daí a perfeita observação de Pontes de Miranda: "ora, se no que concerne às obrigações alternativas, se pode falar de concentração, e de escolha, não é que ocorre com as obrigações genéricas. Quem escolhe internamente (= dentro do gênero) não concentra, concretiza".[10]

Acentua-se ainda mais a proximidade entre as obrigações alternativas e as obrigações genéricas de tipo restrito. Trata-se de uma espécie ainda mais retraída de obrigações de dar coisa incerta. Melhor explicando: nas obrigações puramente genéricas, a relação jurídica admite que o objeto exista livremente no planeta e possa ser encontrado em qualquer lugar. Porém, nas obrigações genéricas restritas as partes concentram a escolha do bem em um espaço físico delimitado. Seria o caso de opção constrita a animais localizados na fazenda *X* ou peças de automóvel situadas no depósito da fábrica Y. Essas hipóteses não são tão raras, afinal o alienante (devedor) normalmente se vincula em função daquilo que possui ou detém. Apesar da aproximação dos modelos jurídicos, frise-se que nas obrigações alternativas já existem, *ab initio*, no mínimo duas prestações de natureza distinta como possíveis.

Outrossim, apesar da excepcionalidade, será perfeitamente plausível a contratação de obrigação alternativa sobre dívida de coisa incerta. Isto é, no âmbito de uma obrigação alternativa ocorre indicação genérica de cada uma das prestações. Assim, se *A* e *B* ajustam que o primeiro entregará ao segundo três vacas ou três cavalos, teremos duas escolhas: a primeira determinará se a tradição recairá sobre as vacas ou os cavalos, e a segunda determinará a qualidade dos animais escolhidos.[11]

10. PONTES DE MIRANDA, Francisco Cavalcanti. *Tratado de direito privado*. t. 24, p. 140.

11. Clóvis do Couto e Silva demonstra que "o desenvolvimento deste tipo de dívida operar-se-á pela escolha que representará, de um lado, a concretização da dívida genérica e, de outro, a concentração própria das obrigações alternativas. São atos que se mesclam, mas que possuem categorias dogmáticas e requisitos que não se equiparam, visto como a escolha nas obrigações alternativas é exercício de direito formativo modificativo, que se constitui em ato em sentido estrito, o que não sucede na concretização das obrigações genéricas, mero ato-fato". In *A obrigação como processo*, p. 158-159.

Outra relevante distinção remete às obrigações solidárias. Delas também demarcamos as obrigações alternativas. Se há alguma incerteza no cumprimento das obrigações solidárias, concerne no fato de que não se sabe qual dos devedores efetuará o pagamento (solidariedade passiva) ou qual dos credores o realizará (solidariedade ativa). A prestação é simplesmente uma, centrando-se a indeterminação na vertente subjetiva da relação obrigacional. Já nas obrigações alternativas é a complexidade prestacional que demanda singularização. Enfim, certo quanto às duas modalidades é a pluralidade subjetiva (na solidariedade) e a pluralidade objetiva (na obrigação alternativa).

Por derradeiro, a obrigação alternativa possui como fonte a autonomia negocial. Ela se constitui como tal por efeito imediato da vontade das partes, ao declararem a possibilidade do pagamento por vias autônomas, porém equivalentes, sem a incidência de subordinação entre as prestações. Em regra, a liberdade contratual concebe negócios jurídicos bilaterais consubstanciando cláusulas com estipulação de obrigações alternativas. Eventualmente, a obrigação disjuntiva será fruto de um negócio jurídico unilateral, tal como uma promessa de recompensa ou um testamento. Preceitua o art. 1.932 do Código Civil que "No legado alternativo, presume-se deixada ao herdeiro a opção". Exemplificando, surgirá o legado alternativo quando o testador dispuser que recairá sobre um ou outro objeto a ser escolhido após a abertura da sucessão. Poderá o disponente arbitrar que o legado recairá sobre uma obra de arte ou um determinado bem imóvel, deixando-se a escolha ao herdeiro onerado quando silente o testador.

Excelente exemplo de obrigação alternativa pode ser deduzido do modelo jurídico do contrato estimatório, introduzido no art. 534 do Código Civil. A figura é bem definida no Enunciado n. 32 do Conselho de Justiça Federal: "No contrato estimatório o consignante transfere ao consignatário, temporariamente, o poder de alienação da coisa consignada com opção de pagamento do preço de estima ou a sua restituição ao final do prazo ajustado". Como tivemos oportunidade de enfatizar em outra obra: "Vê-se que surge uma espécie de obrigação alternativa cuja opção é concedida ao consignatário. Poderá vender a coisa e repassar o preço ao consignante ou, então, simplesmente restituí-la. Caso delibere por pagar o preço ao consignante, não necessariamente o valor deve ser obtido em uma venda a terceiros, pois nada impede ao consignatário ficar com a coisa para si ou presenteá-la a terceiros, arcando com o preço devido ao consignante".[12]

Parece-nos equivocado entender que obrigação disjuntiva possa emanar diretamente de preceito normativo. A título ilustrativo, art. 1.701 do Código Civil sugere uma obrigação alternativa imposta por lei: "A pessoa obrigada a suprir alimentos poderá pensionar o alimentando, ou dar-lhe hospedagem e sustento, sem prejuízo do dever de prestar o necessário à sua educação, quando menor." Como assevera Milton Paulo de Carvalho Filho, "o artigo trata das formas pelas quais é possível

---

12. ROSENVALD, Nelson. *Código Civil comentado*, p. 557.

satisfazer a obrigação alimentar. São elas: a) própria ou em espécie: aquela em que o alimentante cumpre a prestação alimentícia fornecendo em casa, hospedagem ou sustento; b) imprópria ou em dinheiro: aquele em que o credor paga uma pensão periódica (pecuniária) para que o alimentando possa adquirir o necessário a sua subsistência".[13] A prestação aqui é uma só: alimentos. A aparente alternatividade das obrigações não passa apenas de uma opção conferida pelo legislador como forma de pagamento desses alimentos.[14]

Em razão da obrigação alternativa necessariamente decorrer do exercício da autonomia privada, caso as partes tenham estipulado uma obrigação simples, reduzida a uma única forma de cumprimento, será rechaçada eventual consignação de pagamento pelo devedor calcada na oferta de uma prestação alternativa que não figurou no contrato.[15]

1.2 Concentração

As obrigações alternativas possuem uma fase que lhes é fundamental: a da *concentração*. Tal fase caracteriza-se pela conversão da obrigação alternativa, originariamente plural, em obrigação simples, pela determinação do objeto a ser prestado. A

---

13. CARVALHO FILHO, Milton Paulo de. *Código Civil comentado*, p. 1700.
14. No *Informativo* nº 416, de 20.11.2009, a 3ª Turma do Superior Tribunal de Justiça assim decidiu: "Constata-se dos autos que o agravante tem obrigação alimentar para com a ex-companheira e seus filhos, que foi fixada de forma provisória para pagamento em pecúnia. Alega ter adimplido a obrigação pelo pagamento direto das despesas dos alimentandos, valores sobre os quais divergem as partes, não tendo sequer o Tribunal *a quo* os quantificado. Quanto a isso, vê-se que, apesar de existir julgados nos quais se decidiu que, em certas circunstâncias, pode ser permitida a prestação de alimentos mediante pagamento direto de contas, essa modalidade é excepcional, diante dos nítidos efeitos prejudiciais aos alimentandos. Em regra, a prestação de alimentos deve ser feita em pecúnia, para evitar indevida intromissão do alimentante na administração das finanças dos alimentandos. É certo que a exceção a essa regra vem claramente definida no art. 1.701 do CC/2002, que permite a prestação de alimentos de forma alternativa, mas em circunstâncias totalmente diversas dos autos. Nem mesmo o parágrafo único desse artigo dá suporte à prestação de alimentos que se alega adotar, pois é uma faculdade do julgador, e não do alimentante, determinar a forma alternativa de prestação. Mostra-se inadmissível, ademais, pela lógica, interpretar o referido parágrafo para possibilitar o controle pelo alimentante dos atos praticados pelo alimentando. Dessarte, afasta-se a justificativa apresentada para o inadimplemento do alimentante, seja pela indefinição dos valores que alega quitados em forma alternativa de prestação de alimentos, o que é impossível de revisão na via de *habeas corpus*, seja pela impropriedade do meio que se alega utilizado para saldar o débito alimentar." AgRg no EDcl no HC 149.618-SP, Rel. Min. Nancy Andrighi, julgado em 19.11.2009.
15. STJ: "RECURSO ESPECIAL. AÇÃO DE CONSIGNAÇÃO EM PAGAMENTO. PRETENSÃO DE DEPOSITAR DINHEIRO NO LUGAR DE COISA DEVIDA: SACAS DE SOJA. IMPOSSIBILIDADE. RECURSO ESPECIAL NÃO PROVIDO. A consignação em pagamento visa exonerar o devedor de sua obrigação, mediante o depósito da quantia ou da coisa devida, e só poderá ter força de pagamento se concorrerem "em relação às pessoas, ao objeto, modo e tempo, todos os requisitos sem os quais não é válido o pagamento" (artigo 336 do NCC). Celebrado contrato entre as partes para a entrega de 372 sacas de soja de 60 kg, a US$ 9,00 cada uma, sem estipulação de outra forma alternativa de cumprimento dessa obrigação, não é possível o uso da ação de consignação em pagamento para depósito em dinheiro daquilo que o devedor entende devido. A consignação exige que o depósito judicial compreenda o mesmo objeto que seria preciso prestar, para que o pagamento possa extinguir a obrigação, pois 'o credor não é obrigado a receber a prestação diversa da que lhe é devida, ainda que mais valiosa' (art. 313 do NCC)" (REsp 1194264/PR Rel. Min. Luis Felipe Salomão 4ª Turma *DJe* 4.3.2011).

concentração poderá ser convencionada para fins de escolha pelo credor, devedor ou por outras vias, autônomas à vontade das partes. No momento da concentração será definida a natureza jurídica da obrigação – quanto ao objeto, elementos, conteúdo e exigibilidade –, posto assente a prestação cuja eficácia consistirá na extinção da relação jurídica.

A concentração é um ato jurídico *stricto sensu*, haja vista que a sua eficácia é predeterminada pela norma em caráter invariável, qual seja, a de cessar com o estado de indeterminação da prestação. Não há liberdade para a parte estruturar o conteúdo da concentração ou inovar em suas consequências jurídicas, submetendo-a, *v.g.*, a um termo, condição ou cláusula restritiva.[16] Inexiste poder de escolha sobre a categoria jurídica.

O direito de escolha atribuído pela convenção ou pela lei é um direito potestativo – direito formativo modificativo –, que implica a necessária sujeição do outro contratante ao exercício do poder de quem operou a concentração. Apesar do silêncio do art. 252 do Código Civil, mesmo os direitos potestativos se submetem ao princípio da boa-fé objetiva, devendo a escolha ser realizada de forma razoável e legítima, a fim de não incidir a parte em abuso do direito (art. 187 do CC).

Nesse sentido, não podemos ignorar a advertência de Mário Júlio de Almeida Costa. Quando a lei se refere à palavra *direito* no art. 334 do Código Civil de Portugal (cuja redação é praticamente igual à do art. 187 do Código Civil de 2002), abrange não apenas os verdadeiros direitos subjetivos, como também outras situações que impliquem poderes, liberdades e faculdades, incluindo-se aí os direitos potestativos.[17] Via de consequência, mesmo que a concentração seja realizada de modo formalmente correto, sem lesão a qualquer regra, haverá censura por parte do ordenamento jurídico quando o comportamento antijurídico do titular do direito da escolha derivar de uma conduta desproporcional, posto materialmente contrária a princípios e limites éticos do ordenamento jurídico.

Tal como ocorre no direito comparado, não havendo estipulação, no silêncio caberá a opção ao devedor (art. 252 do CC). O núcleo da norma é a facilitação do cumprimento da obrigação, na mesma índole do art. 327 do Código Civil ao dispor sobre a regra geral do pagamento no domicílio do devedor (dívida quesível).[18] Nada mais natural que a concentração seja de iniciativa do devedor, pois, como adverte Renan Lotufo, "como é a esfera de liberdade do devedor que sofre a carga da obrigação, em geral cabe a este a escolha". Por isso, o culto Professor adverte que

16. Marcos Bernardes de Mello insere a concentração no rol de atos jurídicos *stricto sensu* comunicativos, "constituídos por comunicações de vontade, que, de regra, têm a finalidade de dar ciência a alguém, figurante de uma relação jurídica, do querer de quem faz a comunicação – a essa categoria pertencem, por exemplo, a comunicação da escolha da prestação, a permissão para sublocar (quando exigida no contrato)". In *Teoria do fato jurídico*: plano da existência, p. 159.
17. COSTA, Mário Júlio de Almeida. *Direito das obrigações*, p. 74.
18. Com o mesmo sentido a norma do art. 1.932 do Código Civil: "No legado alternativo, presume-se deixada ao herdeiro a opção." Afinal, será o herdeiro o onerado com o pagamento do legado.

havendo dúvida na identificação de quem realizará a escolha, pela dubiedade das cláusulas, a obscuridade será resolvida em favor do devedor, pelo citado princípio de que sua esfera de liberdade deverá ser menos onerada.[19] Esse fundamento valorativo do próprio significado do *vínculo obrigacional* impede que a atribuição do direito de escolha ao credor possa ocorrer de maneira tácita.

A outro ângulo, como etapa obrigatória dessa relação obrigacional, com a morte e a passagem das situações subjetivas patrimoniais, o direito potestativo de escolha é transferível aos herdeiros do titular da opção, sendo objeto ainda de cessão de crédito ou de assunção de débito em caráter acessório ao negócio jurídico transmitido, conforme a escolha couber ao credor ou ao devedor. Portanto, inviável por completo a tentativa de destaque do direito de escolha da relação jurídica que lhe dê suporte para fins de cessão autônoma. Apenas mediante novo acordo entre as partes se viabilizará a transmissão do direito de opção a um terceiro, quando o acordo apenas tenha facultado essa posição jurídica a uma das partes.

Sendo as partes reciprocamente devedoras uma da outra, como se aplicará o art. 252 do Código Civil, eis que dois sujeitos são simultaneamente qualificados como devedores? Filiamo-nos ao pensamento de Gisela Sampaio da Cruz: "Se as partes estipularam qual delas deveria entregar em primeiro lugar sua prestação, ambas são devedoras, mas uma delas há de solver seu débito antes, e, para os fins do art. 252 do Código Civil, deve esta ter o direito de opção. Idêntica solução deve ser aplicada quando o ordenamento estabeleça a precedência na entrega da prestação."[20]

Feita a escolha, resta irrevogável quando a individuação do objeto chega ao conhecimento do outro contratante. Consistindo a escolha em uma declaração de vontade, a sua eficácia resulta da recepção pela contraparte. Apesar de inexistir específico dispositivo na Lei Civil quanto às obrigações alternativas, pode-se aplicar extensivamente o art. 245 do Estatuto Civil, situado no estudo das obrigações de dar coisa incerta: "cientificado da escolha, o credor vigorará o disposto na seção antecedente". A regra é aplicável igualmente à cientificação pelo devedor quando da escolha pelo credor e, ainda, à hipótese da obrigação alternativa, afinal a declaração de vontade é receptícia e sua eficácia demanda o conhecimento da escolha pelo destinatário.

Electa una via, altera non datur, vale dizer, eleita uma via, não há retorno. Os efeitos da concentração retroagem à data da constituição da obrigação, como se simples fosse desde o início. Em caráter expresso, poderão, todavia, as partes formular uma cláusula de retratação – *pactum variatione* – deferindo-se aos contratantes a opção de desconstituir a eficácia da escolha anterior. Não se confunda, contudo, a eficácia da irretratabilidade com o plano de validade do negócio jurídico, pois certamente caberá a anulação da opção, provado que ela se deu com base em vício

19. LOTUFO, Renan. *Código Civil comentado*, v. II, p. 56.
20. CRUZ, Gisela Sampaio da. *Obrigações alternativas e com faculdade alternativa*. Obrigações de meio e de resultado, p. 160.

de consentimento, como no caso do erro escusável do devedor que supunha ser a obrigação simples sem qualquer possibilidade de escolha. Sílvio Rodrigues narra interessante exemplo de uma ação trabalhista no bojo da qual o empregador é condenado ao cumprimento de obrigação alternativa, consistente em pagar salários ao reclamante até a sua aposentadoria ou readmiti-lo. Tendo escolhido a primeira opção, já na fase da execução propôs a readmissão do empregado, que se insurgiu contra a proposta, tendo sido acolhida a sua pretensão em função da regra ora mencionada.[21]

Caso a obrigação alternativa deva ser satisfeita de forma periódica (de mês em mês, ano em ano...), ou seja, obrigação de execução continuada ou de trato sucessivo, a cada período o titular do direito à opção – seja ele o credor ou o devedor – poderá exercer o *jus variandi*, realizando uma escolha distinta. Gustavo Tepedino nomeia esse fenômeno de "balanceamento da concentração nas prestações periódicas".[22] Portanto, se couber ao credor *A* se defere a escolha mensal entre 1 kg de arroz ou 1 kg de feijão, a cada mês poderá pleitear do devedor *B* a entrega de uma opção nova (art. 252, § 2º, do CC).

Inovando substancialmente, permite o Código Civil que a escolha seja deferida a um terceiro. Isto é, credor e devedor poderão delegar a opção da prestação à outra pessoa, que atuará como uma espécie de representante ou mandatário das partes. Caso o terceiro negue-se a escolher, ou não lhe seja possível tal tarefa (*v.g.* morte, recusa em optar), a impossibilidade não acarretará a nulidade da obrigação. As partes alcançarão a escolha pela via consensual ou ao juízo arbitral se houver cláusula compromissória, caso contrário, a concentração ficará a cargo do magistrado, que velará pela manutenção do equilíbrio negocial (art. 252, § 4º, do CC).

Idêntica determinação judicial será efetivada para cessar a indeterminação relativa da obrigação, caso o acordo tenha estipulado que a escolha seja de responsabilidade de uma pluralidade de pessoas e estas não alcancem o consenso dentro do prazo pactuado (art. 252, § 3º, do CC). Cuida-se de outra novidade do CC/2002, com vocação prospectiva a diretriz da operabilidade, que será aplicada nas hipóteses de pluralidade de pessoas em cada polo da relação obrigacional (*v.g.*, seis devedores solidários deverão escolher) ou quando o contrato deferir a escolha a um ajuste entre credor e devedor, ou as partes e um terceiro. Cuidando-se de concentração pelo magistrado, já não mais se trata de um direito, mas de um dever de escolha.

1.3 A obrigação alternativa como processo

Em uma perspectiva funcional das obrigações, é razoável entender que a alternatividade das prestações propicia finalidades individuais e socialmente úteis. Por um lado, confere ao devedor maiores possibilidades de se libertar da obrigação;

---

21. RODRIGUES, Silvio. *Direito civil*: obrigações, p. 48.
22. TEPEDINO, Gustavo. *Código Civil interpretado*, v. 1, p. 529.

por outro, defere ao credor garantias mais amplas quanto ao seu cumprimento. Na concretude do caso, poderemos perceber qual das duas hipóteses prevalecerá, conforme a aferição de a favor de qual das partes fora instituída a alternatividade. De qualquer forma, sendo o desiderato natural da obrigação alternativa a conversão em uma obrigação simples, robustece-se a lógica dessa obrigação como um processo polarizado ao adimplemento, lembrando-se que mesmo um terceiro designado pelas partes poderá efetivar a escolha.

O Código Civil não estipulou qual seria o momento para a escolha na hipótese de silêncio do negócio jurídico. Clóvis do Couto e Silva considera que a concentração é fase do processo obrigacional e seu exercício se condiciona ao fluxo do prazo em que será satisfeita a obrigação. Partindo-se da premissa de que o adimplemento demanda a prévia determinação do objeto da prestação, ocorrerá o exercício da opção antes do prazo fixado para o adimplemento. Não havendo termo convencional, torna-se exigível de imediato. Cuidando-se a escolha de direito potestativo, não surgirá um dever para a parte desidiosa. A demora do devedor em escolher não constitui mora do exercício do direito de escolha, mas de não ofertar a prestação dentro do prazo da relação jurídica.[23] Resta à parte inocente a adoção do disposto no art. 288 do Código de Processo Civil: "O pedido será alternativo, quando, pela natureza da obrigação, o devedor puder cumprir a prestação de mais de um modo." O pedido mediato corresponderá a uma prestação do réu que pode assumir mais de uma forma. O que se exige do órgão jurisdicional é uma sentença de conteúdo processual único, que é uma condenação do réu a cumprir sua obrigação cujo objeto é uma prestação indefinida.[24] O autor pleiteará a condenação do réu, de forma alternativa, como previsto na convenção. Porém, ainda que não o faça, ao julgar procedente a pretensão, o juiz facultará ao réu o cumprimento da obrigação da forma alternativa, já que a alternatividade concerne à sua pessoa.

A inércia da parte ao exercício do direito de escolha no prazo contratual ou em interpelação transmitirá à outra parte o direito de escolha. Na forma do art. 571 do Código de Processo Civil, o devedor não perderá automaticamente o direito de escolha, porém abre-se ao credor uma ação condenatória para o exercício da opção. Caso o devedor não efetive a escolha no prazo decadencial de 10 (dez) dias, contados da citação, a opção será devolvida em caráter definitivo ao credor, para que conduza o processo obrigacional ao adimplemento, para tanto convertendo a obrigação plural em simples.

Se a escolha couber ao credor e este se omitir no exercício do direito potestativo, incidindo em mora em receber a prestação (e não em escolher, repita-se), há de incidir o art. 342 do Código Civil. O devedor ajuizará ação para compelir o credor a fazer a opção, permitindo-lhe que cumpra a prestação devida. Se, não obstante

23. COUTO E SILVA, Clóvis. *A obrigação como processo*, p. 159-160.
24. Machado, Antônio Cláudio da Costa. *Código de Processo Civil interpretado*, p. 302.

citado, negligenciar a indicação da prestação, será o direito de opção transferido ao devedor. A referida norma foi desenhada para as obrigações genéricas, mas é inegável que a *mens legis* alcança a mora do credor no exercício da opção em sede de obrigações alternativas. Frise-se que o art. 894 do Código de Processo Civil corrobora o conteúdo do preceito de direito material.

1.4 Impossibilidade das prestações

Existem algumas regras aplicáveis especialmente ao cumprimento das obrigações alternativas, que se encontram nos arts. 253 a 256 do Código Civil. Todos os dispositivos cuidam da impossibilidade superveniente da prestação, relacionada a acontecimentos que sucedem antes da concentração, acarretando o inadimplemento da obrigação. Com efeito, verificando-se a impossibilidade em momento posterior à escolha, o risco será regulado conforme as regras pertinentes às obrigações de dar coisa certa, se for o caso.[25]

Lado outro, na hipótese de impossibilidade originária de qualquer uma das prestações, a obrigação já será simples em seu momento genético. Ao enunciar o art. 253 do Código Civil que "se uma das prestações não puder ser objeto da obrigação...", vê-se que a primeira parte da norma alude à invalidade do negócio jurídico, seja por impossibilidade originária ou ilicitude do objeto. Esclareça-se que se desde o tempo da contratação houver impossibilidade material ou jurídica de uma das prestações, a alternatividade das obrigações será meramente aparente, não se aplicando as normas em comento. Trata-se certamente de caso de nulidade parcial do negócio jurídico a teor do art. 166, II, do Código Civil. Aduz Antunes Varela que, "sendo uma ou algumas das prestações contrárias à lei, à ordem pública ou aos bons costumes, cumpre, todavia, averiguar previamente se o vício contamina ou afecta todo o objeto do negócio. Se assim for, o negócio é inteiramente nulo; de contrário, cair-se-á na nulidade parcial".[26]

Em sentido inverso, se estivermos diante de negócio jurídico ineficaz – em função da aposição de condição suspensiva ou termo inicial – e, posteriormente, incidir o evento futuro (certo ou incerto), ficará restabelecida a alternatividade nos termos em que foi pactuada. A hipótese é exatamente inversa à da impossibilidade originária: esta transmuda a obrigação de plural em simples; já a eficácia superveniente converte a obrigação de simples em plural.[27]

Tornando-se todas as prestações inexequíveis por evento não imputável às partes, extinguir-se-á a obrigação (art. 256 do CC). A resolução do pacto pela perda superveniente do objeto é consequente a um fato posterior, desvinculado o dano de

25. COUTO E Silva, Clóvis do. *A obrigação como processo,* p. 161.
26. Antunes Varela, João de Matos. *Das obrigações em geral,* v. 1, p. 838.
27. Cruz, Gisela Sampaio da. Obrigações alternativas e com faculdade alternativa. Obrigações de meio e de resultado, p. 163.

qualquer comportamento do credor ou devedor, afinal incidiu um evento cuja causa pode ser atribuída a um fato externo ao desempenho das partes (fortuito ou fato de terceiro). Portanto, as partes retornam ao estado originário. Porém, encontrando-se o devedor em mora ao tempo da impossibilidade superveniente, não só será responsabilizado por prejuízos perante o credor durante a mora (art. 395, CC), como também incidirá a perpetuação da obrigação, arcando com a impossibilidade da prestação mesmo que ela tenha decorrido do fortuito externo (art. 399, CC), exceto se comprovar que o fato danoso ocorreria de qualquer forma, mesmo se houvesse cumprido a prestação tempestivamente. Outrossim, independentemente da mora, havendo previsão contratual, a parte responderá mesmo pelo fortuito.

Se tão somente uma das prestações tornar-se materialmente inexequível, sem culpa do devedor e antes do momento da concentração, o débito sobejará automaticamente concentrado na prestação remanescente. Nessa situação de mitigação do objeto obrigacional, aplica-se a segunda parte do art. 253 do Código Civil: "Se uma das duas prestações não puder ser objeto da obrigação *ou se tornada inexequível*, subsistirá o débito quanto a outra." Temos, portanto, hipótese de impossibilidade superveniente de uma das prestações e não de invalidade do negócio jurídico. Assim, se incumbe ao devedor prestar um porco ou uma vaca, e o suíno falece em razão do fortuito, sobejará a prestação concentrada no bovino. Não mais haverá uma obrigação plural, porém simples. É imperioso ressaltar que, sendo a alternatividade da essência da obrigação, o desaparecimento de uma das alternativas poderá conduzir à resolução do negócio jurídico. Hamid Charaf Bdine exemplifica narrando a hipótese de um viajante que "contrate prestações alternativas consistentes em ter à sua escolha, em determinado local de seu percurso, um barco ou avião para prosseguir viagem. Essas alternativas lhe são essenciais, pois somente desse modo poderá prosseguir a viagem aventureira a que se comprometeu. No entanto, nesse local isolado, o barco que era uma de suas alternativas sofre uma pane que o impossibilita de navegar. A consolidação da obrigação na entrega do avião não atenderá às suas necessidades, pois condições climáticas inesperadas poderão acarretar sua inutilidade. Desse modo, antes mesmo de chegar ao local de entrega da prestação, poderá dar por desfeito o negócio, na medida em que a existência das alternativas é, por si mesma, fundamental ao resultado visado pelo credor. No exemplo dado, a própria alternatividade desaparece, de modo que o que se verificará será uma cláusula resolutiva – ou seja, desaparecendo uma das alternativas, resolve-se a obrigação".[28]

Anote-se, por necessário, que eventual impossibilidade superveniente de uma das prestações não imputável às partes será indiferente, caso a perda do objeto diga respeito à prestação que não foi a escolhida em momento anterior. A obrigação mantém a sua eficácia. Todavia, se a perda se deu após a escolha, recaindo justamente sobre a prestação eleita, naturalmente ocorrerá a resolução do negócio jurídico, tal como ocorreria em uma obrigação simples.

---

28. In *Código Civil comentado*, op. cit., p. 205.

Caso o negócio jurídico seja validamente constituído, mas uma das prestações torne-se inexequível por culpa do devedor, a solução poderá variar conforme a titularidade da escolha: (a) se couber a concentração ao credor, terá este o direito potestativo de optar entre a prestação subsistente e o valor correspondente àquela que pereceu, acrescida de perdas e danos (art. 255, 1ª parte, do CC). Dessa maneira, tutela-se o poder de escolha do credor, sancionando-se o devedor pelo seu comportamento negligente. Se o credor optar pela prestação subsistente, não sofrerá qualquer espécie de prejuízo, sendo impróprio se cogitar de pretensão conjunta às perdas e danos, não obstante uma apressada leitura do dispositivo possa induzir a tal entendimento;[29] (b) sendo a opção delegada ao próprio devedor, aplicar-se-á a regra do art. 253 do Código Civil, remanescendo o débito sobre a prestação subsistente, sem qualquer acréscimo pecuniário. Veda-se ao devedor a faculdade de pagar ao credor quantia equivalente à prestação que impossibilitou, isso seria um prêmio à sua desídia. Aqui, é importante destacar que a solução será a mesma para as hipóteses de perecimento pelo fortuito ou por irresponsabilidade do devedor, sendo bastante a impossibilidade superveniente de uma das prestações para que a obrigação se torne pura e simples.

Se todas as prestações tornam-se sucessivamente inexequíveis por culpa do devedor, tudo dependerá de qual dos contratantes terá a seu cargo a titularidade da escolha. Cabendo ao devedor originariamente a escolha, ficará este obrigado a pagar o valor da que por último impossibilitou-se, acrescido das perdas e danos determinados na hipótese, sobre aquilo que o credor efetivamente perdeu, além do que razoavelmente deixou de auferir em função da entrega extemporânea da prestação (art. 254 do CC). A norma exercita finalidade pedagógica, afinal constrange o devedor a agir com prudência para preservar a prestação ainda intacta, sob pena de entregar soma que ultrapassa o valor da prestação.

Mas e se ambas as prestações se perdem simultaneamente por culpa do devedor? Gisela Sampaio da Cruz acertadamente propõe que se recorra à analogia para concluir que, cabendo a escolha ao devedor, pagará ele o valor de qualquer uma das prestações, acrescida das perdas e danos. Afinal, estava ele obrigado ao valor de uma ou outra prestação por um direito potestativo que lhe fora outorgado.[30]

Infelizmente, nada se infere da leitura dos dispositivos legais quanto às hipóteses de perecimento ou perda do objeto por culpa do credor, tanto nos casos em que a escolha lhe seria oportunizada, quanto naqueles em que a concentração fora delegada ao devedor. Sendo a culpa pela impossibilidade de uma das prestações a ele atribuída, quando detinha o direito de escolha, será responsabilizado por perdas e danos, exceto se escolher a prestação que não se impossibilitou. Incumbindo-se a

29. Com opinião divergente da nossa, J. M. Leoni Lopes de Oliveira, aduz que, "se a impossibilidade de uma das prestações se deu por culpa do devedor e cabe a escolha ao credor, o artigo lhe faculta duas opções: a) terá direito a exigir a prestação subsistente, com as perdas e danos; b) terá o direito de exigir o valor da outra, com perdas e danos". In *Novo Código Civil anotado*. v. II, p. 35.

30. *Obrigações alternativas e com faculdade alternativa.* Obrigações de meio e de resultado, p. 165-166.

escolha ao devedor, realizará a prestação subsistente e exigirá perdas e danos – caso a prestação seja mais onerosa do que aquela que se impossibilitou.[31]

Mas, se todas as prestações se tornaram impossíveis por culpa do credor, extingue-se a obrigação, podendo o devedor exigir o valor de qualquer uma delas, acrescida de perdas e danos. Contudo, se a escolha couber ao credor, poderá ele escolher qual das duas prestações inutilizadas indenizará.

De acordo com Everaldo Cambler, Carlos Roberto Gonçalves e Mairan Maia, se ambas as prestações perecem, uma por culpa do devedor e outra do credor, "a solução para a obrigação alternativa dependerá da precedência de culpas: se do devedor, estará liberado do vínculo, pois o credor fez perecer a prestação na qual ocorreu a concentração na segunda prestação; se do credor, o devedor responderá pelo valor da coisa que fez perecer, mas conservará o direito a exigir do credor o valor da primeira".[32]

O Código Civil igualmente não oferece resposta para a hipótese em que o devedor deu causa ao perecimento da primeira coisa e a segunda pereceu em razão do fortuito. Incumbindo a escolha ao credor, poderá este reclamar o valor de qualquer das duas, tenha sido o perecimento simultâneo ou sucessivo, além da indenização por perdas e danos (art. 255, segunda parte, do CC). Na hipótese inversa, ou seja, se uma das coisas perecer, em primeiro lugar, por motivo alheio à vontade do devedor e a segunda por culpa sua, distinta é a solução obtida, pois o fortuito tornou simples a obrigação e o inadimplemento corresponderá à efetiva extensão do dano (art. 944 do CC).[33]

Há de esclarecer-se que o novo Código Civil nada determinou quanto à impossibilidade de uma ou de todas as prestações por fato imputável às partes, quando a escolha couber ao terceiro, para tanto designado. No direito português também não há solução. Mário Júlio de Almeida Costa assim sugere: "caso a impossibilidade seja imputável ao devedor, o terceiro pode optar por uma das prestações possíveis ou pela indemnização dos danos resultantes do não cumprimento da prestação que se tornou impossível. Se a impossibilidade é imputável ao credor, considera-se cumprida a obrigação. Ressalva-se, todavia, a faculdade de o terceiro optar pela prestação possível, com a indemnização dos danos que o devedor tenha sofrido".[34] Certamente, sendo a culpa de terceiro estranho às partes, arcará ele por todos os prejuízos.

2. OBRIGAÇÕES FACULTATIVAS

Outra interessante espécie de modelo jurídico que merece exame quando do estudo das obrigações compostas objetivas é a obrigação facultativa.

A doutrina aceita a terminologia, mas prefere identificá-las como *obrigações com faculdade alternativa de cumprimento*, pois a designação *obrigações facultativas*

31. LÔBO, Paulo Luiz Netto. *Teoria geral das obrigações*, p. 138.
32. In *Comentários ao Código Civil brasileiro*, v. III, p. 122.
33. Idem, p. 121.
34. ALMEIDA COSTA, Mário Júlio de. *Direito das obrigações*, p. 680.

pode induzir a erro, por supor um modelo jurídico no qual a subsistência da relação dependeria exclusivamente da vontade do devedor, que teria o direito potestativo de descumprir a obrigação, se assim entendesse. Arnoldo Wald bem explica que "têm uma estrutura parecida com as obrigações alternativas as obrigações com faculdade de solução ou com faculdade de substituição, erradamente chamadas obrigações facultativas. Não poderia haver obrigações facultativas, pois o que é facultativo não é obrigatório e o que é obrigatório não é facultativo".[35]

Assim como no diploma revogado, o CC/2002 não faz referência a esse modelo jurídico. Agostinho Alvim esclareceu que não houve preocupação do legislador de introduzir as obrigações facultativas no Código Civil, pois sempre foram consideradas como objeto de convenção inominada.[36]

Em verdade, consiste a obrigação facultativa na possibilidade conferida ao devedor de substituir o objeto inicialmente prestado por outro, de caráter subsidiário, mas já especificado na relação obrigacional. A prestação devida é uma só, incidindo unidade de objeto quando da celebração do contrato, pois a obrigação facultativa é um direito potestativo concedido ao devedor de adimplir o débito de uma forma diversa ao estabelecido com o credor.

As obrigações com faculdade alternativa são obrigações simples. Diferem, portanto, das obrigações alternativas, nas quais há uma obrigação complexa, com pluralidade de prestações, caracterizada por uma relativa indeterminação do objeto, cuja futura escolha caberá ao credor ou ao devedor, conforme o pactuado (art. 252 do CC). Na obrigação facultativa, não existe o ato de escolha (concentração), fundamental na obrigação alternativa. Ao contrário, ela já nasce pronta para ser cumprida, pois há um único vínculo obrigacional e uma só prestação, cujo objeto é imediatamente determinado. Ao devedor é oportunizada a faculdade de, no momento do pagamento, substituir a prestação por outra, previamente consignada no contrato. A obrigação substitutiva não poderá jamais ser exigida ou reclamada pelo credor, pois ela se encontra no âmbito jurídico do devedor. Enfim, à prestação supletiva não se contrapõe correlato direito de crédito.

Se houver necessidade de interpretação do negócio jurídico, em razão da dificuldade de compreender se veicula obrigação alternativa ou facultativa, a hermenêutica será no sentido de definir a obrigação como alternativa, tratando-se do arranjo mais equitativo para as partes em termos de eficácia jurídica.

O devedor possui a liberdade de consagrar a faculdade alternativa. Ao tempo do adimplemento, unilateralmente, determinará sua opção entre a prestação principal e a supletiva, inserindo o credor em posição de submissão, por estar sujeito a aquiescer à escolha da outra parte. Se não aceitar, incorrerá o credor em mora.

35. WALD, Arnoldo. *Obrigações e contratos*, p. 51.

36. Lotufo, Renan. *Código Civil comentado*, v. 2, p. 57.

Exemplificando: *A* convenciona o pagamento a *B* da quantia de R$ 3.000,00 em novembro, com a obrigação facultativa de transferir uma motocicleta. Consequentemente, facilita-se o pagamento pelo devedor, passando ele a contar com uma opção a mais para exonerar-se da obrigação, sem para tanto depender da aquiescência do credor.

Vê-se, nitidamente, que o exercício da faculdade de substituição não se situa no plano de desenvolvimento da obrigação, mas no do adimplemento. Na dicção de Clóvis do Couto e Silva, constitui o início do cumprimento do débito, pois "como privilégio do devedor, a impossibilidade da prestação substitutiva não interfere no processo da obrigação; a impossibilidade da prestação devida, por sua vez, extingue o vínculo, não cabendo ao credor, portanto, pretensão a haver a prestação suscetível de substituição, acaso ainda existente".[37]

Enfim, como brilhantemente expõe Serpa Lopes, nas obrigações facultativas o devedor não deve a outra coisa, a qual não pode ser pedida pelo credor. Caberá ao devedor o direito de pagar coisa diversa da efetivamente representativa do objeto da dívida.[38]

Decorre da distinção entre as obrigações facultativas e as alternativas duas repercussões práticas: (a) se a prestação principal na obrigação facultativa padecer de impossibilidade originária, inválida sobejará toda a obrigação em face da perda do objeto. Porém, nas obrigações alternativas, subsistirá a obrigação na outra prestação, que não será atingida (art. 253, 1. parte, CC); (b) nas obrigações alternativas, a perda superveniente de uma das coisas concentrará o débito na subsistente (art. 253, 2ª parte, CC). Todavia, ocorrendo a impossibilidade posterior da coisa principal sem culpa do devedor, a obrigação facultativa extingue-se, a despeito de subsistir o objeto supletivo, pois o objeto é único, não podendo a coisa acessória subsistente ser exigida pelo credor. Acresça-se que a perda da coisa acessória em nada repercute no cumprimento da obrigação facultativa, pois ela era uma opção exclusiva do devedor.

Tomando por base o artigo 648 do Código Civil argentino, sendo imputável ao devedor a responsabilidade pela perda da coisa principal, o credor poderá pleitear valor correspondente à prestação que pereceu, acrescida de perdas e danos, ou até mesmo a coisa que era objeto da prestação facultativa. De fato, cuida-se de solução equitativa, que impede o exercício desequilibrado do direito potestativo do devedor. Nada que não possa ser inferido da cláusula geral do abuso do direito, inserta no art. 187 do Código Civil.[39]

---

37. COUTO E SILVA, Clóvis do. *A obrigação como processo*, p. 163.
38. SERPA LOPES, Miguel Maria de. *Curso de direito civil*: obrigações em geral, v. II, p. 88.
39. Maria Helena Diniz defende posição idêntica, mesmo que com fundamento normativo diverso, ao recomendar que "se a impossibilidade da prestação devida resultar de causa imputável ao devedor, o credor poderá exigir o equivalente mais perdas e danos, aplicando-se, por analogia, o disposto no código civil, art. 234, 2. parte, ou o cumprimento da obrigação supletória". In *Curso de direito civil brasileiro*: teoria geral das obrigações, p. 129.

De todo o exposto, tem-se atualmente que a ideia de facultatividade não pode ser ampliada discricionariamente para capturar situações outras de substituição de formas de satisfação de débitos que não se relacionam com a faculdade negocial de substituição do objeto da prestação. Assim, não é pertinente inserir como modalidade de *facultas alternativa* a opção do titular do direito subjetivo de exercitar uma ou outra pretensão, tal como o credor que pode deliberar entre a rescisão do negócio e o abatimento do preço – *quanti minoris* – (art. 442, CC), ou a eleição entre a resolução contratual e a tutela específica da obrigação (art. 475, CC). As sobreditas pretensões são apenas vias concedidas pelo ordenamento para a exigibilidade de situações jurídicas violadas pelo devedor.

Também se apartam as obrigações facultativas da dação em pagamento por dois motivos: (a) na dação em pagamento só haverá substituição da prestação com a anuência do credor, jamais lhe podendo ser imposta a extinção da obrigação; (b) na dação em pagamento, ao tempo da contratação, não há qualquer referência à faculdade de substituição da prestação por outra subsidiária, sendo a substituição um fato que se verifica apenas ao tempo do adimplemento.

Em outra obra[40] tivemos a oportunidade de ressaltar que, apesar de ordinariamente o ordenamento tratar da faculdade de escolha como um direito potestativo do devedor, nada impede que a obrigação facultativa seja de opção do credor. Nas palavras de Mário Júlio de Almeida Costa,[41] "concebe-se, todavia, que a faculdade alternativa exista em benefício do credor, também derivada de estipulação das partes ou de preceito legal.[42] Cabe-lhe então a possibilidade de exigir, em vez da prestação devida, uma outra".[43]

Ora, a cláusula penal se amolda perfeitamente ao perfil da obrigação com faculdade alternativa em favor do credor. O devedor não deve outra coisa, a não ser a prestação, mas o descumprimento por causa a ele imputável concederá ao credor o poder de determinar a pena, ao invés da prestação. O devedor se coloca em estado de sujeição, pois se submeterá à opção do credor. Com Larenz,[44] *"si hace uso de este derecho, se coloca otra prestación en el lugar de la hasta ahora debida"*.

Segundo Antônio Pinto Monteiro, "o inadimplemento por causa imputável ao devedor confere ao credor o direito de optar pela exigência da pena convencionada em lugar da prestação devida, que aquela substitui. E o devedor não pode, feita essa opção, opor-se a ela com oferecimento da prestação inicial. Tal como não pode

40. ROSENVALD, Nelson. *Cláusula penal*: a pena privada nas relações negociais, p. 37.

41. ALMEIDA Costa, Mário Júlio de. *Direito das obrigações*, p. 675.

42. No art. 419 do Código Civil de 2002, há um interessante exemplo de obrigação facultativa com escolha do credor: "A parte inocente pode pedir indenização suplementar, se provar maior prejuízo, valendo as arras como taxa mínima. Pode também a parte inocente exigir a execução do contrato, com perdas e danos. Valendo as arras como mínimo da indenização."

43. Dieter Medicus também admite que a faculdade de escolha poderá pertencer ao credor, exemplificando com o § 249, 2 do BGB, no qual a vítima de um dano, ao invés do restabelecimento da situação anterior, poderá pleitear ressarcimento em dinheiro – *Tratado de las relaciones obligacionales*, p. 100.

44. Larenz, Karl. *Derecho de obligaciones*, p. 172.

impedir o credor de continuar a exigir o cumprimento desta, oferecendo-se a prestar a pena, se não for essa a vontade do primeiro".[45]

2.1 Questões Processuais Relativas às Obrigações Alternativas e Facultativas

De acordo com o *caput* do artigo 325 do CPC/15, "O pedido será alternativo quando, pela natureza da obrigação, o devedor puder cumprir a prestação de mais de um modo". A regra geral é que o pedido seja fixo, ou seja, o demandante tão somente dirige a sua pretensão ao réu com o bem da vida que reputa devido. Porém, pela sua própria natureza, nas obrigações alternativas a prestação poderá ser cumprida por mais de um modo. O pedido imediato é único (condenatório), porém o pedido mediato é alternativo.

Ilustrativamente, se A é credor de obrigação alternativa, sendo a concentração um direito do devedor B, - seja por disposição expressa ou pelo silêncio das partes (art. 252, CC) - já na inicial A efetuará um pedido alternativo e colocará a pluralidade de prestações à disposição de B que se liberará mediante o adimplemento de uma delas. Qualquer escolha entre as possíveis opções satisfaz o credor, por isso não terá interesse em recorrer e a sucumbência será total.

Evidentemente, se a escolha contratualmente coube ao credor, realizará a concentração na petição inicial, de forma a enfatizar o seu interesse objetivo na satisfação da prestação escolhida.

Apesar do art. 325 do CPC/15 ter silenciado quanto a isso, também incide o dispositivo nas obrigações facultativas (em que há unidade de vínculo e unidade de prestação), a fim de que o devedor exerça no plano processual a faculdade alternativa de cumprimento, substituindo o objeto inicialmente prestado por outro, de caráter subsidiário, mas já especificado na relação obrigacional. Nessas obrigações, como cediço, não há propriamente um ato de escolha ou concentração, pois o vínculo só abarca a prestação principal. A prestação subsidiária é um direito potestativo do devedor.

E se a obrigação for alternativa com escolha do devedor, porém o credor na inicial omita esse dado e concentre o pedido em uma das prestações? Ainda que o autor tenha olvidado a formulação do pedido alternativo, deve ser garantido ao devedor o direito de realizar a escolha. Por isso, bem dispõe o Parágrafo único do art. 325 do CPC/15 que "quando, pela lei ou pelo contrato, a escolha couber ao devedor, o juiz lhe assegurará o direito de cumprir a prestação de um ou de outro modo, ainda que o autor não tenha formulado pedido alternativo".

Em sentido análogo, nas obrigações facultativas, deverá o magistrado assegurar ao devedor o exercício de seu direito potestativo de substituir a obrigação principal pela supletiva, nos casos em que o demandante tenha silenciado quanto ao exercício dessa faculdade do demandado.

45. Monteiro, Antonio Pinto. *Cláusula penal e indemnização*, p. 104.

Tratando-se de pedidos alternativos, o valor da causa será o do pedido de maior valor, seja nas obrigações alternativas com escolha do devedor como nas facultativas (292, VII, CPC/15).

Há uma evidente mixórdia conceitual quando o legislador –e consequentemente a doutrina e jurisprudência – confundem as expressões *pedido alternativo* e *cumulação alternativa*. O pedido alternativo remete às obrigações alternativas, porém a cumulação alternativa de pedido sempre foi a expressão utilizada para explicar a situação em que o autor formula pedido subsidiário, cuja apreciação só se dará na impossibilidade de acolhimento do pedido principal. Julgando procedente o pedido principal, não deve o juiz conhecer do pedido subsidiário. Todavia, não podendo acolher o pedido principal, tem o juiz o dever de examinar o pedido subsidiário, acolhendo-o ou rejeitando-o.[46]

Ora, essa "cumulação alternativa" em nada se assemelha ao pedido alternativo. Em verdade, a denominação "cumulação subsidiária" é bem mais apropriada para descrever o fenômeno de eventual exame de um pedido secundário caso o pedido primário não seja acolhido. Por isso, é elogiável a redação concedida ao caput do art. 326 do CPC/15: "É lícito formular mais de um pedido em ordem subsidiária, a fim de que o juiz conheça do posterior, quando não acolher o anterior".

Melhor ainda foi a explicita demonstração do legislador no sentido de dirimir as pendências terminológicas, ao inserir um parágrafo único no art. 326 do CPC/15 com a seguinte redação: "É lícito formular mais de um pedido, alternativamente, para que o juiz acolha um deles".

Em um primeiro olhar, poderiam alguns entender que o novel dispositivo é redundante em relação ao já citado art. 325 do CPC/15, pois ambos apreciam o pedido alternativo nas obrigações alternativas e facultativas. Não é verdade! O parágrafo único do art. 326 cuida de todas as situações em que o autor cumula dois pedidos alternativos sem que exista prévia relação contratual entre as partes, que tenha imposto a uma delas o direito à uma escolha. Seria o caso do contribuinte que paga indevidamente um tributo e na petição inicial pretende a restituição do tributo ou a compensação tributária. Ou então, a hipótese em que, no bojo de ação civil pública, o Ministério Público pretende que o Estado forneça creche a uma criança próxima a residência ou trabalho dos pais, com a opção do demandado fornecer transporte gratuito, se a creche se situar em outra localidade.[47] Em qualquer dos exemplos não

46. MARINONI, Luiz Guilherme. ARENHART, Sérgio Cruz. MITIDIERO, Daniel. Novo Código de Processo Civil Comentado, p. 346.

47. STF- SL 770 AgR/SC Relator(a): Min.RICARDO LEWANDOWSKI Tribunal Pleno PUBLIC 23-03-2015 Ementa: SUSPENSÃO DE LIMINAR. AÇÃO CIVIL PÚBLICA. VAGA EM CRECHE. PROXIMIDADE DA ESCOLA À RESIDÊNCIA OU AO LOCAL DE TRABALHO. OBRIGAÇÃO ALTERNATIVA. FORNECIMENTO DE TRANSPORTE ESCOLAR. AUSÊNCIA DE RISCO DE LESÃO À ORDEM E À ECONOMIA PÚBLICAS. I - Decisão em ação civil pública que determinou ao município a disponibilização de vagas a crianças de 0 a 5 anos em creche da rede pública ou particular próxima à residência ou ao local de trabalho dos responsáveis legais. II - Determinação alternativa para fornecimento de transporte público caso não seja possível matricular o menor em creche

há uma cumulação subsidiária ou sucessiva de pedidos, pois os demandantes estrão satisfeitos com qualquer escolha efetuada pelos demandados.

No mais, dispõe o art. 800 do CPC/15: "Nas obrigações alternativas, quando a escolha couber ao devedor, esse será citado para exercer a opção e realizar a prestação dentro de 10 (dez) dias, se outro prazo não lhe foi determinado em lei ou em contrato. § 1º Devolver-se-á ao credor a opção, se o devedor não a exercer no prazo determinado. § 2º A escolha será indicada na petição inicial da execução quando couber ao credor exercê-la". A norma e seus parágrafos regulamentam a atividade do credor munido de título executivo extrajudicial consubstanciado em obrigação alternativa, abrangendo os casos em que a concentração será conferida ao devedor executado ou ao credor exequente. No primeiro caso, a omissão do executado no prazo legal supletivo de 10 dias (que só se aplica se inexiste prazo convencional de escolha) viabilizará a trasladação do exercício da opção para o exequente, que terá a liberdade de apontar a prestação que satisfaça o seu interesse. Não obstante o silêncio legislativo, a norma também se aplica quando há título extrajudicial com previsão de obrigação facultativa, evidentemente sem a referência ao § 2º, pois é da essência dessa obrigação que a faculdade de substituição seja um direito potestativo do devedor.

3. OBRIGAÇÕES CUMULATIVAS

Dentre as obrigações compostas por pluralidade objetiva, aquelas que menores dificuldades oferecem ao operador do direito são as obrigações cumulativas ou conjuntivas.

De fato, tratando-se da adoção da conjunção aditiva *e*, caracteriza-se a obrigação conjuntiva pela incidência de duas ou mais prestações cumulativamente exigíveis por um único título e um único fato jurídico na origem. O devedor apenas se exonerará quando prestar as duas ou mais prestações de forma conjunta, pois, enquanto uma delas não tiver sido adimplida, poderá o credor exigi-las na totalidade do devedor, sendo-lhe lícita a recusa da oferta parcial. O descumprimento de uma das prestações significa o inadimplemento total.

Exemplificando, se a obrigação de um marceneiro consiste na entrega de uma mesa, um armário e uma cômoda, pelo valor de R$ 10.000,00 (dez mil reais), a relação obrigacional apenas será satisfeita com o cumprimento conjuntivo de todas as prestações pactuadas. Da mesma forma, a obrigação do ofensor pela reparação por danos morais e estéticos decorrentes de um único fato ilícito.

O Código Civil de 2002 – assim como o Código Civil de 1916 – não regulamentou a matéria – mesmo em função de sua similitude com as obrigações simples no aspecto

próxima ao local de trabalho ou à residência dos responsáveis legais. III - Não constatado o risco de lesão à ordem e à economia públicas, deve ser mantido o indeferimento da suspensão da liminar. IV - Agravo regimental a que se nega provimento.

do adimplemento –, devendo o intérprete buscar a sua inserção no regime aplicável genericamente às obrigações de dar. Vê-se que, nas obrigações alternativas, também se concentram prestações plurais, mas a sua solução demanda apenas a realização de uma delas, eis que fundamentada pela conjunção *ou*.

Antunes Varela observa que nem sempre será fácil distinguir entre as obrigações cumulativas, com várias prestações ligadas entre si por um nexo que as reduz a uma unidade incindível, e os casos de obrigações distintas, apenas acidentalmente reunidas por constarem do mesmo instrumento jurídico. Tratando-se de obrigações distintas, o credor não poderá recusar uma delas sob o argumento de ainda não terem sido as demais prestações cumpridas. A opção por uma ou outra figura dependerá da integração da vontade das partes. Assim, o fato de, "tratando-se de um contrato oneroso de alienação, à prestação múltipla de um dos contraentes corresponder a um preço global ou a uma contraprestação unitária, não discriminada, por parte do outro, constitui um indício importante, sério, de que o primeiro contraiu uma obrigação cumulativa e não duas ou mais obrigações distintas".[48]

No mesmo sentido sinaliza Orlando Gomes, ao advertir sobre a impropriedade de se confundir pluralidade de prestações com pluralidade de obrigações, pois, se as diversas prestações correspondem a obrigações com causas diversas, não se verificará a pluralidade no objeto da obrigação na medida em que cada qual terá objeto simples.[49] Consequentemente, se um contrato reúne diversas obrigações simples, distintas uma das outras, todavia coligadas, apenas haverá aparência de obrigação cumulativa, já que não oriundas do mesmo título. Se no mesmo contrato *A* aliena a *B* uma motocicleta por R$ 8.000,00 e um automóvel por R$ 15.000,00, cuida-se de duas alienações distintas, duas obrigações simples, pois, como coloca Guilherme Calmon Nogueira da Gama, só haverá obrigação cumulativa quando "o interesse do credor está no conjunto, por isso que o devedor somente se exonerará se satisfizer todas as prestações. O raciocínio a ser adotado aqui tem bastante semelhança com as modalidades de disposições conjuntivas previstas no âmbito do Direito das Sucessões para fins de gerar (ou não) o direito de acrescer, ainda que haja, por óbvio, algumas diferenças importantes".[50]

A obrigação cumulativa se renova na esfera do direito material coletivo, mais precisamente, na responsabilidade civil ambiental, que deve ser compreendida o mais amplamente possível, de modo que a condenação a recuperar a área prejudicada (fazer) não exclua o dever de indenizar (dar quantia certa). Essa cumulação não configura *bis in idem*, pois a reparação pecuniária não se volta à lesão já ecologicamente restaurada ou a ser restaurada, porém, mira a parcela do dano que, embora causada pelo

48. Antunes Varela, João de Matos. *Das obrigações em geral*, v. 1, p. 828.
49. GOMES, Orlando. *Obrigações*, p. 94.
50. GAMA, Guilherme Calmon Nogueira da. *Direito civil*: obrigações, p. 155.

mesmo comportamento pretérito do agente, apresenta efeitos deletérios de cunho futuro, irreparável ou intangível.[51]

4. OBRIGAÇÕES FRACIONÁRIAS (CONJUNTAS)

A marca registrada das relações obrigacionais é a indispensável presença de um credor e um devedor com a necessidade, respectivamente, de receber e de cumprir a prestação. Esse fenômeno não se verifica nos direitos reais, setor do direito privado cujas situações jurídicas são exercitadas tão somente pelo titular do direito real sobre o objeto ao qual submete de forma direta e imediata ao seu poder, sem que se demande um comportamento de um sujeito passivo determinado ou determinável. Porém, a movimentação dos direitos obrigacionais não se opera sem essas duas peças vitais, e a singularidade de cada um desses elementos – isto é, um só credor e um só devedor – nenhuma influência exerce no curso normal das relações creditórias e debitórias e, nem mesmo com essa dupla singularidade é possível pensar na questão da indivisibilidade da obrigação ou da solidariedade.[52]

O fenômeno da pluralidade de sujeitos na obrigação impele a doutrina a criar classificações capazes de exprimir uma ampla gama de situações jurídicas especiais. As obrigações são qualificadas como *simples*, quando a relação é convencionada entre um credor e um devedor, incidindo sobre apenas um objeto – *v.g.*, *A* deve pagar R$100,00 a *B* (obrigação de dar *simples*). Serão *plurais*, todavia, se houver pluralidade de partes (credores, devedores ou ambos) ou de objetos em uma relação jurídica obrigacional. Se objetivamente plurais, há de perquirirem-se as obrigações cumulativas, alternativas e facultativas. Quando subjetivamente plurais, cogitamos das obrigações fracionárias, solidárias e do fenômeno da indivisibilidade, envolvendo vários contratantes. A pluralidade subjetiva em regra se instala no momento genético da obrigação, no exato momento da constituição da relação jurídica. Nada obstante, a multiplicidade ativa ou passiva poderá vicejar em momento sucessivo, seja por um

---

51. STJ: "Ao responsabilizar-se civilmente o infrator ambiental, não se deve confundir prioridade da recuperação *in natura* do bem degradado com impossibilidade de cumulação simultânea dos deveres de repristinação natural (obrigação de fazer), compensação ambiental e indenização em dinheiro (obrigação de dar), e abstenção de uso e de nova lesão (obrigação de não fazer). De acordo com a tradição do Direito brasileiro, imputar responsabilidade civil ao agente causador de degradação ambiental difere de fazê-lo administrativa ou penalmente. Logo, eventual absolvição no processo criminal ou perante a Administração Pública não influi, como regra, na responsabilização civil, tirantes as exceções em *numerus clausus* do sistema legal, como a inequívoca negativa do fato ilícito (não ocorrência de degradação ambiental, p. ex.) ou da autoria (direta ou indireta), nos termos do art. 935 do Código Civil. Nas demandas ambientais, por força dos princípios do poluidor-pagador e da reparação *in integrum*, admite-se a condenação do réu, simultânea e agregadamente, em obrigação de fazer, não fazer e indenizar. Aí se encontra típica obrigação cumulativa ou conjuntiva. Assim, na interpretação dos arts. 4º, VII, e 14, § 1º, da Lei da Política Nacional do Meio Ambiente (Lei 6.938/81), e do art. 3º da Lei 7.347/85, a conjunção 'ou' opera com valor aditivo, não introduz alternativa excludente. Essa posição jurisprudencial leva em conta que o dano ambiental é multifacetário (ética, temporal, ecológica e patrimonialmente falando, sensível ainda à diversidade do vasto universo de vítimas, que vão do indivíduo isolado à coletividade, às gerações futuras e aos próprios processos ecológicos em si mesmos considerados)" (REsp 1198727/MG, Rel. Min. Herman Benjamin, 2ª Turma, *DJe* 9.5.2013).
52. SERPA LOPES, Miguel Maria de. *Curso de direito civil*: obrigações em geral, p. 98.

fenômeno *inter vivos* (*v.g.*, cessão de crédito, novação subjetiva) ou *causa mortis*, assumindo mais de um herdeiro a posição obrigacional originariamente singular do *de cujus*.

Havendo pluralidade de credores ou devedores em obrigação de natureza divisível e inexistindo solidariedade legal ou contratual, cada um dos titulares portar-se-á de forma autônoma, com relação a seus direitos e deveres, fracionando-se a obrigação em partes iguais (art. 257 do CC). Em outras palavras, cuida-se de regra que emana da natureza das coisas: cada credor só pede a sua parte e cada devedor só se obriga por sua parte, incidindo diversos vínculos jurídicos entre os sujeitos ativos e passivos da relação jurídica.[53]

Assim, se *A, B* e *C* obrigam-se a pagar R$ 90,00 a *D, E* e *F*, poderá *A* adimplir com o simples pagamento de R$ 30,00, em prol de qualquer um dos devedores. Em contrapartida, a *D* não será lícito exigir mais do que R$ 30,00 de cada um dos devedores.

Do Código Civil de 2002 extraímos exemplos de incidência das obrigações conjuntas: (a) art. 1.317 – quando todos os condôminos contraem dívidas, sem se discriminar a parte de cada um, nem se estipular solidariedade; (b) art. 1.380 – quando a servidão pertencer a mais de um prédio, os donos ratearão as despesas; (c) art. 1.934 – se o testamento não determinar o cumprimento do legado aos herdeiros, incumbirá essa atividade aos legatários, na proporção do que herdaram.

Enfim, prevalece nas obrigações conjuntas a fundamental regra: *concursu partes fiunt* – no concurso de credores ou devedores a obrigação fraciona-se. Todos os partícipes da relação jurídica repartem necessariamente os bônus e os ônus da obrigação. Essa regra é excepcionalmente derrogada quando as obrigações complexas por multiplicidade de partes revestem-se de *indivisibilidade* (art. 258 do CC) ou *solidariedade* (art. 264 do CC).

53. STJ: "Inviável responsabilizar solidariamente a financeira pelos valores despendidos pelos consumidores, uma vez que, ao manter o contrato coligado, não se comprometeu a fornecer garantia irrestrita para a transação, mas sim balizada pelos benefícios dela advindos, ou seja, no caso, nos termos da cessão de crédito operada, que não abarca os valores pagos a título de entrada diretamente ao lojista. A circunstância de o contrato de financiamento sucumbir diante do inadimplemento do lojista não transforma a casa bancária em garante universal de todos os valores despendidos pelos autores, principalmente porque a repetição do indébito limita-se àquilo que efetivamente foi desembolsado – seja dos consumidores para com a financeira, seja desta para com a lojista. A responsabilidade do banco fica limitada, portanto, à devolução das quantias que percebeu, pois a solidariedade não se presume, decorre da lei ou da vontade das partes. Recurso especial conhecido em parte e, na extensão, parcialmente provido, para afastar a responsabilidade solidária da casa bancária pela repetição integral dos valores despendidos pelos consumidores, abarcando aquele pago a título de entrada no negócio de compra das cozinhas planejadas, remanescendo a responsabilidade do banco na devolução atualizada dos valores recebidos por meio dos boletos bancários, em razão da cessão do crédito restante (crédito cedido pela lojista não abrangendo o valor recebido por esta última a título de entrada no negócio), pois as vicissitudes de um contrato repercutiram no outro, condicionando-lhe a validade e a eficácia" (REsp 1127403/SP, Relator p/Acórdão Ministro Marco Buzzi, 4ª Turma, *DJe* 15.8.2014).

5. OBRIGAÇÕES DIVISÍVEIS E INDIVISÍVEIS

Triste época! É mais fácil desintegrar um átomo do que um preconceito.

(Albert Einstein)

5.1 Introdução

Sabemos que na tradicional classificação das obrigações quanto aos seus elementos, são elas divididas em simples e compostas (plurais), conforme a sua estrutura consubstancie apenas um sujeito ativo, passivo e um objeto, ou então englobe uma multiplicidade de sujeitos (complexidade subjetiva) ou de prestações (complexidade objetiva) em uma só relação obrigacional.

A importância do estudo da matéria se vincula às obrigações com pluralidade de sujeitos. Só quando houver na relação obrigacional uma multiplicidade de credores ou de devedores prevalecerá a regra do fracionamento em obrigações autônomas, conforme o número de partícipes, de modo a permitir que cada um dos vários credores ou devedores possa pagar ou receber a sua parte. A teor do art. 257 do Código Civil, sendo divisível a prestação, aplica-se o brocardo *concursu partes fiunt,* ou seja, as partes se satisfazem pelo concurso, conservando-se independentes as obrigações de cada uma. Haverá o rateio entre credores e devedores daquilo que será adimplido ou recebido. A obrigação será composta ou múltipla.

A divisibilidade das obrigações, como regra geral a que alude o art. 257 do Código Civil, será excepcionada em casos de solidariedade (art. 264, CC) ou de indivisibilidade (art. 259, CC). Nas duas situações, excepcionar-se-á o princípio *concursu partes fiunt*. Em ambas as hipóteses o credor poderá exigir o pagamento integral de cada um dos devedores, embora cada qual só deva a sua fração. Por outro lado, o devedor poderá efetuar pagamento integral a um dos credores – exonerando-se do débito, mesmo que existam outros credores.

Portanto, solidariedade e indivisibilidade são dois modelos jurídicos que não apenas excepcionam a regra geral do fracionamento das obrigações, mas também exercem relevante função econômica, eis que conferem ao credor garantias mais amplas quanto ao adimplemento da obrigação. Com efeito, duas vantagens são evidentes: a uma, quando houver pluralidade de devedores, poderá o sujeito ativo optar contra qual demandará, ampliando as chances de efetividade da demanda; a duas, não se resignará o credor a receber de cada devedor apenas aquilo a que ele está obrigado, mas sim o valor integral.

Fará sentido prático distinguir a divisibilidade da indivisibilidade da prestação e estas da solidariedade, quando evidenciada a pluralidade subjetiva. Contudo, havendo apenas um único credor e um único devedor na relação jurídica, será despiciendo precisar se o objeto da prestação é coisa divisível ou indivisível. Afinal, a obrigação será simples e a prestação sempre cumprida por inteiro, mesmo sendo o seu objeto divisível, presumindo-se a indivisibilidade, salvo convenção em contrário (art. 314

do CC).[54] O dispositivo enaltece a precedência do pagamento integral, a não ser que de comum acordo os contratantes deliberem pelo parcelamento.

A regra geral da indivisibilidade jurídica das obrigações simples é excepcionada em duas hipóteses normativas: a) art. 916 do CPC/15, que, na execução extrajudicial (extensível à monitória), faculta ao devedor, no prazo de embargos, o exercício do direito potestativo de submeter o credor ao parcelamento do pagamento, mesmo no silêncio do título. Trata-se de técnica processual que visa estimular o executado a reconhecer o direito consubstanciado no título executivo; b) o § 2º, do art. 52 do CDC, que assegura ao consumidor a liquidação antecipada do débito, total ou parcialmente, mediante redução proporcional dos juros e demais acréscimos. Justifica-se aqui a mitigação da regra da indivisibilidade, em razão da natural assimetria das relações consumeiristas.

Clóvis do Couto e Silva ensina que o processo de desenvolvimento da obrigação com prestação divisível não oferece maiores dificuldades, pois "o débito se extinguirá por partes, restando, após o adimplemento de uma fração, o 'saldo', que poderá ser exigido, se se manifestar infração contratual ou mora".[55]

Sendo divisíveis, as obrigações se fracionam em tantas partes quantos forem os credores e devedores, conservando-se independentes, como um feixe de relações justapostas, iguais e distintas, cada credor com direito a uma fração e cada devedor também respondendo pela sua fração.[56] Portanto, havendo obrigação *divisível* com *pluralidade de devedores,* com o adimplemento realizado em partes, divide-se em tantas obrigações iguais e distintas quantos forem os devedores (art. 257 do CC) – *v.g., A, B* e *C* devem R$ 90,00 a *D;* cada um pagará R$ 30,00. Em verdade, são obrigações fracionárias. No caso de obrigação *divisível* com *pluralidade de credores* – o devedor comum pagará a cada credor uma parte igual da dívida (art. 257 do CC) –, *v.g., A* deve R$ 90,00 a *B, C* e *D;* pagará R$ 30,00 para cada um.

5.2 Noções gerais sobre a indivisibilidade

O CC/1916 não conceituou as obrigações divisíveis ou indivisíveis, mas apenas pontuou os seus efeitos. Porém, a doutrina já se encarregava deste mister. Pontes de Miranda assevera que "a divisibilidade ou indivisibilidade da obrigação em geral consiste na possibilidade ou impossibilidade de se fracionar o objeto da prestação, isto é, a prestação mesma".[57]

Em contrapartida, em caminho profícuo, o legislador de 2002 conceitua a indivisibilidade da prestação nos termos do art. 258 do Código Civil: "A obrigação é

54. Por tal razão, Orlando Gomes explica que "alguns tratadistas incluem as obrigações divisíveis e indivisíveis entre as modalidades que se classificam pelo sujeito". In *Obrigações,* p. 95.
55. COUTO E SILVA, Clóvis do. *A obrigação como processo,* p. 164.
56. Cf. Tepedino, Gustavo et al. *Código Civil interpretado,* p. 535.
57. PONTES DE MIRANDA, Francisco Cavalcanti. *Tratado de direito privado. t.* 22, p. 152.

indivisível quando a prestação tem por objeto uma coisa ou um fato não suscetíveis de divisão, por sua natureza, por motivo de ordem econômica, ou dada a razão determinante do negócio jurídico."

Como bem esclarece o supracitado dispositivo, o objeto da prestação consistirá em bem divisível ou indivisível. Trata-se de esclarecimento fundamental, pois não é correto cogitar da indivisibilidade da obrigação, e sim da prestação.[58]

Daí que nas obrigações pautadas pela indivisibilidade da prestação o credor terá o arbítrio de exigir a prestação em sua totalidade,[59] bem como será proporcionada ao devedor a opção de liberação com o adimplemento efetuado apenas perante a totalidade de credores.

O conceito de indivisibilidade não é material ou físico; muito antes, é jurídico-econômico. Qualquer bem na natureza é materialmente partível, mesmo um átomo. Pela dicção do art. 87 do Código Civil, bens divisíveis são os que se pode partir em porções reais e distintas, formando cada qual um todo perfeito, sem alteração na sua substância, diminuição considerável de valor ou prejuízo do uso a que se destinem. Com propriedade, Flávia Maria Zangerolame ensina que, "*a contrario sensu*, um bem é considerado indivisível se, após o fracionamento houver vulneração na substância que, de acordo, com a sistemática atual, possui o significado de descaracterização da parte real ou essencial de uma coisa, que perde as características essenciais que possuía. Desta forma, as frações resultantes deverão reunir características ou qualidades essenciais do todo, pois, caso contrário, será o bem tido por indivisível".[60]

Por isso, adverte Caio Mário que a obrigação é materialmente divisível quando, fracionadas, as partes "não perdem as características essenciais do todo nem sofrem depreciação acentuada; e, indivisível, em caso contrário".[61] Trata-se do critério da economicidade. Destarte, a obrigação indivisível não comporta cisão mediante cumprimento parcial, eis que haveria prejuízo à substância da coisa, com perda de sua utilidade e função.

Mas não é apenas isso. A indivisibilidade é motivada por parâmetros diferenciados que exorbitam do aspecto material da coisa (a obrigação de entregar um automóvel para diversos credores) ou pela natureza do direito (a obrigação de suportar uma servidão de trânsito). Bens fisicamente divisíveis eventualmente se qualificam pela

---

58. Apesar de que o emprego de um nome por outro foi adotado no Capítulo V, que cuida da matéria.
59. STJ. *Informativo* nº 504, 10-19.9.2012. QUARTA TURMA: "PRISÃO CIVIL. PAGAMENTO PARCIAL DA OBRIGAÇÃO ALIMENTÍCIA. A Turma reafirmou que o pagamento parcial da obrigação alimentar não afasta a regularidade da prisão civil. Destacou-se que este Superior Tribunal entende ser legítima a prisão civil do devedor de alimentos, quando fundamentada na falta de pagamento de prestações *vencidas nos três meses anteriores à propositura da execução ou daquelas vencidas no decorrer do processo* (Súm. n. 309/STJ). Ademais, eventuais alegações quanto à incapacidade material do recorrente de satisfazer a prestação alimentícia devem ser discutidas nos autos da ação de alimentos, não no âmbito estreito do writ, cujo trâmite não comporta dilação probatória." RHC 31.302-RJ, Rel. Min. Antonio Carlos Ferreira, julgado em 18.9.2012.
60. *Obrigações divisíveis e indivisíveis e obrigações solidárias*, p. 186.
61. Pereira, Caio Mário da Silva. *Instituições de direito civil*: Obrigações, p. 70.

indivisibilidade por determinação normativa - empregando-se o art. 88 do Código Civil -,[62] ou artificialmente pela vontade das partes.[63] Como exemplo de *indivisibilidade legal* poderíamos cogitar da impossibilidade de disposição de lote urbano com menos de 125 m2 - Lei nº 6.766/79 -, ou do módulo rural em áreas de dimensão inferior à constitutiva do módulo de propriedade rural (Art. 65, Lei n. 4.504/64),64 ou a fundamental indivisibilidade dos direitos reais de garantia, significando tanto a adesão do bem onerado por inteiro, em todas as suas partes, como também a persistência integral da garantia real sobre o bem em caso de pagamento parcial do débito (art. 1.421, CC).[65] Em sede de *indivisibilidade contratual*, cite-se a convenção pela qual os condôminos deliberam em não dividir imóvel, mantendo-o em estado de indivisão por cinco anos - art. 1.320 do CC. Evidentemente, essa modalidade de indivisibilidade é fluida, podendo cessar em razão de acordo posterior entre as partes pelo qual se passa a aceitar o cumprimento fracionado da prestação.

É operativo o art. 258 do Código Civil, por apartar a indivisibilidade material da jurídica. Conceitua as obrigações indivisíveis, como aquelas não suscetíveis de divisão, por sua natureza, por motivo de ordem econômica, ou dada a razão determinante do negócio jurídico. Essa regra deve ser trabalhada conjuntamente com o citado art. 87 do Código Civil, mas com as suas especificidades. Em interessante síntese, Menezes Cordeiro estabelece ser o critério distintivo das prestações divisíveis e indivisíveis (art. 258) distinto daquele que enuncia a divisão das coisas em divisíveis e indivisíveis nos direitos reais (art. 87), "pois nestas o critério de divisibilidade é ditado pela natureza da coisa ou pela respeitabilidade da sua função econômico-social, nas prestações, impera um critério de satisfação do credor. Assim, a prestação é divisível quando possa ser fraccionada sem prejuízo para o interesse do credor; na hipótese inversa, é indivisível".[66]

Por isso, o grande mérito do art. 258 do Código Civil é inserir a indivisibilidade "por motivo econômico", implicando a impossibilidade de divisão da prestação naqueles casos em que haveria redução substancial do valor da coisa objeto da prestação, inviabilizando a própria obrigação. Com base nesse critério utilitário, tem-se que a indivisibilidade poderá recair sobre determinados bens que só possuem

62. Art. 88 do Código Civil: "Os bens naturalmente divisíveis podem tornar-se indivisíveis por determinação da lei ou vontade das partes."

63. Orlando Gomes apropriadamente nomeia como "conversão intelectual" o fenômeno pelo qual o legislador ou as partes transformam prestações materialmente divisíveis em indivisíveis. In *Introdução ao direito civil*, p. 225.

64. Todavia, não há impedimento à usucapião de imóvel que guarde medida inferior ao módulo previsto para a região em que se localize. Ressalte-se que esse entendimento vai ao encontro do que foi decidido pelo Plenário do STF, que, por ocasião do julgamento do RE 422.349-RS (DJe 29/4/2015), fixou a seguinte tese: "Preenchidos os requisitos do art. 183 da CF, o reconhecimento do direito à usucapião especial urbana não pode ser obstado por legislação infraconstitucional que estabeleça módulos urbanos na respectiva área onde situado o imóvel (dimensão do lote)"

65. Porém, o art. 1.488 do Código Civil cria relevante exceção ao princípio da indivisibilidade, tratando-se de imóveis loteados, ou sobre os quais seja instituído condomínio edilício.

66. CORDEIRO, Antônio Manuel da Rocha e Menezes. *Direito das obrigações*, p. 339.

valor econômico quando vendidos em grande quantidade (*v.g.*, grampos). No mesmo dispositivo da legislação civil, na parte final, avulta a indivisibilidade como *razão determinante do negócio jurídico*. Cuida da relação jurídica que culmina por perder as suas qualidades essenciais em razão das especificidades do contrato firmado, caso seja entregue de forma fracionada. Hamid Charaf Bdine exemplifica de forma didática essa hipótese: "haverá indivisibilidade se determinado conjunto musical for contratado para um espetáculo e decidir realizá-lo apenas com dois ou três de um total de seis músicos, na medida em que haverá considerável redução de seu valor em decorrência da alteração das características fundamentais da exibição".[67]

Discussão de grande atualidade nos domínios da indivisibilidade concerne à venda fracionada de medicamentos, atualmente uma faculdade do fornecedor desses produtos. Fracionar é um processo de manipulação de produtos farmacêuticos acabados que tem por objetivo principal otimizar a distribuição de medicamentos por dose individual/unitária devidamente embalados e identificados, garantindo a qualidade do produto até a administração ao paciente. A nosso viso a venda fracionada deve ser obrigatória em casos de venda de medicamentos de primeira necessidade e medicamentos tóxicos, seja pela tutela do mínimo existencial (no primeiro caso) e da proteção da saúde de sujeitos vulneráveis (no segundo caso) – crianças e portadores de transtornos mentais –, prestigiando-se nas duas hipóteses a salvaguarda do princípio da dignidade da pessoa humana.

Em síntese, em uma interpretação do art. 258 do Código Civil conforme à Constituição Federal, a eventual alegação do fornecedor de medicamentos quanto à impossibilidade de fracionamento na venda por "motivos de ordem econômica" cederá em face do acautelamento de situações jurídicas existenciais. Trata-se de uma tensão entre o princípio da ordem econômica e a defesa da inviolabilidade da pessoa humana em que o balanceamento de bens indicará a preponderância da tutela dos consumidores, à luz do inciso V do art. 170 da Constituição Federal.[68]

5.3 A indivisibilidade e as modalidades de obrigações

Sendo os conceitos de divisibilidade e indivisibilidade hauridos da teoria geral do direito civil, culminam por receber aplicação indiscriminada em todos os tipos de relações obrigacionais.

---

67. In *Código Civil comentado*, p. 207.

68. A Câmara analisa o Projeto de Lei nº 396/2011, que torna obrigatório o fracionamento de medicamentos, conforme a receita médica. A proposta define como aptas para fracionamento as substâncias apresentadas sob a forma de drágeas, comprimidos, cápsulas, pastilha, supositório e óvulos. Para evitar dúvidas, a proposta acrescenta à lei a definição das formas possíveis de apresentação de medicamentos. Atualmente, a legislação sobre o controle de comércio de medicamentos (Decreto nº 74.170/74) permite o fracionamento de determinados medicamentos, sem torná-lo obrigatório. Existe uma lista de quase 800 medicamentos que podem ser fracionados, editada e atualizada pela Agência Nacional de Vigilância Sanitária (Anvisa). Podem ser fracionados hoje medicamentos acondicionados em frasco-ampola, ampola, seringa preenchida, flaconete, sachê, envelope, *blister* e *strip*. Também estão na lista de fracionamento os apresentados nas formas de comprimidos, cápsulas, óvulos vaginais, drágeas, adesivos transdérmicos e supositórios.

A obrigação de dar pode ser divisível ou indivisível. Será ela sempre divisível na transmissão de direito de propriedade – mesmo que indivisível o objeto da transmissão –, pois a propriedade é suscetível de fracionamento em cotas abstratas. Mas será indivisível a obrigação que tiver por objeto a transmissão de um direito real indivisível, como a servidão. As obrigações genéricas – de dar coisa incerta – podem ser divisíveis ou indivisíveis; no primeiro caso, quando tiverem por objeto coisa quantitativamente determinada (uma tonelada de arroz ou três bois de determinada espécie); no segundo caso, se o objeto consistir em coisa genericamente designada (*v.g.*, um cavalo).[69] As obrigações alternativas também são indivisíveis. A teor do § 1º do art. 252, "Não pode o devedor obrigar o credor a receber parte em uma prestação e parte em outra".

Já as obrigações de restituir são normalmente indivisíveis, mesmo porque o credor não poderá receber nada distinto daquilo que emprestou, conforme o convencionado. Assim, segundo exemplos de Maria Helena Diniz, "o comodatário tem o dever de devolver na íntegra o que foi emprestado, não podendo reter uma parte, salvo com anuência do comodante. O mesmo ocorre no contrato de mútuo e de depósito, pois o credor não pode ser forçado a receber *pro parte* o objeto que se encontrava na posse de outrem, a não ser que o permita".[70]

Ainda no exame do art. 258 do Código Civil, dessume-se de sua parte introdutória – "A obrigação é indivisível quando a prestação tem por objeto uma coisa ou *um fato* [...]" – que a indivisibilidade é pertinente não apenas para as obrigações de dar, como também para as de fazer (como no exemplo do conjunto musical), pois a obrigação consistente em um comportamento do devedor requer que toda a tarefa seja cumprida, alcançando-se o desiderato econômico, sob pena de inadimplemento. Entretanto, obtempera Serpa Lopes que, se em regra nas obrigações de fazer o adimplemento parcial não proporcionaria ao credor a utilidade pretendida na obrigação, excepcionalmente pode nelas caracterizar-se a divisibilidade quando se trate de desempenhar uma atividade de natureza não homogênea, em que se leve mais em conta a quantidade do que a qualidade, a exemplo do que sucede na obrigação de prestar determinados dias de trabalho.[71]

A norma obviamente não menciona as obrigações de não fazer, pois pela sua própria essência a abstenção é indivisível. Não há como fracionar um "não agir", eis que qualquer conduta contrária ao pactuado automaticamente implicará em inadimplemento. Nada obstante, como sintetiza Cláudio Godoy, pode-se configurar uma dessas obrigações negativas que seja indivisível. Exemplificativamente, quando é contratado um bloco de omissões não relacionadas (*v.g.*, não caçar e não pescar).[72]

---

69. SERPA LOPES, Miguel Maria de. *Curso de direito civil*: das obrigações em geral, p. 105.
70. DINIZ, Maria Helena. *Direito civil brasileiro*: teoria geral das obrigações, p. 151.
71. SERPA LOPES, Miguel Maria de. *Curso de direito civil*: obrigações em geral, p. 105-106.
72. GODOY, Cláudio. *A parte geral do direito das obrigações no novo Código Civil*, p. 39.

5.4 Efeitos da indivisibilidade das obrigações

A indivisibilidade é excepcional no direito das obrigações. Não só excepcional, mas inconveniente, como de forma aguda percebe Caio Mário da Silva Pereira. Afinal, ao contrário da divisibilidade – que possui a vantagem de repartir encargos entre as partes, proporcionando soluções equânimes –, a indivisibilidade é foco constante de conflitos.[73]

Partindo da já examinada premissa da irrelevância dessa discussão no âmbito das obrigações simples, na medida em que as consequências jurídicas da indivisibilidade só assumem tonalidades vivas em face da pluralidade subjetiva, a situação de mais singela solução será aquela em que vários credores ou devedores assumem prestação divisível, cada um sendo responsabilizado pela sua cota, à luz do brocardo *concursu partes fiunt*.

Washington de Barros Monteiro trata das sete consequências ligadas à pluralidade de sujeitos nas obrigações divisíveis: "a) cada um dos credores só tem direito de exigir a sua fração no crédito; b) de modo idêntico, cada um dos devedores só tem de pagar a própria quota no débito; c) se o devedor solver integralmente a dívida a um só dos vários credores, não se desobrigará com relação aos demais cocredores; d) o credor que recusar o recebimento de sua quota, por pretender solução integral, pode ser constituído em mora; e) a insolvência de um dos codevedores não aumentará a quota dos demais; f) a suspensão da prescrição especial a um dos devedores não aproveita aos demais; g) a interrupção da prescrição por um dos credores não beneficia os outros, operada contra um dos devedores não prejudica os demais".[74]

Os arts. 259 e 260 do Código Civil cuidam da forma de pagamento nas obrigações indivisíveis com pluralidade de credores ou devedores:

a) *Obrigação indivisível com pluralidade de devedores* – cada devedor obriga-se pela dívida toda, ele não poderá solver *pro parte*, pois ante a impossibilidade de fracionamento a prestação é exigível por inteiro por qualquer credor. Despiciendo saber se a indivisibilidade resulta da natureza do objeto, da lei ou da vontade das partes. Em qualquer caso, para manter a proporcionalidade, o devedor que pagar ficará sub-rogado em todos os direitos do credor, assumindo a sua posição jurídica originária em relação aos demais coobrigados (parágrafo único, art. 259 do CC). *v.g.*, *A*, *B* e *C* devem entregar um cão fila a *D;* este poderá reclamar a coisa de quem escolher. De acordo com o parágrafo único do art. 259, se *A* efetuar a entrega do animal, ficará sub-rogado em face dos demais, contando com ação regressiva pelo equivalente pecuniário. Aliás, a própria instituição da sub-rogação corrobora a

73. PEREIRA, Caio Mário da Silva. *Instituições de direito civil*, v. 2, p. 139.
74. MONTEIRO, Washington de Barros. *Curso de direito civil*, v. 4, p. 139.

afirmação de que cada devedor só deve uma parte (abstrata) do débito, mas que, em razão da indivisibilidade, deverá prestá-la por inteiro.[75]

Caso um dos devedores se torne insolvente, será lícito ao credor cobrar a integralidade da dívida dos demais devedores. Certamente a escolha recairá sobre o devedor que apresentar melhores condições para solucionar o débito. A resposta seria diferente na obrigação divisível: o credor não poderia onerar um devedor em função da insolvência de outro, pois cada qual só responderia por sua cota e nada mais.

Em sede de interrupção de prescrição, tratando-se de prestação divisível, a paralisação do prazo com relação a um dos devedores em nada influencia a contagem do prazo para o exercício da pretensão do credor comum em relação aos demais devedores. Mas, se a prescrição for objeto de interrupção em face de devedor de prestação de cunho indivisível, tal fato prejudicará os demais devedores, pois é da índole da indivisibilidade que a prestação seja recebida por inteiro. Essa é a inteligência da parte derradeira do § 2º do art. 204 do Código Civil: "A interrupção operada contra um dos herdeiros do devedor solidário não prejudica os outros herdeiros ou devedores, *senão quando se trata de obrigações e direitos indivisíveis*". O mesmo raciocínio será aplicado perante as causas suspensivas da prescrição, estampadas nos arts. 197 a 201 do Código Civil.

b) *Obrigação indivisível com pluralidade de credores* – infere-se da leitura do art. 260 do Código Civil que cada credor tem direito de reclamar a prestação por inteiro e o devedor desobriga-se pagando a um ou a todos. Adimplindo em favor de todos, conjuntamente, exonera-se da responsabilidade. Contudo, pagando somente a um credor, deste receberá *caução de ratificação*, que o desobrigará quanto aos demais credores, sendo eficaz a quitação (art. 260, II, do CC). A referida caução é um documento no qual se insere uma garantia de aprovação da quitação unilateral por parte dos outros credores. Se não obtiver a caução, não poderá ser compelido o devedor a pagar, caracterizando-se como legítima a sua recusa. Todavia, se mesmo sem a caução prestar apenas a cota relativa a esse credor, poderá mais tarde vir a ser compelido a pagar aos outros credores - evidentemente descontada a cota que pagou -, pois não existe a solidariedade entre eles. Nessas situações, como ensina Maria Helena Diniz, é de cautela que o devedor constitua os credores em mora e promova a consignação em pagamento pelo depósito da coisa em juízo.[76]

O credor que agiu com celeridade e recebeu o pagamento integral na prestação indivisível será premiado ao ficar com o bem, porém reembolsará os demais (art. 261 do CC), pois recebeu o que lhe pertencia e também aquilo que competia aos outros credores. Em razão da natureza da prestação, não sendo possível a restituição *in natura* do pagamento, esta se dará em espécie, como expressamente consagra

75. Zangerolame, Flávia Maria. *Obrigações divisíveis e indivisíveis e obrigações solidárias*, p. 191.

76. DINIZ, Maria Helena. *Curso de direito civil brasileiro*. v. III, p. 149.

a norma. A nosso viso, o mais equânime seria que qualquer dos credores pudesse exercer a sua cotitularidade sobre o bem e não apenas aquele que se precipitou em obter o pagamento.[77] Assim, havendo três credores, tendo um recebido um cavalo de raça, deverá reembolsar a quantia correspondente à cota de cada um, sob pena de experimentar enriquecimento sem causa. Se houver recusa de alguns dos credores, caberá àquele credor que recebeu promover a ação de consignação em pagamento.

Dispõe o art. 328, do CPC/15 que "na obrigação indivisível com pluralidade de credores, aquele que não participou do processo receberá a sua parte, deduzidas as despesas na proporção de seu crédito". Vale dizer, se houver lide, o cocredor autor da demanda deduzirá as despesas dos valores que pagará aos demais. Antônio Cláudio da Costa Machado enfatiza que, para o exercício desse direito processual de intervenção anômala pelo credor que não foi parte, bastará que ingresse nos autos devidamente representado e prove a sua condição para que o juiz lhe defira o levantamento de sua cota-parte, rateadas as despesas processuais, como custas e honorários.[78]

Havendo pluralidade de credores em relação jurídica pautada pela indivisibilidade da prestação, o fato da suspensão da prescrição em favor de um dos credores aproveitará aos demais cocredores, pois não se pode extinguir por partes um direito insuscetível de fracionamento. A inviabilidade de separação entre uma parte prescrita e outra não prescrita é objeto de exame pelo art. 201 do Código Civil: "Suspensa a prescrição em favor de um dos credores solidários, só aproveitam aos outros se a obrigação for indivisível."

Caso um dos credores delibere pela remissão do débito, o perdão não produzirá efeitos perante os demais credores, podendo qualquer deles exigir do devedor o pagamento, desde que abatida do valor total a cota do credor que efetuou a remissão. Everaldo Cambler ilustra o art. 262 do Código Civil com o seguinte exemplo: "o objeto da obrigação é dar um cavalo a três credores, sendo que um deles remite a dívida. Os outros dois exigem pagamento que só poderá ser feito mediante a entrega, pelo devedor, do cavalo devido. Assim, se o animal vale R$ 30.000,00, a quota do credor remitente é de R$ 10.000,00. Os outros dois somente poderão exigir a entrega daquele se pagarem R$ 10.000,00 ao devedor. Pois, se não o fizerem, locupletar-se-ão com o alheio. A parte do credor que perdoou a dívida deve, portanto, ser oportunamente descontada".[79] Apesar de o dispositivo apenas tratar da remissão, aplica-se extensivamente às demais modalidades de extinção do débito, para compreendermos que a novação, a compensação, a transação e a confusão do débito em relação a um dos credores são intercorrências insuscetíveis de gerar a extinção da obrigação indivisível.

77. Hamid Charaf Bdine considera que "em maior conformidade com a igualdade de direitos dos diversos credores, solucionar a questão aplicando-se ao caso o disposto no art. 1.322 deste código, por analogia, isto é, mediante venda e partilha do preço". In *Código Civil comentado*, p. 207.
78. MACHADO, Antônio Cláudio da Costa. *Código de Processo Civil interpretado*, p. 401.
79. CAMBLER, Everaldo. *Comentários ao Código Civil brasileiro*, v. III, p. 139.

No mais, a perda do objeto nas obrigações indivisíveis acarreta a sua extinção, em face da conversão da prestação originária no equivalente pecuniário das perdas e danos (obrigação divisível – art. 263 do CC). Se a causa da indivisibilidade repousar em sua natureza, o perecimento do bem jurídico reativará o princípio genérico do fracionamento da obrigação, ficando cada devedor responsabilizado tão somente por sua cota.

Porém, provando-se a culpa de um ou todos os devedores pela conversão da prestação indivisível em perdas e danos, a solução será distinta, conforme preceituam os §§ 1º e 2º do art. 263 do Código Civil. Sendo todos os devedores culpados, será o valor fracionado entre todos, em partes iguais, *pro rata*. Mas se a culpa for debitada a apenas um dos devedores, apenas ele arcará com a pena privada, exonerando-se os demais das perdas e danos, respondendo apenas pelo pagamento de suas cotas na fórmula geral do art. 234 do Código Civil. Nesse sentido, aponta o Enunciado 540 do Conselho de Justiça Federal: "Havendo perecimento do objeto da prestação indivisível por culpa de apenas um dos devedores, todos respondem, de maneira divisível, pelo equivalente e só o culpado, pelas perdas e danos."

6. OBRIGAÇÕES SOLIDÁRIAS

Um por todos, todos por um.

6.1 Noções gerais

No exame das modalidades das obrigações, o fenômeno da solidariedade se reveste de notável repercussão teórica e prática. Podemos extrair interessante conceito a partir da dicção do art. 264 do Código Civil: "Há solidariedade, quando na mesma obrigação concorre mais de um credor, ou mais de um devedor, cada um com direito, ou obrigado, à dívida toda."

Essa importante garantia para a tutela do crédito consiste em exceção à regra geral da autonomia e do fracionamento da obrigação entre os diversos credores ou devedores. Vale dizer, aqui não há lugar para a regra do *concursu partes fiunt* (no concurso as partes se fracionam), pois cada credor ou cada devedor atua como se fosse o único de sua classe, não obstante a pluralidade subjetiva nos polos ativo ou passivo da relação obrigacional.

Nas obrigações solidárias há multiplicidade de protagonistas: seja por concorrência de vários credores, cada um com direito à dívida toda (solidariedade ativa); seja por pluralidade de devedores, cada um obrigado a ela por inteiro (solidariedade passiva), ou mesmo pluralidade de credores e devedores (solidariedade mista). Esta última forma de solidariedade é de escassa ocorrência e não mereceu normatização no Código Civil. Todavia, sendo ela resultado da combinação das modalidades ativa (arts. 267/274) e passiva (275/285), seguirá as regras a elas aplicáveis.

Nas obrigações solidárias, tal como acontece nas conjuntas, a cada credor ou devedor só compete uma parte da prestação. Mas, como obtempera Mario Júlio de

Almeida Costa, "Existe, contudo, nas obrigações solidárias uma relação acessória entre os vários cocredores ou codevedores, por virtude do qual se explica a possibilidade de o credor solidário poder exigir a totalidade da prestação e o devedor solidário ser obrigado a satisfazê-la integralmente".[80]

De forma singela, recorremos à teoria dualista das obrigações de Brinz para demonstrar que quando *A*, *B* e *C* são devedores solidários da quantia de R$ 90,00, na verdade o débito *(Schuld)* de cada um se resume a R$ 30,00, mas a responsabilidade *(Haftung)* se expande, ao ponto de cada um vincular o seu patrimônio pelos R$ 90,00.

É de peculiar interesse a observação de José Maria da Costa quanto à plasticidade da solidariedade, pois "não lida com a essência de uma obrigação, nem lhe afeta a natureza íntima, o conteúdo. Não constitui espécie ou subespécie de obrigações positivas ou negativas. Não é também modalidade das obrigações de dar, fazer ou não fazer. Nem mesmo configura antinomia em relação a qualquer delas. Não lhes diz respeito ao cerne, mas se lhes põe como revestimento externo. Com tal veste, a obrigação é solidária: sem ela, não o é. Exatamente por esta circunstância a solidariedade é compatível com todo e qualquer gênero de obrigação, positiva ou negativa, de dar, fazer ou de não fazer. Repita-se dá-se com qualquer gênero de obrigação, quer se considere sua natureza, quer se atente ao seu objeto".[81]

À primeira vista, o termo *solidariedade* poderia exprimir que os diversos credores ou devedores vinculam-se pela confiança mútua, derivação do princípio constitucional da solidariedade como dimensão intersubjetiva (relacional) da dignidade da pessoa humana.[82] É certo que a lealdade e a boa-fé são essenciais no contexto das obrigações complexas. Afinal, a relação jurídica creditícia está polarizada ao adimplemento, demandando uma constante cooperação entre os seus atores (art. 422, CC). Mas, para fins do presente estudo, a solidariedade será aferida em sua condição de norma-regra, não de norma-princípio.

Como regra aplicável às obrigações plurais subjetivas, a solidariedade provém da responsabilidade *in solidum* – por inteiro, em um todo ilimitado – sobre o total do conjunto dos personagens que compõem a relação obrigacional.[83] Cada credor ou devedor atua como se fosse o único da classe, ocorrendo o fenômeno da expansão

80. In *Direito das obrigações*, p. 631.

81. In *As obrigações solidárias*, p. 241-242.

82. Cf. Ingo Wolfgang Sarlet bem desenvolve as várias dimensões do princípio da dignidade da pessoa humana e com apoio em Hannah Arendt esclarece que "sem prejuízo de sua dimensão ontológica e, de certa forma, justamente em razão de se tratar do valor próprio de cada uma e de todas as pessoas, apenas faz sentido no âmbito da pluralidade e da intersubjetividade", in *Dimensões da dignidade*: ensaios de filosofia do direito e de direito constitucional, p. 25.

83. "O termo solidariedade sofreu grande transformação ao longo da história. Em latim, *solidus* significa denso, sólido, maciço, compacto, consistente. A expressão latina *in solidum* passou a ser utilizada na idade média com o sentido de totalidade. No século XV o termo solidário aparece na linguagem jurídica para significar comum a muitos, 'de maneira que responde pelo todo'. No início do século XVIII a palavra 'solidariedade' consolidou-se como faculdade do credor de dirigir-se a qualquer um dos devedores da mesma dívida." In LÔBO, Paulo Luiz Netto. *Teoria geral das obrigações*, p. 149.

da responsabilidade individual. Certamente, o requisito da finalidade comum entre credores e devedores é imprescindível: há uma coincidência de interesses para a satisfação da obrigação. Enfatiza Orlando Gomes que todos buscam o mesmo objetivo, como característica tão necessária que se faltar não haverá solidariedade.[84]

A solidariedade é incompatível com qualquer relação obrigacional formada por apenas um credor ou um devedor. Aliás, nas obrigações simples prevalecerá a indivisibilidade, para a qual se dirige o preceituado no art. 314 do Código Civil: "Ainda que a obrigação tenha por objeto prestação divisível, não pode o credor ser obrigado a receber, nem o devedor a pagar, por partes, se assim não se ajustou."

Em síntese, assiste razão a Flávia Maria Zangerolame quando caracteriza a solidariedade "tal qual a indivisibilidade, instituto anormal e excepcional, por afastar a regra da repartição de direitos e responsabilidades entre todos os credores e devedores".[85]

Os quatro principais postulados da solidariedade se perfilham da seguinte forma:

a) Pluralidade subjetiva – caso se instale uma plêiade de credores – ou mesmo apenas dois deles –, com direito ao total do débito, evidencia-se a solidariedade ativa. Ao revés, cabendo a solução do débito a dois ou mais devedores, instala-se a solidariedade passiva.[86] O Código Civil disciplinou a solidariedade ativa e passiva, mas silenciou no que tange à solidariedade mista. Portanto, quando existirem vários credores e devedores simultaneamente, com direito à obrigação por inteiro, o intérprete deverá combinar as normas das duas primeiras modalidades.

b) Unidade objetiva – reiterando os termos do art. 264 do Código Civil, "Há solidariedade, quando *na mesma obrigação* concorre mais de um credor, ou mais de um devedor, cada um com direito, ou obrigado, à dívida toda". Isso significa que, ao contrário do que sucede nas obrigações fracionárias ou conjuntas – nas quais surge uma multiplicidade de vínculos entre os diversos credores ou devedores –, na solidariedade há apenas uma relação de direito material conectando credores e devedores. O fato de se instaurar uma pluralidade de sujeitos em qualquer dos polos da relação jurídica não implicará na constituição de uma diversidade de vínculos obrigacionais, mas tão somente de um único elo entre credores e devedores que implica na exigência do adimplemento pela integridade.

Em termos concretos, o pagamento realizado por qualquer devedor – ou recebido por qualquer credor – extingue a obrigação. Não obstante a pluralidade de sujeitos,

84. GOMES, Orlando. *Obrigações*, p. 60.

85. In *Obrigações divisíveis e indivisíveis e obrigações solidárias*, op. cit., p. 195.

86. O art. 512 do Código Civil de Portugal desdobra corretamente o fenômeno da solidariedade: "A obrigação é solidária, quando cada um dos devedores responde pela prestação integral e esta a todos libera, ou quando cada um dos credores tem a faculdade de exigir, por si só, a prestação integral e esta libera o devedor para com todos eles."

há unidade objetiva, conectando os polos ativo e passivo da relação jurídica, visto que cada devedor responde pelo débito integral e cada credor pode exigi-lo no todo. A partir do momento em que há o adimplemento, é irrelevante aos devedores o fato de o credor que recebeu a prestação não reembolsar os seus cocredores, pois tal discussão remanescerá apenas no âmbito interno dos sujeitos ativos.

Nesse ponto, instala-se séria controvérsia entre os defensores da teoria unitária e da teoria pluralista quanto à natureza jurídica da solidariedade.[87] Para os entusiastas da teoria pluralista, na solidariedade há um feixe de relações obrigacionais distintas, existentes tantos vínculos jurídicos quanto o número de credores ou devedores. Em contrapartida, a teoria unitária afirma a configuração de apenas um vínculo obrigacional ligando os devedores aos credores, a despeito da pluralidade subjetiva.

Perfilhamos a visão unitarista principalmente por constatarmos que a obrigação se extingue mediante o pagamento por qualquer dos devedores (com liberação dos restantes) e o recebimento da prestação por qualquer dos credores (com quitação dos demais). Em sentido contrário, a teoria pluralista em seu enfoque de sustentação a uma multiplicidade de vínculos encontraria albergue no art. 266 do Código Civil: "A obrigação solidária pode ser pura e simples para um dos cocredores ou codevedores, e condicional, ou a prazo, ou pagável em lugar diferente para outro."[88]

Todavia, não desmerecendo tal abordagem, cremos que o conteúdo do art. 266 do Código Civil não ratifica a qualificação da solidariedade como junção de vários vínculos obrigacionais. Com efeito, a solidariedade não será descaracterizada se a prestação for estipulada de forma pura e simples para um dos credores ou devedores e sob termo ou condição para outros. Aplica-se aqui uma distinção entre os planos da validade e da eficácia do negócio jurídico. Nada impede que, no plano da eficácia do negócio jurídico e no exercício da autonomia negocial, para alguns sujeitos a prestação seja imediatamente exigível e para outros sejam inseridos os elementos acidentais do termo e condição, pelos quais alguns credores ou devedores terão o pagamento subordinado ao decurso de eventos futuros, procrastinando-se a exigibilidade da prestação. Nesse diapasão, aderimos ao posicionamento de Flávio Tartuce no sentido de admitir uma obrigação solidária submetida a encargo mesmo em face do silêncio da norma, "pelo fato de não existir ilicitude ou contrariedade aos bons costumes a gerar eventual nulidade".[89]

Aliás, a mesma variação pode ser fixada quanto ao local do pagamento, oscilando de pessoa para a pessoa, conforme o conteúdo do negócio jurídico. Tais peculiaridades

---

87. Dentre os unitaristas, temos Clóvis Beviláqua, Caio Mário da Silva Pereira, Orlando Gomes e Serpa Lopes.

88. Explica Orlando Gomes que a doutrina pluralista é predominante, nos moldes seguidos pela Alemanha. Contudo, em outra passagem arremata pender a doutrina "para a tese da unidade, na suposição de que é imprescindível, à unidade objetiva da prestação, obrigação única com pluralidade de sujeitos". In *Obrigações*, p. 60.

89. Esclarece o autor que o art. 266 do CC consagra o princípio da "variabilidade da natureza da obrigação solidária". In *Direito civil*: direito das obrigações e responsabilidade civil, p. 99.

não elidem a característica fulcral da solidariedade: o direito do credor de não se contentar com o pagamento parcial e o efeito extintivo recíproco, capaz de liberar os demais devedores quando um deles efetua a prestação na totalidade.

Nesse sentido, cite-se o Enunciado 347 da 4ª Jornada de Direito Civil do Conselho de Justiça Federal: "A solidariedade admite outras disposições de conteúdo particular além do rol previsto no artigo 266 do Código Civil." Quer dizer, o rol exposto no art. 266 do Código Civil é *numerus apertus* e não exaure as diversas possibilidades de estipulação de cláusulas acessórias, tal qual a imposição apenas para um dos devedores de fiança, penhor ou hipoteca. Apesar das variações quanto ao plano da responsabilidade patrimonial *(Haftung)*, o débito, como substância da prestação, é uno e exatamente idêntico para todos os devedores.

Aliás, o art. 266 do Código Civil nada refere quanto à possibilidade ou não da solidariedade com diversidade entre o conteúdo das prestações atribuíveis aos obrigados solidários.[90] Portanto, seguindo a opinião de Pontes de Miranda, cremos que a solidariedade prevalecerá mesmo que a obrigação tenha objetos distintos, como uma prestação de dar quantia certa e outra de fazer. A execução por um devedor solidário extingue a obrigação do outro.[91]

c) A solidariedade só se manifesta nas *relações externas*, eis que qualquer credor poderá exigir o pagamento de qualquer devedor no todo, como se fosse o único existente, assim como o devedor comum poderá exonerar-se, pagando o total a qualquer credor. O pagamento integral por qualquer devedor ou o recebimento do débito total por qualquer dos credores resultará na extinção da obrigação.

Já nas relações internas, não se cogita da solidariedade. Aplica-se aqui o *benefício da divisão*. Cuida-se de regra que denega ao devedor solidário que pagou ao credor a possibilidade de escolher um ou mais codevedores para pagamento da dívida integral. Prevalece o direito apenas fracionário de regresso do devedor que pagou o preço em face dos codevedores. Portanto, se *A*, *B* e *C* são credores de *D*, *E* e *F*, no *quantum* de R$ 60,00, o credor *A* poderá cobrar essa quantia de qualquer um dos devedores. Aquele que pagou e sub-rogou-se na posição do credor buscará em face de cada codevedor, *pro rata*, a quantia de R$ 20,00, presumindo-se essa igualdade se outra forma de proporcionalidade não restou avençada.

Dispõe a 1ª parte do art. 283 do Código Civil: " O devedor que satisfez a dívida por inteiro tem direito a exigir de cada um dos codevedores a sua quota". Da mesma forma, os cocredores demandarão o direito de reembolso contra *A*, pleiteando os seus créditos individuais e fracionários. Esta é a letra do art. 272 do Código Civil:

---

90. Ao contrário do art. 512, nº 2, do Código Civil de Portugal, explícito ao expor que "A obrigação não deixa de ser solidária pelo facto de os devedores estarem obrigados em termos diversos ou com diversas garantias, ou de ser diferente o conteúdo das prestações de cada um deles".

91. PONTES DE MIRANDA, Francisco Cavalcanti. *Tratado de direito privado*, t. 22, p. 343.

"O credor que tiver remitido a dívida ou recebido pagamento responderá aos outros pela parte que lhes caiba." Se a solidariedade prevalecesse no âmbito interno, correr-se-ia o risco de abrir-se um círculo vicioso em que os codevedores e cocredores responsabilizar-se-iam eternamente.

O art. 1.052 do Código Civil é veemente no particular, ao dispor que "Na sociedade limitada, a responsabilidade de cada sócio é restrita ao valor de suas quotas, mas todos respondem solidariamente pela integralização do capital social". A solidariedade, portanto, somente se manifestará nas relações externas com os credores da sociedade, inexistindo, todavia, vínculo de solidariedade nas relações internas entre a própria sociedade e os seus sócios. Destarte, não será lícito à sociedade exigir de um sócio que integralize a cota de outro sócio porventura inadimplente.

Contudo, como bem adverte Antunes Varela, esse é um traço secundário, não essencial, da solidariedade, eis que nem sempre haverá igualdade no valor das cotas que se atribui a cada credor ou devedor.[92] Por conseguinte, é lícito ao credor *A* estipular que na dívida de B, C, D que totaliza R$ 90,00 o devedor *B* tenha uma prestação de R$ 40,00, *C* deva R$ 30,00 e *D*, a seu turno, seja obrigado por R$ 20,00. Independentemente das frações de cada um, qualquer deles deverá pagar a integralidade do débito em favor de *A* para fins de solução do vínculo obrigacional. Posteriormente o regresso se verificará por valores distintos.

Aliás, no plano das relações internas pode ocorrer de apenas um dos devedores solidários arcar com todo o débito sem qualquer possibilidade de regresso com relação ao outro ou, inversamente, daquele que pagou a totalidade do débito exigir do codevedor em sede de regresso 100% daquilo que pagou ao credor comum. Assim, em sede do Código de Defesa do Consumidor, obtempere-se que a solidariedade passiva dos fornecedores de produtos e serviços caracteriza-se genericamente como *solidariedade imperfeita*, eis que após o pagamento da reparação integral ao consumidor, por qualquer dos réus, não se cogitará de divisão proporcional do valor indenizado. Cada fornecedor responderá perante aquele que pagou, por sua correspondente participação na causação do evento (art. 13, parágrafo único, do CDC). Vale dizer, nas relações internas entre fornecedores, o direito de regresso será exercido de acordo com a medida do nexo causal de cada um dos envolvidos com o acidente de consumo. De qualquer forma, situações atípicas como essa ainda se inserem no amplo guarda-chuva da solidariedade.

d) A solidariedade *não se presume* (art. 265 do CC). Distanciando-se dos sistemas da Alemanha e da Itália, nos quais a solidariedade é presumida,[93] o direito brasileiro acolheu a tese da excepcionalidade da solidariedade. Em nosso

92. Antunes Varela, João de Matos. *Das obrigações em geral*, v. 1, p. 753.

93. Na Itália, o art. 1.294 do CC preceitua que os codeveres são solidários se da lei ou do título não resultar diversamente; no BGB da Alemanha, o § 427 aduz que quando várias pessoas se obrigam conjuntamente por meio de um contrato a uma prestação divisível, na dúvida reputam-se devedores solidários.

ordenamento, a regra geral é a do *concursu partes fiunt*, que corresponde ao fracionamento das obrigações.[94]

Pelo regime do Código Civil, a solidariedade nasce em virtude de convenção das partes ou imposição legal. Quando o art. 265 do Código Civil preceitua que a solidariedade resulta da lei ou da *vontade das partes*, faz-se necessário interpretar extensivamente o dispositivo para abranger não só os negócios jurídicos bilaterais, como também a possível instituição de solidariedade por negócio jurídico unilateral, tal como no testamento em que o testador estipule que os legatários *A* e *B* serão solidariamente responsáveis com a imposição de encargo em caráter de solidariedade (art. 1.897, CC).[95] Da mesma forma, nada impede que o testador legue um bem de alto valor a duas ou mais pessoas, porém acrescente que os referidos legatários deverão transferir coisa de sua propriedade a outrem (art. 1.913, CC), com cláusula de solidariedade. Aos beneficiários restam dois caminhos: aceitam o testamento, recebendo o legado, cumprindo o encargo ou entender-se-á que renunciaram à herança.

Não necessariamente será concebida a solidariedade de forma concomitante ao nascimento da relação obrigacional. Nada impede que ela apareça em momento posterior e por ato autônomo, sendo suficiente um nexo causal entre essa estipulação avulsa e o negócio jurídico originário, na qual se demarque a sua acessoriedade.

A regra pátria de que a solidariedade não se presume não é modernamente tão universal quanto possa parecer.[96] A justificação para que cada sistema jurídico opte pela aceitação ou não da solidariedade presumida oscila em função de uma tensão entre dois princípios: o acesso do credor ao seu direito fundamental ao crédito e, em contraposição, a tutela do princípio da execução do devedor com a menor onerosidade possível. Para os adeptos da tutela ao devedor, a solidariedade detém origem eminentemente técnica, por isso possui caráter excepcional. A presunção legal é a de que cada pessoa se responsabiliza apenas por seus atos. Se a regra

---

94. Já no direito tributário, a solidariedade é presumida. Neste sentido, o *Informativo* 382 STJ, de 6.2.2009: "em matéria tributária, a presunção de solidariedade opera inversamente àquela do Direito Civil: sempre que, numa mesma relação jurídica, houver duas ou mais pessoas caracterizadas como contribuinte, cada uma delas estará obrigada pelo pagamento integral da dívida, perfazendo-se o instituto da solidariedade passiva. A LC nº 116/2003 define o sujeito passivo da regra-matriz de incidência tributária do ISS. Nesse segmento, conquanto a expressão 'interesse comum' encarte um conceito indeterminado, é mister proceder-se a uma interpretação sistemática das normas tributárias de modo a alcançar a *ratio essendi* do referido dispositivo legal. Nesse diapasão, o interesse comum na situação que constitua o fato gerador da obrigação principal implica que as pessoas solidariamente obrigadas sejam sujeitos da relação jurídica que deu azo à ocorrência do fato imponível. Isso porque feriria a lógica jurídico-tributária a integração, no polo passivo da relação jurídica, de alguém que não tenha tido qualquer participação na ocorrência do fato gerador da obrigação. Destarte, a situação que evidencia a solidariedade, no condizente ao ISS, é a existência de duas ou mais pessoas na condição de prestadoras de apenas um único serviço para o mesmo tomador, integrando, desse modo, o polo passivo da relação" (Rel. Min. Luiz Fux, REsp. 884.845/SC, julgado em 5.2.2009).

95. Paulo Luiz Netto Lôbo cogita "de solidariedade no negócio jurídico unilateral, a exemplo da promessa de recompensa em que duas ou mais pessoas prometem solidariamente o pagamento do prêmio". In *Teoria geral das obrigações*, p. 150.

96. MONTEIRO, Washington de Barros. *Curso de direito civil*, p. 158.

fosse a solidariedade, ela acarretaria uma verdadeira expansão de encargos, onerando excessivamente os devedores, dificultando o seu adimplemento e a recuperação da sua liberdade.[97] Contudo, se no direito comparado, especialmente na França e na Itália, vige a solidariedade presumida, é porque tais nações consideram predominante a tutela do crédito com acréscimo de melhor garantia ao credor, com repercussão imediata no próprio incremento das relações comerciais.[98]

O princípio de que a solidariedade não se presume não se aplica apenas às obrigações solidárias que se enquadrem na parte obrigacional propriamente dita do Código Civil, mas a todas as obrigações que se revistam desse atributo da solidariedade, independentemente da parte em que materialmente se localizam na estrutura da mencionada legislação.[99] Assim, por força do artigo 134 do CTB, se o vendedor não fizer a comunicação ao DETRAN da transferência do veículo, poderá ser responsabilizado solidariamente pelas penalidades impostas e suas reincidências até a data da comunicação. Em outras palavras, se houver alguma multa, o DETRAN considerará o nome do "antigo" proprietário que ainda consta em seus arquivos como sendo o dono do veículo multado. Todavia, a Súmula 585 do STJ dispõe que "A responsabilidade solidária do ex- proprietário, prevista no art. 134 do Código de Trânsito Brasileiro CTB, não abrange o IPVA incidente sobre o veículo automotor, no que se refere ao período posterior à sua alienação". De fato, sendo a solidariedade um dado excepcional, não é possível ampliar o conceito legal de "penalidades" para abranger impostos ou taxas incidentes sobre o veículo.

Prevalecendo em nosso ordenamento a vedação à solidariedade presumida, havendo dúvida acerca da interpretação da vontade contratual, prevalecerá o fracionamento da obrigação. Para identificar a solidariedade no contrato, não há necessidade de vocábulo jurídico sacramental. Para Washington de Barros Monteiro, é suficiente a utilização de expressões tais como "por inteiro, pelo todo, cada um ou todos, um por todos e todos por um, *pro indiviso*, cordialmente, solidariamente".[100]

Permitimo-nos ir além, para admitir a possibilidade da solidariedade por declaração tácita de vontade, quando seja possível inferir com segurança ter sido esta a intenção das partes pelas próprias circunstâncias do negócio jurídico. De fato, ao

---

97. Por outro lado, os sistemas que adotam a presunção de solidariedade objetivam conceder maior segurança ao direito fundamental de crédito, tendo em vista a ampliação da possibilidade de obtenção da prestação pelo credor. Esse era o propósito também compartilhado pelo Projeto do Código das Obrigações de 1965, cujo Relator era o Professor Caio Mário da Silva Pereira.

98. Em abono à tese do acolhimento da solidariedade por presunção no direito comercial, Fran Martins adverte que "a solidariedade é útil para assegurar o crédito dos comerciantes. Graças a ela o credor poderá se mostrar menos exigente para as garantias requeridas ao seu devedor". In *Contratos e obrigações comerciais*, p. 17. Nada obstante, na nossa legislação também prevalece a presunção de não solidariedade no direito das empresas; entendimento diverso abriria uma fratura entre as obrigações gerais e as empresariais.

99. Costa, José Maria da. *As obrigações solidárias*, p. 262.

100. MONTEIRO, Washington de Barros. *Curso de direito civil*, p. 168. No mesmo diapasão, Marco Aurélio Viana afirma que "o que se examina, no caso concreto, é se as partes buscaram os efeitos da solidariedade, estando certo que o que se pretende é que faça prestação de forma integral, que se pretenda o cumprimento unitário da obrigação, ou que se patenteie a unidade objetiva". In *Direito das obrigações*, p. 142.

contrário do artigo 1.202 do Código Civil francês – que impõe expressa estipulação de solidariedade –, tanto o Código Civil de 1916 como o de 2002 não a condicionam à declaração expressa. Pelo contrário, a inteligência dos arts. 111 a 113 do Código Reale reforça a hermenêutica aberta das declarações negociais.[101]

Eventualmente a solidariedade resulta de causas distintas, sendo o fundamento da obrigação distinto para cada um dos devedores, não se podendo mesmo excluir que elas se obriguem em momentos sucessivos. Exemplificativamente, a solidariedade decorrente da responsabilidade civil do patrão pelos danos causados por seus empregados contra terceiros (parágrafo único do art. 942, CC). A obrigação de indenizar do empregado deriva da constatação da prática do ato ilícito. A seu turno, a responsabilidade civil do empregador é objetiva, sendo suficiente a constatação do nexo de causalidade entre a conduta do empregado e os danos experimentados pelo ofendido (art. 932, III, c/c 933, CC). Apesar da diversidade de causas, persiste a solidariedade, haja vista que ambas as prestações possuem idêntico fim objetivo: reparar o dano sofrido pelo credor. Outrossim, todo devedor é obrigado pelo total do débito e o pagamento efetuado por um libera os demais.

O exemplo suscitado no tópico anterior demonstra o acerto da afirmação de Karl Larenz, no sentido de não haver necessidade de que a obrigação, para ser solidária, baseie-se numa mesma causa ou fundamento jurídico. Haverá solidariedade quando, em virtude de um mesmo dano, um sujeito se apresente responsável por um ato ilícito, outro pelo risco que lhe seja imputável e um terceiro pela infração de um dever contratual de diligência.[102]

Em um ordenamento jurídico cujo fundamento deontológico se extrai da Constituição Federal, haverá evidente necessidade de se interpretar o artigo 265 do Código Civil de forma a materializar direitos fundamentais. Assim, a solidariedade não se impõe apenas pela lei em sentido restrito, mas resulta da norma, seja ela um princípio ou regra. Nessa senda, correto o entendimento do Supremo Tribunal Federal em atribuir solidariedade passiva entre os entes federativos no que tange ao fornecimento de medicamentos e custeio de tratamentos. O artigo 196 da Lei Maior tem por destinatários todos os entes políticos, pois, para além do direito fundamental à saúde, há o dever fundamental de prestação da saúde por parte do Estado.[103]

101. Não há em nossa legislação uma norma explícita sobre a declaração tácita de vontade tal qual a do art. 236, nº 1, do Código Civil de Portugal: "A declaração negocial vale com o sentido que um declaratário normal, colocado na posição do real declaratário, possa deduzir do comportamento do declarante, salvo este não puder razoavelmente contar com ele."

102. LARENZ, Karl. *Derecho de obligaciones*, p. 513.

103. STF: RE 831385 AgR/RS -Rel: Min.ROBERTO BARROSO: Primeira Turma Publicação 06-04-2015 EMENTA: AGRAVO REGIMENTAL EM RECURSO EXTRAORDINÁRIO. DIREITO À SAÚDE. SOLIDARIEDADE DOS ENTES FEDERATIVOS. TRATAMENTO NÃO PREVISTO PELO SUS. FORNECIMENTO PELO PODER PÚBLICO. PRECEDENTES. A jurisprudência do Supremo Tribunal Federal é firme no sentido de que, apesar do caráter meramente programático atribuído ao art. 196 da Constituição Federal, o Estado não pode se eximir do dever de propiciar os meios necessários ao gozo do direito à saúde dos cidadãos. O fornecimento gratuito de tratamentos e medicamentos necessários à saúde de pessoas hipossuficientes é obrigação solidária de

A despeito do art. 265 do Código Civil localizar a gênese da obrigação solidária em cláusulas negociais ou na imposição normativa, parece-nos que a sua irrupção também poderá resultar da leitura dos princípios da boa-fé objetiva e da função social do contrato. Interpretando-se os negócios jurídicos à luz das teorias da confiança e da responsabilidade (art. 113 do CC), entendemos que as legítimas expectativas depositadas em uma das partes da relação jurídica poderão atrair a responsabilidade solidária para remediar os inconvenientes originados da divisão do débito. Cogite-se, tal qual em recente decisão emanada do Superior Tribunal de Justiça[104], de uma montadora de veículos que, em publicidade comercial, avaliza a excelência dos serviços de uma revendedora de veículos usados. Em tese, só haveria solidariedade passiva legal perante os adquirentes nos vícios de produtos inseridos no mercado de veículos novos. Porém, a natureza vinculativa da oferta da montadora atraiu a confiança dos potenciais consumidores - cuja boa-fé se prende a esperada proteção em caso de vícios -, o quê potencializa a solidariedade passiva, mesmo na ausência de uma norma específica.

Serpa Lopes efetuou denso estudo sobre a solidariedade jurisprudencial para atribuir a esse modelo jurídico eficácia e alcance jamais atingidos. O poder criador

---

todos os entes federativos, podendo ser pleiteado de qualquer deles, União, Estados, Distrito Federal ou Municípios (Tema 793). O Supremo Tribunal Federal tem se orientado no sentido de ser possível ao Judiciário a determinação de fornecimento de medicamento não incluído na lista padronizada fornecida pelo SUS, desde que reste comprovação de que não haja nela opção de tratamento eficaz para a enfermidade. Precedentes. Para dissentir da conclusão do Tribunal de origem quanto à comprovação da necessidade de tratamento não previsto pelo SUS faz-se necessário o reexame dos fatos e provas constantes dos autos, providência inviável neste momento processual (Súmula 279/STF). Ausência de argumentos capazes de infirmar a decisão agravada. Agravo regimental a que se nega provimento.

104. STJ.Informativo nº 0562 Período: 18 a 28 de maio de 2015. Quarta Turma DIREITO DO CONSUMIDOR. RESPONSABILIDADE DO FABRICANTE QUE GARANTE NA PUBLICIDADE A QUALIDADE DOS PRODUTOS OFERTADOS. Responde solidariamente por vício de qualidade do automóvel adquirido o fabricante de veículos automotores que participa de propaganda publicitária garantindo com sua marca a excelência dos produtos ofertados por revendedor de veículos usados. O princípio da vinculação da oferta reflete a imposição da transparência e da boa-fé nos métodos comerciais, na publicidade e nos contratos, de forma que esta exsurge como princípio máximo orientador, nos termos do art. 30 do CDC. Realmente, é inequívoco o caráter vinculativo da oferta, integrando o contrato, de modo que o fornecedor de produtos ou serviços se responsabiliza também pelas expectativas que a publicidade venha a despertar no consumidor, mormente quando veicula informação de produto ou serviço com a chancela de determinada marca. Trata-se de materialização do princípio da boa-fé objetiva, exigindo do anunciante os deveres anexos de lealdade, confiança, cooperação, proteção e informação, sob pena de responsabilidade. O próprio art. 30 do CDC enfatiza expressamente que a informação transmitida "obriga o fornecedor que a fizer veicular ou dela se utilizar", atraindo a responsabilidade solidária daqueles que participem, notadamente quando expõe diretamente a sua marca no informativo publicitário. A propósito, a jurisprudência do STJ reconhece a responsabilidade solidária de todos os fornecedores que venham a se beneficiar da cadeia de fornecimento, seja pela utilização da marca, seja por fazer parte da publicidade. Trata-se, cabe ressaltar, de caso de responsabilização objetiva. Nesse contexto, dentro do seu poder de livremente avalizar e oferecer diversos tipos de produtos e serviços, ao agregar o seu "carimbo" de excelência aos veículos usados anunciados, a fabricante acaba por atrair a solidariedade pela oferta do produto/serviço e o ônus de fornecer a qualidade legitimamente esperada pelo consumidor. Na verdade, a utilização de marca de renome - utilização essa consentida, até por força legal (art. 3º, III, da Lei 6.729/1979) - gera no consumidor legítima expectativa de que o negócio é garantido pela montadora, razão pela qual deve esta responder por eventuais desvios próprios dos negócios jurídicos celebrados nessa seara. REsp 1.365.609-SP, Rel. Min. Luis Felipe Salomão, DJe 25/5/2015.

dos magistrados sempre demandaria uma justificativa prática que deve se impor "pela força mesma das coisas, pela necessidade das situações, quando efetivamente deflui dessas situações uma obrigação tal por sua própria constituição que vários se encontram obrigados, cada um por todos".[105]

Hipótese corriqueira de solidariedade surge em contratos bancários de *conta conjunta*, em que cada um dos correntistas, isoladamente, pode sacar todo o numerário depositado, efetuar movimentos livremente e exigir do estabelecimento bancário o cumprimento de todas as obrigações, sem que o depositário possa se opor. Todavia, conforme o entendimento do Superior Tribunal de Justiça, o cheque subscrito por um dos correntistas não obriga o outro perante terceiros, pois "a responsabilidade pela emissão de cheque sem provisão de fundos é exclusiva daquele que opôs sua assinatura na cártula. Dessa forma, o cotitular de conta-corrente que não emitiu o cheque sem provisão de fundos é estranho ao título, por isso não pode ser penalizado com a negativação, como inadimplente, de seu nome nos cadastros de proteção ao crédito".[106]

Com base nesse entendimento, reforça-se a norma do art. 265 do Código Civil acerca da impossibilidade de presumir-se a solidariedade. Eventual solidariedade passiva dos correntistas só se manifestará perante os débitos com a instituição bancária, pois haveria cláusula expressa em tal sentido no contrato efetuado com a instituição financeira.

A nosso viso, todavia, o Egrégio Tribunal olvida-se em aperceber a lesão à boa-fé objetiva daquele que sofre o prejuízo na qualidade de portador do título de crédito

---

105. In *Curso de direito civil*: obrigações em geral, p. 115.

106. STJ: Informativo nº 0539. Período: 15 de maio de 2014. Quarta Turma. DIREITO PROCESSUAL CIVIL. ALCANCE DE PENHORA DE VALORES DEPOSITADOS EM CONTA BANCÁRIA CONJUNTA SOLIDÁRIA. "A penhora de valores depositados em conta bancária conjunta solidária somente poderá atingir a parte do numerário depositado que pertença ao correntista que seja sujeito passivo do processo executivo, presumindo-se, ante a inexistência de prova em contrário, que os valores constantes da conta pertencem em partes iguais aos correntistas. De fato, há duas espécies de contrato de conta bancária: a) a conta individual ou unipessoal; e b) a conta conjunta ou coletiva. A conta individual ou unipessoal é aquela que possui titular único, que a movimenta por si ou por meio de procurador. A conta bancária conjunta ou coletiva, por sua vez, pode ser: b.1) indivisível – quando movimentada por intermédio de todos os seus titulares simultaneamente, sendo exigida a assinatura de todos, ressalvada a outorga de mandato a um ou a alguns para fazê-lo –; ou b.2) solidária – quando os correntistas podem movimentar a totalidade dos fundos disponíveis isoladamente. Nesta última espécie (a conta conjunta solidária), apenas prevalece o princípio da solidariedade ativa e passiva em relação ao banco – em virtude do contrato de abertura de conta-corrente –, de modo que o ato praticado por um dos titulares não afeta os demais nas relações jurídicas e obrigacionais com terceiros, devendo-se, portanto, afastar a solidariedade passiva dos correntistas de conta conjunta solidária em suas relações com terceiros (REsp 13.680-SP, Quarta Turma, *DJ* 16/11/1992). Isso porque a solidariedade não se presume, devendo resultar da vontade da lei ou da manifestação de vontade inequívoca das partes (art. 265 do CC). Nessa linha de entendimento, conquanto a penhora de saldo bancário de conta conjunta seja admitida pelo ordenamento jurídico, é certo que a constrição não pode se dar em proporção maior que o numerário pertencente ao devedor da obrigação, devendo ser preservado o saldo dos demais cotitulares. Além disso, na hipótese em que se pretenda penhorar valores depositados em conta conjunta solidária, dever-se-á permitir aos seus titulares a comprovação dos valores que integram o patrimônio de cada um, sendo certo que, na ausência de provas nesse sentido, presumir-se-á a divisão do saldo em partes iguais" (REsp 1.184.584-MG, Rel. Min. Luis Felipe Salomão).

sem provisão de fundos. Em outras palavras, quando os correntistas estipulam uma conta-conjunta, fornecem à sociedade a nítida expectativa de confiança de que os compromissos serão honrados por qualquer um dos correntistas, mesmo que o documento seja subscrito por apenas um deles. O credor do título de crédito confia na honestidade e correção daqueles que estampam o seu nome no documento e com base em tal conduta social produzem uma espécie de aparência de confiabilidade e solvabilidade perante terceiros, mesmo que o título seja subscrito por apenas um dos correntistas. Atualmente, quem emite uma declaração deve agir com responsabilidade. Seria, por conseguinte, uma oportunidade de se aplicar a solidariedade jurisprudencial.

6.2 Distinções entre a solidariedade e a indivisibilidade

Antes de apontar as distinções entre as obrigações solidárias e as indivisíveis convém relembrar o elemento comum que as aproxima, qual seja: ambas representam exceções à regra geral da divisibilidade das obrigações – *concursu partes fiunt* (art. 257, CC) –, regra esta que domina as obrigações com pluralidade subjetiva, e que, em uma análise fria, pode se tornar perversa para o credor, pois o partilhamento lhe subtrai maiores chances de obtenção da totalidade do crédito.

Daí, tanto na indivisibilidade como na solidariedade o credor poderá exigir do(s) devedor(es) a integralidade da prestação. Aquela com permissivo no art. 259 do Código Civil e esta com suporte no art. 264 da mesma lei.

Aí terminam as afinidades e começam as disparidades.

A gênese da solidariedade é *subjetiva*, resultando de causa inerente aos partícipes da relação obrigacional, seja por convenção ou imposição normativa (mesmo que decorrente da lei, em atenção aos sujeitos da obrigação). Contudo, a indivisibilidade é de matriz *objetiva*, pois emana de óbice ao fracionamento da obrigação pela própria natureza da prestação ou, excepcionalmente, por assim reputarem os contratantes em atenção ao objeto (indivisibilidade convencional).[107] Bem fere o ponto fulcral

107. STJ. *Informativo* nº 0481, 15-26.8.2011. Terceira Turma: "RESPONSABILIDADE CIVIL. ATO ILÍCITO. SÓCIOS ADMINISTRADORES. Discute-se no REsp se o reconhecimento da divisibilidade da obrigação de reparar os prejuízos decorrentes de ato ilícito desnatura a solidariedade dos sócios administradores de sociedade limitada para responderem por comprovados prejuízos causados à própria sociedade em virtude de má administração. Na hipótese, a Turma entendeu ficar comprovado que todos os onze sócios eram administradores e realizaram uma má gestão da sociedade autora, acarretando-lhe prejuízos de ordem material e não haver incompatibilidade qualquer entre a solidariedade passiva e as obrigações divisíveis, estando o credor autorizado a exigir de qualquer dos devedores o cumprimento integral da obrigação, cuja satisfação não extingue os deveres dos coobrigados, os quais podem ser demandados em ação regressiva. As obrigações solidárias e indivisíveis têm consequência prática semelhante, qual seja, a impossibilidade de serem pagas por partes, mas são obrigações diferentes, porquanto a indivisibilidade resulta da natureza da prestação (art. 258 do CC), enquanto a solidariedade decorre de contrato ou da lei (art. 265 do CC/2002). Nada obsta a existência de obrigação solidária de coisa divisível, tal como ocorre com uma condenação em dinheiro, de modo que todos os devedores vão responder integralmente pela dívida. Em regra, o administrador não tem responsabilidade pessoal pelas obrigações que contrair em nome da sociedade e em decorrência de regulares atos de gestão. Todavia, os administradores serão obrigados pessoalmente e solidariamente pelo ressarcimento do dano, na forma da responsabilidade civil por ato ilícito, perante a

Guilherme Calmon Nogueira da Gama, "A solidariedade é sempre de origem técnica, nunca de um dado da realidade."[108]

Nessa ordem de ideias, cada devedor solidário pode ser compelido a pagar, sozinho, a dívida inteira, por ser devedor do todo. Nas obrigações indivisíveis, contudo, o codevedor apenas é devedor de sua parte. Será compelido ao pagamento da totalidade da prestação porque é impossível ou inviável fracioná-lo.[109]

Em quatro momentos percebemos traços distintivos entre as obrigações em comento:

1. *Impossibilidade da prestação* – acarreta a extinção da obrigação indivisível, em face da conversão da prestação originária em perdas e danos, gerando indenização em pecúnia (obrigação divisível – art. 263 do CC). Com efeito, se não há mais a própria prestação originária, mas somente o seu equivalente pecuniário, cessará a indivisibilidade, pois o dinheiro será fracionado em tantas partes quantos forem os credores ou devedores. Todavia, nas obrigações solidárias, mesmo o inadimplemento não elimina a solidariedade, alicerçando-se ela no título, e não na natureza do bem, podendo cada qual dos credores comuns exigir a indenização pecuniária integral em face do devedor solidário (arts. 271 do CC). Simetricamente, impossibilitando-se a prestação por culpa de um dos devedores solidários, subsiste para todos o encargo de pagar o equivalente (art. 279, CC). Certamente, em ambos os casos, pelas perdas e danos só responderá o culpado. Assim, se *A*, *B* e *C* devem entregar determinado cavalo a *D* e este falece no momento anterior à tradição, eventual responsabilidade dos devedores será objeto de fracionamento. Todavia, no mesmo exemplo, havendo solidariedade passiva, subsiste o direito do credor de exigir de qualquer dos devedores o pagamento da indenização na integralidade.

2. *Falecimento de um dos cocredores/codevedores* – a pessoalidade dos integrantes da relação jurídica é fundamental para a preservação da obrigação solidária, pois, sendo ela nitidamente subjetiva, assume natureza *intuitu personae* e não será transmitida aos herdeiros dos credores ou devedores falecidos. Os sucessores, individualmente considerados, serão apenas credores ou devedores fracionários, assumindo ou respondendo apenas pelo montante correspondente à cota do falecido na obrigação (arts. 270 e 276 do CC). Assim, sendo *A* credor solidário de *B*, *C* e *D* no valor de R$ 90,00, poderá cobrar a importância total de cada um dos coobrigados. Porém, se *B* falece, deixando como herdeiros *E*, *F* e *G*, o credor só poderá cobrar R$ 10,00 de cada um dos sucessores *causa mortis*, pois não remanesce a razão que gerou

sociedade e terceiros prejudicados quando, dentro de suas atribuições e poderes, agirem de forma culposa." REsp 1.087.142-MG, Rel. Min. Nancy Andrighi.

108. *Direito civil*: obrigações, p. 177.

109. Gonçalves, Carlos Roberto. *Direito civil brasileiro*: teoria geral das obrigações, p. 117.

a solidariedade. De qualquer jeito, o credor ainda poderá cobrar os R$ 90,00 dos devedores originários *C* e *D*, isso nos limites das forças da herança. Em sentido diverso, se o credor acionar o espólio, através do inventariante, receberá o valor originariamente assumido pelo *de cujus*, mantendo-se a solidariedade, pois o espólio assume todos os débitos do falecido até o final do inventário (art. 1.997 do CC).[110]

Mas o óbito de um dos cocredores ou codevedores em nada altera uma obrigação indivisível, pois os sucessores têm direito ou responsabilizam-se pelo objeto, que permanece íntegro, apesar da morte da parte. No exemplo da prestação cujo objeto é um determinado cavalo, o óbito de um dos credores ou devedores não afeta a própria natureza do objeto, o que permitirá que qualquer dos credores possa exigir ou qualquer dos devedores seja obrigado a entregar o animal, incluindo-se aí os herdeiros. Daí a ressalva comum aos arts. 270 e 276 do Código Civil: *salvo se a obrigação for indivisível*. Assim, os herdeiros do devedor hipotecário não poderão eximir-se parcialmente do débito deixado pelo *de cujus*, por remição parcial da hipoteca (art. 1.429 do CC).

3. *Juros de mora* – não se confunda esta hipótese com a da impossibilidade da prestação (nº 1), pois mesmo com o seu adimplemento eventualmente poderá a obrigação ser cumprida de modo indevido, incidindo juros de mora. Quando houver solidariedade passiva (art. 280, CC), ela se estende aos juros, em razão de seu caráter de acessoriedade. Todavia, no plano interno dos codevedores, os culpados pela imposição dos juros deverão indenizar os devedores inocentes. Em sentido diverso, havendo indivisibilidade da obrigação, só os culpados pela incidência da mora serão responsabilizados perante o credor, exonerados os demais codevedores (art. 263, par. 2., CC).

4. *Prescrição* – a suspensão da prescrição em favor de um dos credores solidários apenas aproveita aos outros se a obrigação for indivisível (art. 201, CC).

110. STJ. Informativo nº 0563 Período: 29 de maio a 14 de junho de 2015. Quarta Turma DIREITO CIVIL. RESPONSABILIDADE DOS HERDEIROS PELO PAGAMENTO DE DÍVIDA DIVISÍVEL DO AUTOR DA HERANÇA. Em execução de dívida divisível do autor da herança ajuizada após a partilha, cada herdeiro beneficiado pela sucessão responde na proporção da parte que lhes coube na herança. De fato, os herdeiros e legatários do autor da herança não respondem pelas dívidas do de cujus acima das forças dos bens que receberam. Dessarte, com a abertura da sucessão, há a formação de um condomínio necessário, que somente é dissolvido com a partilha, estabelecendo o quinhão hereditário de cada beneficiário no tocante ao acervo transmitido. Nesse contexto, a herança é constituída pelo acervo patrimonial e dívidas (obrigações) deixadas por seu autor, sendo que aos credores do autor da herança é facultada, antes da partilha dos bens transmitidos, a habilitação de seus créditos no juízo do inventário ou o ajuizamento de ação em face do espólio. Ultimada a partilha, o acervo outrora indiviso, constituído pelos bens e direitos que pertenciam ao de cujus, transmitidos com o seu falecimento, estará discriminado e especificado, de modo que só caberá ação em face dos beneficiários, que, em todo caso, responderão até o limite de seus quinhões. Com efeito, é nítido do exame do art. 1.997, caput, do CC, c/c o art. 597 do CPC (correspondente ao art. 796 do CPC/15) que, feita a partilha, cada herdeiro responde pelas dívidas (divisíveis) do falecido dentro das forças da herança e na proporção da parte que lhe coube, e não necessariamente no limite de seu quinhão hereditário. Portanto, após a partilha, não há cogitar em solidariedade entre os herdeiros de dívidas divisíveis, motivo pelo qual caberá ao credor executar os herdeiros pro rata, observando a proporção da parte que lhes coube (quinhão) no tocante ao acervo partilhado. REsp 1.367.942-SP, Rel. Min. Luis Felipe Salomão, DJe 11/6/2015.

A, *B* e *C* são credores de *D* de R$ 90,00. O casamento de *A* com a devedora *D* lhe beneficia com a suspensão da prescrição (art. 197, I, CC), que não se estende aos demais em razão da natureza personalíssima das causas impeditivas e suspensivas da prescrição. Contudo, aproveitando-se o mesmo exemplo, se a dívida fosse a tradição de um apartamento, o matrimônio de um dos credores com a devedora comum culminaria por amplificar o efeito suspensivo em prol de toda a comunidade de credores.

6.3 Solidariedade ativa

6.3.1 Noções Gerais

A matéria é tratada no Código Civil nos arts. 267 a 274. Traduz um concurso de dois ou mais credores na mesma obrigação, cada um com direito a exigir a dívida por inteiro, bem como promover medidas assecuratórias do crédito, como a constituição do devedor em mora e a interrupção da prescrição. Esta é a sinalização do art. 267 do Código Civil: "Cada um dos credores solidários tem direito a exigir do devedor o cumprimento da prestação por inteiro."

É instituto de reduzida repercussão no tráfego jurídico, pelo risco de os cocredores não obterem ressarcimento daquele que recebeu o pagamento, seja por incorrer em insolvência ou simples desonestidade.[111] Muitos credores optam pela outorga de mandato, eis que os mandatários agem em nome alheio e em caráter revogável.

A outro giro, como a solidariedade também tem a norma como fonte geradora, podemos citar o art. 2º da Lei nº 8.245/91: "havendo mais de um locador ou mais de um locatário, entende-se que são solidários, se o contrário não se estipulou". Daí, qualquer dos locadores poderá exigir do locatário o aluguel e os encargos por inteiro, independentemente da autorização dos demais, inclusive ajuizando isoladamente ação de despejo por falta de pagamento ou qualquer outro fundamento.

Não obstante as desvantagens práticas, no mundo teórico há benefícios ao devedor. Vencida a dívida, poderá o devedor oferecer o pagamento a qualquer um dos credores, desonerando-se da prestação sem a necessidade de procurar os demais ou pedir a sua aprovação (art. 269 do CC), ao contrário do que ocorre na obrigação indivisível com pluralidade de credores, que demanda a caução de ratificação pelos cocredores (art. 260 do CC).

Também há vantagens práticas para os credores solidários. Qualquer um deles poderá defender a comunhão de interesses, fazendo com que o devedor responda aos demais pelos valores recebidos, desde que não se torne insolvente.

---

111. No mesmo sentido Guilherme Calmon Nogueira da Gama: "A hipótese não é comum, eis que se revela inconveniente para a maior parte dos credores que, devido ao mecanismo de funcionamento da solidariedade ativa, ficam à mercê do credor que recebeu sozinho a prestação" (In *Direito civil*: obrigações, p. 169).

Lembre-se que temos dois níveis de relações jurídicas: (a) no plano externo, facultando-se a qualquer credor demandar do devedor o pagamento integral; (b) no plano interno – envolvendo as relações entre os cocredores –, haverá o direito de regresso em prol dos credores que não receberam o pagamento.

Qualquer credor poderá ingressar em juízo e exercer a sua pretensão ao crédito, seja pela via executiva, da ação de cobrança, monitória, ou outra adequada. Todavia, se um dos credores se antecipar, acionando o devedor ao tempo do vencimento da obrigação, a sua celeridade será premiada com o fenômeno da *prevenção judicial* (art. 268 do CC). Trata-se de norma que mitiga a liberdade do devedor, pois só poderá obter liberação pagando ao autor da ação, sob pena de ter que pagar a prestação integral duas vezes caso cumpra perante credor diferente do qual lhe acionou. Se o credor ingressou com demanda individual, não poderá o devedor exigir o litisconsórcio ativo entre os demais credores, sob pena de desvirtuamento do modelo jurídico. Os outros credores têm de aguardar o desate da causa para o reembolso do que lhes competir.[112]

O credor que recebeu a prestação integral pagará aos demais as suas cotas, proporcionalmente. Aliás, a inovação da parte final do art. 269 permite que o pagamento seja realizado de modo parcial, extinguindo a dívida até o montante do que foi pago, permitindo-se que, posteriormente, os outros credores cubram o débito remanescente. Explica Everaldo Cambler que, "se o devedor pagou quantia superior à quota do *accipiens,* cada um dos credores pode reclamar o inteiro menos essa parte, sem ser obrigado a fazer imputação quanto ao mencionado excesso".[113]

Em caráter complementar à citada norma, o art. 272 do Código Civil enfatiza em sua parte final que aquele que tiver "recebido o pagamento responderá aos outros pela parte que lhes caiba". A evidência infere-se que a regra admite o pagamento parcial, com consequente divisão dessa parcela entre os cocredores. Portanto, se *A*, *B* e *C* são credores de *D* de R$ 90,00 e *A* recebe do devedor a quantia de R$ 60,00, necessariamente *B* e *C* farão jus cada qual ao valor de R$ 20,00, mantendo-se *D* ainda vinculado aos credores pelo valor de R$ 30,00.[114]

Adiante, caso um dos cocredores efetue remissão, compensação ou novação do débito perante o devedor comum, sem autorização de seus pares, ficará responsável perante estes pelo débito originário (art. 272 do CC), pois obviamente não podem ser prejudicados por transações alheias. Na hipótese de *A, B* e *C* figurarem como credores solidários de *D,* na quantia de R$ 120,00, nada impede que *A* perdoe o débito de D em sua integralidade, pois quem tem o direito de exigir o pagamento

112. Ressalte-se, em apoio à lição de Flávia Maria Zangerolame, que "A prevenção perdura enquanto perdurar o processo. Cessando a relação processual ajuizada, por qualquer motivo, desaparecem os efeitos da demanda e da prevenção, voltando o obrigado a ter a faculdade de entrega da prestação a qualquer outro credor, de sua livre escolha". *Obrigações divisíveis e indivisíveis e obrigações solidárias,* p. 202.

113. CAMBLER, Everaldo. *Comentários ao Código Civil brasileiro,* v. III, p. 161.

114. Essa matéria recebe regulamentação explícita no art. 533 do Código Civil de Portugal: "O credor cujo direito foi satisfeito além da parte que lhe competia na relação interna entre os credores tem de satisfazer aos outros a parte que lhes cabe no crédito comum."

integral pode também efetuar a remissão do total do débito. Porém, *B* e *C* manterão suas pretensões individuais de R$ 40,00, não mais em face de *D*, pois a obrigação foi extinta, e sim contra o cocredor *A*. Todavia, se a remissão for motivo suficiente para *A* cair em insolvência, não podendo ressarcir *B* e *C*, caberá a estes o ajuizamento da ação revocatória ou pauliana (art. 158 do CC), caracterizada a fraude contra credores e a consequente sanção da anulabilidade do negócio jurídico (art. 171, II, do CC).

Lembre-se que a remissão do débito não se confunde com a renúncia ao débito. Esta é uma espécie de negócio jurídico unilateral abdicativo, enquanto a remissão é negócio jurídico bilateral extintivo da obrigação que apenas se aperfeiçoa com a anuência do devedor, não podendo prejudicar terceiros (art. 385 do CC). Daí a necessidade de proteção aos demais credores.

O art. 273 do Código Civil – norma sem precedente no regime anterior – presta-se a esclarecer as relações externas entre credores solidários e o devedor. Aduz que "a um dos credores solidários não pode o devedor opor as exceções pessoais oponíveis aos outros". Regra simétrica já havia para a solidariedade passiva, confirmada no Código Civil de 2002 (art. 281 do CC). Aqui há de encetar-se distinção entre as defesas indiretas de mérito, eventualmente exceções pessoais ou exceções comuns. Aquelas se referem apenas à defesa que exclua da apreciação judicial o pedido de um dos credores solidários, não se estendendo aos demais. Em comum, o fato de que, ao contrário das objeções de direito material, só podem ser alegadas pelas partes, mas não pronunciadas de ofício pelo magistrado.

Portanto, o devedor comum *A* não pode se recusar ao pagamento ao credor B sob o pretexto de anulabilidade resultante de uma suposta coação praticada pelo cocredor *C*. Mas, perante este, poderá agir livremente em razão da exceção pessoal. O mesmo poderia ocorrer na remissão, transação e compensação com um só dos credores ou a alegação de sua incapacidade, desde que os demais credores não sejam prejudicados contra quem nada tem a ver com o fato. Já as exceções comuns concernem a todos os credores, podendo a qualquer um deles ser oposta. Basta cogitar da possibilidade de o devedor alegar que já efetuara o pagamento, a consignação em pagamento ou mesmo a ocorrência da prescrição.

Destarte, como bem pontua Hamid Charaf Bdine Jr., se o devedor não puder oferecer exceção pessoal oponível ao credor solidário que contra si ajuizou a demanda, está obrigado a pagar a totalidade do débito e, posteriormente, "só lhe restará ajuizar específica ante o credor em relação ao qual dispunha de uma ação específica para receber a restituição de que indevidamente pagou aos demais. Caso, por exemplo, A, B e C sejam credores solidários de Y e somente A o tenha coagido a firmar instrumento de confissão de dívida, sem que a coação seja conhecida pelos demais, Y não poderá invocar o defeito em ação ajuizada por B. Deste modo poderá este receber a integralidade da dívida, cabendo a Y ajuizar ação ante o coator A, para receber o que indevidamente pagou".[115]

---

115. *Código Civil comentado*, p. 221.

Aliás, questões diversas resultam da solidariedade ativa no tocante à exceção material da prescrição. Há de se ressaltar que as causas suspensivas da prescrição – de caráter personalíssimo em favor de um dos credores – não se comunicam aos cocredores, exceto se o objeto da obrigação for indivisível (art. 201, CC). A outro turno, quando operam causas interruptivas em prol de um dos credores, o benefício de sua atividade incorpora-se aos cocredores (art. 204, § 1º, do CC). Assim, se um dos credores ajuíza ação de cobrança em face do devedor comum, a citação interromperá o prazo prescricional em prol dos demais credores. Já a menoridade de um dos credores não estende o impedimento ao curso do prazo prescricional, em prol dos que não são absolutamente incapazes.

Nesse particular, Wagner Inácio Freitas Dias apresenta séria questão ligada ao enriquecimento sem causa na aplicação do art. 273 do Código Civil. Imaginemos que José, Mário, Paulo e Maria são credores solidários de Chico de R$ 100.000,00, em razão de mútuo reconhecido em instrumento de confissão de dívida. Chico casa com Maria e a separação se dá seis anos depois do casamento. Pelo art. 206, § 5º, I, do Código Civil, houve a prescrição da pretensão de cobrança do débito com relação aos três primeiros credores – prazo de cinco anos –, mas o mesmo não se diga com relação à credora Maria, em razão da suspensão da prescrição no período da vigência do matrimônio (art. 201, do CC). Tratando-se de causa suspensiva da prescrição, não beneficiará os demais credores e Maria cobrará para si os R$ 100.000,00, naquilo que apenas contribuiu com R$ 25.000,00. "À letra da lei, Maria receberia muito além do que lhe era devido, em razão da comunhão de interesses que se firmava, mas que, internamente, não necessitaria ela repartir o obtido, visto estarem os demais vínculos prescritos."[116]

Explica o autor do ensaio que, vislumbrado o iminente enriquecimento sem causa (art. 884 do CC) em razão do evidente aumento injustificado patrimonial da credora, poderá o devedor excepcionar a prescrição do crédito na parte relativa aos demais credores, a fim de apenas pagar os R$ 25.000,00. Para tanto, cita a correta posição de Antunes Varela com apoio no art. 520 do Código Civil de Portugal: "A solidariedade que, em regra, apenas visa facultar a cada credor a cobrança integral daquilo que todos, em conjunto, têm o direito de exigir, converter-se-ia, num processo de locupletamento através do qual um dos credores exigiria não só aquilo que tem direito, mas também aquilo a que os outros não têm direito."[117]

6.3.2 A Solidariedade Ativa e a Coisa Julgada

O artigo 274 do Código Civil penetra na esfera do processo civil para compatibilizar os limites subjetivos da coisa julgada na solidariedade ativa. A norma se refere à extensão *ultra partes* da coisa julgada em determinados casos. De acordo

116. Cf. O problema do enriquecimento sem causa no direito civil brasileiro, p. 57.

117. Apud Dias, Wagner Inácio Freitas. O problema do enriquecimento sem causa no direito civil brasileiro, p. 58.

com o dispositivo, O julgamento contrário a um dos credores solidários não atinge os demais, já o julgamento favorável aproveita-lhes, a menos que se funde em exceção pessoal ao credor que o obteve.

Assim, se a pretensão levada a juízo por um dos credores for julgada improcedente no mérito por qualquer motivo – seja por acolhimento de exceção pessoal ou comum –, a eficácia da sentença não repercutirá sobre os demais cocredores. Ou seja, a imutabilidade e indiscutibilidade da coisa julgada não os alcançará podendo ajuizar ações na tutela de seus créditos *a posteriori*. Nada obstante, sendo o julgamento de procedência, os seus efeitos beneficiam os demais credores, excetuando-se os casos em que o devedor tiver exceção pessoal contra um dos credores que não participou do processo. A regra é justa e estabelece simetria com a solidariedade passiva, pois se a ação proposta pelo credor contra um dos codevedores não o inibe de posteriormente acionar os outros (art. 275, parágrafo único, do CC), deveremos aceitar a mesma ideia quando vários forem os credores solidários.

Fredie Didier Jr. elogia o dispositivo: "embora permita a colegitimação ativa, o legislador instituiu o regime da extensão *secundum eventus litis* da coisa julgada que porventura surja de processo instaurado por um dos credores: os credores que não participaram do processo apenas podem ser beneficiados com a coisa julgada, jamais prejudicados. Resolve-se, pelo menos no particular, tormentosa questão relacionada com a eficácia *ultra partes* (a submeter os demais credores, além daquele que promoveu a demanda) da coisa julgada nessas situações".[118]

O artigo 274 do Código Civil, contudo, não trata dos limites subjetivos da coisa julgada na ação eventualmente proposta por um dos devedores visando à desconstituição do ato jurídico que deu azo à obrigação solidária ou à sua declaração de inexistência ou de ineficácia. Haja vista a necessidade de solução paritária para o problema, cuja imposição é de ordem constitucional (arts. 5., I, CF e 7., CPC), o mesmo tratamento há de ser dispensado: a decisão favorável ao devedor solidário aproveita aos demais devedores, salvo se fundada em questão ligada única e exclusivamente ao autor.[119]

O legislador estendeu à solidariedade a eficácia expansiva do art. 103, III, do Código de Defesa do Consumidor, originariamente aplicável em favor dos titulares de direitos individuais homogêneos beneficiados pelo julgamento favorável de ações coletivas em eficácia *ultra partes,* porém, *secundum eventum litis in utilibus*, isto é, conforme o resultado da lide. Assim, se o Ministério Público ajuíza ACP em razão de vazamento de óleo em um rio, caso procedente a demanda, naturalmente os pescadores serão beneficiados e poderão liquidar e executar individualmente a decisão. Porém, sendo a sentença de improcedência, os pescadores prejudicados pelo acidente ecológico não se vinculam a sentença e cada qual poderá ajuizar a sua ação individual.

---

118. DIDIER JR., Fredie. *Regras processuais no novo Código Civil*, p. 76.

119. MARINONI, Luiz Guilherme. ARENHART, Sérgio Cruz. MITIDIERO, Daniel. Novo Código de Processo Civil Comentado, p. 519.

O art. 506 do CPC/15 dispõe que "A sentença faz coisa julgada às partes entre as quais é dada, não prejudicando terceiros". O revogado artigo 472 do CPC/73 dizia "não beneficiando, nem prejudicando terceiros". A partir de agora, portanto, a coisa julgada beneficiará terceiros e o art. 274 do Código Civil não mais será uma exceção no sistema civil e o sistema da coisa julgada *secundum eventum litis un utilibus* se generaliza.

6.4 Solidariedade passiva

6.4.1 Noções gerais

As normas respeitantes à solidariedade passiva se encontram nos arts. 275 a 285 do Código Civil. Enquanto a solidariedade ativa unifica os credores, de modo que o pagamento efetuado a qualquer deles extingue a obrigação do devedor, na solidariedade passiva unificam-se os devedores, sendo facultado ao credor exigir de qualquer deles o adimplemento integral da prestação.[120]

É modalidade de obrigação corriqueira, em face do interesse que desperta nos credores pela obtenção de maiores garantias de pagamento, diante de mais de um devedor. Vale dizer, confere maior segurança e confiança quanto ao cumprimento, premissa básica do tráfego jurídico nas relações massificadas. As instituições financeiras comumente dela se beneficiam em contratos de empréstimo, inserindo terceiros solidários na avença como forma de se acautelar em face de eventual insolvência de devedores. Outrossim, o credor conta com a facilitação na eventual transmissão de sua posição jurídica, pois o cessionário de direitos creditícios também contará com essa importante vantagem de direito material.

Podemos delimitar dois aspectos nevrálgicos da solidariedade passiva.

A um, cada um dos coobrigados responde pelo integral cumprimento da prestação, como se a tivesse contraído sozinho. O credor não poderá receber o pagamento mais de uma vez, mas lhe é facultado exigir de qualquer dos coobrigados o integral pagamento. Ele escolhe de quem cobrar, de um, alguns ou todos. A dois, o credor tem a faculdade de exigir o crédito total ou parcialmente. É de sua discricionariedade estipular o *quantum* a ser pago, seja ele proporcional ou não a cota daquele devedor. Porém não é lícito aos devedores imporem ao credor o pagamento parcial (art. 275 do CC), eis que a solidariedade é criada em benefício deste. Quer dizer, não há no direito brasileiro a prerrogativa do devedor exigir o benefício da divisão. Aliás, mesmo após cobrar apenas parcela do débito de um dos devedores, os demais remanescem atados à solidariedade.

Preceitua o decisivo art. 275 do Código Civil: "O credor tem direito a exigir e receber de um ou de alguns dos devedores, parcial ou totalmente, a dívida comum;

120. SERPA LOPES, Miguel Maria de. *Curso de direito civil*: obrigações em geral, p. 132.

se o pagamento tiver sido parcial, todos os demais devedores continuam obrigados solidariamente pelo resto."

Exemplificando: sendo *A* credor de *B, C* e *D,* do montante de R$ 30,00, poderá cobrar apenas R$ 10,00 de cada devedor ou R$ 30,00 de um deles apenas, pois solidariedade passiva não se confunde com litisconsórcio passivo necessário. Aqui o litisconsórcio é facultativo, desobrigando-se o credor da demanda coletiva, podendo ser os devedores conjunta ou individualmente demandados. Caso o credor inicialmente pretenda a prestação de *B,* o seu inadimplemento inescusável não obstaculizará as sucessivas demandas em face de *C* e *D,* que permanecem solidariamente devedores do remanescente, já que não houve renúncia em prol deles (art. 275, parágrafo único, do CC).[121]

O mesmo ocorrerá se a cobrança for dirigida a um devedor insolvente. Os riscos da insolvência são transferidos para os devedores, que continuarão obrigados pelo todo da dívida. A sentença que se profere é somente de eficácia contra o demandado, só contra ele há litispendência, uma vez que o credor não chamou à relação jurídica os outros devedores. Não se cogita aqui de concentração do débito pelo simples fato de o credor optar preferencialmente por um dos devedores. A não convocação dos demais obrigados solidários não gera qualquer invalidade da relação processual.[122]

121. Flávio Tartuce bem esclarece que o impedimento normativo à renúncia à solidariedade pelo simples fato de que a concentração do débito em um dos devedores "afasta expressamente a aplicação da tese da *supressio*, que é relacionada ao princípio da boa-fé objetiva e à teoria dos atos próprios e que pode ser conceituada como a perda de um direito ou de uma posição jurídica pelo seu não exercício no tempo". In *Direito civil:* direito das obrigações e responsabilidade civil, v. 2, p. 105.

122. STJ, Informativo nº 618 - 3. T, 23 de fevereiro de 2018. "A discussão está em saber se, no curso de execução extrajudicial, baseada em contrato de prestação de serviços educacionais firmados entre a escola e dois dos filhos da executada, representados nos instrumentos contratuais apenas por sua mãe, há a possibilidade de redirecionar-se a pretensão de pagamento para o pai, na hipótese em que não fora encontrado patrimônio suficiente em nome da genitora para a solvência da dívida. Inicialmente, importante anotar que, tanto no CPC de 1973 como no CPC de 2015, a legitimidade passiva ordinária para a execução é daquele que estiver nominado no título executivo. Já a legitimidade passiva extraordinária para a execução recai sobre aqueles que se obrigam, pela lei ou pelo contrato, solidariamente, à satisfação de determinadas dívidas. Note-se que o Código Civil de 2002 dispõe nos arts. 1.643 e 1.644 que, para a manutenção da economia doméstica, e, assim, notadamente, em proveito da entidade familiar, o casal responderá solidariamente, podendo-se postular a excussão dos bens do legitimado ordinário e do coobrigado, extraordinariamente legitimado. Além disso, do que se lê do art. 592 do CPC/1973, é de observar que o patrimônio do coobrigado se sujeitará à solvência do débito que, apesar de contraído pessoalmente por outrem, está vocacionado para a satisfação das necessidades comuns/familiares. Nessa linha de raciocínio, não importa se o pai do infante não está nominado no contrato de prestação de serviços, especialmente, na confissão de dívida assinada pela mãe, pois o Código Civil estabelece a solidariedade do casal na solvência, inclusive, de empréstimos contraídos para a satisfação das necessidades domésticas por apenas um deles – sendo incluído em tais necessidades o pagamento de despesas ordinárias e extraordinárias para o apoio emocional e material dos que integram a entidade familiar. Da mesma forma, a interpretação conjunta dos arts. 22, 55 do ECA e 229 da CF/88, denota que a imposição aos pais da obrigação solidária de somar esforços para fazer solvidas as despesas constitui uma das formas de bem cumprir o direito à educação e à proteção integral do menor ou adolescente. Conclui-se, dessa forma, pela legitimidade passiva extraordinária daquele pai que não se fez constar no título executivo de dívida cobrada pela instituição que prestou serviços ao seu filho, pois a obrigação tem gênese no próprio poder familiar" (REsp 1.472.316-SP, Rel. Min. Paulo de Tarso Sanseverino, por unanimidade, julgado em 05/12/2017, DJe 18/12/2017).

Essa, aliás, é uma marca distintiva entre a solidariedade e a obrigação correal. Na correalidade, se o credor escolhe ao seu alvitre um dos codevedores para efetuar a integralidade do pagamento, feita a escolha, restarão desonerados os demais codevedores, sendo impraticável a opção futura de o credor executá-los, à medida que o pagamento se individualizou na pessoa do devedor eleito.[123]

Aliás, não se pode invocar renúncia presumida de direitos pelo fato de a demanda ter sido promovida contra um ou alguns devedores solidários. Nesse passo foi aprovado o Enunciado 348 da 4ª Jornada de Direito Civil do Conselho de Justiça Federal: "O pagamento parcial não implica, por si só, renúncia à solidariedade, a qual deve derivar dos termos expressos da quitação ou, inequivocamente, das circunstâncias do recebimento da prestação pelo credor."[124]

Do exposto, conclui-se que, havendo pagamento parcial, ficam os demais devedores exonerados até a concorrência da quantia paga, mantendo-se a solidariedade sobre o valor restante nas demandas futuras (art. 275 do CC), promovendo o credor uma segunda ação contra os demais coobrigados, isolada ou conjuntamente.[125] An-

---

123. Colacionando os ensinamentos de Keller e Ribbentrop, Marco Aurélio S. Viana insere a correalidade como uma solidariedade perfeita, na qual "a responsabilidade do pagamento se individualizava num dos devedores por efeito da *litiscontestatio*. Dava-se a exoneração dos outros devedores", in *Curso de direito civil*: direito das obrigações, p. 144.

124. STJ: Informativo nº 0544. Período: 27 de agosto de 2014. Quarta Turma: "DIREITO CIVIL E PROCESSUAL CIVIL. RESPONSABILIDADE DE DEVEDOR SOLIDÁRIO E IMPOSSIBILIDADE DE SE EXCUTIR BENS DE TERCEIRO ESTRANHO À AÇÃO DE CONHECIMENTO. Os bens de terceiro que, além de não estar incluído no rol do art. 592 do CPC, não tenha figurado no polo passivo de ação de cobrança não podem ser atingidos por medida cautelar incidental de arresto, tampouco por futura execução, sob a alegação de existência de solidariedade passiva na relação de direito material. De fato, conforme o art. 275, *caput* e parágrafo único, do CC, é faculdade do credor escolher a qual ou a quais devedores direcionará a cobrança do débito comum, sendo certo que a propositura da ação de conhecimento contra um deles não implica a renúncia à solidariedade dos remanescentes, que permanecem obrigados ao pagamento da dívida. Ressalte-se que essa norma é de direito material, restringindo-se sua aplicação ao momento de formação do processo cognitivo, quando, então, o credor pode incluir no polo passivo da demanda todos, alguns ou um específico devedor. Sob essa perspectiva, a sentença somente terá eficácia em relação aos demandados, não alcançando aqueles que não participaram da relação jurídica processual, nos termos do art. 472 do CPC e conforme a jurisprudência do STJ. Ademais, extrai-se o mesmo entendimento da norma prevista no art. 568 do CPC que, enumerando os possíveis sujeitos passivos na execução, refere-se expressamente ao 'devedor reconhecido como tal no título executivo'; não havendo, nesse dispositivo, previsão alguma quanto ao devedor solidário que não figure no título judicial. Além disso, a responsabilidade solidária precisa ser declarada em processo de conhecimento, sob pena de tornar-se impossível a execução do devedor solidário, ressalvados os casos previstos no art. 592 do mesmo diploma processual, que prevê a possibilidade de excussão de bem de terceiro estranho à relação processual. Ante o exposto, não é possível, em virtude de alegação quanto à eventual existência de solidariedade passiva na relação de direito material, atingir bens de terceiro estranho ao processo de cognição e que não esteja incluído no rol do art. 592 do CPC. Aliás, em alguma medida, esse entendimento está contido na Súmula 268 do STJ (segundo a qual o 'fiador que não integrou a relação processual na ação de despejo não responde pela execução do julgado'), a qual, *mutatis mutandis*, deve ser também aplicada ao devedor que não tenha sido incluído no polo passivo de ação de cobrança" (REsp 1.423.083-SP, Rel. Min. Luis Felipe Salomão, julgado em 6.5.2014).

125. STJ. Informativo nº 0497 Período: 7 a 18 de maio de 2012. Quarta Turma DPVAT. INDENIZAÇÃO. COMPLEMENTAÇÃO. SOLIDARIEDADE. O beneficiário do DPVAT pode acionar qualquer seguradora integrante do grupo para receber a complementação da indenização securitária, ainda que o pagamento administrativo feito a menor tenha sido efetuado por seguradora diversa. A jurisprudência do STJ sustenta que as seguradoras integrantes do consórcio do seguro DPVAT são solidariamente responsáveis pelo pagamento das indenizações securitárias, podendo o beneficiário reclamar de qualquer uma delas o que lhe é devido.

tunes Varela explica que, sendo a solidariedade passiva estabelecida no interesse do credor, pode ele prescindir do benefício e apenas exigir dos obrigados uma parte da prestação. Nessa hora "o interpelado pode, querendo, realizar a prestação por inteiro. Se qualquer terceiro, interessado ou não no cumprimento, pode forçar o credor a receber a prestação, por maioria de razão o poderá fazer o devedor solidário".[126]

Porém, o estudioso do direito civil contemporâneo sempre levará em consideração a necessidade da preservação do princípio da boa-fé objetiva. O credor não poderá exercer o seu direito subjetivo de agir em face de qualquer credor, de maneira desproporcional, excessiva e caprichosa, pois incidirá em abuso do direito (art. 187 do CC). Cabe ao magistrado avaliar com precisão se o exercício de lides diversas em face dos codevedores não representa uma violação da lealdade e uma infração ao dever lateral de cooperação entre as partes da relação obrigacional.

Com muita propriedade Eduardo Lyra Jr. explica que o *jus variandi* comporta temperamentos: "se o sujeito ativo da relação obrigacional poderia, de início, acionar todos os devedores solidários, mas não o faz – sem qualquer motivo plausível –, dirigindo sua pretensão contra apenas um, ou alguns deles, cujo patrimônio se mostre suficiente para cobrir a dívida comum com todos os seus acréscimos, para exigir dele a integralidade da prestação, deve-se impor um certo limite ao *jus variandi*, sob pena de, em se permitindo que o credor proceda contra os demais codevedores, sem qualquer razão admissível, o exercício de tal direito se afigure, na hipótese, abusivo e contrário à boa-fé objetiva".[127]

Não devemos olvidar que, apesar de as obrigações solidárias estarem dirigidas à satisfação do mesmo interesse, são obrigações distintas, no sentido de que cada uma pode ser apreciada isoladamente no tocante aos requisitos de existência, validade e eficácia. Assim, havendo vários devedores solidários, cada qual poderá opor ao credor as exceções pessoais, não se lhe aproveitando as dos outros codevedores (art. 281 do CC), em virtude de seu caráter personalíssimo. Por conseguinte, seja como réu originário ou como litisconsorte por força do chamamento ao processo (art. 130, III, CPC/15), o devedor eximir-se-á do débito, invocando o vício de consentimento da coação contra a sua pessoa e a consequente invalidade do negócio jurídico; todavia, o codevedor *C* não se beneficiará com a eventual alegação de anulabilidade por parte de *B* e deverá efetuar o pagamento integral.[128]

Aplica-se, no caso, a regra do art. 275, caput e parágrafo único, do CC, segundo a qual o pagamento parcial não exime os demais obrigados solidários quanto ao restante da obrigação, tampouco o recebimento de parte da dívida induz a renúncia da solidariedade pelo credor. REsp 1.108.715-PR, Rel. Min. Luiz Felipe Salomão.

126. Antunes Varela, João de Matos. *Das obrigações em geral*, v. 1, p. 768.

127. LYRA JR., Eduardo. Notas sobre a solidariedade passiva no novo Código Civil, p. 47.

128. "A extinção das obrigações do falido, em decorrência da aplicação do art. 135, III, do Decreto-Lei n. 7.661/1945 (antiga Lei de Quebras), não extingue nem impede o prosseguimento de execução ajuizada contra avalista e devedor solidário. Ao analisar a referida disposição legislativa, constata-se que se trata de método de extinção das obrigações para o falido, diverso do adimplemento, baseado no simples decurso do tempo, com a finalidade de reabilitá-lo, ao menos na seara civil, franqueando condições para reintegrar-se

Entretanto, o dispositivo legal não esclarece as consequências, no plano interno dos devedores, do ato do pagamento pelo devedor, quando impossibilitado este de alegar exceções que concernem apenas a outro devedor. Podemos concluir da seguinte maneira: aquele que pagou regredirá contra o devedor que não participou da lide e, portanto, não obteve a oportunidade de carrear aos autos a exceção pessoal que detinha em face do credor. Para esse devedor sobejam duas opções: primeiro, voltar-se contra o credor para reclamar a reparação (*v.g.*, tal qual na hipótese da coação); segundo, suportar o pagamento de sua quota ao codevedor, sem possibilidade de pleitear a devolução de sua fração ao credor, quando, pela natureza da exceção material, isso for inviável. Seria o caso do pagamento pelo outro devedor de um débito prescrito apenas em relação ao credor que titularizava a exceção. Nesse caso, sendo o pagamento devido, não caberá a restituição.[129]

De qualquer forma, o art. 281 do Código Civil faculta ao devedor acionado a possibilidade de aduzir as exceções comuns que se referem ao objeto da obrigação e aproveitam a todos os outros devedores. Assim, em benefício da coletividade de devedores, qualquer um deles poderá alegar uma nulidade ou a prescrição da pretensão. Malgrado a omissão do legislador, o devedor convocado ao processo tem um dever de opor as exceções comuns, sob pena de responder por perdas e danos aos demais.[130] Vale dizer, as exceções pessoais são classificadas como ônus e as exceções comuns, como deveres.

Nesse sentido caminha a súmula 581 do STJ: "A recuperação judicial do devedor principal não impede o prosseguimento das ações e execuções ajuizadas contra terceiros devedores solidários ou coobrigados em geral, por garantia cambial, real ou fidejussória". Ou seja, muito embora o plano de recuperação judicial opere novação das dívidas a ele submetidas, as garantias reais ou fidejussórias, de regra, são preservadas, circunstância que possibilita ao credor exercer seus direitos contra terceiros garantidores e impõe a manutenção das ações e execuções aforadas em face de fiadores, avalistas ou coobrigados em geral.

Como já sabido, a solidariedade só poderá manifestar-se por lei ou por negócio jurídico (art. 265 do CC). Assim, qualquer cláusula, condição ou obrigação adicional estipulada entre um dos devedores solidários e o credor possuirá eficácia *inter partes* e não poderá agravar a posição dos outros sem o consentimento destes (art. 278, CC). Trata-se de corolário natural do princípio da relatividade contratual. A obrigação suplementar não alcança os coobrigados que não assumiram a obrigação adicional. Se a solidariedade não se presume, acréscimos como inserção de cláusula penal ou

---

nas atividades mercantis. Logo, tratando-se de causa extintiva de obrigação, que diz respeito apenas à pessoa do falido, porquanto se trata de condição necessária à sua reabilitação para exercer a atividade empresarial, constitui-se em exceção pessoal, não podendo ser estendida em benefício dos demais coobrigados, conforme parte final do art. 281 do CC/2002"(STJ. Informativo 605. REsp 1.104.632-PR, Rel. Min. Raul Araújo, DJe 1/6/2017).

129. BDINE JR., Hamid Charaf. *Código Civil comentado*, p. 228.

130. Cf. TEPEDINO, Gustavo; BARBOZA, Heloisa Helena; Moraes, Maria Celina Bodin de (Coord.). *Código Civil interpretado*, v. 1, p. 561.

majoração da taxa de juros apenas vinculam aquele devedor que consentiu com o agravamento de sua posição jurídica ao assumir as referidas obrigações.

Nítida demonstração da autonomia das obrigações dos devedores solidários é evidenciada no parágrafo único do art. 333 do Código Civil, ao afastar-se o vencimento antecipado do débito dos codevedores solventes na hipótese de insolvência de um deles. Assim, o fato de o devedor *B* ser insolvente não autoriza ao credor *A* exigir antecipadamente o pagamento do devedor solidário *C*, cuja situação financeira não sobejou afetada ao longo do pagamento. Quanto a este, terá de esperar pelo momento originariamente pactuado para o pagamento. O termo antecipado é uma espécie de obrigação adicional (art. 278 do CC), que se verificou depois de constituído o débito. Assim, o vencimento antecipado do débito, permitindo a exigibilidade imediata da obrigação quanto ao devedor cuja situação financeira denuncie fragilidade, não comprometerá os demais devedores. Na prática, se o vencimento da obrigação fora aprazado para 20 de dezembro e o credor exerceu a sua pretensão ao débito integral em face do devedor insolvente em 20 de agosto, apenas quatro meses depois poderá o *solvens* regredir contra os codevedores solventes.

Em simetria àquilo já assentado no estudo da solidariedade ativa, a interrupção da prescrição efetuada contra um dos devedores solidários envolve os demais, bem como os seus herdeiros (art. 204, § 1º CC).[131] Sintetizando: se a dívida é fracionária, a interrupção efetuada em face de um dos devedores não se irradia para além de sua pessoa, quanto aos demais fluirá normalmente o prazo. Todavia, a especialidade da norma para o fenômeno da solidariedade se explica pela própria essência deste modelo jurídico, que considera todos os devedores como apenas um único devedor. Entretanto, essa mesma eficácia expansiva não se verifica quando da suspensão da prescrição contra apenas um dos devedores solidários, haja vista o caráter personalíssimo da paralisação do prazo, que não poderá afetar negativamente os demais devedores.

Interessante ocorrência é vislumbrada no art. 285 do Código Civil. "Se a dívida solidária interessar exclusivamente a um dos devedores, responderá este por toda ela para com aquele que pagar". Aqui, o legislador reporta-se à dívida que interessa exclusivamente a um dos devedores, em princípio uma situação anômala, pois pela natureza das coisas o débito deve interessar a todos os credores, sem exceção. Mas há uma explicação para a redação do dispositivo. Ele se refere ao *fiador*, personagem que se responsabiliza pelo débito do afiançado na condição de garante, tornando-se ocasionalmente responsável solidário na obrigação de pagar, em face da caução pessoal que prestou.

Em princípio a responsabilidade do fiador é subsidiária, pela própria acessoriedade da garantia. Em seu favor conta com o benefício de ordem ou de excussão, detendo a prerrogativa de exigir pela via da exceção, caso demandado, que primeiro

131. Todavia, a interrupção da prescrição operada contra um dos herdeiros do devedor solidário não prejudica os outros herdeiros ou devedores, senão quando se trate de obrigações e direitos indivisíveis (Art. 204, § 2º CC).

sejam excutidos os bens do devedor (art. 827, CC). Nada obstante, surgem hipóteses em que não prevalecerá o benefício de ordem, precipuamente quando o fiador se declare devedor solidário (art. 828, II, CC), o que confere ao credor a prerrogativa de demandar contra todos os devedores. Para o credor, a origem da obrigação é despicienda, pois a solidariedade lhe faculta a escolha do réu na ação de cobrança. Caso o fiador, já na qualidade de responsável solidário, tenha que pagar o débito, o regresso contra o afiançado não respeitará a proporcionalidade a que alude o art. 283 do Código Civil. Essa é a razão da excepcionalidade do artigo 285 em comento. O fiador exigirá do afiançado tudo aquilo que dispendeu, pois na verdade não é ele um devedor, mas apenas um terceiro interessado (art. 304, CC) responsável pelo débito alheio que culmina por se sub-rogar na posição do credor originário. Assumiu contratualmente a *Haftung,* mas o *Schuld* (prestação) a ele não se dirige.[132] A Responsabilidade solidária entre locatário e fiador também gera consequências quando a execução é proposta apenas em relação ao fiador. A Interrupção da prescrição não prejudicará o devedor principal.[133]

Aliás, em idêntica situação coloca-se o avalista em título de crédito. Inicialmente, só é responsável pelo valor inserido na cártula. Todavia, se a cambial é vinculada a um contrato (*v.g.*, mútuo), inserindo-se cláusula de responsabilidade do avalista, passa este a ser solidariamente obrigado pelo inadimplemento do débito no valor total do contrato. Consoante a Súmula 26 do Superior Tribunal de Justiça, "o avalista do título de crédito vinculado a contrato de mútuo também responde pelas obrigações pactuadas, quando no contrato figurar como devedor solidário".

6.4.2 Remissão e renúncia à solidariedade

A solidariedade passiva é profundamente afetada pela remissão do débito. Consiste na declaração do credor, aceita pelo devedor, de que não deseja receber o

132. Contudo, o mesmo não ocorre quando um dos fiadores paga integralmente o débito de outro fiador, oportunidade em que regredirá contra este para exigir metade da quantia, eis que ambos se situam no mesmo plano obrigacional. Art. 831 do Código Civil: "O fiador que pagar integralmente a dívida fica sub-rogado nos direitos do credor, *mas só poderá demandar a cada um dos fiadores pela respectiva quota*" (grifo nosso).

133. Verifica-se que, em regra, a interrupção operada contra o fiador não prejudica o devedor afiançado, haja vista que o principal não acompanha o destino do acessório e, por conseguinte, a prescrição continua correndo em favor deste. Não se pode olvidar, ademais, que, como disposição excepcional, a referida norma deve ser interpretada restritivamente, e, como o legislador previu, de forma específica, apenas a interrupção em uma direção – a interrupção produzida contra o principal devedor prejudica o fiador – não seria de boa hermenêutica estender a exceção em seu caminho inverso. De outro turno, e apesar de a regra geral apontar para uma responsabilidade de natureza subsidiária do fiador – que apenas será responsabilizado caso o devedor principal não tenha patrimônio suficiente para garantir a execução – excepcionalmente, a interrupção em face do fiador poderá, sim, acabar prejudicando o devedor principal, nas hipóteses em que a referida relação for reconhecida como de devedores solidários. Sendo assim, caso renuncie ao benefício ou se obrigue como principal pagador ou devedor solidário, a sua obrigação, que era subsidiária, passará a ser solidária, e, a partir de então, deverá ser norteada pela sistemática estabelecida nos arts. 275 a 285 da lei civil. Por fim, apesar de afastada a exceção do § 3° do art. 204, verifica-se que haverá a subsunção do fato com a previsão do § 1°, segundo a qual "a interrupção efetuada contra o devedor solidário envolve os demais e seus herdeiros" (STJ, Informativo 602, REsp 1.276.778-MS, Rel. Min. Luis Felipe Salomão, DJe 28/4/2017).

que lhe é devido (art. 385, CC). Se o credor remitir o débito em favor de um dos devedores, haverá extinção da obrigação em relação a ele, contudo a solidariedade remanescerá em face dos demais codevedores. Consequentemente, o credor abaterá do valor do débito a importância que remitiu, conforme se depreende do art. 277 do Código Civil: "O pagamento parcial feito por um dos devedores e a remissão por ele obtida não aproveitam aos outros devedores, senão até a concorrência da quantia paga ou relevada." Portanto, caso *A* seja credor de *B*, *C* e *D* por R$ 90,00, a remissão da dívida que exonera o devedor *B* fará com que *A* só possa cobrar R$ 60,00 de *C* e *D*. Aliás, em reforço, enuncia o art. 388 do Código Civil que "a remissão concedida a um dos codevedores extingue a dívida na parte a ele correspondente; de modo que, ainda reservando o credor a solidariedade contra os outros, já lhes não pode cobrar o débito sem dedução da parte remitida".

A solução normativa é coerente, haja vista que a remissão se baseia em considerações pessoais do credor sobre a pessoa de determinando devedor, sendo incabível a exoneração dos demais da obrigação. Lembra Caio Mário da Silva Pereira que é possível, contudo, a verificação da remissão em caráter geral, hipótese em que se opera a extinção integral do débito, beneficiando todos os codevedores solidários. Como exemplo cita a remissão real que resulta da entrega do título representativo do débito a um dos devedores.[134]

Percebe-se que a remissão na solidariedade passiva difere acentuadamente do mesmo fenômeno na solidariedade ativa. Havendo remissão por parte de apenas um entre os vários credores, o débito é completamente extinto e caberá ao credor remitente pagar aos demais pelas suas quotas (art. 272, CC). No entanto, em sede de solidariedade passiva a remissão não elimina os efeitos da solidariedade passiva quanto aos demais devedores, os quais remanescem vinculados, apenas mitigando o débito na proporção do *quantum* relevado.

Essa remissão do débito, cujos contornos são assinalados no art. 277, não se confunde com uma eventual *renúncia à solidariedade*. Nesse diferenciado modelo jurídico – que dispensa a aquiescência do devedor –, o credor não excluirá a responsabilidade do devedor, apenas amenizará sua situação ao convertê-lo de devedor solidário em mero devedor fracionário. De acordo com o art. 282 do Código Civil, "O credor pode renunciar à solidariedade em favor de um, de alguns ou de todos os devedores". Orlando Gomes explica que a justificativa da renúncia reside no fato de a solidariedade ser instituída com função de garantia do credor, sendo que "toda garantia pode ser dispensada".[135]

O art. 282 do Código Civil tanto permite a renúncia parcial como total à solidariedade. Sendo a renúncia total, não há dificuldade em perceber que a obrigação, inicialmente solidária, transforma-se em conjunta para o grupo de devedores, cada qual

134. PEREIRA, Caio Mário da Silva. *Instituições de direito civil*: obrigações, p. 97.

135. GOMES, Orlando. *Obrigações*, p. 67.

doravante responsável somente pela sua fração. Se antes havia apenas um vínculo entre credor e devedores, surge agora uma pluralidade de relações obrigacionais autônomas.

Todavia, manifestando-se de forma inequívoca o credor pela renúncia parcial ao débito, em prol de apenas um dos devedores é certo que relativamente aos demais devedores, sua condição não poderá ser agravada pela exoneração da solidariedade do codevedor, portanto aderimos ao Enunciado 349 do CJF/STJ: "Com a renúncia da solidariedade quanto a apenas um dos devedores solidários, o credor só poderá cobrar do beneficiado a sua quota na dívida; permanecendo a solidariedade quanto aos demais devedores, abatida do débito a parte correspondente aos beneficiados pela renúncia".[136] Por conseguinte, se *A* é credor de *B*, *C* e *D* da importância de R$ 90,00 e o devedor *B* é beneficiado pela renúncia à solidariedade, apenas continuará responsável pelo adimplemento de R$ 30,00; já os devedores *C* e *D* arcarão com R$ 60,00 cada, pois será abatida no débito a parte correspondente à exoneração da solidariedade (parágrafo único, art. 282 do CC).

Apesar de o devedor ter sido exonerado da solidariedade pelo credor, terá que contribuir no eventual rateio da parte de outro devedor que se torne insolvente (art. 284 do CC). De fato, tratando-se de renúncia – e não de remissão –, o devedor permanece como tal, com a única vantagem de não ter que adiantar ao credor o valor total do débito, mas apenas a sua fração. Ademais, o credor não tem o poder de interferir nas relações internas entre os devedores, pois eventual direito de regresso caberá àquele devedor que pagou a dívida do insolvente e não à pessoa do credor. Se o credor houvesse remitido o débito, a solução seria distinta: ele mesmo teria de suportar a parcela do rateio que em princípio recairia sobre o devedor perdoado. Esse também é o teor do Enunciado 350 do CJF/STJ: "A renúncia à solidariedade diferencia-se da remissão, em que o devedor fica inteiramente liberado do vínculo obrigacional, inclusive no que tange ao rateio da quota do eventual codevedor insolvente, nos termos do art. 284."

Tal distinção quanto aos efeitos da remissão e da renúncia à solidariedade é visualizada pelo recurso à teoria dualista de Brinz: *Schuld x Haftung*. Na remissão, aquele que em princípio era devedor se exonera da situação jurídica debitória, restando, pois, liberado do vínculo obrigacional (*Schuld*). Em contrapartida, na renúncia o devedor mantém-se atado à prestação, com alteração apenas no momento secundário da responsabilidade (*Haftung*), pois ao invés de lhe ser exigido o total da obrigação, apenas responderá perante o credor por sua quota, nada mais.

6.4.3 A expansão da solidariedade passiva na reparação de danos injustos

A solidariedade é um fenômeno que gravita em torno do direito das obrigações e não apenas dos contratos. Portanto, além das corriqueiras hipóteses de

136. Nesse ponto nos distanciamos do art. 527 do Código Civil de Portugal: "A renúncia à solidariedade a favor de um ou de alguns dos devedores não prejudica o direito do credor relativamente aos restantes, *contra os quais conserva o direito à prestação por inteiro*" (grifo nosso).

solidariedade resultantes de cláusulas apostas a negócios jurídicos, várias situações de corresponsabilidade passiva resultam de disposições emanadas da lei.[137] O sistema jurídico quer tutelar de forma ampla a incolumidade patrimonial e existencial da pessoa, nos casos em que nasce a obrigação de indenizar decorrente de danos injustos. Para alcançar tal desiderato, nada melhor do que a solidariedade passiva para ampliação de possibilidades de a vítima obter a reparação. Forte em Caio Mário da Silva Pereira, abre-se àquele que sofreu o prejuízo a opção de obter indenização integral de qualquer dos responsáveis, em regra daquele que tiver maior condição econômica de suportar a reparação, evitando-se ainda controvérsias acerca da parcela e da intensidade da responsabilidade de cada um dos coautores do dano, instituindo um nexo de causalidade plúrimo.[138]

No tocante à reparação de danos injustos, a solidariedade passiva merece enfoque por dois ângulos, a saber: as relações entre a vítima e os responsáveis e o vínculo interno entre os próprios responsáveis.

6.4.3.1 Relações entre a vítima e os responsáveis

De acordo com o parágrafo único do art. 942 do Código Civil, "são solidariamente responsáveis com os autores os coautores e as pessoas designadas no art. 932". Portanto, havendo mais de um causador do dano, surge a responsabilidade solidária de forma a vincular qualquer dos coautores[139] – por ato comissivo ou omissivo –, pela integralidade do débito, em demanda movida contra todos ou apenas em face de um ou alguns dos devedores. A letra da norma em comento estende a solidariedade passiva às hipóteses de responsabilidade civil indireta, veiculadas no art. 932 do Código Civil.

A hipótese mais corriqueira de solidariedade passiva extranegocial resulta da participação de duas ou mais pessoas na causação do dano. Trata-se de um fenômeno denominado por Fernando Noronha como *causalidade plural comum*, ou coautoria de fato danoso. Há apenas um único fato causador do dano, atribuído a uma pluralidade de responsáveis, que estarão obrigados a indenizar. Ilustrativamente, o autor lembra a situação em que duas ou mais pessoas participam de um quebra-quebra, sendo responsáveis por todo o dano causado. Outra variação de autoria plural com solidariedade é produto da *causalidade concorrente*, quando são diversos e independentes os fatos que contribuem para o dano, porém não sendo todos eles atribuíveis

---

137. Em caráter excepcional, uma norma poderá impor solidariedade mesmo no campo das relações negociais. Pelo art. 829 do Código Civil, existindo vários fiadores vinculados a apenas um débito, caso não estipulem cláusula expressa ressalvando o benefício da divisão, haverá solidariedade passiva entre eles e cada um dos fiadores será indistintamente responsável pela totalidade do débito.

138. PEREIRA, Caio Mário da Silva. *Responsabilidade civil*, p. 82.

139. Cláudio Godoy ensina "que nessa coautoria deve incluir-se também o partícipe do direito penal, não havendo, para a responsabilização civil, de proceder à distinção respectiva que há no direito penal. Para fins civis, responde solidariamente quem tenha, de forma eficiente, concorrido à causação do dano, portanto cuja conduta se integre no nexo causal, posto que plúrimo". In *Código Civil comentado*, p. 907.

à atuação de uma única pessoa. Interessante derivação da causalidade concorrente é a *causalidade complexa*, vislumbrada quando fatos diversos, atribuíveis a pessoas distintas, agindo em separado, acabam contribuindo para o dano consumado. Se qualquer um dos fatos independentes tinha potencialidade para originar o dano, todos os agentes serão coautores e, via de consequência, obrigados a indenizar. Exemplifica-se com o dano ambiental, em que dois fabricantes despejam no mesmo rio água poluída, em tal quantidade que a matéria tóxica desaguada por qualquer um deles seria suficiente para matar todos os peixes.[140]

Em sede de relações consumeristas, o parágrafo único do art. 7 do CDC é taxativo: "Tendo mais de um autor a ofensa, todos responderão solidariamente." O comando normativo se aplica aos danos derivados tanto da coautoria (causalidade plural comum), como daquelas lesões decorrentes de condutas autônomas dos responsáveis, mas que causam um único dano (causalidade concorrente).[141] Nas relações de consumo, todos os integrantes da cadeia de fornecimento de serviços são solidariamente responsáveis pelo fato do produto e serviço, isto é, pelos danos patrimoniais e morais causados aos consumidores, em razão de defeitos que provocam acidentes de consumo.[142] Se o automóvel conduzido por *A* provoca colisão com danos por defeito de fabricação do mecanismo de frenagem, a vítima *B* poderá buscar reparação, alternativamente, em face do fabricante do veículo ou do fornecedor da peça defeituosa, facultando-se-lhe mesmo ingressar com o pleito ressarcitório contra ambos.[143]

---

140. In *Direito das Obrigações*, v. 1, p. 641-648.

141. O § 1º do art. 25 do CDC repete o parágrafo único do art. 7º, ao dispor que "havendo mais de um responsável pela causação do dano, todos responderão solidariamente pela reparação prevista nesta e nas seções anteriores".

142. STJ, Informativo nº 0620 – 4. T -23 de março de 2018. "Sob essa ótica e tendo em vista o disposto no parágrafo único do artigo 7º e no § 1º do artigo 25 do CDC, sobressai a solidariedade entre todos os integrantes da cadeia de fornecimento de serviços, cabendo direito de regresso (na medida da participação na causação do evento lesivo) àquele que reparar os danos suportados pelo consumidor. No contexto analisado, a Bancorbrás não funciona como mera intermediadora entre os hotéis e os adquirentes do título do clube de turismo. A intermediação configurar-se-ia se o contrato fosse fundado na livre escolha do consumidor, sem qualquer condução ou direcionamento da Bancorbrás. Ao revés, a escolha do adquirente do título fica limitada aos estabelecimentos previamente credenciados e contratados pela Bancorbrás, que, em seu próprio regimento interno, prevê a necessidade de um padrão de atendimento e de qualidade dos serviços prestados. O caso, portanto, não pode ser tratado como culpa exclusiva de terceiro, pois o hotel conveniado integra a cadeia de consumo referente ao serviço introduzido no mercado pela Bancorbrás. Em verdade, sobressai a indissociabilidade entre as obrigações de fazer assumidas pela Bancorbrás e o hotel credenciado. Nesse sentido, evidencia-se que os prestadores de serviço de hospedagem credenciados funcionam como verdadeiros prepostos ou representantes autônomos da Bancorbrás, o que atrai a incidência do artigo 34 do CDC. Deste modo, é dese reconhecer a legitimidade passiva ad causam da Bancorbrás para responder por defeito do serviço de hotel conveniado (REsp 1.378.284-PB, Rel. Min. Luis Felipe Salomão, DJe 07/03/2018).

143. Há de se observar, contudo, regra especial do art. 13 do CDC que introduz o comerciante na qualidade de responsável subsidiário, e não solidário, pela imputação objetiva dos danos decorrentes de produtos defeituosos. Essa peculiaridade não se repete na responsabilização por danos decorrentes de defeitos de serviços (art. 14, CDC), oportunidade em que todos os fornecedores, sem exceção, são reputados objetiva e solidariamente responsáveis.

Em se tratando de acidente de trânsito e sendo o autor do dano garantido no pagamento de perdas e danos por contrato de seguro, caso a demanda de ressarcimento tenha sido ajuizada simultaneamente contra o segurador e o segurado (art. 787, CC) – ou apenas contra o segurado que opera a denunciação da lide com anuência por parte da seguradora (art. 101, II, CDC) –, serão ambos condenados solidariamente (art. 132, CPC/15).[144] Contudo, nem sempre a seguradora cobrirá a integralidade dos danos, pois sua condenação somente alcançará o limite da cobertura do contrato de seguro.

Em acréscimo, vale mencionar a solidariedade entre sociedades consorciadas, notadamente quando está em jogo interesse que prepondera sobre a autonomia patrimonial das integrantes do consórcio (v.g. por acidente envolvendo ônibus de propriedade exclusiva de uma das empresas consorciadas). Na hipótese de responsabilidade derivada de relação de consumo, afasta-se a regra geral da ausência de solidariedade entre as consorciadas por força da disposição contida no art. 28, § 3º, do CDC. Essa exceção em matéria consumerista justifica-se pela necessidade de se atribuir máxima proteção ao consumidor, mediante o alargamento da base patrimonial hábil a suportar a indenização. É interessante anotar, nesse passo, que a solidariedade entre os integrantes do consórcio quanto a obrigação decorrente de uma relação de consumo não significa a desconsideração da personalidade jurídica das consorciadas, mas sim a atribuição de responsabilidade a terceiros em razão do vínculo jurídico mantido com o fornecedor causador do dano.[145]

A função garantidora do parágrafo único do art. 942 do Código Civil também é aquilatada nos casos de responsabilidade civil indireta, por fato de terceiro.[146, 147] A aplicação mais eloquente da regra é visualizada na responsabilidade do patrão pelos danos causados por seu empregado contra terceiro (art. 932, III, CC). Assim, se a

---

144. STJ. Informativo nº 0450 Período: 4 a 8 de outubro de 2010. Quarta Turma ACIDENTE. TRÂNSITO. DENUNCIAÇÃO. SEGURADORA. Cuida-se de ação de indenização ajuizada por companheira, filho e mãe de falecido em consequência de atropelamento na calçada ocasionado por caminhão conduzido por preposto de sociedade empresária. Quanto à solidariedade entre a empresa denunciante e a seguradora denunciada, assevera que, assumindo a seguradora a condição de litisconsorte em razão da denunciação da lide, a responsabilidade dela passa a ser solidária em relação à empresa segurada, de sorte que a condenação no processo de conhecimento forma título executivo judicial cuja execução pode ser dirigida a ambos ou a qualquer uma delas. REsp 736.640-RS, Rel. Min. Aldir Passarinho Junior, julgado em 5/10/2010.

145. "Há solidariedade entre as sociedades consorciadas em relação às obrigações derivadas de relação de consumo desde que essas obrigações guardem correlação com a esfera de atividade do consórcio" (STJ, 4. T, REsp 1.635.637-RJ, Rel. Min. Nancy Andrighi, por unanimidade, julgado em 18/09/2018, DJe 21/09/2018.

146. Tratando-se de responsabilidade indireta de pais, tutores e curadores por danos causados por incapazes (art. 932, I e II, CC), não se aplicará a solidariedade passiva entre os inimputáveis causadores de danos e seus responsáveis, prevalecendo a regra especial de subsidiariedade e excepcionalidade da obrigação de reparar por parte de absoluta e relativamente incapazes, nas circunstâncias especiais do art. 928 do Código Civil.

147. Na responsabilidade civil do Estado pelos danos causados por seus agentes contra terceiros (art. 37, § 6º, CF), o Supremo Tribunal Federal recusou a solidariedade passiva entre o agente e o Estado perante a vítima ao adotar a tese da **dupla garantia**: uma do particular, possibilitando-lhe ação indenizatória contra a pessoa jurídica de direito público; outra em prol do agente que somente responderá civilmente perante a pessoa jurídica a cujo quadro funcional pertencer (Rel. Min. Carlos Britto, *Informativo* 436 STF, RE 327.904, 15.8.2006).

vítima for atropelada pelo preposto de uma empresa, a ação indenizatória repercutirá tanto em face do autor (empregado) como de seu responsável (empregador), sendo lícito à vítima formar um litisconsórcio passivo ou apenas ingressar com a ação contra um deles. Os fundamentos da obrigação de indenizar serão diversos: aferição do ato ilícito para o empregado e responsabilidade objetiva para o empregador.

A imputação objetiva de danos é fonte crescente de normatização de solidariedade passiva, com a finalidade de conceder a mais ampla tutela às vítimas do evento. Isso explica a tendência jurisprudencial de responsabilização solidária de ambos os pais pelos danos causados por seus filhos contra terceiros, inclusive àqueles que não detêm a guarda, pelo fato da inerência do poder de família a qualquer dos membros do ex-casal.[148]

Doutrina e jurisprudência criativamente alargam as hipóteses de solidariedade passiva. Nessa linha, tal qual a construtora, o agente financeiro é parte legítima na ação de resolução contratual proposta por mutuários em virtude de vícios constatados no prédio, dada a inequívoca interdependência entre os contratos de construção e de financiamento. Trata-se de contratos coligados, verdadeiras redes contratuais no mercado habitacional, nas quais as operações básicas de construção e financiamento não admitem cisão, eis que se fundiram em só negócio jurídico, "o negócio de aquisição da casa própria". A obra iniciada mediante financiamento do Sistema Financeiro de Habitação acarreta a solidariedade passiva do agente financeiro com a construtora pela respectiva solidez e segurança do empreendimento.[149] Enquanto

148. STJ. *Informativo* nº 0481, 15-26.8.2011. Terceira Turma: "INDENIZAÇÃO. SOLIDARIEDADE. CONCESSIONÁRIA. FABRICANTE. VEÍCULO. Noticiam os autos que a recorrente adquiriu veículo na concessionária representante de fábrica de automóveis, entretanto a aquisição não se consumou, tendo a concessionária deixado de funcionar e de entregar o veículo. O tribunal de origem deu provimento à apelação da fabricante, ora recorrida, e reformou a sentença por não reconhecer a responsabilidade solidária entre ela e a concessionária. Nesse contexto, conforme precedentes deste Superior Tribunal, é impossível afastar a solidariedade entre a fabricante e a concessionária, podendo ser a demanda ajuizada contra qualquer uma das coobrigadas, como no caso. Contudo, a existência de solidariedade não impede ser apurado o nexo de causalidade entre as condutas dos supostos responsáveis para concluir pela responsabilização de um só." REsp 1.155.730-SP, Rel. Min. Sidnei Beneti, julgado.

149. Todavia, a jurisprudência atual do STJ rechaça esse entendimento: Informativo nº 0506. Período: 4 a 17 de outubro de 2012. Quarta Turma. DIREITO PROCESSUAL CIVIL. CEF. AGENTE FINANCEIRO EM SENTIDO ESTRITO. VÍCIO NA OBRA. ILEGITIMIDADE *AD CAUSAM*. "A CEF não responde por vício na execução da obra cometido por construtora escolhida pelo mutuário para erguer imóvel dele, nem por vício existente em imóvel pronto voluntariamente adquirido pelo mutuário. A mera circunstância de o contrato de financiamento ser celebrado durante a construção ou no mesmo instrumento do contrato de compra e venda firmado com o vendedor não implica a responsabilidade do agente financeiro pela solidez e perfeição da obra. Isso porque não se cuida de cadeia de fornecedores a ensejar solidariedade, uma vez que as obrigações de construir e de fornecer os recursos para a obra são substancialmente distintas, guardam autonomia, sendo sujeitas a disciplina legal e contratual própria. A instituição financeira só tem responsabilidade pelo cumprimento das obrigações que assume com o mutuário referentes ao cumprimento do contrato de financiamento, ou seja, a liberação do empréstimo nas épocas e condições acordadas, tendo por contrapartida a cobrança dos encargos também estipulados no contrato. Com efeito, figurando ela apenas como financiadora, em sentido estrito, não tem responsabilidade sobre a perfeição do trabalho realizado pela construtora escolhida pelo mutuário, não responde pela exatidão dos cálculos e projetos nem, muito menos, pela execução dos serviços desenvolvidos por profissionais não contratados nem remunerados pelo agente financeiro. Ademais, a previsão contratual e regulamentar de fiscalização da obra pela CEF é no sentido de que o empréstimo

a responsabilidade da construtora é contratual, pelo inadimplemento de obrigações e fornecimento de produtos com vícios (art. 18, CDC), a responsabilidade do agente financeiro é extranegocial e advém da omissão da instituição financeira com relação ao controle da obra, bem como negligência no dever anexo de informação aos consumidores – violação da boa-fé objetiva – no tocante aos prejuízos iminentes decorrentes da aquisição das unidades.[150]

Nada obstante, restringe-se a responsabilidade solidária Aos fornecedores integrantes de uma mesma cadeia de oferecimento de produtos e/ou serviços, sem que se possa responsabilizado prestador pertencente à cadeia anterior à retirada de bem durável do mercado de consumo (a partir de sua aquisição pelo destinatário final) por prejuízos constatados no futuro em virtude da revenda do referido bem, independentemente de ter sido esta materializada com a celebração de um negócio meramente civil ou com o surgimento de uma nova relação de consumo.[151]

6.4.3.2 Vínculo interno entre os próprios responsáveis

No âmbito interno das relações entre os causadores do dano em hipóteses de autoria plural, ao ofensor que for condenado será reservado o direito de regresso contra os demais responsáveis. De acordo com o parágrafo único do art. 13 do CDC, "Aquele que efetivar o pagamento ao prejudicado poderá exercer o direito de regresso contra os demais responsáveis, segundo sua participação na causação do evento danoso". Destarte, o direito de regresso será aferido de acordo com a intensidade de participação de cada um dos ofensores para a causação do dano. O ofendido será

---

seja utilizado para os fins descritos no contrato de financiamento, cujo imóvel lhe é dado em garantia hipotecária. Se constatar a existência de fraude, ou seja, que os recursos não estão sendo integralmente empregados na obra, poderá rescindir o contrato de financiamento. Assim, em relação à construtora, a CEF tem o direito e não o dever de fiscalizar. Dessa forma, figurando como mero agente financeiro em sentido estrito, a CEF não possui legitimidade passiva ad causam para responder por eventual defeito de construção da obra financiada" (REsp 897.045-RS, Rel. Min. Maria Isabel Gallotti, julgado em 9.10.2012).

150. Como explica Rodrigo Xavier Leonardo, "As empresas unem-se em redes contratuais para enfrentar determinantes de mercado, para diminuir riscos, para ampliar lucros. O direito não pode furtar-se a reconhecer efeitos a essa realidade econômica, sobretudo na medida em que esta postura implicaria desproteção do consumidor, destinatário final dos produtos e serviços ofertados em rede", in *Redes contratuais no mercado habitacional,* p. 235.

151. "Na hipótese analisada se está diante de corriqueira sucessão de negócios destinados à venda e revenda de bem durável, representada por duas relações jurídicas bem distintas, ou seja, uma primeira cadeia de consumo foi formada e encerrou-se quando o primeiro vendedor alienou o veículo ao consumidor (destinatário final). Uma nova e independente cadeia iniciou-se quando este, que adquiriu o automóvel e lhe deu destinação final, decidiu entregar o referido bem à empresa de agenciamento de veículos para recolocá-lo no mercado. É dizer, o bem desvinculou-se de uma cadeia de consumo quando saiu de mercado para integrar o acervo patrimonial de seu destinatário final. Após, foi inserido em outra cadeia de consumo ao retornar ao mercado através dos serviços de agenciamento contratados por seu proprietário para facilitar-lhe a revenda; serviço este que, aliás, não pode servir de justificativa para que a referida agência de veículos seja parte integrante da cadeia de fornecimento de que fez parte o vendedor primeiro. Resulta inconteste, assim, a descontinuidade (quebra) entre as duas relações de consumo, que resulta na inexistência de relação jurídica entre o primeiro vendedor e o último adquirente do automóvel" (STJ, Informativo 603, REsp 1.517.800-PE, Rel. Min. Ricardo Villas Bôas Cueva, DJe 5/5/2017).

dispensado desta discussão, exclusivamente travada entre os devedores, ao tempo da ação regressiva.

A referida norma reforça o direito à segurança do consumidor perante todos os membros da cadeia de produção, pois reputa como ineficaz cláusula contratual eventualmente pactuada entre os fornecedores que impeça o exercício unilateral ou recíproco da ação regressiva. Isso implica em redobrado cuidado na colocação de produtos e serviços no mercado de consumo, pois qualquer um dos partícipes será responsabilizado, mesmo que em sede de regresso.

Outra fundamental implicação do parágrafo único do art. 13 do CDC é o afastamento da regra geral da ação regressiva aplicável às obrigações de fonte negocial. O art. 283 do Código Civil assegura ao devedor que satisfez o débito por inteiro o direito de exigir de cada um dos codevedores a sua quota, em proporcionalidade idêntica. Portanto, se o devedor *B* paga ao credor *A* a quantia de R$ 90,00, terá regresso de R$ 30,00 contra *B* e *C*, respectivamente. Essa proporcionalidade aritmética não viceja no terreno da responsabilidade extranegocial, à medida que o coautor que desembolsou a integralidade da reparação receberá dos coautores o montante correspondente à proporção em que cada qual concorreu para o fato danoso. Se a imputação objetiva é suficiente para condenar qualquer dos responsáveis solidários a indenizar a vítima, a ação de regresso, por sua vez, será o espaço apropriado para que se investigue se a defeituosidade danosa pode ser imputada subjetivamente a todos, alguns ou apenas um dos fornecedores e em que medida cada um restará obrigado.

Para a responsabilidade civil indireta, por fato de terceiro, aplica-se a norma especial do art. 934 do Código Civil, permitindo àquele que ressarcir o dano causado por outrem o direito de reaver o que pagou daquele por quem pagou. O raciocínio a ser utilizado aqui é diverso daquilo que se propagou para o regresso na autoria plural. No exemplo já aventado do empregado que causa danos, caso a vítima acione o empregador – o que é natural, tanto pela sua potencialidade econômica como pelo fundamento da imputação objetiva de danos (art. 933, CC) –, o empregador condenado civilmente obterá pela via da *actio in rem verso* 100% do valor despendido para custear o ato ilícito praticado pelo seu empregado e causador imediato dos danos.[152]

152. Nesse sentido decisão da 2ª Turma do STJ que determina a corresponsabilidade Estatal por danos ambientais, porém com recomendação de regresso perante o autor: "A questão em causa diz respeito à responsabilização do Estado por danos ambientais causados pela invasão e construção, por particular, em unidade de conservação (parque estadual). A Turma entendeu haver responsabilidade solidária do Estado quando, devendo agir para evitar o dano ambiental, mantém-se inerte ou atua de forma deficiente. A responsabilização decorre da omissão ilícita, a exemplo da falta de fiscalização e de adoção de outras medidas preventivas inerentes ao poder de polícia, as quais, ao menos indiretamente, contribuem para provocar o dano, até porque o poder de polícia ambiental não se exaure com o embargo à obra, como ocorreu no caso. Há que ponderar, entretanto, que essa cláusula de solidariedade não pode implicar benefício para o particular que causou a degradação ambiental com sua ação, em detrimento do erário. Assim, sem prejuízo da responsabilidade solidária, deve o Estado – que não provocou diretamente o dano nem obteve proveito com sua omissão – buscar o ressarcimento dos valores despendidos do responsável direto, evitando, com isso, injusta oneração da sociedade. Com esses fundamentos, deu-se provimento ao recurso." REsp 1.071.741-SP, Rel. Min. Herman Benjamin, julgado em 24.3.2009.

Todavia, tendo sido o empregado imediatamente condenado a ressarcir a vítima, não contará com a possibilidade de obter regresso em face do empregador, apesar de este também funcionar como coobrigado perante a vítima.

6.4.4 A solidariedade passiva e o débito alimentar

É no direito alimentar que maior confluência surge entre a solidariedade como princípio e como regra.[153]

O escopo precípuo da família é a solidariedade social e o compartilhamento de condições necessárias ao aperfeiçoamento e progresso humano. Aplicando o princípio constitucional no âmbito alimentício, resulta que os alimentos tendem a proporcionar uma vida de acordo com a dignidade de quem recebe (alimentando) e de quem os presta (alimentante), pois nenhum deles é superior, nem inferior.[154]

Questão de grande relevo e atualidade concerne à configuração das regras aplicáveis à solidariedade passiva nas obrigações alimentares. Pelo fato de a solidariedade não se presumir (art. 265, CC), e não existir previsão normativa nesse sentido, as obrigações alimentares serão divisíveis – como soma pecuniária – e fracionárias (conjuntas). Esta é a intelecção do art. 1.698 do Código Civil, estabelecendo que, sendo várias as pessoas obrigadas a prestar alimentos, todas devem concorrer na proporção dos respectivos recursos. Cada devedor tem dever autônomo em relação ao credor de alimentos. Assim, em caso de necessidade, o credor de alimentos não poderá exigir pensionamento integral em face de apenas um entre vários devedores, que isoladamente não tenha condições econômicas para ministrá-los ao alimentante. Cumpre a ele chamar em juízo, simultaneamente, todos os potenciais devedores, em caráter complementar, repartindo-se os alimentos na proporção dos recursos financeiros dos alimentantes. Existem tantas obrigações quanto forem as pessoas em condições de serem demandadas.

Nas palavras de Yussef Said Cahali, "cada obrigado deve responder de acordo com suas possibilidades, o que pode gerar uma participação desigual. Não há uma obrigação divisível entre os devedores, mas tantas obrigações quantas sejam as pessoas envolvidas. Cada quota constitui dívida distinta. Tanto é verdade que, se um dos devedores cumpre sua obrigação, nos limites de sua possibilidade, não pode voltar-se, regressivamente, contra os outros".[155]

---

153. Eventualmente um ato de solidariedade pode não se convolar em obrigação alimentar: "Como se vê, as tias, especialmente R(...)., hoje com 69 anos de idade, sensibilizadas com a situação dos sobrinhos, buscaram alcançar, de alguma forma, condições melhores para sustento da família, mesmo depois da separação do casal. Tal ato de caridade, de solidariedade humana, não deve ser transmutado em obrigação decorrente de vínculo familiar, notadamente em se tratando de alimentos decorrentes de parentesco, quando a interpretação majoritária da lei, tanto pela doutrina, quanto pela jurisprudência, tem sido no sentido de que tios não devem ser compelidos a prestar alimentos aos sobrinho." STJ, REsp. 1032846, Rel. Min. Nancy Andrighi, *DJ* 16.6.2009.

154. FARIAS, Cristiano Chaves de; ROSENVALD, Nelson, *Direito das famílias,* p. 664.

155. CAHALI, Yussef Said. *Dos alimentos,* p. 160.

Assim, o credor promoverá a integração da lide dos diversos coobrigados. Na espécie, tiramos elucidativo exemplo de Pedro Lino de Carvalho Jr.: "imagine-se que uma senhora carente de alimentos que possuísse três filhos aptos a prestá-los. Suas necessidades orçam em R$ 1.000,00 (mil reais). O primeiro filho poderia fornecer-lhe uma prestação de R$ 500,00 (quinhentos reais), de acordo com a sua situação econômica, e os demais, R$ 250,00 (duzentos e cinquenta reais) cada um. Se ela optasse por demandar apenas o primeiro filho, diante da divisibilidade da prestação alimentar e do princípio da proporcionalidade, sujeitar-se-ia a receber o valor de R$ 500,00 (quinhentos reais), a despeito de este corresponder unicamente à metade do que ela necessitaria para se manter, restando-lhe, se o quisesse, acionar os demais filhos para integralização do *quantum*".[156]

Aliás, de acordo com o já referido art. 1.698 do Código Civil, a complementação de alimentos pelos ascendentes mais remotos (avós) também não atenderá à solidariedade, eis que cada qual prestará alimentos, concorrendo em caráter subsidiário em proporção às suas possibilidades, quando chamados, sendo defeso ao juiz promover a citação de ofício de todos os litisconsortes, pois não são necessários. Aliás, o autor poderá demandar contra devedores que se encontrem em classes diversas, mesmo diante da subsidiariedade, pela aplicação do litisconsórcio facultativo eventual. Primeiro o juiz verificará a impossibilidade de o devedor principal suprir todos os alimentos (*v.g.*, pai), em seguida examinará a existência da obrigação em face do devedor subsidiário (*v.g.*, avós).[157]

Acerca do tema em comento, na 5ª Jornada de Direito civil, o Conselho de Justiça Federal aprovou o seguinte enunciado: "O chamamento dos codevedores para integrar a lide, na forma do artigo 1698 do Código Civil, pode ser requerido por qualquer das partes, bem como pelo Ministério Público, quando legitimado".

Com o advento do Estatuto do Idoso (Lei nº 10.741, de 1.10.2003), houve modificação no tocante aos alimentos pleiteados por ascendentes em face dos descendentes, admitindo-se a solidariedade passiva entre os alimentantes, de forma pioneira no direito pátrio. De acordo com o art. 12 do Estatuto, "a obrigação alimentar é solidária, podendo o idoso optar entre os prestadores".[158] Pode então o idoso litigar

156. CARVALHO JR., Pedro Lino de. *Da solidariedade da obrigação alimentar em favor do idoso*, p. 47.

157. Há uma inovação de ordem processual. A parte final do art. 1.698 do Código Civil aduz que, "intentada a ação contra uma delas, poderão as demais ser chamadas a integrar a lide". Fredie Didier Jr., precisamente, demonstra se tratar de uma hipótese nova de litisconsórcio passivo facultativo ulterior simples, por provocação do autor, em momento posterior à citação, fase em que o CPC já não mais admitiria a intervenção de terceiros pela estabilização subjetiva do processo. Ou seja, o alimentando "originariamente optou por não demandar contra determinado devedor comum; após a manifestação do réu, ou, a despeito dela, em razão de fato superveniente, percebe a possibilidade/utilidade de trazer ao processo o outro devedor-comum, para que o magistrado também certifique sua pretensão contra ele, tudo isso em uma mesma relação jurídica processual. Mas esse chamamento é feito pelo autor, até porque se trata da formulação de um novo pedido em face desse novo réu". Cf. *Regras processuais no novo Código Civil*, p. 126.

158. "O Estatuto do Idoso (Lei nº 10.741, 1º10/03) disciplina, especificamente, no Capítulo III, a partir do art. 11, os alimentos devidos aos idosos, atribuindo-lhes, expressamente, natureza solidária. Assim, por força da lei especial, é incontestável que o Estatuto do Idoso disciplinou de forma contrária à Lei Civil de 1916

contra o filho que lhe interessar, por entender que outros filhos não detenham capacidade econômica para enfrentar o pagamento. Pela letra fria da regra, se *A* tem como filhos *B*, *C* e *D*, qualquer um deles poderá assumir a integralidade do débito alimentar, independente da convocação dos demais descendentes, à medida que a pessoa com idade igual ou superior a 60 (sessenta) anos goze de proteção integral.

Pedro Lino de Carvalho Jr. oferece bem sopesadas críticas à inovação legal. Inicialmente, o art. 12 da Lei nº 10.741 vulnera o princípio da isonomia constitucional, pois o benefício da solidariedade deveria ter sido concedido a crianças e adolescentes, credores igualmente vulneráveis, que necessitam de proteção integral (art. 227 da CF). Ademais, a inovação seria insípida no campo da concretude, pois de que adianta a solidariedade se cada qual dos descendentes não possui condições econômicas para arcar com o valor sugerido pelo idoso autor da demanda? "Nesse caso, de nada adiantará a solidariedade, pois a obrigação alimentar sustenta-se no binômio necessidade/possibilidade, e, se um dos codevedores não pode sozinho se encarregar do pagamento, o credor há de acionar os demais, se pretender a integralidade da prestação almejada."[159]

Em reforço, pode-se mesmo cogitar da inconstitucionalidade do dispositivo no caso concreto (não em abstrato), pela possibilidade de ferir a prioridade absoluta e proteção integral conferidas à criança e ao adolescente pelo art. 227 da CF. Assim, a solução somente poderá ser: ou inexiste solidariedade nas obrigações alimentícias em geral (inclusive em favor dos idosos) ou, noutra quadra, estende-se a solidariedade também nas obrigações infantojuvenis. Pensar diferente é promover uma fratura completa do sistema jurídico, afastando uma compreensão sistemática.[160]

Em síntese conclusiva, infere-se com tranquilidade que, consoante entendimento doutrinário e jurisprudencial – e diante da clareza solar do art. 265 do Código Civil –,a obrigação alimentar não é solidária, mas sim divisível, excetuando-se, contudo, a controversa previsão do Estatuto do Idoso.

6.4.5 A solidariedade cambiária

No direito cambial as regras da solidariedade passiva se afastam daquilo que se aplica ao direito comum das obrigações. Pelo princípio da autonomia, quando um título é posto em circulação, o que efetivamente se transmite é um direito novo,

e 2002, adotando como política pública (art. 3º), a obrigação da família, da comunidade, da sociedade e do Poder Público assegurar ao idoso, com absoluta prioridade a efetivação do direito à alimentação. Para tanto, mudou a natureza da obrigação alimentícia de conjunta para solidária, com o objetivo de beneficiar sobremaneira a celeridade do processo, evitando discussões acerca do ingresso dos demais devedores, não escolhidos pelo credor-idoso para figurarem no polo passivo. Dessa forma, o Estatuto do Idoso oportuniza prestação jurisdicional mais rápida na medida em que evita delonga que pode ser ocasionada pela intervenção de outros devedores." STJ, REsp. nº 775.565, Rel. Min. Nancy Andrighi, 26.6.2006.

159. CARVALHO JR., Pedro Lino de. *Da solidariedade da obrigação alimentar em favor do idoso*, p. 51.

160. FARIAS, Cristiano Chaves de; ROSENVALD, Nelson. *Direito das famílias*, p. 680.

autônomo e originário que se desvincula completamente da causa subjacente.[161] Isto é, enquanto nas relações causais (obrigações civis) o direito transmitido deriva do negócio jurídico de origem, vinculando-se os sucessivos obrigados ao título de origem, no direito cambial, explica Guilherme Sandoval, "cada subscrição feita em um específico título de crédito gera obrigações independentes, apartadas uma das outras. É neste sentido que se afirma que a obrigação do aceitante da letra de câmbio é diferente do sacador, que por sua vez se diferencia da do endossante ou do avalista e assim por diante dentro da cadeia de anterioridade".[162]

Como corolário lógico dessa diversidade principiológica, não se aplica à solidariedade passiva cambiária o *benefício da divisão*, a que alude o art. 283 do Código Civil. Segundo o dispositivo, o devedor que satisfez a dívida tem direito a exigir de cada um dos codevedores a sua quota, pois internamente entre os solidários não se defere a possibilidade de aquele que pagou cobrar a totalidade dos coobrigados.

Todavia, em nome da autonomia cartular, o coobrigado cambiário (sacador de letra aceita, endossante ou avalista) que satisfez por inteiro o credor do título (beneficiário ou tomador) tem direito a exigir de cada um dos demais codevedores anteriores na cadeia de endossos a dívida toda e não apenas a sua quota-parte, como se verifica com a solidariedade civil. Com efeito, o benefício da divisão não se coaduna com o princípio da inoponibilidade das exceções pessoais. Colocado em circulação, o título cambial ganha abstração, desvinculando-se por inteiro das questões ligadas à *causa debendi* originária. Exatamente por serem autônomas, as obrigações solidárias cambiárias não se submetem ao benefício da divisão.[163]

Outra inequívoca distinção entre a solidariedade civil e a cambial reside no enfoque legal da extinção da solidariedade. No direito obrigacional o pagamento efetuado integralmente por qualquer dos codevedores, sem exceção, provoca a extinção da relação jurídica. Sobrevive apenas no plano interno o acerto de contas entre o devedor que pagou e os demais coobrigados.

Na égide do direito cartular, obtempera Guilherme Sandoval existirem dois tipos de devedor cambiário: (a) o devedor principal – é o devedor direto do título de crédito, tendo assumido expressamente a obrigação de pagar a quantia por ele traduzida (*v.g.*, aceitante da letra de câmbio; emitente do cheque ou nota promissória, aceitante ou sacado na duplicata e os avalistas destas cambiais). A obrigação cambial somente se

161. Pelo princípio da autonomia das obrigações cartulares, não se aplica ao direito cambiário a norma do art. 266 do CC, que faculta a estipulação de solidariedade passiva com imposição de obrigação pura e simples para um dos codevedores e obrigação submetida a elementos acidentais (termo, condição e encargo) para outros.

162. *Solidariedade civil, cambiária e empresarial*, p. 414.

163. SANDOVAL, Guilherme. *Solidariedade civil, cambiária e empresarial*, p. 415. O autor esclarece, contudo, que "o benefício de divisão é aplicável no caso de aval conjunto onde as relações entre coavalistas se equivalem às da solidariedade civil na medida em que o coavalista que pagou o título não tem direito de exigir dos demais coavalistas, conservando porém, tal direito em relação aos coobrigados cambiários normais dentro da cadeia de anterioridade" (idem, p. 416).

extinguirá por ocasião do pagamento feito pelo devedor principal ou seus avalistas; (b) coobrigado cambial – é o devedor indireto. Subsiste a obrigação em caso de pagamento executado por devedor cambiário de regresso, eis que o seu pagamento não tem o condão de acabar com a vida cambiária do título que continua circulando ao longo da cadeia de anterioridade. Por tal razão, quando o coobrigado cambial paga a dívida, só poderá cobrá-la em regresso junto a codevedores que lhe são anteriores na cadeia de assinaturas. Os devedores indiretos apenas serão desonerados com o pagamento do devedor principal.[164]

Por fim, acentue-se que, diversamente da solidariedade obrigacional – emanada da lei ou de negócio jurídico –, a solidariedade cambial sempre resulta de imposição normativa. Igualmente, na solidariedade obrigacional a interrupção da prescrição contra um dos devedores alcança os demais (art. 204, § 1º, CC). No entanto, na solidariedade cambiária a interrupção da prescrição apenas produz efeitos em relação à pessoa para quem a interrupção foi imposta. Vale dizer, a interrupção operada contra o emitente não alcança o avalista e vice-versa. Portanto, se um dos codevedores cambiais não foi citado em execução de acordo do qual não participou, será beneficiado pela incidência da prescrição cambial não interrompida.[165]

6.4.6 A solidariedade passiva e o chamamento ao processo

Na seara processual, a repercussão mais importante da solidariedade se dá no chamamento ao processo (art. 130, CPC/15). Quando o devedor solidário for acionado sozinho para responder pela totalidade do débito, terá a faculdade de eleger qualquer um dos demais devedores solidários para o pagamento mediante ação condenatória secundária, por meio de manifestação no próprio corpo da contestação. O chamamento ao processo amplia o polo passivo da demanda originária, pela inserção de um novo demandado na qualidade de litisconsorte ulterior.[166] O artigo 131 do CPC/15, é explícito no particular: "A citação daqueles que devam figurar em litisconsórcio passivo será requerida pelo réu na contestação e deve ser promovida no prazo de 30 (trinta) dias, sob pena de ficar sem efeito o chamamento".

A partir dessa intervenção forçada de terceiro, a sentença será formalmente una e materialmente dúplice, pois o magistrado decidirá a demanda do credor contra o réu e a pretensão secundária desse contra aquele que, frente à dívida, são tão obrigados

164. Idem, op. cit., p. 418.

165. REsp. 207.746-SP, Min. Rel. Fernando Gonçalves, *DJ* 5.10.2009: "1. A solidariedade cambial não se confunde com a solidariedade civil, razão pela qual a interrupção da prescrição operada em relação a um coobrigado não prejudica os demais."

166. Arruda Alvim explica que "O chamamento ao processo é uma das formas de ingresso de terceiro em processo de conhecimento alheio. Sua finalidade é a de que o chamado, por meio de manifestação de vontade do réu, originariamente demandado, se coloque ao seu lado como litisconsorte, ficando, assim, no processo, também na condição jurídica de réu do mesmo autor comum. Trata-se de um poder outorgado ao réu". *Manual de direito processual*, v. 2, p. 195.

quanto ele. Nascerá um título executivo judicial contra os demais devedores solidários na dívida comum que ingressaram na lide secundária. A teor do art. 132, CPC/15, "A sentença de procedência valerá como título executivo em favor do réu que satisfizer a dívida, a fim de que possa exigi-la, por inteiro, do devedor principal, ou, de cada um dos codevedores, a sua quota, na proporção que lhes tocar".

No âmbito interno do regresso cada devedor arcará com a sua cota-parte e se um dos codevedores for insolvente, a sua quota será rateada entre os demais (art. 283 do CC), incluindo-se nesse rateio também os eventuais devedores que anteriormente haviam sido exonerados da solidariedade pelo credor (art. 284 do CC).

Quanto ao cabimento, o chamamento ao processo é reservado ao processo de conhecimento, sendo vedado em sede de execução ou na fase de cumprimento da sentença pois pressupõe a existência de ação condenatória em andamento.

Apesar da clareza meridiana da norma processual que defere essa modalidade de intervenção de terceiros ao codevedor na solidariedade passiva, emprestamos nossa total adesão ao ponto de vista esposado por Nelson Nery Júnior, francamente contrário ao regime legal. Segundo o lapidar processualista, o chamamento ao processo fere o princípio da instrumentalidade do processo, na medida em que "o direito processual não pode inviabilizar o exercício do direito material, pois o processo é instrumento de realização do direito material e não um fim em si mesmo. Assim, não se pode, por intermédio do processo, aniquilar o instituto da solidariedade, criado não em benefício do devedor solidário para resolver as suas pretensões com os demais codevedores solidários, mas em benefício exclusivamente do credor. As soluções que o processo tem de dar, portanto, devem levar em consideração a natureza e a finalidade desse instituto de direito material denominado solidariedade".[167]

Com efeito, na solidariedade passiva o credor tem a prerrogativa de escolher qualquer dos devedores para o polo passivo da demanda. Muitas vezes a escolha será baseada na capacidade econômica do demandado, visando à rápida solução do litígio. O credor não é obrigado a litigar contra quem não queira. Assim, "admitir-se que o chamamento ao processo possa ampliar o polo passivo da demanda significa fazer com que ao autor-credor seja imposta, por potestade do réu-chamante, a situação de litigar contra réus que ele não escolhera para responder à demanda, inclusive com inevitável postergação do procedimento".[168] Trata-se de solução que elimina por vias oblíquas o fundamento material da solidariedade, pois o direito subjetivo do credor é fragilizado pela importância concedida pelo legislador processual à discussão das relações internas entre os devedores.[169]

167. NERY JÚNIOR, Nelson. *Código de Processo Civil comentado*, p. 448.

168. NERY JÚNIOR, Nelson. *Código de Processo Civil comentado*, p. 448.

169. No mesmo sentido, Alexandre Freitas Câmara recorda "que o chamamento ao processo 'anula' as vantagens decorrentes da solidariedade passiva, obrigando o credor a atuar em juízo diante de quem não queria ver no processo". In *Lições de direito processual civil*, p. 212.

Esse raciocínio já foi exteriorizado pelo Superior Tribunal de Justiça para não se amesquinhar o direito fundamental à saúde, pela criação de artifícios que procrastinassem o acesso a medicamentos e tratamentos que compõem o mínimo existencial.[170]

De qualquer forma, o chamamento ao processo é uma realidade encetada no art. 130, III, do CPC/15, permitindo a convocação à lide de todos os devedores solidários, quando o credor exigir de apenas um ou alguns a dívida comum. Ora, se os chamados figurarão ao lado do primitivamente demandado, indaga-se: caso o credor tenha renunciado à solidariedade em prol de um dos devedores, caberá o seu chamamento ao processo? A nosso viso, a resposta é negativa e tem seu fundamento, mais uma vez, na própria noção da instrumentalidade do processo como substrato de efetivação de direitos materiais. Se o devedor favorecido pela renúncia já não mais se qualifica como solidário, e sim como devedor fracionário, é lógico que não mais seja legitimado passivo ao ingresso no processo de conhecimento alheio. Assim também se pautou o Enunciado 351 do CJF/STJ: "A renúncia à solidariedade em favor de determinado devedor afasta a hipótese de seu chamamento ao processo."

Será possível ao devedor-réu chamar ao processo apenas alguns dos codevedores solidários ou esta modalidade de intervenção de terceiros só se viabiliza se todos os coobrigados ingressarem na lide? Alexandre Freitas Câmara aduz que o chamamento de apenas um ou alguns dos codevedores reduziria sensivelmente o pesado ônus que o chamamento impõe ao credor. Ademais, o "devedor demandado é senhor de seu direito de cobrar dos codevedores suas frações, o que fará apenas se quiser. Assim também não se pode impor ao réu que tenha, como litisconsorte, alguém que – além de não ter sido originariamente demandado – não quer o chamante ter ao seu lado na relação processual. Por fim, ressalte-se aqui a incidência do velho princípio segundo o qual 'quem pode o mais, pode o menos'. Assim, quem pode chamar ao processo todos os codevedores, pode também chamar alguns deles".[171]

Excetuando o disposto no art. 101, II, da Lei nº 8.078/90 – que cogita da convocação do segurador de produtos e serviços por parte do fornecedor demandado, ampliando a legitimação passiva em prol do consumidor –, o chamamento ao processo é vedado no Código de Defesa do Consumidor (art. 88). Assim, havendo solidariedade

---

170. STJ: "O chamamento ao processo da União nas demandas propostas contra os demais entes federativos responsáveis para o fornecimento de medicamentos ou prestação de serviços de saúde, não é impositivo, mostrando-se inadequado opor obstáculo inútil à garantia fundamental do cidadão à saúde. Precedentes do STJ. A Primeira Turma do Supremo Tribunal Federal entende que 'o recebimento de medicamentos pelo Estado é direito fundamental, podendo o requerente pleiteá-los de qualquer um dos entes federativos, desde que demonstrada sua necessidade e a impossibilidade de custeá-los com recursos próprios', e 'o ente federativo deve se pautar no espírito de solidariedade para conferir efetividade ao direito garantido pela Constituição, e não criar entraves jurídicos para postergar a devida prestação jurisdicional', razão por que 'o chamamento ao processo da União pelo Estado de Santa Catarina revela-se medida meramente protelatória que não traz nenhuma utilidade ao processo, além de atrasar a resolução do feito, revelando-se meio inconstitucional para evitar o acesso aos remédios'" (REsp 1203244/SC, Rel. Min. Herman Benjamin, S1, Primeira Seção, *DJe* 17.6.2014).

171. In *Lições de direito processual civil*, p. 212-213.

passiva entre os fornecedores de produtos ou serviços que, em virtude de acidente de consumo, causaram danos patrimoniais e/ou morais ao consumidor (parágrafo único do art. 7º do CDC), aquele que litigar no polo passivo da ação indenizatória não poderá chamar os demais fornecedores ao processo. Após a sua condenação, com a satisfação plena do consumidor, ajuizará ação de regresso em face de quem considere o verdadeiro culpado pelo fato lesivo.

Vale dizer, o direito de regresso do fornecedor "não culpado" está assegurado pelo CDC, mas o sistema consumerista não permite o chamamento ao processo – ou a denunciação da lide – como qualquer outra indicação do verdadeiro "culpado" no processo frente ao consumidor.[172] Caso não existisse o óbice legal, estar-se-ia admitindo a introdução na lide de fundamento estranho à ação principal, pois a discussão secundária de culpa não se compatibiliza com a demanda que versa acerca de responsabilidade objetiva. Sem contar com a indevida procrastinação do feito que ofende o princípio da efetividade do processo.

172. Marques, Cláudia Lima; Benjamim, Antonio Herman; Miragem, Bruno. *Comentários ao Código de Defesa do Consumidor*, p. 189.

CAPÍTULO IV

Modalidades de Obrigações III – Classificação quanto à Exigibilidade e ao Conteúdo

"Eu tudo fiz por você, e o resultado: desilusão."

(Tom Jobim)

"Se eu quero e você quer
Tomar banho de chapéu
Ou esperar Papai Noel
Ou discutir Carlos Gardel
Então vá!
Faça o que tu queres
Pois é tudo da lei, da lei."

(Raul Seixas)

1. CLASSIFICAÇÃO QUANTO À EXIGIBILIDADE

1.1 Obrigações civis e obrigações naturais

De acordo com o art. 786 do CPC/15, "A execução pode ser instaurada caso o devedor não satisfaça a obrigação certa, líquida e exigível, consubstanciada em título executivo". Em complemento, assinala o art. 391 do Código Civil que "Pelo inadimplemento das obrigações respondem todos os bens do devedor". A outro turno, enfatiza o art. 876 do Código Civil: "Todo aquele que recebeu o que lhe não era devido fica obrigado a restituir."

Tais normas revelam o perfil ordinário das obrigações, aquilo que lhes confere juridicidade. Contudo, o ordenamento admite hipóteses excepcionais em que o inadimplemento pelo devedor não confere ao credor a pretensão de exigir o cumprimento. Nada obstante, se nesses casos o devedor espontaneamente satisfaz a obrigação, descabe a repetição daquilo que se deu a título de adimplemento.

Essas situações anômalas são referidas a uma categoria jurídica tida como *obrigações naturais* – nomenclatura que se opõe às *obrigações civis*, dotadas de plena exigibilidade – que apresenta duas marcantes características: (a) O cumprimento da obrigação natural não é judicialmente exigível; (b) não se pode repetir o que se pagou para o cumprimento de obrigação judicialmente inexigível (art. 882, CC).

Enfim, nas obrigações civis ou perfeitas, a lei dispensa ao sujeito ativo uma tutela direta, mediante ação creditória, ao passo que nas obrigações naturais – ou imperfeitas – concede-lhe uma simples tutela indireta, por meio da irrepetibilidade da prestação voluntariamente efetuada pelo devedor, aquilo que se chama *solutio retenti*, ou seja, o direito do credor de reter o pagamento.[1]

A regra moral que aconselha o pagamento recebe parcial proteção jurídica. Se, por um lado, derroga-se a regra de que *a todo direito corresponde uma pretensão que o assegure*, pois não há como compelir aquele que recebeu a restituir, de outro ângulo acautela-se aquele que recebeu, pela irrepetibilidade, pois o que se pagou corresponde a um imperativo de justiça.

Não há regulamentação sistematizada sobre a matéria no Brasil. O Código Civil não regra de forma disciplinada o conteúdo e o modelo das obrigações naturais, sendo elas apenas referidas no plano de sua eficácia, quando do estudo do pagamento indevido. Apenas em um dispositivo a legislação substantiva faz menção rigorosa à obrigação natural, quando acentua que não se revogam por ingratidão as doações "que se fizerem em cumprimento de obrigação natural" (art. 564, III, CC). Aliás, o art. 882 do Código põe assento no atributo da incoercibilidade, ao substituir a expressão obrigação natural por *obrigação judicialmente inexigível*. Parece-nos que se trata de

1. COSTA, Mario Júlio de Almeida, in *Direito das obrigações*, p. 153. Aduz ainda que "foi pensando nesta dualidade que se definiu a obrigação em sentido técnico, encarada na perspectiva do credor como o poder de exigir (obrigações civis) ou apenas o poder de pretender (obrigações naturais) uma prestação", p. 153.

um conceito jurídico indeterminado, passível de dimensionamento pelo magistrado em todos os casos em que a obrigação for inexigível, mas que seja defensável a sua devolução conforme os valores sociais vigentes.

O art. 402 do Código Civil de Portugal descreve adequado conceito para a obrigação natural, fundada "num mero dever de ordem moral ou social, cujo cumprimento não é judicialmente exigível, mas corresponde a um dever de justiça". Vê-se nitidamente a concorrência de dois requisitos positivos e um negativo: (a) prestação inexigível; (b) mas que se funde em dever moral ou social; (c) que o adimplemento represente um dever de justiça.

De fato, explica Caio Mário da Silva Pereira que "a obrigação natural é um *tertium genus*, entidade intermediária entre o mero dever de consciência e a obrigação juridicamente exigível".[2] Seria mais que um dever moral, porém menos que uma obrigação civil.

A obrigação natural será algo a mais que um dever moral ou social, basicamente por corresponder a um dever de justiça. Segundo Antunes Varela, se há mero dever genérico de caridade (dar esmola aos pobres), ou de beneficência (auxiliar as vítimas de enchentes), ou um puro dever social de cortesia (presentear pelo casamento), haverá uma doação, mera liberalidade, mas não o cumprimento de obrigação natural. O mesmo se diga de um dever de gratidão ou reconhecimento por um serviço efetuado gratuitamente. Trata-se de doação remuneratória. Para que haja obrigação natural, é necessário que exista, como fundamento da prestação, um dever moral ou social específico entre pessoas determinadas, cujo cumprimento seja imposto por uma reta composição de interesses, ou seja, diretamente de justiça.[3]

De fato, existem deveres de justiça que não se qualificam como deveres jurídicos pelo fato de seu cumprimento não ser imposto pelo direito, apesar de reclamado pela justiça. É o caso do pagamento de dívida antes declarada como prescrita em juízo. O adimplemento espontâneo da prestação – mesmo depois de deduzida a pretensão – corresponde a um imperativo de justiça, apesar do vínculo jurídico já ter sido extinto em homenagem ao princípio da segurança jurídica e a necessidade de certeza no comércio jurídico.

Adere-se assim ao escólio de Mário Júlio de Almeida Costa: "Compete à jurisprudência, de harmonia com as concepções predominantes e as circunstâncias concretas de cada situação, averiguar se o dever de uma pessoa para com outra não respeita somente a consciência moral, mas algo mais, que respeite também à consciência jurídica. Consistindo num simples dever de caridade, de dedicação, de amor, ainda que fundados na moral, traduzir-se-á em liberalidade."[4]

---

2. PEREIRA, Caio Mário da Silva. *Instituições de direito civil*, v. II, p. 32.
3. Assim, sintetiza o autor que "tanto o elemento objectivo (existência do dever de justiça), como o elemento subjectivo correspondente (intenção de cumprir o dever) são requisitos essenciais da obrigação natural. In *Das obrigações em geral*, v. I, p. 723-724.
4. COSTA, Mario Júlio de Almeida. *Direito das obrigações*, p. 159.

Se as noções de "dever de justiça" ou respeito à "consciência jurídica" como parâmetros de conversão de um dever moral em uma prestação se mostram demasiadamente fluidas, Pietro Perlingieri aplica os requisitos da proporcionalidade e da adequação como pressupostos implícitos da obrigação natural, devendo-se excluir este modelo toda vez que a prestação resultar desproporcional em relação ao dever moral do qual se constitui adimplemento. Para tal fim, não será o dever moral considerado abstratamente, mas em relação às específicas circunstâncias e peculiares relações entre devedor e credor natural.[5]

Ademais, não se invoque a teoria do enriquecimento sem causa para sancionar o credor, pois o pagamento da obrigação natural é justificado pelo fato do devedor adotar um comportamento legítimo, por reconhecer que obteve vantagem moralmente indevida, apesar de juridicamente inexigível.

Com Arnaldo Rizzardo, "não resta dúvida quanto à importância da obrigação natural, que vai predominando na medida em que evoluem os comportamentos, de modo a se cumprir certas obrigações unicamente porque ofendem os reclamos de consciência, podendo levar alguém a simplesmente cumprir obrigações não impostas pela lei, como no caso de uma injusta absolvição em processo penal".[6]

1.2 Regime das obrigações naturais

O regime das obrigações naturais tende a se aproximar do regramento jurídico das obrigações civis, exceto naquilo que concerne à realização coativa da prestação. Sendo o cumprimento da obrigação natural um ato espontâneo do devedor, terá total autonomia para optar entre adimplir ou não. Contudo, caso delibere por cumprir, será legítima a aplicação das regras destinadas às obrigações civis, desde que compatíveis com a incoercibilidade do vínculo.[7]

Assim, se o devedor de obrigação natural cumpre espontaneamente, será o adimplemento coberto pelo manto da irrepetibilidade, mesmo que o devedor tenha pagado por erroneamente acreditar que era obrigado a cumprir a prestação. Em outras palavras, o erro quanto à ciência sobre a coercibilidade jurídica não suprime a eficácia do cumprimento. Certamente não se poderia falar do atributo da "espontaneidade" em um pagamento cercado por dolo ou coação, ou mesmo uma outra espécie de erro.[8] Contudo, mesmo sob a falsa premissa da coercibilidade do débito, o devedor

5. PERLINGIERI, Pietro. *O direito civil na legalidade constitucional*, p. 914.
6. RIZZARDO, Arnaldo. *Direito das obrigações*, p. 63.
7. Fernando Noronha caminha nesse sentido, enfatizando que "a obrigação natural é despida da coercibilidade que é característica das obrigações verdadeiras e, por outro lado, o cumprimento delas não tem o tratamento jurídico do adimplemento das demais obrigações. O adimplemento da obrigação natural é equiparado ao cumprimento das obrigações verdadeiras apenas para o efeito de impedir que possa ser repetido". In *Direito das obrigações*, v. I, p. 221.
8. Hamid Charaf Bdine Jr. aduz que "se houver outra espécie de erro no pagamento, será possível repetir o inadimplemento. Imagine-se que o erro resultou do fato de uma seguradora pagar indenização a um

capaz agiu com liberdade e realizou um ato de autonomia. Afinal, o fato de haver ocorrido a prescrição ou de a dívida não ser juridicamente exigível não significa que ela não era devida.

Hipótese diametralmente contrária a esta e que culmina por comprovar o acerto daquilo que foi afirmado no tópico anterior é o regramento do art. 877 do Código Civil: "àquele que voluntariamente pagou o indevido incumbe a prova de tê-lo feito por erro". Aqui sim a comprovação do erro é imprescindível para a repetição do valor pago, haja vista que, ao se pagar prestação ciente de ser ela indevida, está o *solvens* realizando uma liberalidade. Por conseguinte, só haveria repetição se aquele que pagou comprovasse o seu desconhecimento quanto ao caráter indevido daquilo que prestou.

Seria plausível um negócio jurídico de promessa de cumprimento de obrigação natural?

Se o devedor demonstrar o claro desiderato de proporcionar coercitividade à obrigação – não se tratando apenas de uma confissão de dívida natural –, será válida e eficaz a promessa, desde que, por via transversa, não elida a razão pela qual o ordenamento jurídico afastou a sua incoercibilidade. Com efeito, nada impediria que o devedor de obrigação judicialmente declarada prescrita efetuasse promessa de reconhecimento desse débito. Há ainda uma imposição ética que impele ao pagamento. O mesmo não se diga de uma dívida de jogo ou aposta. Uma promessa de cumprimento dessas obrigações naturais seria inválida por representar, nas palavras de Mário Júlio de Almeida Costa, "a deixar entrar pela janela aquilo a que se fecha a porta".[9]

Deixemos claro, todavia, que a noção da incoercibilidade jurídica da obrigação natural exclui, por completo, a possibilidade de se prestar garantia – pessoal ou real – ao seu cumprimento. Tratando-se o pagamento de um ato de liberdade, qualquer forma de garantia impactará em responsabilidade, seja pessoal do devedor natural ou de terceiros, o que colide diretamente com a lógica da espontaneidade do adimplemento da obrigação natural.[10]

Por outro lado, existem disposições que se aplicam exclusivamente ao regime das obrigações naturais, a ponto de particularizar o processo do adimplemento, diferenciando-o do estatuto de regência das obrigações civis. Senão, vejamos:

a) O cumprimento da obrigação natural será considerado como fraude contra credores, passível de anulação (art. 171, II, CC), quando causar prejuízo a terceiros. A locução *terceiros* se aplica àqueles que celebram negócios jurídicos

---

segurado, após o prazo prescricional, porque imagina que ele havia sido vítima de furto. Ao ser apurado o erro – o furto não ocorreu –, a seguradora poderia postular a repetição do indébito decorrente do erro cometido, porque seu pedido não estaria fundamentado no pagamento de dívida prescrita". In *Código Civil comentado,* p. 891.

9. COSTA, Mario Júlio de Almeida. *Direito das obrigações,* p. 166.
10. Essa também é a posição adotada por João de Matos Antunes Varela, in *Das obrigações em geral,* v. 1, p. 737.

com devedores que optam por quitar obrigação natural ao invés de arcar com obrigações civis. Assim, se *A* é devedor de *B* em função de uma nota promissória dotada de exigibilidade e mesmo assim delibera por pagar a *C* um débito prescrito por deliberação judicial, poderá *B* ajuizar ação pauliana para invalidar o cumprimento da referida obrigação natural, quando sobejar provado que o adimplemento da obrigação prescrita reduziu A à condição de insolvência, frustrando o cumprimento da obrigação civil perante *B*.[11]

Na verdade, bem sintetiza Fernando Noronha que "se pusermos em confronto a posição do credor 'natural', que nunca poderia exigir a prestação, com a de terceiros que sejam titulares de créditos juridicamente exigíveis e que ficariam prejudicados com o eventual pagamento ao credor natural, veremos que os interesses destes são, sem dúvida, mais merecedores de tutela. Nenhum devedor pode pagar dívidas 'naturais' se não está em condições de pagar as suas dívidas civis".[12]

Por conseguinte, da mesma maneira que as pessoas não podem fazer liberalidades sem estar quites com os seus credores, para que praticamente as não façam à custa deles, igualmente lhes será vedado o cumprimento de meros deveres de consciência – mesmo que suportados por ditames de justiça – sem previamente se desonerarem das obrigações impostas por lei, que com ela possam colidir.[13]

b) Mais uma característica diferenciada das obrigações naturais concerne à possibilidade de repetição do adimplemento quando o devedor seja incapaz.

Em princípio, a capacidade de fato do *solvens* não é requisito para o cumprimento da obrigação. A avaliação quanto à representação ou assistência do incapaz é um dado coevo ao momento genético da validade do negócio jurídico. *A contrario sensu*, como bem colocado por Pontes de Miranda, "o que se exige é que o adimplemento se dê, e esse ocorre sempre que, mediante atividade (positiva ou negativa) tendente à obtenção do resultado, a prestação tem por fito, e obtém tal resultado".[14] Isso se explica pelo fato de o pagamento se encontrar no plano da eficácia: não há

11. No nosso Código Civil não há norma expressa na seção da Fraude contra Credores hábil a censurar tal comportamento pelo devedor, porém dessume-se tratar de ato gratuito e fraudatório dos direitos dos demais credores (art. 158, CC). Já no CC de Portugal há dispositivo específico aplicável à espécie. Art. 615. 2: "O cumprimento de obrigação vencida não está sujeito à impugnação; mas é impugnável o cumprimento tanto da obrigação ainda não exigível como da obrigação natural."

12. O autor ilustra o raciocínio com ótimo exemplo: "um devedor em estado de insolvência que paga três dívidas: uma comum e já vencida, outra comum e não vencida, a terceira natural (por exemplo, divida de aposta, ou dívida comum já judicialmente declarada prescrita). O primeiro pagamento é inatacável, o segundo é ineficaz em relação aos demais credores e por isso tem de ser reposto (art. 162), para que todos sejam tratados em pé de igualdade. E se o pagamento de dívida ainda não vencida não vale contra os demais credores, por maioria de razão nada poderá valer o pagamento de dívida natural: o credor natural terá que devolver o que recebeu. Este nem sequer poderá participar, depois, do concurso de credores, e ficará sem nada receber, se o patrimônio do devedor não for suficiente para pagar integralmente os credores ditos 'civis'". In *Direito das obrigações,* v. 1, p. 224.

13. VARELA, João de Matos Antunes. *Das obrigações em geral,* v. 1, p. 730.

14. In *Tratado de direito privado,* t. XXIV, p. 115. De acordo com Pontes de Miranda, o pagamento é um ato-fato, pois o que é essencial é que ele seja conforme à obrigação (p. 114).

pagamento nulo ou anulável, apenas se analisa se ele produziu efeitos ou não. Daí a preocupação do art. 310 do Código Civil apenas com o resultado do pagamento, isto é, se ele produziu ou não benefícios para o incapaz. Esta será a motivação para a sua eficácia ou ineficácia.

Aliás, se nas obrigações de fazer ou de não fazer esta asserção não causa espécie – pois o cumprimento se limita a uma conduta ou abstenção por parte do devedor incapaz –, poder-se-ia, a princípio, questionar-se a eficácia do pagamento de obrigação de dar relativa à transmissão de propriedade, a qual demandaria capacidade plena de exercício. Todavia, se o negócio jurídico foi validamente concluído pelas partes, seria mesmo contraditório se permitir a repetição do pagamento – quando realizado pessoalmente pelo incapaz –, se os seus representantes serão imediatamente convocados para realizar novo cumprimento.

Todavia, o mesmo raciocínio não se aplica ao pagamento pessoal de obrigação natural pelo incapaz. Aqui surge uma necessária ponderação entre o ditame de justiça associado ao interesse social que legitima o recebimento da obrigação natural pelo credor e a imprescindibilidade da tutela da pessoa do incapaz em face do irrefletido pagamento de um débito que não pode lhe ser exigido pelo credor natural.

De acordo com o art. 882 do Código Civil, a irrepetibilidade do pagamento da obrigação natural não comportaria exceções. Para parte da doutrina, isso já seria suficiente para se conceder eficácia, exemplificativamente, ao pagamento pelo incapaz de dívida declarada prescrita, como forma de renúncia tácita à prescrição, mesmo por quem não tenha capacidade para tanto.[15] Não comungamos desse entendimento, primeiro por ser evidente que a existência de uma regra só pode ser confirmada pela demonstração de, no mínimo, uma exceção a ela. No mais, uma interpretação sistemática do modelo jurídico nos remete ao art. 814 do Código Civil, norma que consagra a não repetição do pagamento de dívidas de jogo ou de aposta, "salvo se for ganha por dolo, ou se o perdente é menor ou interdito". A ressalva da norma evidencia a preocupação do legislador com a tutela do perdedor da aposta ou jogo quando incapaz, impedindo assim a retenção do pagamento por parte do credor. A lei aqui adota padrão diferenciado do adimplemento das obrigações civis.

1.3 Espécies de obrigações naturais

É inadequada qualquer enumeração *numerus clausus* de hipóteses de obrigações naturais. Trata-se de um modelo jurídico de caráter geral que, como visto antes, abrange aqueles deveres de cunho social e moral, cujo adimplemento corresponda a um dever de justiça, não obstante marcados pela inexigibilidade. Para fins de sistematização,

15. Neste sentido o posicionamento de Celso Quintella Aleixo ao comentar o art. 882: "Não só a lei é peremptória ao tratar do assunto, como não estabelece a exceção. Uma vez que o direito de crédito continua a existir, reputar como válido e eficaz o pagamento é solução mais adequada, inclusive porque é a compatível com a segurança jurídica, fundamento da prescrição" (In Pagamento, p. 289).

adotamos a classificação de Fernando Noronha, e distinguindo as obrigações naturais em dois grupos: obrigações de conteúdo moral e de trato social. Aquelas se associam às regras de conduta recomendadas sobre o que se fazer para alcançar o bem e evitar o mal, tutelando a ética social. Já as obrigações de trato social atendem a simples usos e convenções sociais, cuja inobservância não lesa a moral, mas comporta a desestima social do sujeito. As obrigações de conteúdo moral são mais numerosas, eis que tutelam valor mais importante do que as regras meramente de trato social.[16]

1.3.1 Obrigações de trato social

Dívidas de jogo ou aposta – na sistemática do Código Civil, jogo e aposta são contratos nominados, todavia dotados de eficácia particularizada, em razão do desvalor social ínsito a eles. No jogo, os jogadores disputam em função do acaso: o que for favorecido pela sorte quanto ao resultado de um evento incerto e aleatório será pago pelos demais; na aposta, as partes disputam em função de opinião sobre o resultado de evento futuro. Enquanto no jogo os contendores detêm função ativa, interferindo no resultado, na aposta o papel é passivo, eis que os apostadores apenas aguardam o resultado de evento sobre o qual não possuem qualquer controle.

Existem três categorias de jogos e apostas no direito brasileiro: os regulados, os tolerados e os proibidos.

Os jogos e apostas lícitos e disciplinados em lei e providos de autorização administrativa não são obrigações naturais, porém perfeitas. Cuida-se de atividades lícitas, submetidas à regulamentação estatal, fonte de obrigação civil (art. 814, § 2º, do CC).[17] Exemplificando, as diversas loterias da Caixa Econômica Federal ou o turfe. Também escapam da regra geral os prêmios oferecidos para competições, quando os interessados se submetem às prescrições legais e regulamentares (art. 814, § 3º, do CC).

Fortes na lição de Fábio Ulhoa Coelho, "quando alguém faz suas apostas na loteria esportiva da Caixa Econômica, não está celebrando com esta instituição financeira nenhum contrato de aposta. O contrato na verdade é feito com todos os demais apostadores daquela série; a Caixa Econômica apenas administra a aposta, recolhendo antecipadamente o pagamento dos participantes e entregando o valor devido ao acertador. Em consequência, o apostador vitorioso tem crédito perante as entidades de organização do jogo ou aposta regulados, e pode, sem obstáculo, promover a execução deste em juízo".[18]

---

16. In *Direito das obrigações,* v. 1, p. 231.
17. João de Matos Antunes Varela resume o jogo legalmente autorizado como "válvula de escape social, destinada a satisfazer o sentimento muito generalizado de as pessoas tentarem a sua sorte através dos jogos de azar e a evitar na medida do possível a organização clandestina do jogo". In *Das obrigações em geral,* v. 1, p. 726.
18. COELHO, Fábio Ulhoa. *Curso de direito civil,* v. 2, p. 29.

Em complemento, o Superior Tribunal de Justiça admite que a cobrança de dívida de jogo contraída por brasileiro em cassino que funciona legalmente no exterior, é juridicamente possível e não ofende a ordem pública, os bons costumes e a soberania nacional. A referida corte percebe como espécie de "enriquecimento sem causa", a conduta do jogador que tenta retornar ao país de origem buscando impunidade civil, após visitar país estrangeiro, usufruir de sua hospitalidade e contrair livremente obrigações lícitas.[19]

Há uma forte aproximação entre as consequências de jogos proibidos e aqueles apenas tolerados. Jogos ou apostas proibidos são aqueles em que o ganhar ou perder depende exclusivamente da sorte – "jogos de azar"–, tais como as loterias não autorizadas, como o jogo do bicho, descritos no art. 50 da Lei de Contravenções Penais. Em contrapartida, os jogos tolerados possuem menor reprovação social e não dependem exclusivamente da sorte, contando mesmo com certa destreza dos contendores, tais como os jogos de cartas. Não merecem a qualificação da iliceidade, porém a lei não lhes dá respaldo a ponto de se converterem em obrigação civil.

Nos jogos tolerados, o pagamento é inexigível pelo contendor vitorioso. Todavia, se o devedor pagar espontaneamente, o vencedor do jogo ou aposta não terá obrigação de restituir (art. 814 do CC), exceto se a vitória procedeu de dolo ou se quem perdeu for menor ou interdito, hipóteses em que o jogo ou a aposta deixam de ser atos espontâneos, havendo proveito de uma parte em relação à outra. Entrariam nessa classificação as dívidas de jogo contraídas em casa de bingo que funcionam sem autorização legal, mas apenas com liminares.[20]

---

19. "o tema merece exame a partir da determinação da lei aplicável às obrigações no domínio do direito internacional privado, analisando-se os elementos de conexão eleitos pelo legislador. Com efeito, o art. 814 do Código Civil de 2002 trata das dívidas de jogo, afirmando que as dívidas de jogo não obrigam a pagamento. Inova com a Introdução dos parágrafos 2º e 3º, buscando corrigir omissão anterior, esclarecendo que é permitida a cobrança oriunda de jogos e apostas legalmente autorizados. O art. 9º da Lei de Introdução às Normas do Direito Brasileiro – LINDB, por sua vez, estabelece, no que se refere às obrigações, duas regras de conexão, associando a lei do local da constituição da obrigação com a lei do local da execução. No caso em debate, a obrigação foi constituída nos Estados Unidos da América, devendo incidir o *caput* do referido dispositivo segundo o qual deve ser aplicada a lei do país em que a obrigação foi constituída, já que não incide o segundo elemento de conexão. Sob essa perspectiva, a lei material aplicável ao caso é a americana. Todavia, a incidência do referido direito alienígena está limitada pelas restrições contidas no art. 17 da LINDB, que retira a eficácia de atos e sentenças que ofendam a soberania nacional, a ordem pública e os bons costumes. Em primeiro lugar, não há que se falar em ofensa aos bons costumes e à soberania nacional, seja porque diversos jogos de azar são autorizados no Brasil, seja pelo fato de a concessão de validade a negócio jurídico realizado no estrangeiro não retirar o poder soberano do Estado. No tocante à ordem pública – fundamento mais utilizado nas decisões que obstam a cobrança de dívida contraída no exterior – cabe salientar tratar-se de critério que deve ser revisto conforme a evolução da sociedade, procurando-se certa correspondência entre a lei estrangeira e o direito nacional. Nessa perspectiva, verifica-se que ambos permitem determinados jogos de azar, supervisionados pelo Estado, sendo quanto a esses, admitida a cobrança"(Informativo 610, REsp 1.628.974-SP, Rel. Min. Ricardo Villas Bôas Cueva, DJe 25/8/2017).

20. STJ.Informativo nº 0566 Período: 8 a 20 de agosto de 2015. Terceira Turma. A dívida de jogo contraída em casa de bingo é inexigível, ainda que seu funcionamento tenha sido autorizado pelo Poder Judiciário. De acordo com o art. 814, §2º, do CC, não basta que o jogo seja lícito (não proibido), para que as obrigações dele decorrentes venham a ser exigíveis, é necessário, também, que seja legalmente permitido. Nesse contexto,

Já com relação aos jogos proibidos, não há de se aplicar idêntica solução. Cuida-se de negócio jurídico nulo, portador de objeto ilícito (art. 166, II, CC). Se, por um lado, mantém-se o caráter da irrepetibilidade do valor pago, não se constituirá obrigação natural e, consequentemente, restará inviabilizada a *solutio retentio* por parte do credor.[21] A resposta legislativa para estes casos se localiza no art. 883 e parágrafo único do Código Civil: "Não terá direito à repetição aquele que deu alguma coisa para obter fim ilícito, imoral ou proibido por lei. Parágrafo único. No caso deste artigo, o que se deu reverterá em favor de estabelecimento local de beneficência, a critério do juiz." Portanto, à luz da diretriz da socialidade, não sendo pertinente que alguém se aposse dos ganhos decorrentes de jogo ou aposta proibidos, caso o perdente reivindique em juízo a restituição do indébito, será o objeto do cumprimento destinado à entidade beneficente.[22]

Com relação à inexigibilidade das obrigações naturais emanadas de jogos tolerados, estende-se ainda a qualquer contrato que encubra ou envolva reconhecimento, novação ou fiança de dívida de jogo (art. 814, § 1º, do CC). Com empréstimo da lição de Cláudio Godoy, a ideia fundamental é que, despidas as obrigações naturais de conteúdo moral e, porquanto, socialmente inúteis, mesmo a sua substituição por um negócio jurídico típico, como a entrega de um título de crédito ou a novação contratual, não ensejará a exigibilidade do montante ganho com o jogo ou aposta. Assim, mesmo que o perdedor emita nota promissória tendo como causa a dívida do jogo, igualmente dele nada será exigível. Todavia, pela própria natureza das cambiais, preserva-se eventual direito de terceiro de boa-fé, por exemplo, um endossatário, insciente da origem do título, quando o tenha recebido.[23]

é importante enfatizar que existe posicionamento doutrinário, no sentido de que os jogos classificam-se em autorizados, proibidos ou tolerados. Os primeiros, como as loterias (Decreto-Lei 204/1967) ou o turfe (Lei 7.294/1984), são lícitos e geram efeitos jurídicos normais, erigindo-se em obrigações perfeitas (art. 814, § 2º, do CC). Os jogos ou apostas proibidos são, por exemplo, as loterias não autorizadas, como o jogo do bicho, ou os jogos de azar referidos pelo art. 50 da Lei das Contravenções Penais. Os jogos tolerados, por sua vez, são aqueles de menor reprovabilidade, em que o evento não depende exclusivamente do azar, mas igualmente da habilidade do participante, como alguns jogos de cartas. Inclusive, como uma diversão sem maior proveito, a legislação não os proíbe, mas também não lhes empresta a natureza de obrigação perfeita. No caso, por causa da existência de liminares concedidas pelo Poder Judiciário, sustenta-se a licitude de jogo praticado em caso de bingo. Porém, mais do que uma aparência de licitude, o legislador exige autorização legal para que a dívida de jogo obrigue o pagamento, até porque, como se sabe, decisões liminares têm caráter precário. Assim, não se tratando de jogo expressamente autorizado por lei, as obrigações dele decorrentes carecem de exigibilidade, sendo meras obrigações naturais. REsp 1.406.487-SP, Rel. Min. Paulo de Tarso Sanseverino. DJe 13/8/2015.

21. STJ: "A carência da ação por impossibilidade jurídica do pedido somente é caracterizada pela dedução em juízo de pretensão expressamente vedada pelo ordenamento jurídico (a exemplo da cobrança de dívida de jogo)" (AgRg no AREsp 392608/SP, Rel. Ministro Herman Benjamin, T2-Segunda Turma, *DJe* 18.6.2014).

22. Para que essa norma, de alto teor ético, possa vicejar, Hamid Charaf Bdine sugere que o Ministério Público postule a repetição, "em nome do interesse social predominante, é de se alargar a interpretação do presente dispositivo para que seja possível admitir a legitimação extraordinária na hipótese, a fim de evitar que o enriquecimento fundado em conduta ilícita fique sem a sanção legal estabelecida, que, mais do que o interesse particular, tutela interesse público". In *Código Civil comentado,* p. 892.

23. In *Código Civil comentado,* p. 831.

1.3.2 Obrigações fundadas em imperativos morais

1. *Pretensão de dívida prescrita* – a prescrição é um fato jurídico que cria uma exceção em favor do devedor, destinada a neutralizar a eficácia da pretensão do credor. Decorre a prescrição da inércia do credor pelo decurso do tempo no manejo da sua pretensão de direito material em face do devedor (art. 189 do CC). Tecnicamente não se pode falar em perda da pretensão. O fenômeno da prescrição não aniquila a pretensão nem a torna inválida. A consequência da sua irrupção é o nascimento de um contradireito em favor do devedor, de invocar a exceção material da prescrição, paralisando a eficácia da pretensão do credor. Ou seja: se no bojo da demanda o devedor cumpre a prestação, sem suscitar a prescrição, não se tratará ainda de um adimplemento de obrigação natural. Pelo contrário, a obrigação ainda é civil, perfeita, pois o ato de se excepcioná-la é um direito potestativo do devedor – cuja discricionariedade se relaciona com a própria patrimonialidade da prescrição.

Destarte, quando o art. 882 do Código Civil se refere à irrepetibilidade daquilo que se pagou para solver dívida prescrita, está evidentemente se referindo a uma dívida prescrita que já foi excepcionada pelo devedor. Aí então, pode-se cogitar de um dever de justiça por parte do devedor natural que legitima o cumprimento, tornando-o merecedor de tutela, a ponto de superar a necessidade de segurança jurídica que permeia o modelo da prescrição. Não se confunde com a doação, pois os deveres morais prescindem do elemento da liberalidade. O pagamento é espontâneo e verdadeiro, eis que a pessoa cumpre um dever ao qual está psicologicamente vinculada.

Todavia, o pagamento parcial de uma obrigação prescrita não a torna exigível pelo credor quanto ao débito restante. Ou seja: o saldo residual não se converte em obrigação civil e, portanto, exigível em face do devedor.

2. *Prestação espontânea de alimentos em favor de pessoas que não tenham o direito de exigi-los* – podemos incluir neste rol parentes além do segundo grau que ministram alimentos sem qualquer amparo legal – pois infelizmente a lei não elastece o alcance dos alimentos para imputá-los até os colaterais de 4° grau na ausência de parentes mais próximos, tal como no direito sucessório. Assim, quando o tio paga alimentos a sobrinho, não há obrigação civil, com base no art. 1.697 do Código Civil. Daí, em princípio, somos contrário à automática e generalizada interpretação extensiva do artigo 1697 do Código Civil. Através de regras o codificador civil mediatizou o princípio da solidariedade no âmbito específico do direito de alimentos e determinou que o rol de devedores se limitasse aos ascendentes, descendentes e irmãos, mas não aos demais colaterais, mesmo figurando eles dentre os parentes legitimados à sucessão. Em nome da segurança jurídica, é inviável que o intérprete "flexibilize" indiscriminadamente a dita norma jurídica, vulnerando a esfera de intimidade do colateral de 3o ou 4o grau, que, espontaneamente, se negue a prestar alimentos, com fundamento no rol "numerus clausus". Nessa linha,

seguindo consolidada jurisprudência, em julgado de 2016, a 3o Turma do STJ negou obrigação alimentar de sobrinho perante a tia.24

Todavia, em circunstâncias excepcionais, podem existem razões plausíveis para ampliar o espectro de incidência do artigo 1697 do Código Civil. O civilista deve ser extremamente cauteloso para atuar na tênue linha da eficácia horizontal dos direitos fundamentais, pois argumentos esgrimidos com palavras sedutoras como dignidade da pessoa humana, solidariedade e igualdade material, eventualmente, fornecem vazia retórica, justificando críticas como a da discricionariedade e do solipsismo judicial. Em verdade, a boa argumentação requer um ônus persuasivo que, ao invés de convencer pela emoção ou estética, ancore-se em sólidos fundamentos, principalmente quando se queira restringir o campo de liberdade dos particulares, através da incidência de direitos fundamentais nas relações privadas. Daí o papel assertivo da doutrina em criar parâmetros objetivos que se prestem a uma eventual ponderação de bens pelo juiz, quando aquela disciplinada em caráter abstrato pelo legislador se mostre disfuncional em circunstâncias excepcionais.

Sugerimos três parâmetros hábeis a uma razoável adequação entre a esfera de autonomia dos privados e as exigências éticas do sistema em termos de uma conversão de obrigação natural de alimentos em dever jurídico: 1 –" Impossibilidade absoluta de exercício do dever alimentar pelas pessoas descritas na norma". Cumpre verificar se os naturais devedores não possuem mínimas condições de prover alimentos aos parentes em situação de necessidade; 2 – "Iminente ameaça a direitos fundamentais do alimentando". Entenda-se o mínimo existencial como conceito jurídico indeterminado que se potencializa quando o credor de alimentos é pessoa vulnerável e ostenta um impedimento que cria uma barreira à acessibilidade social; 3 – "Moderação dos valores pagos pelos colaterais de 3° ou 4° grau". A excepcionalidade da convocação dos parentes mais distantes justifica redobrada cautela judicial na fixação de valores. Cabe aqui um paralelo com os alimentos necessários, indispensáveis à subsistência do ex-cônjuge admitido culpado no divórcio, como tal entendidos alimentos humanitários, quando não tiver "parentes em condições de prestá-los" (artigo 1.704, parágrafo único, CC/02).

Em continuação, também cabem na categoria, os alimentos oriundos de concubinato, quando o concubino delibere por prestá-los, mesmo após o término de relação na qual ambos os parceiros estavam impedidos de casar (art. 1.694, c/c art. 1.727, CC).

24. STJ "Trata-se de ação de cobrança movida por sobrinho contra seus tios, objetivando a condenação dos réus ao reembolso do quanto despendido no tratamento médico de sua tia, além das despesas com remédios, internação, sepultamento e produtos destinados aos animais de estimação da falecida. Nos termos do art. 1.697 do Código Civil, ao autor, sendo parente de terceiro grau na linha colateral, não cabia obrigação alimentar. Ao pagar as despesas em decorrência de obrigação moral e com intenção de fazer o bem, o recorrente tornou-se credor dos recorridos, nos termos do artigo 305 do Código Civil. Não tendo natureza alimentar o crédito do autor, limita-se a responsabilidade dos réus ao valor da herança - art. 1.997 do Código Civil" REsp 1510612/SP).

A evolução dos costumes pode converter obrigações naturais em civis. Notoriamente é o caso da prestação de alimentos por um dos membros de relação homoafetiva em favor do outro, ao tempo em que nossos tribunais não concediam às uniões homossexuais o mesmo amparo jurídico que a união estável. Na medida em que o STF e o STJ pioneiramente interpretaram a união estável de forma expansiva e igualitária, permitindo que as uniões homoafetivas tenham o mesmo regime jurídico protetivo conferido aos casais heterossexuais, trazendo efetividade e concreção aos princípios da dignidade da pessoa humana e vários de seus derivativos, não há como afastar da relação de pessoas do mesmo sexo a obrigação de sustento e assistência técnica, protegendo-se, em última análise, a própria sobrevivência do mais vulnerável dos parceiros.[25]

Com acerto, resume Antunes Varela que haverá obrigação natural na prestação de alimentos "quando os laços de sangue, as relações de convívio ou os serviços prestados ao lesado imponham como um dever de justiça o encargo da sustentação, habitação e vestuário da pessoa a quem são facultados".[26]

Em todas as hipóteses referidas, aquilo que espontaneamente se pagou a título de alimentos por uma obrigação de consciência, como ato de solidariedade, será irrepetível.[27] Contudo, aquele que recebe os alimentos também não poderá exigi-los, mesmo que a interrupção no fornecimento tenha se dado após longo prazo de contribuição.

25. STJ. Informativo nº 0558 Período: 19 de março a 6 de abril de 2015. 4. T. "Ora, se a união homoafetiva é reconhecidamente uma família e se o fundamento da existência das normas de direito de família consiste precisamente em gerar proteção jurídica ao núcleo familiar, parece despropositado concluir que o elevado instrumento jurídico dos alimentos não pudesse alcançar os casais homoafetivos, relação também edificada na solidariedade familiar, com espeque no dever de cooperação, reciprocidade e assistência mútuos (art. 1.724 do CC). De fato, o direito a alimentos do companheiro que se encontra em situação precária e de vulnerabilidade assegura a máxima efetividade do interesse prevalente, a saber, o mínimo existencial, com a preservação da dignidade do indivíduo, conferindo a satisfação de necessidade humana básica. O art. 1.694 do CC, ao prever que os parentes, os cônjuges ou companheiros podem pedir uns aos outros alimentos, na qualidade de sujeitos potencialmente ativos e passivos dessa obrigação recíproca, não exclui o casal homossexual dessa normatização. De fato, a conclusão que se extrai no cotejo de todo ordenamento é a de que a isonomia entre casais heteroafetivos e pares homoafetivos somente ganha plenitude de sentido se desembocar no igual direito subjetivo à formação de uma autonomizada família (ADI 4.277-DF e ADPF 132-RJ), incluindo-se aí o reconhecimento do direito à sobrevivência com dignidade por meio do pensionamento alimentar. REsp 1.302.467-SP, Rel. Min. Luis Felipe Salomão, DJe 25/3/2015.

26. In *Das obrigações em geral*, v. 1, p. 727.

27. STJ. Informativo nº 0522 Período: 1º de agosto de 2013. Terceira Turma DIREITO CIVIL. ALIMENTOS NA HIPÓTESE DE FORMAÇÃO DE VÍNCULO SOCIOAFETIVO. A esposa infiel não tem o dever de restituir ao marido traído os alimentos pagos por ele em favor de filho criado com estreitos laços de afeto pelo casal, ainda que a adúltera tenha ocultado do marido o fato de que a referida criança seria filha biológica sua e de seu "cúmplice". Isso porque, se o marido, ainda que enganado por sua esposa, cria como seu o filho biológico de outrem, tem-se por configurada verdadeira relação de paternidade socioafetiva, a qual, por si mesma, impede a repetição da verba alimentar, haja vista que, a fim de preservar o elo da afetividade, deve-se considerar secundária a verdade biológica, porquanto a CF e o próprio CC garantem a igualdade absoluta dos filhos de qualquer origem (biológica ou não biológica). Além do mais, o dever de fidelidade recíproca dos cônjuges, atributo básico do casamento, em nada se comunica com a relação paternal gerada, mostrando-se desarrazoado transferir o ônus por suposto insucesso da relação à criança alimentada. Ademais, o STJ já firmou o entendimento de que a mulher não está obrigada a restituir ao marido o valor dos alimentos pagos por ele em favor da criança que, depois se soube, era filha de outro homem (REsp 412.684-SP, Quarta Turma, DJ 25/11/2002). De mais a mais, quaisquer valores que sejam porventura apurados em favor do alimentante estarão cobertos pelo princípio da irrepetibilidade dos alimentos já

Percebemos que o cumprimento de dívida prescrita e de alimentos inexigíveis são obrigações naturais e imperativos morais. Porém, diferenciam-se em um aspecto relevante: no pagamento de crédito fulminado judicialmente pela prescrição, havia inicialmente uma relação obrigacional entre as partes, dotada de plena eficácia, mas que se degenerou quando excepcionado o fato jurídico da prescrição. Em contrapartida, nas hipóteses de pagamento de alimentos fora das situações legisladas, o adimplemento deriva de relações alicerçadas na convivência social, porém não tão fortes a ponto de gerar um vínculo obrigacional. Cuida-se de imperativo de solidariedade que não pode ser completamente ignorado pelo ordenamento jurídico. Princípios que emanam de uma consciência justa impelem alguém a realizar determinado comportamento, no qual a regra moral recusará a sua repetição.

3. O cumprimento de disposição de última vontade pelos sucessores em favor de terceiros, quando não incluída em testamento, também pode ser considerado uma obrigação natural, por um ditame de consciência daquele herdeiro que quer homenagear o *de cujus* mesmo quando o ato de liberalidade e de autonomia patrimonial do disponente não se enquadrou às formas legais dos arts. 1.864, 1.868 e 1.876 do Código Civil.

4. Gorjeta – aquela pequena quantia, além da devida, que conferimos a garçons, manobristas ou frentistas, como forma de retribuição por um serviço não exigível prestado. É considerada como uma gratificação recebida de terceiros pelos empregados por ocasião dos serviços prestados na própria organização do empregador. Evidentemente, não somos obrigados a desembolsar os famosos "10%" do garçom, pois como deflui da própria noção terminológica, a gorjeta é um "agrado", corresponde a uma liberalidade, espécie de obrigação natural. Essa asserção tanto vale para a gorjeta comumente paga a título de gratificação pelo consumidor do estabelecimento, como forma de bônus pela qualidade do Serviço (gorjeta *direta*), como nos casos dos estabelecimentos que cobram 10% sobre o total do serviço (gorjeta *indireta*).

Portanto, não incumbe ao cliente, porém ao empregador a obrigação de retribuir os empregados pelos serviços efetivamente prestados. Essas gorjetas, caso o obreiro as receber, necessariamente se associarão à remuneração do empregado. Contudo, vários empregadores nem mesmo repassavam as verbas da gorjeta indireta, ou então repassavam percentuais mínimos aos empregados, gerando litígios trabalhistas.

Com a vigência da Lei nº 13.419/17 e, na sequência, da MP 808/17, deu-se alteração na redação do artigo 457 da CLT, que versa sobre a disciplina do rateio entre empregados, da cobrança adicional sobre as despesas em bares, restaurantes, hotéis, motéis e estabelecimentos similares. Considera-se agora a gorjeta, tanto o valor espontaneamente pago pelo cliente ao empregado (direta), como o valor

pagos, justificado pelo dever de solidariedade entre os seres humanos, uma vez que, em última análise, os alimentos garantem a própria existência do alimentando. REsp 922.462-SP, Rel. Min. Ricardo Villas Bôas Cueva.

cobrado pela empresa, a qualquer título (indireta). Evidentemente, a lei não interfere na natureza jurídica da gorjeta, seja como pagamento dado de forma espontânea pelo cliente ao empregado e também como aquilo que a empresa cobra, como serviço ou adicional, para ser destinado aos empregados. Além de não tornar compulsório o pagamento de gorjeta, também não estabelece percentuais mínimos de cobrança. O estabelecimento fica livre para indicar uma taxa de serviço que seja menor ou maior que 10%.

Por outro lado, a lei 13.419/17 soluciona a discussão sobre a titularidade da gorjeta, prevendo-a não como direito do empregador, devendo ser repassadas as importâncias aos empregados. Todavia, tendo em vista que a empresa desempenhará uma gestão temporária das gorjetas, o que implicará custos organizacionais, tais despesas serão custeadas por uma retenção de um pequeno percentual dos valores (Art. 457. § 14º). A forma como o rateio será feito se definirá por meio de convenção ou acordo coletivo de trabalho, bem como a determinação do percentual a ser usado para custear encargos sociais, previdenciários e trabalhistas.[28] No mais, de acordo com o § 15º do artigo 457, quanto as gorjetas diretas, pagas diretamente pelo cliente ao empregado, haverá faculdade de retenção, devendo ser obedecidos os critérios adotados na Convenção Coletiva da categoria.

1.4 Natureza jurídica da obrigação natural

É controversa a doutrina quanto à qualificação jurídica das obrigações naturais. Já sabemos que nas obrigações civis ou perfeitas a lei dispensa ao sujeito ativo uma tutela direta, mediante ação creditória, ao passo que nas obrigações naturais – ou imperfeitas – concede-lhe uma simples tutela indireta, por meio da irrepetibilidade da prestação voluntariamente efetuada pelo devedor, aquilo que se chama *solutio retenti*, ou seja, o direito do credor de reter o pagamento.

Porém, indaga-se se de fato há uma verdadeira relação obrigacional entre credor e devedor – apenas desprovida de pretensão –, ou se a obrigação natural é dever moral ou social extrajurídico. Com efeito, as obrigações naturais suscitam interessantes debates, pois se colocam em um limiar de confluência entre a moral e o direito; entre o conceito do justo e o do legal; do legítimo e do exigível.

1.4.1 A obrigação natural como obrigação imperfeita

Para a teoria clássica, a obrigação natural seria obrigação juridicamente imperfeita, pois, mesmo que juridicamente inexigível, a faculdade concedida ao credor de

28. "Art. 457. § 3º Considera-se gorjeta não só a importância espontaneamente dada pelo cliente ao empregado, como também o valor cobrado pela empresa, como serviço ou adicional, a qualquer título, e destinado à distribuição aos empregados. § 12. A gorjeta a que se refere o § 3º não constitui receita própria dos empregadores, destina-se aos trabalhadores e será distribuída segundo os critérios de custeio e de rateio definidos em convenção coletiva ou acordo coletivo de trabalho.

reter a prestação espontaneamente efetuada só pode ser explicada no plano da lógica jurídica, mediante a existência de um vínculo prévio entre as partes. A expressão *obrigação imperfeita* traduz um vínculo mais frouxo do que aquele que liga credor e devedor nas obrigações civis.[29]

A maior parte das obrigações é de natureza civil. Podemos conceituá-las como aquelas que consubstanciam nitidamente dois elementos: o débito (*Schuld*) e a responsabilidade (*Haftung*). Melhor explicando: há uma prestação de dar, fazer ou não fazer que será, preferencialmente, adimplida de forma voluntária. Todavia, ocorrendo o inadimplemento, aciona-se o mecanismo secundário da garantia patrimonial sobre os bens do devedor (art. 391, do CC).

Contudo, não são raras as situações em que nascerá uma relação válida de crédito e débito, cujo objeto é perfeitamente delimitado entre as partes, porém carecedora de exigibilidade. Ou seja, formam-se obrigações insuscetíveis de serem exigidas em juízo, posto despidas de coerção. Nas obrigações naturais há o *Schuld*, mas inexiste a *Haftung*. Há uma juridicidade reduzida, mas suficiente para apoiar a irrepetibilidade da prestação. Fugindo do politicamente correto, são obrigações mutiladas, sequeladas.

Sérgio Carlos Covello, autor de obra específica sobre o tema, explica que "a obrigação natural constitui, tanto quanto a obrigação civil, relação pré-constituída de crédito e débito que, por alguma razão de ordem legislativa, não se elevou ao nível das obrigações civis, ou então, tendo sido obrigação civil, perdeu, por força de lei, sua exigibilidade".[30]

Enfim, no conceito de obrigação cabem não só as obrigações civis ou perfeitas, em que a garantia consiste na coercibilidade do vínculo, mas também as obrigações naturais ou imperfeitas, cuja garantia se reconduz à possibilidade de o credor conservar o que lhe foi entregue a título de pagamento: no primeiro caso o credor pode exigir a prestação, enquanto no segundo caso, pode apenas pretendê-la.[31]

1.4.2 A obrigação natural como dever extrajurídico

A outro lado, contra a clássica concepção da obrigação natural como obrigação jurídica imperfeita, surge a crítica da doutrina italiana, capitaneada por Giorgio Oppo, ao diferenciar o pagamento da obrigação civil do cumprimento da obrigação natural. Para Oppo, as obrigações naturais podem ser concebidas como deveres sociais ou morais juridicamente relevantes. Seriam assim vínculos extrajurídicos, mas com relevância no mundo do direito, pois "qualificar como jurídica uma obrigação cujo cumprimento não é juridicamente exigível e cuja violação não dá lugar a nenhuma

29. VARELA, João de Matos Antunes. *Das obrigações em geral*, p. 738.
30. COVELLO, Sérgio Carlos. *A obrigação natural*, p. 76.
31. ALMEIDA COSTA, Mario Júlio de. *Direito das obrigações*, p. 174.

consequência jurídica é uma contradição nos próprios termos: tal obrigação não é juridicamente imperfeita, é antes inexistente como vínculo jurídico, pois lhe falta o próprio crisma da juridicidade".[32]

Na aguda crítica de Fernando Noronha, a obrigação natural não é obrigação jurídica, pois o devedor a nada está obrigado. A coercibilidade é característica das obrigações, mas na obrigação natural o devedor é livre para realizar ou deixar de realizar a prestação. Portanto ela está fora do direito. A lei ignora as obrigações naturais até o momento em que, por um imperativo de justiça, o dever moral ou social é cumprido. Somente neste instante surge uma obrigação, todavia com juridicidade justificada apenas pela irrepetibilidade do pagamento. Ou seja, no instante do cumprimento a ordem jurídica considera justo ou equitativo impedir que a situação criada seja desfeita pelas partes. Mas nem o próprio ato do pagamento produzirá os efeitos normais do adimplemento de uma obrigação jurídica, mesmo porque o cumprimento de uma obrigação civil é um ato devido, enquanto a satisfação de obrigação natural pode ser considerada como liberalidade.[33]

O desenvolvimento das obrigações naturais atravessa dois momentos distintos: primeiro, uma pessoa cumpre um dever moral ou social sem relevância jurídica, mesmo tendo a noção de sua inexigibilidade à luz do ordenamento jurídico, por uma questão de consciência do justo, do certo e do errado; posteriormente, o ordenamento jurídico passa a tutelar aquela obrigação com a única e exclusiva finalidade de resguardar o credor em razão do adimplemento espontâneo, impedindo o êxito da pretensão de se restituir o que se fez ou se pagou, com inegável homenagem ao princípio da segurança jurídica e a proteção da confiança.

À luz da renovada teoria, isso significa que o pagamento de obrigação natural não se trataria de um adimplemento propriamente dito, sendo mesmo visível que o art. 882 do Código Civil apenas pretendeu equiparar o cumprimento da obrigação natural ao adimplemento da obrigação civil, com a única finalidade de declarar a irrepetibilidade do pagamento. Todavia, explica Mário Júlio de Almeida Costa, a "sua relevância jurídica traduzir-se-ia no facto de poderem servir de causa à atribuição patrimonial da prestação efectuada pelo devedor".[34] Tivemos a oportunidade de perceber as particularidades do cumprimento da obrigação natural no item 1.2., ao tratarmos das idiossincrasias do regime disciplinador destas obrigações, especialmente no cumprimento com fraude contra credores (portanto com prejuízo a terceiros) e do pagamento da obrigação natural pelo incapaz.

1.4.3 A obrigação natural como relação juridicamente relevante

De fato, o ordenamento reserva às obrigações naturais tratamento incompatível com grande parte da disciplina das obrigações civis. Além da ausência de

32. Apud ANTUNES VARELA, João de Matos. *Das obrigações em geral*, p. 738.
33. In *Direito das obrigações*, v. I, p. 220-222.
34. In *Direito das obrigações*, p. 173.

responsabilidade do devedor pelo inadimplemento, o credor não pode exigir a sua prestação nem tampouco a constituição em mora. Não se olvide, como acentua Pietro Perlingieri, que, "na fase que precede o adimplemento, é totalmente ausente o dever jurídico específico das partes de se comportar com boa-fé e lealdade, sem fazer nada que possa comprometer o próprio adimplemento. Portanto, a obrigação natural não pode ser inserida no *genus* da obrigação inexigível, já que esta é caracterizada por uma série de deveres específicos preliminares".[35]

Todavia, a falta de coercibilidade da obrigação natural não é por si só motivo para excluir a sua relevância jurídica. Para o Professor da Faculdade de Direito da Sapienza, há uma relação jurídica entre o credor que socialmente pode receber e reter a "prestação" e o devedor que socialmente é obrigado a efetuá-la. Relação que pode ter efeitos jurídicos, o que por si só já a torna juridicamente relevante, pois portadora de valoração jurídica mesmo antes do cumprimento. De certa forma, Perlingieri se coloca em posição intermediária às duas teorias revisitadas, por acreditar que o fato de se atribuir ao credor tutela em termos exclusivos de exceção de irrepetibilidade "não quer dizer que tal relação tenha relevância jurídica somente no momento da eventual execução espontânea. Já antes deste momento, ainda que em vista do adimplemento, existe por parte do legislador um implícito juízo de valor. A relação adquire relevância jurídica não no momento do adimplemento, mas sim em função de tal adimplemento, com o qual ela se realiza e se concretiza".[36]

Explica o autor que é justamente com fundamento na socialidade e na moralidade da relação que precede o adimplemento que a prestação é bem cumprida e não é repetível. Diversamente, seria jurídica somente a norma provida de coação. A juridicidade da norma, todavia, é devida à juridicidade do ordenamento a que pertence. O respeito às relações reputadas morais ou sociais pela coletividade tem uma valoração positiva também no plano jurídico. Deve prevalecer quem obteve o quanto lhe era devido e deve sucumbir quem, embora não sendo juridicamente obrigado, prestou o quanto era socialmente devido: é interesse do ordenamento que as regras sociais encontrem realização concreta.[37]

2 . CLASSIFICAÇÃO QUANTO AO CONTEÚDO

2.1 Obrigações de meio e de resultado

É tradicional realizar-se entre nós uma distinção entre obrigações de meio e de resultado, classificação que se deve a Demogue no primeiro quarto do século XX, com grande sucesso na doutrina francesa, reconhecendo-se, contudo, não obter o favor geral

35. In *O direito civil na legalidade constitucional*, p. 917-918.
36. Idem, p. 918.
37. Idem, p. 921.

dos estudiosos do direito.[38] Segundo essa classificação, nas obrigações de resultado o devedor efetivamente se vincula a um resultado determinado, respondendo por descumprimento se esse resultado não for obtido. Nas obrigações de meio, o devedor não estaria obrigado à obtenção do resultado, mas apenas a atuar com a diligência necessária para que esse resultado seja obtido. Assim, por exemplo, enquanto o transportador se obriga a entregar a coisa transportada num lugar e tempo determinado, o médico apenas se obriga a desenvolver os seus melhores esforços para que a cura do doente seja obtida.[39]

Avulta ponderar que o conceito de prestação não se limita à conduta de prestar em si, mas abrange também o resultado da prestação, ou seja, a efetivação do interesse do credor na prestação, pois tanto os comportamentos positivos como os negativos são praticados e desenvolvidos pelo devedor no interesse do credor. Aliás, o termo *credere* significa justamente confiança. Confiança do credor no futuro, cumprimento da obrigação. João Calvão da Silva reconhece que, para além do conceito de prestação como conduta ou ação de prestar – que desnuda o objeto imediato da obrigação –, funcionalmente o interesse do credor se dirige ao bem que a prestação possa lhe proporcionar. Há um "programa de prestação" que vincula o devedor e propicia um resultado útil ao credor. Assim, o interesse do credor não propicia apenas a prestação, mas a prestação-resultado ou o resultado a proporcionar pela prestação.[40]

Incide a obrigação de meio quando o próprio conteúdo da prestação nada mais exige do devedor do que a consumação de uma atividade diligente em benefício do credor, mediante o emprego dos meios adequados, sem que se indague sobre o seu resultado. Além do citado exemplo comum do médico – que se obriga a envidar todos os esforços no sentido de aplicar os meios indispensáveis à cura ou sobrevida do paciente, sem que isto implique a obrigação de assegurar a própria cura ou o resultado benéfico –, pode-se lembrar a polêmica quanto à prestação de serviços advocatícios, que em regra se qualifica como obrigação de meio, pela efetivação cuidadosa da atividade técnica, sem que o cliente possa exigir como único resultado a pretensão procedente. Todavia, o mesmo não sucede se houver cláusula de remuneração fixada *quota litis*, ou seja, com base na vantagem obtida pelo cliente. Por esta cláusula, a remuneração do advogado depende do seu sucesso na demanda, pois em caso de derrota nada receberá.[41]

38. Para Massimo Bianca, todas as obrigações são obrigações de meio e também obrigações de resultado. Obrigações de meio, pois instrumentos ou veículos de cooperação entre credor e devedor para obter uma vantagem para aquele, demandando sempre a atuação das diligências imprescindíveis à realização desta vantagem. Por outro lado, também obrigações de resultado, pois todas as obrigações visam à satisfação do interesse creditório na prestação, interesse este que justifica a existência da relação obrigacional e em cuja satisfação se vê a obtenção do resultado devido. Apud SILVA, João Calvão da. *Cumprimento e sanção pecuniária compulsória*, p. 81.

39. MENEZES LEITÃO, Luis Manuel Teles. *Direito das obrigações*, v. I, p. 131.

40. *Cumprimento e sanção pecuniária compulsória*, p. 78.

41. STJ. Informativo nº 0560 Período: 17 de abril a 3 de maio de 2015. Quarta Turma. Na hipótese de prestação de serviços advocatícios com cláusula de remuneração *quota litis*, resta claro que o compromisso do advogado - que, em regra, representa obrigação de meio, ou seja, independe do sucesso na pretensão deduzida em juízo - assume a natureza de obrigação de resultado, vinculando o direito à remuneração do

Já na obrigação de resultado, o devedor se obriga a alcançar determinada finalidade, sem a qual não será adimplente. Ou alcança o resultado ou terá de arcar com as consequências do inadimplemento. Enquanto na maioria das especialidades médicas (*v.g.*, cirurgia geral, cardiologia, medicina intensiva), a responsabilidade do médico é circunscrita ao dever geral de diligência, agindo conforme o estágio atual de desenvolvimento da técnica, na cirurgia plástica, desprovida de finalidade terapêutica, surge a obrigação de resultado.[42-43] Como bem esclarece Carlos Roberto

---

profissional a um julgamento favorável na demanda judicial. No caso em análise, no momento da revogação do mandato, o advogado destituído não tinha o direito de exigir o pagamento da verba honorária, uma vez que, naquela altura, ainda não se verificara a hipótese gravada em cláusula condicional incerta (arts. 121 e 125 do CC). A par disso, cumpre esclarecer que o princípio da actio nata orienta que somente se inicia o fluxo do prazo prescricional se existir pretensão exercitável por parte daquele que suportará os efeitos do fenômeno extintivo (art. 189 do CC). Desse modo, inexistindo o direito material, não se pode cogitar de sua violação e, por consequência, da pretensão. Portanto, não há que se falar na incidência de prescrição sobre pretensão nascitura. Nessa perspectiva, é desarrazoado imputar a uma parte contratante o pesado ônus da prescrição se não lhe era possível exigir da outra parte o cumprimento da obrigação. Na hipótese em foco, nem mesmo o an debeatur era certo, porque subordinado a fato superveniente imprevisível (sucesso ou insucesso da demanda judicial). Contra non valentem agere non currit praescriptio: a prescrição não corre contra quem não pode agir, em sua tradução livre. Além disso, não se afigura adequado entender pela possibilidade de ajuizamento de ação de arbitramento e cobrança dos honorários contratuais imediatamente após a revogação do mandato. Isso porque o resultado favorável ao procurador nessa demanda poderia contrariar frontalmente o que fora avençado entre as partes, caso os pedidos da demanda inicial fossem julgados posteriormente improcedentes. Em outras palavras, o arbitramento judicial anterior à definitiva solução da demanda judicial imporia ao constituinte-contratante o pagamento de honorários advocatícios que, a rigor, não seriam devidos, se houvesse julgamento de improcedência da demanda inicial. REsp 805.151-SP, Rel. Min. Raul Araújo, Rel. para acórdão Min. Antonio Carlos Ferreira, DJe 28/4/2015.

42. Não há consenso entre autores e tribunais respeitante à natureza da obrigação na cirurgia estética. Doutrina minoritária protagonizada pelo Min. Ruy Rosado Aguiar considera que a álea é um fator presente em qualquer intervenção cirúrgica, pois "pode acontecer que algum cirurgião plástico, ou muitos deles assegurem a obtenção de um certo resultado, mas isso não define a natureza da obrigação, não altera a sua categoria jurídica, que continua sendo sempre a obrigação de prestar um serviço que traz consigo o risco". In Responsabilidade civil do médico, p. 40.

43. A jurisprudência insere dentre as obrigações de resultado os exames radiológicos, a transfusão de sangue e tratamentos odontológicos. STJ. *Informativo* nº 0485, 10-21.10.2011. Quarta Turma: "TRATAMENTO ORTODÔNTICO. INDENIZAÇÃO. Cinge-se a questão em saber se o ortodontista se obriga a alcançar o resultado estético e funcional, conforme pactuação firmada com o paciente e, neste caso, se é necessária a comprovação de sua culpa, ou se basta que fique demonstrado não ter sido atingido o objetivo avençado. No caso, a recorrida contratou os serviços do recorrente para a realização de tratamento ortodôntico, objetivando corrigir o desalinhamento de sua arcada dentária e problema de mordida cruzada. Entretanto, em razão do tratamento inadequado a que foi submetida, pois o profissional descumpriu o resultado prometido além de extrair-lhe dois dentes sadios cuja falta veio a lhe causar perda óssea, a recorrida ajuizou ação de indenização cumulada com ressarcimento de valores. Nesse contexto, o Min. Relator destacou que, embora as obrigações contratuais dos profissionais liberais, na maioria das vezes, sejam consideradas como de meio, sendo suficiente que o profissional atue com a diligência e técnica necessárias para obter o resultado esperado, há hipóteses em que o compromisso é com o resultado, tornando-se necessário o alcance do objetivo almejado para que se possa considerar cumprido o contrato. Nesse sentido, ressaltou que, nos procedimentos odontológicos, sobretudo os ortodônticos, os profissionais especializados nessa área, em regra, comprometem-se pelo resultado, visto que os objetivos relativos aos tratamentos de cunho estético e funcional podem ser atingidos com previsibilidade. In casu, consoante as instâncias ordinárias, a recorrida demonstrou que o profissional contratado não alcançou o objetivo prometido, esperado e contratado, pois o tratamento foi equivocado e causou-lhe danos físicos e estéticos, tanto que os dentes extraídos terão que ser recolocados. Assim, como no caso cuidou-se de obrigação de resultado, em que há presunção de culpa do profissional com a consequente inversão do ônus da prova, caberia ao réu demonstrar que

Gonçalves, "os pacientes, na maioria dos casos de cirurgia plástica, não se encontram doentes, mas pretendem corrigir um defeito, um problema estético. Interessa-lhes, precipuamente, o resultado. Se o cliente fica com aspecto pior após a cirurgia, não se alcançando o resultado que constituía a própria razão de ser do contrato, cabe-lhe direito à pretensão indenizatória".[44]

Vê-se, portanto, que nas obrigações de meio o vínculo obrigacional é dirigido apenas aos meios devidos e a diligência devida, tendentes a promover aquela satisfação.Podemos ilustrar com a obrigação de empresa de vigilância armada diante de roubo da instituição financeira que guarnece[45] A obrigação do devedor não se volta à satisfação do interesse que, em último termo, o credor se propõe alcançar – interesse final ou primário –, mas antes se circunscreve a um interesse instrumental, de 2º grau, que visa imediatamente tão só a uma conduta tendente a promover a realização de interesses primários. Isso explica por que, mesmo que o resultado final pretendido pelo credor não seja alcançado (*v.g.*, morte do paciente ou julgamento improcedente da pretensão acionada pelo advogado), o médico e advogado farão jus à contraprestação, exceto se assumiram o risco da falta de tal resultado.[46]

não agiu com negligência, imprudência ou imperícia, ou mesmo que o insucesso se deu em decorrência de culpa exclusiva da paciente, o que não se efetuou na espécie, a confirmar a devida responsabilização imposta. Ademais, consignou-se que, mesmo que se tratasse de obrigação de meio, o recorrente, segundo as instâncias ordinárias, teria faltado com o dever de cuidado e de emprego da técnica adequada, o que imporia igualmente a sua responsabilidade. Com essas, entre outras considerações, a Turma negou provimento ao recurso." REsp 1.238.746-MS, Rel. Min. Luis Felipe Salomão, julgado em 18.10.2011.

44 GONÇALVES, Carlos Roberto. *Direito civil brasileiro*, v. II, p. 176.

45. STJ. Informativo nº 0561 Período: 4 a 17 de maio de 2015. Quarta Turma A cláusula de contrato de prestação de serviço de vigilância armada que impõe o dever de obstar assaltos e de garantir a preservação do patrimônio de instituição financeira não acarreta à contratada automática responsabilização por roubo contra agência bancária da contratante, especialmente quando praticado por grupo fortemente armado. Por um lado, legislação e atos normativos infralegais - arts. 22 da Lei 7.102/1983, 22 do Decreto 89.056/1983, 6º, VIII, e 7º da Lei 10.826/2003 (Estatuto do Desarmamento), art. 70, § 1º, da Portaria 387/2006 do Departamento da Polícia Federal - impõem limitação aos meios de segurança a serem utilizados por empresas de vigilância privada, notadamente ao vigilante que se encontra no interior da agência bancária. Consequentemente, a proteção oferecida a instituições financeiras contratantes também há de ser tida por limitada. Caso contrário, ter-se-ia de exigir das empresas contratadas posturas muitas vezes contrárias às normas que regulamentam a atividade. Por outro lado, a tentativa de transformar o serviço de segurança privada em um contrato constitutivo de obrigação de resultado, em não raras vezes, imporia à contratada uma obrigação impossível (art. 104, II, CC). Com efeito, o contrato de segurança privada é de ser tido como constitutivo de obrigação de meio, consistente no dever de a sociedade empresária contratada, mediante seus agentes de vigilância, envidar todos os esforços razoáveis a evitar danos ao patrimônio da contratante e de proceder com a diligência condizente com os riscos inerentes ao pacto. Todavia, descabe exigir dos seguranças - que portam armamento limitado por imposição legal - atitudes heroicas perante grupo criminoso fortemente armado. Nesse passo, o art. 5º do Decreto 89.056/1983, que regulamenta a Lei 7.102/1983, dá o norte interpretativo de cláusulas desse jaez, Decreto esse que exige pessoas preparadas para impedir ou inibir a ação criminosa, mas não que efetivamente a impeça. Não fosse assim, além de patentear o completo desprezo à vida humana, o contrato de vigilância transformar-se-ia em verdadeiro contrato de seguro, olvidando-se de que a própria Lei 7.102/1983 trata do seguro de estabelecimentos bancários como medida complementar ao serviço obrigatório de segurança armada (arts. 8º e 9º). REsp 1.329.831-MA, Rel. Min. Luis Felipe Salomão, DJe 5/5/2015.

46. SILVA, João Calvão da. *Cumprimento e sanção pecuniária compulsória*, p. 78.

Em sua formulação teórica, a referida dicotomia implica em oscilação na distribuição da carga probatória. Na obrigação de meio o credor deverá comprovar que o devedor falhou ao não agir com o grau de diligência pertinente;[47] já na obrigação de resultado, incumbe ao devedor afastar a sua culpa e demonstrar a existência de uma causa diversa que frustrou o resultado comprometido, invertendo-se então o ônus probatório. Portanto, nas obrigações de resultado, como nos casos de cirurgia plástica de embelezamento, cabe ao profissional demonstrar por meio de laudos técnicos e perícia que eventuais insucessos ou efeitos danosos (tanto na parte estética como em relação a implicações para a saúde) relacionados à cirurgia decorreram de fatores alheios a sua atuação, tais como a força maior, ou o fato exclusivo da 'vítima' (paciente).

Prosseguindo, o advogado não se obriga a vencer a demanda, mas sim a bem defender o interesse de seu cliente, por isso fará jus aos honorários mesmo não tendo êxito na lide. Os honorários não representam o valor pela possibilidade da vitória, mas a correspectividade aos serviços prestados em uma relação comutativa. Já o transportador assume obrigação de resultado, pois conduzirá a salvo o transportado e seus pertences até o destino. Frustrada a cláusula tácita de incolumidade em razão de qualquer evento danoso ocorrido no trajeto, só se exonera da obrigação de indenizar se excluir o nexo causal, provando a incidência da força maior (art. 730 c/c 734 do CC).

Com efeito, algumas variáveis podem ocasionar atribulações na classificação da obrigação. Gisela Sampaio da Cruz explica que na estipulação e honorários em função do êxito na demanda "o condicionamento da prestação de honorários advocatícios à vitória judicial não tem o condão de sujeitar o profissional a uma obrigação de resultado. Do contrário, a não obtenção do resultado corresponderia ao inadimplemento contratual, com a sujeição do profissional à composição de perdas e danos. Com efeito, o resultado pretendido pelo cliente não é objeto da obrigação, mas, sim, a condição de pagamento de honorários".[48] Na hipótese, as partes exerceram um ato de autonomia e inseriram um elemento acidental ao negócio jurídico. Enquanto não sobrevém o elemento futuro e incerto da condição suspensiva, o advogado detém apenas o direito expectativo ao pagamento (art. 125 do CC).

47. STJ: "Hipótese: Demanda indenizatória proposta sob a alegação de ter o autor sido vítima de erro médico decorrente de cirurgia de implantação de prótese peniana. Ação julgada improcedente pelas instâncias ordinárias, sob o fundamento que a obrigação assumida pelo médico é de meio e não de resultado, pois a cirurgia objeto da contratação (tratamento de disfunção erétil mediante a colocação de prótese peniana) foi de natureza corretiva, inexistindo prova do erro profissional nas complicações do pós-operatório que conduziram ao quadro de grave infecção. 1. A relação entre médico e paciente é contratual e encerra, de modo geral, obrigação de meio, salvo em casos de cirurgias plásticas de natureza exclusivamente estética. Precedentes. 2. Na hipótese dos autos, as instâncias ordinárias, de forma uníssona, com amparo no acervo fático e probatório reunido nos autos, reconheceram não se encontrar demonstrado o fato constitutivo do direito do autor, qual seja a ocorrência de erro médico. Reconheceu-se, na verdade, que o procedimento cirúrgico transcorreu dentro da normalidade, sendo certo que o paciente, por razões que não podem ser atribuídas ao médico, deixou de comparecer à consulta pós-operatória, procedendo, inadvertidamente, à retirada da sonda urinária. É certo, ainda, que, quando de seu tardio retorno, o recorrente apresentou quadro generalizado de infecção interna, com necrose do tecido da glande, fato que ensejou a amputação de seu órgão genital" (REsp 1046632/RJ, Relator Ministro Marco Buzzi, 4 – Quarta Turma, *DJe* 13.11.2013).

48. Obrigações alternativas e com faculdade alternativa. Obrigações de meio e de resultado, p. 174.

2.2 A relevância da classificação

Em Portugal, a doutrina considera não haver base para a distinção entre as obrigações de meio e de resultado. Para Luis Manuel Teles de Menezes Leitão, mesmo nas obrigações de meio existe a vinculação a um fim, que corresponde ao interesse do credor, e que se o fim não é obtido, presume-se sempre a culpa do devedor. O credor sempre visa um resultado digno de proteção legal (art. 398, nº 2, do CC de Portugal). Sendo certo que sempre incumbe ao devedor o ônus da prova quanto a falta de cumprimento ou cumprimento defeituoso da obrigação (art. 799, nº 1).[49]

Nas palavras de Ana Prata, "qualquer obrigação é uma obrigação de resultado, no sentido em que, em todas, o comportamento devido, a prestação, se dirige à satisfação de um determinado interesse creditício; e qualquer obrigação é uma obrigação de meios, no sentido em que, em todas, o devedor só está vinculado a um esforço determinado com vista à obtenção do resultado, e tal esforço é, em última análise, medido pelo padrão de diligência devida".[50]

Respeitadas as peculiaridades daquele sistema jurídico, há de se perceber que em nosso direito civil prevalece uma precisa distinção entre o resultado prático perseguido pelo credor em qualquer negócio jurídico – a sua própria causa ou função econômico-social – e a eventualidade deste resultado se converter no próprio objeto da obrigação.

Isto é, apesar do silêncio do Código Civil de 2002 – sobremaneira no art. 104, ao eleger os requisitos de validade do negócio jurídico –, podemos justificar o reencontro do direito privado com a noção de causa, entendida esta como as razões que as partes perseguem com o contrato e as suas finalidades perante o meio social. Percebemos que no negócio jurídico a causa ou a especificação da função que desempenha, é o elemento que o define, que lhe é próprio e único, e que serve a diferenciá-lo de qualquer outro negócio, típico ou atípico. É, portanto, também o elemento que lhe dá – ou nega – juridicidade.[51]

Mas, não raramente, o resultado perseguido pelas partes será excluído da prestação, pois fatores estranhos à vontade do devedor impedem que ele se comprometa a assegurar um determinado desfecho. Segundo Fabio Konder Comparato, é justamente o critério da aleatoriedade do resultado esperado que ampara a distinção entre as obrigações de meio e de resultado.[52]

Consoante o resultado visado constitui uma consequência mais certa ou mais aleatória da conduta a que o devedor fica vinculado, dir-se-á que a obrigação é de resultado ou de meio. No primeiro caso, sendo possível estabelecer com segurança um liame causal entre um dado comportamento e a consecução de certo resultado, a

49. In *Direito das obrigações*, v. 1, p. 131-132.
50. *Cláusulas de exclusão e limitação de responsabilidade contratual*, p. 569.
51. MORAES, Maria Celina Bodin de. *A causa dos contratos*, p. 102.
52. *Obrigações de meio, de resultado e de garantia*, p. 33.

conduta debitória se encontrará essencialmente determinada. Já quando a adequação funcional do comportamento debitório ao objetivo para que tende não puder ser garantida pela detalhada previsão da atividade, então a margem de indeterminação da prestação será tendencialmente maior (obrigação de meio).[53]

A distinção entre as duas espécies de obrigações se opera com base nos dados fornecidos pela experiência e conforme as circunstâncias.[54] Se a aleatoriedade não é um traço das obrigações de resultado, também não se diga que há uma certeza quanto a esse resultado. Sempre haverá margem de indeterminação do comportamento esperado, demandando do devedor condutas protetivas e cooperativas ao alcance do resultado. Como obtempera Gustavo tepedino, "o insucesso na obtenção do fim proposto, nas chamadas obrigações de resultado, não pode acarretar a responsabilidade *tout court*, desconsiderando-se o denodo do devedor e os fatores supervenientes que, não raro, fazem gerar um desequilíbrio objetivo entre as prestações, tornando excessivamente oneroso o seu cumprimento pelo devedor".[55]

Por isso, mesmo nas obrigações de resultado, o inadimplemento não derivará da simples frustração do desiderato do credor. Impende aferir se há defasagem entre o comportamento havido e aquele que era esperado (devido). Quer dizer, afasta-se a obrigação objetiva de indenizar, preservando-se o critério da culpa, como omissão da diligência pelo devedor. Afinal, seja nas prestações de conteúdo definido ou indefinido, ensina Fernando Pessoa Jorge, certos deveres exigem que o devedor observe um grau de diligência para cumprir a obrigação. A negligência só se aprecia em função das circunstâncias, no plano concreto e real, especialmente pelos tribunais. Assim, exemplifica o autor com o contrato de transporte – a princípio uma obrigação de resultado – que "a medida da diligência varia ainda em

53. PRATA, Ana. *Cláusulas de exclusão e limitação de responsabilidade contratual*, p. 569.

54. STJ. Informativo nº 0502 Período: 13 a 24 de agosto de 2012. Quarta Turma RESPONSABILIDADE CIVIL. GESTOR DO FUNDO DERIVATIVO. A responsabilidade civil não pode ser imputada ao gestor do fundo derivativo (recorrente); pois, ainda que o CDC seja aplicável à relação jurídica estabelecida entre ele e o investidor (Súm. n. 297-STJ), não se pode falar em ofensa ao direito à informação (CDC, art. 8º), em publicidade enganosa (CDC, art. 37, § 1º) ou em defeito na prestação do serviço por parte do gestor de negócios (CDC, art. 14, § 1º, II). In casu, o recorrido é investidor habitual e experiente (analista financeiro), tendo ciência dos riscos e oscilações de investimento dessa natureza. Ademais, não se pode alegar defeito na prestação do serviço pelo gestor de negócios porque, embora remunerado pelo investidor (consumidor) para providenciar as aplicações mais rentáveis, não assumiu obrigação de resultado, vinculando-se a lucro certo, mas obrigação de meio, de bem gerir o investimento, visando à tentativa máxima de obtenção de lucro. Por outro lado, os fundos derivativos são investimentos agressivos, com alto risco, podendo proporcionar ganhos relevantes, mas também perdas substanciais. Dessarte, sendo a perda do investimento um risco que pode, razoavelmente, ser esperado pelo investidor desse tipo de fundo, não se pode alegar defeito no serviço, sem que haja culpa por parte do gestor do fundo. Também, não há como presumir má gestão do fundo, gestão fraudulenta ou propaganda enganosa, mormente quando as instituições financeiras são fiscalizadas pelo Bacen, inexistindo indícios de que tenham descumprido normas e obrigações estipuladas. Os prejuízos havidos devem ser atribuídos à desvalorização cambial efetivada pelo Governo Federal em janeiro de 1999, bem assim ao alto grau de risco ínsito às aplicações em fundos de investimento derivativo. Assim, concluiu-se que a desvalorização da moeda naquela época é evento equiparável a caso fortuito e força maior, que foge ao alcance do recorrente. REsp 799.241-RJ, Rel. Min. Raul Araújo.

55. In *A responsabilidade médica na experiência brasileira contemporânea*, p. 89.

função da própria prestação, da sua natureza e valor. Os cuidados que se impõem ao transportador de um serviço de cristal são diferentes dos que se reclamam do transportador de cimento".[56]

Com efeito, ainda nos servindo do contrato de transporte, em princípio a obrigação de resultado que incumbe ao transportador de levar o transportado incólume ao seu destino (art. 730 do CC) é instrumentalizada por uma cláusula de incolumidade, ou seja, uma garantia de que a concessionária de transporte irá empreender todos os esforços possíveis no sentido de isentar o passageiro de perigo e de dano à sua integridade física, mantendo-o em segurança durante todo o trajeto, até a chegada ao destino final. Acresça-se ao dever de transladar os passageiros e suas bagagens até o local de destino, com cuidado, exatidão e presteza, a observância dos deveres secundários de cumprir o itinerário ajustado e o horário marcado, sob pena de responsabilização pelo atraso ou pela mudança de trajeto. Nada obstante, a mera partida do coletivo sem a presença do viajante não pode ser equiparada automaticamente à falha na prestação do serviço, decorrente da quebra da cláusula de incolumidade, cabendo a aferição das circunstâncias fáticas que envolveram o evento, tais como quanto tempo o coletivo permaneceu na parada; se ele partiu antes do tempo previsto ou não; qual o tempo de atraso do passageiro; e se houve por parte do motorista a chamada dos viajantes para reembarque de forma inequívoca. De fato, a responsabilidade objetiva do transportador não o exime de excluir o nexo de causalidade, sob a alegação do fato exclusivo da vítima como causa do inadimplemento da obrigação.[57]

Sendo a diligência parte indisponível de qualquer obrigação, independentemente de seu conteúdo, consistindo a sua ausência em critério de imputação da frustração da relação obrigacional, a mais valiosa distinção prática entre as obrigações de meio

56. Fernando Pessoa Jorge explica que "além do importantíssimo papel que a diligência normativa desempenha no campo das obrigações de prestação indefinida, servindo de critério para que o devedor escolha e execute as condutas que, nos termos desejados pela ordem jurídica, representam o meio de satisfação do interesse do credor, ela exerce ainda função de alto relevo no campo dos deveres de conteúdo determinado. Isto significa que, nos próprios deveres de conteúdo definido, há sempre certa margem de indefinição e, portanto, a distinção entre uns e outros obedece a critério de certo modo quantitativo, que não permite a destrinça nítida entre eles: a diligência normativa intervém na determinação do comportamento devido nessa zona de indefinição". Cf. *Ensaio sobre os pressupostos da responsabilidade civil*, p. 79.

57 STJ. **Informativo nº 0562 Período: 18 a 28 de maio de 2015**. Quarta Turma. DIREITO CIVIL E DO CONSUMIDOR. RESPONSABILIDADE CIVIL DE TRANSPORTADORA DE PASSAGEIROS E CULPA EXCLUSIVA DO CONSUMIDOR. A sociedade empresária de transporte coletivo interestadual não deve ser responsabilizada pela partida do veículo, após parada obrigatória, sem a presença do viajante que, por sua culpa exclusiva, não compareceu para reembarque mesmo após a chamada dos passageiros, sobretudo quando houve o embarque tempestivo dos demais. O dever de o consumidor cooperar para a normal execução do contrato de transporte é essencial, impondo-se-lhe, entre outras responsabilidades, que também esteja atento às diretivas do motorista em relação ao tempo de parada para descanso, de modo a não prejudicar os demais passageiros (art. 738 do CC). Nessa linha de intelecção, a pontualidade é não só um dever do transportador como também do passageiro. No caso, tendo havido o chamado, bem como o embarque tempestivo dos demais passageiros, conclui-se pela culpa exclusiva do passageiro decorrente da falta do dever de cuidado. **REsp 1.354.369-RJ**, Rel. Min. Luis Felipe Salomão, julgado em 5/5/2015, DJe 25/5/2015.

e de resultado consistirá na distribuição do ônus da prova. Na obrigação de meio o credor deverá evidenciar a culpa do devedor, a falta de cautela e zelo necessários ao cumprimento do avençado. Em contrapartida, nas obrigações de resultado a culpa do devedor é presumida, invertendo-se o ônus da prova, a fim de que o contratante demonstre a sua diligência, consubstanciada na correspondência entre a atuação havida e a devida.[58]

2.3 A dicotomia à luz da boa-fé objetiva

O relevo concedido ao dever de diligência não apenas relativiza a dicotomia entre as obrigações de meio e de resultado, como acentua o papel da boa-fé objetiva e dos deveres anexos de proteção, cooperação e informação para o cumprimento dos negócios jurídicos.

As dicotomias clássicas (direitos reais *x* obrigacionais; direito privado *x* direito público) são frutos da dogmática jurídica, por essência neutra e asséptica e refratária à rica e complexa realidade dos fatos. Contudo, a moderna metodologia afasta formulações lógico-formais do ordenamento jurídico. Exatamente por isso, forte na lição de Mário Júlio de Almeida Costa, "considera-se que a ciência do direito, mercê da sua exata natureza, tem de orientar-se pelo primado da vida e não partindo de um puro logicismo".[59]

Partindo dessa necessária aproximação entre a vida real e a ciência do direito, é preciso visualizar o mundo das relações jurídicas obrigacionais com um olhar diferenciado e atento ao sistema civil-constitucional. Assim, é fácil notar que em cada relação obrigacional há uma série de direitos e deveres recíprocos entre as partes, tornando a obrigação muito mais *dinâmica* e *funcional*, afastando-se da estática

58. Essa é a posição atual do Superior Tribunal de Justiça – STJ. *Informativo* nº 0491, 13-24.2.2012. Quarta Turma: "CIRURGIA ESTÉTICA. DANOS MORAIS. Nos procedimentos cirúrgicos estéticos, a responsabilidade do médico é subjetiva com presunção de culpa. Esse é o entendimento da Turma que, ao não conhecer do apelo especial, manteve a condenação do recorrente – médico – pelos danos morais causados ao paciente. Inicialmente, destacou-se a vasta jurisprudência desta Corte no sentido de que é de resultado a obrigação nas cirurgias estéticas, comprometendo-se o profissional com o efeito embelezador prometido. Em seguida, sustentou-se que, conquanto a obrigação seja de resultado, a responsabilidade do médico permanece subjetiva, com inversão do ônus da prova, cabendo-lhe comprovar que os danos suportados pelo paciente advieram de fatores externos e alheios a sua atuação profissional. Vale dizer, a presunção de culpa do cirurgião por insucesso na cirurgia plástica pode ser afastada mediante prova contundente de ocorrência de fator imponderável, apto a eximi-lo do dever de indenizar." REsp 985.888-SP, Min. Luis Felipe Salomão.

59. COSTA, Mário Júlio de Almeida. *Direito das obrigações*, p. 61.

ideia de direitos para o credor e responsabilidades para o devedor, isoladamente. Vivenciamos a passagem da obrigação para um verdadeiro processo obrigacional.[60-61]

Esmaecem, portanto, as fronteiras entre as obrigações de meio e as de resultado. Em uma única relação jurídica localizamos inúmeras obrigações recíprocas, assumindo ambas as partes, em diferentes momentos, os papéis de credor e devedor de diferentes obrigações, denotando um verdadeiro *caráter dinâmico na relação obrigacional.*

É sobre esses parâmetros objetivos de comportamento que referimos a noção de dever de diligência. Ou seja, um grau de esforço exigível para executar a conduta que representa o cumprimento de um dever. Assim, o cirurgião que se obrigou a fazer uma operação tem o dever de estar fisicamente preparado para realizá-la e assim não poderá embriagar-se antes dela; a cantora que se obrigou a dar um concerto deve evitar constipar-se e ficar rouca.[62] Nesses casos, a prestação está protegida por certos deveres laterais que pesam sobre o devedor, traduzida essa observância de certo grau de diligência como boa-fé objetiva. Se falta a cooperação, arremata Marco Aurélio Viana, "vem a reparação, pela presença da responsabilidade civil".[63]

De qualquer modo, não se pode negar que a finalidade precípua da obrigação é a satisfação dos interesses do credor, porém é preciso que se obtenha tal desiderato em respeito aos valores constitucionais, especialmente a dignidade da pessoa humana (CF, art. 1º, III). E mais ainda: é preciso que o próprio credor adote uma posição de cooperação para o adimplemento, permitindo que o devedor se veja liberto do

60. Há praticamente 50 anos, Karl Larenz já advertia que "toda relação obrigacional persegue, quando possível, a mais completa e adequada satisfação do credor em consequência de um certo interesse na prestação, o que permite visualizar-se a obrigação como um processo voltado para um fim". Cf. *Derecho de obligaciones*, p. 39. Clóvis do Couto e Silva, nesse caminho, vislumbrou na obrigação um verdadeiro *processo*, composto "em sentido largo, do conjunto de atividades necessárias à satisfação do interesse do credor", superando, pois, o caráter estático fundado na polaridade credor e devedor. Cf. *A obrigação como processo*, p. 10. Bem percebeu, nessa senda, Antunes Varela que as obrigações encerram em si "verdadeiros processos intersubjetivos que, englobando normalmente vários poderes e deveres, se desenrolam no tempo, para satisfação do interesse de uma pessoa, mediante a cooperação de uma outra". Cf. *Direito das obrigações*, p. 64.

61. STJ. *Informativo* nº 0484, 26.9-7.10.2011. Terceira Turma: "RESPONSABILIDADE CIVIL. MÉDICO. CIRURGIA ESTÉTICA E REPARADORA. Na espécie, trata-se de ação de indenização por danos morais e materiais ajuizada pela recorrida em desfavor dos recorrentes. É que a recorrida, portadora de hipertrofia mamária bilateral, foi submetida à cirurgia para redução dos seios – operação realizada no hospital e pelo médico, ora recorrentes. Ocorre que, após a cirurgia, as mamas ficaram com tamanho desigual, com grosseiras e visíveis cicatrizes, além de ter havido retração do mamilo direito. O acórdão recorrido deixa claro que, no caso, o objetivo da cirurgia não era apenas livrar a paciente de incômodos físicos ligados à postura, mas também de resolver problemas de autoestima relacionados à sua insatisfação com a aparência. Assim, cinge-se a lide a determinar a extensão da obrigação do médico em cirurgia de natureza mista – estética e reparadora. Este Superior Tribunal já se manifestou acerca da relação médico-paciente, concluindo tratar-se de obrigação de meio, e não de resultado, salvo na hipótese de cirurgias estéticas. No entanto, no caso, trata-se de cirurgia de natureza mista – estética e reparadora – em que a responsabilidade do médico não pode ser generalizada, devendo ser analisada de forma fracionada, conforme cada finalidade da intervenção. Numa cirurgia assim, a responsabilidade do médico será de resultado em relação à parte estética da intervenção e de meio em relação à sua parte reparadora. A Turma, com essas e outras considerações, negou provimento ao recurso." REsp 1.097.955-MG, Rel. Min. Nancy Andrighi.

62. JORGE, Fernando Pessoa. *Ensaio sobre os pressupostos da responsabilidade civil*, p. 78.

63. VIANA, Marco Aurélio. *Curso de direito civil*: direito das obrigações, p. 11.

vínculo. Daí aderirmos à colocação de Gustavo Tepedino: "Tal entendimento, a rigor, reflete a tendência mais atual do direito das obrigações, a temperar a distinção entre obrigações de meio e de resultado. Afinal, diga-se entre parênteses, o princípio da boa-fé objetiva, aplicado ao direito das obrigações, iluminados pelos princípios da dignidade da pessoa humana e da solidariedade social, consagrados na Constituição Federal, congrega credor e devedor nos deveres de cumprir (e de facilitar o cumprimento) das obrigações".[64]

2.4 Obrigações de meio e de resultado no CDC

A pós-modernidade procura a igualdade material através de um tratamento francamente discriminatório em favor da pessoa que exerce o *status* de consumidor, sujeito débil das relações de mercado. Enquanto o direito civil da modernidade se concentra no primado da universalidade com atribuição indiscriminada de liberdade e igualdade – "toda pessoa é capaz de direitos e deveres na ordem civil", art. 1º do Código Civil –, o direito do consumidor assume o postulado da vulnerabilidade e a cisão entre desiguais: consumidores e fornecedores.

José Reinaldo de Lima Lopes explica que o objeto do CDC não são apenas as relações negociais privadas, mas a regulação do mercado de consumo, que pretende evitar a concentração incontrolada do poder econômico. Como uma das faces do direito social, o direito do consumidor detém caráter distributivo, o que significa, segundo o Professor Associado da Universidade de São Paulo, que as regras das relações de consumo sejam "regras de alocação de custos e riscos no mercado, não apenas regras de determinação de culpas individuais. Não se trata, pois, apenas de 'distribuir' dentro das relações bilaterais o custo dos acidentes, da comercialização ou circulação de produtos e serviços. Trata-se de distribuir agregadamente, e isto é feito no direito do consumidor, assumindo que as unidades produtivas (os fornecedores, na linguagem jurídica do código) são centros mais adequados de distribuição, já que podem dissolver, disseminar ou pulverizar os custos agregados repassando-os para os preços. Essa é a lógica da distribuição, que dispensa, como se vê, um juízo de culpa, exceto por meio de exceção".[65]

No que concerne aos prestadores de serviço, esvai o significado da distinção entre obrigação de meio e de resultado, pois o Código de Defesa do Consumidor considerou a responsabilidade independentemente da existência de culpa, como obrigação objetiva de indenizar, sendo suficiente a aferição do nexo causal entre o defeito do serviço e o dano sofrido pelo consumidor (art. 14 do CDC).

Nada obstante, o acidente de serviço causado por profissional liberal que atue com pessoalidade se sujeita à disciplina específica do art. 14, § 4º, da Lei nº 8.078/90, sendo disciplinado pela teoria subjetiva, demandando a prova do ilícito culposo

---

64. *A responsabilidade médica na experiência brasileira contemporânea*, p. 89.
65. LIMA LOPES, José Reinaldo de. *Direito civil e direito do consumidor*: princípios, p. 109-110.

pelo consumidor ou, tratando-se de obrigação de resultado, com culpa presumida e consequente inversão do ônus da prova.[66]

Portanto, mesmo em sede de relações de consumo a aferição da ausência de diligência devida pelo profissional liberal será decisiva para a fixação da obrigação de indenizar. Ressalve-se, contudo, que mesmo na obrigação de meio caberá a inversão do ônus da prova,[67] nos termos do art. 6º, VIII, do CDC, desde que, alternativamente, se considere verossímil a alegação ou tenha-se o consumidor como hipossuficiente. Se a regra geral para os prestadores de serviço é transferência a estes da prova quanto à inexistência do defeito que causou o dano (responsabilidade objetiva), quanto aos profissionais liberais, invertido pelo magistrado o *onus probandi*, caberá ao réu demonstrar a inexistência da culpa.

2.5 Obrigações de garantia

O conteúdo dessa modalidade consiste na função atribuída ao devedor de eliminar um risco que pesa sobre o credor ou as suas consequências, propiciando-lhe maior segurança. O adimplemento da prestação se perfaz pelo simples fato da assunção do risco, independentemente do resultado.

O lento funcionamento das garantias reais – que geralmente carecem de execução judicial, implicando elevados custos de transação para o beneficiário –, assim como a relativa debilidade da fiança, amplamente sujeita às vicissitudes da relação principal,[68] fazem das obrigações de garantia um dos meios disponíveis mais adequados para a autonomia privada[69] dos contratantes assegurar ao credor a célere satisfação do seu interesse patrimonial.

66. Cláudia Lima Marques assevera que as pessoas jurídicas formadas por médicos ou outros profissionais perdem esse privilégio, devendo ser tratadas como fornecedores normais, não profissionais liberais. "Aqui privilegiado não é o tipo de serviço, mas a pessoa (física) do profissional liberal." In *Comentários ao Código de Defesa do Consumidor*, p. 249.

67. STJ. *Informativo* nº 418, 4.12.2009: "A Turma negou provimento ao recurso, reiterando o entendimento de que se aplica o CDC no que se refere à responsabilidade médica e hospitalar, cabendo ao hospital a responsabilidade objetiva (CDC art. 14), no caso de dano material e moral causado a paciente que escolhe o hospital (emergência) e é atendido por profissional médico integrante, a qualquer título, de seu corpo clínico, prestando atendimento inadequado, causador de morte (erro de diagnóstico). Outrossim, responde por **culpa** subjetiva o médico, aplicando-se, porém, a inversão do ônus da prova (CDC art. 6º, VIII)." Rel. Min. Sidnei Beneti, julgado em 3.12.2009.

68. Tendo como referência a fiança, a dependência genética – a validade da fiança depende da validade do contrato que constitui a obrigação principal; a dependência funcional –, o fiador pode opor ao credor os meios de defesa que competem ao devedor; e a dependência extintiva – a extinção da obrigação principal determina a extinção da obrigação do fiador.

69. Essa hipótese se diferencia das garantias legais. Assim, nos contratos onerosos o adquirente poderá alegar o vício redibitório (art. 441 do CC) e a evicção (art. 447 do CC), como formas de tutelas legais diante da constatação de vícios que comprometam a qualidade do objeto ou a legitimidade do alienante que transmitiu o bem. Em nenhum dos casos se indagará a culpa do vendedor, para fins de apuração da indenização ou do direito potestativo de rescisão do negócio jurídico.

Correlativamente ao acréscimo de proteção para o beneficiário, consequência da autonomia desta garantia pessoal, a garantia conduz a um considerável agravamento dos riscos assumidos pelo garante, quando comparados com aqueles suportados pelo fiador. Afinal, o garante se obriga a realizar uma prestação pecuniária no caso de futura frustração de um interesse do beneficiário.

Tanto é verdade que, nos contratos de seguro, a simples conclusão do negócio jurídico já torna exigível a obrigação do credor segurado de desembolsar o prêmio, verificando-se ou não o sinistro, pois enquanto a obrigação do segurador de garantia do interesse segurado contra o advento dos riscos contratualmente determinados é elemento essencial deste negócio jurídico, a obrigação de pagamento de indenização pelo sinistro se coloca como mera eventualidade (art. 764, CC).

O objetivo do devedor consiste em se liberar de encargo indenizatório que, em consequência de possível incumprimento, lhe venha a ser imposto. A validade do negócio jurídico permite ao inadimplente não suportar as consequências negativas do inadimplemento. Especificamente quanto ao seguro, Ana Prata o conceitua como "contrato pelo qual uma das partes, contra uma remuneração, assume a obrigação, face à outra, de a reembolsar, ou de pagar diretamente a terceiros quantitativos que, a título de indemnização, esta venha a ser futura e eventualmente obrigada a prestar a esses terceiros, em consequência da ocorrência de certos factos danosos que lhe sejam imputáveis".[70]

Silvio Venosa exemplifica: "Veja-se, por exemplo, a hipótese de um contrato de segurança, feito hoje por várias empresas especializadas para proteger o patrimônio e a incolumidade pessoal. A avença não assegura que o patrimônio e as pessoas sejam sempre preservados, mas o devedor compromete-se (a empresa de segurança) a usar de todos os meios necessários para que isso ocorra."[71]

Com efeito, no contrato de seguro visualiza-se a prestação principal afeta ao segurador não como a de pagamento do valor segurado – que pode realmente não acontecer –, mas a de manutenção da garantia a que se volta o seguro. Vale dizer, incumbe ao segurador gerir o fundo constituído com o pagamento do prêmio pela universalidade dos segurados de forma a manter, pelo tempo do ajuste, a garantia contratada, objeto da contratação. Nesta perspectiva, como bem ensina Cláudio Bueno de Godoy, pode-se sustentar a existência de uma comutatividade no seguro, sendo o pagamento do prêmio uma contrapartida da garantia contra um risco de evento futuro e incerto (sinistro) a qualquer interesse legítimo do segurado, interesse segurável de danos e de pessoas.[72] É veemente quanto a isso o art. 757 do Código Civil: "Pelo contrato de seguro, o segurador se obriga, mediante o pagamento de prêmio, a garantir interesse legítimo do segurado, relativo a pessoa ou coisa, contra riscos predeterminados."

---

70. PRATA, Ana. *Cláusulas de exclusão e limitação da responsabilidade contratual*, p. 167.
71. VENOSA, Silvio de Salvo. *Direito civil*: teoria geral das obrigações, p. 80.
72. GODOY, Cláudio Bueno de. *Código Civil comentado*, p. 771.

Por essa razão, quando se verifica o sinistro o segurador não poderá alegar o fortuito como causa exonerativa de responsabilidade por danos patrimoniais ou extrapatrimoniais, pois se comprometeu justamente a eliminar o risco.[73] O devedor assume o risco da não verificação do resultado, sem possibilidade de invocar a "causa estranha" que tenha tornado a prestação impossível. A obrigação de garantia poderia ser tida como uma subespécie de obrigação de resultado, pois incabível a desoneração do desiderato almejado em função de eventualidades. O garante obriga-se a transmitir determinada quantia pecuniária ao credor da obrigação garantida no caso de se verificar determinada circunstância relacionada com a frustração da expectativa que este tem de vir a ver o seu crédito principal satisfeito.[74]

Fala-se assim de um fim de garantia. O devedor não apenas se compromete, mas também garante o cumprimento.[75]

Contudo, através do contrato de garantia, o garante não assume a totalidade dos riscos relativos à frustração das expectativas do garante – apenas aqueles que resultarem da verificação dos eventos abrangidos pelo acordo. Não se materializando nenhum dos riscos assumidos pelo garante, a recusa da prestação será lícita. Por óbvio, a mais relevante destas exceções decorrentes do conteúdo do contrato de garantia é a não verificação do caso de garantia material. Há assim que delimitar quais as espécies de riscos que o garante assumirá, o que só pode ser feito no caso concreto, perante cada contrato de garantia. Não será, no entanto, correto afirmar que o garante autônomo assume os riscos por todos os "acasos atípicos".

73. Como bem colocam Gustavo Tepedino, Heloisa Helena Barbosa e Maria Celina Bodin, "com tal definição, o seguro não perde o caráter bilateral na hipótese de não implemento do risco previsto na apólice, uma vez que a obrigação do segurador é de garantia, e não de simples pagamento eventual de indenização, esta que tem por antecedente lógico o implemento do risco previsto na apólice, por definição nem sempre ocorrente". In *Código Civil interpretado*, v. II, p. 561.

74. A obrigação do sacador de uma letra de câmbio, embora seja a inicial, é uma simples obrigação de garantia. Dando uma ordem de pagamento, promete ao tomador (e aos sucessivos possuidores da letra) que fará com que o sacado a pague, e por isso obriga-se a pagá-la, ele sacador, se aquele não a saldar. Igualmente é uma obrigação cambiária de garantia a assumida pelo tomador que endosse a letra a terceiro e a dos sucessivos endossantes.

75. Empresas transportadoras contratadas por instituições bancárias têm o dever de indenização em caso de roubo de malote, não podendo se eximir de tal responsabilidade sob a alegação de força maior. Em se tratando de transporte de mercadorias com valor, o possível roubo é previsível, impondo ao transportador a cautela, no sentido de evitar o resultado danoso, acrescentou o relator na decisão. Em decisão unânime, a Quarta Turma negou provimento ao recurso especial. Em seu voto, o Min. Aldir Passarinho Junior, relator do caso, observou, inicialmente, que instituições financeiras têm responsabilidade pelos bens sob sua guarda, uma vez que a segurança de valores é serviço essencial à atividade econômica desenvolvida. "Ora, se a instituição financeira não se pode eximir da responsabilidade ao argumento da força maior, com igual propriedade a empresa encarregada pelo transporte, quando presta serviços a uma instituição bancária, pela natureza e valor dos bem", afirmou o relator. Ao negar provimento, o ministro afastou, também, a alegação de força maior. "Com efeito, tanto é previsível a existência de assaltos que a própria transportadora se assegura de todas as cautelas de estilo, como por exemplo o uso de carros-fortes, seguranças armados, dentre outras", concluiu Aldir Passarinho Junior (STJ, REsp. nº 965520/PE, 4. T., Rel. Min. Aldir Passarinho, j. 25.6.2010).

Assim, a inclusão da extinção do contrato de base no seguimento da impossibilidade não imputável a nenhuma das partes de uma prestação ou da sua invalidade superveniente no âmbito dos riscos assumidos pelo garante não pode ser discutida em abstrato, não atendendo às especificidades de cada enunciado contratual. De todo o modo, óbvio é que, se o evento indicado como fundamento da solicitação extravasar o âmbito dos riscos assumidos pelo garante, este não terá de pagar ao beneficiário a quantia acordada.

A vinculação do garante está também sujeita a limites temporais. Assim, se a obrigação de garantia estiver sujeita a um termo inicial, a condição suspensiva, ou a sua exigibilidade for definida em função da exigibilidade de outra obrigação, antes desse momento não será devida a prestação. Simétrica é a situação da caducidade da obrigação de garantia. A situação mais frequente na práxis bancária são as garantias autônomas conterem ou terem um termo final. Verificando-se o termo, caduca naturalmente a obrigação de garantia.

CAPÍTULO V

Da Transmissão das Obrigações

"É injusto que uma geração seja comprometida pela precedente; um empréstimo deveria terminar aos cinquenta anos. Por que o povo não há de ter os privilégios da coroa que não é responsável pelas dívidas do rei falecido? Tem-se que encontrar um meio de preservar as geraçoes futuras das avarezadas presentes, sem recorrer à falência."

(Napoleão Bonaparte)

1. INTRODUÇÃO

1.1 Vicissitudes da obrigação

A relação jurídica, como toda entidade, possui um momento de nascimento, uma etapa na qual sofre modificações e uma fase derradeira em que se extingue. As *vicissitudes* jurídicas – nascimento, modificação e extinção –, constituem um momento dinâmico e procedimental da relação jurídica. Entre a constituição e a extinção, apresenta-se a vicissitude simplesmente modificativa da relação jurídica, que não é constitutiva porque a relação já existe, nem é extintiva porque visa à sua conservação.[1] Como fonte de obrigações, o negócio jurídico não apenas cria e extingue relações jurídicas, como ainda lhe proporciona mutações. A transmissão da obrigação é fenômeno que, apesar de acidental no processamento da relação, é muitíssimo frequente na prática.

Há mais de 50 anos, Emilio Betti já trabalhava com o fundamental conceito das *vicissitudes da obrigação*.[2] Cuida-se de uma situação jurídica concernente aos sujeitos ou ao objeto, que se verifica de forma superveniente na relação jurídica, modificando a situação preexistente. De acordo com o Professor da Universidade de Direito de Roma, dentre as vicissitudes concernentes aos sujeitos obrigacionais, avulta o fenômeno da *sucessão*, conceituada como "substituição de um sujeito, na relação obrigatória, em virtude de uma relação qualificadora, que instaura um nexo derivado entre sucessor e predecessor, legitimando o primeiro a ingressar em idêntica relação com a contraparte".[3]

Naquilo que interessa ao nosso exame, os fenômenos da cessão de crédito, assunção do débito e cessão do contrato se sucedem após a gênese da obrigação e antes do momento de sua exigibilidade. Trata-se de transmissão de créditos, dívidas e da posição jurídica de qualquer um dos contratantes. É o período em que ocorre a circulação econômica do crédito. No fenômeno da transmissão, a obrigação não é extinta, mas substituída, com a passagem de um sujeito a outro.

Com efeito, o vocábulo *transmissão* valoriza a nota da *permanência* da obrigação, a despeito da alteração registrada em seus sujeitos. No trajeto próprio da transmissão, ao transitar do antigo para o novo titular, a obrigação pode modificar a sua fisionomia, embora em traços não essenciais, pois o direito adquirido pelo novo titular é exatamente o mesmo de quem lhe antecedeu.[4]

Assim, não podemos confundir os modos de transmissão das obrigações com outros modelos que geram efeitos análogos, mas se inserem cronologicamente em momentos distintos. Toda forma de transmissão de obrigação se caracteriza pela

1. PERLINGIERI, Pietro. *O direito civil na legalidade constitucional*, p. 747-754.
2. No dicionário *Houaiss*, o vocábulo *vicissitude* é definido como: "1. sucessão de mudanças ou de alternâncias; 2. sequência de coisas que se sucedem".
3. BETTI, Emilio. *Teoria geral das obrigações*, p. 573.
4. ANTUNES VARELA, João de Matos. *Das obrigações em geral*, v. II, p. 290.

conservação do negócio jurídico, que não sofre modificação em seu objeto por mais que ocorra sucessiva substituição de seus atores. Por isso, a obrigação não mais poderá ser identificada com os direitos do credor, pois, como acentua Pietro Perlingieri, "ela se configura cada vez mais como uma relação de cooperação. Isto implica uma mudança radical de perspectiva a partir da qual enfocar a disciplina das obrigações: esta não deve ser considerada o estatuto do credor; a cooperação substitui a subordinação e o credor se torna titular de deveres genéricos de cooperação para o adimplemento do devedor. Também o terceiro se encontra envolvido neste novo clima de colaboração e de responsabilidade, em que o crédito assume cada vez mais a fisionomia de um bem autônomo".[5]

O legislador introduziu a transmissão das obrigações no Título II – arts. 286 a 303 –, seguindo o estudo das modalidades de obrigações (Título I) e antecedendo ao estudo do adimplemento das obrigações (Título III). Trata-se de uma topologia adequada, pois a vida saudável das obrigações complexas se inicia com a constituição da relação jurídica e de suas modalidades, desenvolve-se com a inerente possibilidade de circulação do crédito e, finalmente, morre em seu adimplemento, libertando-se as partes do vínculo.

O sistema de transmissão do crédito conhece dois regimes distintos, ambos normatizados pelo Código Civil: a cessão comum de crédito (arts. 286 a 298), e os títulos de crédito (arts. 887 a 926), sistematizados segundo o modo de circulação do direito: títulos ao portador, à ordem e nominativos. A construção do direito cambiário trouxe uma espécie de dicotomia de regimes de substituição do credor: passou-se a falar em "cessão de crédito do direito obrigacional comum" em contraposição à circulação cambiária do crédito.[6]

1.2 O crédito como objeto do tráfego jurídico

No registro de Karl Larenz, a consideração do crédito como valor patrimonial e objeto do tráfico jurídico inclina a atribuir ao credor um direito sobre esse objeto, análogo ao do proprietário sobre a coisa. Haveria uma propriedade sobre o crédito. Como qualquer direito subjetivo, os créditos são direitos de uma pessoa determinada, indicando a exclusividade, a aderência e a submissão jurídica. Esta vinculação do crédito ao patrimônio de uma pessoa demanda a necessidade de uma proteção análoga à dos direitos reais.[7]

5. In *O Direito civil na legalidade constitucional*, p. 913.
6. Maurício Moreira Mendonça de Menezes realiza denso estudo comparativo entre a cessão comum de crédito e a transmissão por meio de títulos de crédito, inserindo, dentre as suas várias conclusões, que as normas gerais do Código Civil sobre títulos de crédito são destinadas a "a) disciplinar títulos de crédito atípicos; b) disciplinar subsidiariamente os demais títulos regulados por lei especial e em sua lacuna. Tais normas gerais não se confundem com a lei cambiária". In *Cessão e circulação de crédito no Código Civil*, p. 246.
7. LARENZ, Karl. *Derecho de obligaciones*, p. 447.

Todavia, o Código Civil de 1916 não possuía um título dedicado à transmissão das obrigações. No Código Beviláqua disciplinou-se apenas uma das modalidades de transmissão das obrigações: a cessão de crédito. Já no Código Civil de 2002, a par da atualização do aludido modelo jurídico, trata o legislador de regulamentar a assunção de dívida. Todavia, descurou o Código Reale em cuidar de uma terceira modalidade de transmissão das obrigações: a cessão do contrato, matéria há muito versada na doutrina.

Nos sistemas jurídicos mais remotos, não se cogitava de transmissão das obrigações. No formalista direito romano o vínculo obrigacional era pessoal, intransferível e pautado por solenidades que praticamente transformavam qualquer mutação subjetiva em uma nova relação obrigacional, completamente independente da que lhe antecedera. Lembre-se que, antes da publicação da *Lex Poetelia Papiria*, o inadimplemento gerava responsabilidade pessoal do devedor, contra o qual se insurgia a força coercitiva do Estado. Naqueles tempos, a única forma de transmissão obrigacional factível era a *causa mortis*, em razão da sucessão universal, baseada em uma ultrapassada visão pela qual o herdeiro continuaria a pessoa do *de cujus*.

A transmissão das obrigações é, destarte, uma obra edificada na idade moderna, como reflexo do florescimento de uma economia de trocas. Com as seguidas revoluções comercial, industrial e tecnológica, alcançamos um estágio pós-moderno de despersonalização e desmaterialização do crédito. Ninguém duvida de se constituir o crédito em enorme fonte de circulação de riquezas. Cuida-se de bem incorpóreo, de conteúdo econômico, passível de tráfico jurídico. O crédito é um elemento inserido no patrimônio do credor, suscetível de transmissão, tal como qualquer outro bem jurídico.[8]

A transmissão tem ainda, como explica Antunes Varela, o interesse teórico de constituir a mais expressiva das formas do poder de disposição inerente à própria titularidade dos direitos de crédito. O poder de disposição do credor mostra bem como, além da relação pessoal entre dois sujeitos, adstrita à satisfação de certa necessidade do credor, o crédito é um valor patrimonial realizável pelo interessado, antes mesmo de atingir o seu vencimento, em função da simples expectativa, mais ou menos segura, da futura realização da prestação.[9]

---

8. O historiador do direito John Gilissen trata a teoria moderna do direito das obrigações, desenvolvida no Código francês de 1804, como "diferente do direito romano clássico, sendo na realidade o resultado de uma 'reconstrução' bastante teórica, levada a cabo nos séculos XVI e XVIII. Nas sociedades arcaicas e nas sociedades de tipo feudal, o direito das obrigações está pouco desenvolvido: baseada numa economia fechada, a liberdade de dispor de seus bens é limitada, os laços entre indivíduos estão fixados de forma quase permanente pela solidariedade familiar ou clânica. Pelo contrário, nas sociedades desenvolvidas, o direito das obrigações desempenha papel essencial. No *code civil* de 1804, mais de 1000 dos 2281 artigos são consagrados ao tema. Economia de troca, generalização da moeda, liberdade individual de dispor dos bens, enfraquecimento das solidariedades clânicas, favorecem o desenvolvimento deste direito". In *Introdução histórica ao direito*, p. 729.

9. Explica o autor que "o vocábulo transmissão emoldura uma imagem: a de que os direitos de crédito, não obstante se tratar de puras criações do espírito, se deslocam como se coisas materiais que fossem, de

Observa-se que, antes do momento de exigibilidade da prestação – normalmente ao tempo do vencimento –, o crédito já representa um elemento atual do patrimônio do credor. Ele já detém o direito subjetivo ao crédito desde o tempo da constituição válida do negócio jurídico, apenas não poderá exercitar a sua pretensão contra o devedor, pois carece de exigibilidade. Mas, nesse ínterim, terá a faculdade de exercitar o poder de disposição atual sobre o crédito, como parte integrante de seu patrimônio.

Cindivelmente ligado ao seu titular, o direito de crédito é pois, renunciável, onerável, transmissível por hereditariedade e, para aquilo que ora nos interessa, alienável (gratuita ou onerosamente). Afinal, o valor patrimonial do crédito de que o credor pode dispor antes mesmo do vencimento da obrigação deriva da expectativa de seu cumprimento ou execução, assegurada pelo patrimônio do devedor.[10]

Aliás, o fato de o direito à prestação integrar o patrimônio do credor como objeto de alienação permite-nos falar de uma *propriedade do crédito*, em similitude ao direito do proprietário à coisa. Atualmente, o primado do crédito se exprime sob a forma de pertinência. A tão decantada centralidade da propriedade imobiliária da modernidade é substituída por formas dinâmicas de titularidade e de circulação de riquezas.[11]

O art. 5º, inciso XXII, da Constituição Federal reporta-se à garantia fundamental da propriedade. O termo *propriedade* aqui está colocado em sentido *lato*. A propriedade constitucional muitas vezes se desmaterializa através do crédito e da titularidade de bens imateriais, que também serão funcionalizados para com os interesses da coletividade.

Por tais razões, concordamos com Luiz Roldão de Freitas Gomes, quando afirma que a transmissão das obrigações é "tema que inflama a imaginação".[12] Com efeito, o crédito detém enorme prestígio na sociedade contemporânea, propiciando enorme incremento das comunicações entre os povos ao internacionalizar o comércio, desempenhando função econômica e social que em muito transcende o plano das relações entre credor e devedor. Há uma enorme gama de interesses que impulsionam a transformação das obrigações. Portanto, longe se vai o tempo em que as obrigações apenas interessavam as partes, sem afetar a órbita jurídica de terceiros.

A operação de crédito envolve outra particularidade: trata-se da troca de um valor presente por um valor futuro. Isso permite situar as suas duas principais características como: o tempo e a confiança. O tempo, pois o credor efetua uma

---

uma pessoa (transmitente) para outra (adquirente). E essa imagem, longe de constituir um mero recurso anódino de linguagem jurídica, reveste um sentido bem definido: o de que o direito de crédito, nascido na titularidade do adquirente, é o mesmo direito que pertencia ao transmitente, e, não um outro, moldado à semelhança do primeiro". In *Das obrigações em geral,* v. II, p. 289.

10. SILVA, João Calvão da. *Cumprimento e sanção pecuniária compulsória*, p. 26.

11. O termo *pertinência*, oriundo do italiano *appartenenza*, é constantemente utilizado na obra de Pietro Perlingieri com o significado de *propriedade*. In *O direito civil na legalidade constitucional*, p. 908.

12. FREITAS GOMES, Luiz Roldão de. *Contrato com pessoa a declarar*, p. 7.

prestação presente contra a promessa de prestação futura; a confiança, traduzida no próprio ato da entrega do bem pelo credor, na legítima expectativa de sua devolução ou pagamento.[13]

Atualmente, a operação de crédito é factível mesmo sem o emprego do papel-moeda envolvido na operação. Nas operações de venda a prazo, o simples acesso eletrônico por intermédio de cartão magnético importa na contratação de uma operação de crédito, pela qual o emprestador entrega dinheiro ao vendedor mediante crédito em sua conta-corrente bancária, em nome e por conta do comprador. Este, por sua vez, recebe o bem e assume a dívida correspondente ao preço, obrigando-se a pagar no futuro. Assim, o vendedor é investido na posição de credor e o emprestador na de financiador, este antecipa ao vendedor o pagamento do preço que o comprador só iria lhe pagar no futuro e, em contrapartida, o vendedor-credor transfere ao financiador, mediante cessão, o crédito que possui contra o comprador.[14]

Resumindo esse cenário essencialmente dinâmico com a expressão *objetivação do crédito,* Mauricio Moreira Mendonça realça a importância do interesse vinculado à satisfação do crédito, independentemente do fato de esse interesse pertencer ao patrimônio do credor originário ou de ter sido transmitido a terceiro. A despersonalização das relações econômicas reduz a importância do elemento subjetivo da obrigação e valoriza a situação creditória em si como interesse juridicamente relevante, independentemente de seus atores. Assim, facilita-se a substituição dos sujeitos da relação, expandindo-se a tutela jurídica do terceiro cessionário do crédito, em homenagem, fundamentalmente, à boa-fé e à confiança.[15]

Não podemos duvidar, contudo, de que o débito, elemento passivo do patrimônio do devedor, também é suscetível de circulação e transmissão. Nesse sentido, o Código Civil deu importante passo ao tratar da assunção de dívida.

Em geral, todos os créditos são transmissíveis, seja *inter vivos* ou *causa mortis*. Na transmissão de obrigações, em virtude do *fato jurídico stricto sensu* "morte" (art. 1.784, CC), temos todo o Livro do Direito das Sucessões. Aqui, trataremos da possibilidade de substituição subjetiva nas relações obrigacionais, em face da autonomia privada das partes. Tanto o credor como o devedor – a título particular, gratuita ou onerosamente – poderão transferir seus créditos e débitos para terceiros, bem como haverá possibilidade de transmissão da própria posição contratual. Em suma, reiterando os esclarecimentos de Renan Lotufo, nada obstante a equivalência entre os termos *transferência* e *sucessão,* devemos perceber que o primeiro põe ênfase no objeto e o segundo, no sujeito.[16]

---

13. Nesse sentido MENEZES, Maurício Moreira Mendonça de. Cessão e circulação de crédito no Código Civil, p. 212.
14. CHALHUB, Melhim Namem; ASSUMPÇÃO, Márcio Calil de. Cessão fiduciária de direitos creditórios, p. 82.
15. In *Cessão e circulação de crédito no Código Civil,* p. 222.
16. LOTUFO, Renan. *Código Civil comentado,* v. 2, p. 140.

O Código Civil cuida somente da transmissão de obrigações em virtude de negócio jurídico. Tem-se, pois, três espécies de transmissão das obrigações negociais: cessão de crédito, assunção de dívida e cessão da posição contratual. O legislador apenas disciplinou as duas primeiras, mas estudaremos a cessão do contrato por sua inegável importância jurídica e econômica.

2. CESSÃO DE CRÉDITO

Eu quero ver você
Ficar no meu lugar
Eu quero ser você
Ficar no seu lugar

(Kid Abelha)

2.1 Noções gerais

Podemos situar o ano de 1776 como marco zero para o entendimento do capitalismo. Trata-se do ano da publicação da obra *A riqueza das nações*, de Adam Smith. Ali se sustenta que a busca do lucro através da iniciativa individual é a mais possante força de transformação ao alcance dos seres humanos; é dela que vêm, no fim das contas, a criação das riquezas e, como resultado de sua inevitável distribuição, o progresso, a libertação das pessoas e o avanço do bem-estar comum. É evidente que a procura da riqueza não torna o empreendedor uma pessoa mais virtuosa, mas isso não é fundamental, pois avulta para a sociedade os efeitos dos atos que pratica.[17]

A função do ordenamento jurídico não consiste em limitar a circulação do crédito, mas de apenas evitar abusos, direcionando-o à criação de empregos, pagamento de tributos, realização de investimentos e produção de bens e serviços de qualidade, com respeito ao consumidor e à livre concorrência. Assim, compreendemos o art. 170 e incisos da Constituição Federal, cujo objetivo é compatibilizar a ordem econômica e o exercício de atos de autonomia negocial com o princípio da solidariedade. Ademais, o crédito desempenha imprescindível função econômico-social ao homenagear o núcleo intangível do princípio da dignidade da pessoa humana, viabilizando o acesso a bens materiais mínimos com a satisfação das necessidades existenciais da pessoa humana (moradia, educação e saúde).

Nesse cenário econômico, instala-se a principal forma de irradiação dos vínculos obrigacionais: a cessão de crédito. Podemos conceituá-la como negócio jurídico bilateral pelo qual o credor transfere a terceiro a sua posição patrimonial na relação

17. Segundo Adam Smith, para resumir a ideia da *mão invisível do mercado* que culmina por ampliar o bem-estar da sociedade, não é à bondade do açougueiro que devemos o nosso bife, mas ao seu empenho em ganhar dinheiro vendendo carne. O dia em que a sua prioridade for fazer o bem, doando a mercadoria que tem para vender, adeus açougue. Trata-se de exemplo de altruísmo, mas lá se vai o bife...

obrigacional, sem que com isso se crie uma nova situação jurídica.[18] Na dicção de Antunes Varela: "a cessão de crédito consiste, precisamente, no contrato pelo qual o credor de determinada prestação transmite a terceiro, independentemente do consentimento do devedor, a totalidade ou uma parte do seu crédito".[19]

Atualmente a cessão de crédito não mais se restringe ao direito das obrigações ou ao direito empresarial (por meio do direito civil), pois constitui eixo operativo do desenvolvimento econômico. Ao transferir a terceiros os seus créditos, o vendedor antecipa receitas futuras, obtendo recursos que lhe permitem de imediato acelerar o ciclo produtivo de sua atividade, realizando novas operações que só viriam a se tornar possíveis após o retorno do capital, o que só ocorreria depois de decorrido o prazo originalmente concedido ao comprador.[20] Pode-se ilustrar com o advento do Sistema de Financiamento Imobiliário (SFI) pela Lei 9.514/97. No âmbito do SFI foram instituídas garantias destinadas a conferir maior solidez e segurança às operações de financiamento imobiliário, destacando-se, dentre elas, a cessão fiduciária de direitos creditórios decorrentes de contratos de alienação de imóveis. Nesta espécie de cessão, o credor de créditos imobiliários (p. ex., um incorporador), a fim de garantir um empréstimo tomado ou uma dívida que possua, transfere a titularidade de referidos créditos a um terceiro (p. ex., uma instituição financeira). Desse modo, o terceiro garantido (chamado de cessionário) passa a ter o direito de possuir os títulos (p. ex., contratos) que representam os créditos cedidos, podendo, inclusive, receber os pagamentos respectivos diretamente de seus devedores (adquirentes dos imóveis negociados).[21]

No direito, devemos sempre ter cuidado máximo com a terminologia. Enquanto o termo *alienação* envolve a transmissão de coisas corpóreas, o vocábulo *cessão* implica transferência onerosa ou gratuita de bens imateriais, intangíveis. É possível alienar um quadro ou um imóvel. Todavia, podemos ceder direitos autorais ou direitos hereditários, assim como créditos.

---

18. Renan Lotufo acrescenta que na cessão "o que se tem é uma mesma situação jurídica, em que o cessionário continua na situação do cedente; não se criam situações cronologicamente sucessivas quanto ao crédito". In *Código Civil comentado*, v. II, p. 141.

19. Cf. *Direito das obrigações*, v. II, p. 295. De acordo com Antunes Varela, "o termo cessão tanto designa o ato realizado entre cedente e cessionário, como efeito fundamental da operação (a transmissão da titularidade do crédito)", p. 296.

20. CHALHUB, Melhim Namem; ASSUMPÇÃO, Márcio Calil de. Cessão fiduciária de direitos creditórios, p. 82.

21. Outra espécie de garantia prevista na Lei do SFI, já bem difundida no mercado, é a alienação fiduciária do bem imóvel. O crédito gerado a partir de contratos garantidos por alienação fiduciária também pode ser cedido a um terceiro. É o caso, ainda, do incorporador que, em garantia do financiamento tomado, cede à instituição financeira o crédito que mantém perante o adquirente do imóvel incorporado. Aqui, contudo, o cessionário (no caso a instituição financeira) recebe todos os direitos e obrigações inerentes à propriedade fiduciária e não só o direito aos títulos e seus respectivos créditos, como ocorre na cessão fiduciária de direitos creditórios. Assim, o cessionário de crédito objeto de alienação fiduciária assume a posição de proprietário fiduciário do bem dado em garantia. Nesta hipótese, há a constituição de garantia real sobre coisa própria enquanto na cessão fiduciária de direito creditório constitui-se garantia real sobre direito alheio.

No contexto de uma relação obrigacional, a cessão de crédito surge como um negócio jurídico que envolve três personagens e dois consentimentos: o *cedente* é aquele que transfere total ou parcialmente o seu crédito; o *cessionário*, aquele que o adquire, preservando a mesma posição do cedente. Por último, o *cedido*[22] será o devedor, que terá, doravante, de adimplir a obrigação em favor do cessionário. A vontade do cedido não participa da validade do negócio jurídico, pois ele não desfruta de legitimidade para se opor à transmissão do crédito. Ademais, em regra, a modificação da pessoa do credor não lhe acarreta prejuízo, à medida que a prestação que terá de cumprir objetivamente se mantém idêntica. Mesmo se excepcionalmente houver algum incômodo ao devedor, vê-se que, à luz da técnica da ponderação de interesses, optou o legislador por dar primazia à liberdade de disposição do crédito por parte de seu titular, sem consultar ao interesse do sujeito passivo.

Não obstante prescindir-se do consentimento do devedor, fundamental será o seu *conhecimento* quanto à realização da cessão para fins de eficácia e oponibilidade em relação à sua pessoa. Enfatiza a primeira parte do art. 290 do Código Civil que "A cessão do crédito não tem eficácia em relação ao devedor, senão quando a este notificado".

Exemplificando: *A* empresta R$ 10.000,00 para *B*, por um prazo de 12 meses. Faltando seis meses para o adimplemento do empréstimo, o mutuante *A* cede o seu crédito em prol de *C* por um valor de R$ 9.000,00. *C* deverá esperar até o vencimento do contrato para exigir a prestação que lhe foi transferida, com base na confiança que teve na solvabilidade do devedor cedido *B*.

A constatação da validade do negócio jurídico de cessão de crédito, mesmo quando da ausência da notificação ao devedor, demonstra que a justificativa e a finalidade de qualquer relação obrigacional é a satisfação do interesse do credor, pois o devedor terá de lhe proporcionar um certo bem ou utilidade. Isso explica que a satisfação do credor pode resultar por outras vias, ainda que não seja mediante o cumprimento pelo devedor da prestação devida.

Portanto, apesar de o cedido ser considerado como terceiro em relação à cessão, a eficácia do negócio obrigacional em relação a ele requer a notificação pessoal – seja pelo cedente como pelo cessionário –, pela via judicial, extrajudicial e presumida, esta última quando o próprio devedor-cedido declare-se ciente da cessão em instrumento público ou particular (art. 290 do CC).

Enquanto em uma alienação – venda ou doação – existem apenas dois protagonistas, a cessão de crédito requer, necessariamente, a transferência de direitos envolvendo os três partícipes já citados. Em regra, a cessão de crédito possui base contratual, demandando a emissão da vontade de cedente e cessionário, mas é possível

---

22. Flávio Tartuce observa que a designação do devedor como cedido "não é recomendável, pois a pessoa não se transmite, mas tão somente a sua dívida". In *Direito Civil*: direito das obrigações e responsabilidade civil, p. 281.

que resulte de negócio jurídico unilateral, envolvendo cessão de crédito pela via testamentária. Portanto, a cessão de crédito implica tão somente substituição subjetiva no polo ativo da obrigação, pois o seu objeto remanesce intacto, abrangendo ainda todos os seus acessórios, como juros e cláusula penal (art. 287, CC).

2.2 Regime jurídico

Em regra, a cessão de crédito deriva de um ato de autonomia negocial. Contudo, em caráter pouco frequente, poderá a cessão se concretizar independentemente do instrumento de um negócio jurídico. Isto se dá quando resulta de uma imposição legal, tal como ostenta o art. 287 do Código Civil em relação aos frutos e garantias do crédito, ou mesmo em decorrência de decisão judicial, como aquela que atribui a um sucessor (herdeiro ou legatário) determinado crédito de titularidade primitiva do *de cujus*.[23]

A cessão de crédito, como qualquer outro negócio jurídico, submete-se aos requisitos de validade do art. 104 do Código Civil. Em regra, será negócio jurídico oneroso, mas é possível que seja convencionado de forma gratuita. Esta distinção é relevante, pois, tratando-se de cessão gratuita, será afetado pelas regras gerais de validade do contrato de doação (arts. 538-564 CC). Porém, sendo a causa da transmissão um ato oneroso, necessária se faz a observação da sistemática do contrato de compra e venda.

Ensina Luís Manuel Teles de Menezes Leitão que os requisitos da cessão de crédito são os seguintes: um negócio jurídico que estabeleça a transmissão da totalidade ou de parte do crédito; a inexistência de impedimentos legais ou contratuais a esta transmissão; e a não ligação do crédito à pessoa do credor como decorrência da própria natureza da prestação.[24]

Nesse sentido caminha a hermenêutica do art. 286 do Código Civil ao disciplinar os impedimentos à transmissão do crédito. Como princípio, o poder de disposição é atributo inerente às situações patrimoniais. No direito das obrigações, é corolário da titularidade a *livre cedibilidade* dos créditos. Nada obstante, o negócio jurídico da cessão de crédito será obstaculizado se a isso se opuser a natureza da obrigação, a lei ou a convenção com o devedor.[25]

---

23. Como exemplos de cessões legais, Paulo Netto Lôbo cita: "a comunhão de bens entre cônjuges, na qual os créditos de uns contra os outros se fazem comuns, não havendo necessidade de cessão voluntária; o devedor solidário que paga a dívida e adquire os direitos do credor, produzindo-se a cessão legal do crédito contra os demais devedores solidários: o fiador que paga a dívida adquire legalmente o crédito contra o devedor". In *Teoria geral das obrigações*, p. 177.
24. MENEZES LEITÃO, Luís Manuel Teles de. *Direito das obrigações*, v. II, p. 14.
25. STJ. *Informativo* nº 0520, 12.6.2013. Primeira Turma: "DIREITO TRIBUTÁRIO. CESSÃO DE CRÉDITO DECORRENTE DE EMPRÉSTIMO COMPULSÓRIO SOBRE ENERGIA ELÉTRICA. É possível a cessão dos créditos decorrentes de empréstimo compulsório sobre energia elétrica. De fato, o empréstimo compulsório instituído em favor da Eletrobrás pela Lei 4.156/1962 e alterações posteriores tem a forma de resgate disciplinada pelo Dec.-Lei 1.512/1976. Ao estabelecer o modo de devolução do referido tributo, a legislação de regência não criou

A natureza da obrigação poderá servir de óbice à cessão de crédito. As relações *intuitu personae* não possuem reflexo patrimonial de circulação, pois estão mais ligadas a aspectos morais do que ao tráfico jurídico. O caráter personalíssimo também explica a impossibilidade de cessão do direito de preferência na compra e venda com cláusula de preempção (art. 520, CC). Igual fundamento se aplica ao direito de preferência em razão da idade no pagamento de precatórios, previsto no art. 100, § 2º, da CF, que não pode ser estendido aos sucessores do titular originário do precatório, ainda que também sejam idosos.[26]

Nessa linha, temos que o caráter extrapatrimonial dos direitos de personalidade impede a sua cessão (art. 11, CC). É certo que os atributos essenciais de cada ser humano não podem ser transmitidos por imediata ofensa ao princípio da dignidade da pessoa humana. Porém, o ordenamento jurídico admite a cessão do exercício de direitos da personalidade, relativamente ao seu conteúdo econômico, tendo em vista a patrimonialidade do interesse. Ilustrativamente, dispõe o art. 27 da Lei nº 9.610/98 que "Os direitos morais do autor são inalienáveis e irrenunciáveis". Indubitavelmente, resguarda-se aqui a paternidade da obra, situação existencial por excelência. Contudo, nada impede que o autor realize a cessão dos rendimentos decorrentes da exploração dos direitos autorais, pois cabe a ele, como em qualquer propriedade, "o direito exclusivo de utilizar, fruir e dispor da obra literária, artística e científica" (art. 28, Lei nº 9.610/98).

Além da proibição da transmissão de direitos pela sua própria natureza incessível, o referido art. 286 do Estatuto Civil veda a cessão em determinados negócios jurídicos dotados de interesse indisponível. Assim, o direito a alimentos é incessível por sua própria natureza *intuitu personae* (art. 1.707, CC). Os alimentos vincendos são imunizados de tal negócio jurídico, tratando-se de garantia do direito à vida e da manutenção da existência do credor. Não por outra razão são fixados levando-se em consideração as peculiaridades da situação do credor e do devedor, em face de suas circunstâncias pessoais.[27] Entretanto, com o nosso apoio, frisa Milton Paulo de Carvalho Filho que "com relação às prestações vencidas ou pretéritas, quer porque constituem divida comum, quer porque já integradas ao patrimônio do alimentando, uma vez que já sobreviveu sem elas, podem ser objeto de cessão".[28-29]

óbice à cessão do respectivo crédito a terceiros, razão pela qual não há impedimento para tanto." AgRg no REsp 1.090.784-DF, Rel. Min. Arnaldo Esteves Lima.

26. STJ: Informativo nº 0535. Período: 12 de março de 2014. Segunda Turma. DIREITO CONSTITUCIONAL E PROCESSUAL CIVIL. DIREITO DE PREFERÊNCIA DOS IDOSOS NO PAGAMENTO DE PRECATÓRIOS. "De fato, os dispositivos constitucionais introduzidos pela EC 62/2009 mencionam que o direito de preferência será outorgado aos titulares que tenham 60 anos de idade ou mais na data de expedição do precatório (art. 100, § 2º, da CF) e aos titulares originais de precatórios que tenham completado 60 anos de idade até a data da referida emenda (art. 97, § 18, do ADCT). Além disso, esse direito de preferência é personalíssimo, conforme previsto no art. 10, § 2º, da Resolução 115/2010 do CNJ" (RMS 44.836-MG, Rel. Min. Humberto Martins).
27. Cf. FARIAS, Cristiano Chaves de; ROSENVALD, Nelson. *Direito das famílias*, p. 670.
28. CARVALHO FILHO, Milton Paulo de. *Código Civil comentado*, p. 1957.
29. No mesmo diapasão, Yussef Said Cahali pondera que "quando se trata, porém, de um crédito por pensão alimentar em atraso, este não difere de qualquer outro crédito de direito comum, já não prevalecendo a

Ainda em sede de vedação legal, os mesmos impedimentos opostos a determinadas pessoas desprovidas de legitimação para a aquisição de bens em hasta pública por compra e venda aplicam-se à cessão de crédito, estabelecendo-se hipóteses de nulidade em caso de violação (art. 497, parágrafo único, do CC). A finalidade do ordenamento é impedir que a cessão seja praticada por pessoas cuja imparcialidade se imunize a toda prova. Exemplificando, proíbe a norma do art. 1.749, III, com ou sem autorização judicial, que o tutor de uma criança se torne cessionário de um crédito em que o incapaz figure como devedor. Caso contrário, além de colocar em risco o patrimônio do devedor, o legislador culminaria por instalar sério conflito de interesses, privilegiando o interesse patrimonial do tutor em detrimento da função individual e social de seu *munus*.

Ainda no campo dos impedimentos legais à cessão, o Supremo Tribunal Federal reputou constitucional a vedação normativa a cessão de crédito de DPVAT pela vítima de acidente de trânsito inserta na Lei n. 11.945/09, com o objetivo de evitar que hospitais privados credenciados no SUS se convertam em cessionários e sejam ressarcidos pelas despesas hospitalares perante as seguradoras, o quê ensejaria abuso do direito, além de quebra de um controle rigoroso sobre o sistema do DPVAT. Em contrapartida, o Superior Tribunal de Justiça considerou viável a cessão de crédito relativa a indenização do seguro DPVAT decorrente de morte, pois a referida Lei n. 11.945/09 vetou apenas a hipótese de cessão de reembolso de despesas médico-hospitalares e não a possibilidade de transmissão do crédito por parte dos herdeiros, prevalecendo a regra geral do art. 286 do CC/02, quanto à livre credibilidade de créditos.[30][31]

O destaque do art. 286 localiza-se em sua parte final, determinando a inoponibilidade da cláusula proibitiva da cessão ao cessionário de boa-fé, se não constar do instrumento da obrigação. Na esfera da transmissão das obrigações, a regra é a livre disponibilidade dos créditos, como expressão do princípio da autonomia privada. Daí, deliberando as partes pela recusa à futura possibilidade da cessão, impõe-se expressa manifestação no próprio instrumento constitutivo da obrigação, no sentido

---

razão adotada quanto aos alimentos futuros, para se impedir a transmissibilidade por cessão ou a qualquer outro título, do respectivo crédito". Cf. *Dos alimentos,* p. 105.

30. STF. ADI 4350/DF Relator: Min. LUIZ FUX Órgão Julgador: Tribunal Pleno PUBLIC 03-12-2014 EMENTA: O DIRIGISMO CONTRATUAL É CONSECTÁRIO DA NOVA DOGMÁTICA DO DIREITO CIVIL GRAVITANTE EM TORNO DO TEXTO CONSTITUCIONAL E LEGITIMADORA DA PROIBIÇÃO LEGAL DE CESSÃO DO CRÉDITO DO DPVAT. IMPROCEDÊNCIA DO PEDIDO DE DECLARAÇÃO DE INCONSTITUCIONALIDADE DO ART. 8º DA LEI Nº 11.482/07 E DOS ARTS. 30 A 32 DA LEI Nº 11.945/09.

31. STJ. Informativo nº 0562 Período: 18 a 28 de maio de 2015. Terceira Turma. CESSÃO DE CRÉDITO RELATIVO AO SEGURO DPVAT. É possível a cessão de crédito relativo à indenização do seguro DPVAT decorrente de morte. Isso porque se trata de direito pessoal disponível, que segue a regra geral do art. 286 do CC, que permite a cessão de crédito se a isso não se opuser a natureza da obrigação, a lei ou a convenção com o devedor. Assim, inexistindo, na lei de regência do DPVAT (Lei 6.194/1974), óbice à cessão dos direitos sobre a indenização devida, não cabe ao intérprete impor restrições ao titular do crédito. Cabe ressaltar que o legislador, quando quis, vetou expressamente a possibilidade de cessão de crédito decorrente do seguro DPVAT, mas o fez apenas em relação à hipótese de reembolso de despesas médico-hospitalares (art. 3º, § 2º, da Lei 6.194/1974, incluído pela Lei 11.945/2009). REsp 1.275.391-RS, Rel. Min. João Otávio de Noronha, DJe 22/5/2015.

da imobilização do crédito, convertendo a relação obrigacional em personalíssima e preservando a boa-fé de terceiros.

Isso significa que o devedor cedido só poderá opor a cláusula impeditiva de cessão ao cessionário adquirente caso tenha sido a mesma expressamente incluída no contrato, com possibilidade de ciência por parte de terceiro quanto à proibição da cessão. Ora, se não houver possibilidade de conhecimento da cláusula impeditiva, será ineficaz perante o cessionário, preservando-se a sua confiança na livre disposição do crédito.

A vedação contratual decorre de convenção proibitiva em que expressamente os contratantes recusam qualquer possibilidade de cessão de crédito. Explica Hamid Bdine que, do contrário, presume-se que tenha havido autorização para ceder: "a regra prestigia a boa-fé, pois não se pode admitir que em uma sociedade marcada pela massificação e rapidez os terceiros possam ser prejudicados pela proibição que desconhecem".[32]

Mesmo que a cláusula impeditiva de cessão conste formalmente do instrumento obrigacional de origem, não prevalecerá a proibição convencional à circulação do crédito, se o ato de autonomia contrastar com outros interesses merecedores de tutela do ordenamento jurídico. Daí a necessidade de avaliação concreta da hipótese para se aferir a legitimidade da restrição à luz de valores como a boa-fé objetiva e a função social do contrato.

Por último, há ainda uma vedação temporal à possibilidade de cessão de crédito. Cuida-se da limitação à livre cedibilidade dos créditos litigiosos. Após a intimação do credor sobre a penhora de seu crédito, fica o mesmo impossibilitado de praticar atos de disposição do referido crédito, inviabilizando-se a sua cessão, doravante vinculada ao processo de execução contra ele instaurada, qualificando-se o crédito como intransmissível (art. 298 do CC). Indubitavelmente, a transferência de crédito penhorado configura fraude à execução. Aquele credor que penhorou o crédito deve ter o cuidado de interpelar não apenas o seu devedor, mas também de notificar o devedor dele. Se assim não o fizer, será eficaz e liberatório o pagamento por ele efetuado em favor de seu credor originário, haja vista a sua atuação refletida na boa-fé. Só restará àquele que ajuizou a execução a possibilidade de insurgir-se contra quem recebeu o crédito. Mas, se o devedor pagou após ter sido notificado, com espeque no art. 312 do Código Civil, deverá pagar novamente. Aliás, o art. 855, inciso I, do CPC/15 justamente determina a intimação da penhora tanto ao terceiro devedor, para que não pague ao executado – seu credor –, como ao executado – credor do terceiro –, para que não pratique ato de disposição do crédito.

Enfim, excetuando as vedações congênitas, legais e contratuais já citadas, todos os direitos de crédito podem ser objeto de cessão parcial ou total, incluindo-se aí os créditos litigiosos e os futuros. A Emenda Constitucional nº 62/2009 concede

32. BDINE JR., Hamid Charaf. *Código Civil comentado*, p. 231.

nova redação ao art. 100 da Constituição Federal e, em seu § 13, aduz que "O credor poderá ceder, total ou parcialmente, seus créditos em precatórios a terceiros, independentemente de concordância do devedor".[33] Cria-se um mercado de precatório em que é possível ceder seu crédito, e a própria Fazenda, quando devedora de precatório, poderá fazer uma espécie de leilão em que os adquirentes pagam os precatórios por valor com deságio. A cessão de precatórios, contudo, somente produzirá efeitos após comunicação, por meio de petição protocolizada, ao tribunal de origem e à entidade devedora. Esse parágrafo foi preservado pelo Supremo Tribunal Federal na ADI 4425/DF.[34]

No que tange à cessão prévia de créditos futuros, Carlos Alberto da Mota Pinto cita a "doutrina da transmissão" para acenar positivamente à hipótese de transmissão de créditos que venham a surgir ao longo do tempo (*v.g.*, tais como futuros aluguéis em contrato de locação), sendo bastante a determinabilidade do objeto, tal qual exige o art. 104, II, do Código Civil como requisito de validade do negócio jurídico. Na referida teoria da transmissão, mesmo que sua gênese seja posterior ao ato transmissivo, o crédito será constituído ainda na pessoa do transmitente, apenas em seguida sendo transferido ao adquirente.[35]

Qual é o alcance da cessão de crédito? Responde o art. 287 do Código Civil que, "salvo disposição em contrário, na cessão de um crédito abrangem-se todos os seus acessórios". Em outras palavras, exceto cláusula limitativa inserta na convenção, o cessionário assume idêntica situação jurídica ativa à do cedente, com seus cômodos e incômodos. Acompanham a mutação subjetiva da obrigação todas as cauções reais, pessoais, juros, cláusula penal e mesmo situações potestativas, como, *v.g.*, constituição em mora do devedor, direito de escolha pelo credor em sede de obrigações alternativas e de concretização nas obrigações de dar coisa incerta. Insere-se aqui o princípio da gravitação jurídica, pelo qual o acessório acompanha a sorte do principal.

Não se olvide, entretanto, que eventual existência de elemento acidental do negócio jurídico igualmente afetará a situação do cessionário. Ensina Caio Mário que

---

33. Por sua vez, os §§ 2º e 3º, mencionados no dispositivo supra, estabelecem que a cessão total ou parcial a terceiros não se aplica quando se tratar de créditos de natureza alimentar para aqueles que tenham 60 anos ou mais, na data de expedição do precatório, ou portador de doença grave definida em lei (*sic*), uma vez que eles serão pagos preferencialmente. Pelo que se depreende do § 13, o cessionário beneficiário do precatório cedido pelo cedente – titular primitivo – não poderá gozar do privilégio de que gozam aqueles que tenham 60 anos ou mais, titulares de créditos de natureza alimentícia, ou portadores de doenças graves, doenças essas que serão definidas na forma da lei e não gozarão da preferência sobre os demais créditos.

34. O Plenário do Supremo Tribunal Federal (STF), por maioria, julgou parcialmente procedentes as Ações Diretas de Inconstitucionalidade (ADIs) 4357 e 4425 para declarar a inconstitucionalidade de parte da Emenda Constitucional nº 62/2009, que instituiu o novo regime especial de pagamento de precatórios. Com a decisão, foram declarados inconstitucionais dispositivos do art. 100 da Constituição Federal, que institui regras gerais para precatórios, e integralmente inconstitucional o art. 97 do Ato das Disposições Constitucionais Transitórias (ADCT), que cria o regime especial de pagamento (ADI 4425/DF, Rel. p/ Acórdão Min. LUIZ FUX, julgado em 14.3.2013, Tribunal Pleno).

35. In *Cessão da posição contratual*, p. 188.

a obrigação se transfere "com todos os vícios e vantagens".[36] De fato, a obrigação sujeita a termo inicial ou a condição suspensiva estende a sua ineficácia temporal ao cessionário.

Bem lembra Mairan Maia que "a questão se põe quando a garantia, pessoal ou real, é oferecida por terceiro, caso em que deve o garantidor ser também notificado da cessão, pois tem interesse em saber a quem deverá pagar, na hipótese de ser dele exigido o pagamento da dívida".[37] Ou seja, enquanto a notificação do devedor sobre a cessão de crédito já supre a necessidade de se notificar o devedor principal sobre as garantias por ele concedidas, o mesmo não ocorre no tocante às garantias caucionadas por avalistas, fiadores ou terceiros responsáveis que colocam os seus bens à disposição do devedor (*v.g.*, hipoteca ou penhor).

À luz do art. 289 do Código Civil, caso a cessão envolva crédito hipotecário do cedente em face do devedor, deverá o cessionário averbar a cessão da escritura pública, no registro imobiliário, na forma do art. 108 do Código Civil. Ou seja, não se trata de mera faculdade do cessionário como aparenta a literalidade do dispositivo, mas de necessária atividade para que possa se sub-rogar nos efeitos da hipoteca em face do terceiro, protegido pela necessária publicidade do RGI.

Em verdade, trata-se de um ônus ao cessionário, pois, se não averbar a cessão, sua proteção perde em eficácia. Apesar do silêncio da norma, exige-se também a outorga do cônjuge do cedente, cuidando-se de ônus real que incide sobre bem imóvel (art. 1.647, I, CC), excepcionando-se o regime da separação convencional de bens.

No item 2.1 vimos que o cedido não é parte na cessão de crédito. O negócio jurídico é formado no plano de validade de forma alheia ao devedor, sendo suficiente à válida celebração da cessão de crédito o consentimento regular de cedente e cessionário. O art. 290 do Código Civil não alude à validade, mas à *eficácia* da cessão de crédito frente ao devedor, como pendente de notificação. A notificação do devedor quanto à cessão de crédito será expressa quando o cedente ou o cessionário tomar a iniciativa de comunicar àquele que transferiu o crédito a determinada pessoa.[38] Carlos Roberto Gonçalves faz menção ainda à notificação presumida que "resulta de espontânea declaração de ciência do devedor, em escrito público ou particular".[39]

---

36. PEREIRA, Caio Mário da Silva. *Instituições de direito civil*: obrigações, p. 376.
37. MAIA, Mairan. *Comentários ao Código Civil brasileiro*, v. III, p. 211.
38. STJ: RECURSO ESPECIAL REPRESENTATIVO DE CONTROVÉRSIA. ART. 543-C DO CPC. PROCESSO CIVIL. CESSÃO DE CRÉDITO. EXECUÇÃO. PRECATÓRIO. SUCESSÃO PELO CESSIONÁRIO. INEXISTÊNCIA DE OPOSIÇÃO DO CEDENTE. ANUÊNCIA DO DEVEDOR. DESNECESSIDADE. EMENDA CONSTITUCIONAL Nº 62/2009. "Com o advento da Emenda Constitucional nº 62, de 9 de dezembro de 2009, todas as cessões de precatórios anteriores à nova redação do artigo 100 da Constituição Federal foram convalidadas independentemente da anuência do ente político devedor do precatório, seja comum ou alimentício, sendo necessária apenas a comunicação ao tribunal de origem responsável pela expedição do precatório e à respectiva entidade" (REsp 1091443/SP, Rel. Min. Maria Thereza de Assis Moura, CE – Corte Especial, *DJe* 29.5.2012).
39. GONÇALVES, Carlos Roberto. *Direito civil brasileiro*, v. II, p. 208.

De fato, a notificação não objetiva a obtenção do consentimento do devedor, mas o simples conhecimento, pois ele sofrerá os efeitos do negócio jurídico.[40] A vontade do cedido não integra o negócio jurídico da cessão, até mesmo pelo fato de o devedor não ter interesse juridicamente. A notificação vincula o devedor cedido ao cessionário, impedindo assim que pague ao credor primitivo. Se assim o fizer após a ciência da cessão, pagará mal e, portanto, duas vezes.[41]

Nada obstante, efetuado o pagamento ao cedente pelo fato de não ter se providenciado a notificação do cedido, poderá o devedor de boa-fé obter eficácia liberatória (art. 292, CC), restando ao cessionário apenas o direito de regresso em face do cedente para evitar o seu enriquecimento sem causa, na forma do art. 876 do Código Civil. Ora, para o cedido, a cessão não produziu efeito, pois dela não fora notificado, podendo mesmo buscar a consignação em pagamento em face do cedente, objetivando escapar das consequências da mora. Alternativamente, terá o cessionário o ônus de provar que o devedor já tinha conhecimento da transmissão do crédito antes de fazer o pagamento ao cedente.

De qualquer jeito, a possibilidade de o cessionário exigir do cedente os valores que ele recebeu do devedor que não fora notificado é fato hábil a comprovar a validade e eficácia do negócio jurídico perante as partes, independentemente do atendimento ao plano de eficácia perante o cedido.

Nesse sentido, dispõe o art. 293 do Código Civil que o cessionário poderá exercer atos conservatórios sobre o direito cedido, independentemente do conhecimento da cessão pelo devedor. O dispositivo em comento realça a posição jurídica do cessionário no momento anterior à notificação do devedor. Como houve um ato jurídico perfeito, válido e eficaz entre as partes, o cessionário poderá praticar medidas conservatórias do crédito, conservando o patrimônio do devedor que esteja na iminência de ingressar em estado de insolvência, ou mesmo interromper prazo prescricional em curso que prejudique sua posição creditícia.

---

40. STJ: SEQUESTRO DE VERBAS PÚBLICAS PARA PAGAMENTO DE PRECATÓRIOS. RECONHECIMENTO DA LEGITIMIDADE DO CESSIONÁRIO DO CRÉDITO PARA POSTULAR O RECONHECIMENTO. PROVIDÊNCIA A SER AFERIDA, CASO A CASO, PELO PRESIDENTE DO TRIBUNAL, CONFORME AS REGRAS VIGENTES À ÉPOCA. "No caso, o Tribunal de Justiça, reconhecendo a legitimidade do cessionário do crédito do precatório, concedeu a segurança 'tão somente para determinar o prosseguimento dos autos de sequestro, salvaguardada, sempre e, a toda evidência, qualquer determinação em sentido contrário do Supremo Tribunal Federal' (fl. 163). O Estado de São Paulo insiste na necessidade de pronunciamento sobre os artigos 290 do Código Civil e 3º e 6º do CPC, razão pela qual defende a violação do art. 535 do CPC. 2. Contudo, não viola o art. 535 do Código de Processo Civil o acórdão que adota fundamentação suficiente para decidir de modo integral a controvérsia. 3. Com efeito, a legitimidade daquele que postula o sequestro, bem como o cabimento deste instituto, conforme as regras vigentes à época do pedido, deve ser aferida pelo Presidente do Tribunal de Justiça, caso a caso, não havendo falar na existência de interesse no pronunciamento da ilegitimidade do cessionário do crédito para evitar futura discussão" (AgRg no REsp 1427616/SP, Rel. Min. Humberto Martins, 2ª Segunda Turma, *DJe* 19.8.2014).

41. Certos créditos dispensam a notificação por sua própria natureza. Assim ocorre com os títulos de crédito. Nos títulos ao portador, basta a sua tradição (art. 904 do CC). Nos títulos à ordem, é necessário o endosso, que se completa com a tradição do título (art. 910, § 2º, do CC).

Portanto, o cessionário poderá agir para evitar que o seu crédito seja prejudicado pela atuação lesiva de terceiros e do próprio devedor, independentemente da produção de efeitos do negócio para o devedor (art. 130 do CC). Como todas as prerrogativas do cedente passam imediatamente ao cessionário, poderá ele até mesmo constituir nova cessão de crédito em favor de outro cessionário.

Confirma-se o apuro científico do legislador no art. 288 do Código Civil, quando novamente menciona o termo *ineficácia*, ao se referir à cessão negocial de um crédito em relação a terceiros sem que a celebração se verifique pela forma do instrumento público ou particular, com os requisitos do art. 654, § 1º, do Código Civil, a saber: lugar onde foi celebrada; qualificação do cedente e do cessionário; data e objetivo do ato com a designação e extensão de seus efeitos. Acresça-se a este rol, por necessário, a exigência do registro do instrumento no órgão competente para fins de presunção absoluta de conhecimento, conforme o disposto no art. 221 do Código Civil. Aduz ainda o nº 9 do art. 129 da Lei de Registros Públicos que os instrumentos de cessão de crédito sujeitam-se ao registro no Cartório de Títulos e Documentos para a oponibilidade em face de terceiros.

Qual seria a abrangência do termo *terceiros*, do art. 288 do Código Civil? Alcança apenas os interessados no negócio jurídico ou também se estende à pessoa do devedor-cedido? Para Orlando Gomes, "se o devedor estivesse compreendido nessa referência, toda cessão deveria ter, necessariamente, forma escrita".[42] Revendo o nosso posicionamento anterior, aderimos à posição do ilustrado civilista, agora referenda pelo Enunciado 618 do CJF, no sentido de que "O devedor não é terceiro para fins de aplicação do art. 288, do Código Civil, bastando a notificação prevista no art. 290 para que a cessão de crédito seja eficaz perante ele". Assim, o vocábulo *terceiros* engloba os credores do cedente, do cessionário e do cedido, que eventualmente possam ser prejudicados pela transmissão dos créditos, pois possuem direitos anteriores à cessão.

A ineficácia da cessão de crédito em face de terceiros também se verifica quando o negócio jurídico de cessão não passa de uma fraude contra credores do cedente, cabendo, assim, a sua anulação pela via da ação pauliana ou revocatória, desde que demonstrado o prejuízo do credor, com frustração de sua garantia, ante ao esvaziamento patrimonial promovido pelo cedente (art. 158 do CC).

Ocorrendo várias cessões do mesmo crédito, deverá o cedido pagar àquele credor que se apresentar com o título da cessão – documento original que representa o débito –, independentemente de averiguação sobre a cronologia das cessões (art. 291 do CC). Se por um ângulo, a livre circulação de créditos é uma prerrogativa de qualquer credor, por outro viés há de se acautelar o devedor, que precisa de meios seguros para precisar a pessoa do credor ao tempo do adimplemento da obrigação.

42. GOMES, Orlando. *Obrigações*, p. 207.

Aquele que portar o documento original representativo do crédito deverá prevalecer sobre outros credores. Em relação a ele, a cessão se completou. Certamente, os demais cessionários de boa-fé poderão ajuizar ação de indenização contra o cedente que praticou ato ilícito por transferir faticamente uma situação jurídica que não se operou no plano jurídico.

Aliás, havendo cessões múltiplas, poderá o cedido encontrar-se em dúvida sobre a quem pagar; nesse caso, caberá o exercício da pretensão de consignação em pagamento (art. 335, IV, do CC). Se houver apresentação de títulos do mesmo teor jurídico por todos aqueles que se apresentam como credores, sugere Arnaldo Rizzardo que, como o devedor "desconhece quem mereça o recebimento do crédito cedido, e já que sua dívida era para com o cedente, o melhor caminho consiste na retenção do valor até que se lhe seja apresentada uma solução adotada pelos cessionários do crédito".[43]

Se o crédito, porém, não se relacionar com uma obrigação titulada, será medida de bom alvitre efetuar o pagamento em prol de quem notificou o cedido em primeiro lugar e, sendo simultâneas as notificações, realizar-se-á um rateio entre os cessionários.

Mesmo que o Código Civil descarte a necessidade de consentimento do devedor para a cessão, é fundamental constatar a efetivação da notificação. A interpelação do devedor cedido não se presta tão somente para determinar até que momento o cedido pode legitimamente pagar ao seu credor primitivo. Há ainda outro efeito relevante descrito no art. 294 do Código Civil: o momento do conhecimento pelo cedido da cessão é o marco inicial para averiguarmos a partir de quando poderá ele opor ao cessionário as exceções que lhe competirem, bem como o marco final para que possa arguir as exceções que possuía contra o cedente.

Como ensina Renan Lotufo, os defeitos e vícios que comprometem o crédito não são sanados em virtude da cessão, mas a modificação subjetiva que se opera na obrigação pode gerar situações que não existiam até esse momento.[44] De fato, trata-se de dispositivo de vital importância para o devedor, pois, como o crédito transfere-se com as mesmas características ao cessionário, a cessão não poderá tornar os direitos transferidos mais amplos, ela não exercerá efeito saneador sobre os vícios, a ponto de beneficiar cedente ou cessionário. A posição jurídica do devedor não pode experimentar prejuízos em virtude da cessão que se produz sem a sua cooperação.

Deverá o cedido, tão logo notificado, comunicar as exceções pessoais oponíveis ao cedente, sob pena de perda da faculdade, caso demore em agir. As exceções pessoais devem ser afirmadas na primeira oportunidade, como impositivo de lealdade. Com efeito, não poderá ser o cessionário surpreendido, tempos depois, com algum

43. RIZZARDO, Arnaldo. *Direito das obrigações*, p. 265.

44. LOTUFO, Renan. *Código Civil comentado*, v. II, p. 153.

óbice que não aqueles que resultem do próprio título objetivamente considerado.[45] O art. 377 do Código Civil enfaticamente reproduz este raciocínio no tocante à compensação: "O devedor que, notificado, nada opõe à cessão que o credor faz a terceiros dos seus direitos não pode opor ao cessionário a compensação, que antes da cessão teria podido opor ao cedente. Se, porém, a cessão lhe não tiver sido notificada, poderá opor ao cessionário compensação do crédito que antes tinha contra o cedente."

Todavia, a tempestiva e exitosa alegação de exceções pessoais pelo cedido contra o cedente (*v.g.*, pagamento, defeitos do negócio, compensação etc.) não impede que o cessionário se volte contra ele para reaver aquilo que lhe pagou.

Já as exceções que incidam contra a própria pessoa do cessionário poderão ser invocadas a partir da notificação – pois antes dela a cessão lhe era indiferente –, e a qualquer tempo antes do adimplemento. Enfatize-se que a norma diz respeito às exceções pessoais. Com relação às exceções objetivas que concernem à própria prestação (*v.g.*, invalidade do título), poderão ser opostas ao cessionário, mesmo que em momento posterior à época da transmissão, mesmo porque a posição do cessionário deriva da própria posição do cedente.

2.3 Efeitos da cessão de crédito

O efeito básico da cessão de crédito é a transmissão do cedente ao cessionário da titularidade da relação jurídica. O art. 286 do Código Civil não se refere à possibilidade de cessão meramente parcial do crédito.[46] Entretanto, não refutamos tal possibilidade, seja pela aplicação do princípio da liberdade negocial que permeia este modelo jurídico, como também pelo próprio permissivo do art. 351 do Código Civil, que, no modelo jurídico aparentado da sub-rogação, admite a parcialidade do pagamento e concede preferência ao credor originário em relação ao credor sub-rogado, para cobrar o débito restante, quando apenas em parte reembolsado. Certamente, essa preferência não se aplicará à cessão de crédito – cabendo a repartição proporcional do pagamento pelo cedido no silêncio do código –, mas a existência do dispositivo indica que não há qualquer razão substancial para a vedação da cessão parcial.

Destarte, sendo *A* credor de *B* na importância R$ 10.000,00, poderá ceder a *C* 50% de seu crédito. Mas não só essa opção se abre, pois, para Antunes Varela, vários tipos de cessão parcial se podem verificar: cessão de uma parte da alíquota do crédito (um quinto da indenização que couber ao cedente); cessão de uma parte fixa

45. O devedor que não apresentar ao cessionário as exceções contra o cedente ficará impedido de fazê-lo mais tarde, salvo se demonstrar motivo justificado para tanto, pois como obtempera Hamid Bdine Jr.: "seu silêncio implica prestigiar a presunção do cessionário de que nenhum obstáculo enfrentaria além dos que naturalmente resultam do título. Esta limitação temporal ajusta-se ao princípio da boa-fé objetiva: é dever do cedido informar ao cessionário todas as defesas de que pretenderá fazer uso oportunamente, para não surpreendê-lo mais tarde". In *Código Civil comentado*, p. 256.

46. Expressamente assim o admite a 1ª parte do art. 577, nº 1 do Código Civil de Portugal: "O credor pode ceder a terceiro uma parte ou a totalidade do crédito."

num crédito de montante superior, mas incerto (cessão de 100 em crédito de quantia superior, mas ainda sujeito à prestação de contas); cessão de uma parte incerta para além de uma parte fixa (cessão da quantia que exceda a 1.000).[47]

A transmissão ao cessionário da titularidade da relação jurídica implica, a teor do art. 348, do Código Civil, no fato de o cessionário se sub-rogar nos direitos do cedente. Ilustre-se com um contrato de promessa de compra e venda, no qual, frequentemente há a cessão dos direitos do promitente comprador a terceiros, às vezes de forma sucessiva (por exemplo: *B* prometeu comprar de *A* e cedeu seus direitos a *C* que, por sua vez, cedeu a *D*, que agora quer a escritura e encontra resistência de *A*). O promitente comprador de um imóvel é titular de um direito obrigacional (um crédito), posto que somente será proprietário por negócio jurídico, nos termos do art. 1.245 do Código Civil, depois do registro da escritura pública, cuja outorga o promitente vendedor se obrigou após receber o preço. Sendo o crédito, no caso o direito de receber a escritura, um bem patrimonial, obviamente é passível de transferência, que se efetiva independentemente de anuência do promitente vendedor.

Se, não obstante se der a integralidade do pagamento, o promitente vendedor se nega a outorgar a escritura definitiva, a responsabilidade será exclusiva do promitente vendedor, titular da propriedade, e não dos cedentes. Só aquele pode cumprir a obrigação e exclusivamente ocupará o polo passivo da relação jurídica processual.[48] Lembre-se que não há exigência do registro dos contratos para a ação de adjudicação compulsória (Súmula 239 STJ), o que afasta a necessidade da presença dos cedentes na ação de adjudicação compulsória. De qualquer maneira, é imprescindível que o autor da ação comprove cabalmente a existência de todas as cessões, juntando cópia dos respectivos instrumentos, bem como prove a quitação do preço com a juntada dos recibos.

Ao fato do cessionário da cessão de crédito se sub-rogar nos direitos do cedente não se pode deferir a mesma extensão de uma "cessão de contrato". Com efeito, no modelo da cessão da posição contratual, o cessionário se investe não apenas na titularidade creditícia do cedente, passando a protagonizar a completa situação patrimonial desse, no que tange aos créditos, débitos, ônus, direitos potestativos e sujeições. Ilustrativamente, uma importante consequência dessa distinção é a que a condição de consumidor do promitente-assinante não se transfere aos cessionários do contrato de participação financeira, nos casos em que as linhas telefônicas e os próprios contratos permaneceram com os promitentes-assinantes, posto transferida

---

47. ANTUNES VARELA, João de Matos. *Das obrigações em geral*, v. II, p. 322.

48. É esta a lição de Ricardo Arcoverde Credie: "Legitimado ativo ordinariamente também é o cessionário dos direitos à compra, a quem foi previamente transferido o interesse na provocação e obtenção dos resultados úteis da atividade jurisdicional, ao qual a jurisprudência proclama o direito de pleitear a adjudicação compulsória diretamente do promitente vendedor, e não do cedente" (in *Adjudicação compulsória*, p. 59).

ao cessionário apenas a relação jurídica, concernente à emissão de ação e valores mobiliários.[49]

Uma segunda ordem de efeitos da cessão de crédito se refere à extensão da garantia ao crédito cedido.

De modo geral, o cedente apenas se responsabiliza perante o cessionário pela existência do crédito ao tempo de sua cessão, mas não pela solvabilidade do cedido. Nas palavras de J. M. Leoni Lopes de Oliveira, o cedente "não responde pela saúde financeira do devedor".[50] A responsabilidade pela existência do crédito se estende às suas garantias e acessórios. Além de transmitir a titularidade do crédito ao cessionário, torna-se o cedente um garante de sua legitimidade.[51]

---

49. "Nesse sentido, justifica-se que a proteção ao consumidor se estenda ao contrato como um todo, tanto no que concerne à prestação de serviços telefônicos quanto à retribuição em ações, pois a condição de acionista era imposta ao consumidor, sendo a administração de seus recursos por terceiros compulsória. Assim, mesmo nas hipóteses em que o adquirente originário vinha a juízo requerer apenas a complementação de ações, sem nenhuma pretensão quanto ao serviço de telefonia, era reconhecida a incidência do estatuto consumerista em virtude de sua vulnerabilidade e, no mais das vezes, hipossuficiência. Outra, porém, é a situação retratada, em que se tem cessionária de milhares de contratos de participação financeira, os quais já foram objeto de outras negociações anteriores. Nesse caso, a pretensão se resume ao recebimento de ações e seus respectivos consectários, não havendo irresignação relativa ao uso dos serviços de telefonia. Não se identifica, também, vínculo com a situação originária do adquirente da linha telefônica, que era compelido a subscrever ações caso quisesse usar o sistema de telefonia. O que se verifica, na hipótese, são transações havidas entre sociedades empresárias, de índole comercial, não se identificando quer a vulnerabilidade, quer a hipossuficiência do cessionário. Além disso, a cessão está resumida à integralidade dos direitos creditícios, participações, direitos acionários, proventos e valores ainda não recebidos, decorrentes dos contratos de participação financeira. Trata-se, portanto, de cessão de crédito e não de cessão de posição contratual, pois não há cessão da inteira posição no ajuste. Assim, considerando que as condições personalíssimas do cedente não se transmitem ao cessionário, a condição de consumidor do promitente-assinante não se transfere aos cessionários do contrato de participação financeira" (STJ, Informativo 600, REsp 1.608.700-PR, Rel. Min. Ricardo Villas Bôas Cueva, DJe 31/3/2017).
50. OLIVEIRA, J. J. Leoni Lopes de. *Novo Código Civil anotado*, v. II, op. cit., p. 92.
51. STJ: Informativo nº 0535. Período: 12 de março de 2014. Quarta Turma. DIREITO EMPRESARIAL. DIREITO DE REGRESSO RELACIONADO A CONTRATO DE *FACTORING*. "A faturizadora tem direito de regresso contra a faturizada que, por contrato de *factoring* vinculado a nota promissória, tenha cedido duplicatas sem causa subjacente. Por um lado, a doutrina é praticamente unânime no sentido de que a faturizadora não tem direito de regresso contra a faturizada com base no inadimplemento dos títulos transferidos, haja vista que esse risco é da essência do contrato de *factoring* e por ele a faturizada paga preço até mais elevado do que pagaria, por exemplo, em um contrato de desconto bancário, no qual a instituição financeira não garante a solvência dos títulos descontados. Por outro lado, essa circunstância não tem o alcance de afastar toda e qualquer responsabilidade da cedente em relação à existência do crédito, haja vista que tal garantia é própria da cessão de crédito comum – *pro soluto*. É por isso que a doutrina, de forma uníssona, afirma que no contrato de factoring e na cessão de crédito ordinária a faturizada/cedente não garante a solvência do crédito, mas a sua existência sim. Cuida-se, na verdade, de expressa disposição legal, nos termos do que dispõem os arts. 295 e 296 do CC. Nesse passo, o direito de regresso da faturizadora contra a faturizada deve ser garantido quando estiver em questão não um mero inadimplemento, mas a própria existência do crédito. Não reconhecer tal responsabilidade quando o cedente vende crédito inexistente ou ilegítimo representa compactuar com a fraude e a má-fé. É bem verdade que há precedentes do STJ que não permitiram o regresso da faturizadora, em situações que, aparentemente, diziam respeito a duplicatas frias. Em todas essas hipóteses, porém, inexiste nota promissória emitida como garantia do negócio jurídico relacionado ao *factoring*, o que diferencia os julgados do caso em exame. Por sua vez, em reforço à tese ora adotada, há outros precedentes que permitiram, inclusive, o pedido de falência com base em nota promissória recebida como garantia de duplicatas apontadas como frias endossadas a sociedades de *factoring*" (REsp 1.289.995-PE, Rel. Ministro Luis Felipe Salomão, julgado em 20.2.2014).

Em outras palavras, a cessão *in veritas nominis* apenas confere ao cessionário garantia legal contra o cedente pela veracidade da dívida cedida, além de seus acessórios e garantias, de modo semelhante ao que observamos sobre a evicção nos contratos onerosos (art. 447 do CC). A garantia acautelará o cessionário nas hipóteses em que ele, por algum óbice, não obtenha a titularidade do crédito, ou nos casos em que venha a obtê-la mas acabe por perdê-la em decorrência de um fato imputável à pessoa do cedente. O sistema jurídico impede o enriquecimento sem causa do cedente, afinal ninguém pode transmitir mais direitos do que aqueles de que possa dispor.

Opera-se a cessão *pro soluto,* que exonera o cedente da responsabilidade pelo adimplemento do crédito, ao conceder plena quitação do débito ao cessionário, não respondendo posteriormente pela boa ou má liquidação da prestação (art. 295 do CC). O cedente se responsabilizará pela ausência de sua qualidade de credor, seja pela invalidade do título em razão de sua nulidade, ou de sua anulabilidade por ato imputável ao cedente e desconhecido do cessionário (*v.g.,* crédito obtido do cedido por meio de coação).

Qual seria o fundamento econômico a balizar a regra geral da cessão *pro soluto*? Bem enunciam Gustavo Tepedino, Heloisa Barboza e Maria Celina Bodin de Moraes que, "nas cessões onerosas, o crédito transfere-se pelo seu valor nominativo, mesmo que o cessionário o tenha adquirido por menos, procurando um proveito, como frequentemente acontece, tratando-se de negócio especulativo. Precisamente por esta razão, o cedente, em regra, não se responsabiliza pelo adimplemento, pois o risco relativo à solvabilidade do devedor terá sido considerado no preço que o cessionário pagou para assumir a titularidade do crédito".[52]

Note-se que se aplica o dispositivo em regra à cessão onerosa, pois, na modalidade da transmissão gratuita, cogitando-se de mera liberalidade, o cessionário não experimentará qualquer prejuízo com a não percepção do conteúdo da prestação, apenas perderá uma vantagem. Assim, não remanesce qualquer responsabilidade do cedente. Se, porém, a cessão gratuita for proveniente de má-fé do cedente, responderá perante o cessionário pela realidade do crédito.

O art. 295 do Código Civil se aplica à cessão de natureza negocial. Na cessão legal, nem sequer se responsabilizará o cedente pela existência do crédito transmitido, pois a passagem do crédito não se verificou por um ato de vontade do credor originário.

Sendo a cessão de crédito um negócio jurídico especulativo, é comum que o cessionário tenha noção dos riscos do êxito da cobrança em face do devedor. Em caso de insucesso, suportará sozinho o inadimplemento, sem possibilidade de responsabilizar o cedente. Excepcionalmente, cedente e cessionário podem derrogar a

---

52. TEPEDINO, Gustavo, BARBOZA, Heloisa; MORAES, Maria Celina Bodin de. *Código Civil interpretado.* v. 1, p. 581.

regra geral do art. 295, estipulando que aquele assumirá o risco pela insolvência do devedor cedido, garantindo ao cessionário o crédito transmitido, inclusive na qualidade de devedor solidário, se assim constar do acordo (art. 296 do CC).

A cessão *in bonitas nominis* torna o cedente responsável pela solvabilidade do cedido, até o limite do valor que recebera pela transação. Esta é a cessão *pro solvendo*. A responsabilização do cedente demanda cláusula expressa, eis que, no silêncio do contrato, o risco da insolvência do cedido recai exclusivamente no cessionário.

No conceito de Maria Helena Diniz, a cessão *pro solvendo* "é a transferência de um direito de crédito, feita com o intuito de extinguir uma obrigação, que, no entanto, não se extinguirá de imediato, mas apenas se e na medida em que o crédito cedido for efetivamente cobrado".[53]

Primeiro o cessionário demandará o devedor. Demonstrada a insolvência do cedido, poderá o cessionário agir contra o cedente. Diversamente do que ocorre com a fiança alijada de benefício de ordem (art. 828, I, CC), não possui o cessionário o direito potestativo de optar livremente entre cobrar do cedente e do cedido. Assim, a responsabilidade do cedente será subsidiária, só havendo possibilidade de se cogitar de solidariedade entre ele e o cedido, com cláusula expressa no instrumento de cessão (art. 265, CC).

Sendo a cessão *pro solvendo* silente quanto à extensão cronológica da responsabilidade do cedente, essa garantia se limita temporalmente até o momento em que se efetiva o negócio jurídico da cessão e não até o momento marcado como termo de adimplemento. Afinal, trata-se de negócio especulativo, cujo risco é inerente à transmissão da obrigação. Exemplificando, se a cessão se deu em outubro e o vencimento da obrigação está marcado para dezembro, o cedente só se responsabiliza perante o cessionário caso comprovado que à época da cessão o devedor já era insolvente. Se essa situação apenas se configurou posteriormente, o risco total será assumido pelo cessionário, exceto se expressamente o cedente assumiu o risco de responder pela própria solvência futura do cedido.

A eventual responsabilização do cedente perante o cessionário, em face da insolvência do cedido, é de natureza restituitória, limitada ao valor que recebeu do cessionário – e não ao valor nominativo do crédito –, acrescido de juros, despesas do cessionário com a formalização da cessão e com as tentativas de cobrar do devedor, além da atualização monetária (art. 297 do CC). A solução legislativa não poderia ser outra, pois quando o cedente garante a própria solvência do devedor a cessão de crédito perde a sua natureza aleatória, com a eliminação do risco do cessionário quanto ao eventual inadimplemento do devedor. Isso é o bastante para fundamentar a vedação à obtenção de lucro contra o cedente. Assim, se *A* cede a *B* seu crédito de R$ 5.000,00 contra *C*, pelo valor de R$ 2.000,00, a insolvência de *C* propiciará que *B*

53. DINIZ, Maria Helena. *Curso de direito civil brasileiro*, v. 2, p. 435.

exija de *A* o valor de R$ 2.000,00, acrescido dos já realçados consectários. Afasta-se assim a prática da usura, vedando-se o enriquecimento sem causa.

No contrato de *factoring,* nossos tribunais não admitem que o cedente se responsabilize pela solvência do devedor. O contrato de *factoring* convencional é aquele que encerra a seguinte operação: a empresa-cliente transfere, mediante uma venda cujo pagamento dá-se à vista, para a empresa especializada em fomento mercantil, os créditos derivados do exercício da sua atividade empresarial na relação comercial com a sua própria clientela – os sacados, que são os devedores na transação mercantil. Nada obstante os títulos vendidos serem endossados à compradora, não há por que falar em direito de regresso contra o cedente em razão do seguinte: (a) a transferência do título é definitiva, uma vez que feita sob o lastro da compra e venda de bem imobiliário, exonerando-se o endossante/cedente de responder pela satisfação do crédito; e (b) o risco assumido pelo faturizador é inerente à atividade por ele desenvolvida, ressalvada a hipótese de ajustes diversos no contrato firmado entres as partes.

Não podemos deixar, por fim, de mencionar importante questão processual decorrente da cessão de crédito. Eventualmente, a cessão do direito litigioso ocorrerá no curso do processo de conhecimento. Isto é, o autor da demanda, transfere a titularidade do crédito com a lide em andamento.

Prescreve o art. 109 do CPC/15: "A alienação da coisa ou do direito litigioso, a título particular, por ato *entre vivos*, não altera a legitimidade das partes." Em princípio, mesmo transmitido o crédito ao cessionário, o cedente preserva a sua posição na lide, sem que ocorra a sucessão das partes. Assim, mesmo diante de alteração no plano do direito material, homenageia-se a regra da estabilidade subjetiva do processo (*perpetuatio legitimationis*), inserida no art. 108 do CPC/15.[54]

Todavia, o cessionário poderá suceder o cedente se obtiver o consentimento do devedor-cedido, conforme preceitua o § 1º do mesmo dispositivo, sendo dispensável a anuência do cedente. Mesmo não havendo assentimento da parte contrária, poderá o cessionário figurar na relação processual na qualidade de assistente litisconsorcial

54. "Embora seja pacífico o entendimento jurisprudencial deste Tribunal Superior pela possibilidade de sucessão processual, na fase de execução, no caso de cessão de créditos de precatórios, essa conclusão não pode ser estendida à cessão de crédito, cuja certificação declaratória de existência está contida no título judicial, sem a estipulação do quantum debeatur e, principalmente, quando esse crédito tem natureza de incentivo fiscal e objetivo único de favorecer a exportação de mercadorias por seu titular originário (exportador). De fato, tendo a cessão de crédito o fim de oportunizar à cessionária a compensação de créditos tributários, não se pode ignorar que a sentença transitada trata de estímulo fiscal, cuja condição de existência é a exportação. Autorizar a utilização nessa hipótese é chancelar manobra jurídica com o fim de burlar a legislação tributária tanto referente ao estímulo fiscal, quanto à compensação tributária prevista no art. 74 da Lei n. 9.430/1996, pois o termo "crédito" contido no referido artigo, desde sua redação original, e o "crédito judicial com trânsito em julgado" não englobam todo e qualquer crédito que o requerente queira opor à Fazenda Nacional, pois, obrigatoriamente, deve-se perquirir sobre a natureza da obrigação originadora do crédito". (STJ, 1. Seção, EREsp 1.390.228-RS, Rel. Min. Gurgel de Faria, por unanimidade, DJe 25/10/2018).

do cedente, estendendo-se a ele os efeitos diretos da sentença, vinculando-se a coisa julgada, mesmo quando não participe do processo (§§ 2º 3º, art.109, CPC/15).

Caso o cessionário não opte por participar do processo como assistente, o autor-cedente protagonizará o processo na qualidade de substituto processual. Com acerto, Munir Karam explica que "o art. 42 do CPC/73 (atual 109 CPC/15) autoriza uma dissociação entre a legitimidade para o processo e a legitimidade para a causa. O cedente permanece na relação processual exclusivamente em função da *legitimatio ad processum*, enquanto o cessionário pode acumular as duas legitimações".[55,56]

Nada obstante, se a cessão de crédito se verifica após a sentença e antes ou na constância da fase de cumprimento da sentença – ou antes e durante o processo de execução – o ingresso do cessionário na lide será disciplinado pelo art. 778, do CPC/15, nos seguintes termos: "Pode promover a execução forçada o credor a quem a lei confere título executivo.§ 1º Podem promover a execução forçada ou nela prosseguir, em sucessão ao exequente originário: III – o cessionário, quando o direito resultante do título executivo lhe for transferido por ato entre vivos". Diferentemente do art. 109, a norma do art. 778 dispensa a anuência do executado para que o cessionário possa promover ou prosseguir a execução ou a fase de cumprimento.[57]

2.4 Distinções entre a cessão de crédito e outros modelos jurídicos

A cessão de crédito se aproxima dos modelos jurídicos da novação e da sub-rogação.

2.4.1 A cessão de crédito e a novação

Na novação, devedor e credor disciplinam nova obrigação com o desiderato de substituir a obrigação anterior. Substitui-se uma obrigação pendente por outra pendente, consentindo o credor com a extinção da obrigação primitiva, pois sua pretensão se dirigirá à nova obrigação. Apesar da proximidade com a *novação subjetiva ativa* (art. 360, III, CC), pelo fato de em ambos os modelos jurídicos ocorrer a substituição do

55. In *A transmissão das obrigações*, p. 328.

56. "O cessionário de honorários advocatícios tem legitimidade para se habilitar no crédito consignado em precatório desde que comprovada a validade do ato de cessão por escritura pública e seja discriminado o valor devido a título de verba honorária no próprio requisitório, não preenchendo esse último requisito a simples apresentação de planilha de cálculo final elaborada pelo Tribunal de Justiça". (STJ, Informativo 607, Corte Especial, EREsp 1.127.228-RS, Rel. Min. Benedito Gonçalves, por unanimidade, DJe 29/6/2017).

57. STJ. *Informativo* nº 507, 18-31.10.2012. Segunda Turma: "DIREITO PROCESSUAL CIVIL. PROCESSO DE EXECUÇÃO. CESSÃO DE TÍTULO EXECUTIVO. CONSENTIMENTO DA PARTE CONTRÁRIA. O cessionário pode promover a execução ou nela prosseguir consoante a regra do art. 567, II, do CPC, quando o direito resultante do título executivo lhe foi transferido por ato entre vivos, não se exigindo o prévio consentimento do devedor a que se refere o art. 42, § 1º, do referido diploma legal. Existindo regra específica aplicável ao processo de execução (art. 567, II, do CPC) que prevê expressamente a possibilidade de prosseguimento da execução pelo cessionário, não há falar em incidência, na execução, de regra que se aplica somente ao processo de conhecimento (arts. 41 e 42 do CPC)." AgRg no REsp 1.214.388-RS, Rel. Min. Eliana Calmon, julgado em 23.10.2012.

credor originário, dela se diferencia a cessão, por importar em manutenção da relação obrigacional primitiva. Diversamente, na novação, há a extinção do débito com o surgimento de outro direito com independência e traços novos. Por isso, a novação é modo de extinção de obrigações com modificação substancial da prestação, que requer a indispensável intervenção do devedor, enquanto a cessão é somente uma forma de transmissão de obrigações que prescinde do seu consentimento.[58]

Lembre-se, por necessário, que a obrigação possui três fases: gênese, transmissão e extinção. A novação já se encontra na terceira fase, como modo extintivo e não satisfativo da obrigação. Já na cessão, o cessionário continua na situação do cedente, sem que sejam desenvolvidas situações sucessivas no tempo. Enfim, a precisão dos momentos é que permite ao intérprete a correta tipificação e a aplicação do regime jurídico adequado.

Por isso, como se infere do art. 287 do Código Civil, a cessão do crédito abrange todos os seus acessórios, enquanto a novação extingue a dívida primitiva e os seus consectários, com o desaparecimento completo das garantias que asseguravam a obrigação principal, por força do exposto no art. 364 do Código Civil. Com a cessão, as cauções reais (*v.g.*, a hipoteca) e pessoais (*e.g.*, a fiança) permanecem intactas, pois o garante oferece o seu patrimônio em confiança ao devedor, que prossegue na mesma pessoa. Todavia, é possível que cedente e cessionário ressalvem o contrário, afastando as garantias originárias.

2.4.2 A cessão de crédito e a sub-rogação

Paredes-meias com a cessão de créditos, vazada no negócio de disposição celebrado entre o cedente e o cessionário do crédito, há outra conhecida modalidade da transmissão de crédito, baseada no cumprimento da obrigação, nomeada pela doutrina como *sub-rogação*.[59]

Na sub-rogação o credor é substituído na titularidade do direito por um terceiro que cumpre em lugar do devedor ou que concede a este os meios necessários ao cumprimento, Aliás, na sub-rogação convencional, quando o credor recebe pagamento de terceiro e expressamente transfere-lhe todos os seus direitos, o legislador dispõe que as relações entre as partes respeitarão o disposto quanto à cessão de crédito (art. 347, I, c/c art. 348 do CC).

Cessão de crédito e sub-rogação desempenham distintos papéis na vida econômica. A sub-rogação pressupõe a satisfação do crédito (modo de extinção da obrigação),

58. Paulo Luiz Netto Lôbo ensina que "na novação subjetiva ativa, surge novo credor, nova dívida e extingue-se a relação jurídica anterior. Não pode ser confundida com cessão de crédito, razão por que não há sucessão entre o primeiro e o segundo credores. Diferentemente, na cessão de crédito o segundo credor sucede o primeiro, porque a dívida permanece. Este tipo de novação, ao contrário da anterior, impõe o consentimento do devedor, porque este não se liberta da dívida, salvo em relação ao primeiro credor". In *Teoria geral das obrigações,* p. 253.

59. ANTUNES VARELA, João de Matos. *Das obrigações em geral,* v. II, p. 334.

sendo certo que a situação jurídica do sub-rogado será aferida em função deste cumprimento. Por conseguinte, a sub-rogação não detém caráter especulativo, eis que o valor pago pelo sub-rogado representa a exata medida dos direitos que poderá exercer contra o devedor (art. 350 do CC). Se o sub-rogado pagou R$ 5.000,00, será credor de exatos R$ 5.000,00. A outro giro, a cessão de crédito tem como fundamento o negócio jurídico celebrado entre o transmitente e o adquirente do crédito. Sendo regido pelo conteúdo de suas cláusulas, normalmente guardará propósito lucrativo, podendo não haver correspondência entre o valor pelo qual se adquiriu o crédito e o valor nominal da prestação. Nesse caso, o cessionário poderá exercitar os direitos em sua plenitude, mesmo que tenha obtido o crédito por valor bem inferior. Assim, se *A* cede um crédito de R$ 5.000,00 a *B* por um valor de R$ 2.000,00, nada impede que o cessionário *B* cobre do devedor *C* a quantia de R$ 5.000,00.

No mais, se a sub-rogação for parcial, o credor originário mantém preferência ao sub-rogado na cobrança da dívida restante (art. 351 do CC). Já na cessão de crédito parcial, em face do silêncio do código, não há preferência de recebimento por um ou outro credor, sendo certo que o devedor cedido fracionará o pagamento.

Os efeitos da sub-rogação são imediatos, enquanto a cessão de crédito só alcança o devedor quando este for notificado. A cessão sempre pressupõe o concurso da vontade do credor; já a sub-rogação pode concretizar-se por um acordo entre o devedor e um terceiro (art. 347, II, do CC).[60]

Na diferenciação entre a cessão de crédito e a sub-rogação legal, esclarecem Pablo Stolze Gagliano e Rodolfo Pamplona Filho: "a) enquanto uma é a cessão particular nos direitos do credor originada de uma declaração de vontade, a outra se assenta no pagamento do crédito original; b) cessão de crédito pode se dar a título gratuito, o que não ocorre com a sub-rogação; c) na cessão de crédito, conserva-se o vínculo obrigacional, enquanto a sub-rogação pressupõe o seu cumprimento por parte de um terceiro, direta ou indiretamente".[61]

3. ASSUNÇÃO DE DÍVIDA

3.1 Conceito e noções gerais

A assunção de dívida é um negócio jurídico de transmissão singular de um débito, não tão frequente quanto a cessão de crédito pelo lado ativo da obrigação, mas nem por isso de menor relevância no comércio jurídico. Na definição de Antunes Varela,

60. Serpa Lopes ressalta a diferença de objetivos entre cessão e sub-rogação: "A cessão de crédito é uma alienação, e, como tal, o seu fim consiste em transferir o crédito à pessoa que o adquire, ao passo que a sub-rogação visa tão somente liberar o devedor do seu antigo credor. Na cessão, a obrigação não se extingue, ao passo que, na sub-rogação, a obrigação desaparece em favor do credor originário, embora, por uma ficção, remanesça em favor daquele que haja efetuado o pagamento. Finalmente, a cessão é sempre obra do credor, ato de sua vontade, enquanto a sub-rogação pode operar-se sem a sua anuência e, às vezes, contra a sua vontade." In *Curso de direito civil*: obrigações em geral, p. 210.

61. GAGLIANO, Pablo Stolze; PAMPLONA FILHO, Rodolfo. *Novo curso de direito civil,* v. II, p. 266.

"é a operação pela qual um terceiro (assuntor) se obriga perante o credor a efectuar a prestação devida por outrem".[62] A sua especificidade consiste na transferência da dívida do antigo para o novo devedor, mantendo-se intacta a relação obrigacional.

Trata-se de um modelo jurídico que não havia sido inserido no Código Civil de 1916, apesar de admitido em sede doutrinária e jurisprudencial, em homenagem ao princípio da autonomia privada. Os mesmos preconceitos herdados do direito romano quanto à concepção estritamente personalista da obrigação impediram o desenvolvimento da matéria, tendo a assunção de dívida recebido reconhecimento tardio no direito alemão do final do século XIX.

De fato, sempre houve grande resistência à transmissão singular de débitos, pela fundamental importância da pessoa do devedor para a confiança no adimplemento da obrigação. O termo *credor* encontra raízes no vocábulo *credere*, "aquele que confia". O credor não quer abdicar de receber daquele com quem contratou, tanto pelas suas qualidades como pela sua capacidade patrimonial. Por isso, qualquer ideia de substituição no polo passivo era apenas admitida como novação subjetiva, com a consequente extinção da obrigação que incidia sobre o devedor originário, constituindo-se um segundo vínculo obrigacional.

Hoje, já liberada a ciência jurídica do dogma da intransmissibilidade singular de débitos e da limitação da relação obrigacional exclusivamente aos contratantes originários, percebe-se que a assunção de dívida pode funcionar como eficaz maneira de redução dos riscos de credores. Com efeito, o passivo de um devedor integra o seu patrimônio, como valor patrimonial disponível. Daí, em hipóteses extremas, de iminente situação de insolvência, pode o débito ser assumido por um novo devedor, evitando-se a declaração de quebra de pessoas jurídicas ou da insolvência de pessoas naturais, pois o reforço no crédito do devedor propicia uma situação de estabilidade das relações jurídicas e depósito de confiança no tráfego jurídico.

Aliás, mesmo que a situação financeira do devedor seja estável, a transmissão singular de débitos é oportuna, pois "facilita o acerto de contas sem deslocamento de numerário, dinamizando a circulação de bens e permitindo a continuidade das relações econômicas".[63]

Voltando os olhos para as lentes do direito civil constitucional, Fernando Rodrigues Martins percebe na normatização da assunção de dívida uma expressão de reoxigenação do direito privado, por permitir que seja objeto de negócio jurídico não somente a transmissão de um crédito, mas especialmente a mobilidade do débito: "a esse aspecto duas situações principiológicas e fundamentais são valoradas: em primeiro lugar destaca-se uma nova forma do devedor alcançar sua liberdade; em segundo plano a dinamicidade das obrigações consagra outra tendência de

---

62. ANTUNES VARELA, João de Matos. *Das obrigações em geral,* v. II, p. 361.
63. TEPEDINO, Gustavo; BARBOZA, Heloisa Helena; BODIN, Maria Celina. *Código Civil interpretado,* v. 1, p. 583.

circulação de riqueza e que, exatamente por isso, desenha caráter distributivo da justiça social".[64]

Portanto, o maior objetivo do CC/2002 ao regulamentar a matéria é proteger o interesse do credor, garantindo a solvabilidade do crédito que não poderá ser depreciado em razão da substituição no polo passivo da obrigação. O raciocínio é singelo: na cessão de crédito é irrelevante para o devedor a figura de quem receberá o débito, até mesmo pela diminuta potencialidade de sofrer danos. Contudo, na assunção de dívida, a identidade do devedor é fator fundamental para o suporte do credor, principalmente quanto às suas condições de solvabilidade. Por isso, é imprescindível o consentimento do credor para que se concretize a transmissão do débito.

A tendência na prática dos negócios, conforme ensina Luiz Roldão de Freitas Gomes, é, sempre que possível, manter a obrigação e não extingui-la, substituindo por outra, com o que desapareceriam as garantias e acessórios e decairiam os meios de defesa pertinentes à primeira. Eis por que a transmissão singular de dívidas se consolidou na realidade econômica e vai se impondo nas legislações, sendo certo que "a tendência incoercível é de situá-la ao lado da cessão de crédito, em atenção às necessidades da vida jurídica, guardadas as peculiaridades de cada uma dessas figuras autônomas".[65]

Preceitua o art. 299 do Código Civil: "É facultado ao terceiro assumir a obrigação do devedor com o consentimento expresso do credor, ficando exonerado o devedor primitivo, salvo se aquele, ao tempo da assunção, era insolvente e o credor ignorava."

3.2 Modalidades de assunção de dívida

Verifica-se a assunção de dívida quando um terceiro (*assuntor*), estranho à relação obrigacional, nela ingressa, assumindo a posição do devedor originário na relação jurídica, com a anuência do credor. Em verdade, é uma forma de sucessão a título singular do débito, pois através de um negócio jurídico dispositivo o devedor é excluído da obrigação, sem que a sua substituição por outrem seja capaz de extinguir a obrigação preexistente, que subsistirá integralmente com os seus acessórios.

O art. 299 do Código Civil faculta a um novo devedor (chamado *assuntor)* a possibilidade de substituir o primitivo, assumindo o seu débito perante o credor, sem que, com isso, produza-se qualquer alteração na relação obrigacional. O novo devedor fica no lugar de quem o era, recebendo os encargos obrigacionais pela via da sucessão singular.

No tocante aos efeitos quanto ao antigo devedor, coexistem duas espécies de assunção de dívida: *a assunção liberatória e a assunção cumulativa*. A assunção

64. MARTINS, Fernando Rodrigues. Assunção de dívida no direito civil constitucional, p. 326.
65. In *Da assunção de dívida e sua estrutura negocial*, p. 35.

liberatória – também denominada privativa ou exclusiva – é versada no art. 299 do Código Civil, recebendo tal nomenclatura pelo fato de a transmissão da obrigação propiciar a liberação do devedor originário, sem perda de identidade do vínculo, que se mantém inalterado. Só nessa situação temos uma verdadeira transmissão particular do débito, pois com o ingresso do assuntor o devedor ficará exonerado.

Outro é o sentido da assunção cumulativa. Ela sequer figura no novo estatuto civil. Pode ser conceituada como a modalidade em que o novo devedor assume o débito conjuntamente ao devedor primitivo. Não há uma substituição no polo passivo, mas uma ampliação do polo subjetivo da relação de direito material, pois o assuntor se manterá ao lado do devedor primitivo, ambos respondendo perante o credor, que poderá exigir a prestação de um ou de outro. Há um reforço no débito, pois o credor poderá alcançar o débito mediante duas vias. Apesar de essa espécie de assunção debitória não figurar no ordenamento, nada obsta que os sujeitos da relação obrigacional a constituam, desde que perfeitamente apartável da assunção liberatória. Aliás, dispõe o Enunciado 16 do Conselho de Justiça Federal que "O art. 299 do Código Civil não exclui a possibilidade da assunção cumulativa da dívida quando dois ou mais devedores se tornam responsáveis pelo débito com a concordância do credor".

Luiz Roldão de Freitas Gomes aduz que alguns doutrinadores objetam a inclusão desta figura sob o manto da assunção de dívida, visto não ocasionar exoneração do antigo devedor.[66] Contudo, não compartilha ele dessa linha: "reflita-se, porém, em que, apesar de não operar a sucessão em causa, não deixa de transmitir, em certa medida, a obrigação ao devedor que surge, sem despedir-se do antigo".[67]

Haveria solidariedade passiva entre os devedores na assunção cumulativa?[68] Em princípio a negativa se impõe, pois o art. 265 do Código Civil exige que a solidariedade seja prevista em lei ou na convenção. Assim, apenas existirá solidariedade entre os devedores na assunção cumulativa quando houver cláusula expressa nesse sentido. Sendo certo que a solidariedade não se presume, no silêncio do contrato a obrigação poderá ser exigida de cada um dos devedores na integralidade – ampliando a garantia do crédito –, mas sem a possibilidade de um se voltar em face do outro em sede regressiva para a restituição de sua fração, nem de aplicação das demais regras voltadas às relações internas entre os devedores solidários. De fato, o assuntor

66. Para Mário Júlio de Almeida Costa, só a assunção liberatória é uma autêntica transmissão do débito, caso contrário, "opera-se uma simples adesão ou adjunção à dívida, pois o devedor originário responde solidariamente com o novo obrigado. Por outras palavras, o terceiro limita-se então a assumir a obrigação do devedor, ao lado deste, como própria". In *Direito das obrigações*, p. 771-772.

67. FREITAS GOMES, Luiz Roldão de. Da assunção de dívida, p. 82.

68. O art. 595, 2, do Código Civil de Portugal, caracteriza a solidariedade: "Em qualquer dos casos a transmissão só exonera o antigo devedor havendo declaração expressa do credor; de contrário, o antigo devedor responde solidariamente com o novo obrigado."

é um novo devedor que se responsabiliza por dívida própria, não alheia. Incabível, portanto, o regresso após ofertar o pagamento.[69]

Excepcionalmente, nas hipóteses de aquisição de estabelecimento comercial com transferência de passivo, o novo Código Civil particularizou a assunção do débito cumulativa com solidariedade entre alienante e adquirente perante os credores (art. 1.146). Em decorrência do texto legal, o alienante se mantém vinculado a todas as dívidas antigas, permanecendo por um lapso de tempo certo e determinado, solidariamente obrigado, como forma de proteção suplementar dos credores.[70]

Outra classificação de relevo, porém timidamente recepcionada pelo Código Civil, concerne à distinção entre a assunção por expromissão (unifigurativa) e a assunção por delegação (bifigurativa).

Com a leitura do art. 299 do Código Civil, concordamos com a crítica de Caio Mário da Silva Pereira no sentido de o legislador ter sido "insipiente ao tratar das modalidades pelas quais pode ocorrer a assunção da dívida".[71] A norma não operou qualquer distinção entre as duas modalidades de assunção de dívida: a expromissória e a delegatória. A despeito da tibieza legislativa, a distinção é flagrante, aplicando-se, indistintamente, às espécies da assunção liberatória e cumulativa.

Na assunção de dívida pela modalidade expromissória (assunção unifigurativa ou externa), surge um negócio jurídico bilateral, pois a avença é celebrada diretamente entre o credor e o novo devedor (expromitente), mesmo sem a anuência ou qualquer participação do devedor originário. Daí a razão da incompatibilidade da expromissão com a regra do art. 299 do Código Civil, ao exigir o "consentimento do credor" ao aperfeiçoamento da assunção do débito. Apenas encontraremos referência expressa à expromissão quando do estudo da novação, cuidando-se, no entanto, de outro modelo jurídico. Art. 362: "A novação por substituição do devedor pode ser efetuada independentemente de consentimento deste."

Em sede de expromissão, dispensa-se a intervenção autorizativa do devedor primitivo, seja na modalidade liberatória ou na cumulativa. Na cumulativa ele não sofrerá qualquer agravamento em sua posição jurídica, na liberatória será mesmo beneficiado. Basta imaginar a situação de um devedor enfermo, cujo amigo se oferece a seu credor a assumir o seu débito. Esse acordo entre o credor e o novo devedor é albergado pelo ordenamento. Aliás, para a expromissão liberatória, incide o art. 304 do Código Civil, legitimando o pagamento do débito por qualquer interessado.

O devedor não será consultado sobre a expromissão. Afinal, de duas, uma: ou será ele beneficiado pela sua exclusão na assunção liberatória; ou, na pior das hipóteses, prosseguirá vinculado à obrigação, porém acompanhado de um novo devedor, caso a opção seja pela assunção cumulativa.

69. Daí se extrai a distinção entre a assunção cumulativa e a fiança, eis que o fiador não é devedor, porém responsável por débito alheio (art. 818, CC).

70. BARBOSA FILHO, Marcelo Fortes. *Código Civil comentado*, p. 1102.

71. PEREIRA, Caio Mário da Silva. *Instituições de direito civil*, v. II, p. 387.

Relativamente à assunção bifigurativa, Orlando Gomes admite que "não há talvez tema mais complexo na área do Direito das Obrigações que o da delegação".[72] A assunção de dívida pela modalidade da delegação (assunção interna) implica negócio jurídico trilateral, eis que inicialmente há um acordo transmissivo entre o antigo e o novo devedor, pois aquele delega a este o débito. Todavia, tal delegação, por si só, não aperfeiçoa a assunção da dívida, sendo ainda necessário o expresso consentimento do credor àquele acordo.

Portanto, a assunção de débito preexistente por parte de um estranho pode se estabelecer em contrato com o devedor ou com o credor. Com escólio em Emilio Betti, no primeiro caso, sendo uma espécie de delegação e, no segundo, uma expromissão. Aliás, o que distingue as duas figuras não é a simples ciência que o devedor concede na delegação, mas a iniciativa que indica um interesse preponderante de cooperação que se propõe a oferecer ao delegatário, pelo fato de indicar a própria pessoa do novo devedor. Quando faltar esse prévio impulso – ausência do devedor primitivo –, e a iniciativa da vicissitude da obrigação partir espontaneamente do próprio assuntor do débito, falaremos em expromissão.[73]

Apesar da relevante diversidade estrutural quanto à iniciativa e ao interesse, a finalidade dos modelos jurídicos da delegação e da expromissão é idêntica. O resultado é sempre a transmissão do débito. Em comum a ambas as modalidades, há o consentimento do credor. Ora, o credor agiu de acordo com boa-fé ao depositar confiança no cumprimento da prestação pelo devedor, portanto essa mesma confiança deverá ser renovada na pessoa do novo devedor. Enquanto não houver a confirmação, os devedores contratantes podem desfazer o negócio. Com a ratificação pelo credor, a assunção da dívida produzirá efeitos *ex tunc*, retroagindo ao tempo da celebração do contrato entre os devedores. Dessa modalidade de assunção de dívida ocupa-se o art. 299 do Código Civil, ao referir-se ao "consentimento expresso do credor".

Aqui percebemos uma distinção entre a assunção de dívida e a cessão de crédito. Na cessão de crédito, a substituição do antigo pelo novo credor aperfeiçoa-se, independentemente da intervenção do devedor. A validade do negócio jurídico requer o acordo entre o antigo e o novo credor, mais nada. A cientificação do devedor é apenas fator de eficácia da obrigação em face de sua pessoa (art. 290, CC). Em contrapartida, não se cogita da assunção de dívida sem o consentimento do credor, como próprio requisito de validade do negócio jurídico. A explicação para essa distinção reside na necessidade de tutela ao crédito, que poderia inviabilizar-se facilmente se o devedor, a qualquer hora, pudesse ser substituído sem que o credor tivesse qualquer garantia quanto à solvabilidade do novo devedor.

---

72. GOMES, Orlando. *Obrigações*, p. 255.

73. BETTI, Emilio. *Teoria geral das obrigações*, p. 641. Conclui o autor afirmando que "a diferença delineada não é, como poderia parecer, de pouca importância: antes, ela constitui o critério distintivo entre negócio delegatório e expromissão; e mostra a razão do tratamento jurídico diferente dado pela lei aos dois tipos de negócios".

Aliás, no âmbito das relações de consumo, para além de um mero consentimento do devedor, caberá o "consentimento qualificado" do devedor-consumidor, pela principiologia especial que permeia o CDC, com destaque para a materialização dos deveres anexos oriundos da boa fé objetiva. O dever de informação constitui um dos princípios consectários lógicos do princípio da boa-fé objetiva, positivado tanto no CC (art. 422), como no CDC (art. 4º, III). Esse dever de informação é acentuado nas relações de consumo, regida pela regra *caveat praebitor* (acautele-se fornecedor) – impondo ao fornecedor uma obrigação de diligência na atividade de esclarecer o consumidor, sob pena de desfazimento do negócio jurídico ou de responsabilização objetiva por eventual dano causado. Em sentido diverso, nas relações interprivadas, aplica-se a regra inversa, *caveat emptor* (acautele-se comprador), incumbindo ao comprador o ônus de buscar as informações necessárias sobre o negócio jurídico que pretende celebrar.[74]

A partir da distinção entre as duas modalidades de assunção da dívida, é possível compreender que o parágrafo único do art. 299 do Código Civil só se aplica às hipóteses de delegação – simples ou cumulativa –, quando dispõe que "qualquer das partes poderá assinar prazo ao credor para que consinta na assunção da dívida, interpretando-se o seu silêncio como recusa".

Ora, na assunção expromissória, o dispositivo perde todo o sentido, pois o próprio credor convencionou diretamente com o novo devedor acerca da substituição do devedor originário, sendo, portanto, despicienda a sua interpelação para fins de anuência sobre um negócio jurídico em que já exarou a sua vontade *ab initio*.

Contudo, na modalidade da assunção delegatória – que nasce de um entendimento entre os devedores antigo e atual –, faz-se necessária a convocação do credor para fins de expressa manifestação de anuência à assunção de dívida, para tanto sendo assinado um prazo. Antes da manifestação do credor é lícito às partes distratar a delegação. Nada obstante, alcançado o prazo sem a manifestação do

74 STJ. Informativo n. 0589 Período: 1º a 15 de setembro de 2016.VALIDADE DO REPASSE DA COMISSÃO DE CORRETAGEM AO CONSUMIDOR PELA INCORPORADORA IMOBILIÁRIA. É válida a cláusula contratual que transfere ao promitente-comprador a obrigação de pagar a comissão de corretagem nos contratos de promessa de compra e venda de unidade autônoma em regime de incorporação imobiliária, desde que previamente informado o preço total da aquisição da unidade autônoma, com o destaque do valor da comissão de corretagem. Registre-se que o principal ponto controvertido é a verificação da possibilidade de transferência pelo vendedor (incorporadora) ao comprador (consumidor), mediante cláusula contratual, da obrigação de pagar a comissão de corretagem. A questão é especialmente relevante, pois deve ser aferida a validade dessa cláusula na perspectiva do Direito do Consumidor, uma vez que se trata, em regra, de relação de consumo (art. 2º e 3º do CDC). Discute-se, em outras palavras, a possibilidade de assunção da dívida relativa à comissão de corretagem pelo consumidor. Pode-se concluir, portanto, que, em princípio, é válida a cláusula que transfere para o consumidor a obrigação de pagar a comissão de corretagem, exigindo-se apenas transparência nessa atribuição. Além disso, no âmbito das relações de consumo, a informação adequada sobre os produtos e serviços não é apenas um direito do consumidor, mas um dever imposto ao fornecedor, conforme se pode extrair, dentre outros, dos arts. 31, 46 e 52 do CDC. Para cumprir essa obrigação de informação, deve a incorporadora informar ao consumidor, até o momento de celebração do contrato de promessa de compra e venda, o preço total de aquisição da unidade imobiliária, especificando o valor da comissão de corretagem, ainda que essa venha a ser paga destacadamente. REsp 1.599.511-SP, Rel. Min. Paulo de Tarso Sanseverino, Segunda Seção, por unanimidade, DJe 6/9/2016.

credor, importará o silêncio recusa ao negócio jurídico (parágrafo único, art. 299, CC). Nesse ponto, o legislador derroga a regra geral do art. 111, do Código Civil, que atribui valor jurídico ao silêncio das partes, como consentimento, e não como recusa ao negócio jurídico.

Todas as modalidades de assunção de dívida ora descritas são voluntárias ou convencionais. Eventualmente, o legislador poderá disciplinar situações de mobilidade debitória independentemente da aquiescência do devedor originário ou do credor. A assunção legal de débito é localizada no condomínio edilício, quando o adquirente responde pelos débitos do alienante em relação ao condomínio (art. 1.345, CC), ou então no contrato de seguro de responsabilidade civil, ao subsistir a responsabilidade do segurador perante o terceiro vítima do dano se o segurado for insolvente (art. 787, CC). O sócio admitido em sociedade já constituída assume as dívidas sociais anteriores à admissão (art. 1.025, CC).

Uma contemporânea forma de assunção de dívida legal se materializa na *cláusula de remissão*, pactuada em alguns planos de saúde. Trata-se de uma garantia de continuidade da prestação dos serviços de saúde suplementar aos dependentes inscritos após a morte do titular, por lapso que varia de 1 a 5 anos, sem a cobrança de mensalidades. O desiderato é a proteção do núcleo familiar do titular falecido, que dele dependia economicamente, ao ser assegurada, por certo período, a assistência médica e hospitalar, a evitar o desamparo abrupto. Nesse contexto, no tocante à transferência de titularidade do plano de saúde após o término do período de remissão, cumpre ressaltar que a Agência Nacional de Saúde Suplementar – ANS editou a Súmula Normativa n. 13/2010, pontificando que *"o término da remissão não extingue o contrato de plano familiar, sendo assegurado aos dependentes já inscritos o direito à manutenção das mesmas condições contratuais, com a assunção das obrigações decorrentes, para os contratos firmados a qualquer tempo"*. Vale dizer, após o período de remissão, assegura-se ao dependente o direito de assumir a posição de titular de plano de saúde – saindo da condição de dependente inscrito – desde que arque com as obrigações decorrentes e sejam mantidas as mesmas condições contratuais, em virtude da ausência de extinção da avença.[75]

3.3 Requisitos da assunção de dívida

1. O primeiro requisito da assunção de dívida liberatória é o *consentimento do credor*. Sem a sua expressa adesão, não poderá o devedor originário transferir

75 STJ. POSSIBILIDADE DE O DEPENDENTE ASSUMIR A TITULARIDADE DE PLANO DE SAÚDE APÓS O PERÍODO DE REMISSÃO. Após o transcurso do período previsto em cláusula de remissão por morte de titular de plano de saúde, o dependente já inscrito pode assumir, nos mesmos moldes e custos avençados, a titularidade do plano. Essa orientação foi fundada especialmente nos princípios constitucionais da igualdade, da dignidade da pessoa humana, da liberdade, da proteção da segurança jurídica e da proteção à entidade familiar, conjugados com o previsto no art. 3º, § 1º, da Resolução Normativa n. 195/2009 da ANS, com o fim de evitar o desamparo dos dependentes inscritos do titular falecido quanto à assistência médica e hospitalar. REsp 1.457.254-SP, Rel. Min. Ricardo Villas Bôas Cueva, julgado em 12/4/2016, DJe 18/4/2016.

a obrigação ao terceiro e, portanto, exonerar-se do pagamento (art. 299 do CC). Mesmo na modalidade de assunção por delegação (interna), o ato de ratificação do credor não pode ser percebido apenas como fator de eficácia do negócio jurídico, mas elemento necessário à sua validade. O credor depositou confiança no devedor, de modo que sua manifestação de vontade é fundamental para que ele possa ser substituído por outro.[76]

O mesmo raciocínio se aplica à assunção cumulativa, afinal, mesmo representando um benefício para o credor pelo ingresso de um novo responsável junto ao antigo devedor, bem lembra Mário Júlio de Almeida Costa prevalecer a regra pela qual, em princípio, a ninguém pode ser imposto um benefício sem a colaboração da vontade própria.[77-78]

Repetindo advertência anterior, a relação obrigacional objetiva precipuamente a satisfação do interesse do credor, que em princípio tem a sua garantia no patrimônio do devedor e não pode ser constrangido a se obrigar com terceiros, muitas vezes despidos de qualquer condição de solvabilidade. Portanto, a assunção do débito na modalidade da delegação é um negócio jurídico trilateral, envolvendo o devedor originário, o assuntor e o credor. Na expromissão, prescinde-se do consentimento do devedor primitivo, afinal a relação jurídica é diretamente entabulada entre o credor e o assuntor.

Portanto, se não houver intervenção do credor, seja no momento da contratação ou posteriormente, o negócio jurídico será considerado inexistente perante ele, pela ausência de manifestação de sua vontade como elemento que integra a formação do ato e concede suporte fático à hipótese normativa do art. 299 do Código Civil. A preservação da confiança do credor no cumprimento faz com que o direito se torne mais cauteloso quanto à transmissão de dívidas do que com a cessão de crédito, a qual despreza o consentimento do devedor, pois as suas obrigações permanecem intocadas, haja vista dever ao novo credor exatamente o que devia ao antigo.

Não por outra razão, Karl Larenz enxerga na assunção de dívida um caráter dúplice de negócio obrigacional e dispositivo. O primeiro resulta da relação jurídica entre o antigo e o novo devedor; o segundo é enfatizado pela liberação do antigo obrigado com relação ao débito em razão da confirmação do credor. Cuida-se de um ato de disposição de direito do credor, que só se consuma com o apoio de sua vontade.[79]

O consentimento do credor recebe tamanho significado a ponto de seu silêncio no prazo assinalado pelas partes (devedor e assuntor) ser recebido com o significado de recusa e não de anuência. O parágrafo único do art. 299 do Código Civil não

76. LOTUFO, Renan. *Código Civil comentado*, v. II, p. 166.
77. ALMEIDA COSTA, Mário Julio de. *Direito das obrigações*, p. 770.
78. Em sentido contrário, Pontes de Miranda entende dispensável o consentimento do devedor, pois "toda assunção de dívida entre devedor e terceiro é cumulativa, até que o credor consinta e se transfira a dívida, liberando o devedor". In *Tratado de direito privado*. t. XXIII, p. 439.
79. LARENZ, Karl. *Derecho de obligaciones*, p. 477.

admite o consentimento tácito do credor, porém bem pondera Renan Lotufo acerca da viabilidade da anuência surgir sob a forma de um comportamento concludente do credor, tal qual o recebimento de pagamentos parciais pelo terceiro, o que representaria aceitação expressa em consonância aos ditames da lei.[80]

Não se trata aqui, de maneira alguma, de subordinar a pessoa do devedor ao credor, isto seria um ultraje à dignidade da pessoa humana. Porém, devemos compreender que o devedor é subordinado ao cumprimento da prestação e, para recuperar a sua liberdade, deverá adimplir a obrigação ou então depender de qualquer outro ato de vontade do credor que induza à sua exoneração.

A única situação em que se excepciona o parágrafo único do art. 299, aceitando o legislador a mera anuência tácita do credor, é a exposta no art. 303 do Código Civil. Trata-se da assunção de dívida consequente à aquisição por terceiro de imóvel hipotecado. O novo devedor substitui o proprietário anterior, sendo certo que, se o credor notificado não impugnar a transferência do débito em 30 dias, entender-se-á tacitamente conferido o seu assentimento. O silêncio do credor induzirá a validade do negócio jurídico e a produção de seus efeitos liberatórios. É evidente a *mens legis* do dispositivo. Dispensa-se a aceitação expressa, pois a aquisição do imóvel hipotecado pelo terceiro não envolve qualquer risco ao credor, em face da excelência da garantia real e seus atributos da sequela e preferência.

Ademais, aderimos ao Enunciado 353 do Conselho de Justiça Federal, dispondo acerca da necessidade de justificação pelo credor de sua recusa, caso notificado pelo adquirente do imóvel hipotecado que lhe comunique o interesse em assumir a obrigação. A recusa imotivada do credor consistira mesmo em exercício abusivo de sua posição jurídica (art. 187, CC), por ofensa à boa-fé objetiva, decorrente da quebra do dever anexo de cooperação (art. 422, CC) com aquele que ocupará a posição de assuntor, concedendo total garantia de adimplemento ao credor.

Em monografia dedicada à assunção de dívida, Fernando Rodrigues Martins põe em evidência a dicção normativa que exige tão somente a notificação do credor hipotecário quanto ao negócio, mas não a sua expressa anuência, concedendo valor jurídico ao silêncio como aceitação implícita da assunção, parecendo claro "que os princípios privados da função social da propriedade e do contrato se entrelaçam, principalmente no sentido de cumprir a carga constitucional de direito à moradia, conforme art. 6º da Constituição Federal, sendo que a assunção de dívida neste caso insere-se como importante vetor deste paradigma que leva à proteção existencial da pessoa, não só patrimonial".[81]

---

80. In *Código Civil comentado,* v. II, p. 172.

81. MARTINS, Fernando Rodrigues. *Assunção de dívida no direito civil constitucional,* p. 347-348. O autor insere o art. 303 como aplicação do "paradigma da essencialidade", creditado a Teresa Negreiros no panorama jurídico nacional, com a obra *Teoria do contrato,* tornando consideráveis dois valores: a dignidade e a necessidade da pessoa humana.

Quanto às hipotecas vinculadas ao Sistema Financeiro da Habitação (SFH), há lei especial – Lei nº 8.004/90 –, a qual não veda a alienação, mas apenas estabelece como requisito, a interveniência do credor hipotecário e a assunção, pelo novo adquirente, do saldo devedor existente na data da venda, em sintonia com a regra do art. 303 do Código Civil de 2002. Com efeito, associada à questão da dispensa de anuência do credor hipotecário está a notificação a ele dirigida, relativamente à alienação do imóvel hipotecado e à assunção da respectiva dívida pelo novo titular do imóvel. *Ad argumentandum tantum*, a Lei nº 10.150/2000 permite a regularização da transferência do imóvel, além de a aceitação dos pagamentos por parte da Caixa Econômica Federal revelar verdadeira aceitação tácita, o que denota a intenção do legislador de possibilitar a regularização dos cognominados "contratos de gaveta", originários da celeridade do comércio imobiliário e da negativa do agente financeiro em aceitar transferências de titularidade do mútuo sem renegociar o saldo devedor.[82]

Essa assunção de dívida hipotecária é suficiente para aplacar a conduta das financiadoras no sentido de perseguir o refinanciamento do imóvel objeto de "contrato de gaveta", estimulando mesmo a sua regularização, pois a recusa da instituição financeira teria que ocorrer de forma justificada, sendo insuficiente o argumento da exigência de refinanciamento.[83]

2. O segundo requisito da assunção de dívida é a própria *validade do negócio jurídico* transmissivo da obrigação. Nada há que diferencie a assunção de débito de qualquer outro negócio jurídico, invocando-se as normas dos arts. 166 a 171 do Código Civil. Com efeito, aduz o art. 301 do Código Civil que, se a substituição do devedor for anulada, restaurar-se-á a situação jurídica inicial com todas as garantias, com exoneração do assuntor. Onde há o termo *anulada*, entenda-se pelo gênero *"invalidade"*, abrangendo a nulidade e a anulabilidade da assunção de dívida. Beatriz Conde Miranda corretamente adverte que "não há aqui propriamente uma restauração do débito, porque este se manteve; a modificação que ocorre na assunção de dívida é apenas subjetiva. Tem-se, portanto, uma volta ao *status quo ante* para desfazer a modificação subjetiva".[84] Não por outra razão, editou-se o Enunciado 422 do Conselho de Justiça Federal: "O artigo 301 do CC deve ser interpretado de forma a também abranger os negócios jurídicos nulos e a significar a continuidade da relação obrigacional originária em vez de 'restauração', porque, envolvendo hipótese de transmissão, aquela relação nunca deixou de existir."

De qualquer jeito, não serão revigoradas as garantias prestadas por terceiros que não conheciam o vício que gerou a anulação, em atenção ao princípio da boa-fé. Mas, se o terceiro conhecia o vício, será restabelecida a garantia por ele prestada em razão da evidente má-fé.

82. STJ, Rel. Min. Luiz Fux, 1. T, REsp. nº 849.690/RS, *DJ* 19.2.2009.
83. MIRANDA, Beatriz Conde. *Assunção de dívida*, p. 268.
84. MIRANDA, Beatriz Conde. *Assunção de dívida*, p. 266.

Certo é que a assunção de dívida dependerá da validade do negócio jurídico principal. Sendo esta inválida, não sobreviverá o negócio de transmissão do débito em razão da impossibilidade de seu objeto.

Qualquer tipo de obrigação é passível de assunção de dívida – principal, acessória, litigiosa, futura –, exceto aquelas consideradas *intuitu personae* – como a obrigação alimentar –, que só podem ser satisfeitas pelo próprio devedor originário. Mairan Maia lembra que esta última hipótese "não se confunde com o pagamento do débito alimentar por terceiros, cuja admissibilidade se reconhece ou da transmissão da obrigação de alimentar aos herdeiros, de acordo com o art. 23 da Lei nº 6.515/77".[85]

3. O terceiro requisito é a *solvência do novo devedor* ao tempo da assunção da dívida. Caso ele já se encontrasse em situação de insolvência ao tempo do negócio jurídico, sem que tal fato fosse de conhecimento do credor quando consentiu com a assunção, será o devedor primitivo sancionado com a manutenção de sua responsabilidade pelo pagamento (art. 299 do CC), independentemente de ter agido de acordo com a boa-fé. Evita-se, assim, a lesão ao direito subjetivo patrimonial do credor. Todavia, não se aplica a regra se a insolvência apenas se produziu ao tempo do vencimento do débito.

Porém, se pela notoriedade do fato o credor já conhecesse o estado de insolvência do assuntor ao tempo da celebração do negócio jurídico, presume-se que assumiu o risco da obrigação, como em uma espécie de negócio jurídico aleatório. Portanto, não terá a possibilidade de acionar o delegante em caso de inadimplemento do novo devedor.

Por isso, cremos como lícita cláusula contratual exoneratória do devedor primitivo, mesmo se o novo devedor for insolvente ao tempo do contrato. Seria um risco assumido pelo credor, na sua autonomia privada, muitas vezes por preferir substituir o devedor em situação financeira alarmante por qualquer outra pessoa, ciente dos riscos.

3.4 Efeitos da assunção de dívida

Conforme já exposto, o principal efeito da assunção liberatória da dívida (seja expromissória ou delegatória) é a transmissão subjetiva do débito. Enquanto o devedor originário exonera-se da relação jurídica, o terceiro toma para si a exata posição em que aquele se encontrava, na mesma obrigação. Por conseguinte, em nada alterada a prestação, com ela seguem os acessórios, tais como juros, cláusula penal e arras.

Enfoque diverso concerne aos acessórios inseparáveis da pessoa do devedor primitivo. A regra geral é a extinção das garantias especiais que tenham sido por ele oferecidas, a teor do art. 300 do Código Civil. Por garantias especiais podemos entender aquelas cauções reais ou pessoais originariamente dadas pelo devedor ou

85. MAIA, Mairan. *Comentários ao Código Civil brasileiro,* v. III, p. 256.

por terceiros em prol do credor e inseparáveis das pessoas dos responsáveis. Conforme o ensinamento autorizado de Renan Lotufo, "o que se há de entender por especiais, no texto legal, são as garantias que não eram inerentes ao nascimento da dívida, que, se não existissem, não impediriam o surgimento do negócio".[86]

Confirmando o posicionamento doutrinário, a teor do Enunciado 421 do Conselho de Justiça Federal "a expressão 'garantias especiais' constante do art. 300 do CC/2002 refere-se a todas as garantias, quaisquer delas, reais ou fidejussórias, que tenham sido prestadas voluntária e originariamente pelo devedor primitivo ou por terceiro, vale dizer, aquelas que dependeram da vontade do garantidor, devedor ou terceiro para se constituírem".

Não se olvide ainda que as garantias pessoais e reais porventura prestadas por terceiros apenas prosseguirão com a assunção da dívida, se eles a tanto anuírem. Assim, o fiador do devedor originário somente continuará vinculado pessoalmente ao novo devedor se assim expressamente convir, pois a sua garantia inicial foi concedida em atenção à confiança depositada no devedor. Caberá a ele deliberar pela concessão de nova fiança, reafirmando a confiança no novo devedor.

Podemos interpretar o art. 300 do Código Civil de forma extensiva, para entender que somente com o expresso consentimento do garantidor (devedor ou terceiro) subsistirão as garantias especiais por ele prestadas. Este, por sinal, é o enfoque do Enunciado 352 do Conselho de Justiça Federal: "Salvo expressa concordância dos terceiros, as garantias por eles prestadas se extinguem com a assunção de dívida; já as garantias prestadas pelo devedor primitivo somente são mantidas no caso em que este concorde com a assunção." Certamente não se aplicará o dispositivo à assunção cumulativa, eis que, permanecendo vinculado o devedor à obrigação, remanescem as garantias originárias por ele prestadas, bem como aquelas efetuadas por terceiros.

Caso a substituição seja invalidada (por nulidade ou anulabilidade), o débito retorna à situação primitiva, assumindo o antigo devedor a relação obrigacional em sua inteireza, liberando-se apenas os terceiros prestadores de garantia que eventualmente desconhecessem o motivo da invalidação (art. 301 do CC). De fato, há de se proteger ou sancionar o terceiro conforme a sua boa-fé, principalmente diante do dever anexo de informação de narrar ao credor todos os fatos que tivesse conhecimento respeitantes à cessão.

A referida norma culmina por tutelar não apenas aqueles que prestaram garantias ao devedor primevo, como também terceiros que adquiriram bens objeto de garantia pelo alienante, no período anterior à assunção liberatória. Portanto, se o devedor aliena a terceiro de boa-fé o bem que havia dado em penhor para a garantia do débito assumido por terceiro, o restabelecimento da dívida nos termos do disposto

86. LOTUFO, Renan. *Código Civil comentado*, v. II, p. 175.

no art. 301 do Código Civil não pode implicar perda do bem pelo adquirente – desde que não tenha agido maliciosamente.[87]

A outro giro, o novo devedor não poderá opor ao credor as exceções pessoais que competiam ao devedor primitivo contra o credor (art. 302 do CC). As exceções pessoais são aquelas defesas que se referem a fatos inerentes à própria pessoa do devedor (*v.g.*, vício de consentimento, compensação). Nada obstante, poderá se servir das suas próprias exceções pessoais, bem como das exceções concernentes à relação obrigacional que lhe foi transmitida. Admite-se a discussão das questões que digam respeito ao próprio débito, em seu aspecto objetivo (*v. g.* pagamento, prescrição), pois a proibição apenas alcança as exceções pessoais do devedor primitivo.

Assim, se *A* é credor de R$ 500,00 de *B* e este é credor de R$ 300,00 de *A*, poderá realizar a compensação parcial. Porém, se *B* transmite seu débito para *C*, com autorização de *A*, o direito à compensação não acompanha o negócio jurídico, tratando-se de exceção pessoal (*v.g.*, compensação).

Lembre-se por necessário: sendo a assunção de dívida um negócio jurídico abstrato, o assuntor não poderá invocar perante o credor os meios de defesa ligados ao contrato com o devedor originário, que serviu de fundamento à assunção. A título ilustrativo, o assuntor que não recebeu do antigo devedor a contraprestação a que fazia jus por ter-lhe substituído na obrigação não poderá invocar a *exceptio non adimpleti* em face do credor. Ele nada tem a ver com isso.[88]

No plano processual, a sucessão das partes da lide poderá resultar da assunção da dívida. Com a sucessão particular na relação substancial, o assuntor substituirá o devedor originário, se assim o consentir o credor, como preceitua – *a contrario sensu* – o § 1º do art. 109 do CPC/15. Munir Karam acrescenta a possibilidade do consentimento do credor vir expresso por antecipação no contrato de assunção. Nessa hipótese o devedor se libera e o terceiro será sucessor na dívida, com todas as suas consequências.[89]

3.5 Distinções com modelos jurídicos afins

Separamos quatro modelos jurídicos que revelam traços semelhantes à assunção de dívida. São eles: novação subjetiva; fiança; estipulação em favor de terceiro; e promessa de liberação.

1. A assunção liberatória da dívida se aproxima da novação subjetiva passiva (art. 360, II, do CC). Em comum, nos dois modelos jurídicos, ocorre substituição no polo passivo da relação obrigacional, com ingresso de um terceiro que se

87. BDINE JR., Hamid Charaf. *Código Civil comentado*, p. 272.

88. TEPEDINO, Gustavo; BARBOZA, Heloisa Helena; BODIN, Maria Celina. *Código Civil interpretado*, v. 1, op. cit., p. 588.

89. KARAM, Munir. *Transmissão das obrigações*, p. 329.

vincula à prestação. Na assunção de dívida, a mesma relação obrigacional é enviada do devedor primitivo a seu sucessor singular. Contudo, a novação acarreta a destruição da obrigação originária, com a criação de uma nova relação jurídica. Ou seja: além do elemento subjetivo da alteração do devedor, cria-se outra relação jurídica, sucumbindo a primitiva. Seria a situação em que *A* é devedor de nota promissória em prol de *B*, sendo certo que *C* – pai do devedor *A* – substitui-lhe, assumindo o débito perante *B* com a emissão de nova promissória, em substituição à originária.

Como consequência da aludida distinção, na novação desaparecem todos os acessórios da obrigação extinta, incluindo-se aí juros, cláusula penal, garantias reais e pignoratícias. Em contrapartida, na assunção do débito os consectários do débito permanecem (*v.g.*, direito de preferência), da mesma forma que se transferem ao assuntor as exceções derivadas da dívida, afastando-se somente as garantias pessoais do devedor primitivo.[90]

Referindo-se à novação subjetiva passiva, Luiz Roldão de Freitas Gomes ensina que nela "a obrigação se extingue com a edificação de outra sobre as suas cinzas, enquanto na assunção ela, incólume, transplanta-se viva para o novo devedor, operando-se a transmissão singular no débito".[91]

Aliás, a novação passiva também assume as tonalidades da expromissão (art. 362 do CC) e da delegação. Em ambas, pontuada pela criação de novo vínculo obrigacional em substituição ao anterior. Por isso, a novação é modo de extinção das obrigações, enquanto a assunção da dívida é forma de transmissão das obrigações.

2. Cumpre ainda distinguir a assunção cumulativa da fiança. Vimos que, na assunção cumulativa, o assuntor (novo devedor) ingressa na posição passiva da relação obrigacional, sem com isso liberar do vínculo o antigo devedor. Ambos se tornam devedores e responsáveis perante o credor. Já o fiador, adverte Antunes Varela, é responsável pelo débito alheio, enquanto o assuntor "é o devedor principal, juntamente com o primitivo devedor".[92] O fiador não assume a posição de devedor, pois é mero garantidor e sua responsabilidade é subsidiária, contando com o benefício de ordem a que alude o art. 828 do Código Civil. Por isso, quando o fiador paga a dívida, sub-roga-se no crédito pago. Já o assuntor não se beneficia com a sub-rogação, pois cumpre o seu próprio débito.

---

90. STJ: "Na incorporação, uma sociedade empresarial engloba a outra, fazendo com que o ativo e o passivo da incorporada passem a integrar o patrimônio da incorporadora e aquela deixe de possuir existência. A incorporação caracteriza-se pela absorção total do patrimônio da incorporada pela incorporadora (direitos e obrigações), bem como pela extinção da personalidade jurídica da incorporada. A novação constitui a assunção de nova dívida, tendo por consequência a extinção da anterior. Os requisitos essenciais à configuração da novação são: a intenção de novar, a preexistência de obrigação e a criação de nova obrigação; podendo também ser reconhecida em razão da evidente incompatibilidade da nova obrigação com a anterior" (REsp 1297847 / RS Rel.(a) Min. Luis Felipe Salomão. T4 – Quarta Turma. *DJe* 28.10.2013).

91. FREITAS GOMES, Luiz Roldão de. *Da assunção de dívida e sua estrutura negocial*, p. 114.

92. ANTUNES VARELA, João de Matos. *Das obrigações em geral*, v. II, p. 365.

3. Relativamente à estipulação em favor de terceiro, consiste em negócio jurídico pelo qual um terceiro, determinado ou determinável, pode exigir o cumprimento de estipulação em seu favor, mesmo não sendo parte do contrato.[93] O contrato de seguro de vida é um exemplo clássico de estipulação em favor de terceiro. O segurado estipula com a seguradora uma prestação que deve ser entregue a terceiro em caso de sua morte. O segurado figura como estipulante, a seguradora como promitente e o terceiro como beneficiário, podendo exigir o cumprimento do contrato. Suas normas se localizam nos arts. 436 a 438 do Código Civil.

Vê-se, assim, que na estipulação os credores são o estipulante e o beneficiário. Já na assunção de dívida há apenas um mesmo credor, antes ou depois da assunção. Outrossim, a estipulação cria um crédito em prol do beneficiário (terceiro), enquanto na assunção já havia uma dívida, que simplesmente é transmitida a um novo devedor. Na estipulação, despreza-se o consentimento do beneficiário para o aperfeiçoamento do negócio. Contudo, o assuntor só ingressa na posição do devedor primitivo se expressamente consentir. E o fundamental: na estipulação as partes perseguem o interesse do terceiro (beneficiário), fato esse que não se verifica na assunção da dívida, modelo jurídico no qual os devedores satisfazem os seus próprios interesses.[94]

4. Indubitavelmente, a aproximação mais emblemática se verifica entre a assunção cumulativa de dívida e a *promessa de liberação*. Em ambas uma pessoa se compromete a cumprir a prestação devida por outrem, surgindo dois obrigados de um lado e um credor de outro. Entretanto, na assunção cumulativa o credor pode optar entre cobrar do devedor ou do assuntor, lateralmente vinculado àquele. O mesmo não se diga da promessa de liberação, pois o novo devedor (promitente) se obriga meramente em face do antigo (promissário), pois este continua sendo devedor único perante o credor. O credor permanece à margem do negócio, tal e qual um terceiro. Pode-se assim conceituar a promessa de liberação como "convenção entre o devedor e um terceiro, mediante a qual este se obriga, para com aquele, a pagar a dívida".[95]

No direito pátrio é facilmente percebida a figura da promessa de liberação nos contratos de locação em que conste cláusula atribuindo ao locatário o pagamento da contribuição condominial. O locatário se torna o promitente; o locador é o promissário e o condomínio é o credor (terceiro). O promitente pagará o condomínio que só o proprietário deve ao prédio. Gera-se para o proprietário o direito de ser liberado pelo locatário, em relação ao prédio pela contribuição devida. Se o locatário (promitente) não pagar, o proprietário (promissário) terá de arcar com o condomínio, podendo, todavia, reclamar o reembolso em razão do descumprimento do acordo. Nenhum

93. PONTES DE MIRANDA, Francisco Cavalcanti. *Tratado de direito privado*, t. XXVI, p. 217-218.
94. FREITAS GOMES, Luis Roldão de. *Da assunção de dívida e sua estrutura negocial*, p. 123.
95. Idem, p. 104.

direito ou pretensão nasce, porém, para o condomínio contra o locatário, somente poderá agir contra o proprietário com que é vinculado pela obrigação *propter rem*.

4. CESSÃO DE CONTRATO OU CESSÃO DA POSIÇÃO CONTRATUAL

4.1 Noções gerais

Matéria de grande atualidade e relevância é a cessão do contrato. Intensamente adotada no tráfego jurídico, não recebeu respaldo no Código Civil de 2002. A cessão de contrato ou, mais exatamente, a cessão da posição contratual só aparece na doutrina civil mais recente. Ela consiste em uma terceira forma de transmissão das obrigações, ao lado da cessão de crédito e da assunção da dívida.

Podemos conceituar a cessão da posição contratual como "O ajuste de vontades, por intermédio do qual um dos integrantes de certo contrato é substituído inteiramente por outro, na posição contratual que até então ocupava. Isto significa que outra pessoa, distinta da que contratou originariamente, passa a ocupar a condição de contratante e a se sujeitar a todos os ônus daí decorrentes, obtendo, em contrapartida, os direitos derivados do contrato".[96]

Doutrinariamente, portanto, é possível distinguir a cessão de crédito e a assunção da dívida da cessão de contrato. Na cessão de crédito, verifica-se uma substituição no polo ativo da relação obrigacional, remanescendo inalterada a posição do devedor, que doravante terá de oferecer o pagamento ao novo credor. Na assunção da dívida, o que se transfere ao terceiro é a posição passiva da relação obrigacional, que não sofre qualquer alteração em seu conteúdo.[97]

---

96. BDINE JR., Hamid Charaf. *Cessão da posição contratual*, p. 76 e 125.

97. STJ: CESSÃO DE POSIÇÃO CONTRATUAL. ANUÊNCIA DO CEDIDO. EFEITOS DA CESSÃO EM RELAÇÃO AO CEDENTE. RELEVÂNCIA QUANTO À POSSIBILIDADE DE INADIMPLEMENTO CONTRATUAL. "A cessão de posição contratual é figura admitida pelo ordenamento jurídico, mormente ante o disposto nos arts. 421 e 425 do CC, consubstanciada na transmissão de obrigações em que uma das partes de um contrato (cedente) vê-se substituída por terceiro (cessionário), o qual assume integralmente o conjunto de direitos e deveres, faculdades, poderes, ônus e sujeições originariamente pertencentes àquele contratante original; sendo certa, portanto, a existência de dois negócios jurídicos distintos: (i) o contrato-base, em que se insere a posição a ser transferida; e (ii) o contrato-instrumento, o qual veicula a transferência propriamente dita. A anuência do cedido é elemento necessário à validade do negócio jurídico, residindo sua finalidade na possibilidade de análise, pelo cedido, da capacidade econômico-financeira do cessionário, de molde a não correr o risco de eventual inadimplemento; nesse ponto, assemelhando-se à figura do assentimento na assunção de dívida. Malgrado, portanto, a obrigatoriedade da anuência, esta assume capital relevância tão somente no que tange aos efeitos da cessão em relação ao cedente, haja vista que, vislumbrando o cedido a possibilidade de inadimplemento do contrato principal pelo cessionário, pode impor como condição a responsabilidade subsidiária do cedente, não lhe permitindo a completa exoneração, o que, de regra, deflui da transmissão da posição contratual. No caso concreto, uma vez quitadas as obrigações relativas ao contrato-base, a manifestação positiva de vontade do cedido em relação à cessão contratual torna-se irrelevante, perdendo sua razão de ser, haja vista que a necessidade de anuência ostenta forte viés de garantia na hipótese de inadimplemento pelo cessionário. Dessa forma, carece ao cedido o direito de recusa da entrega da declaração de quitação e dos documentos hábeis à transferência da propriedade, ante a sua absoluta falta de interesse" (REsp 1036530/SC. Relator(a) p/Acórdão Ministro Luis Felipe Salomão. 4ª Turma. *DJe*, 15.8.2014).

Já a cessão do contrato é mais complexa e rica, pois implica a transferência da unidade orgânica da situação ocupada pelo cedente. Afinal, os créditos e dívidas não constituem situações jurídicas absolutamente independentes, mas antes se enquadram em uma situação jurídica mais vasta, correspondente ao conjunto de direitos e deveres, faculdades, poderes, ônus e sujeições que resultam para uma parte da celebração de determinado contrato. Essa situação jurídica mais vasta é designada por *posição contratual*, sendo a sua transmissão denominada de cessão da posição contratual.[98]

A cessão da posição contratual é modelo jurídico autônomo que não se resume à mera soma das duas formas de transmissão descritas no Código Civil. Melhor explicando: não se trata a cessão de uma atomística sucessão em créditos e débitos. Possui ela natureza jurídica unitária, importando a faculdade concedida a qualquer dos contratantes de transmitir a sua própria posição contratual, envolvendo a cessão de um complexo unitário de poderes próprios do titular da obrigação, inserindo-se também os direitos e obrigações, ou seja, créditos e débitos. A substituição de uma das partes contratantes por um terceiro, estranho ao ajuste original, implica no fato de o cessionário receber uma relação jurídica, com toda a sua amplitude. A autonomia privada de um dos contratantes determinará a passagem da posição contratual de *A* para *B*, tornando-se *A* estranho ao contrato, assumindo *B* os respectivos direitos e obrigações, como um todo, nos aspectos ativo e passivo.[99]

De qualquer forma, para suprir a lacuna legislativa, receberá a cessão do contrato, analogicamente, as regras pertinentes à cessão de crédito e assunção de dívida, além de outras extraídas do sistema jurídico privado.

Carlos Roberto Gonçalves bem ressalta que o contrato possui valor material e integra o patrimônio dos contratantes. "Este valor não se limita ao bem da vida sobre o qual incide a manifestação de vontade das partes, mas abrange um conjunto de atividades representadas por estudos preliminares, tratativas, expectativas, viagens, consultas a especialistas, desgaste psicológico, despesas etc., que não pode ser desconsiderado. Esse complexo, que inclui os direitos e obrigações, os créditos e os débitos emergentes da avença, denomina-se *posição contratual*, de valor econômico autônomo, passível, portanto, de circular como qualquer outro bem econômico".[100]

Na cessão de contrato, o *cessionário* assume a posição que originariamente pertencia ao *cedente*, com o consentimento do *cedido*, permanecendo inalterado o conteúdo jurídico do pacto. A cessão da posição contratual permite que o contrato possa circular, preservando-se, contudo, o seu conteúdo objetivo. De acordo com

98. LEITÃO, Luis Manoel Teles de Menezes. *Direito das obrigações*, v. II, p. 73.

99. Paulo Nader ensina que "atualmente prevalece a tese da teoria unitária, segundo a qual, ao se firmar o contrato, as partes não estariam celebrando vários negócios, mas apenas um: a cessão da posição contratual. A assunção de créditos e de dívidas, bem como a de outros efeitos contratuais, como as condições, termos, exceções, seria um desdobramento do negócio jurídico. A cessão de contrato não englobaria tão somente a transmissão de créditos e de dívidas, mas uma posição mais ampla, compreensiva da globalidade de situações atinentes ao cedente". In *Curso de direito civil*: obrigações, p. 270.

100. GONÇALVES, Carlos Roberto. *Direito civil brasileiro*, v. II, p. 223.

Carnelutti, a cessão revela três personagens: "quem tem o bem e o deve dar, quem não o tem e deve tê-lo, quem não o deve ter mas quer havê-lo, ou então, não o deve dar e consente em dá-lo. Explica: enquanto, na estrutura da compra e venda, figuram como elementos subjetivos o vendedor e o comprador, na cessão desponta, além do cedente e do cessionário, o cedido".[101]

O negócio jurídico de cessão do contrato se verifica quando o contrato-base é transferido, com a anuência do cedido, transpassando-se para o cessionário todos os direitos e obrigações dele resultantes. Esta transferência de posição contratual, envolvendo a totalidade de direitos e deveres da relação jurídica precedente, é prestigiada à luz da operabilidade, evitando uma multiplicação de contratos que seriam necessários para a concretização de uma operação econômica, aqui realizada mediante a singela substituição das partes.

A finalidade da cessão é excluir do contrato o cedente, cuja posição será, doravante, ocupada pelo cessionário. O contrato tanto pode ser cedido ao tempo de sua celebração, como durante a sua execução, até ser exaurido – no estado em que se encontra –, abrangendo aí as relações jurídicas que ainda serão cumpridas. De qualquer forma, a cessão do contrato evita a necessidade de realização de uma sucessão de contratos, pois o cessionário praticamente "herda" a situação jurídica do cedente. Esse estímulo à circulação do contrato conecta diretamente a cessão da posição contratual ao princípio da função social do contrato (art. 421, CC).

Imaginemos um empresário que realizou um contrato para aquisição de determinados bens essenciais para o funcionamento de sua atividade. Caso decida vender o estabelecimento, o adquirente terá todo interesse de ser o cessionário do contrato de fornecimento de bens, assumindo todos os direitos e obrigações a ele inerentes. Nada impede que, tempos depois, promova o cessionário uma nova cessão da posição contratual. Não há nada de incomum nesse exemplo. Pelo contrário, cuida-se de situação corriqueira que evita a proliferação de contratos à medida que novos personagens apareçam. Bem anota Silvio Rodrigues que a vantagem prática da cessão do contrato é evidente, pois "ao querer alguém transferir a outrem seus créditos e débitos oriundos de uma convenção, teria, em rigor, de desfazer com o seu cocontratante o primeiro negócio, e conseguir com que aquele o refizesse com o terceiro interessado".[102]

O contrato originário é preservado, mas os créditos e débitos são cedidos. Imprescindível na cessão da posição do contrato, segundo Luiz Roldão de Freitas Gomes, é a simultaneidade e correspectividade entre a cessão de crédito e a assunção de débito, uma na raiz da outra, como contrapartida, para que não se rompa o equilíbrio contratual, preservando-se o sinalagma entre direitos e obrigações transferidos, "de

---

101. Apud FREITAS GOMES, Luiz Roldão de. *Contrato,* p. 131.

102. RODRIGUES, Silvio. *Direito civil*: parte geral das obrigações, p. 110.

modo a formar um negócio maior, com fim próprio, qual seja, o de transferir, em globo, os efeitos ativos e passivos de uma posição contratual, na cessão do contrato".[103]

Mesmo diante da omissão do Código Civil, a cessão de contrato pertine ao amplo setor da autonomia privada, inserindo-se no campo dos contratos atípicos (art. 425 do CC), devendo observar as normas gerais relativas aos negócios jurídicos e contratos. Como lembra Maria Helena Diniz, "se a cessão de crédito e a de débito são permitidas, não há por que vedar a cessão contrato".[104]

Exemplificadamente, localizamos o fenômeno da cessão da posição contratual no compromisso de compra e venda. Aliás, o art. 1.418 do Código Civil refere-se à possibilidade de o promitente comprador exigir do promitente vendedor "ou de terceiros, a quem os direitos deste forem cedidos, a outorga da escritura definitiva de compra e venda". A outro turno, o cessionário do promitente comprador não pleiteará a adjudicação compulsória do cedente, mas do promitente vendedor.

Modalidade usual de cessão da posição contratual pode ser referida no substabelecimento (art. 667 do CC). Se a substituição do mandatário for consentida pelo mandante, o mandatário eximir-se-á de responsabilidade pela conduta desastrosa do substabelecido, pois este assume a completa posição contratual, incluindo-se o complexo de direitos e deveres perante o mandante. A substituição na execução do mandato, não obstante a recusa do mandante, acarretará a preservação da responsabilidade do mandatário pelos desvios praticados pelo substabelecido.

O Superior Tribunal de Justiça também se manifesta quanto à transferência da titularidade do contrato de financiamento habitacional celebrado entre a CEF e o mutuário originário, decorrente do contrato de cessão de posição contratual firmado entre os particulares ("contrato de gaveta") do imóvel mutuado pela instituição financeira.[105] De fato, há a cessão do contrato habitacional, porém sem o consentimento do cedido, no caso a CEF. Nada obsta a alienação do imóvel na pendência do financiamento, o que se discute é a repercussão jurídica da não interveniência do credor hipotecário.

Em recentes decisões, confrontando a cessão do contrato com a própria função social do contrato habitacional, o mesmo tribunal entendeu pela legitimidade de agir do cessionário – conforme o período de contratação –, dentre outros argumentos, enfatizando que a Lei nº 10.150/2000 permite a regularização da transferência do

103. FREITAS GOMES, Luiz Roldão de. *Contrato*, p. 140-144.

104. DINIZ, Maria Helena. *Curso de direito civil brasileiro*, v. 2, p. 453.

105. O art. 20 da Lei nº 10.150/2000 prevê que as transferências no âmbito do SFH, desde que celebradas entre mutuário e adquirente até 25.10.1996, sem a participação do agente financeiro, poderão ser regularizadas, à exceção daquelas que envolvam contratos enquadrados nos planos de reajustamento definidos pela Lei nº 8.692/93, *in verbis*: "Art. 20. As transferências no âmbito do SFH, à exceção daquelas que envolvam contratos enquadrados nos planos de reajustamento definidos pela Lei nº 8.692, de 28 de julho de 1993, que tenham sido celebradas entre o mutuário e o adquirente até 25 de outubro de 1996, sem a interveniência da instituição financiadora, poderão ser regularizadas nos termos desta Lei. Parágrafo único. A condição de cessionário poderá ser comprovada junto à instituição financiadora, por intermédio de formalizados junto a Cartórios de Registro de Imóveis, Títulos e Documentos, ou de Notas."

imóvel, além de a aceitação dos pagamentos por parte da Caixa Econômica Federal revelar verdadeira aceitação tácita quanto à cessão.[106]

4.2 Requisitos

Dois são os requisitos fundamentais do negócio jurídico de cessão de contrato:

A um, restringe-se a cessão da posição contratual aos *contratos bilaterais*, ou seja, aqueles que acarretam direitos e obrigações recíprocas. Certo é que, nos contratos unilaterais, em que os contraentes apenas assumem direitos ou obrigações, só é possível cogitar-se de cessão de crédito no polo ativo e de assunção de dívida no polo passivo.

Mas nem toda relação contratual será suscetível de experimentar uma cessão de posição contratual. Assim, pela sua natural infungibilidade e impossibilidade de realização por terceiros, as obrigações *intuitu personae* são imunes à transmissão. Sendo a inalterabilidade da prestação um atributo essencial da cessão contratual, o fato de se ajustar que a prestação será realizada apenas por *A*, terminando por ser executada por *B* – com o assentimento do cedido –, culminará em qualificarmos a operação como uma novação, haja vista se tratar de alteração do próprio conteúdo do contrato.

---

106. *Informativo* nº 0520, 12.6.2013: "Corte Especial DIREITO CIVIL. LEGITIMIDADE DO CESSIONÁRIO PARA DISCUTIR EM JUÍZO QUESTÕES ENVOLVENDO MÚTUO HABITACIONAL COM COBERTURA DO FCVS CELEBRADO ATÉ 25/10/1996. RECURSO REPETITIVO (Art. 543-C DO CPC E RES. 8/2008-STJ). Tratando-se de contrato de mútuo habitacional garantido pelo Fundo de Compensação de Variações Salariais, celebrado até 25/10/1996 e transferido sem a intervenção da instituição financeira, o cessionário possui legitimidade para discutir e demandar em juízo questões pertinentes às obrigações assumidas e aos direitos adquiridos. Isso porque, nos termos da legislação pertinente, é possível a regularização do referido contrato de cessão de direitos – conhecido como "contrato de gaveta" –, o que implica afirmar que, nesses casos, o cessionário é equiparado ao mutuário, possuindo, portanto, legitimidade para discutir e demandar em juízo questões pertinentes às obrigações assumidas e aos direitos adquiridos. DIREITO CIVIL. ILEGITIMIDADE DO CESSIONÁRIO PARA DISCUTIR EM JUÍZO QUESTÕES ENVOLVENDO MÚTUO HABITACIONAL SEM COBERTURA DO FCVS CELEBRADO ATÉ 25/10/1996. RECURSO REPETITIVO (Art. 543-C DO CPC E RES. 8/2008-STJ).Tratando-se de contrato de mútuo habitacional sem cobertura do Fundo de Compensação de Variações Salariais, celebrado até 25/10/1996, transferido sem a anuência do agente financiador e fora das condições estabelecidas pela Lei 10.150/2000, o cessionário não tem legitimidade ativa para ajuizar ação postulando a revisão do respectivo contrato. Isso porque, nos termos da legislação pertinente, não é possível a regularização do referido contrato de cessão de direitos – conhecido como 'contrato de gaveta' –, o que implica afirmar que, nesses casos, o cessionário não pode ser equiparado ao mutuário e, portanto, não possui legitimidade para postular em juízo a revisão do respectivo contrato. DIREITO CIVIL. ILEGITIMIDADE DO CESSIONÁRIO PARA DISCUTIR EM JUÍZO QUESTÕES ENVOLVENDO MÚTUO HABITACIONAL, COM OU SEM COBERTURA DO FCVS, CELEBRADO APÓS 25/10/1996. RECURSO REPETITIVO (Art. 543-C DO CPC E RES. 8/2008-STJ). Tratando-se de cessão de direitos sobre imóvel financiado no âmbito do Sistema Financeiro da Habitação realizada após 25/10/1996, a anuência da instituição financeira mutuante é indispensável para que o cessionário adquira legitimidade ativa para requerer revisão das condições ajustadas, tanto para os contratos garantidos pelo Fundo de Compensação de Variações Salariais como para aqueles sem a garantia mencionada. Isso porque, nos termos da legislação pertinente, não é possível a regularização do referido contrato de cessão de direitos – conhecido como 'contrato de gaveta' –, o que implica afirmar que, nesses casos, o cessionário não pode ser equiparado ao mutuário e, portanto, não possui legitimidade para postular em juízo a revisão do respectivo contrato." REsp 1.150.429-CE, Rel. Min. Ricardo Villas Bôas Cueva, julgado em 25.4.2013.

Na mesma linha, inviabiliza-se a cessão da posição contratual quando o cessionário não possuía legitimação para participar do contrato-base. Ilustrativamente, um contrato de promessa de compra e venda entre um incapaz, devidamente representado por seu tutor, e uma pessoa plenamente capaz não poderá posteriormente ser por esta cedido ao tutor em razão da manifesta impossibilidade legal deste adquirir bens do incapaz (art. 1749, I, CC). A cessão seria uma forma de simulação, suscetível de invalidação por nulidade, à luz do art. 167 do Código Civil.

A dois, além da intervenção obrigatória do cedente e do cessionário, é indispensável o *consentimento do cedido* para que o cedente libere-se, sendo substituído em sua posição no contrato pelo cessionário. Daí decorre que dois são os contratos aqui realizados: o primeiro, envolvendo o cedente e o cedido, cujo objeto é o complexo de direitos e obrigações; o segundo é o contrato entre cedente e cessionário mediante o qual se opera a cessão, que pode consistir, *v.g.*, em uma compra e venda ou doação.

Mário Júlio de Almeida Costa conjuga os dois requisitos: "o contrato básico, celebrado originariamente entre o cedente e o cedido, de onde resulta o complexo de direitos e deveres que constitui o objecto da cessão; e o contrato através do qual se opera a cessão (negócio causal), que pode consistir numa venda, doação, dação em cumprimento etc.".[107]

Com efeito, dispõe o art. 13 da Lei nº 8245/91, "a cessão da locação, a sublocação e o empréstimo do imóvel, total ou parcialmente, dependem do consentimento prévio e escrito do locador".[108]

Não obstante uma interpenetração nos efeitos, o objeto da cessão da posição contratual não se confunde com o do contrato de onde emana a posição cedida. Na cessão, o objeto cedido é a posição do cedente no pacto de origem, enquanto este contrato terá como conteúdo o modelo econômico-jurídico eleito pelas partes: *v.g.*,

---

107. ALMEIDA COSTA, Mário Júlio de. *Direito das obrigações*, p. 776.

108. *Informativo* nº 0465,28.2-4.3.2011: "LOCAÇÃO COMERCIAL. TRESPASSE. Trata-se de ação de despejo por falta de pagamento cumulada com ação de cobrança dos aluguéis; o primitivo locador realizou a cessão do fundo de comércio a terceiros (trespasse), o que, a seu ver, exonerá-lo-ia da responsabilidade por ulteriores débitos locatícios em razão da inaplicabilidade do art. 13 da Lei n. 8.245/1991 aos contratos de locação comercial. Apesar da relevância do trespasse para o fomento e facilitação dos processos produtivos e como instrumento para a realização do jus abutendi (o poder de dispor do estabelecimento comercial), ele está adstrito a certos limites. O contrato locatício, por natureza, reveste-se de pessoalidade, pois são sopesadas as características individuais do futuro inquilino ou fiador (capacidade financeira e idoneidade moral), razão pela qual a alteração deles não pode dar-se sem o consentimento do proprietário do imóvel. Assim, não há como entender que o referido artigo da Lei do Inquilinato não possa ser aplicado às locações comerciais, visto que, ao prevalecer o entendimento contrário, tal qual pretendido pelo recorrido, o proprietário do imóvel estaria à mercê do inquilino, que, por sua conveniência, imporia ao locador honrar o contrato com pessoa diversa daquela constante do instrumento, que pode não ser apta a cumprir o avençado por não possuir as qualidades exigidas pelo proprietário. Assim, a modificação, de per si, de um dos polos do contrato de aluguel motivada pela cessão do fundo do comércio fere o direito de propriedade do locador e a própria liberdade de contratar, quanto mais não sendo permitido o fomento econômico à custa do direito de propriedade alheio. Dessarte, o juiz deve reapreciar a inicial ao considerar aplicável o disposto no art. 13 da Lei n. 8.245/1991 ao contrato de locação comercial." REsp 1.202.077-MS, Rel. Min. Vasco Della Giustina (Desembargador convocado do TJ-RS).

compra e venda, locação, mútuo. Afinal, o contrato-base traduz um valor econômico por si só, o que explica a possibilidade de transferência de seus direitos e deveres como objeto de outro contrato.

Porém, não é apenas o objeto de um negócio jurídico precedente que é transferido por ocasião da cessão do contrato. Transferem-se também os deveres anexos, laterais, decorrentes do princípio da boa-fé objetiva (art. 422 CC). Incumbirá ao cessionário, de forma leal e cooperativa, agir no sentido de proteger, informar e colaborar com a contraparte, com ênfase no adimplemento da relação obrigacional.

Sendo o contrato-base eventualmente sancionado pela invalidade, via de consequência será decretada a nulidade da cessão do contrato, com espeque na impossibilidade do objeto (art. 166, II, CC). Em contrapartida, a nulidade do instrumento de cessão não invalida o contrato-base, retornando o cedente à sua posição originária, sendo certa a obrigação de indenizar por parte daquele que deu causa à invalidade.

Percebemos, ainda, importante distinção entre a cessão do contrato e a cessão de crédito. Ela é válida, independentemente do consentimento do devedor, sendo a sua notificação necessária somente para fins de eficácia perante ele (art. 290 do CC). Nada obstante, na cessão da posição contratual que resulta da vontade das partes, a aceitação da cessão pelo contratante é fundamental para a exoneração do cedente e inclusão do cessionário. A cessão de contrato é um negócio plurilateral; já a cessão de crédito é negócio bilateral.

À luz de princípios contratuais como boa-fé objetiva e função social do contrato, será ilegítima a recusa do cedido ao assentimento, caso configure abuso do direito (art. 187, CC). Hamid Bdine Jr. considera situações em que a pessoalidade do cedente é indiferente ao credor, ostentando o cessionário idêntica capacidade econômica de cumprimento das obrigações: "tal situação pode ser identificada, por exemplo, no caso de um contrato de incorporação em que o incorporador discorda da cessão de direitos do promitente comprador a terceiros. Sua recusa será válida se o terceiro – cessionário da posição contratual – não for solvente. No entanto, se cessionário e cedente possuem, ambos, patrimônio equivalente, a recusa é abusiva, pois não levará em conta a função econômica e social do negócio recusado, infringindo-se, dessa forma, o disposto no artigo 187 do Código Civil".[109]

Para a validade do negócio jurídico da cessão de contrato, não se exige formalidade especial, prevalecendo o princípio do consensualismo (art. 107, CC). Entretanto, para a cessão produzir efeitos contra terceiros, a solução ideal será a aplicação analógica do art. 288 do Código Civil – situada no capítulo da cessão de crédito – determinando a celebração por instrumento público ou particular. A não obediência a essas formas não resultará na invalidade da cessão, mas tornará o pacto inoponível relativamente a terceiros. Daí a relevância de realização do instrumento na forma do art. 654, § 1º, do Código Civil, sem se olvidar do seu registro no órgão

109. BDINE JR., Hamid. *Cessão da posição contratual*, p. 42.

competente (art. 221, CC) para presunção de conhecimento geral em caráter absoluto. Não por outra razão, Renan Lotufo leciona que "o que se extrai da necessária análise sistemática é que a cessão, em princípio, independe de forma, mas, quando se está diante de um Código que se pauta pela socialidade, não se pode olvidar que os negócios, e particularmente os contratos, produzem efeitos com relação a terceiros e devem ter função social".[110]

Certamente, não se insere o cedido no conceito de *terceiros*. Ele é parte da relação jurídica e seu consentimento se insere no plano da validade do negócio jurídico. Portanto, para a produção de efeitos perante o cedido, a forma da cessão será livre, exceto se o contrato-base se serviu de determinada solenidade para a sua validade, o que demandará por parte do instrumento de cessão o respeito à mesma solenidade lá adotada. Aplica-se o art. 472 do Código Civil – "o distrato faz-se pela mesma forma exigida para o contrato" –, dilatando-se a aplicação do dispositivo para abranger também a cessão da posição contratual.[111]

Não haverá cessão da posição contratual propriamente dita quando determinada norma impuser a transmissão de obrigações dispensando o consentimento dos partícipes. Exatamente pela desnecessidade de intervenção das partes originais, tal como sucede na alienação de um estabelecimento empresarial, em que o adquirente assumirá créditos e débitos e contratos celebrados pelo alienante (art. 1.146 do Código Civil), haverá cessão imprópria ou cessão legal de contrato.[112] O ingresso do terceiro não decorreu de um negócio jurídico entabulado com esse específico desiderato, mas reflexamente, como efeito decorrente de outro negócio jurídico. A forma imprópria não origina a cessão propriamente dita, mas figura jurídica que se lhe equipara em todos os efeitos. É aquela em que a substituição de um dos contratantes se dá por determinação da lei.[113]

4.3 Efeitos

Da cessão contratual resultam efeitos variados, envolvendo três planos de relações.

a) *Relações entre cedente e cessionário* – pela cessão, toda a posição contratual do cedente é transferida ao cessionário, excluídos direitos e deveres de natureza *intuitu personae*. O cedente garante ao cessionário a existência e validade da posição contratual transferida, como a mesma se configura no momento da cessão. Sendo a cessão gratuita, aplicam-se analogamente as normas relativas à doação; se onerosa, utiliza-se o regime da compra e

110. In *Código Civil comentado*, v. II, p. 146.

111. BDINE JR., Hamid. *Cessão da posição contratual*, p. 70-72.

112. Também se insere no rol da cessão imprópria a cessão da locação decorrente da aquisição do imóvel locado, consoante o art. 8º e § 2º da Lei nº 8.245/91.

113. GOMES, Orlando. *Contratos*, p. 166.

venda. Salvo expressa cláusula em contrário, o cedente não desempenhará função de garante da solvabilidade do cedido. O seu adimplemento é um problema exclusivo do cessionário.

b) *Relações entre o cedente o cedido* – com a cessão da posição contratual, o cedente desvincula-se perante o cocontratante (cedido), pois a sua posição contratual é transmitida ao cessionário. Todavia, nada impede que convencionem as partes no sentido de o cedente manter-se vinculado ao cedido pelo cumprimento das obrigações contratuais. Nesse caso, sua obrigação será subsidiária à do cessionário, na qualidade de fiador ou a outro título. Como a solidariedade não se presume, eventual cláusula nesse sentido será de previsão explícita (art. 265 do CC).

c) *Relações entre o cessionário e o cedido* – o cessionário investe-se completamente na posição do cedente, passando agora a relacionar-se com o cedido. O cessionário não se vincula ao cedido apenas pelos créditos (cessão de crédito) ou por débitos (assunção de dívida), e sim pelo complexo unitário de direitos e obrigações que envolviam o cedido e o cedente antes da cessão. Isso implica na subsistência das garantias do contrato-base e na transmissão ao cessionário das faculdades do cedente (*v.g.*, direito de preferência; escolha nas obrigações alternativas). Poderá o cedido opor ao cessionário os meios de defesa provenientes do contrato, mas não os que provenham de relações com o cedente, a não ser que no contrato de cessão cedente e cessionário expressamente tenham facultado tal poder ao cedido. No silêncio, estará preclusa a possibilidade do cedido invocar ao cessionário as exceções pessoais que possuía contra o cedente, como efeito natural de sua anuência à cessão da posição contratual.

4.4 Distinções com outros modelos jurídicos

Pelas marcantes afinidades, entendemos relevante a distinção entre a cessão da posição contratual e os modelos jurídicos do contrato com pessoa a declarar: subcontrato e novação.

1. A cessão do contrato guarda semelhanças com um modelo jurídico que ingressou no Código Civil de 2002: *o contrato com pessoa a declarar* (art. 467 do CC). No momento da conclusão do contrato, reserva-se a um dos contratantes a faculdade de indicar a pessoa que irá adquirir os direitos e assumir as obrigações decorrentes.

Em comum com a cessão da posição contratual, o fato de que terceira pessoa assumirá um complexo de direitos e deveres no bojo de uma relação obrigacional.

Porém, devemos vislumbrar o momento em que cada instituto é funcionalizado. No contrato com pessoa a declarar, a pessoa indicada assume o lugar da parte que a nomeou, tal como se ela própria houvesse subscrito a avença. Portanto, em face dos efeitos retroativos da nomeação, ingressa na gênese da relação jurídica, assumindo o contrato *ab initio*, a partir do momento em que este foi celebrado (art. 469 do CC), como se o contratante originário nunca existisse. Dessume-se do exposto a desnecessidade de obtenção da anuência do outro contratante originário, eis que a sua aquiescência já se deu ao tempo da realização do negócio jurídico.

Em contrapartida, a cessão do contrato é uma forma de transformação da relação obrigacional já constituída, entrando o cessionário no estágio em que o negócio obrigacional se encontra, promovendo circulação no tráfego jurídico. A sua técnica consiste em simples modificação subjetiva quanto ao contrato principal. Demandará, via de consequência, a autorização do cedido, como requisito de validade.

2. Difere ainda a cessão do contrato do chamado *subcontrato*. Menezes Leitão situa o subcontrato "sempre que alguém celebra determinado contrato com base na posição jurídica que lhe advém de outro contrato do mesmo tipo, já previamente celebrado com outrem".[114] Trata-se de um modelo que deriva de estipulação na qual uma das partes de um contrato anterior estabelece um segundo contrato com terceira pessoa, dentro dos poderes que o contrato original concedera-lhe. É o caso do contrato de trabalho que segue o contrato-base, a convenção coletiva. Também seria a hipótese da sublocação de imóvel, na qual o sublocatário transmite a posse da coisa a um terceiro, nos limites do contrato de locação.

Segundo Antunes Varela, a diferença fundamental existente entre a cessão da posição contratual e o subcontrato está em que, "na primeira, o cedente se demite da sua posição de contraente, entrando o cessionário para o lugar dele, ao passo que o constituinte do subcontrato mantém a sua posição contratual anterior e limita-se a constituir uma outra relação contratual, à custa daquela posição".[115]

Destas linhas, já evidenciamos o critério distintivo. Na cessão do contrato, o cedente retira-se da relação, pois substituído pelo cessionário. No subcontrato, aquele que efetuou o segundo contrato mantém-se na relação jurídica originária, somente concebe uma segunda obrigação.

3. A cessão de contrato não se confunde com a novação subjetiva, eis que, nesta, a relação jurídica originária sucumbe, mediante substituição por nova relação obrigacional, alterando a posição jurídica do cessionário. O inverso sucede na cessão do contrato, pois, objetivamente na mesma relação obrigacional, uma pessoa ocupará idêntica posição de outra. Decorre do exposto que não havendo inequívoco ânimo de novar por parte dos contratantes, inexistirá novação, mas cessão da posição contratual.

---

114. MENEZES LEITÃO, Luís Manuel Teles de. *Direito das obrigações*, v. II, p. 74.

115. ANTUNES VARELA, João de Matos. *Das obrigações em geral*, v. II, p. 391.

4. Por fim, há aproximação, mas não identidade com o resseguro. Consiste ele, no *seguro do seguro*. É a transferência de um risco técnico da seguradora para a resseguradora. Todavia, ao contrário do que ocorre na cessão de contrato, a seguradora não se desliga do vínculo obrigacional, mas apenas passa a compartilhar o risco com a resseguradora em um percentual fixo do acordo, conforme cada risco. Ilustrativamente, a seguradora negocia um plano de resseguro de cota-parte em que cederá para a resseguradora 20%. Assim, de todos os riscos amparados pelo contrato, a seguradora reterá 80% dos prêmios e do risco e cederá para a resseguradora 20% do valor do sinistro.[116][117]

5. OUTRAS FORMAS DE TRANSMISSÃO DAS OBRIGAÇÕES

5.1 Linhas gerais

Observamos, nos itens precedentes, por diversas formas, que a obrigação constitui-se um valor patrimonial do credor, havendo amplo poder de disposição sobre o crédito no comércio jurídico.

No Livro do Direito das Obrigações, o legislador limita-se a traçar as modalidades negociais do crédito que se relacionam estritamente à matéria. Porém, existem outras formas de transmissão de obrigações em outros setores do ordenamento jurídico. Trata-se de maneiras distintas de alienação e oneração de créditos e, mesmo, de disposição de garantias relacionadas ao crédito.

Procuramos selecionar aquelas que possuem maior relevo e frequência nas operações econômicas.

5.2 Usufruto de créditos

O usufruto é um direito real de fruição em coisa alheia, que permite ao seu titular a exploração econômica de um bem em caráter temporário e intransmissível,

116. LUCCAS FILHO, Olívio. *Seguros*, p. 58.

117. STJ. Informativo nº 0535 Período: 12 de março de 2014. Terceira Turma A qualificação jurídica do resseguro como um contrato de seguro decorre do fato de o ressegurador obrigar-se, mediante o pagamento de um prêmio, a proteger o patrimônio da "cedente" do risco consistente na responsabilidade desta perante seu segurado, presentes, portanto, as características principais da relação securitária: interesse, risco, importância segurada e prêmio. Embora a LC 126/2007 aparentemente confunda o contrato de resseguro com a figura da cessão disciplinada no CC, é evidente que, à diferença da cessão de posição jurídica, no contrato de resseguro a assim chamada "cedente", ou seja, a sociedade seguradora ressegurada, em regra, não se retira, mas antes permanece na relação jurídica, não havendo sub-rogação pelo cessionário nas obrigações da cedente. Nesse sentido, a maior parte da doutrina sustenta que o contrato de resseguro insere-se, de modo geral, no tipo securitário. Desde o Decreto-Lei 73/1966, o resseguro, o cosseguro e a retrocessão já eram partes integrantes da operação de seguro. Em reforço a isso, o art. 5º da LC 126/2007 manda aplicar "aos resseguradores locais, observadas as peculiaridades técnicas, contratuais, operacionais e de risco da atividade e as disposições do órgão regulador de seguros: (I) o Decreto-Lei 73, de 21 de novembro de 1966, e as demais leis aplicáveis às sociedades seguradoras, inclusive as que se referem à intervenção e liquidação de empresas, mandato e responsabilidade de administradores; e (II) as regras estabelecidas para as sociedades seguradoras". É de se concluir que, apesar de formalmente acessório e autônomo, o resseguro é um verdadeiro contrato de seguro atípico. REsp 1.170.057-MG, Rel. Min. Villas Bôas Cueva.

preservando-se o poder de disposição da coisa com o seu proprietário. Ou seja: a constituição do usufruto provoca um desdobramento do direito de propriedade, pois as faculdades de uso e fruição do bem são remetidas ao usufrutuário, convertendo-se o proprietário de pleno a limitado.

O usufruto de créditos incide sobre um patrimônio imaterial. Poderá o usufrutuário, na posse da cártula, cobrar de um terceiro o crédito de titularidade do nu-proprietário, aplicando a quantia recebida (frutos civis) em títulos da mesma natureza ou em títulos da dívida pública federal, como determina o parágrafo único do art. 1.395 do Código Civil.

Não é invulgar a constituição de um usufruto sobre créditos de juros provenientes de mútuo oneroso. Também é factível o usufruto sobre rendas vitalícias ou de certas quantias, bem como de ações e quotas em sociedade.

Ao termo do usufruto, o usufrutuário deverá restituir o crédito cobrado em espécie, mantendo consigo os rendimentos obtidos na vigência do direito real. Responsabiliza-se pela não aplicação do dinheiro na forma preconizada, pagando ao nu-proprietário o valor equivalente (art. 1.410, VII, do CC).

Percebemos a singularidade do usufruto de créditos. Muitas vezes, na impossibilidade de adimplir uma obrigação, o devedor convenciona com o credor essa forma alternativa de pagamento. O devedor (titular do crédito) não pratica um ato de cessão ou alienação em prol do credor, porém constitui um ônus real sobre os títulos, permitindo a circulação da relação obrigacional de modo que o credor possa satisfazer-se com os rendimentos oriundos dos créditos cobrados dos devedores do seu devedor.

5.3 Penhor de créditos

Essa modalidade de penhor pode ser mais bem compreendida por meio de um paralelo. Qualquer bem móvel passível de alienação também é sujeito a penhor (exceto navios e aeronaves, que são hipotecáveis). Portanto, é possível também entender como empenháveis os bens incorpóreos que sejam cessíveis.

Dando em penhor um direito por virtude do qual se possa exigir uma prestação, as relações entre o obrigado e o credor pignoratício estão sujeitos às disposições aplicáveis, na cessão de créditos, às relações entre o devedor e o cessionário.

Apenas não se poderá empenhar o direito quando for constituído *intuitu personae*. Assim, o usufrutuário de bem móvel não poderá dar o direito de usufruto em penhor (art. 1.393 do CC). No mesmo sentido, imunes ao penhor os créditos alimentar e trabalhista.

A constituição do penhor de direitos demanda registro no Cartório de Títulos e Documentos, exigindo-se a solenidade da confecção em instrumento público ou particular (art. 1.452 do CC).

A partir do momento em que os direitos são empenhados, investe-se o credor pignoratício na condição de possuidor direto dos documentos comprobatórios do crédito (art. 1.452, parágrafo único, do CC). Na qualidade de mandatário do titular do crédito, faculta-se-lhe a adoção dos meios processuais hábeis à cobrança.

Assim, incumbe ao credor pignoratício notificar o devedor do título sobre a constituição do penhor (art. 1.453 do CC), pois a cobrança do crédito empenhado é um dever que incumbe àquele. Excepcionalmente poderá o credor pignoratício autorizar o titular do crédito empenhado a receber diretamente o pagamento, por meio de autorização escrita (art. 1.457 do CC). Parece-nos, por via oblíqua, que a referida autorização provoca a própria extinção do penhor, por renúncia tácita ao crédito empenhado.

Notificado o devedor, cumpre-lhe agora pagar ao credor pignoratício, e não mais ao titular do crédito empenhado. Caso a interpelação não se realize, poderá o devedor normalmente efetuar o pagamento perante o seu credor originário, sendo-lhe ineficaz o negócio jurídico que não lhe foi cientificado. Todavia, se a notificação efetivamente se concretizou, o pagamento realizado pelo devedor ao titular do crédito não produzirá efeitos perante o credor pignoratício, que poderá efetuar nova cobrança.

Reserva-se o pagamento – objeto da prestação – ao devedor pignoratício a partir do momento em que este quitar o débito com o credor pignoratício (art. 1.455 do CC). Caso o devedor pignoratício torne-se inadimplente, restará o seu credor autorizado a reter os valores que lhe incumbem na verba obtida com o resgate do título empenhado, restituindo ao devedor pignoratício o restante, na dicção do parágrafo único do referido art. 1.455. O direito de retenção só será possível tratando-se de prestação pecuniária, eis que a regra geral dos direitos reais de garantia exige a execução do débito, com expressa vedação à cláusula comissória.

Após finalizar a explanação acerca do penhor de direitos, o legislador avança na regulamentação do penhor de títulos de crédito, a partir do art. 1.458 do Código Civil.

O penhor sobre títulos de crédito substitui a nomenclatura utilizada pelo Código Civil de 1916 – *"caução de títulos de crédito"*. Realmente, caução não era o termo adequado na espécie, pois o vocábulo possui sentido amplo, abrangendo qualquer forma de garantia real (hipoteca, penhor) ou pessoal (aval, fiança). O crédito é um direito obrigacional contra terceiros, corporificado pela cártula. Via de consequência, o devedor oferece em garantia ao seu credor esse direito obrigacional, materializado no título de crédito.

Assim, quando *A* empenha o seu título de crédito em favor de seu credor *B,* não deixa de ser o credor do devedor *C.* Apenas transferiu a *B* a posse do título como garantia, podendo ele, doravante, exercitar em face de *C* o direito literal e autônomo naquele consubstanciado.

A disciplina ora enfocada engloba, portanto, os casos em que a posse de duplicatas, cheques, promissórias e letras de câmbio é transferida ao credor pignoratício, a fim de que possa adotar os meios judiciais à cobrança dos valores representados na cártula, para tanto intimando o devedor para que lhe pague diretamente enquanto dure o penhor. Assim, receberá a importância retratada no título, restituindo-o ao devedor, quando este solver a obrigação (art. 1.459 do CC).

Por último, lembra o art. 1.460 que, após a sua intimação, não poderá mais o devedor do título empenhado oferecer o pagamento ao credor do título, e sim ao credor pignoratício. Essa regra remete ao art. 312, que adverte acerca do pagamento feito ao credor originário, apesar de intimado da penhora do crédito, constrangendo-se o devedor a fazer novo pagamento. Agrava-se a situação do devedor pignoratício e do devedor do título empenhado, pois, na letra do art. 1.460, tornam-se responsáveis solidários pelo pagamento, podendo assim o credor pignoratício exigir o pagamento de qualquer um ou de ambos (art. 275 do CC).

Avulta destacar a existência do chamado *endosso impróprio* na figura do *endosso caução*, em que o título é onerado por penhor, em favor de um credor do endossante. O crédito não se transfere para o endossatário, que é investido na qualidade de credor pignoratício do endossante. Na eventualidade do descumprimento da obrigação garantida, o endossatário por *endosso-caução* poderá apropriar-se do crédito representado pelo título (art. 918 do CC).

Em qualquer caso, se o credor pignoratício não obtiver a satisfação do crédito empenhado, poderá promover a sua execução. Na qualidade de credor real do credor do crédito, efetuará a penhora sobre o valor econômico disponível, no bojo da excussão, na forma do art. 855 e seguintes do CPC/15.

5.4 Cessão da garantia sobre o crédito

Um imóvel hipotecado poderá sofrer uma ou mais sub-hipotecas, desde que o seu valor suporte todos os débitos somados. A sub-hipoteca é uma hipoteca de segundo grau sobre o bem, que pode ser levada a efeito pelo credor já preferencial ou por um novo credor, em momento posterior ao registro da hipoteca de 1º grau (art. 1.476 do CC). Nada impede que várias hipotecas recaiam sobre o imóvel, desde que, em seu conjunto, não ultrapassem o valor do bem, eis que essa é a garantia que será convertida em dinheiro, na hipótese de recusa ao pagamento.

Portanto, avaliado o imóvel em R$ 60.000,00, poderá sofrer uma primeira hipoteca de R$ 30.000,00 e depois, sucessivamente, duas outras, cada qual de R$ 15.000,00.

O risco dos credores sub-hipotecários consiste na possibilidade de sua conversão em meros quirografários, no caso de arrematação do imóvel em valor inferior ao constante da avaliação, com aproveitamento do saldo da venda exclusivamente pelo primeiro credor hipotecário.

A propósito, apenas com o vencimento da hipoteca de 2º grau, o credor hipotecário poderá pleitear judicialmente o seu crédito. Mesmo sendo sujeito ativo no processo executivo, o credor sub-hipotecário respeitará a preferência do credor originário, desde que não ocorra o fenômeno da remição pelo credor da segunda hipoteca (art. 1.478 do CC).

Todavia, o credor da segunda hipoteca poderá efetuar a remição (art. 1.478 do CC). A remição consiste no pagamento, pelo credor sub-hipotecário, do valor do débito do credor anterior, assumindo os direitos inerentes à hipoteca antecedente, sem perder aqueles sobre os quais era originariamente titular, ficando o imóvel vinculado ao ônus das duas.

A remição é uma forma de cessão do grau hipotecário, sem que o crédito em si mesmo seja objeto de cessão. Apesar de o Código Civil silenciar, pelo princípio da autonomia privada, nada impede que o credor hipotecário realize a cessão da própria hipoteca sem a transmissão do crédito assegurado, para garantia de crédito pertencente a outro credor do mesmo devedor. Assim, se *A* é credor hipotecário de *B*, e *C* é credor quirografário do mesmo devedor *B*, *A* poderá ceder a sua hipoteca em favor de *C*, sendo que a hipoteca cedida garantirá o crédito de *C* nos limites do crédito originariamente cedido.

5.5 Endosso

O endosso é um ato cambiário que opera a transferência do crédito representado por título "à ordem". O alienante do crédito documentado por uma cambial é chamado de endossante; o adquirente, de endossatário, pessoa que ocupará a posição de novo credor do título. Além da transferência da titularidade do crédito representado na cártula, o endosso produz um segundo efeito: vincula o endossante ao pagamento do título, na qualidade de coobrigado. Ou seja: o endossante responde ao endossatário tanto pela existência do crédito quanto pela solvência do devedor.

Em contrapartida, a aquisição de título à ordem por meio diverso de endosso tem efeito de cessão civil (art. 919 do CC). Isto é, a cessão de crédito é forma alternativa de transmissão de titularidade de crédito, porém despida de efeitos cambiais.

Ao contrário do endosso, na cessão de crédito o cedente responde, em regra, apenas pela existência do crédito e não pela solvência do devedor (art. 295 do CC).[118]

118. STJ. Informativo nº 0564 Período: 15 a 30 de junho de 2015. Terceira Turma DIREITO EMPRESARIAL. OPOSIÇÃO DE EXCEÇÕES PESSOAIS A EMPRESA DE FACTORING. O sacado pode opor à faturizadora a qual pretende lhe cobrar duplicata recebida em operação de factoring exceções pessoais que seriam passíveis de contraposição ao sacador, ainda que o sacado tenha eventualmente aceitado o título de crédito. Na operação de factoring, em que há envolvimento mais profundo entre faturizada e faturizadora, não se opera um simples endosso, mas a negociação de um crédito cuja origem é - ou pelo menos deveria ser - objeto de análise pela faturizadora. Nesse contexto, a faturizadora não pode ser equiparada a um terceiro de boa-fé a quem o título pudesse ser transferido por endosso. De fato, na operação de factoring, há verdadeira cessão de crédito, e não mero endosso, ficando autorizada a discussão da causa debendi, na linha do que determina o art. 294 do CC, segundo o qual: "O devedor pode opor ao cessionário as exceções que lhe competirem, bem como as que, no momento em que veio a ter conhecimento da cessão, tinha contra o cedente". Provada a ausência de causa para a emissão das duplicatas, não há como a faturizadora exigir do sacado o pagamento respectivo. Cabe ressaltar, por oportuno, que a presunção favorável à existência

Outra interessante distinção entre as figuras da cessão de crédito e do endosso concerne aos limites de defesa do devedor diante da execução do crédito pelo adquirente. Nas cambiais endossadas, o devedor não poderá arguir perante o endossatário as eventuais defesas que detinha contra o endossante; isso lesaria o princípio da autonomia das cambiais em face dos negócios jurídicos subjacentes e da inoponibilidade das exceções pessoais ao terceiro de boa-fé (art. 916 do CC).[119]

Já na cessão de crédito, o devedor poderá arguir em defesa contra o cessionário as matérias relativas à sua anterior relação obrigacional com o cedente (art. 294 do CC).

Em razão dessas duas grandes distinções, é fundamental perceber quando a transmissão da cambial não se verifica pela forma do endosso. Ademais, há casos em que ocorreu o endosso, mas, mesmo assim, serão produzidos apenas os efeitos da cessão de crédito, quais sejam: (a) endosso praticado após o protesto por falta de pagamento; (b) endosso com cláusula "não à ordem". Na letra de câmbio, se tal cláusula for inserida pelo sacador, toda transferência da titularidade do crédito será considerada como cessão de crédito.

Aliás, não se aplicam os arts. 288 e 290 do CC para obtenção, por meio tão somente do endosso de cheque "à ordem" dos mesmos efeitos de cessão de crédito. Com efeito, a menos que o emitente do cheque tenha aposto no título a cláusula "não à ordem" – hipótese em que o título somente se transfere pela forma de cessão de crédito –, o endosso tem efeito de cessão de crédito, não havendo cogitar de observância da forma necessária à cessão ordinária civil de crédito, isto é, a notificação prevista no art. 290 do CC, segundo o qual "A cessão do crédito não tem eficácia em relação ao devedor, senão quando a este notificada; mas por notificado se tem o devedor que, em escrito público ou particular, se declarou ciente da cessão feita".[120]

---

de causa que resulta do aceite lançado nas duplicatas não se mostra absoluta e deve ceder quando apresentada exceção pessoal perante o credor originário ou seu faturizador. REsp 1.439.749-RS, Rel. Min. João Otávio de Noronha, DJe 15/6/2015.

119. Com efeito, no sistema cambiário, voltado à segurança das negociações, o título, em regra, está fadado à circulação, podendo colocar, frente a frente, credor e devedor (portador e emitente/sacador) que, no mais das vezes, não se ligam por atos negociais, senão eminentemente cambiários, o que impossibilita, sobremaneira, qualquer investigação acerca das particularidades dos negócios anteriores, razão, aliás, da vedação legal da possibilidade de os devedores suscitarem defesa que pertine a terceiros contra portadores de boa-fé, ou seja, defesa alheia àqueles com quem estão diretamente ligados, incluindo-se, aqui, também os garantes, avalistas da cadeia de endossos que se poderá estabelecer, característica que decorre da abstração e autonomia. Bem se vê que o aval mais ainda se distancia das peculiaridades do negócio que subjaz, pois ele próprio é autônomo em relação ao crédito consubstanciado no título que, por sua vez, é autônomo em face da relação jurídica subjacente" (STJ, Informativo 604, REsp 1.526.560-MG, Rel. Min. Paulo de Tarso Sanseverino, DJe 16/5/2017).

120. STJ. **Informativo nº 0573. Período: 12 a 25 de novembro de 2015.** Quarta Turma. FACTORING E DESNECESSIDADE DE NOTIFICAÇÃO DE EMITENTE DE TÍTULO DE CRÉDITO. É desnecessária a notificação de emitente de cheque com cláusula "à ordem", para que o faturizador que tenha recebido a cártula por meio de endosso possa cobrar o crédito decorrente de operação de *factoring*. Como é cediço, o interesse social visa proporcionar ampla circulação dos títulos de crédito, dando aos terceiros de boa-fé plena garantia e segurança na sua aquisição, constituindo a inoponibilidade das exceções fundadas em direito pessoal do devedor a mais importante afirmação do direito moderno em favor da segurança da circulação e negociabilidade dos títulos de crédito. De fato, não se pode perder de vista que é desnecessária a exigência,

sem nenhum supedâneo legal, de que, com o endosso de cheque "à ordem", a *factoring* endossatária devesse se acautelar – mesmo adquirindo pelo meio próprio crédito de natureza autônoma (cambial) –, demonstrando ter feito notificação ao emitente. Assim, não é possível chancelar a restrição a direitos conferidos por lei ao fatorizador, em manifesta ofensa a diversas regras, institutos e princípios do direito cambiário - e, até mesmo, a direitos fundamentais consagrados pela Constituição Federal (art. 5º, II e XXII). **REsp 1.236.701-MG**, Rel. Min. Luis Felipe Salomão, julgado em 5/11/2015, DJe 23/11/2015.

CAPÍTULO VI

Do Adimplemento e da Extinção das Obrigações I

"Eu só pra pagar, tanta gente pra cobrar..."

(Kid Abelha)

"Você vai pagar, e é dobrado,
Cada lágrima rolada
Nesse meu penar"

(Chico Buarque de Hollanda)

1. INTRODUÇÃO

Os últimos momentos da vida de Sócrates são narrados por Platão em *Fédon*. Após discorrer longamente sobre prazer e dor, a alma e a ideia, Sócrates bebe o cálice de cicuta e, sentindo as pernas pesadas, deita-se à espera da morte e começa a enrijecer. As últimas palavras dirigidas pelo filósofo ao amigo que lhe acompanhava foram:

– Críton, devemos um galo a Asclépio; não te esqueças de pagar essa dívida.

1.1 Premissas metodológicas

O Código Civil de 2002 avança consideravelmente no tratamento do adimplemento das obrigações. Os paradigmas da eticidade, socialidade e operabilidade são solicitados nesse especial momento da relação obrigacional.

As obrigações cumprem o seu ciclo vital em três momentos sucessivos: a gênese da relação; as suas transformações ou vicissitudes; e, finalmente, a sua extinção ou desaparecimento. Na *praxis* negocial, tais fases coincidirão, nos vínculos obrigacionais marcados pela instantaneidade, dado o seu cumprimento imediato. Todavia, comumente os ciclos de aparecimento e decesso da relação jurídica serão não tão breves e fugidios, ou mesmo longos e bem demarcados.

As duas primeiras etapas já foram devidamente estudadas em capítulos precedentes. As obrigações emanam de diversas fontes – negócio jurídico, responsabilidade civil e enriquecimento sem causa. Admitem diversas modalidades e prestações e podem ser cedidas ativa e passivamente, sendo até mesmo possível o trespasse da completa posição contratual.

Porém, o ápice das obrigações é a fase do adimplemento. Sabemos que a relação obrigacional é um processo que, desde o nascimento, marcha na direção do adimplemento. Ele é a finalidade que polariza toda a atuação das partes e da sociedade, justificando a imposição de deveres de conduta que conduzam a obrigação a esse desfecho. O termo *processo* expressa um encadeamento de atos destinados a um certo fim. Há um rumo previamente definido para o término do processo, em que pese o fato de que, nas palavras de Celso Quintella Aleixo, "por sua natureza dinâmica ou por vicissitudes da vida econômica, eventualmente esta marcha possa ser interrompida ou desviada".[1]

A consagração da autonomia do adimplemento imprime-lhe um justo e merecido valor que nunca gozou no direito das obrigações, talvez pela própria ideologia individualista que sempre valorizou o papel da vontade geradora da obrigação (causa), em detrimento de sua finalidade e efeitos. Não espanta o fato de que, na visão patrimonialista e asséptica do Código Civil de 1916, imperavam regras para a hipótese do inadimplemento – como se o patológico fosse o normal das obrigações.

---

1. ALEIXO, Celso Quintella. *Pagamento*, p. 275.

No Código Beviláqua, havia o Título II do Livro de Obrigações, sob a rubrica "Dos Efeitos das Obrigações". Lá se tratava, promiscuamente, do pagamento, das várias formas de extinção das obrigações e do inadimplemento.

O atual Código Civil reserva o Título III do Livro I (obrigações) para a denominação "Do Adimplemento e Extinção das Obrigações". Aqui já há uma correta estruturação da temática, pois o adimplemento não é o único modo de extinção da obrigação, mas é vocábulo que merece distinção, pois de "adimplemento" só se poderá cogitar quando houver o atendimento voluntário, adequado e direto da obrigação – adimplemento em sentido estrito. Neste senso o adimplemento equivale aos vocábulos *cumprimento, pagamento, solução* e *execução*.[2] Aliás, ao contrário do que sugere a linguagem corrente, o termo *pagamento* não se exaure na satisfação e obrigações pecuniárias, mas no genérico atendimento à prestação devida, seja em obrigações de dar, fazer ou não fazer.

Por sua vez, o vocábulo *extinção* refere-se ao cumprimento indireto das obrigações (adimplemento em sentido amplo), pelas variadas formas localizadas nos arts. 334 e seguintes do Código Civil. Aliás, algumas formas de extinção das obrigações nem mesmo se conformarão a um adimplemento *lato sensu,* pois a relação jurídica chegará a termo sem a satisfação do débito (*v.g.* confusão e remissão). Por sua vez, realçando a proeminência da função do adimplemento, remeteu-se a fase patológica do inadimplemento das obrigações para título autônomo e subsequente (Título IV). O Código Civil separou os efeitos da obrigação (arts. 304 a 388 CC) do seu inadimplemento. Nos arts. 389 a 420 o legislador insere excelente tratamento das consequências legais (juros), judiciais (perdas e danos) e convencionais (cláusula penal e arras) do descumprimento das obrigações. Não se olvide que o regime jurídico do *pagamento indevido*, antes (CC/16) erroneamente inserido no capítulo do pagamento, agora se encontra em capítulo próprio, dedicado aos atos unilaterais (arts. 876/883).

Vale dizer, o adimplemento é apenas uma das espécies do gênero da extinção das obrigações. Segundo Gustavo Tepedino, a extinção também poderá ocorrer: "i) pela execução forçada, seja em forma específica, seja pela conversão da prestação devida em perdas e danos; ii) pela impossibilidade da presta*ção; iii) pelos demais modos de extinção regulados no Código, como a novação, a compensação, a confusão e a remissão (arts. 360-388*)."[3]

Em síntese, o Título III é fracionado em nove capítulos, que se resumem em dois grandes segmentos: o pagamento (capítulo I) e os demais modos extintivos (capítulos II a IX). O pagamento não é mera modalidade extintiva como as demais, porém uma espécie de carta de princípios, com base na qual os demais capítulos se estruturam. Vale dizer, a parte especial trata de hipóteses em que não ocorre o

---

2. Ensina Orlando Gomes que "as diversas expressões podem ser indiferentemente usadas para designar a extinção da obrigação pelo modo natural. Adimplemento, solução, cumprimento, pagamento, execução, traduzem a ideia de *solutio*", cf. *Obrigações*, p. 88.
3. TEPEDINO, Gustavo. *Código Civil Interpretado,* v. 1, p. 591.

pagamento em sentido estrito pelas próprias vicissitudes do processo obrigacional, pela realização da prestação de modo distinto ao inicialmente previsto. A extinção desejada da obrigação é pelo adimplemento, seja pelo pagamento ou pelos modos de pagamento especiais (indiretos).

Do exposto, extrai-se que o pagamento *stricto sensu* (ou direto) é a realização pontual da prestação pelo devedor, com satisfação dos interesses objetivos do credor. Em contrapartida, o pagamento *lato sensu* é qualquer outra forma de satisfação do credor, mesmo que efetuado coativamente pela via executiva ou através de ato de terceiro. A expressão *pagamento indireto* remete justamente a outras vias de satisfação do credor, que não o pagamento *stricto sensu* (*v.g.* consignação, dação).

Conceituando-se estritamente o adimplemento como o a realização voluntária da prestação debitória, não se cogita de cumprimento de uma obrigação quando, ao invés do devedor, terceira pessoa efetuar o pagamento, ou quando a prestação for obtida coativamente, mediante o exercício de pretensão do credor. Trata-se de casos em que o devedor é desonerado da obrigação, com a satisfação do credor, sem que, contudo, propriamente tenha ela sido adimplida, posto não alcançado o "programa da prestação". Em rigor, nesses casos poderá haver satisfação do credor, mas não se trata de cumprimento. Quando o pagamento é efetuado por um terceiro, põe-se em causa uma questão de legitimidade passiva.

Em verdade, são realidades muito diferentes as de ficar o devedor desonerado da obrigação (do dever de prestar) e a de cumprir ele a obrigação, pois, antes de ser uma simples causa de extinção do vínculo obrigacional, o cumprimento é a atuação do meio juridicamente predisposto para a satisfação do interesse do credor. É o ato culminante da vida da relação creditória, como consumação do sacrifício imposto a um dos sujeitos para a realização do interesse de outro.[4]

Além da necessidade de que a conduta seja realizada pelo devedor, exige-se para o adimplemento o resultado da prestação, ou seja, a obtenção do bem da vida ou da utilidade perseguida pelo credor. Seguindo esse raciocínio, também haverá liberação do devedor se, por circunstâncias exteriores, a prestação deste resultado se tornar impossível. Exemplificando, se *A* deveria entregar um automóvel a *B* e, na véspera do ato de prestar, o carro é furtado ou destruído, sem que se lhe possa imputar responsabilidade, será o devedor *A* desonerado da obrigação, sem que se afirme que houve o cumprimento. O art. 234 do Código Civil se refere a essa impossibilidade objetiva como hipótese de resolução da obrigação (art. 234, CC), com consequente supressão do direito à contraprestação, o que não sucederia se houvesse o cumprimento no contrato bilateral. Em acréscimo, de acordo com o art. 528 do CPC/15, em execução de alimentos, o executado poderá comprovar a impossibilidade absoluta de pagamento por meio de prova testemunhal.[5]

---

4. VARELA, João de Matos Antunes. *Das obrigações em geral*, v. II, p. 8-9.
5. "Na execução de alimentos pelo rito do art. 733 do CPC/73, o executado pode comprovar a impossibilidade de pagamento por meio de prova testemunhal, desde que a oitiva ocorra no tríduo previsto para a

No parágrafo pregresso a prestação se extinguiu sem cumprimento e com insatisfação do interesse do credor, pois o interesse desapareceu ou se tornou desnecessária a prestação pela circunstância de sua finalidade já não mais ser alcançável. Mas, também é possível que, mesmo sem cumprimento, haja satisfação sucedânea do interesse creditório, sendo o escopo alcançado "por meios não conexos com a obrigação, como nos clássicos casos do muro a demolir que cai por tremor de terra, da chuva que regando o jardim dispensou o jardineiro, da cura sem necessidade de medicamentos encomendados".[6]

1.2 O adimplemento como modo de satisfação do interesse do credor

A obrigação, preceitua Antunes Varela,[7] não constitui um fim em si mesma. Ela é apenas um meio, um instrumento técnico jurídico criado por lei ou predisposto pelas partes, para a satisfação de certo interesse. O interesse do credor – assente na necessidade ou situação de carência de que ele é portador e na aptidão da prestação para satisfazer tal necessidade – é que define a função da obrigação. Função que consiste na satisfação do interesse concreto do credor, proporcionada através do sacrifício imposto ao devedor pelo vínculo obrigacional.

A relação obrigacional está colimada à satisfação do interesse do credor, nela encontrando o seu sentido final e existencial. Esta é a sua razão de ser. Nessa conformidade, o cumprimento – ou a realização da prestação devida – é o momento capital e decisivo, verdadeiro centro de gravidade da relação obrigacional, pois nele encontra o devedor a plena e legítima satisfação do seu interesse à custa do sacrifício imposto ao devedor, que assim se libera de seu dever de prestar, extinguindo a obrigação.[8]

A função econômica das obrigações consiste na circulação e intercâmbio de bens e serviços. Ao contrário das relações jurídicas reais, que estaticamente se constituem com a pretensão a certa duração e estabilidade, o desfecho natural e dinâmico das obrigações é a sua solução pela própria consecução de sua finalidade. Contrastante com a perpetuidade da propriedade e do caráter duradouro dos demais direitos reais, as relações obrigacionais já nascem com o desígnio de seu término. A obrigação nasce para morrer e a forma usual de seu passamento é o cumprimento, como modo por excelência de satisfação do interesse do credor. As partes almejam vínculos transitórios e o sistema jurídico repudia a excessiva restrição à liberdade pessoal daqueles que se vinculam à obrigação. Portanto o adimplemento é o momento maior da relação obrigacional e limite da natureza efêmera da posição creditória.

justificação" (STJ. Informativo 599, REsp 1.601.338-SP, Rel. Min. Ricardo Villas Bôas Cueva, Rel. para acórdão Min. Nancy Andrighi, por maioria, DJe 24/2/2017).

6. PROENÇA, José Carlos Brandão. *Lições de cumprimento e não cumprimento das obrigações*, p. 19.
7. VARELA, João de Matos Antunes. *Das obrigações em geral*, v. I, p. 158.
8. SILVA, João Calvão da. *Cumprimento e sanção pecuniária compulsória*, p. 67-73.

Quando duas ou mais pessoas celebram um negócio jurídico, de certa forma estão voluntariamente renunciando a uma parcela de sua liberdade, com base na autonomia privada. Portanto, a missão do ordenamento jurídico é incentivar o adimplemento das obrigações, a fim de que o credor satisfaça a utilidade que buscou por meio da relação, e o devedor possa recuperar a liberdade temporariamente cedida em favor do contrato, preservando os seus direitos fundamentais e, em última instância, a sua essencial dignidade.

Com habitual percuciência, Judith Martins-Costa esclarece que "dentro do gênero 'extinção da obrigação' as palavras 'adimplemento', 'cumprimento' e 'pagamento' expressam, pois, a satisfação qualificada da prestação devida pelo devedor. O mesmo gênero 'extinção' comporta outras hipóteses que examinaremos oportunamente. Mas não há dúvida de que o adimplemento é a principal delas, o que advém, aliás, da circunstância de não existir relação obrigacional perpétua: as obrigações nascem para ser cumpridas, a transitoriedade é a sua característica, e o tempo, seu elemento natural".[9]

O adimplemento é o modo normal e natural de extinção das obrigações, pois segue aquilo que foi objeto de planejamento das partes, começando pelas tratativas, passando pela celebração do negócio jurídico, fluindo através das suas vicissitudes até alcançar o destino programado. Nada mais instintivo do que a completa satisfação dos interesses do credor pelo efetivo e direto cumprimento da prestação pelo devedor. Se, na linguagem vulgar, o pagamento representa a mera satisfação de dívida pecuniária, tecnicamente importa na *solutio*, sinônimo do adimplemento de qualquer tipo de obrigação. Inclui-se aí a efetivação da prestação pelo devedor, mediante a entrega ou restituição de um bem (dar), a execução de uma atividade (fazer) ou a abstenção de uma conduta (não fazer).

O interesse do credor que se tem em mira com o cumprimento da prestação é aquele objetivo haurido, em regra, das circunstâncias obrigacionais contemporâneas à constituição do vínculo, normalmente a salvo de modificações das aspirações do credor acerca do bem da vida almejado. Os interesses perseguidos pelo credor são fixados em dado momento histórico e se mantêm relativamente perenes, infensos a modificações de ordem subjetiva ou que resultem do tempo. Evita-se, por conseguinte, que qualquer alteração deste interesse, por circunstâncias pessoais e ocasionais, afete a relação obrigacional.[10]

Em outras palavras, o que o adimplemento exige não é tanto a satisfação do interesse unilateral do credor, mas o atendimento à causa do contrato, que se constitui, efetivamente, do encontro do concreto interesse das partes com os efeitos essenciais abstratamente previstos no tipo. Se o comportamento do devedor alcança aqueles efeitos essenciais que, pretendidos concretamente pelas partes com a celebração

9. MARTINS-COSTA, Judith. *Comentários ao novo Código Civil*, v. V, t. 1, p. 82.
10. GODOY, Cláudio Luiz Bueno de. *Adimplemento e extinção das obrigações*, p. 307.

do negócio, mostram-se merecedores de tutela jurídica, tem-se o adimplemento da obrigação, independentemente da satisfação psicológica ou não do credor. Note-se, porém, que não basta a verificação da causa em abstrato, normalmente identificada, no direito das obrigações, com a realização das prestações principais integrantes do tipo negocial em sua previsão normativa. Impõe-se o exame da chamada "causa em concreto", isto é, do atendimento dos interesses efetivamente perseguidos pelas partes com a regulamentação contratual. Transcende-se, em síntese, a estrutura do negócio – forma e conteúdo (o como e o quê) – para se perquirir a sua função (o seu porquê). É o atendimento a essa função concreta do negócio, e não mais o cumprimento meramente estrutural da prestação principal contratada, que define o adimplemento, em sua visão contemporânea.[11]

Qual seria exatamente o interesse do credor na prestação? Em um primeiro olhar Calvão da Silva[12] assimila a prestação à conduta que se espera do devedor (dar, fazer ou não fazer). Este é o objeto imediato da obrigação e sintetiza a razão pela qual o credor só do devedor poderá exigir a prestação a que tem direito. Porém, a conduta não é um fim em si mesmo há de se reconhecer que, funcionalmente, o interesse do credor se dirige ao bem que a prestação lhe proporcionará. Por esse prisma funcional, o interesse do credor não se resume a um comportamento ou a uma atividade, mas ao resultado da prestação, consistente na utilidade gerada pelo bem devido no objeto mediato da obrigação. Por isso, só há cumprimento em sentido estrito e tecnicamente rigoroso quando o próprio devedor (ou seus representantes e auxiliares) realiza efetivamente a prestação em conformidade ao programa obrigacional.

Fundamental é perceber que resta superada a visão míope do direito das obrigações pelo seu aspecto estrutural e estático, no qual a relação jurídica nada mais seria do que o vínculo decomposto em crédito e débito, no qual credor e devedor ocupam postos antagônicos. Do ponto de vista estrutural, o pagamento é a execução voluntária da prestação pelo devedor. Um meio extintivo de obrigações como os outros, pois libera o devedor e satisfaz o credor. Porém, sob o viés funcional, o pagamento não se resume ao momento terminal da obrigação, mas à sua finalidade ideal, para a qual todo o projeto obrigacional é polarizado.

Disso se extrai que a satisfação dos interesses do credor, digno de proteção legal, não se implementa em um momento estático, porém consiste em um processo dinâmico. Cuida-se de um *"processo de satisfação"*. De fato, nas obrigações duradouras, sobremaneira àquelas relacionadas a uma atividade do devedor, requer-se um razoável período para se aferir o cumprimento da prestação. A simples entrega de

11. SCHREIBER, Anderson. *A tríplice transformação do adimplemento* (adimplemento substancial, inadimplemento antecipado e outras figuras), p. 28.

12. Ilustrativamente, cita o autor o contrato de compra e venda, no qual o interesse do comprador é não somente o interesse na obtenção da prestação-atividade (*v.g.*, o ato de entrega da coisa), mas também a prestação-resultado ou o resultado a proporcionar pela própria prestação, ou seja, a obtenção da propriedade da coisa, por meio da qual verdadeiramente satisfaz os seus desejos e interesses, os quais, no fundo, ditaram a base negocial. SILVA, João Calvão da. *Cumprimento e sanção pecuniária compulsória*, p. 77-78.

uma casa pelo empreiteiro não implica satisfação integral do proprietário. Convém, por conseguinte, não confundir o cumprimento de uma determinada obrigação com a cessação do vínculo obrigacional.

Ademais, como é sabido, o conteúdo da prestação extrapola os comportamentos voluntariamente assumidos, alcançando os deveres anexos emanados da boa-fé objetiva. Os deveres laterais relacionados à cooperação, informação e proteção de interesses não se exaurem no momento do cumprimento da obrigação principal de dar, fazer ou não fazer e mesmo o ato do pagamento não elimina a necessidade de adequada tutela do interesse do credor, como se colhe da necessidade de o ex-diretor de marketing manter a confidencialidade sobre os projetos em andamento de seu antigo empregador, mesmo após a extinção do vínculo laboral.[13] Esse comportamento de abstenção não decorreu dos termos da resilição do contrato de trabalho, mas do fundamento ético relacionado à conduta legitimamente esperada do ex-empregado.[14]

Por isso, nem sempre o pagamento e a satisfação dos interesses objetivos do credor dar-se-ão no mesmo momento, ou por meio do mesmo ato, não podendo ser tidos como sinônimos. Quando se diz que o pagamento realiza os interesses do credor, deve-se atentar para o fato de que essa realização se limita ao momento específico do ato do pagamento.[15]

1.3 Natureza jurídica do adimplemento

Qual seria a natureza jurídica do adimplemento? Trata-se de questão intensamente discutida na doutrina. Após esquematizar as diversas teorias que envolvem o aceso debate, Karl Larenz advoga a teoria da execução real da prestação, pela qual o adimplemento jamais seria um negócio jurídico, mas um ato real de extinção do débito que libera o devedor e converte em realidade a prestação devida.[16]

Com efeito, o pagamento não se insere no plano de validade do negócio jurídico e tampouco se localiza dentre os atos negociais. Na fase genética da relação

13. STJ. *Informativo* nº 0425, 1º-5.3.2010, Quarta Turma: "Na ação de cobrança de multa ajuizada devido ao descumprimento da finalidade do contrato de prestação de serviços de limpeza e conservação nas instalações da empresa ré, as partes comprometeram-se a não contratar nenhum funcionário ou representante da cocontratante na vigência do ajuste e até 120 dias após o término deste, o que não foi respeitado. Com efeito, a Turma entendeu que, no caso, inexiste violação da função social do contrato quanto à cláusula contratual que prevê a multa, pois as partes livremente pactuaram entre si, não havendo desequilíbrio social, tampouco impedimento do acesso dos indivíduos a ele vinculados, direta ou indiretamente, ao trabalho ou ao desenvolvimento pessoal. Ademais, não se determinou vantagem exagerada para nenhuma das partes, tendo-se estabelecido, tão somente, um prazo razoável à limitação do direito de contratar da ré (art. 421 do CC/2002). O que se requer dos contratantes é que atuem em cooperação no mercado, conforme o princípio da boa-fé objetiva, durante a relação obrigacional e após o cumprimento do contrato." REsp 1.127.247-DF, Rel. Min. Luis Felipe Salomão, julgado em 4.3.2010.

14. Nesse sentido, dispõe o art. 75 do Projeto do Código Europeu de Contratos que "As obrigações extinguem-se primacialmente pelo seu cumprimento, ou seja, pela realização plena e diligente e de acordo com a boa-fé da obrigação a que se vinculou o devedor".

15. SILVA, Jorge Cesa Ferreira da. *Adimplemento e extinção das obrigações*, p. 48.

16. LARENZ, Karl. *Derecho de obligaciones*, v. 1, p. 411.

obrigacional houve uma manifestação de vontade destinada à produção de efeitos jurídicos queridos pelo declarante e previstos em lei. Esse ato voluntário do devedor é objeto de validação, a teor do art. 104 do Código Civil. Todavia, independentemente da causa da obrigação preexistente (que muitas vezes sequer será negocial, mas legal), o ato posterior de realização da prestação pela via do cumprimento – e consequente extinção da obrigação – dispensará uma nova exteriorização qualificada de vontade pelo devedor ou um pretenso *animus solvendi*, pois o adimplemento é mera concretização de uma atividade devida e finalidade natural e normal da obrigação: a transformação de uma prestação potencialmente devida em realidade.

Cuida-se o adimplemento, portanto, de um ato-fato que se contextualiza no plano da eficácia do negócio jurídico. Na ampla família dos fatos jurídicos, o ato--fato dispensa o elemento volitivo do agente, sendo suficiente que queira ele o fato (conduta), independentemente de perseguir os seus efeitos. Assim, mesmo que no instante do cumprimento a vontade do devedor não se dirija às suas consequências legais (*v.g.*, por acreditar que estivesse pagando outra dívida), estas se concretizam automaticamente pelo ato material de realização fática da prestação. Inexiste vontade negocial no ato de adimplir, porém um simples comportamento devido, concretizador da prestação de uma coisa, um fato ou uma abstenção capaz de satisfazer o interesse do credor exclusivamente por seu resultado fático. O cumprimento produz eficácia liberatória *ex lege* em prol do devedor, sendo também dispensada a investigação da vontade do credor para aceitar o pagamento.[17]

É um equívoco falar em "pagamento nulo" ou "validade do pagamento" (como erroneamente ressai do texto dos arts. 308/310 do CC), pois o negócio jurídico que oferece suporte à obrigação não será invalidado em razão do inadimplemento. A validade é aferida no momento do nascimento do negócio jurídico, sendo inconcebível uma espécie de "invalidade superveniente". Pagamento não se invalida, mas é passível de repetição, restituição ou execução, comportamentos concretizados no plano da eficácia do negócio jurídico. Nesse sentido colacionamos o Enunciado 424 do Conselho de Justiça Federal: "O pagamento repercute no plano da eficácia, e não no plano da validade, como preveem os arts. 308, 309 e 310 do Código Civil".

Com arrimo em Jorge Cesa Ferreira da Silva,[18] "*é necessário localizar* os limites do tema. Quando se trata da natureza jurídica do pagamento, não se discute a causa que o fez devido, ou seja, o contrato, o dano, o enriquecimento sem causa. Concentra-se exclusivamente na conduta de alguém que, em face de já se encontrar obrigado, adimple".

17. A eficácia do ato-fato do pagamento se espraí até mesmo para o âmbito penal, pois o pagamento do débito tributário, a qualquer tempo, até mesmo após o advento do trânsito em julgado da sentença penal condenatória, é causa de extinção da punibilidade do acusado (STJ. Informativo 611. HC 362.478-SP, Rel. Min. Jorge Mussi, por unanimidade, julgado em 14/9/2017, DJe 20/9/2017).

18. SILVA, Jorge Cesa Ferreira da. *Adimplemento e extinção das obrigações*, p. 49-50.

Pela natureza de ato-fato do adimplemento, prescinde-se mesmo da aferição da capacidade de fato do *solvens*. Diversamente daquilo que se infere da literalidade do art. 310 do Código Civil, urge dissociar o par validade/invalidade da fase do cumprimento. Veremos adiante que, enquanto a avaliação do discernimento do devedor (maturidade/sanidade) é imprescindível no instante da celebração do negócio jurídico, em sentido diverso, ao tempo do pagamento a medida da (in)eficácia do ato será a constatação do eventual prejuízo do incapaz, jamais se decretando a sanção de sua nulidade pelo fato de ser realizado por um menor de 16 anos ou portador de transtornos mentais.

Em defesa da natureza pretensamente negocial do adimplemento, poder-se-ia argumentar que o devedor teria a faculdade de deliberar por cumprir ou não cumprir. Todavia, esse argumento apenas reforça a tese de que o pagamento é um ato devido por parte daquele que se encontra vinculado a uma obrigação, eis que o inadimplemento é reputado como um ato ilícito, ou seja, uma conduta antijurídica de violação a uma obrigação preexistente.

1.4 O pagamento é somente um dever, ou também é um direito do credor?

Seguindo o ensinamento de Antunes Varela,[19] o pagamento não comporta exame monolítico e merece ser examinado em um tríplice aspecto: (a) a satisfação dos interesses do credor; (b) a liberação do devedor; (c) o dever de prestar. Quanto a este último item, é praticamente um consectário lógico do primeiro deles. Se a finalidade da obrigação é a satisfação dos interesses objetivos perseguidos pelo credor, podendo exigir o cumprimento, a posição jurídica atribuída ao devedor lhe impõe um dever especial de prestar, na forma imposta pelo negócio jurídico ou pela lei. O inadimplemento viola o direito à prestação e a pretensão decorrente do ilícito atrai em favor do credor uma ampla gama de tutelas jurídicas, pela via específica ou genérica.

Não obstante o evidente enquadramento do pagamento como dever, controverte-se sobre a possibilidade de também se considerá-lo como um direito subjetivo do devedor. Se a resposta for afirmativa, o credor terá o dever de receber a prestação naqueles casos em que o devedor faça questão de cumpri-la. Dessa forma, o credor poderia ser compelido a conduzir o veículo que alugou e o adquirente de um ingresso seria constrangido a assistir à partida de futebol.

Em nossa opinião a aceitação da prestação é um ônus para o credor, jamais um direito subjetivo do devedor. Mesmo que o tenha contratado, o credor não pode ser compelido a obter um bem ou fruir de um serviço. Haveria evidente intromissão não justificada na esfera da personalidade do credor caso fosse ele admoestado no sentido de exercer compulsoriamente a vantagem que a obrigação lhe proporciona.[20] O credor

19. VARELA, João de Matos Antunes. *Das obrigações em geral*, v. I, p. 158.

20. Em 1999, Luma de Oliveira chegou a assinar um contrato com a *Playboy*, mas desistiu de tirar a roupa a pedido do marido. Se o devedor tivesse o direito a prestar, poderia exigir a obrigação de fazer (a sessão

tem o direito de conduzir o veículo, mas não dever; tem o direito de presenciar a partida de futebol, mas não o dever. Se assim proceder, no máximo prejudicará a si próprio, jamais atingindo pretenso "direito" do devedor.

Poder-se-ia argumentar que o credor tem o dever de cooperar para o cumprimento. A assertiva é exata desde que se considere que essa cooperação é apenas um meio para a satisfação de seu próprio interesse. Lembre-se que, por mais legítimo que se afigure o interesse do devedor em realizar a prestação, ele sempre se colocará em posição subalterna ao interesse do credor de exercer ou não o seu direito, já que a autonomia privada lhe concede o poder de dispor de seu interesse quando não queira se valer do crédito, se bem lhe entender.[21]

A impossibilidade de o devedor forçar o credor a receber uma prestação não significa, por outro ângulo, que o ordenamento desconsidere o direito do devedor à liberação. Mas o direito a liberar não significa um direito a prestar. Ilustre-se com o pagamento em consignação, no qual o devedor libera-se , mas não força o credor a receber.[22] Enuncia o art. 539 do CPC/15: "Nos casos previstos em lei, poderá o devedor ou terceiro requerer, com efeito de pagamento, a consignação da quantia ou da coisa devida". A sentença de procedência da ação consignatória apenas declara a eficácia do pagamento, independentemente do fato do credor recolher ou não o bem depositado.

Há ainda outro robusto argumento contrário ao direito de cumprimento do devedor, assevera Thiago Luis Santos Sombra:[23] a cessão de crédito. É cediço que, consoante dispõe o art. 286 do Código Civil, ao credor é concedido o direito potestativo de ceder o seu crédito, se a isso não se opuser a natureza da obrigação, a lei ou um pacto com um devedor. Em momento nenhum, porém, o devedor pode-se opor mediante o adimplemento ou a renitência à operação. O único aspecto que lhe atende, e apenas para viabilizar o escorreito adimplemento e evitar equívocos, refere-se à notificação da cessão.

Excepcionalmente, admitir-se-á um direito ao pagamento por parte do devedor nas hipóteses em que uma cláusula expressa do contrato a isso lhe assegure, com previsão, inclusive, de tutela específica. Podemos exemplificar com um professor contratado para lecionar em curso preparatório telepresencial, que, apesar da garantia de um pagamento mensal, faz questão de se apresentar em sala de aula por uma questão de publicidade e realização profissional. Nascerá para o credor empresário a obrigação de fazer atuar o professor, conferindo-se ao docente o direito (e não apenas o interesse) de cumprir.

Eventualmente, a própria lei cria situações em que uma das partes tenha o direito a cumprir a sua obrigação. Normas da CLT determinam a reintegração de

de fotos), com intolerável violação à intimidade da modelo. Pelo fato de o devedor não possuir o direito, mas sim o interesse de prestar, a quebra do contrato foi contratualmente ajustada por multa resilitória.

21. SILVA, João Calvão da. *Cumprimento e sanção pecuniária compulsória*, p. 118.
22. SILVA, Jorge Cesa Ferreira da. *Adimplemento e extinção das obrigações*, p. 49.
23. SOMBRA, Thiago Luis Santos. *Adimplemento contratual e cooperação do credor*, p. 132.

empregado demitido durante o período em que estava recebendo auxílio-doença. Nesse período o empregado é considerado em licença não remunerada, estando, portanto, com o contrato suspenso e não pode haver dispensa injusta ou imotivada. Declara-se nula a demissão do empregado no período da suspensão do contrato de trabalho com o restabelecimento do vínculo, incluindo os benefícios assistenciais, legais e regulamentares. Se a nossa lei não contemplasse esta hipótese, já não haveria direito a cumprir por parte do trabalhador, nem obrigação do empregador em reintegrá-lo.

A relação obrigacional pode ser examinada sob dupla perspectiva: a obrigação simples e a obrigação complexa. A primeira basta-se no nexo estático de crédito e débito e o pagamento seria a mera realização da prestação de intercâmbio de bens e serviços. Todavia, a relação obrigacional não pode mais ser encarada como mera soma de dois sujeitos abstratos – credor e devedor – diante de um crédito e um débito. Surge então a segunda perspectiva: a obrigação complexa. Em sua totalidade, incluem-se múltiplas situações jurídicas, englobando direitos subjetivos, deveres, ônus e direitos potestativos que a concreta relação envolve, cuja intensidade será cambiante de acordo com o tempo, o lugar, as pessoas reais e as peculiaridades de cada relação. Aqui o pagamento possui acepção ampla, significando a realização do conjunto de interesses envolvidos no vínculo, com a satisfação dos deveres de conduta e respeito ao patrimônio e à pessoa que compõe o outro polo da relação jurídica. Enfim, o pagamento não apenas envolve um ato, mas também uma finalidade.

Em outras palavras, a noção de adimplemento é ampliada, para envolver o cumprimento da obrigação principal e dos deveres anexos ou laterais, através da realização do conjunto de interesses envolvidos na relação jurídica. A *eticidade* é aqui sintetizada no princípio da boa-fé objetiva, impondo uma atuação leal e honesta, no sentido da mais larga proteção, cooperação e informação que atenda às expectativas comuns. A *operabilidade* consiste em aferir o adimplemento, com base em maior ou menor carga de intensidade dos deveres de conduta, com consideração para o contexto e projeto concreto dos partícipes da relação, visualizando-se diversas formas de cooperação, conforme as circunstâncias do caso e a maior ou menor desigualdade material das partes. Por fim, a *socialidade* demonstra que a obrigação adimplida representa a exaltação do bem comum pelo cumprimento da função social para a qual a autonomia privada é concedida.

A ampliação da noção do adimplemento não resulta de alguma regra que porventura fosse incluída no capítulo que agora trata da matéria. Na verdade, resulta da aplicação da letra do art. 422 do Código Civil: "Os contratantes são obrigados a guardar, assim na conclusão do contrato, como em sua execução, os princípios de probidade e boa-fé." Na qualidade de cláusula geral, o dispositivo permite ao magistrado mitigar as regras mais rígidas do *Codex*, pois o sistema é móvel e dinâmico. Nessa senda, é a boa-fé que restringe o exercício abusivo de posições jurídicas, como o direito potestativo de resolução nos casos de adimplemento substancial da obrigação, ou, em sentido inverso, legitima a antecipada resolução de contratos quando o adimplemento certamente não acontecerá na época avençada – inadimplemento antecipado.

1.5 Princípios norteadores do adimplemento

Dois princípios dirigem a teoria do pagamento: a pontualidade e a boa-fé objetiva.

1.5.1 Princípio da pontualidade

Costuma-se falar no princípio da pontualidade, aduz Mário Júlio de Almeida Costa,[24] para exprimir a regra básica de que o cumprimento deve ajustar-se inteiramente à prestação devida, de que ao *solvens* cabe efetuá-la ponto por ponto, em todos os sentidos e não apenas no aspecto temporal.

Por essência a obrigação é constituída para que a prestação se realize nos exatos termos previstos quando do nascimento do vínculo, seja qual for a sua fonte: contrato; negócio unilateral; dano ou enriquecimento sem causa. Cumprida a prestação, ponto por ponto, o devedor está liberado, o credor satisfeito e a obrigação extinta. Esse é o fim para o qual aponta o processo obrigacional. Pontualidade não significa apenas o aspecto temporal, mas o cumprimento com o objeto esperado, pela pessoa que deve, em favor de quem seja o titular do crédito. Ou, como pontua Caio Mário da Silva Pereira[25], "O pagamento deve observar a identidade, a integralidade e a indivisibilidade: isto é, o *solvens* prestar o devido, todo o devido e por inteiro".

O princípio da pontualidade é decomposto por Judith Martins-Costa nos princípios da correspondência, exatidão e integralidade. O primeiro deles, que também pode ser identificado como princípio da identidade, é visualizado no art. 313 do Código Civil: "O credor não é obrigado a receber prestação diversa da que lhe é devida, ainda que mais valiosa". Esse dispositivo sintetiza a realização pontual da prestação pelo devedor com a satisfação dos interesses objetivos do credor. Em suma, o devedor cumpre a obrigação quando realiza a prestação a que está vinculado.[26] Frise-se que, na obrigação de meio, haverá o adimplemento, mesmo que não tenha sido alcançado o resultado final desejado pelo credor (*v.g.*, advogado que atua diligentemente, mas

24. ALMEIDA COSTA, Mário Júlio de. *Direito das obrigações*, op. cit., p. 929.

25. PEREIRA, Caio Mário da Silva. *Instituições de direito civil*, v. II, op. cit., p. 124.

26. STJ. *Informativo* nº 0465, 28.2-4.3.2011. 4.T.: "Trata-se de REsp em que se discute a possibilidade de, em contrato para entrega de coisa certa (no caso, sacas de soja), utilizar-se a via consignatória para depósito de dinheiro com força liberatória de pagamento. A Turma negou provimento ao recurso sob o fundamento de que somente a entrega do que faltou das sacas de soja seria eficaz na hipótese, visto que o depósito em numerário, estimado exclusivamente pelo recorrente do quanto ele entende como devido, não pode compelir o recorrido a recebê-lo em lugar da prestação pactuada. Vale ressaltar que o credor não é obrigado a receber a prestação diversa da que lhe é devida, ainda que mais valiosa. Dessarte, a consignação em pagamento só é cabível pelo depósito da coisa ou quantia devida. Assim, não é possível ao recorrente pretender fazê-lo por objeto diverso daquele a que se obrigou." REsp 1.194.264-PR, Rel. Min. Luis Felipe Salomão.

não tem êxito na demanda do cliente). Mas, nas obrigações de resultado, o cumprimento requer a produção dos efeitos desejados pelo credor e a sua plena satisfação.

Pelo princípio da exatidão, valoriza-se o modo do cumprimento, eis que a prestação será cumprida na forma devida e esperada, da maneira programada no projeto obrigacional. Elucidativo quanto a isso é o art. 394 do Código Civil: "Considera-se em mora o devedor que não efetuar o pagamento e o credor que não quiser recebê-lo no tempo, lugar e forma que a lei ou convenção estabelecer."

Relativamente ao princípio da integridade, remete-se o leitor ao art. 314 do Código Civil: "Ainda que a obrigação tenha por objeto prestação divisível, não pode ser o credor obrigado a receber, nem o devedor a pagar, por partes, se assim não se ajustou".[27] É o cumprimento por inteiro da obrigação, posto divisível. Desnuda-se o aspecto quantitativo, como é costume dizer, do adimplemento da obrigação, tanto quanto o princípio da correspondência toca a perspectiva qualitativa do cumprimento.[28]

O princípio da integridade será excepcionado no bojo da execução extrajudicial ou no procedimento monitório, nos casos em que, no prazo para a propositura de embargos, o devedor opte por exercitar o direito potestativo de parcelamento do débito, na forma do art. 916 do CPC/15. Vale dizer, mesmo que nada se convencione sobre o fracionamento do débito ao tempo da assunção da obrigação, terá o executado a faculdade de se liberar do vínculo com o pagamento de uma entrada de 30% e o restante parcelado em 6 prestações. Enfim, cuida-se de técnica processual que visa estimular o adimplemento ao invés de eternizar conflitos patrimoniais.

1.5.2 Princípio da boa-fé objetiva

Dito "o mais natural" dentre os meios extintivos da obrigação, o adimplemento recebe, desde sempre, atenção redobrada do direito obrigacional. Na perspectiva tradicional, o adimplemento vem definido como "o efetivo cumprimento da prestação", ou o ato pelo qual "recebe o credor o que lhe é devido". *A contrario sensu*, o inadimplemento é usualmente conceituado como a inexecução da prestação debitória, a "significar pura e simplesmente que a prestação não é realizada tal como era devida". Como se vê, ambas as noções vêm geralmente limitadas à análise do

---

27. STJ: Informativo nº 0537. Período: 10 de abril de 2014. Quarta Turma. "Nesse sentido, o art. 313 do CC estabelece que o credor não é obrigado a receber prestação diversa da que lhe é devida, ainda que mais valiosa, e o art. 314 do mesmo diploma prescreve que, ainda que a obrigação tenha por objeto prestação divisível, não pode o credor ser obrigado a receber nem o devedor a pagar por partes, se assim não se ajustou. Ademais, o art. 337 do CC também estabelece que cessa a mora apenas com o depósito da quantia devida, tendo efeito a partir de sua efetivação, por isso mesmo é necessário o depósito do valor integral da dívida, incluindo eventuais encargos. Cabe ressaltar que, a teor do art. 893, I, do CPC, o depósito da quantia ou coisa devida é pressuposto processual objetivo, pois se cuida de exigência formal para o recebimento da petição inicial da ação de consignação em pagamento" (REsp 1.170.188-DF, Rel. Min. Luis Felipe Salomão, julgado em 25.2.2014).
28. ALEIXO, Celso Quintella. *Pagamento,* p. 280.

cumprimento ou descumprimento da prestação principal, "nos precisos termos em que ela está constituída".[29]

A segunda diretriz do adimplemento é a da boa-fé objetiva. Ela demarca novas fronteiras entre o adimplemento e o inadimplemento, com a diferença de que agora os confins entre um e outro modelo jurídico não são estanques, mas fluidos, ao sabor da aplicação de direitos fundamentais à concretude do caso.

Essa fundamental cláusula geral e segundo alicerce do direito civil (o primeiro é a autonomia privada) foi objeto de detalhado exame ao longo do Capítulo I deste livro. Em apertada síntese, a boa-fé objetiva é um princípio que estabelece modelos objetivos de comportamento, pautados na honestidade e na lealdade, capazes de gerar legítimas expectativas de confiança entre os parceiros obrigacionais. Eles ajustam a sua conduta a estes *standards* éticos, de forma que a conduta genericamente esperada seja a conduta devida dentro do processo obrigacional.

O caráter transgressor da boa-fé objetiva legitima a renovação do direito obrigacional. A par daquilo que se convencionou, por meio dessa atuação refletida – refletindo no outro, o parceiro –, o negócio jurídico se converte em um espaço de cooperação e respeito com vistas ao adimplemento da relação jurídica. Via de consequência, estabilizam-se expectativas de comportamento com ampliação da segurança jurídica.

É sabido que a boa-fé objetiva é um princípio multifuncional, destacando-se três áreas perfeitamente autonomizadas de operatividade: a função interpretativa (art. 113, CC); a função de controle (art. 187, CC); e a função integrativa (art. 422, CC). Naquilo que se relaciona com o adimplemento das obrigações, as duas últimas funções citadas exercem importante papel de evitar o exercício abusivo de posições jurídicas e de promover comportamentos cooperativos, tudo com o desiderato de alcançar a finalidade do projeto obrigacional com a maior satisfação do credor e o menor sacrifício do devedor.[30]

---

29. SCHREIBER, Anderson. *A tríplice transformação do adimplemento*, p. 12.

30. STJ: Informativo nº 0542. Período: 27 de junho de 2014. Terceira Turma. "De fato, a boa-fé objetiva constitui um modelo de conduta social ou um padrão ético de comportamento, impondo, concretamente, a todo cidadão que atue com honestidade, lealdade e probidade. As múltiplas funções exercidas pela boa-fé no curso da relação obrigacional, desde a fase anterior à formação do vínculo, passando pela sua execução, até a fase posterior ao adimplemento da obrigação, podem ser vislumbradas em três grandes perspectivas, que foram positivadas pelo CC: a) interpretação das regras pactuadas (função interpretativa); b) criação de novas normas de conduta (função integrativa); e c) limitação dos direitos subjetivos (função de controle contra o abuso de direito). A função integrativa da boa-fé permite a identificação concreta, em face das peculiaridades próprias de cada relação obrigacional, de novos deveres, além daqueles que nascem diretamente da vontade das partes (art. 422 do CC). Ao lado dos deveres primários da prestação, surgem os deveres secundários ou acidentais da prestação e, até mesmo, deveres laterais ou acessórios de conduta. Enquanto os deveres secundários vinculam-se ao correto cumprimento dos deveres principais (v.g. dever de conservação da coisa até a tradição), os deveres acessórios ligam-se diretamente ao correto processamento da relação obrigacional (v.g. deveres de cooperação, de informação, de sigilo, de cuidado)" (REsp 1.237.054-PR, Rel. Min. Paulo de Tarso Sanseverino, julgado em 22.4.2014).

Enquanto a pontualidade (em seus três derivativos: correspondência, exatidão e integralidade) gera contornos meramente formais ao cumprimento, a boa-fé é chamada a dar conteúdo material ao adimplemento, gerando deveres anexos, limitando o exercício de direitos e flexibilizando os excessos da pontualidade.[31] Na perspectiva da obrigação como totalidade, a dinamicidade é ínsita à relação obrigacional. Ela pode se transformar no tempo sem perder a sua identidade. A obrigação como processo se opõe à concepção atomística, pela qual a relação seria a mera soma de crédito e débito, isoladamente consideradas. As construções da ciência do direito não podem se amesquinhar ao plano único das abstrações.

A boa-fé será o termômetro que avaliará a interferência das circunstâncias concretas na prestação devida. Não basta executar as prestações devidas, pois o devedor só cumprirá quando se comportar conforme o que se convencionou, atendendo ainda a boa-fé exigida em cada caso específico, com base nas circunstâncias e nos usos correntes. É a boa-fé que estabelecerá a ponderação entre os limites da pontualidade e o conteúdo da conduta devida, identificando a fronteira entre o adimplemento e o inadimplemento.

A inter-relação entre os vetores da pontualidade e da boa-fé objetiva determinam se há ou não o adimplemento. Assim, não haverá adimplemento se determinados deveres de conduta forem negligenciados. Em um simples serviço de pintura, não obstante comprovada a realização completa do serviço contratado, poderá o credor considerar inadimplida a obrigação se o devedor desrespeitar deveres de proteção à sua família (*v.g.* material derrapante que provoca queda) ou a seu patrimônio (tinta que respinga na tábua, em razão da vedação mal executada). Em sentido diverso do exame da situação concreta, é possível aferir a satisfação do credor mesmo que a prestação ofertada não seja exatamente a que lhe é devida, tornando-se abusiva a recusa apenas com base na isolada quebra da pontualidade. É o caso – vivenciado por um dos autores deste livro!! – em que foi contratado veículo Golf com sistema GPS para passeio na Alemanha. No dia estabelecido para o início da locação, a loja não dispunha do referido automóvel com aquele sistema. Para sanar a falha, ofereceu pelo mesmo preço um Audi A-8 (obviamente com GPS).[32]

A leitura integrada dos princípios da pontualidade e da boa-fé objetiva, respeitando a especificidade de cada qual e plasmando-os naquilo que for necessário, é imprescindível a um juízo positivo do adimplemento por um viés conjunto entre o fato lícito do cumprimento da obrigação e um juízo de valor sobre esse ato.

Não apoiamos a valoração do ato do adimplemento com supedâneo em mero juízo de licitude (que é dado pelo princípio da pontualidade). Caso assim considerássemos, no campo das obrigações o ilícito só ocorreria diante do inadimplemento

---

31. SILVA, Jorge Cesa Ferreira da. *Adimplemento e extinção das obrigações*, p. 63.
32. Retire-se do exemplo que na Alemanha o vocábulo *"spielrein"* (*"jogar limpo"*), traduz com perfeição a essência da boa-fé objetiva.

da prestação, posto desconforme ao direito. A nosso viso, para que o ato do pagamento obtenha juízo positivo, requer-se ainda um juízo de merecimento, pelo qual se possa aferir que o cumprimento da obrigação devida corresponde à realização prática de uma ordem de valores, à luz de direitos fundamentais (que é dado pelo princípio da boa-fé). Afinal, como reconhece Perlingieri,[33] nem todo ato lícito é merecedor de tutela.

Por derradeiro, no Capítulo VIII estudaremos duas espécies de inadimplemento que merecem renovado tratamento jurídico em razão da tensão entre os princípios da pontualidade e da boa-fé objetiva: estamos falando do *inadimplemento mínimo* (ou adimplemento substancial) e do *adimplemento antecipado.*

2. REQUISITOS SUBJETIVOS DO PAGAMENTO

"Ai! quão profundamente doloroso é todo pagamento!"

(Lord Byron)

Sabemos que no *prêt-à-porter* do direito das obrigações, salvo situações excepcionais, nascem elas com os olhos voltados para o seu cumprimento. Cuida-se do adimplemento propriamente dito, em sentido estrito e técnico. O efeito típico e fisiológico é a extinção da obrigação pela realização da prestação concretamente devida, de modo voluntário e exato, com mútua observância dos deveres instrumentalmente ditados pela boa-fé objetiva de acordo com o projeto comum. Doravante, examinaremos os arts. 304 a 333 do Código Civil. Ali serão introduzidos os requisitos do pagamento, que merecem fiel consecução a fim de que o processo obrigacional alcance o seu decesso pela forma natural.

Nas palavras de Renan Lotufo, "o que se verá neste livro é uma síntese das relações jurídicas que se estabelecem entre as partes, pessoas, no dizer do Código (quem deve pagar e aqueles a quem se deve pagar), tendo um comportamento exigível (o objeto da prestação), a ser prestado em determinado local (lugar do pagamento, aspecto especial da relação), em determinado momento (tempo do pagamento, porque tudo no Direito está relativizado ao tempo)".[34]

2.1 Quem paga – o *solvens*

2.1.1 Noções gerais

Os arts. 304 a 307 do Código Civil aferem "quem deve pagar", imputando tal dever específico a terceiros interessados e não interessados. Contudo, quem realmente

33. PERLINGIERI, Pietro. *O direito civil na legalidade constitucional*, p. 649-650.

34. LOTUFO, Renan. *Código Civil comentado*, v. II, p. 185.

deve pagar é a pessoa do devedor. Os terceiros (interessados ou não) têm a faculdade de pagar.

Portanto, melhor teria se conduzido o legislador se concedesse à Seção I a nomenclatura *"de quem paga"*. De qualquer forma, a partir do momento em que se dá o cumprimento, aquele que pagou – seja o devedor ou o terceiro – será reconhecido como *solvens*, que significa "aquele que paga".

Talvez, por configurar essa a ordem normal das coisas, é que na Seção I do Capítulo I, do Título dedicado ao Adimplemento (arts. 304 a 307), o legislador não fez ignorar a figura do devedor dentre aqueles que devem pagar. Para compensar, ao versar acerca do inadimplemento, o art. 389 explicitou que, "não cumprida a obrigação, responde o devedor [...]".

Em princípio, o pagamento será efetuado pelo devedor, pessoalmente ou por seu mandatário. O devedor se localiza no polo passivo originário da relação obrigacional, tanto por força de um ato ilícito, como de um contrato ou de um ato unilateral. Assim, nada mais natural que seja o maior interessado em resgatar o débito e recobrar a sua liberdade.

Note-se que o pagamento não pode ser visto apenas como uma obrigação do devedor. Se, por um lado, o devedor não titulariza um direito subjetivo quanto ao cumprimento pelo credor, não se pode lhe negar que, pelo fato de dever, ostenta um direito à liberação da obrigação, devidamente garantido pelo ordenamento jurídico, através de medidas hábeis a compelir o credor ao recebimento pontual, destacando-se a consignação em pagamento, a teor do art. 334 do Código Civil.

O pagamento ainda poderá ser realizado pelo representante do devedor, bem como pelos seus herdeiros até as forças da herança (art. 1.997 do CC), excetuando-se as obrigações personalíssimas, que demandam a atividade pessoal do devedor. Evidente que, no campo das obrigações *intuitu personae*, o cumprimento não poderá ser "terceirizado", afastando-se a incidência do art. 304 do Código Civil. Em tais situações, de acordo com Antunes Varela, a substituição do devedor por outrem prejudicaria o credor, violando os seus legítimos interesses.[35]

Outras pessoas, porém, podem ocupar a posição de *solvens*. Sim, se o desiderato precípuo do processo obrigacional é a satisfação do interesse objetivo do credor, nada impede que outras pessoas, que não o devedor, possam atender a este interesse. São elas os terceiros interessados e os terceiros não interessados.

2.1.2 O terceiro interessado

Primeiramente, *o terceiro interessado* na dívida pode ser definido como a pessoa que integra a relação obrigacional, por estar indiretamente responsável pela solução

35. ANTUNES VARELA, João de Matos. *Das obrigações em geral*, v. 2, p. 25.

do débito e, portanto, juridicamente legitimada a resgatá-lo, sob pena de sofrer os efeitos deletérios do inadimplemento. O terceiro interessado possui o direito de liberar-se pelo evidente interesse econômico em pagar, para evitar o agravamento da própria situação. Afinal, como enfatiza o art. 346, III, do Código Civil, "terceiro interessado que paga a dívida pela qual era ou podia ser obrigado em parte".

Exemplificando: fiador, avalista, codevedor solidário e codevedor em obrigação indivisível (art. 304 do CC) são pessoas que se vinculam tanto ao credor como ao devedor como garantidores do débito. São eles conhecidos como coobrigados.[36] Como bem pontua Jorge Cesa Ferreira da Silva,[37] rigorosamente não se pode aceitar que o coobrigado seja terceiro, sendo ele polo da relação, dela participando passivamente, podendo ser constrangido judicialmente ao pagamento. Ocorre que ao se referir a "terceiro" a lei não mirou no vínculo entre credores e devedores, mas na relação interna entre os devedores, fazendo do coobrigado um terceiro com relação àquela parte na qual não é devedor, mas se torna responsável em razão da expansão da responsabilidade.

O fator legitimador do pagamento é o interesse do terceiro, o que lhe defere o poder jurídico liberatório da obrigação. Daí a impossibilidade de o credor a ele se opor, sob pena da utilização por parte do interessado dos *"meios conducentes à exoneração do devedor"* (art. 304 do CC). Se houver recusa pelo credor ao pagamento oferecido pelo terceiro interessado, será deferida a este a tutela e o instrumental normalmente concedidos ao devedor, não apenas a constituição do credor em mora para o subsequente exercício da pretensão de consignação, como a possibilidade de compensar o seu crédito com o do credor e alegar exceções comuns e pessoais.[38]

Judith Martins-Costa explica a intervenção do terceiro, sob o ângulo do interesse do credor, do devedor e do terceiro interessado: "a) o primeiro, porque terá vantagem em ver satisfeitas, o quanto antes, a necessidade e a utilidade a que correspondem o seu direito de crédito; b) o devedor, que pode lucrar com a intervenção de terceiro e, de qualquer modo, não verá a sua dívida agravada, pois no máximo ficará vinculado, perante o *solvens*, nos termos em que estava em relação ao credor; e c) o terceiro, se interessado, justamente porque tem interesse em cumprir, seja porque garantiu

36. O mandatário não é terceiro interessado, pois representa os interesses do mandante (art. 653 do CC), se ao mandato for somado o poder de representação.

37. SILVA, Jorge Cesa Ferreira da. *Adimplemento e extinção das obrigações*, p. 78.

38. "Na espécie, o ora recorrente assumiu dívida de financiamento bancário da empresa autora, o qual fora garantido pelo ora recorrido (sócio avalista da autora). A empresa havia proposto ação de rescisão contratual, reintegração de posse e indenização, e os pedidos foram julgados improcedentes. Dessa decisão, interpôs apelação que foi julgada deserta, no entanto o sócio avalista também apresentou apelação (idêntica à da empresa), a qual foi provida pelo tribunal a quo, que o considerou terceiro interessado. Para o Min. Relator, o recurso interposto pelo avalista foi genérico, não demonstrou as implicações jurídicas da sua presença nos negócios efetuados, não explicitou a extensão do aval prestado e não especificou qualquer particularidade da garantia que permitisse a discussão de alguma exceção causal, o que poderia autorizar sua participação no processo como terceiro interessado" (STJ. *Informativo* nº 0462, 7-11 2.2011. 3. Turma, REsp 1.141.745-BA, Rel. Min. Sidnei Beneti).

o cumprimento, seja porque tenha uma vantagem direta na satisfação do crédito, ficando sub-rogado nos direitos do credor".[39]

Ao efetuar o pagamento, o terceiro interessado sub-roga-se no crédito, assumindo posição idêntica ao do credor originário (art. 346, III, do CC), no tocante aos privilégios perante o devedor. Verifica-se a satisfação do credor, sem, contudo, cogitar-se da extinção da obrigação, eis que não houve adimplemento propriamente dito pelo devedor. É o adimplemento em sentido *lato*, pois a prestação é paga por quem originariamente não ocupava o polo passivo da obrigação. Aliás, mesmo contra a vontade do credor, o terceiro interessado contará com o poder de excluí-lo da relação obrigacional, colocando-se exatamente em seu lugar pela via da sub-rogação.

A sub-rogação oportunizará ao terceiro interessado, agora na qualidade de *solvens* e novo credor, a incorporação ao seu patrimônio de todos os direitos, ações, privilégios e garantias do credor primitivo em relação à divida, seja contra o devedor principal como perante os garantidores (art. 349, CC).[40]

Todavia, o devedor poderá elidir a tentativa de pagamento pelo terceiro interessado, naquelas hipóteses em que a obrigação for personalíssima, seja por natureza (só o devedor tem aptidão para prestar conforme demanda o credor), ou pela própria convenção na qual credor e devedor expressamente excluam a possibilidade de cumprimento por terceiro. Em tais situações, o terceiro não será titular de um direito subjetivo ao pagamento ou à liberação, pois nos débitos *intuitu personae* a satisfação do interesse do credor é insuscetível de delegação por afrontar a própria finalidade para qual a obrigação foi erigida.[41] No máximo será o terceiro interessado acionado em decorrência do inadimplemento do devedor, com o fito de reparar danos.

Por último, cumpre ressaltar que a expressão *terceiro interessado* tem o alcance definido pelo Código Civil. O interesse econômico que lhe faculta adimplir a obrigação principal, não confere ao terceiro a legitimidade de pleitear a revisão do contrato principal ou a nulidade de cláusulas abusivas como substituto principal do devedor, mesmo sendo responsável subsidiário ou solidário. O garante só poderá discutir a

39. MARTINS-COSTA, Judith. *Comentários ao novo Código Civil*, v. V, t. 1, p. 105.

40. STJ: Informativo nº 0530. Período: 20 de novembro de 2013. Terceira Turma. DIREITO CIVIL E DO CONSUMIDOR. PAGAMENTO COM SUB-ROGAÇÃO. "Aplica-se a regra contida no art. 14 do CDC, que estabelece a responsabilidade objetiva do fornecedor pelo fato do serviço, em ação regressiva ajuizada por seguradora objetivando o ressarcimento de valor pago a segurado que tivera seu veículo roubado enquanto estava sob a guarda de manobrista disponibilizado por restaurante. Isso porque, na ação regressiva, devem ser aplicadas as mesmas regras do CDC que seriam utilizadas em eventual ação judicial promovida pelo segurado (consumidor) contra o restaurante (fornecedor). Com efeito, após o pagamento do valor contratado, ocorre sub-rogação, transferindo-se à seguradora todos os direitos, ações, privilégios e garantias do segurado, em relação à dívida, contra o restaurante, de acordo com o disposto no art. 349 do CC" (REsp 1.321.739-SP, Rel. Min. Paulo de Tarso Sanseverino, julgado em 5.9.2013).

41. Neste sentido dispõe o art. 767 do Código Civil de Portugal: "O credor, não pode, todavia, ser constrangido a receber de terceiro a prestação, quando se tenha acordado expressamente em que esta deva ser feita pelo devedor, ou quando a substituição o prejudique."

legalidade do contrato secundário e acessório, por se tratar de relação jurídica materialmente distinta do contrato-base.[42]

2.1.3 O terceiro não interessado

A outro turno, o *terceiro não interessado* também pode figurar como *solvens*. Pode ele ser conceituado como o estranho à relação obrigacional e, portanto, imune aos efeitos deletérios do inadimplemento pelo devedor. Um intruso que não participa da relação obrigacional e, em princípio, sem interesse jurídico ou econômico em resgatar o débito.

Apesar de ostentar a condição de *outsider* à obrigação, será o terceiro não interessado legitimado a pagar. Ora, se a meta do adimplemento é a satisfação objetiva do interesse do credor e aquele está em condição de cumpri-la, por qual motivo lhe fechar as portas?

Duas são as formas de intervenção concedidas ao terceiro não interessado: no primeiro caso, o terceiro poderá pagar por conta e em nome do devedor (art. 304, parágrafo único, do CC); no segundo caso, poderá pagar em nome próprio (art. 305, CC).

A primeira hipótese traduz em seus efeitos verdadeira doação incondicional, extinguindo-se a dívida, sem que surja nova obrigação entre o terceiro e o devedor e sem que o *solvens* tenha direito a reembolso. Mais do que isto, ao pagar em nome

42. STJ. Informativo nº 0560 Período: 17 de abril a 3 de maio de 2015. Terceira Turma. O fiador de mútuo bancário não tem legitimidade para, exclusivamente e em nome próprio, pleitear em juízo a revisão e o afastamento de cláusulas e encargos abusivos constantes do contrato principal. Com efeito, a fiança é obrigação acessória, assumida por terceiro, que garante ao credor o cumprimento total ou parcial da obrigação principal de outrem (o devedor) caso este não a cumpra ou não possa cumpri-la conforme o avençado. Esse conceito é facilmente extraído do art. 1.481 do CC/1916 bem como do art. 818 do CC/2002, que dispõe: "Pelo contrato de fiança, uma pessoa garante satisfazer ao credor uma obrigação assumida pelo devedor, caso este não a cumpra". A despeito disso, a relação jurídica que se estabelece entre o credor e o devedor do negócio jurídico principal não se confunde com a relação estabelecida no contrato secundário (de fiança), firmado entre aquele mesmo credor e o fiador, que se apresenta como mero garantidor do adimplemento da obrigação principal. Cuida-se, portanto, de contratos que, apesar de vinculados pela acessoriedade da fiança, dizem respeito a relações jurídico-materiais distintas. Essa distinção existente entre as relações de direito material é que torna evidente a ilegitimidade do fiador para, exclusivamente e em nome próprio, postular em juízo a revisão e o afastamento de cláusulas e encargos abusivos constantes do contrato principal (mútuo bancário), materializador, como de outro modo não poderia ser, da comunhão de vontades, exclusivamente, dos contratantes (credor e devedor). É que não se pode confundir legitimidade para agir - que diz respeito à qualidade reconhecida ao titular do direito material que se pretenda tutelar em juízo, relacionada ao fato de ser o autor da pretensão o verdadeiro titular do direito que se pretende tutelar bem como ser o réu o titular do direito de àquele pleito se contrapor - com interesse de agir, nem, menos ainda, conceber a ideia de que o exercício da ação estaria sujeito apenas à existência do segundo. Desse modo, apesar de ser inconteste a existência de interesse econômico do fiador na eventual minoração da dívida que se comprometeu garantir perante o credor, não é sua a legitimidade para demandar a revisão das cláusulas apostas no contrato principal, sendo irrelevante, nesse aspecto, o fato de responder de modo subsidiário ou mesmo solidariamente pelo adimplemento da obrigação. Isso porque, para tanto, a titular do direito material correlato é pessoa jurídica distinta e o fiador, como consabido, não está autorizado por lei a atuar como seu substituto processual. REsp 926.792-SC, Rel. Min. Ricardo Villas Bôas Cueva, DJe 17/4/2015.

do devedor esse terceiro terá direito subjetivo a cumprir. Há um interesse moral que lhe defere o poder de pagar o débito. Seria o caso do amigo ou do pai do devedor, preocupado com a sua situação, que delibera por saldar a obrigação. A título ilustrativo, o filho que paga o débito alimentar do pai perante a mãe, evitando o impasse entre os genitores.

O credor não poderá recusar o pagamento, sob pena de o terceiro – que estiver agindo em seu nome e conta – utilizar os meios conducentes à exoneração do devedor, a teor do parágrafo único do art. 304 do Código Civil.

Contudo, há uma ressalva na parte final do parágrafo único do art. 304: "igual direito cabe ao terceiro não interessado, se o fizer em nome e à conta do devedor, salvo oposição deste". Dessume-se do exposto que é viável a recusa pelo devedor à liberalidade do terceiro. Pode-se cogitar de razões pessoais – objetivas ou subjetivas – que legitimem esse posicionamento até mesmo por ofensa a situações existenciais, como, por exemplo, a tentativa de um desafeto de pagar apenas com o propósito de vexar o devedor.

Nada impede que o credor, mesmo assim, aceite o pagamento realizado por esse terceiro não interessado. Contudo, se o credor não aceitar, esse terceiro não terá à sua disposição nenhum meio exoneratório, em nome próprio ou em nome do devedor. O credor, além disso, não se encontrará em mora frente ao devedor.[43]

A outro giro, se o terceiro não interessado efetua o pagamento em seu próprio nome, terá direito de *reembolso*, sem que isso importe em sub-rogação legal (art. 305 do CC), pois inexiste vínculo entre o *solvens* e o devedor. Vale dizer, o terceiro não vai incorporar a qualidade creditória e os privilégios e garantias do credor originário, pois não havia qualquer motivação jurídica para ter efetivado o pagamento. Ensina Sílvio Rodrigues que, quando se efetua o pagamento com sub-rogação, a relação obrigacional permanece a mesma, subsistindo o vínculo entre o devedor e a pessoa em quem se sub-rogou o sub-rogado, assumindo a posição do credor satisfeito.[44] Porém, quando o pagamento é efetuado pelo terceiro não interessado, o reembolso se fundará em outra relação jurídica.[45]

Portanto, o terceiro desinteressado apenas pleiteará a quantia efetivamente despendida através do ajuizamento da *actio in rem verso,* para evitar o enriquecimento sem causa do devedor (art. 884 do CC), eis que não absorve as garantias

---

43. SILVA, Jorge Cesa Ferreira da. *Adimplemento e extinção das obrigações*, p 83.
44. RODRIGUES, Sílvio. *Direito civil*: parte geral das obrigações, p. 120.
45. STJ: DIREITO DE FAMÍLIA. ALIMENTOS. INADIMPLEMENTO. ALIMENTOS DEVIDOS PELO PAI. SUPRIMENTO PELA GENITORA. SUB-ROGAÇÃO INEXISTENTE. GESTÃO DE NEGÓCIOS. "Equipara-se à gestão de negócios a prestação de alimentos feita por outrem na ausência do alimentante. Assim, a pretensão creditícia ao reembolso exercitada por terceiro é de direito comum, e não de direito de família. Se o pai se esquivou do dever de prestar alimentos constituídos por título judicial, onerando a genitora no sustento dos filhos, não é a execução de alimentos devidos o meio apropriado para que ela busque o reembolso das despesas efetuadas, devendo fazê-lo por meio de ação própria fundada no direito comum" (REsp 1197778/SP. Rel. Min. João Otávio de Noronha. T3 – Terceira Turma. *DJe* 1º.4.2014).

decorrentes do vínculo obrigacional originário. Via de consequência, não fará jus à cláusula penal, perdas e danos ou outros acréscimos. A sua pretensão se exaure no exato valor que desembolsou. Nada mais.

Em conformidade ao parágrafo único do art. 305, o terceiro interessado deverá respeitar o termo de vencimento originário para recobrar o valor por ele despendido. Com efeito, se pudesse exigir o débito logo após solver a obrigação perante o credor – o que formalmente seria lícito, por se tratar de nova obrigação –, culminaria por agravar ainda mais a situação do devedor, o que não se justifica perante a diretriz da eticidade. Daí, ao se desincumbir do ônus de interpelar o devedor, no mínimo o prazo para o pagamento será igual àquele pactuado no débito primevo.

Excepcionalmente, em duas situações, o terceiro não interessado que paga em seu próprio nome sub-roga-se na posição do antigo credor: (a) no caso de sub-rogação convencional, ou seja, quando o credor original expressamente transferir-lhe as suas garantias contra o devedor (art. 347, I, do CC);[46] (b) quando fizer o pagamento da dívida pertencente ao devedor fiduciante, perante o credor fiduciário, por expressa autorização do art. 1.368 do Código Civil: "O terceiro, interessado ou não que pagar a dívida, se sub-rogará de pleno direito no crédito e na propriedade fiduciária".

Apesar de o Código Civil ser omisso no particular, caso o credor recuse o pagamento pelo terceiro não interessado nas hipóteses em que este deseja efetuar o pagamento em nome próprio, não lhe será lícito exercitar a pretensão de consignação para constranger o credor ao recebimento, pois não se trata de pagamento do devedor, de terceiro interessado, nem ao menos de pagamento em nome do devedor. Assim, não subsiste interesse jurídico no depósito da prestação.

Para finalizar, não se olvide a inovadora regra inserida no art. 306. Recusa-se o direito ao reembolso nas hipóteses em que o pagamento é feito por terceiro, quando o verdadeiro devedor não teve conhecimento do pagamento ou possuía razões para negá-lo, pois contava com meios para evitar que o credor exercitasse o seu direito de cobrança (*v.g.*, nulidade do negócio jurídico, compensação total do débito, prescrição da pretensão).

Malgrado a falta de precisão, o dispositivo se refere àquelas hipóteses em que o devedor poderia deduzir as exceções materiais ou substanciais, sejam elas dilatórias ou peremptórias, conforme paralisem temporariamente ou neutralizem definitivamente a pretensão. As exceções são defesas indiretas de mérito, de natureza disponível, pelas quais não se opõe o devedor à pretensão do credor, mas carreia fatos impeditivos, modificativos ou extintivos ao seu direito. A anulabilidade do negócio jurídico como consequência de um vício de consentimento coevo à contratação é uma exceção

46. AgRg no AREsp 37709/PR, Rel. Min. SIDNEI BENETI, 3. T.,, *DJe* 12.4.2012: "Os autos informam que a agravada apenas contratou pessoa determinada para efetuar a busca do crédito. No caso, a empresa de cobrança. Não ocorreu de modo algum a substituição do polo ativo da obrigação. Para incidência da sub-rogação faz-se necessário que o pagamento resulte na substituição do credor pelo terceiro."

material peremptória. Em contrapartida, a *exceptio non adimpleti* é exceção material dilatória.

Se o *solvens* descura de recolher prévia aquiescência do devedor para realizar o pagamento ou paga contra a sua vontade, não haverá direito de regresso contra este nos casos em que o devedor possa provar as mesmas exceções que possuía contra o credor. Certamente, as motivações do devedor se restringem ao âmbito jurídico, não havendo merecimento em qualquer alegação relacionada a questões morais ou sentimentais. De qualquer forma, se o devedor não tinha como elidir o pagamento; mesmo que seja surpreendido pelo pagamento pelo terceiro, terá de reembolsá-lo. Aliás, na parte final do art. 306, do Código Civil, leia-se "ilidir a pretensão" ao invés de "ilidir a ação". Não se pode confundir o direito subjetivo público de acesso ao judiciário (art. 5º, XXX, CF) com a pretensão de direito material resultante da violação do direito subjetivo (art. 189 do CC).

Caso o terceiro interpele o credor e este não se oponha ao pagamento, fatalmente haverá preclusão lógica do direito de futuramente excepcionar. A posterior alegação de uma exceção substancial soaria como abuso do direito na modalidade do *venire contra factum proprium*, pela evidente ausência de coerência entre o ato omissivo inicial que gerou legítima expectativa de confiança ao *solvens* e o posterior ato de irresignação.

Não obstante o art. 306 apenas se refira ao "*pagamento feito por terceiros*", há de se compreender que o dispositivo alcança tanto os terceiros interessados como os não interessados. Ilustrativamente, cite-se um débito prescrito. O devedor seria prejudicado seja pela sub-rogação em favor do terceiro interessado como pelo direito de reembolso ao terceiro não interessado. Em sentido complementar, se o devedor tiver meios de excepcionar parcialmente a dívida, a sua oposição será eficaz no sentido de restringir a sub-rogação (do terceiro interessado) ou o direito de reembolso (do terceiro não interessado) até o limite em que se elidiu o débito.

Conjugue-se ao referido art. 306 a previsão do art. 871 do Código Civil. Caso o terceiro pague dívida de alimentos, obterá ressarcimento em face do devedor, mesmo que o adimplemento não tenha por este sido ratificado. A finalidade aqui é justamente privilegiar as necessidades do alimentário, em detrimento da formalidade da prévia interpelação. Contudo, se o devedor possuir argumento hábil a elidir a sua obrigação de prestar – *v.g.*, a maioridade do credor alimentar –, não poderá ser constrangido ao reembolso.

No mais, mesmo que o devedor se oponha ao pagamento por parte do terceiro, ou que então sequer tenha sido aquele interpelado, poderá o credor aceitar o pagamento, lembrando-se sempre que ele recebe a preferência de satisfazer o seu interesse prestacional. Contudo, a oposição do devedor legitima a sua recusa, sem que o terceiro possa se servir dos meios conducentes à exoneração do devedor (art. 304, CC).

O art. 307 comenta a eficácia do pagamento transmissivo de direito de propriedade. Nesta modalidade de obrigação de dar coisa certa qualificada pela disposição do direito real, não basta a aferição da capacidade de fato do *solvens* para a prática do negócio jurídico extintivo da obrigação. Exige-se ainda a sua legitimação, no sentido de ser efetivamente o titular do bem transmitido, sob pena de reputar-se ineficaz o pagamento relativamente ao verdadeiro proprietário. A legitimação é o poder de dispor do titular, a capacidade específica para o exercício de determinada situação jurídica.

Ora, nem todos que possuem capacidade de fato para movimentar direitos subjetivos em nome próprio contam com legitimação para dispor. Exemplificando, alguém poderá alienar algo que não lhe pertença (alienação *a non domino*). O negócio jurídico é válido, mas o pagamento é ineficaz perante o verdadeiro proprietário (art. 1.268 do CC), podendo ele retirar o bem do credor. As mesmas conclusões alcançaremos quando o pagamento for efetivado por uma pessoa falida ou insolvente ou pelo cônjuge sem autorização do outro cônjuge (com exceção do regime da separação de bens, art. 1.647 do CC).

Celso Quintella Aleixo explica que "o pagamento feito por quem não tem o poder de disposição não produz efeitos. A dívida não se extingue e a coisa entregue tem que ser restituída a seu dono, não aproveitando ao *accipiens*, quem a recebeu, a alegação de seu crédito, já que, apesar de existir, a dívida não pode ser paga em desacordo com os preceitos legais".[47]

O mérito do art. 307 do Código Civil consiste na atualização técnica pela adoção do termo *eficácia* ao invés de *validade do pagamento*. O adimplemento não se encontra no plano de validade do negócio jurídico. A validade é aferida no momento genético do negócio jurídico, de acordo com os requisitos do art. 104 do Código Civil. A falha no pagamento, portanto, não induzirá à invalidade, seja por nulidade ou anulabilidade. Via de consequência, o pagamento irregular conduz à ineficácia do negócio jurídico, eis que afasta a sua força liberatória. Prepondera, a nosso sentir, a arguta observação de Pontes de Miranda: "não há plano de validade para pagamento, ou adimplemento: adimplemento produz efeitos ou não os produz (plano de eficácia). Pode ser nulo ou anulável o negócio jurídico ou o ato jurídico *stricto sensu* 'com que' se adimple, não o adimplemento, que é ato-fato jurídico: ou surte efeitos ou não surte".[48]

Se a propriedade, porém, recair sobre bem fungível – substituível por outro da mesma espécie, qualidade e quantidade – e o credor de boa-fé consumi-la na ilusão de que havia adquirido do verdadeiro dono, só restará ao real proprietário do bem consumido o ajuizamento de ação indenizatória em face do *solvens*. O real proprietário

47. ALEIXO, Celso Quintella. *Pagamento*, p. 288.
48. PONTES DE MIRANDA, Francisco Cavalcanti. *Tratado de direito privado*, t. XXIV, p. 82.

não será prejudicado, eis que a coisa poderá ser substituída por outra da mesma espécie, quantidade e qualidade (art. 85 do CC).

A inteligência do parágrafo único do art. 307 do Código Civil está em excepcionar a regra do *caput*, quando a falta do poder de disposição do *solvens* concorre com a consuntibilidade do objeto e a boa-fé subjetiva do credor, manifestada desde o momento em que recebeu o bem até o momento de seu consumo. Incidindo a má-fé do credor, mesmo que não mais possa restituir o bem que consumiu, responderá por perdas e danos.

2.2 Quem recebe – o *accipiens*

A figura do credor é de vital importância na relação obrigacional. O pagamento pelo devedor é substituível por terceira pessoa, com facilitação do ordenamento jurídico neste sentido. Contudo, a pessoalidade e identidade do credor são essenciais, eis que a obrigação se constitui para a satisfação de seu interesse primário.

Isto posto, *o accipiens* normalmente será o credor, a quem se dirige a utilidade da prestação. Para evitar a incidência de duplo pagamento, a regra geral preceitua que o pagamento se fará ao credor ou a quem o represente legal, judicial ou convencionalmente (art. 308 do CC).

Credor originário é o que recebe o pagamento em decorrência de sua participação na própria gênese da relação obrigacional. Havendo pluralidade de credores em obrigação divisível, a regra geral prevê o fracionamento da prestação (art. 257, CC). Dessa forma, o devedor da quantia de R$ 900,00 se libera com o pagamento de R$ 300,00 a cada um de seus três credores. Porém, sendo a prestação indivisível – por natureza, lei ou motivo de ordem econômica (art. 258, CC) –, caberá ao *solvens* o cumprimento a todos os credores conjuntamente, exceto se receber caução de ratificação por parte daquele a quem destine isoladamente o pagamento (art. 260, CC). No mais, apesar de divisível a prestação, se os vários credores forem solidários – por lei ou convenção –, a correta extinção da obrigação demandará o pagamento integral do débito a qualquer um daqueles (art. 268, CC).

Excepcionalmente, outras pessoas poderão receber ao tempo do vencimento da obrigação. Incluem-se nesse rol os *credores derivados* (herdeiros e legatários; cessionários e sub-rogados), que substituíram o credor originário em virtude de negócio jurídico ou morte, autorizados, portanto, ao recebimento do pagamento por parte do devedor. Todos eles são credores, pois ao tempo do pagamento titularizam a situação jurídica ativa que lhes defere o recebimento do crédito.

Há de se observar que, apesar da pluralidade de herdeiros, colocando-se o espólio na condição de credor de uma obrigação originariamente contraída pelo devedor com o *de cujus*, incumbirá àquele adimplir a integralidade da prestação, sem possibilidade de fracionamento, já que por natureza legal a herança é considerada uma massa indivisível. Contudo, se o pagamento se der após a partilha, viabiliza-se a divisão da prestação, conforme o número de sucessores (parágrafo único, art. 1.790, CC).

Enfatize-se que, em determinados casos, não será conveniente que o pagamento faça-se diretamente ao credor. Por mais que ele possua capacidade de fato, em certas situações não terá o poder de disponibilizar créditos, pois o seu patrimônio encontra-se afetado para a satisfação de débitos contraídos com terceiros. Os credores do credor podem penhorar os seus créditos, cientificando o devedor a não mais pagar ao seu credor, sob pena de arcar com novo pagamento (art. 312 do CC c/c art. 855, *caput* e inc. I, do CPC/15). Daí que, na dúvida quanto a quem pagar, medida de bom alvitre será a consignação do pagamento. Todavia, se o pagamento foi anterior à interpelação, não se pode constranger o devedor a outro pagamento, sobejando extinto o débito.

Ilustrativamente, são penhoráveis os direitos do credor contra os seus devedores, desde que tenham caráter patrimonial e possam ser transferidos/cedidos independentemente do consentimento do terceiro, de que é exemplo a cota de herança no bojo de inventário. A efetivação desse tipo de penhora pode se dar no rosto dos autos, no qual o executado possui crédito/direito a ser apurado frente a terceiro. Recaindo a penhora sobre direito hereditário do executado o exequente ficará sub-rogado no direito penhorado, até o limite do seu crédito (art. 857, CPC/15). A sub-rogação de que trata esse dispositivo não implica em transferência automática para o exequente de bens pertencentes ao executado; ela opera-se no plano da legitimação *ad causam*: o credor exequente assume a legitimação extraordinária para cobrar o crédito pelo executado. Homologada a partilha, com a devida individualização dos bens e direitos do herdeiro/executado, sobre os quais recaíra a penhora, compete ao juízo da execução prosseguir com os atos expropriatórios, na forma escolhida pelo credor.

A outro giro, também será autorizado a receber o *credor putativo* (art. 309 do CC). Cuida-se de mais uma aplicação da teoria da aparência. Consiste esta interessante figura na situação em que alguém se apresenta socialmente com título aparentemente válido, propiciando ao *solvens* de boa-fé (seja ele o devedor ou terceiro interessado ou desinteressado) a incidência de erro escusável, induzido à falsa percepção de ser o portador do título o verdadeiro *accipiens* e, portanto, autorizado a receber. À luz dos ensinamentos de Caio Mário da Silva Pereira, o credor putativo *"é a pessoa que, estando na posse do título obrigacional, passa aos olhos de todos como sendo a verdadeira titular do cré*dito".[49]

A título ilustrativo, seria o caso do herdeiro que recebe débitos do *de cujus* e que mais tarde venha a ser considerado indigno (art. 1.817 do CC), ou do sucessor que obteve pagamentos, mas cujo testamento que o beneficiara seja posteriormente nulificado. Vamos supor que João faleceu deixando como único herdeiro seu irmão Paulo. O devedor Pedro, com base no panorama jurídico descrito no inventário, lhe

49. PEREIRA, Caio Mário da Silva. *Instituições de direito civil*: obrigações, p. 179.

efetua o pagamento de um débito contraído com o falecido João. Se, tempos depois e, de forma exitosa, Júnior tem reconhecida a sua condição de filho e herdeiro único em ação de investigação de paternidade cumulada com petição de herança, o *solvens* Pedro não terá que lhe pagar novamente a quantia antes entregue a Paulo. O adimplemento eficaz deu-se com base na aparência da condição de credor que Paulo ostentava (parágrafo único, art. 1.827, CC), restando ao verdadeiro credor Júnior o regresso em face do credor putativo Paulo, por novo débito, agora resultante do pagamento indevido por ele recebido e do enriquecimento sem causa a ser evitado pela via da *actio in rem verso* (art. 876 do CC). Em nada influencia o deslinde do exemplo dado o fato de o credor putativo ter agido de boa-fé por ignorar a sua real situação ao tempo do recebimento do crédito. O devedor se libera independentemente do estado anímico do *accipiens*.

Certamente, tratando-se da aferição da putatividade, em uma interpretação do art. 308 conforme a Constituição Federal, há de se aplicar o princípio da razoabilidade. O pagamento só será eficaz se à luz do caso concreto restar claro o exercício do dever anexo de diligência do devedor no sentido de efetuar responsavelmente o pagamento a quem objetivamente parecia, perante todos, idôneo a receber, em razão das circunstâncias fáticas e não pelo simples fato de alguém se apresentar como credor. A boa-fé objetiva não é um modelo de comportamento atribuível apenas ao credor, mas, indistintamente, a todos os partícipes da relação obrigacional (art. 422 do CC).[50]

Prosseguindo, não é apenas ao credor que pode ser eficazmente efetuado o pagamento. Quando o pagamento é despendido ao representante do credor, o efeito liberatório também se oportuniza, a teor do art. 308 do Código Civil. Na abalizada cátedra de Renan Lotufo, a legitimação é a condição para receber a prestação com efeito extintivo do débito, consistente "em uma posição de poder conferida geralmente ao credor, mas também pode competir a outros sujeitos, até mesmo de forma exclusiva, quais sejam: o representante, a pessoa indicada pelo credor, a pessoa autorizada pela lei ou pelo juiz".[51]

---

50 **STJ. APLICAÇÃO DA TEORIA DA APARÊNCIA EM PAGAMENTO DE INDENIZAÇÃO DO SEGURO DPVAT. É válido o pagamento de indenização do Seguro DPVAT aos pais - e não ao filho - do *de cujus* no caso em que os genitores, apresentando-se como únicos herdeiros, entregaram os documentos exigidos pela Lei n. 6.194/1974 para o aludido pagamento (art. 5º, § 1º), dentre os quais certidão de óbito a qual afirmava que o falecido era solteiro e não tinha filhos.** De antemão, esclareça-se que, de acordo com o art. 5º, § 1º, a, da Lei n. 6.194/1974, que dispõe sobre seguro obrigatório de danos pessoais causados por veículos automotores de via terrestre, o segurador deverá efetuar o pagamento de indenização mediante simples prova do acidente e do dano decorrente, após a entrega dos seguintes documentos: certidão de óbito, registro da ocorrência policial e prova da qualidade de beneficiário. O art. 309 do CC, por sua vez, estabelece que o pagamento feito de boa-fé ao credor putativo é válido, mesmo que provado depois que não era ele credor. Nesse sentido, pela aplicação da teoria da aparência, é válido o pagamento realizado de boa-fé a credor putativo. De fato, para que o erro no pagamento seja escusável, é necessária a existência de elementos suficientes para induzir e convencer o devedor diligente de que o recebente é o verdadeiro credor. No caso aqui analisado, verifica-se que a indenização do Seguro DPVAT foi paga de boa-fé aos credores putativos. Além disso, não há previsão de obrigação da seguradora em averiguar a existência de outros beneficiários da vítima. **REsp 1.601.533-MG, Rel. Min. João Otávio de Noronha, DJe 16/6/2016.**

51. LOTUFO, Renan. *Código Civil comentado*, v. II, p. 199.

Entenda-se como representante, em sentido amplo, o representante *legal* (do absolutamente e relativamente incapaz); o representante *judicial* (*v.g.*, inventariante e síndico) e o representante *convencional* (mandatário). Todos estes têm legitimidade para o recebimento do pagamento, oportunizando ao *solvens* a facilitação de sua liberação do vínculo obrigacional. No plano prático, equivale ao mandato a propalada figura da "*autorização para recebimento*", como, por exemplo, a do cliente de banco que, sem maiores formalidades, assina à mão um documento autorizando o seu funcionário a se dirigir ao banco para resgatar valores em espécie. Com o pagamento, o sacado se libera, atribuindo-se ao credor a responsabilidade pela atuação de seu representante no âmbito dos poderes documentados.

No entanto, as categorias de representantes acima listadas se distinguem entre si também no que se refere à extinção da dívida. Os representantes convencionais podem receber o pagamento, que também é bem feito se realizado diretamente ao credor. Ambos, credor e representante, liberam o devedor. Ao contrário, sendo caso de representação legal ou judicial, o devedor não se liberará se realizar o pagamento diretamente ao credor. Se o fizer, o devedor poderá ser coagido a pagar novamente e assume o ônus de provar que o pagamento reverteu em benefício do credor para poder liberar-se.[52]

Em princípio, o pagamento realizado sem a diligência necessária e fora das situações elencadas no parágrafo anterior resultará na necessidade de o devedor incauto ter de pagar duas vezes. Situação interessante resulta do *mandato tácito* ou presumido. Basta imaginar a situação em que alguém se apresenta perante o devedor para receber um crédito, sem ao menos ser o credor real ou ostentar a condição de seu representante legal, judicial ou convencional. Todavia, está munido de quitação outorgada pelo credor.

De acordo com a primeira parte do art. 311 do Código Civil, "considera-se autorizado a receber o pagamento o portador da quitação". Deflui do preceito que essa pessoa sequer necessitará se comportar como representante do credor, sendo um *autorizado* a receber, mero elo entre aquele e o devedor. Tendo em consideração que o pagamento é um ato-fato, o devedor poderá cientemente ofertar o pagamento a um *office boy*, não obstante a sua incapacidade de fato. Avulta que o pagamento reverterá em proveito do credor (art. 308, CC).

Evidentemente, pagará bem aquele devedor que se certificar da situação aparente do portador do título, pois, se o devedor possuir razões objetivas para desconfiar da credibilidade do portador e, mesmo assim, culminar por solver, acabará pagando novamente ao verdadeiro credor (art. 311 do CC). A parte final do art. 311 do Código Civil afasta a presunção *juris tantum* de legitimidade do portador da quitação. Cuida-se de hipóteses em que o título foi perdido, furtado ou extraviado.

---

52. SILVA, Jorge Cesa Ferreira da. *Adimplemento e extinção das obrigações*, p. 102.

Ao ensejo, temos que, designada certa instituição financeira pelo credor para que se credite o pagamento por meio de cheque, acreditamos incidir a responsabilidade objetiva do banco pelo risco da atividade (art. 927, parágrafo único, do CC), quando o título for extraviado, furtado ou perdido e, mesmo assim, for pago pelo sacado. A obrigação objetiva de indenizar se afigura como inelidível manifestação da diretriz da eticidade, pois acautela-se a boa-fé daquele que confiou no dever anexo de proteção da instituição.

Em geral, é reputado como ineficaz perante o verdadeiro credor o pagamento feito ao *accipiens* que não seja verdadeiramente credor ou careça da qualidade de representante. Isto é, o devedor desatento e negligente terá de pagar novamente, pois quem recebeu não possuía legitimidade para tanto. Todavia, em duas hipóteses localizadas na parte final do art. 308 do Código Civil poderá o *solvens* exonerar-se da obrigação, quais sejam:

a) caso o pagamento não seja efetuado ao real representante do credor, mas posteriormente por ele seja ratificado o pagamento feito ao *accipiens*, terá o adimplemento força liberatória em caráter retroativo (art. 873 do CC). Vê-se a figura da gestão de negócios, consistente na intervenção não autorizada de uma pessoa nos negócios de outra. Em princípio, o gestor está administrando oficiosamente os interesses alheios. Contudo, se posteriormente o credor ratificar o pagamento feito ao gestor, a confirmação operará efeitos *ex tunc*, deferindo pós-eficacização ao pagamento, na medida em que a ineficácia pendente cessa, ratificando-se retroativamente a gestão, equiparando-a ao mandato convencional, como se desde o início fossem mandante e mandatário;

b) outra possibilidade de pós-eficacização do pagamento, em princípio mal realizado, dá-se quando o *solvens* demonstrar que o pagamento reverteu em proveito do verdadeiro credor, apesar de ter sido realizado em prol de outra pessoa. Seria a situação daquele que opta por efetuar o pagamento em prol do cônjuge do credor, entendendo que está solvendo o débito. Nada impede que o outro cônjuge – na posição de verdadeiro credor – peça novamente o pagamento. Porém, poderá o devedor eximir-se de um segundo pagamento, demonstrando que o adimplemento anterior reverteu integralmente em proveito do credor. Deverá provar, por exemplo, que os valores pagos ingressaram na totalidade em sua conta-corrente, ou com o numerário adquiriu patrimônio. Se apenas provar que em parte favoreceu o real credor, tão somente nessa parte será exonerado.

Aliás, a menção do legislador à *"reversão do pagamento em proveito do credor"* bem evidencia a natureza jurídica do pagamento de ato-fato, pela qual mais importante do que aferir elemento anímico do *solvens* é a constatação dos efeitos que decorrem do ato do cumprimento da obrigação.

Hipótese semelhante a essa poderá ser alcançada nos casos em que o pagamento é realizado em prol de pessoa que não ocupa a posição jurídica de credor, mas que posteriormente culmina por adquirir o bem, a qualquer título (*v.g.*, sucessão, alienação). Na letra do art. 1.268, § 1º, do Código Civil: "se o adquirente estiver de boa-fé e o alienante adquirir depois a propriedade, considera-se realizada a transferência desde o momento em que ocorreu a tradição". Por certo, apesar de o cumprimento ter sido equivocado em um primeiro momento, não se pode constranger o devedor a cumprir novamente, pois posteriormente houve a aquisição do crédito.

Afora a constatação de que o crédito do credor foi penhorado (art. 312, CC), não terá o devedor motivação para efetuar o pagamento ao credor de seu credor sob o argumento de que o pagamento reverterá em benefício deste. Se *A* deve 100 a *B* e este tem poder de disposição sobre o crédito, inexiste justificativa para que *A* pague a referida quantia a *C*, credor de *B*. Da mesma forma que o devedor não possui o direito subjetivo de constranger o credor a receber a prestação, não se lhe faculta a opção de dirigir a prestação em prol de um estranho à obrigação (nem ao menos é um cocredor!), sendo imprescindível observar que a finalidade da obrigação é a satisfação do interesse objetivo do credor, não de outro credor, mesmo que seja "*o credor do credor*".

Em todas as possibilidades até aqui enfrentadas, tratamos de explicitar o econômico enunciado do art. 308 do Código Civil. "O pagamento deve ser feito ao credor ou a quem de direito o represente, sob pena de só valer depois de por ele ratificado, ou tanto quanto reverter em seu proveito".

Ingressamos nos domínios do art. 310 do Código Civil. Aqui, grande interesse desperta o pagamento quando efetivado em prol de credor absoluta ou relativamente incapaz. Fundamental é perceber que a norma não trata das hipóteses de invalidade do negócio jurídico por incapacidade do agente (arts. 166 e 172 do CC), mas do momento específico do adimplemento. Pela primeira parte do art. 310 do Código Civil, se o *solvens* souber da incapacidade do credor, o pagamento será qualificado pela ineficácia. Mas, se aquele que paga não tiver conhecimento da incapacidade de quem recebe, o ato terá efeito liberatório.

Caso suscitada a ineficácia do pagamento relativamente ao incapaz, deverá o *solvens* demonstrar que o *quantum* despendido reverteu em proveito do próprio favorecido incapaz, sobejando eficaz o pagamento (art. 310, 2ª parte, do CC). Há de entender-se que a ineficácia do ato do adimplemento produz-se na proporção da ausência de proveito pelo incapaz. Pelas razões já suscitadas, no início do art. 310, substitua o leitor a expressão *não vale* por é ineficaz.

Assim, se, em determinado mês, ao invés de depositar na conta da ex-esposa, o pai pagar os alimentos diretamente ao filho menor, não se poderá exigir novo pagamento, se restar provado que o menor depositou o valor pago em caderneta de poupança ou pagou a escola. Por outro lado, se esbanjou o dinheiro com balas ou fliperama, nada impedirá a segunda cobrança pelo responsável.

Daí a sempre atual advertência de Serpa Lopes: "Na verdade, já não se cogita de nulidade propriamente dita, senão de uma consequência do fato ocorrido que pode ter determinado, em lugar de um prejuízo ao incapaz, um lucro. Já não se cogita da revalidação do ato nulo, mas de um enriquecimento indevido, que é reparado na proporção do que o incapaz lucrou em seu patrimônio."[53]

Em qualquer caso, será despicienda a apuração do destino dado ao crédito pelo incapaz, nas hipóteses em que o devedor de boa-fé não tinha ciência de seu estado de incapacidade. Tendo o devedor atuado diligentemente, tanto faz se o incapaz bem utilizou o numerário ou o dissipou integralmente, pois prevalecerá a teoria da aparência em prol do princípio da confiança.

Apesar de o Código Civil de 2002 não ter repetido a regra do antigo art. 8º do Código Civil de 1916, acerca da vedação ao benefício da restituição quando o pagamento ao absolutamente incapaz realizar-se na presença de seu representante, é certo que o pagamento eficazmente realizado ao louco ou ao menor de 16 anos, na presença de pais, tutores ou curadores, não poderá ser novamente exigido se, posteriormente, a quantia paga não tenha sido bem investida em prol do incapaz, em decorrência de negócios ruinosos. O *solvens* exonerou-se corretamente da obrigação com o pagamento – ato jurídico perfeito – e não deve arcar com os riscos decorrentes da boa ou má administração das quantias recebidas.

Interessante aplicação dessa última situação resulta do pagamento efetuado em prol do relativamente incapaz não assistido, quando ele oculta maliciosamente a sua idade ou propositadamente declara-se maior ao tempo do adimplemento. Aplica-se extensivamente o art. 180 do Código Civil. Não pode o incapaz, de forma impune, beneficiar-se de sua própria torpeza para receber o pagamento do *accipiens* de boa-fé.

3. REQUISITOS OBJETIVOS DO PAGAMENTO

3.1 Do objeto do pagamento

De acordo com o art. 313 do Código Civil, "o credor não é obrigado a receber prestação diversa da que lhe é devida, ainda que mais valiosa". O dispositivo consagra o princípio da identidade ou exatidão da prestação, pelo qual o cumprimento da obrigação deve se ajustar perfeitamente ao projeto contratual, segundo os ditames da boa-fé objetiva.

É vedado o cumprimento da prestação por forma distinta ao ajustado pelas partes, quantitativa e qualitativamente, seja nas obrigações de dar, fazer ou não fazer, de meio ou de resultado. Mesmo que a modificação objetiva pretendida pelo devedor seja extremamente benéfica ao credor, ser-lhe-á lícito rejeitar a alteração, pois contratou acreditando e confiando no adimplemento através da maneira desejada.

53. SERPA LOPES, Miguel Maria de. *Curso de direito civil*: obrigações, p. 178.

O credor não será obrigado a receber *aliud pro alio*, mas nada impede que aceite o benefício, realizando uma dação em pagamento (art. 356 do CC) ou uma transação corriqueira em sede de relações de consumo (*v.g.*, brindes e *upgrade* na locação de veículo e passagens aéreas).

Porém, o art. 313 não foge do vetor interpretativo da cláusula geral da boa-fé objetiva (art. 113 do CC). Isso significa que a rigidez do princípio será relativizada diante de circunstâncias em que a intangibilidade da prestação poderá representar exercício de abuso do direito por parte do credor (art. 187 do CC). Os parâmetros sociais de lealdade e seriedade definirão a medida e intensidade da prestação, ajustando os seus limites de forma a aproximar a autonomia privada dos contratantes aos imperativos éticos de um sistema mais justo.

Ilustrativamente, nas hipóteses de adimplemento substancial, configurando-se o inadimplemento mínimo do devedor, após cumprir de forma quase integral a obrigação duradoura, terá o credor de aceitar a prestação, sob pena de incidir em abuso do direito (art. 187 do CC). Na lição de Clóvis do Couto e Silva, a *substantial performance* indica um "adimplemento tão próximo do resultado final, que, tendo-se em vista a conduta das partes, exclui-se o direito de resolução, permitindo-se tão somente o pedido de indenização".[54]

Da mesma maneira, o *princípio da identidade ou correspondência do pagamento* será relativizado nas hipóteses de onerosidade excessiva, em que o magistrado determinará a revisão contratual em prol de uma das partes, aproximando a relação obrigacional do valor da igualdade substancial.

Lembramos, ainda, que o art. 313 do Código Civil será derrogado em sede de obrigações facultativas, nas quais o devedor terá a faculdade de substituir a obrigação originária por uma obrigação supletiva. Ao exercer o direito potestativo de substituição da prestação, o devedor colocará o credor em situação jurídica passiva de sujeição, pois se submeterá à deliberação alheia.

Já tivemos a oportunidade de estudar o *princípio da indivisibilidade*, com fulcro no art. 314 do Código Civil. Nas obrigações simples, a prestação só será efetuada por partes se assim se ajustou. Caso contrário, será adimplida integralmente, mesmo que o seu objeto seja divisível. Enquanto o art. 313 do Código Civil cuida do vetor qualitativo da obrigação, a norma do art. 314 rege o seu aspecto quantitativo.

De acordo com o art. 315 do Código Civil, "as dívidas em dinheiro deverão ser pagas no vencimento, em moeda corrente e pelo valor nominal, salvo o disposto nos artigos subsequentes". As prestações pecuniárias caracterizam-se por traduzir um *quantum*, constituindo a moeda o objeto da dívida, por seu valor nominal, como meio de pagamento. Trata-se de obrigações de coisas fungíveis, pois o objeto é moeda

54. COUTO E SILVA, Clóvis do. *O direito civil brasileiro em perspectiva histórica e visão de futuro*, p. 45.

corrente de curso forçado. Quanto ao dinheiro, avulta o princípio do nominalismo, pelo qual o que importa é o valor consignado na moeda ou no papel-moeda.

Todavia, não se pode confundir o dinheiro com a propriedade das demais coisas móveis corpóreas, no universo das obrigações de dar. Com efeito, nas obrigações monetárias, o fenômeno inflacionário retira a importância do número de unidades monetárias, pois é depreciado o valor real de compra. Em outras palavras, importa verificar se a finalidade que poderia ser exercitada com aquele valor ainda poderá ser alcançada ao cabo de determinado período.

No que diz respeito à moeda nacional, em princípio a obrigação em dinheiro refere-se apenas ao seu valor nominal – impresso nas moedas e cédulas –, que seria o seu correspondente pecuniário para o tempo do pagamento. Portanto, *a dívida de dinheiro* representa-se pela moeda considerada em seu valor nominal. A Lei nº 9.069/95 determinou que a partir de 1º de julho de 1994 a unidade monetária brasileira fosse o *real*, com curso legal em todo o território nacional.

Contudo, é impossível pensar em obrigações meramente nominais em um país que há tempos convive com o fenômeno inflacionário, mesmo que nos presentes dias a moeda apresente relativa estabilidade. Portanto, o valor nominal da dívida teria caráter enunciativo, já que é impraticável cogitar-se de dívidas de dinheiro expressas em termos de quantias imutáveis. A atualização monetária não gera acréscimo, mas apenas atualiza o valor nominal expresso em moeda. A atualização não derroga o nominalismo, pois decorre da simples passagem do tempo.[55]

Em razão da interferência perversa do universo econômico sobre o jurídico, foi necessária a criação da teoria das *dívidas de valor*. Significa que o débito não mais concerne a um *quantum*, mas ao pagamento de uma soma que corresponda a certo valor apto a preservar o poder aquisitivo originário do credor. O dinheiro não é o objeto da prestação, mas apenas o meio de valorá-la, oscilando de acordo com a sua variação. É aplicada hodiernamente em sede de qualquer débito em dinheiro, pela necessidade inarredável de qualquer pessoa manter um padrão de equivalência à situação vigente ao tempo da constituição do débito – contratual ou extracontratual –, ou levar certo tipo de vida, de acordo com as suas necessidades e as possibilidades do devedor (alimentos). Entendimento contrário propiciaria evidente enriquecimento sem causa em prol do devedor.

---

55. STJ. REsp 1240963/RS, Rel. Min Teori Albino Zavascki, 1. T, *DJ* 24.8.2011 "A correção monetária nada mais é do que um mecanismo de manutenção do poder aquisitivo da moeda, não devendo representar, consequentemente, por si só, nem um plus nem um minus em sua substância. Corrigir o valor nominal da obrigação nada mais representa do que manter, no tempo, o seu poder de compra original, alterado pelas oscilações inflacionárias positivas e negativas ocorridas no período. Atualizar a obrigação levando em conta apenas oscilações positivas importaria distorcer a realidade econômica produzindo um resultado que não representa a simples manutenção do primitivo poder aquisitivo, mas um indevido acréscimo no valor real. Nessa linha, estabelece o Manual de Orientação de Procedimento de Cálculos aprovado pelo Conselho da Justiça Federal que, não havendo decisão judicial em contrário, 'os índices negativos de correção monetária (deflação) serão considerados no cálculo de atualização', salvo "se a atualização implicar redução do principal', hipótese em que "deve prevalecer o valor nominal".

O art. 315 do CC/2002 alberga dois princípios que parecem opostos: *primeiro*, o do nominalismo monetário, significando que até o vencimento da prestação o risco da desvalorização da moeda recairá sobre o credor, pois o devedor pagará o valor ajustado no título, diante da obrigatoriedade do pactuado; *segundo*, o princípio do valorismo monetário ou da dívida de valor, pelo qual a atualização da prestação pecuniária é uma exigência de equidade e visa a evitar o enriquecimento sem causa, preservando o valor real da moeda (art. 884 do CC). A teoria da dívida de valor não é expressa de forma clara no citado art. 315, mas, evitando o desequilíbrio causado pelo nominalismo, a ela o dispositivo faz referência na ressalva da parte final, "salvo o disposto nos artigos subsequentes", efetuando um reenvio da matéria ao art. 317 do Código Civil.

Na dicção do art. 316, "é lícito convencionar o aumento progressivo das prestações sucessivas". Nas obrigações duradouras, de trato sucessivo, é corriqueiro que as práticas jurídicas acompanhem a complexidade do tráfego negocial. Daí, a autonomia privada pode encetar diversas cláusulas cuja finalidade seja adequar a relação obrigacional à passagem do tempo. Aumentos progressivos em contratos de locação e venda de imóveis são cláusulas recorrentes no direito privado.

Segundo Gustavo Tepedino, a *cláusula de escala móvel* "é a que faz oscilar a prestação do devedor segundo os índices do custo de vida, os preços de determinadas mercadorias ou a variação dos salários".[56] Essa cláusula representa uma exceção ao princípio do nominalismo, ao permitir a revisão das prestações com base em índices fixados pelas partes, mas que não ultrapassam limites de ordem pública, entendendo-se aí a boa-fé objetiva e a função social do contrato. Os usos negociais indicam índices que variam conforme a valorização de *commodities* (*v.g.*, saca de soja ou trigo) e outros parâmetros gerais ou setoriais, como na construção civil.

A cláusula de escala móvel não poderá impor reajustes com base no valor do salário-mínimo. A Constituição Federal veda a sua utilização como indexador (art. 7º, IV). Daí a proibição da estipulação de contratos de financiamento com cláusula de comprometimento de renda (art. 48, Lei nº 10.931/2004). Porém, em sede de fixação de pensão alimentar, excepciona-se a regra, pois o mínimo existencial tem por finalidade garantir aos beneficiários as mesmas necessidades básicas asseguradas aos trabalhadores em geral pelo texto constitucional.[57]

Ademais, de acordo com a Lei nº 10.192/2001, as estipulações de pagamento de obrigações pecuniárias exequíveis no território nacional serão feitas em real, pelo seu valor nominal, sendo vedada a correção monetária vinculada à unidade monetária de conta de qualquer natureza (indexador) ou estipulações em moedas estrangeiras, excepcionando-se contratos de exportação, importação, câmbio e *leasing* com

---

56. TEPEDINO, Gustavo. *Código Civil interpretado*, v. 1, p. 607.
57. STJ. REsp 1025769/MG, Rel. Min. NANCY ANDRIGHI, 3ª T., *DJe* 1.9.2010: "Nos termos do art. 1.710 do CC/02, a atualização monetária deve constar expressamente da decisão concessiva de alimentos, os quais podem ser fixados em número de salários mínimos."

recursos captados no exterior. Convém observar que o § 3º do art. 53 do Código de Defesa do Consumidor prevê que os contratos de consumo serão expressos em moeda corrente – real.

A cláusula de escala móvel será corrente em contratos paritários, sejam eles interprivados ou interempresariais. A nosso ver, devem ser tais cláusulas afastadas em negócios jurídicos em que se manifeste grande assimetria entre as partes, sobremaneira em contratos cujo objeto são bens essenciais, ligados à obtenção do "patrimônio mínimo" para a manutenção da dignidade da pessoa humana. Utilidades proporcionadas por saúde, educação e alimentos, exemplificativamente, são bens essenciais cuja transferência será imunizada perante tais cláusulas, sob pena de lesão à função social do contrato, na base do exposto no art. 2.035, parágrafo único, do Código Civil.

A correção monetária não se insere de forma alguma no art. 316 do Código Civil. Ela não se confunde com a cláusula móvel, pois independe de convenção para ser aplicada, é fruto automático do inadimplemento da obrigação. Seu objetivo é repor o valor real da moeda naqueles contratos de duração em que há um lapso temporal entre os tempos da celebração e execução, mediante limites impostos exclusivamente pelo Estado. A correção monetária, em nosso direito, está sujeita ao princípio da legalidade estrita, constituindo o seu primeiro pressuposto a existência de lei formal que a institua. Se o Estado democrático de direito adotou o princípio do nominalismo monetário, estabelecendo o valor legal da moeda, é juridicamente inadmissível que esta (moeda) tenha, *pari passu*, um valor econômico sem autorização legal. Só a lei é o instrumento adequado para instituir a correção monetária.

Aliás, como consectário natural do art. 315, a norma do art. 318 do Código Civil proíbe convenções de pagamento em ouro e moeda estrangeira. O CC/16, de índole liberal, permitia o pagamento em moeda estrangeira. Com a adoção do curso forçado da moeda nacional desde o advento do revogado Decreto nº 23.501/33, passando pelo DL nº 857/69, somente a moeda em curso no Brasil terá efeito liberatório e obrigatoriedade de aceitação em território nacional, sendo o adimplemento naquelas formas considerado ineficaz (não se trata de invalidade, pois não se cogita do negócio jurídico em si, mas de um de seus efeitos, que é o pagamento). Observe-se que a parte final do art. 318 excepciona o dispositivo, pois permite que legislação especial aceite o pagamento por meios alternativos, conforme as hipóteses ressalvadas no parágrafo anterior, precipuamente em contratos internacionais de importação e exportação de mercadorias.

Destarte, o dólar, o euro ou outras moedas podem servir para pagamento e funcionar como índice de cláusula de escala móvel somente em contratos internacionais. Os contratos internos não podem ser expressos em moeda estrangeira, nem indexados à variação cambial.

E quanto ao *bitcoin*, pode ser inserido no contexto do art. 315 do CC? No âmbito das criptomoedas, não há curso forçado, muito menos curso legal em sua circulação. Cuida-se de uma moeda virtual que opera essencialmente como dinheiro *on-line*, sendo que a transferência de propriedade dos bitcoins é registrada e exposta em um livro-razão público (*blockchain*), que contém o histórico de todas as transações. Na fluidez do mundo líquido, surge uma forma de propriedade de dinheiro (como o real, dólar ou euro) com a diferença de ser puramente digital e não ser emitido por nenhum governo. O seu valor é determinado livremente pelos indivíduos no mercado.[58]

As leis e regulações atuais não preveem uma tecnologia como o *Bitcoin*, pois ele não se encaixa em definições regulamentares existentes de moeda ou outros instrumentos financeiros, tornando complexo saber quais leis se aplicam a ele.[59] Porém, um sinal de que o bitcoin atingiu um estágio avançado de desenvolvimento será o momento em que a moeda digital desempenhar as três funções atribuídas ao dinheiro: for um meio de troca (bem que pode ser estocado com liquidez imediata), uma reserva de valor (utilizada como preservação de poder de compra futuro) e uma unidade de troca (precificação de produtos e serviços em função dessa moeda).[60-61]

Nesse sentido, conforme entendeu o STJ, pela desnecessidade de um terceiro intermediário para a realização de transações e a ausência de autoridade estatal reguladora, evidencia-se que o serviço bancário de conta-corrente oferecido pelas instituições financeiras em nada repercute na circulação ou na utilização das moedas virtuais, que, como visto, não dependem de intermediários, possibilitando a operação

---

58. Fernando Ulrich explica que "o *Bitcoin* tem todas as melhores características do melhor dinheiro, sendo escasso, divisível, portátil, mas vai, inclusive, além na direção do ideal monetário, por ser ao mesmo tempo "sem peso e sem espaço" – é incorpóreo. Isso possibilita a transferência de propriedade a despeito da Geografia a um custo virtualmente nulo e sem depender de um terceiro intermediário, contornando, dessa forma, todo o Sistema bancário completamente subvertido pela intervenção governamental" In, *Bitcoin*: a moeda na era digital, p. 11.

59. Aduz Thiago Vasconcellos que "Mais correto, então, seria qualificar as criptomoedas como bens Incorpóreos. Criptomoedas, nesse sentido, seriam bens imateriais com valor econômico agregado e reconhecido pelo mercado, utilizados em operações de permuta por outros bens, por exemplo. Sua operacionalização em quaisquer negócios seria sempre assumindo a função de bem e não de moeda. Sua qualificação como Bem Incorpóreo permite definir com maior clareza sua função econômica e, por conseguinte, sua utilidade nas operações societárias. A iniciar pelo processo de aquisição de ações ou quotas, sua função não seria muito distinta daquela do dinheiro... Nesse sentido, diante do atual arcabouço jurídico, a classificação correta é a caracterização de contrato de permuta. Isso porque, no contrato de compra e venda, a aquisição das ações/quotas se daria apenas em contrapartida pela entrega de dinheiro. Como já exposto, criptomoedas não são moeda, e, portanto, não seria possível envolvê-las em um contrato de compra e venda, pelo menos no papel de moeda da operação. De mais a mais, o artigo 315 do Código Civil prevê como obrigatório o pagamento em moeda corrente, sem contar a previsão do Decreto-Lei 857/69, que prevê o curso legal da moeda vigente em território brasileiro. In, Uso de criptomoedas é possível em operações societárias, extraído em 25.7.2018 de https://www.conjur.com.br/2018-jan-08/thiago-vasconcellos-uso-bitcoins-viavel--operacoes-societarias

60. ULRICH, Fernando. "Precisamente nesse ponto jaz uma das forças do Bitcoin. Ao invés de implorar pelo respaldo legal, ele o contorna. Ao invés de pedir permissão para operar, ele simplesmente existe. O Bitcoin não é uma criatura do estado, é uma invenção e evolução do mercado que independe do consentimento do poder público. Anular o poder proibidor dos governos é algo inédito na história da humanidade". In, *Bitcoin*: a moeda na era digital, p. 105.

61. O entendimento da CVM - em nota publicada no dia 11 de outubro de 2017,- é o de que as criptomoedas, em alguns casos específicos, estariam abrangidas pelo conceito de valor mobiliário e, consequentemente, sujeitas à Lei 6.385/76. Esse enquadramento se daria no caso de determinadas ICOs (*Initial Coin Offerings*), reconhecidas como uma operação destinada a captar recursos para emissão de criptomoedas.

comercial e/ou financeira direta entre o transmissor e o receptor da moeda digital. Nesse contexto, tem-se, a toda evidência, que a utilização de serviços bancários, especificamente o de abertura de conta-corrente, dá-se com o claro propósito de incrementar sua atividade produtiva de intermediação, não se caracterizando, pois, como relação jurídica de consumo – mas sim de insumo –, a obstar a aplicação das normas protetivas do Código de Defesa do Consumidor.[62]

Prosseguindo, importante, chamar a atenção para uma peculiaridade normativa. Em se tratando do valor cobrado em um contrato de compra e venda, em conformidade com a Medida Provisória nº 764, publicada em 26 de dezembro de 2016, convertida na Lei n. 13.455/17, foi autorizada a cobrança diferenciada dos preços de bens e de serviços, a depender do prazo e da forma do pagamento respectivo. Em síntese apertada, porém completa, a nova lei, em sua única disposição, afirma, estar *"autorizada a diferenciação na cobrança de preços de bens e serviços oferecidos ao público, em função do prazo ou do instrumento de pagamento utilizado"* (art. 1º). A diferenciação de preços de bens se dará tanto pelo prazo (assim um pagamento à vista será mais em conta que o efetivado a prazo) como pelo instrumento de pagamento utilizado, autorizando-se o fornecedor a cobrar valor mais elevado se a alternativa do cliente for pelo pagamento por cartão de crédito.

Por evidente, em se tratando de contratos paritários, não se vê qualquer razão para se objetar a aludida tese, porém quando se cuida de contratos de adesão e de consumo (massificados), que impõem ao consumidor cláusulas abusivas e mascaram juros exorbitantes, parece que o tratamento jurídico deveria ser outro, sobremaneira no cotejo da norma com o Art. 39 do CDC: "É vedado ao fornecedor de produtos ou serviços, dentre outras práticas abusivas: V – exigir do consumidor vantagem manifestamente excessiva; X – elevar sem justa causa o preço de produtos ou serviços".

Para além disso, advirta-se que, sob o ponto de vista estruturante e sistêmico, a Lei n. 13.455/17 não pode dizer respeito à cobrança diferenciada de pagamento em cheques. Isso porque o art. 32 da Lei nº 7.357/85 estabelece, *in litteris*, que o cheque é ordem de pagamento à vista e considera não escrita qualquer menção em contrário. Assim, malgrado a generalidade da norma, é preciso advertir para a impossibilidade de tratamento diferenciado de preço em relação à emissão de cheque, por conta de sua gênese. Ao revés, estaremos fraturando o equilíbrio e harmonia do próprio sistema jurídico.

---

62. "Nessa medida, longe de encerrar abusividade, tem-se por legítima, sob o aspecto institucional, a recusa da instituição financeira em manter o contrato de conta corrente, utilizado como insumo, no desenvolvimento da atividade empresarial de intermediação de compra e venda de moeda virtual, a qual não conta com nenhuma regulação do Conselho Monetário Nacional. De igual modo, sob o aspecto mercadológico, também se afigura lídima a recusa em manter a contratação, se sua atividade empresarial se apresenta, no mercado financeiro, como concorrente direta e produz impacto no faturamento da instituição financeira. Dessa maneira, o proceder levado a efeito pela instituição financeira não configura exercício abusivo do direito" (STJ, 3. T, REsp 1.696.214-SP, Rel. Min. Marco Aurélio Bellizze, por maioria, DJe 16/10/2018).

No que diz respeito à possibilidade de cobrança diferenciada de preços em relação ao prazo de pagamento, não há como se negar a significativa diferença em receber à vista ou a prazo. Nesse caso, as altas taxas de juros praticadas sinalizam no sentido de ser efetivamente diferenciado o pagamento à vista. Aliás, o próprio art. 316 do Código Civil já previa a licitude da convenção negocial de *"aumento progressivo de prestações periódicas"*. Com o mesmo espírito, os arts. 486 e 487, também do CC02, já permitiam que o preço da compra e venda esteja submetido a bolsa de valores ou "taxa de mercado" ou, ainda, fixado com esteio em "índices ou parâmetros" econômicos. Há, portanto, uma razoabilidade nesse ponto – o que não se poderia negar, por conta dos influxos do próprio mercado.

De todo modo, é preciso, agora, interpretar o art. 315 do CC02, que consagra o princípio do nominalismo, à luz da Lei n.13.455/17 que autoriza cobranças diferenciadas, deixando subentendido que o nominalismo das dívidas obrigacionais não exclui a possibilidade de que estejam embutidos juros e correção monetária.

A outro giro, todavia, me parece digno de reflexão um detalhe significativo: o interesse no recebimento por cartão de crédito e de débito não é, fundamentalmente, do empresário ou empresa? Não seria dele a diminuição dos riscos de inadimplência? E, por isso, não deveria correr às suas expensas as taxas cobradas pelas administradoras de cartão? Parece-nos que a Lei n. 13.455/17 termina por transferir para o consumidor uma taxa de interesse direto do comerciante. E o pior: se coloca em rota de colisão frontal com a jurisprudência do STJ que, de há muito, já havia asseverado a abusividade (e, por conseguinte, nulidade) da cobrança de preços diferenciados na venda em cartão de crédito ou de débito.[63]

Daí a necessidade de muito cuidado com o Parágrafo Único do art. 1º da referida norma que giza: "é nula a cláusula contratual, estabelecida no âmbito de arranjos de pagamento ou de outros acordos para prestação de serviço de pagamento, que proíba ou restrinja a diferenciação de preços facultada neste artigo".[64]

Prosseguindo, a mais importante norma dessa Seção III do Título III é o art. 317: "Quando, por motivos imprevisíveis, sobrevier desproporção manifesta entre o valor da prestação devida e o do momento de sua execução, poderá o juiz corrigi-lo, a pedido da parte, de modo que assegure, quanto possível, o valor real da prestação."

---

63. *"O consumidor, pela utilização do cartão de crédito, já paga à administradora e emissora do cartão de crédito taxa por este serviço (taxa de administração). Atribuir-lhe ainda o custo pela disponibilização de pagamento por meio de cartão de crédito, responsabilidade exclusiva do empresário, importa em onerá-lo duplamente (in bis idem) e, por isso, em prática de consumo que se revela abusiva".* (STJ, Ac. unân. 3a T., REsp 1.133.410/RS, rel. Min. Massami Uyeda, j. 16.3.10).

64. Com a edição da Lei n. 13.455/17 também são derrogados dispositivos constantes da Lei nº 12.529/2011: Art. 36 (...) § 3º As seguintes condutas, além de outras, na medida em que configurem hipótese prevista no caput deste artigo e seus incisos, caracterizam infração da ordem econômica: (...) X - discriminar adquirentes ou fornecedores de bens ou serviços por meio da fixação diferenciada de preços, ou de condições operacionais de venda ou prestação de serviços; XI - recusar a venda de bens ou a prestação de serviços, dentro das condições de pagamento normais aos usos e costumes comerciais;

O fenômeno da onerosidade excessiva não é limitado ao mundo dos contratos, é mais amplo, alcançando as obrigações em geral. Na perspectiva da obrigação como processo cooperativo e dinâmico, direcionado ao adimplemento, com a satisfação das legítimas expectativas das partes, há um inegável interesse em adaptar a relação jurídica às vicissitudes que a passagem do tempo produz. Em sua trajetória, a obrigação sofrerá os influxos de novas circunstâncias ambientais, que impedem o aperfeiçoamento do adimplemento da forma como fora concebido pela previsão dos seus protagonistas. O direito subjetivo ao crédito será balizado pela preservação do seu sinalagma, pois a autonomia privada não pode conduzir à injustiça ou à opressão econômica.

Portanto, as relações obrigacionais duradouras – de execução diferida ou sucessiva no tempo – portam em seu germe um comportamento anexo emanado da boa-fé objetiva, vazado do permanente dever de revisão do conteúdo da relação jurídica. Evita-se a desproporção manifesta entre as prestações, nas hipóteses em que o seu adimplemento pela forma inicialmente projetada se torne sacrificante e de extrema dificuldade para uma das partes, de acordo com a análise da concretude do caso.

Teresa Negreiros enfrenta a temática, demonstrando que "o princípio do equilíbrio econômico incide sobre o programa contratual, servindo como parâmetro para a avaliação do seu conteúdo e resultado, mediante a comparação das vantagens e encargos atribuídos a cada um dos contratantes".[65]

A maior parte da doutrina ignora solenemente o art. 317, em razão do *status* conferido ao art. 478 do Código Civil, que disciplina o modelo jurídico da resolução contratual por onerosidade excessiva. O que existe em comum entre as duas normas é o seu fundamento e o momento de incidência. O legislador quis expressar o princípio da justiça contratual, assegurando a comutatividade nas relações obrigacionais, de modo que as prestações sejam correspectivas e equilibradas. Enquanto o fenômeno da lesão é percebido como um grave desequilíbrio das prestações na gênese do negócio jurídico (art. 157 do CC), a onerosidade excessiva se manifesta como um desequilíbrio superveniente, pois não ofende o sinalagma genético do negócio jurídico, mas ao seu sinalagma funcional, pois a relação perde a sua função já ao tempo de seu cumprimento.

Todavia, na dicção de Renan Lotufo, pelo próprio plano topográfico do Código Civil, o art. 317 "não se restringe às questões contratuais. Por outro lado, por ter aplicação mais ampla (a toda e qualquer obrigação), não colide nem invalida as disposições expressas relativas à onerosidade excessiva, estipuladas para serem de aplicação estrita ao campo contratual".[66]

De fato, versando acerca do art. 317, devemos resumidamente diferenciá-lo do art. 478 do Código Civil. Em comum, ambos os dispositivos versam sobre a cláusula *rebus sic*

65. NEGREIROS, Teresa. *Teoria do contrato*: novos paradigmas, p. 157.
66. LOTUFO, Renan. *Código Civil comentado,* v. 2, p. 228.

stantibus, prevendo o desequilíbrio das prestações contratuais em razão da incidência de eventos supervenientes e imprevisíveis que quebram o sinalagma negocial. Todavia, o art. 478 adere à teoria da imprevisão – originária do direito francês –, pois, além da imprevisibilidade do evento, requer a extraordinariedade da álea, com a demonstração dos efeitos ruinosos do fato superveniente na situação subjetiva do devedor.

Em contrapartida, o art. 317 aproxima-se da teoria da excessiva onerosidade, do direito italiano, eis que substitui a ideia do fato extraordinário pela desproporção manifesta entre as prestações. Trata-se da aferição objetiva do superveniente desequilíbrio, estranho às partes, que não poderia ser legitimamente esperado e resultou em excessiva onerosidade e grande sacrifício a um dos contratantes, sem que se precise perscrutar a situação subjetiva dos envolvidos.

De acordo com a ponderada lição de Fabiana Rodrigues Barletta, "contemporaneamente, o subjetivismo da imprevisibilidade dos acontecimentos supervenientes deve ceder lugar ao objetivismo de uma situação de excessiva onerosidade que, se possível, deverá ser afastada por meio dos esforços de integração, dentre os quais se destaca a revisão ou modificação de dispositivos contratuais a fim de preservar as expectativas dos pactuantes através da conservação do vínculo".[67]

Devemos afastar as interpretações subjetivistas, a fim de verificarmos se a desproporção objetivamente considerada é ou não um fato imprevisível, de acordo com a diretriz da boa-fé, consubstanciada aqui pelo poder de previsão de pessoas honestas que realizem o mesmo ramo de atividades e encontrem-se em idêntica posição sociocultural dos contratantes.

A interpretação do art. 317 em conformidade à Constituição Federal remete ao princípio da solidariedade, conduzindo o hermeneuta a vislumbrar o respeito ao princípio da confiança e ao necessário equilíbrio intersubjetivo das relações humanas, com exclusão de construções voluntaristas que não mais representam a aspiração eticizante do Código Civil de 2002.

Enquanto o liberalismo realçava os valores da liberdade e da igualdade formal, o Estado democrático de direito aspira por relações obrigacionais que satisfaçam o princípio da igualdade substancial do contrato, mesmo que a busca pelo equilíbrio culmine por relativizar a autonomia privada e, consequentemente, a velha noção da intangibilidade contratual. Raquel Bellini de Oliveira Salles invoca pelo princípio do equilíbrio econômico a "concepção aristotélica de justiça, sintetizada na ideia de 'meio-termo'. Nesse sentido, podemos dizer que o princípio do equilíbrio econômico do contrato seria corolário não só do princípio da igualdade substancial, mas, também, de um princípio mais geral que é o princípio da proporcionalidade".[68]

---

67. BARLETTA, Fabiana Rodrigues. A revisão contratual no Código Civil e no Código de Defesa do Consumidor, p. 196.
68. SALLES, Raquel Bellini de Oliveira. O desequilíbrio da relação obrigacional e a revisão dos contratos no CDC, p. 313.

Como bem expõe Judith Martins-Costa, "o núcleo duro da revisibilidade das prestações está na relação entre dois conceitos antagonicamente gemelares. O equilíbrio de um lado, e a desproporção manifesta de outro, causador de uma excessiva onerosidade para um dos contratantes, causada por fator externo e não imputável às partes. Esta excessiva onerosidade não é aferível em abstrato, devendo ser 'filtrada do relacionamento concreto', avaliando-se a conduta das partes e o conteúdo do contrato".[69]

Outrossim, constatados pelo magistrado os requisitos para a aplicação do art. 478 do Código Civil, a saída legislativa será a resolução do negócio jurídico, isto é, haverá o direito potestativo do devedor à desconstituição do negócio jurídico, a não ser que a outra parte, voluntária e equitativamente, delibere por restaurar a situação de equilíbrio (art. 479, CC).

Nada obstante, mais afinado com a ideia da obrigação como processo, o art. 317 do CC permite que o magistrado possa conservar o negócio jurídico, mediante a revisão de seus termos, a fim de que os seus efeitos econômicos e sociais sejam projetados para o futuro com o adimplemento da relação jurídica. O lesado ajuizará uma ação de revisão da prestação, tendo a sentença o mérito de trazer ao processo o princípio da igualdade substancial, corrigindo pela força do direito aquilo que foi desvirtuado pela força natural do mercado.

O art. 317 do Código Civil se aproxima do art. 6º, inciso V, do Código de Defesa do Consumidor, ao permitir a revisão contratual e correção do desequilíbrio das prestações. Ademais, demonstra que mesmo nas relações interprivadas, supostamente diferenciadas das relações de consumo por introduzir personagens em posição de igualdade econômica, há a necessidade de permanente controle do equilíbrio obrigacional.

No mais, pela própria topografia das normas que habitam o Código Civil, percebemos que o art. 478 limita-se ao campo dos contratos, negócios jurídicos bilaterais.[70] Já o art. 317 estende sua eficácia a qualquer relação obrigacional, seja o objeto um dar, fazer ou não fazer, proveniente das variadas fontes, seja um ato jurídico, um ato ilícito (*v.g.*, obrigação de indenizar), uma obrigação oriunda de direito de família (*v.g.*, alimentos) ou, mesmo, uma obrigação imposta imediatamente por norma. É um equívoco supor que a incidência do art. 317 do Código Civil seja restrita ao campo das obrigações pecuniárias. A norma alude a "prestação devida", e sua própria inserção na seção alusiva ao objeto do pagamento concede ao dispositivo eficácia expansiva.

---

69. MARTINS-COSTA, Judith. *Comentários ao novo Código Civil*, v. V, t. 1, p. 255.

70. STJ: Informativo nº 0526 Período: 25 de setembro de 2013. Terceira Turma. DIREITO CIVIL. NÃO CARACTERIZAÇÃO DA "FERRUGEM ASIÁTICA" COMO FATO EXTRAORDINÁRIO E IMPREVISÍVEL PARA FINS DE RESOLUÇÃO DO CONTRATO. "A ocorrência de 'ferrugem asiática' na lavoura de soja não enseja, por si só, a resolução de contrato de compra e venda de safra futura em razão de onerosidade excessiva. Isso porque o advento dessa doença em lavoura de soja não constitui o fato extraordinário e imprevisível exigido pelo art. 478 do CC/2002, que dispõe sobre a resolução do contrato por onerosidade excessiva" (REsp 866.414-GO, Rel. Min. Nancy Andrighi).

Assim, endossamos a conclusão de Gabriela Tabet, quando aduz que "o art. 317 do Código Civil consiste em norma expressa autorizadora da revisão judicial das obrigações, passível, por certo, de aplicação às relações contratuais, diante da inafastável necessidade de se interpretar o ordenamento jurídico brasileiro como um sistema unitário".[71]

Assim, com base no art. 317 do Código Civil, é possível que a parte que sofreu uma lesão provocada por ato ilícito, e tenha gerado incapacidade parcial para o trabalho, possa futuramente pleitear o aumento da prestação em face do causador do dano, caso evento imprevisível à época do acidente acarrete a progressão das sequelas para incapacidade total de trabalho. Da mesma forma, o outro contratante poderá se exonerar da verba indenizatória caso haja uma inesperada recuperação da vítima, retomando ela as suas atividades normais. Em qualquer caso, suficiente para o êxito da pretensão será a demonstração objetiva do superveniente desequilíbrio das prestações, sem a necessidade de demonstração da extraordinariedade do evento, ou seja, dispensa-se a prova de que as novas circunstâncias impuseram à parte uma situação de empobrecimento.

3.2 Da prova do pagamento

Estabelece o art. 319 do Código Civil que o devedor que paga faz jus à obtenção da quitação regular, sob pena de retenção do pagamento, enquanto aquela não lhe seja concedida. Essa regra mostra, mais uma vez, que o pagamento não é um dever, e sim um direito subjetivo do devedor ou do terceiro que paga, de ver o reconhecimento do recebimento pelo credor – ou de quem recebeu – e, assim, exonerar-se do débito.[72]

A quitação é o meio mais robusto de prova do adimplemento. A importância desse negócio jurídico unilateral no tráfego jurídico é tão consolidada que o art. 311 do Código Civil presume a qualidade de credor na pessoa que porta a quitação. Aliás, o termo emana do latim *quietare*, cujo significado é "deixar tranquilo". De fato, trata-se de excelente remédio para aquietar os ânimos do devedor.

O recibo é o instrumento certificador da quitação. Cuida-se da declaração do credor de ter recebido a prestação, assinalando o adimplemento da obrigação quando

71. TABET, Gabriela. *Obrigações pecuniárias e revisão obrigacional*, p. 342.

72. STJ: Informativo nº 0526. Período: 25 de setembro de 2013. Terceira Turma: "O cumprimento da obrigação após o transcurso do prazo judicialmente fixado, ainda que comprovado por termo de quitação, não exime o devedor do pagamento da multa cominatória arbitrada. Ressalte-se, inicialmente, que a quitação – direito subjetivo do devedor que paga – constitui verdadeira declaração do credor de ter recebido a prestação devida, sendo meio apto à prova do adimplemento obrigacional. Ocorre que a quitação somente será apta a afastar a aplicação de multa cominatória quando declarar que o efetivo cumprimento da obrigação tenha ocorrido dentro do prazo judicialmente assinalado. Isso porque a multa cominatória – instituto processual por meio do qual o juiz força a vontade do devedor no sentido de efetivamente cumprir a obrigação judicialmente acertada –, embora se destine à realização do interesse do credor, caracteriza-se como verdadeira sanção a ser aplicada na hipótese de desobediência a uma ordem judicial" (REsp 1.183.774-SP, Rel. Min. Nancy Andrighi, julgado em 18.6.2013).

se refere à totalidade do débito. Na impossibilidade de obtenção do recibo como prova de quitação, o fato jurídico poderá ser demonstrado por outros meios, como alude o art. 212 do Código Civil.

Além de provocar a retenção do pagamento como garantia do devedor, a recusa à quitação induz o credor à mora (art. 394 do CC) e propicia ao devedor o nascimento da pretensão de consignação em pagamento, pois a falta da quitação equivale à própria recusa injustificada de receber a prestação (art. 335, I, do CC). Na sempre lúcida posição de Orlando Gomes, "o direito à quitação é protegido por medida mais enérgica. Assegura a lei ao devedor o poder de reter o pagamento, enquanto não lhe for dada a quitação. Pelo exercício desse poder, não incorre, obviamente, em mora. Se o credor não quer fornecer a quitação em forma hábil, o devedor pode citá-lo para esse fim, ou demora o pagamento até que lhe seja passado regularmente".[73]

A outro giro, se no momento posterior à quitação o credor perceber que parte do pagamento ainda se encontra em aberto, nada impedirá que busque a diferença em juízo, tendo o ônus probatório de impugnar a quitação que emitira anteriormente. Em suma, a quitação é revogável.

Mesmo nas hipóteses de extinção do débito em razão do pagamento indireto (*v.g.*, compensação e dação em pagamento), o *solvens* exigirá a quitação, pois o adimplemento verificou-se por via alternativa.

A "quitação regular" referida no art. 319 do Código Civil tem os seus domínios ampliados na complexidade do mundo pós-moderno. A expressão engloba a quitação dada por meios eletrônicos ou por quaisquer formas de "comunicação a distância", assim entendida aquela que permite ajustar negócios jurídicos e praticar atos jurídicos sem a presença corpórea simultânea das partes ou de seus representantes. Aliás, na Internet, cogita-se mesmo da desmaterialização do adimplemento e da quitação, pois documentos eletrônicos consubstanciam a vontade das partes e questões urgentes abrem-se como a perquirição da autenticidade e validade de tais documentos. A solução de tais imbróglios requer a edição de normas especiais que regulamentem o valor probatório dos referidos documentos.

Em princípio, o art. 225 do Código Civil concede valor probatório a reproduções mecânicas ou eletrônicas da Internet, sendo possível até imprimir a esses documentos o mesmo valor de escritura pública (art. 215 do CC), sendo suficiente que o tabelião extraia uma certidão após visualizar na tela o documento que o particular exibir-lhe (art. 217 do CC). A Medida Provisória nº 2.200-2, de 24 de agosto de 2001, cuida da autenticidade e validade dos documentos na forma eletrônica.

Bem esclarece o art. 320 do Código Civil que a quitação poderá processar-se por instrumento particular, mesmo que se refira a contrato cuja solenidade essencial justifique a escritura pública, como em compra e venda de valor superior a 30 salários-mínimos (art. 108 do CC). De fato, para a quitação, qualquer forma será

73. GOMES, Orlando. *Obrigações*, p. 128.

suficiente, pois se trata da extinção normal da obrigação pelo adimplemento, devendo ser facilitada a liberação do devedor. Se os requisitos desta norma forem suficientes para a produção de efeitos da quitação entre as partes, a eficácia *erga omnes* demandará o registro do documento no Cartório de Títulos e Documentos, conforme o disposto no art. 129 da Lei nº 6.015/73.

A quitação deverá consubstanciar os seguintes elementos: (a) o valor - a fim de ficar claro se o pagamento é parcial ou total; (b) identificação do débito - pois credor e devedor podem ter convencionado outras relações obrigacionais; (c) identificação do devedor - eis que o pagamento efetuado por terceiro poderá apenas satisfazer o credor, mas manter a obrigação do devedor; (d) tempo do pagamento - evitando controvérsias quanto ao surgimento da mora; (e) local do pagamento - para haver adequação com a natureza quesível ou portável do débito; (f) assinatura do credor ou de seu representante - pois o credor terá de se assegurar da qualidade do representante para futuramente responsabilizar o devedor em caso de falha no adimplemento.

Não se pode olvidar de que, ao exigir-se a *assinatura* do credor ou de seu representante, o legislador não restringiu a tradicional subscrição do documento, de forma mecânica, sendo oportunizada a assinatura eletrônica, quando houver necessidade de adoção de meios técnicos e não se exija outra forma.

Aliás, a teor do parágrafo único do art. 320, mesmo que a quitação seja deficiente, por omitir detalhes essenciais sobre a qualificação das partes, o tempo ou o local de pagamento, poderá mesmo assim ser eficaz, induzindo presunção de pagamento, caso de seu conteúdo possa inferir-se que houve o pagamento. Conforme se depreende da aplicação do princípio interpretativo da boa-fé objetiva (art. 113 do CC), manifestado pelos usos locais e o tráfego jurídico, existem padrões de conduta socialmente típicos que formam comportamentos concludentes (*v.g.*, emissão de tíquete, uso de carimbo), hábeis a substituir as formalidades do recibo nos moldes tradicionais.

Gagliano e Pamplona Filho lembram que "quem atua no interior do País sabe que o conhecimento das leis é, na generalidade dos casos, raridade. Por isso, o cidadão humilde não poderia ser alijado do seu direito à quitação pelo simples fato de não haver exigido o recibo com todos os requisitos exigidos por lei. Se o juiz concluir, pelas circunstâncias do caso posto a acertamento, que o devedor pagou, deverá declarar extinta a obrigação".[74]

Pode a quitação pelo credor envolver a devolução de título que se encontre em seu poder (*v.g.*, nota promissória ou outro título de crédito). A norma apenas se refere à alegação da perda do título, mas é aplicável extensivamente às hipóteses análogas em que se afirme a subtração ou destruição do documento. Em tais episódios,

74. GAGLIANO, Pablo Stolze; PAMPLONA FILHO, Rodolfo. *Novo curso de direito civil*: obrigações, p. 135.

é de bom alvitre que o devedor obtenha declaração do credor, reconhecendo este a inutilização e, consequentemente, a ineficácia do título desaparecido, sob pena de legítima retenção do pagamento pelo devedor, enquanto tal providência não for adotada (art. 321 do CC). Mais producente ainda será o exercício da pretensão de consignação em pagamento, pois o devedor descaracterizará a sua mora e afastará o estado de incerteza quanto ao pagamento.

A restituição do título só não será exigível quando o credor justificar a resistência à devolução. Ilustrativamente, poderá invocar o pagamento apenas parcial do débito. Todavia, inexistente a justa causa, o devedor demandará visando à devolução do título, consubstanciando o seu interesse de agir no fato de que a posse do título pelo credor importa presunção de que ainda não se deu o pagamento do título.

Se a quitação se der após a constituição do devedor em mora, a devolução do título pelo credor será muitas vezes imprescindível para que o devedor possa se eximir dos efeitos do protesto. Assim, a recusa à devolução poderá repercutir em termos de responsabilidade pós-contratual, por ofensa ao princípio da boa-fé objetiva, aqui traduzido na violação ao dever anexo de cooperação.[75]

---

75. STJ: "No caso dos autos, impende analisar a aplicação do princípio da boa-fé objetiva na sua função integrativa, de criação de novas normas de conduta para as partes, *in casu*, na fase pós-contratual da relação obrigacional. Sob a ótica da boa-fé objetiva, os interesses das partes contratantes não são absolutamente autônomos, como concebidos na perspectiva individualista. Pelo contrário, reconhece-se a existência de interesses recíprocos, visando à proteção da pessoa e dos bens da contraparte. A propósito, merece transcrição um exemplo de aplicação da boa-fé objetiva em que se reconheceu o dever de cooperação para realizar um interesse da parte contrária na fase pós-contratual, *litteris*: Em outra hipótese a boa-fé foi utilizada para determinar a responsabilidade pós-contratual, imputada ao fornecedor de serviços, que não sustara a cobrança de título extrajudicial já pago pelo devedor/consumidor, embora com retardo. Entendeu-se que o fornecedor deveria ter determinado ao estabelecimento bancário incumbido da cobrança do título o cancelamento do débito, para que assim fosse evitado um novo – e agora injustificado – protesto do título. É que os deveres de colaboração implicam agir positivamente para que o fim contratual seja alcançado e em não agravar a situação da contraparte (ibidem, p. 205). Analisando o caso concreto à luz dessa doutrina, não se mostra admissível que a credora, embora não tivesse interesse direto no cancelamento do protesto, tenha se mantido inerte ante o prolongamento dos prejuízos ao nome e à imagem do devedor no meio socioeconômico. A boa-fé objetiva exige das partes uma conduta cooperativa, que, no caso, poderia ser realizada com a emissão da carta de anuência, ou a devolução do título, logo após a quitação da dívida. Também não se coaduna com a boa-fé objetiva a ideia de o credor aguardar uma manifestação formal da devedora para, só então, emitir a carta de anuência. Ora, quem paga uma dívida protestada tem interesse imediato na baixa do protesto. Não há que se exigir manifestação de vontade posterior sobre esse interesse, pois ele é decorrência lógica do pagamento. Então, se o credor recebe o pagamento integral da dívida (inclusive as despesas do protesto), a boa-fé objetiva impõe-lhe o dever de entregar (ou remeter) ao devedor a carta de anuência ou o título protestado, cabendo-lhe provar que o fez. Acrescente-se que o credor não é obrigado a aceitar o pagamento feito em seu estabelecimento (ou em sua conta-corrente), podendo exigir que o devedor pague diretamente no tabelionato de protestos, conforme dispõe o art. 19 da Lei 9.492/97, *litteris*: Art. 19. O pagamento do título ou do documento de dívida apresentado para protesto será feito diretamente no Tabelionato competente, no valor igual ao declarado pelo apresentante, acrescido dos emolumentos e demais despesas. Na hipótese deste artigo, não haveria controvérsia sobre a baixa do protesto, pois esta seria automática. Mas, se o credor opta por receber o pagamento fora do tabelionato de protestos, deve cooperar com o devedor, fornecendo-lhe a carta de anuência ou restituindo-lhe o título protestado, para viabilizar o cancelamento do protesto. No caso dos presentes autos, a credora recebeu o pagamento, mas não remeteu à devedora os documentos necessários para o cancelamento do protesto, omissão que afronta o princípio da boa-fé objetiva, configurando ato ilícito, e gerando obrigação de reparar os danos causados à contraparte, conforme entendeu

Os arts. 322, 323 e 324 do Código Civil tratam de presunções legais do pagamento. O art. 322 impõe que, nos pagamentos em prestações sucessivas ou periódicas, a quitação conferida à última delas gere a presunção de adimplemento das anteriores. A norma denota exigência de comportamento diligente por parte do credor, pois não poderá impunemente receber uma prestação, quando negligenciou na cobrança das que a precederam. É da natureza das coisas que qualquer pessoa que não tenha recebido a prestação anterior não quitará qualquer das posteriores.

Contudo, a presunção aludida é relativa, já que nada impede a possibilidade de o credor demonstrar a falta de pagamento de uma das prestações - por ter recebido a última antes das demais - ou, ao receber uma prestação, constar a ressalva de que especificamente alguma das anteriores ainda não foi paga, afastando a presunção.

Mas, se a presunção milita em favor do devedor, sobeja manifesta a ausência de razoabilidade de cláusula, inserida em recibo de quitação com os seguintes dizeres: "O recebimento desta prestação não induz à quitação das anteriores." Mesmo que se trate de uso arraigado no comércio jurídico, ofende a tutela da confiança. Por sua vez, tratando-se de relação de consumo, a abusividade é manifesta.

Prosseguindo, se a quitação deu-se sem reserva dos juros, presumem-se estes pagos. Em outras palavras, se o credor exonerou o devedor do principal, sem menção ao acessório, isso importa reconhecer o completo adimplemento da obrigação, pois só se quita o capital quando os juros já estiverem pagos (art. 323 do CC). A norma pode ser explicada em dois fundamentos: os juros são classificados como frutos civis, portanto, como acessórios do capital, seguem a sua sorte; ademais, quando o credor de capital e juros recebe verba para cobrir ambos, imputará primeiro o pagamento nos juros vencidos; depois, no capital (art. 354 do CC). Aliás, aduz Sílvio Rodrigues que a imputação inicial nos juros é aquilo que "permite a lei, sugere o bom senso e o que comumente acontece".[76]

Apesar de certo dissídio doutrinário, prevalece a corrente que admite ser a presunção da quitação quanto ao pagamento de juros de natureza *juris tantum*. Portanto, poderá o credor provar que a quitação fora obtida viciosamente, demonstrando que os juros se encontram em aberto, através da constatação da mora do devedor.

Outra regra tradicional diz respeito à presunção de pagamento, derivada da entrega do título ao devedor (art. 324 do CC). O título é a prova viva da realidade da obrigação. A sua devolução supre a quitação exigida pela art. 320 do Código Civil. Especificamente quanto aos títulos de crédito, regra semelhante é vista no art. 893 do Código Civil. Com a devolução do título de crédito, o credor perde a possibilidade de se beneficiar de sua literalidade e das pretensões decorrentes do princípio da abstração da causa.

---

o Tribunal de origem" (EDcl no AREsp 273013/MG Rel.(a) Min. Paulo de Tarso Sanseverino T3 - Terceira Turma *DJe* 5.9.2014).

76. RODRIGUES, Sílvio. *Direito civil*: parte geral das obrigações, p. 145.

Ao efetuar a tradição do título ao devedor, o credor estará admitindo a sua satisfação pelo pagamento, pois é o título que prova a própria existência da obrigação. É em virtude desse enunciado que se considera autorizado a receber o pagamento o portador da quitação, mesmo não sendo ele o verdadeiro credor (art. 311 do CC).

A entrega do título também constitui prova para a remissão do débito (art. 386 do CC), gerando presunção no sentido da aceitação do perdão pelo *accipiens*.

Se no prazo decadencial de 60 dias, a contar da quitação, o credor demonstrar que não houve o pagamento, tendo o devedor recebido o título por meios não idôneos (*v.g.*, subtração ou perda do título), ou antes de quitada a obrigação, poderá exercer o direito potestativo de destituir a eficácia da quitação. Por isso, podemos dizer que a presunção do *caput* é *juris tantum*, admitindo prova em contrário no aludido prazo decadencial.

No mais, tratando-se de quitação concedida por instrumento público, basicamente por escritura pública, terá a aptidão de fazer prova plena, eis que dotada de fé pública, a teor do art. 215 do Código Civil. A sua presunção de veracidade apenas cede em caso de falsidade material ou ideológica.[77]

Dispõe o art. 325 que "presumem-se a cargo do devedor as despesas com o pagamento e quitação; se ocorrer aumento por fato do credor, suportará este a despesa acrescida". A regra geral demanda que todas as despesas relacionadas com o pagamento e quitação correm por conta do devedor, como maior interessado em sua liberação. Assim, gastos com taxas bancárias e transportes de mercadorias incumbem ao devedor, exceto se houver convenção em sentido contrário ou despesas extraordinárias produzidas por responsabilidade exclusiva do credor (art. 325 do CC).

O dispositivo é restrito ao balanceamento das despesas extrajudiciais. As despesas judiciais com o pagamento e a quitação não entram nesse dispositivo, ficando a cargo daquele que sofreu a condenação (§ 2º art. 82 do CPC/15). Lembre-se também que

---

77. STJ: Informativo nº 0541. Período: 11 de junho de 2014. Terceira Turma. DIREITO CIVIL E PROCESSUAL CIVIL. PRESUNÇÃO RELATIVA DE VERACIDADE DA QUITAÇÃO DADA EM ESCRITURA PÚBLICA. "A quitação dada em escritura pública gera presunção relativa do pagamento, admitindo prova em contrário que evidencie a invalidade do instrumento eivado de vício que o torne falso. Com efeito, nos termos do art. 215 do CC, a escritura lavrada em cartório tem fé pública, o que significa dizer que é documento dotado de presunção de veracidade. O que ocorre com a presunção legal do referido dispositivo é a desnecessidade de se provar os fatos contidos na escritura (à luz do que dispõe o art. 334, IV, do CPC) e também a inversão do ônus da prova, em desfavor de quem, eventualmente, suscite a sua invalidade. Outro não é o motivo pelo qual os arts. 214 e 216 da Lei 6.015/1976 (Lei de Registros Públicos) assim preveem: "As nulidades de pleno direito do registro, uma vez provadas, invalidam-no, independentemente de ação direta" e "O registro poderá também ser retificado ou anulado por sentença em processo contencioso, ou por efeito do julgado em ação de anulação ou de declaração de nulidade de ato jurídico, ou de julgado sobre fraude à execução". Portanto, a quitação dada em escritura pública não é uma "verdade indisputável", na medida em que admite a prova de que o pagamento não foi efetivamente realizado, evidenciando, ao fim, a invalidade do instrumento em si, porque eivado de vício que o torna falso. Assim, entende-se que a quitação dada em escritura pública presume o pagamento, até que se prove o contrário" (REsp 1.438.432-GO, Rel. Min. Nancy Andrighi).

nos negócios jurídicos gratuitos o devedor nada desembolsará, pois já pesa sobre si a própria realização da liberalidade em prol do credor.

Caio Mário da Silva Pereira justifica o acerto da norma ao impor as despesas ao devedor, eis que "tendo o credor direito à coisa, devida na sua integralidade, não é obrigado a qualquer encargo para recebê-la".[78] O devedor só não arcará com as despesas criadas por comportamentos ou fatos imputáveis à pessoa do credor, como a mudança de domicílio ou a sua mora em receber o pagamento.

Seguindo o vetor axiológico da Constituição Federal, há de se perquirir a razoabilidade das despesas que sejam atribuídas ao devedor. A cláusula geral do abuso do direito (art. 187 do CC) exerce a notável função de proibir o exercício excessivo de situações jurídicas subjetivas pelo credor, sobremaneira as tradicionais taxas artificialmente embutidas por administradoras de imóveis, bancos e administradoras de cartões de crédito.

Por último, ao provar-se o pagamento, deve-se conferir importância aos padrões locais e costumes, já que as medidas e pesos convencionados deverão seguir os padrões do local em que se executará o contrato (art. 326 do CC). Essa regra nada mais faz do que seguir o princípio interpretativo da boa-fé objetiva, que é indicada pelos *usos do lugar de sua celebração*, a teor do art. 113 do Código Civil. Assim, a aquisição de imóveis por medidas seguirá o padrão do local de celebração do negócio jurídico (*v.g.*, hectare, alqueire paulista ou mineiro). A regra em exame será valiosa nos contratos de compra e venda *ad mensuram*, pois o negócio jurídico é praticado com vistas a uma determinada extensão territorial, havendo uma equivalência entre o preço e a área exata (art. 500 do CC).

3.3 Local do pagamento

3.3.1 Regras Gerais

Ensina Renan Lotufo que "o lugar é extremamente importante para a questão do pagamento porque fixa onde o devedor deve cumprir e se libertar, e onde o credor deve exigir o cumprimento".[79]

De fato, a grande contribuição da demarcação do local do pagamento é a de aferir quem tem a iniciativa do pagamento: Quem deve procurar? Quem deve ser encontrado: credor ou devedor? Ou seja, quem tem o ônus de buscar o pagamento. De fato, já se foi o período romântico em que as partes percorriam distâncias para cumprir o pagamento no domicilio alheio. Hoje imperam as transações eletrônicas e o pagamento via cartão, Internet ou celular. Na aldeia global estamos desterritorializados, munidos do dom da ubiquidade, situados em todos lugares a um só toque.

78. PEREIRA, Caio Mário da Silva. *Instituições de direito civil*, v. II, p. 185.

79. LOTUFO, Renan. *Código Civil comentado*, v. 2, p. 250.

Silente a relação obrigacional sobre o local do pagamento, permanecerá o negócio jurídico válido, suprida a omissão pelo art. 327 do Código Civil, preceituando que o pagamento far-se-á no domicílio do devedor. Neste caso, temos a chamada "dívida quesível" – *quérable* em francês –, ou dívida de *"ir buscar"*, cabendo ao credor procurar o devedor para obter o adimplemento, tal como ocorre com os títulos que circulam ao portador. Natural que seja assim, pois o devedor já foi suficientemente onerado pelo dever de prestar. Nesse caso, mesmo havendo data certa para o pagamento, o devedor aguardará a provocação do credor pela via da cobrança e só será constituído em mora após este tomar a iniciativa de perseguir o seu interesse e não obter a prestação do devedor apesar de já vencido o débito.[80]

Note-se que se o credor não for, nem mandar receber a coisa no lugar devido, haverá espaço para a consignação em pagamento como modo liberatório do devedor, *ex vi* do art. 335, II, do Código Civil.

Porém, convencionado que o pagamento será realizado no domicílio do credor, a dívida será portável – *portable* em francês. Vigorando o princípio da liberdade de eleição (art. 78 do CC), fixa-se domicílio contratual através da autonomia privada dos contratantes. Neste caso, a dívida será *"de levar"* e a entrega da prestação pelo devedor formará parte do próprio conteúdo da relação obrigacional, incidindo ele em mora se o pagamento não chegar ao credor no local por ele indicado (art. 394, CC). Nas obrigações portáveis, a mora é automática nos contratos com termo, pois o devedor deverá dirigir-se, na data fixada, ao domicílio do credor para efetuar o pagamento. Contudo, será o credor constituído em mora caso sem justa causa recuse o recebimento do pagamento (art. 335, I, CC).

---

80. STJ. *Informativo* nº 0469, 11-15.4.2011, Terceira Turma: "Trata-se de REsp oriundo de ação de cobrança proposta pela recorrida (cônjuge supérstite) contra o banco recorrente com o objetivo de cobrar importância financeira decorrente de uma operação de investimento com prazo fixo efetivada por seu marido em dezembro de 1986, sendo que o titular do investimento não fez o respectivo resgate no prazo ajustado (fevereiro de 1987), vindo ele a falecer em outubro daquele mesmo ano. Afirma a demandante que somente tomou conhecimento dessa operação em 1999, ocasião em que, por meio de alvará judicial, pleiteou o resgate da quantia aplicada de CZ$ 1.000.000,00, que, à época do ajuizamento da ação (outubro de 2001), corrigida monetariamente, corresponderia a R$ 256.302,10, mais os respectivos juros de aplicação (juros médios de 3% sobre 177 meses) de R$ 1.368.653,16, perfazendo um total de R$ 1.624.955,26. Entretanto, o demandado, em resposta, informou que o valor referente a tal aplicação seria de apenas R$ 2.574,44 em razão das várias transformações da moeda. No mérito, aduziu que o investidor simplesmente deixou de resgatar o dinheiro aplicado na data e lugar aprazado, sendo certo que, na qualidade de distribuidora de títulos e valores mobiliários, não poderia reinvestir ou especular com recursos de terceiros sem a respectiva autorização. O juízo de primeiro grau julgou procedente a demanda e condenou o recorrente ao pagamento da quantia pleiteada a título de devolução da aplicação financeira feita pelo falecido, esposo da recorrida. Quanto ao mérito, consignou-se que, não havendo contratação específica quanto ao local do cumprimento da obrigação, tal como no caso, ela será considerada quesível. Desse modo, o acórdão recorrido não guarda a melhor exegese para a hipótese ao reputar portável a dívida justamente em virtude da ausência de pactuação. Note-se que a própria natureza da obrigação sub judice não autoriza o reconhecimento de que o local de seu cumprimento seria o domicílio do credor. Está-se, no caso, diante, inequivocamente, da mora accipiendi (mora do credor). Diante dessas razões, entre outras, a Turma deu parcial provimento ao recurso." REsp 1.101.524-AM, Rel. Min. Massami Uyeda.

Lembramos que a distinção entre as dívidas quesíveis e portáveis se aplica mesmo para os casos em que credor e devedor tenham domicílio no mesmo município. Afinal, o fundamental da definição do local do pagamento não é a diversidade de domicílios, mas a fixação do ônus de buscar ou não o pagamento. Ilustrativamente, cuidando-se de obrigação "*de levar*", mesmo que o credor tenha escolhido um local diverso de seu domicílio, ou uma instituição bancária, a dívida será portável, pois do mesmo jeito incumbirá ao devedor a conduta ativa de transportar o pagamento a determinado lugar.

Não apenas a autonomia negocial das partes excepcionará a regra geral das dívidas quesíveis. O art. 327 excepcionou a obrigação de "*ir buscar*" em três situações, quais sejam: se as *circunstâncias* não permitirem (*v.g.*, remuneração do empregado no estabelecimento de trabalho do credor), pela própria *natureza* da obrigação (*v.g.* a empreitada só se realiza no local do imóvel) e por *disposição legal* (*v.g.* pagamento de dívidas fiscais – apenas na repartição fazendária). Ademais, certas praxes comerciais se impõem como usos no tráfego negocial, tais como no ramo dos materiais de construção, em que o silêncio de vendedor e comprador não afasta que implicitamente os usos autorizem que os referidos bens serão entregues na residência ou na obra do credor (art. 111, CC).

No âmbito da concreção boa-fé objetiva, é cada vez menos frequente o recurso a forma clássica de pagamento, em que o devedor se dirigia à praça de eleição para entregar ao credor certa quantia em dinheiro, mediante recibo, em pagamento da dívida. O fato é que o adimplemento por intermédio de boleto é utilizado para quitar obrigações em geral, resultando em comodidade e diminuindo os custos da operação, em benefício do próprio devedor. O recebimento, por meio de boleto, não significa que houve a efetivação do pagamento no domicílio do consumidor, mas apenas que, por intermédio da rede bancária, o credor recebeu o valor na agência e conta vinculadas ao boleto. Em suma, o pagamento é, efetivamente, efetuado e verificado com o recebimento da quantia na agência do credor, por intermédio da rede bancária. Nesse contexto, a credora faltaria com os deveres inerentes à boa-fé objetiva se impusesse que, para o pagamento das prestações, tivesse o devedor de se locomover todos os meses para a praça de pagamento – hipótese em que se poderia cogitar em violação do dever de cooperação.

Há ainda uma terceira categoria. Cuida-se das *dívidas mistas*. Estão no meio-termo entre as portáveis e quesíveis, pois as partes estipulam um local de pagamento que demandará o deslocamento de ambos, tanto para pagar como para receber. Ilustrativamente, um cartório em que, após o cumprimento do contrato preliminar, as partes possam cumprir simultaneamente as suas obrigações de quitar o preço e outorgar a escritura definitiva. De modo diverso ao que se dá nas dívidas quesíveis e portáveis – nas quais apenas um se desloca –, sem a presença de ambos no local do cumprimento das obrigações recíprocas.

Em qualquer caso, Antunes Varela enfatiza que "a fixação do lugar da prestação tem uma importância prática muito grande, porque a prestação pode ter um valor econômico quando efetuada em determinado lugar e possuir um valor muito diferente, se realizada noutro lugar".[81]

Se nas dívidas quesíveis o devedor muda de domicílio no período que medeia a contratação e o cumprimento, poder-se ia concluir que não haveria repercussão na relação obrigacional, pois o pagamento será efetuado no domicílio das partes ao tempo da conclusão do negócio jurídico. Raciocínio contrário perturbaria a segurança da relação jurídica. O Código Civil nada dispôs sobre o tema. Contudo, razão assiste a Jorge Cesa Ferreira da Silva,[82] considerando que se as partes não deliberaram sobre o lugar e se outro critério supletivo não oferece solução, há de se entender que a lei quis beneficiar o devedor, pois a definição do local de cumprimento presumivelmente não era importante para o credor. Assim, pelo *favor debitoris*, prevalece o novo domicílio do devedor como lugar de adimplemento.

Mas, se o contrato estabelecer mais de um local para o pagamento, caberá ao credor a escolha de qual deles deverá prevalecer. Trata-se de espécie de obrigação alternativa, na qual cumprirá ao credor cientificar o devedor a respeito de sua escolha, sob pena de o pagamento ser efetuado em qualquer dos locais previamente designados (art. 327, parágrafo único, do CC).

Em matéria de benesses ao devedor, além da presunção quanto ao local do pagamento (art. 327, CC), inova substancialmente o art. 329 do Código Civil ao permitir que, ocorrendo grave motivo, possa o devedor efetuar o pagamento em outro local, que não o ajustado. Não se trata de discricionariedade do devedor, mas de alteração do local de pagamento em razão de motivo sério que temporariamente impede o cumprimento da obrigação no local predeterminado, seja por fato ligado à pessoa do credor (*v.g.* mudança de domicílio sem informar ao devedor), como à própria pessoa do devedor (*v.g.*, doença), ou produzidos pelo fortuito (*v.g.*, interdição de estrada, catástrofe). Em qualquer caso, faz-se um juízo de ponderação, pois a alteração não se legitima se gerar encargos excessivos ao credor.

Cuida-se de uma regra proveniente do princípio da boa-fé objetiva, pois estabelece parâmetros de mitigação do *pacta sunt servanda*, em benefício da indispensável relação de cooperação e lealdade que deverá prevalecer entre os contratantes, a fim de que o negócio jurídico atinja o seu término com o adimplemento. Assim, se o pagamento de *A* em favor de *B* deve ser realizado no Rio de Janeiro, mas na época fixada o devedor *A* encontra-se acamado em Natal, poderá pagar no local em que se encontra, desde que não acarrete prejuízo aos interesses objetivos do credor na prestação. Assim, aproveitando-se o exemplo, se a entrega do produto em Natal for economicamente inviável para o credor, provavelmente o negócio jurídico será

81. ANTUNES VARELA, João de Matos. *Das obrigações em geral,* v. II, p. 36.
82. SILVA, Jorge Cesar Ferreira da. *Adimplemento e extinção das obrigações,* p. 227.

resolvido por impossibilidade superveniente. Ou seja: o legislador busca parâmetros de proporcionalidade no tratamento das partes, perseguindo o cumprimento no contrato da forma mais satisfatória ao credor, porém menos onerosa ao devedor. As despesas excedentes serão custeadas por quem provocou a alteração do local de pagamento. Caso a mudança seja consequência do fortuito, repartem-se os acréscimos entre as partes.

A maior consequência da norma é a de elidir a mora do devedor, quando por ele suficientemente demonstrado o motivo grave que o levou a adimplir a obrigação em lugar distinto àquele inicialmente entabulado pelas partes.

Igualmente criativo é o art. 330 do Código Civil, ao determinar que o pagamento reiteradamente feito em outro local faz presumir renúncia do credor relativamente ao previsto no contrato.

A novidade é mais uma fértil emanação da releitura do direito das obrigações à luz da cláusula geral da boa-fé objetiva. O negócio jurídico não pode ser interpretado apenas pelo conteúdo dado pela autonomia privada (art. 112 do CC). Após o seu momento genético, a relação obrigacional é capturada pelo sabor dos fatos sociais e do princípio da confiança (art. 113 do CC). A criatura ganha vida e se liberta da vontade criadora.

Pois bem: o legislador apanha o modelo prospectivo do direito alemão da *Verwirkung*, mais conhecida como *supressio*. Consiste em uma espécie de abuso do direito (art. 187 do CC), calcada na prolongada abstenção por parte de quem deveria exercer uma situação jurídica, a ponto de gerar a crença subjetiva no outro contratante, no sentido de que o direito não será efetivamente exercitado. A ideia de *supressio* é baseada na confiança. O passar do tempo pode fazer desaparecer determinadas situações jurídicas ou direitos subjetivos que não foram exercidos durante um certo lapso de tempo, sendo que o não exercício causa à contraparte um benefício em razão da confiança que aquele direito não mais seria usado. Lembra Carlos Roberto Gonçalves que fatos posteriores podem transformar em portável uma dívida quesível ou vice-versa: "é muito comum em contratos de locação estabelecer-se o domicílio de um dos contratantes como local de pagamento, e ocorrer tacitamente a posterior mudança em razão dos reiterados pagamentos efetuados no domicílio do outro".[83]

Observe-se que, tomada do ponto de vista do beneficiário, a *supressio* não carece de prova da vontade: basta o decurso de razoável lapso de tempo no qual é feito, "reiteradamente", o pagamento em local diverso do pactuado e a confiança despertada no beneficiário a ser averiguada objetivamente, segundo o parâmetro da "pessoa razoável". Já quanto à outra parte, a melhor solução é considerar uma presunção absoluta de renúncia, decorrente de um comportamento concludente.[84]

83. GONÇALVES, Carlos Roberto. *Direito civil brasileiro*: teoria geral das obrigações, v. II, p. 265.
84. MARTINS-COSTA, Judith. *Comentários ao novo Código Civil*, v. V, t. I, p. 320.

Imaginemos que em contrato de trato sucessivo os pagamentos deveriam realizar-se no domicílio do credor (obrigação portável), mas desde o início do pagamento das prestações periódicas o devedor efetuasse o cumprimento das prestações em seu próprio domicílio, sem qualquer oposição pelo credor. Seria qualificada como contrária à boa-fé objetiva a inesperada conduta do credor que, após prolongada desídia, venha a exigir o cumprimento da cláusula contratual de pagamento em seu domicílio, após gerar a legítima expectativa de confiança na parte contrária de que nunca viria a exercê-lo. A *supressio* tem o mérito de paralisar o desleal exercício do direito subjetivo, sancionando a ilegitimidade da conduta ofensiva ao princípio da confiança.

Apesar da cogência da norma do art. 330 do Código Civil, nos contratos interprivados consideramos legítima a cláusula que extirpa efeitos jurídicos de qualquer mutação objetiva nos procedimentos lá estabelecidos. O objetivo é perceber a alteração de rumos como mera liberalidade, sem gerar a uma ou outra parte a perda ou aquisição de direitos subjetivos. Se a essa disposição específica se agregam os usos comumente aplicáveis àquele tipo de contrato, maiores são as chances de preservação do sentido original do negócio jurídico.

3.3.2 Aspectos Processuais

É necessário distinguir o domicílio ou foro contratual do foro de eleição. Aquele, um negócio jurídico prevendo o local destinado ao adimplemento da obrigação (art. 78, CC); em contrapartida, o foro de eleição é o local convencionado pelas partes, em que será ajuizada eventual demanda em razão de litígios sobre o negócio jurídico, mormente em caso de inadimplemento. Aliás, nem sempre haverá coincidência entre o foro para dirimir litígios e o local de cumprimento das obrigações. Quando o objetivo do credor seja se servir de técnicas processuais para constranger o devedor ao adimplemento, o foro competente para a propositura da demanda será o lugar onde a obrigação deva ser satisfeita (art. 53, III, "d", CPC/15), que no silêncio do negócio será o domicílio do devedor (art. 327, CC) ou então o foro contratual, caso se tenha pactuado que a dívida é portável.

Todavia, no tocante à fixação do foro de eleição em local diferente do domicílio do réu, as consequências jurídicas são mais amplas. Basicamente, ocorrerá a prorrogação voluntária da competência territorial, *ex vi* do art. 63 do CPC/15 condicionando-se a sua eficácia à formalização do acordo por escrito com referência ao ato jurídico que lhe fundamente (§ 1º, art. 63, CPC/15). Com efeito, sendo a competência territorial de natureza relativa, em atenção ao princípio dispositivo, poderá ser objeto de convenção das partes pela forma de cláusula contratual, no interesse privado, a ponto de obrigar os sucessores das partes, pois o foro de eleição é transmissível a luz do § 2º, do art. 63 do CPC/15.

A regra geral é o ajuizamento da ação no domicílio do réu (art. 46 do CPC/15), abrangendo as lides fundadas em direito real sobre bens móveis e as ações obrigacionais ou que versem sobre direitos da personalidade. Porém, determinando o negócio jurídico que, diante do inadimplemento, a lide será ajuizada no domicílio do autor, haverá deslocamento de competência. Nada obstante, tratando-se de competência absoluta, não se admite prorrogação nem derrogação por vontade das partes. Assim, não cabe cláusula de foro de eleição para as ações reais imobiliárias (reivindicatória, usucapião, imissão na posse) e possessórias, em face do *forum rei sitae* (art. 47 do CPC/15).

Não é outra a razão pela qual o art. 328 do Código Civil adverte que o pagamento consistente na tradição de imóvel, ou no pagamento de prestações periódicas a ele referentes, far-se-á no lugar onde situado o bem. Com exceção da modalidade ficta – na qual a passagem do poder fático sobre o bem dispensa a aproximação física do bem –, a tradição da posse do imóvel será nele efetivada, eis que a transferência da titularidade do bem de raiz se dá no registro imobiliário. Quanto à parte final do dispositivo, estamos com Maria Helena Diniz, quando esclarece que a expressão "prestações relativas a imóvel" deve ser interpretada de forma a especializar o local de pagamento como o local do bem, somente em relação a serviços e atividades realizadas sobre o imóvel (*v.g.*, reforma, construção).[85] Ou seja, as prestações periódicas derivadas de relações obrigacionais, como os pagamentos de valores locatícios, não seguem a referida regra, podendo o pagamento verificar-se em local convencionado pelas partes.

O ponto sensível do local do pagamento, no plano processual, concerne à eventual abusividade da cláusula de foro de eleição. Dispõe o § 3º do art. 63 do CPC/15: "Antes da citação, a cláusula de eleição de foro, se abusiva, pode ser reputada ineficaz de ofício pelo juiz, que determinará a remessa dos autos ao juízo do foro de domicílio do réu". Ao contrário da regra geral - que impõe necessidade de excepcionar-se a incompetência relativa na fase de contestação (Súmula 33 do STJ) - na hipótese versada, tratando-se de cláusula abusiva, passível de *nulidade* por lesão à norma de ordem pública, o magistrado poderá declinar da competência territorial *ex officio*. O preceito outorgou poderes ao magistrado para decretar a nulidade de cláusula de eleição de foro, tendo como efeito o desaparecimento do mundo jurídico da avença lesiva, o que gera, como consequência natural, a aplicabilidade da regra geral de competência do art. 46 do CPC/15 (foro do domicílio do réu). A norma transforma uma hipótese de incompetência relativa em absoluta, já que o juiz a declara de ofício para determinar de imediato a remessa dos autos ao juízo do foro do domicílio do réu.[86]

Algumas considerações merecem um enfoque privatista. Primeiro: o legislador previu a abusividade da cláusula como fator de ineficácia, independentemente de sua origem em um contrato de adesão ou da hipossuficiência de uma das partes.[87]

85. DINIZ, Maria Helena. *Direito civil brasileiro*: teoria geral das obrigações, p. 233.

86. COSTA MACHADO, Antonio Claudio da. *Código de Processo Civil interpretado*, p. 155.

87. No regime do Código de Defesa do Consumidor, o critério distintivo da abusividade da cláusula de foro de eleição é a qualificação do contrato com base na identificação da hipossuficiência – seja pelo porte econômico do consumidor ou do valor da avença –, resultando na mitigação de sua liberdade contratual.

É consabido que o fenômeno da abusividade é majoritariamente verificado em negócio jurídicos submetidos à predisposição e unilateralidade das cláusulas, mas isso não significa que em alguns casos a abusividade se manifeste em contratos paritários. No CPC/15 prevaleceu a tutela da confiança, sem se indagar o modo de vinculação, seja em negócios jurídicos interprivados ou consumeiristas. A existência de uma relação de consumo, presume a vulnerabilidade da parte assimétrica, mas, por si só, não presume a abusividade de cláusulas; por outro lado, o fato do negócio jurídico ter sido objeto de aberta negociação, não elide a configuração de cláusulas abusivas.

Ademais, não obstante o legislador não o tenha explicitamente considerado, isoladamente aferida, a abusividade da cláusula não terá o condão de provocar a remessa dos autos ao juízo do foro do domicílio do réu. Será necessário que o magistrado se convença do prejuízo ao exercício da ampla defesa do réu, gerando inviabilidade ou especial dificuldade de acesso ao judiciário.[88]

Percebe-se que o CPC/15 edificou um sistema em *três tempos* de controle de abusividade de cláusulas de foro de eleição. Em um primeiro momento, conforme o realçado § 3º, do art. 63, o juiz decretará *ex officio* a nulidade e consequente ineficácia da cláusula, declinando a demanda para o juízo do domicílio do demandado.[89] Para que se preserve o contraditório e afaste-se a decisão-surpresa, o autor será necessariamente ouvido antes da manifestação judicial definitiva, *ex vi* dos arts. 9 e 10 do CPC/15. De qualquer forma, insinua-se uma preclusão temporal *pro*

Outrossim, é abusiva a eleição do foro da sede do fornecedor nos contratos de adesão se a opção resultar em frustração ao acesso do consumidor ao Judiciário, hipótese banalizada por fornecedores que comerciam em locais distantes e impõem como foro de eleição a sua distante sede de negócios. Trata-se de cláusula abusiva (art. 51, IV), por imputar excessiva onerosidade à parte mais frágil da relação, desequilibrando a relação contratual e ferindo a boa-fé do consumidor.

88. STJ. Informativo nº 0423 Período: 15 a 19 de fevereiro de 2010. Terceira Turma COMPETÊNCIA. FORO. ELEIÇÃO. ABUSIVIDADE. A Turma decidiu que, na hipótese em que uma empresa com filiais em diversas localidades firma contrato com consumidores nelas domiciliados, com cláusulas prévias, elegendo sua sede como o foro para futuras e eventuais demandas, é possível avaliar, desde logo, a intenção do fornecedor de restringir a defesa do consumidor aderente. Daí que o fundamento adotado pelas instâncias ordinárias, i.e., a existência de relação jurídica regida pelo CDC, por si só, não determina que seja abusiva a cláusula de eleição de foro. Assim, provido em parte o recurso, para determinar que o tribunal de origem analise o foro eleito pelas partes nos termos propostos, no sentido de melhor examinar se tal cláusula dificulta o acesso da parte hipossuficiente ao Poder Judiciário. Ademais, é vedado, na via especial, aferir a abusividade da cláusula de eleição de foro nos termos propostos, por demandar a análise de elementos fáticos. REsp 1.089.993-SP, Rel. Min. Massami Uyeda.

89. Daniel Amorim Assumpção Neves considera que "a declaração de ineficácia não vincula o réu, que no momento da prolação da decisão ainda será um terceiro no processo. Essa consideração é importante porque, sendo citado já no foro do seu domicílio em decorrência da aplicação do art. 63, § 3º, do novo CPC, o réu poderá excepcionar o juízo (como preliminar de contestação) pleiteando a aplicação da cláusula de eleição ao caso concreto, com o que os autos deverão ser reencaminhados ao juízo de origem. É preciso compreender que o dispositivo ora analisado se presta a tutelar os interesses do réu, permitindo que ele se defenda desde o início do processo no foro de seu domicílio. Essa proteção, entretanto, parte de uma presunção relativa, de que o melhor local para o réu litigar é o foro de seu domicílio. No caso concreto, entretanto, é possível que o réu prefira o foro indicado pela cláusula de eleição de foro e essa vontade concreta dele deve prevalecer sobre uma proteção legal abstrata" In, Novo CPC, P. 77.

judicato, pois, de acordo com o § 4º, do art. 63, "Citado, incumbe ao réu alegar a abusividade da cláusula de eleição de foro na contestação, sob pena de preclusão".[90] Depois de realizado o ato processual citatório, instaura-se uma segunda etapa, na qual exclusivamente o réu poderá suscitar a invalidade da cláusula e o consequente deslocamento da competência, pela via da exceção declinatória. Contudo, se o réu não se desincumbe desse ônus no prazo fatal da contestação, abre-se a terceira e derradeira fase. Incidirá a prorrogação tácita da competência (art. 65, CPC/15) e o processo será definitivamente fixado no local ajustado na cláusula de foro de eleição.

Em complemento, em sede de solução extrajudicial de conflitos, tratando-se de protesto a ser realizado em cartório, é possível que se efetive em local diverso do domicílio do obrigado, nas dívidas quesíveis. O próprio art. 6º da Lei de Protesto estabelece que, tratando-se de cheque, poderá o ato ser lavrado no lugar do pagamento ou do domicílio do emitente, não havendo dúvidas acerca da possibilidade de intimação postal em Município diverso do tabelionato. Assim, no caso em que o acordo prevê de forma genérica o pagamento na praça da sede da instituição financeira credora, ou à sua ordem, mediante carnê de pagamento, cheques ou qualquer outra forma convencionada, pode ser efetuado o protesto no domicílio da mesma instituição.[91]

3.4 Tempo do pagamento

O tempo é a alma do direito privado. Da concepção até o pós-morte, as regras e princípios aplicáveis ao direito civil definem a fugidia existência humana e o seu trânsito em sociedade. No processo obrigacional o tempo é ainda mais breve pelo imperativo da transitoriedade do vínculo creditício. Zygmunt Bauman indaga se na era da instantaneidade o tempo ainda existe "como o conhecemos".[92]

90. A inusitada preclusão tácita da nulidade para o magistrado - caso ele se omita e até a citação do réu não conheça de ofício a nulidade da cláusula -, já era hostilizada pela doutrina ao tempo do CPC/73. Sendo a nulidade insanável por essência (art. 169, CC), evidentemente não se compatibiliza com a prorrogação da competência. Como obtempera FREDIE DIDIER JR., "o legislador reformista inovou na hipótese de incompetência que pode ser conhecida ex officio, mas não pode sê-lo a qualquer tempo. É um novo regime jurídico de reconhecimento de incompetência. A incompetência decorrente de invalidade de cláusula de foro pode ser reconhecida ex officio (traço do regime de reconhecimento da incompetência absoluta), mas é suscetível de preclusão (traço do regime de incompetência relativa) – uma preclusão para o juiz". Curso de Direito Processual Civil, I, pag. 104.

91. "Ademais, faz-se necessário consignar que, como é necessário ao apontamento a protesto que o documento tenha executividade, isto é, seja dotado de certeza, liquidez e exigibilidade, a medida é bem menos severa ao devedor se comparada à execução do título, pois não envolve atos de agressão ao patrimônio do executado, sendo certo que os órgãos de proteção ao crédito também fazem uso de dados de caráter público da distribuição do Judiciário – o que, igualmente, resulta na "negativação" nos órgãos de proteção ao crédito"(Informativo 579, REsp 1.398.356-MG, Rel. para acórdão Min. Luis Felipe Salomão, Segunda Seção, DJe 30/3/2016).

92. BAUMAN, Zygmunt. *Modernidade líquida*, op. cit., p. 138: "O tempo instantâneo e sem substância do mundo do software é também um tempo sem consequências. A distância em tempo que separa o começo do fim está diminuindo ou mesmo desaparecendo; as duas noções que outrora eram usadas para marcar a passagem do tempo, e, portanto, para calcular seu 'valor perdido', perderam muito de seu significado. Há apenas momentos – pontos sem dimensão. Teria o tempo, depois de matar o espaço enquanto valor cometido suicídio?"

Quando o legislador se refere ao *"tempo do pagamento"*, volta os olhos ao momento adequado para o cumprimento de cada obrigação: avulta o instante da exigibilidade da prestação. Para a exata compreensão desse fenômeno, existem três momentos que podem apartar-se ou aproximar-se na relação obrigacional: *crédito, vencimento* e *exigibilidade*. O crédito nasce com a constituição da relação obrigacional. Do negócio jurídico válido emana o direito subjetivo do credor a uma prestação, vale dizer, o poder de agir para a satisfação do interesse próprio. Já o vencimento é o instante em que no *iter* obrigacional não mais resta óbice temporal à eficácia da prestação. Pois bem, ocorrendo o vencimento normalmente, a dívida se qualifica como exigível. Contudo, mesmo superado o "tempo para o pagamento" podem ainda remanescer outros fatores de ineficácia da obrigação. Na prescrição, como sabido, há um crédito vencido, cuja exigibilidade é paralisada pela oposição de exceção material pelo devedor. Ademais, apesar do vencimento do débito no prazo ajustado, não poderá o credor exigir a prestação em face da alegação da *exceptio non adimpleti* pela parte contrária (art. 476 do CC).

Afora tais hipóteses, negando-se espontaneamente o devedor a prestar, surge a pretensão, isto é, o poder de exigir a prestação quando violado o direito subjetivo. Como efeito do crédito, a pretensão a ser dirigida contra o devedor será normalmente encaminhada pela via de uma ação direcionada ao Estado-Juiz. Portanto, o momento da exigibilidade (e consequentemente o da executabilidade) é comumente posterior ao do surgimento da prestação. Antes do nascimento da pretensão o crédito já produz outros efeitos: é cessível, onerável e sucessível, embora de pretensão só se cogite com o inadimplemento da prestação.

Quando se deve pagar a prestação? Em princípio, presume-se ser o vencimento imediato e, via de consequência, exigível. As obrigações sem prazo são imediatamente exequíveis, de acordo com a regra geral da primeira parte do art. 134 do Código Civil: "os negócios jurídicos entre vivos, sem prazo, são exequíveis desde logo[...]". Trata-se de obrigações *puras*, pois desprovido o negócio jurídico das modalidades (elementos acidentais) do termo e condição. Nas vendas instantâneas (art. 491, CC) e de prestações únicas, o pagamento é praticamente coevo ao nascimento da obrigação. Em tais casos, aplica-se o princípio da satisfação imediata, podendo o credor obter prontamente o pagamento. Na letra do art. 331 do CC: "salvo disposição legal em contrário, não tendo sido ajustada época para o pagamento, pode o credor exigi-lo imediatamente". Orlando Gomes preleciona que "a ausência de termo interpreta-se como reserva, por parte do credor, da faculdade de exigir a prestação em qualquer momento. Pode, portanto, reclamar a satisfação imediata".[93]

É certo que o rigor da norma em foco deve ser temperado, a fim de que a exigência do imediato pagamento se compatibilize com as circunstâncias do negócio e a natureza da prestação. Realmente, o só fato de o devedor não cumprir uma prestação

93. GOMES, Orlando. *Obrigações*, p. 99.

de satisfação imediata não induz automaticamente à sua mora ou ao inadimplemento. Daí a cautela da cobrança ser precedida de interpelação ao devedor, a fim de que seja instado a satisfazer o débito.[94] Nesse sentido dispõe o art. 397 do Código Civil: "não havendo termo, a mora se constitui mediante interpelação judicial ou extrajudicial".

Mesmo não assinalado termo contratual, há casos em que a obrigação não se torna desde logo exigível. Pode incidir um *termo tácito* suficiente ao cumprimento da obrigação que decorre das próprias circunstâncias do contrato, bem como dos usos do tráfego jurídico e dos deveres decorrentes da boa-fé objetiva. Na 2ª parte do art. 134, do Código Civil, o legislador ressalva a regra da exequibilidade imediata da prestação, quando a execução vier a se realizar em lugar diverso do contrato (*v.g.*, transporte de mercadorias para local longínquo) ou demandar tempo para o seu cumprimento (*v.g.*, contrato de aquisição de safra). De fato, são situações em que a própria natureza das coisas desafia a exigência imediata do pagamento. O lapso temporal previsto no art. 134 do Código Civil condiz com situações em que se faz necessária a aposição de um *termo moral* ao adimplemento satisfatório da obrigação.

Exemplificando, se *A* concede em comodato uma fazenda a *B* para fins de plantação de soja, sem que o negócio jurídico delimite o prazo de transferência da posse direta, não defere ao comodante o poder jurídico a avença de resilir unilateralmente e a qualquer tempo. O exercício deste direito potestativo se mostraria abusivo em face da confiança depositada pelo comodatário na relativa permanência da obrigação e nos usos do tráfego. Por isso, dispõe o art. 581 do Código Civil que "se o comodato não tiver prazo convencional, presumir-se-lhe-á o necessário para o uso concedido".

Já em outras situações de obrigações puras, o próprio legislador tratou de discorrer sobre prazos fatais, buscando a segurança jurídica de relações jurídicas frequentes em sociedade. É o chamado *termo legal*. Assim, no contrato de mútuo em dinheiro, no silêncio das partes prevalece o prazo de 30 dias para solução do débito (art. 592, II, do CC). No comodato, a ausência de prazo contratual presume o necessário para atender às finalidades do uso concedido (art. 581 do CC). Mais recentemente, o art. 23 da Lei nº 8.245/91 fixou o sexto dia útil do mês seguinte como prazo supletivo à cobrança de locação (exceto quando o contrato for despido de garantias locatícias – art. 42).

Devemos tomar cuidado para evitar a locução *"contrato com prazo indeterminado"*, pois todo prazo é naturalmente um espaço de tempo determinado. Daí, melhor referir-se à existência de contratos com prazo e sem prazo, ou obrigações a termo

---

94. STJ. REsp 1284179/RJ, Rel. Min. NANCY ANDRIGHI 3.T., *DJe* 17.10.2011: "A exigibilidade da dívida é requisito indispensável para a propositura de qualquer ação que objetive o respectivo pagamento. 2. O estabelecimento, em confissão de dívida, de cláusula que determina que o vencimento da obrigação se dará por acordo entre as partes deve ser reputada sem efeito, porquanto consubstancia condição puramente potestativa. 3. Reputada inexistente a disposição que regula o vencimento, a dívida deve ser considerada, nos termos do art. 331 do CC/02, passível de ser exigida à vista. 4. Para cobrança de dívidas à vista, basta ao credor que notifique o devedor para constituí-lo em mora, nos expressos termos do art. 397, parágrafo único, do CC/02."

e sem termo. Caso o negócio jurídico estabeleça o vencimento, este poderá ser um certo momento em que se dará o pagamento (termo) ou um espaço temporal em que se cumprirá (prazo).

Havendo previsão de termo contratual ou sujeitando-se a obrigação a prazo, instala-se um limite ao exercício da pretensão, que fica suspensa até o dia do vencimento. Alcançado o tempo estabelecido para o adimplemento, surgirá o poder jurídico de exigir a prestação, a pretensão ao cumprimento. Aqui, o vencimento coincidirá com a exigibilidade.

Veremos por ocasião do estudo do inadimplemento que o descumprimento da obrigação no termo nem sempre introduzirá o devedor em mora. Nos casos em que a data ajustada para o vencimento for a única em que o cumprimento objetivamente será apto a atender o interesse do credor, o descumprimento remeterá ao inadimplemento absoluto (art. 389, CC).

Todavia, caso demande precipitadamente, antes do vencimento do débito, além de ver sua pretensão excepcionada e neutralizada pelo devedor, ficará o credor sujeito às sanções expressas no art. 939 do Código Civil, em face da cobrança indevida. Ou seja: ao tempo da conclusão do negócio jurídico já existem o débito e a prestação – que inclusive pode ser cedido ou transferido *mortis causa* –, mas a sua exigibilidade resta suspensa ao aguardo do vencimento e eventual inadimplemento da obrigação. A cronologia da obrigação perpassa por três momentos: (a) celebração do negócio jurídico válido com eficácia diferida; (b) transmissão da obrigação; (c) vencimento e nascimento da exigibilidade, pretensão e ação.

Discordamos da tese pela qual a vítima deverá provar a malícia ou o dolo do autor da ação, sob pena de não se lhe aplicar a penalidade do art. 939 do Código Civil. À luz do art. 187 do Código Civil, trata-se da figura do ato ilícito objetivo, condizente com o abuso do direito pelo titular de um direito subjetivo que o exercita de forma contrária à sua função social ou à boa-fé objetiva.

Enquanto normalmente o crédito dotado de pretensão seja vencível, exigível e realizável ao mesmo tempo, pode acontecer que, mesmo antes do vencimento, possa produzir-se exigibilidade; em outras vezes a exigibilidade só se produz após uma notificação; por vezes supõe a liquidez da dívida; e em outras, enfim, o devedor pode adimplir antes do vencimento (e da exigibilidade). [95]

A exigibilidade do débito poderá preceder o próprio momento do vencimento da obrigação, nas hipóteses em que a falta de solvabilidade do devedor antecipe o próprio nascimento da pretensão de direito material. Infelizmente, nas prestações de cumprimento diferido no tempo, o interregno que medeia o nascimento e o adimplemento da obrigação pode reservar desagradáveis mudanças para o patrimônio do devedor ou daqueles que lhe forneceram garantias pessoais ou reais.

95. MARTINS-COSTA, Judith. *Comentários ao novo Código Civil*, v. 5, p. 329.

De fato, existem situações excepcionais nas quais haverá possibilidade de o credor receber o pagamento, mesmo antes do termo estabelecido contratualmente. A exigibilidade se produzirá antes do vencimento caso o devedor frustre a garantia por colocar-se em uma das situações de insolvência alvitradas nos incisos do art. 333 do Código Civil. Nessas situações, incidirá o *vencimento antecipado da dívida*, facultando-se ao credor o exercício do direito de ação sem que isto lhe acarrete as sanções do art. 939 do Código Civil. As cinco hipóteses identificadas pelo legislador convergem para a mitigação das chances de adimplemento, tendo como consequência a perda de confiança do credor na aptidão econômica do devedor para cumprir o programa obrigacional. Tanto na falência quanto em concurso de credores, penhora de bens do devedor e cessação ou redução de garantias do débito (e sem possibilidade de reforço), se não fosse lícito ao credor imediatamente invadir a órbita patrimonial do devedor, certamente restaria frustrado o objetivo do adimplemento da prestação, caso a cobrança fosse realizada apenas na data originariamente pactuada.

Não obstante a omissão do Código Civil, é lícita às partes a inserção de cláusula de vencimento antecipado da obrigação se constatada a deterioração financeira do devedor quando suas prestações são diferidas. Exemplificando: *A* já entregou a prestação enquanto *B* originariamente deve ofertar a contraprestação em dez parcelas. A vantagem é a aceleração da tutela creditória, pois a verificação do evento autoriza o credor a imediatamente exigir a prestação, constituir o devedor em mora e agir coercivamente sobre o seu patrimônio e dos garantes. Certamente, outra opção para o credor que queira se prevenir quanto a tais riscos é a inserção de uma cláusula resolutiva expressa (art. 475, CC).

Anote-se que, havendo vários devedores comuns em solidariedade passiva, a caracterização de insolvência de um dos coobrigados não antecipará o débito dos demais, que naturalmente não podem ser prejudicados em suas convenções pela atuação irresponsável de outro devedor (art. 333, parágrafo único, do CC). Em reforço, preconiza o art. 278 do Código Civil que "qualquer cláusula, condição ou obrigação adicional, estipulada entre um dos devedores solidários e o credor, não poderá agravar a posição dos outros sem o consentimento destes".

Hipóteses há em que o crédito é realizável antes de vencido. O conceito de *realizabilidade* diz respeito à possibilidade jurídica de o devedor realizar a prestação. O crédito é, assim, exigível pelo credor e realizável pelo devedor. Com frequência a exigibilidade e a realizabilidade ocorrem no mesmo momento, porém o pagamento poderá ser legitimamente realizado pelo devedor antes de vencido o débito.[96]

Trata-se do *cumprimento antecipado,* ou *adimplemento antes do termo.* Nesse caso, o pagamento precoce se desvincula de qualquer exame sobre a situação patrimonial do devedor. Sabe-se que, em geral, o chamado *"benefício do prazo"* é deferido ao devedor como parte mais onerada pelo peso do vínculo obrigacional.

96. SILVA, Jorge Cesa Ferreira da. *Adimplemento e extinção das obrigações*, op. cit., p. 248.

Adverte o art. 133 do Código Civil que nos contratos presume-se o prazo *"em proveito do devedor"*. Portanto, nada elide a possibilidade do devedor dispor do prazo e pagar previamente, o que vulgarmente se considera como uma *renúncia* ao prazo pelo devedor em tal situação.

Em suma, ordinariamente o credor não pode exigir o pagamento antes do vencimento, pois sequer há exigibilidade/pretensão. Mas, inexistindo cláusula proibitiva predisposta pelas partes, o devedor poderá satisfazer a prestação prematuramente, se assim o desejar, na medida em que o credor já possui o direito subjetivo ao crédito. Sendo a dívida realizável por refletir os interesses do devedor, eventual recusa ao recebimento sob o fundamento da existência de um prazo futuro será inconsistente, podendo mesmo o credor ser constituído em mora (art. 335, I, CC).

Interpretando-se o art. 133, à luz da diretiva da boa-fé, cremos que não será apenas o benefício do devedor que avalizará o cumprimento antecipado da obrigação. Cedem os apelos subjetivos, diante de uma análise objetiva das específicas circunstâncias da relação obrigacional e dos concretos interesses envolvidos no projeto comum. Com efeito, se do panorama concreto da relação obrigacional ressai que o prazo foi constituído para beneficiar o credor, será vedado ao devedor a faculdade de pagar antecipadamente.

Serpa Lopes adverte que "quando o tempo do pagamento é fixado expressamente em benefício do credor, não quer isto dizer que o devedor seja obrigado a realizar a prestação antes do vencimento, mas sim que lhe não é dado fazê-lo, se o quiser, contra a vontade do credor".[97] Clássico exemplo de figura obrigacional de benefício do prazo ao credor é o contrato de depósito. O depositário recebe o objeto móvel para ser guardado até que o depositante o reclame (art. 627, CC), devendo restituí-la quando este a exija (art. 629, CC). Inconcebível, portanto, a tentativa do devedor de se liberar da obrigação mediante a prematura entrega do bem depositado, sobremaneira em face da impossibilidade de impor-se ao depositante novas despesas com a obtenção de um local alternativo para armazenamento do produto. Nada obstante, fixado esse prazo em proveito do credor depositante, será viável exigir antecipadamente a devolução sem incorrer nas sanções do art. 939 do Código Civil.

No estudo sobre o pagamento antecipado, a mais viva das controvérsias práticas reside no objeto do cumprimento. Quer dizer, o devedor pagará na exata medida em que cumpriria se adimplisse no termo pactuado ou poderá abater frutos, como os juros e os aluguéis? Aliás, uma das mais importantes conquistas do consumidor/devedor no Código de Defesa do Consumidor foi o direito à liquidação antecipada do débito financiado, com a consequente redução proporcional dos *"juros embutidos"* e demais encargos (art. 52, § 2º). De fato, considera-se abusiva, por estar em desacordo com o sistema protetivo (art. 51, XV, da Lei nº 8.078/90), cláusula contratual que impeça o pagamento antecipado do débito.

97. SERPA LOPES, Miguel Maria de. *Curso de direito civil,* v. II, op. cit., p. 194.

Em complemento, em fornecimento de serviços em contratos de duração, considera-se lícito que em seu âmbito de autodeterminação o fornecedor oferte "desconto de pontualidade", como espécie de sanção premial destinada a estimular o adimplemento pontual por parte do consumidor. Desde que cerca da devida transparência e informação, tal sanção positiva, em nada conflita com a prefixação de uma cláusula penal moratória caso o pagamento se efetue de forma extemporânea.[98]

No Código Civil, ao tratar do vencimento antecipado do débito, o art. 1.426 adverte que "não se compreendem os juros correspondentes ao tempo ainda não decorrido". Realmente, tendo sido os juros projetados para um período mais longo, a antecipação da quitação elimina o risco do credor e lhe possibilita o direcionamento do bem em novas obrigações. Ademais, à luz da Constituição Federal, o princípio da razoabilidade impele os contratantes ao dever de preservar o equilíbrio econômico da relação obrigacional, abatendo-se os juros quando do cumprimento antecipado, privilegiando-se o valor da solidariedade, refletida na cláusula geral de boa-fé objetiva (art. 422 do CC).

Por fim, as obrigações condicionais serão cumpridas na data do implemento da condição, como assegura o art. 332 do Código Civil. A autonomia privada pode determinar elementos acidentais do negócio jurídico, dentre os quais se inclui a condição suspensiva, caracterizada como um evento futuro e incerto que suspende a eficácia da obrigação. Enquanto a condição não se verifica, instala-se um período de pendência no qual o credor é titular de direito eventual (art. 130, CC). O crédito já existe e é válido, mas, com a ocorrência do evento, a expectativa do direito se transmuda em direito adquirido à prestação, cuja exigibilidade surgirá quando o credor provar que o devedor teve conhecimento do implemento da condição.

Caso o devedor delibere por antecipar o pagamento nas dívidas a termo, resta vedada eventual pretensão de repetição de indébito, pois o pagamento era *devido*, só não era exigível. O credor já adquiriu o direito ao pagamento desde a sua celebração, sendo-lhe diferido apenas o seu exercício. Em contrapartida, nas obrigações condicionais, se, na expectativa da inevitável ocorrência da condição, o devedor

98. O denominado "desconto de pontualidade", concedido pela instituição de ensino aos alunos que efetuarem o pagamento das mensalidades até a data do vencimento ajustada, não configura prática comercial abusiva. Na hipótese em que os serviços educacionais são devidamente contratados mediante o pagamento de um preço de anualidade certo, definido e aceito pelas partes (diluído em prestações nominais e taxa de matrícula) e os contratantes, com esteio na autonomia privada, ajustam entre si que, caso haja pagamento tempestivo, o adquirente do serviço faz *jus* a um desconto no valor contratado, o que, a um só tempo, facilita e estimula o cumprimento voluntário da obrigação ajustada, conferindo ao consumidor uma vantagem, no caso, de índole patrimonial. Assim, além de o desconto de pontualidade significar indiscutível benefício ao consumidor adimplente - que pagará por um valor efetivamente menor que o preço da anualidade ajustado -, conferindo-lhe, como já destacado, isonomia material, tal estipulação corrobora com transparência sobre a que título os valores contratados são pagos, indiscutivelmente. Como se vê, a multa, que tem por propósito punir o inadimplemento, não exclui a possibilidade de se estipular a denominada "sanção premial" pelo adimplemento, tratando-se, pois, de hipóteses de incidência diferentes, o que, por si só, afasta a alegação de penalidade *bis in idem*.(STJ.Informativo 591. REsp 1.424.814-SP, Rel. Min. Marco Aurélio Bellizze, DJe 10/10/2016).

resolva cumprir antes da incidência do evento futuro e incerto, poderá ajuizar ação de repetição de indébito (art. 876, do CC), caso não se verifique o fato, haja vista que, quando da celebração do contrato condicional, o credor apenas adquire um direito eventual. Daí a necessidade de evitar-se o seu enriquecimento sem causa.

Por fim, o Código Civil de 2002 ignora a possibilidade de o devedor constranger judicialmente o credor a receber em momento posterior ao prazo convencionado, mesmo que a sua situação econômica seja aflitiva. Seria uma espécie de termo de graça. Em nossa legislação, por motivos por todos conhecidos, apenas a Lei nº 11.101/2005 (Recuperação Judicial de Empresas) concede ao devedor empresário a viabilidade de obtenção de prorrogação judicial de vencimento de débitos ou parcelamento de pagamentos (art. 50, I). Fabio Ulhôa Coelho explica que "com o abatimento no valor de suas dívidas ou o aumento do prazo de vencimento, o devedor tem a oportunidade de se reestruturar porque disporá, por algum tempo, de mais recursos em caixa – seja para investimentos, seja para redução de gastos com empréstimos bancários".[99]

99. COELHO, Fabio Ulhoa. *Comentários a Nova Lei de Falências*, p. 134.

CAPÍTULO VII

Do Adimplemento e da Extinção das Obrigações II – Modalidades Especiais de Pagamento

Sumário • 1. Introdução – 2. Pagamento em consignação: 2.1 Fundamentos da consignação; 2.2 Modalidades de depósito; 2.3 Hipóteses de admissão da consignação; 2.4 Pressupostos da consignação; 2.5 Questões polêmicas do depósito – 3. Pagamento com sub-rogação: 3.1 Noções introdutórias; 3.2 Espécies de sub-rogação; 3.3 Eficácia da sub-rogação; 3.4 Tutela processual da sub-rogação – 4. Imputação do pagamento: 4.1 Considerações introdutórias; 4.2 Elementos da imputação do pagamento – 5. Dação em pagamento: 5.1 Noções gerais; 5.2 Requisitos; 5.3 Aspectos relevantes – 6. Novação: 6.1 Noções gerais; 6.2 Pressupostos da novação; 6.3 Modalidades; 6.4 Efeitos – 7. Compensação: 7.1 Noções gerais; 7.2 Espécies; 7.3 Limites à compensação – 8. Confusão: 8.1 Noções gerais; 8.2 Requisitos; 8.3 Efeitos – 9. Remissão: 9.1 Linhas gerais; 9.2 Características; 9.3 Efeitos.

– "Promessas de fusão a frio, diversão e conhecimento
a única escolha que temos é a forma de pagamento..."

(Engenheiros do Hawaii)

"Despertador, rádio de pilha, ventilador e sapatilha
Até peruca é possível se encontrar
O pagamento é no cartão, vale-transporte ou refeição
Qualquer pessoa jamais fica sem comprar."

(Zeca Pagodinho)

1. INTRODUÇÃO

No Livro do Direito das Obrigações, o Título III é dedicado ao "*Adimplemento e Extinção das Obrigações*". De fato, a extinção da relação obrigacional é consequência natural do seu adimplemento. Porém, a recíproca não se impõe. Há várias situações de extinção das obrigações, que não são precedidas pelo pagamento ordinário. O adimplemento é uma causa extintiva da obrigação, mas apenas uma, visto que outras formas de extinção da relação creditória existem para além do cumprimento.[1]

No Capítulo I do Título III, situa-se uma espécie de "parte geral" da fase extintiva das obrigações. De fato, nos arts. 304 a 333 é descrita a sistemática da execução voluntária da prestação, mediante a prática da conduta devida. Trata-se do adimplemento em sentido estrito, sucintamente conceituado como o cumprimento da obrigação de modo voluntário, exato e lícito, na forma, tempo e local convencionados. Dá-se, então, a realização pontual da prestação, com a satisfação dos interesses objetivos do credor, a liberação do devedor e a extinção da obrigação. Bem pontua o art. 313 do Código Civil que "o credor não é obrigado a receber prestação diversa da que lhe é devida, ainda que mais valiosa".

Já os Capítulos II a IX do Título III (arts. 334 a 388, CC) voltam-se para a fase extintiva, regulando modelos jurídicos que geram consequências jurídicas distintas do adimplemento *stricto sensu*. Consignação em pagamento, sub-rogação, imputação do pagamento, dação em pagamento, novação, compensação, confusão e remissão são importantes fenômenos obrigacionais que geram consequências jurídicas distintas do pagamento em sentido estrito, portanto merecendo estudo individualizado e detalhado.

A opção do legislador foi, portanto, estabelecer um regime geral para o pagamento, regulando os seus mais diversos elementos para, em seguida, listar todos os institutos que, vinculando-se ao pagamento por se encontrarem na fase extintiva, envolvam algumas particularidades em relação aos elementos gerais do pagamento. É com base na comparação com o pagamento que os institutos regulados se singularizam. Assim, o *pagamento em consignação* se individualiza por envolver o depósito do objeto do pagamento, ao contrário de ser este entregue ao credor; a peculiaridade do pagamento com *sub-rogação* se mostra não em extinguir a obrigação, mas na troca do sujeito ativo do crédito; a *imputação* se distingue pela existência de diversas dívidas entre as partes, conjugada com a impossibilidade de adimplir todas; a *novação*, pela substituição do ato de pagamento por outra dívida; a *compensação*, pela extinção sem que haja prestação, em razão da existência de outra dívida entre as mesmas partes mas com polos diversos e assim sucessivamente. Enfim, a conexão metodológica é sempre relativa ao pagamento, realizando-se por diferenciação.[2]

---

1. Nesse sentido, ANTUNES VARELA, João de Matos. *Das obrigações em geral*, v. II, p. 169.
2. SILVA, Jorge Cesa Ferreira da. *Adimplemento e extinção das obrigações*, op. cit., p. 68-69. Bem esclarece o autor que "os capítulos do Título III se relacionam à fase extintiva das obrigações, não se confundindo com as causas extintivas dos contratos (distrato, resolução, denúncia, etc.). Por um lado, os contratos podem

Esses oito institutos jurídicos podem ser enquadrados em duas categorias: (a) consignação, sub-rogação, imputação em pagamento e dação em pagamento são espécies de *"pagamentos indiretos"* ou *lato sensu*. Comum a esses institutos, há uma atividade prestacional – mesmo que efetivada por terceiro ou coativamente –, que conduz à *extinção satisfativa do credor*. Cuida-se de adimplemento em sentido *lato* por resultar em qualquer forma de satisfação do credor, mesmo que não alcançada pelo cumprimento da prestação originária; (b) a seu turno, novação, compensação, confusão e remissão dispensam um ato de prestação e geram a extinção das obrigações sem pagamento ou "extinção não satisfativa do credor".

2. PAGAMENTO EM CONSIGNAÇÃO

A taxa é zero o juro é alto vamos conversar
Ressarcimento pagamento vamos negociar (x2)
Aquela dívida de uns anos atrás está bem viva
Você não lembra mais!
Aquela dívida de uns anos atrás está bem viva
Atrás está bem viva!
Você não lembra mais!
Aquela dívida de uns anos atrás está bem viva
Você não lembra mais!
Aquela dívida
dívida, dívida
de uns anos atrás está bem viva
seu safado você não lembra mais!
(Dívida – O Rappa)

2.1 Fundamentos da consignação

De acordo com o art. 334 do Código Civil, "Considera-se pagamento, e extingue a obrigação, o depósito judicial ou em estabelecimento bancário da coisa devida, nos casos e formas legais". Daí a ainda atual advertência de Pontes de Miranda de que a consignação "não é pagamento; tem-se como pagamento".[3]

A consignação pode ser conceituada como o meio judicial ou extrajudicial adotado pelo devedor – ou terceiro – para liberar-se da obrigação, depositando a coisa devida nos casos e formas legais. Vale dizer, é o mecanismo técnico de facilitação do cumprimento posto à disposição do devedor para efetuar o pagamento, quando a direta realização da prestação se torna impossível ou extremamente difícil em decorrência de fato vinculado ao credor. Portanto, se o credor resiste ao recebimento, na linha da obrigação como processo, o direito civil pavimenta uma via para a extinção da

se extinguir sem que se extingam as obrigações dele decorrentes (a locação findou, mas há aluguéis impagos)," p. 69.

3. PONTES DE MIRANDA, Francisco Cavalcanti. *Tratado de direito privado*, v. 24, p. 191.

obrigação, traduzida pelo depósito com força liberatória. Com esse ato, o devedor exerce um direito potestativo desconstitutivo, pois submete o credor à situação jurídica passiva de comparecimento em juízo ou ao estabelecimento bancário seja para aceitar o pagamento ou para justificar a recusa.

Consignação é uma modalidade que substitui o pagamento propriamente dito. Não é sinônimo de pagamento, mas uma forma sub-rogada de alcançá-lo, pela qual o obrigado pode liberar-se antes ou independentemente do fato de haver o credor recebido o pagamento. Do exposto, dessume-se que a consignação é modelo jurídico de direito material, não de direito processual. As normas do Código de Processo Civil referentes à consignação exercem a função instrumental de determinar os requisitos para a realização do depósito e a sua adequação àquilo que era devido. Realmente, conspira a favor deste posicionamento, a própria topografia da ação de consignação de pagamento (arts. 539 a 549 do CPC/15), no rol dos procedimentos especiais. Esses procedimentos são aqueles em que o direito material aparece com maior destaque na conformação do formalismo processual.

Indiscutivelmente, o pagamento é um dever apenas para o devedor, pois o credor não tem o dever de receber o pagamento. Todavia, o devedor também possui um direito subjetivo a se liberar do débito, pois essa temporária indefinição lhe acarreta transtornos. Deseja ele se exonerar da obrigação ao tempo de seu vencimento e recuperar sua liberdade, que de certa forma cedeu em prol do vínculo obrigacional. Não raramente poderá haver uma injustificada resistência do credor ao recebimento do crédito. Adroaldo Furtado Fabrício explica que "o devedor é juridicamente interessado na própria exoneração, porque a permanência do débito é uma situação constrangedora e potencialmente danosa [...] o Direito não poderia deixar de proteger este interesse do devedor na própria exoneração, de modo que não há impropriedade em falar-se de um direito subjetivo à liberação".[4]

Todavia, na necessária consideração da obrigação como processo polarizado ao adimplemento, avulta considerar o dever de cooperação do credor para permitir ao devedor o acesso ao cumprimento da prestação e, consequentemente, a se liberar do vínculo. O ordenamento jurídico erigiu a consignação como uma técnica capaz de substituir a ofensa ao dever de cooperação do credor, facultando ao devedor uma via alternativa e eficaz que lhe assegure o alcance dos fins colimados pela relação jurídica. Por isso, irretocável a conclusão de Judith Martins-Costa: "Fundamentos do pagamento em consignação constituem, pois, a quebra do dever de cooperação por parte do credor e a facilitação do adimplemento, para o devedor."[5]

Disso decorre que, mesmo consistindo em um vínculo de cooperação, destina-se a obrigação fundamentalmente a satisfazer os interesses do credor. Os interesses do devedor são considerados de modo secundário. Assim, pertence à órbita de liberdade

4. FABRÍCIO, Adroaldo Furtado. *Comentários ao Código de Processo Civil*, v. 8, t. III, p. 40.
5. MARTINS-COSTA, Judith. *Comentários ao Novo Código Civil*, v. V, t. I, p. 357.

do credor a possibilidade de valer-se do crédito, não sendo facultado ao devedor exigir a satisfação do crédito. Não tendo o devedor o direito de forçar o credor a receber a prestação, mas apenas o de se liberar, decorre a instituição da possibilidade de consignar em pagamento.[6]

Como corretamente evidencia o art. 335, I, do Código Civil, "A consignação tem lugar: I – se o credor não puder ou, sem justa causa, recusar receber o pagamento, ou dar quitação na devida forma". Há um direito do devedor a se liberar e cabe ao credor cooperar para este fim, sob pena de ser constituído em mora. A consignação se impõe como faculdade do devedor que não consegue cumprir por fato do credor e não deseja suportar as desvantagens da manutenção do vínculo.

Enfim, constatada a lesão ao direito de adimplir do devedor, confere-lhe o ordenamento jurídico a pretensão do pagamento em consignação. O cerne da consignação reside justamente em sua eficácia liberatória para o devedor, a partir do momento em que realiza a oferta real, depositando a prestação devida. Como enuncia o já referido art. 334 do Código Civil, o depósito realizado junto a um terceiro (juízo ou estabelecimento bancário) – substitui a prestação de dar. Se é certo que o credor só se satisfaz com o levantamento do depósito ou com o trânsito em julgado da sentença, também é fato que já no momento do depósito, caso atenda a todos os requisitos do pagamento, a dívida já se extingue e o devedor se liberta do vínculo.[7]

2.2 Modalidades de depósito

O art. 334 do Código Civil admite duas formas de depósitos: judicial ou extrajudicial.

Inicialmente, permite-se o pagamento pela via bancária, como técnica de agilização da justiça. O depósito extrajudicial em pagamento consiste em atividade de pacificação social De acordo com o § 1º do art. 539 do CPC/15, "Tratando-se de obrigação em dinheiro, poderá o valor ser depositado em estabelecimento bancário oficial, onde houver, situado no lugar do pagamento, cientificando-se o credor por carta com aviso de recepção, com aviso de recebimento, assinado o prazo de 10 (dez) dias para a manifestação de recusa".

Tratando-se exclusivamente de dívida em dinheiro (obrigação pecuniária), terá o devedor a faculdade de optar pelo depósito em estabelecimento bancário – não se admitindo por essa via o depósito de obrigações de dar outros bens móveis e imóveis –, ao invés de diretamente propor a demanda consignatória. A finalidade da norma foi a de criar mecanismo simples e rápido, sem o custo dos serviços judiciários e da

6. SILVA, Jorge Cesa Ferreira da. *Adimplemento e extinção das obrigações*, p. 66.

7. STJ. *Informativo* nº 507, 18-31.10.2012. 2. Turma: "A ação de consignação em pagamento é via inadequada para forçar a concessão de parcelamento e discutir a exigibilidade e a extensão do crédito tributário. O escopo da ação de consignação em pagamento é a desoneração do devedor mediante o depósito do valor correspondente ao crédito." AgRg no REsp 1.270.034-RS, Min. Mauro Campbell Marques.

verba honorária, desafogando o foro. Caso não queira utilizar-se do procedimento extrajudicial do depósito, terá o devedor a faculdade de imediatamente recorrer à via judicial.

O ordenamento jurídico é pedagógico ao permitir a consignação por depósito bancário. Permite-nos, mais uma vez, distanciar a pretensão de direito material da noção de ação como direito subjetivo público dirigido ao Estado-Juiz. Havendo a injustificada resistência ao recebimento do crédito pela via fisiológica do adimplemento, nascerá para o devedor a pretensão em face do credor de depositar a prestação com eficácia liberatória. Essa liberação se alcança pela via judicial da ação ou diretamente contra o devedor, pela via extrajudicial, sem a necessidade de intermediação estatal. Neste último caso, o exercício da pretensão desprovido de ação é uma demonstração da natureza jurídica de direito material da consignação, jamais de direito processual.

Caso o credor levante o depósito parajudicial, a obrigação se extingue sem que nada se leve ao magistrado. Decorrido o prazo de dez dias sem a manifestação de recusa – tendo como termo inicial de contagem o retorno do AR -, reputar-se-á o devedor liberado da obrigação, ficando à disposição do credor a quantia depositada (art. 539, § 2º, do CPC/15). Considera-se o silêncio do credor um comportamento concludente no sentido da aquiescência ao depósito bancário, com consequente liberação do devedor. Como consequência da aceitação tácita, os valores são transferidos para a conta do credor.

Todavia, cientificado o devedor da recusa do credor em receber o depósito bancário, terá ele o prazo de 1 mês para ajuizar ação de consignação em pagamento, sob pena de perda do efeito do depósito (art. 539, § 3º, do CPC/15). Trata-se de um ônus do devedor, pois a superação do trintídio acarretará unicamente a ele a perda de uma situação jurídica favorável traduzida na dispensa de realizar o depósito em juízo com a petição inicial, sendo bastante a instrução com a prova do depósito e da recusa (art. 542, I, CPC/15).

Aliás, a recusa ao depósito se concretiza por manifestação expressa do credor ao banco, mesmo sem qualquer justificativa. O decurso do prazo legal *in albis* não impede o posterior ingresso em juízo, mas os valores depositados retornam ao devedor e a obrigação não se extingue. Explica Alexandre Freitas Câmara que "a única consequência da perda do prazo é a cessação da eficácia do depósito extrajudicial. Pretendendo fazer nova consignação, portanto, deverá o consignante efetuar novo depósito".[8-9]

---

8. CÂMARA, Alexandre Freitas. *Lições de direito processual civil,* v. III, p. 310.
9. *Informativo* nº 0499, 4-15.6.2012. Terceira Turma: "Compete ao depositante o ônus de comprovar à instituição financeira depositária a efetiva propositura da ação de consignação em pagamento para que o depósito extrajudicial passe a ser tratado como judicial (art. 6º, parágrafo único, da Res. nº 2.814 do Bacen). Isso porque nos depósitos feitos extrajudicialmente incide a correção monetária pela TR e, com o ajuizamento da ação consignatória, passam a incidir as regras referentes às cadernetas de poupança. Assim, o banco depositário não está obrigado a efetuar a complementação dos depósitos feitos, de início, extrajudicialmente, para fazer incidir a remuneração conforme os índices da caderneta de poupança, quando o depositante

Além da circunstância descrita no parágrafo anterior, o depósito judicial também se dá nas hipóteses em que a obrigação não se afeiçoa à natureza pecuniária. Nas obrigações de dar bens móveis ou imóveis, só será viável a opção pela ação de consignação em pagamento. O consignante requer o depósito e a citação do credor para levantamento ou contestação (art. 542, CPC/15).

De qualquer maneira, não se pode negar a natureza mista da consignação, pois, como bem explica Alice dos Santos Soares, o instituto "é pertinente ao direito civil quanto à sua substância, e ao direito processual civil, quanto à sua forma, atuando as normas processuais em complementação das normas materiais".[10] O próprio art. 593, *caput*, do CPC/15 revela que o requerimento de consignação pela eficácia liberatória do depósito extingue a obrigação, e não a sentença proferida ao término do processo, eis que esta possui natureza meramente declaratória. Em outros termos, a eficácia liberatória do depósito é condicionada ao julgamento procedente da pretensão, operando ela, então, efeitos retroativos (art. 546, CPC/15) A própria rejeição do pedido confirma o caráter declaratório da sentença, eis que assume a inidoneidade ou a insuficiência do depósito e a consequente falta de aptidão para extinguir a obrigação.

Admite-se, também, o depósito extrajudicial de aluguéis, na forma do Código de Processo Civil. Apesar do Senado ter suprimido do texto aprovado na Câmara dos Deputados a permissão da extensão da consignação aos alugueis, a Lei do Inquilinato não é antagônica ao Código de Processo Civil, pois ela só disciplina a ação de consignação (art. 67, Lei nº 8.245/91), sendo omissa no tocante ao depósito bancário. Outrossim, trata-se o sistema extrajudicial de modelo de direito material, que deve ser adaptado à legislação especial.

2.3 Hipóteses de admissão da consignação

Vale trazer, *ab initio*, a interessante indagação proposta pelo eminente civilista lusitano Antunes Varela: "em que casos é permitido ao devedor, saltando sobre a vontade do credor, socorrer-se do depósito da coisa devida junto de terceiro, para se livrar da obrigação?".[11]

A consignação poderá ser levada a efeito nas hipóteses elencadas no art. 335 do Código Civil. É imprescindível que o *solvens* respeite os requisitos objetivos e subjetivos previamente ajustados para o pagamento, não sendo bastante o depósito para elidir a sua mora, já que o autor deve provar que tem razão (art. 336 do CC).

---

não o informou da propositura da ação. Portanto, o ônus de complementar os valores faltantes cabe ao depositante, pois foi ele quem deixou de cumprir seu dever de notificar o banco." RMS 28.841-SP, Rel. Min. Sidnei Beneti, julgado em 12.6.2012.

10. SOARES, Alice dos Santos. Pagamento indireto ou especial, p. 401.
11. ANTUNES VARELA, João de Matos. *Das obrigações em geral*, v. II, op. cit., p. 189.

Em princípio, cinco são as situações em que é factível o pagamento em consignação. Podemos divisá-las em dois grupos: aquele em que o depósito é oriundo da mora do credor em receber (art. 335, incisos I e II) e aquele em que o devedor não consegue a sua liberação por outros motivos, mas sempre relacionados à pessoa do credor (III, IV e V).

Em comum às cinco hipóteses exemplificativamente elencadas no Código Civil, o devedor não terá êxito em cumprir espontaneamente por um fato do credor. O termo *fato* não é sinônimo de "culpa" do credor, mas de qualquer evento que a ele se ligue como causa geradora. Ao contrário da mora do devedor que requer a culpa para sua configuração (art. 396 CC), o mesmo não se verifica com a mora do credor, eis que esta se contenta com a objetiva demonstração da quebra do princípio da boa-fé objetiva pela recusa ao dever anexo de cooperação com o devedor no sentido de não colaborar com a sua liberação, mesmo quando induvidosamente este satisfez todos os requisitos para o devido pagamento. Vejamos então as hipóteses em que o devedor terá a necessidade de consignar:

a) Se o credor não puder ou, sem justa causa, recusar receber o pagamento, ou dar quitação na devida forma. O art. 335, inciso I, do Código Civil abrange várias situações, todas elas tendo como núcleo *obrigações portáveis,* ou seja, aquelas em que a iniciativa de levar o pagamento será do devedor. Primeiramente, poderá o credor encontrar-se em situação de impossibilidade física de recebimento do pagamento (*v.g.,* acidente ou doença). Contudo, poderá ele estar gozando de plena saúde, mas, sem qualquer justificativa plausível, recusar-se a receber. Somente haveria justa causa para a recusa se o devedor pretendesse pagar valor inferior ao devido ou fora do tempo, local e modo ajustados, comprovadamente estando o devedor em mora (art. 394 do CC). Poderá, ainda, o credor aceitar o pagamento, mas injustificadamente recusar-se a fornecer a quitação (art. 320 do CC). Aqui, com toda a razão, impõe-se a consignação, pois sem a quitação o pagamento não exonera o devedor. Em todos os casos citados, convém lembrar que a arguição de justa causa pelo credor não impede o acesso do devedor ao Judiciário. Com efeito, será o magistrado que avaliará a dimensão das alegações do credor e constatará a (in)existência da justacausa à qual aquele se refere, pelo exame do conteúdo do vínculo e da objetiva impossibilidade de o pagamento voluntário satisfazer os interesses do credor.

Se efetivamente não existir justa causa para a recusa do credor ao pagamento, incidirá ele próprio em mora, e não o devedor. O art. 394 do Código Civil relata que o credor moroso é aquele que não recebe no tempo, lugar e forma estabelecidos pela lei ou convenção. Com isso, o credor arcará com as consequências descritas no art. 400 do Código Civil.

b) Se o credor não for nem mandar receber a coisa no lugar, tempo e condição devidos, o art. 335, inciso II, do Código Civil faz menção às *dívidas quesíveis* (art. 327 do CC). Não havendo cláusula estabelecendo voluntariamente o local do pagamento, prevalecerá a iniciativa do credor de buscar o pagamento no domicílio do devedor. Na dívida quesível não é necessária, embora aconselhável, a oferta do devedor, pois deve ele aguardar a presença de cobrança do credor, só lhe sendo exigido que esteja pronto para pagar quando provocado pelo credor. Por isso, ao tempo do vencimento, o credor deverá perseguir o pagamento, sob pena de incorrer em mora por sua inércia. Se o credor não diligenciou a cobrança da dívida no domicílio do devedor, ausente qualquer notificação, a sua inércia afasta a mora do devedor (*mora solvendi*), ainda que a dívida estivesse vencida no termo (*mora ex re*), porque imprescindível prévia diligência do credor para constituição do devedor em mora. Em síntese, é insuficiente o transcurso do prazo fixado para vencimento da dívida e da existência de cláusula resolutiva expressa.

A Lei do Inquilinato, por exemplo, estabelece como regra geral a quesibilidade da obrigação, determinando que o pagamento do aluguel dar-se-á no imóvel locado (art. 23 da Lei nº 8.245/91). Logo, não havendo disposição expressa no contrato, caberá ao locador apresentar-se no dia do vencimento da obrigação para receber o aluguel, concedendo quitação. Se não o fizer, configurar-se-á a mora *accipiendi*. Portanto, na omissão do locador, terá o locatário duas saídas: esperar o comparecimento daquele até a prescrição do crédito ou imediatamente alforriar-se, consignando a prestação locatícia em juízo.

Muitas vezes a recusa do credor em buscar a prestação acarreta grandes despesas de conservação ao devedor, cabendo àquele ressarcir a este, sem contar que o devedor subtrai-se da responsabilidade pelos riscos da coisa durante o atraso (art. 400 do CC).

Certamente, sendo ajustada cláusula de dívida portável – com pagamento no domicílio do credor –, voltamos à regra do inciso I do art. 335 do Código Civil.

c) Se o credor for incapaz de receber, for desconhecido, declarado ausente ou residir em lugar incerto ou de acesso perigoso ou difícil, o art. 335, inciso III, do Código Civil trata de várias situações interessantes. O fato de o credor ser absoluta ou relativamente incapaz não é óbice para o pagamento, basta que ele seja feito ao representante ou assistente. Contudo, há casos em que o incapaz deles estará privado ou o devedor não tenha segurança sobre a real qualidade daquele que se diz representante. Aí caberá o pagamento por consignação.

Outrossim, quando a lei sugere um *credor desconhecido*, certamente não se está referindo ao credor originário, pois a relação obrigacional contém necessariamente sujeitos determinados ou determináveis, nunca desconhecidos. Mas, eventualmente, poderá o credor originário falecer, sem que seja possível identificar os seus sucessores. Será, portanto, uma situação de incerteza, convindo ao devedor pagar em consignação. A outro giro, sendo o credor declarado ausente, em princípio não será necessária a consignação, eis que o magistrado nomeará um curador para provisoriamente administrar o patrimônio do ausente (art. 22 do CC). Contudo, pode ser que o juiz não conceda ao curador poderes para oferecer quitação. Daí, só restará a consignação como alternativa à liberação do devedor. Por fim, poderá o credor estar vivo, mental e fisicamente capaz, mas residir em local incerto ou de acesso perigoso. Vale dizer que, se o credor alterar endereço sem comunicação ao devedor ou se residir em local dominado pelo crime ou por epidemia, não poderá o devedor correr riscos à sua própria integridade ao pagar.

d) Se ocorrer dúvida sobre quem deva legitimamente receber o objeto do pagamento, trata-se de hipótese em que dois ou mais credores comparecem perante o devedor, cada qual se julgando legitimado a receber o pagamento. Receoso de eleger equivocadamente o credor, será medida de prudência do obrigado a efetivação do depósito judicial ou extrajudicial. Basta supor dois municípios que reivindiquem pagamento de tributos de uma empresa; ou, então, duas entidades sindicais que exijam a mesma contribuição de um sindicalizado. Nos arts. 544 a 548 do CPC/15, disciplina-se o modo de depósito em tais situações.[12]

Enquanto os pretensos credores disputam a titularidade do crédito, não convém ao devedor efetuar o pagamento, sob pena de ser condenado a novo pagamento, caso reconhecido posteriormente que o terceiro fazia jus ao objeto da prestação (art. 344 do CC).[13] Na ação de consignação proposta com fundamento na dúvida do devedor acerca de quem seja o credor, a decisão do processo se dá em duas fases: inicialmente, libera-se o devedor e, após, o processo continua pelo procedimento ordinário para determinar quem, entre os que disputam o crédito, tem titularidade para recebê-lo (art. 548, CPC/15). Em outros termos, na primeira fase o juiz analisa a adequação, suficiência e pertinência do depósito e, se for o caso, extingue a obrigação do autor, e na segunda, decide o destino a ser dado à quantia depositada.

Insta acentuar que, no caso de litígio entre dois supostos credores pela titularidade do crédito, haverá excepcional possibilidade de qualquer um deles ajuizar

12. STJ: REsp 1331170/PR, Relator Ministra, NANCY ANDRIGHI, 3ª Turma, *DJe* 28.11.2013, AÇÃO DE CONSIGNAÇÃO EM PAGAMENTO. DÚVIDA QUANTO AO CREDOR. "Discussão relativa à necessidade de prosseguimento da ação consignatória, após a declaração de extinção da obrigação, para se identificar o verdadeiro credor dos 'royalties' devidos em razão do licenciamento das marcas 'Glamour O Boticário by Ocimar Versolato' e 'Glamour by Ocimar Versolato O Boticário'. Ação de consignação proposta pela devedora não com fundamento em eventual discordância a respeito do montante da dívida, mas em dúvida quanto à titularidade do crédito, já que estava sendo cobrada por mais de um pretendente ao pagamento. O escopo da cisão dos procedimentos (especial, da consignatória e comum, para identificação do credor), é o de evitar que o devedor consignante tenha de ficar aguardando o término de toda a instrução processual para se ver liberado de uma obrigação que já satisfez, somente porque os credores controvertem sobre o direito de receber. 9. Todavia, não se exclui a possibilidade de o juiz também definir o efetivo credor, no mesmo momento em que prolata a sentença de extinção da obrigação do devedor, se já tem condições de fazê-lo, por reputar desnecessária a produção de novas provas."

13. Como bem esclarecem Nelson Nery Junior e Rosa Maria de Andrade Nery, nessa hipótese, "a providência do devedor é acautelatória de seus direitos", pois "quer pagar bem e não incorrer no risco que lhe adviria de pagar para quem não é o legítimo credor da prestação". In *Código de Processo Civil comentado e legislação extravagante*, p. 1151.

a ação de consignação, para evitar o risco de o pagamento ser efetuado ao outro (art. 345 do CC). Com efeito, cuida-se do único caso em que a titularidade da ação de consignação não será deferida com exclusividade ao devedor.

O art. 335, inciso IV, do Código Civil não se aplica somente às hipóteses em que dois ou mais pretendentes dizem-se legitimados ao recebimento. Pode haver uma situação em que o devedor não saiba a quem pagar, pois ninguém se apresentou para receber ao tempo do vencimento. Imagine a situação do devedor de um título de crédito transmissível por endosso, quando ignora o credor que se apresentará como portador.

e) Se pender litígio sobre o objeto do pagamento, a situação descrita no art. 335, inciso V, do Código Civil nada tem a ver com a existência de dúvida quanto à pessoa do credor (inciso IV). O devedor pode ter certeza de quem seja o verdadeiro credor e, mesmo assim, pendendo litígio sobre o crédito, estará autorizado a consignar.

Pode a espécie ser apreciada naqueles casos em que o crédito é disputado por um credor e um terceiro, estranho à relação obrigacional (*v.g.*, insolvência do credor; crédito penhorado por credores do credor). Anote-se que a recomendação quanto à consignação só se efetiva nos casos em que o devedor foi cientificado do litígio sobre o crédito. O pagamento ao credor será perfeito nos termos do art. 312 do Código Civil, caso o devedor não tenha sido intimado da penhora feita sobre o crédito.

Concordamos com Arnaldo Rizzardo, quando enfatiza que a enumeração do art. 335 do Código Civil é casuística, não esgotando as hipóteses. Lembra o autor que "sempre é possível pagar antes do vencimento, não cabendo ao credor recusar o recebimento, posto que os prazos concedidos consideram-se em favor do devedor, e não daquele".[14]

De fato, a leitura isolada do art. 335 do código Civil nos remete a uma visão parcial dos objetivos da consignação em pagamento. Se nos contentarmos apenas com os incisos nele inseridos, tenderemos a acreditar que o único desiderato do depósito – judicial ou extrajudicial – é o de prevenir a mora do devedor, demonstrando ele por sua postura ativa que o pagamento espontâneo só não foi implementado por um fato do credor.

Nada obstante, a consignação eventualmente perseguirá outra finalidade, que não a prevenção da mora do devedor, mas a *purga* de sua mora. Com efeito, comumente o devedor se serve do depósito para cessar o seu estado de mora e os deletérios efeitos dela decorrentes. Conforme o art. 401, I, do Código Civil, purga-se a mora "Por parte do devedor, oferecendo este a prestação mais a importância dos prejuízos decorrentes do dia da oferta". Ora, se o devedor foi negligente e impontual, quedando-se em mora, e o credor se recuse a receber posteriormente por alegar a perda do

14. RIZZARDO, Arnaldo. *Direito das obrigações*, p. 333.

interesse na prestação, somente pela via da ação de consignação poderá depositar o bem devido e, em caso de contestação, evidenciar que ainda persiste o interesse objetivo do credor em receber, não obstante o atraso. Portanto, sendo a prestação possível e útil para o credor, ainda pode o devedor pagar e, por conseguinte, consignar.

2.4 Pressupostos da consignação

De acordo com o art. 336 do Código Civil, "para que a consignação tenha força de pagamento, será mister concorram, em relação às pessoas, ao objeto, modo e tempo, todos os requisitos sem os quais não é válido o pagamento".

Portanto, podemos cogitar da existência de pressupostos objetivos e subjetivos para a afirmação da consignação como modo extintivo indireto da relação obrigacional. Não passam esses dos mesmos requisitos que conduziriam à extinção da obrigação caso aceito o pagamento direto. Cabe aqui verificar se as condições do depósito são suficientes para extinguir a obrigação, ou seja, se o depósito detém eficácia liberatória do devedor por coincidir exatamente com os requisitos do pagamento voluntário (*stricto sensu*). Podemos assumir que essa verificação é um segundo passo no exame da consignação, já que o primeiro consistiu em aferir as hipóteses de admissão da consignação, à luz das situações descritas nos incisos do art. 335 do Código Civil.15

Há algo de imprescindível para o estudioso do direito ao abordarmos este tópico: a distinção temporal entre a mora do credor e a liberação do devedor. Trata-se de fenômenos distintos que, todavia se associam no modelo da consignação em pagamento. A mora *creditoris* é evidenciada ao instante em que, sem justa causa, o credor se recusa a buscar ou receber o pagamento. A partir de então correm contrariamente a ele as consequências do art. 400 do Código Civil. Ou seja, mesmo que o devedor não consigne em pagamento os efeitos da mora do credor, já começam a fluir. Todavia, ao instante em que o devedor efetua o depósito e observa os requisitos do art. 336 do Código Civil, conseguirá a sua liberação da obrigação. Contudo, se o depósito discrepar daquilo que efetivamente deveria ser pago, o devedor não obtém a sua

15. STJ. Informativo n. 0586. Período: 1º a 31 de julho de 2016 Quarta Turma HIPÓTESE DE IMPROCEDÊNCIA DE AÇÃO DE CONSIGNAÇÃO EM PAGAMENTO AJUIZADA POR MUTUÁRIO DE CONTRATO DO SFH. Deverá ser julgada improcedente a ação de consignação em pagamento no caso em que o autor – mutuário de contrato de financiamento habitacional celebrado no âmbito do SFH em conformidade com o Plano de Comprometimento da Renda (Lei n. 8.692/1993) que, em razão da redução de sua renda, a viu comprometida em percentual superior ao máximo estabelecido no contrato – a tenha ajuizado buscando a quitação e extinção de suas obrigações tão somente por meio da consignação dos valores que ele unilateralmente entende como devidos. Porém, tem-se singela ação de consignação em pagamento, com a qual se busca simplesmente a quitação e extinção das obrigações do mutuário, sem levar em conta a necessidade de realizar seu direito de renegociação da dívida nos termos, mais abrangentes, acima dispostos. Assim, descabe impor ao mutuante que simplesmente aceite a quitação das obrigações do mutuário pelo pagamento em consignação de valores calculados unilateralmente, de forma estranha às condições legais e contratualmente pactuadas, pois a redução do valor das prestações implica a necessária dilação do prazo do financiamento, e não apenas a simples redução do valor da parcela do empréstimo para adequá-la ao percentual de comprometimento da nova renda. Terceira Turma, DJe 8/10/2008. REsp 886.846-DF, Rel. Min. Raul Araújo

liberação, sem que isso elimine os efeitos da mora do credor. Esta só desaparecerá quando o credor se ofereça a receber o pagamento, desde que se sujeite aos efeitos da mora até essa data (art. 401, II, CC).

Ao estudarmos os requisitos subjetivos para o pagamento, observamos que legitimados ativos para a consignação são o devedor ou o seu representante – legal, judicial ou convencional –, o terceiro interessado e, eventualmente, o terceiro não interessado. Dispõe o art. 304 do Código Civil que "qualquer interessado na extinção da dívida pode pagá-la, usando se o credor se opuser, dos meios conducentes à exoneração do devedor". Ressalvadas as obrigações infungíveis ou personalíssimas, que somente o devedor pode cumprir, como há interesse social no adimplemento das obrigações, o direito admite que um terceiro venha a pagar a dívida, não se vislumbrando prejuízo algum para o credor que recebe o pagamento de pessoa diversa do devedor, contanto que seu interesse seja atendido. Ilustrativamente, um banco, com o intuito de prevenir ou reparar dano a seu cliente, ante a possibilidade de ter sido adulterado cheque em razão de falha no serviço bancário, tem legitimidade para propor ação de consignação em pagamento visando quitar o débito referente a título apontado a protesto e evitar que venha a responder futura demanda indenizatória.[16]

Quanto ao terceiro desinteressado que pretende pagar em nome próprio, mas é rechaçado pelo credor, não detém interesse processual para consignar (art. 304, parágrafo único, CC). Todavia, se a consignação se realizar em nome do devedor, o efeito liberatório será idêntico ao do depósito efetuado por aquele. O credor só poderia recusar o pagamento de terceiro não interessado em três hipóteses: (a) caso exista no contrato expressa declaração proibitiva ao cumprimento da obrigação por terceiro; (b) na hipótese de tal cumprimento poder lhe causar prejuízo; e (c) na situação em que a obrigação, por sua natureza, somente possa ser cumprida pelo devedor. Insta acentuar que o credor também terá legitimidade ativa para consignar a coisa, na excepcional hipótese do art. 345 do Código Civil.

O legitimado passivo natural é o credor, ou quem o represente (art. 308 do CC). É natural que empresas que atuam no ramo de administração imobiliária sejam colocadas no polo passivo de ações consignatórias locatícias. A relação de confiança que se estabelece entre locatórios e tais pessoas jurídicas – que recebem pagamentos e concedem quitação –, aliada ao desconhecimento por parte do inquilino sobre a qualificação e endereço de proprietários, intensifica o apelo à aparência. O tráfico negocial permite que com espeque no princípio da boa-fé objetiva o devedor possa consignar em face daquele que usualmente recebe o pagamento, por se apresentar na qualidade de intermediário do credor. Certamente, não poderá o credor contestar a legitimidade do mandatário tácito ou gestor de

16. "A instituição financeira possui legitimidade para ajuizar ação de consignação em pagamento visando quitar débito de cliente decorrente de título de crédito protestado por falha no serviço bancário" (STJ, REsp 1.318.747-SP, Rel. Min. Luis Felipe Salomão, por unanimidade, DJe 31/10/2018).

negócios, pois tal conduta seria um exercício contraditório de direito, lesando a legítima expectativa de confiança que ele mesmo depositara no devedor.

Havendo solidariedade ativa, a consignação poderá ser direcionada em face de qualquer dos credores (art. 268 do CC). Nas obrigações indivisíveis com pluralidade de credores, o depósito será direcionado contra todos eles (art. 260, I, do CC).

No tocante ao objeto da consignação (pressuposto objetivo), o depósito compreenderá a coisa devida em sua integralidade,[17] pois o pagamento parcial não possui efeito liberatório, a menos que o credor assim o autorize.[18] Nesse sentido, é digna de aplausos a norma do art. 545 do CPC/15, por autorizar o devedor a complementar o valor do depósito quando o credor demonstre a sua insuficiência. Na linha do princípio da efetividade, cuida-se de uma preocupação do ordenamento com a solução célere e adequada de litígios.

Não é por outra razão que o art. 544, IV, do CPC/15 permite que o réu ofereça contestação alegando a insuficiência do valor depositado e o próprio art. 545, §

---

17. STJ. *Informativo* nº 0465, 4.3.2011, 4. T.: "Trata-se de REsp em que se discute a possibilidade de, em contrato para entrega de coisa certa (no caso, sacas de soja), utilizar-se a via consignatória para depósito de dinheiro com força liberatória de pagamento. A Turma negou provimento ao recurso sob o fundamento de que somente a entrega do que faltou das sacas de soja seria eficaz na hipótese, visto que o depósito em numerário, estimado exclusivamente pelo recorrente do quanto ele entende como devido, não pode compelir o recorrido a recebê-lo em lugar da prestação pactuada. Vale ressaltar que o credor não é obrigado a receber a prestação diversa da que lhe é devida, ainda que mais valiosa. Destarte, a consignação em pagamento só é cabível pelo depósito da coisa ou quantia devida. Assim, não é possível ao recorrente pretender fazê-lo por objeto diverso daquele a que se obrigou." REsp 1.194.264-PR, Rel. Min. Luis Felipe Salomão.

18. STJ: Informativo nº 0537. Período: 10 de abril de 2014. Quarta Turma. DIREITO CIVIL E PROCESSUAL CIVIL. NECESSIDADE DE DEPÓSITO DOS VALORES VENCIDOS E INCONTROVERSOS EM AÇÃO DE CONSIGNAÇÃO EM PAGAMENTO. "Em ação de consignação em pagamento, ainda que cumulada com revisional de contrato, é inadequado o depósito tão somente das prestações que forem vencendo no decorrer do processo, sem o recolhimento do montante incontroverso e vencido. De fato, assim como possui o credor a possibilidade de exigir o cumprimento da obrigação, também é facultado ao devedor tornar-se livre do vínculo obrigacional, constituindo a consignação em pagamento forma válida de extinção da obrigação, a teor do art. 334 do CC. O depósito em consignação tem força de pagamento, e a correspondente ação tem por finalidade ver atendido o direito material do devedor de liberar-se da obrigação e obter quitação. Em razão disso, o provimento jurisdicional terá caráter eminentemente declaratório de que o depósito oferecido liberou o autor da obrigação relativa à relação jurídica material. A consignação em pagamento serve para prevenir a mora, libertando o devedor do cumprimento da prestação a que se vinculou, todavia para que tenha força de pagamento, conforme disposto no art. 336 do CC, é necessário que concorram, em relação a pessoas, objeto, modo e tempo, todos os requisitos sem os quais não é válido o pagamento. Assim, a consignação em pagamento só é cabível pelo depósito da coisa ou quantia devida, não sendo possível ao devedor fazê-lo por objeto ou montante diverso daquele a que se obrigou. Nesse sentido, o art. 313 do CC estabelece que o credor não é obrigado a receber prestação diversa da que lhe é devida, ainda que mais valiosa, e o art. 314 do mesmo diploma prescreve que, ainda que a obrigação tenha por objeto prestação divisível, não pode o credor ser obrigado a receber nem o devedor a pagar por partes, se assim não se ajustou. Ademais, o art. 337 do CC também estabelece que cessa a mora apenas com o depósito da quantia devida, tendo efeito a partir de sua efetivação, por isso mesmo é necessário o depósito do valor integral da dívida, incluindo eventuais encargos. Cabe ressaltar que, a teor do art. 893, I, do CPC, o depósito da quantia ou coisa devida é pressuposto processual objetivo, pois se cuida de exigência formal para o recebimento da petição inicial da ação de consignação em pagamento" (REsp 1.170.188-DF, Rel. Min. Luis Felipe Salomão, julgado em 25.2.2014).

1º, faculte-lhe a possibilidade de levantar a quantia incontroversa, perseverando a discussão quanto ao excedente que sobeja controverso. O devedor depositará aquilo que entende devido, mesmo que o credor discorde do valor depositado. No bojo da consignatória, o magistrado deverá perquirir o exato valor e alcance do débito. Judith Martins-Costa bem pontifica que a solução "obedece ao dever de razoabilidade".[19]

Desta feita, o credor demandado poderá levantar desde logo a parcela incontroversa (§ 1º, art. 545, CPC/15). Assim, se *A* consigna R$ 50.000,00 e o credor *B* alega a insuficiência do depósito, demonstrando que o crédito é de R$ 100.000,00, com o levantamento da parcela incontroversa o magistrado declarará o devedor liberado do montante de R$ 50.000,00. Concluindo a sentença pela insuficiência do depósito face ao acertamento do débito em R$ 100.000,00, assumirá a natureza dúplice – pois afirmará a pretensão do réu contra o autor – e contará o credor com título executivo, facultando-lhe a promoção da execução dos mesmos autos. Isto é, a sentença deixa de ser declaratória negativa e se torna condenatória quanto a parcela não depositada. Assim, revela-se ilícito ao devedor valer-se de consignação em pagamento, ação de efeitos meramente declaratórios, para, após reconhecida a improcedência do pedido, pretender levantar a quantia que ele próprio afirmara dever. Ora, julgado improcedente o pedido consignatório e convertida em favor do demandado a quantia incontroversa, a quitação parcial produzirá seus efeitos no plano do direito material, e, sob o ângulo processual, impedirá uma nova propositura pelo todo, admitindo a acionabilidade pelo resíduo não convertido.

Aliás, há muito criticávamos a postura do Superior Tribunal de Justiça, quando considerava que a decisão que reconhece o crédito excedente era parcialmente procedente. Trata-se de improcedência da consignação em pagamento, pois no âmbito do direito material não pode o credor ser constrangido a receber o pagamento parcialmente, se assim não se ajustou (art. 314, CC). Em idêntico sentido, para que a consignação tenha força de pagamento, cumpre ao devedor respeitar todos os requisitos que tornariam o pagamento espontâneo eficaz (art. 336, CC). Essas regras justificam que no processo de consignação todo o depósito que não alcança o valor integral do débito tenha como consequência para o autor da demanda a sanção processual de arcar sozinho com os honorários e custas processuais. Caso admita-se a repartição dos encargos sucumbenciais seria o credor penalizado pelo descumprimento obrigacional exclusivo do devedor, além de se incentivá-lo a depositar qualquer valor com o benefício da mitigação de tais consectários. Contudo, recentemente o STJ revisou o seu posicionamento e aderiu aos fundamentos acima expostos.[20]

19. MARTINS-COSTA, Judith. *Comentários ao novo Código Civil,* v. V, t. 1, p. 367.

20. "A jurisprudência predominante do STJ, acerca da procedência parcial da ação em caso de depósito insuficiente, não é compatível com o princípio de direito civil de que não há mora simultânea, e nem com a disciplina processual da ação consignatória, a qual determina, como pressuposto para o exame do mérito, o depósito inicial da integralidade da dívida vencida, com o fito de extinção da obrigação. Os diversos julgados que representam o entendimento atualmente dominante desta Corte, na prática, suprimem a hipótese legal de improcedência do feito, ao arrepio do art. 891 do CPC/1973. Com efeito, não havendo depósito, a sentença será de extinção do processo sem exame do mérito (CPC 2015, art. 542, parágrafo

Naturalmente, a consignação será efetuada no prazo e local deliberados convencionalmente, dentro das hipóteses descritas no art. 335 do Código Civil. Em qualquer das situações descritas no art. 335 do Código Civil, a consignação será necessariamente efetuada no local originário do pagamento (art. 337 do CC). Já vimos que o local do pagamento será, em regra, o domicílio do devedor (dívida quesível), mas poderá ajustar-se que o pagamento se dê no domicílio do credor (dívida portável), conforme opção concedida pelo art. 327 do Código Civil. Tratando-se, porém, de depósito de bem imóvel, o local da situação do bem prevalecerá para fins de consignação (art. 341 do CC).

Poderia parecer que apenas as obrigações pecuniárias seriam passíveis de pagamento por essa modalidade especial. Nada obstante, o objeto da consignação será tanto a coisa (bem móvel ou imóvel) ou a importância devidamente corrigida, para fins de transferência da posse do bem ao depositário. No sentido amplo de *bem jurídico*, é possível a consignação de obrigações cujo objeto seja a propriedade imaterial, tal como o depósito de originais de obras, *software* ou patentes.[21]

Obviamente, não caberá a consignação nas obrigações de fazer ou não fazer, pois o próprio art. 334 do Código Civil refere-se ao depósito da *coisa devida*, e não da atividade ou abstenção devidas. Nas obrigações negativas, prescinde-se de qualquer atividade cooperativa do credor, pois todo o resultado dependerá de uma abstenção do devedor. Já nas obrigações de fazer, é certo que não se compatibiliza com a consignação o depósito de um "comportamento" do devedor.

O Código Civil de 2002 vai além da legislação processual, pois permite o depósito extrajudicial de qualquer objeto que possa em tese ser depositado em estabelecimento bancário. Assim, poderá ser aplicado por via de extensão a títulos, cambiais e joias.

Nas obrigações de dar coisa incerta, o depósito deverá atender às regras relativas à titularidade da escolha. Sendo cediço que, nas dívidas de gênero, a determinação da prestação caberá ao devedor no silêncio da convenção (art. 244 do CC), quando ele mesmo fará a escolha, citando o credor para recebê-la, sob pena de depósito em

---

único). Havendo depósito insuficiente, terá sido justa a recusa do credor, que não pode ser obrigado a receber em parte a prestação, se tal não foi convencionado, e, portanto, o resultado coerente com o ordenamento jurídico será a improcedência e não a procedência parcial do pedido. A aceitação de qualquer depósito, de qualquer valor, como hipótese de procedência parcial do pedido, privaria de efeito a regra legal segundo a qual cessa para o devedor "tanto que se efetue o depósito, os juros e os riscos, salvo se for julgada improcedente" a consignação (CPC/1973, art. 891; CPC/2015, art. 540); isso porque a ação seria sempre julgada parcialmente procedente, mesmo que manifestamente insuficiente o depósito para extinguir a obrigação, mesmo que justificada a recusa do credor, tendo o autor inadimplente dado causa ao ajuizamento da ação. Assim, quando o depósito não for integral, a solução imposta pelo ordenamento jurídico é o julgamento de improcedência do pedido consignatório". (STJ, REsp 1.108.058-DF, Rel. Min. Lázaro Guimarães (Desembargador Convocado do TRF da 5ª Região), Rel. Acd. Min. Maria Isabel Gallotti, Segunda Seção, por maioria, DJe 23/10/2018).

21. "Enfatize-se a possibilidade de consignação de bens imateriais – *v.g.* determinado documento que serve de suporte para modelo de invenção. É possível igualmente a consignação condicional – cuja coisa deve ser entregue ao credor tão somente se e quando esse contraprestar. Apenas o fazer e o não fazer não são consináveis." MARINONI, Luiz Guilherme; MITIDIERO, Daniel. *Código de Processo Civil,* p. 841.

caso de rejeição. Mas, se houver cláusula deferindo a individualização do débito ao credor, será ele citado para tanto, correndo o risco, em caso de inércia, de a escolha ser outorgada ao próprio devedor (art. 342 do CC).

A liquidez da obrigação pode ser considerada como pressuposto objetivo para a consignação? A nosso viso, nas obrigações em dinheiro, é dispensável o requisito da liquidez do débito para o ajuizamento da consignatória, restando suficiente que o autor descreva a sua existência e montante total, sendo os outros requisitos apontados no curso da demanda. Fundamental é perceber que não mais permanece o entendimento pelo qual a ação consignatória seria uma ação de execução às avessas e, portanto, exigir-se-ia o requisito da liquidez da dívida. A consignação em pagamento tem natureza declaratória acerca da existência do débito e de seu real montante. A pretensão de direito material é posta no processo para que o juiz declare apenas eficaz o depósito judicial e libere o devedor. Por isso, no âmbito da consignatória, pode haver interpretação de cláusulas contratuais e ampla discussão sobre a sua legalidade, alcançando-se, ao final, o valor líquido e certo do débito.[22]

Em suma, o campo cognitivo libertou-se de limites rígidos, preocupando-se e priorizando aquilo que é essencial ao deslinde da ação de consignação, a injuridicidade ou não da recusa, além da necessária correlação entre o *quantum* do depósito e o realmente devido. Ilustrativamente, o devedor poderá consignar um valor que considere justo, com o fito de debater em juízo que fatores supervenientes e imprevistos alteraram o equilíbrio inicial da relação obrigacional (art. 317, CC), ocasionando-lhe excessiva desvantagem. Portanto, com a demanda consignatória haverá uma avaliação acerca da revisão do negócio jurídico, tudo em um só procedimento. Viável ainda que suceda o inverso, isto é, o devedor deposita o montante da prestação previsto no contrato, e o credor, invocando o fator da imprevisibilidade, considere-a irrisória e pugne pela fixação daquela que seria o valor real da prestação, também sob a alegação de que sobreveio desigualdade evidente na simetria do negócio jurídico, a impor a majoração de seu preço.[23]

22. *Informativo* nº 0459, 6-10.12.2010. 4. T.: "A Turma reiterou o entendimento de que, em ação consignatória, é possível a ampla discussão sobre o débito, inclusive com o exame de validade de cláusulas contratuais. Assim, admite-se a cumulação de pedidos de revisão de cláusulas de contrato e de consignação em pagamento das parcelas tidas como devidas por força do mesmo negócio jurídico. Quanto à cautelar, no caso, a inicial requer a entrega das chaves do imóvel sob pena de multa diária, bem como a assinatura da escritura de compra e venda do imóvel em relação ao qual, na consignatória, discute-se o valor da prestação, portanto da dívida pendente. Logo, foi intentada incidentalmente sem natural propósito de acessoriedade, mas como uma segunda lide principal ou, quando menos, uma complementação de pedidos à primeira. Assim, a Turma conheceu em parte do recurso especial e lhe deu provimento para extinguir a ação cautelar sem julgamento do mérito, por impossibilidade jurídica dos pedidos formulados (art. 267, VI, do CPC) e julgou procedente, apenas em parte, a ação consignatória, considerando a insuficiência do depósito e a transformação do saldo sentenciado em título executivo." REsp 645.756-RJ, Rel. Min. Aldir Passarinho Junior.

23. CASTRO FILHO, Marcus Vinicius dos Santos Andrade; MESQUITA, Eduardo Melo de; SCAVONE JÚNIOR, Luis Antonio, *Comentários ao Código Civil brasileiro*, p. 123-124.

2.5 Questões polêmicas do depósito

Nos arts. 539 a 549 do CPC/15 insere-se o procedimento especial de jurisdição contenciosa da ação de consignação em pagamento. O objetivo desta demanda é a pretensão de o devedor libertar-se da obrigação, pelo depósito judicial da coisa devida, nos casos em que isto seja compatível com a natureza da respectiva obrigação. Aqui prepondera a atividade cognitiva do magistrado, em que se pretende declarar a extinção da obrigação pelo pagamento e a liberação do devedor. Apesar disso, não podemos negar que o depósito da prestação, isoladamente, é um ato de cunho executivo.

O depósito corresponde ao pagamento por consignação, ele que possui eficácia constitutiva por extinguir a relação obrigacional. Corroborando o entendimento de Renan Lotufo, "não se deve confundir o momento do requerimento com o momento do depósito. Este último é que se considera termo inicial dos efeitos: cessação do cômputo de juros sobre o principal, e dos riscos pela guarda e posse da coisa objeto da prestação".[24]

De fato, um dos efeitos do depósito é transferência dos riscos do devedor para o credor, na forma do art. 400 do Código Civil. A transmissão da propriedade implica a assunção dos riscos de deterioração e perecimento do objeto pelo credor, em caráter retroativo, com a emissão da sentença de procedência da ação de consignação. É mais uma hipótese de incidência do velho brocardo *res perito domino*.

A primeira indagação a ser feita concerne à possibilidade jurídica de consignação por parte do devedor que já incorreu em mora. Cremos ser equivocada a postura de apenas admitir-se a consignação até o dia imediato ao vencimento do débito. A nosso viso, mesmo que o devedor encontre-se em situação de mora por sua própria desídia, ser-lhe-á lícito pagar por consignação, enquanto o recebimento do pagamento ainda for útil ao credor.

Quando estudamos a distinção entre a mora e o inadimplemento absoluto, percebemos que, no momento da objetiva inviabilidade da prestação para o credor (art. 395, parágrafo único), ocorre a extinção da obrigação. Parece-nos, assim, que, se a dívida sobejou vencida, poderá validamente consignar o devedor, caso o credor ainda não tenha ajuizado ação de resolução contratual ou praticado conduta que demonstrasse a perda da utilidade do pagamento *a posteriori*. Assim, se *A* contrata com *B* a locação de uma máquina de sua propriedade para a colheita de safra e *B* delibera por entregá-la após o período propício, evidentemente o devedor não poderá purgar a mora, tampouco poderá consignar, pois a recusa ao recebimento da máquina será plenamente justificada pela sua inutilidade.

Em atenção ao disposto no art. 336 do Código Civil, se o credor recusou o recebimento de débito já vencido, o depósito a ser efetuado da dívida já vencida será

24. LOTUFO, Renan. *Código Civil comentado*, v. 2, p. 279.

integral, acrescido dos consectários legais, como o pagamento dos juros vencidos e cláusula penal moratória.

Em matéria de obrigações locatícias, entende-se que a consignação de aluguéis pode dar-se a qualquer tempo, desde que antes do ajuizamento da ação de despejo. Proposta esta, ao locatário remanescerá tão somente a possibilidade de purgar a mora, evitando a resolução do contrato (art. 62, II, da Lei nº 8.245/91).

O art. 542 do CPC/15 disciplina o início da ação de consignação, resolvendo a questão da chicana e dos depósitos maliciosos. Na inicial, já se requer alternativamente a citação do réu para levantar o depósito ou ofertar resposta. Deferida a inicial, tem o autor cinco dias de prazo para efetuar o depósito, sob pena de ser constituído em mora. Não realizado o depósito no prazo de cinco dias, o processo será extinto sem resolução do mérito (parágrafo único, art. 542, CPC/15).

Optando o credor por contestar no prazo regular de 15 dias, a lide seguirá pelo rito ordinário, pois a especialidade do procedimento reside tão somente na fase inicial do levantamento do depósito. Poderá o réu alegar que não houve recusa ao recebimento ou que ela foi justificada. O mais interessante, porém, é a possibilidade de o credor alegar que o depósito oferecido por ocasião do ajuizamento da ação não foi integral, pois o débito é maior do que o alegado pelo devedor na inicial (art. 544, IV, do CPC/15). Caberá ao credor-contestante demonstrar o valor que julgue verdadeiro, para que possa aceitar a exoneração do devedor.

Nesse caso, surge uma ação de natureza dúplice, no qual o demandado formula pedido a seu favor, pleiteando a condenação do autor-devedor ao valor que repute devido. De fato, nos próprios autos, o credor oferece o pedido contraposto, propugnando pela complementação do depósito. Poderá o devedor, no prazo de dez dias, complementar o depósito (art. 545 do CPC/15), pois a lide circunscreve-se agora a esse montante residual. Realmente, poderá o credor levantar a quantia incontroversa, sobre a qual não exista contestação, mesmo na pendência da demanda. Na Lei de Locações, o locador também poderá levantar a qualquer momento as importâncias depositadas sobre as quais não penda controvérsia (art. 67, parágrafo único, da Lei nº 8.245/91).

Existem três dispositivos que cuidam do levantamento do depósito efetuado pelo devedor. Primeiro, o art. 338 permite que o devedor requeira o levantamento, enquanto o credor não se manifesta acerca da aceitação do depósito. Ensina Gustavo Tepedino que, "se o devedor retira unilateralmente o objeto do depósito, tem-se a consignação por não efetivada (eficácia *ex tunc*). Não há, de modo algum, novação, pois não surge obrigação nova. É a própria obrigação antes existente, que não fora extinta, que subsiste".[25]

Esse levantamento tem limites temporais, pois demanda que o credor ainda não tenha aceitado o depósito (acarretando a extinção da obrigação) ou não o tenha

25. TEPEDINO, Gustavo. *Código Civil interpretado*, v. 1, p. 631.

impugnado (após a contestação o devedor-autor não poderá mais desistir da ação, à luz do art. 485, § 4º, do CPC/15).

A oportunidade de o devedor desistir da ação insere-se no período de 15 dias, do art. 542, inciso II, do CPC/15. O art. 338 do Código Civil sanciona o devedor desistente com a manutenção de todas as consequências jurídicas da obrigação. Assim, permanecem os encargos decorrentes do atraso no cumprimento.

A segunda regra sobre o levantamento do depósito é modelada pelo art. 339 do Código Civil. A partir do momento em que for julgado procedente o requerimento de depósito judicial, não poderá mais o devedor efetuar o pedido de levantamento, a não ser que conte com expressa anuência do credor e, também, se houver, de outros devedores e fiadores. O art. 339 do Código Civil impõe que essa deliberação seja ratificada pelos outros devedores e fiadores, pois serão eles reflexamente beneficiados com a extinção da obrigação.

Parece-nos que a ausência de autorização das referidas pessoas não implicará propriamente impossibilidade de se levantar o depósito. A autonomia privada dos contratantes erigirá uma nova relação obrigacional, sem que esta alcance os terceiros anteriormente afetados. Não se cuida de novação, pois só é possível novar débito que exista. Na espécie, já não mais existia a relação obrigacional, desde o julgamento de procedência do depósito.

Por fim, a terceira regra se encontra no art. 340 do Código Civil. O dispositivo permite o levantamento do depósito, mesmo com a concordância isolada do credor, no lapso que decorre entre a fase da contestação e a sentença. Ao contrário da regra do art. 339, ainda não foi proferida a sentença. Vale dizer, renasce a obrigação, mas apenas entre credor e devedor – perdendo aquele as preferências e garantias sobre o crédito –, excluindo-se ainda da futura atuação do credor todos os demais vinculados ao débito originário que não anuíram ao levantamento.

Tratando-se de depósito de prestações sucessivas, por economia processual, permite-se, após a consignação da primeira, que as demais prestações também sejam objeto de depósito no mesmo processo, havendo a completa liberação do devedor, quando a última estiver solvida (art. 541 do CPC/15).[26] Com isso, nas relações jurídicas

26. Informativo nº 0564 Período: 15 a 30 de junho de 2015. Primeira Turma O prazo de cinco dias previsto no art. 892 do CPC não é aplicável aos depósitos judiciais referentes a créditos tributários, de tal sorte que são exigíveis multa e juros caso o depósito não seja realizado dentro do prazo para o pagamento do tributo. Isso porque, ao se interpretar a norma processual conforme o princípio da legalidade tributária estrita, reconhece-se que o prazo para o depósito judicial previsto no art. 892 do CPC ("Tratando-se de prestações periódicas, uma vez consignada a primeira, pode o devedor continuar a consignar, no mesmo processo e sem mais formalidades, as que se forem vencendo, desde que os depósitos sejam efetuados até 5 (cinco) dias, contados da data do vencimento") não se aplica às consignatórias de crédito tributário, por incompatibilidade normativa. Nos termos do art. 113, § 1º, do CTN, "A obrigação principal surge com a ocorrência do fato gerador, tem por objeto o pagamento de tributo ou penalidade pecuniária e extingue-se juntamente com o crédito dela decorrente", sendo que, conforme estabelece o art. 140 do CTN, "As circunstâncias que modificam o crédito tributário, sua extensão ou seus efeitos, ou as garantias ou os privilégios a ele atribuídos, ou que excluem a exigibilidade do crédito tributário não afetam a obrigação tributária que lhe deu origem". Ademais, o crédito tributário só se

de trato sucessivo (*v.g.*, pagamento de condomínio por proprietário de apartamento), evita-se o risco do ajuizamento de várias ações sucessivas sobre a mesma dívida, com possibilidade mesmo de prolação de sentenças contraditórias. Leciona Alexandre Freitas Câmara que "a possibilidade de pagamento por consignação das prestações que se vencem no curso do processo decorre de autorização legal, razão pela qual não se exige seja ela objeto de pedido expressamente formulado".[27]

Efetuando-se o depósito no local adequado, com o julgamento procedente, a sentença se limita a tornar certo o efeito extintivo da obrigação causado pelo ato do depósito. Assim, o extermínio da relação jurídica e a exoneração de devedores e garantidores fazem cessar retroativamente para o depositante – a contar da data do depósito – os juros e riscos da prestação (art. 337 do CC). Contudo, sendo julgada improcedente a consignatória, remanescem todos os efeitos deletérios da dívida, como se em nenhum instante houvesse ocorrido o depósito. O julgamento de improcedência demonstra que não houve o pagamento e, por conseguinte, não se extinguiu a obrigação nem tampouco se liberou a pessoa do devedor.

Há um regime especial para a consignação em pagamento de aluguéis, procedimento que afasta a aplicação das regras gerais do CPC. Na Lei nº 8.245/91 abordam-se contratos de trato sucessivo, projetados para o futuro. Daí estabelecer o art. 67, inciso III, que "o pedido envolverá a quitação das obrigações que vencerem durante a tramitação do feito". Enquanto no CPC o depósito das prestações que vençam ao fluir do processo será realizado até cinco dias após o seu vencimento, na consignação locatícia, o depósito dos aluguéis vencidos será imediatamente realizado. Vale dizer, o depósito das prestações vincendas é um ônus do locatário, devendo ser realizado de forma tempestiva, sob pena de não se revestir de efeito liberatório. Se não efetivados os depósitos subsequentes – ou efetivados a destempo –, haverá a mora intercorrente, podendo o juiz reconhecê-la a pedido do locador para, até mesmo, decretar o despejo, se houver reconvenção.

extingue ou tem sua exigibilidade suspensa ou excluída nos casos previstos no CTN (art. 141); a suspensão da exigibilidade do crédito tributário se dá com o depósito do seu montante integral, o que não dispensa o cumprimento das obrigações assessórias (art. 151, II e parágrafo único); e a extinção do crédito tributário em razão do depósito judicial só se dá por ocasião de sua conversão em renda (art. 156, VI). Nessa linha, deve-se afirmar que a consignação em pagamento do montante do tributo discutido, que tem por fim a suspensão da exigibilidade do crédito tributário, a qual, ao final, pode implicar sua extinção, é aquela em que o crédito é depositado dentro do prazo de vencimento da obrigação, ou em que há o depósito do montante integral do débito. Isso porque não se pode ignorar que o crédito tributário é exigível a partir do termo de vencimento. Inadimplido, por força de lei, é acrescido de juros, multa e correção monetária. Por isso que, por ocasião do depósito judicial da parcela respectiva, a parte deve depositar todo o montante devido: crédito principal, juros e multa. O depósito judicial, então, elide a mora do contribuinte ou responsável que ingressa em juízo para discutir a obrigação tributária tão somente quando realizado nos termos e condições próprias para o pagamento integral do crédito tributário; só assim a conversão do depósito em renda poderá implicar a extinção do crédito tributário. Não se pode permitir que o contribuinte ou responsável tributário, por estar em juízo, seja agraciado com mais cinco dias para adimplir o tributo, só porque ajuíza ação consignatória em pagamento. Caso admitida essa tese, diretamente, estar-se-ia criando distinção entre contribuintes/responsáveis, o que é vedado pelo art. 150, I, da CF, além de estar-se estabelecendo espécie de moratória tributária, de caráter geral, sem previsão legal. AgRg no REsp 1.365.761-RS, Rel. Min. Benedito Gonçalves. DJe 17/6/2015.

27. CÂMARA, Alexandre Freitas. *Lições de direito processual civil*, v. III, p. 321.

3. PAGAMENTO COM SUB-ROGAÇÃO

Já perdoei erros quase imperdoáveis,
tentei substituir pessoas insubstituíveis
e esquecer pessoas inesquecíveis.

(Charles Chaplin)

3.1 Noções introdutórias

Temos o fenômeno da sub-rogação quando na relação jurídica se verifica a substituição de uma pessoa por outra, ou de um objeto por outro. Portanto, o verbo *sub-rogar* sempre exalta a ideia de substituir, modificar.

Assim, trabalhamos com duas modalidades de sub-rogação: a pessoal e a real. Sub--rogação pessoal é a transferência da qualidade creditória para aquele que solveu obrigação de outrem ou emprestou o necessário para isso. Essa pessoa substitui o credor originário na relação obrigacional, sendo este satisfeito pelo pagamento. A sub-rogação pessoal é examinada no Capítulo III, inserida dentre as formas de adimplemento indireto, pois não propicia a liberação do devedor.

Não se confunde a sub-rogação pessoal com a sub-rogação real. Importa esta a substituição de uma coisa por outra, quando o titular de direito real pretende transferir o vínculo restritivo da propriedade que pesa sobre um imóvel para outro imóvel. O procedimento para a efetivação da sub-rogação real é de jurisdição voluntária, a teor do exposto no art. 725, II, do CPC/15. Nos próprios autos, já se correlaciona a destinação do produto da venda com a específica designação do novo imóvel a ser onerado.

Embora a sub-rogação pessoal propicie a satisfação e exoneração do credor originário, subsiste o mesmo vínculo obrigacional, agora entre o sub-rogado e o devedor. Portanto, a sub-rogação é modo de *pagamento indireto*, pois promove o terceiro adimplente a posição de credor, com alteração subjetiva no polo ativo da relação jurídica.

A função primordial da sub-rogação é de índole substitutiva, pelo fato de conceder a um terceiro a possibilidade de substituir o credor, podendo ser ressarcido pelo devedor em momento ulterior. Secundariamente, há uma função de garantia, eis que o credor terá a segurança de recebimento do pagamento.[28]

---

28. STJ. *Informativo* nº 0530, 20.11.2013. Terceira Turma: "DIREITO CIVIL E DO CONSUMIDOR. PAGAMENTO COM SUB-ROGAÇÃO. Aplica-se a regra contida no art. 14 do CDC, que estabelece a responsabilidade objetiva do fornecedor pelo fato do serviço, em ação regressiva ajuizada por seguradora objetivando o ressarcimento de valor pago a segurado que tivera seu veículo roubado enquanto estava sob a guarda de manobrista disponibilizado por restaurante. Isso porque, na ação regressiva, devem ser aplicadas as mesmas regras do CDC que seriam utilizadas em eventual ação judicial promovida pelo segurado (consumidor) contra o restaurante (fornecedor). Com efeito, após o pagamento do valor contratado, ocorre sub-rogação, transferindo-se à seguradora todos os direitos, ações, privilégios e garantias do segurado, em relação à dívida,

Enfim, quando uma pessoa que não ocupa a posição de devedora, nem ao menos atua em seu nome (art. 304, parágrafo único, do CC), delibera por pagar, o sistema jurídico lhe defere meios de se voltar contra o devedor para reaver o que despendeu. Judith Martins-Costa frisa que, "se assim não fosse, quem pagasse dívida alheia, em certas hipóteses, liberando o devedor, estaria causando o enriquecimento injustificado daquele, que restaria liberto do vínculo, sem ter sofrido o menor sacrifício patrimonial, e causando, concomitantemente, o empobrecimento do que pagara a sua dívida. A justiça, traduzida em equidade, impõe, por isso, a adoção de determinadas técnicas para evitar o efeito do enriquecimento injustificado".[29]

3.2 Espécies de sub-rogação

Subdivide-se a sub-rogação no Código Civil em duas espécies: legal e convencional.

A *sub-rogação legal,* ou de pleno direito, dispensa manifestação de vontade das partes e suas hipóteses são tratadas no art. 346 do Código Civil, quais sejam: (a) em favor do credor, que solve o débito do devedor comum; (b) em favor do adquirente do imóvel hipotecado, que paga ao credor hipotecário, elidindo a execução do bem que adquiriu, bem como do terceiro que efetiva o pagamento, para não ser privado do direito sobre o imóvel; (c) em favor do terceiro interessado, que paga a dívida comum, pela qual poderia ser obrigado, no todo ou em parte.

No primeiro caso, um devedor se vincula a dois ou mais credores e um deles delibera por solver o débito relativo a outro credor. Em outras palavras, *solvens* e *accipiens* são credores da mesma pessoa. Assim, se *A* e *B* são credores de *C* das quantias de R$ 100,00 e R$ 50,00, respectivamente, caso *B* salde o débito de *C,* em face de *A,* sub--roga-se no crédito de R$ 100,00, além de manter o seu crédito originário.

No Código Civil de 2002 há uma interessante alteração no art. 346, inciso I, com relação à redação do diploma de 1916. Enquanto outrora exigia-se que o *solvens* fosse uma espécie de credor quirografário e o *accipiens,* um credor preferencial, o Código Civil em vigor não opera qualquer distinção. Isso significa que a sub-rogação legal pode partir até mesmo do desígnio de um credor que se encontre com os mesmos privilégios do credor originário ou encontre-se em posição de prioridade na classificação dos créditos em relação ao *accipiens*. Contudo, na última situação, não percebemos qual seria o interesse na sub-rogação de um crédito menos favorecido do que aquele que o *solvens* já dispunha contra o devedor.

O art. 346, inciso II, do Código Civil versa acerca da sub-rogação legal na hipoteca. Compreende aquelas situações em que alguém institui um ônus real de

---

contra o restaurante, de acordo com o disposto no art. 349 do CC." REsp 1.321.739-SP, Rel. Min. Paulo de Tarso Sanseverino.

29. MARTINS-COSTA, Judith. *Comentários ao novo Código Civil,* v. V, t. 1, p. 432.

hipoteca sobre o seu imóvel e, posteriormente, aliena-o a um terceiro (pois o imóvel hipotecado é livremente alienável). Poderá o adquirente que deseja livrar-se do vínculo real sobre a coisa praticar a remição da hipoteca, efetuando a sub-rogação. Bastará que pague ao credor o valor da hipoteca.

O referido dispositivo introduz alteração substancial – comparativamente ao Código de 1916 –, permitindo que a aquisição do crédito hipotecário também possa ser realizada pelo terceiro interessado, que não quer ser privado de direito sobre o imóvel. Seria o caso de um usufrutuário cujo direito real foi registrado posteriormente à hipoteca. Sua única saída para evitar a perda da posse pelo vencimento do débito alusivo à hipoteca é o seu resgate e a consequente sub-rogação.

A hipótese tratada no inciso III do art. 346 é evidentemente a fórmula geral da sub-rogação legal. Com efeito, o terceiro interessado é aquele juridicamente vinculado ao credor e ao devedor. Possui inegável interesse em quitar o débito, pois futuramente poderia ser obrigado a pagar o débito. Deseja, portanto, evitar as desastrosas consequências da mora que podem recair sobre si, tais como cláusula penal, juros de mora e até mesmo uma ação executiva. Via de consequência, a norma alcança o fiador (art. 831 do CC), o devedor solidário (art. 283 do CC) e o coobrigado em dívida indivisível (art. 259 do CC). Como interessados na extinção da dívida, poderão pagá-la, usando, se o credor opuser-se, até mesmo a ação de consignação (art. 304 do CC).[30]

O artigo 346 não exaure as situações que dão ensejo à sub-rogação legal.[31] Interessante hipótese de sub-rogação legal se encontra no art. 786 do Código Civil: "Paga a indenização, o segurador sub-roga-se, nos limites do valor respectivo, nos direitos e ações que competirem ao segurado contra o autor do dano". Na verdade,

---

30. STJ. Informativo nº 0558 Período: 19 de março a 6 de abril de 2015. Quarta Turma DIREITO CIVIL. LEGITIMIDADE PARA COBRANÇA DE ALUGUÉIS VENCIDOS EM DATA ANTERIOR À DA ALIENAÇÃO DO IMÓVEL. O antigo proprietário – alienante – tem legitimidade para cobrar os aluguéis que tenham vencido em data anterior à alienação do imóvel, somente cabendo ao novo proprietário - adquirente - direito sobre tais parcelas caso disposto no contrato de compra e venda do imóvel. Em princípio, o contrato de locação é uma relação jurídica de cunho obrigacional, pessoal, constituída entre o locador e o locatário, em que o primeiro transfere ao segundo a posse direta do imóvel para uso. Já o contrato de compra e venda celebrado posteriormente entre o proprietário/locador e terceiro estabelece um novo negócio jurídico, que não vincula, por si só, o adquirente do imóvel ao locatário, tendo em vista que não foi ele quem contratou a locação, e sim o locador/vendedor, que deixou de ser proprietário da coisa. Ademais, a alienação não altera a relação obrigacional entre o locatário e o locador no período anterior à venda do imóvel. Sendo assim, o locatário se tornará obrigado perante o novo proprietário somente após o negócio jurídico, por força de sub-rogação legal, nos termos do art. 8º, § 2º, da Lei 8.245/1991. REsp 1.228.266-RS, Rel. Min. Maria Isabel Gallotti, DJe 23/3/2015.

31. STJ – Informativo nº 618 – 23 de fevereiro de 2018 – Parceria agrícola. Falecimento do parceiro outorgante. Extinção do contrato. Não ocorrência. Sucessores. Sub-rogação. Direitos e obrigações do outorgante. Retomada. Exercício. Hipóteses legais. no caso de alienação do imóvel rural, o Estatuto da Terra em seu artigo 92, § 5º, e o Decreto n. 59.566/1966, no artigo 15, estabelecem que não há interrupção do contrato de parceria agrícola, ficando o adquirente sub-rogado nos direitos e obrigações do alienante. Essa orientação também se aplica à hipótese de transmissão do imóvel em virtude do falecimento do outorgante (REsp 1.459.668-MG, Rel. Min. Ricardo Villas Bôas Cueva, DJe 18/12/2017).

o segurador não paga um débito do segurado, porém assegura-o quanto a garantia de um risco.[32]

A outro giro, a *sub-rogação convencional* (art. 347 do CC) resulta do pagamento do débito por parte do terceiro desinteressado mediante negócio jurídico travado com o credor ou com o devedor. Trata-se de uma pessoa que não está envolvida na relação de direito material como coobrigada. Em princípio, o pagamento da dívida alheia só lhe concederia o manejo da ação de reembolso contra o devedor, a fim de evitar o seu enriquecimento ilícito – *actio in rem verso*. Isto é, poderia buscar o direito de regresso, mas seu crédito seria quirografário, posto despido das prerrogativas do sub-rogante (art. 305 do CC).

Excepcionalmente, em duas situações o direito de reembolso converte-se em sub-rogação: (a) acordo entre o credor e terceiro estranho à relação obrigacional, sendo a este expressamente transferidos os direitos que àquele cabiam contra o devedor (art. 347, I, do CC); (b) acordo entre devedor e terceiro, pelo qual este empresta àquele a quantia necessária à sua liberação perante o credor primitivo, sob a condição expressa de ficar o terceiro mutuante sub-rogado nos direitos do credor satisfeito (art. 347, II, do CC).

No primeiro caso, o terceiro desinteressado procura o credor com a finalidade de adimplir o débito alheio em nome próprio. Caso o credor aceite o pagamento, fundamental é que no negócio jurídico incida cláusula expressa de transferência integral de todos direitos alusivos ao crédito ao *solvens*. Todavia, dispensa-se formalidade essencial, bem como a necessidade de notificar o devedor. Nessa hipótese, vigorará o disposto quanto à cessão de crédito (art. 348 do CC), pois o sub-rogante está transferindo os seus direitos ao novo credor.

Mas a finalidade da cessão de crédito distancia-se do desiderato da sub-rogação. Esta é uma forma de se alcançar o adimplemento da obrigação, satisfazendo o credor; a seu turno, a cessão de crédito é uma forma de transmissão da obrigação, alienando-se o crédito e preservando-se a obrigação. De acordo com Renan Lotufo, "na transmissão, o interesse é a circulação do crédito (como ocorre na cessão), enquanto na sub-rogação o interesse é garantir a recuperação da soma despendida pelo terceiro, que assumiu a obrigação de satisfazer ao credor. Na sub-rogação se busca garantir a recuperação do que foi despendido, tutelar o direito de regresso, não a circulação do crédito, que se dá na transmissão".[33]

Duas observações são pertinentes: *a uma*, se o credor recusar o pagamento pelo terceiro desinteressado, não terá este interesse processual em manejar ação de consignação de pagamento (art. 304, parágrafo único, do CC); *a duas*, a referência feita ao terceiro desinteressado é exclusiva daquelas circunstâncias em que

32. Nesse sentido a Súmula 188 do STF: "O segurador tem ação regressiva contra o causador do dano, pelo que efetivamente pagou, até o limite previsto no contrato de seguro."

33. LOTUFO, Renan. *Código Civil comentado*, v. 2, p. 300.

o pagamento é feito em nome próprio. Com efeito, se o pagamento procede-se em nome do devedor, será ele tratado como mera liberalidade, sem operar direito de reembolso ou sub-rogação.

Na hipótese versada no art. 347, II, do Código Civil, o terceiro desinteressado empresta a quantia diretamente ao devedor, com cláusula expressa de destinação do mútuo ao pagamento de empréstimo e sub-rogação em favor do terceiro mutuante, desprezando-se a intervenção do credor na avença ou o seu consentimento prévio. Assim, mediante contrato de mútuo, *A* empresta uma quantia a *B,* a fim de que este quite o débito com *C.* No bojo da convenção, insere-se cláusula pela qual o devedor *B* transfere ao mutuante *A* os direitos e privilégios do credor originário *C* na futura cobrança. Vê-se que há simultaneidade entre a sub-rogação e o pagamento ao credor originário. Esta é uma operação muito comum no mercado imobiliário: quando alguém não possui condições financeiras para integralizar o pagamento do imóvel perante a construtora, a instituição financeira interfere, ao conceder empréstimo para a satisfação do incorporador, sub-rogando-se em sua posição em face do mutuário.

Tratando-se de qualquer das duas hipóteses de sub-rogação convencional, a avença apenas produzirá efeitos perante terceiros, com o registro do contrato constitutivo no Cartório de Títulos e Documentos, a teor do art. 129 da Lei de Registros Públicos. Realmente, no bojo de futuro concurso creditório, os privilégios adquiridos com a sub--rogação, que não se opera de pleno direito, só podem ser opostos pelo sub-rogado aos demais credores, mediante a publicidade derivada do registro.

A sub-rogação legal prescinde da finalidade de lucro. Aquele que paga a dívida alheia sub-roga-se na exata medida em que solveu ao credor e não poderá cobrar do devedor um centavo a mais do que pagou (art. 350 do CC). O terceiro interessado apenas deseja uma garantia de que mais tarde não sofrerá os deletérios efeitos do inadimplemento do devedor.

Porém, equivocam-se os que acreditam que a modalidade da sub-rogação convencional permitiria o lucro, por ser nitidamente especulativa. Todavia, apesar do silêncio do art. 350 do Código Civil, há de se descartar a interpretação literal da norma. Nenhuma espécie de sub-rogação possui caráter especulativo. Aliás, esta é uma forma de distinguir esse modelo jurídico da cessão de crédito.

O terceiro sub-rogado tem a sua autonomia privada limitada ao princípio que veda o enriquecimento sem causa (art. 884 do CC). Ademais, a lógica do abuso do direito impede que alguém exerça o seu direito subjetivo ao crédito de forma excessiva (art. 187 do CC), a ponto de ofender o princípio Constitucional da proporcionalidade.

Na modalidade de sub-rogação convencional do art. 347, inciso II, do Código Civil, poderá o devedor inserir cláusula de expressa limitação dos direitos do sub-rogado no contrato, transferindo para ele apenas direitos de extensão igual aos do credor originário. Nas palavras de Gustavo Tepedino, "em relação à sub-rogação convencional, embora possam as partes restringir os direitos sub-rogados, não podem, por maioria de razão, ampliar a pretensão sub-rogatória para além do desembolso efetuado pelo sub-rogado. E isto decorre da natureza não especulativa da sub-rogação, sistematicamente compreendida".[34]

Mas o sub-rogado também corre risco quando o devedor vier a tornar-se insolvente. Aí, não poderá recobrar a quantia despendida junto ao antigo credor, pois este não lhe concede qualquer garantia sobre a solvabilidade do devedor. O pagamento é *pro soluto,* detendo efeito liberatório ao antigo credor. Todavia, se o crédito transferido não existir, dispõe o sub-rogado de ação de repetição de indébito, evitando o enriquecimento ilícito do *accipiens*.

A sub-rogação será parcial quando o *solvens* não quitar integralmente o débito ao credor. Nessa situação, o credor originário não ficará liberado e poderá ainda exigir a parcela restante ao devedor, com preferência sobre o terceiro parcialmente sub-rogado, na hipótese de insuficiência de patrimônio do devedor comum (art. 351 do CC). Assiste razão a Alice dos Santos Soares quando conclui que "A lei privilegia o credor originário, desencorajando, injustificadamente, a prática da sub-rogação".[35] A título ilustrativo, *A* deve R$ 100,00 ao seu credor *B*. O terceiro *C* propõe ao credor *B* a sub-rogação parcial em R$ 50,00. Se, ao tempo do pagamento, *A* for insolvente, a preferência no concurso creditício será concedida a *B*.

A sub-rogação também pode ser fruto de substituição no polo ativo de relação jurídica oriunda de responsabilidade aquiliana. Ou seja: é corriqueira a situação em que o sub-rogado possui o dever contratual de ressarcir ao sub-rogante as despesas consequentes à prática de um ato ilícito. Com isso, terá direito de regresso em face do causador do dano.[36] Dada a importância social do contrato de seguro, as normas insertas no art. 786, *caput* e § 2º, do CC/2002, ao assegurarem a sub-rogação do segurador nos direitos que competirem ao segurado contra o autor do dano, independentemente da vontade daquele, revestem-se de caráter público, não havendo como um ato negocial do segurado excluir a prerrogativa outorgada por lei ao segurador.[37]

---

34. TEPEDINO, Gustavo. *Código Civil interpretado,* v. 1, p. 642.

35. SANTOS SOARES, Alice dos. *Pagamento indireto ou especial,* p. 415.

36. STJ. *Informativo* nº 0424, 26.2.2010. Terceira Turma: "SEGURADORA. SUB-ROGAÇÃO. DIREITO. REGRESSO. Admite-se ação regressiva da seguradora contra garagista para buscar o ressarcimento da indenização paga à segurada por roubo de veículo em estacionamento sob sua responsabilidade. Para a Min. Relatora, não há como considerar o furto ou roubo de veículo como causa excludente da responsabilidade das empresas que exploram os estacionamentos, uma vez que a obrigação de garantir a integridade do bem é inerente à própria atividade por elas desenvolvida. Por outro lado, observa que, modernamente, o furto e o roubo de veículos não constituem caso fortuito, pois são episódios corriqueiros, sendo esse, inclusive, um dos fatores a motivar a utilização desses estacionamentos. Assim, o furto ou roubo sob a responsabilidade do garagista demonstram, no mínimo, que houve a prestação deficiente do serviço no estacionamento, ou que ele não agiu com a diligência necessária para impedir a atuação criminosa (Súm. n. 130-STJ). Ademais, afirma que a perspectiva da seguradora sub-rogada nos direitos do segurado (art. 988 do CC/1916, redação mantida no art. 349 do CC/2002) deve ser vista como causadora de dano, ainda que indireto, inclusive para efeitos da Súm. n. 188-STF. Também ressaltou que os citados artigos não impõem restrição alguma ao direito de ação de regresso à seguradora sub-rogada." REsp 976.531-SP, Rel. Min. Nancy Andrighi.

37. STJ. Informativo n. 0591. Período: 4 a 18 de outubro de 2016. Terceira Turma. DIREITO DE O SEGURADOR SER RESSARCIDO EM AÇÃO REGRESSIVA DAS DESPESAS COM REPARO OU SUBSTITUIÇÃO DE BEM SINISTRADO.

3.3 Eficácia da sub-rogação

Destarte, a sub-rogação produz dois relevantes efeitos: *liberatório*, ante a exoneração do credor primitivo, apesar da preservação do débito com relação ao devedor, pois não é ele que efetua o pagamento; e *translativo*, pois o novo credor ingressa na exata posição do primitivo em relação à dívida, haja vista que apenas se verifica uma mutação subjetiva na obrigação (art. 349 do CC).[38]

O pagamento não extingue a obrigação. Aqui o *solvens* assume o crédito com os mesmos privilégios, ações e garantias que o credor originário, pois o principal (crédito) é transferido com os acessórios. Não apenas os privilégios, como também os inconvenientes do crédito e as defesas objetivamente oponíveis pelo devedor sobrevivem após a sub-rogação. Ninguém pode transferir mais direitos do que possui e o sub-rogado não poderá exigir do devedor nada a mais do que o credor poderia exigir.

A despeito de o segurado ter outorgado termo de quitação ou renúncia ao causador do sinistro, o segurador terá direito a ser ressarcido, em ação regressiva contra o autor do dano, das despesas havidas com o reparo ou substituição do bem sinistrado, salvo se o responsável pelo acidente, de boa-fé, demonstrar que já indenizou o segurado pelos prejuízos sofridos, na justa expectativa de que estivesse quitando, integralmente, os danos provocados por sua conduta. Quando o segurado opta por acionar a garantia contratada com o segurador, exigindo-lhe que indenize ou repare o dano realizado no bem segurado, não lhe cabe firmar, com o causador do dano, nenhum tipo de transação que possa importar na extinção ou diminuição do direito de regresso do segurador. Se o fizer, o ato será absolutamente ineficaz em relação ao segurador, como peremptoriamente determina o art. 786, § 2º, do CC/2002. Quanto ao tema, não se olvida da discussão relacionada à autonomia outorgada ao autor do dano de, espontaneamente, indenizar integralmente a parte lesada dos danos decorrentes do acidente - recebendo, em troca, termo de quitação - e, mesmo assim, o segurado acionar a garantia do seguro para conserto do veículo, em evidente ato de má-fé contratual. Nessa específica hipótese, é de se admitir que o terceiro, se demandado em ação regressiva pelo segurador, exima-se do ressarcimento das despesas com o bem sinistrado, basta que, a teor art. 373, II, do CPC/2015, prove que já realizou a reparação completa dos prejuízos causados, apresentando o recibo assinado pelo segurado ou eventuais documentos que comprovem o custeio das despesas relacionadas à reparação e(ou) substituição do bem envolvido no acidente. A hipótese seria, então, de improcedência do pedido regressivo e restaria ao segurador a alternativa de demandar contra o próprio segurado, por locupletamento ilícito, tendo em vista que, em evidente ato de má-fé contratual, requereu, indevidamente, a cobertura securitária, posto que já indenizado diretamente pelo autor do dano. Assim, com amparo no princípio da especialidade, e considerando a necessidade de resguardar o direito de ressarcimento das despesas do segurador perante o causador do dano, segundo os novos paradigmas acerca do mercado securitário, deve ser privilegiada a aplicação do art. 786, *caput* e § 2º, do CC/2002, em detrimento das regras gerais do instituto do pagamento com sub-rogação (arts. 346 a 351 do CC/2002). REsp 1.533.886-DF, Rel. Min. Nancy Andrighi, DJe 30/9/2016.

38. STJ: Informativo nº 0541. Período: 11 de junho de 2014. Quarta Turma. DIREITO CIVIL E DO CONSUMIDOR. REGIME JURÍDICO APLICÁVEL EM AÇÃO REGRESSIVA PROMOVIDA PELA SEGURADORA CONTRA COMPANHIA AÉREA DE TRANSPORTE CAUSADORA DO DANO. "Quando não incidir o CDC, mas, sim, a Convenção de Varsóvia, na relação jurídica estabelecida entre a companhia aérea causadora de dano à mercadoria por ela transportada e o segurado – proprietário do bem danificado –, a norma consumerista, também, não poderá ser aplicada em ação regressiva promovida pela seguradora contra a transportadora. Isso porque a sub-rogação transfere ao novo credor todos os direitos, ações, privilégios e garantias do primitivo, em relação à dívida, contra o devedor principal e os fiadores. Nessa linha, tratando-se de ação regressiva promovida pela seguradora contra o causador do dano, a jurisprudência do STJ confere àquela os mesmo direitos, ações e privilégios do segurado a quem indenizou. Portanto, inexistindo relação de consumo entre o segurado – proprietário do bem danificado – e a transportadora, não incide as regras específicas do CDC, mas, sim, a Convenção de Varsóvia na ação regressiva ajuizada pela seguradora contra a companhia aérea causadora do dano" (REsp 1.162.649-SP, Rel. originário Min. Luis Felipe Salomão, Rel. para acórdão Min. Antonio Carlos Ferreira, julgado em 13.5.2014).

Aliás, na prática os resultados da sub-rogação são duvidosos, pois o sub-rogado terá de se voltar contra um devedor que se encontra em dificuldade econômica de solver.

A título ilustrativo, o sub-rogado poderá servir-se das mesmas ações e direitos contra o devedor, sem olvidar-se das garantias acessórias (cláusula penal), pessoais (fiança) e reais (hipoteca) havidas originariamente pelo sub-rogante. Contudo, recaindo a sub-rogação sobre dívida prescrita, não será lícito ao *solvens* buscar o regresso em face do devedor.[39]

A transferência de todos os direitos do antigo credor para o novo credor engloba, portanto, não apenas as garantias contra o devedor, como também em face dos que figuram como garantidores do débito, apesar de o art. 349 do Código Civil somente se referir aos fiadores. Se, com a transferência do crédito, subsiste a obrigação em sua integralidade, também remanescem os acessórios do débito, incluindo-se, assim, todas as garantias reais e pessoais originárias, inclusive os prazos prescricionais primitivos.[40]

Aliás, neste ponto podemos apartar a sub-rogação da novação. Apesar de ambas propiciarem uma mudança na posição do credor, na sub-rogação subsistem crédito e acessórios, enquanto na novação o crédito é extinto, surgindo nova relação obrigacional (art. 360, CC). Discorrendo sobre o tema, leciona Arnaldo Rizzardo que, "em suma, tem-se na sub-rogação uma figura específica, autônoma, com feição própria

39. STJ: Informativo nº 0530. Período: 20 de novembro de 2013. Terceira Turma. DIREITO CIVIL E DO CONSUMIDOR. PAGAMENTO COM SUB-ROGAÇÃO. "Aplica-se a regra contida no art. 14 do CDC, que estabelece a responsabilidade objetiva do fornecedor pelo fato do serviço, em ação regressiva ajuizada por seguradora objetivando o ressarcimento de valor pago a segurado que tivera seu veículo roubado enquanto estava sob a guarda de manobrista disponibilizado por restaurante. Isso porque, na ação regressiva, devem ser aplicadas as mesmas regras do CDC que seriam utilizadas em eventual ação judicial promovida pelo segurado (consumidor) contra o restaurante (fornecedor). Com efeito, após o pagamento do valor contratado, ocorre sub-rogação, transferindo-se à seguradora todos os direitos, ações, privilégios e garantias do segurado, em relação à dívida, contra o restaurante, de acordo com o disposto no art. 349 do CC" (REsp 1.321.739-SP, Rel. Min. Paulo de Tarso Sanseverino, julgado em 5.9.2013).

40. "A questão posta em debate consiste em definir se o pagamento de dívida originária de contrato de locação efetuado pelo fiador acarreta a mera substituição do credor, mantendo-se todos os demais elementos da obrigação originária, ocasião em que seria aplicado o prazo prescricional de 3 (três) anos – art. 206, § 3º, I, do Código Civil –, ou ocasiona a extinção da obrigação primitiva (locação), surgindo uma nova obrigação de ressarcimento dos valores pagos, portanto, de natureza pessoal, o que faria incidir o prazo de 10 (dez) anos, a teor do art. 205 do CC. Com efeito, nos termos do art. 831, *caput*, do Código Civil, "o fiador que pagar integralmente a dívida fica sub-rogado nos direitos do credor, mas só poderá demandar a cada um dos outros fiadores pela respectiva quota". Logo, por se tratar de pagamento com sub-rogação, esta transfere ao novo credor todos os direitos, ações, privilégios e garantias do primitivo, em relação à dívida, contra o devedor principal e os fiadores, de acordo com o disposto no art. 349 do CC/02. Dessa forma, ocorrendo a sub-rogação do fiador nos direitos do credor, em razão do pagamento da dívida objeto de contrato de locação, permanecem todos os elementos da obrigação primitiva, inclusive o prazo prescricional, modificando-se tão somente o sujeito ativo (credor), e, também, por óbvio, o termo inicial do lapso prescricional, que, no caso, será a data do pagamento da dívida pelo fiador, e não de seu vencimento, em decorrência do princípio da *actio nata*. Isso posto, aplica-se o prazo previsto no art. 206, § 3º, I, do Código Civil, o qual dispõe ser de 3 (três) anos "a pretensão relativa a aluguéis de prédios urbanos ou rústicos", visto que esse dispositivo seria aplicável caso a ação tivesse sido proposta pelo locador contra os locatários"(STJ, Informativo 605, REsp 1.432.999-SP, Rel. Min. Marco Aurélio Bellizze, DJe 25/5/2017).

e tipicidade individuada na lei, significando a satisfação do crédito em relação ao credor, mas sobrevivendo a dívida para com o que a satisfaz".[41]

Saliente-se, por fim, que não se pode confundir a sub-rogação tributária com a civil. Enquanto nesta última o instituto é direcionado sempre no crédito e decorrente do pagamento de débito, no Direito Tributário a sub-rogação está na posição do devedor, assemelhando-se a uma cessão de dívida, com todas as consequências pertinentes. Por essas razões, o instituto estabelecido no art. 130 do CTN, pela autonomia e diversidade de regime jurídico, não conduz ao efeito almejado, tendo caráter meramente aditivo e integrador do terceiro adquirente na obrigação, com transmissão a ele da mesma posição do alienante, mas sem liberação do devedor primitivo.[42]

3.4 Tutela processual da sub-rogação

A sub-rogação, sob o vértice instrumental, caracteriza-se pela proposição de uma ação regressiva do sub-rogado contra o devedor. Encontra guarida nos modelos da denunciação da lide e no chamamento ao processo.

Na denunciação da lide por ação regressiva (art. 125, II, do CPC/15), deduz-se pretensão de garantia quando, por força de lei ou contrato, o denunciado é obrigado a garantir o resultado da demanda, indenizando o prejuízo de quem for vencido no processo. Vale dizer, a perda da ação principal automaticamente gera a responsabilidade do denunciado – garante, na ação incidental. O vínculo legal ou obrigacional é fundamental para o titular do direito de regresso voltar-se contra o terceiro e receber o valor prestado. Nesta senda, é lícito ao segurado denunciar a lide à seguradora até o limite do valor da apólice contratada.

Além de acidentes de trânsito, a técnica da denunciação da lide é também utilizada em casos de assunção de garantia por terceiros de danos praticados por seus subordinados, como na condenação de pessoa jurídica por ato preposto e da pessoa jurídica de direito público por ato de seus agentes na forma do art. 37, § 6º, da Constituição Federal, além de qualquer caso em que por estipulação negocial ou imposição legal o réu provocará esta modalidade de intervenção de terceiros em face do causador do dano que agir culposamente.

Já o chamamento ao processo é o instrumento utilizado pelo devedor que está sendo acionado para ampliar o polo passivo da demanda, permitindo a condenação de outros devedores, além de fornecer-lhe, no mesmo processo, título executivo judicial para recobrar aquilo que pagou ao credor. O art. 130 do CPC/15 reserva o chamamento ao processo apenas para as obrigações garantidas por devedores solidários e fiadores.

---

41. RIZZARDO, Arnaldo. *Direito das obrigações*, p. 361.
42. "O alienante possui legitimidade passiva para figurar em ação de execução fiscal de débitos constituídos em momento anterior à alienação voluntária de imóvel. O *caput* do art. 130 só pode ser interpretado em conjunto com o seu parágrafo único. E nenhuma dúvida existe de que a sub-rogação do parágrafo único não exclui a responsabilidade do proprietário anterior à transferência imobiliária"(STJ, Informativo 610, AgInt no AREsp 942.940-RJ, Rel. Min. Herman Benjamin, DJe 12/9/2017).

Inexiste fungibilidade entre a sub-rogação pretendida na denunciação e no chamamento. Naquela, o denunciado não mantém com o adversário do denunciante nenhuma relação jurídica de direito material, motivo pelo qual ingressa na lide como *assistente* do denunciante, e não como seu litisconsorte. Já o chamamento é meio de convocar ao processo os *litisconsortes* do chamante, sendo todos os chamados vinculados juridicamente ao autor da ação como devedores solidários e fiadores. Se em um primeiro momento, por opção do autor, não se formou o litisconsórcio passivo – portanto facultativo ao credor –, o réu culminou por provocar um litisconsórcio ulterior a fim de obter seu direito de regresso com presteza, nos próprios autos.

A teor do artigo 778 do CPC/15, o sub-rogado, nos casos de sub-rogação legal ou convencional, poderá promover a ação de execução. Assim, se houve a transferência do direito estampado no título extrajudicial ao sub-rogado, antes do ajuizamento da execução, ele terá legitimidade ativa para demandar, sem que necessite da prévia anuência da parte contrária para tanto (§ 2º, art. 778, CPC/15). Outrossim, mesmo que a sub-rogação tenha ocorrido quando a execução estiver em andamento, poderá o sub-rogado prosseguir na demanda, em sucessão ao exequente originário (§ 1º, art. 778, CPC/15).

O artigo 857 do CPC/15, veicula tema conexo ao do tópico pregresso: "Feita a penhora em direito e ação do executado, e não tendo ele oferecido embargos ou sendo estes rejeitados, o exequente ficará sub-rogado nos direitos do executado até a concorrência de seu crédito". Assim, se o exequente promove penhora sobre o crédito do executado contra terceiro, poderá aquele optar pela sub-rogação no crédito penhorado. Caso não tenha êxito em receber o crédito do executado, terá a faculdade de prosseguir na execução, nos mesmos autos, seja para alienar o crédito como para penhorar outros bens do executado (§ 2º, art. 857, CPC/15). Assim, o terceiro devedor continua terceiro e contra o seu patrimônio toda e qualquer agressão é indevida na execução.[43]

Ressalte-se que, no regime do Código de Defesa do Consumidor, o direito de regresso resultante da sub-rogação do fornecedor que indenizou o consumidor lesado só será apurado mediante ação autônoma, em face do preconizado no art. 88 da Lei nº 8.078/90. Aqui, a finalidade do legislador foi conceder à vítima de vícios ou fatos do produto e do serviço pronto ressarcimento. Afasta-se a introdução de demandas secundárias entre corresponsáveis, capazes de procrastinar a solução da lide.[44] Excepcionalmente, o art. 101, I, do Código de Defesa do Consumidor permite

43. MARINONI, Luiz Guilherme. ARENHART, Sérgio Cruz. MITIDIERO, Daniel. Novo Código de Processo Civil Comentado, p. 806.

44. STJ: "A denunciação da lide só é obrigatória em relação ao denunciante que, não denunciando, perderá o direito de regresso, mas não está obrigado o julgador a processá-la, se concluir que a tramitação de duas ações em uma só onerará em demasia uma das partes, ferindo os princípios da economia e da celeridade na prestação jurisdicional. Especialmente em casos que envolvam direito do consumidor, admitir a produção de provas que não interessam ao hipossuficiente resultaria em um ônus que não pode ser suportado por

o inusitado, porém interessante *chamamento ao processo*, para fins de convocação do segurador do réu. Aqui, o legislador não procurou resguardar o réu por intermédio da concessão de uma ação incidente de garantia. Em verdade, ampliou a legitimação passiva em favor do consumidor, abrangendo o segurador do fornecedor na condição de seu codevedor, ampliando sua garantia.

4. IMPUTAÇÃO DO PAGAMENTO

4.1 Considerações introdutórias

A imputação do pagamento se localiza nos arts. 352 a 355 do CC. É a forma de determinação de um pagamento quando o devedor possuir duas ou mais obrigações para com um mesmo credor. O devedor contrai vários débitos em relação a um só credor e, posteriormente, paga uma quantia insuficiente para a liquidação de todas e deixa de especificar a qual delas destina-se o valor. Instala-se a dúvida: qual dos créditos está sendo pago pelo devedor?

Nesse instante, surge o problema referente a quais débitos devem ser considerados pagos, ou, noutros dizeres, com relação a que débitos o pagamento deve ser imputado, consistindo, portanto, a imputação do pagamento, justamente, no fato de determinar-se qual é a dívida que se está querendo quitar.

O modelo jurídico assume relevo à medida que a opção pela imputação do pagamento de uma dívida em detrimento de outra gera consequências mais ou menos onerosas ao devedor. Basta imaginar dois contratos de mútuo contraídos com a mesma instituição financeira, em tempos distintos. Pode ocorrer que o intuito do devedor seja o adimplemento do débito mais antigo, enquanto poderá o credor utilizar o montante para apenas amortizar os encargos da obrigação mais recente. Da mesma forma, se um dos empréstimos for garantido por uma hipoteca e o outro for apenas crédito quirografário, será certamente mais proveitosa a imputação do pagamento no primeiro débito, evitando-se a excussão judicial do bem constrito em garantia.

A imputação em pagamento poderá ser tanto provocada pelo devedor (art. 352, CC) como pelo próprio credor (art. 353, CC). Em qualquer caso, visualiza-se o direito potestativo de uma das partes em submeter a outra a sua opção. Ao poder de um, corresponde o estado de sujeição do outro, que deverá ter a sua vontade submetida à escolha da imputação do pagamento a uma das obrigações. Nas palavras de Caio Mário da Silva Pereira, "o Código Civil Brasileiro de 2002, ao mesmo passo que procura adaptar-se mais seguramente aos princípios herdados de Direito Romano, adota uma linha média, que nem é francamente do lado do devedor nem procura reforçar a posição do credor".[45]

---

ele. Essa é a *ratio* do Código de Defesa do Consumidor quando proíbe, no art. 88, a denunciação à lide" (AgRg no AREsp 334359/SP, Rel. Min. Marco Buzzi, 4ª T., *DJe* 31.3.2014).

45. PEREIRA, Caio Mário da Silva. *Instituições de direito civil*: teoria geral das obrigações, p. 229.

4.2 Elementos da imputação do pagamento

Nos termos do art. 352 do Código Civil, para que a imputação de pagamento possa afirmar-se, além da existência de dois ou mais débitos, exige-se uma identidade de credor e devedor quanto às dívidas. Ademais, os débitos serão da mesma natureza – relativos a coisas fungíveis entre si (*v.g.*, várias dívidas em dinheiro ou de sacas de café) –, consistindo todos eles em obrigações líquidas e vencidas. Se apenas uma das obrigações for exigível e a outra não houver alcançado o seu vencimento, o pagamento dirige-se à primeira, recusando-se a imputação do pagamento sobre a outra.

De acordo com o magistério de Serpa Lopes, quatro são os requisitos da imputação do pagamento: (a) pluralidade de débitos; (b) identidade na pessoa do credor e devedor; (c) débitos da mesma natureza, líquidos e vencidos; (d) suficiência do pagamento para extinguir qualquer dos débitos.[46]

Releva perceber que os valores pagos pelo devedor sempre serão suficientes à extinção de um dos débitos, mas não alcançarão o montante necessário a quitar a outra (ou as outras). Isso também implica afirmar que o devedor não poderá imputar pagamento parcial de um dos débitos. A regra remete ao art. 314, do Código Civil, que afasta a possibilidade do credor receber parcialmente o débito, se assim não convencionou.

Assim, se *A* possuir dois débitos com *B,* o primeiro de R$ 300,00 e o segundo de R$ 600,00, poderá imputar o pagamento de R$ 300,00 sobre o primeiro débito, mas lhe é vedado oferecer o mesmo valor para resgatar parcialmente o segundo débito.

A exigência da mesma natureza do objeto, quanto à pluralidade de débitos, explica-se pela posição do credor nas obrigações de dar coisa certa. Não é ele obrigado a aceitar coisa diversa do que fora ajustado, ainda que mais valiosa (art. 313 do CC). Se, excepcionalmente, aceitar a substituição de prestação de natureza diversa, não mais se cogitará de imputação do pagamento, mas em dação em pagamento (art. 356 do CC). Portanto, não há imputação em pagamento se um dos débitos for em dinheiro e o outro consistir em uma obrigação de dar coisa certa ou de fazer. Nos referidos exemplos, naturalmente, se o devedor oferece dinheiro, sua intenção justamente é satisfazer ao débito de tal natureza.

No mais, temos de considerar que a dívida vencida é aquela que porta exigibilidade, por ter alcançado o seu termo. Caso a imputação seja realizada pelo devedor e o prazo for instituído em seu favor (art. 133, CC), nada impede que renuncie ao termo da dívida vincenda, optando por imputar o pagamento nela, em detrimento daquela que já venceu.

46. SERPA LOPES, Miguel Maria de. *Curso de direito civil*: obrigações, p. 224.

Paulo Nader ensina que "as obrigações condicionais não são suscetíveis de imputação, uma vez que a dívida, nestes casos, existe apenas potencialmente, como possibilidade de vir a ser".[47]

Podemos demarcar três modalidades de imputação do pagamento: a imputação pelo devedor, designando o débito que deseja saldar; a imputação praticada pelo credor, quando o devedor omite-se; e a imputação oriunda da lei, nas hipóteses em que ambas as partes descuidem-se de indicar a prestação a ser adimplida.

Em princípio, o autor da imputação do pagamento é o devedor, uma vez que, pela leitura do art. 352 supramencionado, a este foi conferido o direito potestativo em apreço. Isto é, como tem a faculdade de adimplir ou não, também lhe será lícito, ao pagar, determinar sobre qual das prestações será imputado o pagamento. Extingue-se a obrigação no tocante ao débito pago, porém subsistem as demais, ao aguardo da futura satisfação do credor.

Havendo codevedores em solidariedade passiva, a imputação será realizada pelo devedor que adimplir. Da mesma maneira, partindo o pagamento do fiador, a ele será oportunizado o direito de imputar em pagamento.

Satisfeitos todos os requisitos hábeis à imputação do pagamento, mas havendo resistência do credor em a ela anuir, poderá o devedor consignar em pagamento, posto caracterizada a mora *accipiendi* (art. 335, I, do CC), com a incidência de todas as consequências do art. 400 do Código Civil. Todavia, poderá demonstrar o credor que sua negativa deriva do fato de o devedor ter exercido o direito de escolha abusivamente, com o propósito de prejudicar terceiros.

Pode ocorrer que o devedor efetue o pagamento sem fazer a imputação mencionada até o aludido momento. Diante da sua omissão em exercer o direito potestativo, subsidiariamente o credor determinará qual obrigação será extinta. Este quitará uma das dívidas líquidas e vencidas e, aquiescendo o obrigado com essa imputação, a escolha será imutável e dela não mais poderá reclamar o devedor, exceto se o credor agiu com violência ou dolo, quando então o ato será anulável (art. 353 do CC).

Caso o pagamento não seja imputado convencionalmente nem ao devedor nem ao credor, supletivamente far-se-á a imputação legal, na ordem preconizada pela norma residual do art. 355 do mesmo Estatuto Civil. Nesse diapasão, primeiro eliminam-se as dívidas líquidas e vencidas com antecedência. Inexistindo precedência de vencimentos, recairá a imputação sobre as mais onerosas. Entende-se como mais onerosos os débitos que revelam encargos elevados sobre o devedor, tais como juros mais elevados, ônus hipotecário, débitos trabalhistas e fiscais e obrigações em fase de execução judicial, garantidas por penhora.

47. NADER, Paulo. *Curso de direito civil*: obrigações, p. 397.

Nesse sentido, preconiza o art. 858 do CPC/15 que "Quando a penhora recair sobre dívidas de dinheiro a juros, de direito a rendas ou de prestações periódicas, o exequente poderá levantar os juros, os rendimentos ou as prestações à medida que forem sendo depositados, abatendo-se do crédito as importâncias recebidas, conforme as regras de imputação do pagamento".

Como bem sugere Leoni Lopes de Oliveira, a onerosidade pode ser aferida pelo débito "a) que rende mais juros em relação a que não rende; b) entre as que rendem juros, aquela que rende juros mais elevados; c) a que possui garantia real em relação a que não possui; d) a que contém cláusula penal em relação a que não possui; e) aquela em que o devedor figura como principal obrigado em relação àquela em que ele é fiador".[48]

Mas se no final das contas a onerosidade for idêntica em todos os débitos, deveremos imputar o pagamento na dívida mais antiga, ou seja, contraída há mais tempo, conforme sugeria o revogado art. 433 do Código Comercial.

Excepcionalmente, o art. 354 do Código Civil admite a imputação do pagamento em uma única dívida, quando, a par do capital, houver juros vencidos. Daí, se as partes nada convencionarem, a imputação deverá primeiramente recair sobre os juros vencidos e, depois, sobre o capital principal. Todavia, caso o credor conceda quitação por conta do capital, quebra-se a presunção legal, sendo o pagamento então imputado ao próprio principal, e não aos juros.[49]

Mas não será lícito ao devedor constranger o credor a imputar o pagamento no capital antes de pagos os juros vencidos, pois este sobejaria prejudicado ao ser privado dos frutos civis decorrentes da obrigação. Portanto, não havendo acordo, prevalecerá a imputação sobre os juros.

Lembre-se que, no bojo de processo executivo no qual duas ou mais obrigações sejam perseguidas pelo credor, não mais caberá ao devedor o poder de imputar em pagamento uma ou outra obrigação. Tal escolha se concentra na pessoa do credor.

---

48. OLIVEIRA, José Maria Leoni Lopes de. *Novo Código Civil anotado*, v. II, p. 193.

49. STJ. *Informativo* nº 0494, 26.3.-3.4.2012. Segunda Seção: "CAPITALIZAÇÃO ANUAL DE JUROS. ENCARGOS MENSAIS. IMPUTAÇÃO DO PAGAMENTO. Em retificação à nota do REsp 1.095.852-PR (Informativo n. 493, divulgado em 28/3/2012), leia-se: A Seção entendeu que, para os contratos celebrados no âmbito do Sistema Financeiro da Habitação (SFH), até a entrada em vigor da Lei n. 11.977/2009, não havia regra especial a propósito da capitalização de juros, de modo que incidia a restrição da Lei de usura (art. 4º do Dec. 22.626/1933). Para tais contratos não é válida a capitalização de juros vencidos e não pagos em intervalo inferior a um ano, permitida a capitalização anual, regra geral que independe de pactuação expressa. E, caso o pagamento mensal não seja suficiente para a quitação sequer dos juros, cumpre-se determinar o lançamento dos juros vencidos e não pagos em conta separada, sujeita apenas à correção monetária e à incidência anual de juros. Ressalva do ponto de vista da Min. Relatora no sentido da aplicabilidade no SFH do art. 5º da MP n. 2.170-36, permissivo da capitalização mensal, desde que expressamente pactuada. Decidiu-se também que no SFH os pagamentos mensais devem ser imputados primeiramente aos juros e depois ao principal nos termos do disposto no art. 354 do CC/2002 (art. 993 do CC/1916). Esse entendimento foi consagrado no julgamento pela Corte Especial do REsp 1.194.402-RS, submetido ao rito do art. 543-C." REsp 1.095.852-PR, Rel. Min. Maria Isabel Gallotti, julgado em 14.3.2012.

No mais, em matéria tributária a imputação em pagamento recebe regras diferenciadas. Conforme a Súmula 464 do Superior Tribunal de Justiça, "a regra de imputação de pagamentos estabelecida no art. 354 do Código Civil não se aplica às hipóteses de compensação tributária".[50] Outrossim, de acordo com o art. 163 do Código Tributário Nacional, a imputação não será um direito potestativo do credor ou do devedor, mas a autoridade administrativa, seguindo a ordem referida no aludido dispositivo. De fato, a finalidade aqui é proteger os interesses da Fazenda Pública.[51]

5. DAÇÃO EM PAGAMENTO

5.1 Noções gerais

Sabemos que nas relações obrigacionais o credor persegue determinada prestação. O devedor não possui o direito potestativo de lhe poder impor o pagamento, mediante a substituição da coisa originária por outra, mesmo que o objeto substitutivo seja de valor superior ao originário. Pelo princípio da exatidão, formulado na regra geral

50. A origem da Súmula se encontra no seguinte repetitivo do STJ: *Informativo* nº 0438, 11.6.2010. Primeira Seção: "COMPENSAÇÃO. PRESCRIÇÃO. Trata-se de recurso representativo de controvérsia (art. 543-C do CPC e Res. n. 8/2008-STJ) em que a recorrente, pessoa jurídica optante pela tributação do imposto de renda com base no lucro presumido, impetrou mandado de segurança na origem, em 26/8/2005, pretendendo a declaração de inexigibilidade da Cofins nos moldes da ampliação da base de cálculo e majoração da alíquota previstas nos arts. 3º, §§ 1º e 8º, da Lei n. 9.718/1998, com o reconhecimento do direito à compensação dos valores recolhidos indevidamente a esse título, corrigidos monetariamente. Então, nas razões recursais, pugnou pelo reconhecimento do prazo prescricional decenal, visto que o tribunal de origem entendeu ser aplicável à espécie o prazo quinquenal, bem como buscou a aplicação das regras de imputação do pagamento previstas no CC/2002. É cediço que a Seção, em recurso repetitivo, já assentou que o advento da LC n. 118/2005 e suas consequências sobre a prescrição, do ponto de vista prático, implica dever ser contada da seguinte forma: relativamente aos pagamentos efetuados a partir da sua vigência (que ocorreu em 9/6/2005), o prazo para a repetição do indébito é de cinco anos a contar da data do pagamento; e, relativamente aos pagamentos anteriores, a prescrição obedece ao regime previsto no sistema anterior, limitada, porém, ao prazo máximo de cinco anos a contar da vigência da lei nova. Assim, explica o Min. Relator que, quanto ao prazo prescricional decenal, assiste razão à recorrente, pois não houve prescrição dos pagamentos efetuados nos dez anos anteriores ao julgamento da ação. Ademais, o princípio da irretroatividade implica a incidência da LC n. 118/2005 aos pagamentos indevidos realizados após a sua vigência, e não às ações propostas após a referida lei, visto que essa norma concerne à extinção da obrigação e não ao aspecto processual da ação. Entretanto, assevera ainda que, quanto à segunda questão controvertida no REsp, qual seja, a possibilidade de aplicação à matéria tributária do instituto da imputação do pagamento tal qual disciplinada no CC/2002, não pode prosperar a pretensão. Isso porque este Superior Tribunal já pacificou o entendimento de que a regra de imputação de pagamentos estabelecida nos arts. 354 e 379 do CC/2002 é inaplicável aos débitos de natureza tributária, visto que a compensação tributária rege-se por normas próprias e específicas, não sendo possível aplicar subsidiariamente as regras do CC/2002. Também aponta não haver lacuna na legislação tributária, em matéria de imputação de créditos nas compensações tributárias, que autorize a sua integração pela aplicação da lei civil." REsp 960.239-SC, Rel. Min. Luiz Fux.

51. STJ. *Informativo* nº 0506,4-17.10.2012. Segunda Turma: "DIREITO PROCESSUAL CIVIL. PRECATÓRIO. REGRA DE IMPUTAÇÃO DO PAGAMENTO PREVISTA NO Art. 354 DO CC. A regra da imputação do pagamento prevista no art. 354 do CC tem incidência apenas nos casos de conta destinada à expedição de precatório complementar para adimplemento de valor pago a menor, devido à ocorrência de erro material na primeira conta, não incidindo em relação aos precatórios complementares destinados ao pagamento de diferenças apuradas no período em que o valor do crédito permanecia sem qualquer atualização monetária (período anterior à EC n. 30/2000)." AgRg no AREsp 219.148-RS, Rel. Min. Humberto Martins, julgado em 16.10.2012.

do art. 313 do Código Civil, o credor não será obrigado a receber prestação diversa da que lhe é devida.

Todavia, a dação em pagamento é uma causa extintiva das obrigações em que o credor consente em receber objeto diverso ao da prestação originariamente pactuada, com efeito liberatório, extinguindo-se a obrigação (art. 356, CC). Trata-se de modalidade de adimplemento indireto. Exemplificando: *A* deveria pagar R$ 10.000,00 a *B* e, na data do pagamento, as partes ajustam em substituir a prestação originária por um imóvel.

Sílvio Venosa bem argumenta que em certos casos "é mais conveniente para o credor receber coisa diversa do que nada receber ou receber com atraso".[52]

Ante ao princípio da autonomia privada, a dação em pagamento se configura como negócio jurídico bilateral transmissivo de propriedade, como forma de solução do débito. Há viabilidade da alteração da prestação com a anuência do credor, desde que a prestação oferecida em substituição à originária não seja dinheiro. O art. 356 do CC/2002 não mais excepciona as obrigações pecuniárias – ao contrário do art. 995 do Código Civil de 1916. Mesmo assim, a restrição remanesce quanto à substituição do objeto originário por pecúnia, à medida que o pagamento em dinheiro importa a própria indenização pela perda da coisa, servindo o pagamento como ressarcimento (art. 947 do CC), e não dação em pagamento propriamente dita.

5.2 Requisitos

Três requisitos simultâneos impõem-se ao aperfeiçoamento da dação:

a) *Preexistência de um vínculo obrigacional entre as partes* – caso não exista débito anterior, o devedor estará realizando uma *doação*, operando mera liberalidade em prol do credor.[53]

---

52. SALVO VENOSA, Sílvio de. *Direito civil*: teoria geral das obrigações, p. 287.

53. STJ. *Informativo* nº 0415, 9-13.11.2009, Quarta Turma: "DAÇÃO EM PAGAMENTO. DÉBITO ALIMENTAR. Trata-se na origem de ação anulatória de ato jurídico intentada por menor representada por sua genitora, visando anular alegada doação de seu pai a seus irmãos havidos de pretérito casamento com outra pessoa. Tal ação foi julgada improcedente em primeiro grau, reformada, contudo, em grau de apelação, sob o argumento de que se tratou, em verdade, de doação, preterindo-se o direito da filha havida da segunda relação conjugal, que, à época do referido acordo, já era nascida. Para o Min. Relator, a despeito da aparente complexidade do caso, em verdade, ocorreu tão somente confusão terminológica quando se adotou o vocabulário "doação" quando haveria de ter-se pronunciado como 'dação em pagamento', como adimplemento da obrigação de alimentos. Com efeito, a transferência pelo genitor do seu percentual do bem imóvel partilhado a seus filhos da primeira relação conjugal teve como objetivo e essência quitar o débito alimentar e eximi-lo da prisão civil decorrente de sua não prestação, afastando-se, assim, de qualquer intenção de preterir a filha do segundo relacionamento em virtude de suposto adiantamento da legítima. Ressaltou que, no momento da transferência, também foi dada plena quitação pelos credores dos alimentos, caracterizando, sobremaneira, o instituto da dação em pagamento. Assim, na hipótese, não se configurou uma liberalidade do genitor, o que evidentemente caracterizaria uma doação. Ao contrário, o negócio jurídico realizou-se para o adimplemento, o pagamento de uma dívida, tal qual se daria caso o devedor dos alimentos vendesse sua parte do imóvel e, com o dinheiro em mãos, efetuasse o pagamento de seu débito." REsp 629.117-DF, Rel. Min. Honildo Amaral de Melo Castro.

A outro turno, diferencia-se a dação em pagamento da *obrigação alternativa*. Esta figura já nasce modelada pela autonomia privada contendo duas ou mais prestações distintas – obrigação objetivamente plural –, sendo que o devedor se libera com o cumprimento de uma só delas, mediante escolha sua ou do credor. Na dação em pagamento, a obrigação é simples, pois o objeto é unitário desde o início da relação, havendo a sua alteração apenas no instante contemporâneo ao fixado para o pagamento, com fins de extinção do vínculo.

A dação em pagamento também não se confunde com a obrigação facultativa. Nesta, o devedor tem a faculdade de substituir a prestação por outra, já fixada ao tempo da constituição do negócio jurídico. Todavia, o credor só tem direito de exigir a prestação principal; a prestação supletiva é opção exclusiva do devedor. Enquanto o acordo se realizou ao tempo do nascimento da obrigação, na dação em pagamento o pacto de substituição é contemporâneo ao momento do adimplemento.

b) *Acordo entre credor e devedor* – a dação em pagamento não poderá ser imposta ao *accipiens*, não sendo ele obrigado a suportar unilateral alteração do plano obrigacional convencionado. A simples oferta da dação, sem que o credor a ela preste anuência, não poderá ser considerada como quitação.[54] A solução da obrigação de forma diversa ao convencionado, sem a prévia anuência do credor, importará inadimplemento pelo devedor e sua consequente responsabilização. Apesar de o *pacta sunt servanda* restar mitigado no novo Código Civil, inexiste norma capaz de sacrificar a vontade do credor, constrangendo-o ao acordo substitutivo.

c) *Diversidade entre a prestação devida e a oferecida em substituição* – a coisa nova dada em substituição pode ser bem móvel, imóvel ou mesmo um direito (usufruto de imóvel). Pode mesmo ser uma obrigação de fazer ou uma abstenção.

---

54. STJ. REsp 1138993/SP, Rel. Min. MASSAMI UYEDA, 3. T., *DJe* 16.3.2011: "O aval refere-se exclusivamente aos títulos de crédito e, portanto, só se presta em contrato cambiário, exigindo-se, por conseguinte, que o avalista pague somente pelo que avalizou, representando obrigação solidária. Por sua vez, a fiança constitui-se em uma garantia fideijussória ampla, passível de aplicação em qualquer espécie de obrigação e tem natureza subsidiária. Na espécie, cuida-se, portanto, de fiança; A origem do instituto da dação em pagamento (datio in solutum ou pro soluto) traduz a ideia de acordo, realizado entre o credor e o devedor, cujo caráter é liberar a obrigação, em que o credor consente na entrega de coisa diversa da avençada, nos termos do que dispõe o art. 356, do Código Civil; Para configuração da dação em pagamento, exige-se uma obrigação previamente criada; um acordo posterior, em que o credor concorda em aceitar coisa diversa daquela anteriormente contratada e, por fim, a entrega da coisa distinta com a finalidade de extinguir a obrigação; A exigência de anuência expressa do credor, para fins de dação em pagamento, traduz, ultima ratio, garantia de segurança jurídica para os envolvidos no negócio jurídico, porque, de um lado, dá ao credor a possibilidade de avaliar, a conveniência ou não, de receber bem diverso do que originalmente contratado. E, por outro lado, assegura ao devedor, mediante recibo, nos termos do que dispõe o art. 320 do Código Civil, a quitação da dívida; Na espécie, o recorrente não demonstrou, efetivamente, a anuência expressa do credor para fins de comprovação da existência de dação em pagamento, o que enseja a vedação de exame de tal circunstância."

Despiciendo ainda que o objeto substitutivo guarde correlação de valor com aquele anteriormente pactuado. Na precisa lição de Orlando Gomes, "não importa que valha mais ou menos do que a quantia devida ou a coisa que deveria ser entregue. Se valer menos, o credor não poderá exigir a diferença. Se valer mais, o devedor não terá o direito de exigir a restituição do excedente. Mas se o crédito for inexistente, impõe-se a devolução da coisa entregue ou do seu valor".[55]

Sendo o objeto concedido em dação em pagamento de valor inferior ao bem consubstanciado na prestação originária, nada impede que as partes expressamente convencionem que a dação apenas se prestará a uma quitação parcial, remanescendo o excedente.

Ao inverso, com certa frequência, a dação de uma coisa por outra de valor excessivamente superior à originária culmina por envolver fraude contra credores. Suponha-se que *A* deva pagar a *B* a quantia de R$ 10.000,00 e as partes ajustam a entrega de um imóvel avaliado em R$ 50.000,00 em substituição à dívida pecuniária. Havendo outros credores de *A,* desprovidos de garantias reais, poderão ingressar com ação pauliana ou revocatória (art. 158 do CC), demonstrando que o excesso da prestação supletiva reduzirá o devedor comum à insolvência, impossibilitando a percepção dos créditos quirografários. A prova quanto ao *consilium fraudis* e ao *eventus damni* gera a ineficácia do negócio perante os credores quirografários, com o retorno do imóvel ao patrimônio do devedor, e não apenas da parcela excedente.

5.3 Aspectos relevantes

Se a coisa dada em pagamento for bem móvel ou imóvel, aplicam-se as regras pertinentes ao contrato de compra e venda, quando fixado o seu valor (art. 357 do CC). A dação em pagamento é contrato real, demandando a tradição ou o registro para o seu aperfeiçoamento.

Mas não podemos confundir a dação em pagamento com o contrato de compra e venda. A finalidade da dação é a extinção da obrigação; ademais, o pressuposto de toda dação é a tradição da coisa, enquanto a compra e venda é negócio consensual, produzindo efeitos obrigacionais por simples acordo das partes (art. 482, CC). Lembra ainda Maria Helena Diniz que "a venda subsiste mesmo quando o vendedor nada deve ao comprador, e a dação, na ausência de *causa debendi*, implica a repetição do indevido".[56]

Em matéria de evicção, pronuncia-se o art. 359 do Código Civil. A evicção é a perda de um direito em virtude de uma decisão que concede esse direito a uma terceira pessoa, verdadeiro titular do bem. Se a coisa dada em pagamento se perder em virtude de sentença que a garanta a alguém que sobre ela tenha direito anterior,

55. GOMES, Orlando. *Obrigações*, p. 140.

56. DINIZ, Maria Helena. *Direito civil brasileiro*: teoria geral das obrigações, p. 284.

a obrigação originária será restabelecida contra o devedor, perdendo efeito a quitação dada anteriormente. Ninguém pode exonerar-se ao prestar aquilo que não lhe pertença. O alienante é o garante do adquirente no tocante à legitimidade da origem jurídica do bem, por isso responderá pela tutela à confiança do seu credor. Enquanto a regra geral da evicção propicia indenização ao adquirente (art. 447 do CC), na dação em pagamento o seu efeito é o de restabelecer a obrigação extinta com todos os seus consectários (inclusive a mora).

Leitura mais atenciosa do art. 359 do Código Civil demonstra que a introdução de poucas palavras provoca elogiável avanço no tratamento da matéria. A parte final do dispositivo ressalva os direitos de terceiros diante da evicção. Isto é, acautelam-se os terceiros de boa-fé que não podem ser prejudicados pela ineficácia da dação em pagamento, sob pena de instabilidade nas relações negociais. Mais uma vez o ordenamento prestigia a diretriz da eticidade ao resguardar a confiança de terceiros que agiram diligentemente, acreditando na idoneidade da dação em pagamento. Eles não podem ser prejudicados pelo renascimento da obrigação primitiva.[57]

Todavia, se a obrigação originária era garantida por *fiança,* a caução acessória não se restabelece, conforme expressa previsão do art. 838, III, do Código Civil.

Além da responsabilidade pela evicção, a dação em pagamento acarreta responsabilidade do devedor por vícios redibitórios, pois a sua disciplina se estende a todo e qualquer contrato comutativo (art. 441, CC).

Na hipótese de a coisa dada em pagamento ser um crédito que o devedor titularize contra terceiro, aplicar-se-ão as normas relativas à cessão de crédito (art. 358 do CC). Com efeito, a dação em pagamento objetiva liberar o *solvens* ao momento da tradição do bem subsidiário ao credor.

No entanto, se o devedor pretende quitar o débito com a transferência de um crédito que possui contra terceiro, a entrega da coisa incorpórea instrumentalizada pelo título envolverá duas modalidades: a dação em pagamento *(pro soluto)* e a dação em função do cumprimento (*pro solvendo*).

O Código Civil regula a dação *pro soluto,* chamando-a de dação em pagamento. Transfere-se o crédito imediatamente ao cessionário, sendo por ele integralmente assumido o risco da insolvência do devedor do crédito cedido. Há responsabilidade

57. STJ. *Informativo* nº 0517, 2.5.2013. Terceira Turma: "O credor, no caso em que tenha recebido em dação em pagamento imóvel de sociedade empresarial posteriormente declarada falida, poderá ser condenado a ressarcir a massa pelo valor do objeto do negócio jurídico, se este vier a ser declarado nulo e for inviável o retorno à situação fática anterior, diante da transferência do imóvel a terceiro de boa-fé. Incide, na situação descrita, o disposto no art. 182 do CC/2002, de acordo com o qual, anulado o negócio jurídico, restituir-se-ão as partes ao estado em que antes dele se achavam, e, não sendo possível restituí-las, serão indenizadas com o equivalente. Trata-se, a propósito, de dispositivo legal que, quanto aos seus efeitos práticos, também tem aplicabilidade nos casos de nulidade absoluta, não tendo incidência restrita às hipóteses de nulidade relativa. Ademais, deve-se preservar a boa-fé de terceiros que sequer participaram do negócio jurídico viciado." REsp 1.353.864-GO, Rel. Min. Sidnei Beneti, julgado em 7.3.2013.

residual do cedente apenas quando verificada a inexistência ou falsidade do crédito (art. 296 do CC).

A dação em função do cumprimento não é regulamentada pelo Código Civil. Mas a autonomia privada pode concebê-la. Neste caso, a dação *pro solvendo* resguardará o cessionário que recebeu o direito, pois a extinção do débito primitivo é condicionada ao êxito na cobrança do crédito transferido ao credor. Eventual insolvência autoriza o credor a exigir a obrigação originária, em face do devedor-cedente. Ensina Mário Júlio de Almeida Costa que, "uma vez que o devedor só fica exonerado pela realização efectiva do valor devido e na medida em que isso se consiga daquela forma, tal convenção apresenta também a vantagem, encaradas as coisas do ângulo do credor, de lhe facilitar a satisfação do seu crédito sem que perca os correspondentes benefícios, 'maxime' as garantias".[58]

Ressalte-se, por fim, que, tratando-se de transmissão de título de crédito regulado por normas especiais (*v.g.*, endosso de nota promissória), aplica-se a legislação cambial, e não as regras da cessão de crédito.

Aparta-se também a dação em pagamento da novação. Na dação em pagamento, a entrega da prestação supletiva objetiva a liberação de um crédito em caráter imediato. Na novação, as partes constituirão uma nova obrigação para extinguir a anterior, vale dizer, o acordo visa a substituir um crédito por outro. Se a dação é modo indireto de pagamento, em face do adimplemento por uma forma diferenciada do avençado, a novação é modo de extinção da obrigação sem pagamento, eis que a nova relação jurídica suprime o vínculo obrigacional anterior, afastando o seu cumprimento.

Em certas situações especiais, a dação em pagamento é vedada pelo ordenamento jurídico, por se travestir em *cláusula comissória*. A teor do art. 1.428 do Código Civil, é nula a cláusula que, em contratos de hipoteca, penhor, anticrese – também propriedade fiduciária (art. 1.365 do CC) –, conceda ao credor a possibilidade de ficar com o objeto dado em garantia, em caso de inadimplemento do devedor.

De fato, seria ilícito e mesmo imoral que o credor se prevalecesse de uma situação de desequilíbrio financeiro do devedor, para condicionar o mútuo de dinheiro à possibilidade de reservar para si o bem afetado. Se permitida a cláusula, importaria em usura, agiotagem, reservando lucros astronômicos ao *accipiens*. Por tais razões, o art. 1.422 do Código Civil particulariza a excussão judicial da coisa (ou extrajudicial na alienação fiduciária), como forma de o credor recuperar o valor do empréstimo, em caso de inadimplência. Aliás, em consonância com o princípio da boa-fé que deve presidir todos os contratos, é nulo o negócio simulado que permite ao credor ficar com o objeto da garantia, no caso da dívida não ser paga no vencimento. A proibição do pacto comissório, como via de simulação, atinge todas as hipóteses em que, para garantir o pagamento de mútuo, convencione-se que o credor ficará com o bem de propriedade do devedor.

58. COSTA, Mário Júlio de Almeida. *Direito das obrigações*, p. 1021.

Frise-se que, se por um ângulo a cláusula comissória é inválida ao momento da contratação, nada impede que, após a constatação da inadimplência do débito com garantia real, sobeje um acordo de dação em pagamento. Certamente já não se poderá mais invocar a situação de desequilíbrio que existia ao tempo da contratação, podendo-se validamente oferecer prestação subsidiária à originária.

6. NOVAÇÃO

"Dívida velha não se paga, dívida nova deixa-se ficar velha."

(Provérbio popular)

6.1 Noções gerais

As relações obrigacionais muitas vezes se encerram sem o adimplemento da prestação a que faz jus o credor. Em comum, novação, compensação, confusão e remissão extinguem vínculos obrigacionais sem o pagamento.

A novação é uma interessante modalidade de extinção de obrigações em virtude da constituição de uma nova obrigação que venha ocupar o lugar da primitiva. Nessa espécie de pagamento indireto, percebemos que em único ato, uma nova dívida assume a posição da outra, que desaparece. Via de consequência, a novação envolve a ideia de substituição de uma obrigação, pela intenção das partes de novar, manifestada mediante acordo, cessando o vínculo anterior com a aquisição de novo direito de crédito. O mesmo ato jurídico que ceifa uma obrigação é o gérmen para o brotar de outra.

A novação, ao contrário do adimplemento em sentido estrito, é modo *extintivo não satisfatório*, pois não conduz à satisfação imediata do crédito. Somente se estabelece uma nova obrigação válida que substitui a primeira. Exemplificando, *A* promete entregar um carro a *B*, porém, vendo ser difícil o adimplemento, acorda com o devedor a substituição da obrigação pela futura entrega de 15 bicicletas.[59]

A novação é uma conquista recente do direito das obrigações. Assim como o fenômeno da transmissão das obrigações – pela cessão de crédito e assunção de débito –, a novação resultou da dinâmica do tráfico negocial, que sempre exige formas rápidas de intercâmbio de bens e serviços, pois o crédito se tornou um patrimônio

59. STJ. *Informativo* nº 0483, 12-23.9.2011. Quarta Turma: "Inicialmente, ressaltou o Min. Relator, o defeito do serviço que resultou na negativação indevida do nome do cliente da instituição bancária ora recorrente não se confunde com o fato do serviço, que pressupõe um risco à segurança do consumidor, cujo prazo prescricional é definido no art. 27 do CDC. Assim, consignou que, no caso, o vínculo é contratual, tendo as partes, antes da inscrição indevida, pactuado novação, extinguindo a obrigação, justamente a de que dá conta o cadastramento desabonador. Registrou que a ilicitude do ato decorre do fato de ter sido celebrada novação, pois a instituição financeira recorrente não observou os deveres anexos à pactuação firmada e procedeu à negativação por débito que fora extinto pelo último contrato firmado pelas partes." REsp 1.276.311-RS, Rel. Min. Luis Felipe Salomão.

de circulação universal. Na concepção personalista das obrigações do direito romano, não seria crível que uma obrigação fosse sepultada, sem que isso representasse o fim de qualquer vínculo entre as partes. Atualmente, a despersonalização de vínculos permite que obrigações sejam extintas e constituídas outras em seu lugar, mesmo com substituição de seus protagonistas.

Todavia, a novação não é uma forma de transmissão das obrigações, eis que a sua função não é a de modificar a titularidade de um mesmo crédito ou um mesmo débito. Pelo contrário, a sua perspectiva funcional reside na criação de uma nova relação obrigacional, sendo a anterior polarizada pelo adimplemento, considerando-se a obrigação como um processo.

Renan Lotufo acentua precisamente a inexistência de dois momentos na novação, "mas um só, com efeitos concomitantes", pois os efeitos criativo e extintivo são indissoluvelmente conexos, mas com relevo ao fato de o efeito extintivo ser querido pelas partes.[60]

6.2 Pressupostos da novação

A novação aperfeiçoa-se com a conjunção de três indispensáveis pressupostos:

a) *Existência de obrigação anterior válida* – à medida que a nova obrigação extingue e substitui a anterior, é fundamental a preexistência de relação obrigacional válida. Destarte, se não havia débito primitivo, a novação é inexistente, pois deficitária do próprio suporte fático necessário à sua formação. A relação que porventura se estabeleça será uma obrigação como qualquer outra.

É viável a novação de um débito sujeito a termo (art. 131, CC) ou condição (art. 125, CC). Cuidando-se de relação obrigacional existente e válida, ainda não alcançou o plano da eficácia em razão da estipulação convencional de um elemento acidental ao negócio jurídico. Alcançado o evento futuro e certo (termo) ou incerto (condição), haverá a pós-eficacização da obrigação.

A outro giro, resta inviável a novação da impropriamente denominada *obrigação nula*. Neste sentido, é peremptório o art. 367 do Código Civil. Não existe obrigação válida ou inválida, simplesmente pelo fato de a obrigação residir no plano da eficácia. A validade concerne ao ato jurídico em sentido amplo – abrangendo o negócio jurídico e o ato jurídico *stricto sensu* (art. 185, CC). O débito é fator de eficácia de um negócio jurídico válido.

Havendo a invalidade por nulidade, não se cogita sequer de seu adimplemento ou inadimplemento, que são fenômenos que se manifestam no porvir do negócio jurídico, enquanto a nulidade é sempre um vício ordinário que se manifesta no momento genético da concepção do ato jurídico. Em síntese, a relação jurídica já entrou

60. LOTUFO, Renan. *Código Civil comentado*, v. 2, p. 346.

no mundo jurídico de forma estruturalmente deficiente, e o interesse público afasta a ratificação de um ato que se formou de maneira patológica. Todavia, é viável a conversão substancial do negócio jurídico nulo em outro válido, preservando-se a novação do débito (art. 170 do CC).

A título ilustrativo, é celebrada uma obrigação em que uma das partes é um absolutamente incapaz e não representado. Caso as partes consintam em subscrever nova obrigação, agora estando o menor impúbere representado, surgirá obrigação autônoma, sendo impensável a novação.

Nada obstante, permite-se que as obrigações meramente anuláveis possam ser confirmadas de maneira expressa ou tácita, tratando-se de interesses particulares e disponíveis que se inserem na autonomia privada dos contraentes (art. 367 do CC). Patenteada a anulabilidade pelas causas alinhavadas no art. 171 do Código Civil, o interessado terá o direito potestativo de desconstituir o negócio jurídico. Enquanto aquele que conhece o defeito não se manifesta, a relação produz seus efeitos normais, como se nada houvesse de anormal. O não exercício do direito nos prazos legais (art. 178, CC) acarreta a confirmação do negócio com eficácia retroativa ao tempo da prática do ato jurídico.

No mesmo sentido, se o negócio jurídico nasceu válido, mas foi extinto por resolução (art. 475, CC) ou resilição (arts. 472 e 473, CC), não faz sentido falar em novação daquilo que já foi expurgado do plano do real.

É lícito novar obrigação natural por obrigação civil?

Não há óbice em que se transponha a prescrição mediante novação. A prescrição é uma exceção material invocada pelo devedor para paralisar a eficácia da pretensão do credor. Se *A* deve a *B* a quantia de R$ 50,00 e a novação do débito se impõe mesmo após o termo final do curso do prazo do exercício da pretensão, o fato de *A* emitir novo título de crédito em favor de *B* implicará novação, pois estará o devedor *renunciando tacitamente* à sua invocação. De fato, o art. 191 do Código Civil aduz ser tácita a renúncia quando se presumir de fatos do interessado incompatíveis com a prescrição. A novação importa abdicação ao lapso prescricional já ultrapassado, renovando-se o prazo para a prescrição, com o reconhecimento da nova dívida.

Mas a prescrição é apenas uma espécie do gênero das obrigações naturais. Outra conhecida modalidade de obrigação natural é a cobrança de dívida de jogo ou aposta. Excepcionando-se os jogos regulados legalmente (*v.g.*, loteria esportiva), as modalidades ilegais não obrigam a pagamento. Porém, caso espontaneamente adimplidos, impedem a repetição (art. 814 do CC). Se o devedor emite título de crédito em favor do credor (nota promissória, duplicata), consuma-se a novação e, em princípio, o credor poderá ajuizar ação de execução. Contudo, é lícita a oposição de embargos de devedor com fulcro na demonstração da origem ilegítima do débito. O princípio da abstração dos títulos de crédito só é oponível por endossatários de boa-fé, eis que entre emitente e beneficiário – intervenientes originários – sempre será possível àquele desconstituir a obrigação mediante prova da ilicitude da *causa debendi*.

b) *Acordo entre as partes para a constituição de nova dívida* – necessariamente, a relação obrigacional que venha a ser criada para extinguir a pregressa será qualificada pela *novidade*. O novo consistirá no objeto da prestação, podendo ainda envolver a mutação nas pessoas do credor ou do devedor.

A nova obrigação deverá ainda atender aos requisitos do art. 104 do Código Civil: agente capaz; objeto lícito, possível e determinado; forma prescrita ou não, defesa em lei.

c) *Animus novandi* – a teor do art. 361, do Código Civil, "não havendo ânimo de novar, expresso ou tácito, mas inequívoco, a segunda obrigação confirma simplesmente a primeira". A novação é um negócio jurídico. Isso importa considerar que a sua estruturação demanda o elemento subjetivo da substancial diversidade entre a obrigação primitiva e a substituta. Isto é, simples alterações de natureza acessória não geram novação.[61]

Embora não se exijam palavras sacramentais, a expressa vontade de novar das partes será traduzida como inequívoca por declarações escritas e outras formas de manifestações concludentes – condutas socialmente típicas – captadas pelas práticas comuns no meio negocial.

O Código Civil aceita a novação tácita, desde que a declaração seja inequívoca. A declaração tácita não se confunde com o silêncio, que se localiza no art. 111 do Código Civil. Ou seja, a novação não se aperfeiçoa na falta de qualquer declaração, mas, no ensinamento de Serpa Lopes, o *animus novandi* se apresentaria sob a forma tácita, quando manifesta a incompatibilidade entre a nova dívida e a precedente, se as circunstâncias permitem se induzir claramente a intenção de novar. Assim, não haveria incompatibilidade na intervenção de um devedor novo sem a liberação do primeiro, ou quando houver a estipulação de garantia hipotecária, dilação do prazo, emissão de uma cambial, sem a modificação da obrigação em si.[62]

Com efeito, é da maior importância ressaltar que alteração de prazos ou condições acessórias de pagamento não importa novação. É frequente a alegação de novação por devedores em embargos à execução de título extrajudicial. Dificilmente, porém, provam-na. O fato de o credor, por exemplo, receber parcelas com atraso não implica novação; isso pode tão só modificar a obrigação, mas não nová-la. Da mesma forma não implicam novação: a mudança de lugar do cumprimento; a modificação pura e simples do valor da dívida; o aumento ou a diminuição de garantias; a substituição de um título representativo da dívida (o que vulgarmente ocorre com a substituição de cheques que mascaram empréstimos), mesmo que

61. STJ. AgRg no AgRg no Ag 976440/SP, Rel. Min. MARIA ISABEL GALLOTTI, 4.T., *DJe* 31.5.2011. "ACORDO. ANIMUS NOVANDI. INEXISTÊNCIA. PROSSEGUIMENTO DO FEITO. TÍTULO ORIGINAL.1. A jurisprudência desta Corte de Justiça entende que o acordo celebrado, sem a intenção de novar, apenas suspende a execução. Em caso de descumprimento, a execução prossegue com base no título original."

62. LOPES, Serpa. *Curso de direito civil*: obrigações em geral, p. 244.

o novo título passe a ter força executiva, quando antes não tinha, e vice-versa. Enfim, não constitui novação o acordo de vontades através do qual os contratantes quantificam o valor da dívida em atraso, abrangendo principal, correção monetária e juros, pactuam o pagamento da soma fixada em parcelas periódicas, entregando o devedor, ao credor, na oportunidade, notas promissórias representativas do valor do principal e dos acessórios.

Por isso, a novação não se confunde com o reconhecimento de dívida. Aqui, o próprio nome já dispensa maiores observações, é reconhecido o próprio débito, sem extinção de outro débito. Por isso, o ato do reconhecimento interrompe o fluir da prescrição (art. 202, VI, CC), enquanto a novação nela não interfere, pois não é possível excepcionar uma pretensão que já sucumbiu.

Enfim, não havendo ânimo de novar, a segunda obrigação somente alcança a eficácia de confirmar a primeira. Este requisito é essencial, eis que a novação não se presume, na dúvida prevalecendo a negativa de sua ocorrência. Recomenda-se, pois, o critério da *incompatibilidade* entre as obrigações para averiguar se houve efetiva ocorrência de novação ou apenas a confirmação da obrigação anterior, mediante criação de garantias pessoais ou reais.

6.3 Modalidades

Podemos situar duas espécies de novação: objetiva e subjetiva. A novação subjetiva se biparte em novação subjetiva ativa e passiva. Todas as modalidades de novação estão perfilhadas no art. 360 do Código Civil.

a) *Novação objetiva* – as partes originárias contraem nova dívida, visando à extinção e consequente substituição da anterior (art. 360, I, do CC). A novidade é o fato de se atingir a substância da obrigação, mediante a alteração do seu objeto (*v.g.*, obrigação de dar coisa certa por obrigação de fazer); ou de sua natureza (*v.g.*, obrigação pura por obrigação condicional); ou a própria causa jurídica da obrigação (*v.g.*, alguém devia na qualidade de comprador, convertendo-se em mutuário). Gagliano e Pamplona Filho esclarecem que "não há obrigatoriedade de que a obrigação primitiva seja pecuniária, sendo irrelevante tratar-se de obrigação de dar, fazer ou não fazer".[63]

Em qualquer caso, percebe-se que, na novação objetiva, as partes continuam as mesmas, apesar do remanejamento do seu objeto. Ao inverso da dação em pagamento – na qual o objeto da prestação é substituído por um elemento diverso, para fins de imediata realização da prestação e satisfação das partes –, a novação, ao extinguir o débito anterior, transfere ao devedor a responsabilidade pela solução do novo vínculo. Ou seja, na dação em pagamento o devedor se libera e não mais será devedor. Na novação ele mantém a posição, porém a dívida é outra.

63. GAGLIANO, Pablo Stolze; PAMPLONA FILHO, Rodolfo. *Novo curso de direito civil*: obrigações, p. 304.

No estudo da novação, como, aliás, em qualquer tópico do direito das obrigações, mister faz-se conjugar as tradicionais regras do direito civil – de índole privada – com as profundas modificações imprimidas pela mitigação do princípio da autonomia privada diante da valorização dos princípios da boa-fé objetiva (art. 422, CC) e da função social do contrato (art. 421, CC). A liberdade contratual passa a ser ponderada com o princípio constitucional da solidariedade, impedindo-se a prática do abuso do direito (art. 187, CC) quando da realização da novação.

Em uma perspectiva dinâmica da obrigação como processo, não podemos mais abstrair a nova relação obrigacional daquela que lhe antecedeu, como se a primeira nunca houvesse existido no cenário jurídico e os dois negócios jurídicos fossem universos apartados. Assim, a obrigação deve ser vista como um todo, no qual a expectativa de confiança depositada originariamente em uma das partes não pode ser lesada pelo segundo negócio jurídico. Para evitar a lesão à boa-fé do contratante, é possível a nulificação de cláusulas abusivas, admitindo-se ainda a modificação de cláusulas lesivas e a revisão contratual nas hipóteses de onerosidade excessiva. A solução deverá variar de acordo com o programa concreto da relação jurídica, respeitando-se as peculiaridades do caso, naquilo que Larenz denomina de "ética da situação".

Nas relações de direito privado não se pode ignorar um sem-número de contratos firmados pela modalidade da adesão, pela qual um dos contratantes estipula previamente o conteúdo das cláusulas, sem prévia discussão de seus termos. Mais do que nunca, precisamos atentar para o art. 113 do Código Civil, interpretando-se o negócio jurídico à luz do princípio da boa-fé objetiva, cuja hermenêutica relativiza o conteúdo da declaração negocial em atenção a uma lógica de cooperação intersubjetiva.

Quando o negócio jurídico é abrangido pelas normas do Código de Defesa do Consumidor em razão da flagrante assimetria entre as partes contratantes, a novação será aferida com cuidados redobrados. Em contratos de mútuo e abertura de crédito em conta-corrente com instituições financeiras, usualmente, verifica-se a imposição de cláusulas leoninas, vazadas na imposição de elevadas taxas de juros, anatocismo, cumulação indevida de cláusulas penais, bem como indevida soma de comissão de permanência e correção monetária (Súmula 30 do STJ). Diante da excessiva onerosidade do contrato, o particular cede à instituição financeira, ao instante em que ela propõe uma *renegociação salvadora* do débito, mediante a extinção da obrigação primitiva e a criação de um novo débito, lastreado em uma promissória ou confissão de dívida com repactuação em novo contrato.

Ocorre que todas as cláusulas abusivas, elencadas acessoriamente no primeiro contrato, consolidam-se no débito principal da segunda obrigação, gerando o fim teórico da relação viciada e o nascimento da nova obrigação sanada e, em tese, perfeitamente adaptada às regras do Código de Defesa do Consumidor. A princípio, ocorrendo a novação, jamais poderia o particular voltar a discutir em juízo o contrato primitivo, pois ele se extinguiu com a criação da nova relação.

Todavia, os negócios jurídicos de eficácia sucessiva no tempo que envolvam relação de consumo são *contratos cativos de longa duração*. Portanto, eventuais renegociações em contratos que traduzam o fornecimento de produtos e serviços não geram novação. Cuida-se apenas de uma nova fase em uma avença que se formou junto à relação de consumo originária. Assim, demonstrada a continuidade da relação negocial e sendo nulas as cláusulas abusivas (art. 51 do CDC), poderá a qualquer tempo o mutuário ajuizar ação de revisão contratual, buscando a redução do montante do débito ou, mesmo, ação de repetição do indébito, em face do pagamento indevido de acréscimos ilegais.[64]

Nessa linha vanguardista, preconiza a Súmula 286 do Superior Tribunal de Justiça: "A renegociação de contrato bancário ou a confissão da dívida não impede a possibilidade de discussão sobre eventuais ilegalidades dos contratos anteriores". Nos contratos cativos de longa duração, não é raro que a novação decorra de uma "renegociação salvadora" com a instituição financeira. Todavia, havendo nulidade na obrigação primitiva (*v.g.*, juros capitalizados), é possível que o sujeito vulnerável possa discutir a ilegalidade, mesmo após a novação.[65]

b) *Novação subjetiva* – aqui, além da criação de uma nova relação obrigacional, incide substituição dos próprios sujeitos da relação jurídica, seja no polo ativo (art. 360, III, do CC) como no passivo (art. 360, II, do CC). A novação subjetiva compreende alguns aspectos.

b.1) Novação subjetiva passiva – cuida-se da substituição do antigo devedor por um novo, sobejando aquele liberado do novo débito, pois a sua dívida é extinta. Realiza-se a novação subjetiva do devedor por dois modos: expromissão ou delegação.

Na expromissão, o acordo de extinção da obrigação originária envolve apenas o novo devedor e o credor (expromitente), sendo desprezada a anuência do antigo devedor. Dispõe o art. 362 do Código Civil que "a novação por substituição do devedor pode ser efetuada independentemente de consentimento deste". Podemos citar a hipótese em que o pai procura o credor de seu filho, deliberando estes que a dívida

64. STJ. AgRg no REsp 1149134/RS, Rel. Min. PAULO DE TARSO SANSEVERINO, 3. T., *DJe* 8.6.2011: "CONTRATO DE CONSÓRCIO. REVISÃO DE CONTRATO FINDO. POSSIBILIDADE.1. *É possível revisar os contratos firmados com a instituição financeira, desde a origem, para afastar eventuais ilegalidades, independentemente de quitação ou novação.*"

65. STJ. REsp 861196/SC, Rel. Min. LUIS FELIPE SALOMÃO, 4. T., *DJe* 27.10.2011: "1. A instância ordinária apurou que, com a nova pactuação, o valor atualizado da dívida foi reduzido em cerca de 30%, diminuídos, também, os juros e demais encargos, além do que o débito que, inicialmente deveria ser pago em 21 parcelas mensais, foi repactuado para 103. 2. Houve inovações substanciais dentro da autonomia da vontade das partes, de modo que, nos termos da iterativa jurisprudência desta Quarta Turma, não é cabível a revisão de cláusulas das pactuações anteriores, refugindo da hipótese prevista na Súmula 286 desta Corte. 3. Ocorrendo novação, é desnecessária à execução 'a juntada dos contratos que deram origem à formalização da renegociação, bem como do demonstrativo de cálculo correlato ao período integral do débito', não sendo cabível, por isso, a extinção do feito executivo, pois a Súmula 300/STJ esclarece que o instrumento de confissão de dívida constitui título executivo extrajudicial."

do descendente será substituída por um débito do ascendente. Se o pai emprestasse a quantia para o filho pagá-la diretamente a seu credor, não se configuraria a novação, mas sim um contrato de mútuo. Como o pai deliberou por assumir uma dívida própria perante o credor de seu filho, este será exonerado.

Concordamos com a advertência de Gustavo Tepedino, no sentido de o art. 362 do Código Civil não merecer interpretação absoluta, "sendo legítimo valorar, no caso concreto, se há interesse merecedor de tutela do devedor em não aceitar a expromissão".[66] A nosso viso, o ponto de partida para a admissão da expropriação é a inexistência de prejuízo para o devedor originário, perquirindo-se na espécie a legitimidade de sua vontade de manter a obrigação e adimplir.

Caso não reste evidente o *animus novandi* quando do ingresso do novo devedor, afasta-se a expromissão, sendo o expromitente apenas considerado um segundo devedor, com acréscimo de responsabilidade à do devedor originário. O credor poderá cobrar de um ou de outro. De fato, a novação não se presume.

Já a modalidade de novação passiva por delegação aperfeiçoa-se com a indicação, pelo próprio devedor, de terceira pessoa que venha a resgatar o seu débito. Há uma operação triangular envolvendo delegante (antigo devedor), delegado (novo devedor) e delegatário (credor). A delegação decorre *a contrario sensu* da leitura do citado art. 362 do Código Civil. A regra geral no ordenamento é que o devedor manifeste a sua vontade de ser substituído no negócio jurídico, indicando o novo devedor e readquirindo a sua liberdade. Como exemplo de delegação, temos a hipótese do filho indicando o seu pai para substituí-lo, com a aquiescência do credor, criando-se uma nova obrigação.

Fundamental é esclarecer que, na novação subjetiva, não basta a alteração dos personagens da relação jurídica. Deve haver simultânea alteração da própria relação obrigacional. A novação, em qualquer de suas modalidades, sempre exigirá a criação de uma nova relação obrigacional e extinção da originária.

De fato, o Código Civil de 2002 recepcionou modelo jurídico muito próximo à novação subjetiva passiva por delegação. Com efeito, ao tratar da *assunção de dívida*, assim preconiza o legislador: "É facultado ao terceiro assumir a obrigação do devedor, com o consentimento expresso do credor, ficando exonerado o devedor primitivo, salvo se aquele, ao tempo da assunção, era insolvente e o credor o ignorava" (art. 299 do CC). Aí se evidencia mera transferência da posição passiva na mesma relação obrigacional originária, pois não se insere outra relação jurídica. Como ensina Orlando Gomes, "coexistem, na lei, delegação sem e com efeito novatório. Para distingui-las, denomina-se perfeita a delegação que se apresenta como um dos modos da novação passiva, e imperfeita, a que se cumpre sem extinção da obrigação do delegante. A distinção interessa pela diversidade dos efeitos das duas modalidades".[67]

66. TEPEDINO, Gustavo. *Código Civil interpretado*, v. 1, p. 661.
67. GOMES, Orlando. *Obrigações*, p. 165.

Por último, insta acentuar que, havendo solidariedade passiva, extinta a dívida anterior pela novação, certamente a nova dívida não poderá vincular os devedores solidários da primeira, que não tiverem conhecimento da novação (art. 365 do CC).

b.2) *Novação subjetiva ativa* – também será possível a alteração de credor, consoante a letra do art. 360, III, do Código Civil. Dá-se a novação, "quando em virtude de obrigação nova, outro credor é substituído ao antigo, ficando o devedor quite com este". Pois bem, mediante substituição do credor, em razão de acordo de vontades, ficará o devedor quite e exonerado com aquele. Verifica-se renúncia ao crédito para, mediante nova obrigação, assumir outro credor.

Nota-se que a novação ativa é sempre triangular, pois a autonomia privada não poderá conceber uma modalidade novatória semelhante à da *expromissão*, na qual o credor seja substituído independentemente ou mesmo contra a sua vontade. A obrigação é concebida como um processo que objetiva a satisfação de seu interesse patrimonial. Qualquer substituição exige a sua intervenção.

Note-se que a novação do credor não se confunde com os modelos da *cessão de crédito* ou *sub-rogação*, nos quais a relação obrigacional originária mantém-se. Na novação ativa, não apenas o credor é modificado, como necessariamente haverá extinção de um vínculo para criação de outro (*v.g.*, *A* deve a *B* 100; *B* deve a *C* 100; *A* pagará diretamente a *C*; pois *B* retira-se da relação jurídica). Na cessão de crédito, os direitos do credor são transmitidos a outrem no bojo da mesma relação obrigacional. Com efeito, "o credor pode ceder o seu crédito [...]" (art. 286, CC). Já na sub-rogação convencional, o pagamento propicia a liberação do credor originário, mas remanesce o mesmo débito, que passa para o novo credor (art. 347, I, CC).

Assim, na prática, muito raramente a novação ativa ocorrerá. Aquele que deseja ingressar na posição de novo credor preferirá os mecanismos da cessão ou da sub-rogação, eis que preservará os privilégios e garantias originárias.

6.4 Efeitos

A novação provoca a extinção do antigo débito. O primeiro negócio jurídico é abstraído. Portanto, intensos são os seus efeitos. No momento em que a obrigação anterior decai, inevitavelmente perecerão as garantias acessórias do débito primitivo. Não havendo expressa previsão em contrário, a eficácia extintiva do débito produz a exoneração do devedor da cláusula penal, juros de mora, e o desaparecimento de todas as consequências da mora (art. 364 do CC). Aniquiladas restam ainda as garantias concedidas pelo devedor, quando não ressalvadas no novo negócio jurídico.

A ressalva lançada no art. 364 gera sérios problemas nos contratos de adesão, eis que as instituições financeiras inserem unilateralmente na novação cláusulas que preservam as garantias efetuadas pelo devedor no contrato extinto. Se, à luz do CDC, é evidente a interpretação pró-consumidor de cláusulas contratuais, nas relações interprivadas os arts. 423 e 424 consagram interpretação mais favorável ao aderente, bem como a nulidade de cláusulas abusivas que lhe onerem com qualquer forma de renúncia a direitos.

Sobre as "renegociações de dívidas bancárias", lapidarmente Arnaldo Rizzardo pondera que "se, pelos princípios vistos, a novação importa em criar uma nova obrigação com a extinção da anterior, não podem subsistir as cédulas rurais ou industriais, hipotecárias ou pignoratícias, admitidas unicamente para fins específicos. Uma vez efetuada a renegociação, é primário que não mais persiste qualquer financiamento".[68]

Havendo solidariedade passiva, a novação concretizada entre o credor e um ou alguns dos devedores solidários acarretará a subsistência das preferências e garantias apenas sobre os bens dos que contraírem a nova obrigação. Os demais devedores solidários serão exonerados, pois não fazem parte do novo negócio jurídico e o seu poder de disposição não pode ser atingido por atos em que sua vontade não se manifestou (art. 365, CC).

Perante terceiros que assumiram responsabilidades na obrigação primitiva, igualmente, falecerão todas as garantias reais (hipoteca, penhor) que oneravam a obrigação originária. Com relação aos garantes, a autonomia privada do credor e devedor não pode aprisioná-los na nova relação jurídica, sem que eles emitam novo consentimento.

Por isso, havendo fiança, a novação resultará em exoneração do fiador, caso a nova obrigação seja efetivada sem o seu consentimento. A função do fiador é de destinar parte de seu patrimônio a tutela de débito alheio. Ora, tal gravame só subsistirá se o fiador anuir nesse sentido. Daí entendermos que o art. 366 do Código Civil não passa de mera especificação da regra geral do art. 364 do mesmo Código.

Relativamente à fiança, o Superior Tribunal de Justiça editou a Súmula 214: "O fiador na locação não responde por obrigações resultantes de aditamento ao qual não anuiu". Justifica-se: sendo a fiança um contrato gratuito, caracterizado por um benefício concedido pelo fiador ao afiançado, sem a espera de qualquer contraprestação, deverá ser interpretada restritivamente. Daí, qualquer aditamento contratual, mesmo não importando novação, mas que onere o fiador sem o seu consentimento, será suficiente à sua isenção de responsabilidade a partir daquele instante.[69]

A novação subjetiva passiva é de natureza *pro soluto* – seja nas modalidades da delegação como por expromissão –, pois, em caso de insolvência do novo devedor, não poderá o credor voltar-se contra o devedor primitivo, exceto se comprovar a sua malícia em ocultar a real situação financeira do substituto (art. 363 do CC).

---

68. RIZZARDO, Arnaldo. *Direito das obrigações*, p. 397.

69. STJ, REsp 1140662/RS, Rel. Min. Celso Limongi, 6ª T., *DJe* 3.5.2010. *O acordo entre o locador e o locatário exclusivamente sobre as condições de pagamento do débito, sem a anuência explícita do fiador, não enseja novação e decorrente exoneração de fiança locatícia, porquanto ausente a substituição da relação jurídica, com alteração do devedor, do credor, ou do objeto de prestação.*

Nesse particular, a hipótese diz respeito à novação por delegação, diante do silêncio intencional do devedor delegante, cujo dolo por omissão se evidencie (art. 147 do CC), ou mesmo pela prática de qualquer expediente ou artifício que falseie a verdade, mesmo por ato comissivo.

Apurada a má-fé do delegante, será restabelecida a obrigação originária. É assim que deve ser entendida a locução *ação regressiva*, no bojo do art. 363 do Código Civil. Entendimento contrário suprimiria por completo a tutela ao credor que agiu de acordo com os ditames da boa-fé.

A seu turno, o novo devedor não poderá alegar as exceções que beneficiariam o devedor da dívida antiga. Enfatiza Antunes Varela que, "por consequência, a *exceptio non adimpleti contractus* ou a compensação, que o devedor pudesse invocar, relativamente à primitiva obrigação, não aproveitarão, salvo estipulação em contrário, ao devedor, que por hipótese, contraiu a nova obrigação em lugar daquela".[70]

Por último, há de se ressaltar que a novação empresarial disciplinada na Lei 11.101/2005 é muito diversa da novação prevista na lei civil. Trata-se de uma novação *suis generis*, na qual dois pontos se destacam.

- Primeiramente, se a novação civil, como regra, extingue as garantias da dívida, inclusive as reais prestadas por terceiros estranhos ao pacto (art. 364 do CC), a novação decorrente do plano de recuperação judicial traz, como regra, a manutenção das garantias (art. 59, *caput*, da Lei 11.101/2005), sobretudo as reais, que só serão suprimidas ou substituídas "mediante aprovação expressa do credor titular da respectiva garantia" por ocasião da alienação do bem gravado (art. 50, § 1º, da Lei 11.101/2005).[71] Assim, os credores conservam intactas as demandas contra os coobrigados. Ilustrativamente, o portador de promissória prossegue a execução contra avalista, como se novação não existisse.[72]

70. ANTUNES VARELA, João de Matos. *Das obrigações em geral*, v. II, p. 242.

71. STJ: Informativo nº 0554. Período: 25 de Fevereiro de 2015. Quarta Turma, Recurso Repetititvo, REsp 1.333.349-SP, Rel. Min. Luis Felipe Salomão, julgado em 2.2.2015.

72. STJ. Informativo n. 0591. Período: 4 a 18 de outubro de 2016. Terceira Turma. VINCULAÇÃO DE TODOS OS CREDORES À DETERMINAÇÃO DE PLANO DE RECUPERAÇÃO JUDICIAL APROVADO POR MAIORIA PELA ASSEMBLEIA GERAL DE CREDORES. Se, no âmbito de Assembleia Geral de Credores, a maioria deles – devidamente representados pelas respectivas classes – optar, por meio de dispositivo expressamente consignado em plano de recuperação judicial, pela supressão de todas as garantias fidejussórias e reais existentes em nome dos credores na data da aprovação do plano, todos eles – inclusive os que não compareceram à Assembleia ou os que, ao comparecerem, abstiveram-se ou votaram contrariamente à homologação do acordo – estarão indistintamente vinculados a essa determinação. Inicialmente, cumpre destacar que se afigura absolutamente possível que o Poder Judiciário, sem imiscuir-se na análise da viabilidade econômica da empresa em crise, promova controle de legalidade do plano de recuperação judicial que, em si, em nada contemporiza a soberania da assembleia geral de credores. Nesse contexto, dispõe o art. 59 da Lei n. 11.101/2005 que a concessão de recuperação judicial enseja a novação das obrigações originariamente assumidas pela recuperanda, sem prejuízo das garantias e observado o disposto no § 1º do art. 50 da referida lei, o qual preceitua que, na hipótese de alienação de bem objeto de garantia real, a supressão da garantia ou sua substituição enseja o consentimento do correlato credor. Salientado isso, cumpre afastar, peremptoriamente, argumento no sentido de que a novação operada pela homologação

Nessa linha, o Superior Tribunal de Justiça proclamou a Súmula n. 581: "A recuperação judicial do devedor principal não impede o prosseguimento das ações e execuções ajuizadas contra terceiros devedores solidários ou coobrigados em geral, por garantia cambial, real ou fidejussória".

Além disso, a novação específica da recuperação judicial desfaz-se na hipótese de falência, quando então os "credores terão reconstituídos seus direitos e garantias nas condições originalmente contratadas" (art. 61, § 2º, da Lei 11.101/2005). O plano de recuperação judicial opera, portanto, uma novação sujeita a uma condição resolutiva, que é o eventual descumprimento do que ficou acertado no plano. Dessa forma, embora o plano de recuperação judicial opere novação das dívidas a ele submetidas, caso decretada a falência as execuções individuais terão curso no juízo universal.[73]

7. COMPENSAÇÃO

Ah, quem nunca curtiu uma paixão nunca vai ter nada, não
Não há mal pior do que a descrença
Mesmo o amor que não compensa é melhor que a solidão.
(Como dizia o Poeta – Vinícius de Moraes)

7.1 Noções gerais

Modo especial de extinção de obrigações que se verifica quando duas pessoas forem, *reciprocamente*, credor e devedor uma da outra. Dois débitos contrapostos são compensados com o fito de se alcançar o adimplemento. A eficácia da compensação consiste em liberar e satisfazer as partes.

---

do plano de recuperação judicial importaria, por si, na imediata extinção da obrigação principal originária e, por conseguinte, das garantias àquela ofertadas, pois, concebidas como obrigação acessória. Isso porque a "novação prevista na lei civil é bem diversa daquela disciplinada na Lei n. 11.101/2005. Se a novação civil faz, como regra, extinguir as garantias da dívida, inclusive as reais prestadas por terceiros estranhos ao pacto (art. 364 do Código Civil), a novação decorrente do plano de recuperação traz como regra, ao reverso, a manutenção das garantias (art. 59, caput, da Lei n. 11.101/2005), sobretudo as reais, as quais só serão suprimidas ou substituídas 'mediante aprovação expressa do credor titular da respectiva garantia', por ocasião da alienação do bem gravado (art. 50, § 1º). Assim, o plano de recuperação judicial opera uma novação *sui generis* e sempre sujeita a uma condição resolutiva, que é o eventual descumprimento do que ficou acertado no plano. Portanto, em regra, a despeito da novação operada pela recuperação judicial, preservam-se as garantias, no que alude à possibilidade de seu titular exercer seus direitos contra terceiros garantidores e impor a manutenção das ações e execuções promovidas contra fiadores, avalistas ou coobrigados em geral, a exceção do sócio com responsabilidade ilimitada e solidária (§ 1º do art. 49 da Lei n. 11.101/2005). E, especificamente sobre as garantias reais, estas somente poderão ser supridas ou substituídas, por ocasião de sua alienação, mediante expressa anuência do credor titular de tal garantia, nos termos do § 1º do art. 50 da referida lei. REsp 1.532.943-MT, Rel. Min. Marco Aurélio Bellizze, DJe 10/10/2016.

73. STJ: Informativo nº 0564, Período: 30 de Junho de 2015. Quarta Turma, REsp 1.272.697-DF, Rel. Min. Luis Felipe Salomão, julgado em 18.6.2015.

A compensação afigura-se técnica de simplificação de quitação, pois evita a duplicidade de pagamentos. Na linha da diretriz da operabilidade, tão cara a Miguel Reale, seria um desperdício de tempo e de energia o ato de pagar para depois receber em um ato sucessivo e apartado. Na linha da proporcionalidade, afigura-se razoável impedir pagamentos recíprocos, sendo dispensável o movimento de dupla transferência de créditos. Bem pondera Orlando Gomes quando afirma que "a compensação *'ipso jure'* visa a eliminar um círculo inútil".[74]

Outrossim, a compensação atende à diretriz da eticidade, pois prestigia o adimplemento, ao evitar que um dos contratantes pague o seu débito e seja posteriormente surpreendido pela recusa do outro em cumprir a sua prestação, o que ofenderia a sua expectativa de confiança quanto ao desfecho fisiológico da relação obrigacional.

De acordo com o art. 368 do Código Civil, "se duas pessoas forem ao mesmo tempo credor e devedor uma da outra, as duas obrigações extinguem-se, até onde se compensarem". O encontro de créditos poderá resultar na extinção total ou parcial do débito. Assim, se *A* deve R$ 500,00 a *B,* sendo este simultaneamente devedor de *A* de idêntica quantia, a compensação será total. Mas, se o débito de *B* com relação a *A* for de menor ou maior valor, haverá a compensação parcial.

Ao contrário da novação, é modo extintivo satisfatório de pagamento. Com efeito, mesmo não recebendo os seus créditos em pecúnia, as partes extinguem as obrigações até onde possam compensar-se.

7.2 Espécies

A compensação se divide em três espécies: legal, judicial ou convencional.

a) *Convencional:* resulta da autonomia privada das partes, em que os contratantes, em seu poder de livre disposição sobre o crédito, deliberam por reciprocamente extinguir os créditos. Recai em situações em que não incidam os pressupostos para a compensação legal dos arts. 369 e 370 do Código Civil. Em outras palavras, nada impede que as partes compensem débitos ilíquidos, inexigíveis ou mesmo infungíveis. Apenas não poderão os contraentes derrogar normas cogentes, como limitação de ordem pública.

b) *Judicial:* ao contrário do que acreditam alguns a um primeiro olhar, a compensação judicial não merece esta nomenclatura pelo simples fato de ser pronunciada pelo poder judiciário. As compensações convencional e legal também podem ser perseguidas no bojo do devido processo legal sem que isso acarrete desvio de perspectiva.

---

74. GOMES, Orlando. *Obrigações,* p. 153.

A especificidade da compensação judicial reside na questão da liquidez dos créditos envolvidos, pois, nas palavras de Tepedino, "embora originalmente ausente a liquidez, o juiz acerta que o crédito é pronta e facilmente liquidável. O pronunciamento judicial não tem papel puramente declarativo, como nas outras".[75]

c) *Legal:* opera-se automaticamente, independentemente da oposição de qualquer dos interessados, extinguindo *pleno jure* as dívidas recíprocas, observando-se os requisitos objetivos e subjetivos relacionados no art. 369 do Código Civil: "A compensação efetua-se entre dívidas líquidas, vencidas e de coisas fungíveis."

Para que a compensação legal possa operar-se de *pleno jure*, automaticamente, quatro requisitos merecem observância.

c.1) *Liquidez do débito* – é corrente afirmar que as dívidas líquidas são aquelas certas quanto à existência e determinadas quanto ao objeto. De fato, havendo liquidez, o objeto devido é preciso quanto à natureza, qualidade e quantidade. Na linha da efetividade, há ainda de se admitir liquidez naqueles débitos cuja quantidade é encontrada por simples cálculos aritméticos, sem que se necessite do recurso à prova pericial ou testemunhal.

c.2) *Exigibilidade do débito* – no momento em que a obrigação é celebrada, configura-se o débito, consistente em uma prestação de dar, fazer ou não fazer. Porém, ainda não há exigibilidade, pois não se pode pretender a dívida antes do vencimento do termo ou de sua condição. Verificado o evento futuro e certo (termo) ou incerto (condição), surge a exigibilidade. Caso o devedor resista ao cumprimento, nasce a pretensão de direito material do credor ao adimplemento. No magistério de Judith Martins-Costa, nas obrigações a termo, enquanto não se der o vencimento, "ocorre, normalmente, a inexigibilidade. O que se justifica não por razões estruturais, mas de valoração funcional: a lei exercita uma valoração teleológica acerca desta particular forma de inexigibilidade justificada pela legitima expectativa do devedor em adimplir o seu débito apenas no momento em que foi preestabelecido. A inexigibilidade se funda, pois, na confiança legítima".[76]

Já sabemos que os créditos que carecem de exigibilidade não podem ser compensados, pois a prestação é qualificada pela exigibilidade. Nada obstante, se um dos débitos é alcançado pela prescrição, aquela pessoa a quem a alegação da aludida exceção substancial poderia beneficiar tem a opção de não invocar a prescrição da pretensão e, assim, efetuar a compensação. Todavia, acolhida a exceção pelo magistrado, afasta-se a compensação.

75. TEPEDINO, Gustavo. *Código Civil interpretado*, v. I, p. 670.

76. MARTINS-COSTA, Judith. *Comentários ao novo Código Civil*, v. V, t. I, p. 584.

Portanto, apenas se compensam as obrigações puras, em que não se inseriram as citadas modalidades. Aliás, caso permitida a compensação de dívidas vencidas com outras por vencer, indiretamente estaria sendo suprimido o benefício do prazo em proveito do devedor (art. 133 do CC), que não pode ser constrangido pelo credor a pagar antes do vencimento, exceto nas hipóteses de vencimento antecipado do débito e uma delas quando a outra já estava vencida (art. 333 do CC), ou quando o vencimento de uma das dívidas ocorre no momento em que a outra já venceu, mas o credor concedera verbalmente ao devedor um prazo de favor (art. 372 do CC).

c.3) *Fungibilidade das prestações* – outro requisito indispensável à compensação legal diz respeito à fungibilidade das dívidas. São fungíveis os bens móveis que podem substituir-se por outros da mesma espécie, qualidade e quantidade (art. 85 do CC). A fungibilidade tem o seu cerne na viabilidade de substituição entre as prestações do mesmo gênero.

Não basta, contudo, que as obrigações tenham por objeto coisas fungíveis em si mesmas. Fundamental é que as coisas sejam *fungíveis entre si*. Assim, dívida de dinheiro só se compensa com outra dívida de dinheiro; obrigação de entregar cabeças de gado não se compensa com obrigação de entregar suínos. Na arguta observação de Sílvio Rodrigues, "é preciso que as prestações sejam não apenas fungíveis, mas fungíveis entre si, isto é, homogêneas. Caso contrário, não se compensam. O carvão e o açúcar são coisas fungíveis. Entretanto, se alguém deve carvão a quem lhe deve açúcar, as dívidas não se compensam, porque as prestações não são homogêneas, isto é, não são fungíveis entre si".[77]

Alerte-se, por necessário, que as obrigações de fazer são insuscetíveis de compensação, pela letra expressa do citado art. 369, que alude às *coisas fungíveis*. Destarte, a compensação se restringe à oferta recíproca de bens, atividades e comportamentos humanos são incompensáveis.

O legislador pretendeu avançar na exigência da fungibilidade e homogeneidade no art. 370 do Código Civil. Além da identidade de gênero e quantidade, o dispositivo prevê a possibilidade de as partes exigirem contratualmente a homogeneidade também quanto à qualidade das prestações. Exemplificando, só pode compensar a entrega de um cavalo com outro cavalo, se ambos forem árabes e não de qualquer outra qualidade.

c.4) *Reciprocidade das obrigações* – o art. 369 do Código Civil faz referência apenas aos três primeiros requisitos citados: liquidez, exigibilidade e fungibilidade. Todavia, da norma geral do art. 368, do Código Civil, podemos tranquilamente inferir como pressuposto para a compensação, a personalidade dos sujeitos ou da reciprocidade das obrigações. Haverá uma colisão

77. RODRIGUES, Sílvio. *Direito civil*: obrigações, p. 218.

de direitos opostos, caracterizados por um encontro entre duas situações jurídicas subjetivas.[78]

Em decorrência da exigência de reciprocidade das obrigações, surgem três consequências jurídicas.

a) Em linha de princípio, a compensação seria uma forma extintiva obrigacional limitada a pessoas que ocupem, reciprocamente, as posições de credor e devedor. Porém, de acordo com a 2ª parte do art. 371 do Código Civil, "o fiador pode compensar sua dívida com a de seu credor ao afiançado".

Vejamos: o devedor só poderá compensar com o credor o que ele lhe deve, não o que este deve a seu fiador. Ora, se a relação obrigacional estabelece-se entre credor e devedor, não poderá o devedor (afiançado) opor ao credor os créditos que contra ele possuir o fiador, pois este é apenas um garantidor. O afiançado não responde pelo débito do fiador, naturalmente, não poderia se prevalecer de seu crédito.

Excepcionalmente, o princípio da personalidade cederá quando o fiador opuser o crédito que o afiançado tiver contra o credor (art. 371 do CC). Assim, se o locador *A* acionar o fiador *B*, poderá este, em defesa, alegar que *A* também é devedor do locatário *C*, sendo cabível a compensação. Certamente, se a dívida do credor para com o devedor extinguir a obrigação principal, não poderá subsistir a fiança como obrigação acessória. Lembre-se que se o débito afiançado for maior que o crédito do afiançado, o fiador ainda será responsável pelo restante.

Adverte Renan Lotufo que a referida regra "está perfeitamente de acordo com o princípio da fiança, pelo qual o fiador pode utilizar-se de todas as exceções e defesas do devedor, conforme o previsto no art. 837. Se o devedor tem o direito de compensar sua dívida, não há razão lógica que impeça o fiador de invocá-la, pois, se não pudesse, seria agravado em sua situação, uma vez que teria de pagar o todo para, depois, exercer o regresso contra o devedor".[79]

b) Enuncia o art. 376 do Código civil: "Obrigando-se por terceiro uma pessoa, não pode compensar essa dívida com a que o credor dele lhe dever." A truncada redação da norma pode ser facilmente superada. A pessoa que se obrigou por terceiro não poderá compensar essa dívida com a que o credor lhe deve pessoalmente. Assim, sendo *A* credor de *B*, caso *C*, na qualidade de garante de *B*, deseje compensar o débito de *B* com o crédito que ele (*C*) titularize contra *A*, não poderá fazê-lo.

78. STJ: Informativo nº 0528. Período: 23 de outubro de 2013. Primeira Turma. DIREITO TRIBUTÁRIO. IMPOSSIBILIDADE DE COMPENSAÇÃO DE PRECATÓRIO ESTADUAL COM CRÉDITO TRIBUTÁRIO FEDERAL. "Não é possível a compensação de precatórios estaduais com dívidas oriundas de tributos federais. Isso porque, nessa hipótese, não há identidade entre devedor e credor" (AgRg no AREsp 334.227-RS, Rel. Min. Sérgio Kukina, julgado em 6.8.2013).

79. LOTUFO, Renan. *Código Civil comentado,* v. 2, p. 382.

Podemos daí inferir que é facultado ao terceiro desinteressado pagar o débito em nome do devedor (art. 304, parágrafo único, CC), mas inviável resta a possibilidade de compensar o débito alheio com aquilo que porventura o credor esteja lhe devendo.

c) A cessão de crédito produz interessantes efeitos no modelo da compensação. Sendo da sua essência a reciprocidade e personalidade de crédito e débito, a cessão de um dos créditos provocará a despersonalização da situação originária, pelo ingresso de terceiro em uma das relações jurídicas.

Quando notificado da cessão do crédito que o seu credor faz a terceiro, poderá o devedor a ela se opor, realizando a compensação de créditos, desde que o seu crédito seja exigível ao tempo da notificação. Mas, postando-se inerte, não poderá posteriormente compensar com o cessionário o crédito que tinha com o cedente (art. 377 do CC). Aqui, a reciprocidade de créditos existia entre cedente e o devedor cedido. Caso notificado, mantenha-se silente, presume-se que renunciou ao direito de compensar.

Todavia, se não foi sequer notificada a cessão de crédito ao devedor, não tendo ele ciência da transmissão da obrigação, poderá opor ao cessionário a exceção de compensação que possuía contra o cedente. O credor quebrou o dever anexo de informação, emanado da boa-fé objetiva, eis que a notificação do fato antes de se consumar a cessão tem a finalidade de resguardar a expectativa de confiança do devedor, inclusive quanto ao poder que possuía de compensar o seu crédito contra o cedente.

Se a mesma pessoa é obrigada por várias dívidas compensáveis, tornando-se credora de seu credor, poderá compensar, indicando qual dos seus débitos pretende opor, aplicando-se as regras sobre o modelo jurídico da imputação do pagamento (art. 379 do CC).

Por fim, lembre-se de que do princípio da personalidade dos sujeitos – reciprocamente credores e devedores – decorre a inadmissibilidade de qualquer compensação em prejuízo de direito de terceiro (art. 380 do CC). Por tal razão, não se pode pleitear compensação de créditos quando um deles encontre-se penhorado ou se encontre indisponível por qualquer outra razão. Se o devedor-executado trouxer crédito cuja exigibilidade se aperfeiçoou após a penhora de seu débito por terceiro, perderá o poder de compensar. Isto é, se o crédito de *A* contra *B* – que era anteriormente credor de *A* – for constituído depois da penhora promovida por *C*, não poderá *A* compensar com o exequente *C* o crédito que teria em face de *B*.

Porém, se o crédito do devedor tiver sido constituído antes do momento da intimação da penhora (art. 855, CPC/15), a medida constritiva não impedirá a eficácia da compensação.

Presentes todos os requisitos para a afirmação da compensação legal, ela poderá ser alegada pelo interessado sob a forma de exceção de direito material (art. 350 do CPC/15) ou reconvenção (art. 343 do CPC/15). A exceção substancial – preliminar de mérito – é manejada quando pretende o réu compensar crédito de igual ou menor valor que o descrito na exordial; todavia, adotará a reconvenção quando possuir crédito superior ao do autor. Por isso, é equivocada a intenção de alguns autores de igualar o significado de compensação com reconvenção, inclusive por esta não se limitar ao espectro dos direitos patrimoniais.

Ainda na seara processual, de acordo com o § 5º, do art. 917 do CPC/15, nos embargos de retenção por benfeitorias, o exequente poderá requerer a compensação de seu valor com o dos frutos ou dos danos considerados devidos pelo executado. Portanto, nas ações que objetivam a tutela do direito à coisa (art. 498, CPC/15), ou a tutela da posse (art. 554 e segs, CPC/15), o direito de retenção por benfeitorias será alegado em contestação, sob pena de preclusão. Todavia, se a execução para entrega da coisa se fundar em título extrajudicial, poderá o executado alegar o seu direito à retenção por benfeitorias ao instante dos embargos à execução. A seu turno, pode o embargado formular pedido contraposto na contestação aos embargos, a fim de que o juiz compense o valor reclamado pelo executado com o valor devido ao exequente. Depositando o valor resultante da compensação, poderá o exequente ser imitido na posse da coisa (§ 6º, do art. 917 do CPC/15).

A compensação se aproxima das figuras do direito de retenção e da *exceptio non adimpleti contractus*. Os três modelos jurídicos buscam um ideal de equidade, protegendo pessoas que são compelidas a cumprir obrigações, quando titularizam direitos contra quem as compele a adimplir. Paulo Nader nos explica que os modelos não se confundem, pois "a retenção é apenas um remédio jurídico de garantia, enquanto a compensação é um meio extintivo de obrigação". Arremata o autor aduzindo que "enquanto a compensação se refere a negócios jurídicos diversos e se opera em obrigações líquidas, fungíveis e exigíveis, a exceção de inadimplemento pressupõe que as dívidas recíprocas derivem de um mesmo ato negocial".[80]

7.3 Limites à compensação

Mesmo que todos os requisitos subjetivos e objetivos necessários à compensação estejam presentes, poderão as partes excluí-la, seja por mútuo acordo como por renúncia prévia ao poder de compensar por parte de uma delas (art. 375 do CC).

Como a faculdade de compensação não é norma de ordem pública, poderá ser derrogada convencionalmente pela autonomia privada das partes. O acordo impeditivo da compensação poderá ocorrer na formalização do contrato de qualquer um dos débitos ou em pacto adjeto e deve, necessariamente, indicar qual ou quais débitos não serão sujeitos à compensação.

Quanto à renúncia ao poder de compensar, o art. 375 do Código Civil exige que ela seja "prévia". Isso significa que, se um dos devedores deseja abrir mão do benefício da compensação, deverá agir quando as condições para a compensação ainda não tenham sido alcançadas, como a liquidez ou a exigibilidade. Ensina Caio Mário da Silva Pereira que "a renúncia pode ser expressa quando a compensação é abolida

80. NADER, Paulo. *Curso de direito civil*: obrigações, p. 465.

pela declaração do devedor neste sentido. E é tácita quando o devedor, não obstante ser credor de seu credor, efetua espontaneamente o pagamento".[81]

Tanto na hipótese de acordo impeditivo da transação como na renúncia ao seu exercício, temos de verificar, na linha da diretriz da concretude, quais são as partes envolvidas na relação obrigacional, a fim de indagarmos sobre a validade e eficácia de tais pactos. Nas relações de consumo, em que é flagrante a assimetria intersubjetiva, frequentemente haverá abusividade nestas cláusulas contratuais (art. 51, I, CDC), na medida em que se constata ofensa à confiança do consumidor, parte vulnerável da relação obrigacional.

Até nas relações interprivadas do Código Civil, o princípio da boa-fé objetiva (art. 113, CC) será o cânone interpretativo do aplicador do direito, no sentido de aferir o abuso do direito (art. 187, CC) e a ineficácia de avenças que suprimam o poder de compensar.

Resguardando-se ainda a função social do contrato, qualquer forma de renúncia à compensação ou de mútuo acordo em tal sentido será fulminada quando implicar lesão que cause prejuízos a direitos de terceiros.[82] Conforme explicita o art. 380 do Código Civil, "O devedor que se torne credor de seu credor, depois de penhorado o crédito deste, não pode opor ao exequente a compensação, de que contra o próprio credor disporia".[83]

---

81. PEREIRA, Caio Mário da Silva, cf. *Instituições de Direito Civil*, p. 262.

82. STJ. *Informativo* nº 0531, 4.12.2013. Quarta Turma: "DIREITO EMPRESARIAL. COMPENSAÇÃO NO PROCESSO FALIMENTAR. Os valores a serem restituídos à massa falida decorrentes da procedência de ação revocatória não podem ser compensados com eventual crédito habilitado no processo de falência pelo réu condenado. Isso porque à ação revocatória subjaz uma situação de ilegalidade preestabelecida em prejuízo da coletividade de credores, ilegalidade que não pode beneficiar quem a praticou, viabilizando satisfação expedita de seus créditos. Nessa ordem de ideias, a ação revocatória, de eficaz instrumento vocacionado à restituição de bens que escoaram fraudulentamente do patrimônio da falida, tornar-se-ia engenhosa ferramenta de lavagem de capitais recebidos em desconformidade com a par conditio creditorum. Ademais, a doutrina vem apregoando que as hipóteses legais que impedem a compensação do crédito perante a massa não estão listadas exaustivamente no art. 46 do Decreto-Lei n. 7.661/1945 (correspondente, em parte, ao art. 122 da Lei n. 11.101/2005). Aplicam-se também ao direito falimentar as hipóteses que vedam a compensação previstas no direito comum, como aquelas previstas nos arts. de 1.015 a 1.024 do CC de 1916, entre as quais se destaca a compensação realizada em prejuízo de direitos de terceiros (art. 1.024)." REsp 1.121.199-SP, Rel. originário Min. Raul Araújo, Rel. para acórdão Min. Luis Felipe Salomão, julgado em 10.9.2013.

83. STJ. *Informativo* nº 0528, 23.10.2013, 3. Turma: "DIREITO CIVIL E PROCESSUAL CIVIL. IMPOSSIBILIDADE DE QUE AUTOR E RÉU REALIZEM COMPENSAÇÃO QUE ENVOLVA CRÉDITO OBJETO DE PENHORA NO ROSTO DOS AUTOS. A penhora de crédito pleiteado em juízo – anotada no rosto dos autos e de cuja constituição tenham sido as partes intimadas – impede que autor e réu realizem posterior compensação que envolva o referido crédito. Aplica-se, nessa hipótese, a regra contida no art. 380 do CC, que dispõe ser inadmissível 'a compensação em prejuízo de direito de terceiro'. Afirma ainda o referido dispositivo que o 'devedor que se torne credor do seu credor, depois de penhorado o crédito deste, não pode opor ao exequente a compensação, de que contra o próprio credor disporia'. Busca-se, dessa forma, evitar lesão a direito de terceiro diretamente interessado na constrição. Deve-se observar, portanto, que o art. 380 do CC tem por escopo coibir a utilização da compensação como forma de esvaziar penhora anterior. Trata-se, assim, de norma de caráter protetivo e de realce na busca de um processo de resultado. Ademais, segundo os arts. 673 e 674 do CPC, a penhora no rosto dos autos altera subjetivamente a figura a quem deverá ser efetuado o pagamento, conferindo a esta os bens que forem adjudicados ou que couberem ao devedor.

Dispõe o art. 373 do Código Civil que "a diferença de causa nas dívidas não impede a compensação, exceto: I – se provier de esbulho, furto ou roubo; II – se uma se originar de comodato, depósito ou alimentos; III – se uma for de coisa não suscetível de penhora". Vê-se que a regra geral é a admissibilidade da compensação quando as dívidas tenham reciprocidade, liquidez, exigibilidade e fungibilidade entre si. Em princípio, a mera diferença de causas entre as dívidas, não impede a compensação. A razão pela qual se constitui o débito não deve ser perquirida de maneira geral, pois, à luz do art. 140, do Código Civil, o falso motivo só vicia a declaração de vontade quando expresso como razão determinante.

Contudo, nas três hipóteses excepcionais listadas no referido art. 373 do Código Civil, a lei proíbe a compensação, seja pela causa do débito, seja pela qualidade das partes. Se não, vejamos:

a) *Dívidas provenientes de esbulho, furto e roubo*: duas são as razões que justificam a norma: a uma, ninguém pode invocar um ato ilícito para beneficiar-se; a duas, o objeto do débito é ilícito (art. 104, II, do CC). Aliás, qualquer outra figura que seja subsumida a uma moldura penal não merecerá a compensação, devendo a norma ser interpretada extensivamente.

Washington de Barros Monteiro traz o seguinte exemplo: "devo R$ 100.000,00; o credor, não logrando obter o respectivo pagamento, por sua própria autoridade, apodera-se da soma devida. Movo então ao credor ação tendente a obter a devolução do numerário, de que me vi desapossado. É claro que o credor, réu nesse feito, não poderá arguir compensação pelo crédito que tem contra mim. Admiti-la seria coonestar procedimento maligno, condenado pelo direito. Ainda que as duas dívidas sejam concomitantemente de origem ilícita ou criminosa, inadmissível se tornará a compensação".[84]

No Código Civil de 1916, a redação do dispositivo era distinta. Dizia-se "se uma provier de esbulho, furto ou roubo". A dicção da norma dava a entender que, se as duas dívidas fossem ilícitas, poderiam compensar-se, o que conduziria a um absurdo jurídico e moral, preconizado no impróprio lema "ladrão que rouba ladrão tem compensação". Com a nova redação do art. 373, inciso I, essa polêmica foi suprimida do ordenamento.

b) *Obrigações derivadas de comodato, depósito e alimentos*: nos contratos de comodato e depósito, o dever do comodatário e do depositário de restituir os bens é fundamental, não podendo ser burlado pela compensação. Ademais, ambos os contratos incidem sobre coisas infungíveis, bens perfeitamente individualizados, sendo certo que a fungibilidade recíproca dos débitos é requisito essencial à compensação (art. 369 do CC).

Ressalte-se que a impossibilidade de compensação nessas circunstâncias decorre também do princípio da boa-fé objetiva, valor comportamental que impõe às partes o dever de cooperação e de lealdade na relação processual." REsp 1.208.858-SP, Rel. Min. Nancy Andrighi, julgado em 3.9.2013.

84. MONTEIRO, Washington de Barros. *Curso de direito civil*, v. 4, p. 301.

Mas, se ambos os débitos possuem a mesma causa, isto é, as duas são provenientes de comodato ou de depósito, a homogeneidade entre elas permitirá a compensação.

No que tange aos alimentos, a satisfação mediante pagamento é indispensável à subsistência do alimentando, não se cogitando de compensação. O princípio da dignidade humana exige que o credor de alimentos tenha acesso ao "patrimônio mínimo", condizente com o acesso aos bens vitais fundamentais às suas necessidades primárias. Ademais, as relações patrimoniais de família não podem ser reduzidas ao aspecto meramente obrigacional, eis que adentram a uma dimensão existencial, que exige uma relativização da incidência das normas alusivas à compensação, com base em uma interpretação conforme o princípio constitucional da solidariedade (art. 3º, I, CF).

Por isso, o pai não poderá pretender compensar os alimentos que deixou de pagar aos filhos, em virtude de sentença, com base em créditos provenientes de outras prestações alimentares pagas a maior. Mesmo que a alegação seja verídica, subentende-se como liberalidade aquilo que ultrapassou a quantia convencionada para pagamento. Daí a motivação pela qual o art. 1.707 do Código Civil, expressamente, proíbe a compensação de alimentos, exceto nas hipóteses em que se possa aferir enriquecimento sem causa do beneficiário.[85]

Da mesma forma, os honorários constituem direito do advogado e têm natureza alimentar, com os mesmos privilégios dos créditos oriundos da legislação do trabalho, sendo vedada a compensação em caso de sucumbência parcial (§ 14, art. 85, CPC/15). Com efeito, o comando judicial que fixa os honorários advocatícios estabelece uma relação de crédito entre o vencido e o advogado da parte vencedora. Essa obrigação impõe ao vencido o dever de arcar com os honorários sucumbenciais em favor do advogado do vencedor.

c) *Dívidas sobre bens insuscetíveis de penhora:* as coisas impenhoráveis são bens fora do comércio e a compensação requer débitos judicialmente exigíveis. Aliás, se permitida a compensação sobre tais bens, incidiria uma burla à própria impenhorabilidade, pela via oblíqua, pois, paradoxalmente, haveria

85. STJ. *Informativo* nº 0368, 3. T., 15-19.9.2008: "EXECUÇÃO. PENSÃO ALIMENTÍCIA. COMPENSAÇÃO. Discute-se se as dívidas alimentícias podem ser objeto de compensação. No caso, as instâncias ordinárias reconheceram ser possível a compensação do montante da dívida de verba alimentar com o valor correspondente às cotas condominiais e IPTU pagos pelo alimentante, relativos ao imóvel em que residem os ora recorrentes, seus filhos e a mãe deles. Pois, embora o alimentante seja titular da nu-propriedade do referido imóvel e o usufruto pertença à avó paterna dos recorrentes, os filhos e a mãe moram no imóvel gratuitamente com a obrigação de arcar com o condomínio e o IPTU. Para o Min. Relator, apesar de vigorar, na legislação civil nacional, o princípio da não compensação dos valores referentes à pensão alimentícia, em situações excepcionalíssimas, essa regra pode ser flexibilizada. Destaca que a doutrina admite a compensação de alimentos em casos peculiares e, na espécie, há superioridade do valor da dívida de alimentos em relação aos encargos fiscais e condominiais pagos pelo recorrido, que arcou com a despesa que os alimentandos deveriam suportar, para assegurar-lhes a própria habitação. Assim, concluiu que, de acordo com as peculiaridades fáticas do caso, não haver a compensação importaria manifesto enriquecimento sem causa dos alimentandos. Isso posto, a Turma não conheceu o recurso." REsp 982.857-RJ, Rel. Min. Massami Uyeda, julgado em 18.9.2008.

uma espécie de pagamento com um objeto que o ordenamento jurídico proíbe de alienar.

Com relação às *dívidas fiscais e parafiscais*, o legislador tentou produzir substancial inovação no art. 374 do Código Civil. Essa matéria passaria a ser regida pelo disposto no Código Civil. A sua finalidade era evitar que a administração fazendária pudesse restringir ou negar o direito da compensação ao contribuinte, quando se tornasse credor do fisco de dívida líquida e exigível.

Todavia, a Medida Provisória nº 104, de 9.1.2003, revogou o art. 374 do Código Civil. Com isso, restaura-se o regime do Código Civil de 1916 (art. 1.017), pelo qual a compensação, em matéria tributária, poderia ser ressalvada pelas Administrações Federal, Estadual e Municipal, com base em legislação especial. O motivo para a revogação seria a impossibilidade de lei ordinária editar normas gerais referentes à compensação de débitos fiscais, pelo fato de o art. 146, III, da Constituição Federal delimitar tal poder de iniciativa apenas às Leis Complementares. Haveria vício de inconstitucionalidade no art. 374 do Código Civil.

A revogação do art. 374 é lamentável. A norma partia do pressuposto de que o modelo da compensação seria um só, seja no regime de direito privado ou de direito público. Mais uma vez, o Código Civil de 2002 rumava na direção do princípio da socialidade, demonstrando não ser crível supor que o interesse do Estado prevalecesse sobre os interesses particulares. Acima de tudo, colocava-se o interesse social primário, impedindo que o ente estatal pudesse, a seu juízo, negar ao contribuinte o direito à compensação, apesar de a pretensão satisfazer os requisitos do Código Civil.[86]

De qualquer jeito, ressalve-se a legislação especial que permite a compensação convencional entre o contribuinte e a Fazenda Pública (Lei nº 9.430/96 e Decreto nº 2.138/97), também chamada compensação administrativa, para aqueles casos em que não seja possível a compensação legal, tratando-se de tributos de natureza diversa ou com débitos vincendos (art. 170 do CTN).[87]

---

86. STJ: Informativo nº 0508. Período: 5 a 14 de novembro de 2012. Segunda Turma. DIREITO TRIBUTÁRIO. DÉBITO FISCAL. COMPENSAÇÃO COM PRECATÓRIO VENCIDO E NÃO PAGO. LEGISLAÇÃO DO ENTE FEDERADO. "A pretensão de compensar débitos fiscais com precatórios está sujeita à autorização do regime legislativo estadual regulador da matéria, conforme sistemática estabelecida pela EC n. 62/2009" (RMS 36.173-PR, Rel. Min. Herman Benjamin, julgado em 18.10.2012).

87. STJ. *Informativo* nº 0432, 26-30.4.2010. 1.T.: "PENHORA. CRÉDITO. PRECATÓRIO. COMPENSAÇÃO. Trata-se de oferecimento à penhora de crédito de precatório adquirido pelo devedor de terceiros. Sucede que, com a EC n. 62/2009, criou-se um mercado de precatório em que é possível ceder seu crédito e a própria Fazenda, quando devedora de precatório, poderá fazer uma espécie de leilão em que os adquirentes pagam os precatórios por valor com deságio. Para o Min. Relator para acórdão, a penhora de crédito transforma-se em pagamento apenas de dois modos: pela sub-rogação ou alienação em hasta pública (art. 673 do CPC). Como, nessa última modalidade, é indispensável a avaliação, afirma não se poder imaginar que alguém se proponha a adquirir, em hasta pública, um crédito de precatório por seu valor nominal em troca de futuro recebimento da mesma quantia em data incerta. Observa, ainda, que, no caso dos autos, o próprio executado que ofereceu o crédito de precatório à penhora não é o credor original, visto que só se tornou credor do precatório por escritura de cessão de crédito e o pagou com deságio. Por outro lado, o ente público exequente, também, não é o que figura como devedor do precatório, o que inviabiliza imaginar a

Destarte, havendo a fungibilidade entre a dívida que o particular tenha com o fisco e aquele crédito que contra ele possua, sendo homogêneos os débitos estritamente fiscais – não qualquer outro crédito, como *v.g.* uma indenização por responsabilidade civil do Estado –, será plenamente possível a efetivação da compensação.

Outrossim, o art. 170-A do CTN, introduzido pela Lei Complementar nº 104/2001, determina expressamente que é "vedada a compensação mediante o aproveitamento de tributo, objeto de contestação judicial pelo sujeito passivo, antes do trânsito em julgado da respectiva decisão judicial". Essa norma corrobora o entendimento jurisprudencial "que inadmite a possibilidade de se conceder, em sede de antecipação de tutela, a compensação tributária" (TRF, 1ª Região, AG 88636-MG, Rel. Des. Federal Ítalo Fioravanti, *DJ* 23.5.2003).

8. CONFUSÃO

> *"É preciso provocar sistematicamente confusão.*
> *Isso promove a criatividade.*
> *Tudo aquilo que é contraditório gera vida."*
>
> **(Salvador Dalí)**

8.1 Noções gerais

De acordo com o art. 381 do Código Civil, "extingue-se a obrigação, desde que na mesma pessoa se confundam as qualidades de credor e devedor". Qualquer relação obrigacional é constituída, sob o ponto de vista estático, com a presença de duas pessoas perfeitamente distintas: no polo ativo o credor, que pode exigir a prestação; no polo passivo o devedor, a quem incumbe o dever especial de prestar. Segundo Antunes Varela, "entre as vicissitudes que a vida sujeita à relação creditória figura a de poderem vir a reunir-se na mesma pessoa, por diversas causas, as qualidade de credor e devedor da mesma obrigação".[88]

A confusão consiste na união, na mesma pessoa, das qualidades opostas de credor e devedor da obrigação, desaparecendo a pluralidade das situações jurídicas, o que inviabiliza a obrigação no tocante à sua exigência, porquanto não há como exigi-la de si própria. A relação obrigacional demanda a presença de pelo menos duas pessoas distintas, uma delas ocupando o lado ativo e a outra, o lado passivo, de sorte que, se ocorrer a identificação em apenas uma delas das qualidades de credor e devedor, tal relação termina.

A consequência da confusão, portanto, será a extinção da obrigação (art. 381 do CC), tendo em vista que a ninguém será razoável exercer a pretensão ao pagamento contra si próprio. Aqui não ocorre o adimplemento, pois o débito desaparece sem

---

hipótese de compensação do crédito fiscal com o título de crédito de precatório." REsp 1.059.881-RS, Rel. originário Min. Luiz Fux, Rel. para acórdão Min. Teori Albino Zavascki, julgado em 27.4.2010.

88. ANTUNES VARELA, João de Matos. *Das obrigações em geral*, v. II, p. 258.

que se manifeste o ato de solver. Assim, se *A* é credor de *B* de R$ 500,00 e *A* falece, deixando *B* na qualidade de seu herdeiro testamentário, instala-se o fenômeno da confusão. Em virtude da transmissão efetuada em um dos polos da relação creditícia, a mesma pessoa conjugará a titularidade ativa e passiva da obrigação.

A confusão é modelo jurídico que, em sede de direito obrigacional, sói ocorrer em sede de sucessão *mortis causa*, como na circunstância do pai, credor do filho único, que venha a falecer, transmitindo-se o crédito ao próprio descendente. Com menor frequência, também é viabilizada a confusão por ato *inter vivos*, seja a título gratuito (doação) ou oneroso (cessão de crédito, sub-rogação) ou, mesmo, pelo casamento em regime de comunhão universal de bens entre credor e devedor.[89]

O Código Civil prevê de forma expressa a teoria da desconsideração da personalidade jurídica no seu art. 50. O CC passou a exigir, para a sua aplicação, o abuso de direito que, por sua vez, é caracterizado pelo desvio de finalidade ou confusão patrimonial. A confusão patrimonial ocorre quando se confundem os negócios pessoais dos sócios, ou da subsidiária, com os da sociedade. A intenção do legislador foi a de proteger o ideal de que a administração do negócio deve ser feita não em benefício pessoal dos sócios, mas sim da sociedade.[90]

89. STJ. REsp 1012393/MG, Rel. Min. NANCY ANDRIGHI, 3ª T., *DJe* 17.3.2010: "Na hipótese julgada, diversa daquela definida no âmbito da Corte Especial, em que se confundem na mesma figura, credor e devedor de honorários advocatícios, o recorrente, assistido por Defensor Público do Estado de Minas Gerais, teve seu pleito acolhido, em 1º e em 2º grau de jurisdição, para ser reconhecido filho do recorrido, o qual foi condenado a lhe pagar alimentos, à razão de 5 (cinco) salários mínimos. Ao alcançar êxito nas pretensões deduzidas perante o Poder Judiciário, mediante acurada atuação da Defensoria Pública, nada mais equânime do que a fixação de honorários advocatícios sucumbenciais, a serem pagos pelo vencido, ao Órgão que representou o vencedor, em Juízo. A fixação de honorários advocatícios em favor da Defensoria Pública, portanto, consideradas as circunstâncias que deram forma ao processo, é perfeitamente viável, porquanto não absorvida a hipótese pela figura da confusão, em que credor e devedor concentram-se na mesma pessoa, ante a atuação do Defensor Público contra o próprio Estado, do qual a Defensoria é parte integrante. – A sucumbência é, em princípio, sempre de responsabilidade da parte vencida na ação. Dessa forma, vitorioso o beneficiário da Justiça Gratuita, representado por Defensor Público, não há como o vencido furtar-se ao pagamento dos honorários advocatícios decorrentes da regra geral de sucumbência, notadamente quando não alcançada a hipótese por qualquer exceção liberatória dos encargos prevista em lei, tampouco se tratando de caso de extinção de obrigação, como ocorre com a estabelecida no art. 381 do CC/02."

90. STJ. Informativo nº 0554 Período: 25 de fevereiro de 2015. Segunda Seção DIREITO CIVIL. LIMITES À APLICABILIDADE DO ART. 50 DO CC. O encerramento das atividades da sociedade ou sua dissolução, ainda que irregulares, não são causas, por si sós, para a desconsideração da personalidade jurídica a que se refere o art. 50 do CC. Para a aplicação da teoria maior da desconsideração da personalidade social - adotada pelo CC -, exige-se o dolo das pessoas naturais que estão por trás da sociedade, desvirtuando-lhe os fins institucionais e servindo-se os sócios ou administradores desta para lesar credores ou terceiros. É a intenção ilícita e fraudulenta, portanto, que autoriza, nos termos da teoria adotada pelo CC, a aplicação do instituto em comento. Especificamente em relação à hipótese a que se refere o art. 50 do CC, tratando-se de regra de exceção, de restrição ao princípio da autonomia patrimonial da pessoa jurídica, deve-se restringir a aplicação desse disposto legal a casos extremos, em que a pessoa jurídica tenha sido instrumento para fins fraudulentos, configurado mediante o desvio da finalidade institucional ou a confusão patrimonial. Dessa forma, a ausência de intuito fraudulento afasta o cabimento da desconsideração da personalidade jurídica, ao menos quando se tem o CC como o microssistema legislativo norteador do instituto, a afastar a simples hipótese de encerramento ou dissolução irregular da sociedade como causa bastante para a aplicação do disregard doctrine. Ressalte-se que não se quer dizer com isso que o encerramento da sociedade jamais

Enfim, a confusão é causa extintiva satisfatória, pois, na lição de Ana Luiza Maia Nevares, "depois da reunião das contrapostas qualidades de credor e devedor, na titularidade de um mesmo sujeito, este perde uma vantagem (o crédito), mas adquire outra correspondente, que é a liberação do débito".[91]

8.2 Requisitos

São requisitos da confusão: (a) a unidade da relação obrigacional, pressupondo a existência de uma mesma obrigação; (b) a identificação na mesma pessoa das qualidades de credora e devedora; e (c) a reunião efetiva de patrimônios, e não apenas de acervos ou expectativas de direitos.

Lembra Pontes de Miranda que pode haver patrimônios distintos da mesma pessoa, sem que exista confusão, pois a titularidade do crédito e do débito deve se situar na mesma relação jurídica para se manifestar a confusão.[92] Assim, se *A* é credor de seu pai *B* de R$ 100,00 e *B* falece deixando o seu filho como herdeiro, não haverá confusão. Simplesmente, *A* continuará a ser credor do espólio, pois a sucessão não diz respeito à relação jurídica de débito anteriormente estabelecida.

Verificados os seus requisitos, a confusão opera automaticamente, dispensando manifestação de vontade, sendo suficiente a aferição da concomitância das posições de credor e devedor. Ademais, a confusão extingue a obrigação principal e, em observância ao adágio *accessorium sequitur principale*, as obrigações acessórias que lhe servem de garantia pessoal (*v.g.*, fiança) e real (*v.g.*, hipoteca). Todavia, a recíproca não é válida, pois a extinção da obrigação acessória – *v.g.*, confusão de fiador e credor pelo fato de aquele ser herdeiro deste – não implica a extinção da obrigação principal.

De qualquer forma, terceiros que tenham direitos sobre o crédito em que se operou a confusão não serão por ela prejudicados. Assim, titulares de direitos reais em coisa alheia, seja de fruição (*v.g.*, usufruto) como de garantia (*v.g.*, penhor), conservam os seus direitos, não obstante a verificação da confusão.

---

será causa de desconsideração de sua personalidade, mas que somente o será quando sua dissolução ou inatividade irregulares tenham o fim de fraudar a lei, com o desvirtuamento da finalidade institucional ou confusão patrimonial. Assim é que o enunciado 146, da III Jornada de Direito Civil, orienta o intérprete a adotar exegese restritiva no exame do artigo 50 do CC, haja vista que o instituto da desconsideração, embora não determine a despersonalização da sociedade - visto que aplicável a certo ou determinado negócio e que impõe apenas a ineficácia da pessoa jurídica frente ao lesado -, constitui restrição ao princípio da autonomia patrimonial. Ademais, evidenciando a interpretação restritiva que se deve dar ao dispositivo em exame, a IV Jornada de Direito Civil firmou o enunciado 282, que expressamente afasta o encerramento irregular da pessoa jurídica como causa para desconsideração de sua personalidade: "O encerramento irregular das atividades da pessoa jurídica, por si só, não basta para caracterizar abuso da personalidade jurídica". Entendimento diverso conduziria, no limite, em termos práticos, ao fim da autonomia patrimonial da pessoa jurídica, ou seja, regresso histórico incompatível com a segurança jurídica e com o vigor da atividade econômica. EREsp 1.306.553-SC, Rel. Min. Maria Isabel Gallotti, julgado em 10/12/2014.

91. NEVARES, Ana Luiza Maia. Extinção das obrigações sem pagamento, p. 430.
92. PONTES DE MIRANDA, Francisco Cavalcanti. *Tratado de direito privado,* t. XXV, p. 31.

Segundo o art. 382 do Código Civil, há duas espécies de confusão, a total e a parcial – também conhecida como imprópria –, conforme a extinção da obrigação alcance toda a dívida ou só parte dela. No exemplo clássico da sucessão hereditária, se *A* e *B* são filhos de *C*, devendo *A* para este certa importância em dinheiro, e, falecendo *C*, consoante a cota hereditária de *A* seja menor que o seu débito, haverá confusão parcial, podendo ser acionado pelo outro herdeiro no valor excedente.

A confusão exorbita o capítulo das obrigações, sendo também disciplinada em outros ramos do direito. No direito das coisas, no tocante às servidões, em que o prédio serviente deve servir ao prédio dominante, devendo, porém, os respectivos prédios pertencer a donos diferentes, sob pena de extinção quando houver a reunião dos dois prédios no domínio da mesma pessoa (art. 1.389, I, do CC); no tocante aos direitos reais de garantia, tal como no penhor, que será resolvido se vierem a concentrar-se na mesma pessoa as qualidades de credor e de dono da coisa (art. 1.436, IV, do CC); ou, ainda, como forma de aquisição da propriedade mobiliária, em relação à reunião de substâncias líquidas, nos termos do art. 1.272 do Código Civil.

A confusão é modelo jurídico distinto à compensação. Na confusão, uma pessoa é credora e devedora de si própria, simultaneamente. Já na compensação, duas pessoas colocam-se como credoras e devedoras recíprocas, extinguindo-se as obrigações até a concorrência dos valores. Enquanto a confusão implica a extinção do débito por agir sobre os sujeitos da relação jurídica, na compensação a extinção da dívida atinge a própria obrigação.

Nesse diapasão, nada tem a ver a confusão com a transação, negócio jurídico pelo qual as partes renunciam a uma parcela dos direitos e colocam um fim a dúvidas ou controvérsias, porém continuam elas na posição de devedora e de credora.

8.3 Efeitos

Insta observar que, havendo solidariedade, a confusão só implicará a extinção da obrigação no tocante à parte do credor ou do devedor em que ela se deu, sem, contudo, acarretar o término da solidariedade ante o saldo remanescente, uma vez que, nos termos do art. 383 do Código Civil, a confusão operada na pessoa do credor ou do devedor solidário só extingue a obrigação até a concorrência da respectiva quota no crédito ou no débito, subsistindo, quanto ao excedente, a solidariedade. Daí, se *A*, *B* e *C* são credores solidários de *D* na quantia de R$ 90,00 e ocorre confusão pelo fato de *A* ser herdeiro de *D*, no momento de seu óbito, a confusão apenas atingirá a fração de R$ 30,00, pois os dois terços restantes submetem-se à exigibilidade dos demais credores, subsistindo a solidariedade pelo saldo.

Outrossim, pelo art. 384 do Código Civil, a confusão poderá cessar, restabelecendo-se a obrigação primitiva, com todos os seus acessórios. Temos aqui uma hipótese de pós-eficacização da relação obrigacional, pela separação das qualidades de credor e devedor, gerando efeitos retroativos, restaurando a relação crédito-débito como se não houvesse ocorrido a confusão.

É possível afirmar, em tais hipóteses, que houve tão somente uma paralisação da obrigação. Gagliano e Pamplona Filho explicam que, "nesse caso, é de clareza meridiana o fato de que a obrigação não teria sido definitivamente extinta. Senão não poderia ressurgir, tal qual Fênix, das cinzas".[93] Seria o caso do credor do falecido que inicialmente é aquinhoado com uma cota na herança, mas posteriormente a ela renuncia, ou é excluído posteriormente por indignidade ou aparecimento de herdeiro desconhecido ou ausente.

Outrossim, ao restabelecer-se a obrigação primitiva, nem sempre os acessórios são restaurados. Uma caução pessoal (fiança) ou real (hipoteca) emitida por terceiro não ressurgirá com a cessação da confusão, a não ser que o terceiro expressamente ajuste em tal sentido. De fato, objetivando a tutela da confiança de terceiros que acreditaram na efetivação definitiva da confusão, serão os seus direitos respeitados, mesmo que desapareça a confusão.

Ressalte-se, por oportuno, que, em relação a certos créditos, a confusão não opera a sua extinção, tal como os títulos ao portador, que não desaparecem por terem regressado ao poder do seu emitente, que poderá ainda transferi-los a terceiros novamente.

9. REMISSÃO

Te perdoo
Por fazeres mil perguntas
Que em vidas que andam juntas
Ninguém faz
Te perdoo
Por pedires perdão
Por me amares demais
Te perdoo
Te perdoo por ligares
Pra todos os lugares
De onde eu vim
Te perdoo
Por ergueres a mão
Por bateres em mim
Te perdoo
Quando anseio pelo instante de sair
E rodar exuberante
E me perder de ti
Te perdoo
Por quereres me ver
Aprendendo a mentir (te mentir, te mentir)
Te perdoo
Por contares minhas horas
Nas minhas demoras por aí

93. GAGLIANO, Pablo Stolze; PAMPLONA FILHO, Rodolfo. *Novo curso de direito civil*, p. 254.

Te perdoo
Te perdoo porque choras
Quando eu choro de rir
Te perdoo
Por te trair

(Mil perdões – Chico Buarque)

9.1 Linhas gerais

A remissão encerra o estudo das causas de extinção das obrigações sem pagamento. Após tratarmos da novação, compensação e confusão, como causas extintivas satisfatórias – pois concedem ao credor algo equivalente em utilidade ao que obteria pela via do adimplemento –, temos a remissão como modo extintivo não satisfatório da obrigação, pois o credor consente em dispensar o devedor do dever de solver. A obrigação é extinta sem a obtenção da prestação e o interesse do credor não é satisfeito, nem ao menos indiretamente.

Consiste a remissão na liberação graciosa do devedor pelo credor, exonerando-se aquele do cumprimento da obrigação de pagar o título, ou seja, é o perdão da dívida por parte do credor. Arnaldo Rizzardo afirma com razão que "toda espécie de dívida sujeita-se à remissão, seja de natureza contratual ou extracontratual, líquida ou indefinida. Não se permite, resta evidente, aquela obrigação indisponível ou de natureza alimentar, sem a qual fica o perdoante desprovido dos meios de subsistência".[94]

A remissão é um negócio jurídico bilateral. De forma esclarecedora, dispõe o art. 385 do Código Civil que "a remissão da dívida, aceita pelo devedor, extingue a obrigação, mas sem prejuízo de terceiro". A validade da remissão requer a concordância do devedor. Portanto, há de se afastar a tese da unilateralidade da remissão, como se fosse apenas um ato de vontade isolada do credor, imposta ao devedor. Antunes Varela afirma a contratualidade da remissão, aduzindo ser a obrigação uma relação complexa, em cujo processamento participam, credor e devedor, de igual modo. Assim, "a extinção do vínculo obrigacional por meio da remissão não envolve apenas uma perda definitiva do poder de exigir conferido ao credor; implica do mesmo passo um enriquecimento do devedor, traduzido na supressão dum elemento negativo, que onerava o seu patrimônio".[95]

Portanto, a remissão difere da renúncia ao crédito. Na remissão, o devedor civilmente capaz pode se opor ao perdão, por entender que tal ato pode "ferir os seus brios", ou por acreditar que a pretensão do credor é prescrita ou judicialmente inexistente. Já a renúncia é ato abdicativo unilateral – que demanda apenas a capacidade do renunciante –, pelo qual o credor abdica de seu direito patrimonial disponível, dispensada a aquiescência do devedor. Aliás, a renúncia possui aplicação

94. RIZZARDO, Arnaldo. *Direito das obrigações*, p. 430.

95. ANTUNES VARELA, João de Matos. *Das obrigações em geral*, v. II, p. 248.

mais ampla, abrangendo mesmo direitos extrapatrimoniais. Pois bem, se o devedor discordar da remissão, nada poderá impedi-lo de realizar o pagamento, podendo, em última instância, exonerar-se da obrigação por intermédio da consignação.

9.2 Características

A remissão pode ser efetivada de forma expressa ou tácita. Será expressa quando o perdão se traduzir em documento, público ou particular, subscrito pelo credor em caráter *inter vivos* ou *causa mortis*, com a intenção manifesta de perdoar o débito, levado ao aceite do devedor. Não há forma especial para a remissão da dívida, mas, se estiver contida em testamento, deverá seguir seus requisitos legais, formalizando-se como tal, sob pena de nulidade.96

Segundo Caio Mário da Silva Pereira, a remissão "será tácita ou implícita, quando decorre de uma atitude do credor, incompatível com a conservação de sua qualidade creditória. Não se presume fora dos casos admitidos ou mencionados em lei. Nem a tolerância ou inatividade do credor permite induzi-la".[97] Como exemplo que bem ilustra a remissão tácita, temos o art. 386 do Código Civil. O dispositivo se refere à situação em que o credor restitui voluntariamente ao devedor o título da obrigação, quando a obrigação for contraída por instrumento particular. Quando a obrigação tiver sido criada por instrumento público, só se admitirá a remissão expressa.

Evidentemente, trata-se de ato incompatível com a condição de credor a devolução ao devedor de obrigação representada por escrito particular. Referido ato não apenas exonera o devedor como todos os seus coobrigados (*v.g.*, fiadores e avalistas).

Repita-se que não basta a posse do título pelo devedor. Exige-se a efetiva e espontânea entrega do título pelo próprio credor ou por quem o represente, sendo defesa a entrega por terceiros. Essa exigência decorre do fato de que a remissão tácita é induzida de um comportamento pessoal do credor que deve traduzir, de forma

---

96 STJ. Informativo n. 0581. Período: 14 a 28 de abril de 2016. Terceira Turma. POSSIBILIDADE DE O DEPENDENTE ASSUMIR A TITULARIDADE DE PLANO DE SAÚDE APÓS O PERÍODO DE REMISSÃO. Após o transcurso do período previsto em cláusula de remissão por morte de titular de plano de saúde, o dependente já inscrito pode assumir, nos mesmos moldes e custos avençados, a titularidade do plano. De início, impende asseverar que a cláusula de remissão, pactuada em alguns planos de saúde, consiste em uma garantia de continuidade da prestação dos serviços de saúde suplementar aos dependentes inscritos após a morte do titular, por lapso que varia de 1 a 5 anos, sem a cobrança de mensalidades. Objetiva, portanto, a proteção do núcleo familiar do titular falecido, que dele dependia economicamente, ao ser assegurada, por certo período, a assistência médica e hospitalar, a evitar o desamparo abrupto. Essa orientação foi fundada especialmente nos princípios constitucionais da igualdade, da dignidade da pessoa humana, da liberdade, da proteção da segurança jurídica e da proteção à entidade familiar, conjugados com o previsto no art. 3º, § 1º, da Resolução Normativa n. 195/2009 da ANS, com o fim de evitar o desamparo dos dependentes inscritos do titular falecido quanto à assistência médica e hospitalar. Assim, deve ser assegurado a dependente o direito de assumir a posição de titular de plano de saúde - saindo da condição de dependente inscrito - desde que arque com as obrigações decorrentes e sejam mantidas as mesmas condições contratuais, em virtude da ausência de extinção da avença, não sendo empecilho, para tanto, o gozo do período de remissão. REsp 1.457.254-SP, Rel. Min. Ricardo Villas Bôas Cueva, DJe 18/4/2016.

97. PEREIRA, Caio Mário da Silva. *Instituições de direito civil,* v. II, p. 276.

inequívoca, sua intenção de perdoar a dívida, num gesto voluntário de liberalidade gratuita.

Não se olvide a possibilidade da remissão parcial. Aqui, o credor perdoa parte da dívida, subsistindo incólume a outra parte da relação obrigacional.

A teor do art. 387 do Código Civil, é ainda viável a remissão restrita à garantia que cobre o crédito, remanescendo a obrigação intacta, porém, quirografária. Com efeito, nas dívidas garantidas por penhor, a restituição pelo credor ao devedor do objeto empenhado prova tão somente o perdão quanto à garantia real, não implicando extinção da dívida. É evidente que o acessório segue a sorte do principal, mas a recíproca não se impõe, eis que a remissão da obrigação acessória (garantia pignoratícia), por si só, não extinguirá a obrigação principal (débito). Nessa hipótese, tão somente ocorrerá a conversão do débito, de pignoratício a quirografário, posto despido da garantia originária. Aliás, se houvesse intenção de extinguir o próprio débito principal pela remissão, o devedor restituiria o próprio instrumento constitutivo. Não se olvide que, se o penhor for constituído pela tradição do bem, a devolução da coisa empenhada extinguirá a garantia, na dicção do art. 1.436, § 2º, do Código Civil.

9.3 Efeitos

Outro mérito do art. 385 do Código Civil é externar a preocupação com o patrimônio de terceiros e a tutela de sua confiança. Vale dizer, se credor e devedor concordarem com a remissão, mas tal ato coloque o credor que remitiu em posição de insolvência, poderá o ato ser passível de anulação em ação pauliana proposta pelos credores daquele (art. 158 do CC). Nesse sentido, havendo solidariedade ativa, qualquer credor poderá remitir o devedor comum, mas nem por isto o credor que perdoou ficará desonerado de restituir aos cocredores o valor de suas cotas (art. 272, CC). Exemplificando, se *A*, *B* e *C* são credores de *D* da quantia de R$ 90,00 e *A* e *D* entabulam remissão, *D* é exonerado do débito, mas *B* e *C* poderão, cada qual, exigir R$ 30,00 do credor *A*. Caso *A* tenha-se tornado insolvente, em virtude do ato de liberalidade, caberá a *C* ou *D* o ajuizamento de ação pauliana ou revocatória, em face da presumida fraude contra credores, buscando a desconstituição da eficácia do ato (art. 106 do CC).

De acordo com o art. 388 do Código Civil, a remissão concedida a um dos codevedores solidários apenas perdoa a parte que lhe correspondia, mantendo-se, contudo, o débito contra os demais, com dedução da parte remitida. A norma elucida a distinção entre a regra geral da remissão *in rem* – que incide sobre a obrigação como um todo –, da remissão *in personam*, que recai apenas em face de certa pessoa, subsistindo o débito. Adverte Orlando Gomes que "no direito moderno, a remissão *in personam* exibe tão somente nas obrigações solidárias. Concedida a um dos coobrigados, extingue a dívida na respectiva parte, de modo que, no caso de o credor remitente reservar a solidariedade contra os outros, não lhes poderá cobrar o débito sem dedução da parte perdoada".[98]

Portanto, sendo *A* credor de *B*, *C* e *D* da quantia de R$ 90,00, o perdão concedido em prol de *B* não impede posterior cobrança em face de *C* e *D*, porém cada qual sobejará obrigado à quantia de R$ 60,00. De qualquer forma, o perdão concedido ao devedor principal aproveita ao seu fiador.

De forma análoga, convém trazer a exame o art. 262 do Código Civil, preceituando que, havendo pluralidade de credores em obrigação indivisível, se um dos credores remite a dívida, a obrigação não ficará extinta para com os outros, prosseguindo o devedor obrigado por inteiro; no entanto, os demais credores deverão indenizar ao devedor a parte que foi perdoada.

Há de enfatizar-se que a remissão também se aplica ao perdão legal da obrigação tributária. Cuida-se de causa extintiva do crédito tributário, operando o desaparecimento do tributo já nascido (art. 156, IV, do CTN). A remissão só poderá ser concedida por ato administrativo vinculado, oriundo de lei autorizadora emanada do poder tributante, com base na indisponibilidade do interesse público, pois a Fazenda Pública não é titular do tributo arrecadado e, portanto, dele não poderá prescindir livremente. Difere a remissão da isenção tributária, pois esta impede o próprio nascimento da obrigação tributária.

Já a anistia é a remissão de uma sanção tributária, isto é, de multa decorrente de ato ilícito tributário.[99]Como ponto de partida, ensina Aliomar Baleeiro, que: "A

98. GOMES, Orlando. *Obrigações*, op. cit., p. 150.

99. STJ: Informativo nº 0542 Período: 27 de junho de 2014. Segunda Turma. DIREITO TRIBUTÁRIO. EXCLUSÃO DO PROGRAMA DE RECUPERAÇÃO FISCAL (REFIS) DECORRENTE DA INEFICÁCIA DO PARCELAMENTO. "A pessoa jurídica pode ser excluída do REFIS quando se demonstre a ineficácia do parcelamento, em razão de o valor das parcelas ser irrisório para a quitação do débito. Com efeito, o REFIS é um programa que impõe ao contribuinte o pagamento das dívidas fiscais por meio de parcelamento, isto é, o débito tributário é amortizado pelo adimplemento mensal. A par disso, a impossibilidade de quitar o débito é equiparada à inadimplência para efeitos de exclusão de parcelamento com fundamento no art. 5º, II, da Lei 9.964/2000. Nessa hipótese, em razão da "tese da parcela ínfima", é justificável a exclusão de contribuinte do REFIS, uma vez que o programa de parcelamento foi criado para regularizar as pendências fiscais, prevendo penalidades pelo descumprimento das obrigações assumidas, bem como a suspensão do crédito tributário enquanto o contribuinte fizer parte do programa. Assim, não se pode admitir a existência de débito tributário perene, ou até, absurdamente, que o valor da dívida fiscal aumente tendo em vista o transcurso de tempo e a irrisoriedade das parcelas pagas. Nesse passo, o STJ já decidiu ser possível a exclusão do contribuinte do REFIS quando a parcela se mostrar ínfima, nos mesmos moldes do Programa de Parcelamento Especial – PAES, criado pela Lei 10.684/2003. De fato, a finalidade de todo parcelamento, salvo disposição legal expressa em sentido contrário, é a quitação do débito, e não o seu crescente aumento. Nesse passo, ao se admitir a existência de uma parcela que não é capaz de quitar sequer os encargos do débito, não se está diante de parcelamento ou de moratória, mas de uma remissão, pois o valor do débito jamais será quitado. Entretanto, a remissão deve vir expressa em lei, e não travestida de parcelamento, consoante exigência do art. 150, § 6º, da CF. Ademais, a fragmentação do débito fiscal em parcelas ínfimas estimularia a evasão fiscal, pois a pessoa jurídica devedora estaria suscetível a ter a sua receita e as suas atividades esvaziadas por seus controladores, os quais *pari passu* estariam encorajados a constituir nova pessoa jurídica, que assumiria a receita e as atividades desenvolvidas por aqueloutra incluída no REFIS. Esse procedimento de manter a pessoa jurídica antiga endividada para com o Fisco, pagando eternamente parcelas irrisórias, e nova pessoa jurídica desenvolvendo as mesmas atividades outrora desenvolvidas pela antiga, constitui

anistia não se confunde com a remissão. Esta pode dispensar o tributo, ao passo que a anistia fiscal é limitada à exclusão das infrações cometidas anteriormente à vigência da lei que a decreta."[100]

A Lei nº 11.941/2009 definiu que o somatório para efeito da concessão da remissão será a consolidação de todos os débitos de um mesmo sujeito passivo, com vencimento superior a cinco anos em 31.12.2007 cujo somatório seja inferior a R$ 10 mil.

---

simulação vedada expressamente pelo CTN. Por fim, em relação aos crimes previstos nos arts. 1º e 2º da Lei 8.137/1990 e 95 da Lei 8.212/1991, durante o período em que a pessoa jurídica relacionada com o agente dos aludidos crimes estiver incluída no REFIS, a pretensão punitiva se encontrará suspensa, demostrando a toda evidência a opção legislativa pelo recebimento do crédito tributário em vez de efetuar a punição criminal. Por tudo isso, não há como sustentar um programa de parcelamento que permita o aumento da dívida ao invés de sua amortização, em verdadeiro descompasso com o ordenamento jurídico, que não tolera a conduta criminosa, a evasão fiscal e a perenidade da dívida tributária para com o Fisco" (REsp 1.447.131-RS, Rel. Min. Mauro Campbell Marques, julgado em 20.5.2014).

100. A distinção entre os dois institutos, no âmbito tributário (sistematicidade orgânica da matéria), é importante porque produzem efeitos diferentes - a remissão é modalidade de extinção do crédito (CTN. art. 156), a anistia exclui o crédito (CTN. art. 175). (Direito Tributário Brasileiro. 7a ed.. Rio de Janeiro. 1975, p. 533).

CAPÍTULO VIII

Do Inadimplemento das Obrigações I

Sumário • 1. O inadimplemento e as obrigações complexas – 2. O inadimplemento como gênero – 3. O inadimplemento e a dignidade da pessoa humana – 4. O inadimplemento e o ato ilícito – 5. Espécies de inadimplemento: 5.1 Inadimplemento absoluto; 5.2 Mora; 5.3 Violação positiva do contrato.

"Um filho pode aceitar com resignação a perda de seu pai,
– mas a perda de seu patrimônio pode reduzi-lo ao desespero."

(Maquiavel)

"Quando chegar o momento, esse meu sofrimento
vou cobrar com juros, juro."

(Chico Buarque)

1. O INADIMPLEMENTO E AS OBRIGAÇÕES COMPLEXAS

A definição tradicional de uma obrigação envolvia a caracterização de uma relação jurídica entre sujeitos determinados – ou determináveis –, cujo objeto consistiria em uma prestação de dar, fazer ou não fazer. As obrigações, portanto, seriam resultado da exclusiva atuação da vontade humana, e sua aptidão para criar, modificar ou extinguir direitos, por intermédio de negócios jurídicos. Em suma, as obrigações eram simples, tendo como único objeto a prestação principal, cujo resultado caberia à atuação do devedor.

Esse conceito oitocentista é inegavelmente restritivo, pois, se era verdade que as partes vinculavam-se pela vontade, não era menos verdade que a única vontade relevante era a do credor. Era ele que impunha as suas determinações à outra parte, estipulando a forma e as condições pelas quais a prestação seria adimplida. O dogma da autonomia da vontade resultava em liberdade e igualdade meramente formais, pois a parte economicamente mais forte muitas vezes subjugava a vontade da contraparte, reduzindo-a ao estado de servidão econômica e conduzindo-a ao inadimplemento.

Na atualidade, o percurso do jurista muda de rota. O adimplemento se converte no modo fisiológico e ideal de extinção das obrigações. Por todos os cantos, repete-se: "a obrigação nasce para ser cumprida". Certamente, a solução ideal para o término da relação obrigacional reside no espontâneo cumprimento das obrigações de dar, fazer e não fazer, respeitando-se os requisitos objetivos e subjetivos do cumprimento do débito. Quando a prestação corresponde exatamente ao avençado, a relação exaure-se e cumpre a sua função, desonerando o devedor e satisfazendo o interesse do credor.

O grande objetivo do ordenamento jurídico é a função promocional ao adimplemento contratual. Para tanto, em atitude sem correspondência no diploma anterior, o Título III do Livro do Direito das Obrigações é nomeado como "Do adimplemento e extinção das obrigações". Sem dúvida, a obrigação é um processo que desenvolve uma dinâmica dirigida ao seu cumprimento. A concepção presente da obrigação não enfrenta apenas o seu momento constitutivo e estático da formação do vínculo, mas vai muito além.

A noção de adimplemento se alargou. Não se resume mais ao cumprimento dos deveres da prestação, formulados no âmbito da autonomia privada das partes. Vimos, em várias ocasiões, que as obrigações não são mais simples, porém complexas. Para além das obrigações delineadas por seus partícipes, o negócio jurídico é modelado, em toda a sua trajetória, pelos chamados deveres anexos ou laterais, oriundos do princípio da boa-fé objetiva. Enquanto as obrigações principais são dadas pelas partes, os deveres anexos são impostos pelas necessidades éticas reconhecidas pelo ordenamento jurídico, independentemente de sua inserção em qualquer cláusula contratual.

Com supedâneo no princípio da boa-fé objetiva, surge a necessidade mútua de proteção, informação e colaboração, antes, durante e depois da contratação, a fim de que o adimplemento, como objetivo da relação obrigacional, possa ser alcançado, preservando-se o ideal de cooperação entre os parceiros, ambos sujeitos de direitos fundamentais. O adimplemento representa então a efetividade da autonomia privada à luz do princípio constitucional da solidariedade (art. 3º, I, da CF), de forma a garantir que a relação obrigacional preserve a igualdade material de seus partícipes e, consequentemente, a sua liberdade (art. 421 do CC).

Jorge Cesa Ferreira da Silva afirma precisamente que o adimplemento se dará "quando se realizar o conjunto de interesses envolvidos na relação",[1] compreendendo não apenas aqueles vinculados à prestação principal, como também àqueles emanados dos deveres anexos, que demandam do vínculo de confiança estabelecido entre as partes. O adimplemento se traduz na própria finalidade e razão de existência da obrigação. Na célebre advertência de Clóvis do Couto e Silva, "O adimplemento atrai e polariza a obrigação. É o seu fim".[2]

Além da exaltação da confiança entre as partes e, perante a sociedade, que considera o seu nível de segurança jurídica ampliado, o adimplemento reiterado das obrigações também desempenha uma função econômica fundamental: propicia maior acesso ao capital e, com isso, alavanca o desenvolvimento econômico. Com efeito, em um ambiente de confiança e segurança no tráfego jurídico, os grandes credores (instituições financeiras em geral) reduzem os custos da captação de empréstimos, o que não ocorre em sociedades de elevado grau de inadimplência.

Todavia, em uma sociedade perfeita não haveria necessidade do papel regulador do direito. O sistema jurídico seria inócuo em um ambiente de completo cumprimento das relações obrigacionais. De fato, as normas do Código Civil que tratam do adimplemento das obrigações só existem para que delas possa se inferir, *a contrario sensu*, quais são as hipóteses extraordinárias de inadimplemento.

Ora, com o nítido alargamento do conceito de adimplemento, tanto em nível doutrinário como na própria arquitetura do Código Civil, evidentemente restou também ampliado o conceito do inadimplemento. Sérgio Savi bem explica que, "com base na noção simples e estática de relação obrigacional, o ordenamento jurídico brasileiro anterior à entrada em vigor do Novo Código Civil desenvolveu um modelo dicotômico do inadimplemento".[3]

Com efeito, em uma apreciação da obrigação limitada ao seu momento genético, o inadimplemento da obrigação seria reduzido a apenas duas situações: (a) o inadimplemento absoluto – decorrente da impossibilidade definitiva do cumprimento da prestação; (b) a mora – espécie de inadimplemento em que a obrigação ainda poderia ser cumprida, mesmo que de forma extemporânea.

1. SILVA, Jorge Cesa Ferreira da. *A boa-fé e a violação positiva do contrato*, p. 69.
2. COUTO E SILVA, Clóvis do. *A obrigação como processo*, p. 5.
3. SAVI, Sérgio. *Inadimplemento das obrigações*, p. 459.

Isto é, poderia incidir quebra de um dever contratual capaz de gerar uma imperfeição no cumprimento da obrigação ou até mesmo o desfazimento do vínculo contratual. Porém, à luz do princípio da boa-fé objetiva e da perspectiva funcional da obrigação como processo, a crise da obrigação será percebida de maneira mais ampla, alcançando qualquer situação anômala na qual não será possível alcançar a finalidade habitualmente desejada pelo ordenamento jurídico para uma determinada relação jurídica.

Daí a importância do estudo do inadimplemento das obrigações, como um gênero que engloba, como principais espécies, a *mora*, o *inadimplemento absoluto* e a *violação positiva do contrato*. Aqui inserimos um *tertium genus*, tal como seguiu a Alemanha na reforma do BGB de 2001/2, ao introduzir os deveres provenientes da prestação (§ 241), que não mais se limitam aos deveres principais e acessórios. Com efeito, na violação positiva do contrato (ou cumprimento imperfeito) o descumprimento da obrigação não se prende a uma aferição estrutural do cumprimento da prestação em si, mas a uma abordagem da ofensa aos deveres laterais instrumentalizados pela boa-fé objetiva que se concretiza ao longo da dinâmica da relação obrigacional.

Note-se que o cumprimento e o descumprimento da obrigação não esgotam a sistematização da temática. Lembra Antunes Varela que, "ao lado de um e outro, como possíveis vicissitudes da relação obrigacional, figuram ainda as chamadas causas de extinção das obrigações além do cumprimento. Nestes casos, embora se não realize a prestação debitória mediante o funcionamento regular do vínculo obrigacional, a obrigação extingue-se, ou porque se satisfez indiretamente o direito do credor à prestação (dação, compensação, novação), ou porque se cumpriu validamente o dever de prestar (consignação e, em certo sentido, a compensação) ou porque se perdeu o direito de crédito (remissão e confusão)".[4]

2. O INADIMPLEMENTO COMO GÊNERO

Segundo Renan Lotufo, "a inexecução da obrigação, ou inadimplemento da obrigação, é a falta da prestação devida".[5] Trata-se da fase patológica das obrigações e a intervenção do ordenamento será no sentido de evitar que se estabeleça a crise na relação obrigacional ou, se inevitável, que seus efeitos não reduzam uma das partes à condição de subserviência, privando-se um ser humano de sua liberdade e especial dignidade em razão de um liame patrimonial.

Portanto, surge o inadimplemento quando *A* promete a *B* a entrega de uma bicicleta em 15 dias, porém descumpre a obrigação de dar. Também quando *A* promete realizar um serviço de reparo em instalação hidráulica na residência de *B*, mas nunca comparece, descumprindo a prestação de fazer. Da mesma forma, se *A* e *B* ajustam que o primeiro manterá sigilo quanto a um determinado segredo industrial, haverá

4. ANTUNES VARELA, João de Matos. *Das obrigações em geral*, v. II, p. 61-62.
5. LOTUFO, Renan. *Código Civil comentado*, v. 2, p. 427.

inadimplemento da obrigação de não fazer quando *A* viola a cláusula de confidencialidade. Não se olvide, por fim, a possibilidade do inadimplemento involuntário, em casos que a pessoa obrigada não conseguirá satisfazer a prestação, em razão de um fato invencível e alheio a sua vontade.

O Código Civil de 1916 não abordava o inadimplemento em si, mas apenas as consequências da inexecução das obrigações (Capítulo XIII, art. 1.056). Com acentuado acréscimo qualitativo em relação ao seu predecessor, o legislador de 2002 cuidou de redesenhar a temática, examinando primeiramente as duas espécies de inadimplemento (Capítulos I e II), para posteriormente ingressar em suas consequências judiciais – perdas e danos (Capítulo III) –, consequências legais – juros legais (Capítulo IV) –, consequências convencionais – cláusula penal e arras (Capítulos V e VI).

Seguindo classificação delineada por Mário Júlio de Almeida Costa, temos que o regime do inadimplemento poderá ser classificado de acordo com os critérios de sua *causa* e de seus *efeitos*. Explica o consagrado autor lusitano que primeiramente há de se verificar a causa do descumprimento, para aferirmos "se a prestação deixou de ser realizada em consequência de facto do devedor, ou se, pelo contrário, isso derivou de facto do credor ou de terceiro, de circunstância fortuita ou de força maior, ou, inclusive, da lei. Assim, o incumprimento dir-se-á imputável ou não imputável ao devedor. Só no primeiro caso existe uma autêntica e característica falta de cumprimento".[6] A classificação quanto à causa do descumprimento é de vital importância no estudo das consequências do inadimplemento.

Outra perspectiva utilizada concerne ao efeito do inadimplemento para a relação obrigacional. Ou seja, o resultado do inadimplemento varia se o descumprimento for definitivo, houver mero atraso no cumprimento ou o cumprimento for defeituoso. A distinção entre o inadimplemento absoluto e a mora será percebida em cada situação particularizada. Frequentemente, será com base na viabilidade de cumprimento da prestação, mesmo que intempestiva, que situaremos a mora. Em contrapartida, o inadimplemento absoluto poderá aferir-se naquelas situações em que a boa fé objetiva indica que a prestação perdeu a sua utilidade econômica para o credor, sendo impraticável a manutenção da relação jurídica, pois não há mais espaço para o adimplemento. Por fim, acrescenta-se às duas formas tradicionais do inadimplemento, a modalidade do cumprimento defeituoso, que se associa à ideia da violação positiva do contrato. Aqui incide uma violação à relação obrigacional, que não satisfaz o perfil da mora nem tampouco do inadimplemento absoluto.

O inadimplemento será traduzido em pretensões diversas ao credor, seja em sede de resolução contratual ou, alternativamente, pela via da preservação do negócio jurídico, pela tutela específica da obrigação descumprida (art. 475, CC). Todavia, tratando-se o devedor de pessoa jurídica, o inadimplemento não se associará automaticamente ao requerimento de falência, como um substitutivo da ação de cobrança. A

6. ALMEIDA COSTA, Mário Júlio de. *Direito das obrigações*, p. 966.

impontualidade do devedor não é requisito suficiente para o pleito de quebra, sendo que, com a edição da Lei n. 11.101/2005 (art. 94, I), a caracterização da impontualidade demanda que a dívida seja de valor superior a quarenta salários mínimos.[7]

3. O INADIMPLEMENTO E A DIGNIDADE DA PESSOA HUMANA

Chora!
Não vou ligar
Não vou ligar
Chegou a hora
Vais me pagar
Pode chorar
Pode chorar
É, o teu castigo
Brigou comigo
Sem ter porquê
Eu vou festejar
Vou festejar
O teu sofrer
O teu penar
Você pagou com traição
A quem sempre
Lhe deu a mão

(Vou festejar – Beth Carvalho)

Em qualquer das situações de inadimplemento, o patrimônio do devedor servirá como garantia dos credores. O Código Civil assim enuncia no art. 391: "Pelo inadimplemento das obrigações respondem todos os bens do devedor". É algo semelhante ao que preconiza o art. 789 do CPC/15. Não sendo satisfeito voluntariamente o direito subjetivo ao crédito, surge a responsabilidade do devedor, calcada na pretensão de o credor ingressar em seu patrimônio, podendo exigir o débito resistido. Assim, nas obrigações de dar, fazer e não fazer, múltiplas serão as formas de satisfação do credor. Poderá insistir na tutela específica das obrigações ou então pleitear um ressarcimento que seja equivalente à prestação originária. Não se olvide que a garantia dos credores não apenas alcança o conjunto de bens e direitos do devedor, como também poderá vincular terceiros que se responsabilizem por débitos alheios, como as pessoas elencadas no art. 790 do CPC/15.

Há muito, Chiovenda já anunciava que "o processo deve dar à parte vitoriosa tudo aquilo e exatamente aquilo que buscava no plano real". Trata-se do postulado da máxima coincidência possível entre a tutela jurisdicional prestada no processo

7. "Independentemente de indícios ou provas de insuficiência patrimonial, é possível a decretação da quebra do devedor que não paga, sem relevante razão de direito, no vencimento, obrigação líquida materializada em título ou títulos executivos protestados cuja soma ultrapasse o equivalente a 40 (quarenta) salários-mínimos na data do pedido de falência". (STJ, Informativo 596, REsp 1.532.154-SC, Rel. Min. Paulo de Tarso Sanseverino, DJe 3/2/2017).

e o direito material. Os meios executivos devem proporcionar a satisfação integral do devedor.

Em obra dedicada aos direitos fundamentais e à proteção ao credor, Marcelo Lima Guerra didaticamente explica que "o direito fundamental à tutela executiva autoriza o juiz a adotar as medidas que se revelarem mais adequadas a proporcionar pronta e integral tutela executiva, ainda, e, sobretudo, que não previstas em lei: a) qualquer que seja a modalidade da obrigação a ser tutelada *in executivis,* de dar dinheiro ou coisa diversa, fazer ou não fazer; b) qualquer que seja o título executivo, judicial ou extrajudicial que fundamenta a execução; c) qualquer que seja o modelo estrutural adotado pelo legislador para o módulo processual executivo, seja disciplinando-o como processo de execução autônomo, seja disciplinando-o como mera fase executiva de um 'processo sincrético'. Além disso, por força do mesmo direito fundamental o juiz deve também, repita-se, interpretar as normas existentes de modo a delas extrair um sentido que mais assegure a eficácia dos meios executivos disciplinados. Tudo isso, insista-se, feito com observância do quadro completo dos direitos fundamentais, respeitando os limites impostos a cada um pelos demais e realizando, sempre que necessário, a concordância prática entre os direitos em colisão".[8]

Nesse diapasão se coloca a Súmula n. 603 do STJ: "É vedado ao banco mutuante reter, em qualquer extensão, os salários, vencimentos e/ou proventos de correntista para adimplir o mútuo (comum) contraído, ainda que haja cláusula contratual autorizativa, excluído o empréstimo garantido por margem salarial consignável, com desconto em folha de pagamento, que possui regramento legal específico e admite a retenção de percentual". Com efeito, se nem mesmo ao Judiciário é lícito penhorar salários, torna-se um imperativo impedir a abusiva prática do sistema financeiro de descontar verbas de natureza salarial depositadas na conta bancária para quitar mútuo comum contraria o art. 7º, X, da Constituição Federal e o art. 833, IV, do CPC, pois estes dispositivos visam à proteção do salário do trabalhador, seja ele servidor público ou não, contra qualquer atitude de penhora, retenção, ou qualquer outra conduta de restrição praticada pelos credores, salvo no caso de prestações alimentícias. Quando a referida súmula se serve da expressão "Em qualquer extensão", deixou claro que mesmo em se tratando de percentual reduzido (10%, 20%, 30%), a prática será ainda considerada abusiva, restando a instituição financeira a satisfação de seu crédito pelas vias judiciais próprias (ação de cobrança, monitória ou de execução).[9]

8. GUERRA, Marcelo Lima. *Direitos fundamentais e a proteção do credor na execução civil*, p. 105.

9. A referida súmula não se relaciona com o fato jurídico da consignação em folha de pagamento ("empréstimo consignado"). No empréstimo consignado, o mutuário autoriza o desconto dos valores da sua folha de pagamento. Antes mesmo de a pessoa receber sua remuneração/proventos, já há o desconto da quantia, o que é efetuado pelo próprio órgão ou entidade pagadora. Em outras palavras, há um desconto direto no salário, remuneração ou aposentadoria, com a participação do empregador/órgão público. No empréstimo consignado em folha de pagamento, se é depositada na conta do devedor uma quantia referente a outra fonte de renda ou a doação de amigo, tal quantia não entrará no desconto. O empréstimo consignado é autorizado pelo art. 45 da Lei no 8.112/90 e pela Lei no 10.820/2003 admitindo a retenção de determinado percentual. Trata- se, portanto, de prática lícita, eis que o tomador do empréstimo se beneficia de

Em paralelo, o Estado não poderá adotar sanções políticas, que se caracterizam pela utilização de meios de coerção indireta que impeçam ou dificultem o exercício da atividade econômica para constranger o contribuinte ao pagamento de tributos em atraso, estando o ente público vinculado ao procedimento de execução fiscal para a cobrança de seus créditos, no qual é assegurado ao devedor o devido processo legal.[10]

Destarte, na linha da ponderação, o magistrado sempre terá o poder de não aplicar determinada medida executiva quando esta perca a sua razoabilidade em razão a excessiva restrição a direitos fundamentais prevalecentes. Vale dizer, o inadimplemento será sancionado por regras proporcionais, impedindo-se que o descumprimento de uma obrigação puramente patrimonial acarrete reflexos existenciais no devedor ou em sua família. Daí a proibição do condomínio – independentemente de previsão em regimento interno – prever como consequência da inadimplência, o uso de áreas comuns, ainda que destinadas apenas a lazer, ao condômino e familiares.[11]

Em 2018 o STJ deliberou que é desproporcional que o Judiciário suspenda passaporte de um devedor em execução de título extrajudicial como forma de coagi-lo ao pagamento da dívida, sem obedecer ao contraditório e quando há outros meios disponíveis. A prática de apreender documentos para forçar devedores a pagar seus débitos é comum desde o novo Código de Processo Civil, que permite ao juiz "determinar todas as medidas indutivas, coercitivas, mandamentais ou sub-rogatórias necessárias para assegurar o cumprimento de ordem judicial". Apesar do dispositivo,

condições vantajosas, como juros reduzidos e prazos mais longos, motivo pelo qual a autorização para o desconto na folha de pagamento não constitui cláusula abusiva..

10. STJ, informativo nº 626 – 1. T- 15 de junho de 2018: "No caso analisado, contribuinte impetrou mandado de segurança com o objetivo de cancelar inscrição de seu nome comercial em cadastro de inadimplentes perante a Fazenda Estadual, que o enquadrou na situação de "contribuinte inapto". Com base na legislação estadual de regência, essa classificação não representa mero "diferencial terminológico" a orientar o trabalho da fiscalização, uma vez que, notadamente no tocante às operações interestaduais, cujo o recolhimento do ICMS se realiza por meio de denominada "antecipação tributária", traz consigo regra própria de responsabilização tributária para o transportador, procedimento diferenciado para recolhimento do imposto e até mesmo majoração direta da carga tributária, com o estabelecimento de maior percentual de margem de valor agregado em comparação com o contribuinte apto. Ponderados esses elementos, fica evidenciado que a inscrição de empresa no rol de contribuintes considerados inaptos pelo Fisco Estadual configura um meio de coerção indireta para cobrança dos débitos inscritos na dívida ativa, pois implica tratamento tributário diferenciado que dificulta o exercício da atividade econômica, inclusive com o indevido aumento da carga tributária, sendo, assim, clara a sanção política, não admitida pela Constituição Federal" (RMS 53.989-SE, Rel. Min. Gurgel de Faria, por unanimidade, julgado em 17/04/2018, DJe 23/05/2018).

11. "Inexiste margem discricionária para outras sanções que não as pecuniárias, nos limites da lei, para o caso de inadimplência das cotas condominiais. Aliás, é de se indagar qual seria o efeito prático da medida imposta (restrição de acesso às áreas comuns), senão o de expor o condômino inadimplente e seus familiares a uma situação vexatória perante o meio social em que residem. Além das penalidades pecuniárias, é de se destacar, também, que a lei adjetiva civil, atenta à essencialidade do cumprimento do dever de contribuir com as despesas condominiais, estabelece a favor do condomínio efetivas condições de obter a satisfação de seu crédito, inclusive por meio de procedimento que privilegia a celeridade. Ademais, além de refugir dos gravosos instrumentos postos à disposição do condomínio para a específica hipótese de inadimplemento das despesas condominiais, a vedação de acesso e de utilização de qualquer área comum pelo condômino e seus familiares, com o único e ilegítimo propósito de expor ostensivamente a condição de inadimplência perante o meio social em que residem, desborda dos ditames do princípio da dignidade humana"(STJ, Informativo 588, REsp 1.564.030-MG, Rel. Min. Marco Aurélio Bellizze, DJe 19/8/2016).

o colegiado concluiu que que isso não significa "franquia à determinação de medidas capazes de alcançar a liberdade pessoal do devedor, de forma desarrazoada". Por outro lado, os ministros reconheceram a viabilidade da apreensão da Carteira Nacional de Habilitação, pois "ninguém pode se considerar privado de ir a qualquer lugar por não ser habilitado à condução de veículo".[12] Contrariamente, a nosso viso, a resposta normativa adequada, hermeneuticamente e constitucionalmente, é pela impossibilidade de suspensão de título permissivo do cidadão (CNH) para obtenção de renda, trabalho e lazer, pois contém dentro de si, tal título, um mínimo existencial na representação da maximização dos direitos fundamentais previstos no artigo 6º, CF/88. Aliás, o assunto em torno dessa e de outras medidas restritivas com base no artigo 139, IV, CPC/15, está, atualmente, na pauta do STF, ADI 5.941, cuja matéria foi considerada, em decisão publicada no DJe de 21/5/2018, pelo ministro relator Luiz Fux, como "de grande relevância, apresentando especial significado para a ordem social e a segurança jurídica".[13]

Essa discussão nos convida a um dos debates mais atuais do direito civil-constitucional. A par da tutela material e processual ao recebimento espontâneo do crédito e de sua persecução pela via instrumental da execução diante do inadimplemento, há de se enfatizar que o ordenamento jurídico não mais admite que as situações jurídicas existenciais possam ser submetidas às situações jurídicas patrimoniais, mediante o sacrifício dos direitos da personalidade em função de apuração de créditos. A titularidade de bens e créditos não pode ser tida como um fim em si mesmo. Para tanto, além da descrição tradicional dos bens impenhoráveis ou inalienáveis (art. 832 do

---

12. De acordo com o relator do processo, ministro Luís Felipe Salomão, a medida é "instrumento importante para viabilizar" a execução judicial. "No entanto, observo que, por mais legítima que seja, a prática não pode atropelar o devido processo constitucional, menos ainda desconsiderados direitos e liberdades previstos na Constituição", disse. O ministro avaliou que faltou proporcionalidade e razoabilidade entre o direito submetido (liberdade de locomoção) e aquele que se pretendia favorecer (pagamento de dívida civil). Salomão, porém, disse que a corte já vem reconhecendo a apreensão de carteiras de motorista. "A jurisprudência do STJ já se posicionou no sentido de que referida medida não ocasiona ofensa ao direito de ir e vir. Para Salomão, neste ponto, o recurso não deve nem ser conhecido, uma vez que o habeas corpus existe para proteger o direito de locomoção. O voto foi acompanhado por unanimidade (4. T, STJ, RHC 97.876, 5.6.2018).

13. Explica Ricardo Nunes Pereira que "o artigo 139, IV, CPC/15, embora com abertura hermenêutica, jamais poderia violar a integridade-coerência posta no arcabouço normativo acima desenhado. Clarividente, a semântica "determinar todas" não permite, por uma hermenêutica jurídico-constitucional adequada, a determinação de todas as medidas possíveis. Seria uma abertura a um agir discricionário, ao nível do voluntarismo ou solipsismo tão advertido por Lenio Streck em Verdade e Consenso. Ao contrário, o objetivo, também por óbvio, é um agir normativo não discricionário. Seria como se pudesse ter uma carta branca, pelo artigo 139, IV, CPC/15, para argumentos do tipo fraco, não tendentes a uma correção ou justificação normativa adequada, a exemplo: se não pode pagar dívida, não pode comprar roupa (que se lhes cacem algumas roupas); se não pode pagar dívida, não pode almoçar três vezes ao dia (que se lhes cacem uma ceia), devendo ainda selecionar os lugares mais baratos. Ou seja, determinar "todas as medidas" contém em si o parâmetro hermenêutico "determinar todas as medidas... normativamente adequadas". Pareceria, quase que um tipo de coerção indireta, mas sem qualquer substrato normativo adequado, seja por inadequação processual (artigo 833 do CPC/2015, c/c artigo 5º, LIV, CF/88), seja por inadequação valorativa constitucional (artigo 6º, CF/88)". *O caso da suspensão da CNH por dívida e o mínimo existencial,* extraído em 25.7.2018 de https://www.conjur.com.br/2018-jul-06/ricardo-pereira-suspensao-cnh-divida-minimo-existencial.

CPC/15) e dos bens de família voluntários (art. 1.711 do CC) e da impenhorabilidade do imóvel residencial (Lei nº 8.009/90).

Há uma forte tendência em acautelar-se o devedor com a necessidade de preservação de um patrimônio mínimo – composto por bens vitais – e necessário à manutenção das necessidades essenciais do ser humano. A partir da aplicação extensiva do art. 548 do Código Civil, é possível assegurar uma reserva suficiente de bens ao devedor, imune a qualquer ataque, sob pena de violação do princípio constitucional da dignidade da pessoa humana (art. 1º, III, do CC). Aos olhos de Luiz Edson Fachin, *"não há pecúnia nem patrimônio que mensurem a dignidade, esta sempre é* incomensurável".[14]

4. O INADIMPLEMENTO E O ATO ILÍCITO

Produto da pandectística alemã, o conceito de relação jurídica consiste em uma das mais importantes categorias da técnica jurídica. Enquanto o ser humano é valor pré-normativo, a relação jurídica é o liame entre essas pessoas, mais precisamente, na dicção de André Fontes, "o vínculo entre duas pessoas em relação a um objeto. Ou mais ainda: o nexo jurídico entre pessoas".[15]

A relação jurídica é um conceito fundamental, eis que, em sua formulação bilateral, insere todas as situações jurídicas, tais quais: direitos, deveres, poderes, ônus e demais situações ativas e passivas.

Segundo a clássica concepção dicotômica, teríamos dois grandes grupos de relações jurídicas: as absolutas e as relativas. A natureza do ato ilícito oscilará de acordo com o direito ofendido. Marcos Bernardes de Mello leciona que "quando entre o que pratica o ilícito (= agente) ou está a ele, ilícito, vinculado, e o ofendido (= vítima) não existe relação jurídica ou, se existe, é de direito absoluto (= relação jurídica a sujeito passivo total), como acontece com os direitos reais e os direitos da personalidade, por exemplo, o ilícito é absoluto. Se, diferentemente, entre o agente do ato ilícito e o ofendido há relação jurídica de direito relativo (em que o sujeito passivo é determinado), resultante, assim, de negócio jurídico *stricto sensu*, tem-se um ilícito relativo".[16]

Via de consequência, se *A* desfere um tiro certeiro contra *B*, temos um ato ilícito absoluto por violação da personalidade. Da mesma forma, quando *A* pratica um esbulho no terreno de *B*, o ilícito absoluto ofende uma relação jurídica absoluta de direito real. Em comum aos dois exemplos, nascerá a pretensão à indenização por danos decorrentes da ofensa à incolumidade física e patrimonial das vítimas pelo fato da inobservância de um dever geral e negativo de abstenção à prática de atos de violação à esfera alheia, imposto a toda a sociedade.

---

14. FACHIN, Luiz Edson. *Estatuto jurídico do patrimônio mínimo*, p. 311.
15. FONTES, André. *A pretensão como situação jurídica subjetiva*, p. 89.
16. MELLO, Marcos Bernardes de. *Teoria do fato jurídico*: plano da existência, p. 234.

Todavia, se *A* deveria pagar R$ 100,00 a *B* e descumpre a obrigação em caráter definitivo, ou retarda o cumprimento da prestação, surge o ilícito relativo, eis que a conduta violou um negócio jurídico decorrente do princípio da autonomia privada. O ato ilícito relativo é captado pelo direito das obrigações como *inadimplemento*.

Mas o que sempre será aferido é a relação que foi violada. Ensina Felipe Peixoto Braga Netto que "pode existir relação relativa entre *A* e *B* e ser praticado ilícito absoluto. Destarte, se *A* é locatário de *B*, e este atenta contra a honra daquele, o ilícito foi absoluto, violador do direito da personalidade, conquanto houvesse relação jurídica de locação entre ambos, que não foi no caso atingida".[17]

Para fins de uma visão sistêmica do Código Civil, nosso exame parte da análise dos arts. 389 e seguintes, referentes ao inadimplemento de relações obrigacionais individualizadas. A abordagem em foco não se confunde com o exame do ato ilícito extracontratual (arts. 186/187 do CC), quando gerador de responsabilidade civil (art. 927 do CC), apesar de ambos servirem como fatores de indenização por descumprimento de deveres.

5. ESPÉCIES DE INADIMPLEMENTO

Sob a designação genérica de inadimplemento, três importantes situações serão examinadas. De um lado, o descumprimento definitivo da obrigação (inadimplemento absoluto); a outro, o simples retardamento (mora) e, finalmente, a violação positiva do contrato, que apesar de não sistematizada no Código Civil de 2002, emerge da função integrativa do princípio da boa-fé objetiva.[18]

17. BRAGA NETTO, Felipe Peixoto. *Teoria dos ilícitos civis*, p. 109.

18. STJ, Informativo 632, 18.9.2018 "É decenal o prazo prescricional aplicável às hipóteses de pretensão fundamentadas em inadimplemento contratual. Inicialmente, registre-se que, nas hipóteses de inadimplemento contratual, ao credor é permitido exigir do devedor o exato cumprimento daquilo que foi avençado. Se houver mora, além da execução específica da prestação, o credor pode pleitear eventuais perdas e danos decorrentes da inobservância do tempo ou modo contratados (arts. 389, 394 e 395 do CC/2002). Na hipótese de inadimplemento definitivo (art. 475 do CC/2002), o credor poderá escolher entre a execução pelo equivalente ou, observados os pressupostos necessários, a resolução da relação jurídica contratual. Em ambas alternativas, poderá requerer, ainda, o pagamento de perdas e danos eventualmente causadas pelo devedor. Assim, há três pretensões potenciais por parte do credor, quando se verifica o inadimplemento contratual, todas interligadas pelos mesmos contornos fáticos e pelos mesmos fundamentos jurídicos, sem qualquer distinção evidente no texto normativo. Tal situação exige do intérprete a aplicação das mesmas regras para as três pretensões. Considerando a logicidade e a integridade da legislação civil, por questão de coerência, é necessário que o credor esteja sujeito ao mesmo prazo para exercer as três pretensões que a lei põe à sua disposição como possíveis reações ao inadimplemento. Nesse sentido, o art. 205 do CC/2002 mantém a integridade lógica e sistemática da legislação civil. Assim, quando houver mora, o credor poderá exigir tanto a execução específica como o pagamento por perdas e danos, pelo prazo de dez anos. Da mesma forma, diante do inadimplemento definitivo, o credor poderá exigir a execução pelo equivalente ou a resolução contratual e, em ambos os casos, o pagamento de indenização que lhe for devida, igualmente pelo prazo de dez anos. Por observância à lógica e à coerência, portanto, o mesmo prazo prescricional de dez anos deve ser aplicado a todas as pretensões do credor nas hipóteses de inadimplemento contratual, incluindo o da reparação de perdas e danos por ele causados". (EREsp 1.280.825-RJ, Rel. Min. Nancy Andrighi, por maioria, DJe 02/08/2018).

5.1 Inadimplemento absoluto

Apesar de a mora e o inadimplemento absoluto serem espécies do gênero do *inadimplemento*, cada qual apresenta características distintas. Em comum, o fato de que ambos referem-se ao descumprimento da prestação principal: dar, fazer ou não fazer. Enquanto o inadimplemento absoluto, porém, resulta da completa impossibilidade de cumprimento da obrigação, a mora é a sanção pelo descumprimento de uma obrigação que ainda é possível, pois, apesar de ainda não realizada, há viabilidade de adimplemento posterior.

Dispõe a primeira parte do art. 389 do Código Civil que, "não cumprida a obrigação, responde o devedor por perdas e danos [...]". O inadimplemento absoluto é uma forma de incumprimento das obrigações, verificada, nas sábias palavras de Agostinho Alvim, "quando a obrigação não foi cumprida e nem poderá ser".[19]

Todavia, existem incumprimentos que podem ser imputados à pessoa do devedor e outros fatores de descumprimento da prestação que não lhe são imputáveis.

Só podemos utilizar o termo inadimplemento para aquelas situações em que, culposamente, o devedor ofende a relação obrigacional e falta com a prestação ajustada. O devedor culpado pelo inadimplemento terá o dever de indenizar os prejuízos causados. Os arts. 389 a 393 do Código Civil seguem o delineamento proposto por Orlando Gomes, examinam "o fundamento da responsabilidade do devedor inadimplente, da sua compreensão, de suas atenuações e de sua extensão".[20]

Caso o descumprimento decorra de um fator externo, por circunstâncias alheias à vontade do devedor, como a impossibilidade originária ou subsequente da obrigação, a relação será extinta, sendo que outros mecanismos do ordenamento jurídico serão utilizados para justificar a não efetivação da prestação.

Não é por outra razão que o citado art. 389 conecta o inadimplemento às perdas e danos. O inadimplemento deriva de culpa *lato sensu*, abrangendo o descumprimento voluntário, bem como aquela violação contratual que não seja intencional, mas resulte de sua responsabilidade por falta de diligência. Arnaldo Rizzardo reflete: "pense-se que jamais se pode alijar a teoria da indenização por incumprimento contratual do pressuposto do art. 186".[21] Assim, se o devedor não justificar o descumprimento pela exteriorização do caso fortuito ou da modificação da base objetiva do negócio jurídico, deverá arcar com as consequências do inadimplemento. Nesse sentido, convém ressaltar o Enunciado 548 do Conselho de Justiça Federal: "Caracterizada a violação de dever contratual, incumbe ao devedor o ônus de demonstrar que o fato causador do dano não lhe pode ser imputado."[22]

---

19. ALVIM, Agostinho. *Da inexecução das obrigações e suas consequências*, p. 25.
20. GOMES, Orlando. *Obrigações*, p. 178.
21. RIZZARDO, Arnaldo. *Direito das obrigações*, p. 436.
22. Segue a Justificativa do enunciado: "O Direito, sistema composto por regras, princípios e valores coerentes entre si, impõe que, tanto nas hipóteses de mora e de inadimplemento da obrigação quanto nos casos

É certo que a intensidade da culpa em nada afetará a valoração das perdas e danos. Em nosso sistema jurídico, há muito já se assentou que o valor da indenização será estimado pela extensão do dano e não pelo grau da culpa do devedor inadimplente (art. 402, CC). Trata-se de regra também aplicável à responsabilidade extracontratual (art. 944, CC). Em suma, o fato de o devedor ter dolosamente se negado a prestar não ampliará o *quantum* de sua responsabilidade contratual comparativamente a uma falta de intensidade mais leve, pois o que importa é a extensão do prejuízo causado ao credor pela falta da prestação.

A discussão quanto à intensidade da culpa será relevante diante da distinção entre o descumprimento nos contratos benéficos e nos onerosos, na exata dicção do art. 392 do Código Civil. Nos contratos onerosos, a reciprocidade das prestações faz com que ambos os contratantes assumam igual responsabilidade por culpa. Porém, nos contratos em que apenas uma das partes angarie benefícios, a gratuidade do negócio jurídico exige que aquele que tenha suportado o peso do contrato seja aliviado da carga de responsabilidade contratual. Nos casos de comodato, doação e outros modelos jurídicos, este juízo de razoabilidade impõe que o contratante a quem o contrato não favoreça apenas responda em caso de dolo. Já o contratante a quem o contrato beneficie responderá por simples culpa. Nesse sentido, a norma do art. 582, do Código Civil, impondo ao comodatário o dever de conservar, "como se sua própria fora, a coisa emprestada".

Confirmando o sentido da regra, a súmula 145 do Superior Tribunal de Justiça proclama: "no transporte desinteressado, de simples cortesia, o transportador só será civilmente responsável por danos causados ao transportado, quando incorrer em dolo ou culpa grave". Assim, conclui o art. 736 do Código Civil que "não se subordina às normas do contrato de transporte o feito gratuitamente, por amizade ou cortesia". Exemplificando, o "caroneiro" só será indenizado por lesão sofrida ao curso do transporte gratuito se restar provada a culpa grave ou o dolo daquele que lhe transportou de forma desinteressada, por simples cortesia.

Tanto o inadimplemento absoluto como a mora podem ser de caráter total ou parcial. O inadimplemento absoluto total ocorre quando a obrigação é completamente descumprida, em toda a sua extensão. Já o inadimplemento absoluto parcial tem lugar quando a prestação é entregue apenas em uma de suas partes, falhando quanto ao restante. No exemplo de Gustavo Tepedino, "será parcial o inadimplemento absoluto da agência de turismo que promove uma excursão envolvendo visitas a diversas cidades, mas não leva o viajante a uma delas porque deixou de confirmar, com a antecedência necessária, a hospedagem no hotel pré-agendado e não foi capaz de alojar os seus contratantes em outro estabelecimento; a viagem fora, portanto, realizada, mas acabou descumprida, de modo definitivo, uma das obrigações previstas

de cumprimento imperfeito desta, seja atribuído ao devedor – e, na última situação, ao solvens –, o ônus de demonstrar que a violação do dever contratual não lhe pode ser imputada."

no contrato".[23] Enfim, como o credor não pode ser compelido a receber por partes, se assim não se ajustou (art. 314, CC), poderá responsabilizar o devedor pelo irremediável descumprimento da parcela descumprida do contrato.

5.1.1 Inadimplemento por fato relativo ao objeto da prestação

Há duas espécies de causas geradoras do inadimplemento absoluto: fatos relativos ao objeto da prestação e fatos concernentes ao interesse do credor na realização da prestação.

No que concerne à impossibilidade do objeto da prestação, o inadimplemento absoluto poderá ser total ou parcial, conforme ocorra o perecimento ou apenas a deterioração da coisa. Caso ocorra a perda total da prestação (*v.g.*, impossibilidade de entrega do carro em razão de destruição por acidente provocada por negligência do devedor), o credor pleiteará indenização substitutiva pelo perecimento do objeto.

Já na hipótese de deterioração do objeto (*v.g.*, carro acidentado, com danos no sistema hidráulico), duas opções se abrem ao credor diante do inadimplemento absoluto parcial: poderá pleitear indenização, já que não é obrigado a receber do devedor bem diverso daquele que lhe é devido (art. 313 do CC); como também poderá deliberar por receber a coisa avariada, em qualquer das duas opções, acrescida de indenização complementar (art. 236 do CC).

Não se afaste o inadimplemento absoluto parcial, quando a obrigação não é cumprida em uma ou mais parcelas, subsistindo o restante. Exemplificando: quando a prestação recai sobre a entrega de seis automóveis e três deles perecem por negligência do devedor, subsistirá a obrigação no remanescente.

Ainda no tocante à impossibilidade do objeto da prestação, só se cogite do inadimplemento quando o fato culposo for superveniente à constituição da relação obrigacional. Em outras palavras, sendo a impossibilidade objetiva de natureza originária – fática ou jurídica – já existente ao tempo da contratação, saímos do campo do inadimplemento e ingressaremos no setor da invalidade do negócio jurídico, a teor do art. 166, inciso II, do Código Civil.

Portanto, a impossibilidade superveniente radica naquelas situações em que a obrigação atende ao plano genético da validade, mas perde a sua eficácia na constância da relação jurídica. De qualquer maneira, para pensarmos em inadimplemento e em suas consequências patrimoniais, temos de forçosamente associar a culpa do devedor à ideia da impossibilidade superveniente. Assim, haverá extinção do negócio jurídico sem inadimplemento e por impossibilidade jurídica, se o construtor deixa de entregar o empreendimento imobiliário, pelo fato de o plano diretor impedir edificações comerciais em determinada região após a venda das unidades, ou se o comerciante

23. TEPEDINO, Gustavo. *Código Civil interpretado*, v. 1, p. 692.

não mais satisfazer o seu cliente, pelo fato de a importação de determinado produto ser proibida em momento posterior à venda.

Nas obrigações de dar coisa incerta, antes da fase própria da escolha e individuação do débito – pelo credor ou devedor –, não se pode cogitar de incumprimento por perda da coisa, pois o gênero nunca perece (art. 246 do CC).

5.1.2 Inadimplemento por fato relativo ao interesse do credor

A outro giro, o inadimplemento absoluto pode ainda derivar da ausência de interesse do credor em receber a prestação, pois a mora fez com que ela se tornasse inútil. A prestação torna-se inviável ao credor. Em princípio, o atraso no cumprimento da prestação propicia apenas uma situação de mora – passível de purga pelo devedor. Porém, em diversas oportunidades não mais será interessante ao credor receber uma prestação tardia, por dela não mais extrair efeitos relevantes. É o que se concebe como caráter transformista da mora em inadimplemento absoluto.

O atraso do devedor pode equiparar-se ao descumprimento definitivo, naqueles casos em que é objetivamente perceptível a perda da viabilidade da prestação no período posterior ao ajustado (art. 395, parágrafo único, do CC). Em síntese, não basta uma diminuição do interesse do credor pela prestação, em face da infração ao combinado; fundamental é a completa perda da necessidade e utilidade da coisa em face do descumprimento. Temos o bom e tradicional exemplo do casamento, no qual o costureiro entrega o vestido da noiva no dia seguinte à data marcada para o evento. É evidente que a noiva não tem a menor intenção de receber a roupa naquela data.

A viabilidade da prestação sempre será aferida pelo ângulo do interesse econômico do credor em receber, não do devedor em prestar. O inadimplemento absoluto é captado pela lente do credor, independentemente do grande desejo do devedor cumprir, mesmo que tardiamente. Imaginemos a seguinte situação. *A* adquire um veículo de *B* com a finalidade de negociá-lo em seguida com *C*. *B* viola o contrato e se recusa a entregar o veículo ao comprador *A* na data marcada. O que poderia significar uma mera situação de mora do devedor, converte-se em inadimplemento absoluto, caso o terceiro *C* celebre negócio com *D*, em razão do atraso verificado. Consequentemente, o credor *A* perdeu definitivamente o interesse pelo automóvel, constituindo-se o inadimplemento absoluto. *A* buscará a resolução do contrato com pleito ressarcitório contra *B*. A mora gerou a inutilidade da prestação, e as perdas e danos – de caráter substitutivo – traduzirão a conversão da coisa devida em seu equivalente pecuniário.

Ademais, havendo omissão do devedor em atender à prestação tempestivamente, recusando-se pura e simplesmente a cumprir voluntariamente o débito, somente caberá a resolução da avença se não for do interesse financeiro do credor exigir a tutela específica da prestação, na forma do art. 497 e 498 do CPC/15. Exemplificando, se a entrega de determinado cavalo estava marcada para 15 de fevereiro e o devedor avisa ao credor que jamais entregará o animal, é equivocado pensar em inadimplemento absoluto. O credor simplesmente demandará o devedor, fixando-se prazo para entrega da coisa, com estipulação de medidas coercitivas (*astreintes*) ou sub-rogatórias hábeis à satisfação da prestação.

A opção preferencial do Código Civil é, na medida do possível, conservar o negócio jurídico, prestigiando o interesse do credor no adimplemento da prestação (art. 475 do CC). Lembre-se que o cumprimento da obrigação é a regra; o inadimplemento é a exceção. Portanto, mesmo que o devedor não mais possa cumprir a obrigação, será lícito ao credor exigi-la, sempre que possível.

É certo supor que o interesse econômico do credor determina a conversão da mora em inadimplemento absoluto, mas não se pode cogitar de arbítrio do credor. Só há inadimplemento absoluto se o atraso gerou o desaparecimento da necessidade do credor na obtenção da prestação. Em suma, toda vez que o devedor deseje pagar e objetivamente a prestação ainda se revela viável ao credor, deverá este aceitá-la. O adimplemento é um direito subjetivo do devedor e o magistrado deverá garanti-lo quando possível. Ensina Mário Júlio de Almeida Costa que a perda do interesse do credor é apreciada objetivamente "em função da utilidade concreta que a prestação teria para o credor, não se determina de acordo com o seu juízo arbitrário, mas considerando elementos susceptíveis de valoração pelo comum das pessoas. Além disso, exige-se uma efetiva perda do interesse do credor e não uma simples diminuição".[24]

Na mora, o prazo avençado pelas partes é um *termo acidental*. Isto é, caso ultrapassada a data de pagamento, ainda será possível cumprir a obrigação, pois a mora poderá ser purgada. Já no inadimplemento absoluto, há um *termo essencial*, pois a data convencionada é fatal e não admite prorrogação, sob pena de perda em seu interesse e seguida conversão em indenização.

A teor do art. 390 do Código Civil, nas obrigações negativas, consistindo a prestação em um não fazer, todas as hipóteses de descumprimento serão casos de inadimplemento absoluto, não havendo espaço para mora. A solução será a mesma, seja a obrigação negativa instantânea ou permanente. Nas obrigações *instantâneas* (*v.g.*, violação de dever de não revelar segredo), não há como recompor a situação pretérita; portanto, qualquer descumprimento culposo será definitivo e o credor pleiteará apenas perdas e danos. Nas obrigações negativas *permanentes* (*v.g.*, não edificar além de determinada altura), poderá o credor determinar que o ato seja desfeito pelo devedor, sob pena de ser desfeito à sua custa ou, mesmo, com adoção da autoexecutoriedade pelo credor, conforme o art. 251 e parágrafo único do Código Civil. Em tais casos, o interesse do credor em recompor a situação anterior não possui o caráter de execução forçada, mas de reparação *in natura*.

---

24. COSTA, Mário Júlio de Almeida. *Direito das obrigações*, p. 984.

Lembre-se que, em regra, não se pode falar de inadimplemento absoluto nas obrigações pecuniárias, em qualquer das duas hipóteses comentadas. A uma, não há perda ou perecimento das obrigações de dar dinheiro, este fenômeno se concentra apenas nas obrigações de dar coisa certa, ou incerta (após a escolha). Em outras palavras, é possível a deterioração de um apartamento ou de um veículo, mas o dinheiro é insuscetível de afetação material. A duas, se a obrigação é pecuniária, não há interesse do credor de manifestar a inutilidade da prestação em razão do atraso, pois eventual indenização se realizará em moeda, sem qualquer alteração no perfil originário do débito.

Só haverá inadimplemento absoluto em dívidas pecuniárias quando o seu descumprimento envolva a entrega ou devolução de bens específicos que se encontram na posse ou propriedade do devedor. Daí a viabilidade do inadimplemento absoluto de prestações pecuniárias em contratos de locação, propriedade fiduciária e mútuo – quando acoplado a uma garantia real de hipoteca ou penhor. Em todos os casos, o inadimplemento absoluto ensejará a possibilidade de o credor obter a entrega ou devolução do objeto.

5.1.3 O caso fortuito e a força maior

De acordo com o art. 393 do Código Civil, "o devedor não responde pelos prejuízos resultantes de caso fortuito ou força maior, se expressamente não se houver por eles responsabilizado".

Nossos doutrinadores reputam caso fortuito e força maior como sinônimos. Segundo Caio Mário, "preferível será mesmo, ainda com a ressalva de que pode haver um critério distintivo abstrato, admitir que na prática os dois termos correspondem a um só conceito".[25] O fortuito significa todo evento externo à conduta do agente, de natureza inevitável, cuja superação é impraticável por parte do devedor. Cuida-se de qualquer acontecimento natural ou fato de terceiro que, necessariamente, impeça o cumprimento da obrigação.

Esse resultado pode ser alcançado pela leitura do parágrafo único do art. 393: "O caso fortuito ou de força maior verifica-se no fato necessário, cujos efeitos não era possível evitar ou impedir". O Código Civil se contenta com a demonstração do fato ser estranho à vontade do devedor, mesmo que de natureza previsível. Uma série de situações são previsíveis em tese, mas "não nos parece cabível tal exigência, porque, mesmo previsível o evento, se surgiu com força indomável e inarredável, e obstou ao cumprimento da obrigação, o devedor não responde pelo prejuízo".[26]

Nesta linha, aduz Sergio Cavalieri Filho que "o que é indiscutível é que tanto um como outro estão fora dos limites da culpa. Fala-se em caso fortuito ou de força

25. PEREIRA, Caio Mário da Silva. *Instituições de direito civil*: teoria geral das obrigações, p. 346.
26. PEREIRA, Caio Mário da Silva. Idem, p. 347.

maior quando se trata de acontecimento que escapa a toda a diligência, inteiramente estranho à vontade do devedor da obrigação".[27]

Sendo a inexecução involuntária, posto decorrente do acaso, será caracterizada a impossibilidade da prestação. Não haverá inadimplemento, resolvendo-se a obrigação, sem se cogitar de perdas e danos, a teor do art. 234 do Código Civil. O conceito jurídico da impossibilidade é aquele em que, na linha da razoabilidade e da boa-fé, o cumprimento da prestação seja fisicamente possível, mas exija do devedor sacrifício intolerável e extraordinário.[28]

Se de alguma forma a negligência do devedor auxiliou a posterior verificação do fortuito, não será isentado de responsabilidade.[29] O célebre Agostinho Alvim exemplifica com a seguinte situação: "Se o devedor guardou em casa, por largo tempo antes do vencimento, importante soma destinada ao pagamento da prestação devida e no intervalo a soma foi roubada, em condições tais, de modo a tornar impossível qualquer resistência, não poderá alegar o fortuito, na medida em que o evento se deu por sua culpa. Isto porque, se não era possível defesa contra os ladrões, podia ter evitado o acontecimento recolhendo o dinheiro a um banco."[30]

Constatada a ocorrência do fato inevitável e necessário, o efeito será a exclusão de qualquer obrigação de indenizar por parte do devedor. Todavia, em certos casos o fortuito não será óbice à responsabilização do devedor.

Vejamos detidamente:

a) existência de convenção – cláusula contratual poderá prever que o devedor deverá cumprir a prestação ainda que o resultado tenha sido produzido pelo fortuito;

b) ocorrência do fortuito na constância da mora – se o devedor estava em mora ao tempo em que ocorreu o fortuito que impossibilitou a prestação, agrava-se a sua responsabilidade. Responderá pela indenização como sanção imposta pelo art. 399 do Código Civil;

---

27. CAVALIERI FILHO, Sergio. *Programa de responsabilidade civil*, p. 85.

28. Como exemplo de impossibilidade, segundo a sua conceituação jurídica, Orlando Gomes se refere à "obrigação de transportar mercadorias através de rio que gelou; logicamente, a prestação pode ser satisfeita, por isso que o devedor teria o recurso de usar um quebra-gelos, mas, juridicamente, tornou-se impossível, porque o obrigaria a gastos vultosos, exigindo esforço excedente dos limites razoáveis", cf. *Obrigações*, p. 172.

29. STJ. *Informativo* nº 0460, 13-17.12.2010. Quarta Turma: "FURTO. MERCADORIA. FATO. TERCEIRO. Na hipótese, a transportadora ré não se beneficia da jurisprudência do STJ segundo a qual eventos atribuídos a terceiros atraem a isenção da responsabilidade devido à força maior, visto que, diante das provas coligidas, vê-se claramente que o motorista da transportadora agiu sem a devida diligência ao estacionar o veículo de carga em posto de gasolina, ausente qualquer vigilância, com a qual certamente teria evitado o furto (e não o roubo) dos bens confiados à sua guarda, dever elementar que é atribuído à transportadora por força do art. 104 do Código Comercial. Precedente citado: REsp 435.865-RJ, DJ 12/5/2003." REsp 899.429-SC, Rel. Min. Aldir Passarinho Junior, julgado em 14.12.2010.

30. ALVIM, Agostinho. *Da Inexecução das obrigações*, p. 207.

c) em sede de responsabilidade civil, existem casos em que o fato danoso não resultou da culpa do agente, mas de uma situação que se liga diretamente aos riscos da atividade profissional exercitada pelo causador do dano. Cuida-se da figura do fortuito interno, cujo risco vem de "dentro para fora" e culmina por se tratar de um evento evitável por parte de quem assumiu a atividade. Exemplificando, seria o caso em que se responsabiliza a empresa transportadora pelo acidente que vitimou passageiros em razão de falha no freio ou brusco problema de saúde do motorista.

Nesse sentido, Agostinho Alvim entendeu que a expressão *força maior* só poderá ser aplicada ao fortuito externo para fins de exoneração de responsabilidade do agente. Assim, aduz o art. 734 do Código Civil que "o transportador responde pelos danos causados às pessoas transportadas e suas bagagens, salvo motivo de força maior". Isto é, o fortuito externo excluiria a responsabilidade do transportador, como na situação em que o acidente seja produzido por uma súbita chuva de granizo que tenha acarretado a completa impossibilidade do condutor visualizar a estrada.

Nesse sentido, na V Jornada de Direito civil promovida pelo Conselho de Justiça Federal, foi aprovado o Enunciado 442, com o seguinte teor: "O caso fortuito e a força maior somente serão considerados como excludentes da responsabilidade civil quando o fato gerador do dano não for conexo à atividade desenvolvida".

5.1.4 A resolução da obrigação pelo inadimplemento

A irreversibilidade do descumprimento da obrigação no inadimplemento absoluto faculta ao credor o direito potestativo de resolver judicialmente o negócio jurídico. Em princípio, sabemos que a resolução é um fenômeno que se vincula à Teoria Geral dos Contratos (arts. 474-480 do CC). Todavia, os contratos não passam de uma soma de obrigações definidas em categorias específicas de negócios jurídicos. Assim, é absolutamente corriqueiro que, da extinção da relação obrigacional, decorra a resolução, como o direito potestativo da parte lesada, de submeter o outro contratante à desconstituição da relação jurídica.

Vale dizer, os contratos nada mais são do que tipos definidos pelo sistema jurídico para a ordenação jurídica das operações econômicas mais frequentes em determinada sociedade. São eles compostos basicamente de obrigações de dar, fazer ou não fazer, sejam as obrigações recíprocas (contratos bilaterais) ou imputadas apenas a uma das partes (contratos unilaterais). Fundamental nesse instante é compreender o alcance do termo *resolução*.

Resolução é a desconstituição da relação obrigacional, em virtude de fatos posteriores à contratação. Ou seja: o desfazimento do vínculo é motivado pela inexecução da avença ou de uma das cláusulas contratuais por uma das partes. Normalmente, é derivada do inadimplemento. A relação jurídica atende inicialmente aos planos de existência, validade e eficácia, porém vem a ser sepultada por ineficácia superveniente, fundada no fato do descumprimento da prestação, de modo lesivo a uma das partes. Isto é, a obrigação nasce de forma adequada, sem vícios passíveis de invalidação do negócio jurídico. Em virtude de fatos posteriores, porém, ela adoece e morre.

As obrigações nascem com a eventual previsão de resolução, ante a inexecução por uma das partes. Verificado o inadimplemento, a parte lesada buscará a resolução judicial, com espeque no art. 475 do Código Civil.[31]

Por fim, não se olvide de que o sistema processual contemporâneo é todo direcionado ao princípio da efetividade. Na espécie, importa afirmar que o esforço do legislador é conceder ao jurisdicionado tudo aquilo que ela desejava obter voluntariamente da outra parte, mas não obteve êxito. Para tanto, a parte lesada pelo inadimplemento não deverá, obrigatoriamente, contentar-se com a resolução da relação obrigacional. Trata-se de um direito potestativo que coloca o devedor em situação passiva de sujeição, mas que será uma opção exclusiva do credor. Com efeito, ao invés de liberar-se da relação – exigindo uma prestação substitutiva de perdas e danos –, poderá o credor entender que a prestação ainda lhe é viável e economicamente interessante. Assim, pleiteará as tutelas específicas do direito à coisa ou do adimplemento do fazer e não fazer (art. 497 e 498 do CPC/15), por meio de técnicas processuais que as viabilizem (art. 538, CPC/15). Permite-se que a parte lesada obtenha *in natura* a prestação almejada, concretizando o princípio da efetividade da jurisdição.

Por isso, correto o art. 475 do Código Civil, ao conceder ao credor a possibilidade de exigir o cumprimento da obrigação. Poderá mesmo promover requerimento de tutela específica com pedido subsidiário de resolução, para o caso de impossibilidade material ou jurídica do pedido principal (art. 326 do CPC/15), mas a recíproca não é válida, pois o pedido principal de resolução demonstra a perda da utilidade da prestação. Portanto, parece-nos que a resolução é a válvula de escape do credor, apenas nas situações de inviabilidade da prestação como decorrência da mora ou

31. STJ: Informativo nº 0518 Período: 15 de maio de 2013. Terceira Turma DIREITO CIVIL. DESNECESSIDADE DE PEDIDO EXPRESSO DO PROMITENTE COMPRADOR, EM AÇÃO DE RESOLUÇÃO DE CONTRATO DE PROMESSA DE COMPRA E VENDA, PARA RESTITUIÇÃO DO PREÇO PAGO. "O juiz, ao decretar a resolução de contrato de promessa de compra e venda de imóvel, deve determinar ao promitente vendedor a restituição das parcelas do preço pagas pelo promitente comprador, ainda que não tenha havido pedido expresso nesse sentido. A resolução, própria dos contratos bilaterais, consiste basicamente na extinção do contrato pelo inadimplemento definitivo do devedor, constituindo direito formativo extintivo, pois ocasiona, com o seu exercício, a desconstituição da relação obrigacional e a liberação do credor e do devedor de suas obrigações (eficácia liberatória). Além disso, resulta também da resolução do contrato uma nova relação obrigacional, a relação de liquidação, na qual serão tratados os direitos do credor e do devedor à restituição das prestações já efetivadas e o direito do credor à indenização por perdas e danos. A eficácia restitutória constitui, portanto, consequência natural e indissociável da resolução do contrato. Assim, na ação de resolução de contrato de compra e venda, não há necessidade de o devedor, na contestação ou em reconvenção, requerer a devolução das prestações entregues ao credor, a qual pode e deve ser determinada de ofício pelo juiz como decorrência lógica da decretação de resolução do contrato. Importante ressaltar, ainda, que o credor, da mesma forma e em decorrência do mesmo pedido de resolução, também possui o direito de receber eventuais prestações entregues ao devedor" (REsp 1.286.144-MG, Rel. Min. Paulo de Tarso Sanseverino, julgado em 7.3.2013).

na impossibilidade de seu recebimento, por ter-se tornado impossível. Entenda-se: impossível de obtenção até mesmo pela tutela específica.

Desde que a execução específica não se torne impossível, o devedor será obrigado a honrá-la. Em princípio, o direito do credor à execução específica reforça o princípio do *pacta sunt servanda*, pois impede a violação do contrato. Todavia, argumenta o grande jurista alemão Claus-Wilhelm Canaris que "o devedor fica isento da obrigação se a execução guardar desproporção grosseira em comparação ao interesse do credor em assegurar o seu direito de execução. Por conseguinte, o conceito de impossibilidade não se aplica apenas se estamos diante de uma impossibilidade de execução em um sentido estrito, mas também no caso de uma desproporcionalidade grosseira".[32]

É claro que, recorrendo-se ao princípio da proporcionalidade, solução idêntica se aplica em nosso direito das obrigações. Se, por um lado, é certo que o interesse do credor determinará a opção pela tutela específica ou pela resolução da relação jurídica, deverá o juiz verificar se tal interesse na execução é efetivo, ou se demonstra dimensão reduzida a ponto de isentar o devedor da execução específica.

Ademais, devemos sempre ponderar o interesse do credor à tutela específica com o peso de algum impedimento razoável que incida sobre a pessoa do devedor, principalmente nas obrigações de fazer de natureza *intuitu personae*. Lembre-se o caso paradigmático da cantora que se recusa a fazer uma apresentação, pois tem de cuidar do filho que se encontra seriamente doente. A urgência do impedimento do devedor prevalecerá, impossibilitando-se a tutela específica.

5.1.5 Inadimplemento mínimo

Quando se verifica o inadimplemento da obrigação principal, surgem, em favor do credor, diversas opções. Seja a possibilidade de resolução com imposição de perdas e danos, aplicação da cláusula penal como prefixação de prejuízos ou, mesmo, a própria opção do credor pela tutela específica, quando ainda for o objeto possível e a prestação remanescer útil para ele (art. 475, CC).

Portanto, a desconstituição do negócio jurídico pela resolução contratual oriunda do inadimplemento é um direito potestativo do credor. O direito potestativo é o poder de uma das partes sujeitar a outra à sua deliberação unilateral, sem que o outro possa a isso se opor.

A doutrina clássica não discutia a possibilidade de imposição de limites ao exercício de um direito subjetivo ou de um direito potestativo, pois eles eram justamente concedidos pelo ordenamento jurídico para a satisfação de interesses particulares. Todavia, uma vez que todo direito (subjetivo ou potestativo) só pode ser reconhecido e prestigiado pelo ordenamento jurídico quando detiver uma função social, novas

32. CANARIS, Claus-Wilhelm. *O novo direito das obrigações na Alemanha*, p. 112.

luzes são lançadas sobre o tema. Com efeito, o exercício de um direito muitas vezes satisfaz o interesse privado do seu titular, mas, simultaneamente, ofende as expectativas sociais pelas quais o próprio ordenamento concedeu esse direito. Haverá abuso do direito quando o seu exercício for manifestado sem motivação legítima, de forma a violar os seus próprios limites éticos.

O abuso do direito é considerado um ato ilícito objetivo pelo novo Código Civil (art. 187), pois a sua aferição independe da constatação da culpa pela violação formal de uma norma, sendo suficiente a antijuridicidade da conduta, a violação material dos fins dados pelo ordenamento jurídico. Em verdade, o abuso do direito como modo de controle da legitimidade do exercício de direitos subjetivos e potestativos é uma das vertentes da atuação do princípio da boa-fé sobre as relações obrigacionais.

O inadimplemento mínimo é uma das formas de controle da boa-fé sobre a atuação de direitos subjetivos. Atualmente, é possível questionar a faculdade do exercício do direito potestativo à resolução contratual pelo credor, em situações caracterizadas pelo cumprimento de substancial parcela do contrato pelo devedor, mas em que, todavia, não tenha suportado adimplir uma pequena parte da obrigação. Em complemento, destaca o Enunciado 361 do Conselho de Justiça Federal: "O adimplemento substancial decorre dos princípios gerais contratuais, de modo a fazer preponderar a função social do contrato e o princípio da boa-fé objetiva, balizando a aplicação do art. 475."

É o que no direito inglês é cunhado como *substantial performance*. Araken de Assis descreve que "a hipótese estrita de adimplemento substancial – descumprimento de parte mínima – equivale, no direito brasileiro, grosso modo, ao adimplemento chamado de insatisfatório: ao invés de infração a deveres secundários, existe discrepância qualitativa e irrelevante na conduta do obrigado. O juiz avaliará a existência ou não da *utilidade* na prestação, segundo determina o art. 395, parágrafo único, do CC-02. É bastante natural que, em alguns casos, se repute o descumprimento minimamente gravoso e pouco prejudicial ao projeto de benefícios recíprocos constantes do contrato".[33]

Para quem possui uma percepção nítida da boa-fé objetiva, deve incluir-se entre as atribuições do magistrado a análise da gravidade da infração contratual, não sendo crível o desfazimento de uma significativa relação jurídico-econômica pelo fato do insignificante descumprimento da avença. Em outras palavras, na linha do princípio constitucional da proporcionalidade, o desfazimento do contrato pode impor um sacrifício excessivo a uma das partes, comparativamente à opção de manutenção do contrato. Na falta de uma pequena parcela para o alcance do adimplemento, é coerente que o credor procure a tutela adequada à percepção da prestação faltante (*v.g.*, ação de execução ou monitória), e não a pura e simples resolução contratual.

33. ASSIS, Araken de. *Resolução do contrato por inadimplemento*, p. 134.

Esta, aliás, é a diretriz do Enunciado 371 do Conselho de Justiça Federal: "A mora do segurado, sendo de escassa importância, não autoriza a resolução do contrato, por atentar ao princípio da boa-fé objetiva".

Ilustrativamente, em contratos de promessa de compra e venda e arrendamento mercantil não são raras as situações em que o contratante praticamente liquida o débito, porém, ao final do negócio jurídico, sucumbe diante de pequena parcela do contrato. Em tese, o credor poderá ajuizar ação de reintegração de posse e reaver o bem imóvel ou móvel, como consequência do surgimento da pretensão ao crédito, decorrente da lesão ao direito patrimonial. Nada obstante, a perda do bem vital (apartamento, automóvel) é um sacrifício excessivo ao devedor, em face do pequeno vulto do débito. Daí a abusividade do exercício do direito resolutório, concedendo-se ao credor a possibilidade de ajuizar a ação necessária ao recebimento do crédito.[29-35]

Há uma recente tendência do Superior Tribunal de Justiça em refrear a aplicação da teoria do adimplemento substancial para os contratos de alienação fiduciária celebrados com instituições financeiras e disciplinados pelo Decreto 911/69. Segundo o STJ, ao contrário do que se verifica no regime da propriedade fiduciária do Código Civil, o referido Decreto-Lei não tece qualquer restrição à utilização pelo credor fiduciário da ação de busca e apreensão em razão da extensão da mora ou da proporção do inadimplemento. Pelo contrário, a norma especial preconiza expressamente, que

34. *Informativo* nº 0480, 1º-12.8.2011. Quarta Turma: "Trata-se de REsp oriundo de ação de reintegração de posse ajuizada pela ora recorrente em desfavor do ora recorrido por inadimplemento de contrato de arrendamento mercantil (leasing). A Turma, ao prosseguir o julgamento, por maioria, entendeu, entre outras questões, que, diante do substancial adimplemento do contrato, ou seja, foram pagas 31 das 36 prestações, mostra-se desproporcional a pretendida reintegração de posse e contraria princípios basilares do Direito Civil, como a função social do contrato e a boa-fé objetiva. Consignou-se que a regra que permite tal reintegração em caso de mora do devedor e consequentemente, a resolução do contrato, no caso, deve sucumbir diante dos aludidos princípios. Observou-se que o meio de realização do crédito pelo qual optou a instituição financeira recorrente não se mostra consentâneo com a extensão do inadimplemento nem com o CC/2002. Ressaltou-se, ainda, que o recorrido pode, certamente, valer-se de meios menos gravosos e proporcionalmente mais adequados à persecução do crédito remanescente, por exemplo, a execução do título." REsp 1.051.270-RS, Rel. Min. Luis Felipe Salomão.

35. STJ: Informativo nº 0500 Período: 18 a 29 de junho de 2012. Terceira Turma ARRENDAMENTO MERCANTIL. REINTEGRAÇÃO DE POSSE. ADIMPLEMENTO SUBSTANCIAL. "Trata-se de REsp oriundo de ação de reintegração de posse ajuizada pela ora recorrente em desfavor do recorrido por inadimplemento de contrato de arrendamento mercantil (*leasing*) para a aquisição de 135 carretas. A Turma reiterou, entre outras questões, que, diante do substancial adimplemento do contrato, qual seja, foram pagas 30 das 36 prestações da avença, mostra-se desproporcional a pretendida reintegração de posse e contraria princípios basilares do Direito Civil, como a função social do contrato e a boa-fé objetiva. Ressaltou-se que a teoria do substancial adimplemento visa impedir o uso desequilibrado do direito de resolução por parte do credor, preterindo desfazimentos desnecessários em prol da preservação da avença, com vistas à realização dos aludidos princípios. Assim, tendo ocorrido um adimplemento parcial da dívida muito próximo do resultado final, daí a expressão "adimplemento substancial", limita-se o direito do credor, pois a resolução direta do contrato mostrar-se-ia um exagero, uma demasia. Dessa forma, fica preservado o direito de crédito, limitando-se apenas a forma como pode ser exigido pelo credor, que não pode escolher diretamente o modo mais gravoso para o devedor, que é a resolução do contrato. Dessarte, diante do substancial adimplemento da avença, o credor poderá valer-se de meios menos gravosos e proporcionalmente mais adequados à persecução do crédito remanescente, mas não a extinção do contrato" (REsp 1.200.105-AM, Rel. Min. Paulo de Tarso Sanseverino, julgado em 19.6.2012).

a restituição do bem livre de ônus ao devedor fiduciante é condicionada ao pagamento da "integralidade da dívida pendente, segundo os valores apresentados pelo credor fiduciário na inicial" (art. 3, §2). Assim, seria incongruente inviabilizar a utilização da ação de busca e apreensão na hipótese em que o inadimplemento se revela incontroverso e quando a lei especial de regência expressamente condiciona a possibilidade de o bem ficar com o devedor fiduciário somente nos casos de pagamento da integralidade da dívida pendente.[36]

A par de oscilações jurisprudenciais, podemos conceber uma alteração de paradigma, vazado na impossibilidade de dar-se eficácia a uma cláusula resolutória expressa, sem que o Poder Judiciário possa avaliar o grau de sacrifício de uma das partes, em cotejo ao que já foi objeto de cumprimento e à parcela restante. Não podemos mais cogitar de direitos absolutos ou da parêmia *"tudo o que não é proibido é permitido"*. A relativização de direitos subjetivos ou potestativos é uma forma de acomodação das pretensões patrimoniais individuais ao respeito aos direitos da personalidade da contraparte.

5.2 Mora

Não sei se tenho medo
Trabalho o tempo inteiro
Estou procurando emprego
E é mais um aumento
Não tenho mais dinheiro
Atraso o aluguel
Não compro alimento
Não sei se tenho medo
Não sei se tenho medo
Só este desespero
Esqueço quando bebo

(Desemprego – Titãs)

O gênero do inadimplemento das obrigações é dividido em três espécies: o inadimplemento absoluto, a mora e a violação positiva do contrato.

Enquanto o inadimplemento absoluto conduz à resolução da relação obrigacional (art. 475, CC) em razão da completa impossibilidade de sua manutenção, a mora pode ser caracterizada como o imperfeito cumprimento de uma obrigação, tanto pelo devedor (mora *solvendi*) como pelo credor (mora *accipiendi*). Apesar da falha no adimplemento da obrigação, ela ainda poderá ser cumprida de maneira proveitosa.

Segundo a fórmula tradicionalmente acolhida em nossa legislação (art. 394, CC), a mora não se caracteriza apenas pelo pagamento extemporâneo pelo devedor ou

36. "Não se aplica a teoria do adimplemento substancial aos contratos de alienação fiduciária em garantia regidos pelo Decreto-Lei 911/69"(STJ, Informativo 599, REsp 1.622.555-MG, Rel. Min. Marco Buzzi, Rel. para acórdão Min. Marco Aurélio Bellizze, por maioria, DJe 16/3/2017).

pela recusa injustificada de receber no prazo devido pelo credor. Alternativamente, também dará ensejo à mora o pagamento que contenha uma falha no tocante ao lugar ou à forma previamente estabelecidos. Isso significa que em nosso ordenamento a mora não é apenas sinônimo de "demora" no pagamento, mas de qualquer situação em que a prestação não é cumprida de forma exata.

Adverte Judith Martins-Costa que "se toda relação obrigacional está ordenada em função do cumprimento é porque este constitui o momento no qual se realiza o interesse do credor, tendo o devedor realizado a conduta concretamente devida, que é aquela lícita, válida, possível, determinada ou determinável (art. 166, II), útil ao credor (art. 395, parágrafo único, a contrário), conforme ao seu fim econômico-social, à boa-fé e aos bons costumes (art. 187), realizando-se no lugar, tempo e forma que a lei ou a convenção estabelecer (art. 394)".[37]

Destarte, incidirá a mora quando a obrigação não puder ser cumprida com exatidão. Exemplificando: o contrato estabelecido por *A* e *B* dispõe que incumbe ao devedor *A* efetuar o pagamento da quantia de R$ 100,00 em determinada data, no domicílio do credor. Certamente *A* estará em mora se não adimplir no dia determinado. Da mesma maneira, incorre em mora se pretender esperar a vinda do credor *B* a seu domicílio ou, mesmo, se resolver pagar no lugar e tempo estipulados no contrato, mas através de entrega de determinados bens, e não em pecúnia, conforme o avençado. Nos três exemplos, consecutivamente o devedor frustrou o tempo, local e forma convencionados.

Em suma, o pressuposto básico da mora é a viabilidade do cumprimento da obrigação, pois, apesar dos transtornos, a prestação ainda é possível e útil. Verifica-se apenas a impossibilidade transitória de satisfazer a obrigação. Em qualquer caso, da imperfeição culposa no pagamento decorre o *inadimplemento relativo* em solver a obrigação.

Uma análise crítica do art. 394 do Código evidencia que não se pode negar que a fonte imediata da mora é o atraso em seu cumprimento. Com efeito, só haverá sanção da norma àquele que se furtar a cumprir no local e forma ajustados, se a falta importar em atraso no cumprimento da prestação.

Finalizando, cabe-nos diferenciar o fenômeno da mora dos chamados vícios da prestação – vício redibitório e evicção. A mora importa um retardamento no ato de prestar em si próprio, sem qualquer consideração com a qualidade ou a origem jurídica do objeto dessa mesma prestação. Vale dizer, mesmo que o objeto tenha padrão qualitativo satisfatório e seja proveniente do verdadeiro proprietário, incidirá a mora caso se constate o atraso em seu cumprimento. Já o vício redibitório (art. 441 do CC) e a evicção (art. 447 do CC) relacionam-se com problemas na qualidade da própria coisa recebida ou em sua origem, sem vinculação nenhuma ao ato de

37. MARTINS-COSTA, Judith. *Comentários ao novo Código Civil*, v. V, t. 1, p. 66.

prestar. Portanto, uma coisa é o imóvel não ser entregue ao comprador na época ajustada; outra, completamente diferente, é a entrega tempestiva da coisa com graves problemas de infiltração ou a constatação do fato de o vendedor não ser o verdadeiro proprietário.

Da mesma forma, diferencia-se o inadimplemento relativo do erro. Este é um vício do consentimento, capaz de gerar invalidade por anulabilidade (art. 171, II, do CC), quando alguém pratica um negócio jurídico sem a exata noção de qualquer de seus elementos objetivos ou subjetivos. Portanto, se *A* adquire de *B* um relógio, pensando ser ele de ouro, quando na verdade é apenas folheado, incidirá em erro. Todavia, só haverá mora se a entrega do bem for extemporânea, independentemente de qualquer discussão acerca das reais qualidades do objeto.

5.2.1 Mora do devedor

A mora do devedor, também conhecida como mora *solvendi*, é gerada pelo descumprimento da obrigação imputável ao devedor, mas que remanesce proveitosa ao credor. Requer para sua configuração a cumulação de dois requisitos.

a) *Imperfeição no cumprimento da obrigação* – elemento objetivo da mora. Apesar de o retardamento ser o caso mais corriqueiro de mora, ela não é presa tão somente à ideia de tempo, sendo ainda vinculada ao defeituoso cumprimento no que tange à forma e ao lugar. No aspecto temporal, a mora configura-se quando há exigibilidade imediata da prestação. A dívida será caracterizada pela liquidez e certeza, com objeto determinado e montante individuado. Além do não cumprimento, fundamental é que o prazo não esteja sujeito a termo final ou condição, pois o exercício do direito estará suspenso ou apenas incidirá expectativa de direito.

A teor do art. 390 do Código Civil, o devedor é havido por inadimplente desde o dia em que executou o ato de que se devia abster. Esse dispositivo quer explicar que apenas nas obrigações positivas (dar e fazer) cogita-se da mora. Vale dizer, nas obrigações de não fazer (negativas), a simples violação ao dever de abstenção induz irremediavelmente ao inadimplemento absoluto. Nas obrigações negativas, não se cogita de retardamento, pois a atuação imprópria do devedor acarreta a completa impossibilidade de manutenção do vínculo.

b) *Culpa do devedor* – a imputabilidade consiste no elemento subjetivo da mora. É lícito imputar responsabilidade ao devedor, se o atraso no cumprimento da obrigação decorrer de inobservância a um dever objetivo de cuidado, em regra, uma negligência em atender tempestivamente ao débito contratual (art. 396 do CC). Por isto, ensina Renan Lotufo que não se pode confundir a mora com o retardamento, que é um dos elementos dela. "O retardamento, assim, é o atraso no cumprimento da prestação, enquanto a mora é o retardamento culposo."[38]

Em sede de responsabilidade contratual, só haverá espaço para a consideração da mora do devedor se o descumprimento da prestação resultar de sua desatenção ou negligência, sendo a culpa entendida em sentido amplo, compreendendo tanto o dolo do devedor como o simples descuido na satisfação da prestação. Pode-se cogitar, contudo, de uma inversão do ônus da prova, eis que caberá ao devedor demonstrar que agiu no limite de sua possibilidade, com toda a cautela e diligência que se poderia exigir de uma pessoa responsável naquelas circunstâncias.

No momento em que o devedor incorre em mora surge uma presunção relativa de culpa, cabendo àquele que descumpriu o ônus de provar que a demora no cumprimento decorreu de fatos estranhos à sua conduta e de natureza inevitável, que não podem lhe ser imputados. Só assim se isentará das consequências deletérias da mora. Nesse sentido, manifestamos a nossa adesão ao Enunciado 548, do Conselho de Justiça Federal: "Caracterizada a violação de dever contratual, incumbe ao devedor o ônus de demonstrar que o fato causador do dano não lhe pode ser imputado."

Assim, se o atraso no cumprimento da obrigação for involuntário, resultando de impedimento causado por terceiro (*v.g.*, um motorista embriagado atinge o carro do devedor, quando ele se dirigia ao local do cumprimento da prestação), ou de um fato da natureza (*v.g.*, uma greve geral de transportes), não se poderá cogitar da mora do devedor.

Porém, adverte Caio Mário da Silva Pereira que não haverá escusa fundada na força maior, "a simples dificuldade subjetiva e relativa, pois não merece proteção aquele que não sabe mediar as suas forças ou conservar os meios de cumprir o obrigado".[39]

No campo do inadimplemento, só haverá distinção entre o descumprimento culposo e o doloso da obrigação no campo dos contratos gratuitos, na dicção do art. 392 do Código Civil. De fato, nos contratos benéficos, a pessoa que praticou a liberalidade só poderá ser sancionada pelo ordenamento jurídico quando deliberadamente recuse o cumprimento do que convencionou. Assim, se *A* se compromete a presentear *B* com um valioso cachorro, não poderá ser considerado em mora caso o atraso no cumprimento da doação tenha decorrido de um esquecimento não proposital. Porém, se o atraso for intencional, responderá o devedor *A*, por todos os consectários do débito (cláusula penal, atualização monetária etc.), exceto os juros moratórios, conforme leciona o art. 552 do Código Civil.

Em uma visão mais atual do direito das obrigações, há de se admitir a possibilidade do devedor afastar as nefastas consequências da mora, sob o pálio da onerosidade excessiva. Se o credor impõe ao devedor exigências superiores ao valor

38. LOTUFO, Renan. *Código Civil comentado*, v. 2, p. 442.
39. PEREIRA, Caio Mário da Silva. *Instituições de direito civil*, v. II, p. 310.

real do crédito, não incidem os efeitos da mora sobre o devedor até que seja apurado o real montante do débito. Aliás, no campo das relações de consumo, vislumbra-se ampla possibilidade de revisão de cláusulas que quebram a base comutativa do negócio jurídico (art. 51, IV, CDC), estabelecendo obrigações iníquas e abusivas ao consumidor que subscreve contratos de adesão (*v.g.*, juros extorsivos e cumulação indevida de cláusulas penais).

Este é o conteúdo do Enunciado 354 do Conselho de Justiça Federal: "A cobrança de encargos e parcelas indevidas ou abusivas impede a caracterização da mora do devedor." Reconhecido o abuso do direito na cobrança do crédito, resta completamente descaracterizada a mora *solvendi*. Muito pelo contrário, a mora será do credor, pois a cobrança de valores indevidos gera no devedor razoável perplexidade, pois não sabe se postula a purga da mora ou se contesta a ação.[40]

A mora do devedor produz duas ordens de efeitos: (i) a responsabilização pelo atraso no cumprimento da prestação, mediante o dever de indenizar os prejuízos a que a mora deu causa (art. 395 do CC) e (ii) o dever de responder pela impossibilidade da prestação, mesmo que ela resulte do caso fortuito ou força maior (art. 399 do CC).

Ao contrário do inadimplemento absoluto – que implica a substituição da prestação que se impossibilitou pela condenação às perdas e danos –, a sanção ao devedor moroso corresponde à própria prestação originária – que ainda se conserva útil e proveitosa ao credor –, acrescida dos consectários legais que perfazem a *restitutio in integro*, consoante o exposto no art. 395 do Código Civil.

O devedor arcará com as perdas e danos decorrentes do atraso, que a teor dos arts. 402 e 403 do Código Civil compreendem os danos emergentes e lucros cessantes decorrentes de forma direta e imediata do atraso. Para evitar a liquidação das perdas e danos, poderão as partes previamente fixar uma cláusula penal moratória (art. 411 do CC), definindo antecipadamente o valor de eventuais prejuízos.

O direito às perdas e danos não exclui o pleito aos juros legais que, quando não estipulados pelas partes, alcançarão a taxa que estiver em vigor para a mora de pagamento de impostos devidos à Fazenda Nacional (art. 406 do CC). A taxa de juros moratórios aí referida é a do art. 161, § 1º, do Código Tributário Nacional, ou seja, 1% ao mês.

Finalmente, a correção monetária e os honorários advocatícios também podem ser somados às perdas oriundas da mora do devedor. Aquela resulta da simples recomposição derivada da depreciação da moeda. Já os honorários apenas serão exigidos caso necessária intervenção de advogado, em face da resistência do devedor ao pagamento voluntário.

---

40. STJ: Informativo nº 0501 Período: 1º a 10 de agosto de 2012. Segunda Seção CONTRATO BANCÁRIO. MORA. DESCARACTERIZAÇÃO. "A Seção, reiterando jurisprudência consolidada deste Superior Tribunal, reafirmou que a cobrança de encargos ilegais, durante o período da normalidade contratual, descaracteriza a configuração da mora" (EREsp 775.765-RS, Rel. Min. Massami Uyeda, julgados em 8.8.2012).

Porém, mais uma vez devemos insistir na fundamentalidade do art. 395, parágrafo único, do Código Civil: "Se a prestação, devido à mora, se tornar inútil ao credor, este poderá enjeitá-la e exigir a satisfação das perdas e danos." Quer dizer, caso o credor comprove, no caso concreto, que o atraso no cumprimento acarretou o fim do seu interesse no adimplemento da prestação, mesmo que devidamente somada aos acréscimos legais, poderá exercer o direito potestativo de resolver o negócio jurídico (art. 475, CC). Temos aí uma hipótese de conversão da mora em inadimplemento absoluto. Na mora, o termo é acidental; no inadimplemento absoluto, o termo é essencial.

Afinando-se à diretriz da concretude, insistimos em que o magistrado deverá analisar as especificidades do caso para avaliar se, de fato, o credor razoavelmente não teria mais razões para manter acesa "a chama da obrigação". Na demanda de resolução do contrato o sentenciante não buscará pela atitude provável de um homem médio na sociedade, mas examinará a *"ética da situação"* para concluir pela preservação da relação obrigacional ou por sua extinção, caso provada a inutilidade superveniente da prestação. Forte em Agostinho Alvim, a prestação deve ser inútil para aquele credor específico no caso concreto e não para qualquer pessoa.[41]

Nessa linha se situa o Enunciado 162 do Conselho de Justiça Federal: "A inutilidade da prestação que autoriza a recusa da prestação por parte do credor deverá ser aferida objetivamente, consoante o princípio da boa-fé e a manutenção do sinalagma, e não de acordo com o mero interesse subjetivo do credor."

O segundo efeito típico da mora do devedor é o interessante atrativo de expandir a responsabilidade do devedor. Cuida-se da famosa regra da *"perpetuação da obrigação"*. A teor do exposto na primeira parte do art. 399 do Código Civil, "o devedor em mora responde pela impossibilidade da prestação, embora essa impossibilidade resulte de caso fortuito ou força maior".

Se no período em que se manifesta o atraso da obrigação perece o objeto da prestação em decorrência do fortuito, impõe-se a assunção pelo devedor da obrigação de indenizar pelo valor da coisa sem que o inadimplente possa alegar a transferência do risco ao credor e a consequente extinção da obrigação. Afasta-se aqui a regra geral do art. 393 do Código Civil, pois o devedor moroso responde pela impossibilidade da prestação durante o retardamento, havendo um nexo causal entre o atraso e a impossibilidade.

A título ilustrativo, *A* deveria entregar uma motocicleta a *B* no dia 5 de agosto, mas não cumpriu a obrigação de dar coisa certa na data aprazada. Em 8 de agosto, a moto é destruída em razão de colisão provocada por negligência de condutor de outro veículo. Apesar do lamentável episódio, o devedor *A* responderá perante o credor *B* pelo perecimento, pois há um agravamento de sua responsabilidade no período da mora, assumindo até mesmo as consequências deletérias do fortuito.

41. ALVIM, Agostinho. *Da inexecução das obrigações*, p. 67.

A perpetuação da obrigação do devedor será relativizada se ele provar que o evento lesivo dar-se-ia da mesma forma em caso de cumprimento tempestivo da obrigação. Exemplificando, *A* ajustou a alienação de uma casa litorânea a *B*, porém não cumpriu a obrigação tempestivamente e no período da mora a construção foi tragada por um furacão. Nesta senda, Orlando Gomes preceitua que "a regra de *perpetuatio obligationis* abre-se, deste modo, a exceção do dano inevitável, não se transferindo, nessa hipótese, o risco".[42]

A segunda parte do art. 399 do Código Civil consubstancia um equívoco. Ao referir-se à possibilidade de o devedor demonstrar *"isenção de culpa"* pelo atraso, como forma de exoneração das consequências do fortuito, o legislador olvidou-se da própria lição do art. 396 do Código Civil. Estampe-se à exaustão: *se não há culpa do devedor, sequer se cogita da mora*. Portanto, a perda da coisa pelo fortuito importará resolução da relação obrigacional, na forma do art. 234 do Código Civil.

5.2.2 Mora do credor

A mora do credor é verificada quando ele, imotivadamente, recusa-se a receber a prestação devidamente ofertada pelo devedor, no tempo, lugar e modo convencionados (art. 394 do CC). Enseja a mora também, a conduta do credor que exige o pagamento em modo superior ou diverso ao ajustado, impondo ao devedor excessivo sacrifício. Se o credor, despido de razões objetivas, não colabora no cumprimento da obrigação, apesar de receber uma oferta real do devedor – caracterizada pela idoneidade do objeto, lugar e tempo de pagamento –, cairá em mora.

Enfim, a mora do credor demanda dois requisitos: (a) uma oferta real do devedor – correspondente ao que é efetivamente devido; (b) a recusa injustificada do credor em receber. Aliás, não havendo prazo demarcado para o cumprimento, a oferta poderá ser realizada a qualquer instante (art. 331 do CC).

Para a constituição em mora do credor, o Código Civil não cogita de demonstração de sua culpa, sendo suficiente a atitude de injustificada recusa ao recebimento pela falta de cooperação. A questão deve ser posta em seus devidos termos. Com base na contemporânea visão da obrigação complexa, como processo imantado ao adimplemento, o credor também deverá pautar sua conduta no princípio da boa-fé objetiva, sendo censurável a prática de qualquer comportamento que dificulte o acesso do devedor ao adimplemento. O devedor anseia por cumprir a prestação e recuperar a sua liberdade, extinguindo o vínculo. Portanto, pagar não é apenas um dever, cuida-se de direito subjetivo do devedor de adimplir, que corresponde, inexoravelmente, ao dever de cooperação do credor. O prolongamento da obrigação é

42. GOMES, Orlando. *Obrigações*, op. cit., p. 203.

danoso para o devedor. Se o credor não puder amparar a sua recusa ao recebimento da prestação em fatos objetivos e legítimos, será ela injustificada.[43]

O sistema não autoriza a configuração de moras simultâneas de credor e devedor, pois a mora de um deles exclui a do outro. À luz do ensinamento de Agostinho Alvim, havendo recusa injustificada, inicia-se imediatamente a mora do credor, o que importa a impossibilidade do devedor incorrer em mora, independentemente da consignação em pagamento.[44] Quer dizer, a mora do credor se basta com a oferta seguida da recusa, não sendo imperativo ao devedor efetuar a consignação em pagamento para exonerar-se dos efeitos da mora *solvendi*.

A mora do credor nasce com a realização da oferta real e da recusa injustificada ao recebimento, pois a consignação não precisa ser realizada no dia seguinte ao vencimento da obrigação, e sim a qualquer tempo, enquanto a prestação puder ser útil ao credor. Não se podem confundir os momentos de nascimento da pretensão de direito material e do direito subjetivo público ao exercício da ação. A mora do credor produz efeitos por si mesma, pois a pretensão do devedor surge com a lesão ao direito subjetivo ao pagamento, ou seja, ele poderá exigir a satisfação de seu direito quando a oferta real for resistida, sendo desde já excluído dos efeitos da mora (*v.g.*, riscos pela perda da coisa e indenização pelo atraso). Porém, a ação de consignação não é imediata, podendo ser oportunamente exercitada.

A efetivação da oferta libera o devedor dos efeitos deletérios da mora, não da prestação em si, o que evidentemente implicaria enriquecimento sem causa.

Todavia, nos casos em que o devedor encontrava-se em mora em razão de sua própria desídia, a ação de consignação terá duplo fundamento: tanto servirá para libertar o devedor do débito como dos próprios efeitos da mora, pois, a partir de sua purga, ficará ele exonerado das consequências do atraso no cumprimento da prestação.[45]

---

43. STJ. *Informativo* nº 0471, 2-6.5.2011. Terceira Turma: "A sociedade empresária recorrida tem sede na Itália e foi contratada para prestar serviços relativos à atualização de uma usina termelétrica no Brasil. No contrato, há a determinação do pagamento em liras italianas, mas nada consta quanto à regularização da situação da recorrida no Banco Central do Brasil (BC). Essa instituição exigia, para a remessa do numerário ao exterior, a apresentação de documentos dos funcionários que prestaram o serviço (cópia de passaportes, declarações de renda), fato que atrasou o envio de determinadas parcelas. Discutiu-se, no especial, quem seria o responsável pela demora nos pagamentos e, por consequência, quem arcaria com os efeitos da mora relativamente aos juros moratórios e à correção monetária. Nesse contexto, essa determinação passa pelo crivo da boa-fé objetiva, que impõe deveres acessórios, princípio consagrado pelo Direito alemão (Treu and Glauben), implícito no CC/1916 e expresso no art. 422 do CC/2002. Na hipótese, em razão de a exigência do BC dizer respeito aos funcionários da recorrida, faz-se necessário reconhecer que a ela pertence essa obrigação de regularizar sua situação (dever acessório de cooperação), apesar da omissão contratual. Assim, não tendo desempenhado a contento aquele dever, que constitui ônus jurídico a afastar a necessidade de culpa do credor para sua caracterização, fica a recorrida sujeita à mora creditoris, cuja eficácia liberatória eximiu a recorrente devedora até o momento da purgação da mora (art. 958 do CC/1916, atual art. 400 do CC/2002) da qual se incumbiu a recorrida, não se podendo imputar à recorrente a obrigação de consignar o pagamento." REsp 857.299-SC, Rel. Min. Paulo de Tarso Sanseverino.
44. ALVIM, Agostinho. *Da inexecução das obrigações e suas consequências*, p. 87.
45. Informativo nº 0537 Período: 10 de abril de 2014. Quarta Turma DIREITO CIVIL E PROCESSUAL CIVIL. NECESSIDADE DE DEPÓSITO DOS VALORES VENCIDOS E INCONTROVERSOS EM AÇÃO DE CONSIGNAÇÃO EM

Nem sempre a recusa da oferta pelo credor é expressa. Frequentemente, ele adota artifícios para eximir-se de receber, impondo exigências desmesuradas ao pagamento ou colocando-se em estado de ausência. Também será ilegítima a recusa, quando houver uma diferença mínima entre a oferta do devedor e o valor real da prestação, sobremaneira quando se presumir que o devedor arcará com o que falta.

Nas obrigações de natureza quesível, é dispensável a oferta pelo devedor, oportunizando-se a mora no momento em que o credor não comparece ao domicílio daquele para buscar a prestação, entendendo-se domicílio como a própria residência do devedor, e não apenas o seu município (art. 327 do CC). De fato, sendo necessária a intervenção ativa do credor, o art. 335, inciso II, do Código Civil determina a realização da consignação pelo devedor, quando o credor demonstrar o seu desinteresse em colaborar, seja por não ir, seja por não mandar receber a coisa no lugar, tempo e condição devidos.[46]

As consequências da mora do credor são variadas. Podemos precisar três efeitos, à luz do art. 400 do Código Civil: (a) isenção da responsabilidade do devedor pela

---

PAGAMENTO. "Em ação de consignação em pagamento, ainda que cumulada com revisional de contrato, é inadequado o depósito tão somente das prestações que forem vencendo no decorrer do processo, sem o recolhimento do montante incontroverso e vencido. De fato, assim como possui o credor a possibilidade de exigir o cumprimento da obrigação, também é facultado ao devedor tornar-se livre do vínculo obrigacional, constituindo a consignação em pagamento forma válida de extinção da obrigação, a teor do art. 334 do CC. O depósito em consignação tem força de pagamento, e a correspondente ação tem por finalidade ver atendido o direito material do devedor de liberar-se da obrigação e obter quitação. Em razão disso, o provimento jurisdicional terá caráter eminentemente declaratório de que o depósito oferecido liberou o autor da obrigação relativa à relação jurídica material. A consignação em pagamento serve para prevenir a mora, libertando o devedor do cumprimento da prestação a que se vinculou, todavia para que tenha força de pagamento, conforme disposto no art. 336 do CC, é necessário que concorram, em relação a pessoas, objeto, modo e tempo, todos os requisitos sem os quais não é válido o pagamento. Assim, a consignação em pagamento só é cabível pelo depósito da coisa ou quantia devida, não sendo possível ao devedor fazê-lo por objeto ou montante diverso daquele a que se obrigou. Nesse sentido, o art. 313 do CC estabelece que o credor não é obrigado a receber prestação diversa da que lhe é devida, ainda que mais valiosa, e o art. 314 do mesmo diploma prescreve que, ainda que a obrigação tenha por objeto prestação divisível, não pode o credor ser obrigado a receber nem o devedor a pagar por partes, se assim não se ajustou. Ademais, o art. 337 do CC também estabelece que cessa a mora apenas com o depósito da quantia devida, tendo efeito a partir de sua efetivação, por isso mesmo é necessário o depósito do valor integral da dívida, incluindo eventuais encargos. Cabe ressaltar que, a teor do art. 893, I, do CPC, o depósito da quantia ou coisa devida é pressuposto processual objetivo, pois se cuida de exigência formal para o recebimento da petição inicial da ação de consignação em pagamento" (REsp 1.170.188-DF, Rel. Min. Luis Felipe Salomão, julgado em 25.2.2014).

46. STJ. *Informativo* nº 0469, 11-15.4.2011. Terceira Turma: "Trata-se de REsp oriundo de ação de cobrança proposta pela recorrida (cônjuge supérstite) contra o banco recorrente com o objetivo de cobrar importância financeira decorrente de uma operação de investimento com prazo fixo efetivada por seu marido em dezembro de 1986, sendo que o titular do investimento não fez o respectivo resgate no prazo ajustado (fevereiro de 1987), vindo ele a falecer em outubro daquele mesmo ano. Note-se que a própria natureza da obrigação sub judice não autoriza o reconhecimento de que o local de seu cumprimento seria o domicílio do credor. Está-se, no caso, diante, inequivocamente, da mora accipiendi (mora do credor). Destarte, os juros moratórios devem incidir somente a partir da citação, momento em que o devedor passou a encontrar-se em mora, enquanto os remuneratórios devem observar o comando constante no art. 1.063 do CC/1916, que prevê o percentual de 6% ao ano, e não no art. 192, § 3º, da CF/1988 em sua redação original, que preceitua o percentual de 12% ao ano até a entrada em vigor do CC/2002, sendo, a partir de então, por ele regulada no art. 406 c/c o 591 desse diploma legal." REsp 1.101.524-AM, Rel. Min. Massami Uyeda.

conservação da coisa; (b) obrigação de ressarcir as despesas efetuadas pelo devedor com a conservação da coisa; (c) obrigação do credor de receber a prestação pela estimação mais favorável ao devedor, em caso de oscilação de valores.

Inicialmente, elide-se a responsabilidade do devedor pelos riscos da conservação e guarda da coisa no período em que o credor injustificadamente recusa-se a receber, como se efetivamente houvesse ocorrido o pagamento. Vale dizer, as consequências nefastas do dano que sobrevenha à coisa são transferidas ao credor.

Contudo, conforme o descrito ao início do art. 400 do Código Civil, a isenção de responsabilidade do devedor pela conservação da coisa não se verificará se ele agir comprovadamente de forma dolosa. A conduta do devedor que se traduza em abandono da coisa, a ponto de recusar cuidados mínimos de conservação, pode significar uma conduta dolosa. Sílvio Rodrigues esclarece que o abandono normalmente representa o exercício de um direito, mas, quando conduz à destruição da coisa, culmina por colidir com o interesse social, "que não pode aplaudir qualquer solução que leve ao desperdício ou à perda de riqueza".[47] Assim, se o credor *A* estiver em mora, recusando-se injustificadamente a receber o cavalo que lhe era devido, caso o devedor *B* deixe propositadamente de alimentá-lo, ou abandone-o à própria sorte, a responsabilidade pelo perecimento será atribuída ao devedor, pois se eximiu dos cuidados essenciais na conservação da coisa.

Se assim determina o art. 400, não haveria contradição com o art. 337, que impõe a cessação dos riscos da coisa para o credor apenas ao tempo em que efetue o depósito? A resposta é negativa, para os casos em que a obrigação é celebrada sem prazo, ou sendo o prazo estipulado em favor do devedor, ou seja, situações em que poderá pagar a qualquer momento. Nessas circunstâncias, o pagamento já é oportuno para o devedor, mas a consignação não coincidirá com a mora do credor, simplesmente porque esta ainda não aconteceu. Assim, a realização da consignação será o meio eficaz para o devedor que queira eximir-se dos riscos da coisa.

Um segundo efeito da mora do credor será a obrigação de este ressarcir as despesas realizadas pelo devedor com a necessária conservação da coisa no período de sua mora (art. 400 do CC). Aproveitando o exemplo anterior, todos os gastos de alimentação e manutenção da limpeza e saúde do animal que o credor recusou serão ressarcidos ao devedor. Porém, apenas as despesas que o devedor efetuou a título de conservação da coisa serão ressarcidas (benfeitorias necessárias), não aquelas relacionadas ao acréscimo de utilidades e a caprichos do devedor (benfeitorias úteis e voluptuárias).

O terceiro e último efeito da mora sinalizado no art. 400 do Código Civil implica sujeitar-se o credor a receber a coisa pela estimação mais favorável ao devedor, se o valor oscilar entre o dia do pagamento (data da mora) e a data do efetivo

47. RODRIGUES, Sílvio. *Direito civil*, p. 248.

cumprimento da prestação. Aqui observamos um acréscimo qualitativo na redação do dispositivo, pois no Código de 1916 cogitava-se apenas da *"mais alta estimação"* (art. 958). Mas a mais alta estimação para quem? Agora, sabemos que o benefício será do devedor. Aproveitando-se do exemplo inicial – recusa do credor em receber o cavalo –, poderá o devedor pleitear o valor mais elevado do animal, caso o mercado tenha sofrido oscilações crescentes e decrescentes no período de atraso. A Lei Civil silencia, mas, se a oscilação traduzir-se em desvalorização da mercadoria, o credor não lucrará com esse fato, pois deverá pagar o valor vigente ao tempo em que se negou a receber a prestação.

Além dos efeitos da mora expressamente ressalvados no art. 400 do Código Civil, não se olvide que, sendo a dívida produtiva de cláusula penal e juros moratórios, cessam estes desde que se deu a oferta real e, por conseguinte, a mora do credor.

Mas, se ninguém duvida da veracidade de tais efeitos, por que o art. 337 posterga o momento da cessação dos juros para o momento do depósito? A incompatibilidade é apenas aparente, pois a oferta regular da prestação exonera o devedor dos juros moratórios, mas não dos juros compensatórios, devidos em razão da manutenção do capital do credor com o devedor, devendo aquele ser remunerado pelos frutos civis incidentes até o período do depósito do preço.

Em síntese, apesar dos pontos de aproximação, a mora do credor e a consignação em pagamento possuem efeitos distintos, mas podem atuar de forma complementar. Enquanto os efeitos da mora do credor são aqueles delineados nos tópicos anteriores, caberá ao devedor efetuar o pagamento por consignação, visando à liberação do débito em si (art. 334 do CC). O devedor ficará quitado pela sentença que condenar o credor. Ao receber a inicial da ação de consignação, o juiz não examinará se houve ou não razão para a recusa, questão esta que será vislumbrada ao tempo da sentença. O ônus da prova quanto à recusa injusta caberá ao credor, pois a recusa justificada isenta-o de sua mora.

Enfim, poderá o credor demonstrar que a oferta foi apenas parcial; deu-se antes do momento avençado para o cumprimento ou, mesmo, ocorreu em local ou modo diversos do combinado. Capturando os exemplos de Antunes Varela, "se o credor recusa a receber o aluguel porque o donatário não inclui na prestação a majoração determinada por lei; se o advogado recusa o documento de quitação porque o cliente quer pagar 10% do valor da causa, quando ele tem direito a 20%; se o carregador recusa a entrega da mercadoria ao transportador porque o veículo de carga não oferece condições mínimas indispensáveis ao acondicionamento da mercadoria, entende-se que não há mora do credor, porque a sua recusa de cooperação é objetivamente justificada".[48]

48. ANTUNES VARELA, João de Matos. *Das obrigações em geral*, v. II, p. 155.

5.2.3 *Constituição em mora*

O art. 397 do Código Civil introduz as duas formas de constituição em mora do devedor. Quando a obrigação líquida é projetada com a inclusão de um termo final, o próprio fato do descumprimento impõe a mora de forma automática, despicienda qualquer interpelação por iniciativa do credor. Trata-se da mora *ex re*, que decorre do alcance do prazo negocial para o cumprimento de uma prestação cujo montante é determinado pelos próprios termos do documento que lhe deu origem, independentemente de prova pericial ou testemunhal. Assim, a mora opera de pleno direito.[49]

O fundamento da norma repousa no fato de o devedor já saber de antemão o prazo que aceitou para cumprir a obrigação. O devedor não precisa ser cientificado do vencimento da obrigação, pois o simples decurso do tempo já lhe indica o momento exato do cumprimento, sem qualquer forma de surpresa. Assim, se *A* é credor de *B*, em relação obrigacional cuja prestação será adimplida em 20 de outubro, a simples delonga no cumprimento propicia a mora. Aplica-se o brocardo *dies interpellat pro homine* – o termo interpela em lugar do credor.[50]

49. STJ: Informativo n. 0587. Período: 1º a 16 de agosto de 2016. TERMO INICIAL DE CORREÇÃO MONETÁRIA E DE JUROS DE MORA EM COBRANÇA DE CHEQUE. Em qualquer ação utilizada pelo portador para cobrança de cheque, a correção monetária incide a partir da data de emissão estampada na cártula, e os juros de mora a contar da primeira apresentação à instituição financeira sacada ou câmara de compensação. Como cediço, a mora *ex re* independe de qualquer ato do credor, como interpelação ou citação, porquanto decorre do próprio inadimplemento de obrigação positiva, líquida e com termo implementado, cuja matriz normativa é o art. 960, primeira parte, do CC/1916, reproduzido no CC atual, no *caput* do art. 397, de modo que, em se tratando de mora *ex re*, aplica-se o antigo e conhecido brocardo *dies interpellat pro homine* (o termo interpela no lugar do credor). A razão disso é singela: sendo o devedor sabedor da data em que deve ser adimplida a obrigação líquida – porque decorre do título –, descabe advertência complementar por parte do credor. Destarte, havendo obrigação líquida e exigível a determinado termo – desde que não seja daquelas em que a própria lei afasta a constituição de mora automática –, o inadimplemento ocorre no vencimento. Nesse contexto, fica límpido que o art. 219 do CPC/1973 (correspondente ao art. 240 do novo CPC), assim como o art. 405 do CC ("Contam-se os juros de mora desde a citação inicial"), deve ser interpretado de maneira que a citação implique caracterização de mora apenas se esta já não tiver ocorrido pela materialização de uma das diversas hipóteses indicadas no ordenamento jurídico.

50. STJ: Informativo nº 0537 Período: 10 de abril de 2014. Corte Especial DIREITO CIVIL. TERMO INICIAL DOS JUROS DE MORA DE OBRIGAÇÃO POSITIVA, LÍQUIDA E COM TERMO CERTO. "Em ação monitória para a cobrança de débito decorrente de obrigação positiva, líquida e com termo certo, deve-se reconhecer que os juros de mora incidem desde o inadimplemento da obrigação se não houver estipulação contratual ou legislação específica em sentido diverso. De início, os juros moratórios são os que, nas obrigações pecuniárias, compensam a mora, para ressarcir o credor do dano sofrido em razão da impontualidade do adimplemento. Por isso, sua disciplina legal está inexoravelmente ligada à própria configuração da mora. É importante destacar que, por se tratar de direito disponível, as partes podem convencionar o percentual dos juros de mora e o seu termo inicial, hipótese em que se fala em juros de mora contratual. Quando, porém, não há previsão contratual quanto a juros, ainda assim o devedor estará obrigado ao pagamento de juros moratórios, mas na forma prevista em lei (juros legais). Quanto ao aspecto legal, o CC estabelece, como regra geral, que a simples estipulação contratual de prazo para o cumprimento da obrigação já dispensa, uma vez descumprido esse prazo, qualquer ato do credor para constituir o devedor em mora. Aplica-se, assim, o disposto no art. 397 do CC, reconhecendo-se a mora a partir do inadimplemento no vencimento (*dies interpellat pro homine*) e, por força de consequência, os juros de mora devem incidir também a partir dessa data. Assim, nos casos de responsabilidade contratual, não se pode afirmar que os juros de mora devem sempre correr a partir da citação, porque nem sempre a mora terá sido constituída pela citação. O art. 405 do CC ("contam-se os juros de mora desde a citação inicial"), muitas vezes empregado com o

A mora automática será afastada, caso o credor conceda *prazo de favor* ao devedor. Consiste em tolerância do credor ao adimplemento da obrigação após o tempo de vencimento avençado. Exemplificando: *A* deveria satisfazer o débito com *B* no dia 10, mas este autoriza que o pagamento se efetue apenas no dia 20, sem qualquer repercussão patrimonial sobre *A*.

Jamais, contudo, confundamos a eventual tolerância do credor após a mora do devedor, com a cláusula de tolerância que aposta aos contratos de incorporação imobiliária, com relação ao atraso na entrega das obras. As construtoras/incorporadoras unilateralmente inserem cláusulas que minimizam a sua responsabilidade, estipulando um prazo de tolerância que varia entre 90 e 180 dias para além do prazo inicial da entrega, sem que isso lhe imponha obrigação de indenizar pelos danos advindos da demora na entrega em detrimento do consumidor. De acordo com o art. 51, I, do CDC, são cláusulas abusivas aquelas que impossibilitem, exonerem ou atenuem a responsabilidade do fornecedor por vícios de qualquer natureza ou impliquem renúncia ou disposição de direitos. A despeito da existência da mora ex re e desequilíbrio contratual flagrante, no STJ prevalece hermenêutica no sentido da não abusividade da cláusula de tolerância, sem que constitua "desvantagem exagerada em desfavor do consumidor, o que comprometeria o princípio da equivalência das prestações estabelecidas. Tal disposição contratual concorre para a diminuição do preço final da unidade habitacional a ser suportada pelo adquirente, pois ameniza o risco da atividade advindo da dificuldade de se fixar data certa para o término de obra de grande magnitude sujeita a diversos obstáculos e situações imprevisíveis.[51]

---

objetivo de fixar o termo inicial dos juros moratórios em qualquer hipótese de responsabilidade contratual, não se presta a tal finalidade. Geograficamente localizado em Capítulo sob a rubrica "Das Perdas e Danos", esse artigo disciplinaria apenas os juros de mora que se vinculam à obrigação de pagar perdas e danos. Ora, as perdas e danos, de ordinário, são fixadas apenas por decisão judicial. Nesse caso, a fixação do termo inicial dos juros moratórios na data da citação se harmoniza com a regra implícita no art. 397, *caput*, de que nas obrigações que não desfrutam de certeza e liquidez, a mora é ex persona, ou seja, constitui-se mediante interpelação do credor" (EREsp 1.250.382-PR, Rel. Min. Sidnei Beneti, julgado em 2.4.2014).

51. STJ, Informativo nº 0612 Publicação: 25 de outubro de 2017."No **contrato** de promessa de compra e venda de imóvel em construção, além do período previsto para o término do empreendimento, há, comumente, cláusula de prorrogação excepcional do prazo de entrega da unidade ou de conclusão da obra, que varia entre 90 (noventa) e 180 (cento e oitenta) dias: a conhecida cláusula de tolerância. É certo que a esses **contratos** de incorporação imobiliária, embora regidos pelos princípios e normas que lhes são próprios (Lei n. 4.591/1964), também se aplica subsidiariamente a legislação consumerista sempre que a unidade imobiliária for destinada a uso próprio do adquirente ou de sua família. De qualquer modo, apesar de o Código de Defesa do Consumidor incidir na dinâmica dos negócios imobiliários em geral, não há como ser reputada abusiva a cláusula de tolerância. Isso porque existem no mercado diversos fatores de imprevisibilidade que podem afetar negativamente a construção de edificações e onerar excessivamente seus atores, tais como intempéries, chuvas, escassez de insumos, greves, falta de mão de obra, crise no setor, entre outros contratempos. Assim, a complexidade do negócio justifica a adoção no instrumento contratual, desde que razoáveis, de condições e formas de eventual prorrogação do prazo de entrega da obra, o qual foi, na realidade, apenas estimado, tanto que a própria lei de regência disciplinou tal questão, conforme previsão do art. 48, § 2º, da Lei n. 4.591/1964. Logo, observa-se que a cláusula de tolerância para atraso de obra possui amparo legal, não constituindo abuso de direito (art. 187 do CC). Por outro lado, não se verifica também, para fins de mora contratual, nenhuma desvantagem exagerada em desfavor do consumidor, o que comprometeria o princípio da equivalência das prestações estabelecidas. Tal disposição contratual concorre para a diminuição do preço final da unidade habitacional a ser suportada pelo adquirente, pois

Prosseguindo, se houver cláusula determinando que o local do pagamento será o domicílio do devedor (dívida quesível), por mais que tenha sido prefixado termo para o cumprimento, enquanto o credor não se dirigir ao devedor para buscar o pagamento, não poderá este ser constituído em mora *ex re*.

Por outro ângulo, não havendo prazo assinalado ante a ausência de estipulação contratual, temos a mora *ex persona*, que apenas se aperfeiçoa por provocação do credor, mediante interpelação judicial ou extrajudicial (art. 397, parágrafo único, do CC). Vale dizer, pelo fato de as partes não terem prefixado um termo, será necessário que o credor formalmente estabeleça um momento para o cumprimento da obrigação.[52]

O termo *interpelação* é aqui utilizado de forma genérica, abrangendo qualquer espécie de convocação do devedor, seja por intimação, notificação, citação ou, mesmo, por atos mais singelos, como a expedição de carta ou fax. Fundamental, em qualquer das hipóteses, é o expresso e inequívoco ato de constituição de mora, desde que haja prova da ciência do devedor. Endossamos a opinião de Gustavo Tepedino e outros, no sentido de que "a função precípua da interpelação é a de convocar o devedor para o cumprimento da obrigação, constituindo o devedor em mora mesmo quando indica um valor excessivo do débito. A discussão do valor devido deve ser feita pelos meios próprios".[53]

---

ameniza o risco da atividade advindo da dificuldade de se fixar data certa para o término de obra de grande magnitude sujeita a diversos obstáculos e situações imprevisíveis. Por seu turno, no tocante ao tempo de prorrogação, deve ser reputada razoável a cláusula que prevê no máximo o lapso de 180 (cento e oitenta) dias, visto que, por analogia, é o prazo de validade do registro da incorporação e da carência para desistir do empreendimento (arts. 33 e 34, § 2º, da Lei n. 4.591/1964 e 12 da Lei n. 4.864/1965) e é o prazo máximo para que o fornecedor sane vício do produto (art. 18, § 2º, do CDC). Assim, a cláusula de tolerância que estipular prazo de prorrogação superior a 180 (cento e oitenta) dias será considerada abusiva, devendo ser desconsiderados os dias excedentes para fins de não responsabilização do incorporador" (REsp 1.582.318-RJ, Rel. Min. Ricardo Villas Bôas Cueva, DJe 21/9/2017).

52. STJ. Informativo nº 0567 Período: 21 de agosto a 2 de setembro de 2015. Terceira Turma TERMO INICIAL DE JUROS DE MORA EM COBRANÇA DE MENSALIDADE POR SERVIÇO EDUCACIONAL. Se o contrato de prestação de serviço educacional especifica o valor da mensalidade e a data de pagamento, os juros de mora fluem a partir do vencimento das mensalidades não pagas - e não da citação válida. O *caput* do art. 397 do CC/2002 dispõe que: "O inadimplemento da obrigação, positiva e líquida, no seu termo, constitui de pleno direito em mora o devedor". Por sua vez, o parágrafo único do mesmo dispositivo legal afirma que, "Não havendo termo, a mora se constitui mediante interpelação judicial ou extrajudicial". De fato, o citado dispositivo celebra a distinção clássica entre a mora *ex re* (ou automática), que se constitui pelo simples inadimplemento, e mora *ex persona*, que depende de interpelação. Mantendo a tradição do CC/1916, o diploma em vigor estabelece como regra geral que, se desobedecido o prazo estipulado para o cumprimento da obrigação, sua simples estipulação já dispensa ato do credor para constituir o devedor em mora. Assim, para que incida a regra da mora automática é necessário haver previsão contratual ou o concurso dos requisitos previstos no art. 397, *caput*: dívida líquida, certa e o inadimplemento da obrigação. Se o devedor acertou um prazo para cumprir a prestação e se não há dúvida quanto ao valor a ser pago, não há também razão para se exigir que o credor o advirta quanto ao inadimplemento. Nesses casos, aplica-se o brocardo *dies interpellat pro homine* (o termo interpela no lugar do credor). Na hipótese, a obrigação é positiva e certa, pois materializada em mensalidades de serviço educacional em valor estabelecido em contrato. Com efeito, a mora *ex re* independe de qualquer ato do credor, como interpelação ou citação, porquanto decorre do próprio inadimplemento de obrigação positiva, líquida e com termo implementado, cuja matriz normativa é atualmente o art. 397, *caput*, TJ.CC/2002. REsp 1.513.262-SP, Rel. Min. Ricardo Villas Bôas Cueva.

53. TEPEDINO, Gustavo. *Código Civil comentado,* v. 1, p. 717.

Os efeitos da mora na interpelação somente serão produzidos após o transcurso do prazo concedido ao devedor. Não existe um prazo genérico para a interpelação do devedor. Seja de 30, 15 ou dez dias, caberá ao credor conceder ao devedor prazo que seja adequado às circunstâncias, ou seja, um razoável período de tempo, de acordo com a maior ou menor dificuldade de cumprimento da prestação. Daí ser lícito ao magistrado aferir eventual ofensa ao princípio da proporcionalidade na determinação da mora *ex persona*, ao examinar as peculiaridades do caso.

Exemplificando: se *A* oferece um bem imóvel a *B*, através de contrato de comodato sem prazo, só poderá obter a devolução da coisa quando ultrapassado o prazo de restituição lançado na interpelação. Assim, se for concedido prazo de 30 dias para a devolução do bem, a pretensão de reintegração de posse surgirá no 31º dia, quando a posse justa terá se convertido em injusta, em razão da precariedade (art. 1.200 do CC).

De acordo com o art. 405 do Código Civil, contam-se os juros de mora desde a citação. À primeira vista, um dos efeitos materiais da citação é a constituição em mora do devedor, *ex vi* do exposto no art. 240 do CPC/15. Todavia, só podemos admitir a citação como elemento desencadeador dos efeitos da mora quando inexista fato anterior que a tenha materializado anteriormente.[54]

Frise-se, no entanto, que na mora *ex re* o termo do pagamento será a data considerada para o fluir dos juros, não a citação. Já nas obrigações sem prazo a mora do devedor resultará da interpelação, tendo a citação apenas o papel de constituir litigiosa a relação jurídica. Daí, apenas nas lides *declaratórias* ou *constitutivas* com efeitos patrimoniais é de rigor a constituição em mora com a citação, havendo oportunidade de adimplemento no próprio feito, ou então nas lides condenatórias em que o interessado descurou de efetuar qualquer forma de prévia interpelação extrajudicial.[55] A propósito, vale ressaltar o Enunciado 427 do Conselho de Justiça Federal: "Os juros de mora, nas obrigações negociais, fluem a partir do advento do termo da prestação, estando a incidência do disposto no artigo 405 da codificação

---

54. STJ. *Informativo* nº 0528, 23.10.2013 Primeira Seção: "DIREITO PROCESSUAL CIVIL. JUROS DE MORA EM CONDENAÇÕES IMPOSTAS À FAZENDA PÚBLICA. Na hipótese de condenação da Fazenda Pública ao pagamento de diferenças remuneratórias devidas a servidor público, os juros de mora deverão ser contados a partir da data em que efetuada a citação no processo respectivo, independentemente da nova redação conferida pela Lei 11.960/2009 ao art. 1º-F da Lei 9.494/1997. Isso porque a referida alteração legislativa não modificou o momento a ser considerado como termo inicial dos juros moratórios incidentes sobre obrigações ilíquidas, que continuou regido pelos arts. 219 do CPC e 405 do CC. REsp 1.356.120-RS, Rel. Min. Castro Meira.

55. STJ: Informativo nº 0545 Período: 10 de setembro de 2014. Quarta Turma DIREITO PROCESSUAL CIVIL. DEFINIÇÃO DO TERMO INICIAL DOS JUROS MORATÓRIOS EM SEDE DE LIQUIDAÇÃO. "Quando não houver, na sentença condenatória, definição do termo inicial para a contabilização dos juros moratórios decorrentes do inadimplemento de obrigação contratual, dever-se-á adotar na liquidação, como marco inicial, a citação válida do réu no processo de conhecimento. Preliminarmente, cumpre destacar que, apesar da omissão, os juros moratórios devem ser incluídos na liquidação, nos termos da Súmula 254 do STF. Nesse contexto, aplica-se o entendimento do STJ segundo o qual, na responsabilidade contratual, os juros moratórios devem ser aplicados a partir da citação inicial do réu, nos termos do art. 405 do CC (REsp 1.374.735-RS, Rel. Min. Luis Felipe Salomão, julgado em 5.8.2014).

limitada às hipóteses em que a citação representa o papel de notificação do devedor ou àquelas em que o objeto da prestação não tem liquidez".

Arnaldo Rizzardo admite que "se arraigou nos tribunais uma exegese de somente se fixar os juros de mora a partir da citação, embora vencidas as obrigações, e constituída a mora, especialmente nas ações de cobrança. Sendo *ex re* a mora, ou já assinalada quando inicia, ingressa-se de imediato com a ação judicial. Não traz a citação efeitos de constituir em mora. Se *ex persona*, imprescindível, antes do ajuizamento, o ato que coloca em mora o devedor, o que permite a contagem dos juros".[56]

Antes da vigência do Código Civil de 2002 as obrigações comerciais não se submetiam às mesmas regras das obrigações civis. Mesmo que houvesse previsão de termo nos contratos comerciais, a mora apenas se configurava com o ato da interpelação (*ex persona*). Porém, com a unificação do regime das obrigações civis e comerciais e a revogação da primeira parte do Código Comercial pelo art. 2.045 do Código Civil, doravante deveremos aplicar às relações empresariais o modelo da mora *ex re* em todos os negócios jurídicos em que se estipula prazo para pagamento.

Interessante figura é a da *mora presumida*. Nas obrigações provenientes de atos ilícitos (responsabilidade extracontratual), é dispensada a notificação do causador do dano, pois ele assume os riscos no momento em que perpetra o delito, na feliz linguagem do art. 398 do Código Civil.

Aliás, dispõe a Súmula 54 do Superior Tribunal de Justiça que "os juros moratórios fluem a partir do evento danoso, em caso de responsabilidade extracontratual". Portanto, se o motorista *A* atropelar o pedestre *B*, provada a culpa e posteriormente condenado o condutor do veiculo pelo ato ilicito, os juros de mora serão aplicados retroativamente à data do evento. Contudo, existem situações limítrofes, nas quais o intérprete terá de aferir se a relação jurídica entre as partes é contratual ou extracontratual, a fim de se estabelecer o termo a quo de incidência dos juros de mora.[57]

Outrossim, estende-se a aplicação do art. 398 do Código Civil às hipóteses de responsabilidade objetiva. Por isso, na responsabilidade civil de patrões por atos de empregados, aquele será constituído em mora a partir do instante em que o seu empregado cause dano a terceiros.

---

56. RIZZARDO, Arnaldo. *Direito das obrigações*, p. 488.

57. "O principal questionamento jurídico aventado no recurso especial consiste em saber qual o marco inicial dos juros de mora, que tem por base o reconhecimento de abuso no exercício do mandato por parte dos procuradores da parte autora em processo judicial; se da data da citação (art. 405 do CC/02) ou a partir do ato ilícito consistente no abuso do exercício do mandato (art. 398 do CC/02). No presente caso, observa-se um desacerto contratual, consubstanciado na falta de convergência quanto ao montante correto, em razão de divergência na interpretação de cláusula contratual. Com efeito, o termo inicial dos juros moratórios não é determinado pela modalidade de dano a ser reparado, mas a partir da natureza da relação jurídica mantida entre as partes, podendo ser contratual ou extracontratual. Sendo assim, decorrendo a mora de desacerto contratual em torno da interpretação de cláusula do contrato, a citação deve ser o marco inicial da fluência dos juros moratórios. Isto é, exige-se a prévia constituição em mora do devedor, com a consequente interpelação judicial, para sua ciência da pretensão autoral acerca de valores repassados a menor"(STJ, Informativo 602, REsp 1.403.005-MG, Rel. Min. Paulo de Tarso Sanseverino, DJe 11/4/2017).

Contudo, redobrada cautela há de ser adotada nos casos de responsabilidade extracontratual em que a condenação compreenda prestações mensais e sucessivas. Se houver a fixação de pensionamento mensal, os efeitos da mora serão contabilizados a partir do vencimento de cada prestação, e não da data do evento danoso ou da citação.[58]

Portanto, uma correta leitura do art. 405 requer que a sua fórmula seja considerada como uma regra geral[59] que será excepcionada nas hipóteses do art. 398 (mora presumida por ato ilícito) e do Comando 397 (mora *ex re* e *ex persona* com interpelação anterior ao processo), ambos do Estatuto do Cidadão.[60]

---

58 STJ. Quarta Turma. TERMO INICIAL DE JUROS MORATÓRIOS QUANDO FIXADA PENSÃO MENSAL A TÍTULO DE RESPONSABILIDADE CIVIL EXTRACONTRATUAL. Em caso de responsabilidade extracontratual, os juros moratórios deveriam começar a correr a partir do ato danoso e não a partir da citação, como normalmente ocorre nas relações contratuais. Ocorre que, da ratio decidendi refletida na aludida súmula, infere-se que a fixação do valor indenizatório (sobre o qual incidirá os juros de mora, a partir do evento danoso) corresponde a uma única prestação pecuniária. É justamente neste aspecto - do modus operandi da prestação pecuniária - que reside a distinção entre o caso aqui analisado e os casos aos quais se aplica a referida Súmula n. 54 do STJ. No caso em análise, no qual há fixação de pensão mensal, embora se trate de relação extracontratual, observa-se que a prestação não é de cunho singular (pagável uma única vez), sendo, na verdade, obrigação de trato sucessivo. Dessa forma, os juros moratórios a serem acrescidos ao valor pago a título de pensão mensal não devem ser contabilizados a partir do ato ilícito (por não ser uma quantia singular), tampouco da citação (por não ser ilíquida). Com efeito, o art. 397, caput, do CC/2002 (art. 960 do CC/1916) - segundo o qual "O inadimplemento da obrigação, positiva e líquida, no seu termo, constitui de pleno direito em mora o devedor" -, adotando o adágio dies interpellat pro homine (o termo interpela em lugar do credor), regula a mora ex re, na qual o mero advento do tempo, sem o cumprimento da obrigação positiva e líquida, constitui o devedor automaticamente em mora, haja vista que, sendo o devedor sabedor da data em que deve ser adimplida a obrigação líquida, descabe advertência complementar por parte do credor. Dessa maneira, havendo obrigação líquida e exigível a determinado termo (desde que não seja daquelas em que a própria lei afasta a constituição de mora automática), o inadimplemento ocorrerá no vencimento. Além do mais, quanto às parcelas vincendas, não há razão para a contabilização de juros moratórios. Isso se deve ao fato de que tais parcelas carecem de um dos requisitos fundamentais para que haja a cobrança pelo credor, que é a exigibilidade da obrigação. No caso da pensão, por ser de trato mensal, ela somente passa a ser exigida a partir do seu vencimento, fator que, por óbvio, não foi alcançado pelas parcelas vincendas. Dessa forma, se não há como exigir uma prestação, por ela não ter se constituído, tampouco há falar em mora, pois ainda não há inadimplência do devedor. Aliás, se assim não fosse, o devedor estaria sendo rotulado como inadimplente antes mesmo de se constituir a obrigação. Em outras palavras, sem o perfazimento da dívida, não há como imputar ao devedor o estigma de inadimplente e o indébito da mora, notadamente se este for pontual no seu pagamento. REsp 1.270.983-SP, Rel. Min. Luis Felipe Salomão, DJe 5/4/2016.

59. STJ: Informativo nº 0521 Período: 26 de junho de 2013. Corte Especial DIREITO CIVIL. TERMO INICIAL DOS JUROS DE MORA NO CASO DE RESPONSABILIDADE CIVIL CONTRATUAL. "Na hipótese de condenação de hospital ao pagamento de indenização por dano causado a paciente em razão da má prestação dos serviços, sendo o caso regido pelo CC/1916, o termo inicial dos juros de mora será a data da citação, e não a do evento danoso. Isso porque, nessa situação, a responsabilidade civil tem natureza contratual" (EREsp 903.258-RS, Rel. Min. Ari Pargendler, julgado em 15.5.2013).

60. STJ: Informativo nº 0539 Período: 15 de maio de 2014. Terceira Turma DIREITO CIVIL. TERMO INICIAL DOS JUROS DE MORA RELATIVOS À EXECUÇÃO DESAUTORIZADA DE OBRA MUSICAL. "Contam-se da execução pública não autorizada de obra musical – e não da data da citação – os juros de mora devidos em razão do não recolhimento de direitos ao Escritório Central de Arrecadação e Distribuição (ECAD). O ECAD – órgão instituído e administrado pelas associações de gestão coletiva musical, mandatárias de todos os titulares de obras musicais a elas filiados – intermedeia, em nome dos autores de composições musicais, a arrecadação, distribuição e fiscalização dos seus direitos. Assim, deve-se determinar não a natureza da relação entre os executores de composições musicais e o ECAD, e sim a natureza da relação entre esses executores e os próprios autores, que são apenas representados pelo ECAD na arrecadação e fiscalização de seus direitos. Nesse aspecto, ganha relevância o comando do art.

Sobreleva acentuar, ademais, que na legislação esparsa incidem hipóteses de exigência de interpelação prévia, mesmo em contratos com cláusula resolutiva expressa. Ilustrativamente, o art. 525 do Código Civil dispõe que "o vendedor somente poderá executar a cláusula de reserva de domínio após constituir o comprador em mora, mediante protesto do título ou interpelação judicial". Percebe-se que a finalidade da norma não foi a de converter a mora ex re em ex persona, pois as consequências pecuniárias listadas no art. 525 são imediatas para o adquirente em atraso (v.g. juros de mora). Em verdade, o desiderato legislativo foi o de garantir que as pretensões exercitadas contra o comprador sejam devidamente comprovadas pelo vendedor em seus fundamentos. Com efeito, deve ser observado que a mora do comprador nasce do descumprimento da obrigação de adimplir as prestações ajustadas, haja vista que essas têm data certa de vencimento. É, portanto, mora *ex re*, cujos efeitos se operam a partir do inadimplemento. Enfim, a regra estabelece, apenas, a necessidade de comprovação da mora do comprador como pressuposto para a execução da cláusula de reserva de domínio, tanto na ação de cobrança das prestações vencidas e vincendas, como na ação de recuperação da coisa. Visa o ato, desse modo, conferir segurança jurídica às partes, funcionando, também, como oportunidade para que o comprador, adimplindo as prestações, evite a retomada do bem pelo vendedor.[61]

---

68 da Lei 9.610/1998, segundo o qual, sem prévia e expressa autorização do titular, não poderão ser utilizadas composições musicais em representações e execuções públicas. Necessário distinguir ainda a relação decorrente da execução desautorizada de composição musical, daquela derivada da execução realizada mediante prévia autorização do titular. Evidentemente, na execução comercial desautorizada de obra musical, a relação entre o titular da obra e o executor será extracontratual, ante a inexistência de vínculo entre as partes. Todavia, a situação muda de figura quando a execução comercial de composições musicais advém de prévia autorização do titular, ainda que por intermédio do ECAD, em que há autêntico acordo de vontades para a cessão parcial, temporária e não exclusiva de direitos autorais. Em suma, na execução comercial desautorizada de obras musicais a relação entre executor e ECAD (mandatário dos titulares das obras) é extracontratual, de sorte que eventual condenação judicial fica sujeita a juros de mora contados desde o ato ilícito, nos termos do art. 398 do CC e da Súmula 54 do STJ. E na execução comercial autorizada a relação entre executor e ECAD é contratual, de maneira que sobre eventual condenação judicial incidem juros de mora contados desde a citação, nos termos do art. 405 do CC" (REsp 1.424.004-GO, Rel. Min. Nancy Andrighi, julgado em 25.3.2014).

61. "A controvérsia trazida a debate consiste em definir se, na ação de apreensão e depósito de bem objeto de contrato de venda com reserva de domínio, a comprovação da mora do comprador somente pode ocorrer mediante protesto. Nos termos do art. 526 do CC/02, na hipótese de mora do comprador no adimplemento das prestações, abrem-se ao vendedor duas alternativas: a) o ajuizamento de ação para a cobrança das prestações vencidas e vincendas, com os acréscimos legais; ou, b) a recuperação da posse da coisa vendida. Como se extrai da literalidade do mencionado dispositivo legal, essas alternativas são excludentes entre si: cabe ao vendedor optar pela cobrança das prestações em atraso e do saldo devedor em aberto – o inadimplemento resulta no vencimento antecipado da dívida – ou pelo exercício de seu direito potestativo de desconstituição do negócio jurídico, por meio da recuperação da coisa vendida (o que não prejudica seu direito à compensação pela depreciação do bem e outras despesas decorrentes do inadimplemento, conforme o disposto no art. 527 do CC/02). Independentemente da opção exercida pelo vendedor, é imprescindível "a constituição do comprador em mora", que, nos termos do art. 525 do CC/02, ocorre mediante protesto do título ou interpelação judicial. A redação desse dispositivo legal pode levar à equivocada compreensão de que a mora do comprador apenas se caracteriza a partir do ato do protesto ou da interpelação judicial. Contudo, não é esse o verdadeiro alcance da norma. Com efeito, deve ser observado que a mora do comprador se configura com sua simples omissão em efetuar o pagamento das prestações ajustadas, haja vista que essas têm data certa de vencimento. É, portanto, mora ex re, cujos efeitos – a exemplo da incidência de juros – se operam a partir do inadimplemento" (STJ, Informativo 601, REsp 1.629.000-MG, Rel. Min. Nancy Andrighi, DJe 4/4/2017).

Com essa mesma finalidade, percebe-se que nos contratos de compromisso de compra e venda de imóveis loteados urbanos (Lei nº 6.766/79, art. 32) e rurais (Decreto-lei nº 58/37, art. 14), impõe-se a notificação premonitória no registro imobiliário com concessão de prazo de 30 dias ao compromissário comprador inadimplente, mesmo que se tenha estipulado como intransponível o dia de vencimento das parcelas. Tratando-se de imóveis não loteados (Decreto-Lei nº 745/69), requer-se prévia notificação no prazo de 15 dias. Demais disso, como reza a Súmula 76 do Superior Tribunal de Justiça, mesmo ao compromisso de compra e venda não registrado aplica-se a interpelação prévia.

Neste sentido a Súmula 369 do Superior Tribunal de Justiça aplicável ao *leasing*: "o contrato de arrendamento mercantil, ainda que haja cláusula resolutiva expressa, é necessária a notificação prévia do arrendatário para constituí-lo em mora. Na mesma senda, a súmula n. 616, do STJ: "A indenização securitária é devida quando ausente a comunicação prévia do segurado acerca do atraso no pagamento do prêmio, por constituir requisito essencial para a suspensão ou resolução do contrato de seguro". Nos dois exemplos o credor (arrendador ou seguradora) deverá constituir o arrendatário/segurado em mora, mediante interpelação extrajudicial. Assim, não basta o atraso no pagamento da prestação/parcela do prêmio, para o desfazimento automático do contrato, sendo necessária a prévia constituição em mora. Figurativamente, caso A olvide o pagamento de duas prestações securitárias consecutivas ao tempo do seu óbito, sem que a seguradora credora o tenha notificado, os beneficiários de A farão jus à indenização securitária diante da omissão da empresa na interpelação.

Já no Decreto-lei nº 911/69 – que, mesmo após a vigência do novo Código Civil, ainda disciplina os aspectos processuais da propriedade fiduciária, com as alterações do art. 56 da Lei nº 10.931/2004 –, tem-se a interpelação como formalidade essencial para a concessão em juízo da medida liminar de busca e apreensão, em caso de mora na obrigação de pagamento. Apesar de a mora ser automaticamente induzida pelo vencimento do termo ajustado entre as partes, consistirá a notificação do devedor pressuposto processual à consecução da medida satisfativa. Aqui a interpelação não constitui o devedor em mora, porém prova a sua existência, conforme a exigência da Súmula 72 do Superior Tribunal de Justiça.

5.2.4 Purgação da mora

Se a prestação ainda puder ser útil a uma das partes e, portanto, não se tenha dado o inadimplemento absoluto, faculta a lei à outra parte o recurso da purgação ou emenda da mora. Purgar significa purificar, limpar, fazer desaparecer o estado de atraso no cumprimento da obrigação. Na feliz definição de Sílvio Rodrigues, a purga da mora é o procedimento espontâneo do contratante moroso, pelo qual ele se prontifica a remediar a situação a que deu causa, sujeitando-se aos efeitos dela decorrente.[62]

A purgação da mora não se identifica com o cumprimento da obrigação propriamente dito, mas com a oferta da prestação, seja pelo devedor moroso, seja pelo credor, ao aceitar o seu recebimento. Esse entendimento deflui da própria dicção do art. 401 do Código Civil.

O Código Civil refere-se a duas hipóteses de mora:

a) Quando a mora for do devedor, oferecerá ao credor prestação originária acrescida da eventual importância das perdas e danos, consistente nos prejuízos verificados até a data da oferta, a teor do art. 401, I, do Código Civil. Não se deve esquecer da possibilidade de prefixação de perdas e danos pela prévia imposição de pena convencional moratória, cláusula acessória que evita o processo de liquidação de prejuízos e dispensa a discussão acerca da real verificação dos danos (art. 411 do CC). Ademais, hão de acrescer-se ao montante final os juros moratórios (legais ou contratuais), na acepção do art. 404 do Código Civil.

Via de consequência, a situação originária será restaurada, se o pagamento resultar em cumulação entre a obrigação originária e as perdas e danos advindos da mora (danos emergentes e/ou lucros cessantes), além da incidência cumulativa dos juros de mora (legais ou convencionais), acrescidos da correção monetária desde o curso da data do efetivo prejuízo (Súmula 43 do STJ).

b) Quando a mora for do credor, a purgação dar-se-á no momento em que ele se oferecer para receber o pagamento. Certamente, deverá sujeitar-se aos efeitos da mora até tal data (art. 401, II, do CC), além de reembolsar eventuais despesas da outra parte com a conservação da coisa. Ao contrário do devedor – que responde por perdas e danos pelos prejuízos que provocou com a mora o credor não indeniza prejuízos, a não ser aqueles ligados ao custo da conservação da coisa pelo devedor.[63]

No particular, explica Renan Lotufo que o credor moroso não incidirá em perdas e danos, pelo fato de ele "não estar, em princípio, obrigado a receber, pois o que o devedor tem é o direito de se liberar da obrigação, o que é diverso. Daí que pode alcançar a liberação mediante a consignação em pagamento. Isso não significa que não possa a atitude do credor gerar despesas e encargos para o devedor, que tem direito de ser ressarcido pelas mesmas".[64]

---

62. RODRIGUES, Sílvio. *Direito civil*, p. 250.

63. STJ. REsp 796714/MG, Rel. Min. HUMBERTO GOMES DE BARROS 3.T., *DJ* 14.5.2007: "A inadimplência do credor que se recusa a receber prestação nos termos de acordo firmado não cessa com a consignação em pagamento, pelo devedor, do valor recusado. A consignação não purga a mora accipiendi. A inércia do credor justifica a cobrança da multa por inadimplemento, prevista no contrato."

64. LOTUFO, Renan. *Código Civil comentado*, v. 2, p. 456.

No bojo da relação processual, o credor terá a alternativa de levantar o depósito ou oferecer resposta na ação de consignação em pagamento (art. 542, II, do CPC/15). Comparecendo em juízo e recebendo o pagamento, responderá por custas e honorários, ainda que não tenha contestado, pois a pretensão será julgada procedente, liberando-se o devedor da obrigação.

Ao contrário do seu antecessor, o Código Civil de 2002 não prevê a figura da mora simultânea, que seria a mora do devedor e do credor ao mesmo tempo. Consistia esta na situação em que a mora de uma das partes seria anulada pela da outra, sem que pudessem imputar-se reciprocamente os efeitos deletérios do inadimplemento relativo. A partir da vigência do novo Código, não mais se admitirá tal situação, pois, se houver mora de ambos, em verdade elas se anularão, nada se podendo exigir mutuamente. A responsabilidade da mora será do credor ou do devedor; não há possibilidade de cumulatividade.

Se por um ângulo não se cogita da mora simultânea, é razoável admitir a mora alternativa. Ela ocorre quando as moras de credor e devedor são sucessivas, isto é, inicialmente o devedor culposamente abstém-se de pagar, porém, quando pretende realizar o pagamento, o credor injustificadamente recusa-se em receber. Apesar de inexistir regra no particular, será equitativo impor as consequências da mora a cada um deles, de acordo com os períodos em que atuaram contrariamente ao direito.

Até que momento poderá o devedor purgar a mora? Corrente tradicional só permite o saneamento da mora até o instante do ajuizamento da ação pelo credor, pois a negligência do devedor não mais o beneficiará após a instauração da lide. Todavia, sob pena de anularmos um critério lógico, entendemos que, mesmo no transcurso do processo, há a possibilidade de purgação da mora, desde que o magistrado observe a permanência da utilidade da prestação primária em proveito do credor – evidentemente, pagando o devedor as custas judiciais e honorários advocatícios.

Não se admite a resolução do contrato pelo credor, pela própria violação de sua função social, enquanto o atraso do devedor não se equiparar ao descumprimento definitivo pela total inutilidade da coisa ao credor, mesmo que haja uma mera redução de sua utilidade. Caberá ao magistrado observar se, objetivamente, o tempo decorrido de atraso geraria para qualquer pessoa na mesma situação do credor uma percepção de inutilidade da prestação. Caso o juiz constate a persistência do interesse no adimplemento, o devedor manterá a faculdade de reverter o quadro de mora, realizando a prestação em atraso.

Porém, havendo inserção de cláusula resolutiva expressa (art. 474, CC), restará obstaculizado o poder do devedor de purgar a mora, eis que as partes previamente ajustaram que o momento do vencimento da obrigação seria aquele em que definitivamente o credor perde o interesse na prestação. Certamente, com base no princípio da autonomia privada, o credor poderá renunciar à cláusula e receber a prestação, acrescida dos consectários legais, caso o seu interesse remanesça, apesar da mora.

Na ação de despejo (art. 62 da Lei nº 8.245/91) é viável a purga da mora até o prazo de 15 dias contados da citação. Esse prazo se justifica, pois, apesar da dívida ser pecuniária, a sanção pelo inadimplemento consiste na devolução do bem locado, e não em indenização em dinheiro.

Insta acentuar a impossibilidade de purga da mora nos contratos de alienação fiduciária firmados na vigência da Lei 10.931/2004, que alterou o art. 3º, §§ 1º e 2º, do Decreto-lei 911/69. No regime atual compete unicamente ao devedor, no prazo de cinco dias após a execução da liminar na ação de busca e apreensão, pagar a integralidade da dívida – entendida esta como os valores apresentados e comprovados pelo credor na inicial –, sob pena de consolidação da propriedade do bem móvel objeto de alienação fiduciária.[65] Em sentido diverso, tratando-se de alienação

65. STJ: Informativo nº 0540 Período: 28 de maio de 2014. Segunda Seção DIREITO CIVIL. IMPOSSIBILIDADE DE PURGAÇÃO DA MORA EM CONTRATOS DE ALIENAÇÃO FIDUCIÁRIA FIRMADOS APÓS A VIGÊNCIA DA LEI 10.931/2004. RECURSO REPETITIVO. "De início, convém esclarecer que a Súmula 284 do STJ, anterior à Lei 10.931/2004, orienta que a purgação da mora, nos contratos de alienação fiduciária, só é permitida quando já pagos pelo menos 40% (quarenta por cento) do valor financiado. A referida súmula espelha a redação primitiva do § 1º do art. 3º do Decreto-lei 911/1969, que tinha a seguinte redação: 'Despachada a inicial e executada a liminar, o réu será citado para, em três dias, apresentar contestação ou, se já houver pago 40% (quarenta por cento) do preço financiado, requerer a purgação de mora.' Contudo, do cotejo entre a redação originária e a atual – conferida pela Lei 10.931/2004 –, fica límpido que a lei não faculta mais ao devedor a purgação da mora, expressão inclusive suprimida das disposições atuais, nao se extraindo do texto legal a interpretação de que é possível o pagamento apenas da dívida vencida. Ademais, a redação vigente do art. 3º, §§ 1º e 2º, do Decreto-lei 911/1969 estabelece que o devedor fiduciante poderá pagar a integralidade da dívida pendente e, se assim o fizer, o bem lhe será restituído livre de ônus, não havendo, portanto, dúvida acerca de se tratar de pagamento de toda a dívida, isto é, de extinção da obrigação. Vale a pena ressaltar que é o legislador quem está devidamente aparelhado para apreciar as limitações necessárias à autonomia privada em face de outros valores e direitos constitucionais. A propósito, a normatização do direito privado desenvolveu-se de forma autônoma em relação à Constituição, tanto em perspectiva histórica quanto em conteúdo, haja vista que o direito privado, em regra, disponibiliza soluções muito mais diferenciadas para conflitos entre os seus sujeitos do que a Constituição poderia fazer. Por isso não se pode presumir a imprevidência do legislador que, sopesando as implicações sociais, jurídicas e econômicas da modificação do ordenamento jurídico, vedou para alienação fiduciária de bem móvel a purgação da mora, sendo, pois, a matéria insuscetível de controle jurisdicional infraconstitucional. Portanto, sob pena de se gerar insegurança jurídica e violar o princípio da tripartição dos poderes, não cabe ao Poder Judiciário, a pretexto de interpretar a Lei 10.931/2004, criar hipótese de purgação da mora não contemplada pela lei. Com efeito, é regra basilar de hermenêutica a prevalência da regra excepcional, quando há confronto entre as regras específicas e as demais do ordenamento jurídico. Assim, como o CDC não regula contratos específicos, em casos de incompatibilidade entre a norma consumerista e a aludida norma específica, deve prevalecer essa última, pois a lei especial traz novo regramento a par dos já existentes. Nessa direção, é evidente que as disposições previstas no CC e no CDC são aplicáveis à relação contratual envolvendo alienação fiduciária de bem móvel, quando houver compatibilidade entre elas. Saliente-se ainda que a alteração operada pela Lei 10.931/2004 não alcança os contratos de alienação fiduciária firmados anteriormente à sua vigência. De mais a mais, o STJ, em diversos precedentes, já afirmou que, após o advento da Lei 10.931/2004, que deu nova redação ao art. 3º do Decreto-lei 911/1969, não há falar em purgação da mora, haja vista que, sob a nova sistemática, após o decurso do prazo de 5 (cinco) dias contados da execução da liminar, a propriedade do bem fica consolidada em favor do credor fiduciário, devendo o devedor efetuar o pagamento da integralidade do débito remanescente a fim de obter a restituição do bem livre de ônus" (REsp 1.418.593-MS, Rel. Min. Luis Felipe Salomão, julgado em 14.5.2014).

fiduciária de bem imóvel, a purga da mora pelo devedor é viável desde que ele seja intimado pessoalmente para tanto.[66]

Esta é a atual redação dada à Lei nº 8.245/91 pela Lei nº 12.212/2009: "Art. 62. [...] Parágrafo único. Não se admitirá a emenda da mora se o locatário já houver utilizado essa faculdade nos 24 (vinte e quatro) meses imediatamente anteriores à propositura da ação". Pela norma original, o locatário só não podia purgar a mora de novo se já tivesse exercido essa opção por duas vezes nos últimos 12 meses, o que raramente acontecia, porque o processamento de um despejo por falta de pagamento, do vencimento do aluguel à distribuição, citação e prazo para a emenda da mora dura pelo menos seis meses, de modo que havia quase que uma impossibilidade física de que a terceira ação de despejo ocorresse no tempo limitado de um ano. Consequência: essa não era uma maneira viável de se desalojar o inquilino indesejado.

Com a redação atual, o locatário só pode purgar a mora uma única vez no prazo de 24 meses. A sua possibilidade de recuperação foi reduzida a um quarto, de duas vezes por ano ou quatro em dois anos para uma única oportunidade em dois anos. Se antes o locador praticamente não tinha como despejar o locatário, porque – repita-se – ao interpor a terceira ação de despejo provavelmente já teriam decorrido 12 meses desde a primeira purgação da mora, agora é o locatário que está na difícil situação de perder sua moradia ou seu ponto de comércio se cochilar uma única vez

66 STJ. Informativo n. 0580. Período: 2 a 13 de abril de 2016. Terceira Turma. ALIENAÇÃO FIDUCIÁRIA DE BEM IMÓVEL E NECESSIDADE DE INTIMAÇÃO PESSOAL DO DEVEDOR PARA OPORTUNIZAR A PURGAÇÃO DE MORA. Em alienação fiduciária de bem imóvel (Lei n. 9.514/1997), é nula a intimação do devedor para oportunizar a purgação de mora realizada por meio de carta com aviso de recebimento quando esta for recebida por pessoa desconhecida e alheia à relação jurídica. Inicialmente, salienta-se o previsto no art. 26 da Lei n. 9.514/1997: "Art. 26. Vencida e não paga, no todo ou em parte, a dívida e constituído em mora o fiduciante, consolidar-se-á, nos termos deste artigo, a propriedade do imóvel em nome do fiduciário. § 1º Para os fins do disposto neste artigo, o fiduciante, ou seu representante legal ou procurador regularmente constituído, será intimado, a requerimento do fiduciário, pelo oficial do competente Registro de Imóveis, a satisfazer, no prazo de quinze dias, a prestação vencida e as que se vencerem até a data do pagamento, os juros convencionais, as penalidades e os demais encargos contratuais, os encargos legais, inclusive tributos, as contribuições condominiais imputáveis ao imóvel, além das despesas de cobrança e de intimação. (...) § 3º A intimação far-se-á pessoalmente ao fiduciante, ou ao seu representante legal ou ao procurador regularmente constituído, podendo ser promovida, por solicitação do oficial do Registro de Imóveis, por oficial de Registro de Títulos e Documentos da comarca da situação do imóvel ou do domicílio de quem deva recebê-la, ou pelo correio, com aviso de recebimento." Como se vê, o referido artigo é claro: a intimação do devedor deve ser pessoal. O dispositivo esclarece, ainda, que essa intimação pessoal pode ser realizada de três maneiras: a) por solicitação do oficial do Registro de Imóveis; b) por oficial de Registro de Títulos e Documentos da comarca da situação do imóvel ou do domicílio de quem deva recebê-la; ou c) pelo correio, com aviso de recebimento. Nesse contexto, verifica-se que o fato de a Lei n. 9.514/1997 ter atribuído ao credor a escolha da forma pela qual o devedor será constituído em mora não exclui a exigência de que a intimação seja pessoal. De fato, a necessidade de intimação pessoal decorre da previsão constitucional da propriedade como direito fundamental (art. 5º, XXII, da CF), o que torna justificável a exigência de um tratamento rigoroso ao procedimento que visa desapossar alguém (devedor) desse direito essencial. Ressalta-se, inclusive, a existência de entendimento doutrinário no sentido de que a intimação deve, em regra, ser realizada nas duas primeiras modalidades deferidas pela lei e apenas excepcionalmente pelo correio, meio pelo qual, no entender dessa vertente doutrinária, reveste-se de menor segurança. REsp 1.531.144-PB, Rel. Min. Moura Ribeiro, DJe 28/3/2016.

no cumprimento de sua obrigação de pagar os locativos em dia. Não há segunda chance. Estará totalmente à mercê do locador.[67]

Difere a purga da mora da figura da *cessação da mora*, que se verifica nas hipóteses de renúncia do débito pelo credor, ou mesmo a novação ou remissão do débito. Em todas essas situações, o desaparecimento da mora requer a intervenção da vontade do credor, no sentido de liberar o devedor das consequências do atraso, com o desaparecimento dos seus deletérios efeitos pretéritos e futuros. Já a purgação (emenda) da mora é um direito potestativo do devedor de submeter o credor ao término do inadimplemento, cujo prazo decadencial de exercício é a perda do interesse da prestação para o credor. Ao contrário das hipóteses de cessação da mora, a purga não desconstitui os efeitos pretéritos da mora, apenas os estanca, produzindo efeitos *ex nunc* – para o futuro –, respondendo o devedor por todas as penalidades pretéritas e danos produzidos (*v.g.*, juros e cláusula penal até a data da purga).

A título de conclusão, é sempre preciso lembrar que o abuso do direito é uma cláusula geral valiosa no novo Código Civil. Ela se manifesta quando alguém exercita o seu direito subjetivo de forma contrária aos limites impostos pelo ordenamento jurídico, violando a própria função social para a qual o direito subjetivo fora concedido ou, então, desvirtuando a boa-fé objetiva que deveria presidir a relação entre as partes (art. 187, CC). Assim, entendemos que, em relações obrigacionais de prestações sucessivas, haveria abuso do direito – e, portanto, ato ilícito objetivo – por parte daquele que reiterasse o direito à purgação da mora em várias oportunidades, demonstrando, assim, verdadeira quebra dos deveres de correção e confiança que devem presidir as relações contratuais. Norma semelhante já existe para a purgação da mora na Lei de Locação (art. 62, Parágrafo único, da Lei nº 8.245/91), limitando-se a utilização dessa faculdade a apenas uma única vez nos 24 meses imediatamente anteriores à propositura da ação de despejo contra o locatário.

Também consideramos inadmissível o afastamento da mora sob o pálio do simples ajuizamento pelo devedor de uma demanda de revisão contratual. Dirigir o direito de ação ao Estado-Juiz não corresponde à veracidade do mérito da pretensão lançada contra o credor. Proclama a Súmula 380 do Superior Tribunal de Justiça: "A simples propositura da ação de revisão de contrato não inibe a caracterização da mora do autor". Hipótese distinta, e que realmente afasta a caracterização da mora, é a constatação por sentença da procedência da pretensão quanto a exigência de encargos abusivos no contrato, durante o período da normalidade contratual.

5.3 Violação positiva do contrato

Com supedâneo na abstração e generalidade do princípio da boa-fé, alarga-se o conceito de adimplemento. Adimplir significará atender a todos os interesses

67. "Na ação de despejo, o prazo de 15 (quinze) dias para purgação da mora deve ser contado a partir da juntada aos autos do mandado de citação ou aviso de recebimento devidamente cumprido" (STJ, Informativo 593, REsp 1.624.005-DF, Rel. Min. Ricardo Villas Bôas Cueva, DJe 9/11/2016).

envolvidos na obrigação, abarcando tanto os deveres ligados à prestação propriamente dita, como aqueles relacionados à proteção dos contratantes em todo o desenvolvimento do processo obrigacional. O descumprimento dos deveres anexos provocará inadimplemento, com o nascimento da pretensão reparatória ou o direito potestativo à resolução do vínculo.

Apesar de variações doutrinárias, os deveres laterais podem ser classificados em três categorias: deveres de proteção, informação e cooperação. Os deveres de proteção relacionam-se ao acautelamento patrimonial e pessoal da contraparte. Surgem com muita frequência na responsabilidade pré-contratual, quando ainda não há um dever de prestação, mas já se exige um cuidado com a integridade do eventual parceiro. Já os deveres de cooperação pressupõem que as partes não pratiquem atos capazes de frustrar as finalidades materializadas no contrato. Isto é, pede-se um comportamento leal entre os contraentes, para que possam ser alcançados os objetivos convencionados (*v.g.*, dever de sigilo e de não concorrência). Enfim, os deveres de informação obrigam cada contratante a conceder ao outro amplo conhecimento acerca dos fatos relacionados ao objeto do contrato, para que todas as decisões possam ser fruto de uma vontade livre e real.

Em resumo, os deveres laterais alcançam todos os interesses conexos à execução do contrato. Excluem-se de seu âmbito todos aqueles deveres que não possam ser relacionados como necessários à realização da prestação.

A lesão aos deveres genéricos de proteção, informação e cooperação repercute na chamada violação positiva do contrato. Cuida-se de uma terceira modalidade de inadimplemento das obrigações. Menezes Cordeiro explica que a expressão *perturbação das prestações* é uma fórmula doutrinária conhecida pelos obrigacionistas, em que ficariam abrangidas as hipóteses de incumprimento definitivo, mora e cumprimento defeituoso. Trata-se de "espaço cômodo para abranger diversas eventualidades que impliquem a falta (no todo ou em parte) de cumprimento".[68]

O § 241, do BGB alemão, em sua versão antiga, proclamava que, "por força da relação obrigacional, o credor tem o direito de exigir uma prestação ao devedor. A prestação pode também consistir numa omissão". Na recente reforma do BGB de 2001 esse preceito não foi alterado, mas a ele foi aditado o nº 1, que dispõe: "a relação obrigacional pode obrigar, conforme o seu conteúdo, qualquer parte com referência aos direitos, aos bens jurídicos e aos interesses da outra".

Nota-se que a noção de obrigação se amplia. O seu conteúdo é reconduzido a deveres que serão determinados na concretude de cada situação. Enquanto o inadimplemento absoluto e a mora concernem ao cumprimento do dever de prestação, a violação positiva do contrato aplica-se a uma série de situações práticas de inadimplemento que não se relacionam com a obrigação principal – mais precisamente, o inadimplemento derivado da inobservância dos deveres laterais ou anexos.

68. CORDEIRO, António Manuel da Rocha e Menezes. *Da modernização do direito civil*: aspectos gerais, p. 101.

Em abastada monografia sobre o tema, Jorge Cesa Ferreira da Silva culmina por concluir que "a violação positiva do contrato, no direito brasileiro, corresponde ao inadimplemento decorrente do descumprimento de dever lateral, quando este dever não tenha uma vinculação direta com os interesses do credor na prestação".[69] Também é conhecido o modelo da violação positiva do contrato como *adimplemento ruim* ou *insatisfatório*, pois, apesar de alcançar-se o cumprimento do dever de prestação, sobejaram frustrados o exercício da boa-fé e a salvaguarda da confiança alheia.

A doutrina foi obrigada a construir a categoria da violação positiva do contrato, perante o silêncio da lei. A sua delimitação conceitual encontra raízes na formulação de Hermann Staub, no início do século XX. Na Alemanha, a reforma do BGB de 2001/2002 tratou da matéria, ainda que sem a nomear. Assim, conforme o § 280/1, "Compete ao devedor que viole um dever proveniente de uma relação obrigacional o dever de indenizar"; o § 324 permite, perante a violação de um dever proveniente de relação obrigacional, a resolução do contrato pelo credor.

O Código Civil de 2002 partiu de um modelo das obrigações ainda forjado em paradigmas da metade do século XX. Portanto, não houve oportunidade de codificar as doutrinas mais recentes, incluindo-se aí a violação positiva do contrato, cuja base científica é inequívoca. É algo a se lamentar, pois a perfeita delimitação dos diversos modelos jurídicos propicia conexões mais claras e seguras, concedendo-se ao aplicador do direito a possibilidade de fundamentar os seus pareceres e decisões de forma homogênea, sem que cada um deles precise, a cada nova controvérsia, elaborar interpretações distintas e setorizadas, que muitas vezes fragilizam a segurança jurídica.

De qualquer forma, a correta hermenêutica da função integrativa da boa-fé objetiva remete à aceitação da violação positiva do contrato pela janela da cláusula geral do art. 422 do Código Civil. Com tal propósito, editou-se o Enunciado 24 do Conselho de Justiça Federal: "em virtude do princípio da boa-fé, positivado no art. 422 do novo Código Civil, a violação dos deveres anexos constitui espécie de inadimplemento, independentemente de culpa".

A violação positiva do contrato como rompimento da relação de confiança que conecta as partes, mesmo que não atrelada aos deveres de prestação, deverá ser identificada em seus efeitos patrimoniais com o inadimplemento, para que dela se possa extrair o direito da parte ofendida à resolução do vínculo obrigacional ou, mesmo, à oposição da *exceptio non adimpleti*, inclusive com todas as consequências da responsabilidade civil, sobremaneira o dever de indenizar em prol do lesado.

Poderíamos exemplificar a violação positiva do contrato com base em três interessantes situações descritas alhures:

69. SILVA, Jorge Cesa Ferreira da. *A boa-fé e a violação positiva do contrato*, p. 266.

a) médico realiza tratamento e alcança a cura do paciente. Porém, a técnica empregada é extremamente dolorosa, quando existiam meios alternativos na ciência para se alcançar idêntico resultado sem que isto implicasse sofrimento para o paciente;

b) uma empresa contrata com agência de publicidade a colocação de *outdoors* pela cidade para a exibição de um novo produto. Todos os anúncios são colocados em locais de difícil acesso e iluminação, em que poucas pessoas tenham a possibilidade de visualizar a propaganda;

c) proprietário de haras adquire valioso cavalo e, em razão de falha no transporte, o animal chega a seu novo endereço magro e fragilizado.[70]

Nos três casos não podemos falar em inadimplemento absoluto, pois as prestações de fazer e de dar foram adimplidas. Explica Araken de Assis que "a terapêutica dolorosa e demorada ou o retorno insignificante da publicidade em consideração ao seu potencial, sem dúvida, ocasionam dano inconfundível com o produzido pela ausência e pelo equívoco da terapia ou pela má inserção da mensagem da propaganda".[71]

Nada obstante, nas três situações retratadas o adimplemento se deu de forma ruim, insatisfatória, ofendendo deveres instrumentais diretamente vinculados à realização da prestação, sejam eles deveres de proteção (1º caso), colaboração (2º caso), ou ambos (3º caso). Destarte, inserem-se dentre os deveres laterais "o dever de não destruir o patrimônio da outra parte com a execução do contrato, ou o de não informar as eventuais consequências danosas do mau uso da máquina instalada, ou o de instalar a máquina de modo a melhor atender os interesses do adquirente".[72]

Assim, adverte Orlando Gomes que, "sem dúvida, a violação positiva do crédito é admissível entre os modos de inexecução do contrato. Em alguns casos, autoriza, porém, o pedido de resolução do contrato, apresentando-se como especial modalidade de inadimplemento".[73]

Com base nessas ideias, percebemos irresistível tendência de vinculação dos direitos de personalidade à órbita dos direitos obrigacionais. A dignidade da pessoa humana é assentada com primazia sobre as relações patrimoniais, fazendo com que, em tempo próximo, os deveres de informação e cooperação elevem-se ao próprio *status* de prestação principal do devedor, e não a meros deveres anexos.

No campo da violação positiva do contrato, é possível também inserir a interessante figura do inadimplemento antecipado da obrigação, também chamada *"quebra antecipada do contrato"*. Paulo Roberto Nalin leciona que "aponta esta modalidade de descumprimento para a possibilidade real de um dos contratantes revelar,

---

70. RODRIGUES, Silvio. *Direito civil*: contratos, p. 83.
71. ASSIS, Araken de. *Resolução do contrato por inadimplemento*, p. 127.
72. SILVA, Jorge Cesa Ferreira da. *A boa-fé e a violação positiva do contrato*, p. 89.
73. GOMES, Orlando. *Obrigações*, p. 206.

expressamente, ou por meio de seus atos, que descumprirá (no futuro portanto) a parcela obrigacional a que está adstrito".[74]

As partes avençaram o momento para o adimplemento de suas respectivas obrigações, porém, em instante anterior ao termo pactuado, um dos contratantes já demonstra inequívoca intenção de não cumprir a sua prestação, pois pratica uma conduta concludente no sentido do inadimplemento.

A recusa antecipada ao cumprimento da obrigação é também uma forma de violação ao princípio da boa-fé, pois a conduta que denota a falta de interesse de uma das partes em cumprir o dever de prestar é certamente uma lesão ao dever de confiança que inspira qualquer relação negocial.

No sistema da *common law,* há o instituto do *anticipatory breach* (ruptura antecipada), que permite ao contratante, que previamente saiba da intenção de inadimplemento do outro, ajuizar ação de resolução contratual, já a partir do momento em que se caracterizou a negativa ao cumprimento.

Daí entendermos viável o exercício do direito resolutório quando, pelas circunstâncias do negócio jurídico, uma das partes constata inequivocamente, pelo comportamento da outra, que esta não cumprirá sua prestação. Seria uma espécie de antecipação de inadimplemento, em face da verificação de que um dos contratantes adota atitudes que futuramente inviabilizarão a satisfação de sua obrigação. Se uma das partes cometer certamente uma violação fundamental à obrigação, a outra parte poderá decretar a sua resolução. Nesse sentido, elogiável o teor do Enunciado 437 do Conselho de Justiça Federal: "A resolução da relação jurídica contratual também pode decorrer do inadimplemento antecipado."

Trata-se de situação que se vem tornando corriqueira na construção civil, quando o adquirente da unidade percebe que o prazo de entrega do imóvel aproxima-se. Apesar de beneficiado pelo prazo, o incorporador demonstra desídia, pois a construção ainda não começou a ser erguida ou, então, está apenas em sua fase inicial. Não haveria razão para o adquirente aguardar o prazo avençado com a construtora para só então postular pelos seus direitos. O ato de descumprimento antecipa os efeitos resolutórios e indenizatórios, que só se verificariam normalmente após o nascimento da pretensão.

Assim, evita-se procrastinar a espera de um termo contratual que provavelmente não terá a menor utilidade ao credor. Ao invés de aguardar o inadimplemento já revelado, antecipa a prestação jurisdicional e libera-se do vínculo, além de demandar as perdas e os danos, minorando os efeitos nocivos do descumprimento da obrigação. Em excelente obra dedicada ao tema, Anelise Becker coloca como imperativo o direito do credor à resolução do contrato, "máxime no momento em que ele, por sua vez, como devedor, é obrigado a cumprir uma prestação organicamente vinculada

74. NALIN, Paulo Roberto. *Responsabilidade civil*: descumprimento do contrato, p. 166.

a uma outra ainda futura, da qual é credor, porém já tendo sobre ela impendente a afirmação categórica ou indícios claros que não será cumprida".[75]

A resolução antecipada não é expressa em nossa legislação, não podendo ser confundida com o tradicional instituto do vencimento antecipado do débito. Este é restrito a situações que induzam o devedor à insolvência, conforme extrai-se do art. 333 do Código Civil. Já o inadimplemento antecipado verifica-se mesmo quando o devedor ainda for solvente, mas exteriorizar objetivamente a sua vontade de descumprir a obrigação.

No Brasil, a fragilidade doutrinária sobre o tema pode ser explicada pela ênfase que se concede ao princípio da conservação do negócio jurídico, que culmina por postergar qualquer medida da parte lesada apenas para o período posterior àquele que as partes convencionaram. Para evitar a concretização da lesão que já é razoavelmente esperada, conta o interessado com a tutela específica do adimplemento das obrigações de fazer ou de dar, materializada por técnicas processuais. Exemplificando: um jogador de futebol subscreve contrato com determinada empresa para apresentar-se em um evento, mas divulga na imprensa sua intenção em faltar. Certamente, a empresa poderá obter a tutela específica da obrigação de fazer, mediante a imposição persuasiva de *astreintes* (art. 497 do CPC/15), ou, então, resolver antecipadamente o contrato, com cumulação sucessiva de perdas e danos, evitando prejuízos maiores no futuro.

75. BECKER, Anelise. *Inadimplemento antecipado do contrato*, p. 78.

CAPÍTULO IX

Do Inadimplemento das Obrigações II – Consequências do Inadimplemento das Obrigações

A Rita matou nosso amor
De vingança
Nem herança deixou
Não levou um tostão
Porque não tinha não
Mas causou perdas e danos
Levou os meus planos
Meus pobres enganos
Os meus vinte anos
O meu coração
E além de tudo
Me deixou mudo
Um violão

(A Rita – Chico Buarque)

"O pagamento de dívidas é necessário para a ordem social.
O não pagamento é tão igualmente necessário para a ordem social.
Por séculos a humanidade oscilou, serenamente inconsciente,
entre estas duas necessidades contraditórias."

(Simone Weil)

1. PERDAS E DANOS

No balanço de perdas e danos
Já tivemos muitos desenganos
Já tivemos muito que chorar
Mas agora, acho que chegou a hora
De fazer valer o dito popular
Desesperar jamais
Cutucou por baixo, o de cima cai
Desesperar jamais
Cutucou com jeito, não levanta mais

(Desesperar jamais – Ivan Lins/Vitor Martins)

1.1 Noções gerais

Dispõe o art. 402 do Código Civil que, "salvo as exceções expressamente previstas em lei, as perdas e danos devidas ao credor abrangem, além do que ele efetivamente perdeu, o que razoavelmente deixou de lucrar". Essa norma se conecta aos arts. 186 e 927 do Código Civil, para ressaltar que no direito civil a inexistência do dano é óbice à pretensão de qualquer espécie de reparação.

Como explica Agostinho Alvim, "ainda mesmo que haja violação de um dever jurídico e que tenha existido culpa e até mesmo dolo por parte do infrator, nenhuma indenização será devida, uma vez que não se tenha verificado prejuízo. Essa regra decorre dos princípios, pois a responsabilidade, independentemente de dano, redundaria em mera punição do devedor, com invasão da esfera do direito penal".[1]

A configuração do ato ilícito independe do dano, todavia, o ilícito sem dano não é objeto de reparação, seja em sede de ato ilícito contratual – pelo inadimplemento – ou pela prática do ato ilícito extracontratual que redundará em responsabilidade civil. A responsabilidade civil, negocial ou extranegocial, é efeito de certos ilícitos civis, pois existem alguns ilícitos civis que não produzem, como eficácia, o dever de indenizar.

Nas esclarecedoras palavras de Felipe Peixoto Braga Netto, "não há fundamento teórico para tratar de forma distinta, ilícitos e responsabilidade civil. Seria, *mutatis mutandis*, o mesmo que confundir uma fábrica, produtora de um largo espectro de produtos, com apenas uma de suas produções. A nosso sentir, tal postura empobrece, inexplicavelmente, o contexto dos ilícitos, reduzindo o gênero ao estudo dos efeitos de uma de suas espécies".[2]

Aliás, em um ordenamento jurídico que prioriza a dignidade da pessoa humana não há mais espaço para a visão reducionista do ilícito ao mero dever de indenizar. A maximização da proteção à pessoa humana requer mecanismos preventivos

1. ALVIM, Agostinho. *Da inexecução da obrigação e suas consequências*, p. 181.
2. BRAGA NETTO, Felipe Peixoto. *Teoria dos ilícitos civis*, p. 15.

e inibitórios que tenham a aptidão de evitar o dano, acautelando-se os direitos da personalidade.

Mas, constatada a lesão, ingressamos no plano da eficácia da responsabilidade civil de duas formas distintas: se a conduta infringe um dever jurídico geral (arts. 186 e 187 do CC), pela contrariedade entre o comportamento do agente e a norma, seja por uma conduta culposa ou pelo abuso do direito, incidirá a responsabilidade civil ou extracontratual.

Em sociedade, temos um dever negativo de não causar danos a outrem – *neminem laedere*. A partir do momento em que o indivíduo viola o dever genérico de cuidado e causa danos a terceiros, surge o dever de indenizar, em decorrência da responsabilidade extracontratual (arts. 944 a 954 do CC). Vê-se que o causador do dano não mantinha relação jurídica preexistente com o lesado.

Todavia, quando a conduta praticada for contrária a uma relação obrigacional particularizada e preexistente, ofendendo-se um dever positivo de dar, fazer ou não fazer, ingressamos na seara da responsabilidade negocial, que será imputada àquele que gerou danos à outra parte da relação jurídica. A obrigação de ressarcir decorre tanto da inexecução total do vínculo obrigacional – *inadimplemento absoluto* – como do parcial – *mora*.

Pelo visto, a obrigação de ressarcir é comum às responsabilidades contratual e extracontratual. Mas, justamente pela diversidade de seus fundamentos, recebe tratamento diferenciado no Código Civil. Aliás, não passou despercebido a Fábio Ulhoa Coelho que "pagar indenização por perdas e danos pode ser a própria prestação a que se obriga o sujeito passivo ou um dos efeitos do inadimplemento (consectário). As obrigações derivadas de responsabilidade civil têm por objeto o pagamento das perdas e danos sofridos pelo credor. Nas demais obrigações, a indenização é devida pelo sujeito inadimplente como um dos acréscimos à prestação ou em substituição desta".[3]

A expressão *perdas e danos* é uma ocorrência típica da legislação brasileira, que, no fundo, implica redundância, pois perdas e danos compreendem apenas os danos emergentes. Melhor seria se seguíssemos o direito francês, no qual se consolidou a expressão *domages et intérêts*, que poderia ser vertido como "danos e interesses", abrangendo os danos emergentes e lucros cessantes.

O dano representa uma lesão em qualquer bem jurídico, seja ele patrimonial ou extrapatrimonial. No direito das obrigações, o dano equivale ao prejuízo suportado por uma das partes, em virtude do descumprimento do dever especial de prestar. O inadimplemento gera o dever de indenizar, sendo a reparação completa por envolver todo o prejuízo experimentado pelo lesado, de forma a reconstituir situação semelhante à que se encontraria antes da ofensa. A indenização dos danos proporcionará uma

3. COELHO, Fábio Ulhoa. *Curso de direito civil*, v. 2, p. 179.

compensação em prol de quem sofreu um menoscabo, representando uma exigência de justiça comutativa.

Caio Mário da Silva Pereira adverte que o dano indenizável é aquele que ostenta os requisitos da certeza e da atualidade. Atual será o dano que já existe ou existiu no momento da ação de responsabilidade e a certeza é o atributo do dano fundado sobre um fato preciso e não uma mera hipótese. Excluem-se de qualquer forma de reparação os danos meramente hipotéticos, que não serão realizados.[4] O dano eventual é aquele existente no imaginário, portanto não se confunde com o dano futuro (lucro cessante), que apesar de certo ainda não está definido quando a demanda indenizatória é proposta.

O dano que deva ser ressarcido demanda a presença de dois elementos: um de fato, que se manifesta pelo prejuízo; e outro de direito, consubstanciado pela lesão jurídica. A constatação do prejuízo em si será insuficiente para gerar a obrigação de indenizar. Pode acontecer que alguém pratique uma lesão a interesse de terceiros, sem que deva ressarcir os prejuízos causados, pois, na vida em sociedade, a ponderação de interesses determina que certas violações sejam suportadas por todos nós. Na ordem civil-constitucional, é fundamental qualificar o dano indenizável como o *dano injusto*. O dano injusto é uma lesão a um bem jurídico protegido pelo ordenamento jurídico.

Para facilitar a compreensão da expressão *dano injusto*, é razoável que se exemplifique: ilustrativamente, ninguém pode negar que sofre danos aquele empresário que perde clientes, em razão do início de uma atividade comercial concorrente em endereço próximo; outrossim, haverá prejuízos para o proprietário que perde a vista para o mar, em razão da edificação realizada pelo seu vizinho. Em comum, tanto os danos sofridos pelo comerciante como pelo proprietário, são certos e atuais. Porém, não haverá obrigação de indenizar, eis que se trata de lesões justificadas pelo sistema, com base, respectivamente, nos princípios da livre-iniciativa e defesa da ordem econômica (art. 170 da CF) e no direito de propriedade e sua função social (art. 5º, XXII e XXIII, da CF). Excepcionalmente, caracterizando-se os atos de concorrência desleal, no primeiro exemplo, e o abuso do direito de propriedade pelo construtor, no segundo caso, será caracterizado o dano injusto, com a imposição do ressarcimento.

Enfim, na concretude de cada contexto, o magistrado recorrerá a regra da proporcionalidade, para aferir os interesses contrapostos, balanceando o peso dos direitos que se colocam em situação de tensão, aferindo qual deles será merecedor de tutela diante das circunstâncias.[5]

---

4. PEREIRA, Caio Mário da Silva. *Responsabilidade civil*, p. 40.

5. STJ. *Informativo* nº 0486, 4.11.2011. 3. T.: "In casu, cuidou-se originariamente de ação de dissolução de sociedade e contrato de parceria, para pôr fim a contrato de joint venture por intermédio do qual as partes criaram sociedade empresarial. O juízo singular indeferiu o pedido de antecipação de tutela que buscava a imediata dissolução da empresa. Já o tribunal a quo antecipou os efeitos da tutela e determinou a sua dissolução. Portanto, a quaestio juris está em saber se é possível antecipar os efeitos da tutela e determinar a dissolução de empresa constituída a partir de contrato de joint venture. Nesse panorama, destacou a Min. Relatora que é facultado à parte lesada pelo inadimplemento contratual pedir a resolução do contrato, se

Os arts. 403 e 944 do Código Civil dispõem que a indenização será mensurada pela extensão do dano. Portanto, na aferição do *quantum* indenizatório, é prescindível a aferição do grau da culpa do agente, sendo suficiente a preocupação do magistrado com o vulto concreto dos prejuízos. Resta clara a intenção do legislador em demonstrar a finalidade ressarcitória dos danos no direito civil, focada na extensão da lesão, sendo vedada a sua ampliação, em razão de eventual comportamento doloso do ofensor. O aspecto punitivo é enfocado na seara criminal, em que o Estado busca reprimir condutas ofensivas à sociedade e prevenir novos ilícitos.

Excepcionalmente, com supedâneo no princípio da equidade, o juiz reduzirá o montante da indenização, se a pequena culpa do ofensor for desproporcional em comparação à enorme extensão do dano. Aplica-se o princípio da proporcionalidade, para afastar a reparação integral e mitigar a condenação do ofensor, quando restar provado que a negligência do causador do dano foi mínima, quase uma fatalidade, não sendo justo transferir a desgraça da vítima para o ofensor, a ponto de enfrentar vastíssimo prejuízo (art. 944, parágrafo único, do CC).

Na abalizada explicação de Milton Paulo de Carvalho Filho, "como a pequena culpa do autor pode conduzi-lo à ruína em razão do pagamento da indenização pelos danos suportados pela vítima, o Código Civil tratou de zelar para que injustiças como essas sejam evitadas, ao considerar que a gravidade da culpa, quando excessiva a desproporção entre ela e o dano, influenciará no montante da indenização a ser fixada pelo juiz, atendido o critério da equidade".[6]

Porém, a recíproca não é verdadeira, tanto em sede de responsabilidade civil como contratual. Isto é, com base na própria limitação do *caput* do art. 944, um dano de pequena monta não pode ser majorado judicialmente, em atenção à reprovação intensa da conduta do agente. No mesmo sentido, a teor do art. 403 do Código Civil,

---

não preferir exigir-lhe o cumprimento, cabendo, em qualquer dos casos, indenização por perdas e danos (art. 475 do CC). Entretanto, ressaltou que a exegese da norma não pode ser isolada, mas deve ser feita de forma sistemática, à luz dos demais preceitos e princípios consagrados pelo Codex Civil, em que devem ser sopesadas todas as regras de conduta aplicáveis à relação contratual, a fim de eleger a solução que melhor conciliar os diversos direitos envolvidos e trouxer menor prejuízo às partes. Dessa forma, consignou que, no caso, diante da indefinição quanto à parte que primeiro teria inadimplido o contrato, bem como em face dos riscos decorrentes da perpetuação do vínculo contratual, torna-se razoável mitigar parcialmente os efeitos do art. 475 do CC, rescindindo o contrato e deixando que eventuais prejuízos sejam compensados mediante indenização. Ademais, frisou que o pleno exercício da liberdade de contratar pressupõe um acordo que cumpra determinada função econômica e social, sem a qual não se pode falar em legítima manifestação de vontade. Assim, na espécie, não se mostra razoável impor a uma das partes a obrigação de se manter subordinada ao contrato se ele não cumprir nenhuma função social e/ou econômica. Pois, embora o comportamento exigido dos contratantes deva pautar-se pela boa-fé contratual, tal diretriz não obriga as partes a manter-se vinculadas contratualmente ad aeternum, mas indica que as controvérsias nas quais o direito ao rompimento contratual tenha sido exercido de forma desmotivada, imoderada ou anormal resolvem-se, se for o caso, em perdas e danos. Dessarte, concluiu que a rescisão do acordo de joint venture é a medida que melhor harmoniza os interesses de todas as partes direta ou indiretamente envolvidas no contrato, contemplando a sua função social e o princípio da boa-fé objetiva, bem como a melhor forma de os arts. 474 e 475 do CC incidirem na espécie." REsp 1.250.596-SP, Rel. Min. Nancy Andrighi.

6. CARVALHO FILHO, Milton Paulo de. *Indenização por equidade no novo Código Civil*, p. 115.

por mais que a conduta danosa do devedor seja dolosa e deliberadamente praticada no intuito de lesar o credor, o valor da indenização será limitado à extensão do prejuízo do credor.

Em sede de responsabilidade contratual, a distinção entre culpa e dolo, para fins de indenização, será relevante conforme a natureza do contrato. Conforme os termos do art. 392 do Código Civil, nos contratos onerosos, caracterizados por sacrifícios e vantagens recíprocas, ambos os contratantes respondem por culpa. Porém, tratando-se de contratos gratuitos, que beneficiem uma pessoa, ela responderá por simples culpa, enquanto aquele que não extrair qualquer vantagem do negócio jurídico somente será responsabilizado por dolo. A título ilustrativo, o comodatário será responsabilizado por qualquer forma de fruição do bem que escape à natureza do contrato (art. 583 do CC); já o comodante, que nada aufere de benefício à relação, somente se responsabilizará por evicção caso tenha agido dolosamente.

O que significaria a sentença que inicia o comando do art. 402 do Código Civil, "salvo as exceções expressamente previstas em lei"? Em algumas hipóteses taxativamente abordadas no Código Civil e localizadas na responsabilidade contratual, a prova do prejuízo pelo credor será dispensada. É o que se dá na imposição de pleno direito dos juros moratórios e cláusula penal (arts. 407 e 416, CC). A pena convencional é previamente estipulada pelas partes para a hipótese de inadimplemento, sem necessidade de posterior prova do prejuízo em caso de violação do contrato (art. 416 do CC). O mesmo se diga das arras penitenciais, à luz do art. 420 do Código Civil.

Nas três situações mencionadas, poderá até mesmo haver indenização sem a existência de qualquer dano real. Isso faz com que o legislador limite os valores destas reparações, fixando tetos. Ou seja: no fundo, não se trata de formas de indenização, mas de penas privadas, pois não é lógico cogitar-se de ressarcimento na ausência de dano. Agostinho Alvim explica que "a indenização, fora desses casos excepcionais, imposta em benefício de alguém que nada sofreu, ou além do que tenha sofrido, importaria num enriquecimento injustificado. E para quem pagasse seria uma pena. Não uma indenização".[7]

Por último, deve-se atentar para a parte final do art. 403 do Código Civil: "as perdas e danos só incluem os prejuízos efetivos e os lucros cessantes por efeito dela direto e imediato".

Ora, ao se referir a indenizabilidade do dano direto e imediato, o legislador levantou a intricada questão do nexo causal para a determinação da responsabilidade negocial. Aliás, trata-se do único dispositivo do CC/2002 que suscita a discussão acerca da causalidade.

Pela interpretação literal da referida norma, só surgirá a obrigação de indenizar se restar provado que o dano resultou de forma direta e imediata da conduta comissiva ou omissiva do devedor. Portanto, uma coisa é certa: o Código Civil exclui

7. ALVIM, Agostinho. *Da inexecução da obrigação e suas consequências*, p. 181.

a indenização do dano indireto e remoto, no qual o fato (conduta) do agente não provoca ele mesmo a lesão, porém desencadeia outra condição que a suscite.

De pronto, já se afasta a aplicação da teoria da equivalência dos antecedentes causais, que é bastante celebrada no direito penal (art. 13, CP). A teoria da *condicio sine qua non* desenvolvida pelo penalista germânico Von Buri explica que devem ser consideradas causas de um dano todas as condições sem as quais este não se teria produzido. A aplicação dessa concepção alargaria de forma demasiada o nexo causal, pois cada lesão poderia ser atribuída a uma enorme gama de responsáveis. De acordo com Binding, "a acolher-se a teoria da equivalência das condições em toda a sua extensão, talvez se tivesse de responsabilizar também, como partícipe do adultério, o próprio marceneiro que fabricou o leito no qual se deitou o casal amoroso".[8]

Em um giro de 180 graus, pareceria então, pela literalidade do art. 403, que o legislador adotou a teoria do dano direto e imediato. Porém, concordamos com Fernando Noronha quando aduz que o defeito de linguagem que o dispositivo evidencia, falando em "efeito direto e imediato", atraiçoa o espírito da lei. O Professor da Universidade Federal de Santa Catarina didaticamente traz a lume o clássico exemplo de Pothier, relativo ao negociante que vende uma vaca, escondendo o fato de ser ela portadora de patologia contagiosa. A vaca morreu e contagiou e matou o restante do rebanho do comprador. Este não pôde arar as suas terras, pela falta dos animais, e nada colheu. Como não tinha dinheiro para pagar as dívidas, sua propriedade rural foi executada e arrematada. No final, desiludido, o fazendeiro deu cabo de sua própria vida, deixando ao relento viúva e filhos.[9]

Certamente não serão indenizadas as consequências distantes do fato do alienante. Ou seja, o vendedor da vaca doente não será responsabilizado pela arrematação da fazenda, eis que o desequilíbrio financeiro do adquirente pode ter sido acarretado por outras concausas. Porém, se adotarmos a teoria do "dano direto e imediato", seguindo ao pé da letra o texto do art. 403, "até o exemplo formulado por Pothier, apesar de expressivo, seria inadequado para a finalidade pretendida, porque, nele, dano direto e imediato é apenas o prejuízo da perda da vaca: se o comprador não tivesse mais animais, ou se aquela tivesse ficado separada, não teria havido o contágio da peste. Entre a venda do animal doente e a morte dos restantes animais, está uma causa intermediária, que é o contágio".[10]

Sendo certo que as teorias da equivalência dos antecedentes causais e do dano direto e imediato se mostram extremadas, a doutrina concebeu uma tese intermediária, capaz de deliberar a tormentosa questão do nexo causal. Nesse sentido, forte impulso adquire a teoria da causalidade adequada. Essa teoria exprime a lógica do razoável, pois haverá nexo causal em toda situação que, pela ordem natural das

8. Apud TEPEDINO, Gustavo et al. *Código Civil interpretado conforme a Constituição da República*, v. 1, p. 729.
9. NORONHA, Fernando. *Direito das obrigações*, v. 1, p. 593.
10. NORONHA, Fernando. *Direito das obrigações*, v. 1. p. 594.

coisas, a conduta do agente adequadamente poderia produzir o dano. Se o magistrado observar que a lesão foi determinada por um acontecimento normalmente previsível pelas regras da experiência comum, certamente responsabilizará o ofensor pela teoria da causalidade adequada.

Sergio Cavalieri Filho narra que "nem todas as condições que concorrem para o resultado são equivalentes (como no caso da responsabilidade penal), mas somente aquela que foi a mais adequada a produzir concretamente o resultado".[11]

Assim, voltando ao exemplo de Pothier, temos que o contágio do rebanho pela doença da vaca alienada ao fazendeiro não pode ser considerada consequência direta do fato, mas também não é algo alheio à conduta do alienante. Muito pelo contrário, é um dano indireto, mas, por um juízo de probabilidade, inegavelmente uma consequência adequada do fato da venda do animal. Pelo curso normal das coisas, foi a ação dolosa do vendedor, por si só, que provocou a morte dos demais animais.

Não é outra a dicção da primeira parte do art. 375 do CPC/15: "o juiz aplicará as regras de experiência comum, subministradas pela observação do que ordinariamente acontece". A teoria da causalidade adequada é justificada pela regra da proporcionalidade, pois o magistrado partirá do senso comum da reiteração de certas práticas humanas para estabelecer a ponte entre o fato em discussão e aquilo que acontece no ordinário da vida.

2. DANO PATRIMONIAL

Por medida de economia
A moçada mudou sua filosofia
Pra poder se segurar
Pois o bicho quer pegar
Por medida de economia
Alterou a rotina do seu dia a dia
Pediu tempo pra pensar
Como é que vai ficar
Já são mais de vinte anos
Só de perdas e de danos
Vendo o barco afundar
E o povo naufragar

(Perdas e danos – Beth Carvalho)

2.1 O dano emergente e o lucro cessante

No conceito de Serpa Lopes, o dano patrimonial "é o que afeta a um interesse patrimonial, a um bem considerado como de ordem patrimonial, tradicionalmente estimável em dinheiro. Assim, entende-se por dano toda diminuição do patrimônio

---

11. CAVALIERI FILHO, Sergio. *Programa de responsabilidade civil*, p. 70.

do credor, quer consistente na perda sofrida (*damnum emergens*), quer num lucro de que haja sido privado (*lucrum cessans*)".[12]

Em sentido estrito, o dano é a lesão ao patrimônio, sendo ele abrangido pelo conjunto de bens, direitos e obrigações de uma pessoa, apreciáveis economicamente. Portanto, o dano patrimonial consiste na ofensa a um interesse econômico avaliável em dinheiro. A locução dano patrimonial é mais ampla que o simples "dano material". Este surge como contraposição ao dano pessoal, importando uma lesão que atinja determinada coisa. Todo dano material é por essência um dano patrimonial. Já o dano patrimonial tanto pode resultar do dano à coisa (material) como de um dano à pessoa. Basta pensar nos lucros cessantes consequentes a um homicídio, em favor dos familiares da vítima. Cuida-se de espécie de dano patrimonial que derivou de um dano à pessoa.

O dano patrimonial abrange os *danos emergentes* (dano positivo) e os *lucros cessantes* (dano negativo). O ressarcimento tem o condão de repor o lesado a uma situação de equivalência ao momento anterior à lesão, a teor do exposto no art. 402 do Código Civil.

Os danos emergentes traduzem os valores efetivamente perdidos pelo ofendido, em razão da lesão. Há um desfalque atual em seu patrimônio real e efetivo, acarretando imediato déficit patrimonial. O dano emergente tanto pode referir-se à redução do ativo como ao aumento do passivo. As indenizações por danos emergentes, em nenhuma hipótese, serão concedidas sem suporte na realidade fática. Assim, ilustrativamente, o valor que seria objeto de mútuo, negado por força de inscrição indevida em cadastro de inadimplentes, não pode ser ressarcido a título de dano emergente.[13]

Já os lucros cessantes, ou frustrados, correspondem ao acréscimo patrimonial concedido ao ofendido, se a obrigação contratual ou legal não fosse objeto de descumprimento. Seria o reflexo futuro do ato lesivo sobre o patrimônio do credor. Nas palavras do especialista Arnaldo Marmitt, "no lucro cessante a expectativa de lucro deixou de agregar-se ao patrimônio do lesado".[14] Assim, tudo o que o lesado razoavelmente deixou de ganhar desde o dia do ilícito será recomposto.[15]

---

12. LOPES, Serpa. *Curso de direito civil,* v. II, op. cit., p. 387.
13. STJ, Informativo nº 602 – 3.T - 24 de maio de 2017. "No caso em análise, constata-se que a negativa do mútuo não representou qualquer alteração no patrimônio da vítima, antes ou depois do ilícito (negativação indevida), já que impediu tanto o acréscimo de bens quanto a aquisição da dívida equivalente. Nessa perspectiva, admitir-se o reconhecimento de dano emergente pelo valor que seria objeto do mútuo frustrado seria, por via oblíqua, autorizar a teratológica condenação com liquidação equivalente a "dano zero" ou "sem resultado positivo". Dessa forma, não há perda material efetiva pela conduta da negativa de crédito, carecendo o ressarcimento por dano emergente de suporte fático, consistindo a condenação, nessas condições, em verdadeira hipótese de enriquecimento ilícito" (REsp 1.369.039-RS, Rel. Min. Ricardo Villas Bôas Cueva, DJe 10/4/2017).
14. MARMITT, Arnaldo. *Perdas e danos*, p. 15.
15. STJ. Informativo nº 0538 Período: 30 de abril de 2014. Segunda Seção DIREITO CIVIL E AMBIENTAL. INDENIZAÇÃO POR LUCROS CESSANTES DECORRENTES DE ACIDENTE AMBIENTAL CAUSADO POR SUBSIDIÁRIA DA PETROBRAS. Relativamente ao acidente ocorrido no dia 5 de outubro de 2008, quando a indústria

Suponha-se o motorista de táxi que teve seu veículo abalroado e perdeu uma semana de serviço, ou o cantor que deixou de comparecer ao *show*. Em tais situações, além da reposição dos valores alusivos ao conserto da lataria do automóvel e das despesas com publicidade e instalação do evento artístico (danos emergentes/ positivos), repercutirão em favor do credor as utilidades que não lhe foram oportunizadas usufruir, seja pela perda dos dias de serviço não trabalhados pelo taxista ou pela expectativa frustrada do empresário, diante da bilheteria inexistente.

Dano emergente e lucro cessante não caminham sempre de mãos dadas. Há casos em que o dano negativo será evidenciado a despeito da ausência do dano positivo. Basta exemplificar a situação do furto de uma máquina industrial, restituída intacta alguns dias depois ao seu proprietário. Em princípio nada se perdeu, mas valores deixaram de ingressar no patrimônio do empresário. Da mesma maneira, se o proprietário do táxi avariado faz jus aos danos emergentes resultantes dos gastos com o seu conserto – demonstrados por orçamento idôneo –, o lucro cessante poderá ser afastado, caso o devedor demonstre que o veículo não possuía condições regulares de uso e já não teria como trafegar, mesmo que o evento lesivo não houvesse ocorrido.

Apesar de o lucro cessante se referir a danos futuros, Agostinho Alvim explica que a sua demonstração autoriza a condenação atual, pois vem a ser a evolução de um fato prejudicial já devidamente verificado.[16] Em suma, basta que seja certo quanto à sua existência futura.

Anote-se, no tocante aos lucros cessantes, a impossibilidade de reparação de um dano patrimonial meramente hipotético. Ao contrário do que possa parecer em uma leitura despercebida, o termo *razoavelmente* (art. 402 do CC) não concerne ao montante que a vítima deixou de auferir, mas a um lucro que "provavelmente" ingressaria no seu patrimônio. Ao credor ou à vítima incumbe a prova em juízo acerca da existência de um prejuízo futuro e provável.

Fertilizantes Nitrogenados de Sergipe (Fafen), subsidiária da Petrobras, deixou vazar para as águas do rio Sergipe cerca de 43 mil litros de amônia, que resultou em dano ambiental provocando a morte de peixes, camarões, mariscos, crustáceos e moluscos e consequente quebra da cadeia alimentar do ecossistema fluvial local: o dano material somente é indenizável mediante prova efetiva de sua ocorrência, não havendo falar em indenização por lucros cessantes dissociada do dano efetivamente demonstrado nos autos; assim, se durante o interregno em que foi experimentado os efeitos do dano ambiental, houve o período de "defeso" - incidindo a proibição sobre toda atividade de pesca do lesado -, não há que se cogitar em indenização por lucros cessantes durante essa vedação. Nesse passo, o art. 402 do CC estabelece que, salvo as exceções expressamente previstas em lei, as perdas e danos devidos ao credor abrangem, além do que efetivamente perdeu, o que razoavelmente deixou de lucrar por consequência do evento danoso. Dessarte, tendo sido apurado que, durante o interregno em que foi experimentado os efeitos do dano ambiental, havia o "defeso", em que, a teor do art. 1º, caput, da Lei 10.779/2003, é vedada a atividade pesqueira, não há cogitar em indenização por lucros cessantes. Ademais, no caso de recebimento do seguro-desemprego durante o período de "defeso", é bem de ver que o art. 4º, I, II e IV, do mencionado diploma legal estabelece ser proibido o recebimento do benefício simultaneamente ao exercício de atividade remunerada, início de percepção de outra renda ou desrespeito ao período de defeso. REsp 1.354.536-SE, Rel. Min. Luis Felipe Salomão, julgado em 26/3/2014.

16. ALVIM, Agostinho. *Da inexecução das obrigações e suas consequências*, op. cit., p. 174.

O magistrado abstrairá o ato ilícito a ponto de perceber se, pela linha normal de previsibilidade, a vítima certamente auferiria um acréscimo patrimonial. Ilustrativamente, pelo razoável em contextos semelhantes, o atraso na entrega do imóvel ensejará pagamento de indenização por lucros cessantes durante o período de mora do promitente vendedor, sendo presumido o prejuízo do promitente comprador.[17] Na mesma toada, por mais que um ambulante clandestino possa buscar do Estado os danos emergentes derivados de violenta atuação policial que culminou na destruição de seu comércio, nada poderá exigir a título de lucros cessantes, diante da evidente precariedade de sua atividade ilegal.[18]

De acordo com a teoria da diferença, é na diferença entre a situação atual do lesado e a que se encontraria se não houvesse a inexecução da obrigação que se averigua a extensão das perdas e danos. Avulta considerar que no direito brasileiro o dano não concerne à lesão objetivamente correspondente ao valor do bem, abstratamente considerado (*v.g.*, o carro vale 100 e, sendo destruído, a indenização é de 100). A teoria da diferença demonstra que o fundamental é a avaliação do dano, em consideração ao patrimônio de quem o sofreu. Trata-se do valor subjetivo da coisa para o seu titular, a utilidade particular que dele possa extrair. Importa o dano subjetivo, o desfalque patrimonial do lesado. Como enfatiza a parte final do art. 402, "[...] ele efetivamente perdeu, o que razoavelmente deixou de lucrar".

Daí se infere que, mesmo sendo o dano causado ao credor de montante inferior ao dano objetivamente extraído do valor do bem em si, não será o devedor compelido a pagar a diferença. Duas razões justificam a resposta: a uma, trata-se de uma questão de isonomia, se admitimos que a indenização possa ser superior ao valor real do bem, também poderá eventualmente ser inferior; a duas, raciocínio contrário acarretaria enriquecimento sem causa ao credor, culminando ele por auferir valor superior a seus interesses concretamente lesados.

Nas obrigações pecuniárias, o art. 404 do Código Civil confere tratamento especial às demandas de perdas e danos. Quando se trata de obrigação que tem

---

17. STJ, Informativo nº 626 – 2. Seção - 15 de junho de 2018. "Há presunção relativa do prejuízo do promitente-comprador pelo atraso na entrega de imóvel pelo promitente-vendedor, cabendo a este, para se eximir do dever de indenizar, fazer prova de que a mora contratual não lhe é imputável". Sobre o tema, prevalece nessa Corte o entendimento esposado no paradigma de que descumprido o prazo para a entrega do imóvel objeto do compromisso de compra e venda, é cabível a condenação da vendedora por lucros cessantes, havendo a presunção de prejuízo do adquirente, ainda que não demonstrada a finalidade negocial da transação" (EREsp 1.341.138-SP, Rel. Min. Maria Isabel Gallotti, DJe 22/05/2018).

18. STJ. Informativo nº 0543 Período: 13 de agosto de 2014. Primeira Seção. "Não se pode, todavia, impor ao Estado o dever de indenizar sem que haja efetiva comprovação do dano supostamente causado, uma vez que o dano representa elemento fundamental para a apuração da suposta ilicitude do ato estatal. Além disso, o suposto prejuízo sofrido pelas usinas possui natureza jurídica dupla, isto é, de danos emergentes (dano positivo) e de lucros cessantes (dano negativo), que exigem efetiva comprovação, seja de redução patrimonial, seja de supressão de ganhos; não se admitindo uma indenização por danos emergentes ou lucros cessantes hipotéticos que não tenham suporte na realidade fática efetivamente provada, alicerçada apenas em descumprimento de critério legal". REsp 1.347.136-DF, Rel. Min. Eliana Calmon, julgado em 11/12/2013.

como objeto certa quantia em dinheiro, a indenização será a soma da atualização monetária, segundo índices oficiais, acrescida de juros, cláusula penal e, eventualmente, custas e honorários se houver necessidade de ajuizamento de ação em face do causador do dano.

No Código Civil de 1916, a indenização das obrigações pecuniárias muitas vezes gerava iniquidade, pois limitava, de forma generalizada, o *quantum* indenizatório aos juros no valor de 6% ao ano. Imagine-se a expectativa frustrada daquele que, contando com o adimplemento de um contrato de empréstimo pelo mutuário, envolve-se em compra de um imóvel ou veículo. Evidente que os juros, *per se*, não resgatam o prejuízo, que já incidiriam de qualquer maneira pela simples falta do numerário.

O Código Civil de 2002 corrigiu o equívoco. De acordo com o parágrafo único do art. 404, provando o lesado que os juros de mora não cobrem o prejuízo, e não havendo prévia fixação de cláusula penal (pena convencional), poderá o juiz conceder ao credor uma indenização suplementar, caso perceba a insuficiência dos juros para restaurar a situação de equivalência.

Por fim, é possível que as partes estipulem cláusula contratual limitativa ou exoneratória das perdas e danos. Cuida-se de direito disponível das partes, emanado da autonomia privada para a renúncia recíproca a qualquer compensação patrimonial decorrente da violação do negócio jurídico. Fábio Ulhoa Coelho observa que tais cláusulas são raras, mas o pacto "costuma aparecer em contratos de fornecimento de alta tecnologia, cujos impactos ainda não puderam ser inteiramente mensuráveis, e retratam a divisão dos riscos entre o prestador e o tomador do *know-how*".[19]

2.2 A perda de uma chance

Aprendi que as oportunidades nunca são perdidas;
alguém vai aproveitar as que você perdeu.

(William Shakespeare)

Sabemos que o dano indenizável é composto pelos elementos da atualidade e certeza. É o dano presente, de existência determinada. Indeniza-se também o lucro cessante, em que haverá uma condenação atual com suporte em um prejuízo futuro, alicerçado em uma probabilidade objetiva do que a pessoa lucraria. Todavia, não são indenizáveis os danos eventuais ou hipotéticos, lastreados em meras conjunturas ou fantasias de quem se julga lesado.

Avulta perceber que entre o dano certo e o dano hipotético pode existir uma terceira via, com significado e efeitos próprios. Trata-se da teoria da *perda de uma chance*. Aplica-se no direito francês, em situações nas quais alguém possuía uma

19. COELHO, Fábio Ulhoa. *Curso de direito civil*, p. 182.

chance efetiva de obter uma vantagem ou evitar um prejuízo, mas teve a chance frustrada, pois a oportunidade esvaiu-se em razão de um dano.

Especialista no tema, Sérgio Savi assevera que "durante muito tempo o dano decorrente da perda desta oportunidade de obter uma vantagem ou de evitar um prejuízo foi ignorado pelo Direito. Como não era possível afirmar com certeza que sem o ato do ofensor a vantagem seria obtida, ignorava-se a existência de um dano diverso da perda da vantagem esperada, qual seja, o dano da perda da oportunidade de obter aquela vantagem".[20]

Imaginemos três interessantes situações: (a) candidato ao concurso de Promotor de Justiça é atropelado quando se encaminhava ao prédio em que seria realizada a prova oral e decisiva do certame;[21] (b) advogado perde o prazo recursal em ação de cobrança, na qual o seu cliente buscava reverter a sentença desfavorável de 1º grau;[22]

---

20. SAVI, Sérgio. *Inadimplemento das obrigações*, op. cit., p. 482.

21. STJ. AgRg no REsp 1220911/RS, Rel. Min. Castro Meira, 2. T. *DJe* 25.3.2011: "1. Cuida-se, na origem, de ação ordinária por meio da qual pretende o agravante ser indenizado pela União, em face dos danos materiais e morais sofridos em decorrência da sua reprovação no exame psicotécnico, com a consequente exclusão no concurso público destinado ao provimento de vagas para o cargo de Policial Rodoviário Federal. O agravante logrou aprovação apenas na prova de conhecimento. Dessarte, ficaram pendentes as quatro fases seguintes da primeira etapa, compreendendo os seguintes exames: psicotécnico (considerando a inexistência de resultado válido), médicos, capacidade física e motricidade; e, ainda, a segunda etapa, de caráter eliminatório – Curso de Formação. A pretensão não encontra amparo na 'teoria da perda de uma chance' (perte d'une chance) pois, ainda que seja aplicável quando o ato ilícito resulte na perda da oportunidade de alcançar uma situação futura melhor, é preciso, na lição de Sérgio Cavalieri Filho, que: 'se trate de uma chance real e séria, que proporcione ao lesado efetivas condições pessoais de concorrer à situação futura esperada' (Programa de Responsabilidade Civil, 4ª ed., São Paulo: Malheiros, p. 92). Ademais, não se admite a alegação de prejuízo que elida um bem hipotético, como na espécie dos autos, em que não há meios de aferir a probabilidade do agravante em ser não apenas aprovado, mas também classificado dentro das 30 (trinta) vagas destinadas no Edital à Jurisdição para a qual concorreu, levando ainda em consideração o nível de dificuldade inerente aos concursos públicos e o número de candidatos inscritos. De mais a mais, o próprio autor afirma que não pretendia a investidura no cargo de Policial Rodoviário Federal, em face da sua nomeação para o de Procurador Federal. A pretensão não encontra guarida na teoria da perda de uma chance, aplicada 'nos casos em que o ato ilícito tira da vítima a oportunidade de obter uma situação futura melhor, como progredir na carreira artística ou no trabalho, arrumar um novo emprego.'"

22. STJ. REsp 1190180/RS, Rel. Min. Luis Felipe Salomão, 4. T., *DJe* 22.11.2010: "1. A teoria da perda de uma chance (perte d'une chance) visa à responsabilização do agente causador não de um dano emergente, tampouco de lucros cessantes, mas de algo intermediário entre um e outro, precisamente a perda da possibilidade de se buscar posição mais vantajosa que muito provavelmente se alcançaria, não fosse o ato ilícito praticado. Nesse passo, a perda de uma chance – desde que essa seja razoável, séria e real, e não somente fluida ou hipotética – é considerada uma lesão às justas expectativas frustradas do indivíduo, que, ao perseguir uma posição jurídica mais vantajosa, teve o curso normal dos acontecimentos interrompido por ato ilícito de terceiro. 2. Em caso de responsabilidade de profissionais da advocacia por condutas apontadas como negligentes, e diante do aspecto relativo à incerteza da vantagem não experimentada, as demandas que invocam a teoria da "perda de uma chance" devem ser solucionadas a partir de uma detida análise acerca das reais possibilidades de êxito do processo, eventualmente perdidas em razão da desídia do causídico. Vale dizer, não é o só fato de o advogado ter perdido o prazo para a contestação, como no caso em apreço, ou para a interposição de recursos, que enseja sua automática responsabilização civil com base na teoria da perda de uma chance. É absolutamente necessária a ponderação acerca da probabilidade – que se supõe real – que a parte teria de se sagrar vitoriosa. 3. Assim, a pretensão à indenização por danos materiais individualizados e bem definidos na inicial, possui causa de pedir totalmente diversa daquela admitida no acórdão recorrido, de modo que há julgamento extra petita se o autor deduz pedido certo

(c) transportadora não entrega o cavalo a tempo a seu proprietário e o animal fica impedido de participar de um importante páreo no hipódromo.

Percebemos imediatamente que a perda de uma chance se diferencia do lucro cessante. No lucro cessante há uma probabilidade objetiva de que o resultado em expectativa aconteceria, se não houvesse o dano. Em sentido diverso, na perda de chance, esta expectativa é aleatória, pois havia um grau de probabilidade de obtenção da vantagem (dano final), sendo impossível afirmar que o resultado aconteceria se o fato antijurídico não se concretizasse. Em suma, não há a certeza do prejuízo ou do benefício – que é hipotético –, mas, inegavelmente, há a certeza da perda da ocasião, da oportunidade dissipada.

Por isso, a indenização não será calculada sobre o valor do benefício esperado – como nos lucros cessantes –, mas com base na perda da chance em si, conforme percentuais maiores ou menores de probabilidade, de acordo com regras de estatísticas que alcancem um dano, independente do valor que o lesado teria, se o fato se consumasse.

Assim, retornando a um dos exemplos iniciais, se alguém pretende realizar um concurso para Promotor de Justiça e, no dia do exame oral, é atropelado por um veículo a caminho da prova, não será razoável que o magistrado fixe lucros cessantes, pois não havia certeza quanto ao dano final – no caso, os vencimentos de um promotor, de quem ainda não logrou êxito na aprovação. Mas, com base na perda de chance, será admissível a fixação de um valor que corresponda ao percentual sobre o hipotético dano final, com base nas aprovações em exames orais nos últimos concursos do Ministério Público. Ou seja, o montante indenizável não corresponde à vantagem esperada em si, mas à expectativa perdida.

Por isso, mais uma vez, endossamos o raciocínio de Sérgio Savi, quando assevera que "somente será possível indenizar a chance perdida quando a vítima demonstrar que a probabilidade de conseguir a vantagem esperada era superior a 50% (cinquenta por cento). Caso contrário, deve-se considerar não produzida a prova da existência da chance e o juiz será obrigado a julgar improcedente o pedido de indenização".[23] De fato, raciocínio contrário colocaria o direito sob o jugo da incerteza, pois a vida de qualquer pessoa é cercada por chances dissipadas e projetos desfeitos.

Para além da perda de uma chance de obtenção de uma vantagem ou um benefício, impõe-se também se considerar a perda de uma chance de ter evitado um prejuízo que efetivamente se verificou. Cuida-se de situação de certa forma corriqueira na área da saúde, quando é perdida a chance de se interromper um processo patológico em curso, por um erro de diagnóstico ou de tratamento, que seria capaz

de indenização por danos materiais absolutamente identificados na inicial e o acórdão, com base na teoria da "perda de uma chance", condena o réu ao pagamento de indenização por danos morais."

23. SAVI, Sérgio. *Inadimplemento das obrigações*, op. cit., p. 483.

de produzir a obtenção da cura de um paciente, ou ao menos uma sobrevida.[24] A resposta para o caso concreto dependerá da apuração do nexo causal entre o dano e o ato ilícito do médico. Ou seja: deverá se perquirir se a morte foi uma evolução natural da patologia ou das complicações decorrentes da falta médica.

Fernando Noronha soluciona a intrincada questão com louvor: "se o agravamento do estado do paciente for devido a um erro médico (ou seja, se com um tratamento adequado a doença seria curada, ou pelo menos o paciente experimentaria melhoras), o profissional terá de responder, ainda que a responsabilidade em regra não seja pelo total do dano sofrido pelo paciente: é que nestes casos haverá de descontar a parcela do dano que seja atribuível à própria doença preexistente, conforme a regra geral aplicável nas hipóteses de concurso entre fato do responsável e caso fortuito ou de força maior, que é uma das situações em que temos a chamada causalidade concorrente".[25]

2.3 Dano moral negocial

O conceito de dano é único: invariavelmente corresponde a uma lesão. Todavia, quanto aos seus efeitos, a lesão poderá resultar, alternativa ou cumulativamente, em prejuízos nas órbitas patrimonial e extrapatrimonial. Vimos que os danos patrimoniais atingem a esfera econômica do lesado, importando danos emergentes, lucros cessantes e, eventualmente, perda de uma chance.

Nessa linha de raciocínio, o dano extrapatrimonial, ou moral, pode ser conceituado como uma lesão aos direitos da personalidade. Não há dano moral fora dos direitos da personalidade.

Os direitos da personalidade recaem sobre os atributos essenciais e inerentes à pessoa. São "bens primários", pois concernem à própria existência do ser humano, abrangendo a sua integridade física, psíquica ou emocional, sob os prismas espiritual,

24. STJ. Informativo nº 0549 Período: 5 de novembro de 2014. Terceira Turma DIREITO CIVIL. APLICABILIDADE DA TEORIA DA PERDA DE UMA CHANCE NO CASO DE DESCUMPRIMENTO DE CONTRATO DE COLETA DE CÉLULAS-TRONCO EMBRIONÁRIAS. Tem direito a ser indenizada, com base na teoria da perda de uma chance, a criança que, em razão da ausência do preposto da empresa contratada por seus pais para coletar o material no momento do parto, não teve recolhidas as células-tronco embrionárias. No caso, a criança teve frustrada a chance de ter suas células embrionárias colhidas e armazenadas para, se eventualmente fosse preciso, fazer uso delas em tratamento de saúde. Não se está diante de situação de dano hipotético - o que não renderia ensejo a indenização - mas de caso claro de aplicação da teoria da perda de uma chance, desenvolvida na França (la perte d'une chance) e denominada na Inglaterra de loss-of-a-chance. No caso, a responsabilidade é por perda de uma chance por serem as células-tronco, cuja retirada do cordão umbilical deve ocorrer no momento do parto, o grande trunfo da medicina moderna para o tratamento de inúmeras patologias consideradas incuráveis. É possível que o dano final nunca venha a se implementar, bastando que a pessoa recém-nascida seja plenamente saudável, nunca desenvolvendo qualquer doença tratável com a utilização das células-tronco retiradas do seu cordão umbilical. O certo, porém, é que perdeu, definitivamente, a chance de prevenir o tratamento dessas patologias. Essa chance perdida é, portanto, o objeto da indenização. REsp 1.291.247-RJ, Rel. Min. Paulo de Tarso Sanseverino, julgado em 19/8/2014.

25. NORONHA, Fernando. *Direito das obrigações*, v. 1, p. 681.

social, afetivo, intelectual ou social. Assim, se uma conduta repercute em danos à pessoa, sofrendo ela lesão em sua individualidade, há o dano moral.

Indo mais além, não há como discordar de Maria Celina Bodin de Moraes ao arrematar que "constitui dano moral a lesão a qualquer dos aspectos componentes da dignidade humana – dignidade esta que se encontra fundada em quatro substratos e, portanto, corporificada no conjunto dos princípios da igualdade, da integridade psicofísica, da liberdade e da solidariedade".[26]

Enquanto somente certas pessoas são titulares de um patrimônio externo – composto de bens e direitos –, inegavelmente todo indivíduo detém a titularidade de um *patrimônio ideal* (interno), não suscetível de valor econômico e avaliação pecuniária, que se compõe dos direitos da pessoa sobre si própria. Na já consagrada lição de Pontes de Miranda, o dano moral atinge a pessoa como ser humano.

Após longa discussão travada em nossos tribunais, a Constituição Federal de 1988 reconheceu, em seu art. 5º, V e X, a responsabilidade civil por danos morais, retratada como garantia fundamental pela Lei Maior. Como já se afirmou, embora em outra sede, "a dignidade da pessoa humana é o núcleo essencial dos direitos da personalidade. No constitucionalismo moderno, a tutela ao ser humano é positivada mediante direitos fundamentais, cuja fonte é a dignidade da pessoa humana".[27]

Apesar de haver certo dissenso doutrinário em torno da adoção das terminologias "dano moral" ou "dano extrapatrimonial", optamos por entendê-las como equivalentes, pois, se o dano for patrimonial, não será moral. Nesta oportunidade, prestigiamos a primeira locução, seja por sua consagração na tradição jurídica pátria, como pela própria forma de expressão da Constituição Federal e do Código Civil de 2002.

Ainda em sede terminológica, a locução *dano moral* pode ser traduzida em sentido amplo ou estrito. O dano moral *lato sensu* importa qualquer dano que viole direitos da personalidade, sinônimo de dano extrapatrimonial e matéria que ora desenvolvemos. Já na acepção *stricto sensu*, ele seria uma das espécies de dano à pessoa: o dano anímico, que afeta o espírito e os sentimentos da pessoa, de caráter subjetivo. Não incluiria os danos corporais ou biológicos, que ofendem a esfera psicofísica do ser humano, de caráter objetivo.

Distinta é a natureza das pretensões por danos patrimonial e moral. Em face do dano patrimonial, visa o lesado à recomposição material – segundo a já citada teoria da diferença –, mediante a eliminação dos danos emergentes e lucros cessantes, com consequente recomposição da situação anterior ao dano. Detém função de *equivalência*, mediante efetiva supressão de prejuízos. Destarte, a vítima pleiteia uma ação de indenização ou ressarcimento, termos que exprimem uma ideia de supressão de prejuízos.

---

26. MORAES, Maria Celina Bodin de. *Danos à pessoa humana*, p. 327.
27. ROSENVALD, Nelson. *Dignidade humana e boa-fé no Código Civil*, p. 202.

Diversamente, a pretensão ao dano moral detém caráter *compensatório* à vítima. O sofrimento é irressarcível (aliás, é lugar comum afirmar que a dor não tem preço), por ser impraticável a eliminação dos efeitos extrapatrimoniais de uma lesão. Todavia, a vítima não pleiteia um preço por seu padecimento, porém uma reparação da dor injusta com os valores percebidos, como forma de amenizar o seu sofrimento. A frustração da vítima será compensada por uma sensação agradável, capaz de anestesiar o mal impingido. Em suma, diversamente das noções de indenização e ressarcimento, o termo reparação não exprime o pagamento de um valor que restitua a vítima à situação anterior à lesão, mas uma quantia que atenue, reduza a ofensa à personalidade.

Na célebre lição de Kant, existem bens que possuem um preço e outros que detêm uma dignidade. Enquanto a lesão àqueles produz o dano material, a ofensa aos últimos provoca o dano moral.

O Superior Tribunal de Justiça editou a Súmula 37, reconhecendo a "cumulação das indenizações por danos materiais e morais, quando oriundas do mesmo fato". Vale dizer, assumiu a existência de uma lesão aos direitos de personalidade, considerada distintamente ao ressarcimento patrimonial. Exemplificando: a par dos lucros cessantes consistentes no pensionamento aos dependentes, decorrente da morte do chefe de família, será o causador do dano condenado de forma autônoma a indenizar o sofrimento das vítimas, parentes do falecido.

Com o advento do Código Civil de 2002, a matéria consolida-se: "aquele que, por ação ou omissão voluntária, negligência ou imprudência, violar direito e causar dano a outrem, ainda que exclusivamente moral, comete ato ilícito" (art. 186). Aqui, o legislador admite a possibilidade de uma pessoa ingressar com uma pretensão em juízo, mesmo que destituída de interesse econômico, mas apenas moral.

Muito há de ser dito sobre o dano moral no campo da responsabilidade civil. Porém, no estudo do inadimplemento das obrigações, avulta indagar se o descumprimento da prestação pode dar ensejo ao dano extrapatrimonial. O credor que não recebe o débito se sente ofendido e aviltado e busca a reparação em razão do desgaste que enfrenta por toda a situação. Podem os referidos aborrecimentos importar dano moral?[28]

Para Fábio Ulhoa Coelho, "o simples descumprimento de obrigação negocial não costuma causar dor ao sujeito ativo passível de indenização moral. De fato, se no vencimento o locador não recebe o aluguel, o mutuante não vê restituído o bem mutuado, o condomínio edilício não é pago pelo condômino ou não se verifica

28. STJ. Informativo nº 0526 Período: 25 de setembro de 2013. Terceira Turma DIREITO CIVIL. DANO MORAL DECORRENTE DA INJUSTA RECUSA DE COBERTURA POR PLANO DE SAÚDE DAS DESPESAS RELATIVAS À IMPLANTAÇÃO DE "STENT". Gera dano moral a injusta recusa de cobertura por plano de saúde das despesas relativas à implantação de "stent". Isso porque, embora o mero inadimplemento contratual não seja, em princípio, motivo suficiente para causar danos morais, deve-se considerar que a injusta recusa de cobertura agrava a situação de aflição psicológica e de angústia no espírito daquele que, ao pedir a autorização da seguradora, já se encontra em condição de dor, de abalo psicológico e com a saúde debilitada. Terceira Turma, DJe 26/3/2008. REsp 1.364.775-MG, Rel. Min. Nancy Andrighi, julgado em 20/6/2013.

o pagamento de alimentos, isso não costuma causar nos prejudicados uma dor de intensidade semelhante à da perda de um filho num acidente de trânsito, da discriminação racial ou da desonra. O simples inadimplemento dessas obrigações não autoriza, em geral, nada além da recomposição patrimonial".[29]

Em princípio, poderia soar incompatível o modelo jurídico do dano moral com as lesões decorrentes do descumprimento de obrigações. Nesse sentido, o Enunciado 159 do Conselho de Justiça Federal: "O dano moral, assim compreendido todo o dano extrapatrimonial, não se caracteriza quando há mero aborrecimento inerente a prejuízo material."

Porém, a nosso viso, nada impede que o dano moral se apresente como efeito do inadimplemento de uma obrigação. Não conseguimos observar qualquer razão que limite o dano extrapatrimonial à responsabilidade extracontratual. Nesse passo, em edificante artigo sobre o tema, André Gustavo Corrêa de Andrade tranquilamente admite o chamado *dano moral contratual* e remete a solução da controvérsia à distinção entre "a patrimonialidade da prestação e a extrapatrimonialidade do interesse do credor ou dos bens afetados. Embora a prestação tenha conteúdo patrimonial, o interesse do credor na prestação pode, conforme as circunstâncias, apresentar um caráter extrapatrimonial, porque ligado à sua saúde ou de pessoas de sua família, ao seu lazer, à sua comodidade, ao seu bem-estar, à sua educação aos seus projetos intelectuais".[30]

Também entendemos que, caracterizado o inadimplemento de obrigação preexistente que tenha dado causa a lesão a direito da personalidade, não poderá o julgador se limitar a entender o evento como mero aborrecimento ou desconforto do credor. Certamente, existem aqueles casos em que o dano moral decorrente da violação do contrato é evidente e indiscutível.[31] É o caso da reparação por lesões decorrentes de cirurgias mal conduzidas; acidentes com passageiros em transportes ou uma indevida inscrição do nome do devedor em cadastro de inadimplente. Trata-se de casos em que a integridade psíquico-física e a honra do credor são diretamente afetadas.

29. COELHO, Fábio Ulhoa. *Curso de direito civil*, v. 2, p. 181.

30. ANDRADE, André Gustavo Corrêa de. *Dano moral em caso de descumprimento de obrigação contratual*, p. 55.

31. *Informativo* nº 0473, 20.5.2011. 4.T.: "DANO MORAL. INCORPORAÇÃO IMOBILIÁRIA. Há mais de 12 anos houve a assinatura do contrato de promessa de compra e venda de uma unidade habitacional. Contudo, passados mais de nove anos do prazo previsto para a entrega, o empreendimento imobiliário não foi construído por incúria da incorporadora. Nesse contexto, vê-se que a inexecução causa séria e fundada angústia no espírito do adquirente a ponto de transpor o mero dissabor oriundo do corriqueiro inadimplemento do contrato, daí ensejar, pela peculiaridade, o ressarcimento do dano moral. Não se desconhece a jurisprudência do STJ quanto a não reconhecer dano moral indenizável causado pelo descumprimento de cláusula contratual, contudo há precedentes que excepcionam as hipóteses em que as circunstâncias atinentes ao ilícito material têm consequências severas de cunho psicológico, mostrando-se como resultado direto do inadimplemento, a justificar a compensação pecuniária, tal como ocorre na hipótese. Outrossim, é certo que a Lei n. 4.591/1964 (Lei do Condomínio e Incorporações) determina equiparar o proprietário do terreno ao incorporador, imputando-lhe responsabilidade solidária pelo empreendimento. Mas isso se dá quando o proprietário pratica atividade que diga respeito à relação jurídica incorporativa, o que não ocorreu na hipótese, em que sua atuação, conforme as instâncias ordinárias, limitou-se à mera alienação do terreno à incorporadora, o que não pode ser sindicado no especial, por força da Súm. n. 7-STJ. Dessarte, no caso, a responsabilidade exclusiva pela construção do empreendimento é, sem dúvida, da incorporadora." REsp 830.572-RJ, Rel. Min. Luis Felipe Salomão.

Mas, se o bem da personalidade afetado se relaciona ao universo da tranquilidade, bem-estar e paz de espírito do credor, acreditamos que o transtorno anímico já será suficiente para impor o dano moral, mesmo que outros bens da personalidade como a vida, honra, liberdade e igualdade não tenham sido violados. Sergio Cavalieri Filho pondera com razão que "o importante, destarte, para a configuração do dano moral não é o ilícito em si mesmo, mas sim a repercussão que ele possa ter. Uma mesma agressão pode acarretar lesão em bem patrimonial e personalíssimo, gerando dano material e moral. Não é preciso para a configuração deste último que a agressão tenha repercussão externa, sendo apenas indispensável que ela atinja o sentimento íntimo e pessoal de dignidade da vítima".[32]

Neste giro, haverá dano moral pelo simples inadimplemento da obrigação, naqueles casos em que a mora ou o inadimplemento causam ao credor grande perda de tempo e energia na resolução da questão. Lembra André Gustavo Corrêa de Andrade que "o tempo, pela sua escassez, é um bem precioso para o indivíduo, tendo um valor que extrapola a sua dimensão econômica. A menor fração de tempo perdido de nossas vidas constitui um bem irrecuperável. Por isso afigura-se razoável que a perda desse bem, ainda que não implique prejuízo econômico ou material, dê ensejo a uma indenização".[33]

Enfim, sem entrarmos em qualquer discussão acerca da viabilidade do dano punitivo no sistema brasileiro[34] – pois imprópria ao presente estudo –, entendemos que em um momento no qual o direito mitiga escancaradamente o binômio entre a responsabilidade contratual e a extracontratual, em nome da cláusula geral da personalidade, perde grande parte do sentido qualquer posicionamento que expurgue o dano moral do campo do inadimplemento das obrigações.

3. JUROS

Você que inventou a tristeza
Ora tenha a fineza
De "desinventar"
Você vai pagar, e é dobrado
Cada lágrima rolada
Nesse meu penar

(Apesar de você, Chico Buarque)

3.1 Noções introdutórias

Tratar de juros significa levantar uma das nossas mais remotas discussões jurídicas e sociais. Os juros importam rendimentos, lucro do capital emprestado, compensando

32. CAVALIERI FILHO, Sergio. *Programa de responsabilidade civil*, p. 100.
33. ANDRADE, André Gustavo Corrêa de. *Dano moral em caso de descumprimento de obrigação contratual*, p. 63.
34. Por tudo e por todos, MORAES, Maria Celina Bodin de. *Danos à pessoa humana*.

ao credor o custo do crédito mutuado, funcionando também como um prêmio pelo risco que assume ante eventual inadimplemento do devedor.

O dinheiro é o preço das coisas. A remuneração pelo empréstimo do dinheiro é uma característica das sociedades de produção. A ideia de gratuidade é impensável, pois o empresário atua com objetivo lucrativo.

Ademais, os juros funcionam como instrumento de política econômica. A variação das taxas para maior ou menor corresponde ao interesse de governos de, respectivamente, reduzir ou estimular a atividade produtiva e controlar a inflação, muitas vezes com perversos resultados sociais, como agravamento do desemprego e miséria.

Os juros estão incluídos na classe dos frutos civis, como rendimento de capital, sendo, portanto, coisas acessórias (art. 92 do CC). Duas classificações não podem ser desprezadas: (a) conforme a sua destinação, podem ser divididos em juros compensatórios ou moratórios; (b) de acordo com a origem, temos os juros legais e os convencionais.

Os juros compensatórios ou remuneratórios objetivam remunerar o capital emprestado no período em que o seu titular dele ficou privado. Eles representam uma espécie de preço pelo "aluguel" do capital e também uma álea que sobre ele recai, a partir do momento em que o credor dele é alijado.

Observe-se que os juros não incidem apenas sobre valores pecuniários, mas na privação de qualquer capital a ser utilizado por terceiros, que represente por bens fungíveis. Assim, *A* é devedor de 100 toneladas de soja a *B* e lhe pagará mensalmente 2 toneladas de soja, a título de juros.

Em geral, os juros compensatórios são convencionais, porque estipulados no título constitutivo – seja por negócio jurídico bilateral ou unilateral –, tal como os juros praticados pelas instituições financeiras. Outrossim, os juros serão legais quando expressamente referidos na norma, como nas hipóteses previstas nos arts. 406, 591, 677 e 706 do Código Civil.

Já os juros moratórios traduzem uma indenização para o inadimplemento no cumprimento da obrigação de restituir pelo devedor. Funcionam como uma sanção pelo retardamento culposo no reembolso da soma mutuada. Apartam-se dos juros compensatórios, pois se assentam na ideia de culpa do devedor. Por isso, localizam-se no Código Civil, ao lado das demais consequências do inadimplemento das obrigações, como as perdas e os danos, cláusula penal e arras.

De acordo com o art. 407 do Código Civil, ainda que não se alegue prejuízo, é obrigado o devedor aos juros de mora. Com efeito, eles são devidos independentemente de alegação de dano pelo credor, pois são impostos por lei, em face do devedor retardatário, como forma de punição para aquele que retém a prestação injustificadamente em seu poder. Pelo § 1º, do art. 322 do CPC/15, os juros legais são deferidos na sentença, mesmo que a inicial seja omissa no particular. Tendo a natureza de pedido implícito, são passíveis de liquidação, mesmo quando olvidados na condenação, consoante a Súmula 254 do Supremo Tribunal Federal. Ou seja, *não se cogita de julgamento* extra petita, *pois os juros legais estão compreendidos no principal.*

Enfatize-se que os juros de mora recaem não apenas sobre as prestações pecuniárias, como também sobre prestações de natureza diversa, sendo bastante que se reduza à prestação em dinheiro, mediante determinação em sentença, arbitramento ou acordo entre as partes, como equivalente ao objeto da prestação descumprida (art. 407 do CC). Portanto, obrigações de dar coisa certa, fazer ou não fazer poderão ser convertidas em perdas e danos, fixando-se os juros.

Conforme o observado, os fundamentos jurídicos são distintos. De fato, os juros moratórios não esgotam a indenização, pois os juros compensatórios não cessam enquanto o mutuante sobejar privado de seu capital, devendo ser cobrados nos mesmos índices das bases convencionais do negócio jurídico. Se adotada solução diversa – contrária à cumulação –, o devedor se enriqueceria ilicitamente, tornando-se inadimplente, substituindo o pagamento dos juros contratuais pelos juros moratórios, em valores menores.

Aliás, convém lembrar que não constitui anatocismo a cumulação de juros compensatórios com juros moratórios. Nesse sentido, dispõe a Súmula 102 do Superior Tribunal de Justiça que "a incidência dos juros moratórios sobre os compensatórios, nas ações expropriatórias, não constitui anatocismo vedado em lei".

3.2 Os juros moratórios no Código Civil

Acerca dos juros moratórios, dispõe o art. 406 do Código Civil que, quando eles não forem convencionados, ou o forem sem taxa estipulada, ou quando provierem de determinação da lei, serão fixados segundo a taxa que estiver em vigor para a mora do pagamento de impostos devidos à Fazenda Nacional.

No Código Civil de 1916, os juros moratórios dividiam-se em convencionais e legais (art. 1.062). No primeiro caso, não poderiam extrapolar o teto de 12% a.a. – o dobro da taxa legal máxima, com inspiração na Lei de Usura (art. 1º do Decreto nº 22.626/33). Se as partes nada convencionassem no tocante aos juros, estes seriam fixados no limite legal de 6% a/a (art. 1º, § 3º, do Decreto nº 22.626/33).

No regime do CC/02, há uma pretensão de equidade, com a finalidade de equiparar as relações entre particulares e destes com a Fazenda Pública, pois a taxa de meio por cento ao mês (6% ao ano) era acanhada, dentro do tráfego jurídico. Tanto nos juros moratórios legais como nos contratuais incidirão os mesmos percentuais.

Daí surge a indagação: qual será a taxa de juros a que se refere o art. 406? seria razoável a adoção da taxa SELIC – Sistema Especial de Liquidação e Custódia (art. 39, § 4º, da Lei nº 9.250/95), fixada mensalmente conforme as variações mercadológicas? A SELIC é um índice de remuneração de títulos da dívida federal.

Conforme o decidido no Enunciado 20 do Centro de Estudos Judiciários do Conselho de Justiça Federal: "a utilização da taxa SELIC como índice de apuração dos juros legais não é juridicamente segura, porque impede o prévio conhecimento dos juros; não é operacional, porque seu uso será inviável sempre que se calcularem somente juros ou somente correção monetária; é incompatível com a regra do art. 591 do Código Civil, que permite apenas a capitalização anual de juros".

Conforme os argumentos expendidos no Enunciado do Conselho de Justiça Federal, a SELIC é taxa flutuante – reflete a remuneração de investidores pela aquisição de títulos públicos –, não sendo prefixada, mas volátil e frequentemente alterada; ademais, não é taxa pura de juros, pois já abrange a atualização monetária e a expectativa inflacionária; assim, não é operacional, dificultando o cálculo. Nem se discute, por fim, a excessiva onerosidade que impõe ao valor da obrigação, pois a SELIC ordinariamente suplanta o teto de 1% ao mês estabelecido no art. 161 do Código Tributário Nacional.

Os juros reais são aqueles encontrados após a exclusão da correção monetária, revelando tão somente a remuneração do capital. Não se confundem com o juro calculado de acordo com o "valor nominal", que é apenas uma aparência de juro, pois inflado com parcela que não seria juro. O juro real é o juro nominal deflacionado, excedente à taxa inflacionária. Com seu brilho, José Carlos Barbosa Moreira preleciona: "é claro que a taxa de juros reais é tudo aquilo que se cobra, menos a correção monetária. Se sabemos o que é boa-fé, conceito muito mais vago; se sabemos o que são bons costumes, o que é vaguíssimo; se sabemos o que é mulher honesta, para aplicarmos o dispositivo legal que define o crime de estupro, por que é que não podemos saber o que são taxas de juros reais? Isso faz parte da tarefa quotidiana do juiz: interpretar textos legais e definir conceitos jurídicos indeterminados".[35]

Ademais, a aplicação da taxa SELIC ofenderia a segurança jurídica e o princípio da legalidade tributária, posto fixada por ato unilateral do Comitê de Política Monetária do Banco Central, órgão do Poder Executivo. Os particulares acabam se sujeitando aos humores do administrador público em matéria que é de competência reservada à lei.

O art. 406 do Código Civil não mais estipula a taxa de juros legais em 6% ao ano, como fazia o Código Beviláqua. No silêncio da norma, há de se remeter a solução do imbróglio à taxa prevista no art. 161, § 1º, do Código Tributário Nacional, calculada a 1% ao mês. Destarte, prevalecerá esse teto legal mesmo quando os juros moratórios forem convencionados pelos contratantes. A autonomia privada dos signatários não terá força suficiente para ajustar uma taxa convencional moratória que supere o patamar de 12% ao ano, pois art. 5º do Decreto nº 22.626/33 apenas admite que a mora eleve os juros a taxa de 1% ao mês e nada mais.

Partindo dessa premissa, a Súmula 379 do Superior Tribunal de Justiça assevera que "nos contratos bancários não regidos por legislação específica, os juros moratórios poderão ser convencionados até o limite de 1% ao mês".

35. Apud MATTIETTO, Leonardo. *Os juros legais e o art. 406 do Código Civil*, p. 95.

Enfim, prestigiamos integralmente a lúcida advertência de Leonardo Mattietto: "não seria nem mesmo minimamente razoável transferir, para os sujeitos de uma relação obrigacional regida pelo Código Civil, as agruras da delicada e instável política econômica do governo federal, sujeita a pressões de variadas ordens, como o controle da inflação, a vida política do país e as sucessivas crises internacionais. A taxa Selic, que deveria não mais que refletir os juros básicos da economia, tornou-se 'loteria vestida de derivativo financeiro'. Caso se admitisse sua adoção, seria duramente abalado o valor de segurança das relações jurídicas, sem que, por outro lado, fosse prestigiado o valor de justiça".[36]

Não obstante os argumentos referidos, a posição atual do Superior Tribunal de Justiça indica a aplicação da Selic como taxa a que corresponda o art. 406 do Código Civil.[37] Há, ao menos, o cuidado de impedir a cumulação da Selic com a atualização monetária. Aliás, recentemente foi editada a Súmula 523: "A taxa de juros de mora incidente na repetição de indébito de tributos estaduais deve corresponder à utilizada para cobrança do tributo pago em atraso, sendo legítima a incidência da taxa Selic, em ambas as hipóteses, quando prevista na legislação local, vedada sua cumulação com quaisquer outros índices".

Com efeito, a correção monetária é mecanismo de recomposição do poder de compra da moeda, e não de remuneração de capital, razão pela qual deve sempre representar as alternâncias reais da economia e jamais se prestar à manipulação de instituições financeiras, que, evidentemente, lucram com as importâncias depositadas em seus cofres. Não se confunde, portanto, com os juros, que visam à remuneração do capital. A atualização monetária cuida apenas de preservar o equilíbrio entre os partícipes das relações econômicas, neutralizando os efeitos da inflação. Ilustrativamente, no caso de depósito judicial, a correção monetária do valor depositado não acresce o patrimônio do depositante tampouco causa prejuízo ao depositário, evitando, tão somente, o seu enriquecimento ilícito.

Em matéria de direito intertemporal, mesmo que o contrato de mútuo tenha sido subscrito em data anterior à vigência do Código Civil de 2002, se a partir de 11 de fevereiro de 2003 – trintídio posterior à vigência do CC/2002 –, as parcelas que se vençam seguirão o art. 406 do Código Civil, pois a mora se renova mês a mês. As parcelas vencidas anteriormente serão cobradas em 6% ao ano e as vencidas após a vigência do CC de 2002, no patamar de 12% ao ano. Trazemos à colação o Enunciado 164 do Conselho de Justiça Federal: "Tendo início a mora do devedor ainda na vigência do Código Civil de 1916, são devidos juros de mora de 6% ao ano, até 10

36. MATTIETTO, Leonardo. *Os juros legais e o art. 406 do Código Civil*, p. 102-103.

37. STJ: Informativo nº 0510 Período: 18 de dezembro de 2012. Terceira Turma DIREITO CIVIL. JUROS DE MORA. NÃO INCIDÊNCIA DA SELIC CUMULADA COM CORREÇÃO MONETÁRIA. "A incidência da taxa Selic como juros moratórios exclui a correção monetária, sob pena de *bis in idem*, considerando que a referida taxa já é composta de juros e correção monetária" (EDcl no REsp 1.025.298-RS, Rel. originário Min. Massami Uyeda, Rel. para acórdão Min. Luis Felipe Salomão, julgados em 28.11.2012).

de janeiro de 2003; a partir de 11 de janeiro de 2003 (data de entrada em vigor do Código Civil), passa a incidir o art. 406 do Código Civil de 2002."

Com efeito, aqui não se discute a validade, mas a eficácia do negócio jurídico. Segundo a fundamental regra do art. 2.035 do Código Civil, a validade dos negócios elaborados antes da vigência do CC/2002 é regida pelo CC/1916, mas os efeitos produzidos após a vigência da nova lei serão a ela subordinados. Adverte Celso José Pimentel que, no que tange aos juros, "sem retroação, consiste a aplicação do já referido princípio *tempus regis actum*, 'o efeito imediato e geral da lei em vigor', que não fere ato jurídico perfeito, porque o ato negativo, a omissão no pagamento, repete-se a cada mês, e porque em obrigação que se protrai por tempo indeterminado não se cogita de aquisição de direito adquirido de pagar segundo regras anteriores à renovação da mora".[38]

O início da contagem dos juros moratórios resultantes de responsabilidade contratual corresponderá à data da citação (art. 405 do CC). Adverte o art. 240 do CPC/15, que um dos efeitos materiais da citação é justamente constituir o devedor em mora. Mas é necessário ponderar que o dispositivo só se aplica à mora *ex persona*, proveniente de qualquer forma de interpelação judicial ou extrajudicial ao devedor, incluindo-se aí a citação (art. 397, parágrafo único, do CC). Assim, no que tange ao contrato de seguro, estabelece a súmula nº. 426 do Superior Tribunal de Justiça que "os juros de mora na indenização do seguro DPVAT fluem a partir da citação".

Aliás, enfatiza o Enunciado 619 do CJF que: "A interpelação extrajudicial de que trata o parágrafo único do art. 397, do Código Civil, admite meios eletrônicos como e-mail ou aplicativos de conversa 'online', desde que demonstrada a ciência inequívoca do interpelado, salvo disposição em contrário no contrato".

Adiante, tratando-se de hipótese de mora *ex re*, o devedor incorpora os acréscimos de juros a contar do próprio vencimento da obrigação. Partimos do brocardo *dies interpelat pro homine* (art. 397 do CC). Pelo princípio da instrumentalidade, a norma processual que versa sobre os efeitos da citação não poderá se voltar contra a regra de direito material que se aplica às obrigações em que se ajusta termo. Não é por outra razão que o valor da causa na ação de cobrança será a soma do principal, da pena e dos juros vencidos, até a propositura da ação (art. 292, I, do CPC/15), restando claro que, na mora *ex re*, os juros antecedem a propositura da demanda.

Somente nas obrigações em dinheiro será possível aplicar juros de mora imediatamente após o vencimento de seu termo. Não havendo liquidez, sendo desconhecido o montante devido, os juros incidirão a partir da citação.[39]

---

38. PIMENTEL, Celso José. *Anotações sobre juros legais*, p. 61.

39. STJ: Informativo nº 0528 Período: 23 de outubro de 2013. Primeira Seção DIREITO PROCESSUAL CIVIL. JUROS DE MORA EM CONDENAÇÕES IMPOSTAS À FAZENDA PÚBLICA. RECURSO REPETITIVO (ART. 543-C DO CPC E RES. 8/2008-STJ). "Na hipótese de condenação da Fazenda Pública ao pagamento de diferenças remuneratórias devidas a servidor público, os juros de mora deverão ser contados a partir da data em que efetuada a citação no processo respectivo, independentemente da nova redação conferida pela Lei

Em sede de responsabilidade civil, os juros moratórios são contados da data em que se praticou o ato ilícito extracontratual (art. 398 do CC e Súmula 54 do STJ). Esse também é o conteúdo do Enunciado 163 do Conselho de Justiça Federal: "A regra do art. 405 do Código Civil aplica-se somente à responsabilidade contratual, e não aos juros moratórios na responsabilidade extracontratual, em face do disposto no art. 398 do CC, não afastando, pois, o disposto na Súmula 54 do STJ." Ora, se o agente atuar de forma contrária ao ordenamento jurídico, deverá automaticamente assumir os resultados lesivos de sua conduta. Contudo, este entendimento só se aplica aos danos patrimoniais, pois no que concerne à reparação pelo dano moral, prevalece o entendimento de que são fixados os juros a contar da decisão judicial, de modo distinto àquilo que a súmula nº 362 do Superior Tribunal de Justiça disciplina quanto à incidência da atualização monetária: "A correção monetária do valor da indeniza*ção do dano moral incide desde a data do arbitramento*."[40]

O Superior Tribunal de Justiça[41] pacificou critérios nas hipóteses em que se discute a incidência de imposto de renda (IR) sobre os juros moratórios pagos em decorrência de decisão judicial devidos no contexto de rescisão de contrato de trabalho. O STJ entendeu não incidir IR sobre os juros moratórios, isso porque o valor deles decorrente não representa necessariamente renda e, muito menos, renda tributável. O caso, assim, é de não incidência tributária, sendo irrelevante a natureza do valor

11.960/2009 ao art. 1º-F da Lei 9.494/1997. Isso porque a referida alteração legislativa não modificou o momento a ser considerado como termo inicial dos juros moratórios incidentes sobre obrigações ilíquidas, que continuou regido pelos arts. 219 do CPC e 405 do CC" (REsp 1.356.120-RS. Rel. Min. Castro Meira. julgado em 14.8.2013).

40. STJ. *Informativo* nº 0484, 26.9-.10.2011. 4.T.: "Assim, inquestionável o dano moral sofrido pelos autores recorrentes. A perda do jogo inaugural da seleção brasileira de futebol no referido torneio, a mudança unilateral de roteiro, com troca de cidades e a hospedagem em hotéis de categoria inferior ao contratado – sendo os autores acomodados em hotel de beira de estrada – são circunstâncias que evidenciam a má prestação do serviço, situações que não se restringem a um simples aborrecimento de viagem, configurando, sim, um abalo psicológico ensejador de dano moral. Daí a Turma conheceu do recurso e deu-lhe parcial provimento para reconhecer a ocorrência de dano moral, fixando o valor de R$ 20.000,00 para cada um dos autores, com correção monetária e juros de mora incidindo a partir da data de julgamento neste Superior Tribunal, vencido parcialmente o Min. Luis Felipe Salomão, que fixava os juros a partir da citação." REsp 888.751-BA, Rel. Min. Raul Araújo.

41. STJ: Informativo nº 0514 Período: 20 de março de 2013. Segunda Turma DIREITO TRIBUTÁRIO. INCIDÊNCIA DE IMPOSTO DE RENDA DA PESSOA FÍSICA SOBRE JUROS DE MORA DECORRENTES DE BENEFÍCIOS PREVIDENCIÁRIOS PAGOS EM ATRASO. "Incide imposto de renda da pessoa física sobre os juros moratórios decorrentes de benefícios previdenciários pagos em atraso. Conforme o art. 16, parágrafo único, da Lei nº 4.506/1964, "serão também classificados como rendimentos de trabalho assalariado os juros de mora e quaisquer outras indenizações pelo atraso no pagamento das remunerações previstas neste artigo". Assim, os juros moratórios, apesar de terem a natureza jurídica de lucros cessantes, amoldam-se à hipótese de incidência do imposto de renda prevista no inciso II do art. 43 do CTN (proventos de qualquer natureza). Nesse contexto, há duas exceções à regra da incidência do imposto de renda sobre os juros de mora. Nos termos do art. 6º, V, da Lei nº 7.713/1988, na situação excepcional em que o trabalhador perde o emprego, os juros de mora incidentes sobre as verbas remuneratórias ou indenizatórias que lhe são pagas são isentos de imposto de renda. Além disso, não incide o referido tributo sobre os juros de mora decorrentes de verba principal isenta ou fora do seu campo de incidência (tese do acessório que segue o principal). Por outro lado, não há regra isentiva para os juros de mora incidentes sobre verbas previdenciárias remuneratórias pagas a destempo, o que acarreta a aplicação da regra geral do art. 16, parágrafo único, da Lei nº 4.506/1964" (AgRg no AREsp 248.264-RS, Rel. Min. Mauro Campbell Marques, julgado em 27.11.2012).

principal. Consignou-se, ainda, entre outros fundamentos, que as indenizações por perdas e danos inerentes aos juros de mora devem ser entendidas em sentido mais amplo. A evolução jurisprudencial, legislativa e doutrinária pertinente à proteção dos direitos, sobretudo personalíssimos, impõe que tais indenizações, para serem completas, abarquem os bens materiais e imateriais.

Com isso, deve-se considerar que o conteúdo indenizatório de tais juros previstos no CC em vigor (art. 407) abarca não só a reparação do período de tempo em que o credor, com profunda insatisfação, permaneceu privado da posse do bem que lhe seria devido por direito, mas também os possíveis e eventuais danos morais, ainda que remotos, os quais não precisam sequer ser alegados, tampouco comprovados.[42]

Enfim, abrangendo os mencionados juros, em tese, de forma abstrata e heterogênea, eventuais danos materiais, ou apenas imateriais, que não precisam ser discriminados ou provados, não se pode conceber que aqueles representem simples renda ou acréscimo patrimonial, não se enquadrando na norma do art. 43 do CTN.

Registrou-se, ademais, que mesmo se esses juros se resumissem a simples renda, essa não seria, necessariamente, tributável. Assim, sendo os juros em debate um substituto (indenizatório) da renda que não se pôde auferir diante da inadimplência do devedor, a cobrança do IR dependeria da clara e induvidosa identificação do tipo de rendimento que estaria sendo substituído (indenizado) pelos juros moratórios.

No que concerne à Fazenda Pública,[43] a Lei nº 11.960/2009, deu nova redação ao art. 1º-F da Lei nº 9.494/97, assim dispõe: Art.1º-F "Nas condenações impostas à Fazenda Pública, independentemente de sua natureza e para fins de atualização monetária, remuneração do capital e compensação da mora, haverá a incidência uma única vez, até o efetivo pagamento, dos índices oficiais de remuneração básica e juros aplicados à caderneta de poupança." Contudo, no julgamento do RE 870947, o STF afastou a aplicação desse dispositivo no que tange aos débitos tributários,

42. STJ: Informativo nº 0505 Período: 20 de setembro a 3 de outubro de 2012. Terceira Turma DIREITO PROCESSUAL CIVIL. ASTREINTES. ESTIPULAÇÃO *EX OFFICIO* E CUMULAÇÃO COM JUROS DE MORA. É cabível a cumulação de astreintes com juros de mora, bem como sua estipulação de ofício. Ao juiz é facultado arbitrar multa *ex officio* como forma de obtenção da tutela específica da obrigação, objetivo principal da execução, conforme expressamente permite o parágrafo único do art. 621 do CPC. Quanto à cumulação das astreintes com encargos contratuais, esclareceu-se que é admissível devido à natureza jurídica distinta entre as parcelas, pois a primeira tem natureza processual e os juros de mora têm natureza material. Ademais, estes se destinam à reparação de parte dos prejuízos ensejados pela mora; por outro lado, a multa cominatória diária é meio de coerção para que o devedor cumpra a obrigação específica. Ressalvou-se, contudo, a hipótese em que houver previsão de astreintes no título, pois assim seria apenas possível ao juiz reduzir o valor, se excessivo" (art. 645, parágrafo único, do CPC). Precedentes citados: REsp 940.309-MT, *DJe* 25.5.2010, e REsp 859.857-PR, *DJe* 19.5.2010. REsp 1.198.880-MT, Rel. Min. Paulo de Tarso Sanseverino, julgado em 20.9.2012.

43. STJ Informativo nº 617 – Corte Especial - 9 de fevereiro de 2018: Em adequação ao entendimento do Supremo Tribunal Federal, a Corte Especial do STJ adota orientação jurisprudencial no sentido de que incidem juros da mora no período compreendido entre a data da realização dos cálculos e a da requisição ou do precatório (EREsp 1.150.549-RS, Rel. Min. Og Fernandes, DJe 12/12/2017).

restringindo sua incidência às condenações do Poder Público oriundas de relações jurídicas não tributárias, a exemplo das ações previdenciárias.

No tocante à correção monetária, o Supremo Tribunal Federal, no julgamento das ADIs 4.357/DF e 4.425/DF, julgou inconstitucional a atualização monetária dos débitos da Fazenda Pública com base no índice oficial de remuneração da caderneta de poupança na forma prevista no art. 100, § 12, da CF/88 (com redação dada pela EC 62/2009). Assim entendeu porque a taxa básica de remuneração da poupança não mede a inflação acumulada do período e, portanto, não pode servir de parâmetro para a correção monetária a ser aplicada aos débitos da Fazenda Pública. Em 2017 o Supremo Tribunal Federal concluiu o julgamento do RE 870.947/SE, submetido ao regime da repercussão geral, fixando, entre outras, a seguinte tese: "O art. 1º-F da Lei nº 9.494/97, com a redação dada pela Lei nº 11.960/09, na parte em que disciplina a atualização monetária das condenações impostas à Fazenda Pública segundo a remuneração oficial da caderneta de poupança, revela-se inconstitucional ao impor restrição desproporcional ao direito de propriedade (CF/88, art. 5º, XXII), uma vez que não se qualifica como medida adequada a capturar a variação de preços da economia, sendo inidônea a promover os fins a que se destina".[44]

Relativamente, à aplicação do referido art. 1º-F aos juros de mora, o Supremo Tribunal Federal, no julgamento das ADIs 4.357/DF e 4.425/DF, julgou constitucional a incidência de juros de mora nos débitos da Fazenda Pública, com base no índice oficial de remuneração da caderneta de poupança, na forma prevista no art. 100, § 12, da CF/88 (com redação dada pela EC 62/2009), à exceção dos indébitos de natureza tributária.[45]

Assim, a inadimplência do poder público acarretará o pagamento de juros de mora segundo o índice de remuneração da caderneta de poupança, exceto quando se tratar de relação jurídica tributária, quando então irão incidir os encargos moratórios pelos quais a Fazenda Pública remunera seu crédito tributário, qual seja, a taxa SELIC. Observe-se também que, consoante entendimento consolidado na Súmula Vinculante 17, "durante o período previsto no parágrafo 1º do artigo 100 da Constituição, não incidem juros de mora sobre os precatórios que nele sejam pagos". Afinal, a Fazenda

44. Em se tratando de débitos da Fazenda Pública, viola o "direito fundamental de propriedade (CF/88, art. 5º, XXII)" a atualização mediante índice que seja "manifestamente incapaz de preservar o valor do crédito de que é titular o cidadão". Isso porque a inflação, "fenômeno tipicamente econômico-monetário, mostra-se insuscetível de captação apriorística (ex ante)" (ADI 4.357, Relator(a): Min. Ayres Britto, Relator(a) p/ Acórdão: Min. Luiz Fux, DJe 25/09/2014).

45. Em 20.9.2017, o Supremo Tribunal Federal concluiu o julgamento do RE 870.947-SE nos seguintes termos: "O art. 1º-F da Lei n. 9.494/97, com a redação dada pela Lei n. 11.960/2009, na parte em que disciplina os juros moratórios aplicáveis a condenações da Fazenda Pública, é inconstitucional ao incidir sobre débitos oriundos de relação jurídico-tributária, aos quais devem ser aplicados os mesmos juros de mora pelos quais a Fazenda Pública remunera seu crédito tributário, em respeito ao princípio constitucional da isonomia (CF/88, art. 5º, *caput*); quanto às condenações oriundas de relação jurídica não-tributária, a fixação dos juros moratórios segundo o índice de remuneração da caderneta de poupança é constitucional, permanecendo hígido, nesta extensão, o disposto no art. 1º-F da Lei n. 9.494/1997 com a redação dada pela Lei n. 11.960/2009".

não incorre em mora quando realiza o pagamento dentro do prazo constitucionalmente estabelecido, tornando, de fato, incabível a condenação em juros moratórios.

3.3 Os juros compensatórios no Código Civil

Com relação ao art. 591, temos aqui a mais importante inovação do Código Civil, no tocante ao contrato de mútuo. O mútuo feneratício é tratado de forma substancialmente renovada. Ainda que as partes nada tenham convencionado, presume-se a sua onerosidade.

Na vigência do art. 1.262 do CC/1916, o contrato de empréstimo era em regra gratuito, sendo a sua onerosidade excepcional, pois dependia de cláusula expressa no contrato. Todavia, no direito em vigor, o tráfego jurídico impõe a presunção da cobrança de juros nos empréstimos de finalidade econômica, a onerosidade apenas será afastada por convenção expressa em sentido contrário, na qual o mutuante afirme categoricamente o desinteresse econômico no empréstimo. Portanto, se *A* e *B* contraírem contrato de empréstimo, os juros serão devidos ao tempo da restituição do capital mutuado. Inexistente a cláusula de renúncia aos juros, o mutuário somente elidirá a sua exigência se provar cabalmente que da natureza do contrato infere-se a gratuidade, como sói normalmente ocorrer em relações fraternas (*v.g.*, *A* e *B* são amigos de longa data), prevalecendo assim o mútuo comum, de fins não econômicos.

Outrossim, além de converter o mútuo com fins econômicos de exceção em regra, o legislador civilista não mais o restringiu ao empréstimo de dinheiro ou de coisas fungíveis, como o fez o Código Beviláqua (art. 1.262). Assim, é possível pensar em uma extensão do objeto de tais contratos para outros bens.

Os juros a que alude o dispositivo são os denominados compensatórios ou remuneratórios, vale dizer, aqueles recebidos pelo mutuante como compensação pela privação do capital emprestado, por certo período. A remuneração do credor equivale aos frutos civis por ser ele privado temporariamente da posse do bem (*v.g.*, aluguéis, rendas, dividendos).

O Código Civil de 2002 apenas se preocupou em fixar os juros legais moratórios (art. 406, CC), mas nada disciplinou sobre os juros legais compensatórios. Analogicamente, o referido art. 406 será empregado para que, na ausência de convenção de taxa entre os interessados, seja o parâmetro remetido ao art. 161, § 1º, do Código Tributário Nacional.

Relativamente às expropriações, a Súmula 408 do Superior Tribunal de Justiça prescreve que "nas ações de desapropriação, os juros compensatórios incidentes após a Medida Provisória nº 1.577, de 11/06/1997, devem ser fixados em 6% ao ano até 13/09/2001 e, a partir de então, em 12% ao ano, na forma da Súmula nº 618 do Supremo Tribunal Federal".

3.4 Os juros e as instituições financeiras

Com a Lei de Reforma Bancária (Lei nº 4.595/64), a fixação das taxas de juros cobradas por instituições financeiras passou a ser deliberada pelo Conselho Monetário Nacional, excluindo-as dos limites rígidos da Lei de Usura, em detrimento dos demais agentes econômicos. Posteriormente, a Súmula 596 do Superior Tribunal Federal ratificou a não aplicabilidade do Decreto nº 22.626/33 às instituições públicas ou privadas que integram o sistema financeiro nacional.

Como esclarece Judith Martins-Costa, a "regra do art. 406 não tem incidência nas relações entre particulares e instituições integrantes do Sistema Financeiro Nacional, mas, tão somente, nas relações interprivadas em que não esteja, na posição ativa ou passiva, ente integrante do Sistema Financeiro Nacional".[46]

Destarte, as instituições financeiras podem praticar taxas de juros superiores a 12% ao ano, com base em autorização infraconstitucional. Já na Súmula Vinculante nº 7, o Excelso Pretório entendeu que "a norma do § 3º do artigo 192 da Constituição, revogada pela Emenda Constitucional nº 40/2003, que limitava a taxa de juros reais a 12% ao ano, tinha sua aplicação condicionada à edição de lei Complementar". A referida discussão perdeu objeto com a revogação do art. 192, § 3º, da CF, pela EC nº 40/2003, que extirpou os juros bancários de qualquer limitação, possibilitando a regulamentação do Sistema Financeiro por partes, através de mais de uma lei complementar.

Em caráter complementar, preceitua a Súmula 283 do Superior Tribunal de Justiça que "as empresas administradoras de cartão de crédito são instituições financeiras e, por isso, os juros remuneratórios por elas cobrados não sofrem as limitações da Lei de Usura".

Alicerçadas no *pacta sunt* servanda, as instituições financeiras estariam liberadas da limitação imposta pela legislação ordinária, podendo agir conforme o mercado, sem que se caracterize o crime de usura. Aliás, a Súmula 283 do Superior Tribunal de Justiça aduz que "as empresas administradoras de cartão de crédito são instituições financeiras e, por isso, os juros remuneratórios por elas cobrados não sofrem as limitações da Lei de Usura".

Mas a realidade demonstra que os patamares de juros fixados pelo mercado financeiro são astronômicos e fogem do mínimo de bom senso. A nosso viso, fundamental é perceber que a adoção das cláusulas gerais da boa-fé objetiva (art. 113 do CC), abuso do direito (art. 187 do CC) e função social do contrato (art. 421 do CC) permitem que o magistrado possa limitar o exercício excessivo do direito subjetivo ao crédito pelas instituições financeiras.

46. MARTINS-COSTA, Judith. *Os juros (moratórios) legais: para uma interpretação do art. 406 do Código Civil*, op. cit., p. 2.

Lembre-se que as cláusulas gerais não são apenas normas abertas, mas também móveis, pois circulam pelo sistema jurídico, sendo aplicadas pelo julgador de modo a atenuar o rigor e a rigidez de determinadas regras esparsas pelo Código Civil. Assim, poderá o juiz, a qualquer tempo e de ofício – eis que as cláusulas gerais são normas de ordem pública (art. 2.035, parágrafo único, do CC) –, reduzir juros extorsivos, modificando cláusulas contratuais que ultrapassem os limites éticos do sistema e aniquilem direitos fundamentais do contratante.

Nelson Nery Júnior admite que "o juiz pode, aplicando a cláusula geral de função social do contrato (CC, 421), reduzir os juros a, por exemplo, 7% ao mês. Com isso, o juiz observou a intangibilidade da liberdade de fixação do percentual de juros, bem como desconsiderou a polêmica questão sobre a incidência ou não do Código de Defesa do Consumidor aos contratos bancários. Simplesmente aplicou o Código Civil e fez concretizar-se a cláusula geral abstrata da função social do contrato. Noutro caso, de revisão judicial de contrato de outra empresa, o mesmo juiz poderia aplicar a cláusula geral da função social do contrato e entender que 15% ao mês seriam corretos e manter a cláusula contratual que assim dispusesse".[47]

Neste patamar de razoabilidade, dispõe a Súmula 382 do Superior Tribunal de Justiça que "a estipulação de juros remuneratórios superiores a 12% ao ano, por si só, não indica abusividade". O citado enunciado deve ser compreendido *a contrario sensu*. Isso significa que em princípio é reputado como ato lícito o comportamento da instituição financeira que praticar juros compensatórios superiores a 12% ao ano. Contudo, incidirá o abuso do direito e a qualificação da conduta como ilícita a partir do momento em que a concretude do caso indicar um descompasso entre a taxa de juros demarcada pelo mutuante e a taxa média do mercado vislumbrada para aquela determinada operação financeira.

De acordo com a Súmula 530 do Superior Tribunal de Justiça, "Nos contratos bancários, na impossibilidade de comprovar a taxa de juros efetivamente contratada - por ausência de pactuação ou pela falta de juntada do instrumento aos autos -, aplica-se a taxa média de mercado, divulgada pelo Bacen, praticada nas operações da mesma espécie, salvo se a taxa cobrada for mais vantajosa para o devedor ".

Ilustrativamente, o cliente adere a um contrato de abertura de crédito rotativo, concedendo um certo limite a título de empréstimo no cheque especial. Digamos que o pequeno empresário se valeu de uma certa quantia no limite estipulado pelo banco, sem que posteriormente tivesse condições de fazer frente ao débito acumulado, que alcançou montante bem superior ao esperado pelo mutuário. Em verdade, o contrato silenciava no tocante ao percentual de juros incidentes no contrato. Supondo que o cliente não é um consumidor, pelo fato de ter empregado o numerário no desenvolvimento de sua atividade empresarial, a cláusula será nula por ser potestativa, submetido o mutuário ao puro arbítrio da instituição financeira (art. 122 do CC/2002).

47. NERY JÚNIOR, Nelson. *Contratos no Código Civil*, p. 418.

Porém, usualmente preencherá o mutuário a condição de consumidor (art. 2º do CDC). O negócio jurídico é formado pela técnica da adesão, pela qual as cláusulas são predispostas unilateralmente, sem prévia negociação, posto submetidas à parte mais frágil da relação jurídica. A Lei nº 8.078/90 é norma de ordem pública que visa a garantir a aplicação do direito fundamental de tutela ao consumidor, emanado dos arts. 5º, XXXII, e 170, inciso V, ambos da Constituição Federal. A cláusula que se omite quanto aos juros é nula, como abusiva, a teor do art. 51, X, do CDC.

Ninguém pode negar, portanto, que as instituições financeiras submetam-se às normas de consumo. Sendo a equidade a pedra angular do sistema protetivo, não existem razões plausíveis para que os bancos se afastem do CDC. Mesmo por um princípio de simetria e repúdio ao enriquecimento sem causa, não se pode entender como o consumidor paga escandalosos 10 ou 12% ao mês em razão de um empréstimo, e é remunerado em média com 1% ao mês pelas mesmas instituições, ao efetuar as suas aplicações. Daí a razoabilidade da aludida Súmula 530 ao demarcar a taxa média do mercado como parâmetro de quantificação dos juros. A taxa média oscilará conforme o tipo de contrato que foi ajustado, com a categoria do mutuante e com a modalidade de empréstimo realizada. O cálculo levará em conta as informações fornecidas pelas instituições financeiras, representando o ponto de equilíbrio nas forças do mercado. Além disso, traz embutida em si o custo médio dos bancos e seu lucro médio, ou seja, um *spread* médio. Assim, perscrutando os juros exigidos pelo banco em cotejo com o que razoavelmente se pratica mercado, se eles estiverem acima da taxa média, o juiz reconhecerá a abusividade, reduzindo-os. Porém, se os juros praticados pelo credor estiverem em patamar inferior à a taxa média, o magistrado a ignorará e preservará o montante cobrado, obviamente menos onerosos para o devedor.

De um lado, impede-se o abuso do direito potestativo da instituição financeira (art. 187, CC), mas, de outro, evita-se que o consumidor queira reduzir os juros ao valor de 1% mês, tal qual estabelece o Código Civil para as relações interprivadas ou os limites impostos pela Lei de Usura (Decreto n. 22.626/33). Diante da invalidade da cláusula, a luz de uma interpretação integrativa fundada na boa-fé objetiva, mesmo quando não prevista no contrato, a incidência dos juros é presumida no caso de empréstimos destinados a fins econômicos (art. 591, CC/02).

Aliás, superada (e, oxalá, definitivamente!) a questão da aplicabilidade do Código de Defesa do Consumidor aos contratos bancários – com o julgamento definitivo da ADIn nº 2.591-1/DF –, tem-se que, seja nos contratos civis e empresariais, seja nos contratos de consumo, as cláusulas gerais de abuso do direito, boa-fé objetiva e função social do contrato impedem o desequilíbrio contratual, sendo facultado ao magistrado a utilização de seu poder integrativo para desenhar a solução mais adequada à especificidade do caso, como demanda a diretriz da concretude.

De qualquer modo, o Superior Tribunal de Justiça editou a Súmula 297, nos seguintes termos: "o Código de Defesa do Consumidor é aplicável às instituições financeiras".

Lembramos que, nos contratos de financiamento realizados através da emissão de cédulas de crédito, os juros legais são limitados a 12% ao ano, pois o art. 5º do Decreto-lei nº 413/69 não alcança a Súmula 596 do Supremo Tribunal Federal, já que se trata de lei especial e posterior à Lei nº 4.595/64. É ilegal a previsão de qualquer outra taxa, comissão de permanência ou encargo tendente a burlar o referido diploma legal.

3.5 A capitalização dos juros

Para além das já mencionadas classificações dos juros – quanto à origem (legais ou convencionais) e quanto à destinação (moratórios ou compensatórios) –, pode-se separá-los no tocante à incidência em juros *simples* e *compostos*. Os juros simples são aqueles que não se acumulam com o principal do capital emprestado para a contagem de novos juros; já os juros compostos contam-se sobre o principal, acrescido de juros acumulados. A contratação de juros sobre juros capitalizados também é conhecida como anatocismo, prática sensivelmente gravosa para o devedor, porém comum nos contratos de financiamento bancário, com periodicidades diversas (mensal, semestral, anual), conforme o teor de cada pacto.[48]

Luiz Antonio Scavone Júnior traz interessante exemplo sobre os juros compostos: "tomemos um infeliz que tenha utilizado o limite de R$ 10.000,00 no contrato de cheque especial e que tenha permanecido nesta situação por um ano e meio. Os juros nessa modalidade bancária, que não se submete aos limites que até agora vimos, chegam facilmente – e até surpreendentemente – a 12% ao mês. Nesse caso, o total a ser pago ao final do período será, exatamente, R$ 76.899, 66, ou seja, mais de 7 vezes o valor original, sem contar a correção monetária. Pelos critérios razoáveis e até legais para demais pessoas físicas e jurídicas, a mora da mesma quantia representaria, ao cabo do mesmo período, quantia abissalmente menor, ainda que viesse acrescida de outros consectários decorrentes da mora. Com efeito, o mesmo valor, com juros de 2% ao mês, cláusula penal de 10%, honorários de advogado de 20% e mais, por hipótese, correção monetária de 30%, geraria a quantia final de R$ 23.337,60".[49]

A chave para a compreensão da possibilidade de capitalização de juros é a exata compreensão do artigo 591 do Código Civil: "Destinando-se o mútuo a fins econômicos, presumem-se devidos juros, os quais, sob pena de redução, não poderão exceder a taxa a que se refere o art. 406, permitida a capitalização anual". Em sua primeira parte, o dispositivo acertadamente presume a onerosidade dos juros remuneratórios em operações com finalidade econômica incidentes sobre o mútuo

48. Carlos Roberto Gonçalves explica: "O anatocismo consiste na prática de somar os juros ao capital para contagem de novos juros. Há, no caso, capitalização composta, que é aquela em que a taxa de juros incide sobre o capital inicial, acrescido dos juros acumulados até o período anterior. Em resumo, pois, o chamado 'anatocismo' é a incorporação dos juros ao valor principal da dívida, sobre a qual incidem novos encargos." (Direito Civil Brasileiro. 8ª ed., São Paulo: Saraiva, 2011,p. 409).

49. SCAVONE JÚNIOR, Luiz Antonio. *Juros no novo direito privado brasileiro*, op. cit., p. 556.

feneratício, ou seja, sobre aqueles recebidos pelo mutuante como compensação pela privação do capital emprestado. Nada mais natural, tendo-se em vista a tutela da livre iniciativa em uma economia de mercado, seja na oferta de dinheiro como de bens fungíveis. Todavia, quando a parte final do artigo 591 do Código Civil permite a "capitalização anual de juros" é evidente que condiciona a referida permissão a um acordo de vontades entre mutuante/mutuário, eis que o ordenamento jurídico não poderia asfixiar o espaço de liberdade dos particulares para impor a capitalização de juros, mesmo que em periodicidade anual. Destarte, há ilegalidade na cobrança de juros sobre juros com periodicidade anual, sem prévio assentimento do mutuário. Vale lembrar que o artigo 423 do Código Civil dispõe que "quando houver no contrato de adesão cláusulas ambíguas ou contraditórias, dever-se-á adotar a interpretação mais favorável ao aderente". Assim, na ausência de expressa pactuação do encargo, a sua cobrança será neutralizada.[50]

Vale dizer, o art. 591 do Código Civil permite a capitalização anual de juros no mútuo de fins econômicos, desde que expressamente pactuada. Os juros mensais serão separados do capital e nele inseridos apenas ao término de cada ano, quando houver previsão de capitalização no contrato. Destarte, só caberá capitalização, para a inclusão dos juros vencidos depois de um ano ao capital, rendendo-se juros no ano subsequente. Subentende-se o período anual para qualquer norma especial que permita a capitalização dos juros.

Em um viés histórico, a Lei de Usura (art. 4º do Decreto-Lei nº 22.626/33) veda a capitalização de juros (anatocismo) mesmo em favor de instituições financeiras, em períodos inferiores há um ano. De acordo com a Súmula 121 do Superior Tribunal Federal, "somente se admite a capitalização de juros havendo norma legal que excepcione a regra proibitória estabelecida no art. 4º do Decreto nº 22.626/33 (Lei de Usura)". A exceção surgiu em prol das instituições financeiras (MP n.º 1.963-17/2000), que foram a partir de então autorizadas a contratar capitalização

50. "A cobrança de juros capitalizados nos contratos de mútuo é permitida quando houver expressa pactuação. Não ousou o legislador proibir que as partes convencionassem a não incidência de juros se assim expressamente acordassem. Ora, se a norma não obrigou/determinou, mas apenas presumiu (salvo estipulação em contrário) a incidência de juros, inviável estender essa assertiva para a periodicidade deste encargo. Certamente, seria um contrassenso admitir que as partes expressamente ajustassem a não incidência de juros (contrato gratuito) mas a lei determinasse/impusesse a cobrança da capitalização de juros, ainda que na periodicidade anual. Isto porque, o direito de livre contratar é expressão maior do ideário burguês pós-revolucionário e constitui um princípio vinculado à noção de liberdade e igualdade presente na Declaração Universal dos Direitos do Homem. À pessoa humana, enquanto ser dotado de personalidade e como cidadão livre, é dado pactuar nas condições que julgar adequadas, contratando como, com quem e o que desejar, inclusive dispondo sobre cláusulas, firmando o conteúdo do contrato e criando, em dadas vezes, novas modalidades contratuais (contratos atípicos). Além do princípio da autonomia da vontade, a boa-fé contratual, vinculada ao dever de informar - principalmente nos contratos bancários sobre os quais é inegável a incidência do Código de Defesa do Consumidor (súmula 297/STJ) -, constitui um dos pilares do contrato, verdadeiro elemento norteador do negócio jurídico. Nesse sentido, o contrato deve retratar uma situação de coordenação, jamais uma relação de subordinação entre as partes, mormente quando o ordenamento jurídico normativo não impõe a contratação de juros sobre juros, tampouco categoricamente afirma posição imperativa quanto a sua contratação" (STJ, Informativo 599, REsp 1.388.972-SC, Rel. Min. Marco Buzzi, Segunda Seção, DJe 13/3/2017).

de juros com periodicidade inferior a 1 ano (vg: capitalização mensal), desde que expressamente consignado no instrumento. Prevalece atualmente o entendimento de que a capitalização – seja a anual, como a inferior à anual – depende de pactuação, tratando-se de ato de autonomia contratual. Ilustrativamente, não há ilegalidade na pactuação de juros moratórios à taxa de 1% ao mês na cédula de produto rural financeira.[51]

Já em período anterior, a Súmula 93 do Supremo Tribunal Federal franqueava a cobrança de juros sobre juros por períodos menores que 1 ano, pela expressa convenção entre as partes, quando da emissão de cédula rural, cédula de crédito industrial e comercial – respectivamente, Decreto-lei nº 167/67, Decreto-lei nº 413/69, Lei nº 6.480/80 –, permitindo a capitalização semestral.[52]

Esse entendimento foi ratificado pela Súmula 539 do Superior Tribunal de Justiça: "É permitida a capitalização de juros com periodicidade inferior à anual em contratos celebrados com instituições integrantes do Sistema Financeiro Nacional a partir de 31/3/2000 (MP n. 1.963-17/2000, reeditada como MP n. 2.170-36/2001) desde que expressamente pactuada".

Destarte, por não ostentar a condição de instituição financeira, uma empresa de *factoring* não estará autorizada a contratar juros com capitalização de periodicidade inferior a anual.

Porém, permanecia uma dúvida: o que se entende como "expressamente pactuada"? A capitalização de juros necessariamente seria explicitada no contrato bancário, de modo preciso e ostensivo, ou pode ser inferida da simples divergência entre a taxa de juros anual e o duodécuplo da taxa de juros mensal (duodécuplo corresponde a um múltiplo de 12).

51 "A limitação dos juros moratórios ao patamar de 1% ao ano, estabelecida pelo art. 5º, parágrafo único, do Decreto-Lei 167/67, não se aplica à cédula de produto rural financeira (CPR-F)" (STJ, Informativo 603, REsp 1.435.979-SP, Rel. Min. Paulo de Tarso Sanseverino, por unanimidade, julgado em 30/3/2017, DJe 5/5/2017).

52. STJ: Informativo nº 0537. Período: 10 de abril de 2014. Segunda Seção. DIREITO EMPRESARIAL. CAPITALIZAÇÃO DE JUROS EM CONTRATOS DE CRÉDITO RURAL. RECURSO REPETITIVO (ART. 543-C DO CPC E RES. 8/2008 DO STJ). "A legislação sobre cédulas de crédito rural admite o pacto de capitalização de juros em periodicidade inferior à semestral. Diante da pacificação do tema, publicou-se a Súmula 93 do STJ, segundo a qual 'a legislação sobre cédulas de crédito rural, comercial e industrial admite o pacto de capitalização de juros'. Assim, nas cédulas de crédito rural, industrial e comercial, a capitalização semestral dos juros possui autorização *ex lege*, não dependendo de pactuação expressa, a qual, por sua vez, é necessária para a incidência de juros em intervalo inferior ao semestral. Essa disciplina não foi alterada pela MP 1.963-17, de 31/3/2000. Com efeito, há muito é pacífico no STJ o entendimento de que, na autorização contida no art. 5º do Decreto-Lei 167/1967, inclui-se a permissão para a capitalização dos juros nas cédulas de crédito rural, ainda que em periodicidade mensal, desde que pactuada no contrato ('as importâncias fornecidas pelo financiador vencerão juros às taxas que o Conselho Monetário Nacional fixar e serão exigíveis em 30 de junho e 31 de dezembro ou no vencimento das prestações, se assim acordado entre as partes; no vencimento do título e na liquidação, por outra forma que vier a ser determinada por aquele Conselho, podendo o financiador, nas datas previstas, capitalizar tais encargos na conta vinculada a operação'). A autorização legal está presente desde a concepção do título de crédito rural pela norma específica, que no particular prevalece sobre o art. 4º do Decreto 22.626/1933 (Lei de Usura), e não sofreu qualquer influência com a edição da MP 1.963-17/2000 (2.170-36/2001)" (REsp 1.333.977-MT, Rel. Min. Maria Isabel Gallotti, julgado em 26.2.2014).

A escolha da segunda opção transparece na Súmula 541 do Superior Tribunal de Justiça: "A previsão no contrato bancário de taxa de juros anual superior ao duodécuplo da mensal é suficiente para permitir a cobrança da taxa efetiva anual contratada". Por conseguinte, mesmo na ausência de cláusula explícita respeitante a capitalização mensal de juros, basta que na matemática de cada contrato a taxa prefixada de juros anuais seja superior ao duodécuplo da mensal.

A outro giro, a comissão de permanência é um valor cobrado pelas instituições financeiras diante de inadimplemento contratual, enquanto o devedor não quitar sua obrigação. Cuida-se de encargo exigido por dia de atraso no pagamento de débitos junto a instituições financeiras. É cobrado após o vencimento e incide sobre os dias de atraso.

Há muito, a Súmula 30 do Superior Tribunal de Justiça veda a cumulação da comissão de permanência com a correção monetária, o que de fato seria um *bis in idem*. Veda-se ainda a cumulação da comissão de permanência com a multa moratória e/ou os juros de mora. Nesta senda, a Súmula 296 do Superior Tribunal de Justiça: "os juros remuneratórios, não cumuláveis com a comissão de permanência, são devidos no período de inadimplência, à taxa média de mercado estipulada pelo Banco Central do Brasil, limitada ao percentual contratado". Enfim, no período de inadimplência a comissão de permanência só será legítima se não acrescida de qualquer outro fator de atualização ou reajuste.

Enfim, urge afastar a prática abusiva da concepção de encargos financeiros que possuem o único objetivo de expandir os lucros de instituições financeiras. Bem caminha nessa trilha a Súmula 472 do Superior Tribunal de Justiça: "A cobrança de comissão de permanência – cujo valor não pode ultrapassar a soma dos encargos remuneratórios e moratórios previstos no contrato – exclui a exigibilidade dos juros remuneratórios, moratórios e da multa contratual." A súmula é peremptório no sentido de que o montante da comissão de permanência não excederá a soma dos encargos remuneratório e moratórios contratuais e que a incidência da comissão de permanência elide a exigibilidade dos juros remuneratórios, moratórios e da multa contratual. Vale dizer, faz-se uma opção: ou se exige a comissão de permanência, ou os demais encargos contratuais.

4. CLÁUSULA PENAL

4.1 Introdução

O direito das obrigações é o setor do direito privado mais influenciado pelas origens romanas. Com a cláusula penal não poderia ser diferente, muito pelo contrário. Paradoxalmente, apesar do extenso desenvolvimento da matéria nos dois últimos milênios, é em suas origens que persistem as justificativas para a afirmação da função da cláusula penal como tema central de nosso trabalho.

A ancestralidade histórica da cláusula penal é atribuída à *stipulatio poenae* do direito romano primitivo. Denis Mazeaud[53] assinala que a *stipulatio* era uma verdadeira pena privada, uma sanção de caráter repressivo que era devida em sua integralidade, mesmo no caso da impossibilidade de execução da obrigação pelo fortuito ou de execução parcial. O rigor da pena era explicado pela função particular que visava assegurar a obrigatoriedade das relações contratuais cujo objeto fosse outro que não o dinheiro, como as obrigações de dar, fazer, não fazer, ou de transferir propriedade.[54]

A evolução do sentido da finalidade da cláusula penal nas nações herdeiras do sistema romano se deu de forma muito próxima, em nível de legislação e doutrina. A discussão quanto ao escopo da cláusula penal reside no campo doutrinário.

Com exceção de alguns pequenos desvios em favor de um ou outro escopo da cláusula penal – e, especificamente, da abertura preconizada por Limongi França –, a doutrina nacional gerada a partir do Código Civil de 1916 imputou-lhe natureza mista.

Repetindo o seu antecessor, o Código Civil de 2002 não emitiu qualquer conceito de cláusula penal, tampouco fez alusão às suas funções.

O Código Civil de 2002 transportou as normas concernentes ao modelo jurídico para o título que versa sobre as consequências do inadimplemento das obrigações, por considerá-la no aspecto de sucedâneo da liquidação de prejuízos.

4.2 Natureza

4.2.1 Acessoriedade

Conceituamos a cláusula penal como uma convenção acessória que acopla uma pena privada ao inadimplemento de uma obrigação.

A cláusula penal é uma estipulação negocial aposta a uma obrigação, em que qualquer das partes, ou uma delas apenas, compromete-se a efetuar certa prestação em caso de ilícita inexecução da obrigação principal.

Nesse sentido, dispõe o art. 409 do Código Civil: "A cláusula penal estipulada conjuntamente com a obrigação, ou em ato posterior, pode referir-se à inexecução completa da obrigação, à de alguma cláusula especial ou simplesmente à mora".

Assim, sendo a obrigação principal pronunciada judicialmente como inválida – por nulidade ou anulabilidade –, via de consequência, haverá o desaparecimento da cláusula penal[55]. A recíproca, porém, não se sustenta: caso a cláusula penal seja invalidada, a obrigação que visava acautelar permanecerá íntegra.

---

53. MAZEAUD, Denis. *La notion de clause pénale*, p. 291.
54. Não se poderia falar em certeza quanto a este último requisito, mas apenas em termos de probabilidade, pois o direito romano, em um primeiro momento, não havia realizado as clássicas distinções entre responsabilidade civil e penal, nem de responsabilidade contratual e extracontratual (esta última pela *lex aquilia*).
55. Processual Civil. Recurso Especial. Ação de reparação por danos materiais e compensação por danos morais. Inadimplemento de contrato. Cláusula penal. Danos morais. Ausência de prequestionamento. Reexame de

4.2.2 *Obrigação facultativa*

Ao pactuar o negócio jurídico, a pena convencional se qualifica como uma promessa de caráter eventual a cumprir no futuro.

O devedor se vincula a uma única prestação – a que se refere à obrigação contraída –, sendo aleatória a configuração da cláusula penal. Mas, se mais tarde ela se efetivar, o credor terá o poder de escolher entre a pena e a prestação devida.

Isto é, inicialmente, a obrigação principal de dar, fazer ou não fazer é a única devida. Nada mais se pode exigir do devedor. Porém, do ilícito contratual emerge a pena lateralmente à obrigação. Doravante, o cumprimento de uma delas libertará o devedor. Mas esta escolha entre o cumprimento da obrigação e a obtenção da pena é exclusivamente do credor, ao qual caberá deliberar entre a execução específica e a percepção da obrigação acessória.

4.2.3 *Negócio jurídico de garantia*

A cláusula penal é mais do que uma obrigação acessória e facultativa ao credor. Cuida-se de uma forma de garantia. Aí reside a sua natureza e essência. Ao contrário das outras modalidades especiais de garantia, a responsabilidade continua residindo no patrimônio geral do devedor, e não em bens concretos ou em outras pessoas. O fato de a cláusula penal se traduzir em uma obrigação de garantia justifica a rica trajetória histórica e perene atualidade.

Nas relações negociais, existem duas grandes formas de lesão a créditos: a insolvência e o inadimplemento. Enquanto a primeira é mais bem assegurada por cauções reais e pessoais, a cláusula penal se converte em um *plus* de garantia contra o inadimplemento.

4.2.4 *Sujeitos da cláusula penal*

Na linha da acessoriedade, identificam-se os sujeitos da cláusula penal como os que figuram na obrigação principal. A identidade entre ambas pressupõe que a pena convencional será invariavelmente subscrita pelo devedor da obrigação que se assegura em favor do credor que nela está inserido[56].

---

fatos e interpretação de cláusulas contratuais. Inadmissibilidade. - A nulidade da obrigação principal importa a da cláusula penal, nos termos do art. 922 do CC/16. - O mero inadimplemento contratual não acarreta danos morais. Precedentes. - A distribuição dos ônus sucumbenciais, quando verificada a sucumbência recíproca, deve ser pautada pelo exame do número de pedidos formulados e da proporcionalidade do decaimento das partes em relação a esses pleitos. - A ausência de decisão acerca dos dispositivos legais indicados como violados, não obstante a interposição de embargos de declaração, impede o conhecimento do recurso especial. Súmula 211/STJ. - O reexame de fatos e provas e a interpretação de cláusulas contratuais em recurso especial são inadmissíveis. Súmulas 5 e 7/STJ. Recurso especial não provido. (STJ - REsp 803950 / RJ, rel. Min.NANCY ANDRIGHI, DJe 18/06/2010).

56. RECURSO ESPECIAL - CONTRATO BILATERAL, ONEROSO E COMUTATIVO -CLÁUSULA PENAL - EFEITOS PERANTE TODOS OS CONTRATANTES -REDIMENSIONAMENTO DO QUANTUM DEBEATOR -NECESSIDADE

A questão de maior relevo no tocante aos sujeitos da relação e seu exercício de autonomia concerne à possibilidade de as partes estabelecerem a existência de uma pena, mas convencionarem sua determinação para um instante posterior. Impende saber se as partes podem estipular uma sanção compulsória para eventual inadimplemento, concedendo ao credor o poder de determinar o seu montante, segundo critérios estipulados pelas partes ao tempo da contratação.

4.2.5 *Objeto da cláusula penal*

O objeto da cláusula penal é a promessa de uma pena convencional. Cuida-se de pena negocial que substitui o insucesso da obrigação principal como prestação a ser cumprida pelo devedor faltoso. É comum que seja fixada em dinheiro, mas eventualmente as partes poderão estipular que a pena se traduza na entrega do objeto, na prestação de determinada atividade do devedor ou mesmo na perda de uma situação jurídica. Concerne ao âmbito de autonomia negocial a determinação da espécie da pena.

No Brasil, não só o Código silenciou, como em uma interpretação mais precipitada do art. 412 poderia se entender que "o valor da cominação imposta" seria uma indicação de que a pena seria sempre de natureza pecuniária. Resumindo, porém, a opinião generalizada de nossa doutrina, Maria Helena Diniz ensina que "se compromete a satisfazer certa prestação indenizatória, seja ela uma prestação em dinheiro ou de outra natureza, como a entrega de um objeto, a realização de um serviço ou abstenção de um fato".[57]

Entendemos como correta a asserção de que o conteúdo da obrigação principal possa ser dotado de natureza extrapatrimonial. Mas, de modo geral, a doutrina não discute a respeito da extrapatrimonialidade da pena.

4.3 Modalidades

4.3.1 *Cláusula penal compensatória*

É a pena convencional estipulada para a hipótese de completa inexecução da relação obrigacional. De acordo com o art. 410 do Código Civil, "quando se estipular a cláusula penal para o caso de total inadimplemento da obrigação, esta converter-se-á em alternativa a benefício do credor".

– RECURSOPROVIDO. 1. A cláusula penal inserta em contratos bilaterais, onerosos e comutativos deve voltar-se aos contratantes indistintamente, ainda que redigida apenas em favor de uma das partes. 2. A cláusula penal não pode ultrapassar o conteúdo econômico da obrigação principal, cabendo ao magistrado, quando ela se tornar exorbitante, adequar o quantum debeatur.3. Recurso provido. (STJ - REsp 1119740 / RJ, rel. Min. MASSAMI UYEDA, DJe13/10/2011).

57. DINIZ, Maria Helena. *Curso de direito civil brasileiro*, p. 405.

A referida norma se refere à prerrogativa do credor em, não obstante o descumprimento, insistir na tutela específica da obrigação em vez de exigir o montante da cláusula penal. Cuida-se de um direito potestativo do credor, que conta com a faculdade de prosseguir na perseguição ao seu interesse primário, o cumprimento da prestação (art. 475, CC). Frustrada a tentativa, porém, poderá ainda pretender a cláusula penal. Ou seja, a deliberação do credor não contém eficácia preclusiva, pois lhe é consentida a melhor satisfação de seu interesse. Daí a viabilidade da formulação de pedido sucessivo com pretensão subsidiária deduzida pelo autor na forma do art. 326 do Novo Código de Processo Civil.

4.3.2 *Cláusula penal moratória*

A cláusula penal moratória é aquela instituída com a finalidade de impedir o retardamento culposo da prestação obrigacional, servindo de reforço ao cumprimento pontual, pois o valor previamente ajustado terá a função de constranger o devedor não só a adimplir, como também a respeitar o tempo, a forma e o local estabelecidos (art. 394, CC).

Este é o conteúdo do art. 411 do Código Civil: "Quando se estipular a cláusula penal para o caso de mora, ou em segurança especial de outra cláusula determinada, terá o credor o arbítrio de exigir a satisfação da pena cominada, juntamente com o desempenho da obrigação principal". Portanto, se o dever primário de prestar é cumprido retardadamente, o dever de indenizar o dano moratório coexiste com a obrigação principal, que remanesce viável ao credor (art. 395, parágrafo único, do CC).

O credor não pode cumular o cumprimento com a cláusula compensatória, mas poderá fazê-lo com a cláusula moratória, pois a mora acarreta um dano que não é eliminado pelo ulterior cumprimento da obrigação principal. Mesmo com posterior adimplemento e sanação da mora, não são eliminados os danos produzidos enquanto essa situação perdurou. Cuida-se de danos autônomos em relação àqueles que o inadimplemento absoluto visa proteger, enfim, duas formas distintas de ilícitos negociais[58].

Não há qualquer razão que impeça a cumulação, em uma mesma relação obrigacional, de cláusulas penais, compensatória e moratória.

---

58. DIREITO CIVIL. CONTRATOS. CUMULAÇÃO DE CLÁUSULA PENAL MORATÓRIA COMINDENIZAÇÃO POR LUCROS CESSANTES.O promitente comprador, no caso de atraso na entrega do imóvel adquirido, tem direito a exigir, além do cumprimento da obrigação e do pagamento do valor da cláusula penal moratória prevista no contrato, a indenização correspondente aos lucros cessantes pela não fruição do imóvel durante o período da mora. Enquanto a cláusula penal compensatória funciona como prefixação das perdas e danos, a cláusula penal moratória, cominação contratual de uma multa para o caso de mora, serve apenas como punição pelo retardamento no cumprimento da obrigação. A cláusula penal moratória, portanto, não compensa o inadimplemento, nem substitui o adimplemento, não interferindo na responsabilidade civil correlata, que é decorrência natural da prática de ato lesivo ao interesse ou direito de outrem. Assim, não há óbice a que se exija a cláusula penal moratória juntamente com o valor referente aos lucros cessantes. REsp 1.355.554-RJ, Rel. Min. Sidnei Beneti, julgado em 6/12/2012.

4.4 Funções

Ao passarmos pelos diversos enfoques da cláusula penal ao longo sua evolução no direito comparado e no Brasil, situamos a prevalência inconteste de um modelo de natureza híbrida na qual ela assume um perfil unitário e bifuncional, como um misto de sanção e indenização, capaz de, simultaneamente, antecipar a liquidação dos danos e compelir o devedor a adimplir.[59]

É surpreendente constatar que a diversidade de conclusões em nada abala o plano operativo da cláusula penal. Seja ela qualificada como indenizatória ou compulsória, no momento em que se verificar o inadimplemento, a sua eficácia será invariável, pois as consequências de sua irrupção serão aquelas abstratamente definidas pela pauta unificada do Código Civil[60].

4.4.1 Função indenizatória

Com a constatação do dano, o ato ilícito gera eficácia indenizatória. A obrigação de indenizar exerce a função de restituir o lesado a uma situação de equivalência ao

---

59. Jorge Cesa Ferreira da Silva pondera que "talvez influenciada pelo movimento histórico de extinção das penas de natureza civil, a doutrina viu e acostumou-se a ver na cláusula penal um instituto unitário, mas de função dúplice ou híbrida: ela seria um misto de pena e de indenização. Por um lado, ela coage psicologicamente, atuando para que o devedor, temeroso dos efeitos da cláusula penal, pague corretamente. Por outro lado, caso houvesse inadimplemento, os danos já estariam pré-liquidados, de modo que o credor não precisaria ocupar-se com a demonstração da existência de prejuízo e do montante deste, o que lhe poupa muito trabalho e, por outro lado, torna seu crédito mais efetivo. Como dito: um instituto com função dúplice ou híbrida" (*Inadimplemento das obrigações*, p. 237).

60. Processual Civil. Recurso especial. Ação de cobrança. Enriquecimento sem causa. Declaratória de ineficácia de quitação de débito. Financiamento para aquisição de ações da Companhia Petroquímica do Sul - COPESUL. Programa nacional de privatização. Aquisição de notas de privatização. Procuração outorgada pelos recorrentes ao banco. Inadimplemento contratual. Comprovação de cumprimento infiel do mandato. Devolução em dobro dos valores cobrados indevidamente pelo recorrido. Art. 42, parágrafo único, do CDC. Comprovação da má-fé na cobrança indevida. Impossibilidade de utilização da multa contratual como sucedâneo da indenização por litigância de má-fé. Art. 18 do CPC.- Este Tribunal tem o entendimento consolidado de que a repetição em dobro de valores indevidamente cobrados, com base no parágrafo único do art. 42 do CDC, somente é devida se for comprovada a má-fé da parte que realizou essa cobrança.- Comprovada nos autos a má-fé do recorrido, pois o banco descumpriu disposição contratual expressa e porque, mesmo após o pedido dos recorrentes para a apresentação do valor pago pelas moedas de privatização para adquirir as ações da COPESUL, a instituição financeira se recusou a prestar tal conta, deve haver a devolução em dobro dos valores indevidamente cobrados.- A multa contratual tem natureza jurídica de obrigação acessória e, a depender da hipótese, pode servir ao mesmo tempo como: i) reforço para o regular e correto cumprimento da obrigação; ii)predeterminação de um valor máximo ou mínimo das perdas e danos causados aos lesados pelo inadimplemento da obrigação, se assim estiver pactuado e; iii) pena pelo inadimplemento da obrigação prevista no contrato, caso esteja estipulada a possibilidade de indenização suplementar e o valor dos prejuízos dele decorrentes não ultrapassem o valor da multa.- A indenização por litigância de má-fé tem natureza jurídica processual, não nasce por meio de negócio jurídico nem pode ser objeto de transação pelas partes, pois é prevista em norma de ordem pública e protege, em um primeiro momento, as partes litigantes, e em um segundo, a própria coletividade, pois resguarda e recomenda um dever geral de lealdade e boa fé processuais, com respeito tanto ao Estado como à parte contrária.- Impossibilidade de utilização da indenização por litigância de má-fé como sucedâneo da multa convencional, pois as penalidades são decorrentes da violação de normas distintas, que visam a proteção e a eficácia de objetos diferentes, que dizem respeito a relações jurídicas diversas, uma contratual e outra processual, razão pela qual não há nem mesmo que se falar em dupla penalidade. Recurso especial provido. Ônus sucumbenciais redistribuídos. (STJ - REsp 1127721 / RS – rel. Min. NANCY ANDRIGHI, DJe 18/12/2009).

momento anterior ao dano. O ordenamento jurídico faculta duas formas reparatórias: a reconstituição natural ou a indenização pelo equivalente em dinheiro.

A vantagem evidente da cláusula penal é dispensar o credor de realizar a prova do dano, seja em sua própria existência seja em sua extensão. Evita-se o recurso ao litígio, com sua natural morosidade e resultados incertos

A nosso viso, nada impede que surja um dano moral negocial como decorrência do inadimplemento, desde que se constate grave violação de bens da personalidade (vida, integridade física, honra, reputação etc.). Evidente que a dignidade da pessoa humana pode ser vulnerada no cenário contratual, merecendo a tutela do ordenamento jurídico.

4.4.2 Função coercitiva

A característica da coerção privada é o constrangimento indireto, a ameaça, a intimidação do devedor, destinada a infundir-lhe receio e medo. Se a advertência não for eficaz, se não prevenir o descumprimento, surgirá o elemento sanção como característica do meio de pressão: o devedor rebelde que não se deixou intimidar sofre consequências sancionadoras de seu comportamento ilícito.[61]

Há também uma forte motivação para a compreensão da função coercitiva da cláusula penal: a necessidade de tutela da confiança gerada pelo contrato, que a pena visa assegurar.

Portanto, ao situarmos o escopo das obrigações em seu cumprimento, verificamos que a cláusula penal é um dos mecanismos de realização plena desse processo. Sua função de constranger, pressionar e inibir o devedor recalcitrante e inerte a satisfazer a prestação, demonstra a opção do ordenamento pelo adimplemento como princípio e o declínio da reparação do dano, sobejando em caráter residual e subsidiário para o momento patológico do inadimplemento.

4.5 ASuperaçãodoModeloUnitário da Cláusula Penal

4.5.1 O modelo unitário

A cláusula penal, seja ela uma penalidade, uma pré-avaliação de danos ou uma convenção de limitação de responsabilidade, apresentará uma feição de quantia indenizatória, estabelecida previamente por convenção e de modo invariável,[62] atuando contra ou a favor do devedor, dependendo de sua eventual superioridade ou inferioridade ao dano concreto.

Essa adesão maciça ao enquadramento da cláusula penal como substitutivo de ressarcimento é reforçada pelo próprio legislador.

61. SILVA, João Calvão da. *Cumprimento e sanção pecuniária compulsória*, p. 240.

62. Com exceção das hipóteses em que se mostrar desproporcional ao dano produzido (art. 413, CC).

Sintoma deste raciocínio é a própria letra do art. 416: "Para exigir a pena convencional, não é necessário que o credor alegue prejuízo". Isto é, se a pena é devida independentemente do montante do dano real, nada mais ela é do que uma cláusula de prévia liquidação de danos.

Enfim, seja lá qual foi o desiderato das partes, a cláusula penal será uma única figura, submetida a uma mesma disciplina.

4.5.2 Um novo olhar sobre a cláusula penal

A essência da cláusula penal reside em uma sanção compulsória, cujo objetivo será garantir o cumprimento da obrigação principal, pressionando o devedor ao adimplemento por meio da ameaça de uma outra prestação cujo valor seja superior ao do dano previsível ao tempo da contratação. A pena não cabe na indenização. A pena supõe algo mais. Vale dizer, uma prestação que se situa acima da indenização ordinária de danos. Daí a evidente contradição de se atribuir a uma quantidade única os títulos de indenização e pena. Trata-se de conceitos opostos, jamais assimiláveis um ao outro.

A verdadeira cláusula penal é a pena. A função coercitiva se aproxima da própria natureza/estrutura de garantia que é ínsita à cláusula penal. Não se cuida de indenização, mas de ameaça e sanção. A pena foca-se na repulsa ao ofensor; a indenização, na reparação em prol da vítima.

Essa, em perfunctório exame, seria a cláusula penal em sentido estrito. Mas é possível falar em uma cláusula penal imprópria, em sentido amplo, se o intuito das partes não tiver sido o da coerção ao cumprimento, mas o de mera prefixação de liquidação de danos. Na verdade, essa será a denominada "cláusula de fixação antecipada de indenização".

A pena poderá oscilar entre outra finalidade. Muito da interpretação dependerá do montante convencionado para a cláusula penal. Assim, se o quantitativo da pena for aquém ou similar ao dano efetivo estimado, há claro indício de uma cláusula de indenização prévia. Mas, se o valor estipulado no contrato for superior ao previsto para a soma de eventuais prejuízos, as partes, provavelmente, entabularam uma cláusula compulsória, de natureza coercitiva. Enfim, a medida da pena é uma forte pista para a aferição do escopo prosseguido pelas partes.

4.5.3 A implosão do modelo unitário no perfil funcional das obrigações

As relações obrigacionais experimentaram largos avanços. A pessoalidade era a tônica das obrigações em seus primórdios, com submissão corpórea do devedor. Atualmente, a patrimonialidade é característica irrefutável das relações obrigacionais.

Parece-nos que a melhor forma de iniciar a demonstração da estrutura da relação obrigacional é, conforme a construção de Brinz,[63] decompondo-a em dois elementos: o débito (*Schuld*) e a responsabilidade (*Haftung*). O débito consiste na prestação, no comportamento a ser efetuado pelo devedor, como essência da obrigação. Já a responsabilidade se refere à sujeição do seu patrimônio, em caso de descumprimento do débito, pela utilização da força cogente estatal. Apenas nesse momento o equilíbrio originário se rompe, pela possibilidade de constrangimento decorrente do surgimento da pretensão, subsequente à violação do direito subjetivo ao crédito. A responsabilidade se mantém em potencial em caso de cumprimento espontâneo da obrigação, mesmo assim exercendo evidente função preventiva, compelindo o devedor ao adimplemento.

O Código Civil de 2002 é pautado por três paradigmas: socialidade, eticidade e concretude. Segundo Miguel Reale, tais paradigmas "nortearam toda a construção do Código Civil enquanto instrumento histórico-cultural de resguardo da pessoa humana em sua esfera privada".[64]

A diretriz da concretude merece enfoque, por sua íntima vinculação com o tema da cláusula penal e a necessidade de desconstrução do modelo abstrato e unitário que foi consagrado pelos Códigos liberais.

Assim, não há mais espaço para uma tutela jurídica baseada em juízo de plana subsunção. Devemos investigar as peculiaridades das pessoas que vivenciam a relação, a materialidade da hipótese e os diferentes graus de intensidade de atuação do ordenamento diante da riqueza de situações existenciais que concretamente serão detectadas.[65]

4.6 Espécies de cláusula penal

Em breve retrospectiva, a construção tradicional, e ainda predominante, concede à cláusula penal a natureza de liquidação antecipada de danos, sem que se indague a respeito da finalidade que concretamente as partes imprimiram à relação jurídica. É sabido e já referido que há ampla adesão à convicção de ser despiciendo averiguar se a motivação da pena foi a de compelir o devedor ao cumprimento ou de pré-liquidar a indenização. No final, tudo se resume a uma só figura, com um exclusivo regime jurídico da cláusula penal. A sua função coercitiva é secundária e eventual.

Ao abandonarmos o sistema unitário, bifuncional e eclético da cláusula penal, podemos justificar a incompatibilidade de uma mesma figura consistir em sanção e

---

63. Em contraposição à teoria unitária ou monista de Savigny, pela qual a essência da obrigação está no poder do devedor sobre determinado ato do credor.
64. REALE, Miguel. *O projeto do novo código civil*, p. 10.
65. MARTINS-COSTA, Judith. O adimplemento e o inadimplemento das obrigações, p. 339.

indenização. Cada modelo jurídico se destina a cumprir suas próprias finalidades, sem desvios. Em atenção à essência da cláusula penal, será possível resgatar a função coercitiva como seu elemento nevrálgico e típico. Todavia, isso não elide a configuração de outra cláusula penal, em sentido *lato*, emanada de hipóteses em que, pela via da liberdade contratual, o intuito das partes é o de unicamente pré-estimar danos.[66]

4.6.1 *A cláusula penal* stricto sensu

A cláusula penal em sentido estrito exerce uma função exclusivamente coercitiva. O fundamento da fixação de uma pena é exatamente o de afastar a discussão sobre a obrigação de indenizar. A cláusula penal destituirá a obrigação de indenizar não pelo fato de consistir em uma indenização predeterminada, mas por se tratar de uma prestação diferenciada. Diante do inadimplemento, o credor terá a faculdade de deslocar a prestação inicial e exigir a pena acessória. Isso explica a incongruência de o credor perseguir, ao mesmo tempo, o cumprimento da obrigação e a cláusula penal, pois a opção pela pena convencional elide a prestação anteriormente devida.

A cláusula penal se amolda ao perfil da obrigação com faculdade alternativa em favor do credor. O devedor não deve outra coisa a não ser a prestação, mas o descumprimento por causa a ele imputável concederá ao credor o poder de determinar a pena, em vez da prestação. O devedor se coloca em estado de sujeição, pois se submeterá ao exercício do direito potestativo do credor. O devedor não poderá, feita a opção pelo credor, opor-se a ela com oferecimento da prestação inicial. Tal como não pode impedir o credor de continuar a exigir o cumprimento desta, oferecendo-se a prestar a pena se não for essa a vontade do primeiro.

À luz dessas considerações, a satisfação econômica do interesse do credor, como corolário do descumprimento da obrigação, é mero efeito econômico da pena, sem qualquer conotação de indenização. Aliás, satisfeita a pena, o credor não poderá buscar a indenização, pois ela já foi excluída[67].[68]

---

66. Explica Jorge Cesa Ferreira da Silva que "a admissão do caráter coativo, como o núcleo conceitual da cláusula penal, não acarreta a negação de suas outras eficácias que, do ponto de vista prático, possuem especial relevância" (*Inadimplemento das obrigações*, p. 244).

67. Ação de resolução de promessa de compra e venda de imóvel c/c pedido de revisão de cláusulas contratuais. Cláusula penal compensatória. Arras. Natureza indenizatória. Cumulação. Impossibilidade. Cinge-se a controvérsia acerca da impossibilidade de cumulação da cláusula penal compensatória com a retenção das arras. Inicialmente, cumpre salientar que a cláusula penal constitui pacto acessório, de natureza pessoal, por meio do qual as partes contratantes, com o objetivo de estimular o integral cumprimento da avença, determinam previamente uma penalidade a ser imposta ao devedor na hipótese de inexecução total ou parcial da obrigação, ou de cumprimento desta em tempo e modo diverso do pactuado. Nos termos do art. 409 do Código Civil de 2002, a cláusula penal, também chamada de pena convencional ou simplesmente multa contratual, pode ser classificada em duas espécies: (i) a cláusula penal compensatória, que se refere à inexecução da obrigação, no todo ou em parte; e (ii) a cláusula penal moratória, que se destina a evitar retardamento no cumprimento da obrigação, ou o seu cumprimento de forma diversa da convencionada, quando a obrigação ainda for possível e útil ao credor. Quando ajustada entre as partes,

4.6.2 A cláusula penal de prefixação de indenização

A cláusula de prévia estipulação do quantitativo de perdas e danos é uma modalidade de cláusula penal em sentido amplo, concebida pelos contratantes com finalidade distinta da cláusula penal *stricto sensu*. A cláusula de perdas e danos certamente não é o alvo preferencial do credor, pois sua meta não é persuadir para obter o adimplemento, mas tão somente estabelecer uma soma indenizatória, sobremaneira para os casos em que a determinação judicial do montante seja difícil, custosa e demorada.

O credor é beneficiado, pois a existência da cláusula o dispensa de produzir provas sobre a extensão do dano – muitas vezes de árdua constatação. O devedor, por seu turno, elide o perigo de sucumbir a uma indenização excessiva, que ultrapasse suas expectativas negociais. Com isso, ambos os contratantes aceitam partilhar uma álea: o risco de o prejuízo efetivo ser superior ou inferior ao montante acordado a título de prefixação de danos. Desencoraja-se o oportunismo, pois a indenização é aquilo que se acordou, como resultado de um ajuste comum às partes. Tende-se a assegurar um equilíbrio que não é nem sub, tampouco sobre indenizatório.

Podemos dizer que pela redação de seus dispositivos, a pré-liquidação de danos foi a opção preferencial do Código Civil de 2002 para a cláusula penal, mas esta deliberação legislativa por um figurino não afasta a interpretação prospectiva do modelo jurídico.

De enorme importância será a demonstração pelo devedor da ausência de qualquer dano. A falta do prejuízo retira qualquer fundamento para a exigência da liquidação prefixada.[69] Afinal, se não há dano, inexiste indenização.

---

a cláusula penal compensatória incide na hipótese de inadimplemento da obrigação (total ou parcial), razão pela qual, além de servir como punição à parte que deu causa ao rompimento do contrato, funciona como fixação prévia de perdas e danos. Ou seja, representa um valor previamente estipulado pelas partes a título de indenização pela inexecução contratual. De outro turno, as arras se relacionam à quantia ou bem entregue por um dos contratantes ao outro, por ocasião da celebração do contrato, como sinal de garantia do negócio. De acordo com os arts. 417 a 420 do Código Civil de 2002, a função indenizatória das arras se faz presente não apenas quando há o lícito arrependimento do negócio (art. 420), mas principalmente quando ocorre a inexecução do contrato. Isso porque, de acordo com o disposto no art. 418, mesmo que as arras tenham sido entregues com vistas a reforçar o vínculo contratual, tornando-o irretratável, elas atuarão como indenização prefixada em favor da parte "inocente" pelo inadimplemento do contrato, a qual poderá reter a quantia ou bem, se os tiver recebido, ou, se for quem os deu, poderá exigir a respectiva devolução, mais o equivalente. Outrossim, de acordo com o que determina o art. 419 do CC/02, a parte prejudicada pelo inadimplemento culposo pode exigir indenização suplementar, provando maior prejuízo, "valendo as arras como taxa mínima", ou, ainda, pode requerer a execução do acordado com perdas e danos, se isso for possível, "valendo as arras como o mínimo da indenização". Nesse contexto, evidenciado que, na hipótese de inadimplemento do contrato, as arras apresentam natureza indenizatória, desempenhando papel semelhante ao da cláusula penal compensatória, é imperiosa a conclusão no sentido da impossibilidade de cumulação de ambos os institutos, em face do princípio geral da proibição do *non bis in idem* (proibição da dupla condenação a mesmo título). REsp 1.617.652-DF, Rel. Min. Nancy Andrighi, por unanimidade, julgado em 26/09/2017, DJe 29/09/2017.

68. Exceto tratando-se de cláusula penal moratória, em que, pela sua própria natureza, a prestação será cumulada com a obrigação principal.

69. Ao contrário do que ocorrerá na cláusula penal em sentido estrito, na qual, mesmo não havendo dano algum, o credor fará jus à pena como outra prestação.

4.7 Interpretação da cláusula penal

Cláusula penal e prefixação de indenização não se confundem em um só conceito com nomes distintos. São relevantes as distinções entre os dois modelos jurídicos, com eficácias jurídicas diferenciadas.[70]

Em uma cláusula penal *stricto sensu*, as partes não dispõem sobre o ressarcimento do dano. Inexiste relação de equivalência entre a pena e os danos previsíveis para a hipótese de inadimplemento. Se a finalidade concreta do credor é pressionar o devedor ao cumprimento mediante a imposição de uma sanção, a pena será de valor consideravelmente superior ao prejuízo esperado.

Em compensação, na cláusula de prefixação de danos, a finalidade concreta visada pelos contraentes é distinta. Ao contrário da cláusula penal *stricto sensu* – em que a pena objetiva satisfazer o interesse do credor de pressionar o devedor –, na cláusula de teor indenizatório haverá um juízo objetivo de adequação entre o valor ajustado em relação ao dano previsível. A inserção da cláusula remete à satisfação comum de credor e devedor, pois evitarão litígios sobre a extensão do prejuízo efetivo.

O magistrado terá de valorar a cláusula consoante a concepção a ela dada no tempo da contratação, sem levar em consideração a evolução real do dano. O juízo de adequação não deverá considerar o prejuízo efetivo – *a posteriori* –, mas os danos previsíveis de acordo com as circunstâncias vigentes ao tempo da contratação.

São manifestos os efeitos da distinção entre a sanção e a indenização. Primeiro, pelo fato de a demarcação de territórios consistir na via efetiva de desconstrução do conceito unitário e bifuncional da cláusula penal que persiste em identificar em sinonímia as duas figuras e reconduzi-las a um único destino. Distinguindo acordos meramente indenizatórios do sentido compulsório da cláusula penal, poderemos extrair relevantes consequências práticas no plano da eficácia de cada qual das figuras. Talvez as mais relevantes sejam: o direito de o devedor inadimplente se eximir da satisfação da cláusula de prefixação de indenização se demonstrar inexistência de prejuízo para o credor; a diferenciação quanto aos critérios para a redução da pena manifestamente excessiva; a possibilidade de o credor optar pela indenização – nos termos da lei – ao invés da pena. Daí a importância de o intérprete qualificar corretamente a cláusula penal.

4.8 Eficácia da Cláusula Penal

Distinguimos a cláusula penal em sentido estrito da cláusula penal como prefixação de indenização. Sabemos que a essência da pena é a coerção ao cumprimento e deixamos de identificar a cláusula penal com a prefixação de danos. Verificamos

70. No direito alemão, é a distinção entre a *Vertragsstrafe* (cláusula penal) e a *Schadenspauschale* (prefixação de indenização); em França, a distinção da *clause pénale* para a *clause de dommage e intérêts*; na Itália, *clausula penal pura e non pura.*

a função que cada uma objetiva concretizar, o título pela qual são estipuladas e o escopo que dirige a intencionalidade das partes – seja ele coercitivo ou indenizatório.

Ingressando em nossa legislação, isso significa que as normas dos arts. 408 a 416 do Código Civil podem se aplicar a ambas as espécies da cláusula penal. Todavia, alguns dispositivos, como o art. 412 e a primeira parte do art. 413, apenas se aplicam à cláusula de prefixação de indenização. Em contrapartida, o art. 416 se ajusta exclusivamente à cláusula penal *stricto sensu*.

Via de consequência, seja o intuito negocial das partes de caráter ressarcitório ou coercitivo, estaremos diante de uma cláusula penal, apesar da diversidade de manifestações e de efeitos. Haverá, invariavelmente, uma obrigação de natureza acessória cuja essência é garantir o cumprimento da obrigação principal, reforçando o adimplemento.

4.8.1 A constatação do dano

Na cláusula penal *stricto sensu*, o devedor terá de arcar com a pena ajustada mesmo provando a inexistência de qualquer dano pelo descumprimento da obrigação.

A partir da compreensão da cláusula penal como uma obrigação facultativa *à parte creditoris*, as incertezas se dissolvem. No momento do inadimplemento, nascerá para o credor o direito potestativo de substituir a prestação inicial por uma prestação supletiva (a pena). O credor terá a faculdade de deliberar entre o cumprimento da prestação pela via da tutela específica da obrigação de dar, fazer ou não fazer, ou, então, exigir a cláusula penal (art. 410, CC). A pena não ocupa o lugar da indenização, apenas enseja ao credor, em caráter alternativo, o poder de optar por insistir na prestação ou receber o valor ajustado como cláusula penal.

A sanção é desencadeada pelo inadimplemento, independentemente da aferição de dano. O descumprimento da obrigação é um ato ilícito que resulta da antijurídica conduta de violação de deveres negociais. Se as partes inseriram a cláusula penal *stricto sensu*, constitui-se o "ilícito autorizante". O sistema autorizará (facultará) o credor a sancionar o comportamento faltoso do devedor pela exigência de prestação que lhe proporcionará benefício econômico superior ao da obrigação, sem que aí haja qualquer conotação de indenização. Aliás, trata-se do mesmo mecanismo pelo qual nascerá para o credor o direito formativo extintivo à resolução contratual (art. 475, CC).

Preconiza o art. 410 do Código Civil que, "quando se estipular a cláusula penal para o caso de total inadimplemento da obrigação, esta converter-se-á em alternativa a benefício do devedor". Em sede de cláusula penal *stricto sensu*, o termo *alternativa* significará a persistência na tutela específica e, em caso de insucesso, o nascimento da pretensão indenizatória como opção ao emprego da pena[71].

71. CIVIL E PROCESSUAL CIVIL. RECURSO ESPECIAL. MULTA A TÍTULO DECLÁUSULA PENAL. INEXECUÇÃO TOTAL DO CONTRATO. ALTERNATIVA ABENEFÍCIO DO CREDOR. PREVISÃO LEGAL. CUMULAÇÃO DE PEDIDOS.

No mais, há de se atentar para a diversidade de efeitos da cláusula penal *stricto sensu* para a cláusula penal exclusivamente compulsória. Nessa figura poderá incidir o cúmulo entre a pena e a indenização[72]. Vimos que o valor ajustado não atende ao mesmo interesse que a prestação de dar, fazer ou não fazer. Será apenas um *plus* acrescido à indenização ou ao cumprimento específico para demover o devedor do intuito de inadimplir, ou seja, uma cláusula puramente inibitória.

Aliás, mesmo que o devedor faça a prova da inexistência de qualquer dano, o credor terá o direito à pena, pois a pena é uma sanção que não se conecta com a configuração ou não de um prejuízo.

Todavia, se a cláusula penal foi ajustada com o intuito de liquidação convencional de prejuízos, em caso de inadimplemento o credor ficará liberado do ônus de provar o montante ou a extensão dos danos. A pena é o que previamente se acordou, nem mais nem menos.

Há de se ressalvar, naturalmente, a possibilidade de concurso cumulativo entre o direito ao cumprimento e a pena, nas hipóteses em que ela for fixada para prevenir a mora (art. 411, CC)[73].

OBRIGAÇÃODE FAZER COM MULTA CONTRATUAL. IMPOSSIBILIDADE. INEXEQÜIBILIDADEANTE A CONVENÇÃO DE CLÁUSULA DE EXCLUSIVIDADE. ANÁLISE DE CLÁUSULACONTRATUAL. NÃO CONHECIMENTO. SÚMULAS N. 5 e 7 DO STJ.1. Reconhecida a inexecução total e culposa dos réus pela quebra do contrato, é devida ao autor, alternativamente, a multa prévia e contratualmente convencionada a título de cláusula penal. Inteligência do art. 918, CC/16; e vigente art. 410, CC/02.2. Não se conhece de recurso especial fundado na aferição de cumulatividade de obrigação de fazer por inexecução total do contrato, uma vez inexequível a obrigação, ante a existência de cláusula de exclusividade inerente aos contratos dessa natureza. O reexame dessa matéria na instância especial implicaria em violar as Súmulas 5 e 7 desta Egrégia Corte.3. A fundamentação legal não vincula o julgador a rebater todas as alegações das partes, mormente se já tenha convencimento suficiente para motivar a decisão.4. O escritor contratante que agindo por vontade e atos próprios celebra contrato com rede de televisão, quando pré-existente e em vigência outro com empresa concorrente, convencionando-se cláusula de exclusividade na realização dos trabalhos literários e não os cumpre, não lhe autoriza esse procedimento, posteriormente, alegar culpa da outra parte, ante os fundamentos do princípio do *venire contra factum proprium*.5. Recursos especiais não-conhecidos. (STJ, REsp 332048 / SP, rel. Min. HONILDO AMARAL DE MELLO CASTRO -DESEMBARGADOR CONVOCADO DO TJ/AP -, DJe 05/10/2009).

72. DIREITO CIVIL. PROMESSA DE COMPRA E VENDA DE IMÓVEL EM CONSTRUÇÃO.INADIMPLEMENTO PARCIAL. ATRASO NA ENTREGA DO IMÓVEL. MORA. CLÁUSULAPENAL. PERDAS E DANOS. CUMULAÇÃO. POSSIBILIDADE.1.- A obrigação de indenizar é corolário natural daquele que pratica ato lesivo ao interesse ou direito de outrem. Se a cláusula penal compensatória funciona como prefixação das perdas e danos, o mesmo não ocorre com a cláusula penal moratória, que não compensa nem substitui o inadimplemento, apenas pune a mora.2.- Assim, a cominação contratual de uma multa para o caso de mora não interfere na responsabilidade civil decorrente do retardo no cumprimento da obrigação que já deflui naturalmente do próprio sistema.3.- O promitente comprador, em caso de atraso na entrega do imóvel adquirido pode pleitear, por isso, além da multa moratória expressamente estabelecida no contrato, também o cumprimento, mesmo que tardio da obrigação e ainda a indenização correspondente aos lucros cessantes pela não fruição do imóvel durante o período da mora da promitente vendedora.4.- Recurso Especial a que se nega provimento. (STJ - REsp 1355554/RJ – rel. Min. SIDNEI BENETI, DJe 04/02/2013).

73. PROCESSUAL CIVIL. EXECUÇÃO POR DESCUMPRIMENTO DO TAC. DISPOSITIVOSEM COMANDO PARA INFIRMAR O ACÓRDÃO RECORRIDO. SÚMULA 284/STF.1. Trata-se, originariamente, de Execução por descumprimento de TAC destinado à recuperação ambiental e adequação de empreendimento às normas de proteção ambiental. Pediu-se a interdição liminar do estabelecimento, o que foi indeferido em decisão mantida pelo Tribunal de origem 2. O recorrente alega violação do art. 411 do CC, que dispõe:" quando se estipular

Provando o devedor que o credor não sofreu danos, ficará exonerado da pena. De fato, o dano é pressuposto inarredável da obrigação de indenizar. A prova do devedor quanto à inexistência de qualquer prejuízo é decisiva.

As regras de distribuição do ônus da prova implícitas na cláusula penal colocam a cargo do devedor a alegação e a prova da inexistência do dano ou da inexistência de nexo causal entre o dano e o descumprimento. Cuida-se de fato impeditivo ao direito do credor.

A cláusula penal não derroga as regras sobre os pressupostos da responsabilidade negocial. O credor só poderá exigir a pena se estiver preenchida a previsão normativa do art. 389 do Código Civil. A cláusula de prefixação de indenização apenas derroga as regras sobre a eficácia da responsabilidade, pois os critérios convencionais de liquidação de danos substituem os critérios legais.

O art. 402 do Código Civil exige a demonstração de danos emergentes e lucros cessantes para que seja aferido o montante da indenização, "salvo as exceções expressamente previstas em lei". A parte final do dispositivo se aplica à cláusula de prefixação de indenização, que torna supérflua a mensuração dos danos.

4.8.2 A reparação pelo dano excedente

O parágrafo único do art. 416 – seguindo orientação preconizada em outros sistemas jurídicos[74] – é vazado nos seguintes termos:

> Ainda que o prejuízo exceda ao previsto na cláusula penal, não pode o credor exigir indenização suplementar se assim não foi convencionado.
>
> Se o tiver sido, a pena vale como mínimo de indenização, competindo ao credor provar o prejuízo excedente.

Assim, o preceito inovador admite que as partes ajustem convenção permitindo a indenização do dano excedente. Nada mais fez o legislador do que adaptar a sistematização da pena a sua característica funcional de garantia do crédito. Não é por outra razão que a cláusula penal dispensa o credor da prova de verificação dos danos e de sua respectiva extensão. Pelo fato de a cláusula penal consistir em um

---

a cláusula penal para o caso de mora, ou em segurança especial de outra cláusula determinada, terá o credor o arbítrio de exigir a satisfação da pena cominada, juntamente com o desempenho da obrigação principal". 3. O acórdão examina a questão pelo enfoque eminentemente processual(impossibilidade de cumulação de execução de fazer com a de pagamento de quantia certa por incompatibilidade procedimental, descabimento da providência cominatória requerida em execução). O art. 411 do CC não tem comando suficiente para infirmar o acórdão recorrido. Súmula 284/STF.4. Recurso Especial não conhecido. (STJ, REsp 1322146/RS, rel. Min. HERMAN BENJAMIN, DJe 20/03/2013). Ressalta-se que esse é um posicionamento atual do STJ, o qual aponta incompatibilidade de execução, no mesmo ato, da obrigação de fazer e da obrigação de pagar quantia certa, tendo em vista se tratarem de procedimentos com suas diferenças.

74. Como, por exemplo, o nº 2, do art. 811 do Código de Portugal: "O estabelecimento da cláusula penal obsta a que o credor exija indemnização que exceda o valor do prejuízo resultante do incumprimento da obrigação principal".

instrumento privilegiado de proteção ao credor, permite-se que da mesma forma que seja convencionada, possa ser convencionalmente excluída quando no caso concreto se mostre inapta a exercer a sua finalidade.

A convenção de reparação pelo dano excedente permite ao credor optar pela indenização integral nos termos gerais, apesar de existir um montante prefixado de indenização. Contudo, temos de apartar essa hipótese daquela que é característica da cláusula penal em sentido estrito: uma obrigação facultativa em prol do credor.

A cláusula de indenização pelo dano excedente permite ao credor optar pela percepção da indenização em detrimento da pena, porém não será lícita a convenção que lhe defira a possibilidade de obter um montante superior ao prejuízo efetivo.

No ordenamento brasileiro, podemos chegar a idêntica conclusão por duas razões: primeiro, sendo a cláusula penal um instrumento protetivo ao credor, de caráter invariável e fixo, qualquer que seja o dano real – obviamente, desde que existam danos – terá o credor direito àquela garantia como inerente à função da pena; segundo, a própria parte final do parágrafo único do art. 416 do Código Civil alude à cláusula de dano excedente como um "mínimo da indenização".

4.8.3 *A exigibilidade da pena convencional*

Mais uma vez, devemos insistir na fundamentalidade do art. 395, parágrafo único, do Código Civil: "Se a prestação, devido à mora, se tornar inútil ao credor, este poderá enjeitá-la e exigir a satisfação das perdas e danos". Quer dizer, caso o credor comprove, no caso concreto, que o atraso no cumprimento acarretou o fim do seu interesse no adimplemento da prestação, mesmo que devidamente somada aos acréscimos legais, poderá exercer o direito potestativo de resolver o negócio jurídico (art. 475, CC). Temos aí uma hipótese de conversão da mora em inadimplemento absoluto. Na mora, o termo é acidental; no inadimplemento absoluto, é essencial.

É certo supor que o interesse econômico do credor determine a conversão da mora em inadimplemento absoluto, mas não se pode cogitar de arbítrio do credor. Somente há inadimplemento absoluto se o atraso gerou o desaparecimento da necessidade do credor na obtenção da prestação. Em suma, toda vez que o devedor desejar pagar e, objetivamente, a prestação ainda se revelar viável ao credor, deverá este aceitá-la. O adimplemento é um direito subjetivo do devedor, e o magistrado deverá garanti-lo quando possível.

Certamente a cláusula penal de prefixação de indenização será devida naqueles casos em que, desde logo, ocorra a impossibilidade da prestação por fato imputável ao devedor. A pena será exigida de imediato, sem necessidade da conversão da mora em inadimplemento absoluto.

Considerando-se que a cláusula penal em sentido estrito não é indenização prefixada, mas outra prestação – de cunho sancionatório – que se faculta ao credor em caso de descumprimento da obrigação principal, basta que ocorra a mora para que se torne exigível a pena. Nesse instante, o credor terá o direito potestativo de deliberar pela pena ou pelo cumprimento, sem que possa o devedor arguir que subsiste a utilidade da obrigação.

Tendo a pena a finalidade compulsória, o simples fato de o devedor não cumprir no momento convencionado – ou, nos contratos sem prazo, quando ultrapassado o prazo deferido na interpelação – já é razão suficiente para ativar a cláusula penal, sem necessidade de o credor demonstrar a perda de qualquer interesse. Ora, se lhe é facultado prosseguir a execução específica perante a injustificada resistência do devedor ao cumprimento, ele pode deliberar por exigir a pena.

Aqui, o descumprimento em si já consiste no ilícito contratual, no ato antijurídico e imputável ao devedor, independentemente de qualquer aferição sobre a permanência do interesse do credor no cumprimento. Excetuam-se os casos em que o negócio jurídico deva ser interpretado de forma a se reconhecer um acordo (expresso ou tácito) destinado a restringir a aplicação da pena aos casos de inadimplemento absoluto. Cuida-se de interesse disponível das partes.

4.8.4 O direito à pena e a resolução do contrato

É lugar comum conceituar a resolução como um fato extintivo da relação obrigacional edificada pelo inadimplemento do contrato bilateral.[75] Aliás, a própria topografia na qual é inserido o art. 475 do Código Civil localiza a resolução – com o distrato e a resilição unilateral – como espécie de extinção contratual (Seção II, Capítulo II, Título V – Dos Contratos em Geral).

Sendo a relação obrigacional polarizada pelo adimplemento como finalidade, a extinção da obrigação principal pela resolução não corresponderá à extinção do contrato como totalidade. As partes remanescem unidas até a adequada satisfação do interesse do credor, mesmo que mediante a indenização que substitua a prestação que se impossibilitou.[76]

Destarte, sendo a resolução apenas um *iter* do processo obrigacional – e não a sua extinção –, podemos afirmar que ela apenas modifica e transforma a obrigação. As novas prestações surgidas depois da resolução decorrem do simultâneo exercício do direito formativo gerador e do direito formativo extintivo, o qual, segundo Ruy Rosado, "uma vez aceito pela sentença, cria 'o direito formado' de restituir e de indenizar".[77]

---

75. Nesse sentido, Maria Helena Diniz aduz que a resolução "extingue o contrato retroativamente, visto que opera *ex tunc*, se o contrato for de execução única, apagando todas as consequências jurídicas produzidas, restituindo-se as prestações cumpridas, e *ex nunc*, se o contrato for de duração ou de execução continuada, caso em que não se restituirão as prestações já efetivadas, pois a resolução não terá efeito relativamente ao passado" (*Teoria das obrigações contratuais e extracontratuais*, p. 166).

76. Pontes de Miranda ensina que "às vezes, o direito formativo extintivo junta-se ao direito formativo gerador ou modificativo; ou, ao efeito daquele, efeito gerador ou modificativo. Com a resolução, em virtude do exercício de direito formativo, surge a pretensão à restituição das prestações pagas" (*Tratado de direito privado*, v. V, p. 307).

77. AGUIAR JÚNIOR, Ruy Rosado de. *Extinção dos contratos por incumprimento do devedor*, p. 49.

Discute-se qual seria a extensão do ressarcimento à luz do art. 475 do Código Civil, nos seguintes termos: "A parte lesada pelo inadimplemento pode pedir a resolução do contrato, se não preferir exigir-lhe o cumprimento, cabendo em qualquer dos casos indenização por perdas e danos".

No Código Civil, a amplitude da expressão "perdas e danos" abrange, além do que efetivamente se perdeu, o que razoavelmente se deixou de lucrar, nessa parcela também compreendido o ganho que não se teve em razão do incumprimento e da resolução. Nessas amplas disposições, estão inseridas as vantagens que o credor não inadimplente auferiria com o recebimento da prestação. "O valor que há de cobrir os danos tem de ser o do adimplemento".[78]

A solução preconizada na legislação e na doutrina brasileira é justificável. Se o credor ficasse limitado a auferir o interesse positivo quando pretendesse resolver o contrato, a única chance de ser colocado na situação em que estaria se o contrato fosse pontualmente cumprido (interesse positivo) seria se deliberasse por cumprir a sua prestação, exigindo a indenização integral ou a cláusula penal. Porém, conceder ao credor o direito de desconstituir a relação contratual e ainda obter a cláusula penal na íntegra pode se mostrar excessiva[79].

Adotando-se o decisivo critério, será possível alcançar a finalidade das partes no caso concreto, perquirindo-se se a satisfação da pena envolve ou não o direito à contraprestação. Eventualmente, o credor cumulará a faculdade de resolver o contrato com a cláusula penal – na modalidade de prefixação de danos.

4.9 Delimitação Perante Modelos Jurídicos Próximos

4.9.1 A obrigação alternativa

O art. 410 do Código Civil determina: "Quando se estipular a cláusula penal para o caso de total inadimplemento da obrigação, esta converter-se-á em alternativa a benefício do credor" – redação idêntica à do art. 918 do Código Civil de 1916.

---

78. LARENZ, Karl. *Tratado de direito privado*, v. 38, p. 340.

79. DIREITO CIVIL. PENA CONVENCIONAL E INDENIZAÇÃO POR PERDAS E DANOS. Não se pode cumular multa compensatória prevista em cláusula penal com indenização por perdas e danos decorrentes do inadimplemento da obrigação. Enquanto a cláusula penal moratória manifesta com mais evidência a característica de reforço do vínculo obrigacional, a cláusula penal compensatória prevê indenização que serve não apenas como punição pelo inadimplemento, mas também como prefixação de perdas e danos. A finalidade da cláusula penal compensatória é recompor a parte pelos prejuízos que eventualmente decorram do inadimplemento total ou parcial da obrigação. Tanto assim que, eventualmente, sua execução poderá até mesmo substituir a execução do próprio contrato. Não é possível, pois, cumular cláusula penal compensatória com perdas e danos decorrentes de inadimplemento contratual. Com efeito, se as próprias partes já acordaram previamente o valor que entendem suficiente para recompor os prejuízos experimentados em caso de inadimplemento, não se pode admitir que, além desse valor, ainda seja acrescido outro, com fundamento na mesma justificativa - a recomposição de prejuízos. Ademais, nessas situações sobressaem direitos e interesses eminentemente disponíveis, de modo a não ter cabimento, em princípio, a majoração oblíqua da indenização prefixada pela condenação cumulativa em perdas e danos. REsp 1.335.617-SP, Rel. Min. Sidnei Beneti, julgado em 27/3/2014.

A leitura apressada do dispositivo pode conduzir o estudioso do direito a confundir a cláusula penal como uma espécie de obrigação alternativa a favor do credor. Mas há claras distinções entre os dois modelos jurídicos.

Tem-se a obrigação alternativa quando várias coisas estão submetidas ao vínculo obrigacional de tal modo, porém, só uma entre elas pode ser objeto do pagamento.

Vimos que a cláusula penal é uma obrigação facultativa com escolha do credor. É uma figura singular e bem apartada das obrigações alternativas. Ao contrário destas, o objeto da obrigação facultativa é determinado desde a origem. O devedor só deve uma prestação. Mas, caso ocorra o descumprimento da obrigação, terá o credor a faculdade de substituir a prestação originária por outra, de caráter supletivo, que já estava previamente convencionada.

Quando o art. 410 do Código Civil – seguindo a trilha do art. 1.228 do Código francês – se refere a uma "alternativa em benefício do credor", quis apenas dizer que a cláusula penal é uma obrigação com faculdade alternativa em favor do credor. A pena constitui uma prestação que o credor pode exigir em alternativa à prestação devida, uma vez que esta não seja satisfeita.

4.9.2 A multa penitencial

A multa penitencial reveste-se de considerável importância prática, dado o seu frequente emprego no tráfego jurídico.

Sua característica marcante consiste em ser uma estipulação por meio da qual os contratantes estipulam uma soma que, em caso de o devedor exercitar a faculdade de arrependimento, servirá como forma de pagamento ao credor. Em virtude da multa penitencial, o devedor pode desistir livremente do negócio jurídico, oferecendo o pagamento da multa convencionada sem que o credor tenha o direito de insistir na execução específica da obrigação ou de pretender qualquer coisa a título de indenização por perdas e danos.

O Código Civil de 2002, à semelhança de seu antecessor e dos códigos que seguiram o sistema francês, nada dispôs acerca da multa penitencial. Porém, não há óbice em sua estipulação, tanto por se mostrar uma densificação do princípio da autonomia privada, como pelo fato de nada possuir de ilícito – seja por ilegal ou por ilegítimo – a aposição de cláusula que faculte ao devedor a exoneração do negócio jurídico.

A multa penitencial fragiliza a relação obrigacional. Em contrapartida, a pena é uma faculdade alternativa concedida ao credor, visto que a cláusula penal é uma prestação que reforça o cumprimento da obrigação, seja por constranger ao adimplemento (cláusula penal *stricto sensu*), seja por liquidar antecipadamente os danos. Algo incompatível com a função de uma cláusula de arrependimento.[80]

80. Como exemplo de prefixação de multa penitencial, podemos assinalar a quantia que uma das partes terá de pagar a outra, na hipótese do art. 463 do Código Civil: "Concluído o contrato preliminar, com observância

4.9.3 A cláusula de limitação de indenização

As cláusulas de limitação da responsabilidade são aquelas em que se convencionam aspectos ligados aos próprios fundamentos ou pressupostos da responsabilidade ou ao montante da indenização em si. No primeiro caso, a responsabilidade é limitada quanto aos seus efeitos, ajustando-se a exclusão de toda a responsabilidade a certas categorias de prejuízos.

Assim, pode haver uma cláusula que responsabilize o devedor apenas por culpa grave ou dolo, excluindo a obrigação de indenizar em caso de culpa leve. Ou, então, estipulava-se uma convenção que delimite a responsabilidade do devedor ao dano emergente, excluindo a reparação de eventuais lucros cessantes, danos indiretos ou imateriais.

Temos que a comparação da cláusula penal *stricto sensu* com a cláusula de limitação de indenização é isenta de maiores dificuldades. As funções são distintas. A pena objetiva pressionar o devedor ao adimplemento, por isso que a prestação convencionada possui um montante superior ao da prestação originária. A cláusula penal funciona como uma compulsão ao cumprimento. Já a cláusula de limitação de indenização beneficia o devedor, pois sua responsabilidade será mitigada.

4.9.4 A cláusula de garantia

Podemos conceituar como cláusula de garantia aquela pela qual o devedor promete assegurar ao credor determinado resultado, responsabilizando-se pelo não implemento deste resultado, mesmo que o insucesso ocorra sem sua culpa. O devedor assume os danos decorrentes do risco do fracasso da prestação.

Na cláusula de garantia, o devedor responderá pelo resultado lesivo até mesmo na ausência de nexo causal entre a sua conduta e o dano, ou seja, mesmo que o resultado tenha sido causado por fatos exteriores à conduta do agente e de natureza inevitável – força maior ou pelo fato de terceiro –, o credor tem a garantia de que o devedor responderá pela não obtenção do resultado prometido.

Avulta perceber que, mediante uma cláusula contratual, incidirá um agravamento da responsabilidade do devedor, visto que um dos pressupostos da responsabilidade civil negocial – culpa do ofensor (art. 392, CC) – é simplesmente afastado pela convenção.

A cláusula de garantia tangencia a cláusula penal no ponto em que o devedor, além de assumir o risco integral pelo resultado lesivo, concorda em predeterminar uma soma para o caso de não realização da prestação. Nesse momento, as partes ajustam que pena será paga independentemente da culpa e da mensuração dos danos efetivos.

do disposto no artigo antecedente, e desde que dele não conste cláusula de arrependimento, qualquer das partes terá o direito de exigir a celebração do definitivo, assinando prazo à outra parte para que o efetive".

O toque distintivo entre a cláusula penal e a cláusula de garantia, porém, assenta-se no pressuposto da culpa.

4.9.5 Arras

Com fundamento na definição de Sílvio Rodrigues[81], podemos conceituar as arras, ou sinal, como a importância em dinheiro ou a coisa dada por um contratante ao outro, por ocasião da conclusão do contrato, com o escopo de firmar a presunção de acordo final e tornar obrigatório o ajuste; ou ainda, excepcionalmente, com o propósito de assegurar a cada um dos contraentes o direito de arrependimento[82].

4.9.5.1 *Arras confirmatórias*

> De acordo com o art. 417 do Código Civil, se, por ocasião da conclusão do contrato, uma parte der à outra, a título de arras, dinheiro ou outro bem móvel, deverão as arras, em caso de execução, ser restituídas ou computadas na prestação devida, se do mesmo gênero da principal.

Trata-se das arras confirmatórias. Elas atuam como cláusulas acessórias de garantia e reforço da execução de um contrato, sem que se admita o arrependimento. É a popular "entrada" ou sinal, termo que torna ainda mais evidente que o contrato está por ser celebrado. Caso o contrato efetivamente venha a ser executado, elas serão restituídas a quem as adiantou, mas, se a sua natureza for a mesma da obrigação principal, bastará abater o valor correspondente do *quantum* da obrigação principal.

A norma é clara ao reservar às arras o papel de pena. Ela representará uma sanção contra o faltoso, em razão de sua inexecução culposa. As arras não servem como estimativa de perdas e danos, pois a prova do dano é dispensada. O sinal não se compreende na indenização, dada sua independência relativamente ao dano efetivo.

Nesse ponto, as arras confirmatórias em muito se assemelham à cláusula penal, como modelos jurídicos que objetivam assegurar o cumprimento da obrigação. Ambas exercem função coercitiva, pois, em caso de inadimplemento, tanto a retenção da quantia adiantada como a devolução em dobro demonstram a feição sancionatória do sinal. Tal e qual na cláusula penal, o montante prefixado não se relaciona com os danos efetivos.

4.9.5.2 *Arras penitenciais*

Dispõe o art. 420 do Código Civil:

---

81. RODRIGUES, Sílvio. *Direito civil*: contratos, p. 83.

82. III Jornada de Direito Civil - Enunciado 165 - Em caso de penalidade, aplica-se a regra do art. 413 ao sinal, sejam as arras confirmatórias ou penitenciais.

> Se no contrato for estipulado o direito de arrependimento para qualquer das partes, as arras ou sinal terão função unicamente indenizatória. Neste caso, quem as deu perdê-las-á em benefício da outra parte; e quem as recebeu devolvê-las-á, mais o equivalente. Em ambos os casos não haverá direito a indenização suplementar.

O dispositivo alude às arras penitenciais. O valor prestado como sinal funciona como correspondente ao direito de arrependimento de qualquer das partes. Enquanto as arras confirmatórias desejam reforçar a execução da obrigação, as arras penitenciais pretendem justamente o contrário; isto é, concedem uma espécie de autoexecutoriedade para que a parte desistente possa praticar o recesso do contrato sem necessidade de propositura de ação.

É cristalina a distinção entre a cláusula penal e as arras penitenciais. A cláusula penal fortalece a posição do credor na relação obrigacional, pois constrange o devedor a cumprir, sem facultar ao credor uma livre desistência. Mesmo sendo o devedor inadimplente, o credor poderá insistir no cumprimento (art. 410, CC). Já as arras penitenciais concedem a qualquer dos contratantes o direito potestativo de resilir unilateralmente o contrato, sem necessidade de motivação. Em suma, enquanto as arras são qualificadas no quadro das obrigações facultativas com opção do devedor, a cláusula penal é também uma obrigação facultativa, mas com faculdade de eleição exclusiva do credor.

4.9.6 Astreintes

Nas palavras de Alexandre Freitas Câmara, denomina-se astreintes a multa periódica pelo atraso no cumprimento de obrigação de fazer ou de não fazer, incidente em processo executivo (ou na fase executiva de um processo misto), fundado em título judicial ou extrajudicial, que exerce a função de pressionar psicologicamente o executado, para que cumpra a sua prestação.[83]

Elas constituem um instrumento para a efetivação da obrigação consubstanciada na decisão que antecipa os efeitos da tutela. Para tanto, a multa coercitiva será eficaz e atual, pois sua eficácia como mecanismo de pressão é garantida pela possibilidade de sua imediata execução. A independência para com o ressarcimento é tão evidente que o próprio art. 461 do Código de Processo Civil reza que "a indenização por perdas e danos dar-se-á sem prejuízo da multa". Ou seja, a sua imposição em nada prejudica o direito do credor à realização específica da obrigação ou à percepção do equivalente monetário.

Enfim, pelas *astreintes* é edificada uma tutela inibitória em face do devedor inadimplente, a fim de que execute *in natura* a prestação devida, evitando seu perecimento pela indesejada conversão em perdas e danos. Ao mesmo tempo em que se

83. CÂMARA, Alexandre Freitas. *Lições de direito processual civil*, v. II, p. 263.

concede relevo ao interesse fundamental do credor no cumprimento – como finalidade da "obrigação como processo" –, prestigia-se a observância das ordens judiciais.

Existem fortes pontos de contato entre os modelos das *astreintes* e cláusula penal *stricto sensu*: ambos são prestigiados meios de coerção privada. A pena convencional, como cediço, exerce função compulsória de imprimir ao devedor um temor quanto ao inadimplemento pela aplicação de uma sanção consistente em outra prestação cujo valor será superior ao da obrigação originária.

Os pactos nascem para o cumprimento. A cláusula penal quer acentuar a confiança na palavra empenhada pelo devedor de que honrará o compromisso assumido.

A cláusula penal pode ser considerada como "*astreintes* convencional", pois a coerção privada é de sua essência, enquanto as *astreintes* serão pronunciadas pelo juiz, por provocação do interessado ou de ofício (art. 461, § 4o, CPC). Certamente a cláusula penal é de grande utilidade para o credor, pois, se lograr êxito em cumprir a sua função intimidante, o credor não necessitará do recurso ao magistrado pela via das *astreintes*.

Mas há uma distinção clara. A pena convencional não subsiste se a inexecução da obrigação principal não for imputável à culpa do devedor (art. 408, CC). O mesmo não se diga, porém, quanto as *astreintes*. Ensina Luiz Guilherme Marinoni que "o valor da multa, ao contrário do valor do ressarcimento, não tem nada a ver com o dano, mas apenas com a sua função inibidora, que obviamente prescinde da culpa".[84] De fato, voltando-se a inibitória ao futuro, à prevenção de um ilícito, não há possibilidade de valoração do elemento subjetivo do devedor.

Ainda no campo distintivo, ao contrário do que sucede na cláusula penal, lembra Daniel Amorim Assumpção Neves que, pelo fato de a *astreinte* trabalhar sobre a vontade do devedor como meio de coerção para que a obrigação seja cumprida, não há "justificativa para uma fixação a priori do valor da multa, que deverá ser fixada pelo juiz levando-se em conta as peculiaridades do caso concreto".[85]

4.10 A Cláusula Penal como Pena Privada

No Brasil, a formulação da cláusula geral do ilícito seguiu o modelo francês. A contraposição entre público-privado, com a rigorosa separação entre o direito civil e o penal, seria a garantia do cidadão de liberdade e autonomia perante o jugo estatal.

---

84. MARINONI, Luiz Guilherme. *Tutela inibitória*, p. 40.

85. NEVES, Daniel Amorim Assumpção. *Reforma do CPC*, p. 219. O doutrinador aponta a natureza variável das *astreintes* como de sua essência e, fator de sucesso nas obrigações de fazer, não fazer e de entrega de coisa, para criticar a recente reforma processual do art. 475-J, *caput*, do CPC, que criou uma multa no percentual de 10%, diante do não cumprimento da obrigação de pagar quantia certa no prazo de 15 dias, pois "deveria ter o legislador, ancorado nesse sucesso, ter também permitido as *astreintes* nas obrigações de pagar, em vez de prever uma multa fixa, de natureza sancionatória. Quem sabe numa próxima reforma". (p. 220.)

O direito, porém, é pendular e as necessidades sociais demonstram ao jurista a fragilidade da eficácia de determinadas pautas legislativas. De fato, percebemos com nitidez que apenas o escopo ressarcitório não é capaz de atuar sob o ponto de vista preventivo-sancionatório para desestimular condutas ilícitas.

A insuficiência das soluções oferecidas pelos meios ressarcitórios de responsabilidade implica a necessidade de o ordenamento jurídico ir além da reparação propriamente dita e investir em outros meios repressivos, sem que com isso tenha de recorrer ao extremo do direito penal

Quando a sanção é prevista para a violação de uma obrigação, duas perspectivas distintas se abrem como reação ao ilícito: surgem as sanções restituitórias e as sanções punitivas. No primeiro grupo, inserem-se todas as sanções capazes de restabelecer a situação jurídica anterior ao ilícito, dentre elas as sanções ressarcitórias, em que o retorno ao estado originário é alcançado por um equivalente econômico. Já no grupo das sanções punitivas, a ameaça precede a violação da norma. A sua previsão corresponde a uma forma generalizada de prevenção, exercitada quer mediante dissuasão (a ameaça de um mal como consequência do ilícito), quer mediante persuasão (ao intimidar com uma sanção punitiva, o ordenamento comunica uma valoração negativa do comportamento objeto de proibição).[86]

Vê-se que a função de prevenção está intimamente associada às sanções punitivas, visto que as sanções ressarcitórias miram apenas o equilíbrio da esfera patrimonial, não se propondo essencialmente a evitar o ilícito, mas em eliminar suas consequências danosas.

As sanções punitivas são utilizadas em todos os quadrantes do ordenamento jurídico. As sanções punitivas civis são as penas privadas. O liame unificador de todas as punições, sejam elas civis, penais, administrativas ou fiscais, reside em seu escopo aflitivo.

As penas civis também são sanções (tais quais as penais), mas possuem suas características específicas. Além de a coação ser estritamente patrimonial – e não pessoal –, o fato marcante é que a pena civil tem o indivíduo como o seu beneficiário.

No Código Civil de 2002, existem algumas interessantes combinações da idéia penal de punição do lesante com a finalidade civil de reparação concedida ao lesado.

Os arts. 939 e 940 do Código Civil cuidam das sanções legislativas aos credores que demandarem judicialmente os seus devedores antes de vencida a dívida ou quando ela já houver sido paga. Dentre elas, destaca-se a pretensão do devedor de haver o dobro do que lhe foi cobrado. O art. 941, corretamente por sinal, refere-se às aludidas sanções como "penas".

O art. 608, ao tratar da interferência ilícita de terceiros sobre a relação de crédito – com indução ao inadimplemento da obrigação pela via do aliciamento –,

86. PADOVANI, Tullio. *Lectio brevis sulla sanzione*, p. 60.

estipula que o aliciador será condenado a pagar uma importância "que ao prestador de serviço, pelo ajuste desfeito, houvesse de caber durante 2 (dois) anos". Cuida-se de imposição de pena privada em face do aliciador, ao atrair ou recrutar pessoas já comprometidas contratualmente com outras.

No âmbito dos direitos reais, o art. 1.336 do Código Civil prevê uma multa – não superior a cinco vezes o valor da contribuição condominial – para o condômino que não observar os deveres alinhavados na norma.

O art. 1.220 do Código Civil censura o possuidor de má-fé, tolhendo-lhe mesmo a possibilidade de levantar as benfeitorias voluptuárias. Trata-se de uma punição contra aquele que possuiu a coisa tendo ciência dos vícios que inquinavam a posse.

Em matéria de direito das sucessões, a exclusão dos sucessores por indignidade e deserdação nos casos em que atentam contra a vida, honra e liberdade do *de cujus* ou de outros familiares próximos (arts. 1.814 e 1.961, CC) consiste em pena privada.

Sendo a indignidade uma pena de natureza civil, seus efeitos não passam da pessoa do indigno. Assim, a teor do art. 1.816 do Código Civil, os descendentes do herdeiro excluído sucedem, como se ele morto fosse antes da abertura da sucessão.

Outra pena privada de caráter negocial, com fundamento ético semelhante, é a revogação da doação por ingratidão do donatário (art. 555, CC).

O que não falar, então, do instituto da "sonegação de bens" envolvendo o ato do herdeiro que omite bens do *de cujus* que deveriam ser levados ao inventário ou bens pessoais que deveriam ser colacionados (art. 1.992, CC)? O art. 1.993 do Código Civil se refere à perda do direito de propriedade dos bens em favor dos demais herdeiros – como uma "pena" imposta ao sonegador.

Ao permitir ao juiz revisar as penas manifestamente excessivas, o Código Civil de 2002 reanimou a discussão sobre a natureza jurídica da cláusula penal[87]. A determinação da medida do poder do magistrado, necessariamente, passará por saber se a cláusula penal é uma variedade de reparação de danos, uma expressão da noção de pena privada ou, ainda, um instituto original cujo conceito escapa às categorias tradicionais.

87. Constatado o caráter manifestamente excessivo da cláusula penal contratada, o magistrado deverá, independentemente de requerimento do devedor, proceder à sua redução. A cláusula penal, em que pese ser elemento oriundo de convenção entre os contratantes, sua fixação não fica ao total e ilimitado alvedrio deles, porquanto o atual Código Civil introduziu normas de ordem pública, imperativas e cogentes, que possuem o escopo de preservar o equilíbrio econômico financeiro da avença, afastando o excesso configurador de enriquecimento sem causa de qualquer uma das partes. A redução da cláusula penal pelo magistrado deixou de traduzir uma faculdade restrita às hipóteses de cumprimento parcial da obrigação e passou a consubstanciar um poder/dever de coibir os excessos e os abusos que venham a colocar o devedor em situação de inferioridade desarrazoada. Nesse sentido, é o teor do Enunciado 356 da IV Jornada de Direito Civil, o qual dispõe que "nas hipóteses previstas no art. 413 do Código Civil, o juiz deverá reduzir a cláusula penal de ofício". Do mesmo modo, o Enunciado 355 da referida Jornada consigna que as partes não podem renunciar à possibilidade de redução da cláusula penal se ocorrer qualquer das hipóteses previstas no artigo 413 do Código Civil, por se tratar de preceito de ordem pública. (REsp 1.447.247-SP, Rel. Min. Luis Felipe Salomão, por unanimidade, julgado em 19/04/2018, DJe 04/06/2018).

Para Mazeaud, a cláusula penal é uma pena privada por quatro fundamentos, sendo que o último deles é o decisivo: 1) exerce o papel de garantia de execução da obrigação principal; 2) o seu montante é fixado sem qualquer relação de equivalência com o prejuízo previsível; 3) há uma função repressiva prioritária, pois o objetivo de punição do autor da inexecução prevalece sobre a indenização da vítima do prejuízo; 4) o fundamento da condenação é a culpa do devedor: *le concept de faute donc l'elément essentiel de la notion de peine privée. C'est lui qui lui confere sa spécificité.*[88]

A inserção da cláusula penal entre as espécies de pena privada certamente se localiza naquelas que definimos como cláusula penal *stricto sensu*. Esse raciocínio é alimentado por constatações práticas: o fato de a pena ser devida independentemente da existência de qualquer dano ao credor, sendo suficiente a inexecução da obrigação; a possibilidade de fixação do montante da pena para um valor superior aos danos previsíveis, o direito potestativo de o credor abandonar a pena e exigir a indenização e, finalmente, o fato de o poder judicial de redução da pena excessiva só atuar em casos extremos, sempre levando em consideração a finalidade do credor ao estipular o *quantum*.

A razoabilidade da pena privada no Código Civil decorre da configuração de limites ao exercício do poder punitivo dos particulares, evitando a arbitrariedade. *A priori*, a autonomia privada define o quantitativo da cláusula penal. Ela será previamente aceita pelo seu destinatário e apenas incidirá sobre seus direitos disponíveis; *a posteriori*, atua um controle judicial equitativo, hábil a inibir sanções manifestamente excessivas, garantindo o direito fundamental à igualdade material entre os privados (art. 413, CC)[89]. Negar aos contratantes, pura e simplesmente, a liberdade de fixação de penas seria uma indevida compressão sobre a autonomia negocial.

No instante em que as partes ajustam um montante para a cláusula penal francamente superior ao dos danos previsíveis, evidencia-se uma pena privada. Apartamo-nos da essência da ideia de indenização – que é a equivalência entre o dano sofrido e o que se pagará de indenização – e ingressamos na noção da pena como sanção.

O renovado interesse pela pena privada demonstra que o direito civil procura alternativas para a realização da função plena dos contratos, que é a de conferir segurança e certeza relativamente a transações econômicas e seus efeitos futuros. Se essa margem de garantia se situa além da simples indenização e aquém do rigor do direito penal, talvez tenhamos na sanção civil uma via satisfatória para o incentivo ao cumprimento das obrigações, sempre com o cuidado de se conferir ao Poder Judiciário o controle do montante da pena, em uma exata ponderação de interesses.

---

88. MAZEAUD, Denis. *La notion de clause pénale*, pp. 315-316. Tradução nossa: "O conceito de sanção é o elemento essencial da noção de pena privada. É ele que confere a sua especificidade".

89. IV Jornada de Direito Civil - Enunciado 359 - A redação do art. 413 do Código Civil não impõe que a redução da penalidade seja proporcionalmente idêntica ao percentual adimplido.

A pena deve constranger ao adimplemento, mas a autonomia privada não pode se converter em opressão.[90]

4.11 O Controle da Cláusula Penal

Para que possamos cogitar da redução da cláusula penal, temos de primeiramente, indagar pela sua validade. É fato que só após o exame da conformidade da cláusula penal ao ordenamento é que podemos avaliar o seu plano de eficácia e a moderação de sua exigibilidade pelo Poder Judiciário.

A moderação da cláusula penal é uma técnica de controle interno do seu valor, na qual a redução do excesso terá como fundamento o abuso do direito e o limite ao exercício de direitos subjetivos, não estando em jogo a questão da lesão à proporcionalidade ante o desequilíbrio superveniente da justiça do conteúdo diante de acontecimentos extraordinários.

Justamente nessa direção foi editado o Enunciado nº 358 do Conselho de Justiça Federal nos seguintes termos: O caráter manifestamente excessivo do valor da cláusula penal não se confunde com a alteração de circunstâncias, a excessiva onerosidade e a frustração do fim do negócio jurídico, que podem incidir autonomamente e possibilitar sua revisão para mais ou para menos.[91]

4.11.1 A redução judicial da cláusula penal

O art. 413 do Código Civil de 2002 propiciou a maior inovação em sede de cláusula penal ao dispor que:

> Art. 413. A penalidade deve ser reduzida eqüitativamente pelo juiz se a obrigação principal tiver sido cumprida em parte, ou se o montante da penalidade for manifestamente excessivo, tendo-se em vista a natureza e finalidade do negócio.

A concessão ao magistrado da autoridade moderadora de cláusula penal é mais um avanço da legislação pátria na concretização de direitos fundamentais de contratantes.

Não se trata de uma prerrogativa judicial de invalidar a cláusula penal, mas de apenas reduzi-la, eliminando o excesso que resultou no exercício abusivo do direito. Cuida-se de uma forma razoável de conciliar a autonomia privada com os ditames da boa-fé objetiva. A cláusula geral do art. 413 do Código Civil harmoniza a autodeterminação dos particulares com as exigências éticas do ordenamento jurídico.

O art. 413 do Código Civil remete a redução da penalidade manifestamente excessiva à "natureza e à finalidade do negócio". A norma dá um tiro certeiro, pois

---

90. Cristiano Chaves de Farias lembra "que a vontade das partes não pode importar em conseqüências concretas violadoras da dignidade de um dos contratantes ou mesmo impor excessivo gravame a um deles" (*Miradas sobre a cláusula penal no direito contemporâneo*, p. 261).

91. JORNADA DE DIREITO CIVIL, IV. Brasília, 15 a 17/10/2006.

conduz o intérprete à imprescindível qualificação da cláusula penal como medida preliminar de aferição da redução da pena.

Sempre teremos de examinar três pressupostos para nos definirmos pela incidência ou não da segunda parte do art. 413 do Código Civil: a) a qualificação de uma cláusula penal pela sua finalidade em qualquer de suas dimensões: indenizatória ou coercitiva; b) a aferição da natureza do negócio jurídico e dos bens que lhes servem de objeto; c) a comparação do valor da pena com o dano real em vista da aferição de uma manifesta excessividade da cláusula penal.

A equidade como razoabilidade poderá ser vista no art. 413 do Código Civil como "proibição de excesso no caso concreto".

Para que a cláusula geral da redução equitativa da pena seja aplicada de forma razoável, devemos afastar a insegurança do decisionismo judicial para evitar descrições externas ao sistema jurídico. Alicerçados no princípio da boa-fé objetiva, é possível encontrar um modelo de interpretação construtiva que nos permita fundamentar sempre a melhor resposta para as hipóteses de moderação da cláusula penal. O apelo à boa-fé é uma forma de justificar uma decisão no próprio ordenamento jurídico[92] e em coerência ao princípio constitucional da solidariedade.

Relativamente à chamada "função de limite" ao exercício de direitos subjetivos, declara o art. 187 do novo Código Civil que o abuso do direito é a prática de um ato ilícito por aquele que, ao exercer o seu direito, excede manifestamente os limites impostos pela boa-fé. O princípio atua como máxima de conduta ético-jurídica.

Comentar o abuso do direito significa abrir canais e pontes entre dois pontos da maior relevância no direito: a boa-fé e o exercício dos direitos subjetivos. Só é possível conceber um liame entre eles no contexto das obrigações complexas, nas quais a vontade livre dos contratantes perde a exclusividade, pois o nível de atuação dos direitos subjetivos é funcionalizado em vista do adimplemento da relação jurídica. A boa-fé atuará no sentido de conceder renovado perfil à autonomia privada, conduzindo os direitos subjetivos a limites equilibrados, prestigiando o princípio da solidariedade e, em última instância, a dignidade das partes.

A fórmula do art. 187 do novo Código Civil é uma bem acabada demonstração de que o controle dos direitos subjetivos é algo que envolve uma correlação entre os princípios da autonomia privada e da solidariedade, esta última percebida mais nitidamente na lesão a boa-fé como fundamento para o abuso do direito.

---

92. Lúcio Antônio Chamon Júnior afirma com propriedade que o aplicador do direito há que assumir na construção de sua decisão, "o Direito como um sistema idealmente coerente de princípios *prima facie* aplicáveis e que devem ser interpretados à luz da melhor compreensão acerca do Direito e da Política na modernidade. Esta há que ser a pré-compreensão problematizada em casos difíceis, de maneira a evitar que a interpretação do Direito seja corrompida por argumentos morais, econômicos, políticos, enfim, pragmatista-éticos que, de vez, romperiam com a imparcialidade pois, estar-se-ia assumindo uma postura determinada sempre parcial e não respeitadora do caráter institucional do próprio direito" (*Teoria geral do direito moderno*, p. 69).

Se o fundamento da moderação judicial da pena reside na proibição do abuso do direito, não podemos nos esquecer de que o magistrado também está proibindo o enriquecimento sem causa, evitando que a exigência da cláusula penal se consubstancie em fonte de enriquecimento para o credor. O ordenamento jurídico não permite que relações jurídicas desequilibradas gerem transferência patrimonial sem justa causa.

O excesso de pena não surge no momento em que a pena ultrapassa os danos reais, porém no instante em que é ultrapassada a função de garantia, que é a sua razão de ser. Ou seja, haverá um momento em que a quantidade da pena já não significa maior garantia para o credor. Só aí surgirá o enriquecimento sem causa.[93]

Daí que, na compreensão do poder de redução da cláusula penal, o combate ao enriquecimento sem causa terá de ser balanceado pela equidade e pela vedação ao exercício abusivo do direito, conferindo-se maleabilidade à cláusula geral do art. 413 na adequação ao caso concreto.

Cremos que nosso Código Civil foi incisivo quanto à redução *ex officio* da cláusula penal. O art. 413 reza: "A penalidade deve ser reduzida eqüitativamente pelo juiz [...]". Neste passo, o enunciado no 356 do Conselho de Justiça Federal[94] diz que "nas hipóteses previstas no art. 413 do Código Civil, o juiz deverá reduzir a cláusula penal de ofício".

O art. 413 do Código Civil é norma de ordem pública, inspirada em fortes razões de ordem moral e social. Aliás, é evidente que a redução da pena excessiva não pode ser afastada pela convenção das partes. A vedação à renúncia antecipada ao pedido de reduçao judicial destina-se a tutelar o devedor contra sua própria fragilidade negocial.

A cláusula geral do art. 413 do Código Civil permite a redução oficiosa da cláusula penal, com espeque na vedação ao exercício abusivo do direito como concretização do princípio da boa-fé. As relações privadas entre credor e devedor são irradiadas pela solidariedade que, nas obrigações negociais, é apresentada com a roupagem da boa-fé objetiva e, mais especificamente, para a cláusula penal, na redução eqüitativa da cláusula penal manifestamente excessiva.

O art. 924 do Código Civil revogado dispunha que, "quando se cumprir em parte a obrigação, poderá o juiz reduzir proporcionalmente a pena estipulada para o caso de mora, ou inadimplemento[95]".

---

93. Jorge Cesa Ferreira da Silva pontua que "se a cláusula penal estabelecer montante superior ao valor do dano, inexistindo excesso, não há que se falar em redução, pois é da natureza das penas que elas representem algo que aquele que a ela se sujeita busca evitar" (*Inadimplemento das obrigações*, p. 241).

94. JORNADA DE DIREITO CIVIL, IV. Brasília, 15 a 17/10 de 2006.

95. RECURSO ESPECIAL. CONTRATO DE CESSÃO DE USO DE IMAGEM.INADIMPLEMENTO PARCIAL. CLÁUSULA PENAL COMPENSATÓRIA. REDUÇÃO COMBASE NO ART. 924 DO CC/1916. POSSIBILIDADE.1. Ação de cobrança referente ao valor de cláusula penal compensatória ajustada em contrato de cessão de uso de imagem diante do inadimplemento de metade das prestações ajustadas para o segundo ano da relação contratual, que se renovara automaticamente.2. Redução do valor da cláusula penal com fundamento no disposto no artigo 924 do Código Civil de 1916, que facultava ao Juiz a redução proporcional da cláusula penal nas hipóteses de cumprimento parcial da obrigação, sob pena de afronta ao princípio da vedação

O Código Civil de 2002 inovou na disciplina não só por estender o poder judicial de revisão de cláusulas às situações de excessiva desproporção da pena, como também por enunciar que "a penalidade deve ser reduzida equitativamente pelo juiz se a obrigação principal tiver sido cumprido em parte..." (art. 413, CC)[96].

Se a mora ou a inobservância de deveres anexos implicarem cumprimento parcial, nada impedirá a aplicação da primeira parte do art. 413 do Estatuto civil.

A ideia de cumprimento parcial remete à situação daquele que, depois de haver executado uma parcela da obrigação, torna-se inadimplente em sentido amplo. O dispositivo se refere a uma satisfação parcial do credor, que tanto pode ocorrer no descumprimento de uma pena moratória como de uma pena compensatória, seja ela alusiva a uma cláusula penal *stricto sensu*, indenizatória, ou exclusivamente compulsória.

Ademais, tratando-se o poder de revisão judicial de norma de ordem pública, o magistrado estará apto a utilizar a cláusula geral de equidade, mesmo que as partes tenham contratualmente previsto parâmetros de redução de pena para a hipótese de eventual cumprimento parcial. A norma do art. 413 não se restringe apenas aos casos em que credor e devedor tenham silenciado neste particular.

4.11.2 O agravamento judicial das penas irrisórias

Caso interpretássemos literalmente o parágrafo único do art. 416 do Código Civil, teríamos de negar a possibilidade do reforço judicial da pena em nosso direito

---

do enriquecimento sem causa.3. Doutrina e jurisprudência acerca das questões discutidas no recurso especial.4. RECURSO ESPECIAL PARCIALMENTE PROVIDO. (STJ -REsp 1212159/SP, rel. Min. PAULO DE TARSO SANSEVERINO, DJe 25/06/2012).

96 RECURSO ESPECIAL. OFENSA AO ARTIGO 535 DO CÓDIGO DE PROCESSOCIVIL. NÃO OCORRÊNCIA. MULTA CONTRATUAL. REDUÇÃO PARA 2% OCORRIDA NASINSTÂNCIAS ORDINÁRIAS. INVIABILIDADE. RESTABELECIMENTO DO ÍNDICEPACTUADO. CONTRATO CELEBRADO ANTES DA VIGÊNCIA DA LEI N. 9.298/96.CLÁUSULA PENAL. REDUÇÃO COM BASE NO 924 DO CC/1916. POSSIBILIDADE.PRETENSÃO DE ALTERAR O PATAMAR DEFINIDO NAS INSTÂNCIAS DE ORIGEM.IMPOSSIBILIDADE. ÓBICE NO ENUNCIADO SUMULAR N. 7 DESTE TRIBUNALSUPERIOR.1. Inocorrência de maltrato ao art. 535 do CPC quando o acórdão recorrido, ainda que de forma sucinta, aprecia com clareza as questões essenciais ao julgamento da lide. Ademais, o magistrado não está obrigado a rebater, um a um, os argumentos deduzidos pelaspartes.2. A multa contratual só pode ser reduzida ao percentual de 2% (doispor cento) nos contratos celebrados após a vigência da Lei n.9.298/96.3. O artigo 924 do Código Civil de 1916 facultava ao Juiz a redução proporcional da cláusula penal às hipóteses de cumprimento parcial da obrigação, sob pena de afronta ao princípio da vedação do enriquecimento sem causa.4. Hipótese em que a obrigação foi parcialmente cumprida pelo devedor, a justificar a redução.5. Inocorrência de aplicação retroativa do art. 413 do CC/02 que, ao contrário da faculdade trazida pela regra anterior, passou a estabelecer um dever ao juiz.6. Interpretação conjunta dos enunciados normativos do art. 924 doCC/16 e do art. 413 do CC/2002 à luz da regra de transição do art.2035 e seu parágrafo único do CC/2002, recomendando a concreção do princípio da função social do contrato mesmo para pactos celebrados na vigência da anterior codificação civil.7. Verificar se a redução da cláusula penal, da maneira como foi promovida pelo juiz de primeiro grau e confirmada pelo Tribunal a quo, atingiu patamar razoável e proporcional demandaria a interpretação das cláusulas contidas no contrato locatício, bem como das provas carreadas aos autos, atraindo os óbices dos enunciados n.05 e n. 07 da Súmula desta Corte.8. Doutrina e jurisprudência acerca das questões discutidas.9. Recurso Especial parcialmente provido.(STJ - REsp 887946 / MT, rel. Min. PAULO DE TARSO SANSEVERINO, DJe 18/05/2011).

positivo. Porém, ao aplicarmos à espécie a cláusula geral da boa-fé objetiva na modalidade de vedação ao exercício abusivo do direito (art. 187, CC), teremos duas novas e importantes constatações em sentido contrário: a uma, o devedor que percebesse que a indenização se convertera em algo módico trataria de descumprir o contrato. A cláusula penal acabaria equivalendo a uma cláusula de arrependimento com faculdade de eleição pelo devedor; a duas, a boa-fé objetiva não é uma máxima ética de conduta que se dirige apenas ao credor. Ela é voltada ao compromisso de ambos os contratantes com a cooperação para o adimplemento.[97] Portanto, não há justificativa material para o art. 413 prever a redução da pena manifestamente excessiva, mas não majorar a manifestamente irrisória. A diferenciação de critérios não encontra qualquer fundamento, a não ser na mente do tradicional intérprete que ainda apela com exclusividade à exegese dos textos.

4.11.3 O controle normativo da cláusula penal

O Código Civil de 1916 (art. 920) e o Código Civil de 2002 (art. 412) se referiram à imposição da técnica do máximo legal fixando o limite da pena que não extrapolaria o da obrigação principal, admitindo-se agora a redutibilidade por sentença (art. 413).

Outros limites legais para cláusulas penais moratórias surgiram com o tempo. Vejamos alguns exemplos que estão em leis especiais e no Código Civil:

a) nos negócios que configuram relações jurídicas de consumo na modalidade de crédito ou financiamento,[98] o valor da cláusula penal moratória não pode ultrapassar o limite de 2% do valor do débito (art. 52, § 1o, do CDC, com redação da Lei nº 9.298/96);[99]

b) no compromisso de compra e venda de imóveis loteados (art. 11 Decreto-lei nº 58/37; art. 26, Lei no 6.766/79), há o limite de 10%;

c) idêntico limite é fixado para as cédulas hipotecárias (art. 34, Decreto-lei nº 70/66), títulos de crédito rural (art. 71, Decreto-lei nº 167/67) e títulos de crédito industrial (art. 58, Decreto-lei nº 413/69);

---

97. "Para o cancelamento do nome do devedor no rol dos inadimplentes é necessária a presença dos seguintes elementos: a) a existência de ação proposta pelo devedor, contestando a exigência integral ou parcial do débito; b) a demonstração, nesse ponto, da aparência do bom direito; c) sendo a contestação de apenas parte da dívida, o depósito da parcela tida como incontroversa ou o oferecimento de caução idônea". 7 – Mora configurada do devedor, uma vez não depositada por ele a parte incontroversa da dívida ou não prestada a correspondente caução" (STJ, REsp. 677.679/RS, Rel. Min. Barros Monteiro, 4. Turma, *DJ* 3/4/2006).

98. Roberto Senise Lisboa adverte que "o legislador consumeirista não regulou por completo a matéria, o que significa que, à exceção daquilo que expressamente dispuser o Código de Defesa do Consumidor, poderão as partes fixar cláusula penal mediante aplicação subsidiária do Código Civil" (*Contratos difusos e coletivos*, p. 389).

99. O mesmo raciocínio tem sido aplicado para imputação de multa moratória nos contratos de prestação de serviços educacionais (STJ, 3. T, REsp. 476. 649-SP, Rel. Min. Nancy Andrighi, j. 20/11/2003).

d) nos débitos condominiais edilícios, a multa será de até 2% sobre o valor da prestação (art. 1.336, § 1o, CC).

Em todas essas situações, poderá o devedor pleitear em juízo a redução da pena manifestamente excessiva, caso o valor da pena moratória – mesmo com o teto legal – torne-se violentamente desproporcional ao prejuízo do credor.

Isso significa que o art. 413 do Código Civil – como verdadeira cláusula geral que ilumina o modelo jurídico da cláusula penal – é interpretado pela regra da proporcionalidade e pela diretriz da concretude, tão cara a Reale. As diversas cláusulas penais se submetem ao controle de legitimidade pelo ordenamento jurídico.

4.12 Cláusula Penal e Relações de Consumo

4.12.1 A caracterização da cláusula abusiva

Neste instante, urge relacionar a cláusula penal com as relações de consumo – em qualquer forma de contratação –, e não com os contratos de adesão especificamente.[100]

O art. 51 do Código de Defesa do Consumidor trata das cláusulas abusivas consubstanciadas em contratos de adesão, como as localizadas em contratos paritários de consumo em sentido amplo. Notoriamente, há uma grande incidência de cláusulas abusivas em contratos em que o conteúdo de uma das partes se manifesta como simples adesão a conteúdo preestabelecido pela outra, pelo fato de o aderente necessitar do contrato e, portanto, precisar realizá-lo. A disparidade do poder negocial entre o aderente e o predisponente é sementeira para a prática de abusos.

A abusividade de uma cláusula, todavia, não é privilégio das relações consumeiristas contratadas pela técnica de adesão, apesar de ser o seu *locus* preferencial. Mesmo nas relações de consumo em que o problema da desigualdade entre os contratantes não seja premente, uma vez que, negociadas as cláusulas entre fornecedores e consumidores, a posição de vulnerabilidade de uma parte a outra é inerente à essência do negócio[101].

100. A conceituação do contrato de adesão é problemática. Orlando Gomes visualiza seis formas autônomas de delimitação de seu conteúdo: "O conceito de contrato de adesão torna-se difícil em razão da controvérsia persistente acerca de seu traço distintivo. Há, pelo menos, seis modos de caracterizá-lo. Distinguir-se-ia, segundo alguns, por ser oferta a uma coletividade, segundo outros, por ser obra exclusiva de uma das partes, por ter regulamentação complexa, porque preponderante a posição de uma das partes, ou não admitir discussão a proposta, havendo quem o explique como instrumento próprio da prestação dos serviços privados de utilidade pública". Em outra passagem, o autor conclui que "o que caracteriza o contrato de adesão propriamente dito é a circunstância de que aquele a quem é proposto não pode deixar de contratar, porque tem a necessidade de satisfazer a um interesse que, por outro modo, não pode ser atendido" (*Contratos*, p. 128, 131).

101. O contrato de cartão de crédito não pode ser chamado de acessório ao pacto de compra e venda. Na verdade, se trata de pactos autônomos, com fornecedores de serviços diversos (compra e venda e financeiro) e cláusulas diferentes e incomunicáveis. No pacto entre o consumidor e a operadora de cartão por ele escolhida não se pode cogitar de desequilíbrio contratual, uma vez que a cobrança de encargos

O legislador não incluiu as cláusulas penais entre as expressamente mencionadas no art. 51 da Lei nº 8.078/90. Porém, o seu inciso IV consubstancia uma cláusula geral sobre cláusulas abusivas no Código de Defesa do Consumidor, vazada nos seguintes termos:

> Art. 51. São nulas de pleno direito, entre outras, as cláusulas contratuais relativas ao fornecimento de produtos e serviços que: IV – estabeleçam obrigações consideradas iníquas, abusivas, que coloquem o consumidor em desvantagem exagerada ou sejam incompatíveis com a boa-fé ou a eqüidade.

Para alcançarmos qualquer desenlace em termos de controle de cláusulas, porém, temos de partir da premissa de que a cláusula penal não é necessariamente uma cláusula abusiva, mas esta pode se apresentar sob a pretensa roupagem daquela. Em comum a ambas, constata-se que são frequentemente impostas por um abuso de posição econômica, conferindo uma vantagem excessiva ao contratante mais forte.

A cláusula penal é uma estipulação negocial válida, pois, como consectário do princípio da autonomia privada, concede aos contratantes a autodeterminação de um montante de uma pena que substituirá a prestação em caso de inadimplemento. Como qualquer outra cláusula negocial, ela será controlada pelo princípio da boa-fé objetiva, principalmente no sentido de evitar que seja a pena exercitada de forma abusiva (art. 413, CC)[102].

---

moratórios é contrapartida contratual e legalmente prevista diante da mora do consumidor, que obteve o crédito de forma fácil e desembaraçada, sem prestar garantia adicional alguma além da promessa de pagar no prazo acertado. Já no pacto de compra e venda, a empresa fornecedora recebe o preço (da operadora de cartão de crédito), e só depois de confirmado o pagamento, envia o produto ao consumidor. Não há risco de mora do consumidor em relação à fornecedora, e, por isso, logicamente, não há previsão de multa moratória em prol do fornecedor. Por seu turno, não se vislumbra que a imposição, por sentença coletiva, de multa em desfavor da empresa fornecedora seja um corolário do princípio do equilíbrio contratual entre comprador e vendedor erigido no Código de Defesa do Consumidor. O art. 49 do CDC dispõe que o fornecedor, nos casos em que o consumidor exercita o direito de arrependimento, deverá restituir imediatamente o valor pago, com atualização. A previsão da atualização monetária denota que pode haver demora no reembolso ao consumidor – mas essa demora não prejudica o equilíbrio da relação de consumo a ponto de demandar a imposição, genérica e abstrata, por lei, de cláusula penal. Em suma, o legislador não anteviu quebra automática e necessária no equilíbrio contratual nos casos de atraso na entrega de mercadoria ou restituição decorrente de arrependimento, ao menos não a ponto de lançar mão da imposição da multa ao fornecedor, como norma geral e abstrata. Assim, dado que ao Poder Judiciário não é atribuída a tarefa de substituir o legislador, a "inversão" da cláusula deve partir do atendimento a dois pressupostos lógicos: a) que a cláusula penal tenha sido, efetivamente, celebrada no pacto; b) haja quebra do equilíbrio contratual, em afronta ao princípio consagrado no art. 4º, III, do CDC. Nenhum desses requisitos se faz presente no caso sob exame.

102. A controvérsia principal versa sobre a licitude ou não da cláusula permitindo a cobrança da integralidade da multa por fidelidade, por parte da prestadora de serviço de TV a cabo, quando o consumidor opta pela rescisão do contrato no curso do prazo de carência. Inicialmente, consigna-se que a multa convencional, no caso de resilição unilateral imotivada, tem por escopo principal o necessário ressarcimento dos investimentos financeiros realizados por uma das partes para a celebração ou execução do contrato (parágrafo único do artigo 473 do Código Civil). De outro lado, sobressai seu caráter coercitivo, objetivando constranger o devedor a cumprir o prazo estipulado no contrato e, consequentemente, viabilizar o retorno financeiro calculado com o pagamento das mensalidades a serem vertidas durante a continuidade da relação jurídica programada. Nada obstante, em que pese ser elemento oriundo de convenção entre os contratantes, a fixação da cláusula **penal** não pode estar indistintamente ao alvedrio destes, já que o ordenamento jurídico

Com total clareza, Rúben S. Stilglitz explica que as cláusulas abusivas são aquelas que acarretam uma grave ruptura do equilíbrio contratual, sendo supérfluo indagar se foram predispostas contrariando a boa-fé, pois ela *presupone irrefragablemente mala fe del predisponente.*[103]

De acordo com o Professor de Buenos Aires,[104] o profissional que porta informações, aptidões técnicas e conhecimento do conteúdo do contrato que criou concentra em si próprio uma margem de autoridade a ponto de consolidar uma posição dominante que o estimula a incluir cláusulas que provoquem um desequilíbrio significativo entre os direitos e obrigações que derivam do contrato, em prejuízo do consumidor.

Justamente pelo comportamento lesivo do fornecedor de produtos e serviços, o confronto entre o art. 413 do Código Civil e o art. 51, IV, do Código de Defesa do Consumidor evidenciará distintas considerações sobre a forma de correção da indevida utilização da autonomia privada, conforme seja atuada pelo particular ou pelo profissional.

Nas relações consumeiristas, as cláusulas abusivas são sancionadas pela invalidade. Ou seja, no Código Civil, o excesso é decotado e a pena preserva a sua eficácia, mas em termos equitativos. No Código de Defesa do Consumidor, a cláusula abusiva

---

prevê normas imperativas e cogentes, que possuem a finalidade de resguardar a parte mais fraca do contrato. A referida preocupação reverbera, com maior intensidade, em se tratando do chamado contrato de adesão, ou seja, aquele cujas cláusulas tenham sido estabelecidas unilateralmente pelo fornecedor de produtos ou serviços, sem que o consumidor possa discutir ou modificar substancialmente seu conteúdo (artigo 54 do Código de Defesa do Consumidor). É, sem dúvida, o que ocorre com o pacto de prestação de serviço de TV a cabo, cuja licitude da cláusula de fidelização extrai-se de normativos expedidos pela ANATEL e da jurisprudência desta Corte. Em relação à forma de cálculo da multa a ser cobrada em caso de resilição antecipada dos contratos com fidelização, verifica-se que a ANATEL, em 07 de março de 2014, expediu a Resolução n. 632, que aprovou o Regulamento Geral de Direitos do Consumidor de Serviços de Telecomunicações, que determina o pagamento da multa de fidelidade proporcionalmente ao valor do benefício concedido e ao período restante para o decurso do prazo mínimo estipulado. No entanto, mesmo antes da vigência do citado normativo, revelava-se abusiva a prática comercial adotada por prestadora do serviço de TV a cabo que cobra a multa de fidelidade integral dos consumidores, independentemente do tempo faltante para o término da relação de fidelização. Isso porque essa prática coloca o fornecedor em vantagem exagerada, caracterizando conduta iníqua, incompatível com a equidade, consoante disposto no § 1º e inciso IV do artigo 51 do CDC. Nesse panorama, sobressai o direito básico do consumidor à proteção contra práticas e cláusulas abusivas, que consubstanciem prestações desproporcionais, cuja adequação deve ser realizada pelo Judiciário, a fim de garantir o equilíbrio contratual entre as partes, afastando-se o ônus excessivo e o enriquecimento sem causa porventura detectado (artigos 6º, incisos IV e V, e 51, § 2º, do CDC), providência concretizadora do princípio constitucional de defesa do consumidor, sem olvidar, contudo, o princípio da conservação dos contratos. Assim, infere-se que o custo arcado pelo prestador do serviço é, efetivamente, recuperado a cada mês da manutenção do vínculo contratual com o tomador, não sendo razoável a cobrança da mesma multa àquele que incorre na quebra do pacto no início do prazo de carência e àquele que, no meio ou ao final, demonstra o seu desinteresse no serviço prestado. Desse modo, reconhece-se a ilicitude (caráter abusivo) da cobrança integral da multa de fidelidade pela prestadora de TV a cabo independentemente do cumprimento parcial do prazo de carência pelos consumidores, mesmo antes da vigência da Resolução ANATEL n. 632/2014. (**REsp 1.362.084-RJ, Rel. Min. Luis Felipe Salomão, por maioria, julgado em 16/5/2017, DJe 1/8/2017.**)

103. STIGLITZ, Rúben S. Cláusulas abusivas y control jurisdicional de la administración. *Revista de direito do consumidor*, p. 260.

104. STIGLITZ, Rúben S. Cláusulas abusivas y control jurisdicional de la administración. *Revista de direito do consumidor*, p. 262.

é eliminada pela nulidade, com a substituição da pena pela pretensão do credor a uma indenização, pela via ordinária.

4.12.2 A cláusula de decaimento

Cuida-se de uma singular cláusula penal de perda de todas, ou quase todas, as prestações pagas pelo devedor em caso de inadimplemento.

Nessa convenção, um dos contratantes realiza o pagamento fracionado do preço, sujeitando-se à não restituição dos valores adiantados em caso de inadimplemento.

Quando abolida a cláusula de decaimento pela declaração de invalidade, o consumidor será condenado a apenas pagar ao fornecedor os prejuízos que eventualmente causou. Essa era a posição originária do Superior Tribunal de Justiça: "Não tem validade a cláusula pela qual os promissários compradores perdem a totalidade das prestações pagas durante a execução do contrato de incorporação".[105]

Esta se nos afigurava a posição técnica adequada e coerente com a análise, *in abstracto*, de uma excessiva desproporção entre a pena e os danos previsíveis, já ao tempo da contratação. Uma cláusula de decaimento contra consumidores é evidentemente ilícita, visto que a lesão enorme é patente, sem qualquer necessidade de investigação das peculiaridades do caso concreto.

A jurisprudência tem concedido uma interpretação pró-consumidor ao art. 413 do Código Civil, permitindo a redução da pena excessiva, o que implica a consideração de sua validade para posterior controle de seu conteúdo[106]. O Superior Tribunal de Justiça vem defendendo "como razoável, para o ressarcimento às despesas administrativas,

---

105. STJ – 4. TREsp 238011/RJ – Rel. Min. Ruy Rosado de Aguiar – j. 29/2/2000.

106. DIREITO CIVIL E DO CONSUMIDOR. ABUSIVIDADE DE CLÁUSULA PENAL EM CONTRATO DE PACOTE TURÍSTICO. É abusiva a cláusula penal de contrato de pacote turístico que estabeleça, para a hipótese de desistência do consumidor, a perda integral dos valores pagos antecipadamente. De fato, não é possível falar em perda total dos valores pagos antecipadamente por pacote turístico, sob pena de se criar uma situação que, além de vantajosa para a empresa de turismo (fornecedora de serviços), mostra-se excessivamente desvantajosa para o consumidor, o que implica incidência do art. 413 do CC/2002, segundo o qual a penalidade deve obrigatoriamente (e não facultativamente) ser reduzida equitativamente pelo juiz se o seu montante for manifestamente excessivo. Ademais, o STJ tem o entendimento de que, em situação semelhante (nos contratos de promessa de compra e venda de imóvel), é cabível ao magistrado reduzir o percentual da cláusula penal com o objetivo de evitar o enriquecimento sem causa por qualquer uma das partes. Além disso, no que diz respeito à relação de consumo, evidencia-se, na hipótese, violação do art. 51, II e IV, do CDC, de acordo com o qual são nulas de pleno direito as cláusulas contratuais relativas ao fornecimento de produtos e serviços que subtraiam ao consumidor a opção de reembolso da quantia já paga, nos casos previstos neste código, ou que estabeleçam obrigações consideradas iníquas, abusivas, que coloquem o consumidor em desvantagem exagerada, ou sejam incompatíveis com a boa-fé ou a equidade. Nesse contexto, cabe ressaltar o disposto no art. 51, § 1º, III, do CDC: presume-se exagerada a vantagem que "se mostra excessivamente onerosa para o consumidor, considerando-se a natureza e conteúdo do contrato, o interesse das partes e outras circunstâncias peculiares do caso". Por fim, cabe afirmar, também, que o cancelamento de pacote turístico contratado constitui risco do empreendimento desenvolvido por qualquer agência de turismo, não podendo esta pretender a transferência integral do ônus decorrente de sua atividade empresarial a eventuais consumidores. REsp 1.321.655-MG, Rel. Min. Paulo de Tarso Sanseverino, julgado em 22/10/2013.

propaganda, corretagem, impostos, recolocação no mercado etc., um percentual de retenção em favor da vendedora, da ordem de 25% (vinte e cinco por cento) das parcelas pagas pelo comprador".[107]

Apesar de tecnicamente censurável, a redução da cláusula penal é um instrumento mais ágil de solução da demanda, já que evita a árida discussão da existência e da dimensão dos prejuízos do fornecedor que necessariamente devem ocorrer se for pronunciada a nulidade da cláusula penal[108].

4.12.3 *A cláusula penal em favor do consumidor*

A cláusula penal também poderá ser estipulada em favor do consumidor. Trata-se de um diverso enfoque sobre o problema e pouco considerado na doutrina[109]. Dispõe o art. 51 e seu inciso I:

---

107. "O direito à devolução das prestações pagas decorre da força integrativa do princípio geral de direito privado *favor debitoris* (corolário, no Direito das Obrigações, do *favor libertatis*). – O promissário-comprador inadimplente que não usufrui do imóvel tem legitimidade ativa *ad causam* para postular nulidade da cláusula que estabelece o decaimento das prestações pagas. A devolução das prestações pagas, mediante retenção de 30% (trinta por cento) do valor pago pelo promissário-comprador, objetiva evitar o enriquecimento sem causa do vendedor, bem como o reembolso das despesas do negócio e a indenização pela rescisão contratual" (STJ REsp. 293.214-SP, Rel. Min. Nancy Andrighi, 3. Turma, *DJ* 20/8/2001).

108. AGRAVO REGIMENTAL NO AGRAVO DE INSTRUMENTO. CONTRATO DE PROMESSA DE COMPRA E VENDA. RESCISÃO CONTRATUAL. INADIMPLÊNCIA. CLÁUSULA PENAL. ART. 53, DO CDC. AGRAVO REGIMENTAL IMPROVIDO. I - A estipulação de multa contratual de 10% sobre o valor total do contrato, em caso de desfazimento do acordo, não ofende o disposto no art. 53 do CDC, porquanto apenas parte do valor total já pago será retido pelo fornecedor. II - Não se conhece do recurso especial pela divergência, quando a orientação do Tribunal se firmou no mesmo sentido da decisão recorrida (Súmula 83 do STJ). Agravo Regimental improvido. (STJ - AgRg no Ag 748559 / MG, rel. Min. SIDNEI BENETI, DJe 08/10/2008).

109. PAGAMENTO, A TÍTULO DE SUCUMBÊNCIA, DE LAUDO CONFECCIONADO EXTRAJUDICIALMENTE PELA PARTE VENCEDORA. DESCABIMENTO. EXEGESE DOS ARTS. 19 E 20 DO CPC. INVERSÃO DE CLÁUSULA CONTRATUAL QUE PREVIA MULTA EXCLUSIVAMENTE EM BENEFÍCIO DO FORNECEDOR, PARA A HIPÓTESE DE MORA OU INADIMPLEMENTO DO CONSUMIDOR. POSSIBILIDADE. 1. Apesar de a rescisão contratual ter ocorrido por culpa da construtora (fornecedor), é devido o pagamento de aluguéis, pelo adquirente (consumidor), em razão do tempo em que este ocupou o imóvel. O pagamento da verba consubstancia simples retribuição pelo usufruto do imóvel durante determinado interregno temporal, rubrica que não se relaciona diretamente com danos decorrentes do rompimento da avença, mas com a utilização de bem alheio. Daí por que se mostra desimportante indagar quem deu causa à rescisão do contrato, se o suporte jurídico da condenação é a vedação do enriquecimento sem causa. Precedentes. 2. Seja por princípios gerais do direito, seja pela principiologia adotada no Código de Defesa do Consumidor, seja, ainda, por comezinho imperativo de equidade, mostra-se abusiva a prática de se estipular penalidade exclusivamente ao consumidor, para a hipótese de mora ou inadimplemento contratual, ficando isento de tal reprimenda o fornecedor - em situações de análogo descumprimento da avença. Assim, prevendo o contrato a incidência de multa moratória para o caso de descumprimento contratual por parte do consumidor, a mesma multa deverá incidir, em reprimenda do fornecedor, caso seja deste a mora ou o inadimplemento. Assim, mantém-se a condenação do fornecedor - construtor de imóveis - em restituir integralmente as parcelas pagas pelo consumidor, acrescidas de multa de 2% (art. 52, § 1º, CDC), abatidos os aluguéis devidos, em vista de ter sido aquele, o fornecedor, quem deu causa à rescisão do contrato de compra e venda de imóvel. 3. Descabe, porém, estender em benefício do consumidor a cláusula que previa, em prol do fornecedor, a retenção de valores a título de comissão de corretagem e taxa de serviço, uma vez que os mencionados valores não possuem natureza de cláusula penal moratória, mas indenizatória. 4. O art. 20, caput e § 2º, do Código de Processo Civil enumera apenas as consequências da sucumbência, devendo o vencido pagar ao vencedor as "despesas" que este antecipou, não alcançando indistintamente todos os gastos realizados

> Art. 51. São nulas de pleno direito, entre outras, as cláusulas contratuais relativas ao fornecimento de produtos e serviços que:
>
> I – impossibilitem, exonerem ou atenuem a responsabilidade por vícios de qualquer natureza dos produtos e serviços ou impliquem renúncia ou disposição de direitos. Nas relações de consumo entre o fornecedor e o consumidor-pessoa jurídica, a indenização poderá ser limitada, em situações justificáveis.

A norma enfatiza a nulidade de cláusulas que impliquem renúncia a direitos do consumidor pessoa natural, como aquelas que desoneram o fornecedor de responder pelo seu inadimplemento, como por exemplo, pelo atraso na entrega do produto[110].

Não podemos negar que a cláusula penal contratada em favor de consumidor pessoa jurídica nas relações de consumo possa sofrer as mesmas limitações das relações interprivadas ou interempresariais. A hipossuficiência que normalmente caracteriza esse polo da relação de consumo muitas vezes não será tão evidente, no caso concreto, como nas relações em que o consumidor é pessoa natural. Ademais, em razão do volume de negociações, a pessoa jurídica recebe contrapartidas do fornecedor em termos de preços e prazos de pagamento. Isso justifica o interesse da pessoa jurídica em ceder parte de sua garantia.

4.12.4 O controle dos contratos de adesão entre particulares

Os contratos de adesão traduzem um modelo de sociedade marcado pela massificação das relações econômicas. Não se trata simplesmente de uma espécie de contrato, mas de um instrumento contemporâneo de contratação no qual a manifestação de vontade não se exterioriza pelo consentimento tradicional, mas pela forma de adesão. O contrato por adesão convive com o tradicional contrato paritário, marcado pela existência de uma etapa de negociação de cláusulas.

A contratação estandarizada possui uma grande característica: elimina a fase das conversações preliminares, pois uma das partes estabelece unilateralmente as condições gerais do contrato, sendo que o consentimento do outro contratante será a própria adesão em bloco – *take it or leave it.*

Há um equívoco em supor que os contratos de adesão sejam específicos às relações de consumo. Apesar de o Código de Defesa do Consumidor, por excelência,

---

pelo vencedor, mas somente aqueles "endoprocessuais" ou em razão do processo, quais sejam, "custas dos atos do processo", "a indenização de viagem, diária de testemunha e remuneração do assistente técnico". Assim, descabe o ressarcimento, a título de sucumbência, de valores despendidos pelo vencedor com a confecção de laudo extrajudicial, mediante a contratação de perito de sua confiança. Precedentes. 5. Recurso especial parcialmente provido. (STJ - REsp 955134 / SC, rel. Min. LUIS FELIPE SALOMÃO, DJe 29/08/2012).

110. **REsp 1.635.428-SC e REsp 1.498.484-DF, Rel. Min. Luis Felipe Salomão, DJe 3/5/2017. (Tema 970)** - Recurso especial submetido à Segunda Seção como representativo da seguinte controvérsia: Possibilidade ou não de cumulação da indenização por lucros cessantes com a cláusula **penal,** nos casos de inadimplemento do vendedor em virtude do atraso na entrega de imóvel em construção objeto de contrato ou promessa de compra e venda.

constituir-se em sede de tais contratos, nada impede que nas relações privadas, envolvendo empresas ou particulares, nasçam contratos de adesão sem que em um dos pólos exista a figura do consumidor.

As cláusulas abusivas não surgem apenas nos confins das relações consumeiristas, mas também imprimem sua marca nos contratos civis e empresariais, eis que a contratação padronizada por adesão com a elaboração de cláusulas contratuais gerais se revelou uma constante em um espaço povoado pela desigualdade do poder negocial entre os contratantes.

É forçoso reconhecer que tratar de contratos de adesão na órbita privada não implica automático reconhecimento de abusividade de suas cláusulas. Apesar do desequilíbrio de forças entre estipulante e aderente, um contrato de adesão civil ou empresarial pode ser equânime e não consubstanciar disposições iníquas. Todavia, a própria técnica unilateral de construção do contrato de adesão propicia a incidência freqüente de cláusulas excessivamente desfavoráveis aos aderentes.

O art. 424 explicita justamente o controle de conteúdo de contratos intercivis e interempresariais: "Nos contratos de adesão, são nulas as cláusulas que estipulam a renúncia antecipada do aderente a direito resultante da natureza do negócio". Uma cláusula que implique renúncia antecipada do aderente a um direito subjetivo será certamente lesiva ao dever anexo de proteção, emanado da boa-fé objetiva (art. 422, CC), inserido em qualquer relação contratual.

A evidente compatibilidade entre o art. 424 do Código Civil e o art. 51, I, do Código de Defesa do Consumidor, ressalta a aproximação entre o sistema central do direito privado e o microssistema concentrado na tutela do sujeito "diferente". A teoria contratual contemporânea não abdicou da tutela à autonomia da vontade, mas incorporou as novas dimensões da boa-fé objetiva e do equilíbrio contratual, a fim de que a liberdade negocial não afete a igualdade substancial e o princípio da solidariedade.

O que leva o interprete a acertada conclusão de que o contrato é simultaneamente instrumento de intercâmbio de bens e serviços e espaço de afirmação da pessoa humana; um local em que se edificam direitos fundamentais. Daí que toda interpretação do Código Civil que anseia por acatar os ditames constitucionais não pode excluir o influxo do microssistema do Código de Defesa do Consumidor em prol dos assimétricos nas relações civis e empresarias.

5. ARRAS

5.1 Noções introdutórias

O modelo jurídico das arras foi valorizado no Código Civil de 2002. Da mesma forma que a cláusula penal, o tema passou por alteração topográfica, sendo transferido das disposições gerais dos contratos (arts. 1.094 a 1.097, CC/16), para penetrar no último capítulo do Título IV do Livro do Direito das Obrigações, onde se estuda o inadimplemento das obrigações.

A modificação é sadia, já que as arras servem como forma de prefixação convencional de indenização, à semelhança da cláusula penal, a qual é tratada no capítulo imediatamente anterior. Não seria justo aprisionar as *"arras as amarras"* dos contratos, quando é evidente que o seu fundamento e sua construção homenageiam o inadimplemento das obrigações.

Sorvendo a definição de Silvio Rodrigues, é possível conceituar as arras, ou sinal, como a importância em dinheiro ou a coisa dada por um contratante ao outro, por ocasião da conclusão do contrato, com o escopo de firmar a presunção de acordo final e tornar obrigatório o ajuste; ou ainda, excepcionalmente, com o propósito de assegurar, para cada um dos contraentes, o direito de arrependimento.[111]

Um dos contratantes adiantará determinado bem ao outro, com dois objetivos sensivelmente diferentes: para garantir o cumprimento da obrigação principal ou como prefixação de perdas e danos para o caso de desistência. Avulta perceber que a entrega do bem se aperfeiçoa ao tempo do nascimento da relação jurídica, mesmo que as suas consequências só sejam vistas quando do adimplemento ou inadimplemento da obrigação.

Assim, as arras exercitam duas grandes funções: penitencial (direito francês) e confirmatória (direito alemão). Segundo José Dionízio da Rocha, "o Direito Brasileiro adotou a primeira por vocação e, a segunda, por convicção, pois, no nosso direito, as arras sempre exerceram a função penitencial e só excepcionalmente a função confirmatória, apesar de a doutrina, em geral, afirmar ser esta a sua principal função".[112]

O legislador cuida da matéria nos arts. 417 a 420 do Código Civil. Nos três primeiros artigos, disciplina as arras confirmatórias, deixando ao último dispositivo o tratamento das arras penitenciais. Estudaremos as duas manifestações das arras.

5.2 Arras confirmatórias

Estipula o art. 417 do Código Civil: "se, por ocasião da conclusão do contrato, uma parte der à outra, a título de arras, dinheiro ou outro bem móvel, deverão as arras, em caso de execução, ser restituídas ou computadas na prestação *devida, se do mesmo gênero da principal"*.

Trata-se das arras confirmatórias. Elas atuam como modo de garantia e reforço da execução de um futuro contrato e princípio de pagamento, sem que se admita o arrependimento. É a popular *"entrada"* ou *sinal*, termo este que torna ainda mais evidente que o contrato está por ser celebrado. Caso o contrato efetivamente venha

111. RODRIGUES, Silvio. *Direito civil*: contratos, p. 83.

112. ROCHA, José Dionízio da. *Das arras ou sinal*, p. 545.

a ser executado, elas serão restituídas a quem as adiantou, mas, se a sua natureza for a mesma da obrigação principal, basta abater o valor correspondente do *quantum* da obrigação principal.

É um equívoco pensar que a finalidade das arras é confirmar o contrato em si mesmo. As convenções se tornam obrigatórias por força do consentimento, ao contrário do que ocorria no formalista sistema romano, no qual apenas o acordo de vontades se revelava insuficiente, a ponto de as arras servirem como forma de confirmação da existência do contrato. Cremos que melhor seria afirmar que atualmente o sinal simplesmente reforça a execução do negócio jurídico, evitando o inadimplemento.

Portanto, se a obrigação executada for em pecúnia, e as arras também, objetivando facilitar o tráfico jurídico, bastará computar o valor das arras para que seja amortizado no total do débito. Mas é possível que as arras não consistam em dinheiro, envolvendo coisa infungível. Nesse caso, ao tempo da execução contratual, será o bem restituído a quem o adiantou, pois não poderá ser computado na prestação devida.[113]

Em princípio, parece um contrassenso incluir o art. 417 do Código Civil no capítulo do inadimplemento das obrigações, eis que o aludido dispositivo versa sobre os efeitos do adimplemento do contrato. O aparente paradoxo pode ser justamente explicado como uma forma didática de o legislador introduzir o operador do direito ao art. 418, que complementa a matéria, cuidando das intercorrências entre as arras e as consequências da inexecução do contrato. Em suma, as normas atuam em caráter complementar.

De acordo com o art. 418 do Código Civil, se o contrato em que se adiantaram as arras não for objeto de cumprimento, poderá a parte inocente – que se manteve firme no contrato – agir de duas formas, conforme a sua posição no negócio jurídico: (a) se foi quem recebeu as arras, exercitará o direito de retenção sobre os valores como antecipação da indenização pela infidelidade da outra; (b) se foi quem as pagou, além do desfazimento do contrato, poderá exigir a sua devolução, além do equivalente (ou seja, em dobro), acrescendo-se os consectários da atualização monetária, juros e honorários de advogado.

Há uma sensível evolução no trato da matéria, em comparação à legislação precedente. O art. 1.097 do CC/16 só mencionava a hipótese da inexecução por parte de quem deu as arras. O atual diploma refere-se também à inexecução de quem as recebeu.

Portanto, se o faltoso foi quem adiantou as arras, bastará a demonstração de sua inexecução culposa para ser sancionado por sua infidelidade. *Aqui, há uma espécie de autoexecutoriedade no exercício da pretensão daquele que recebeu as arras.*

---

113. No sentido da admissão da entrega de coisas infungíveis como arras, SERPA LOPES, Miguel Maria de. *Curso de direito civil*, v. III, p. 214.

Com efeito, não precisará recorrer ao Poder Judiciário, pois da lesão ao seu direito subjetivo decorre imediata retenção dos valores adiantados a título de arras.

Neste ponto se insere a mais importante regra no trato da matéria. De acordo com o art. 419 do Código Civil, "a parte inocente pode pedir indenização suplementar, se provar maior prejuízo, valendo as arras como taxa mínima. Pode, também, a parte inocente, exigir a execução do contrato, com as perdas e danos, valendo as arras como o mínimo da indenização".

A norma é clara ao reservar às arras o papel de pena, como mero início de indenização, pelo simples fato da inexecução culposa. As arras não servem como estimativa de perdas e danos, pois a prova do dano é dispensada. Todavia, caberá o pedido de indenização, caso a extensão real do dano seja superior ao sinal que fora adiantado. Aliás, é a própria lógica do termo *indenizar*, que significa eliminação do dano ou prejuízo.[114]

A parte inocente demonstrará concretamente em juízo apenas os prejuízos que extrapolam aquilo que já fora adiantado ao início do contrato. Mesmo que nenhum excesso reste demonstrado ou provado, as arras funcionam como taxa mínima de perdas e danos.

114. STJ. Informativo nº 0613 Publicação: 8 de novembro de 2017. Cinge-se a controvérsia acerca da impossibilidade de cumulação da cláusula penal compensatória com a retenção das arras. Inicialmente, cumpre salientar que a cláusula penal constitui pacto acessório, de natureza pessoal, por meio do qual as partes contratantes, com o objetivo de estimular o integral cumprimento da avença, determinam previamente uma penalidade a ser imposta ao devedor na hipótese de inexecução total ou parcial da obrigação, ou de cumprimento desta em tempo e modo diverso do pactuado. Nos termos do art. 409 do Código Civil de 2002, a cláusula penal, também chamada de pena convencional ou simplesmente multa contratual, pode ser classificada em duas espécies: (i) a cláusula penal compensatória, que se refere à inexecução da obrigação, no todo ou em parte; e (II) a cláusula penal moratória, que se destina a evitar retardamento no cumprimento da obrigação, ou o seu cumprimento de forma diversa da convencionada, quando a obrigação ainda for possível e útil ao credor. Quando ajustada entre as partes, a cláusula penal compensatória incide na hipótese de inadimplemento da obrigação (total ou parcial), razão pela qual, além de servir como punição à parte que deu causa ao rompimento do **contrato**, funciona como fixação prévia de perdas e danos. Ou seja, representa um valor previamente estipulado pelas partes a título de indenização pela inexecução contratual. De outro turno, as arras se relacionam à quantia ou bem entregue por um dos contratantes ao outro, por ocasião da celebração do **contrato**, como sinal de garantia do negócio. De acordo com os arts. 417 a 420 do Código Civil de 2002, a função indenizatória das arras se faz presente não apenas quando há o lícito arrependimento do negócio (art. 420), mas principalmente quando ocorre a inexecução do **contrato**. Isso porque, de acordo com o disposto no art. 418, mesmo que as arras tenham sido entregues com vistas a reforçar o vínculo contratual, tornando-o irretratável, elas atuarão como indenização prefixada em favor da parte "inocente" pelo inadimplemento do contrato, a qual poderá reter a quantia ou bem, se os tiver recebido, ou, se for quem os deu, poderá exigir a respectiva devolução, mais o equivalente. Outrossim, de acordo com o que determina o art. 419 do CC/02, a parte prejudicada pelo inadimplemento culposo pode exigir indenização suplementar, provando maior prejuízo, "valendo as arras como taxa mínima", ou, ainda, pode requerer a execução do acordado com perdas e danos, se isso for possível, "valendo as arras como o mínimo da indenização". Nesse contexto, evidenciado que, na hipótese de inadimplemento do **contrato**, as arras apresentam natureza indenizatória, desempenhando papel semelhante ao da cláusula penal compensatória, é imperiosa a conclusão no sentido da impossibilidade de cumulação de ambos os institutos, em face do princípio geral da proibição do *non bis in idem* (proibição da dupla condenação a mesmo título). REsp 1.617.652-DF, Rel. Min. Nancy Andrighi, por unanimidade, DJe 29/09/2017.

Renan Lotufo resume a opção do legislador diante do dissídio doutrinário que imperava no âmbito do Código de 1916: "é que, quando do estudo das confirmatórias, parte da doutrina entendia que se estava diante de prévia determinação das perdas e danos, como se vê de Serpa Lopes, em seu *Curso de direito civil*, p. 211, e de Washington de Barros Monteiro, em seu *Curso de direito civil*: direito das obrigações, p. 42. No sentido de que não se estava diante de hipótese de prévia estimativa de perdas e danos, tinha-se Agostinho Alvim, Silvio Rodrigues, Caio Mário da Silva Pereira e Orlando Gomes".[115]

O art. 419 do Código Civil prestigiou a última corrente, pois delimita as arras como o mínimo, permitindo-se a sua cumulação com a integridade do prejuízo.

Por essa razão, é possível que as partes ajustem no contrato que as arras serão cumuladas com todas as perdas e os danos que sejam apurados. Mas, se o fator de incidência das arras confirmatórias é o inadimplemento, entendemos que não poderá ser de escassa importância. Isto é, havendo o inadimplemento mínimo, não haverá proporcionalidade para a aplicação do art. 418 do Código Civil.

A segunda parte do art. 419 confere à parte inocente o direito potestativo de exigir a execução do contrato, cumulando-se o pleito de perdas e danos, valendo as arras como mínimo indenizatório. Isso demonstra que não é certo admitir que as arras sejam uma estimativa de perdas e danos, na medida em que o lesado terá a opção de insistir na tutela específica.

De qualquer forma, qualquer das partes poderá alegar eventual excesso do montante das arras, de forma a coibir abuso do direito. Nessa linha intelectiva, convém mencionar o Enunciado n. 165 da III Jornada de Direito Civil do CJF: "Em caso de penalidade, aplica-se a regra do art. 413 ao sinal, sejam as arras confirmatórias ou penitenciais". Esclareça-se que o art. 413 do CC estabelece que "a penalidade deve ser reduzida equitativamente pelo juiz se a obrigação principal tiver sido cumprida em parte, ou se o montante da penalidade for manifestamente excessivo, tendo-se em vista a natureza e a finalidade do negócio".

5.3 Arras penitenciais

Dispõe o art. 420 do Código Civil: "Se no contrato for estipulado o direito de arrependimento para qualquer das partes, as arras ou sinal terão função unicamente indenizatória. Neste caso, quem as deu perdê-las-á em benefício da outra parte; e quem as recebeu devolvê-las-á, mais o equivalente. Em ambos os casos não haverá direito a indenização suplementar."

O dispositivo alude às arras penitenciais. Elas servem como correspondente ao direito de arrependimento de qualquer das partes, para o caso de o contrato não

115. ALVIM, Agostinho; RODRIGUES, Silvio; PEREIRA, Caio Mário da Silva; GOMES, Orlando. *Código Civil comentado*, v. II, p. 487.

ser concluído ou ser posteriormente desfeito. Enquanto as arras confirmatórias desejam reforçar a execução da obrigação, as arras penitenciais pretendem justamente o contrário. Isto é, concedem uma espécie de autoexecutoriedade para que a parte não adimplente possa resolver o contrato sem a necessidade de propositura de ação.[116]

No regime do CC/16, o art. 1.088 cuidava do direito de arrependimento, preconizando: "Quando o instrumento público for exigido como prova do contrato, qualquer das partes pode arrepender-se, antes de o assinar, ressarcindo à outra as perdas e danos resultantes do arrependimento, sem prejuízo do estatuído nos arts. 1.095 a 1.097."

O art. 1.088 do CC/16 não foi reproduzido na nova ordem civil e, portanto, a única norma vigente que sanciona o exercício do direito potestativo de arrependimento é o art. 420.

É fácil perceber que toda a cláusula de arrependimento será acompanhada de arras penitenciais. São umbilicalmente relacionadas. Por isto, se não houver no contrato a expressa alusão à faculdade de arrependimento das partes, presume-se que as arras serão confirmatórias.

A título ilustrativo, *A* adianta a *B* a quantia de R$ 5.000,00, como sinal e início de pagamento de promessa de compra e venda. Se o comprador *A* arrepender-se, perderá para *B* as arras adiantadas. Mas, se partir a desistência do vendedor *B*, terá este de restituir o valor em dobro (R$ 10.000,00) para *A*.

Nas arras penitenciais, o sinal entregue por uma das partes é o valor máximo de indenização, sem possibilidade de cumulação com perdas e danos ou indenização suplementar mesmo que o prejuízo da parte inocente seja maior que o valor das arras. Qual seria a justificativa?

O valor das arras penitenciais não pode ser extrapolado em sequer um centavo, pois ele é tudo aquilo que as partes ajustaram para o caso de uma delas futuramente

---

116. STJ. Informativo nº 0577 Período: 20 de fevereiro a 2 de março de 2016. TERCEIRA TURMA. DESPROPORÇÃO ENTRE A QUANTIA PAGA INICIALMENTE E O PREÇO AJUSTADO. Se a proporção entre a quantia paga inicialmente e o preço total ajustado evidenciar que o pagamento inicial englobava mais do que o sinal, não se pode declarar a perda integral daquela quantia inicial como se arras confirmatórias fosse, sendo legítima a redução equitativa do valor a ser retido. Quanto às arras,deve-se destacar que elas têm duas funções: a) confirmatória (principal); e b) penitencial (secundária). As arras confirmatórias podem significar princípio de pagamento, na medida em que o negócio efetivamente se concretizar. Marcam, portanto, o início da execução do negócio. Convém esclarecer que o valor dado a título de arras confirmatórias deve ser integralmente perdido, ou seja, quando a parte que deu as arras não executar o contrato, não terá direito à devolução do "sinal" por ter dado causa à rescisão. Mas, se o valor do pagamento inicial englobava mais do que o sinal, o percentual de retenção deve ser reduzido. Isso porque não é razoável o entendimento de que todo o referido valor inicial pago seja enquadrado como sinal ou arras confirmatórias e, em consequência, sujeite-se ao perdimento em prol do vendedor. Entender de forma diversa implicaria onerar excessivamente a parte que deu as arras, ainda que a ela tenha sido atribuída culpa pela rescisão do contrato, e beneficiar a parte que as recebeu. Em outras palavras, seria uma fonte de enriquecimento desproporcional. Observe-se que a orientação jurisprudencial do STJ é no sentido de que a fixação das arras confirmatórias se dá em percentual inferior a 20% do valor do bem, variando, mais precisamente, entre 10% e 20%.(REsp 1.513.259-MS, Rel. Min. João Otávio de Noronha, DJe 22/2/2016).

deliberar por não celebrar o contrato com a outra, reavendo a sua liberdade. Enfim, o sinal é o preço adiantado para o contratante se exonerar de um vínculo, nada mais podendo dele ser exigido pela parte inocente.

Como observou Agostinho Alvim, em matéria de arras penitenciais, o que se teve em vista foi um desfecho breve, porque é caso sem complexidade, ou seja, celebrar ou não o contrato definitivo.[117]

Antes do advento do Código Civil de 2002, a Súmula 412 do Pretório Excelso já trazia idêntica regra excludente de indenização maior para os contratos de compromisso de compra e venda, limitando as perdas e danos ao sinal, acrescido apenas dos juros moratórios e encargos do processo.

Da mesma maneira, a parte inocente não poderá promover a execução específica da obrigação, pois a função meramente indenizatória das arras compensatórias não pode ser substituída pela exigência da prestação descumprida *in natura*.

Nas relações de consumo, o exercício do direito potestativo de arrependimento pelo consumidor não será sancionado com arras compensatórias, se a resilição unilateral da relação de consumo ocorrer no prazo decadencial de sete dias do recebimento do produto ou serviço, naqueles casos em que a aquisição se deu por pressão psicológica e fora do estabelecimento comercial do fornecedor.

Nesse prazo de reflexão concedido pelo art. 49 do Código de Defesa do Consumidor, a opção pelo arrependimento impõe ao fornecedor a restituição dos valores pagos pelo consumidor, sem que nada possa ser abatido pelo exercício da retratação. Seria uma ofensa ao princípio da igualdade substancial exigir do consumidor um valor a título de arras, quando o exercício do direito potestativo nasce de sua posição contratual de evidente assimetria e déficit de informação, que o leva a contratar sem os cuidados devidos.

---

117. Apud LOTUFO, Renan. *Código Civil comentado*, v. 2, p. 492.

CAPÍTULO X

Enriquecimento Sem Causa

1. NOÇÕES GERAIS

O enriquecimento sem causa não é nenhuma novidade no direito brasileiro. Todavia, só ganhou forma expressa de lei a partir da vigência do novo Código Civil, quando, enfim, o instituto teve seus contornos desenhados, apesar de sempre ter sido presente a sua aplicação no mundo jurídico através de regras esparsas.

Em verdade, como se verifica em boa parte da história do direito, o berço do enriquecimento sem causa foi o direito romano, que tratava a matéria através das *condictiones sine causa*. As *condictiones* eram preceitos de equidade que regulavam os casos em que se constatava uma vantagem indevidamente obtida por alguém, às expensas de outrem, sem causa relevante apta a justificá-la. Assim, uma vez verificada referida vantagem sem guarida no mundo jurídico, exigia-se fosse feita a devida restituição ao patrimônio de origem, valendo-se o empobrecido da *actio in rem verso*, instrumento restituitório da época.

Nas palavras de Giovanni Ettore Nanni, foi o direito romano que propiciou as vigas mestras das teorias sobre o enriquecimento sem causa acolhidas em cada sistema jurídico moderno, cada qual com as suas características particulares[1].

A particularidade que cada ordenamento jurídico apresentava em relação ao enriquecimento sem causa dizia respeito a duas questões: *i)* se seria o enriquecimento sem causa princípio geral ou fonte autônoma de obrigações, *ii)* se a ação de restituição teria ou não o caráter subsidiário.

Para aqueles que acreditam que essa discussão já foi superada, esclareça-se desde logo que ainda vigora no mundo moderno os mesmos questionamentos de antes, percebe-se que não há uniformidade no tratamento do tema e que restam conservadas com cada ordenamento jurídico as mesmas particularidades de todos os tempos.

Por exemplo, no direito alemão, um dos maiores influenciadores do direito brasileiro nessa matéria, o instituto foi tratado como uma regra geral de proibição de enriquecimento injusto, na medida em que era possível aplicar em diversas situações não tipificadas a disposição de que haveria obrigação de restituir a quem, pela prestação de outro, ou à custa dele, por qualquer outro modo, adquirisse, sem fundamento jurídico, alguma coisa; ou, ainda, incorreria na mesma obrigação quando o fundamento jurídico viesse a faltar ou quando, com uma prestação, não se realizasse o resultado visado de acordo com o conteúdo do negócio jurídico. A pretensão restituitória na Alemanha, embora não houvesse tipificação no ordenamento que versasse diretamente sobre o caráter subsidiário da ação de enriquecimento, era exercida respeitando-se a preferência de utilização de outros remédios quando existentes especificamente para algumas matérias. Dessa forma, era preferível o exercício de uma ação reivindicatória, delitual ou indenizatória para reaver o injustamente alocado em patrimônio alheio a uma ação genérica de enriquecimento sem causa, tudo isso com vistas a evitar uma amplitude indevida à ação de enriquecimento e um correspondente desmerecimento das ações específicas.

Na França, cuja influência não é menos importante no cenário mundial e no nosso direito pátrio, foi tímido o desenvolvimento do estudo do enriquecimento sem causa, o qual ganhou mais vitalidade a partir, principalmente, da atividade jurisprudencial. Preocupados com o excesso de julgamento intuicionista, entretanto, os tribunais franceses balizaram a incidência da cláusula geral do enriquecimento sem causa, criando para o instituto requisitos que deveriam ser observados para a sua configuração, tais como o empobrecimento do demandante, o enriquecimento do réu e a ausência de causa. Em relação à ação de *in rem verso*, doutrina e jurisprudência apontaram para a adoção da subsidiariedade do remédio restituitório.

Ainda no tocante à regulação do enriquecimento sem causa no contexto internacional, à semelhança francesa o direito italiano não contava com expressa previsão

1. NANNI, Giovanni Ettore, *Enriquecimento sem causa*. p. 12.

do enriquecimento injusto em sua legislação, de tal modo que articulou a doutrina o enquadramento da proibição de enriquecimento sem causa como um princípio geral de direito. Quanto à ação de enriquecimento, preferiu-se o caráter subsidiário, podendo ser somente exercida em favor do lesado quando não existisse nenhuma outra ação pela qual ele pudesse recuperar o locupletamento.

Em Portugal, o estudo do enriquecimento sem causa e da correspondente ação de restituição acompanhou o direito italiano, mormente tanto à questão da consideração do enriquecimento sem causa como um princípio geral de direito, quanto à questão da subsidiariedade da ação de enriquecimento.

Na Espanha, apesar da conformidade com a noção de enriquecimento sem causa como princípio, doutrina e jurisprudência vacilavam quanto à subsidiariedade da ação de *in rem verso*, traduzindo comportamentos desuniformes.

Por sua vez, nos países de regime de *common law* o enriquecimento sem causa foi tratado segundo as particularidades do próprio regime, trazendo à tona principalmente uma noção de equidade, invocando-se a justiça natural para a solução de boa parte dos litígios.

No que de fato nos interessa, ou seja, no direito brasileiro, o enriquecimento sem causa teve uma tratamento deveras particular, que merece ser analisado mais detidamente, principalmente porque a mudança de concepção permitiu não apenas a legislação expressa do tema, como também o elencou a categoria autônoma de fonte obrigacional sem, contudo, perder seu viés de princípio geral. Em suma: o direito brasileiro, hoje, sustenta duas vertentes para o enriquecimento sem causa, cada qual a ser esmiuçada a partir de então.

1.1 O enriquecimento sem causa no direito brasileiro

1.1.1 O Código Civil de 1916

A exemplo do que vinha acontecendo ao redor do mundo, o Código Civil de 1916 não contemplava expressamente o instituto do enriquecimento sem causa, embora não renegasse sua existência. Preferiu o legislador brasileiro delegar o tratamento do tema à doutrina e à jurisprudência, segundo os escopos contidos na própria legislação civil brasileira, a enfrentá-lo, principalmente diante da existência de outros remédios no ordenamento aptos a afastar o injusto locupletamento.

Nas palavras do próprio autor do anteprojeto do Código Civil de 1916, Clóvis Beviláqua, não careciam de providência os casos de enriquecimento sem causa, sendo desnecessário tratar o instituto autonomamente, pois que facilmente poderia ser resolvido, seja por invocação de equidade e justiça que permeiam o direito como um todo, seja ou por enquadramento das situações nas hipóteses de responsabilidade civil, quando decorrente o locupletamento injustificado de um ato ilícito, ou por aplicação das consequências da condição resolutiva tácita, principalmente nos casos em que o enriquecimento decorria do inadimplemento obrigacional[2].

Certo é que a ausência de tipificação específica do enriquecimento sem causa não significou conivência da legislação anterior para com o locupletamento injustificado. Pelo contrário, a vedação encontrava-se implicitamente presente em diversas passagens, o que, somado à invocação reiterada do assunto na prática e dos estudos da doutrina, despontou para a conformação do enriquecimento sem causa num instituto próprio, tal como se vê atualmente no Código Civil de 2002.

Vislumbrava-se a projeção do princípio do enriquecimento sem causa em dispositivos do Código Civil de 1916. Exemplificativamente, a matéria refletia principalmente no tocante à realização de benfeitorias pelo possuidor de boa ou má-fé e aos frutos produzidos em bem alheio. O objetivo das normas dessa estirpe, seguramente, era dar a cada um o que fosse seu, destarte evitando o enriquecimento injustificado do proprietário, em detrimento do possuidor que operou às próprias custas o melhoramento do bem ou efetuou as despesas para a produção dos frutos.

E não parava por aí. Invocava-se a vedação ao enriquecimento sem causa também nos casos de especificação e de incidência da cláusula penal, ou então quando verificada a obrigação de restituir a todo aquele que recebeu o que não lhe era devido, sendo inclusive obrigado a promover a restituição aquele que recebeu dívida condicional antes de cumprida a condição.

Embora precária a incidência, é preciso reconhecer que os casos solucionados pelo enriquecimento sem causa, ainda que inexistisse a previsão expressa do instituto, são os que hoje ainda o invocam, só que agora com legitimidade conferida pela lei.

1.1.2 O Código Civil de 2002

Diante da necessidade de modificação legislativa, o Código Civil de 1916 deu lugar ao atual diploma civil, vigente no ordenamento brasileiro desde 11 de janeiro de 2003. O Código Civil de 2002, diferentemente do anterior, trouxe expressamente a previsão do enriquecimento sem causa como fonte de obrigação e como princípio geral positivado, representando uma importante inovação normativa.

Como bem disse Giovanni Ettore Nanni, "não se hesita afirmar que a inserção do enriquecimento sem causa no novo Código Civil é digna de elogios, pois representa o acolhimento de teoria indispensável à manutenção do equilíbrio em qualquer relação jurídica, consubstanciando-se em ferramenta extremamente útil às pessoas na condução de seus negócios e nas controvérsias a serem dirimidas pelo Poder Judiciário ou por arbitragem"[3].

---

2. BEVILAQUA, Clóvis. *Código Civil dos Estados Unidos do Brasil comentado*. v. 4. p. 120-121.
3. NANNI, Giovanni Ettore. *Enriquecimento sem causa*. p. 100.

Permanecendo nesse sentido, também Carlos Alberto Dabus Maluf agradece a regulação da matéria, na medida em que a positivação do instituto livra em certa medida os intérpretes e aplicadores do direito das interpretações dos doutrinadores e da jurisprudência[4], ou seja, afasta o uso exacerbado do intuicionismo.

A bem da verdade, conduta outra não se esperava que não a consagração do enriquecimento sem causa como instituto legalmente contemplado pelo direito civil brasileiro. Mesmo inicialmente sendo tida como desnecessária a regulação da matéria pela lei, pois que a providência, se preciso fosse, dar-se-ia através de institutos também aptos a promover a restituição, como é o caso da responsabilidade civil, do pagamento indevido e da condição resolutiva tácita, a reiterada invocação da vedação ao injusto locupletamento fez ecoar a voz daqueles que clamaram por este reconhecimento.

Situado nos artigos 884 a 886, do Capítulo IV, do Título VII, do novo Código Civil, o estudo do enriquecimento sem causa assume dois importantes aspectos – como princípio e como fonte de obrigações –, pois que foi esse o contorno dado pelo direito nacional à matéria. Entretanto, antes de adentrarmos com afinco no tema, cumpre-nos esclarecer uma relevante questão terminológica, importante não só para o emprego correto da expressão, como também para afastar de vez todas as dúvidas que circundam os aplicadores do Direito.

1.2 Um problema de terminologia: enriquecimento ilícito, enriquecimento sem causa e ilícito civil

Antes de adentrar na análise específica do enriquecimento sem causa, é preciso mencionar que, ao contrário do que se costuma ver na aplicação prática do instituto do injusto locupletamento, não devem ser tratados como sinônimos o enriquecimento sem causa e o enriquecimento ilícito. Em verdade, são institutos autônomos que não se confundem.

Primeiramente, são diversas as naturezas das disciplinas que regulam cada qual dos enriquecimentos. Isso significa dizer que, enquanto o enriquecimento sem causa trata-se de um instituto de direito civil, com requisitos próprios de verificação, o enriquecimento ilícito é objeto de estudo do direito administrativo, na medida em que se encontra relacionado com as hipóteses de improbidade administrativa.

Como consequência direta da natureza, para o enriquecimento sem causa serão requisitos aptos a ensejar a ação de restituição: o locupletamento do réu, o empobrecimento do autor, um nexo de causalidade entre enriquecimento e empobrecimento e a ausência de causa plausível para justificar a migração patrimonial. Já em relação ao enriquecimento ilícito por influência ou abuso de cargo ou função, a restituição

4. MALUF, Carlos Alberto Dabus. *Pagamento indevido e enriquecimento sem causa*. In: *Revista da Faculdade de Direito da Universidade de São Paulo*. p. 130. v. 93.

patrimonial será reflexo da improbidade administrativa apurada e repreendida. O seu pressuposto essencial é a ilicitude do ato de improbidade, praticado contra entidade pública ou privada.

É importante ressaltar que no enriquecimento ilícito, como o próprio nome já diz, o acréscimo patrimonial deriva de uma conduta ilícita, que constitui improbidade administrativa, repugnável pela ordem jurídica brasileira. No caso do enriquecimento sem causa não se fala em ilícito.

Aliás sobre improbidade administrativa não se pode olvidar o Enunciado 558 da VI Jornada de Direito Civil, que expõe o entendimento de que *são solidariamente responsáveis pela reparação civil, juntamente com os agentes públicos que praticaram atos de improbidade administrativa, as pessoas, inclusive as jurídicas, que para eles concorreram ou deles se beneficiaram direta ou indiretamente.*

Além dessa diferenciação, também se faz necessário, antes de prosseguir com o estudo pormenorizado do tema, que desde logo se extirpe qualquer dúvida que possa surgir referente ao enriquecimento sem causa e a própria noção de ilícito na seara do direito civil.

O fato ilícito, conforme ensinamento constante no primeiro volume desta coleção, nada mais é do que o fato antijurídico, ou seja, aquele acontecimento cujos potenciais efeitos jurídicos são contrários ao ordenamento. Regulado pelo Código Civil no artigo 186[5], o ilícito define-se como a violação de uma obrigação jurídica preexistente imposta ao agente, ou seja, uma transgressão a um dever jurídico, imposto a alguém.

É elementar, em sede de caracterização da ilicitude, a voluntariedade imputável ao agente, ao que se convencionou chamar de culpa *lato sensu*, compreendendo-se com clareza que o fato ilícito é todo fato, conduta ou evento, contrário ao direito que seja imputável a alguém com capacidade de praticar ato ilícito. Assim, configura-se o ilícito quando preenchidos quatro elementos essenciais, quais sejam: a conduta comissiva ou omissiva do agente, contrária ao ordenamento jurídico; a culpa *lato sensu* abrangendo tanto o dolo quando as modalidades de culpa *stricto sensu;* o dano causado a terceiro, de ordem patrimonial ou extrapatrimonial; e o nexo de causalidade entre a conduta culposa e o prejuízo imposto ao ofendido.

A imputabilidade do agente (culpa *lato sensu*) e o dano são características marcantes do fato ilícito, sem as quais este não se configura. Todavia, em sede de enriquecimento sem causa, tais requisitos são prescindíveis. A um porque, das diversas modalidades de enriquecimento injusto existentes e que serão fruto de estudo a ser realizado em momento oportuno, percebe-se que o enriquecimento não decorrerá de um ato ilícito voluntário do enriquecido. A dois, pois, na esfera de incidência do

5. Art. 186. Aquele que, por ação ou omissão voluntária, negligência ou imprudência, violar direito e causar dano a outrem, ainda que exclusivamente moral, comete ato ilícito.

enriquecimento sem causa não se fala em dano, tendo em vista que este é matéria de trato da responsabilidade civil.

Assim, para que se possa entender o enriquecimento sem causa, é preciso que o estudioso do direito se desvincule da correlação entre o enriquecimento de um e o dano de outrem. Não há dano, pois dano deriva de um fato ilícito e deverá ser *reparado* através do instituto próprio da responsabilidade civil. O empobrecimento, ao contrário, não pressupõe a existência de um fato ilícito, devendo ser o aumento patrimonial *restituído* segundo o remédio designado para sanar o enriquecimento sem causa – ação de enriquecimento. Para o enriquecimento sem causa, como o próprio nome já diz, é a falta de uma causa jurídica válida o elemento imprescindível para a configuração do instituto. A inexistência de uma contrapartida apta a justificar o locupletamento é que ensejará a tutela pelo enriquecimento sem causa. Ademais, nem a todo enriquecimento objetivo corresponderá um empobrecimento efetivo.

Ainda para marcar a diferença existente, fala-se que a responsabilidade civil confere uma proteção dinâmica ao patrimônio e se volta para o ressarcimento pleno da vítima, constatando-se que o alvo principal de eventual ação indenizatória é a vítima do ilícito praticado por alguém. Já no enriquecimento sem causa, como instrumento de proteção estática do patrimônio[6], o alvo visado não é o empobrecido, mas sim o enriquecido, na medida em que o objetivo principal do instituto é retirar o benefício que injustamente o enriquecido obteve à custa do empobrecido.

Por fim, a doutrina de Antunes Varela destaca que "o verdadeiro objetivo da lei, numa interpretação racional dos seus comandos, não é o de reparar o dano sofrido pelo proprietário sacrificado, mas o de forçar o beneficiado a restituir aquilo com que ele fica locupletado à custa do outro"[7].

2. O ENRIQUECIMENTO SEM CAUSA COMO PRINCÍPIO

2.1 Introdução

Ficou assentado nas páginas anteriores que a natureza do enriquecimento sem causa variou conforme o ordenamento jurídico que o regulava. Em alguns lugares ganhou a acepção de princípio geral do direito, em outros foi tratado como instituto autônomo, de aplicação restrita aos casos designados pelo ordenamento e pela jurisprudência. No Brasil, a legislação tardia do instituto permitiu atrair, nesse debate entre ordenamentos jurídicos, as principais ideias dos desenvolvimentos internacionais. Assim, inusitadamente o direito pátrio nos apresenta duas facetas

6. Essa forma de diferenciação é mencionada por Francisco Manuel Pereira Coelho, o qual destaca que o enriquecimento sem causa protege simplesmente o poder de ter ou manter os bens, enquanto a responsabilidade civil protege, ainda, a liberdade de mobilizá-los, adquirir e agir com eles ou sobre eles. *O enriquecimento e o dano*, p. 21.
7. VARELA, Antunes. *Direito das obrigações*, p.188.

para o enriquecimento sem causa: fonte autônoma de obrigações (caráter residual) e princípio (estrutura central)[8].

Como fonte autônoma, o enriquecimento sem causa contempla residualmente alguns casos de obrigações restituitórias não traçados em lei. Dessa forma, verificada a obrigação de restituir, decorrente de uma migração patrimonial sem causa relevante, mas ausente previsão legal que viabilize seu exercício, o enriquecimento sem causa como fonte de obrigações assume a regulação do caso concreto, oferecendo remédio para buscar efetivamente o direito de restituição: a ação de enriquecimento.

Na acepção principiológica, por sua vez, o enriquecimento sem causa atua principalmente como limitador. Ele incide com uma função complementar a outros institutos já sedimentados em lei, que atuam especificamente para atender a determinadas demandas. Por exemplo, a fixação de indenização por danos extrapatrimoniais mostra-se um campo fértil para a invocação do enriquecimento sem causa. Da mesma forma o instituto da cláusula penal. Note-se que se trata de matérias de regulação própria, uma diz com a responsabilidade civil, a outra se refere a uma modalidade de pena privada previamente fixada para hipóteses de descumprimento total ou parcial de obrigações. Todavia, entre elas o enriquecimento sem causa surge para colmatar qualquer eventual lacuna que venha a existir, principalmente no tocante ao limite de fixação.

Como se sabe, e isso diz mais com as questões de responsabilidade civil por danos extrapatrimoniais, a subjetividade do tema inviabiliza projeções de fórmulas exatas para o alcance do ideal montante indenizatório, de modo que nesse aspecto é que se vislumbra com facilidade ímpar diversos casos de incontestável locupletamento injusto. Tal resultado, como já era de se esperar, não pode ser tolerado pelo Direito. E é justamente nesses pontos que o desenvolvimento do enriquecimento sem causa como princípio se fará com assumida relevância.

Como princípio o enriquecimento sem causa também adquire caráter extradisciplinar. Vai além do direito civil[9] e suas diretrizes podem incidir em diversas áreas do

---

8. Expressões entre parênteses utilizadas por Cláudio Michelon Jr, *in* LOTUFO, Renan; NANNI, Giovanni Ettore. *Obrigações*, p. 875.

9. Ilustrativamente, veja-se: *Pautou-se a discussão em dizer se o valor de cotas de sociedade médica, da qual um dos ex-cônjuges é sócio, e que foi constituída na constância do casamento, deve coincidir com o seu montante histórico da data da ruptura do relacionamento, ou ter a quantia fixada, em data posterior, por ocasião da efetiva apuração do valor atribuído às cotas e ao pagamento do quinhão à ex-cônjuge, não-sócia. Inicialmente, destacou-se que rompida a sociedade conjugal sem* a imediata partilha do patrimônio comum verifica-se a ocorrência de *mancomunhão. Nessas circunstâncias, não se fala em metades ideais, pois o que se constata é a existência de verdadeira unidade patrimonial, fechada, e que dá acesso a ambos ex-cônjuges, à totalidade dos bens. Particularmente, no que toca às quotas sociais, recentemente afirmou-se, em questão próxima a esta, que, a singularidade da parte do patrimônio constituído por cotas de sociedade cria, para o cônjuge, ou no caso, o ex-cônjuge não-sócio, limitações ao pleno direito de propriedade, que vão para além das restrições que existem sobre patrimônios em condomínio. Por certo, existem elementos motivadores desse cerceamento à plena disposição patrimonial, como a continuidade da sociedade empresarial; o respeito à coligação contratual originária (affectio societatis), o direito de terceiros, entre outros (REsp 1.626.493-PR, Terceira Turma, DJe 4/10/2016). Nesse contexto, a existência de significativa janela temporal entre a fixação das cotas como parte do patrimônio a ser*

direito, tanto privado como público[10], inclusive inspirando normas positivadas para o tratamento específico de determinadas hipótese. Assim é que, com maestria, Cláudio Michelon Jr. acertadamente ensina que, em sede de enriquecimento sem causa, a expressão pode se referir a um princípio que serve tanto como fundamento quanto como critério interpretativo para diversas regras que tratam de aspectos específicos de institutos de direito privado e mesmo, em diversos casos, para regras de direito público[11].

Sendo fundamento, o princípio do enriquecimento sem causa é alicerce para as hipóteses em que o objetivo é o retorno das partes ao estado anterior. Esse retorno ao *status quo ante*, de acordo com Michelon Jr., inspirado no princípio de que certas migrações patrimoniais só podem ser justificadas a partir da existência de certo ato ou negócio jurídico, mostra que a destruição do regime eficacial ou de validade, por exemplo, seja pela resolução, seja pela anulação, faz desaparecer a justificativa para as atribuições patrimoniais porventura ocorridas. Daí surge a necessidade de contraprestar o que já foi prestado, enquadrando-se essa obrigação em um dos notáveis desdobramentos do enriquecimento sem causa, a propósito sedimentando no artigo 885 do Código Civil[12].

Visualizemos a incidência do enriquecimento sem causa como fundamento: celebrado um negócio jurídico, constata-se posteriormente que há um vício no negócio que fulmina a sua validade. O agente que o celebrou era incapaz. Todavia, em que

---

partilhado e a sua efetiva materialização monetária para satisfação da recorrida, não sócia, mas detentora em copropriedade das quotas do ex-cônjuge sócio, por óbvio, só atenderá a uma partilha justa e equilibrada, na medida em que a monetarização das cotas a que tem direito, expresse, com a maior fidedignidade possível, o quanto refletem do patrimônio da sociedade na atualidade. Outra fórmula implicaria, na espécie, em enriquecimento sem causa do recorrente, com o que não se coaduna o direito. REsp 1.537.107-PR, Rel. Min. Nancy Andrighi, por unanimidade, julgado em 17/11/2016.

10. Exemplificativamente, observa-se a seguinte decisão do Superior Tribunal de Justiça: *Discute-se nos autos a possibilidade de pagamento de indenização correspondente aos vencimentos e vantagens não auferidas pelo autor em razão de ter tomado posse tardiamente no cargo de Promotor de Justiça, em virtude de erro reconhecido pela própria Administração. Segundo a atual e pacífica orientação jurisprudencial desta Corte Superior, os candidatos aprovados em concurso público, que tiveram suas nomeações tardiamente efetivadas, não têm direito à indenização – entendimento esse também perfilhado pelo STF por ocasião do julgamento do RE 724.347-DF, Rel. para acórdão Min. Roberto Barroso, DJe 13/5/2015. Vale ressaltar que o caso em exame guarda uma peculiaridade, qual seja, o reconhecimento de que a posse do autor deveria ter se dado em momento anterior se deu pela própria Administração (Conselho Superior do Ministério Público), diferentemente dos processos que embasaram a construção jurisprudencial do STJ, nos quais a ilegalidade da nomeação tardia foi reconhecida por decisão judicial. Contudo, mesmo essa circunstância, não afasta a aplicação da firme orientação jurisprudencial, pois a ratio decidendi* constante dos precedentes do Superior Tribunal de Justiça e do Supremo Tribunal Federal consagra a compreensão de que o pagamento de remuneração e a percepção de demais vantagens por servidor público pressupõe o efetivo exercício no cargo, sob pena de *enriquecimento sem causa.* Além disso, determinar o pagamento de valores retroativos nessa hipótese desencorajaria o exercício do poder-dever da Administração Pública para corrigir seus próprios equívocos, estimulando-se, na mão inversa, a indesejada judicialização de demandas desse feitio. REsp 1.238.344-MG, Rel. Min. Sérgio Kukina, j. 30/11/2017.
11. MICHELON JR, Cláudio. *Direito Restituitório*: enriquecimento sem causa, pagamento indevido, gestão de negócios. p. 176.
12. Art. 885. A restituição é devida, não só quando não tenha havido causa que justifique o enriquecimento, mas também se esta deixou de existir.

pese o negócio ser nulo desde a sua origem (a nulidade retroage à data da celebração do negócio), a outra parte, que nada sabia à época da contratação, efetuou o adimplemento prévio e parcial conforme termos ajustados. Desse modo, quando constatada a nulidade que fulmina o negócio jurídico, determina-se, de bom alvitre, que as partes retornem ao estado anterior que se encontravam, ou seja, devem elas voltar ao momento imediatamente anterior à migração patrimonial. Se o negócio entabulado não mais existe perante o mundo jurídico, junto com ele desaparece a causa que justificou o tráfego de bens. Logo, a ausência de causa determina a restituição dos valores adiantados ao agente celebrante incapaz.

Não entender dessa forma significaria permitir que o agente incapaz obtivesse vantagem injusta perante aquele que pagou sem saber de sua incapacidade. A esse locupletamento corresponderia o empobrecimento do pagador. Entre um e outro o nexo de causalidade se instalaria sem maiores controvérsias. Ora, o que se percebe é justamente o enriquecimento sem causa atuando como princípio e fundamento. Princípio porque não há de tolerar o ordenamento jurídico a injusta aquisição patrimonial de alguém às custas de outrem, quando ausente causa que justifique aquele acréscimo de patrimônio; e fundamento porque a obrigação de restituir derivada da nulidade do negócio jurídico (conforme exemplo que nós demos) nasce justamente da ideia de conservação estática do patrimônio, ou seja, só haverá migração válida se a ela corresponder uma causa relevante que a justifique. Desaparecendo esta, tendem os bens a retornarem ao patrimônio de origem.

Ainda como fundamento é preciso dizer ao aplicador do direito que as normas estampadas no Capítulo IV, do Título VII, do Código Civil de 2002, também representam essa dupla personalidade do enriquecimento sem causa: ao mesmo tempo em que se baseará nelas a obrigação autônoma de restituir, delas também emanarão todos os reflexos aos diversos campos do direito, servindo de inspiração para a edição de normas que descrevam obrigações de restituir, sem, contudo, receberem o nome de normas de enriquecimento sem causa. Aqui, sim, vê-se princípio e fundamento amalgamados.

Já o princípio como critério de interpretação exemplifica-se principalmente através da atividade jurisprudencial, casos em que se percebe que o princípio da vedação ao injusto locupletamento ultrapassa a necessidade de positivação para ser alçado à condição de critério de hermenêutica do direito brasileiro.

Compartilhando desse mesmo entendimento, Giovanni Ettore Nanni destaca que, "dentre os princípios, alguns possuem aplicação mais concreta e valorada do que outros. Uns têm dignidade constitucional, outros são informadores do sistema como um todo; alguns são aplicáveis somente em situações restritas, outros como mera fonte integrativa, outros, ainda, ferramentas interpretativas, etc."[13], concluindo que o enriquecimento sem causa acaba por assumir uma fisionomia multifacial.

13. NANNI, Giovanni Ettore. *Enriquecimento sem causa*. p. 187.

Por derradeiro, Teresa Negreiros arremata esse introito com precisão ao tratar o enriquecimento sem causa como um princípio implícito ao sistema normativo. Para a ilustre civilista, "poderíamos dizer que é ele um daqueles princípios que conferem ao ordenamento um *nexo de sentido*, na expressão de Larenz, ou, como refere Reale, indispensável à *unidade axiológica* do ordenamento. A qualificação do enriquecimento sem causa como um princípio, por si só, já é indicativa da amplitude que se lhe pretende dar. Os princípios, sejam eles implícitos ou explícitos, são assim reconhecidos como entidades normativas superiores às normas não principiológicas"[14].

2.2 Desdobramentos do enriquecimento sem causa como princípio

2.2.1 O enriquecimento sem causa e a fixação das indenizações

Quiçá o terreno mais fértil para a incidência do enriquecimento sem causa como princípio limitador seja a fixação das indenizações decorrentes dos casos de responsabilidade civil.

Apesar de já termos visto que a responsabilidade civil não se confunde com o instituto do enriquecimento sem causa principalmente enquanto fonte de obrigações, não podemos exigir o afastamento da incidência do enriquecimento sem causa como princípio, notadamente quando o assunto é o valor da indenização a ser fixada.

Reconhecida a obrigação de indenizar, caberá ao magistrado fixar o montante a ser pago a título de reparação pela conduta danosa praticada pelo réu. Pois bem. Nesse ponto da ação de reparação por responsabilidade civil, o enriquecimento sem causa como princípio desempenhará o papel de limite a ser observado, a fim de que a parte lesada não venha a se locupletar indevidamente em detrimento da parte que provocou a lesão.

Como de início se pode imaginar, é bem mais fácil constatar se houve de fato enriquecimento sem causa em sede de dano patrimonial ou material. Isso porque, quando a responsabilidade civil gerar tão somente uma obrigação de reparar danos patrimoniais, a própria lei civil se encarregará de estabelecer balizamentos sobre o montante a ser fixado, ou seja, quando o assunto for danos materiais, repara-se tão somente o dano efetivamente comprovado. Logo, fugindo das arestas desenhadas pela lei, o que ultrapassa pode ser considerado um injusto locupletamento.

Na seara da responsabilidade civil extracontratual, o artigo 944 do Código Civil evidencia que a indenização mede-se pela extensão do dano. Dessa previsão extrai-se que, no ramo privatístico, apesar do parágrafo único do mesmo dispositivo em análise versar sobre o grau de culpa do agente causador do dano, o foco será o dano sofrido pela vítima, e não a conduta do agente, como ocorreria, por exemplo, na esfera de tutela do direito penal (em que se prioriza a reprovabilidade da conduta do agente).

14. NEGREIROS, Teresa. *Enriquecimento sem causa*: aspectos de sua aplicação no Brasil como um princípio geral de direito. p. 841.

No que toca ao dano patrimonial, por vezes identificado como dano material, o artigo 402, do novo Código Civil, estabelece que *salvo as exceções expressamente previstas em lei, as perdas e danos devidas ao credor abrangem, além do que ele efetivamente perdeu, o que razoavelmente deixou de ganhar*. Através desse dispositivo constata-se que dois são os elementos que compõem o dano propriamente dito, quais sejam: os danos emergentes, correspondentes àquilo que efetivamente foi deslocado do patrimônio do ofendido, amiúde referindo-se ao prejuízo derivado da conduta ofensiva e suportado pela vítima, que deve ser reparado; e os lucros cessantes, que nada mais são do que aquilo que se deixou de ganhar, auferidos objetiva e previsivelmente. Todavia, embora sejam elementos que compõem o dano, não necessariamente precisam coexistir. Pode, perfeitamente, ser estabelecida uma obrigação de indenizar pautada num dano oriundo tão somente de danos emergentes, da mesma forma que também é possível ver a vítima ofendida pela conduta do agente ser indenizada apenas no que se refere aos lucros cessantes, devidamente comprovados no trâmite processual.

Corroborando a previsão acima esposada, o artigo 944 da lei civil quando afirma que o valor da indenização mede-se pela extensão do dano, invoca a necessidade de comprovação, por parte do ofendido, dos danos que alega ter sofrido, afastando-se, dessa forma, as eventuais pretensões de ressarcimento por danos meramente hipotéticos, donde claramente o enriquecimento sem causa poderia ser constatado.

E a correlação não para por aqui. O artigo 403, do Código Civil, expõe que *ainda que a inexecução resulte de dolo do devedor, as perdas e danos só incluem os prejuízos efetivos e os lucros cessantes por efeito dela direto e imediato, sem prejuízo do disposto na lei processual*. Como se infere da inicial leitura da norma, o diploma civil brasileiro adota a teoria do dano direto e imediato. Em que pesem explanações traiçoeiramente literais, é preciso ponderar entre a causa direta e imediata do dano e a teoria da equivalência dos antecedentes causais (que realiza uma busca incessante e retroativa de todos os possíveis fatos que contribuíram para a geração do dano, a exemplo da mãe que concebeu o filho ofensor do direito alheio), sem extremá-las. Decerto que sempre será preferível aquela que preza pela decorrência direta e imediata, contudo haverá casos em que será preciso fazer uma correlação intermediária, isto é, em algumas situações, a causa direta e imediata de um dano não ocasionará tão somente o dano a ela direto, mas também será responsável por um dano maior experimentado pela vítima. Isso corresponde a uma via de mão dupla: se da causa direta e imediata resultar dano maior, derivado, porém indireto, a não reparação deste poderá configurar um enriquecimento sem causa do ofensor, na medida em que sua conduta violadora foi apta a desencadear uma série de acontecimentos prejudiciais que recaíram sobre o ofendido; ao revés, mesmo diante dessa cadeia de acontecimentos prejudiciais, deve-se separar aquilo que derivou efetivamente da conduta violadora, tendo em vista que indenizar a mais representaria certamente o injusto locupletamento do ofendido. Logo, apesar da expressão menção à teoria do dano direto e imediato feita pelo artigo 403, do Código Civil, é preciso uma análise cautelosa do caso concreto para que haja acerto na fixação do *quantum* indenizatório.

Para finalizar a análise do dano patrimonial, o artigo 944, em seu parágrafo único, estabelece que *se houver excessiva desproporcionalidade entre a gravidade da culpa e o dano, poderá o juiz reduzir, equitativamente, a indenização*. Ainda que se tenha afirmado que o foco da obrigação de indenizar, no direito civil, recai sobre o ofendido e não sobre a conduta do ofensor, o Código Civil quis por bem traçar como certo limite para fixação do valor da indenização. Isso importa dizer que visou o legislador aplicar o princípio da proporcionalidade para afastar a reparação integral e mitigar a condenação do ofensor, quando restar provado que a negligência do causador do dano foi mínima, quase uma fatalidade, não sendo equivalente transferir a desgraça da vítima para o ofensor, a ponto de este arcar com vasto prejuízo ao qual pouco contribuiu. Seria como se a pequena culpa do autor pudesse conduzi-lo à insolvência em razão do pagamento da indenização correlativa à totalidade do prejuízo sofrido pela vítima. Assim, atendendo ao clamor da equidade, facultou o legislador ao juiz que, diante das circunstâncias do caso concreto, venha a reduzir equitativamente o montante, mais uma vez em nome do respeito à vedação do enriquecimento sem causa, aqui notadamente atuando como princípio[15].

Em contrapartida ao dano patrimonial, o Direito também trata do dano extrapatrimonial como consequência de uma conduta violadora dos direitos de uma pessoa. E é aqui a fonte inesgotável de exageros aptos a atrair o princípio do enriquecimento sem causa.

No tocante à compensação de um dano moral sofrido pela vítima, em que pese toda a subjetividade merecedora de cautela que recai sobre a análise da matéria, a preocupaçao acerca do montante a ser indenizado é o que assume proporções de maior complexidade, na medida em que a lei civil não estabelece critérios específicos para tal atividade da mesma forma que o faz quando tutela o dano patrimonial. Em suma, não há fórmula adequada para a fixação da indenização por dano moral.

Como não se dispõe de elementos estáticos para estimar em pecúnia a lesão sofrida no âmbito não patrimonial, aponta Giovanni Ettore Nanni o quão infrutíferas são as tentativas de proposição de leis que visam circunscrever ditames para subsidiar a atividade jurisdicional no momento do estabelecimento da quantia objeto de indenização do dano extrapatrimonial[16]. De fato, se a violação é destinada aos direitos

15. Versando sobre a incidência do artigo 944, parágrafo único, do Código Civil, firmou-se na I Jornada de Direito Civil realizada pelo Conselho de Justiça Federal, o enunciado nº 46, que reitera a necessidade de cautela do magistrado ao fazer uso da referida norma. Assim, descabe ao aplicador do direito tanto ser conivente com a fixação desmedida do valor da indenização, quanto fazer o uso indevido desse dispositivo legal, pois que traz em seu bojo medida restritiva. Veja-se o teor do enunciado: *"a possibilidade de redução do montante da indenização em face do grau de culpa do agente, estabelecida no parágrafo único do art. 944 do novo Código Civil, deve ser interpretada restritivamente, por representar uma exceção ao princípio da reparação integral do dano".* Também na V Jornada de Direito Civil, confirmou-se o entendimento acima esposado através da aprovação do enunciado 457, que assim versa: *"A redução equitativa da indenização tem caráter excepcional e somente será realizada quando a amplitude do dano extrapolar os efeitos razoavelmente imputáveis à conduta do agente".*

16. NANNI, Giovanni Ettore. *Enriquecimento sem causa.* p. 343-344.

da personalidade que não sustentam avaliação pecuniária, fica muito complicada a prescrição exata dessa compensação, mostrando-se inviável a criação de um critério único e ao mesmo tempo abrangente e satisfatório para essa finalidade de balizar a fixação do montante.

A padronização, ainda que viesse a facilitar e muito a atividade do aplicador do direito, seria rasa e não abarcaria suficientemente os diversos casos concretos que nos são apresentados. Nas palavras de Renan Lotufo, que com maestria sintetiza a lição que se pretende passar, "cumpre frisar que cada um de nós é um ser único, com sua carga genética específica, e com sua propriedade individuada. Cabe, portanto, ao lesado moralmente demonstrar a extensão de seu dano, que pode ser muito maior, ou muito menos do que a que ocorre com o seu vizinho, ou mesmo do seu irmão, eis que sofrem de forma diversa da sua"[17].

Entretanto, mesmo ciente de todas essas implicações que dizem respeito à questão da fixação da indenização por danos morais, vê-se por aí que a atividade jurisdicional acaba internalizando alguns critérios para objetivar um pouco o arbitramento dos danos morais.

Um deles, por exemplo, é o critério da condição econômica, que deve ser aplicado com muita cautela a fim de não ensejar entendimento transviado da sua real intenção. De acordo com a análise da condição econômica das partes envolvidas, ofendido e ofensor, é que se baseará a estipulação do montante a ser indenizado. Isso, contudo, não significa, como muitos acabam interpretando (e é nesse sentido que o equívoco enseja a invocação do princípio do enriquecimento sem causa), que o ofendido poderia dar a sorte de ter seu direito violado por uma pessoa com vasta capacidade econômica, donde receberia um *quantum* vultoso, ou poderia não ter tamanho benefício caso a parte lesante não fosse dotada de relevante acervo patrimonial. A bem da verdade, o que se pretende, ao pugnar pela observância da condição econômica da parte, principalmente do ofensor, é o respeito ao princípio constitucional da solidariedade, como reflexo da dignidade humana. Como brilhantemente traz à tona Gustavo Tepedino, "o montante da indenização em nenhum caso poderá privar o ofensor dos bens necessários à manutenção de uma vida digna. A quantificação da indenização tomará como limite o patrimônio disponível do ofensor, sendo de se considerar impenhorável não apenas os bens indicados em lei, como o imóvel residencial, mas também o patrimônio necessário à conservação de uma existência digna, conceito que não deve ser visto de forma reducionista"[18]. Logo, a conclusão que se extrai é que, ainda que não se tenha palpáveis critérios de estabelecimento do valor indenizável a título de danos morais, de toda a forma deve ser resguardado ao menos o patrimônio mínimo capaz de sustentar a dignidade da parte lesante.

17. LOTUFO, Renan. *Curso avançado de direito civil:* parte geral. p. 316,
18. TEPEDINO, Gustavo; BARBOZA, Heloisa Helena; MORAES, Maria Celina Bodin de. *Código Civil interpretado*: conforme a Constituição da República. v. II, p. 861-862.

Outro exemplo é o próprio artigo 944, já visto quando da explanação sobre os danos materiais. A norma nele contida possui cabimento também quando o assunto é o dano extrapatrimonial. Tanto o é que o enunciado 456 da V Jornada de Direito Civil aduz que *a expressão* "dano" no art. 944 abrange não só os danos individuais, materiais ou imateriais, mas também os danos sociais, difusos, coletivos e individuais homogêneos a serem reclamados pelos legitimados para propor ações coletivas.

Sobre a violação à propriedade intelectual, deve-se observa o Enunciado 551 da VI Jornada de Direito Civil, segundo o qual *nas violações aos direitos relativos a marcas, patentes e desenhos industriais, será assegurada a reparação civil ao seu titular, incluídos tanto os danos patrimoniais como os danos extrapatrimoniais.*

Pautando-se no artigo 944, o aplicador do direito, para a aferição do montante indenizatório, deve investigar, sempre que entender necessário, as circunstâncias do caso concreto. Assim, sugere-se que haja o balanceamento entre a extensão do dano e a culpa do agente, ou então com a conduta por ele praticada (nos casos de responsabilidade civil objetiva), inclusive por intermédio da produção de depoimento pessoal e prova testemunhal, a fim de evitar o uso indiscriminado de intuicionismo e de convicções pessoais. Assim, embora o reconhecimento dos danos morais se dê, em numerosos casos, independentemente de prova (*in re ipsa*), não se exime o intérprete de tentar equacionar os fatos que se apresentam ao longo do processo para obter um valor mais próximo do justo.

Nesse sentido, o enunciado 458, também da V Jornada de Direito Civil do Conselho da Justiça Federal, dispõe que *o grau de culpa do ofensor, ou a sua eventual conduta intencional, deve ser levado em conta pelo juiz para a quantificação do dano moral.* O Enunciado 550 da VI Jornada de Direito Civil afirma que a *quantificação da reparação por danos extrapatrimoniais não deve estar sujeita a tabelamento ou a valores fixos.*

Ainda no âmbito dos danos morais, vê-se comumente a alusão a um aspecto punitivo, numa espécie de importação do conceito do direito externo acerca dos *punitive damages*. Referido instituto, que guarda consigo muitas peculiaridades, ao ser aplicado indiscriminadamente configura a principal fonte de enriquecimento sem causa que vemos hoje em sede de indenização por danos morais. Isso porque, na maioria das vezes, o ofendido, além da pretensão em ver-se compensado pelos danos morais suportados, tende também ansiar pelo recebimento de um "valor a mais" que corresponderia à punição do ofensor, de modo que ele não mais agisse a causar danos.

O instituto dos *punitive damages*, ao contrário do que se pensa, é um instituto sério que requer o preenchimento de requisitos para incidir no mundo jurídico. Assim, em detrimento daqueles que acreditam estar corrigindo o ofensor dessa maneira, a aplicação irracional desse instituto do direito externo nada mais representa que um enriquecimento sem causa para a vítima, verdadeiro prêmio da loteria em determinados casos.

Por fim, cumpre esclarecer que apensar da constante preocupação dos tribunais em evitar o enriquecimento sem causa do ofendido, igualmente repugnável à fixação exacerbada das indenizações é a fixação ineficaz, capaz de inverter a ocorrência do enriquecimento sem causa, favorecendo, nesse caso, o ofensor. Dessa forma, conclui-se que os extremos não coadunam com a proporcionalidade que se espera da aplicação do Direito, cabendo aos aplicadores do direito agir com acuidade e razoabilidade, percebendo o caso concreto em todas as suas sutilezas[19].

2.2.2 O enriquecimento sem causa e os negócios jurídicos

2.2.2.1 O retorno ao status quo *nos casos de invalidade*

A atuação do enriquecimento sem causa, agora como fundamento, também se verifica diante da formação de um negócio jurídico, que envolve o cumprimento de requisitos que atestem tanto a sua existência quanto a sua validade e a sua eficácia. É fundamento porque, frente aos casos de invalidade, o que determinará o retorno ao estado anterior é o princípio que veda o injusto locupletamento, embora tais normas não sejam classificadas dessa forma – como normas de enriquecimento sem causa.

Dessa forma, qualquer vício que venha a existir, seja numa ou noutra esfera, prejudicará o negócio e ensejará a atuação do enriquecimento sem causa para resguardar o princípio da conservação estática do patrimônio, ou seja, para garantir que as situações patrimoniais retornem ao estado original já que a causa que justificou a migração se esvaiu.

---

19. O informativo 439, do STJ, referente ao período de 14 a 18 de junho de 2010, traz exemplo de mensuração do dano moral. Assim: INDENIZAÇÃO. JUROS MORATÓRIOS. PENSIONAMENTO. Cuida-se, na origem, de ação de indenização por danos morais e materiais decorrente da responsabilidade do Estado pela morte do filho, irmão e tio dos autores em função de disparos de arma de fogo efetuados por agentes da polícia militar estadual. No REsp, os recorrentes postulam a majoração do valor relativo ao dano moral arbitrado, a incidência de juros moratórios sobre todas as verbas integrantes da condenação desde a data do evento e o aumento do tempo de pensionamento, conforme tabela do IBGE, visto dependerem economicamente do *de cujus*. Esclareceu o Min. Relator que, não obstante a dor e o sofrimento das pessoas envolvidas, ainda mais diante da atuação cruel de quem deveria zelar pela segurança da sociedade, no que refere à majoração do *quantum* arbitrado a título de danos morais, manteve a indenização fixada pelo tribunal *a quo*, qual seja, R$ 100 mil aos pais da vítima, R$ 50 mil a seus irmãos e a quantia de R$ 25 mil ao sobrinho, por não serem irrisórios tais valores arbitrados. Destacou que a indenização dos danos morais deve assegurar a justa reparação do prejuízo sem proporcionar enriquecimento sem causa, além de sopesar a capacidade econômica do réu, devendo ser fixada à luz da proporcionalidade da ofensa, calcada no caráter exemplar de sua determinação e no critério da solidariedade, o que ocorreu na espécie. Com relação aos juros moratórios, segundo o Min. Relator, eles devem ser calculados a partir do evento danoso (Súm. n. 54-STJ), à base de 0,5% ao mês (art. 1.062 do CC/1916) até a entrada em vigor do CC/2002. E, a partir dessa data, deve ser aplicada a taxa que estiver em vigor para a mora do pagamento de impostos devidos à Fazenda Nacional (art. 406 daquele *codex*), que, como de sabença, é a taxa Selic (Lei n. 9.250/1995). Por fim, no que concerne à data limite para a concessão de pensão, a jurisprudência deste Superior Tribunal reconhece que a idade de sobrevida não é estanque, visto que se consideram vários elementos para sua fixação, como *habitat*, alimentação, educação e meios de vida. Assim, objetivando obter um referencial para sua fixação, o STJ vem adotando os critérios da tabela de sobrevida da Previdência Social, de acordo com cálculos elaborados pelo IBGE. *In casu*, a vítima contava 28 anos de idade quando faleceu. A expectativa de sobrevida dele, conforme a tabela do IBGE para a época dos fatos era de 47,4 anos; assim, chega-se à idade de 75,4 anos como limite para a fixação da pensão concedida aos pais. Diante do exposto, a Turma deu parcial provimento ao recurso. **REsp 1.124.471-RJ, Rel. Min. Luiz Fux, julgado em 17/6/2010.**

Como já dito, inicialmente averígua-se a presença dos elementos estruturantes para que o negócio seja considerado na esfera jurídica. São elementos essenciais, sem os quais não terá o negócio sequer possibilidade de produzir efeitos. Em seguida, no nível da validade, analisam-se os requisitos de conformidade com a ordem jurídica, para firmar a aptidão do negócio para produzir efeitos. Finalmente, na última etapa, será conferida a produtividade imediata dos efeitos, ou não.

Interessa-nos, por hora, tratar da influência exercida pelo princípio da vedação do enriquecimento sem causa nas normas que regulam a invalidade do negócio jurídico, isto é, os casos de nulidade e anulabilidade existentes na legislação civil infraconstitucional. É nesse plano do negócio que mais visivelmente poder-se-á registrar as diretrizes que o princípio da proibição do injusto locupletamento lança sobre a matéria, pois que diretamente relacionada com a capacidade ou não de o negócio gerar efeitos no mundo jurídico.

Em relação aos requisitos de validade, estes são tipificados na norma civil como qualificantes dos requisitos de existência. Isso importa dizer que a ausência de quaisquer adjetivos que qualificam os elementos estruturantes maculará a validade do negócio jurídico e ensejará o retorno das partes ao estado anterior em que se encontravam antes do pacto, independente se o vício verificado tenha dado azo à anulação ou à nulidade do negócio.

É justamente esse comando de retorno das partes ao *status quo ante* – artigo 182, do novo Código Civil – o reflexo direto do princípio do enriquecimento sem causa. Não fosse assim, por exemplo, o promitente vendedor acumularia indevidamente certo patrimônio decorrente de eventual adiantamento feito pelo promitente comprador, caso o negócio deixasse de existir por carência de validade. Inexistiria, portanto, causa legítima que justificasse o aumento patrimonial percebido a partir do momento em que o contrato entre eles entabulado não mais produzisse efeitos[20]. O que o Direito visa evitar é que uma das partes, em razão da invalidade do negócio, possa auferir vantagem patrimonial indevida. Portanto, pela leitura do dispositivo, infere-se o imperativo de restituição ao estado original das partes se detectada a invalidade e, em não sendo possível este, a correlata indenização do equivalente[21].

---

20. "DIREITO CIVIL - AÇÃO DECLARATÓRIA DE NULIDADE DE NEGÓCIO JURÍDICO - CESSÃO DE DIREITOS DE FINANCIAMENTO IMOBILIÁRIO FEITA SEM ANUÊNCIA DO AGENTE FINANCIADOR - 'CONTRATO DE GAVETA' - NEGÓCIO DECLARADO NULO - RESTAURAÇÃO AO STATUS QUO ANTE -RESTITUIÇÃO DAS PARCELAS E VALORES PAGOS EM RAZÃO DO NEGÓCIO. RECURSO NÃO PROVIDO. Declarado nulo (ou anulado) o negócio jurídico de cessão de direitos de financiamento imobiliário ('contrato de gaveta'), a consequência lógica da declaração da invalidade é a fulminação na sua origem, devendo as partes se ver integralmente restituídas ao estado anterior de coisas, nos termos do artigo 182, do Código Civil de 2002. Dita restituição somente se observa caso o cessionário seja reembolsado dos valores pelos quais pagou em razão do negócio reputado absolutamente inválido. Negaram provimento ao recurso. (TJMG – Apelação Cível 1.0079.07.349455-5/001, de relatoria do Desembargador Sebastião Pereira de Souza, publicado em 24.09.2010)."

21. DIREITO EMPRESARIAL. DESNECESSIDADE DE COMPROVAÇÃO DO NEGÓCIO JURÍDICO SUBJACENTE À NOTA PROMISSÓRIA PRESCRITA PARA A INSTRUÇÃO DA AÇÃO DE LOCUPLETAMENTO PAUTADA NO ART. 48 DO DECRETO N. 2.044/1908. Independentemente da comprovação da relação jurídica subjacente, a simples apresentação de nota promissória prescrita é suficiente para embasar a ação de locupletamento pautada

2.2.2.2 O enriquecimento sem causa e o desequilíbrio econômico

A interação do enriquecimento sem causa como princípio é verificável também nas hipóteses de desequilíbrio econômico dos negócios jurídicos, atuando como verdadeiro corolário da função social dos contratos.

A maior possibilidade de ocorrência do mencionado desequilíbrio verifica-se quanto aos contratos longos e de trato sucessivo. Nestes, como bem pontua Giovanni Ettore Nanni, "a base econômica consubstancia-se em primordial elemento desse contexto, razão pela qual o curso contratual deve primar pela preservação das bases que deram origem ao contrato, em observância ao princípio da função social do contrato. Revela-se, acima de tudo, uma noção de equilíbrio de prestações e imposição de sacrifícios entre as partes contratantes, cujo preceito traz implícito o princípio que veda o enriquecimento sem causa. [Dessa forma], se a contraprestação decorrente do contrato não mais equivale economicamente àquela do momento em que o negócio jurídico foi firmado, verifica-se que a outra parte usufrui de um proveito em relação a outra, visto que, em regra, continua recebendo a mesma prestação,

---

no art. 48 do Decreto n. 2.044/1908. Inicialmente, deve-se esclarecer que a ação de enriquecimento sem causa amparada prevista no art. 884 do CC não tem cabimento no caso em que a lei preveja outro meio especificamente estabelecido para o ressarcimento do prejuízo, haja vista o disposto no art. 886 do CC: «Não caberá a restituição por enriquecimento, se a lei conferir ao lesado outros meios para se ressarcir do prejuízo sofrido». Diante disso, no caso em que se busque o ressarcimento de prejuízo causado pelo não pagamento de nota promissória prescrita, não será cabível a ação de enriquecimento sem causa amparada a que se refere o art. 884 do CC, mas sim a ação de locupletamento pautada no art. 48 do Decreto n. 2.044/1908. Isso porque o referido art. 48 - conquanto disponha, em título do Decreto n. 2.044/1908 destinado à letra de câmbio, que «Sem embargo da desoneração da responsabilidade cambial, o sacador ou o aceitante fica obrigado a restituir ao portador, com os juros legais, a soma com a qual se locupletou à custa deste» - também é aplicável, com as adequações necessárias, à nota promissória, sendo o emitente da nota promissória equiparado ao aceitante da letra de câmbio. É o que determina o art. 56 deste mesmo diploma legal, segundo o qual «São aplicáveis à nota promissória, com as modificações necessárias, todos os dispositivos do Título I desta Lei, exceto os que se referem ao aceite e às duplicatas». Diante dessas considerações, cumpre analisar, no caso em análise, a necessidade de o autor da ação de locupletamento (art. 48 do Decreto n. 2.044/1908) fundada em nota promissória não paga e prescrita ter que fazer (ou não) prova da causa jurídica subjacente. Preliminarmente, conquanto exista controvérsia na doutrina acerca da natureza dessa ação de locupletamento, trata-se de uma ação de natureza cambiária, na medida em que amparada no título de crédito que perdeu sua força executiva (e não na relação jurídica que deu origem à sua emissão), além de estar prevista na legislação de regência de tais títulos. Nesse contexto, ressalta-se que, além de a prescrição da ação cambiária ser um dos elementos do suporte fático da regra jurídica insculpida no referido dispositivo, uma vez prescrita a ação executiva, dá-se o enriquecimento injustificado em razão do não pagamento e nascem a pretensão e a ação correspondente, conforme entendimento doutrinário. Além disso, nota-se, com base na dicção do aludido art. 48, que a ação de locupletamento é autorizada ao portador do título de crédito (que, alcançado pela prescrição, perdeu sua força executiva). Ora, se o portador do título é o legitimado para a propositura da demanda, é certo não ser necessária a demonstração da causa jurídica subjacente como condição para o ajuizamento dessa ação, uma vez que, se pensarmos na hipótese de título que tenha circulado, o portador não teria como fazer prova da relação jurídica subjacente. Dessa maneira, a posse, pelo portador, da nota promissória não paga e prescrita gera a presunção *juris tantum* de veracidade do locupletamento ilícito havido pelo não pagamento (em contrapartida ao empobrecimento do portador do título), nada obstante seja assegurada a amplitude de defesa ao réu. REsp 1.323.468-DF, Rel. Min. João Otávio de Noronha, j. 17/3/2016.

mas, em contrapartida, paga menos do que foi ajustado. É a nítida caracterização do locupletamento injusto"[22].

Como exemplo da influência do princípio do enriquecimento sem causa, vejamos o assunto sob a égide dos dois principais causadores do desequilíbrio econômico dos contratos: o índice de inflação, que, dentre seus efeitos, gera a corrosão da moeda e um deletério processo de comprometimento das bases estruturais dos negócios[23] e a resolução por onerosidade excessiva.

Nos contratos longos, de trato sucessivo ou execução diferida, o valor das prestações deve frequentemente ser ajustado consoante o índice inflacionário. Trata-se não de uma pena, mas de uma reposição do valor quantitativo da moeda. Dessa forma, é unânime o entendimento de que a inflação positiva certamente incidirá na correção monetária da prestação, a fim de que a valorização da moeda não abale significativamente a relação jurídica estabelecida entre as partes, a ponto de uma locupletar-se indevidamente às custas da outra, na medida em que se enriqueceria a parte devedora que não adimplisse de acordo com o valor da moeda à época do pagamento, contrapondo-se tal enriquecimento ao empobrecimento da parte credora que deixaria de auferir o que lhe é de direito.

Já a deflação, isto é, a inflação negativa, embora ainda tímida a sua incidência na atividade jurisprudencial, merece acolhida e atenção por parte dos aplicadores do direito, porque também pode abalar o equilíbrio econômico de um negócio jurídico, de modo que se enriqueceria aquele que recebe o valor sem estar decotada a deflação, às custas do empobrecimento daquele que paga um valor nominal maior do que o valor real.

Exemplo do que se expôs acima é a decisão proferida pela Quarta Turma do Superior Tribunal de Justiça, contida no recente informativo de jurisprudência, número 499, do período de 4 a 15 de junho, cuja ementa passa-se a ver:

> ***"CORREÇÃO MONETÁRIA. ÍNDICES NEGATIVOS. APLICAÇÃO.*** *O cerne da questão é a aplicação de índices negativos (IGP-M) de correção monetária para fins de cálculo de atualização do montante da execução nos períodos deflacionários. No caso, a agravante alega que não houve dúvidas quanto à inclusão da correção monetária a ser aplicada (na decisão transitada em julgado na ação de conhecimento), todavia não foi feita nenhuma ressalva quanto à exclusão de índices negativos, de modo que excluí-los na fase de execução afronta a coisa julgada. Entende o STJ que a correção monetária possui a função de manter o poder aquisitivo da moeda e recompor seu valor originário corroído pela inflação, sob pena de redução do débito judicialmente apurado. No entanto, não deve representar, por si só, nem um plus* nem um *minus* em sua substância. De modo que, *in casu*, *os índices negativos de correção monetária (deflação) verificados no curso do período a ser corrigido devem ser considerados no cálculo de atualização do montante da execução. Contudo, ressaltou-se que, se, no cálculo final, a atualização implicar*

22. NANNI, Giovanni Ettore. *O enriquecimento sem causa*. p. 367-368.
23. *Op. cit.* p. 368.

redução do principal, deve prevalecer o valor nominal. Precedente citado: REsp 1.265.580-RS, DJe 18/4/2012. ***AgRg no REsp 1.300.928-RS, Rel. Min. Maria Isabel Gallotti, julgado em 5/6/2012.***"

Prosseguindo no estudo da influência do enriquecimento sem causa no tocante ao equilíbrio dos contratos, acerca da resolução por onerosidade excessiva o Código Civil dispõe em seu artigo 478 que *nos contratos de execução continuada ou diferida, se a prestação de uma das partes se tornar excessivamente onerosa, com extrema vantagem para a outra, em virtude de acontecimentos extraordinários e imprevisíveis, poderá o devedor pedir a resolução do contrato. Os efeitos da sentença que a decretar retroagirão à data da citação.*

Alternativamente à resolução do contrato, ainda a lei civil prevê, no artigo seguinte, que *a resolução poderá ser evitada, oferecendo-se o réu a modificar equitativamente as condições do contrato.*

Segundo Orlando Gomes, "nessas teorias, o que legitima o afastamento do princípio da força obrigatória do contrato é, no fim das contas, a equidade, a consideração de que constitui injustiça deixar-se que alguém se arruíne somente porque se obrigou a satisfazer prestação que se tornou, em razão de circunstâncias, extremamente gravosa"[24].

Exemplo clássico dessa situação é dado pelo próprio ordenamento jurídico, o qual prevê, para os contratos de empreitada, que sobrevindo fator imprevisível que torne a execução da obra manifestamente excessiva, caso o dono se oponha ao reajuste do preço, é facultado ao empreiteiro suspender a obra. Assim versa o texto da lei:

> *"Art. 625. Poderá o empreiteiro suspender a obra: (...); II – quando, no decorrer dos serviços, se manifestarem dificuldades imprevisíveis de execução, resultantes de causas geológicas ou hídricas, ou outras semelhantes, de modo que torne a empreitada excessivamente onerosa, e o dono da obra se opuser ao reajuste do preço inerente ao projeto elaborado, observados os preços; (...)."*

Se o dono da obra recusar-se a reequilibrar o contrato existente entre as partes, corrigindo o preço após o surgimento de dificuldades imprevisíveis de execução, o empreiteiro poderá suspender a obra sem responder por perdas e danos e, eventualmente, requerer a resolução do contrato nos termos do artigo 478, do Código Civil, se nenhum consenso for alcançado pelas partes. A justificativa para tal previsão recai sobre o princípio que veda o enriquecimento sem causa, na medida em que a continuação do contrato, diante das novidades imprevisíveis que se impuseram, acarretaria uma despesa vultosa para o contratado em contraposição a um enriquecimento indevido do contratante, tendo em vista que este poupou uma despesa, para com a qual deveria contribuir, com o fito de zelar pelo equilíbrio contratual. Somente agindo dessa forma é que restariam atendidos os preceitos da função social

24. GOMES, Orlando. *Transformações gerais do direito das obrigações*. p. 96.

do contrato e da boa-fé objetiva, que regem todo o trâmite contratual com vistas ao satisfatório adimplemento da obrigação.

Para arrematar o trabalho em cima da relação estabelecida entre o desequilíbrio econômico dos negócios jurídicos e o princípio da proibição do injusto locupletamento, o Superior Tribunal de Justiça, mais uma vez, lança mão de um exemplo a partir da seguinte decisão:

> *"LEASING. REAJUSTE. VARIAÇÃO CAMBIAL. ONEROSIDADE EXCESSIVA. O contrato de leasing de veículo nacional em questão foi realizado em fevereiro de 1998 e estabelecia o reajuste das parcelas pela variação do dólar. Com a posterior desvalorização do real, o valor das prestações aumentou e o arrendatário, ora recorrido, ajuizou ação ordinária buscando a substituição do índice de correção. Prosseguindo o julgamento, a Turma, por maioria, não conheceu do REsp, ao fundamento de que, considerando o momento em que a obrigação foi contraída, in casu, houve fato superveniente que tornou a cláusula da paridade cambial excessivamente onerosa ao arrendatário consumidor, a justificar sua revisão (art. 6° do CDC), devendo-se trocar tal reajuste por outro índice, como fez o Tribunal a quo ao aplicar o INPC. Ressaltou-se que não se pode examinar a aplicação do aludido dispositivo fora do caso concreto, bem como que esta proteção diz respeito tão somente ao consumidor, considerado parte vulnerável pelo CDC. A divergência do voto vencido restringia-se ao fundamento de que a onerosidade superveniente não poderia ser afastada sem grave lesão à arrendadora, impondo-se solução de equidade pela qual as diferenças resultantes da desvalorização seriam suportadas concorrentemente pelas partes, à razão da metade. Precedentes citados: REsp 164.765-RJ, DJ 2/10/2000, e REsp 119.773-RS, DJ 15/3/1999. REsp 268.661-RJ, Rel. Min. Nancy Andrighi, julgado em 2/8/2001"*[25].

Note-se que, no caso colacionado, caso não tivesse ocorrido a manutenção do índice de correção definido pelas partes quando da celebração do contrato, ao devedor seria imposta obrigação excessiva, importando num enriquecimento sem causa do credor em detrimento de uma diminuição do patrimônio do devedor.

2.2.3 O enriquecimento sem causa e a cláusula penal

Constitui também terreno propício à incidência do princípio que veda o enriquecimento sem causa a parte do Direito responsável pela tutela da cláusula penal.

A cláusula penal, como já vimos, corresponde a uma pena privada a qualquer espécie de inadimplemento de obrigação. Tanto o é que o Código Civil regula a matéria no Livro I – do direito das obrigações, no Título IV, o qual versa sobre o inadimplemento das obrigações, dispondo em seu artigo 408 que *incorre de pleno direito o devedor na cláusula penal, desde que, culposamente, deixe de cumprir a obrigação ou se constitua em mora.*

25. Informativo nº 102, de 25 de junho a 03 de agosto de 2001.

Da leitura da norma extrai-se que a cláusula penal pode ser compensatória ou moratória. Enquanto esta se refere a uma multa fixada para o caso de mora no cumprimento da obrigação, ou seja, um valor pré-fixado de indenização em casos de retardamento, aquela diz respeito a uma prévia determinação de pena para o caso de inadimplemento absoluto, consistindo o valor pactuado pelas partes em uma espécie de pena privada, que não deve, contudo, ser confundida com uma indenização. A diferença entre elas refere-se ao fato de que a fixação da indenização decorre de um dano sofrido pela vítima, sendo a indenização firmada com base no prejuízo real do ofendido. Em contrapartida, quando se fala em pena, não mais se olha para o ofendido, e sim o para o ofensor, com o fim de inibir o causador do dano, desestimulando-o a se tornar inadimplente.

Ademais, é preciso deixar claro que apenas haverá a obrigação de pagar a cláusula penal nos casos de inadimplemento culposo, isto é, quando o descumprimento for imputável ao devedor.

No que toca à estipulação do valor da cláusula penal – e é aqui que o princípio da vedação ao injusto locupletamento exercerá sua influência – o artigo 412 limita a estipulação do valor da pena ao valor da obrigação, ao dispor que *o valor da cominação imposta na cláusula penal não pode exceder o da obrigação principal*. Em que pesem as críticas que podem ser feitas a esse dispositivo legal, pois que evidentemente, ao se estipular a título de cláusula penal – pena – um valor correspondente ao valor integral da obrigação, estar-se-á retirando da norma o caráter inibitório que lhe é inerente, tem-se, do outro lado da moeda, que o valor pré-estabelecido não pode ser tamanho que venha a configurar uma espécie de prêmio na loteria para o credor da obrigação. O que se espera de uma relação obrigacional é a satisfação dos interesses envolvidos através do adimplemento pontual da obrigação (pontualidade, em sede de adimplemento obrigacional, refere-se à observância das cláusulas pactuadas), e não que o credor se veja satisfeito pelo benefício gerado pelo inadimplemento. O inadimplemento é um mal que não deve ser pretendido pelo credor, donde se conclui que a prévia fixação exacerbada do valor da cláusula penal geraria, no credor, a expectativa de descumprimento, pois assim o benefício seria maior.

O devedor, por sua vez, pode requerer a diminuição da pena estipulada a título de cláusula penal, caso evidente a desproporcionalidade. Se ele não o fizer, o juiz, ao constatar o abuso do direito na fixação da cláusula penal (quando o valor é superior ao que seria necessário à caracterização do efeito inibitório), haverá de reduzir, equitativamente e de ofício, o valor estipulado. Nesse sentido é a previsão do artigo 413, do novo Código Civil:

> *"Art. 413. A penalidade deve ser reduzida equitativamente pelo juiz se a obrigação principal tiver sido cumprida em parte, ou se o montante da penalidade for manifestamente excessivo, tendo-se em vista a natureza e a finalidade do negócio."*

O juiz deve – atente-se para o fato de que a redução da cláusula penal é um imperativo e não uma faculdade[26] – reduzir equitativamente a cláusula penal no caso de pagamento parcial pelo devedor, com o fito de evitar o enriquecimento sem causa. Nesse contexto é imprescindível salientar que a redução da pena não precisa ser proporcional ao cumprimento do contrato (se cumpriu 50% reduz-se 50%), pois o Código Civil fala em redução equitativa. A diferença entre uma redução equitativa e uma redução proporcional refere-se ao fato de que a proporcionalidade recai sobre os números, ou seja, é uma análise estatística da obrigação, ao passo que na equidade observa-se o contexto, olha-se sob a concretude do Código Civil, tratando-se de uma lógica axiológica valorativa.

Corroborando essa afirmativa, o Conselho de Justiça Federal, através da IV Jornada de Direito Civil, sedimentou, no enunciado 359, que *a redação do art. 413 do Código Civil não impõe que a redução da penalidade seja proporcionalmente idêntica ao percentual adimplido.*

No mesmo sentido, o Superior Tribunal de Justiça não tem se posicionado de forma contrária, como é possível observar pela decisão contida no recente informativo número 500, referente ao período de 18 a 29 de junho de 2012:

> *"CLÁUSULA PENAL. REDUÇÃO. ADIMPLEMENTO PARCIAL. Na hipótese, cuidou-se de contrato de autorização para uso de imagem celebrado entre um atleta e sociedade empresária no ramo esportivo. Ocorre que, no segundo período de vigência do contrato, a sociedade empresária cumpriu apenas metade da avença , o que ocasionou a rescisão contratual e a condenação ao pagamento de multa rescisória. Assim, a quaestio juris* está na possibilidade de redução da cláusula penal (art. 924 do CC/1916), tendo em vista o cumprimento parcial do contrato. Nesse contexto, a Turma entendeu que, cumprida em parte a obrigação, a regra contida no mencionado artigo deve ser interpretada no sentido de ser possível a redução do montante estipulado em cláusula penal, sob pena de legitimar-se o locupletamento *sem causa. Destacou-se que, sob a égide desse Codex, já era facultada a redução da cláusula penal no caso de adimplemento parcial da obrigação, a fim de evitar o enriquecimento* ilícito. Dessa forma, a redução da cláusula penal preserva a função social do contrato na medida em que afasta o desequilíbrio contratual e seu uso como instrumento de *enriquecimento sem causa.* Ademais, ressaltou-se que, no caso, não se trata de redução da cláusula penal por manifestamente excessiva (art. 413 do CC/2002), mas de redução em razão do cumprimento parcial da obrigação, autorizada pelo art. 924 do CC/1916. *In casu, como no segundo período de vigência do contrato houve o cumprimento de apenas metade da avença, fixou-se a redução da cláusula penal para 50% do montante contratualmente previsto. Precedentes citados: AgRg no Ag 660.801-RS, DJ 1º/8/2005; REsp 400.336-SP, DJ 14/10/2002; REsp 11.527-SP, DJ 11/5/1992; REsp 162.909-PR, DJ 10/8/1998, e REsp 887.946-MT, DJe 18/5/2011. REsp 1.212.159-SP, Rel. Min. Paulo de Tarso Sanseverino, julgado em 19/6/2012."*[27]

---

26. *Enunciado 356, CJF - Nas hipóteses previstas no art. 413 do Código Civil, o juiz deverá reduzir a cláusula penal de ofício.*

27. Em decisão mais recente, o Superior Tribunal de Justiça assim decidiu: *A cláusula penal, em que pese ser elemento oriundo de convenção entre os contratantes, sua fixação não fica ao total e ilimitado alvedrio deles,*

3. O ENRIQUECIMENTO SEM CAUSA COMO FONTE DE OBRIGAÇÕES

3.1 Introdução

O enriquecimento sem causa pode também ser analisado sob outra perspectiva: como fonte autônoma de obrigações.

Consoante lembrança de Fernando Noronha, o enriquecimento sem causa é, sem dúvida, mais uma categoria de obrigações. Explica-se: "ela contrapõe-se à responsabilidade civil, na medida em que esta tem por função reparar danos, isto é, reduções ou diminuições registradas no patrimônio, ao passo que o enriquecimento sem causa tem por finalidade remover de um patrimônio os acréscimos patrimoniais indevidos – indevidos porque, segundo a ordenação jurídica de bens, deveriam ter acontecido noutro patrimônio (ao qual estavam juridicamente reservados)"[28].

Embora já tenhamos discutido em capítulo anterior sobre as fontes das obrigações, cumpre desde logo afirmar que é consensual o entendimento de que funciona o enriquecimento sem causa, além de princípio informador de todo o sistema jurídico, como fonte de obrigação, seja ele fonte propriamente dita ou uma categoria de obrigação segundo sua função restituitória. É que o enriquecimento sem causa carrega consigo o pressuposto de justiça *suum cuique tribuere*, ou seja, dar a cada um o que é seu, impondo a quem se beneficiou com algo alheio o dever de restituir o valor desse benefício.

E como fonte de obrigação autônoma, o que mais se contesta hodiernamente é a inserção da matéria dentre os atos unilaterais, como se o enriquecimento sem causa fizesse parte também desse grupo de obrigações. A inserção do enriquecimento sem causa na lei brasileira deveria ter se dado como fonte autônoma que espraia os seus efeitos a qualquer relação obrigacional, e não como se fosse o instituto um dos atos unilaterais previstos pelo Código Civil.

Indubitavelmente, aprisionar o enriquecimento indevido dentro do perfil dos atos unilaterais é uma forma de empobrecer o modelo jurídico, limitando a sua eficácia, que também alcança os contratos.

---

porquanto o atual Código Civil introduziu normas de ordem pública, imperativas e cogentes, que possuem o escopo de preservar o equilíbrio econômico financeiro da avença, afastando o excesso configurador de enriquecimento sem causa de qualquer uma das partes. A redução da cláusula penal pelo magistrado deixou de traduzir uma faculdade restrita às hipóteses de cumprimento parcial da obrigação e passou a consubstanciar um poder/dever de coibir os excessos e os abusos que venham a colocar o devedor em situação de inferioridade desarrazoada. Nesse sentido, é o teor do Enunciado 356 da IV Jornada de Direito Civil, o qual dispõe que «nas hipóteses previstas no art. 413 do Código Civil, o juiz deverá reduzir a cláusula penal de ofício». Do mesmo modo, o Enunciado 355 da referida Jornada consigna que as partes não podem renunciar à possibilidade de redução da cláusula penal se ocorrer qualquer das hipóteses previstas no artigo 413 do Código Civil, por se tratar de preceito de ordem pública. (REsp 1.447.247-SP, Rel. Min. Luis Felipe Salomão, j. em 19/04/2018).

28. NORONHA, Fernando, cf. *Direito das Obrigações*, cit. p. 421.

Ademais, a incidência do enriquecimento sem causa, inclusive como fonte de obrigações, possui campo largo, donde se percebe ser acertada a opção do legislador em tratar do tema valendo-se do uso da cláusula geral, criando, dessa forma, uma espécie de "sistema móvel"[29] para o instituto.

Por ser um sistema móvel regulado por cláusula geral, o estudo do tema sob esta perspectiva clareia ainda mais quando analisamos alguns exemplos em que o enriquecimento sem causa funciona como fonte de obrigações, apto a ocasionar o exercício da ação de enriquecimento. Cumpre ressaltar, nessa sorte de considerações, que não são hipóteses taxativas – o que até mesmo representaria um paradoxo –, porém, para uma melhor compreensão entendemos por bem explicar a partir da divisão em dois grandes gêneros: o enriquecimento decorrente de um comportamento do enriquecido e o enriquecimento dependente do comportamento do empobrecido.

3.2 Desdobramentos do enriquecimento sem causa como fonte de obrigações

3.2.1 O enriquecimento sem causa decorrente de um comportamento do enriquecido

Nesse momento, analisar-se-ão as situações – ou *fattispecies* – em que a iniciativa do enriquecimento sem causa parte do próprio sujeito que aufere a vantagem indevida, ou seja, parte do enriquecido.

3.2.1.1 Enriquecimento obtido mediante fato injusto

Inicialmente, é preciso esclarecer que o "injusto" que gerará a obrigação de restituir refere-se à ausência de contraprestação, e não a um ilícito, como é corriqueiro se pensar. Nem sempre o injusto é ilícito, principalmente em sede de configuração do enriquecimento sem causa como fonte de obrigação, tendo em vista que, se do contrário fosse, notadamente a figura do indevido locupletamento daria lugar à responsabilidade civil. Todavia, no mesmo compasso também não são excludentes, pois é possível pretender, afora a ação de enriquecimento, o ajuizamento da ação indenizatória, quando, somado ao injusto, também se verificar um ilícito.

Também conhecida essa possibilidade pela doutrina alemã como *enriquecimento por intervenção*, de acordo com Luís Manuel Teles de Menezes Leitão, o locupletamento obtido mediante fato injusto contempla a situação em que alguém obtém um enriquecimento por uma ingerência não autorizada no patrimônio de outrem, como nos casos de uso, consumo, fruição ou disposição de bens alheios, sempre que essa pretensão restituitória não seja excluída pela aplicação de outro regime jurídico.

29. Expressão criada por Luís Manuel Teles de Menezes Leitão. *O enriquecimento sem causa no direito civil*. p. 966.

Dessa forma, continua o renomado doutrinador afirmando que "as hipóteses mais comuns de enriquecimento por intervenção reconduzem-se às intervenções em direitos absolutos, como os direitos reais, os direitos autorais e da propriedade industrial, e os direitos da personalidade"[30].

Em relação aos direitos da propriedade, sabe-se que a faculdade de usar, gozar, dispor e reivindicar a coisa pertence ao proprietário, segundo preconiza o artigo 1228, do Código Civil, sendo qualquer intromissão não autorizada, e que proporcione ao interventor um acréscimo patrimonial, capaz de legitimar o titular do direito a exigir a restituição por enriquecimento, embora não tenha sofrido qualquer prejuízo efetivo. É o caso, por exemplo, de quem faz o uso abusivo da coisa alheia: aquele que utiliza casa de veraneio de outrem, sem ofertar a devida prestação, notadamente enriquece-se injustificadamente, na medida em que poupou uma despesa.

No ponto, o Enunciado 620 da VIII Jornada de Direito Civil expõe o entendimento no sentido de que *a obrigação de restituir o lucro da intervenção, entendido como a vantagem patrimonial auferida a partir da exploração não autorizada de bem ou direito alheio, fundamenta-se na vedação do enriquecimento sem causa.*[31]

Quanto aos direitos imateriais, apesar de comumente serem justificativas para demandas de responsabilidade civil, não deve ser afastada a hipótese de tutela desses direitos também pelo enriquecimento sem causa como fonte de obrigação. Dessa forma, não verificado o ilícito e sendo possível auferir o montante que ingressou no

30. LEITÃO, Luís Manuel Teles de Menezes. *O enriquecimento sem causa no novo Código Civil Brasileiro*. p. 29.

31. STJ, TERCEIRA TURMA, Informativo 634, 26.10.2018. Uso indevido de imagem. Fins comerciais. Enriquecimento sem causa. Dever de restituição. Lucro da intervenção. Forma de quantificação: "Cinge-se a controvérsia a analisar, dentre outros pontos, a forma de quantificação do lucro da intervenção, que, de acordo com o conceito trazido pela doutrina, representa o "lucro obtido por aquele que, sem autorização, interfere nos direitos ou bens jurídicos de outra pessoa e que decorre justamente desta intervenção". Destaque-se que tarefa muito mais complexa do que reconhecer o dever de restituição dos lucros auferidos por meio da indevida intervenção no direito alheio é a quantificação do numerário a ser devolvido em cada caso submetido à apreciação judicial. Não é razoável deixar ao arbítrio do julgador a fixação de um percentual aleatório a título de lucro da intervenção. Existem meios eficazes de se chegar a um valor mais justo e adequado aos propósitos do instituto do enriquecimento sem causa, de preservar a livre disposição de direitos e de inibir a prática de atos contrários ao ordenamento jurídico. Assim, parte da doutrina tenta traçar uma regra geral para a determinação do objeto da restituição, a qual serve de norte para que, na fase de liquidação de sentença, um profissional dotado de melhores condições técnicas chegue a um resultado mais próximo do verdadeiro acréscimo patrimonial auferido às custas da utilização não autorizada do direito de imagem. No caso em análise, trata-se de ação de indenização, proposta por atriz em virtude do uso não autorizado de seu nome e da sua imagem em campanha publicitária, na qual se requer a restituição de todos os benefícios econômicos que a ré obteve na venda dos produtos atrelados ao nome e à imagem da autora. Desse modo, diante das peculiaridades do caso em análise, cabe ao perito a tarefa de encontrar o melhor método de quantificação do que foi auferido, sem justa causa, às custas do uso não autorizado da imagem da autora em campanha publicitária, observados os seguintes critérios: a) apuração do quantum debeatur com base no denominado lucro patrimonial; b) delimitação do cálculo ao período no qual se verificou a indevida intervenção no direito de imagem da autora; c) aferição do grau de contribuição de cada uma das partes mediante abatimento dos valores correspondentes a outros fatores que contribuíram para a obtenção do lucro, tais como a experiência do interventor, suas qualidades pessoais e as despesas realizadas; e d) distribuição do lucro obtido com a intervenção proporcionalmente à contribuição de cada partícipe da relação jurídica (REsp 1.698.701-RJ, Rel. Min. Ricardo Villas Bôas Cueva, por unanimidade, DJe 08/10/2018).

patrimônio daquele que usou abusivamente do direito imaterial de outrem, é possível exercer a pretensão de restituição por via da ação de enriquecimento.

No que toca aos direitos da personalidade, o entendimento acima esposado cai como luva. Embora, via de regra, sejam os direitos da personalidade destituídos de economicidade, não cabendo ao titular deles dispor, alguns podem ser relativizados a ponto de serem frutos de comercialização desde que garantida a dignidade da pessoa. Para o caso, tem-se como corriqueiro exemplo o direito de imagem. Imagine um contrato entre as partes para que determinada empresa de publicidade explore economicamente a imagem de uma celebridade. Se verificado o uso abusivo da imagem sem a respectiva caracterização de ilícito, é cabível a ação de enriquecimento. O uso abusivo, capaz de justificar a ação restituitória, diz com a exploração da imagem além do previamente acordado. É como se a empresa de publicidade utilizasse a imagem da celebridade para publicação não autorizada, imbuída de finalidade comercial. Portanto, embora tivesse a empresa contrato legitimando a exploração, esta deveria ter sido feita respeitando os limites impostos pelo titular do direito da personalidade[32].

Como bem finaliza Giovanni Ettore Nanni, ao versar brilhantemente sobre os direitos da personalidade e o enriquecimento sem causa, "no âmbito dessa discussão não se pode ignorar que a jurisprudência brasileira não possui vasto entendimento sobre o tema do enriquecimento sem causa, ainda mais em assunto tão específico. Por esse motivo, cumpre indicar a possibilidade de aplicação do tema nesse contexto, [pois] nesse campo, deve reinar o maior número de opções para proteger quem tem o seu direito violado"[33].

---

32. Tome-se como exemplo prático a decisão proferida pelo Superior Tribunal de Justiça, contida no Informativo nº 220, do período de 20 de agosto a 10 de setembro de 2010, que, embora tenha falado em extensão da indenização por dano moral, corresponde a uma hipótese de enriquecimento sem causa: *"DUBLAGEM. DIREITO AUTORAL. DANO MORAL. OMISSÃO. NOMES. Os recorridos realizaram a dublagem de personagens em película de desenho animado. Para tanto, receberam os valores correspondentes a suas interpretações. Sucede que houve a divulgação de suas vozes também na forma de disco de vinil e fita cassete, acompanhados da comercialização da estória no formato de livro, sem que houvesse prévia autorização dos dubladores da cessão a terceiros ou mesmo da transferência da gravação original para outra forma de suporte material. Note-se que os discos sequer trazem seus nomes. Diante disso, apesar de não conhecer dos recursos especiais, a Turma entendeu que, da interpretação do disposto nos arts. 1º e 94 da Lei n. 5.988/1973, não se pode inferir que os direitos* de autor excluam os *direitos* conexos ou vizinhos, que também são protegidos. Assim, é de se manter a indenização fixada em razão da transgressão do *direito* moral dos dubladores, verdadeiro *direito* da *personalidade* (arts. 97 e 126 da referida lei). *REsp 148.781-SP, Rel. Min. Barros Monteiro, julgado em 2/9/2004."*. Em relação a esses casos, Paolo Gallo diz que raramente a jurisprudência fala em enriquecimento sem causa, sendo o fenômeno, tal como se vê pela decisão colacionada, tendencialmente enquadrado no âmbito da responsabilidade civil. Ademais, adverte que a dificuldade de individuar e quantificar os eventuais danos reconduz o discurso ao campo do enriquecimento sem causa, visto que o critério mais difuso destinado à quantificação é realmente constituído pela economia de despesa, entendida esta como a soma que presumivelmente seria necessário desembolsar para obter o prévio consentimento. *Apud* NANNI, Giovanni Ettore, *Enriquecimento sem causa*. p. 297.

33. *Op. cit.* p. 297-298.

3.2.2 O enriquecimento sem causa decorrente de um comportamento do empobrecido

Nos casos de enriquecimento sem causa decorrente de um comportamento do empobrecido, obviamente a iniciativa geradora do acúmulo patrimonial do enriquecido parte da conduta do empobrecido.

E é nesta linha de raciocínio que florescem inúmeros exemplos, coadunando o que se afirmou sobre ser o enriquecimento sem causa como fonte de obrigações um sistema móvel.

Entretanto, apesar da variedade de casos em que o injusto locupletamento provém de ato do empobrecido, traremos à tona apenas alguns exemplos, sem que isso, contudo, corresponda a uma insuficiente compreensão da modalidade.

3.2.2.1 O enriquecimento por prestação do empobrecido propriamente dito

A primeira imagem que pode surgir aos olhos é de uma hipótese de pagamento indevido. Certamente, diante da prestação equivocada do empobrecido, o enriquecido apresenta um aumento patrimonial, sem que haja, para tanto, causa jurídica válida capaz de justificar o incremento do patrimônio. Acontece que, segundo melhor exposição a ser feita à frente, pagamento indevido não é sinônimo de enriquecimento sem causa. Embora se possa pensar que aquele é desdobramento deste, em verdade trata-se também de um instituto próprio, que apenas compartilha da mesma fundamentação, qual seja, evitar que uma prestação ingresse em patrimônio alheio sem causa que a justifique. Em sede de pagamento indevido, o aumento patrimonial de uma pessoa decorre exclusivamente de pagamento em erro feito por alguém, sendo hipótese específica que afasta a incidência da regra geral do injusto locupletamento. Inclusive, há na lei civil capítulo próprio destinado ao pagamento indevido, ainda com ação própria para pugnar a restituição. Dessa forma, ambos os institutos apenas compartilham da mesma ideia de justiça comutativa, ou seja, ambos se insurgem a fim de conferir a cada um o que é seu.

Feita essa consideração inicial, ao longo do Código Civil apresentam-se alguns casos em que ocorrerá o enriquecimento devido a uma prestação do próprio empobrecido. Estas, a propósito, são fruto do que dispõe o artigo 885, isto é, quando o acúmulo patrimonial torna-se injustificado porque a causa em que se baseava o negócio deixou de existir. Assim, versa o referido artigo que *a restituição é devida, não só quando não tenha havido causa que justifique o enriquecimento, mas também se esta deixou de existir*.

Imagine uma obrigação de dar, em que a coisa ou tenha se perdido, ou deteriorado, antes da entrega, sem culpa do devedor, e que, porém, tenha o credor da obrigação efeituado pagamento antecipado pela coisa. Segundo a previsão dos artigos 234[34] e 235[35], do Código Civil, nessas circunstâncias dar-se-á por resolvida a obrigação, devendo as partes retornar ao estado anterior, para tanto efetuando toda e qualquer restituição do que foi pago em nome do adimplemento da obrigação. No caso de deterioração, se não optar o credor pela resolução, pode receber a coisa requerendo o abatimento proporcional de seu preço. Do contrário, estar-se-ia o devedor da coisa deteriorada se enriquecendo indevidamente, na medida em que o credor suportaria o ônus de pagar pela integralidade da coisa, quando em realidade esta valeria menos por causa da deterioração sofrida.

Raciocínio equivalente deve ser estendido à obrigação de fazer, cuja prestação torna-se impossível sem culpa do devedor, nos termos do artigo 248: *se a prestação do fato torna-se impossível sem culpa do devedor, resolver-se-á a obrigação; se por culpa dele, responderá por perdas e danos.*

3.2.2.2 O enriquecimento imposto

Notadamente atrelado ao locupletamento ocasionado por conduta do empobrecido, o enriquecimento imposto verifica-se quando o empobrecido, ao realizar determinada prestação, tem o direito de ser restituído, sem que o enriquecido possa se esquivar da obrigação restituitória. Contudo, nessa seara de considerações, é preciso cautela, pois que o enriquecimento imposto, em contrapartida, não pode significar um ultraje à vontade do enriquecido.

Alguns exemplos servem para clarear as ideias sobre a modalidade ora analisada.

O mais típico e comumente citado exemplo é o das benfeitorias. Preconiza o artigo 1219, do novo Código Civil, que o possuidor de boa-fé tem direito à indenização das benfeitorias necessárias e úteis, bem como, quanto às voluptuárias, se não lhe forem pagas, a levantá-las, quando o puder sem detrimento da coisa, podendo exercer o direito de retenção pelo valor das benfeitorias necessárias e úteis.

Antes de qualquer reflexão, é necessário ressaltar que, embora o dispositivo da legislação civil valha-se do termo "indenização", o que se pretende, em verdade, é uma restituição pelo dispêndio. Não se trata, e espera-se que haja essa conclusão, de hipótese de responsabilidade civil.

Pois bem. Verificada a legitimidade da despesa, a extensão dos gastos e o nexo de causalidade entre elas, o empobrecido poderá requerer a restituição do enriquecido, sem que isso, contudo, represente uma imposição de ônus contra a vontade do dono da coisa. Isso porque, no caso das benfeitorias necessárias e úteis, presume-se

---

34. Art. 234. Se, no caso do artigo antecedente, a coisa se perder, sem culpa do devedor, antes da tradição, ou pendente a condição suspensiva, fica resolvida a obrigação para ambas as partes; se a perda resultar de culpa do devedor, responderá este pelo equivalente e mais perdas e danos.

35. Art. 235. Deteriorada a coisa, não sendo o devedor culpado, poderá o credor resolver a obrigação, ou aceitar a coisa, abatido de seu preço o valor que perdeu.

que ao proprietário, de um jeito ou de outro, cumpriria a obrigação de efetuá-las. Tanto o é que, no artigo seguinte - 1220[36] - ao se referir ao possuidor de má-fé, mesmo sendo a posse injusta e repreendida pelo ordenamento jurídico, também a ele é conferido o direito de exigir a restituição pelas benfeitorias necessárias feitas no bem, mostrando-se nítida a preocupação do legislador em evitar o enriquecimento sem causa do proprietário do bem à custa do possuidor.

Raciocínio semelhante deve ser aplicado quanto aos frutos, no que toca às despesas efetuadas para produção e custeio, seja em relação ao possuidor de boa-fé ou ao possuidor de má-fé, segundo o que se extrai dos artigos 1214[37] e 1216[38], ambos do Código Civil de 2002.

Com intuito de firmar ainda mais a compreensão do enriquecimento imposto, o novo Código Civil, ao tratar do contrato de depósito, aduz que o depositante deve restituir ao depositário as despesas efetuadas com o depósito da coisa, bem como os prejuízos que dele provierem (artigo 643). Explica Gustavo Tepedino que, em razão da unilateralidade inerente a esse tipo de contrato, as despesas que surgem para o depositante, eventuais ou supervenientes, não se ligam ao depositário pelo nexo de correspectividade (sinalagma), sendo destas despesas de que trata o artigo[39]. Segue afirmando que "pode acontecer que o depositário tenha tido *despesas* com a conservação da coisa. Se isto ocorre, de acordo com a descrição da primeira hipótese contemplada no comando do art. 643, nasce para o depositante a obrigação de pagar ao depositário o valor correspondente. [Assim] presume-se que as despesas a que se refere o CC são aquelas para a conservação do bem e para evitar a deterioração da coisa, ou seja, as necessárias" [40], sendo admitida, portanto, a ação de *in rem verso* do depositário para haver do depositante proprietário uma restituição, consoante imperativo que veda o enriquecimento sem causa, seja quanto à valorização produzida ou à desvalorização evitada. Tal direito do depositário à restituição das despesas e prejuízos com o depósito é, ainda, corroborado pelo direito de retenção até o acerto de conta entre as partes, segundo consta do artigo 644[41].

---

36. Art. 1220. Ao possuidor de má-fé serão ressarcidas somente as benfeitorias necessárias; não lhe assiste o direito de retenção pela importância destas, nem o de levantar as voluptuárias.

37. Art. 1214. O possuidor de boa-fé tem direito, enquanto ela durar, aos frutos percebidos. Parágrafo único. Os frutos pendentes ao tempo em que cessar a boa-fé devem ser restituídos, depois de deduzidas as despesas da produção e custeio; devem ser também restituídos os frutos colhidos com antecipação.

38. Art. 1216. O possuidor de má-fé responde por todos os frutos colhidos e percebidos, bem como pelos que, por sua culpa, deixou de perceber, desde o momento em que se constituiu de má-fé; tem direito às despesas da produção e custeio.

39. TEPEDINO, Gustavo; BARBOZA, Heloisa Helena; MOARES, Maria Celina Bodin de. *Código Civil Interpretado*: conforme a Constituição da República. p. 405.

40. *Op. cit.* p. 405-406.

41. Art. 644. O depositário poderá reter o depósito até que se lhe pague a retribuição devida, o líquido valor das despesas, ou dos prejuízos a que se refere o artigo anterior, provando imediatamente esses prejuízos ou essas despesas.

3.2.3 O enriquecimento decorrente de prestação de terceiro

Refere-se ao caso do terceiro que paga em nome próprio dívida alheia. O artigo 305, do Código Civil, diferente do tratamento que confere ao terceiro que paga dívida alheia em nome do devedor, afirma que *o terceiro não interessado, que paga a dívida em seu próprio nome, tem direito a reembolsar-se do que pagar; mas não se sub-roga nos direitos do credor.*

Não haverá sub-rogação[42], e sim ação de enriquecimento em face do devedor que teve sua dívida paga pelo terceiro desinteressado em nome próprio, por ausência de enquadramento nas hipóteses em que pode haver sub-rogação, seja esta legal ou convencional. No tocante àquela, preconiza o artigo 346, precisamente no inciso III, do Código Civil, que a *sub-rogação opera-se de pleno direito, em favor do terceiro interessado, que paga a dívida pela qual era ou podia ser obrigado, no todo ou em parte*. Por se tratar de pagamento efetuado por terceiro desinteressado em nome próprio, notadamente não ocorrerá a sub-rogação legal. Da mesma forma, a sub-rogação convencional não se aplica na medida em que o artigo 347 elenca, em seu inciso II, que será convencional a sub-rogação *quando terceira pessoa empresta ao devedor a quantia precisa para solver a dívida, sob a condição expressa de ficar o mutuante sub-rogado nos direitos do credor satisfeito*. Não haverá sub-rogação do terceiro desinteressado que paga em nome próprio porque, nessa situação, não se exige que o terceiro venha a ocupar, na relação obriqacional, o luqar dantes ocupado pelo devedor.

Ainda, não se trata de doação, tendo em vista que a doação caracteriza-se apenas se a liberalidade estiver pautada no *animus donandi* do doador. Sem que se verifique o ânimo de doar, o ato do terceiro interessado de pagar dívida alheia em nome próprio não configurará doação.

42. APELAÇÃO CÍVEL - EXECUÇÃO DE TÍTULO EXTRAJUDICIAL - AUSÊNCIA DE LEGITIMIDADE PROCESSUAL E INTERESSE RECURSAL - PRELIMINARES REJEITADAS - PAGAMENTO POR TERCEIRO NÃO INTERESSADO - SUBROGAÇÃO NOS DIREITOS DO CREDOR - IMPOSSIBILIDADE - DIREITO AO REEMBOLSO - CESSÃO DE CRÉDITO -SUBSTITUIÇÃO PROCESSUAL - DISCORDÂNCIA DO EXECUTADO - IMPOSSBILIDADE - INTELIGÊNCIA DO ART. 42 DO CPC - RECURSO IMPROVIDO. É inegável a legitimidade para recorrer do executado na ação de execução. O interesse recursal é pressuposto genérico de admissibilidade de qualquer recurso, e consiste essencialmente na utilidade para a parte, do ponto de vista prático, de uma outra decisão do juízo ad quem. O Código Civil determina em seu artigo 305 que o terceiro não interessado, que paga a dívida em seu próprio nome, tem direito a reembolsar-se do que pagar; mas não se sub-roga nos direitos do credor. Em ações de execução, a despeito do previsto no artigo 567, II, do CPC, deve prevalecer a orientação insculpida no artigo 42 do mesmo estatuto processual, em virtude do que, alienado direito submetido à apreciação do Judiciário, é parte ilegítima para figurar no pólo ativo da execução o cessionário, se com esse pedido não concordar expressamente o executado. V.v. : Há sub-rogação convencional nos casos em que o credor recebe o pagamento de terceiro e expressamente lhe transfere todos os seus direitos. Nos processos de execução o cessionário pode prosseguir na demanda independentemente do consentimento do devedor, porquanto a norma específica do art. 567, II do CPC afasta a aplicação do disposto no § 1º do art. 42 do mesmo diploma legal. (TJMG - Apelação Cível 1.0191.06.008880-1/00, de relatoria do Desembargador Rogério Medeiros, pub. 07.02.12).

Assim, se do pagamento efetuado não decorrer nem sub-rogação, nem caracterizar a doação, é obrigado o devedor, que poupou uma despesa, restituir o terceiro a fim que de que não seja constado o enriquecimento sem causa.

A propósito da doação, o Enunciado 119 da I Jornada de Direito Civil expõe o entendimento de que *para evitar o enriquecimento sem causa, a colação será efetuada com base no valor da época da doação, nos termos do caput do art. 2.004, exclusivamente na hipótese em que o bem doado não mais pertença ao patrimônio do donatário. Se, ao contrário, o bem ainda integrar seu patrimônio, a colação se fará com base no valor do bem na época da abertura da sucessão, nos termos do art. 1.014 do CPC, de modo a preservar a quantia que efetivamente integrará a legítima quando esta se constituiu, ou seja, na data do óbito (resultado da interpretação sistemática do art. 2.004 e seus parágrafos, juntamente com os arts. 1.832 e 884 do Código Civil).*

O direito de reembolso afirmado pelo próprio artigo 305, nada mais **é do que** autorização do legislador ao exercício da ação de *in rem verso* por parte do terceiro desinteressado que paga em nome próprio.

4. PRESSUPOSTOS DE CONFIGURAÇÃO DO ENRIQUECIMENTO SEM CAUSA

Visto que o enriquecimento sem causa pode atuar tanto como princípio informador do ordenamento jurídico, quanto como fonte de obrigação, viabilizando, dessa forma, o exercício da ação de enriquecimento, no tocante a esse último viés do instituto cumpre esmiuçar os pressupostos para a sua configuração.

Embora não haja unanimidade na doutrina quanto aos requisitos para ação de restituição em razão do injusto locupletamento, quiçá pela larga influência recebida pelo direito brasileiro dos ordenamentos jurídicos estrangeiros, que tratavam da matéria cada qual à sua maneira, opta-se, nesse momento, sem que com isso haja qualquer insuficiência no entendimento do tema, pela sugestão dada pelo direito francês.

Assim, tal como os franceses, entende-se, no direito pátrio, que indiscutivelmente são necessários para o exercício da ação de enriquecimento: o enriquecimento de uma parte, o empobrecimento de outra, o nexo de causalidade entre o enriquecimento e o empobrecimento, a ausência de causa que justifique a permanência do acréscimo patrimonial na esfera do enriquecido e a subsidiariedade da ação de enriquecimento, sendo esse último pressuposto o motivo da inquietação doutrinária.

4.1 O enriquecimento

É o elemento essencial. Sem que haja o incremento patrimonial indevido de uma pessoa em detrimento da outra, não há que se falar em ação de enriquecimento, nem sequer de enriquecimento sem causa e direito de restituição.

Trata-se, o enriquecimento, de um conceito clássico e indeterminado, comportando diversas facetas. Dessa forma, segundo Cláudio Michelon Jr., "qualquer vantagem patrimonial pode ser considerada enriquecimento, seja pela aquisição de um direito ou de uma situação jurídica protegida que implica vantagem patrimonial, seja pela liberação de dívida, seja pela obtenção de vantagens transitórias com valor pecuniário"[43]. Inclusive, haverá o enriquecimento sem causa quando o enriquecimento for de cunho moral.

Apesar de amplamente discutido pela doutrina nacional e internacional, o enriquecimento moral também pode ensejar a pretensão restituitória exercível via ação de enriquecimento. Assim, quando houver, por uma parte, um incremento patrimonial de ordem moral, todavia suscetível de avaliação pecuniária (dado que se não fosse, inviabilizaria a restituição em valor, pois que impossível seria a restituição *in natura* dessa forma de enriquecimento), sem a devida contraprestação, estar-se-á configurada uma hipótese de enriquecimento sem causa, culminando na obrigação de o enriquecido restituir em equivalente ao empobrecido. Suponha, para melhor elucidação, que uma pessoa absorva ensinamentos de outra, sem que, para tanto, tenha havido contraprestação pelo ensino. No caso, houve incremento patrimonial de ordem moral, à custa de outrem, e essa vantagem, sem correlativa remuneração do serviço prestado, mostra-se indevida e caracteriza o injusto locupletamento.

Em suma, aduz Giovanni Ettore Nanni que o pressuposto para a configuração do instituto é o enriquecimento à custa de outrem, não estando presente qualquer limitação quanto à maneira pela qual ele se caracterize, apenas que possibilite a sua demonstração pelo demandante[44], donde ainda se conclui pela necessária presença do enriquecimento no patrimônio do demandado, por ser efetivamente parte do suporte fático da obrigação de restituir.

Neste sentido, importante observar o Enunciado 36 da I Jornada de Direito Comercial *o pagamento da comissão, no contrato de corretagem celebrado entre empresários, pode ser condicionado à celebração do negócio previsto no contrato ou à mediação útil ao cliente, conforme os entendimentos prévios entre as partes. Na ausência de ajuste ou previsão contratual, o cabimento da comissão deve ser analisado no caso concreto, à luz da boa-fé objetiva e da vedação ao enriquecimento sem causa, sendo devida se o negócio não vier a se concretizar por fato atribuível exclusivamente a uma das partes.*

Portanto, ajuizada uma demanda restituitória, deve-se apurar, no tocante ao locupletamento, a diferença que existe entre o estado atual do patrimônio e o estado no qual estaria esse patrimônio se não houvesse ocorrido o fato que provocou o deslocamento do valor. Esse incremento, por sua vez, deve ser concreto, e não meramente especulativo[45].

43. MICHELON JR., Cláudio. *Direito restituitório*. p. 185.
44. NANNI, Giovanni Ettore. *Enriquecimento sem causa*. p. 227.
45. A. VON TUHR *apud* MICHELON JR. Cláudio. *Direito restituitório*. p. 185.

4.2 O empobrecimento ("à custa de outrem")

Ligado ao enriquecimento, como o próprio dispositivo legal que trata do tema determina, tem-se a figura do empobrecimento, na medida em que se exige que a vantagem obtida pelo enriquecido tenha se dado à custa do empobrecido, de acordo com a terminologia corriqueiramente utilizada, tanto jurisprudencial quanto doutrinariamente, para se referir ao injusto locupletamento como fonte de obrigações e à sua pertinente restituição por meio da ação de enriquecimento.

Entretanto, não se exige que esse empobrecimento se verifique de forma absoluta, o que significa dizer que pode, perfeitamente, ocorrer o enriquecimento de uma pessoa, sem que outra efetivamente tenha se empobrecido em razão da vantagem obtida indevidamente por aquele. Explicando melhor, o termo empobrecimento, embora na maioria das vezes corresponda à sua literalidade, isto é, a uma efetiva diminuição patrimonial provocada pelo incremento no patrimônio de outra pessoa, noutras vezes não será verificado de fato, referindo-se, portanto, à noção que a letra da lei fala quando utiliza a expressão "à custa de outrem". O enriquecimento, para ser característica do instituto do enriquecimento sem causa, necessariamente precisa ser obtido à custa de outrem, mas "à custa de outrem" não necessariamente corresponde a uma baixa patrimonial. Portanto, quando se estuda o empobrecimento, é preciso ter em mente que é essa a terminologia comumente utilizada para demonstrar que o enriquecimento de uma pessoa deu-se em detrimento de outra. Contudo, nem sempre haverá correlativa diminuição patrimonial apta a significar um efetivo empobrecimento. Por essa razão, o Enunciado 35 da I Jornada de Direito Civil contem a seguinte redação *a expressão "se enriquecer à custa de outrem" do art. 886 do novo Código Civil não significa, necessariamente, que deverá haver empobrecimento.*

Um exemplo: imagine o caso de quem deu uma preciosa informação, ou prestou um serviço de grande valia para o enriquecido, sem espírito de liberalidade, mas que nada custou a quem o fez, a não ser uma mínima perda de tempo, e que tal informação ou serviço tenham implicado num enriquecimento por parte de quem os recebeu. Nessas situações, vê-se que o locupletamento deu-se sem reflexo empobrecimento patrimonial[46].

Ainda a corroborar o afirmado alhures, suponha o uso de uma casa de veraneio, sem que, contudo, tenha o proprietário intenção de locá-la. Nesse caso, houve o enriquecimento daquele que fez uso de bem alheio, na medida em que poupou uma despesa; em contrapartida, não houve empobrecimento do dono da coisa, tendo em vista inexistir o intuito de locá-la.

Portanto, com isso em mente, aufere-se que, apesar de ser o termo "empobrecimento" utilizado com o fim de demonstrar que o enriquecimento se deu à custa de uma pessoa, é notável a restrição que apresenta, uma vez já afirmado que nem todo

46. ALVIM, Agostinho. *Do enriquecimento sem causa.* p. 21.

enriquecimento é decorrência de um empobrecimento efetivo. A opção do legislador em tipificar o instituto valendo-se do emprego da expressão "à custa de outrem", no artigo 884, coaduna com a intenção de regular o tema por meio de cláusula geral. Logo, a abertura que confere a expressão contida na letra da lei conforma-se com o objetivo do ordenamento jurídico, qual seja, de não engessar o enriquecimento sem causa como fonte de obrigações a algumas situações apenas.

4.3 O nexo de causalidade

Nexo de causalidade, sem maiores delongas, significa que enriquecimento e empobrecimento devem ser provenientes de um *fato comum*. Melhor dizendo, um mesmo fato deve ligar o enriquecido, que obteve uma vantagem indevida, ao empobrecido, isto é, àquele cujo enriquecimento deu-se à sua custa.

É interessante apontar que essa ligação, todavia, entre enriquecimento e empobrecimento, não deve ser composta tão somente como uma conexão direta entre eles. A conexão, ainda que existente um fato comum, pode inclusive ser indireta – desde que guarde consigo certa razoabilidade a fim de evitar a invocação de acontecimento que, embora tenha alguma relação com o enriquecimento, não lhe seja tão próximo –, abrindo espaço, nessa sorte de consideração, à configuração de um enriquecimento indireto.

Oportunamente, o enriquecimento indireto refere-se à situação em que, entre o enriquecido e o empobrecido, instala-se um terceiro. Assim, será indireto o enriquecimento quando existirem duas transmissões sucessivas do valor econômico, primeiro do patrimônio do empobrecido para o de um intermediário e depois deste para o beneficiário[47].

A fim de exemplificar uma hipótese de enriquecimento indireto, sabe-se que, em sede de direito de propriedade, ao titular desse direito é conferida exclusivamente a faculdade de usar, gozar e dispor de uma coisa. Imagine, porém, que alguém aliene gratuitamente bem alheio (a alienação onerosa implicaria em evicção, nos termos do artigo 447[48], do Código Civil). Ao que parece, estar-se-ia a configurar um típico caso de enriquecimento por fato injusto. Entretanto, adicione ao exemplo a superveniente insolvência do alienante. Com essa nova informação pondera-se que, como o terceiro recebeu a coisa a título gratuito, diante da insolvência do enriquecido direto, o empobrecido poderá exercer ação de enriquecimento em face do terceiro, estando este de boa ou má-fé, uma vez que, por bem, o interesse do prejudicado em evitar o prejuízo deve preponderar sobre a aquisição patrimonial gratuita[49].

47. Conceito dado por Fernando de Noronha ao tratar do assunto. *Enriquecimento sem causa*. p. 62.
48. Art. 447. Nos contratos onerosos, o alienante responde pela evicção. Subsiste esta garantia ainda que a aquisição se tenha realizado em hasta pública.
49. NANNI, Giovanni Ettore. *Enriquecimento sem causa*. p. 245.

Com isso, para que o empobrecido possa exercer seu direito de restituição em face do terceiro adquirente, é preciso que duas condições se verifiquem: a insolvência do devedor e a gratuidade da transferência do bem entre o enriquecido direto e o terceiro. No ponto, importante averiguar a redação do Enunciado 69 da I Jornada de Direito Comercial: *prescrita a pretensão do credor à execução de título de crédito, o endossante e o avalista, do obrigado principal ou de coobrigado, não respondem pelo pagamento da obrigação, salvo em caso de locupletamento indevido.*

4.4 A ausência de justa causa

Chega a ser tormentoso o estudo da causa no direito privado brasileiro. Isso porque se trata de um conceito deveras indeterminado, que não encontra em sede doutrinária um consenso sobre o seu conceito, sua importância e sua extensão.

Em que pese a longa divagação que poderia aqui estabelecer, vamos direto ao ponto que toca ao enriquecimento sem causa.

Orlando Gomes, referindo-se ao ora analisado requisito do instituto do enriquecimento sem causa, aduz tratar-se de uma "causa de atribuição patrimonial". Afirma que, "para saber se houve enriquecimento sem causa, indagará o intérprete se a vantagem patrimonial obtida é atribuída por uma razão justa, por um título legítimo, por um motivo lícito"[50]. A justa causa, ressalte-se, para a compreensão do injusto locupletamento, nos dizeres de Agostinho Alvim, pode ter apoio em lei que autorize o enriquecimento, num contrato, mais precisamente, num ato jurídico, ou ainda num fato originado da outra parte. Obviamente, não constatados nenhum desses legitimadores do enriquecimento, carente de causa sobejará a vantagem obtida[51].

A causa, ou melhor, a ausência de causa apta a configurar o injusto locupletamento, refere-se à ausência de contrapartida por parte do enriquecido para ter como justificado o incremento verificado em seu patrimônio.

Aliás, *a existência de negócio jurídico válido e eficaz é, em regra, uma justa causa para o enriquecimento*, conforme entendimento exposto no Enunciado 188 da III Jornada de Direito Civil.

Assim, quando percebemos que houve o enriquecimento de uma pessoa, sem que do seu patrimônio tenha decorrido tal enriquecimento, mas sim de patrimônio alheio, e sem que tenha havido a devida contrapartida para tal benefício, será possível concluir que falta causa justa à manutenção do incremento no patrimônio do favorecido. Portanto, diante dessa verificação, surge o direito à restituição, a ser exercido por aquele a quem juridicamente estava reservado o acréscimo percebido pelo

---

50. GOMES, Orlando. *Obrigações*. p. 251.
51. *Apud* NANNI, Giovanni Ettore. *Enriquecimento sem causa*. p. 262.

enriquecido, pois que decorreu diretamente do seu patrimônio, e não do patrimônio de quem se locupletou[52].

4.5 A ação de enriquecimento e a controvérsia acerca da subsidiariedade

Constatado o direito à restituição que possui o dono do patrimônio que deu azo ao aumento do patrimônio alheio, a ação de enriquecimento será o instrumento pelo qual esse direito será exercido.

Sendo uma ação pessoal, a ação de enriquecimento é regida pelo procedimento ordinário – o que não exclui seu exercício por meio do procedimento sumário, desde que haja condição para tanto (artigo 275 e seguintes do CPC) –, consoante o comando dos artigos 282 e seguintes do Código de Processo Civil. Atualmente, prescreve em três anos nos termos do artigo 206, § 3º, inciso IV, do Código Civil. Pode ser ajuizada pelo empobrecido ou por seus sucessores, na medida em que o direito à restituição não é personalíssimo, em face do enriquecido (salvo na hipótese do enriquecimento

---

52. Ilustrativamente, assim entendeu o Superior Tribunal de Justiça acerca da pretensão de restituição de honorários advocatícios em razão de procedência de ação rescisória: *Se a decisão judicial que ensejou a fixação de honorários de sucumbência for parcialmente rescindida, é possível que o autor da rescisória, em posterior ação de cobrança, pleiteie a restituição da parte indevida da verba advocatícia, ainda que o causídico, de boa-fé, já a tenha levantado. Inicialmente, destaca-se que os honorários de sucumbência são verbas de natureza alimentar, de modo que a questão envolve aparente conflito entre os princípios da irrepetibilidade dos alimentos e o da vedação ao enriquecimento sem causa.* De regra, a jurisprudência tem-se firmado no sentido de que a verba alimentar é *irrepetível, com exceção das hipóteses em que tenha sido recebida de má-fé ou em decorrência de decisão precária posteriormente reformada. Entretanto, nas hipóteses em que isso foi afirmado, evidenciam-se situações excepcionais, que não podem ser transportadas para o âmbito do direito privado, notadamente nas relações contratuais, sem* as ressalvas e distinções necessárias. De fato, não se trata de questionar a atribuição da natureza alimentar aos honorários, mas sim de verificar o alcance dessa qualificação para dirimir o suposto conflito entre os princípios da *irrepetibilidade dos alimentos e o da vedação ao enriquecimento sem causa.* É fato que uma decisão transitada em julgado gera legítima confiança. Contudo, não se pode deixar de consignar que, se é possível o ajuizamento de uma ação rescisória, sua procedência deve ter reflexos práticos, inclusive na esfera patrimonial, sob pena de absoluta ineficácia do provimento judicial. Como cediço, não há preceitos absolutos no ordenamento jurídico. Não obstante ser assente na jurisprudência a tese acerca da *irrepetibilidade dos alimentos, também esse postulado merece temperamentos, sobretudo quando a verba de natureza alimentar - e não os alimentos propriamente ditos - for flagrantemente indevida em razão da superveniência da rescisão do julgado que fixou os honorários de sucumbência. E assim o é porque a decisão em que o causídico se amparou para receber a referida verba não mais existe no mundo jurídico. Ora, não se pode obstruir a pretensão da parte que obteve êxito em ação rescisória de buscar a restituição dos valores pagos indevidamente a título de honorários de sucumbência, ainda que a essa verba tenha sido atribuído caráter alimentar.* *Independentemente da boa-fé do causídico, que acreditava, no momento em que levantou o numerário relativo à verba de sucumbência de forma autônoma, que aquele valor lhe era devido, o certo é que, com a alteração proveniente da procedência da ação rescisória, aquele montante não encontrava respaldo em nenhuma decisão judicial. Trata-se de aplicação dos princípios da razoabilidade e da vedação ao enriquecimento sem causa, isso sem* falar na necessidade de se dar máxima efetividade às decisões judiciais. Qual o sentido de, em situações excepcionais, o ordenamento jurídico admitir o afastamento da preclusão e da própria coisa julgada para desconstituir sentença eivada de vício e, por construção pretoriana, impedir que, em determinadas situações, o novo julgado produza plenos efeitos? A única resposta é que não há sentido algum. Nessa perspectiva, a consequência do *enriquecimento sem causa* é a restituição, ainda que a falta de justa *causa* seja superveniente à liquidação da obrigação. (...) Por fim, sendo a restituição devida, a boa-fé daquele que recebe pagamento indevido é relevante para a análise e apuração do *quantum a ser devolvido.* REsp 1.549.836-RS, Rel. Min. Ricardo Villas Bôas Cueva, Rel. para acórdão Min. João Otávio de Noronha, j. 17/5/2016.

indireto, não pode haver demanda em face de terceiro), desde que inexista outro remédio apto e específico a conferir a restituição pretendida[53-54].

Um dos entraves existentes quando do estudo da ação de enriquecimento refere-se ao que foi dito acima: seu caráter subsidiário.

Preconiza o artigo 886, do Código Civil, que *não caberá a restituição por enriquecimento, se a lei conferir ao lesado outros meios para se ressarcir do prejuízo sofrido*. O campo de atuação da ação de enriquecimento foi e ainda é motivo para grande discussão doutrinária, em âmbito nacional e internacional.

Se, por um lado, não se sujeita a ação de enriquecimento à subsidiariedade, referido remédio seria usado de maneira desmedida, podendo até mesmo representar uma válvula de escape para o operador do Direito contornar a necessidade de utilização dos remédios específicos para outros institutos. Isso porque é mais fácil obter a restituição por meio da ação de enriquecimento, cujo foco não é um ou outro sujeito, nem a motivação da conduta deles, mas sim o fato objetivo de ter havido um acréscimo patrimonial. Dessa maneira, conferir-se-ia amplitude não desejada à ação de enriquecimento, mitigando o exercício de outros instrumentos jurídicos, sendo, portanto, elogiável a preferência do legislador em conferir-lhe caráter subsidiário.

---

53. Neste sentido: *A controvérsia submetida ao rito dos recursos repetitivos, entre outras, consiste em definir o prazo prescricional a ser aplicado às pretensões de repetição de indébito lastreadas na cobrança indevida de tarifas relativas aos serviços de água e esgoto. Sobre o tema, o STJ firmou orientação de que o prazo prescricional para o ressarcimento por cobrança indevida, na situação em exame, é de 10 (dez) anos, conforme decidido no REsp 1.113.403-RJ, Rel. Min. Teori Albino Zavascki, DJe 15/9/2009. Cabe ressaltar que a tese adotada tem como base a não existência de norma específica a reger a hipótese. É norma supletiva do Código Civil, que assim dispõe: Art. 205. A prescrição ocorre em 10 (dez) anos, quando a lei não lhe haja fixado prazo menor. Sendo assim, a discussão acerca da cobrança indevida de valores constantes de relação contratual e eventual repetição de indébito não se enquadra na hipótese de pretensão de ressarcimento por enriquecimento sem causa,* disposta no art. 206, § 3º, IV, do Código Civil, seja porque a *causa* jurídica, em princípio, existe (relação contratual prévia em que se debate a legitimidade da cobrança), seja porque a ação de repetição de indébito é ação específica. Observa-se, por fim, que os mesmos pressupostos para incidência do prazo *vintenário, sob a vigência do Código Civil de 1916, operam-se, igualmente, para a aplicação do prazo decenal, já sob a égide do Código Civil de 2002. É que não há qualquer alteração, na essência, do instituto da prescrição disposto nestas situações, a não ser o próprio lapso temporal, o qual foi reduzido de 20 (vinte) para 10 (dez) anos.* (REsp 1.532.514-SP, Rel. Min. Og Fernandes, Primeira Seção, j. em 10/5/2017).

54. Exemplificativamente, decidiu o Superior Tribunal de Justiça em 2016: É trienal o prazo prescricional da pretensão de entidade de previdência privada complementar de reaver verbas relativas a benefício indevidamente apropriadas por terceiro. A questão diz respeito ao prazo de prescrição, se seria de 5 ou de 3 anos. O prazo quinquenal disposto no art. 75 da LC n. 109/2001 (que dispõe sobre o Regime de Previdência Complementar e dá outras providências) refere-se à relação jurídica existente entre a entidade de previdência complementar e o segurado ou o beneficiário, e não a terceiro. Ressalte-se que, assim como nas ações envolvendo seguro - para as quais o entendimento do STJ é no sentido de que o prazo prescricional é ânuo, mas apenas entre o segurado e o segurador, não relativamente a um terceiro -, da mesma forma, na hipótese em que há um terceiro (e não segurado ou beneficiário), a regra do mencionado art. 75 da LC n. 109/2001, específica para a relação previdenciária, não se aplica, mas sim a regra trienal do *enriquecimento* ilícito prevista no CC, lei geral. Assim, sendo a demanda específica de ressarcimento de *enriquecimento sem causa,* é de se aplicar a regra do art. 206, § 3º, IV, do CC (prescrição trienal), e não a da LC n. 109/2001. REsp 1.334.442-RS, Rel. Min. Luis Felipe Salomão, Rel. para acórdão Min. Raul Araújo, j. 7/6/2016.

Doutro lado, a subsidiariedade também aflige. Aflige em virtude de alguns ordenamentos jurídicos afirmarem categoricamente que a mera existência abstrata de um remédio específico seria capaz de afastar a aplicabilidade da ação de enriquecimento.

A doutrina brasileira insurge-se contra esse argumento, e não lhe retiramos a razão, pois que a análise acerca da existência de ação específica de tutela do interesse do titular do direito de restituição deve ser feita concreta e não abstratamente. Afinal, o objetivo profícuo é a satisfação do interesse do empobrecido, em ver-se restituído da vantagem indevida obtida por outrem à sua custa. Se do contrário se admitisse, isto é, se a mera existência abstrata do remédio afastasse a incidência da ação de enriquecimento, caso em concreto verificasse a insuficiência da medida, ficaria desprotegido o empobrecido e favorecido o enriquecido, o qual manteria em seu patrimônio a vantagem que obteve sem justificativa. Isso, obviamente, não se admite.

Sendo assim, quando invocada a questão da subsidiariedade da ação de enriquecimento, certo é que ela existe e deve ser respeitada, inclusive por ser da vontade da lei. Agora, de forma alguma deverá ser afastada a sua incidência pontuando abstratamente a existência de outro remédio[55]. Para que uma ação específica se sobreponha

55. Nesse sentido, decidiu o Superior Tribunal de Justiça: *Independentemente da comprovação da relação jurídica subjacente, a simples apresentação de nota promissória prescrita é suficiente para embasar a ação de locupletamento pautada no art. 48 do Decreto n. 2.044/1908. Inicialmente, deve-se esclarecer que a ação de enriquecimento sem causa* amparada prevista no art. 884 do CC não tem cabimento no caso em que a lei preveja outro meio especificamente estabelecido para o ressarcimento do prejuízo, haja vista o disposto no art. 886 do CC: «Não caberá a restituição por *enriquecimento,* se a lei conferir ao lesado outros meios para se ressarcir do prejuízo sofrido». Diante disso, no caso em que se busque o ressarcimento de prejuízo causado pelo não pagamento de nota promissória prescrita, não será cabível a ação de *enriquecimento sem causa* amparada a que se refere o art. 884 do CC, mas sim a ação de locupletamento pautada no art. 48 do Decreto n. 2.044/1908. Isso porque o referido art. 48 - conquanto disponha, em título do Decreto n. 2.044/1908 destinado à letra de câmbio, que «*Sem* embargo da desoneração da responsabilidade cambial, o sacador ou o aceitante fica obrigado a restituir ao portador, com os juros legais, a soma com a qual se locupletou à custa deste» - também é aplicável, com as adequações necessárias, à nota promissória, sendo o emitente da nota promissória equiparado ao aceitante da letra de câmbio. É o que determina o art. 56 deste mesmo diploma legal, segundo o qual «São aplicáveis à nota promissória, com as modificações necessárias, todos os dispositivos do Título I desta Lei, exceto os que se referem ao aceite e às duplicatas». Diante dessas considerações, cumpre analisar, no caso em análise, a necessidade de o autor da ação de locupletamento (art. 48 do Decreto n. 2.044/1908) fundada em nota promissória não paga e prescrita ter que fazer (ou não) prova da *causa* jurídica subjacente. Preliminarmente, conquanto exista controvérsia na doutrina acerca da natureza dessa ação de locupletamento, trata-se de uma ação de natureza cambiária, na medida em que amparada no título de crédito que perdeu sua força executiva (e não na relação jurídica que deu origem à sua emissão), além de estar prevista na legislação de regência de tais títulos. Nesse contexto, ressalta-se que, além de a prescrição da ação cambiária ser um dos elementos do suporte fático da regra jurídica insculpida no referido dispositivo, uma vez prescrita a ação executiva, dá-se o *enriquecimento* injustificado em razão do não pagamento e nascem a pretensão e a ação correspondente, conforme entendimento doutrinário. Além disso, nota-se, com base na dicção do aludido art. 48, que a ação de locupletamento é autorizada ao portador do título de crédito (que, alcançado pela prescrição, perdeu sua força executiva). Ora, se o portador do título é o legitimado para a propositura da demanda, é certo não ser necessária a demonstração da *causa* jurídica subjacente como condição para o ajuizamento dessa ação, uma vez que, se pensarmos na hipótese de título que tenha circulado, o portador nao teria como fazer prova da relação jurídica subjacente. Dessa maneira, a posse, pelo portador, da nota promissória não paga e prescrita gera a presunção *juris tantum* de veracidade do locupletamento ilícito havido pelo não pagamento (em

à ação de enriquecimento, é preciso que concretamente aquela seja apta a satisfazer a pretensão do empobrecido. Do contrário, o exercício haverá de ser o da ação de enriquecimento (mesmo que haja outro remédio, porém seja esse ineficaz à tutela do direito de restituição). Nesse sentido, observa-se o Enunciado 36 da I Jornada de Direito Civil: *O art. 886 do novo Código Civil não exclui o direito à restituição do que foi objeto de enriquecimento sem causa nos casos em que os meios alternativos conferidos ao lesado encontram obstáculos de fato.*

Outro entrave referente à ação de enriquecimento diz com a extensão de seu objeto. Melhor dizendo: é ainda é obscuro qual o alcance de uma ação de enriquecimento, se o objeto da ação poderá incorporar as verbas e bens que desejar ou se o ordenamento jurídico restringe o montante a ser pleiteado[56].

Para a extensão da medida econômica da ação de enriquecimento, pugna-se pelo uso da teoria do duplo limite, a qual verifica a diferença no patrimônio, do enriquecido, para mais, e do empobrecido, para menos. Nesse caso, nem sempre haverá proporcionalidade entre a vantagem percebida por um e a desvantagem suportada pelo outro. Dessa forma, a teoria do duplo limite afirma que será restituível a menor das diferenças, ou seja, se o enriquecimento for menor que o empobrecimento, restitui-se o equivalente ao enriquecimento; se o empobrecimento for menor do que o enriquecimento, a restituição é condizente ao empobrecimento.

Todavia, como desde já se percebe, a teoria do duplo limite apresenta uma falha. Se o enriquecimento for maior que o empobrecimento, por essa teoria o empobrecido terá direito ao valor equivalente à sua perda patrimonial suportada. Isso significa que, mesmo o enriquecido restituindo ao empobrecido o valor da diminuição do patrimônio deste, restará em seu patrimônio um resquício da vantagem obtida indevidamente.

Se o objetivo do instituto é justamente expelir do patrimônio do enriquecido tudo o que ele obteve à custa do patrimônio de outrem, não se pode admitir que tal teoria vigore, ao contrário do que em algum momento se divulgou na doutrina.

Logo, nessa senda de considerações, que, uma vez verificada uma vantagem maior em relação à desvantagem, que se restitua todo o valor auferido pelo enriquecido. Em que pese alguns afirmarem que, dessa forma, estar-se-ia configurando o enriquecimento, agora, do que dantes estava empobrecido, tem-se que esse é o entendimento preferível atualmente, mesmo que o empobrecido/autor acabe percebendo mais do que efetivamente perdeu. Isso porque o objetivo do ordenamento, conforme já afirmado, é repreender a conduta daquele que utiliza patrimônio alheio para incrementar seu patrimônio.

---

contrapartida ao empobrecimento do portador do título), nada obstante seja assegurada a amplitude de defesa ao réu. REsp 1.323.468-DF, Rel. Min. João Otávio de Noronha, julgado em 17/3/2016, DJe 28/3/2016.

56. NANNI, Giovanni Ettore. *Enriquecimento sem causa*. p. 277.

Há de se cogitar, também, que ainda em sede de obtenção de vantagem maior que o prejuízo, seja a diferença distribuída equitativamente entre as partes, dessarte evitando que tanto enriquecido, quanto empobrecido, usufruam vantagem um sobre o outro: o enriquecido por ter auferido vantagem em cima do patrimônio do empobrecido; e este por ter obtido, em decorrência reflexa da conduta do enriquecido, benefício que inexistiria se não fosse a atuação daquele. Assim, o que, ao final, seria percebido pelo enriquecido, seria uma espécie de remuneração pelo seu tino empreendedor.

Quanto aos casos em que o enriquecimento é menor que o empobrecimento, melhor que se mantenha a restituição, ressalte-se, objeto da ação de enriquecimento, limitada ao valor efetivamente auferido pelo enriquecido, a fim de que não gere dúvidas quanto à confusão entre a ação de enriquecimento e uma possível outra demanda, por exemplo, de reparação de danos. Portanto, caso prefira-se o ajuizamento de uma ação de enriquecimento, o demandante poderá pleitear tão somente o valor obtido injustamente pelo demandado, mesmo que este seja menor do que o valor da diminuição patrimonial suportada.

Neste ponto, importante observar o Enunciado 626 da VIII Jornada de Direito Civil, *não afronta o art. 1.428 do Código Civil, em relações paritárias, o pacto marciano, cláusula contratual que autoriza que o credor se torne proprietário da coisa objeto da garantia mediante aferição de seu justo valor e restituição do supérfluo (valor do bem em garantia que excede o da dívida)*. Mais uma vez, verifica-se a extensão da aplicação do instituto em questão.

5. O ENRIQUECIMENTO SEM CAUSA E OS INSTITUTOS DO PAGAMENTO INDEVIDO E DA GESTÃO DE NEGÓCIOS

Em relação ao instituto do enriquecimento sem causa largamente estudado ao longo desse capítulo, foram apresentadas todas as suas facetas, concluindo-se ser ele capaz de atuar tanto como princípio, quanto como fonte de obrigações.

Contudo, é como fonte de obrigações que o instituto do enriquecimento sem causa apresenta maiores peculiaridades, principalmente pelo paradoxo que ostenta: a generalidade que lhe é conferida pela forma de regulação mediante cláusula geral e a subsidiariedade do seu remédio diante de situações específicas de restituição conferidas pelo ordenamento jurídico.

Alguns doutrinadores caracterizam o enriquecimento sem causa como gênero, do qual são espécies o pagamento indevido e a gestão de negócios. Outros defendem outra forma de enquadramento, como Cláudio Michelon Jr., dizendo que "de fato, ainda que os institutos compartilhem boa parte dos elementos de seus suportes fáticos e de suas consequências jurídicas, as características normativas do pagamento indevido não são apenas adicionadas àquelas presentes na regulação do enriquecimento sem causa. A relação não é de gênero e espécie, mas de regra geral e de exceção à regra geral."[57]

Independente da relação entre os institutos ser de gênero e espécie, regra geral e exceção à regra geral, ou qualquer outra correlação que se pretenda fazer, nós não nos ateremos a maiores considerações por não ser nosso objetivo didático.

Inicialmente, enriquecimento sem causa não se confunde com pagamento indevido.

A primeira diferença reside no tratamento conferido pelo ordenamento jurídico, o qual preferiu regulá-los separadamente. Enquanto o enriquecimento sem causa é tutelado pelo Capítulo IV do Título VII do Código Civil (artigos 884 a 886), o pagamento indevido é assunto do Capítulo III, do mesmo título (artigos 876 a 883).

Em segundo lugar, Cláudio Michelon Jr. elenca a diferença existente quanto ao suporte fático. Tão logo, serão "elementos do suporte fático do pagamento indevido: (a) a tradição do bem ou o fazer algo, ou o se omitir de fazer algo; (b) o erro de quem procede à tradição ou faz algo quanto à existência de uma obrigação de proceder à tradição ou de fazer algo ou de se omitir de fazer algo"[58]. O enriquecimento sem causa, por sua vez, designa como suporte fático o enriquecimento, o empobrecimento, o nexo causal entre eles e a ausência de causa que justifique o enriquecimento. Note-se que, em sede do instituto do injusto locupletamento, não se exige o erro do empobrecido, que acredita estar adimplindo prestação devida. É preciso deixar claro que os principais requisitos do pagamento indevido, como o próprio nome já diz, que a vantagem obtida por um seja decorrente de um erro de outro, que acredita estar efetuando o pagamento de uma obrigação. Tal erro pode ser tanto sobre o aspecto objetivo da obrigação, quanto atinente ao aspecto subjetivo.

Ademais, o direito de restituição oriundo do pagamento indevido será exercitado por meio da específica ação de indébito. No tocante ao enriquecimento sem causa, o remédio disponível é subsidiário, ou seja, só será ajuizada ação de enriquecimento caso inexista previsão doutro remédio apto a tutelar o direito à restituição do demandante.

Uma quarta diferença refere-se ao prazo prescricional de uma e outra ação de restituição. Enquanto a ação de indébito pelo pagamento indevido enquadra-se na regra geral do Código Civil, qual seja a do *caput* do artigo 205, que prevê o prazo de 10 anos, a ação de enriquecimento tem previsão específica no artigo 20, §3º, inciso IV, sendo de 3 anos o prazo para ocorrer a prescrição.

Por fim, há uma diferença quanto ao valor restituível. No pagamento indevido, restitui-se o valor integral da prestação; no enriquecimento sem causa, o valor variará

57. MICHELON JR. Cláudio. *Direito restituitório.* p. 128-129.

58. *Op. cit.* p. 130.

conforme o enriquecimento e o empobrecimento, não havendo consenso sobre a melhor teoria a ser aplicada para a medida econômica da ação de enriquecimento.

Noutro turno, enriquecimento sem causa também não deve ser confundido com a gestão de negócios, comportamento altruístico de um sujeito em benefício de outro. No tocante à gestão de negócio, o foco é o sacrifício injusto desferido voluntariamente pelo gestor em benefício do dono do negócio. No enriquecimento sem causa, principalmente nas hipóteses de comportamento do empobrecido, não se exige que este atue voluntariamente – atente-se para esse elemento da voluntariedade – pois que pode, por exemplo, realizar benfeitorias em imóvel que acreditava ser seu, mas que em verdade não era. No caso da gestão de negócios, o gestor sempre saberá que estará prestando auxílio a negócio de terceiro.

Cláudio Michelon Jr. muito bem pontua mais uma diferença entre o instituto do enriquecimento sem causa e o instituto da gestão de negócios. Aduz que, "na realidade, a *restituição* subjacente ao enriquecimento sem causa é a devolução de um bem específico ou de seu valor. Esse bem não precisa ser uma "coisa", em sentido técnico, mas pode ser mesmo um direito (v.g., direito à exploração comercial de uma imagem), mas de toda forma o que se verifica é a noção de que um bem atribuído a alguém migra para o patrimônio de outrem, ou porque esse outro adquire titularidade sobre o bem, ou porque esse outro utiliza, consome ou, de qualquer outra forma, usufrui o bem sem que a isso tenha direito. Diferentemente, a *restituição* subjacente à gestão de negócios é a reconstituição do patrimônio do gestor que empregou um ou mais bens seus, ou mesmo emanações de sua personalidade, na defesa dos interesses do dono do negócio. Os bens do gestor não migram em direção ao patrimônio do enriquecido (como acontece no enriquecimento por prestação), nem são usufruídos pelo enriquecido como se tivesse direito ao bem (como acontece no enriquecimento por intervenção), mas são empregados pelo próprio gestor na persecução dos interesses do dono do negócio."[59].

Por último, na seara da gestão de negócios, é possível que tanto o gestor quanto o dono do negócio ajuízem demandas restituitórias, um frente ao outro, sendo denominada de ação direta aquela em que o dono do negócio demanda o gestor pelos prejuízos causados pela gestão, e de ação contrária a que o gestor pode ajuizar contra o dono do negócio, pelas despesas que teve na gestão do negócio alheio. No enriquecimento sem causa, a via é de mão única: apenas o empobrecido pode demandar o enriquecido pela vantagem indevidamente obtida por este às suas expensas.

6. REFERÊNCIAS

ALVIM, Agostinho. *Comentários ao Código Civil*. Rio de Janeiro: Ed. Jurídica e Universitária, 1968, v. 1.

BEVILÁQUA, Clóvis. *Direito das obrigações*. 8ª. ed. Rio de Janeiro: Livraria Francisco Alves, 1954.

59. *Op. cit.* p. 52.

______. *Código Civil dos Estados Unidos do Brasil comentado por Clovis Bevilaqua*. Edição histórica. 3. tiragem. Rio de Janeiro: Rio, 1977.

______. *Do enriquecimento sem causa*. São Paulo: Revista dos Tribunais, 1957.

CAPUCHO, Fábio Jun. *Considerações sobre o enriquecimento sem causa no novo Código Civil Brasileiro*. In: *Revista de Direito Privado*. Coord. Nelson Nery Junior e Rosa Maria de Andrade Nery, nº 16, de outubro-dezembro de 2003. São Paulo: Editora dos Tribunais.

COSTA, Mário Júlio de Almeida. *Direito das Obrigações*. 9ª ed. Coimbra: Almedina, 2001.

FARIAS, Cristiano Chaves de; ROSENVALD, Nelson. *Curso de Direito Civil*: Reais. 8ª ed. Salvador: JusPodivm, 2012. v. 5.

FARIAS, Cristiano Chaves de; ROSENVALD, Nelson. *Curso de Direito Civil*: Parte Geral e LINDB. 10ª ed. Salvador: JusPodivm, 2012. v. 1.

GAMA, Guilherme Calmon Nogueira da. *Direito civil*: Obrigações. São Paulo: Editora Atlas, 2008.

KONDER, Carlos Nelson. *Enriquecimento sem causa e pagamento indevido*. In: TEPEDINO, Gustavo (Coord.). *Obrigações*: estudos na perspectiva civil-constitucional. Rio de Janeiro: Renovar, 2005.

LOTUFO, Renan (coord.); NANNI, Giovanni Ettore (coord.). *Obrigações*. São Paulo: Editora Atlas, 2011.

MALUF, Carlos Alberto Dabus. *Pagamento indevido e enriquecimento sem causa*. Revista da Faculdade de Direito da Universidade de São Paulo. São Paulo, jan/dez. 1998, v. 93.

MICHELON JR., Cláudio. *Direito Restituitório*: enriquecimento sem causa, pagamento indevido, gestão de negócios. São Paulo: Revista dos Tribunais, 2007, v. 8. Pertencente à coleção Biblioteca de Direito Civil: estudos em homenagem ao professor Miguel Reale – Coord. Miguel Reale e Judith Martins-Costa.

MORAES, Maria Celina Bodin de. *A causa dos contratos*. In: *Revista Trimestral de Direito Civil – RTCD*, diretor Gustavo Tepedino. Rio de Janeiro: Padma. vol. 18.

MOSCON, Cleidi de Fátima Manica. *O enriquecimento sem causa e o novo Código Civil Brasileiro*: arts. 884 a 886. 1ª. ed. Porto Alegre: Síntese, 2003.

NANNI, Giovanni Ettore. *Enriquecimento sem causa*: de acordo com o novo Código Civil. São Paulo: Saraiva, 2004. Pertencente à coleção Prof. Agostinho Alvim – Coord. Renan Lotufo).

NEGREIROS, Teresa. *Enriquecimento sem causa*: aspectos de sua aplicação no Brasil como um princípio geral de direito. In: *Revista da Ordem dos Advogados*, Lisboa, v. 55, n. 3 – dez/1995.

NORONHA, Fernando. *Direito das Obrigações*. São Paulo: Saraiva, 2003.

PINTO, Francisco Bilac Moreira. *Enriquecimento ilícito no exercício de cargos públicos*. Rio de Janeiro: Forense, 1960.

SILVA, Clóvis V. do Couto e. *A obrigação como processo*. 1ª ed. Rio de Janeiro: FGV, c2006.

TEPEDINO, Gustavo; BARBOZA, Heloisa Helena; MORAES, Maria Celina Bodin de. *Código Civil Interpretado*: conforme a Constituição da República. Rio de Janeiro: Renovar, 2006. v. II.

TEPEDINO, Gustavo; BARBOZA, Heloisa Helena; MORAES, Maria Celina Bodin de. *Código Civil Interpretado*: conforme a Constituição da República. Rio de Janeiro: Renovar, 2011. v. III.

TRINDADE, Marcelo. *Enriquecimento sem causa e repetição de indébito*: observações à luz do Código Civil de 2002. In: *Revista Trimestral de Direito Civil – RTCD*, diretor Gustavo Tepedino. Rio de Janeiro: Padma. Ano 5 (abril/junho 2004), vol. 18.

Bibliografia

ABREU FILHO, José. *O negócio jurídico e sua teoria geral*. 5. ed. São Paulo: Saraiva, 2003.

AGUIAR JÚNIOR, Ruy Rosado de. *Extinção dos contratos por incumprimento do devedor*: resolução. 2. ed. Rio de Janeiro: Aide, 2003.

__________. Responsabilidade civil do médico. In: TEIXEIRA, Sálvio de Figueiredo (Coord.). *Direito & medicina*. Belo Horizonte: Del Rey, 2000.

ALEIXO, Celso Quintela. Pagamento. In: TEPEDINO, Gustavo (Coord.). *Obrigações*: estudos na perspectiva civil-constitucional. Rio de Janeiro: Renovar, 2005.

ALMEIDA COSTA, Mário Júlio de. *Direito das obrigações*. 9. ed. Coimbra: Almedina, 2001. ALVES, José Carlos Moreira. *A parte geral do projeto de código civil brasileiro*. São Paulo: Saraiva, 1986.

ALVIM, Agostinho. *Da inexecução das obrigações e suas consequências*. 2. ed. São Paulo: Saraiva, 1995. ALVIM, Arruda. *Manual de direito processual civil*. 11. ed. São Paulo: Revista dos Tribunais, 2009. v. 2.

AMARAL, Francisco. *Direito civil*: introdução. 5. ed. Rio de Janeiro: Renovar, 2003.

ANDRADE, Fábio Siebeneichler de. O modelo do novo código civil sob a perspectiva das funções atuais da codificação. In: AZEVEDO, Antonio Junqueira (Coord.). *Princípios do novo código civil brasileiro e outros temas*. São Paulo: Quartier Latin, 2008.

ANDRADE, Gustavo Corrêa de. Dano moral em caso de descumprimento de obrigação contratual. *Revista de Direito do Consumidor*, São Paulo: Revista dos Tribunais, v. 53, p. 63, jan./mar. 2005.

ANTUNES VARELA, João de Matos. *Das obrigações em geral*. 10. ed. Coimbra: Almedina, 2003. v. I.

ARAÚJO, Luiz Alberto David. A impossibilidade de prisão do depositário infiel: o Pacto de São José e a decisão do Supremo Tribunal Federal. *Revista de Direito Privado*, São Paulo: Revista dos Tribunais, v. 4, out./dez. 2000.

ARENHADT, Sérgio. *A tutela inibitória da vida privada*. São Paulo: Revista dos Tribunais, 2002. ARNOLDI, Paulo Roberto Colombo. *Novo Código Civil*: a unificação das obrigações e o novo direito empresarial. São Paulo: Manole, 2002.

ASSIS, Araken de. *Cumprimento da sentença*. Rio de Janeiro. Forense, 2006.

__________. *Resolução do contrato por inadimplemento*. 4. ed. São Paulo: Revista dos Tribunais, 2004. AZEVEDO, Álvaro Villaça. *Prisão civil por dívida*. 2. ed. São Paulo: Revista dos Tribunais, 2000.

__________. *Teoria geral das obrigações*. 10. ed. São Paulo: Atlas, 2004.

AZEVEDO, Antônio Junqueira de. *Negócio jurídico:* existência, validade e eficácia. 4. ed. São Paulo: Saraiva, 2002.

BAPTISTA, Ovídio. *Curso de processo civil*. 3. ed. São Paulo: Revista dos Tribunais, 1998. v. 1. BARBOSA FILHO, Marcelo Fortes. *Código Civil comentado*. Coord. Cezar Peluso. 2. ed. São Paulo. Manole, 2008.

__________. __________. 4. ed. São Paulo: Manole, 2010.

BARLETTA, Fabiana Rodrigues. A revisão contratual por excessiva onerosidade superveniente à contratação positivada no código do consumidor, sob a perspectiva civil constitucional. In: TEPEDINO, Gustavo (Coord.). *Problemas de direito civil constitucional*. Rio de Janeiro: Renovar, 2000.

BASTOS, Celso Ribeiro. *Comentários a Constituição do Brasil*. São Paulo: Saraiva, 1989. v. 2.

BDINE JR., Hamid Charaf. *Cessão da posição contratual*. São Paulo: Saraiva, 2007.

__________. *Código Civil comentado*. Coord. Cezar Peluso. 3. ed. São Paulo: Manole, 2009.

__________. __________. 4. ed. São Paulo: Manole, 2010.

BECKER, Anelise. Inadimplemento antecipado do contrato. *Revista de Direito do Consumidor*, São Paulo: Revista dos Tribunais, no 12, out./dez. 1994.

BEDAQUE, José Roberto dos Santos. *Efetividade do processo e técnica processual*. São Paulo: Malhei- ros, 2006.

BENACCHIO, Marcelo. Direito subjetivo – situação jurídica – relação jurídica. In: LOTUFO, Re- nan; NANNI, Giovanni Ettore (Org.). *Teoria geral do direito civil*. São Paulo: Atlas, 2008.

BENJAMIN, Antonio Herman. O conceito jurídico de consumidor. *RT*, São Paulo: Revista dos Tribunais, v. 628, fev. 1988.

BETTI, Emilio. *Teoria generale delle obbligazioni*. Milano: Giuffrè, 1953.

__________ . *Teoria geral das obrigações*. Tradução de Francisco José Galvão. Campinas: Bookseller, 2006.

BEVILÁQUA, Clóvis. *Direito das obrigações*. 4. ed. Rio de Janeiro: Freitas Bastos, 1936.

__________. __________. 6. ed. Rio de Janeiro: Livraria Francisco Alves, 1945.

BIRENBAUM, Gustavo. Classificação: obrigações de dar, fazer e não fazer. In: TEPEDINO, Gustavo (Coord.). *Obrigações*: estudos na perspectiva civil-constitucional. Rio de Janeiro: Renovar, 2005.

BITTAR, Carlos Alberto. *Direito civil constitucional*, 3. ed. São Paulo: Revista dos Tribunais, 2003. BOBBIO, Norberto. *Dalla struttura alla funzione*. Roma: Edizione di Comunità, 1984.

BONÍCIO, Marcelo José Magalhães. Reflexões sobre a nova tutela relativa às obrigações de entregar coisa certa ou incerta. *Revista Jurídica*, Porto Alegre, no 312, out. 2003.

BRAGA NETTO, Felipe Peixoto. *Teoria dos ilícitos civis*. Belo Horizonte: Del Rey, 2003. CAHALI, yussef Said. *Dos alimentos*. 3. ed. São Paulo: Revista dos Tribunais, 1999.

CALIXTO, Marcelo Junqueira. Reflexões em torno do conceito de obrigação, seus elementos e suas fontes. In: TEPEDINO, Gustavo (Coord.). *Obrigações*: estudos na perspectiva civil-constitucional. Rio de Janeiro: Renovar, 2005.

CâMARA, Alexandre Freitas. *A nova execução de sentença*. Rio de Janeiro: Lumen Juris, 2006.

__________. *Lições de direito processual civil*. 7. ed. Rio de Janeiro: Lumen Juris, 2003. v. II. CAMBLER, Everaldo Augusto. *Curso avançado de direito civil*: direito das obrigações. São Paulo: Revista dos Tribunais, 2001. v. 2.

__________ ; GONçALVES, Carlos Roberto; MAIA, Mairan. *Comentários ao Código Civil brasileiro*. Rio de Janeiro: Forense, 2004. v. III.

CANARIS, Claus-Wilhelm. O novo direito das obrigações na Alemanha. *Revista da Escola da Magistratura do Estado do Rio de Janeiro*, Rio de Janeiro, v. 7, no 27, 2004.

CARNEIRO, Athos Gusmão. Nova execução – aonde vamos? Vamos melhorar. *Revista de Direito Civil e Processual Civil*, no 34, mar./abr. 2005.

CARPENA, Heloisa. A disciplina das obrigações de fazer no CC de 2002. In PFEIFFER, Roberto; PASQUALOTTO, Adalberto (Coord.). *Código de defesa do consumidor e o código civil de 2002*: convergências e assimetrias. São Paulo: Revistas dos Tribunais, 2005.

CARVALHO FILHO, Milton Paulo de. *Indenização por equidade no novo Código Civil*. São Paulo: Atlas, 2004.

__________. *Código Civil comentado*. Coord. Cezar Peluso. 4. ed. São Paulo: Manole, 2010. CARVALHO JÚNIOR, Pedro Lino de. Da solidariedade da obrigação alimentar em favor do idoso. *Revista Brasileira de Direito de Família*, Porto Alegre: Síntese, no 25, ago./set. 2004.

CAVALIERI FILHO, Sergio. *Programa de responsabilidade civil*. 4. ed. São Paulo: Malheiros, 2005. CHALHUB, Melhim Namem; ASSUMPÇÃO, Márcio Calil de. Cessão fiduciária de direitos creditórios. *Revista Trimestral de Direito Civil*, Rio de Janeiro: Padma, v. 38, abr./jun. 2009.

COELHO, Fábio Ulhoa. *Curso de direito civil*. 2. ed. São Paulo: Saraiva, 2005. v. 2.

CORDEIRO, António Manuel da Rocha e Menezes. *Da boa-fé no direito civil*. Coimbra: Almedina, 2001.

__________. *Da modernização do direito civil*: aspectos gerais. Coimbra: Almedina, 2004.

__________. *Direito das obrigações*. Lisboa: Associação Acadêmica da Faculdade de Direito de Lisboa, 1986, v. 2.

COSTA MACHADO, Antônio Cláudio da. *Código de Processo Civil interpretado*. São Paulo: Manole, 2004.

COSTA, José Maria da. As obrigações solidárias. In: NETTO, Domingos Franciulli (Coord.). *Estudos em homenagem ao Prof. Miguel Reale*. São Paulo: LTr, 2003.

COUTO E SILVA, Clóvis do. O direito civil brasileiro em perspectiva histórica e visão de futuro. In: FRADERA, Vera Maria Jacob de (Coord.). *O direito privado brasileiro na visão de Clóvis do Couto e Silva*. Porto Alegre: Livraria do Advogado, 1997.

__________. *A obrigação como processo*. Rio de Janeiro: Ed. FGV, 2007. COVELLO, Sérgio Carlos. *A obrigação natural*. São Paulo: LEUD, 1996.

CREDIE, Ricardo Arcoverde. *Adjudicação compulsória*. 9. ed. São Paulo: Malheiros, 2004.

CRUZ, Gisela Sampaio da. Obrigações alternativas e com faculdade alternativa. Obrigações de meio e de resultado. In: TEPEDINO, Gustavo (Coord.). *Obrigações*: estudos na perspectiva civil-constitucional. Rio de Janeiro: Renovar, 2005.

CUNHA DE SÁ, Fernando Augusto. *Abuso do direito*. Coimbra: Almedina, 1997. CUPIS, Adriano de. *Os direitos da personalidade*. Campinas: Romana Jurídica, 2004.

DAL COL, Helder Martinez. Obrigações negativas. *RT*, São Paulo: Revista dos Tribunais, nº 800, jun. 2002.

DIAS, Wagner Inácio Freitas. O problema do enriquecimento sem causa no direito civil brasileiro: inteligência dos artigos 273 e 274 do novo código civil. *Revista Síntese de Direito Civil e Processual Civil*, Porto Alegre, no 35, maio/jun. 2005.

DIDIER JÚNIOR, Fredie. *Regras processuais no novo código civil*. Saraiva: São Paulo, 2004.

__________, CUNHA, Leonardo José Carneiro da; BRAGA, Paula Sarno; OLIVEIRA, Rafael. *Curso de direito processual civil*: execução. Salvador: Jus Podivm, 2009. v. 5.

DÍEZ-PICAZO, Luis. *Los principios del derecho europeo de contratos*. Madrid: Civitas, 1999. DINAMARCO, Cândido Rangel. *A reforma da reforma*. São Paulo: Malheiros, 2003.

__________. *Instituições de direito processual civil*. São Paulo: Malheiros, 2004. v. IV.

DINIZ, Maria Helena. *Curso de direito civil brasileiro*: teoria das obrigações contratuais e extracontratuais. São Paulo: Saraiva, 2002. v. III.

DINIZ, Maria Helena. *Curso de direito civil brasileiro*: teoria geral das obrigações. São Paulo: Saraiva, 2005. v. II.

FABRÍCIO, Adroaldo Furtado. *Comentários ao Código de Processo Civil*. 2. ed. Rio de Janeiro: Forense, 1985. v. 8.

FACHIN, Luiz Edson. *Comentários ao Código Civil*. São Paulo: Saraiva, 2003. v. 15.

__________. *Estatuto jurídico do patrimônio mínimo*. Rio de Janeiro: Renovar, 2003.

FARIAS, Cristiano Chaves de. Prisão civil por alimentos e a questão da atualidade da dívida à luz da técnica de ponderação de interesses (uma leitura constitucional da Súmula 309 do STJ): o tempo é o senhor da razão. *Revista Brasileira de Direito de Família – RBDFam*, Porto Alegre: Síntese/ IBDFAM, nº 35, abr./maio 2006.

__________. Miradas sobre a cláusula penal no direito contemporâneo. *Revista de Direito Civil e Processo Civil*, Porto Alegre: Síntese, nº 16, mar./abr. 2002.

__________; ROSENVALD, Nelson. *Direito das famílias*. 2. ed. Rio de Janeiro: Lumen Juris, 2010. FERRAZ JR., Tercio Sampaio. *Introdução ao estudo do direito*. 4. ed. São Paulo: Atlas, 2003. FONTES, André. *A pretensão como situação jurídica subjetiva*. Belo Horizonte: Del Rey, 2002. FRADA, Manuel A. Carneiro da. Contrato e deveres de protecção. Separata do v. XXVIII do *Suplemento ao Boletim da Faculdade de Direito da Universidade de Coimbra*, Coimbra, 1994.

FREITAS GOMES, Luiz Roldão de. *Contrato com pessoa a declarar*. Rio de Janeiro: Renovar, 1994.

__________. *Da assunção de dívida e sua estrutura negocial*. 2. ed. Rio de Janeiro: Lumen Juris, 1998.

__________. Da assunção de dívida. *Revista da EMERJ*, v. 5-20, 2002.

FUX, Luiz. *Curso de direito processual civil*. 2. ed. Rio de Janeiro: Forense, 2004.

GAGLIANO, Pablo Stolze; PAMPLONA FILHO, Rodolfo. *Novo curso de direito civil*. São Paulo: Saraiva, 2002. v. 2.

GAMA, Guilherme Calmon Nogueira da. *Direito civil*: obrigações. São Paulo: Atlas, 2008. GARCIA, Gustavo Filipe Barbosa. Repercussões da Lei nº 10.444/02 na monitória. *Revista de Direito Civil e Processual Civil*, Porto Alegre: Síntese, nº 21, jan./fev. 2003.

GILISSEN, John. *Introdução histórica ao direito*. 3. ed. Lisboa: Fundação Calouste Gulbenkian, 2001. GODOy, Cláudio Luiz Bueno de. A parte geral do direito das obrigações no novo Código Civil. In: DINIZ, Maria Helena (Coord.). *Atualidades jurídicas*. São Paulo: Saraiva, 2004. v. 5.

__________. *Código Civil comentado*. Coord. Cezar Peluso. 4. ed. São Paulo: Manole, 2010. GODOY, Cláudio. *Função social do contrato*. São Paulo: Saraiva, 2004.

GOMES, Orlando. *Obrigações*. Atualizado por Edvaldo Brito. 16 ed. Rio de Janeiro: Forense, 2005.

__________. *Transformações gerais do direito das obrigações*. 2. ed. São Paulo: Revista dos Tribunais, 1980.

GONÇALVES, Carlos Roberto. *Direito civil brasileiro*. São Paulo: Saraiva, 2004. v. II.

GUEDES, Gisela Sampaio da Cruz; MORAES, Maria Celina Bodin de; MEIRELES, Rose Melo Vencelau. In: GUEDES, Gisela Sampaio da Cruz; MORAES, Maria Celina Bodin de; MEIRELES, Rose Melo Vencelau (coordenadoras). Direito das Garantias: São Paulo: Saraiva Jur, 2018.

GUERRA, Marcelo Lima. *Direitos fundamentais e a proteção do credor na execução civil*. São Paulo: Revista dos Tribunais, 2003.

ITURRASPE, Jorge Mosset. *Justicia contractual*. Buenos Aires: Ediar, 1977.

JORGE, Fernando Pessoa. *Ensaio sobre os pressupostos da responsabilidade civil*. Coimbra: Almedina, 1999.

KARAM, Munir. A transmissão das obrigações. In FRANCIULLI NETTO, Domingos (Coord.).

O novo Código Civil: estudos em homenagem a Miguel Reale. São Paulo: LTr, 2003. KRUCHEWSKy, Eugênio. *Teoria geral dos contratos civis*. Salvador: JusPODIVM, 2006.

LARENZ, Karl. *Derecho de obligaciones*. Tradução de Jaime Santos-Briz. Madrid: Revista de Derecho Privado, 1958.

__________. *Derecho justo*. Tradução de Luis Díez-Picazo. Madrid: Civitas, 1978.

LEMOS FILHO, Flávio Pimentel de. *Direito potestativo*. Rio de Janeiro: Lumen Juris, 1999. LEONARDO, Rodrigo Xavier. *Redes contratuais no mercado habitacional*. São Paulo: Revista dos Tribunais, 2004.

LIEBMAN, Enrico Tullio. *Processo de execução*. 3. ed. São Paulo: Saraiva, 1968.

LIMA LOPES, José Reinaldo de. *Direito civil e direito do consumidor*: princípios. In: PFEIFFER, Roberto; PASQUALOTO, Adalberto (Coord.). *Código de Defesa do Consumidor e o Código Civil de 2002*: convergências e assimetrias. São Paulo: Revista dos Tribunais, 2005.

LIMA, Alvino. *Culpa e risco*. 2. ed. São Paulo: Revista dos Tribunais, 1998. LôBO, Paulo Luiz Netto. *Teoria geral das obrigações*. São Paulo: Saraiva, 2005.

LORENZETTI, Ricardo Luis. *Comércio eletrônico*. Tradução de Fabiano Menke. São Paulo: Revista dos Tribunais, 2004.

__________. *Fundamentos do direito privado*. São Paulo: Revista dos Tribunais, 1998. LOTUFO, Renan. *Código Civil comentado*. São Paulo: Saraiva, 2003. v. 1 e 2.

LOUREIRO, Luiz Guilherme. *Teoria geral dos contratos*. São Paulo: Método, 2002. LUCCA, Newton de. *Direito do consumidor*. 2. ed. São Paulo: Quartier Latin, 2008.

LYRA JÚNIOR, Eduardo. Notas sobre a solidariedade passiva no novo Código Civil. *Revista de Direito Privado*, São Paulo, no 13, jan./mar. 2003.

MACEDO, Elaine Harzheim. *Do procedimento monitório*. São Paulo: Revista dos Tribunais, 1999. MAIA, Mairan. *Comentários ao Código Civil brasileiro*: do direito das obrigações. Rio de Janeiro: Forense, 2004. v. III.

MARINONI, Luiz Guilherme. *Tutela inibitória*. 2. ed. São Paulo: Revista dos Tribunais, 2000. MARMITT, Arnaldo. *Perdas e danos*. Porto Alegre: Livraria do Advogado, 2005.

MARQUES, Cláudia Lima. *Confiança no comércio eletrônico e a proteção do consumidor*. São Paulo: Revista dos Tribunais, 2004.

__________ . *Contratos no Código de Defesa do Consumidor*. 3. ed. São Paulo: Revista dos Tribunais, 1999.

__________. O novo modelo de direito privado brasileiro e os contratos. In: MARQUES, Cláudia Lima (Coord.). *A nova crise do contrato*. São Paulo: Revista dos Tribunais, 2007.

__________. *Três tipos de diálogos entre o Código de Defesa do Consumidor e o Código Civil*. In: PFEIFFER, Roberto; PASQUALOTO, Adalberto (Coord.). *Código de Defesa do Consumidor e o Código Civil de 2002*: convergências e assimetrias. São Paulo: Revista dos Tribunais, 2005.

__________; BENJAMIM, Antonio Herman; MIRAGEM, Bruno. *Comentários ao Código de Defesa do Consumidor*. São Paulo: Revista dos Tribunais, 2003.

MARTINS, Fernando Rodrigues. Assunção de dívida no direito civil constitucional. In: NANNI, Giovanni Ettore (Coord.). *Temas relevantes do direito civil contemporâneo*. São Paulo. Atlas, 2008.

MARTINS, Fran. *Contratos e obrigações comerciais*. 15. ed. Rio de Janeiro: Forense, 2000.

__________. *Curso de direito comercial*. Rio de Janeiro: Forense, 1990.

MARTINS-COSTA, Judith. *Comentários ao novo Código Civil*. Rio de Janeiro: Forense, 2004. v. V, t. 1.

__________. *Diretrizes teóricas do novo Código Civil*. São Paulo: Saraiva, 2002.

__________ . Mercado e solidariedade social. In: __________ (Coord.). *A reconstrução do direito pri- vado*. São Paulo: Revista dos Tribunais, 2002.

__________ . O adimplemento e o inadimplemento das obrigações. In: FRANCIULLI NETTO, Domingos; MENDES, Gilmar Ferreira; MARTINS FILHO, Ives Gandra da Silva (Coord.). *O novo Código Civil*: estudos em homenagem ao Professor Miguel Reale. São Paulo: LTr, 2003.

__________. O direito privado como um sistema em construção. *RT*, São Paulo, no 753, jul. 1998.

__________ . Os juros (moratórios) legais: para uma interpretação do art. 406 do código civil. Disponível em: <www.migalhas.com.br>.

__________. BENETTI, Giovana. As cartas de conforto: modalidades e eficácia. In: GUEDES, Gisela Sampaio da Cruz; MORAES, Maria Celina Bodin de; MEIRELES, Rose Melo Vencelau (coordenadoras). Direito das Garantias: São Paulo: Saraiva Jur, 2018.

MATTIETTO, Leonardo. Os juros legais e o art. 406 do Código Civil. *Revista Trimestral de direito civil*, Rio de Janeiro: Padma, v. 15, jul./set. 2003.

MAZZEI, Rodrigo; NEVES. Daniel Amorim Assumpção; FREIRE, Rodrigo da Cunha Lima; RAMOS, Glauco Gumerato. *Reforma do CPC*. São Paulo: Revista dos Tribunais, 2007. v. 2.

MAZZUOLI, Valerio de Oliveira. A tese da supralegalidade dos tratados de direitos humanos. Disponível em: <http://www.lfg.com.br>. Acesso em: 3 abr. 2009.

MEDICUS, Dieter. *Tratado de las relaciones obligacionales*. Barcelona: Bosch, 1995.

MEIRELES, Rose Melo Vencelau. *Ensaio sobre a função da garantia nos contratos existenciais*. In: GUEDES, Gisela Sampaio da Cruz; MORAES, Maria Celina Bodin de; MEIRELES, Rose Melo Vencelau (coordenadoras). Direito das Garantias: São Paulo: Saraiva Jur, 2018.

______________________ *Autonomia privada e dignidade humana*. Rio de Janeiro: Renovar, 2009.

MELLO, Marcos Bernardes de. *Teoria do fato jurídico*: plano da existência. 12. ed. São Paulo: Saraiva, 2003.

MENDES, Eduardo Heitor da Fonseca. A garantia autônoma no direito brasileiro. In: GUEDES, Gisela Sampaio da Cruz; MORAES, Maria Celina Bodin de; MEIRELES, Rose Melo Vencelau (coordenadoras). Direito das Garantias: São Paulo: Saraiva Jur, 2018.

MENEZES LEITÃO, Luís Manuel Teles de. *Direito das obrigações*. 2. ed. Coimbra: Almedina, 2002. v. II.

MENEZES, Maurício Moreira Mendonça de. Cessão e circulação de crédito no Código Civil. In: TEPEDINO, Gustavo (Coord.). *Obrigações*: estudos na perspectiva civil-constitucional. Rio de Janeiro: Renovar, 2005.

MIRANDA, Beatriz Conde. Assunção de dívida. In: TEPEDINO, Gustavo (Coord.). *Obrigações*: estudos na perspectiva civil-constitucional. Rio de Janeiro: Renovar, 2005.

MONCADA, Luis Cabral de. *Lições de direito civil*. 4. ed. Coimbra: Almedina, 1995. MONTEIRO, Antonio Pinto. *Clausula penal e indemnização*. Coimbra: Almedina, 1999.

__________. Responsabilidade contratual: cláusula penal e comportamento abusivo do credor. *Revista da Escola da Magistratura do Estado do Rio de Janeiro*, Rio de Janeiro: EMERJ, v. 7, nº 26, 2004.

MONTEIRO, Washington de Barros. *Curso de direito civil*: direito das obrigações. São Paulo: Saraiva, 2004.

MORAES, Maria Celina Bodin de. A causa dos contratos. *Revista Trimestral de Direito Civil*, Rio de Janeiro: Padma, v. 21, jan./mar. 2006.

__________. *Danos à pessoa humana*. Rio de Janeiro: Renovar, 2004.

__________. O princípio da solidariedade. In: PEIXINHO, Manoel Messias; GUERRA, Isabela Franco; NASCIMENTO FILHO, Firly (Coord.). *Os princípios da Constituição de 1988*. Rio de Janeiro: Lumen Juris, 2001.

MOREIRA, José Carlos Barbosa. Efetividade do processo: por um processo socialmente efetivo. *Revista de Direito Civil e Processual Civil*, Porto Alegre: Síntese, no 11, maio/jun. 2001.

MOTA PINTO, Carlos Alberto da. *Cessão da posição contratual*. Coimbra: Atlântida, 1970. NADER, Paulo. *Curso de Direito Civil*: obrigações. Rio de Janeiro. Forense, 2005. v. 2.

NALIM, Paulo Roberto. *Responsabilidade civil*: descumprimento do contrato. Curitiba: Juruá, 2002. NANNI, Giovanni Ettore. *Enriquecimento sem causa*. São Paulo: Saraiva, 2004.

NEGREIROS, Teresa. *Teoria do contrato*: novos paradigmas. Rio de Janeiro: Renovar, 2003. NERY JÚNIOR, Nelson. *Código de processo civil comentado*. 7. ed. São Paulo: Revista dos Tribunais, 2004.

NERY JÚNIOR, Nelson. *Código de Processo Civil comentado*. 7. ed. São Paulo: Revista dos Tribunais, 2004.

__________. Contratos no Código Civil. In: FRANCIULLI NETTO, Domingos; MENDES, Gilmar Ferreira; MARTINS FILHO, Ives Gandra da Silva (Coord.). *O novo Código Civil*: estudos em home- nagem ao Professor Miguel Reale. São Paulo: LTr, 2003.

__________ ; NERY, Rosa Maria de Andrade. *Código de Processo Civil comentado e legislação extrava- gante*. 10. ed. São Paulo: Revista dos Tribunais, 2007.

NEVARES, Ana Luiza Maia. Extinção das obrigações sem pagamento. In: TEPEDINO, Gustavo (Coord.). *Obrigações*: estudos na perspectiva civil-constitucional. Rio de Janeiro: Renovar, 2005.

NEVES, Daniel Amorim Assumpção; FREIRE, Rodrigo da Cunha Lima; MAZZEI, Rodrigo; RAMOS, Glauco Gumerato. *Reforma do CPC*. São Paulo: Revista dos Tribunais, 2007. v. 2.

NORONHA, Fernando. *Direito das obrigações*. São Paulo: Saraiva, 2003. v. 1.

OLIVEIRA, José Maria Leoni Lopes de. *Novo Código Civil anotado*. Rio de Janeiro. Lumen Juris, 2003. v. II.

PASQUALOTTO, Adalberto. *O CDC em face do CC de 2002*. In PFEIFFER, Roberto e PASQUALOTO, Adalberto (Coord.). *Código de defesa do consumidor e o código civil de 2002 – convergências e assi- metrias*. São Paulo: Revista dos Tribunais, 2005.

PEREIRA, Caio Mário da Silva. *Instituições de direito civil*. Atualizado por Luiz Roldão de Freitas Gomes. 20. ed. Rio de Janeiro: Forense, 2004. v. II.

PERLINGIERI, Pietro. O *direito civil na legalidade constitucional*. Ed. brasileira organizada por Maria Cristina de Cicco. Rio de Janeiro: Renovar, 2008.

__________. *Perfis do direito civil*: introdução ao direito civil constitucional. Rio de Janeiro: Reno- var, 1999.

PIAZ, Lívia Cipriano dal. Os limites da atuação do juiz na aplicação das astreintes. *Revista Jurídica Notadez*, Porto Alegre, no 328, fev. 2005.

PIMENTEL, Celso José. Anotações sobre juros legais. *Revista Jurídica*, Porto Alegre: Síntese, v. 319, maio 2004.

PINTO, Paulo Mota. Notas sobre o direito ao livre desenvolvimento da personalidade. In: SARLET, Ingo Wolfgang (Org.). *A constituição concretizada*. Porto Alegre: Livraria do Advogado, 2000.

PIOVESAN, Flávia. *Direitos humanos e o direito constitucional internacional*. São Paulo: Max Limonad, 1996.

PIOVESAN, Flávia. Direitos humanos e o direito constitucional internacional. In: TAVARES, André Ramos; LENZA, Pedro; ALARCON, Pietro de Jesus (Coord.). *Reforma do Judiciário*. São Paulo: Método, 2004.

PODESTÁ, Fábio Henrique. *Direito das obrigações*. 3. ed. São Paulo: Atlas, 2002.

PONTES DE MIRANDA, Francisco Cavalcanti. *Tratado de direito privado*. Rio de Janeiro: Borsoi, 1954. t. 23.

__________. __________. Rio de Janeiro: Borsoi, 1954. t. 24.

__________.*Tratado de direito privado*. Atualizado por Vilson Rodrigues Alves. Campinas: Bookseller, 2003. t. XXIII.

POSNER, Richard A. *A economia da Justiça*. Tradução Evandro Ferreira e Silva. São Paulo: Martins Fontes, 2010.

PRATA, Ana. *Cláusulas de exclusão e limitação de responsabilidade contratual*. Coimbra: Almedina, 2005.

QUEIROZ, Odete Novais Carneiro. *Prisão civil e os direitos humanos*. São Paulo: Revista dos Tribunais, 2004.

RAMOS, Glauco Gumerato; NEVES, Daniel Amorim Assumpção; FREIRE, Rodrigo da Cunha Lima; MAZZEI, Rodrigo. *Reforma do CPC*. São Paulo: Revista dos Tribunais, 2007. v. 2.

RIPERT, Georges. *A regra moral nas obrigações civis*. Campinas: Bookseller, 2000. RIZZARDO, Arnaldo. *Direito das obrigações*. 2. ed. Rio de Janeiro: Forense, 2004.

ROCHA, José Dionízio da. In: TEPEDINO, Gustavo (Coord.). *Obrigações*: estudos na perspectiva civil-constitucional. Rio de Janeiro: Renovar, 2005.

RODRIGUES JÚNIOR, Otávio Luiz. A doutrina do terceiro cúmplice: autonomia da vontade, o princípio *res inter alios,* função social do contrato e a interferência alheia na execução dos negócios jurídicos. *RT*, São Paulo: Revista dos Tribunais, v. 821, mar. 2004.

RODRIGUES, Sílvio. *Direito civil*: parte geral das obrigações. São Paulo: Saraiva, 2002. ROSENVALD, Nelson. A função social do contrato. In: EHRHARDT JR., Marcos (Coord.). *Temas de direito civil contemporâneo*. Salvador: JusPodivm, 2008.

__________. *Cláusula penal*: a pena privada nas relações negociais. Rio de Janeiro: Lumen Juris, 2007.

__________. *Código Civil comentado*. Coord. Cezar Peluso. 3. ed. São Paulo: Manole, 2009.

__________. __________. 4. ed. São Paulo: Manole, 2010.

__________. *Dignidade humana e boa-fé no Código Civil*. São Paulo: Saraiva, 2005. RUGGIERO, Roberto de. *Instituições de direito civil*. Campinas: Bookseller, 1999.

SALLES, Raquel Bellini de Oliveira. O desequilíbrio da relação obrigacional e a revisão dos contratos no Código de Defesa do Consumidor: para um cotejo com o Código Civil. In: TEPEDINO, Gustavo (Coord.). *Obrigações*: estudos na perspectiva civil-constitucional. Rio de Janeiro: Renovar, 2005.

SALOMÃO FILHO, Calixto. A fattispecie empresário no novo Código Civil de 2002. In: AZEVEDO, Antonio Junqueira (Coord.). *Princípios do novo Código Civil brasileiro e outros temas*. São Paulo: Quartier Latin, 2008.

SANDOVAL, Guilherme. Solidariedade civil, cambiária e empresarial. In: ASSUMPçÃO ALVES, Alexandre Ferreira de; GAMA, Guilherme Calmon Nogueira da (Coord.). *Temas de direito civil-em- presarial*. Rio de Janeiro: Renovar, 2008.

SANTANA, Hector Valverde. *Dano moral no direito do consumidor*. São Paulo: Revista dos Tribunais, 2009.

SANTOS CUNHA, Alexandre dos. Dignidade da pessoa humana: conceito fundamental do direi- to civil. In: MARTINS-COSTA, Judith (Org.). *A reconstrução do direito privado*. São Paulo: Revista dos Tribunais, 2002.

SANTOS SOARES, Alice dos. Pagamento indireto ou especial. In: TEPEDINO, Gustavo (Coord.). *Obrigações*: estudos na perspectiva civil-constitucional. Rio de Janeiro: Renovar, 2005.

SANTOS, Ernane Fidélis dos. *As reformas de 2005 do Código de Processo Civil*. São Paulo: Saraiva, 2006.

SARLET, Ingo Wolfgang. Dimensões da dignidade: construindo uma compreensão jurídico-constitucional necessária e possível. In: SARLET, Ingo Wolfgang. *Dimensões da dignidade*. 2. ed. Porto Alegre: Livraria do Advogado, 2009.

SARMENTO, Daniel. *A ponderação de interesses na Constituição*. Rio de Janeiro: Lumen Juris, 2000. SAVI, Sérgio. Inadimplemento das obrigações. In: TEPEDINO, Gustavo (Coord.). *Obrigações*: estudos na perspectiva civil-constitucional. Rio de Janeiro: Renovar, 2005.

SCAVONE JÚNIOR, Luiz Antonio. Juros no novo direito privado brasileiro. In: FILOMENO, José Geraldo Brito (Coord.). *O Código Civil e a sua interdisciplinaridade*. Belo Horizonte: Del Rey, 2004.

SERPA LOPES, Miguel Maria de. *Curso de direito civil*: obrigações em geral. 6. ed. Rio de Janeiro: Freitas Bastos, 1995.

SILVA PEREIRA, Caio Mário da. *Instituições de direito civil*: teoria geral das obrigações. Atualizado por Luiz Roldão de Freitas Gomes. 20. ed. Rio de Janeiro: Forense, 2004. v. II.

SILVA, João Calvão da. *Cumprimento e sanção pecuniária compulsória*. 4. ed. Coimbra: Almedina, 2002.

SILVA, Jorge Cesa Ferreira da. *A boa-fé e a violação positiva do contrato*. Rio de Janeiro: Renovar, 2002.

SILVA, José Afonso da. *Comentário contextual à Constituição*. São Paulo: Malheiros, 2005.

SILVA, Luis Renato Ferreira da. A função social do contrato no novo Código Civil. In: SARLET, Ingo Wolfgang (Org.). *O novo Código Civil e a Constituição*. Porto Alegre: Livraria do Advogado, 2003.

SILVA, Roberta Mauro e. Relações reais e relações obrigacionais: propostas para uma nova delimitação de suas fronteiras. In: TEPEDINO, Gustavo (Coord.). *Obrigações*: estudos na perspectiva civil-constitucional. Rio de Janeiro: Renovar, 2005.

SZANIAWSKI, Elimar. *Direitos de personalidade e sua tutela*. 2. ed. São Paulo: Revista dos Tribunais, 2005.

TAB[illegible], Gabriela. Obrigações pecuniárias e revisão obrigacional. In: TEPEDINO, Gustavo (Coord.). *Obrigações*: estudos na perspectiva civil-constitucional. Rio de Janeiro: Renovar, 2005. TALAMINI, Eduardo. *Tutela monitória*: a ação monitória. Lei 9.079-95. 2. ed. São Paulo: Revista dos Tribunais, 2001.

__________. *Tutela relativa aos deveres de fazer e de não fazer*. São Paulo: Revista dos Tribunais, 2003. TARTUCE, Flávio. Direito civil: direito das obrigações e responsabilidade civil. 2. ed. São Paulo: Método, 2006.

__________. *Direito das obrigações e responsabilidade civil*. 5. ed. São Paulo: GEN/Método, 2010.

TEPEDINO, Gustavo. A responsabilidade médica na experiência brasileira contemporânea. In: TEPEDINO, Gustavo (Org.). *Temas de direito civil*. Rio de Janeiro: Renovar, 2006.

__________. Crise de fontes normativas e técnica legislativa na parte geral do Código Civil de 2002. In: *A parte geral do novo Código Civil*. Rio de Janeiro: Renovar, 2002.

__________; BARBOZA, Heloisa Helena; MORAES, Maria Celina Bodin de. *Código Civil interpretado conforme a Constituição da República*. Rio de Janeiro: Renovar, 2004.

THEODORO JÚNIOR, Humberto. Tutela específica das obrigações de fazer e não fazer. *Revista de Direito Civil e Processual Civil*, Porto Alegre: Síntese, no 15, jan./fev. 2002.

VELOSO, Zeno. *Invalidade do negócio jurídico*. Belo Horizonte: Del Rey, 2003.

__________. *Condição, termo e encargo*. São Paulo: Malheiros, 1999.

VENOSA, Sílvio de Salvo. *Direito Civil*: teoria geral das obrigações. 3. ed. São Paulo: Atlas, 2003. VIANA, Marco Aurelio S. *Curso de direito civil*: direito das obrigações. Rio de Janeiro: Forense, 2007.

__________. *Direito das obrigações*. Rio de Janeiro: Forense, 2007.

WALD, Arnoldo. *Curso de direito civil brasileiro*: obrigações e contratos. 13. ed. São Paulo: Revista dos Tribunais, 1998.

__________. Um novo direito para a nova economia: a evolução dos contratos e o Código Civil. In: DINIZ, Maria Helena; LISBOA, Roberto Senise (Coord.). *O direito civil no século XXI*. São Paulo: Saraiva, 2003.

WAMBIER, Luiz Rodrigues; WAMBIER, Teresa Arruda Alvim. Anotações sobre a efetividade do processo. *Revista Jurídica*, Porto Alegre: Notadez, no 324, out. 2004.

WIEACKER, Franz. *História do direito privado moderno*. Tradução de Botelho Hespanha. 2. ed. Lisboa: Fundação Calouste Gulbenkian, 1993.

ZANGEROLAME, Flavia Maria. Obrigações divisíveis e indivisíveis e obrigações solidárias. In: TEPEDINO, Gustavo (Coord.). *Obrigações*: estudos na perspectiva civil-constitucional. Rio de Janeiro: Renovar, 2005.

ZULIANI, Ênio Santarelli. Cláusula penal. *Revista de Direito Civil e Processo Civil*, Porto Alegre: Síntese, no 9, jan./fev. 2001.

EDITORA JusPODIVM
www.editorajuspodivm.com.br

Impressão e acabamento:
Geográfica editora